Droit constitutionnel et institutions politiques

Domat droit public

Droit constitutionnel et institutions politiques

JEAN GICQUEL
Professeur émérite de l'Université de Paris I (*Panthéon-Sorbonne*)
Ancien membre du Conseil supérieur de la magistrature

JEAN-ÉRIC GICQUEL
Professeur à l'Université de Rennes I

28e édition

LGDJ
lextenso éditions

De Jean Gicquel

Le problème de la réforme de l'État, en France, en 1934, Paris, P.U.F., 1965.
Essai sur la pratique de la Ve République, préface d'André Hauriou, Paris, LGDJ, 2e éd., 1977.

en collaboration avec Pierre Avril :

Chroniques constitutionnelles françaises (1976-1982), Paris, P.U.F., 1983.
Lexique de droit constitutionnel, Paris, P.U.F., Que sais-je ?, n° 3655, 4e éd., 2013.
Droit parlementaire, Paris, Montchrestien, 4e éd., 2010.
Le Conseil constitutionnel, Paris, Montchrestien, 6e éd., 2011.
Le Conseil constitutionnel, ensemble de 4 films, Saint-Cloud, ENS Production, 1991.

De Jean-Éric Gicquel

Droit et libertés constitutionnels (avec P. Blachèr et P. Jan), Hachette, 2012.
La Constitution du 4 octobre 1958. Textes et commentaire, Lexis-Nexis, 2014.

70, rue du Gouverneur Général Éboué
92131 Issy-les-Moulineaux Cedex
ISBN 978-2-275-04169-8
ISSN 0767-4309

Pour Jean-Claude Colliard, le fidèle Ami de toujours.

In memoriam.

La présente édition est à jour au 1er août 2014.

À Plancy-l'Abbaye.

À Souraïde

SOMMAIRE

ABRÉVIATIONS

A.I.J.C.	*Annuaire international de jurisprudence constitutionnelle.*
art.	Article d'une constitution, d'une loi, d'un décret...
C.	*Constitution du 4 octobre 1958.*
Cass.	*Cour de cassation.*
C.C.	*Conseil constitutionnel.*
C.C.C.	*Les Cahiers du Conseil constitutionnel et les Nouveaux Cahiers.*
C.E.	*Conseil d'État.*
C.E.D.H.	*Cour européenne des droits de l'homme.*
chr.	*Chronique constitutionnelle française, Pouvoirs*, de P. AVRIL et J. GICQUEL.
C.N.C.C.F.P.	*Commission nationale des comptes de campagne et des financements politiques.*
C.R.F.	*La constitution de la République française* (sous la direction de F. LUCHAIRE, G. CONAC et X. PRÉTOT).
D.	*Recueil Dalloz.*
D.C.	*Dictionnaire constitutionnel* (sous la direction d'O. DUHAMEL et Y. MÉNY).
D.F.	*La Documentation française* (publications).
E.D.C.E.	*Études et documents du Conseil d'État.*
G.A.	*Les grands arrêts de la jurisprudence administrative* de M. LONG, P. WEIL, G. BRAIBANT, P. DELVOLVÉ et B. GENEVOIS.
G.D.	*Les grandes décisions du Conseil constitutionnel* de L. FAVOREU et L. PHILIP.
H.A.T.V.P.	*Haute autorité pour la transparence de la vie publique.*
J.O.	*Journaux officiels de la République française* (lois et décrets ou débats parlementaires).
L.C.	*Loi constitutionnelle* (constitution du 4 octobre 1958).
L.O.	*Loi organique* (constitution du 4 octobre 1958).
L.P.A.	*Les Petites affiches.*
Ord.	*Ordonnance* (constitution du 4 octobre 1958).
Q.P.C.	*Question prioritaire de constitutionnalité.*
R.A.	*Revue administrative.*
R.A.N.	*Règlement de l'Assemblée nationale* (constitution du 4 octobre 1958).
R.D.P.	*Revue du droit public et de la science politique en France et à l'étranger.*
Rec.	*Recueil des arrêts* du Conseil d'État ou des *décisions* du Conseil constitutionnel.
R.F.D.A.	*Revue française de droit administratif.*
R.F.D.C.	*Revue française de droit constitutionnel.*
R.I.D.C.	*Revue internationale de droit comparé.*
T.P.	*Travaux préparatoires des institutions de la Ve République* (Comité national).

BIBLIOGRAPHIE GÉNÉRALE

Ouvrages généraux

A. Ouvrages classiques

G. BURDEAU, *Écrits de droit constitutionnel et de science politique*, Paris, éd. Panthéon-Assas, 2011 (rééd.)

R. CARRÉ DE MALBERG, *Contribution à la théorie générale de l'État*, Paris, Sirey, 1920-1922 (rééd.), et *La loi, expression de la volonté générale*, Paris, Sirey, 1931 (rééd.).

L. DUGUIT, *Traité de droit constitutionnel*, 5 vol., 2e et 3e éd., Paris, Fontemoing, 1921-1929 (rééd.).

L. DUGUIT, H. MONNIER et R. BONNARD, *Les constitutions et les principales lois politiques de la France*, 7e éd. (par G. BERLIA), Paris, L.G.D.J., 1952.

M. DUVERGER, *Le système politique français*, 19e éd., Paris, P.U.F., 1986.

A. ESMEIN, *Éléments de droit constitutionnel français et comparé*, 6e éd., Paris, Sirey, 1914 (rééd.).

JOSEPH-BARTHÉLÉMY et P. DUEZ, *Traité de droit constitutionnel*, 2e éd., Paris, Dalloz, 1933 (rééd.).

M. HAURIOU, *Principes de droit public*, 2e éd., Paris, Sirey, 1916 (rééd., Dalloz, 2010) ; *Précis de droit constitutionnel*, 2e éd., Paris, Sirey, 1929 (rééd.).

E. PIERRE, *Traité de droit politique, électoral et parlementaire*, 5e éd., Paris, Librairies-Imprimeries Réunies, 1924 (rééd.) ; et *Nouveaux suppléments* (3 t.) par J. LYON, 1984, 1990 et 2002, Paris, La Documentation française.

M. PRÉLOT et J. BOULOUIS, *Institutions politiques et droit constitutionnel*, 11e éd., Paris, Dalloz, 1990.

G. VEDEL, *Manuel élémentaire de droit constitutionnel*, Paris, Sirey, 1949 (rééd.).

B. Ouvrages contemporains

J.-Cl. ACQUAVIVA, *Droit constitutionnel et institutions politiques* (mémento), 14e éd., Paris, Gualino, 2011.

Ph. ARDANT et B. MATHIEU, *Institutions politiques et droit constitutionnel*, 26e éd., Paris, L.G.D.J., 2014.

P. AVRIL J. GICQUEL et J.-É. GICQUEL, *Droit parlementaire*, 5e éd., Paris, Montchrestien, 2014.

Ph. BLACHÈR, *Droit constitutionnel*, 2e éd., Paris, Hachette, 2012.

D. CHAGNOLLAUD, *Théorie générale. Les régimes étrangers* (t. 1), 7e éd., Paris, A. Colin, 2013 ; *Le régime politique de la France* (t. 2), 6e éd., 2013 ; *La Ve République* (t. 3), 5e éd., 2009 ; avec J.-L. QUERMONNE, *La Ve République*, 4 t., Paris, Flammarion, 2000.

B. CHANTEBOUT, *Droit constitutionnel*, 30e éd., Paris, A. Colin, 2013.

V. CONSTANTINESCO et S. PIERRÉ-CAPS, *Droit constitutionnel*, 5e éd., Paris, P.U.F., 2011.

M.-A. COHENDET, *Droit constitutionnel*, , Paris, L.G.D.J., Cours, 2013.

R. DEBBASCH, *Droit constitutionnel*, 8e éd., Paris, Litec, 2012.

O. DUHAMEL et G. TUSSEAU, *Droit constitutionnel et institutions politiques*, 3e éd., Paris, Le Seuil, 2013.

P. ESPLUGAS, Chr. EUZET, S. MOUTON, Ph. SÉGUR et J. VIGUIER, *Droit constitutionnel*, 6e éd., Paris, Ellipses, 2012.

L. FAVOREU, P. GAÏA, R. GHEVONTIAN, J.-L. MESTRE, A. ROUX, O. PFERSMANN et G. SCOFFONI, *Droit constitutionnel*, 16e éd., Paris, Dalloz, 2013.

O. GOHIN, *Droit constitutionnel*, 2e éd., Paris, Litec, 2013.

C. GREWE et M.-H. RUIZ FABRI, *Droits constitutionnels européens*, Paris, P.U.F., 1995.

M. DE GUILLENCHMIDT, *Droit constitutionnel et institutions politiques*, 3e éd., Paris, Economica, 2010.

F. HAMON et M. TROPER, *Droit constitutionnel et institutions politiques*, 35e éd., Paris, L.G.D.J., 2014.

J.-P. JACQUÉ, *Droit constitutionnel et institutions politiques*, 10e éd., Paris, Dalloz, 2014.

M. LASCOMBE, *Droit constitutionnel de la Ve République*, 10e éd., Paris, L'Harmattan, 2009.

Ph. LAUVAUX, *Les grandes démocraties contemporaines*, 3e éd., Paris, P.U.F., 2004.

A.-M. LE POURHIET, *Droit constitutionnel*, 5e éd., Paris, Economica, 2013.

F. LUCHAIRE, G. CONAC et X. PRÉTOT (sous la direction), *La constitution de la République française*, 3e éd., Paris, Economica, 2009.

B. MATHIEU et M. VERPEAUX, *Droit constitutionnel*, Paris, P.U.F., 2004.

Y. MÉNY et Y. SUREL, *Politique comparée*, 8e éd., Paris, Montchrestien, 2009.

E. OLIVA et S. GUIMMARRA, *Droit constitutionnel* (aide-mémoire), 7e éd., Paris, Sirey, 2011.

P. PACTET et F. MÉLIN-SOUCRAMANIEN, *Droit constitutionnel*, 32e éd., Paris, A. Colin, 2013.

H. PORTELLI, *Droit constitutionnel*, 10e éd., Paris, Dalloz, 2013.

D. ROUSSEAU et A. VIALA, *Droit constitutionnel*, Paris, Montchrestien, 2004.

F. ROUVILLOIS, *Droit constitutionnel : La Ve République et Fondements et pratiques*, Paris, Flammarion, 3e éd., 2011.

P. TÜRK, *Les institutions de la Ve République* (mémento), 6e éd., Paris, Gualino, 2013 ; *Théorie générale du droit constitutionnel* (mémento), 6e éd., Paris, Gualino, 2013.

D. TURPIN, *Droit constitutionnel*, 2e éd., Paris, P.U.F., 2007.

M. VERPEAUX, *Droit constitutionnel français*, Paris, P.U.F., 2013.

M. DE VILLIERS, *Les institutions politiques de la France in Droit public général* (sous la direction) 5e éd., Paris, Litec, 2011.

E. ZOLLER, *Droit constitutionnel*, 2e éd., Paris, P.U.F., 2000 ; *Introduction au droit public*, Dalloz, 2006.

Ouvrages spéciaux

P. AVRIL, *La Ve République. Histoire constitutionnelle*, 2e éd., Paris, P.U.F., 1994.

P. BODINEAU et M. VERPEAUX, *Histoire constitutionnelle de la France*, Paris, P.U.F., 2000.

B. CHANTEBOUT, *Brève histoire politique et institutionnelle de la Ve République*, Paris, A. Colin, 2004.

J. CHAPSAL, *La vie politique en France de 1940 à 1958*, Paris, P.U.F., 1984 et *La vie politique sous la Ve République*, 2e éd., Paris, P.U.F., 1984.

J.-J. CHEVALLIER, *Histoire des institutions et des régimes politiques de la France moderne*, 9e éd., t. 1, 1789-1958 (par J.-M. PAYEUR) ; t. 2, 1958-2012 (par G. CARCASSONNE et O. DUHAMEL), 14e éd., Paris, A. Colin, 2012.

Cl. ÉMERI et Ch. BIDÉGARAY, *La constitution en France de 1789 à nos jours*, Paris, A. Colin, 1997.

E. GHERARDI, *Constitutions et vie politique de 1789 à nos jours*, 4e éd., Paris, A. Colin, 2013.

Cl. LOVISI, *Introduction historique au droit*, 3e éd., Paris, Dalloz, 2007.

M. MARTIN et A. CABANIS, *Histoire politique et constitutionnelle de la France (1789-1990)*, Paris, L. G.D.J., 2000.

S. PIERRÉ-CAPS, *Droits constitutionnels étrangers*, Paris, P.U.F., 2010.

M. MORABITO, *Histoire constitutionnelle et politique de la France*, 12e éd., Paris, Montchrestien, 2012.

F. SAINT-BONNET et Y. SASSIER, *Histoire des institutions avant 1789*, 4e éd., Paris, Montchrestien, 2011.

B. STIRN, *Les sources constitutionnelles du droit administratif. Introduction au droit public*, Paris, L.G.D.J., 7e éd, 2011.

Documents d'études

A. Préparation aux contrôles des connaissances

D. BREILLAT, G. CHAMPAGNE et D. THOME, AnnaDroit, *Droit constitutionnel et institutions politiques* (annales corrigées) Gualino, Paris (depuis 2000).

M. VERPEAUX (sous la direction), Annales *Droit constitutionnel*, Paris, Dalloz (depuis 2004).

B. Recueils de documents

Assemblée nationale et Sénat (Services de la séance), Les pouvoirs publics. Textes essentiels, 16e éd., Paris, La Documentation française, 2011.

J. DU BOIS DE GAUDUSSON, G. CONAC et Chr. DESOUCHES, *Les constitutions africaines publiées en langue française*, t. 1, 1997, t. 2, 1998, Paris, La Documentation française.

Comité national chargé de la publication des travaux préparatoires des institutions de la Ve République : vol. 1, 1987 ; vol. 2, 1988 ; vol. 3, 1991 ; vol. 4, 2001, Paris, La Documentation française.

Commission des archives constitutionnelles de la Ve République : vol. 1, vol. 2, vol. 3, 2008 ; vol. 4, 2010 ; vol 5, 2011, Paris, La Documentation française.

L. DUBOUIS et Cl. GUEYDAN, *Les grands textes du droit de l'Union européenne*, 8e éd., Paris, Dalloz, 2010.

J.-E. GICQUEL, *La Constitution du 4 octobre 1958, Textes et commentaire*, Lexis-Nexis, 2014.

C. GREWE et H. OBERDORFF, *Les constitutions des États de l'Union européenne*, Paris, La Documentation française, 1999.

F. MÉLIN-SOUCRAMANIEN, *Les constitutions de la France, de la Révolution à la IVe République*, Paris, Dalloz, 2009 ; *Constitution de la République française, idem*, 2011 ; *Les grandes démocraties, idem*, 2007 (mini-format).

S. RIALS, *Textes constitutionnels français*, 24e éd., Paris, P.U.F., 2012 ; (avec J. BOUDON), *Textes constitutionnels étrangers*, 14e éd., 2012.

S. RIALS, B. MATHIEU et M. VERPEAUX, *Textes constitutionnels de la Ve République*, Paris, P.U.F., 2005.

C. Recueils de jurisprudence

J. ANDRIANTSIMBAZOVINA, A. GOUTTENOIRE, M. LÉVINET, J.-P. MARGUENAUD, F. SUDRE, *Les grands arrêts de la Cour européenne des droits de l'homme*, Paris, PUF, 6e éd., 2011.

P. BON et D. MAUS (sous la direction), *Les grandes décisions des cours constitutionnelles européennes*, Paris, Dalloz, 2008.

Conseil constitutionnel, *Recueil des décisions*, Paris, Imprimerie nationale puis Dalloz ; *50 ans de jurisprudence 1959-2008*, Paris, Dalloz 3 t., 2009.

L. FAVOREU et L. PHILIP, *Les grandes décisions du Conseil constitutionnel*, avec la collaboration de P. GAÏA, R. GHEVONTIAN, F. MÉLIN-SOUCRAMANIEN et A. ROUX, 17e éd., Paris, Sirey, 2013.

M. LONG, P. WEIL, G. BRAIBANT, P. DELVOLVÉ et B. GENEVOIS, *Les grands arrêts de la jurisprudence administrative*, Paris, Sirey, 18e éd., 2011.

B. MATHIEU, J.-P. MACHELON, F. MÉLIN-SOUCRAMANIEN, D. ROUSSEAU et X. PHILIPPE, *Les grandes délibérations du Conseil constitutionnel (1959-1983)*, Paris, Dalloz, 2009.

D. TURPIN, Mémento de la jurisprudence du Conseil constitutionnel, 2e éd., Paris, Hachette, 2000.

M. VERPEAUX, P. DE MONTALIVET, A. ROBLOT-TROIZIER, A. VIDAL-NAQUET, *Droit constitutionnel. Les grandes décisions de la jurisprudence*, Paris, P.U.F., 2011.

D. Codes, dictionnaires et lexiques

P. AVRIL et J. GICQUEL, *Lexique de droit constitutionnel*, 4e éd., Paris, Que sais-je ? no 3655, P.U.F., 2013.

G. CARCASSONNE, *La constitution*, 10e éd., Paris, Le Seuil, 2011.

G. CARCASSONNE, *Petit dictionnaire de droit constitutionnel*, Paris, Le Seuil, 2014.

Code électoral, commenté par B. MALIGNER, 18e éd., Paris, Dalloz, 2012.

Code électoral, commenté par M. DE VILLIERS, 10e éd., Paris, Lexis-Nexis, 2011.

O. DUHAMEL et Y. MÉNY, *Dictionnaire constitutionnel* (sous la direction), Paris, P.U.F., 1992.

M. LASCOMBE, *Code constitutionnel et des droits fondamentaux*, 2e éd., Paris, Dalloz, 2012.

Th. S. RENOUX et M. DE VILLIERS (sous direction), *Code constitutionnel*, 6e éd., Paris, Lexis-Nexis, 2013.

M. DE VILLIERS et A. LE DIVELLEC, *Dictionnaire du droit constitutionnel*, 9e éd., Paris, Sirey, 2013.

E. Sites internet

L'essentiel du droit français : les lois et décrets en vigueur, la constitution, les codes, les traités et accords internationaux, la jurisprudence, le droit de l'Union européenne : www.legifrance.gouv.fr

Sites des institutions publiques :

Présidence de la République : www.elysee.fr

Services du premier ministre : www.gouvernement.fr

Assemblée nationale : www.assemblee-nationale.fr

Sénat : www.senat.fr

Sites des juridictions nationales et supranationales :

Conseil constitutionnel : www.conseil-constitutionnel.fr

Conseil d'État : www.conseil-etat.fr

Cour de cassation : www.courdecassation.fr

Cour européenne des droits de l'homme : www.echr.coe.int

Cour de justice de l'Union européenne : www.curia.eu.int

Revues principales

Annuaire international de jurisprudence constitutionnelle.

Constitutions.

Pouvoirs.

Jus Politicum (revue électronique)

Les Petites Affiches.

Revue du droit public et de la science politique en France et à l'étranger.

Revue française de droit administratif.

Revue française de droit constitutionnel.

INTRODUCTION
LA PRÉSENTATION DU DROIT CONSTITUTIONNEL

SECTION I L'OBJET ET LA SIGNIFICATION DU DROIT CONSTITUTIONNEL

1 Le droit constitutionnel ou le *droit politique* (Littré) vit en nous et par nous. À ce titre, il concerne autant le juriste que le citoyen et bénéficie, assurément, de l'attrait de l'actualité.

Mais, ce serait méconnaître gravement sa raison d'être que de le ravaler à un simple point de vue événementiel. La passion *intellectuelle* que l'on éprouve, à son égard, ne saurait être dissociée de la réflexion. Il n'est pas douteux, en effet, que *le gouvernement des hommes par la raison* demeure, à ce jour, la démarche la plus conforme au *miracle grec*. L'examen respectif de *l'objet* (§ 1) et de la *signification* (§ 2) du droit constitutionnel s'impose, dès lors, à l'attention.

§ 1. L'OBJET DU DROIT CONSTITUTIONNEL

2 D'une manière simple, on peut ainsi définir l'objet du droit constitutionnel : *l'encadrement juridique des phénomènes politiques*. Ce qui revient à dire que l'activité politique relève de la *règle juridique*, et non plus du bon plaisir ou de caprice : *la loi n'exprime la volonté générale que dans le respect de la constitution* (C.C., 23 août 1985, *Nouvelle-Calédonie*, *Rec.* p. 70). De cette vision découle la bonne gouvernance ou *l'État de droit*[1] ; l'État soumis au droit, au sein duquel les citoyens sont protégés de l'arbitraire par la règle de primauté du droit qui *exprime la préférence pour l'ordre public dans une société plutôt que pour l'anarchie, la guerre et les luttes incessantes* (Wade et Phillips). La limitation de la puissance de l'État récuse l'*État despote*, ou *de police*. La Révolution de 1789, c'est l'*avènement de la Loi*[2].

1. Sur ce concept forgé par la doctrine allemande *(Rechtsstaat)* au XIXe siècle : V. J. CHEVALLIER, *L'État de droit*, 4e éd., 1999 ; L'État de droit, *Mélanges Guy Braibant*, 1996 ; B. BARRET-KRIEGEL, État de droit, *D.C.*, p. 415.

2. *Un gouvernement sans lois est, je suppose, un mystère politique, inconcevable pour l'esprit humain et incompatible avec la société des hommes.* J. LOCKE.

L'affirmation de Michelet signifie, en clair que désormais le règne de la loi se substitue à la domination de l'homme par l'homme. D'où la formule topique de la constitution du 14 septembre 1791 : *Il n'y a point en France d'autorité supérieure* à *celle de la loi. Le roi ne règne que par elle et ce n'est qu'au nom de la loi qu'il peut exiger l'obéissance.*

Cependant, ces notions, pour être comprises, impliquent des explications : que faut-il entendre par *phénomènes politiques ?* En quoi consiste leur *encadrement juridique ?*

A. LES PHÉNOMÈNES POLITIQUES

3 *La politique est l'art du possible.* L'expression est courante, tel un poncif. Toutefois, elle est malaisée à cerner en raison de son ambiguïté[3]. Voici, à n'en pas douter, un mot déprécié et valorisé, à propos duquel les nuances péjoratives et laudatives s'entrechoquent. Qu'est-ce à dire ?

Pour le commun des mortels, la politique est repoussée avec une belle indignation. Activité peu ragoûtante, voire sale, selon le tempérament poujadiste. Qui ne se souvient de la définition de D'Alembert : *L'art de tromper les hommes ;* de l'invocation de Musset : *La politique, voilà notre misère !* ou de la réflexion de Mauriac : *La politique ? Est-ce qu'on s'intéresse aux batailles de singes ?* Mais, la politique *n'est pas un vice, ni un jeu de société* (S. de Beauvoir), ainsi que l'atteste le meurtre de conseillers municipaux à Nanterre, en 2002. Bref, elle est aussi noble, par civisme et altruisme. Songeons aux institutions caritatives ou humanitaires (la Croix rouge, Médecins sans frontières, les restaurants du cœur de Coluche) pour se persuader qu'elle mérite mieux que le mépris. En vue de s'en convaincre, on s'attachera à sa définition (1) et à sa condition (2).

1. La définition de la politique

4 La politique différencie l'homme de l'animal, à l'opposé de Platon qui prétendait qu'elle était *l'art d'élever les troupeaux.* Elle est susceptible de deux acceptions, l'une restrictive, l'autre extensive. La langue anglaise par sa richesse *(policy, politics, political)* tranche avec le français. D'où l'ambivalence foncière de la *politique*.

a) L'acception restrictive de la politique

5 À cet égard, une double signification s'attache, tant au substantif qu'à l'adjectif.

La politique, dans un premier temps, désigne l'action, la mission, le comportement ou le programme d'un homme, d'un parti, d'un Gouvernement, d'un État... On dénonce toute politique attentatoire aux droits de l'homme ; on milite pour la politique européenne, on pratique la politique du pire.

Dans un second temps, le mot caractérise une activité ou un secteur *spécifique*, mieux *irréductible*, par rapport aux autres activités ou secteurs d'une société. En somme, la politique, selon une démarche obsidionale, se présente, au sein de cette dernière, à la manière d'un monde clos, d'un milieu retranché qui détonne, à la limite, tel *un coup de pistolet au milieu d'un concert* (Stendhal).

3. V. Ph. BÉNETON, *Introduction à la politique*, 1997 ; J.-L. CHABOT, *Introduction à la politique*, 1991 ; D. CHAGNOLLAUD, *Introduction à la politique*, 1996 ; Ch. DEBBASCH et J.-M. PONTIER, *Introduction à la* politique, 2e éd., 1986 ; O. VALLET, *Principes du politique*, 1991.

Vue de la place de la Concorde à Paris, l'Assemblée nationale mérite d'être appelée *la maison sans fenêtres*. De fait, et à l'évidence, la politique obéit à des règles *spécifiques*, tant du point de vue des conditions d'accès, que du comportement observé. On a prétendu, avec raison, que la politique était le seul métier (si l'on ne regarde pas de trop au sens des mots) que l'on peut exercer sans jamais l'avoir appris. En lien avec la règle du tutoiement introduite au Parlement par Gambetta, les sentiments politiques se différencient des sentiments privés. *Il y a moins de différence entre deux députés dont l'un est révolutionnaire et l'autre ne l'est pas, qu'entre deux révolutionnaires, dont l'un est député et l'autre ne l'est pas* (Robert de Jouvenel). La leçon de réalisme ou de cynisme, donnée par Machiavel souligne l'autonomie, pour utiliser un délicat euphémisme, entre la morale et la politique. *Un État de ce nom*, affirmait le général de Gaulle, *n'a pas des amis, mais des intérêts*. D'où le recours, en tant que de besoin, à l'action militaire au Koweït et en Irak en vue de leur sauvegarde. De même, remarquait-il, *on ne doit jamais mentir au peuple, mais il n'est pas interdit d'être habile*. Plus pragmatique, Lincoln admettait qu'*on peut tromper une partie du peuple tout le temps et tout le peuple une partie du temps, mais on ne peut pas tromper le peuple tout le temps*.

Véritable caméléon, l'homme politique agit, selon les circonstances, à la manière du renard ou du lion. Réussir est le plus clair du temps synonyme de trahir[4]. Talleyrand et Fouché, soit *le vice appuyé sur le bras du crime* (Chateaubriand), démontreront au final que *la trahison n'est qu'une question de dates* (A. Thérive).

Ainsi, la politique *stricto sensu* s'analyse en une activité *spécialisée*, celle d'une minorité (*la classe politique*). Avec humour, Paul Valéry notait : *La politique, c'est l'art d'empêcher les gens de se mêler de ce qui les regarde*. Toutefois, une tendance à la *réappropriation* de la politique se dessine, car, selon Aristote, *l'homme est naturellement un animal politique*.

b) L'acception extensive de la politique

6 Entendu au sens large, le mot se comprend à l'aide de l'étymologie. *Politique* vient du terme grec *polis*, qui signifie *cité*. La cité était le cadre spatial dans lequel les individus se réunissaient. Son origine nous avertit par conséquent, qu'il s'agit de relations entre les personnes dans le cadre d'une société organisée ou *policée*[5]. *En dépit de son exiguïté et de l'institution de l'esclavage, la cité antique représentait une organisation politique perfectionnée préfigurant l'État moderne. Il suit de là, que la politique se rapporte aux individus vivant en société, l'État apparaissant, en définitive, comme la société des sociétés*. Loin d'être une activité spécialisée, comme on l'indiquait à l'instant, elle se présente désormais comme fondamentalement *banalisée, la chose de toutes et de tous*. En un mot, c'est *le régime de la collectivité tout entière ou son mode d'organisation* (R. Aron).

Dès lors, la politique n'apparaît plus sous l'aspect d'un champ clos, mais d'un univers sans rivages ni frontières. En un mot, tout ce qui est humain est politique et *vice versa*. À la réflexion courante *Je ne m'occupe pas de politique*, Jules Renard répliquait : *C'est comme si vous disiez, je ne m'occupe pas de la vie !* Bref, si l'on ne s'intéresse pas de la politique, celle-ci s'intéresse à chacun d'entre nous, en déterminant notre condition.

Il appartient, dès lors, au droit de systématiser la condition de l'homme au milieu de ses semblables. D'une façon plus précise, le droit constitutionnel détermine les relations entre l'individu et la société, entre la liberté dont celui-là est investi et l'autorité dont celle-ci se nourrit. Si le droit est *l'armature* de la société, le droit constitutionnel en constitue, à n'en pas douter, la matrice. L'examen de la *condition* de la politique en témoigne.

4. V. D. JEAMBAR et Y. ROUCAUTE, *Éloge de la trahison*, 1988 ; P. LENAIN, *Le mensonge politique*, 1988 ; M. ABÉLÈS, *Un ethnologue à l'Assemblée*, 2000

5. En sollicitant les ressources de la sémantique, on observe que *politique* et *politesse* sont unies par une même racine, à la manière du livre de Jean-Jacques Rousseau (*Du contrat social ou principes du droit politique*, 1762).

2. La condition de la politique

7 Emmanuel Mounier prétendait que *si la politique n'est pas tout, elle en est tout*. De fait, l'activité humaine est marquée de son empreinte indélébile[6]. Elle présente, à cet effet, deux caractères, que l'on voudrait envisager succinctement : un aspect *contrasté*, d'une part, et *rationalisé*, d'autre part.

a) Le caractère contrasté de la politique

8 La politique relève d'un *paradoxe*, dans la mesure où elle rapproche les individus, tout en les opposant. Tel le dieu Janus des Anciens, elle se présente, dans un même mouvement, sous l'aspect d'une *communion* et d'une *ségrégation*.

Communion, à partir de l'instant où elle est inhérente à la condition humaine. Sans verser dans le truisme, on observe que tout est politique dans une société, où chacun la pratique, à l'instar de M. Jourdain, en l'ignorant ou en s'en défendant.

α) La politique illustrée

9 Pour s'en tenir à des exemples hétéroclites, le sport ne relève pas de la neutralité : la victoire de l'équipe de France dans la coupe du monde de football en 1998 a célébré l'union de la Nation dans sa diversité ethnique. Par ailleurs, on sait que la gestion des relations internationales sollicite régulièrement le canal sportif (la *diplomatie du ping-pong* entre les États-Unis et la Chine ; celle du *cricket* entre l'Inde et le Pakistan). En certaines circonstances, une âme politique pourra être attribuée à un objet (le TGV change les mentalités en intégrant Paris aux régions) ; à un fait atmosphérique (le réchauffement climatique) ; à Internet à travers les réseaux sociaux (Facebook, Twitter) voire même à une activité sociale (les apéros géants). Un certain vocabulaire (celui du *politiquement correct*) cultive l'euphémisme ou la langue de bois. Au nom de la sécurité alimentaire, manger est devenu un acte politique. Reste que la guerre, selon Clausewitz, est *une simple continuation de la politique par d'autres moyens*.

Au passage, l'apolitisme mérite, à ce titre, d'être récusé. Un non-sens tout au plus, ou pis encore, une forme d'hypocrisie dissimulant le conservatisme, c'est-à-dire le maintien de l'ordre politique existant[7]. On se prend à parodier Musset : haïr la politique, cela se peut, mais la nier, quelle plaisanterie ! Ainsi, la politique est-elle gage de *cohésion* du groupe humain, tout en introduisant une *opposition* entre ses membres.

β) La politique différenciée

10 À cet égard, la politique participe de la *ségrégation*, peu importe, au demeurant, la société au sein de laquelle elle se manifeste : de la plus grande (l'État) à la plus petite (le couple) ; de la permanente (l'entreprise) à l'éphémère (jeux enfantins) ; de la forme la plus respectable (la démocratie) à la plus détestable (la monocratie). Pourquoi en est-il de la sorte ? Parce que la politique secrète une force, ou développe, si l'on préfère, une énergie particulière que l'on appelle le *pouvoir*. Or, les manifestations de ce dernier, dans l'attente de l'avènement du paradis terrestre (démocratie directe ou autogestion), sont immuables dans le temps et l'espace. Elles se traduisent *nécessairement* par l'existence de relations *inégalitaires*, entre les titulaires et les destinataires du pouvoir, entre ceux qui commandent et ceux qui obéissent ; entre ceux, enfin, qui conduisent la société

6. À telle enseigne que l'Église catholique a proclamé, en novembre 2000, Thomas More, ancien chancelier du roi Henry VIII d'Angleterre, mort en martyr, en 1535, saint patron des hommes politiques.

7. On connaît, à ce propos, la réplique fameuse d'Alain : *Lorsqu'on me demande si la coupure entre partis de droite et de gauche, hommes de droite et hommes de gauche, a encore un sens, la première idée qui me vient est que l'homme qui pose cette question n'est certainement pas un homme de gauche.*

et ceux qui sont dirigés. Dans un raccourci fameux, le doyen Léon Duguit distinguait les *gouvernants* et les *gouvernés*[8] *;* les Anglo-américains, pour leur part, opposent les *leaders* aux *followers*. Une division grosse de domination et de contestation à base de *privilèges*, pour les uns, et de sujétions, pour les autres. Fascination et prévention, le pouvoir est intrinsèquement une notion *valorisée* autant que *relativisée*. Il désigne un mode d'action ou d'influence de certains individus sur d'autres (le harcèlement sexuel ou moral dans le monde du travail) sans cesse renouvelé[9]. De fait, le pouvoir demeure inachevé à l'image de la destinée humaine, telle *la mer, la mer toujours recommencée* (P. Valéry). *J'ai fait ce que j'ai pu :* la devise du chancelier Willy Brandt s'avère être une admirable leçon d'humilité pour les gouvernants.

γ) La politique intériorisée

11 Les actes politiques sont, par suite, habituellement le fait des gouvernants. Sans doute, les gouvernés sont partie prenante à la vie politique, tout au moins dans les régimes pluralistes (adhésion à un parti, participation à des réunions publiques, à des manifestations, expression de leur volonté ou de leur choix à l'issue d'une élection ou d'un référendum).

Ceux qui exercent une action sur d'autres hommes, qui les entraînent à prendre telle ou telle attitude ou, au contraire, à s'abstenir dans telle ou telle circonstance, sont réputés détenir le *pouvoir*. Un chef de gouvernement ou d'entreprise, le président d'un club sportif, un secrétaire de syndicat, le dignitaire d'une église, un enseignant *a fortiori*, détiennent du pouvoir, parce qu'ils sont à même d'entraîner d'autres personnes à penser ou à œuvrer dans tel ou tel sens.

De ce point de vue, on peut inciter celles-ci à agir de bien des façons, mais les deux moyens principaux de la régulation sociale sont, en dehors de la croyance *(gouverner c'est faire croire*, prétendait Machiavel), la persuasion et la contrainte. On peut, tout d'abord, chercher à peser sur la volonté humaine par la parole ou par l'écrit, en s'attachant à démontrer la nécessité, l'utilité, l'intérêt ou l'agrément de tel objectif. La parole est, sans doute, le mode de *persuasion* principal. Presque tous les grands meneurs d'hommes sont des bons orateurs, sachant généralement joindre le geste à la parole. On connaît le rôle grandissant des conseillers en communication *(spin doctors*, en anglais) dans les entourages politiques notamment au moment des élections. Mais, la persuasion ne suffit pas toujours et le recours à la *contrainte, ultimum remedium*, est parfois nécessaire. Georges Pompidou l'admettait ouvertement : *Gouverner, c'est contraindre. Contraindre les individus* à *se plier* à *des règles, dont chacune,* à *tout moment, va contre l'intérêt immédiat de tel ou tel.*

Cette dernière est toujours à l'arrière-plan et parfois utilisée, en ce sens que l'État a *le monopole de la contrainte légale*. Il existe aussi des régimes ou des groupes politiques qui cèdent au terrorisme et pratiquent la violence[10]. Mais, cette régression ne saurait laisser indifférent, car elle est antinomique d'une authentique culture politique.

Au total, il existe des phénomènes politiques à l'intérieur de *toute* société et tout particulièrement au sein de l'État, objet de la sollicitude du constitutionnaliste. Ces phénomènes sont complexes, mais aussi et surtout conflictuels, dans la mesure où des individus, par *volonté de puissance*, s'imposent à leurs semblables. Des personnes font pression sur d'autres, en clair, pour s'efforcer d'obtenir d'elles des comportements, des attitudes, jugés ou réputés nécessaires ou utiles pour le bien de la collectivité ou à l'intérêt général[11]. Renouvelant la vulgate marxiste, P. Bourdieu estime que la

8. La formule apparaît déjà sous la plume de Gracchus Babeuf, en 1796, dans le *Manifeste des Égaux.*

9. V. J. BAECHLER, *Le pouvoir pur*, 1978 ; J. K. GALBRAITH, *Anatomie du pouvoir*, 1985 ; M. FOUCAULT, *Deux essais sur le sujet et le pouvoir in* H. DREYFUS et P. RABINOW, *Michel Foucault, un parcours philosophique*, 1984, p. 297 ; L. SFEZ, *La symbolique politique*, 1988.

10. V. G. BOISMENU et J.-J. GLEIZAL (sous la direction), *Les mécanismes de régulation sociale*, 1988 ; I. SOMMIER, *Le terrorisme*, 2000.

11. Gouverner, c'est contraindre affirmait Georges Pompidou. À dire vrai, il serait plus expédient de proclamer : *Gouverner, c'est négocier avant tout.* V. La négociation, *Pouvoirs* n° 15, 1980.

domination sociale est intériorisée. L'habitus, *le système de dispositions intériorisées*, guide l'action de l'individu à l'intérieur de la société. Il ressort de ces observations que la politique repose sur un tête à tête obligé *gouvernants-gouvernés*, dont il importe désormais d'étudier la relation.

b) *Le caractère rationalisé de la politique*

12 Par suite d'une longue évolution, qui s'est esquissée en Occident, à partir du XVIIe siècle, le droit constitutionnel a pour objet, tel un jeu rituel, de *réglementer l'activité politique*, c'est-à-dire de la *juridiciser. La vaste procédure*, auquel il s'identifie pour le doyen Maurice Hauriou, détermine les conditions selon lesquelles la politique se manifeste ou, ce qui est du pareil au même, le pouvoir s'exerce. En d'autres termes, le droit constitutionnel, se situant dans une perspective *juridique*, autant que *civique, pose les règles* du jeu politique et distribue les rôles entre les différents acteurs. De façon significative, il en résulte l'établissement, sous une forme écrite le plus souvent, d'un *code de bonne conduite* entre gouvernants et gouvernés, appelé *constitution ;* en un mot des relations explicitées et protégées, en cas d'inobservation.

Ainsi la politique, à l'époque contemporaine, ou le pouvoir qui en constitue la marque distinctive, est moins celle du bon vouloir que de la norme juridique, encore que les émules du père Ubu n'aient pas disparu. *L'État de droit*, ce stade suprême d'une civilisation politique, résulte d'un changement de culture : au gouvernement *naturel* succède le gouvernement *consensuel* des individus. Soit, le passage, d'un *postulat*, celui du droit inné à commander les individus, à une *fonction* exercée au nom des gouvernés, selon leur volonté librement exprimée. L'*étreinte juridique* se révèle, à cet effet, le meilleur antidote au pouvoir.

Initialement, la tradition justifiait l'existence de gouvernants par *prédestination :* Bossuet, chantre de l'absolutisme sous Louis XIV affirmait : *Le prince ne doit rendre compte à personne de ce qu'il ordonne... Tout l'État est en lui, la volonté de tout le peuple est enfermée dans la sienne*. Issu, pour l'essentiel de Descartes et de Spinoza, un puissant courant d'idées devait récuser cette conception. À la domination de l'homme par l'homme succédera le gouvernement des hommes par la *loi*, promue en la circonstance au rang de *norme commune*[12]. *En conséquence, les dirigeants assument de nos jours une fonction* temporaire au nom des gouvernés. De proche en proche, *l'élection*, en dehors d'investiture exceptionnelle, est devenue la procédure normale de désignation et de révocation des gouvernants. La conception *moderne* de la politique est née, à bien des aspects, avec la Déclaration d'indépendance des États-Unis, le 4 juillet 1776 : *Tous les hommes sont créés égaux ; ils sont doués par le Créateur de certains droits inaliénables... Les gouvernements sont établis par les hommes pour garantir ces droits, et leur juste pouvoir émane du consentement des gouvernés*.

Au total, le droit constitutionnel, fruit d'un effort multiséculaire des gouvernés, est parvenu à *endiguer* la politique, puis à *enfermer*, pour l'essentiel, les gouvernants dans un *statut juridique*. C'est ce qu'il faut maintenant examiner.

12. Dans cet ordre d'idées, Bertrand de Jouvenel suggérait de parler de *nomocratie* de préférence à démocratie. Dans une lettre adressée en 1767, au marquis de Mirabeau, Jean-Jacques Rousseau résume sa suprême ambition : *trouver une forme de gouvernement qui mette la loi au-dessus de l'homme*. Son disciple, Marx prolongera sa vision juridique aux rapports *économiques* entre les individus. Le mode de formation de la loi en découle ; *expression de la volonté générale* et non plus d'une volonté particulière (art. 6 de la Déclaration des droits de l'homme et du citoyen de 1789).

B. L'ENCADREMENT JURIDIQUE DES PHÉNOMÈNES POLITIQUES

13 Qu'est-ce que le droit ? On peut certes hésiter sur la réponse. En revanche, il est inutile d'épiloguer sur un monde sans droit, celui dans lequel l'individu privé de garanties d'existence serait livré à l'arbitraire. Platon affirmait que *si le droit est le maître du gouvernement et le gouvernement est son esclave, la situation est très prometteuse et les hommes bénéficient de toutes les bénédictions que tous les dieux font pleuvoir sur la terre*. Hâtons-nous d'*aimer* le droit, en conséquence tout en précisant que le droit se présentant comme un ensemble de règles juridiques, se distingue du droit entendu comme science (soit la discipline étudiant lesdites règles).

1. La présentation du droit

14 En sa qualité de *discours de pouvoir*[13], *le droit constitue un mode de régulation sociale*. On voudrait successivement s'attacher à sa définition, préciser sa signification et étudier enfin son organisation.

a) La définition du droit

15 En dehors d'une démarche ironique[14], on s'accorde, généralement sur la définition suivante : le droit est l'ensemble des règles de conduite humaine, édictées et sanctionnées par l'État et destinées à faire régner dans les relations sociales, l'autorité et la liberté. Cette vision débouche sur celle d'un ordre juridique fixant des contraintes à la puissance de l'État. En découlent, avec d'inévitables différences entre les conceptions anglaise, allemande et française, la prééminence du droit (rule of law), le Rechtsstaat et l'État de droit[15].

b) La signification du droit

16 À prendre la mesure des choses, le droit se présente sous un double aspect : *Constatation de la réalité sociale*, il forme, à ce titre, la *trame* des rapports humains, dont il assume *la régulation*. Qui dit société dit droit *(Ubi societas ibi jus)*.

α) Le droit, phénomène social

17 À l'évidence, le droit se range parmi les sciences sociales, au point d'en être le résumé. Il apparaît comme la conséquence tangible de l'organisation des individus en *société*. Car, selon Daniel Villey, *il n'existe pas de droit de Robinson dans son île*, jusqu'à sa rencontre avec *Vendredi*. Sans qu'il soit expédient à ce point de la discussion

13. J. CHEVALLIER (sous la direction), *Droit et politique*, 1993 ; J. CAILLOSSE, *Introduire au droit*, 1993 et D. LOSCHAK, Le droit, discours de pouvoir, *Mélanges Léo Hamon*, 1982, p. 429.

14. Dans *La guerre de Troie n'aura pas lieu* (1935), Jean Giraudoux fait dire à Hector : *Le droit est la plus puissante des écoles de l'imagination. Jamais poète n'a interprété la nature aussi librement qu'un juriste la réalité*. Cette définition cinglante trouve une justification dans le fait que pendant longtemps, notre discipline était étudiée, de façon autonome, par rapport à son environnement. L'analyse *systémique* de David Easton, présentée en 1965, indique, à l'opposé, qu'un système politique, à la façon de la *boîte noire*, est immergé dans son environnement ; qu'il entretient des relations avec ce dernier, tant en amont qu'en aval. V. Ph. JESTAZ, *Le droit*, 1991 ; F. TERRÉ, *Le droit*, 1999.

15. V. L. HEUSCHLING, *État de droit, Rechtsstaat, Rule of Law*, 2002 ; Rapport sur la prééminence du droit, *Commission de Venise*, 2011.

d'évoquer la littérature née du *contrat social*, une organisation si rudimentaire soit-elle repose, de façon nécessaire, sur la coexistence entre la liberté de chacun et une autorité commune (art. 4 de la Déclaration de 1789). *S'il fallait tolérer aux autres tout ce qu'on se permet à soi-même, la vie ne serait plus tenable.* La boutade de Courteline est saisissante.

Le droit évoque la manière pour l'individu de se conduire en société, et plus précisément, la recherche d'un *compromis* entre *l'instinct de sociabilité*, qui le pousse à vivre au milieu de ses semblables dans un but de sécurité et le besoin concomitant de liberté qui l'incite à s'émanciper d'eux[16].

Il suit de là que, le droit, sinon la quête du droit, est conçu à l'image de la condition humaine, tout à la fois collective et individuelle. *Ni ange, ni bête*, disait Pascal, de l'homme. En conséquence, il participe au *contrôle* de l'individu, conjointement à d'autres règles de comportement, mais avec une force particulière.

c) Le droit, mode de régulation sociale

18 Pour utiliser le *distinguo* de Kant, l'individu est soumis tout à la fois à des règles *autonomes* et *hétéronomes*. Les premières relèvent de la conscience (morale, religion, politesse, règles de bienséance). Ces règles *internes* ou éthiques sont sanctionnées normalement par la réprobation, l'exclusion, l'autolimitation ou le remords.

À l'opposé, les secondes, règles *externes*, sont élaborées et imposées par l'État ou, si l'on préfère, le pouvoir institutionnalisé. C'est ici que réside la spécificité de la *règle de droit* ou de la *norme juridique*. Reflet de la volonté de la puissance publique (ou de la majorité en démocratie), celle-ci possède une force *contraignante*, à laquelle, en principe, aucune personne ne peut se soustraire. *Les lois sont des commandements*, opinait Portalis. Ce qui signifie, que la règle de droit est escortée, en tant que de besoin, par la force publique. Le dernier mot doit appartenir à la loi, proclame-t-on. De la même façon, personne n'est au-dessus des lois. À la vérité, l'utilisation de la contrainte demeure exceptionnelle, en raison de *l'adhésion* spontanée des membres du groupe aux commandements juridiques. Il est significatif, qu'en obéissant à la loi, l'individu n'obéit qu'à lui-même, en définitive. Le *mystère de l'obéissance*, selon Alain trouve ici son explication. Il réside dans un phénomène de croyance, dénommé la *légitimité*, ce *génie invisible de la société* (G. Ferrero).

Ceci indiqué, il convient d'apporter des précisions à la connaissance du droit *applicable* dans une société, à un moment donné, appelé le *droit positif*.

d) L'organisation du droit

19 D'un point de vue *technique*, deux questions se posent : sous quel aspect, le droit apparaît-il ? Quel est son mode de formation ? Pour toute réponse, le juriste, à l'aide de métaphores, invoquera les *branches* et les *sources* du droit.

α) Les branches du droit

20 Comparé à un tronc commun, le droit se subdivise en deux branches particulières appelées respectivement le *droit privé* et le *droit public*. On parle, par la suite, du *dualisme juridique*[17].

16. On connaît à ce propos la fameuse profession de foi libertaire de Proudhon en 1840 : *Quoique très ami de l'ordre, je suis dans toute la force du terme anarchiste (Qu'est-ce que la propriété ?).*

17. Le dualisme juridique a donné naissance au *dualisme juridictionnel*. À droit spécial, juge spécial. Au nom de la *conception française de la séparation des pouvoirs* (C.C., 23 janvier 1987, *Conseil de la*

I. Le droit privé régit les rapports entre les *particuliers* que nous sommes, les uns et les autres. Fondé sur l'autonomie de la volonté, il présente un caractère *égalitaire : Les hommes naissent et demeurent libres et égaux en droits* (art. 1er de la Déclaration des droits de l'homme et du citoyen de 1789). À ce titre, le droit civil encadre les comportements dans le domaine de la famille et des rapports patrimoniaux. *Les conventions légalement formées tiennent lieu de loi à ceux qui les ont faites*, énonce l'article 1134 du Code civil, en matière contractuelle.

II. En revanche, le droit public qui organise les relations, d'une part, entre les personnes publiques (l'État, les collectivités territoriales, les établissements publics), et, d'autre part, entre celles-ci et les individus est *inégalitaire*. Il met en présence des acteurs différents, obéissant à des préoccupations dissemblables. Les premières ont en charge l'intérêt général, la finalité du bien commun, sans céder pour autant au vertige des mots ; la personne privée, en dehors peut-être de la philanthropie, privilégie naturellement ses propres intérêts.

Dans ces conditions, il importe d'organiser un *arbitrage*. En cela se résume l'ambition du droit public. À tous ces égards, ce dernier est *autonome* ou *dérogatoire* par rapport au droit privé, tant dans le domaine de la responsabilité (T.C., 8 février 1873, *Blanco*, G.A. nº 1) que dans celui des contrats (C.E., 10 janvier 1902, *Compagnie nouvelle du gaz de Déville-Lès-Rouen*, G.A. nº 9), par exemple. Ce qui est vrai, depuis la nuit du 4 août au regard des individus, ne l'est pas de la puissance publique investie de *prérogatives exorbitantes du droit commun* (ou droit privé), selon la formule consacrée.

Le domaine du droit public se divise comme suit : au plan *externe*, le droit international règle les rapports entre États, entre organisations internationales et ceux-ci ; au plan *interne*, le droit communautaire[18], né du traité de Rome du 20 mars 1957, devenu, plus tard, celui de l'Union européenne, agit par la voie de la *substitution*, aux normes nationales et celle de l'*harmonisation* entre elles ; le droit constitutionnel détermine la forme de l'État, la structure du pouvoir et aménage le dialogue entre gouvernants et gouvernés ; le droit administratif met aux prises l'administration et les administrés ; le droit financier, l'État et les contribuables.

β) Les sources du droit

21 La fraîcheur de l'eau vive mise à part, quelle est l'origine des règles de droit ? Qui est qualifié pour les édicter ? Ce rôle incombe aux pouvoirs publics (les organes de l'État), expressions de la volonté majoritaire. Ainsi, le *droit est une politique qui a réussi* (E. Girault) ; *la politique crée le droit* (P. Avril).

À cet égard, des règles écrites et non écrites, *formalisées* ou *non formalisées* (G. Dupuis), sont générées. Elles sont *hiérarchisées* et *coordonnées*, au point de former un ordre juridique comparé, de manière classique, par Kelsen à une *pyramide*. Une telle diversité réjouit sans nul doute l'initié, mais rend malaisée l'accessibilité au droit, pour le particulier[19].

concurrence, Rec. p. 7) issue de la loi des 16-24 août 1790, il existe deux ordres juridictionnels symbolisés respectivement par la Cour de cassation et le Conseil d'État : *l'ordre judiciaire*, consacré par la constitution de 1958 (titre VIII) et l'*ordre administratif* auquel le C.C. a conféré un statut constitutionnel, tant du point de vue de sa structure (22 juillet 1980, *Validation d'actes administratifs, Rec.* p. 46) que de sa compétence (23 janvier 1987, p. 8). Depuis, le Conseil constitutionnel fait référence explicitement au *Conseil d'État et à la Cour de cassation, juridictions placées au sommet de chacun des deux ordres de juridiction reconnus par la Constitution* (3 décembre 2009, *Loi organique relative à l'article 61-1 C*, p. 206). Une juridiction, appelée le Tribunal des conflits, composée à parité de conseillers d'État et de conseillers à la Cour de cassation, tranche les litiges de compétence entre ces ordres (loi du 24 mai 1872). Le C.C. constituant à lui seul un ordre particulier, trois juridictions suprêmes coexistent en France (v. *IIIe partie*).

18. Au regard de l'article 88-1 C, le constituant a *consacré l'existence d'un ordre juridique communautaire intégré à l'ordre juridique interne et distinct de l'ordre juridique international.* C.C., 19 novembre 2004, Traité établissant une constitution pour l'Europe, *chr.* nº 113, p. 228.

19. En présence d'un *corpus* juridique national, composé, en 2008, de 2 314 lois (avec 18 367 articles), 23 833 décrets (137 219 articles) qui affecte le principe selon lequel *nul n'est censé ignorer la loi*, la codification est *une œuvre de salubrité juridique* (G. Braibant). Un code est la réunion des lois et règlements

I. En droit *positif* français (ou le *droit applicable)*, les *règles formalisées* se déclinent comme suit : la *constitution*, norme suprême au plan interne, protégée, en conséquence (art. 54 ; 61 et 61-1 C) ; *la norme internationale* (comprenant *le traité* régissant les relations entre sujets du droit international (art. 52 à 55 C) ; les *actes législatifs européens* à savoir le *règlement européen* (art. 288 T.F. U.E.), obligatoire dans ses éléments et directement applicable dans tout État membre et la *directive européenne (idem)* contraignant les États de l'UE à agir en vue d'atteindre un objectif, au moyen de la norme nationale de leur choix) ; la *loi*, acte du Parlement (art. 24 C) ; *l'ordonnance* (art. 38 C), norme prise par le Gouvernement, sur habilitation du Parlement, dans le domaine de la loi ; enfin, l'exercice du pouvoir réglementaire[20] par les différentes autorités compétentes se traduit par la prise de *décret* (par le chef de l'État et le premier ministre ; art. 13 et 21 C) et *d'arrêté* (ministre, préfet, maire...).

II. En théorie, une seule *règle non formalisée* doit être accueillie, il s'agit de *la coutume*, produit du temps, celui d'un usage répété (d'où l'adage *une fois n'est pas coutume)* qui lie les acteurs juridiques[21]. En France, on évoque, la *tradition républicaine* (interdiction de modifier la législation électorale l'année précédant l'élection ; démission du Gouvernement après la tenue d'élections nationales[22]). À l'opposé, la *jurisprudence* (*l'habitude des tribunaux*, selon J. Carbonnier), découlant des solutions constantes données par les juridictions à une question de droit, doit être mise à part. Car le pouvoir créateur incombe, à cet égard, aux seules autorités publiques. Le juge (*la bouche de la loi*, selon Montesquieu) doit donc se borner à appliquer la norme juridique. Il n'est pas habilité à la créer[23].

Toutefois, cette idée mérite d'être sérieusement relativisée. À l'opposé d'un robot, le juge donne vie au droit : il interprète la loi, l'adapte à de nouvelles situations, et de manière significative, en vue de prévenir un déni de justice (art. 4 du Code civil), il supplée, le moment venu, la carence du législateur. Autrement dit, des rapports dialectiques existent entre eux. L'exemple de la formation du droit administratif est éloquent. Au final, la jurisprudence confine à la source de droit. On relèvera ainsi que si seule une disposition législative peut faire l'objet d'une question prioritaire de constitutionnalité (*v. IIIe Partie*), le Conseil constitutionnel n'en a pas moins jugé que *tout justiciable a le droit de contester*

relatifs à une matière en un seul document (64 sont actuellement en vigueur. Par exemple, on pourra citer le Code électoral ou encore le Code de la santé publique). Il est généralement composé en deux parties : législative (L.) et réglementaire (R.).

20. La loi et le règlement se différencient d'un point de vue *matériel* (les domaines concernés sont distincts) et *organique*. À l'unisson de René Chapus, on observe qu'il n'y a qu'un seul législateur (le Parlement ou le peuple, art. 11 et 89 C) (C.C., 9 janvier 1990, *Amnistie en Nouvelle-Calédonie, chr.* n° 54, p. 199. On précisera cependant que la Nouvelle-Calédonie peut voter des *lois du pays* (art. 77 C) et que les D.O.M. et C.O.M. ont la capacité de statuer dans des matières relevant du domaine de la loi (art. 73 et 74 C) ; *infra*) et une pluralité de détenteurs du pouvoir réglementaire : président de la République, premier ministre, ministres, autorités locales, autorités administratives indépendantes (C.C., 17-18 septembre 1986, *Liberté de communication, chr.* n° 40, p. 185). V. A. HAQUET, *La loi et le règlement*, 2007.

21. V. P. AVRIL et M. VERPEAUX (sous la direction), *Les règles et principes non écrits en droit public*, 2000. P. AVRIL, *Les Conventions de la Constitution*, 1992. J. ROSSETTO, *Recherches sur la notion de convention et l'évolution des origines constitutionnelles*, thèse Poitiers, 1982.

22. V. J. -É. GICQUEL, La démission du premier ministre après les élections nationales, *R.A.* 2005, p. 5. La tradition républicaine n'est en rien immuable. On pourra évoquer la disparition en 2007 du vote d'une loi d'amnistie collective après l'élection présidentielle et de la présence d'un minimum de deux députés pour chaque département en 2009. De son côté, le Conseil constitutionnel rappele régulièrement que *la tradition républicaine ne saurait être utilement invoquée pour soutenir qu'un texte législatif qui la contredit serait contraire à la Constitution qu'autant que cette tradition aurait donné naissance à un principe fondamental reconnu par les lois de la République*. Pour une illustration récente, v. C.C., 17 mai 2013, *Loi ouvrant le mariage aux couples de personnes de même sexe*.

23. À l'Assemblée constituante, en 1790, Robespierre déclarait : *Ce mot de jurisprudence doit être effacé de notre langue. Dans un État qui a une constitution, une législation, la jurisprudence des tribunaux n'est autre chose que la loi*. À preuve, l'instauration par la loi des 16-24 août 1790 du *référé législatif*, au moyen duquel les juges devaient s'adresser au Corps législatif, toutes les fois qu'ils étaient tenus d'interpréter une loi. V. G. VEDEL, Le droit administratif peut-il être indéfiniment jurisprudentiel ?, *E.D.C.E.* 1979 1980, p. 31. Th. DI MANNO (coord.), Les revirements de jurisprudence du juge constitutionnel, *C.C.C.* n° 20, 2006, p. 101.

la constitutionnalité de la portée effective qu'une interprétation jurisprudentielle constante confère à cette disposition (C.C., Q.P.C., 6 octobre 2010, *Isabelle D. et Isabelle B.*, *Rec.* p. 264).

Pour revenir maintenant aux préoccupations initiales[24], on observera que l'effort d'encadrement a pu être mené à son terme, sans difficultés majeures, dans la sphère des relations individuelles, à l'opposé des manifestations de la vie politique. La soumission des gouvernants au droit n'est pas exempte d'arrière-pensées ni de ruses, sinon de... tentations. Dans ces conditions, le droit constitutionnel occupe une place à part dans l'univers juridique.

2. Le particularisme du droit constitutionnel

22 Rien n'est plus dangereux, opinait Esmein, *en matière constitutionnelle que de confondre le pouvoir avec le droit et de conclure de l'un à l'autre*. De fait, la *juridicisation* de la politique s'avère, de prime abord, malaisée, car la violence est inhérente à l'activité humaine. Par surcroît, en l'absence de sanction, les manquements aux règles constitutionnelles ont pu bénéficier, un temps, de l'impunité. Cependant, en vue d'assurer la sauvegarde des libertés, la quête de l'État de droit s'est imposée de nos jours. Il en est résulté l'*effectivité* et plus encore la *revanche* du droit constitutionnel[25].

a) La violence dans les relations politiques

23 En parodiant une célèbre formule de Jean Rivero, on est enclin à opiner, que le droit constitutionnel *sent la poudre*. Il résulte, en effet, d'un *antagonisme* naturel entre dirigeants et dirigés qui a emprunté souvent des formes intenses (émeutes, révolutions). À cet effet, les gouvernants cèdent, contraints et forcés, par nécessité, non par magnanimité. Toute liberté acquise a été une liberté conquise. La démocratisation du continent européen, autant que la décolonisation du tiers-monde, illustrent ce *combat pour le droit* (Ihering).

De fait, les gouvernants qui détiennent *le monopole de la contrainte* ont tendance à en user, afin de se soustraire à la contrainte inhérente à l'État de droit. L'histoire naturelle du pouvoir est surtout celle de la violence, alors même qu'elle n'est pas nécessaire pour obtenir l'obéissance des gouvernés. Certes, *on peut tout faire avec des baïonnettes, sauf s'asseoir dessus* (Talleyrand). Mais, le fil de la légalité a besoin d'être constamment renforcé face au fil de l'épée, ainsi que l'atteste la scène du printemps de Pékin, en 1989, où un étudiant arrête une colonne de chars... provisoirement. Mais, à la réflexion, la faiblesse de la force, c'est de croire en elle : *céder à la force est un acte de nécessité, non de volonté, c'est tout au plus un acte de prudence* (J.-J. Rousseau)[26]. La tragédie du Proche-Orient le rappelle chaque jour.

Ainsi, d'une manière permanente et paisible, le droit constitutionnel est une *gêne*, ou une *étreinte*, pour les gouvernants, dès lors qu'il enserre leur activité. À ce compte, *la forme est la sœur jumelle de la liberté* (Ihering). Il s'ensuit une tension permanente : *il y aura encore un dur combat demain*. L'*ultima verba* d'Andréi Sakharov en témoigne.

24. La doctrine (l'opinion des auteurs les plus autorisés) exerce « un magistère d'influence » (J. Rivero) mais ne se range pas parmi les sources du droit. Elle est, tout au plus, inspiratrice (domanialité publique de J.-B. Proudhon ; zone contiguë, en droit maritime, de G. GIDEL) ou organisatrice. V. A. DE LAUBADÈRE : Les doyens Maurice Hauriou et Léon Duguit, *in Pages de doctrine*, t. I, 1980, p. 11 ; G. VEDEL, Doctrine et jurisprudence constitutionnelles, *R.D.P.* 1989, p. 11.

25. V. P. AVRIL, Une revanche du droit constitutionnel ?, *Pouvoirs* n° 49, 1989, p. 5.

26. *Le plus fort n'est jamais assez fort pour être toujours le maître, s'il ne transforme sa force en droit et l'obéissance en devoir*, ajoutait-il dans le *Contrat social* (livre I, chapitre III).

b) La sanction des règles constitutionnelles

24 Pour s'en tenir à un exemple révélateur, Napoléon affirmait : *Aucune constitution n'est restée telle qu'elle a été faite. Sa marche est toujours subordonnée aux hommes et aux circonstances.* À cet égard, les acteurs politiques, loin d'être des automates, disposent d'une liberté d'allure, découlant du rapport de forces. De sorte que la constitution peut être délaissée et ravalée au rang d'une *pauvrette*.

Ainsi, le régime parlementaire instauré au début de la IIIe République, en 1875, a été supplanté par son contraire, le régime d'assemblée, à l'issue de la crise du 16 mai 1877, sans qu'aucune modification ne soit apportée à la constitution. Fort de sa victoire, le Parlement inflige, à cet instant, une *capitis diminutio* à l'exécutif. Promu au rang d'*organe de souveraineté* (Carré de Malberg) celui-là s'émancipe de toute hiérarchie : la constitution, privée de protection, plie devant la loi et le règlement de chaque assemblée. En un mot, le régime politique et juridique s'identifie, jusqu'en 1958, à l'*autolimitation* des élus.

Cette vision souligne l'opposition entre le droit privé et le droit public. Les règles juridiques, posées par celui-là, à l'opposé de celui-ci, sont en position de supériorité très nette par rapport aux acteurs juridiques *ordinaires* que nous sommes, parce qu'elles prennent appui sur l'armature de la société, c'est-à-dire sur l'appareil de l'État et que les acteurs juridiques, c'est-à-dire, en gros, les individus, tout en étant encadrés par l'État, sont à la fois distincts de lui et soumis à son autorité. Dès lors, les règles de droit bénéficient, pour assurer leur suprématie, de tout le poids de l'organisation sociale, de toute l'autorité de l'État et, en particulier, du secours du juge et de la force publique.

Autant le droit peut s'imposer à un particulier désobéissant, autant il paraît malaisé d'imaginer que l'État se contraigne lui-même. N'est-ce pas une gageure, l'idée selon laquelle le droit lie son auteur ? Et pourtant, la réalité s'est fixée en ce sens : l'État est devenu un sujet du droit.

c) La protection des règles constitutionnelles

25 Le droit constitutionnel n'est plus de nos jours le champ clos des forces politiques, mais une authentique discipline juridique. Un juge est appelé à sanctionner les violations de la constitution en vue de protéger l'individu. L'apparition de juridictions constitutionnelles, à l'imitation de l'Autriche en 1920, a généré le contentieux constitutionnel. Bref, *la politique est saisie par le droit* (L. Favoreu)[27].

Qui plus est, le caractère globalisant de ce droit lui confère un ascendant sur les autres disciplines juridiques. *Le Code civil est sous la tutelle des lois politiques. Il doit leur être assorti* (Portalis). Le phénomène de structuration du droit en cours, autorise à opiner que notre discipline demeure encore empreinte de particularisme.

La période qui s'est ouverte en 1945 (la France en sera le théâtre en 1958) est placée sous le signe de la reconnaissance du droit constitutionnel, en rupture avec la condescendance, dont il était jadis l'objet essentiellement de la part du droit administratif. Le constitutionnaliste a cessé d'être une *espèce de juriste incomplet* (G. Vedel). Jamais ce droit n'aura été autant invoqué et appliqué, tant il est avéré, en toute humilité, qu'il peut se parer de la qualité de meilleur agent de l'État de droit[28]. La mise en œuvre de la

27. V. P. AVRIL, La constitution : Lazare ou Janus ?, *R.D.P.* 1990, p. 949 ; B. MATHIEU et M. VERPEAUX (sous la direction), *La constitutionnalisation des branches du droit*, 1998.

28. Parallèlement à la diffusion des juridictions constitutionnelles, on assiste au développement des autorités administratives indépendantes qui participent à la régulation juridique de diverses activités de l'État. Parmi la quarantaine d'A.A.I., on citera : le Défenseur des droits (art. 71-1 C, loi du 11 mars 2011) ; la C.N.I.L. (Commission nationale informatique et libertés, loi du 6 janvier 1978) ; le C.S.A. (Conseil supérieur de l'audiovisuel, loi du 17 janvier 1989) ; la C.N.C.C.F.P. (Commission nationale des comptes de campagne et des financements politiques, loi du 15 janvier 1990) ou encore l'A.M.F. (Autorité des marchés financiers, loi du 1er août 2003. V. Myriam ROUSSILLE, *La compensation multilatérale*,

question prioritaire de constitutionnalité depuis le 1er mars 2010 marque incontestablement une nouvelle étape dans le développement du droit constitutionnel, authentique *droit des libertés*.

C. LE DROIT CONSTITUTIONNEL ET LES INSTITUTIONS POLITIQUES

26 En vue de délimiter le champ d'application de cette discipline, il est tentant de céder à la tautologie : le droit constitutionnel est le droit de la constitution. On songe ici à la maxime de Daunou, *La Constitution, toute la Constitution, rien que la Constitution*[29], reprise par F. Mitterrand en 1986. Mais à sacraliser celle-ci, à ignorer la réalité politique, à privilégier une logique purement juridique et notamment contentieuse *via* l'étude de la jurisprudence constitutionnelle, le juriste est enclin à devenir un obsédé textuel. Le droit constitutionnel se transforme alors en un droit du contentieux constitutionnel ; le phénomène s'étant incontestablement amplifié depuis la mise en place de la question prioritaire de constitutionnalité. Or, sans se détourner de son rôle, il doit intégrer, au-delà des apparences formelles, le fonctionnement réel d'un régime ; pénétrer et révéler son intimité. Étudier l'environnement idéologique de la constitution, analyser les partis politiques qui la vivifient, expliquer les contours d'une action juridiquement incontestable mais politiquement intolérable (telle l'éventualité du retour à l'Assemblée nationale, en avril 2013, de Jérôme Cahuzac) est le lot passionnant du constitutionnaliste. *D'où* la vision élargie aux *institutions politiques* et à la méthode rajeunie de la *science* ou *sociologie politique*.

1. Les institutions politiques

27 Le terme est relativement clair, au moins sous cet aspect, et n'appelle pas, en conséquence, de longs commentaires : elles disposent d'une existence *autonome*, les institutions sont des *choses établies par les hommes*. Les institutions politiques sont donc des choses établies par ceux-ci dans le domaine de la vie politique.

Par là, celles-ci comprennent les règles de droit constitutionnel, lesquelles deviennent des *choses* à titre d'encadrement de la vie politique. À cet égard, l'État est l'institution la plus achevée, à ce jour, sans perdre de vue les partis politiques, les églises, les syndicats, les associations, etc.

Mais, par ailleurs, le terme *institutions politiques* déborde le droit constitutionnel et, en fait, oriente vers la science politique.

2. La science politique

28 À l'époque contemporaine, le droit constitutionnel ne saurait prétendre au *monopole* de la compréhension des phénomènes politiques. Aussi a-t-il besoin d'un concours. La science politique, la dernière venue des sciences sociales, le lui apporte.

2006). V. *E.D.C.E.* n° 52, 2001 et rapport Gélard, Office parlementaire d'évaluation de la législation, *A.N.* n° 3166 ; *Sénat* n° 404, Annexe au procès-verbal de la séance du 15 juin 2006.

29. P. Avril, après avoir cité l'analyse de Benjamin Constant (*Quand on dit* La Constitution !, *l'on a raison,* toute la Constitution !, *l'on a raison encore, mais lorsqu'on ajoute :* rien que la Constitution !, *l'on ajoute une ineptie. La Constitution, toute la Constitution, et tout ce qui est nécessaire pour faire marcher la Constitution, cela seul est sensé)* constate qu'*on ne saurait par exemple se faire une idée exacte de la Constitution de la Ve République en s'en tenant au seul document promulgué le 4 octobre 1958* (*Les conventions de la Constitution*, 1997, p. 1)

a) L'objet de la science politique

29 Il s'agit de la science des *phénomènes politiques* ou du *pouvoir*. Elle est apparue au début du XXe siècle notamment à travers les premières approches sociologiques des partis[30] dévoilant des zones d'ombres de la démocratie représentative que les juristes ne percevaient pas pleinement. De son côté, A. Siegfried (*Tableau politique de la France de l'Ouest sous la Troisième république*, 1913) lance les bases de la sociologie électorale. Si l'objet poursuivi par cette discipline est identique à celui du droit constitutionnel, en revanche la *méthode choisie diffère*. À la préoccupation *normative* succède une préoccupation *descriptive*. Fait social par excellence, le phénomène politique est, en effet, redevable de la méthode d'investigation propre à la sociologie. *On dit ici ce qui est, et non pas ce qui doit être*. Montesquieu résumait, de la manière la plus heureuse, dans *l'Esprit des Lois*, l'ambition de la science politique. En ce sens, celle-ci adopte une démarche *pluridisciplinaire*, en sollicitant l'ensemble des sciences sociales, sans être l'obligée de l'une d'entre elles[31]. L'approche constitutionnelle de la politique n'est pas tant récusée que dépassée ; les règles juridiques ignorées que désacralisées.

Fille de la raison, la science politique, qui souffre des affres de la division interne avec la montée en puissance en son sein de la démarche sociologique, a principalement pour objet l'étude des faits politiques, *en eux-mêmes et pour eux-mêmes*. Sa rencontre avec le droit constitutionnel était inscrite dans la nature des choses.

b) Les relations avec le droit constitutionnel

30 À première vue, il s'agit de disciplines séparées, mais, qui, cependant, entretiennent de nombreuses affinités, au point qu'il n'est pas exagéré de songer à une complémentarité, voire une complicité entre elles : *La politique est terre de co-souveraineté*, à la manière d'un condominium.

L'opposition est marquée, au point d'évoquer une ligne de partage. Science *normative*, le droit constitutionnel repose sur un système de règles obligatoires et sanctionnées. Il s'attache, comme on le sait, à la *règle juridique*, c'est-à-dire à la soumission des gouvernants et des gouvernés au droit. En revanche, la science politique, science *descriptive*, a pour ambition de rendre compte de la vie *réelle* d'une société. Elle se préoccupe de l'*authenticité* des phénomènes politiques. Une comparaison vient à l'esprit : le premier est un metteur en scène, la seconde, une compagnie d'acteurs, entre lesquels une collaboration s'instaure. Du reste, Jellinek constatait en 1906 que *les règles de droit sont incapables de maîtriser effectivement la distribution du pouvoir politique*.

Les observations fournies par le politiste, ne laissent guère indifférent le constitutionnaliste. Selon une pente naturelle, celui-ci en déduit bientôt des règles nouvelles. Pour prendre un exemple, on pourrait songer à la *récupération*, si l'on peut dire, dont a fait l'objet l'ouvrage de Maurice Duverger, *les partis politiques* (1951), relatif aux conséquences pour les formations, du choix d'un mode de scrutin. Au final, comme le résume parfaitement Pierre Avril, *le droit constitutionnel souffre d'hémiplégie s'il s'isole de la science politique. Et réciproquement*. Dans ces conditions, le nouveau Yalta (l'étude des institutions politiques réservée aux politistes, celle du droit constitutionnel aux juristes ; v. E. Zoller, *Droit constitutionnel*, 1999) n'est guère souhaitable[32].

30. M. OSTROGORSKI, *La démocratie et l'organisation des partis politiques*, 1903 ; R. MICHELS, *Les partis politiques. Essai sur les tendances oligarchiques des démocraties*, 1914.

31. L'autonomisation de la science politique par rapport au droit public est visible à travers la création de l'Institut d'études politiques de Paris (*Sciences Po*) en 1945 et de la Fondation nationale des sciences politiques l'administrant ; de l'Association française de science politique en 1949, de la *Revue française de science politique* en 1951 et, pour couronner le tout, l'institution d'un concours d'agrégation distinct en 1971. V. J. BEAUDOIN, *Introduction à la science politique*, 2009 ; P. RAYNAUD, Le droit et la science politique, *Jus Politicum*, 2009

32. V. D. BARANGER, *Le droit constitutionnel*, 2002 ; F. LUCHAIRE, De la méthode en droit constitutionnel, *R.D.P.* 1981, p. 278.

§ 2. LA SIGNIFICATION DU DROIT CONSTITUTIONNEL

31 L'article 16 de la Déclaration des droits de l'homme et du citoyen de 1789 offre la plus belle définition du droit constitutionnel : *Toute société dans laquelle la garantie des droits n'est pas assurée ni la séparation des pouvoirs déterminée, n'a point de constitution.*

De cette vision, il découle que le sens profond du droit constitutionnel, et pour ainsi dire sa mission, consiste à organiser, dans le cadre de l'État, une coexistence pacifique du pouvoir et de la liberté[33]. Pareille affirmation a naturellement besoin d'être explicitée. C'est à quoi il convient de procéder, en étudiant respectivement le dualisme du pouvoir et de la liberté et sa mise en forme juridique.

A. LE DUALISME DU POUVOIR ET DE LA LIBERTÉ

32 Le droit s'apparente à un compromis conclu entre les individus. Car, la condition humaine est contradictoire dans ses manifestations et appelle, en conséquence, une nécessaire conciliation.

1. La contradiction de la condition humaine

33 Selon la conception du doyen Maurice Hauriou[34], à laquelle on adhère en qualité de *disciples*, le droit constitutionnel apparaît lié, dans ces caractéristiques profondes, à cette contradiction fondamentale de la condition humaine d'être *à la fois individuelle et collective*.

Les individus sont obligés de vivre en société, on le sait. Au reste, l'homme n'est-il pas un *animal politique*, aux dires d'Aristote ? Mais la destinée humaine est, en même temps, unique à travers l'exigence de la liberté.

Les hommes ont donc le droit et même le devoir de réaliser leur *destinée individuelle*, dans la mesure où ils ne heurtent pas, dans sa poursuite, l'intérêt général. Le progrès, en effet, progrès moral ou matériel, s'il est lié, dans une large mesure, à l'*organisation de la société*, dépend aussi, pour une part importante, des initiatives personnelles.

2. La conciliation entre l'être individuel et l'être collectif

34 La réalisation des destinées individuelles n'est possible que si certaines libertés sont accordées aux individus, leur permettant de développer leur personnalité, si une certaine égalité de moyens est mise à leur disposition afin d'user des libertés nécessaires et, si enfin, une participation à l'exercice du pouvoir leur est reconnue afin de garantir leurs libertés. Il existe donc un problème général de la *conciliation* de l'individuel et du collectif, de la liberté et de l'autorité qui se présente en droit constitutionnel, lorsqu'il s'agit d'organiser et de fixer les rapports entre société et individus.

33. Dans une démarche comparable, à la fin du XVIIIe siècle, Rivarol notait déjà : *On mènera toujours les peuples avec deux mots*, ordre et liberté : *mais l'ordre vise au despotisme, et la liberté de l'anarchie. Fatigués du despotisme, les hommes crient à la liberté ; froissés par l'anarchie, ils crient à l'ordre. L'espèce humaine est comme un océan, sujette au flux et au reflux : elle se balance entre deux rivages qu'elle cherche et fuit tour à tour, en les couvrant sans cesse de ses débris.*

34. V. son *Précis de droit constitutionnel*, 2e éd., 1929 et *La pensée du doyen Maurice Hauriou et son influence*, 1969.

B. LA SYSTÉMATISATION DE LA CONCILIATION

35 À cet égard, l'avènement du droit constitutionnel a été concomitant à celui de la liberté. Mais, on ne saurait à la réflexion, les assimiler pleinement l'un à l'autre.

1. Le droit constitutionnel : expression de la liberté

36 Historiquement, c'est à la fin du XVIIIe siècle, lors des Révolutions américaine et française, que le mot *constitution*, avec son sens moderne, verra le jour, et que l'adjectif *constitutionnel* s'appliquera à des régimes *tempérés*, ou *équilibrés*, dans lesquels autorité et liberté se limitent mutuellement[35]. L'expression monarchie constitutionnelle, en particulier, signifie, par opposition à celle de *monarchie absolue*, un régime dans lequel l'autorité du monarque est cantonnée par les libertés individuelles des citoyens et à la participation de ces derniers au gouvernement par l'intermédiaire d'assemblées représentatives[36]. Ultérieurement, la période de l'entre-deux-guerres sera caractérisée, à l'origine, par une avancée du droit constitutionnel. Mirkine-Guetzevitch a été frappé par l'importance du mouvement né du traité de Versailles de 1919, comme il l'aurait été avec la fin de l'empire communiste. La libération de peuples opprimés (Pologne, Tchécoslovaquie, Hongrie notamment), mise en parallèle avec celle observée à la fin du XVIIIe siècle en Europe occidentale et en Amérique, justifie sa position.

Toutefois, cette vision, si belle soit-elle, ne saurait être pleinement acceptable. Elle présente le défaut de laisser croire qu'il ne doit pas ou qu'il ne peut pas y avoir de limites à l'élan vers la liberté. Or, si celle-ci ne s'exerce pas dans l'ordre accepté, c'est-à-dire dans le cadre d'une société dirigée par un *pouvoir organisé*, elle tend à dégénérer en anarchie, quitte à provoquer en réaction la tyrannie ou la loi du plus fort.

2. Le droit constitutionnel : conciliation de la liberté et de l'autorité

37 Loin d'être exclusives l'une de l'autre, la liberté et l'autorité sont, à l'opposé, *corrélatives*. Alain, dans un propos de 1912, a bien résumé ce sentiment : *Résistance et obéissance, voilà les deux vertus du citoyen. Par l'obéissance, il assure l'ordre ; par la résistance, il assure la liberté*. Ceci revient à dire qu'à l'antinomie des comportements humains, le droit constitutionnel offre ses *bons offices*, et prend en charge, dans un souci d'*harmonie* ou d'*équilibre*, l'individu en *lui-même* et dans ses *rapports avec ses semblables*. À ce propos, l'autorité, *donnée par la nature*, et la liberté, *donnée par*

35. Le mot est porteur d'espoir et revêt une allure *progressiste*, non seulement en Occident, au XIXe siècle, mais aussi et surtout avec l'éveil du mouvement de la décolonisation dans la décennie 1930. De façon significative, le mouvement nationaliste tunisien s'intitulera *Destour*. Or, en arabe, le vocable signifie *constitution*. La coïncidence n'est pas fortuite. L'idée devait recevoir une nouvelle application, lors du *printemps* de Pékin, en mai 1989. Les étudiants de la place Tien Anmen proclamaient : *Nous avons du pain, nous voulons des lois*. Sous un fond d'exaspération économique et d'usure d'un pouvoir corrompu, le printemps arabe de 2011 s'est répandu comme une traînée de poudre. Après l'espoir, le temps de la désillusion (en Égypte, et, dans une moindre mesure en Tunisie) est arrivé.

36. D'une manière générale, l'*enseignement* du droit constitutionnel, en France, pour ne citer que ce cas, a été lié initialement au libéralisme politique. C'est une ordonnance de 1834, qui a créé à la Faculté de Paris, la première chaire confiée à Pellegrino Rossi (v. P. LAVIGNE : Le comte Rossi, premier professeur de droit constitutionnel français (1834-1845), *Mélanges Jean-Jacques Chevallier*, 1977, p. 173). L'enseignement est supprimé, au lendemain du coup d'État du 2 décembre 1851, et restauré en 1878 après la crise du 16 mai. Par la suite, des constitutionnalistes, André Hauriou et René Capitant, seront inquiétés et révoqués par le gouvernement de Vichy et visés par les attentats perpétrés par l'O.A.S. au cours de la guerre d'Algérie. Par ailleurs, dans le tiers monde l'enseignement doit tenir compte d'une certaine susceptibilité frémissante des dirigeants. En chaire, on peut tout dire, mais, le plus souvent, à la manière de Beaumarchais.

l'esprit, selon l'expression de Proudhon, vont de pair. La liberté coupée de l'autorité s'altère ; l'autorité privée de la liberté dégénère. La licence et l'omnipotence les remplacent. La conciliation ainsi opérée par le droit constitutionnel est explicitée, de manière totale, dans le cadre de l'État, à l'aide d'une constitution, dont on connaît, d'ores et déjà, l'importance.

Cependant, l'harmonie recherchée et aménagée entre l'autorité et la liberté n'est pas fixée *ne varietur*. Il se peut, en effet, qu'en circonstances de crise, l'avantage soit donné *provisoirement* à la première (art. 16 C), afin de mieux sauvegarder la seconde.

C'est en Occident que cet effort de conciliation, qui a abouti au *droit constitutionnel*, a pris naissance, et plus particulièrement sur le pourtour de la Méditerranée.

SECTION II — LA FORMATION DU DROIT CONSTITUTIONNEL

38 Le droit constitutionnel, droit protecteur de l'individu confronté au pouvoir, est une *invention de l'Occident*[37]. *De façon plus précise, il est un témoignage vivant de sa civilisation individualiste*, dont le rayonnement a contribué à lui conférer un *statut universel*. Pour s'en persuader, il suffit de songer à l'effondrement, en 1989, des régimes marxistes. La puissance attractive de la logique pluraliste a eu raison de la critique unanimiste[38].

§ 1. LA CIVILISATION DE L'OCCIDENT

39 Le droit constitutionnel est originairement un témoignage de la civilisation occidentale. Au prix d'une simplification, celle-ci peut se résumer en trois thèmes : *la confiance dans l'individu ; la croyance en la vertu du dialogue et le goût de l'organisation rationnelle*. Autant de *fruits de l'esprit* (Saint-Paul).

A. LA CONFIANCE DANS L'INDIVIDU

40 La croyance en Occident, dans la valeur incomparable de l'individu, ou *l'anthropocentrisme*, s'analyse comme l'idée fondamentale qui sous-tend et explique les systèmes politiques.

Il convient, en conséquence, de localiser *les origines intellectuelles* de cette tradition, avant de songer à sa *traduction institutionnelle*.

37. Afin d'éviter toute interprétation fâcheuse, l'Occident auquel il est fait référence, ne saurait être retenu en un sens politique extrémiste, à la manière d'une certaine croix celtique, mais entendu du seul point de vue *géographique*.

38. V. A. HAURIOU, Recherches sur une problématique et une méthodologie applicables à l'analyse des institutions politiques, *R.D.P.* 1971, p. 329.

1. Les sources intellectuelles de l'individualisme

41 L'individualisme se situe au point de rencontre de quatre apports successifs : ceux de l'Antiquité, du christianisme, de la féodalité et de la *philosophie des Lumières*, au XVIIIe siècle.

a) L'apport de l'Antiquité

42 On a coutume de dire qu'Israël nous a légué le monothéisme, la Grèce la raison et Rome le droit. D'une manière plus précise, on peut résumer cette contribution aux idées morales, sociales et politiques suivantes :

Tout d'abord, l'affirmation de la personnalité humaine, libre et responsable, c'est-à-dire l'idée que chaque homme, du fait qu'il est un *être raisonnable*, l'*homo sapiens*, doit être considéré comme *un centre d'initiatives et de responsabilités*[39]. *Ce concept fondamental est prolongé, sur le plan économique, par l'institution de la propriété individuelle, qui apparaît ainsi comme une sorte de protection avancée* de la personnalité et de la liberté, établie dans le monde matériel.

En second lieu, les principes de la morale stoïcienne, dégagés notamment par Épitecte et Sénèque, reposent sur une découverte qui servira de fer de lance ultérieurement au moment de l'assaut contre le pouvoir au XVIIIe siècle : la doctrine du *droit naturel*. Au nom de cette dernière ils affirment l'existence de lois éternelles et immuables liées à la nature de l'homme, des lois *antérieures* et *supérieures* et, à ce titre, opposables à celles édictées par l'État, le *droit positif*, pour employer la formule traditionnelle. Le stoïcisme crée, de la sorte, une puissante machine de guerre, dont les conséquences sont impressionnantes : *égalité* des individus, en un temps où sévit l'esclavage, *liberté* de l'individu et surtout *primauté* de l'individu[40].

b) L'apport du christianisme

43 Ces idées civilisatrices, léguées par l'Antiquité classique ont été remodelées par le christianisme.

L'idée de la personne humaine libre et responsable est valorisée par l'affirmation de l'âme et du salut individuels. Elle reçoit aussi et surtout, une importance supplémentaire du fait que le christianisme dénonce cette hypocrisie, qu'était l'esclavage, en affirmant *l'égale dignité de l'homme*.

Mais, par ailleurs, les concepts de personnalité et de liberté sont ramenés à de justes proportions par la doctrine du péché originel, qui met l'accent sur l'infirmité de la volonté humaine et sur la nécessité d'une autorité pour encadrer les initiatives individuelles.

Enfin, les formes de la vie politique sont apparemment respectées. Mais, en fait, elles se trouvent *bouleversées*. Certes, le Christ a proclamé : *Rendez à César ce qui est à César, et à Dieu ce qui est à Dieu.* Mais, ce faisant, il a brisé le *cadre totalitaire*, au sens descriptif du terme, dans lequel la cité antique emprisonnait l'individu. En ce sens, à son aspect de *délivrance*, le christianisme joint celui d'une technique de *résistance*, ou d'endiguement, par rapport au pouvoir temporel.

c) L'apport de la féodalité

44 On doit, semble-t-il, à la féodalité ; le développement d'un individualisme puissant, de nature aristocratique, qui, généralisé, apparaîtra, plus tard, comme une des racines de la liberté[41]. Le développement des liens d'homme à homme et cette idée que la société repose, pour une bonne part, sur des échanges de services. L'exaltation, avec la chevalerie, des sentiments d'honneur et de fidélité, qui se transposeront, par la suite, dans le loyalisme vis-à-vis du prince et, plus tard, encore, dans le civisme moderne.

39. À l'inverse de son frère Épiméthée qui agit d'abord et pense ensuite, Prométhée peut incarner la démarche occidentale (v. J.-P. VERNANT, *Mythe et pensée chez les Grecs*, 1974). *L'esprit prométhéen* désigne, à cet effet, une mentalité qui consiste à changer l'ordre des choses plutôt que de le subir.

40. D'une manière plus précise, la Grèce a légué au monde, un *modèle* philosophico-politique, celui de la *démocratie* au temps de Périclès. Modèle, soit, mais à la condition d'ignorer l'exclusion qui, dans un même mouvement, frappait les femmes, les étrangers et les esclaves, ces *outils vivants*, dont parlait Aristote. Le *génie institutionnel* de Rome est à l'origine de la science juridique, d'une organisation politique perfectionnée *(la res publica)* proche de l'État ainsi que de son corollaire, l'administration.

41. V. A. DE TOCQUEVILLE, *L'Ancien Régime et la Révolution*, 1856.

Enfin, cette intuition que la hiérarchie sociale doit être équilibrée par une perspective d'égalité entre les hommes ; cette dernière étant trouvée au Moyen Âge, qui était une époque de foi ardente, dans l'égalité devant Dieu. Il devait appartenir, par la suite à la Renaissance de synthétiser ces contributions. C'est ce que l'on peut appeler la *tradition humaniste*.

d) L'apport de la philosophie des Lumières

45 Moment privilégié de la pensée européenne, ce mouvement intellectuel du XVIIIe siècle, appelé aussi en Allemagne *l'Aufklärung*, est à l'origine du *libéralisme*, initié au siècle précédent par John Locke.

L'idée-force de cette cohorte des *princes de l'esprit* (*véritables législateurs*, selon Esmein), du libéral Montesquieu au démocrate Jean-Jacques Rousseau, consiste à soumettre, selon les enseignements de Descartes et de Spinoza, à l'empire de la *raison*, au crible de la logique, non seulement les phénomènes physiques, mais aussi et surtout les problèmes politiques[42]. *Que la raison gouverne le monde*, selon le mot d'ordre d'Hegel ! En d'autres termes, le pouvoir redescend du ciel là, où depuis le fameux *omnis potestas a Deo* de Saint-Paul, il avait élu domicile. Le mouvement de *laïcisation* ou de *désacralisation* de la pensée met un terme au *dirigisme divin* (A. Siegfried) au bénéfice du peuple (*Omnis potestas a populo*). Le surnaturel cède le pas au rationnel.

L'Occident a donc vécu à cet instant, une authentique *révolution idéologique*[43]. Ramenée à l'essentiel, on peut préciser la contribution de ses principaux protagonistes.

Dans le sillage de Locke[44], Montesquieu a prôné, au nom de la liberté, la séparation des pouvoirs. L'adversaire *de droite* de la monarchie, qui œuvre en vue de sa régénération, s'est fait le champion du libéralisme ou du gouvernement par une élite. Le suffrage restreint, la *souveraineté nationale* (celle des représentants, en clair) en découleront. En revanche, Rousseau est un authentique révolutionnaire, épris d'*égalité*, en ce qu'il préconise une rupture de l'ordre établi, bref une *réhabilitation* du pouvoir et non une simple limitation comme dans le cas précédent. Au pessimisme succède en l'occurrence, l'optimisme. Adversaire *de gauche*, celui-ci confère au *peuple en corps*, la qualité de *souverain légitime*, qui ne saurait s'opprimer lui-même. Il agit par la loi, *expression de la volonté générale*, et charge le gouvernement, de son exécution. Une différence de nature oppose, ainsi, le souverain à son bras séculier. La démocratie directe, le suffrage universel et la *souveraineté populaire* retentiront dans la constitution de 1793 (an I), en opposition à celle de 1791, vouée à Montesquieu[45]. Deux adversaires, certes, mais qui en conjuguant leurs efforts devaient façonner le droit constitutionnel.

Voltaire et Diderot lutteront pour la liberté de conscience et la tolérance, la vertu politique par excellence, condition *sine qua non* du pluralisme occidental, du respect d'autrui ou du droit à la différence, à l'avenant des physiocrates, chantres de la liberté économique et du droit de propriété, libérés des entraves de la féodalité.

42. On connaît le raccourci de Michelet : *Montesquieu écrit, interprète le droit ; Voltaire pleure, crie pour le droit et Rousseau le fonde.*

43. V. P. HAZARD, *La crise de la conscience européenne*, 1935.

44. *Le mépris de Locke est le début de la sagesse*, prétendait le contre-révolutionnaire Joseph de Maistre. De fait, le père du libéralisme politique fut un authentique esprit subversif. Il arma idéologiquement les révolutionnaires américains et français du XVIIIe siècle.

45. Alain affirmait, que *tous les fleuves de la révolte ont pris leur source* dans le *Contrat social* de Rousseau. Mais, dès 1751, Diderot avait ouvert la voie : *Aucun homme n'a reçu de la nature, le droit de commander les autres... Le prince ne peut pas disposer de son pouvoir et de ses sujets sans le consentement de la nation* (L'*Encyclopédie*, vol. 1er : *Autorité politique*).

2. La traduction institutionnelle

46 Diverses manifestations de confiance dans la personne humaine peuvent être relevées, selon qu'on la retient en sa qualité d'*individu* ou de *citoyen*.

a) *La confiance dans l'individu*

47 Une trilogie la résume : *la liberté, l'égalité* et le *suffrage*.

Le premier témoignage, mais assurément le plus fondamental, consiste dans la *reconnaissance de libertés* lui permettant d'agir dans le domaine social et politique. Celles-ci sont conçues comme des *libertés-virtualités*, c'est-à-dire comme des *routes* ouvertes devant l'indépendance et l'activité de chacun. On fait confiance à l'homme pour réaliser sa destinée et, par là-même, tenir sa juste place dans la société, grâce à la liberté d'aller et venir, aux libertés économiques, aux libertés de pensée, de parole, de presse, etc.

L'égalité est un second témoignage de confiance à l'individu. Celle-ci apparaît, dans la vision de 1789, comme un aspect de la liberté : si tous les hommes sont pleinement libres, ils sont en conséquence, égaux[46]. Mais aussi une égalisation des chances *sur le plan juridique* : on ne peut plus revenir en arrière en ce qui concerne l'abolition des ordres ou des *privilèges* de l'Ancien Régime.

Cependant, il ne s'agit pas d'une égalité de *fait*, d'une égalisation générale des situations de tous sur le plan matériel, ce qui conduirait les hommes de l'individualisme au collectivisme. Notons, du reste, que la limitation de l'égalité au plan juridique est dans la logique *libérale* de la confiance à l'individu. Si l'État procédait lui-même à une égalisation des revenus et des conditions, c'est qu'en fait, il n'aurait plus confiance dans l'homme.

Le caractère universel du suffrage est, enfin, un troisième témoignage de confiance accordé, à l'individu. En France, sous la Révolution, le suffrage est encore censitaire en 1791[47], mais il devient universel en 1793. Soumis plus tard à de nouvelles restrictions, il sera définitivement consacré en 1848 (mais réservé aux seuls hommes). Aux États-Unis, le caractère universel du suffrage n'a été acquis que progressivement ; mais dès le départ, le cens a été faible. En Grande-Bretagne, la marche au suffrage universel s'est opérée progressivement entre 1832 et 1918.

Le suffrage universel des hommes et des femmes ou *le pouvoir de suffrage* (Maurice Hauriou) lorsque celui-ci se traduit par une véritable liberté de choix pour l'électeur (secret du vote, pluralité des candidatures, etc.) est une extraordinaire preuve de confiance accordée à l'individu, d'autant que la généralisation de *l'électorat* (ou la qualité juridique *d'électeur*) s'allie avec celle de *l'éligibilité* (ou la condition juridique du *candidat*).

b) *La confiance dans le citoyen*

48 On se fie à son discernement concernant le choix des gouvernants. Les sociétés occidentales font confiance aux élus pour représenter les électeurs dans le cadre du *régime représentatif*. Le mandat impératif est proscrit et par suite, la pratique de la révocation (ou la surveillance via les jurys citoyens proposés par S. Royal en 2007) de l'élu par l'électeur. Les diverses organisations politiques (les partis), bénéficient, en principe, d'une même confiance, sauf pour celles qui contredisent formellement l'ordre social traditionnel (*v. chapitre IV*). Mais, d'une façon générale, le *droit à la différence* ou la tolérance est accepté. Il se présente, pour une part, comme la conséquence des structures pluralistes

46. L'égalité est, à l'évidence, antinomique de l'esclavage. Celui-ci sera aboli dans les possessions françaises, en 1848, sous la Seconde République, par le décret Schœlcher.

47. Le suffrage *censitaire* lie la qualité d'électeur à sa fortune. La constitution de 1791 introduit une discrimination demeurée fameuse entre les citoyens *actifs* et *passifs*.

d'une économie fondée sur la propriété privée et la diversité des entreprises individuelles. Toutefois, il est aussi et surtout, la traduction, dans le cadre d'un régime représentatif, de la liberté de conscience et d'opinion. Toutes les idées ont le droit d'être soutenues et organisées en partis politiques, même si leur présence gêne parfois le fonctionnement du système[48]. Pour la C.E.D.H. (25 mai 1998, *Parti socialiste de Turquie c/ Turquie*) il est de *l'essence de la démocratie* de permettre la discussion des projets, *même ceux qui remettent en cause le mode d'organisation actuel d'un État, pourvu qu'ils ne visent pas à porter atteinte à la démocratie elle-même.*

La place de la *majorité* est valorisée car on lui accorde le droit de prendre en charge les intérêts de *l'ensemble* de la communauté, bien qu'elle se présente comme l'expression d'opinions et d'intérêts partiels. De même, on reconnaît une légitimité à l'*opposition*, fondée à pratiquer une critique constructive, aidant la majorité à prendre en charge l'intérêt général[49]. À s'en tenir à cette vision, le premier soubassement idéologique des régimes politiques occidentaux classiques est donc bien la *confiance dans l'individu.*

B. LA CROYANCE EN LA VERTU DU DIALOGUE

49 En bonne logique, une *définition* du dialogue est utile avant de songer à ses *manifestations.*

1. La définition du dialogue

50 Gloire aux pays où l'on parle, affirmait Clemenceau. De fait, le dialogue, selon François Perroux est un échange de paroles libres et une action libre. Des paroles sont échangées, porteuses d'images, d'idées, de concepts, de jugements. L'un ou l'autre sujet prend ou reprend l'initiative ; chacun d'eux a la faculté ou la capacité de dire et de contredire[50]. Il en résulte une discussion ou une confrontation des idées, source d'émulation. À ce titre la collégialité est, tout à la fois, une marque d'humilité, au plan personnel, mais aussi le chemin de vérité, au plan collectif. Le délibéré juridictionnel et la délibération parlementaire en donnent la mesure.

2. Les manifestations du dialogue

51 Les expressions du dialogue sont aisées à identifier. *Les mécanismes de la représentation politique* tendent essentiellement à instituer un dialogue entre l'élu et ses électeurs. Dans tous les pays où un système politique *représentatif* est établi, les élus se rendent, chaque semaine, dans leur circonscription pour prendre contact avec leurs

48. Thomas Payne prétendait : *Celui qui veut assurer sa propre liberté doit protéger son ennemi même de l'oppression car s'il viole ce devoir, il établit un précédent qui l'atteindra lui-même.*

49. Le traitement accordé en Grande-Bretagne au *leader de l'opposition* marque le point extrême de l'*intégration* de la contestation dans les mécanismes politiques. L'idée apparaît, en France, à partir de 1974, dans le cadre d'un statut de l'opposition (saisine du C.C., transparence financière de la vie politique, égalité d'audience en matière de communication audiovisuelle) et plus encore, depuis 1981, avec l'exercice régulier de l'alternance. La démocratie se vit désormais au quotidien et des efforts supplémentaires ont été accomplis depuis 2008 (présidence de la commission des finances par un membre de l'oppoition ; création facilitée de commissions d'enquête ; journée mensuelle réservée, etc.). V. J. -É. GICQUEL, Les nouveaux droits de l'opposition parlementaire, in *Le nouveau règlement de l'Assemblé nationale*, Journée d'études, Assemblée nationale, 1er avril 2010, *Centre de recherches constitutionnelles de l'Université de Paris I*, 2011, p. 57 ; L'opposition, *Pouvoirs* n° 108, 2004.

50. Préface à K. MARX, *Œuvres,* t. I, Bibliothèque de la Pléiade, 1963, p. XXIV.

électeurs, écouter leurs doléances et leur exposer, en échange, leur action politique, en un mot celle du gouvernement ou de l'opposition[51].

La pluralité des partis et des organisations syndicales tend également à instituer un dialogue parmi les divers intermédiaires qui existent entre le pouvoir et les citoyens ; dialogue qui est, lui aussi, favorable à l'épanouissement de la liberté politique. Chacun comprend qu'à l'inverse, dans les pays de parti et de syndicat uniques, la vie politique se déroule sous le signe du monologue et pour tout dire, du conformisme : *Si nous pensons tous la même chose, c'est que nous ne pensons plus rien* (F. Bayrou).

Les *assemblées délibérantes* fonctionnent naturellement, surtout dans les pays de pluripartisme, selon la technique du dialogue. La *délibération*, qui est le mode d'expression des assemblées politiques, est, en effet, une procédure qui, au vu et au su de tous, se caractérise essentiellement par une organisation codifiée du dialogue entre les représentants de divers partis, entre la majorité et l'opposition. L'altérité est renforcée par le bicamérisme. Ce qui réduit d'autant la zone d'ombre inhérente à la raison d'État (*la folie d'État*, selon Alain). Enfin, *la séparation des pouvoirs*, systématise cette confrontation par la *répartition* de l'autorité entre les organes de l'État.

À tout prendre, le droit constitutionnel se veut une *concrétisation de la civilisation du dialogue*, parallèlement au culte qu'il voue à la raison.

C. LE GOÛT DE L'ORGANISATION RATIONNELLE

52 La poussée scientifique qui s'est développée en Occident depuis la fin du Moyen Âge et qui s'est affirmée, de façon définitive, au XVIIIe siècle, procède de cette conviction que le monde est intelligible à un observateur sincère ; bref qu'il est organisé rationnellement. *Les nations policées se félicitent de reconnaître la raison écrite*, affirmait Bigot de Préameneu, l'un des rédacteurs du Code civil, en 1804.

On en trouve une traduction saisissante dans le domaine du droit constitutionnel, à partir de la fin du XVIIIe siècle, à travers trois inventions, dont il faut s'entretenir : *le régime représentatif* ; l'établissement de *représentants* de la Nation et la tenue d'*élections disputées*[52].

1. L'invention du régime représentatif

53 Dans le cadre de la cité antique, le peuple se gouvernait lui-même. En l'espèce, il s'agissait de la *démocratie directe*. En effet, il était possible de réunir tous les citoyens sur une place publique (agora) et de les faire voter par oui ou par non sur les problèmes intéressant la conduite de l'organisme politique. Mais, lorsqu'il s'agit d'un État, comportant généralement des millions d'habitants, chacun comprend que ce gouvernement soit impossible. Dans ces conditions, il devient *représentatif*, c'est-à-dire que le peuple élit des représentants, auxquels il *délègue* l'exercice de sa souveraineté. Pour Esmein, *c'est le produit à la fois de l'évolution historique et de l'intelligence humaine. Il apparaît encore à beaucoup d'esprits comme la combinaison la plus ingénieuse et la plus sûre qu'aient inventée les hommes pour organiser la liberté politique.*

51. Renan affirmait : *La discussion est bonne car elle oblige chaque opinion à se surveiller, à se préciser ; la séparation est mauvaise car chacun alors s'enfonce dans son sentiment, sans égard pour la part de vérité que peut renfermer l'avis des autres.*

52. La rationalisation, tant dans les rapports publics (rédaction d'une constitution) que privés (élaboration du Code civil, en 1804) participe de cette idée, au même titre, que l'adoption du système métrique, et d'un calendrier républicain par la France révolutionnaire.

Le régime représentatif se définit comme *le gouvernement du peuple par ses élus*. Il s'incarne dans une assemblée. La Grande-Bretagne a inventé ce régime, avec l'élection de la Chambre des Communes en 1265. Il devait par la suite se généraliser et s'imposer définitivement à la fin du XVIIIe siècle en France et aux États-Unis. L'influence respective de Sieyès et Madison y sera décisive.

2. La fonction des représentants de la nation

54 Par l'entremise des représentants, on assiste à l'entrée en scène des gouvernés. Le Parlement ou la *Nation assemblée* se dresse face aux gouvernants. Le dialogue s'instaure ainsi entre les *délégués de la liberté auprès du pouvoir* (A. Hauriou) et les agents de l'autorité ; par la force des choses, cela aboutit à conférer aux élus la qualité, et plus encore le rôle, de *censeurs des gouvernants* (R. Aron). De ce fait, le Parlement apparaît le lieu privilégié du débat public et contradictoire s'agissant des problèmes nationaux.

La généralisation de l'élection des *représentants* à partir du XVIIIe siècle a favorisé puissamment à la mise en place d'une *hiérarchie* entre les pouvoirs publics favorable au Parlement. Tandis que celui-ci représente la volonté de la Nation, l'exécutif ne représente que la sienne.

3. L'organisation d'élections disputées

55 Une liberté réelle dans un pays évolué, implique la variété des opinions et des conduites, dans les limites compatibles avec l'ordre public. Autrement dit, une société dans laquelle la liberté des individus est reconnue est nécessairement *pluraliste* et *tolérante*. Le pluralisme entraîne, dès lors, des *élections disputées*, c'est-à-dire des procédures électorales à l'occasion desquelles des candidats de partis différents, se présentent devant les électeurs et entrent en compétition d'une manière *sincère*, selon le principe de l'égalité de traitement, pour obtenir les suffrages de ces derniers. À juste titre, la démocratie a pu être qualifiée de *régime concurrentiel*.

Par voie de conséquence, l'institution d'élections disputées s'affirme par des procédures *majoritaires* et non point *unanimistes*, à l'image des régimes communistes de naguère[53].

On est donc en droit de dire qu'il existe dans le droit constitutionnel originaire, une logique interne considérable qui se traduit par ce fait que ces pays qui ont accepté ce dialogue du pouvoir et de la liberté au sein d'un État ont adopté des institutions qui, bien qu'elles se répartissent entre des systèmes politiques clairement différenciés, présentent entre elles un *fonds commun* (A. Esmein) ou un incontestable *air de famille*, dont témoignent, à l'heure actuelle, les États de l'Union européenne[54].

De cet ensemble de considérations, il résulte que l'Occident a été la *terre nourricière* de notre discipline. Ainsi, à titre de pierre d'attente, à la Grande-Bretagne, elle est redevable du régime représentatif ; du régime parlementaire ; de la protection juridique des libertés publiques (*Habeas corpus Act*) ; du scrutin majoritaire, et de la contestation politique. Aux États-Unis, elle emprunte l'État fédéral ; le régime présidentiel ; la notion de constitution (écrite et protégée, en raison du contrôle de constitutionnalité) et la vision moderne de l'exécutif, dont le titulaire est investi par la nation pour une durée préfixe. La France, en dehors d'une vigoureuse conceptualisation relative à la *souveraineté*, a légué le régime d'assemblée, le régime présidentialiste et l'État centralisé.

Somme toute, la Grande-Bretagne, les États-Unis et la France ont bien mérité d'être appelés, à titre principal, les *pays fondateurs du droit constitutionnel*[55].

53. V. D. GAXIE, *La démocratie représentative*, 4e éd., 2003 et B. MANIN, *Principes du gouvernement représentatif*, 1996.

54. L'article 6 du Traité de l'Union européenne fait référence aux *traditions constitutionnelles communes aux États membres.*

55. D'autres États occidentaux ont œuvré utilement : l'Allemagne a inventé, en 1919, la technique de la *rationalisation de l'activité parlementaire* ou comment faire fonctionner un régime parlementaire sans majorité parlementaire ; l'Autriche a créé, en 1920, à l'instigation de Kelsen, *la juridiction constitutionnelle*

§ 2. LE DROIT CONSTITUTIONNEL CLASSIQUE

56 L'étude de ce concept, forgé par notre maître, André Hauriou, repose, au XIXe siècle, sur des *équilibres* variés, d'une part et suppose un *environnement* approprié, d'autre part.

A. LES ÉQUILIBRES DU DROIT CONSTITUTIONNEL CLASSIQUE

57 C'est généralement par la notion d'*organisation équilibrée* que se définit le classique. Qu'il s'agisse, en architecture, du Parthénon, des cathédrales ou du palais de Versailles ; de la musique ou de la tragédie ; le *classique* s'oppose, suivant les cas, au *baroque* ou au *romantique* par une organisation équilibrée des masses, des *mouvements* ou des *scènes*. Il en va de même, semble-t-il, du constitutionnalisme occidental, dans sa forme classique, lequel repose sur des équilibres *sociaux, politiques* et *institutionnels*.

1. Les équilibres sociaux

58 Si l'on prend pour guide la pensée de Jean-Jacques Rousseau, le corps social serait composé de citoyens, non seulement égaux en droits, mais participant avec la même constance et la même efficacité à la formation de la volonté générale, c'est-à-dire, en fait, à la détermination de la politique.

L'observation ne confirme cependant pas cette impression. Tout régime politique, même la démocratie, est, sous une forme ou sous une autre, *oligarchique*, c'est-à-dire dirigé par une classe restreinte et privilégiée ; en un mot, une *élite* (aristocratie ou bourgeoisie)[56]. Dans cet ordre d'idées, au XIXe siècle, le droit constitutionnel classique a partie liée avec la pensée libérale façonnée par Montesquieu, Constant et Tocqueville. Fuyant les extrêmes (le pouvoir du peuple autant que celui d'un homme) le libéralisme s'en remet au gouvernement *modéré* d'une élite, en protégeant la liberté face à la montée de l'égalité.

Il en résulte une tension surmontée entre la classe dominante et la classe dominée (la bourgeoisie et le prolétariat) qui n'est pas sans évoquer la république *patricio-plébéienne* de l'historien allemand Mommsen, analysant la Rome antique. De fait, tant en France que dans les régimes anglo-américains, initialement l'exercice restreint du suffrage et des libertés a abouti à la mise à l'écart du peuple. *La limitation du pouvoir y a donc précédé sa démocratisation.*

2. Les équilibres politiques

59 Le plus marquant est celui résultant de *l'alternance* au pouvoir de la majorité et de l'opposition, ou *l'aléa politique* (Y. Ben Achour).

Aristote notait déjà que l'aspect le plus visible de la liberté politique consistait en ce que chaque citoyen était susceptible d'être *tour à tour* gouvernant et gouverné : *on dit, et à juste titre, qu'on ne peut pas bien commander si l'on n'a pas bien obéi.* Cet équilibre fondamental de la cité antique se traduit dans le constitutionnalisme initial par la *tension maîtrisée et institutionnalisée*, mais toujours présente, entre majorité et

dont l'expansion contemporaine est saisissante ; la Belgique, en 1899, a adopté *la représentation proportionnelle* imaginée par Hondt, comme mode de scrutin. Quant à la Suisse, de temps immémorial, elle pratique les mécanismes de démocratie directe et semi-directe.

56. Cette loi du genre se vérifiera avec la mise en place, dans les régimes marxistes, d'une bourgeoisie bureaucratique (la *nomenklatura*) pouvant compter sur les fidèles serviteurs du parti (les *apparachiks*). Les *novorichi* constituent l'actuelle classe dominante en Russie. Ils ont su tirer économiquement profit de l'écroulement de l'URSS.

opposition. Celles-ci forment une sorte de *couple indissociable*, dès lors que chaque élément se définit par rapport à l'autre. En dehors de différences idéologiques, ce dernier rythme la vie collective à la faveur de l'*alternance*, autrement dit *le remplacement d'une majorité politique par une autre, à la suite d'une consultation électorale*[57].

En un mot, les électeurs disposent du pouvoir d'éliminer pacifiquement leurs gouvernants. À ce titre, le *vote-sanction* a frappé la gauche en 2002, puis la droite en 2012. La garde est relevée, mais la forteresse n'est pas rasée, pour autant, car il existe un large *consensus* entre les citoyens sur les fondements de l'ordre social. La remise en cause du régime politique, qui n'est pas sans faire songer au renouveau printanier, est un gage de vitalité, à l'opposé du régime de parti unique en situation d'hibernation.

3. Les équilibres institutionnels

60 Parallèlement à l'équilibre entre le pouvoir central et le pouvoir local, réalisé au moyen de la *décentralisation*, il faut s'attacher, à titre principal, à celui aménagé au sein du pouvoir d'État, entre le gouvernement et le parlement. Pour l'essentiel, le *régime parlementaire* et le *régime présidentiel* répondent à ce souci.

Il est utile d'indiquer qu'au premier cas, l'équilibre est aménagé au moyen du *cantonnement* entre les organes de l'État (on parle outre-Atlantique du système des poids et contrepoids, *checks and balances*). À l'opposé, la *collaboration* est recherchée au second cas. Mais, peu importe la méthode adoptée, une même finalité est poursuivie : rendre impossible le retour à la confusion des attributs de l'État au profit d'un pouvoir public, c'est-à-dire à l'arbitraire.

B. L'ENVIRONNEMENT DU DROIT CONSTITUTIONNEL CLASSIQUE

61 Le droit constitutionnel classique est lié à divers contextes.

1. Le contexte géopolitique et sociologique

62 Les groupements humains dans lesquels s'est développé le droit constitutionnel occidental formaient des *nations*, autrement dit des *groupes humains sédentaires et solidaires*. C'est la raison pour laquelle l'expression *État-nation* a été forgée pour rendre compte de *l'identité de principe* entre ces notions *juridique* et *sociologique*.

Ceci précisé, l'avènement de la nation a été favorisé par la contiguïté géographique, et l'unité ethnique et linguistique.

2. Le contexte religieux

63 Le milieu religieux a joué un rôle déterminant en occident, même s'il est apparu *réfractaire* à la raison, notamment en ce qui concerne l'origine et les manifestations du pouvoir.

Le christianisme s'est formé, il ne faut pas l'oublier dans des pays imprégnés d'une pensée religieuse dans laquelle chaque homme est considéré comme *un individu libre et responsable*.

57. L'alternance a le mérite d'être *le mode de régulation politique des démocraties paisibles* (V. Giscard d'Estaing) ou si l'on préfère, *l'oxygène de la démocratie* (F. Mitterrand). V. J.-L. QUERMONNE, *L'alternance du pouvoir*, 1988. D'une manière imagée, *le régime parlementaire est le régime du « Ôte-toi de là, que je m'y mette »* (Joseph-Barthélémy). Un délicat équilibre doit cependant être trouvé car une alternance trop fréquente (voir les séquences 1981, 1986, 1988, 1993, 1997, 2002 en France) est préjudiciable, à terme, à la continuité des politiques nationales.

Un parallélisme intéressant a pu être établi, selon lequel les structures religieuses, en occident, auraient servi de modèle aux institutions politiques ; la structure *autocéphale* du protestantisme favorisant l'auto-administration dans les régimes anglo-saxons, à l'inverse de la structure *centrale* du catholicisme suscitant la centralisation française.

3. Le contexte culturel

64 Le droit constitutionnel classique ne s'est pas développé dans des sociétés entièrement alphabétisées, où le niveau culturel permit à chacun d'avoir une conception claire de la chose publique.

Comme il l'a été indiqué, l'élite a ouvert le chemin au peuple. À cet égard, on partage avec Proudhon l'idée, qu'à l'origine, la démocratie est moins le pouvoir du peuple que *l'éducation* du peuple, soit la *démopédie*. Dans cet esprit, la rédaction d'une constitution s'avère être un vecteur civique essentiel.

À l'opposé de la Grande-Bretagne et des États-Unis qui ont progressivement généralisé le droit de suffrage, la France a été plus généreuse (ou imprudente ?) en proclamant d'emblée le suffrage universel en 1848. L'irruption du peuple dans des mécanismes institutionnels fragiles a provoqué l'instabilité ou *saphysionomie indécise* (Tocqueville), en contraste avec la permanence des institutions anglo-saxonnes.

4. Le contexte économique

65 Il est bien connu que le droit constitutionnel classique est né et s'est développé en occident, en même temps que prenait forme et grandissait le capitalisme libéral, et donc la bourgeoisie, dont on connaît le goût pour l'*écrit*, gage des bons accords[58].

Il s'agit de *petites unités*, ou *micro-économie*, qui sont en compétition les unes avec les autres dans le cadre du marché, à l'image de l'affrontement des classes sociales du XIXe siècle[59]. En un mot, toute activité économique implique la liberté, dont le débouché est nécessairement politique. Le grand écart entre le libéralisme économique et la fermeture démocratique est intenable à terme.

SECTION III LA DIFFUSION DU DROIT CONSTITUTIONNEL

66 Le droit constitutionnel participe de la culture de l'Occident. Par vagues successives, il s'est développé, au point de faire figure de donnée universelle (section 1). Cependant, sa généralité s'est opérée au détriment de sa spécificité ; à partir du moment où il a rencontré des milieux opposés à ceux de son origine (section 2).

58. V. W. ROSTOW, *Les étapes de la croissance économique*, 1962, et *Les étapes du développement politique*, 1967.

59. En témoignent les journées de juin 1848 (véritable *guerre servile* selon Tocqueville) et la Commune de Paris, en 1871. Le socialisme qui a été, d'abord un *cri de douleur* selon le mot de Durkheim, s'est employé à réconcilier l'essence humaine avec son existence et à œuvrer en vue d'une société libérée des antagonismes et des aliénations. En cela, le marxisme a pu être qualifié de *philosophie terminale*.

§ 1. L'EXPANSION DU DROIT CONSTITUTIONNEL

67 Dans la perspective tracée par la *Glorieuse révolution* anglaise de 1688, qui inaugure la soumission du pouvoir d'État au droit, le mouvement constitutionnel moderne débute à la fin du XVIIIe siècle. À défaut d'une progression continue au monde entier, il s'est développé par vagues successives, consécutives soit à des mouvements révolutionnaires, soit aux conflits mondiaux, avant de s'imposer au monde contemporain.

A. LES VAGUES INITIALES DE LA CONSTITUTIONNALISATION

68 Au prix d'une simplification, on peut en dénombrer trois : celle provoquée par la guerre d'indépendance américaine et à la Révolution française de 1789 ; celle consécutive aux révolutions françaises de 1830 et de 1848 et celle qui s'est produite après la Première Guerre mondiale, c'est-à-dire après la défaite des empires centraux et la révolution soviétique de 1917.

1. La vague provoquée par l'indépendance américaine et la Révolution française

69 Chronologiquement, l'indépendance américaine est la première en date, puisque la Déclaration est du 4 juillet 1776 et la constitution des États-Unis du 17 septembre 1787. Mais la Révolution française, plus agressive, en tout cas chargée d'un message plus vigoureux et plus entraînant, a produit des fruits plus tôt. La République batave est créée sous la Convention thermidorienne ; la République cisalpine, la République helvétique, puis la République ligurienne et la République romaine, sous le Directoire. La constitution du royaume de Suède est du 8 juin 1809[60] ; la constitution espagnole dite *constitution de Cadix*, de 1812[61] ; celle du royaume de Norvège du 17 mai 1814 (qui, étant toujours en vigueur, est le texte constitutionnel le plus ancien d'Europe). Après la chute de Napoléon, le mouvement continue encore : la constitution des Pays-Bas est du 24 août 1815. En Grèce, les assemblées du *mouvement de libération hellénique* (1821-1827) votent et révisent une *constitution d'Épidaure* (1822, 1823, 1827) qui s'inspire des principes de 1789 et de la constitution de 1791[62].

L'émancipation des colonies espagnoles et portugaise du Nouveau Monde, au début du XIXe siècle, entraîne la diffusion des institutions politiques américaines. Mais ici, la vague des constitutions se développe dans des milieux nettement différents : les pays d'Amérique latine demeurent, même après la proclamation de leur indépendance, des sociétés de structure franchement *coloniale*. La vie politique et, particulièrement, les assemblées sont dominées par des oligarchies foncières composées de blancs ou de métis, qui font et défont les gouvernements.

60. Toutefois ce pays s'était doté d'une constitution dès 1720. V. Ph. LAUVAUX, *Les grandes démocraties contemporaines*, 2e éd., 1998, p. 488 ; J.-P. LEPETIT, La constitution suédoise de 1720. Première constitution écrite de la liberté en Europe continentale, *Jus Politicum*, 2013.

61. J. VARELA SUANZES-CARPEGNA, La Constitution de Cadix dans son contexte espagnol et européen (1808-1823), *Jus Politicum*, 2013.

62. Avec le vote du *Bill of Rights*, le 13 février 1689, la Grande-Bretagne dispose d'une sorte de constitution, un siècle avant la France. Sous Cromwell (le contemporain de Louis XIV), deux textes avaient été adoptés en 1654 et 1657 (*Instruments of Government*) V. A. ESMEIN, Les constitutions du protectorat de Cromwell, *R.D.P.* 1899, p. 194 et 405.

2. La vague liée aux révolutions françaises de 1830 et 1848

70 Des deux révolutions, c'est celle de 1848 qui a eu, dans la conscience populaire européenne, le plus grand retentissement. Elle a, on le sait, provoqué des mouvements profonds dans toute l'Europe (Allemagne, Italie, Hongrie, Pologne).

Cependant, la révolution de 1830 a eu, directement, une influence plus durable sur le mouvement constitutionnel européen. Elle est en effet, pour une part importante, à l'origine de la constitution belge du 7 février 1831, la plus ancienne en vigueur sur le continent, qui propose un type clair et bien équilibré de monarchie parlementaire et qui, à ce titre, a fait, au XIXe siècle, le tour des pays européens. Au XIXe siècle, cette constitution, imitée de la charte française de 1830, a exercé plus d'influence sur l'Europe occidentale, et particulièrement orientale (Roumanie, Bulgarie, Grèce, Serbie, etc.), que la pratique anglaise[63].

3. La vague consécutive à la Première guerre mondiale

71 Ont vu le jour après la défaite des empires centraux et l'effondrement de la Russie tsariste, la constitution allemande de 1919 (dite *constitution de Weimar*), les constitutions autrichienne, hongroise, polonaise, tchécoslovaque, turque, ainsi que les constitutions de l'U.R.S.S. et de l'Espagne républicaine en 1931.

Cette troisième vague se partage en deux mouvements radicalement différents : la constitution de l'U.R.S.S., dont sont sorties les institutions politiques des démocraties populaires et de la Chine, et les constitutions de l'Europe centrale et orientale, imitées du constitutionnalisme occidental, particulièrement français.

Les constitutions marxistes sont celles des pays engagés dans un processus d'édification du socialisme, lequel crée un climat politique opposé à celui de l'Occident.

Les institutions des pays, autres que l'U.R.S.S., qui ont vu le jour après 1919, se caractérisent, à l'exemple allemand, par le *parlementarisme rationalisé* (B. Mirkine-Guetzevitch)[64]. Mais, il y a ceci de particulier que, pour la *codification* du système parlementaire, c'est l'exemple français, caractérisé par la primauté du parlement, qui a été suivi.

Ces constitutions devaient, cependant, sombrer en quelques années[65], faute d'une tradition démocratique et en réaction contre l'installation du communisme en U.R.S.S.

B. LES VAGUES CONTEMPORAINES DE LA CONSTITUTIONNALISATION

72 En dehors de l'élimination des régimes autoritaires en Europe méridionale, au cours de la décennie 1970[66] puis, dans les années 1980, dans les pays du cône sud latino-américain (Argentine, Chili notamment), le constitutionnalisme moderne s'abreuve aux sources de la décolonisation et, présentement, de la démocratisation.

63. V. B. MIRKINE-GUETZEVITCH, *Les constitutions européennes*, 1951.

64. V. B. MIRKINE-GUETZEVITCH, *Les nouvelles tendances du droit constitutionnel*, 1931.

65. À l'exception cependant de la constitution tchécoslovaque. V. G. BURDEAU, *Le régime parlementaire dans les constitutions européennes de l'après-guerre*, 1932.

66. La Grèce a rompu avec la dictature des colonels, en 1974 ; le Portugal en 1976 (*la révolution des œillets*) à la suite de l'intervention des forces armées et l'Espagne, au terme d'un processus de libéralisation inventé par les successeurs de Franco, avec l'adoption de la constitution du 29 décembre 1978. L'entrée dans la Communauté européenne, en 1986, a parachevé le processus démocratique. V. S. BERSTEIN, *Démocraties, régimes autoritaires et totalitarismes au XXe siècle*, 1992 ; G. COUFFIGNAL, *Le régime politique de l'Espagne*, 1993.

1. La vague de la décolonisation

73 Ce formidable mouvement qui a transformé le monde dans les années 1960, a émancipé de la domination étrangère près des deux tiers des États qui siègent à l'heure actuelle à l'O.N.U. Selon une pente naturelle, les nouvelles constitutions africaines et asiatiques ont, dans un premier temps, imité les institutions de l'ancienne métropole (à ce propos, la constitution française de 1958 a fait figure de *constitution-mère*) avant de se singulariser, au moyen du parti unique ou *parti-État*, à l'exemple de la constitution algérienne de 1963.

2. La vague de la démocratisation

74 La *révolution des peuples* de 1989, en Europe centrale et orientale a généré, à son tour, un prodigieux élan. Après que le parti communiste eut renoncé à son rôle dirigeant, les parlements issus d'élections disputées dans les États baltes (Estonie, Lettonie et Lituanie), en Bulgarie, Hongrie, Pologne, Roumanie, Slovaquie, et République tchèque se sont érigés en assemblées constituantes. Par référendum, le 12 décembre 1993, la Russie s'est dotée, à son tour, d'une constitution.

La *révolution-restauration* (J. Rupnik) qui se donne libre cours dans les ex-démocraties populaires est animée par la volonté, certes, de renouer avec le constitutionnalisme de l'entre-deux-guerres, mais plus encore par celle d'édifier la barrière de l'État de droit autour du pouvoir. Au-delà du choix d'un régime politique (les institutions françaises exercent un réel effet attractif), ce processus tend désormais à opposer la sérénité de la liberté à la fureur idéologique du passé[67].

À la manière d'un séisme, on a assisté, dans le même temps, en Afrique, à la relève du monopartisme par le pluripartisme. Le renouveau constitutionnel y a été initié par le Bénin et le Gabon[68]. L'Afrique du Sud, exemple démonstratif, a adopté une constitution définitive, en 1996, après avoir abrogé l'*apartheid*[69]. De même, l'Afghanistan (en 2003), l'Irak (en 2005) ont établi, dans un contexte incertain, complexe et violent, des constitutions de type pluraliste. Le printemps arabe de 2011 a entraîné d'amples processus de révision constitutionnelle en Tunisie[70], en Égypte et, par ricochet, au Maroc[71]. Cette métamorphose souligne le caractère prégnant de notre discipline[72].

67. À preuve, la généralisation des juridictions constitutionnelles en Europe centrale et dans l'Afrique subsaharienne. V. P. GÉLARD, Chronique de droit constitutionnel étranger, *R.D.P.* 1989, p. 299 ; J. DU BOIS DE GAUDUSSON et G. CONAC (sous la direction). *La justice en Afrique,* 1990 (D.F.) ; M. LESAGE, *constitutions d'Europe centrale, orientale et balte,* D.F., 1995.

68. La constitution gabonaise de 1991 équilibre le pouvoir d'État par l'existence d'une Cour constitutionnelle (art. 83) qui examine obligatoirement les lois (art. 84) ainsi que l'exception d'inconstitutionnalité soulevée par un justiciable (art. 86) ; les fonctions du Parlement sont renforcées notamment par la mise en cause du Gouvernement (art. 64) ; un Conseil national de la communication est créé (art. 94) en vue de respecter le pluralisme. V. J. dU BOIS DE GAUDUSSON, G. CONAC et C. DESOUCHES, *Constitutions africaines*, D.F., 1997.

69. V. F. DREYFUS, La constitution intérimaire d'Afrique du Sud, *R.F.D.C.* 1994, p. 465 ; N. LENOIR, Le nouvel ordre constitutionnel d'Afrique du Sud, *C.C.C.* n° 1, 1996, p. 37.

70. V. R. BEN ACHOUR et S. BEN ACHOUR, La transition démocratique en Tunisie : entre légalité constitutionnelle et légitimité révolutionnaire, *R.F.D.C.* 2012, p. 715. La Constitution du 26 janvier 2014, adoptée par l'Assemblée générale constituante, établit, de manière totalement inédite dans le monde arabe, l'affirmation de l'état civil (art. 2), la liberté de conscience (art. 6) et l'égalité entre l'homme et la femme (art. 21).

71. V. Le Maroc, *Pouvoirs*, n° 145, 2013.

72. La principauté d'Andorre qui relevait d'un régime de type féodal (l'acte de paréage de 1278) a accédé à son tour à la modernité : les électeurs ont approuvé, le 14 mars 1993, une constitution de type

§ 2. LE DÉFI AU DROIT CONSTITUTIONNEL

75 La diffusion du droit constitutionnel dans le monde entier, dont on vient de marquer rapidement les étapes, le met nécessairement en présence de contextes idéologiques, géopolitiques, économiques, sociaux, culturels très différents de son milieu d'origine ; ce qui entraîne des *déformations*. Mais dans le même temps, l'on ne peut ignorer les modifications de la société occidentale qui l'affecte, à son tour. Bref, ce dernier a subi *la lente conspiration des âges*, pour parler comme Chateaubriand.

A. LES DÉFORMATIONS DU DROIT CONSTITUTIONNEL DANS LES SOCIÉTÉS NON OCCIDENTALES

76 L'expansion, dont se prévaut le droit constitutionnel, ne saurait incliner cependant au triomphalisme. Une chose est, en effet, de se doter de ses techniques, une autre d'honorer son esprit et sa finalité. Des institutions démocratiques peuvent être décidées ; en revanche, une culture démocratique ne peut s'intérioriser qu'au fil des années.

Dans cet ordre d'idées, l'invention de l'Occident a été confrontée à une série d'obstacles, qui ont pu faire douter initialement de sa réalité. L'existence d'une constitution *implicite* à côté de la constitution explicite fournit une démonstration péremptoire à ce qu'il est convenu d'appeler le droit *vécu non officiel*.

Chronologiquement, le droit constitutionnel a subi la première déformation, et peut-être la plus importante, lors de sa rencontre avec l'idéologie marxiste-léniniste.

Cette rencontre a, peut-on dire, provoqué un véritable *schisme*, en ce sens que ces sociétés, en marche vers le communisme, nient l'individualisme, répugnent au dialogue et valorisent la dictature du prolétariat. Sous l'impulsion de la révolution bolchevique de 1917, les *Démocraties populaires* se forment le long du rideau de fer et prétendront, jusqu'en 1989, avoir établi un nouveau paradigme démocratique. Dans son manuel de 1949, le doyen Vedel oppose ainsi *le droit constitutionnel de la démocratie classique* à celui *de la démocratie marxiste*.

Le marxisme suscite, par réaction ou prévention, une seconde série de déformations avec l'avènement du fascisme dans l'Europe de l'entre-deux-guerres, puis dans ses versions ibériques édulcorées (*franquisme* en Espagne, *salazarisme* au Portugal).

La troisième série de déformations a été provoquée par le sous-développement économique des pays du tiers-monde. L'État de droit ou encore le respect de l'opposition sont perçus comme des luxes dont le peuple pouvait momentanément se passer. Bref, *le pain avant la Constitution*.

Si l'on pouvait un temps penser que les vertus du droit constitutionnel avaient triomphé au début des années 1990, à une époque où concomitamment le mur de Berlin s'écroule et que le développement économique devient visible en Asie, en Amérique du Sud et en Afrique, des poches de résistance vont se maintenir. La Chine, la Corée du Nord, la Birmanie, l'Afghanistan et l'Iran, pour ne citer que les cas les plus flagrants, se réclament, en effet, de schémas politiques distincts imperméables aux valeurs de libéralisme politique et de démocratie perçues avant tout comme occidentales et allogènes à leurs propres traditions nationales. La demande, mieux la croyance, dans le droit, en tant que protecteur de l'individu face au pouvoir absolu, ne s'est pas, malgré les espoirs entretenus[73], pleinement révélée un gage de restructuration du monde.

parlementaire, caractérisée par un chef d'État collégial (les coprinces français et espagnol). V. J.-Cl. COLLIARD, L'État d'Andorre, *A.F.D.I.* 1993, p. 377.

73. V. M. TOURAINE, *Le bouleversement du monde*, 1995.

B. LES TRANSFORMATIONS DU DROIT CONSTITUTIONNEL DANS LES SOCIÉTÉS OCCIDENTALES

77 À l'heure actuelle, des distorsions sont infligées au droit constitutionnel dans les pays occidentaux. Outre la *réconciliation* entre l'individu et le pouvoir, marquée par l'avènement des *libertés-créances* ou *droits sociaux*, la modernité a été à l'origine d'une *inversion* de la hiérarchie entre les pouvoirs publics, symbolisée respectivement par la montée en puissance du pouvoir exécutif[74] et du juge constitutionnel. La Ve République en porte témoignage.

78 Ramené à l'essentiel, le droit constitutionnel repose sur les valeurs de respect de la dignité humaine, de liberté, de démocratie, d'égalité, de l'État de droit, ainsi que de respect des droits de l'homme (art. 2 du traité sur l'Union européenne).

Il résulte de ce qui précède, que la matière de cet ouvrage peut se répartir en trois parties :

I. – *Les fondements du droit constitutionnel.*

II. – *Le droit constitutionnel étranger*

III. – *Le droit constitutionnel français.*

74. On visera la théorie de *la primauté du pouvoir exécutif*, formulée, dès 1923, par le doyen Maurice Hauriou, selon une démarche anticipatrice. Trois arguments peuvent être avancés : *l'antériorité*, la *spécificité* et la *légitimité* dudit pouvoir *(v. IIIe partie)*.
Historiquement, l'exécutif apparaît le premier pouvoir de l'État au point de lui être *consubstantiel* ; une sorte de souche ou de tronc commun, dont les pouvoirs législatif et judiciaire se sont progressivement détachés. En période de crise ou de tension, un *remembrement* de l'autorité s'effectue autour et pour ce dernier. Qu'il suffise de songer à la législation d'exception (état de siège ou d'urgence), ou à l'article 16 C. Au surplus, l'exécutif est un pouvoir à part, en raison de sa continuité. Il incarne l'action au quotidien, c'est-à-dire la *continuité de la vie nationale* (C.C., 30 décembre 1979, *Loi de finances pour 1980, C.C.F.*, p. 289). Au surplus, l'exécutif est un pouvoir de commandement, dont les autres pouvoirs sont dépendants. Le vote de la loi par le Parlement doit *nécessairement* s'accompagner de l'intervention de l'exécutif (promulgation par le chef de l'État, décrets d'application par le Premier ministre). Une décision de justice qui se heurte, à la résistance, active ou passive, sera exécutée grâce au concours du *bras séculier* de l'État. Dans un raccourci fameux, le doyen de Toulouse notera : *Le pouvoir exécutif est un pouvoir d'entreprise, car il possède la synthèse de la conception, de la décision et de l'exécution.*
Enfin, l'exécutif a changé de condition. À l'imitation des États-Unis qui, d'emblée ont adopté cette solution, ce dernier est devenu de nos jours, selon les procédures variables (institutionnelle ou partisane) *légitime* parce que *majoritaire*. Le chef de l'exécutif procède, on le sait, de l'investiture de la nation et c'est devant elle, au terme de son mandat, que sa responsabilité est mise en cause si du moins il sollicite sa réélection.

PREMIÈRE PARTIE
LES FONDEMENTS DU DROIT CONSTITUTIONNEL

CHAPITRE I
L'ÉTAT

79 L'État se présente comme le cadre spatial *privilégié*, au sein duquel s'affrontent et coexistent le pouvoir et la liberté ; en clair, les gouvernants et les gouvernés. À ce titre, cette modalité d'organisation sociale, qui participe de *l'exemplarité*, n'en est pas moins empreinte de *relativité*.

Exemplarité, en ce sens que l'État est la forme sociétale la plus *perfectionnée* (les concepts et modèles juridiques y puisent leurs racines) et la plus *généralisée*. Jamais le nombre d'États n'a été aussi élevé que de nos jours. *Le temps du monde fini commence* disait Paul Valéry. Le combat est sur le point de s'achever, faute de combattants. Cette *mondialisation* de l'État est aisément vérifiable : lors de sa constitution, en juin 1945, l'O.N.U. comprenait 51 États ; au lendemain de l'admission du Monténégro en 2006, elle en accueille désormais 192. L'indépendance du Kosovo, proclamée en 2008, a été reconnue notamment par la France. L'Autorité palestinienne est dotée, depuis 2012, du statut d'État observateur non membre de l'O.N.U. L'Afrique, qui a été le continent par excellence de la colonisation, comptait quatre États indépendants, en 1950 (Éthiopie, Égypte, Libéria et Afrique du Sud), avec l'indépendance du Soudan du Sud en 2011, on en dénombre 54. On se posera la question de savoir si la Somalie peut encore prétendre à cette qualité. La déclaration d'indépendance de l'Azawad en 2012, dont la légitimité a été contestée par la communauté internationale, a, *in fine*, conduit, en 2013, à une intervention militaire de la France au Mali afin de garantir à ce dernier le respect de son intégralité territoriale.

Cependant, l'État ne saurait être regardé comme une notion absolue et définitive. À l'opposé, il s'agit d'une forme *historique* d'organisation, ou *contingente*, liée au développement de la civilisation occidentale. Sous cet aspect, l'État n'a pas toujours existé. Il est né à Rome. Il a été absorbé par le pouvoir patrimonial à l'époque de la féodalité avant de ressusciter au XVIIe siècle. L'État n'est pas exempt de maladie, telle la *libanisation*. Reste qu'il était promis, selon l'idéologie marxiste-léniniste, en tant que symbole de la domination bourgeoise, à être *relégué au musée des antiquités à côté du rouet et de la hache de bronze* (Engels) et remplacé, à l'issue de la révolution prolétarienne, par un régime d'auto-administration communiste[1]. L'histoire a eu raison de cette utopie et la nation s'est dressée contre l'État : à preuve la disparition de la R.D.A. le 3 octobre 1990. Dans le même temps, la déliquescence du parti unique a ressuscité l'État[2]. Ailleurs, il connaît une mutation liée à l'émergence du pouvoir supranational et local.

1. Il n'est pas sans intérêt d'observer que le pouvoir politique, dont l'État est l'incarnation, n'est pas considéré par les socialistes, Marx communiant sur ce point avec Proudhon, comme une fin en soi, à la différence de leurs frères ennemis, les fascistes italiens par exemple. (*Tout dans l'État, rien en dehors de l'État, rien contre l'État* affirmait Mussolini.) Le socialisme annonce, avec Saint-Simon, la fin de l'État et sa dissolution dans l'économie : *l'atelier remplacera le gouvernement ; au gouvernement des hommes succédera l'administration des choses*. V. LÉNINE, *L'État et la révolution*, 1917.
2. S. MILACIC (sous la direction), *La réinvention de l'État*, Bruxelles, 2003.

L'analyse de l'État conduit à envisager respectivement sa condition et les différentes formes qu'il revêt.

SECTION I LA CONDITION JURIDIQUE DE L'ÉTAT

80 Sous ce rapport, il importe de s'interroger successivement sur la définition, les éléments constitutifs et l'origine de l'État.

§ 1. LA DÉFINITION DE L'ÉTAT

81 On est tenté de répondre, d'une manière réaliste, à la façon de Nietzsche dans *Ainsi parlait Zarathoustra* : l'État, c'est le plus froid de tous les monstres froids. Il ment dans tous ses actes, dans chacun de ses propos. Sans négliger cette vision, on s'attachera de préférence à une démarche géographique et juridique.

A. LA DÉFINITION GÉOGRAPHIQUE DE L'ÉTAT

82 En quelques mots, on peut avancer l'idée selon laquelle l'État désigne *la localisation d'une population déterminée*. En d'autres termes, il s'agit d'une *entité artificielle qui se superpose aux régions naturelles*.

Toutefois, l'existence d'États ou de nations *idéologiques* ou *religieux*, coupés de toutes références géographiques, est concevable, si l'on songe aux cas particuliers de l'ex-U.R.S.S. et d'Israël[3].

B. LA DÉFINITION JURIDIQUE DE L'ÉTAT

83 Le géographe précède, en quelque sorte, le juriste sur son propre terrain, en mettant l'accent, de manière instinctive, sur le caractère *artificiel* de l'État. Ainsi qu'on le montrera ultérieurement, ce dernier n'est qu'une *représentation de l'esprit*, une idée, ou un concept.

D'où la vision classique de Carré de Malberg : *l'État est un être de droit en qui se résume abstraitement la collectivité nationale ou la personnification* de cette dernière. Un être de droit, et non de chair et de sang, porte le nom de *personne morale* par opposition à une personne physique.

3. La dénomination d'États issus de la décolonisation n'est jamais innocente. Elle se rattache, au-delà du souci d'authenticité, à la volonté de renouer avec le passé *précolonial*. La référence aux royaumes du Ghana ou du Mali est symptomatique, comme celle du Burkina Faso *(la patrie des hommes dignes)* adoptée en 1984 par la Haute-Volta. De la même façon, une querelle sémantique divise à l'heure actuelle la Macédoine (admise à l'O.N.U. sous l'appellation provisoire d'*ex-République yougoslave de Macédoine*) et la Grèce. Celle-ci s'oppose à une dénomination regardée, comme un élément de son patrimoine culturel et historique.

1. Le concept de personne morale

84 Il s'agit d'une construction juridique destinée à prendre en charge, de façon permanente, les intérêts d'un groupe humain (population, peuple ou nation), indépendamment des personnes physiques qui agissent au nom de l'État. *Je n'ai jamais déjeuné avec une personne morale*, opinait le doyen Duguit.

Ce concept permet d'expliquer la *pérennité* de l'État et de ses engagements. Les agissements commis en son nom engagent sa responsabilité : ainsi la déportation de juifs sous l'Occupation (C.E., Ass., 12 avril 2002, *Papon, chr.* n° 103, p. 167). En outre, l'*égalité* des États, en droit international, y puise sa justification. Ceux-ci étant considérés comme des *centres de droits et de responsabilités*, c'est-à-dire, des personnes juridiques. En dernier lieu, cette présentation permet de doter l'État d'un *patrimoine propre*, dont le budget constitue l'élément essentiel, destiné à la gestion des services publics (enseignement, armée, justice, etc.).

2. Les acceptions de l'État

85 On peut en retenir deux : *générique* et *spécifique*.

a) L'acception générique

86 L'expression vise tantôt les pouvoirs publics ou la puissance publique, tantôt l'organisation globale de la société.

Dans le langage courant, le mot désigne la puissance publique (ou les organes qui exercent les fonctions de l'État) ; les gouvernants (*ils*) par rapport aux gouvernés (*nous*). On évoquera le rôle du chef de l'État sous la Ve République, l'action de l'État dans la lutte contre le chômage, etc.

Mais l'État vise aussi une autre réalité. Telle une poupée gigogne, il s'identifie à *l'élément central* par rapport à ses *démembrements* représentés par les collectivités territoriales (communes, départements, régions, collectivités à statut particulier, collectivités d'outre-mer) (art. 72 C). En ce sens, l'État constitue l'armature ou l'enveloppe *juridique* d'un phénomène *sociologique*, la collectivité *tout entière* appelée plus précisément la *nation*. Selon la terminologie de Gramsci, l'État serait la *société politique* par opposition à la nation, la *société civile*. On dit, dans cet esprit, que la France, le Canada, le Gabon, la Chine sont des États.

b) L'acception spécifique

87 D'une manière plus technique, l'État s'analyse en *une collectivité humaine stabilisée au sein de laquelle la contrainte est monopolisée*. La stabilisation résulte d'une emprise territoriale. À l'époque contemporaine, les frontières sont désormais placées sous le signe de *l'intangibilité*[4]. Mais, de manière décisive, l'État et *lui seul* est chargé d'assurer, à l'intérieur de celles-ci, un minimum d'ordre, au sens matériel, entre les individus afin qu'ils vivent en paix, à défaut de vivre en bonne intelligence.

Sous ce rapport, à l'image de la fonction de répression du père, dégagée en psychanalyse, l'État dispose, selon Max Weber du *monopole de l'usage légitime de la violence*. En bref, les individus ne peuvent se faire justice à eux-mêmes sans saper les fondements de la puissance publique. À la

4. V. en ce sens, la charte d'Addis-Abeba de 1963, pour l'Afrique et l'acte final d'Helsinki de 1975 de la conférence sur la sécurité et la coopération en Europe (C.S.C.E.), confirmé, avec éclat, au sommet de Paris en 1990. La fin de la Seconde Guerre mondiale et de la guerre froide a été marquée par la reconnaissance de la ligne Oder-Neisse entre l'Allemagne et la Pologne (traité de Moscou du 12 septembre 1990, portant règlement définitif concernant l'Allemagne).

réflexion, lorsqu'un groupe d'individus s'y soustrait, dans le cadre, peu importe, de l'autodéfense, de la vendetta, du terrorisme, de la mafia, d'une société multinationale ou même du sympathique mais subversif personnage de Zorro, le vocabulaire ne recourt-il pas à l'expression caractéristique *d'un État dans l'État ?* Cette maladie est de nature à emporter l'État. Le spectacle du Liban contemporain et de nombreux pays africains (Rwanda, Burundi, R.D. du Congo, Libéria), voire celui de la Corse, une île sans État pour d'aucuns, nourrit l'inquiétude.

Ainsi l'État assume une fonction *disciplinaire*, en faisant usage de la violence *institutionnelle*, car gouverner, c'est aussi, en tant que de besoin, *contraindre* (G. Pompidou).

§ 2. LES ÉLÉMENTS CONSTITUTIFS DE L'ÉTAT

88 On peut considérer que l'État est *un groupement humain, fixé sur un territoire déterminé et sur lequel une autorité politique exclusive s'exerce*. Il ressort de cette définition, que l'on est en présence d'un État, au sens du droit constitutionnel et du droit international, lorsque sont réunis trois éléments nécessaires et suffisants, à savoir : un élément *personnel :* la population ou la nation ; un élément *matériel :* le territoire et un élément *formel :* l'autorité politique exclusive ou la *souveraineté*.

À ce titre, s'il existe bien une nation palestinienne, un territoire palestinien (Gaza et la Cisjordanie), la négation par Israël de sa souveraineté, est à l'origine d'une *Autorité* palestinienne et aucunement d'un État.

A. LA POPULATION OU LA NATION

89 La substance humaine de l'État, en quelque sorte, est constituée par la population, c'est-à-dire par un groupe d'individus sédentaires et solidaires, et qui présente une *individualité* par rapport à d'autres, au point de constituer une *nation*. L'époque contemporaine a enregistré son retour en force et généré la violence, à l'exemple du conflit yougoslave[5].

1. La définition de la nation

90 On entend généralement par nation, un groupement humain dans lequel les individus se sentent unis les uns aux autres par les liens, à la fois, matériels et spirituels et se conçoivent comme différents des individus qui composent les autres groupements nationaux. Un lien privilégié, celui de la *nationalité*, unie, du reste, l'État aux personnes[6].

Étant donné la complexité des facteurs sous l'influence desquels se forment les nations, diverses conceptions se sont fait jour, au XIXe siècle, concernant l'importance respective de ces facteurs, parmi lesquelles les deux principales sont la conception allemande et la conception française ou, en d'autres termes, la thèse *objective* et la thèse *subjective*.

5. V. S. PIERRÉ-CAPS, *Nation et peoples dans les constitutions modernes,* thèse Nancy, 1987 ; H. CARRÈRE D'ENCAUSSE, *La gloire des nations,* 1990 ; A. MINC, *La vengeance des nations,* 1991 ; Les nationalismes, *Pouvoirs* n° 57, 1991.

6. La nationalité a pour corollaire naturel la *citoyenneté* ou le droit de participer à la vie politique de l'État, v. O. LE COUR GRANDMAISON, *Les citoyennetés en Révolution,* 1992. J. GICQUEL, Sur la citoyenneté. Du bon usage du mimétisme, *Mélanges Slobodan Milacic,* 2007, p. 843. Par dérogation à l'article 3 C (*Sont électeurs... tous les nationaux français majeurs des deux sexes),* l'article 8 du traité de Maastricht opère, pour la première fois, une dissociation entre la nationatlité et la citoyenneté en instituant une *citoyenneté de l'Union européenne.* V. art. 88-3 C. Par ailleurs, la loi organique du 19 mars 1999 institue une *citoyenneté de la Nouvelle-Calédonie.* (v. *IIIe partie).*

a) La thèse objective de la nation

91 La conception allemande, forgée par Fichte et Treischke au siècle dernier, est placée sous le signe du *déterminisme*. Une nation est la résultante ou le produit *nécessaire* d'éléments objectifs : la géographie, la langue, la religion, l'idéologie, aussi et surtout la race, *mythe* si puissamment mobilisateur et dévastateur sous le IIIe Reich. La conception germanique de la *nation-race* est à l'origine d'un génocide, celui du peuple juif. Si l'appartenance à une ethnie relevait dans l'ex-Yougoslavie d'une classification effectuée par les individus eux-mêmes, la dislocation de l'État, à partir de 1991 a été accompagnée d'une *épuration ethnique*. Tandis que le modèle pluriethnique choisi pour la Bosnie-Herzégovine en 1995[7] s'est éloigné de cette dérive, l'indépendance du Kosovo, en 2008, s'en est rapprochée. Concomitamment, de multiples discriminations pratiquées en Flandre (notamment dans l'accès aux logements sociaux) participent assurément d'une *épuration linguistique*.

b) La thèse subjective de la nation

92 Les auteurs français (Fustel de Coulanges, Renan) considèrent que la genèse d'une nation est beaucoup plus complexe et qu'à côté des éléments ethniques notamment il faut faire entrer en ligne de compte le *volontarisme*. Dans un raccourci fameux, Maurice Hauriou affirmait qu'une nation était une *mentalité*. La conception française est celle du *vouloir vivre collectif* (Ernest Renan). Elle signifie que les nations se forment sous l'influence de facteurs aussi nombreux que variés. Sans doute, il convient de prendre en considération les éléments objectifs, mais pour intéressants qu'ils soient, ils ne sont pas eux seuls déterminants. Il y a lieu de les combiner avec les éléments *subjectifs*. D'abord, les événements historiques : les guerres, les calamités, en sens inverse, les années de prospérité, les réussites communes. L'âme nationale est faite de souvenirs et de valeurs partagés, de souffrance et de bonheur. Ensuite, la communauté d'intérêts, principalement d'ordre économique, qui résulte, en grande partie, de la cohabitation sur un même territoire. Enfin, le sentiment de la parenté spirituelle, le fait que, sans avoir les mêmes croyances ou le même niveau intellectuel, on réagit d'une façon semblable en présence des mêmes événements. *Une nation, c'est une famille* (J. Chirac).

Cette tendance instinctive des hommes à se grouper en des *sociétés closes*, mise en lumière par Bergson, est particulièrement sensible dans le groupe national[8]. Reste que la nation occidentale est désormais confrontée à la montée du communautarisme, c'est-à-

7. Si le préambule de la Constitution de Bosnie-Herzégovine de 1995 fait référence aux Bosniaques, Serbes et Croates comme *peuples constituants*, des restrictions d'éligibilité imposées aux membres des communautés juive et rom contreviennent à la Convention européenne des droits de l'homme (C.E.D.H., 22 décembre 2009, *Sejdic et Finci c/ Bosnie-Herzégovine).*

8. La fête nationale, l'hymne national (voir cependant l'hymne espagnol sans texte faute de consensus) et le drapeau constituent autant de signes révélateurs de l'existence d'une *conscience nationale*, bases *psychologique* de l'État. Les offenses commises à leur encontre témoignent assurément d'un malaise et suscitent des mesures de protection qui semblaient, jusqu'ici, surabondantes. L'article 433-5-1 du Code pénal dispose que *le fait, au cours d'une manifestation organisée ou réglementée par les autorités publiques, d'outrager publiquement l'hymne national ou le drapeau tricolore est puni de 7 500 euros d'amende*. Est désormais puni, en application de l'article R. 645-15, d'une amende prévue pour les contraventions de cinquième classe, le fait, dans des conditions de nature à troubler l'ordre public et dans l'intention d'outrager le drapeau tricolore 1°) de détruire, détériorer ou d'utiliser de manière dégradante le drapeau tricolore et 2°) pour l'auteur de tels faits, même commis dans un lieu privé, de diffuser ou de faire diffuser l'enregistrement d'images relatives à leur commission. Le Conseil d'État l'a considéré comme légal compte tenu du fait qu'il *n'a pas pour objet de réprimer les actes qui reposeraient sur la volonté de communiquer, par cet acte, des idées politiques ou philosophiques ou feraient œuvre de création artistique, sauf à ce que ce mode d'expression ne puisse, sous le contrôle du juge pénal, être regardé comme une œuvre de l'esprit* (C.E., 19 juillet 2011, *Ligue des droits de l'homme*, n° 343430). De son côté, la Cour suprême des États-Unis – *Texas v. Johnson*, 21 juin 1989 – estima que la profanation du drapeau américain est couverte par la liberté d'expression garantie par le premier amendement. Par ailleurs, en application du décret du 8 février 2007, une cérémonie de citoyenneté est organisée lors de la remise de la carte d'électeur aux jeunes ayant atteint l'âge de la majorité.

dire à l'agrégation d'individus en microsociétés à l'écart du *vouloir vivre collectif*. Certains États ont paradoxalement assuré leur cohésion interne sur la différence (notamment en Suisse, Belgique, Pays-Bas ; avec des micro-sociétés structurées en piliers ou concept de *piliarisation* dégagé des travaux d'A. Lijphart[9]). La logique consensuelle au Liban se structure autour d'une distribution des responsabilités politiques fondée sur la confession (le président de la République devant être chrétien maronite ; le premier ministre musulman sunnite et le président de la Chambre musulman chiite – régime dit de la *Troïka*). Reste que les défis contemporains posés à la nation proviennent moins de l'extérieur que du repli sur soi et conduisent logiquement à des actions de fermeté à l'égard des remises en cause trop manifestes des principes fondamentaux du *vivre ensemble*. Les réactions des autorités belges et françaises au port du voile intégral s'inscrivent dans cette logique.

c) La supériorité de la thèse subjective

93 À l'examen, il apparaît que la thèse subjective de la nation l'emporte sur sa concurrente. Des éléments de fait semblables ne fondent pas nécessairement une nation : l'insularité peut s'accompagner de la partition (Haïti et Républicaine dominicaine, sans même songer à Chypre) ; la communauté linguistique de l'Amérique latine (à l'exception notable du Brésil), n'a pas permis à Simon Bolivar de l'unifier. *J'ai labouré la mer* dira-t-il au soir de sa vie. La nation arabe n'est pas parvenue à ce jour à dépasser le stade de l'affirmation verbale. De même, l'échec de l'universalisme marxiste a provoqué la fin de l'État (U.R.S.S., Tchécoslovaquie, Yougoslavie). En reconnaissant que *les Québécois forment une nation au sein d'un Canada uni* en novembre 2006, la Chambre des communes reconnaît et légitime la singularité de la *Belle province*. Celle-ci est, en revanche, refusée à la Catalogne par l'Espagne.

2. La condition de la nation

94 En règle générale, une individualité sociologique a vocation à s'ériger en une individualité juridique. D'où l'association des mots *État-nation*. Cependant, dans de nombreuses situations, l'identification fait place à une dissociation, grosse de tensions.

a) L'identification entre la nation et l'État

95 En Occident, la nation est considérée comme le résultat d'un *processus historique* se développant et même s'achevant avant la naissance de l'État : celui-ci apparaissant en dernier lieu, pour centraliser politiquement et juridiquement la nation. Il est de fait que, dans la plupart des pays européens, la formation de la nation a *précédé* celle de l'État : la nation allemande, la nation italienne (l'Italie : une *simple expression géographique* – Metternich[10]) ont été des réalités sociologiques évidentes avant de prendre chacune la consistance d'un État.

Dans cette perspective de *l'antériorité* de la nation par rapport à l'État, où l'ensemble humain apparaît doué d'une individualité propre avant même d'être transformé en État, se pose le problème de savoir si à toute nation peut et doit correspondre un État.

Le droit international apporte sur ce point une réponse positive, dont on mesurera la puissance attractive, à travers *le principe des nationalités* et *le droit des peuples à disposer d'eux-mêmes*, appelé aussi *le droit à l'autodétermination*.

9. A. LIJPHART, *Democracy in plural societies : a comparative explanation*, Yale University Press, 1977 et *Patterns of democracy : Governement forms in thirty six countries*, *ibid.*, 1999.

10. Mais la discrète célébration, en 2011, des 150 ans de l'unité italienne, proclamée en 1861, a démontré les difficultés de l'Italie à se revendiquer et à s'affirmer pleinement en tant que nation unie par un destin commun.

α) Le principe des nationalités

96 Ce principe, qui consiste à affirmer que toute nation a droit à devenir un État, a été propagé par la Révolution française. L'affirmation des droits de la nation est, en effet, à la base son idéologie. Sur le plan du droit interne, cette dernière conduit à admettre que l'origine du pouvoir réside dans la nation : c'est la doctrine de la souveraineté nationale. Sur le plan international, elle conduit à affirmer que le premier droit de la nation est de se réaliser politiquement et juridiquement d'une façon intégrale. Ce qui revient à dire que toute nation a droit à former un État.

La première mise en œuvre de ce principe a été la libération de l'Italie par Bonaparte. De même, au traité de Tilsitt, Napoléon Ier rétablit partiellement une Pologne indépendante sous le nom de Grand-Duché de Varsovie.

Au traité de Vienne, le principe des nationalités, vigoureusement combattu par la Sainte-Alliance, est mis en sommeil et y restera pendant la première moitié du XIXe siècle. Mais il renaîtra, à partir de la Révolution de 1848, et trouvera un animateur en la personne de Napoléon III, qui favorise la formation de l'unité roumaine, la renaissance de l'unité italienne et provoquera, à son corps défendant, l'unité allemande en 1871.

Le principe des nationalités trouve, enfin, une large application dans l'*Europe de Versailles* : reconstitution de la Pologne, démembrement de l'Autriche-Hongrie, réfection de la carte de l'Europe orientale en s'inspirant largement de ses directives. Ultérieurement, il s'élargit, selon une idée avancée par Wilson, en *droit des peuples à disposer d'eux-mêmes*.

β) Le droit des peuples à disposer d'eux-mêmes ou le droit à l'autodétermination

97 En liaison avec le mouvement de *décolonisation*, le principe a été adopté par la charte des Nations unies (art. 1er, § 2 et 55) et affirmé, avec une particulière intensité, par la résolution du 14 décembre 1960 dite *Déclaration sur l'octroi de l'indépendance aux pays et aux peuples coloniaux*[11]. La nation palestinienne, par exemple, est fondée à en réclamer le bénéfice.

Cependant, le droit d'un peuple ne peut aboutir à ce qu'il dispose de celui d'autrui. La guerre du Golfe, en 1991, aura été celle du droit à l'existence du Koweït face aux prétentions hégémoniques de l'Irak. En revanche, les nationalismes croate et serbe ont été à l'origine du dépeçage de l'État de Bosnie-Herzégovine, à partir de 1992.

b) La dissociation entre la nation et l'État

98 L'absence de concordance entre la nation et l'État se rencontre dans plusieurs situations. On s'attachera ici au sort de la nation non constituée, *écartelée* ou *regroupée* avec une ou plusieurs autres.

α) La nation non constituée

99 Dans le tiers-monde, en règle générale, l'État a *précédé* la nation, à l'inverse de la démarche occidentale. Il a été plaqué, plus ou moins arbitrairement par le colonisateur, sur une réalité sociologique composée d'une mosaïque d'ethnies juxtaposées les unes aux autres, mais non point intégrées. La vision suggérée par André Hauriou de *l'État clé en main* en découle, à bon droit. *L'hétérogénéité* de la société, du point de vue linguistique, religieux, culturel ou économique, se concilie mal avec l'unité de l'État. L'absence notamment d'un loyalisme *national* représente un germe de décomposition pour ce dernier.

Comment remédier à l'*État mou*, pour parler comme l'économiste Gunnar Myrdal ? En dehors de l'œuvre du temps, la dénonciation du néo-colonialisme peut apparaître un bon thème de rassemblement propice à transcender le clivage tribal. Mais plus sûrement, l'action du dirigeant historique, éveilleur et précepteur de la nation et celle du parti unique, en prenant appui sur les structures traditionnelles (chefferies), ont pu favoriser l'intégration[12].

11. En dehors du procédé *politique* de la révolution, le référendum ou la consultation, est la technique *juridique* appropriée. Sur la base du préambule de 1958 (al. 2), l'article 53 *in fine* C subordonne toute modification à l'assiette territoriale de la France, par voie d'adjonction ou de sécession, au *consentement des populations intéressées* des seules collectivités d'outre-mer (art. 74 C) (C.C., 30 décembre 1975, *Archipel des Comores, Rec.* p. 26 ; 2 juin 1987, *Nouvelle-Calédonie, chr.* n° 43, p. 200). V. J.-Cl. MAESTRE, L'indivisibilité de la République française et l'exercice du droit d'autodétermination, *R.D.P.* 1976, p. 434.

12. Dans l'immédiat, on peut parler avec Jean Buchmann (*L'Afrique noire indépendante*, 1962) d'un *nationalisme sans nation.*

β) La nation écartelée

100 Par suite de vicissitudes historiques, une nation peut être tronçonnée par des frontières et alimenter *l'irrédentisme*. Les exemples abondent : celui de la nation allemande partagée 40 ans entre la R.F.A. et la R.D.A. ; celui de la nation macédonienne déchirée entre la Bulgarie, la Grèce et l'ex-république Yougoslave de Macédoine ou celui de la nation kurde écartelée entre la Turquie, l'Irak, l'Iran et la Syrie.

γ) Les nations regroupées

101 Il se peut, en effet, qu'un État associe, tant bien que mal, un certain nombre de nations, sinon d'ethnies[13], à l'intérieur de ses frontières.

En dehors de l'éclatement à redouter (cas de l'Autriche-Hongrie en 1918), le mouvement centrifuge est empêché, dans le cadre d'un État *binational* par reconnaissance d'un statut *international* de *protection des minorités*. Adopté à Versailles, en 1919, ce système a connu l'échec. Il a été abandonné, en 1945, au profit de celui du transfert ou d'échange de populations. La chute du communisme a redonné toute son acuité à ce problème avec l'apparition de nouvelles tensions (minorités hongroises en Roumanie et Slovaquie (l'article D. de la nouvelle constitution hongroise de 2012 énonce ainsi que la Hongrie *est responsable du sort des Hongrois vivant hors de ses frontières*) ; minorités russes en Lettonie et Estonie ; menaces de dislocation de l'Ukraine). Cependant, leur respect a été érigé en critère d'admission à l'Union européenne (Conseil de Copenhague de 1993)[14] tandis que les États ayant ratifié la Charte européenne des langues régionales ou minoritaires de 1992 (la France ne s'oriente pas dans cette voie) reconnaissent des droits linguistiques spécifiques à des groupes de locuteurs présents sur des aires géographiques déterminées. Enfin, une protection adaptée doit être assurée aux Roms, véritable *minorité transnationale* (C.E.D.H., 13 novembre 2007, *D.H. et autres c/ République Tchèque*).

B. LE TERRITOIRE

102 L'État est *une corporation à base territoriale*, affirmait le doyen Maurice Hauriou. En conséquence, ce dernier ne peut se concevoir sans une emprise géographique délimitée par des frontières. Ce qui rend malaisé, dans ces conditions, l'action des mouvements de libération ou des gouvernements en exil (*la France libre* entre 1940 et 1944). Si l'État dispose classiquement de frontières terrestres, maritimes et aériennes, le temps de la *Cyber-frontière* est venu avec le développement d'Internet. Des atteintes inédites à l'intégrité du territoire de l'État sont désormais possibles (voir le sabotage informatique des réseaux publics de l'Estonie en 2007, les attaques régulières de sites publics américains orchestrées de Chine ou la Cyber-guerre menée par les États-Unis contre le programme nucléaire iranien[15]).

13. La notion de race, scientifiquement discutable pour l'espèce humaine, est présente dans nos textes constitutionnels (alinéas 1er et 16 du Préambule de 1946 ; article 1er de la constitution de 1958 : *La France assure l'égalité devant la loi de tous les citoyens sans distinction d'origine, de race ou de religion*). Des demandes de suppression sont régulièrement présentées au Parlement (la dernière fois en 2008 lors de la révision constitutionnelle). Reste, comme le constate, R. Badinter, que *les races n'existent pas, mais le racisme existe* (J.O.S. déb., séance du 18 juin 2008). Pour revenir à la problématique, on peut concevoir un développement *harmonisé* (États-Unis) ou *séparé* (l'Afrique du Sud de l'Apartheid). L'Amérique latine, *pays de métissage,* selon Jacques Lambert, représente, malgré tout, un bon exemple d'osmose.

14. La convention-cadre sur la protection des minorités nationales est entrée en vigueur en 1998 (la France, au nom de l'égalité entre les citoyens, de l'unicité du peuple français et du caractère indivisible de la République, n'en est pas signataire). Pour ces mêmes raisons, le Conseil constitutionnel a considéré que la Charte européenne des langues régionales ou minoritaires était contraire à la constitution (C.C., 15 juin 1999, *chr.* n° 91, p. 215). Suite à la révision constitutionnelle du 23 juillet 2008, l'article 75-1 C prévoit seulement que *les langues régionales appartiennent au patrimoine de la France.* V. N. ROULAND, S. PIERRÉ-CAPS et J. POUMARÈDE, *Droit des minorités et des peuples autochtones,* 1996 ; Rapport d'information Urvoas sur les implications constitutionnelles de la ratification par la France de la charte européenne sur les langues régionales et minoritaires, A.N., Doc. parl. n° 489, enregistré à la présidence de l'Assemblée nationale le 12 décembre 2012.

15. De son côté, la France s'est dotée, en 2009, de l'Agence nationale de sécurité des systèmes informatiques (ANSSI) dépendante du Secrétariat général de la défense et de la sécurité nationale.

1. Les frontières terrestres

103 Depuis le XIXe siècle, les frontières terrestres sont conçues sous une forme *linéaire*. Du point de vue de leur tracé, en dehors de quelques *particularités*[16], on oppose les frontières *naturelles* (ligne des crêtes[17] ou celle du partage des eaux concernant un massif montagneux ou thalweg s'agissant d'un fleuve) aux frontières *artificielles*. Sur le terrain, ces dernières sont fixées, en application des traités, avec un soin minutieux par des commissions de techniciens.

2. Les frontières maritimes

104 L'État riverain étend, de façon *progressive*, à l'époque contemporaine, sa souveraineté sur l'espace maritime. À partir des *eaux intérieures*, il exerce, d'une part, des compétences identiques à celles qu'il déploie sur son territoire terrestre, sur une bande, véritable *territoire immergé* (G. Gidel), appelée la *mer territoriale* et, d'autre part, depuis peu, sur une *zone économique exclusive*, qui englobe la notion géologique de *plateau continental*, socle sur lequel repose le territoire.

Longtemps fixée à *trois* mille marins (règle dite de la *portée de canon*), la largeur de la mer territoriale s'étend désormais, en principe, à *douze* mille marins. À preuve, la loi française du 24 décembre 1971.

Simultanément une évolution actuelle privilégie *l'exploitation* de la mer par rapport à la navigation. Outre la pêche, l'existence de nodules polymétalliques est à l'origine du concept nouveau de *mer patrimoniale* ou de *zone économique exclusive* (Z.E.E.)[18].

Ainsi, l'étendue *minimale* de la souveraineté maritime de l'État riverain, à partir de ses eaux intérieures, est fixée de nos jours, à *200 milles nautiques (12 + 188)*. Au-delà, s'étend la *haute mer*, ouverte à tous les États, riverains ou non, en vertu du principe de *liberté* qui la caractérise.

Indépendamment des mesures relevant du plan Vigipirate, le plan Piranet entend répondre à une crise majeure d'origine informatique. En 2011, une attaque contre les ordinateurs de Bercy a été identifiée. Les sites de l'Assemblée nationale et du Sénat ont été mis hors service une fois la loi réprimant la négation du génocide arménien votée en 2011.

16. Le territoire peut, tout d'abord, être fractionné (États-Unis avec l'Alaska et les îles Hawaï, Russie avec Kaliningrad). La discontinuité peut, toutefois, être à l'origine d'un éclatement. Les *ailes* du Pakistan séparées par 2 000 km, ont pris leur essor avec l'indépendance du Bangladesh, en 1971. Le territoire peut être, ensuite *enclavé*, en totalité, dans un territoire étranger (Vatican, Saint-Marin, Lesotho) ou en partie (enclave italienne de Campione en Suisse, enclave espagnole de Llivia, en France, près de Bourg-Madame ou enclave arménienne du Haut-Karabakh en Azerbaïdjan). En outre, un territoire peut être *étriqué (micro-État ou État de poche)* : Monaco, au sein de l'O.N.U., est le plus petit État (2,5 km^2) mais pas en population : Saint-Marin compte, tout au plus, 30 000 habitants. La cité du Vatican qui se limite à 44 ha et à 700 habitants exerce une souveraineté *spécifique*.
Il n'est pas sans intérêt de rappeler une hypothèse en voie de disparition : celle du condominium (une autorité *associée* qui s'exerce sur un territoire déterminé) franco-britannique sur les Nouvelles-Hébrides de 1914 à 1980 ou franco-espagnole sur l'île des Faisans ou de la Conférence à l'embouchure de la Bidassoa, depuis 1856. Ce dernier est d'autant plus singulier que la souveraineté s'exerce de manière alternative tous les six mois entre les deux États.

17. Les communes de La Brigue et de Tende disjointes du Comté de Nice cédé par l'Italie en 1860 sont définitivement rattachées à la France (qui réalise ici sa dernière extension géographique) par le traité de Paris de 1947.

18. La France (loi du 16 juillet 1976 modifiée) exerce désormais, depuis la limite de la mer territoriale, des *droits souverains,* sur une étendue de *188* milles marins, en ce qui concerne *l'exploration et l'exploitation des ressources naturelles, biologiques et non biologiques, du fond de la mer, de son sous-sol et des eaux adjacentes*. En conséquence, lesdites zones ont été créées, en dehors de la Méditerranée et sous réserve de délimitation avec les États voisins, de la frontière belge à la frontière espagnole (décret du 11 février 1977), d'une part, et au large des départements et collectivités d'outre-mer, sans perdre de vue les terres australes et antarctiques françaises et l'îlot de Clipperton, d'autre part. La loi du 15 avril 2003 crée à l'intérieur de cette zone, une zone de protection écologique, destinée entre autres, à lutter contre la pollution maritime.

Les efforts déployés par l'O.N.U. sont à l'origine de la signature, le 10 décembre 1982, de la convention de Montego Bay sur le droit de la mer. Au surplus, l'idée selon laquelle cette dernière s'analyse en un *patrimoine commun de l'humanité* est désormais concrétisée par la mise en place d'institutions destinées à assurer la mise en valeur des ressources dites de la *zone* (art. 133 de la convention), c'est-à-dire de l'espace situé *au-delà* de l'emprise nationale.

Le sentiment demeure, malgré tout, que le poète ne pourrait plus affirmer, de nos jours, avec la même force : *Homme libre, toujours tu chériras la mer !*[19].

3. Les frontières aériennes

105 La souveraineté de l'État concerne, d'un mot, *l'espace aérien* qui le surplombe, en dehors de l'espace *extra-atmosphérique*. La navigation aérienne, réglementée par la convention de Chicago du 7 décembre 1944, autorise cependant le survol en temps de paix, du territoire national, par les aéronefs civils étrangers. Le traité d'Helsinki du 24 mars 1992 consacre le régime du *ciel ouvert*[20].

Somme toute, l'importance attribuée, parmi les éléments de l'État, au territoire provient, sans doute, de ce que, actuellement, le territoire sert de mesure et de limite à l'autorité du gouvernement de l'État. Mais, elle tient probablement aussi à ce que, dans l'histoire de l'humanité, la fixation des populations au sol a été un événement immense, qui a permis indirectement la formation des nations et, par suite, des États[21].

C. L'AUTORITÉ POLITIQUE EXCLUSIVE OU LA SOUVERAINETÉ

106 Il est de l'essence de la puissance souveraine de ne pouvoir être limitée : elle peut tout ou elle n'est rien, affirmait Rousseau (*Lettres écrites de la montagne*). Ce que la sagesse populaire devait traduire par l'adage : Charbonnier est maître chez soi. Ceci signifie que l'État est constitué et traité en cette qualité, lorsqu'il exerce, de manière effective, sur la population rassemblée en un territoire déterminé, une autorité politique exclusive, appelée la souveraineté[22]. Cette dernière implique, d'une part, la négation de toute entrave, de toute subordination vis-à-vis d'un autre État, en dehors des limitations librement acceptées (*souveraineté extérieure*). À ce titre, l'État dispose de *la compétence de sa compétence* (Jellinek). Il suit de là, que la souveraineté est l'apanage de l'État, à l'opposé des organisations internationales (O.N.U., Union européenne) qui ne peuvent bénéficier que de transferts de compétences (C.C., 9 avril 1992, *Traité sur*

19. V. L. LUCCHINI et M. VOELCKER, *Droit de la mer,* 1990 ; R.-J. DUPUY et D. VIGNES (sous la direction), *Traité du nouveau droit de la mer,* 1985 ; J. COMBACAU, *Le droit international de la mer,* 1985 ; La mer et son droit, *Mélanges Laurent Lucchini et Jean-Pierre Quéneudec,* 2003.

20. V. Chr. LA VIALLE, La condition juridique de l'espace aérien français, *R.F.D.A.* 1986, p. 848.

21. V. P. ALLIÈS, *L'invention du territoire* 1980 et *la frontière,* colloque de la société française de droit international, Poitiers, 1980.

22. À l'opposé, se présente le régime du protectorat ou de dépendance de l'État *protégé* ou *vassal* par rapport à l'État protecteur, c'est-à-dire une répartition léonine des compétences. Un phénomène de domination en est la cause : la colonisation (Maroc et Tunisie jusqu'en 1956 ; bantoustans d'Afrique du Sud avant 1991) ; ou l'occupation étrangère : *l'État français* (qui n'était ni l'un, ni l'autre) entre 1940-1944, mais une *autorité de fait* (art. 7 de l'ord. du 9 août 1944 relative au rétablissement de la légalité républicaine) (v. R. PINTO, L'affaire Touvier, *Journal du droit international* 1992, p. 607).
Cette situation renaît à l'époque contemporaine. On songe au Liban placé longtemps sous la tutelle de la Syrie et à d'anciennes républiques soviétiques (Biélorussie, notamment) par rapport à la Russie. La Bosnie-Herzégovine repose au lendemain des accords de Dayton de 1995, sur deux entités (la fédération croato-musulmane et la république serbe) qui sont censées former un État. L'Afghanistan et l'Irak conquis par les Etats-Unis, en 2001 et 2003, relèvent de cette catégorie.

l'Union européenne, chr. n° 62, p. 182)[23]. D'autre part, la volonté de l'État prime sur celles des personnes physiques et morales présentes sur son territoire (*souveraineté intérieure*).

1. La notion de souveraineté

107 C'est une notion difficile à cerner. La souveraineté renvoie, en effet, à plusieurs significations. Aussi des amalgames, des confusions sont-ils inévitables. S'il est courant d'affirmer que l'État possède la *souveraineté*, encore faut-il savoir si l'on parle de la souveraineté *de* l'État (a.) ou de la souveraineté *dans* l'État (b.). Au surplus, la souveraineté permet de désigner le titulaire suprême de la puissance de l'État (c'est dans ce sens que l'on évoque la souveraineté *royale*, *nationale*, *populaire* ou encore la souveraineté *parlementaire* britannique).

a) La souveraineté de l'État

108 Cette conception, dégagée par Jean Bodin, en 1576 *(Six livres de la République)*, établit une *équivalence* entre souveraineté et indépendance absolue, dans la perspective romaine de *l'imperium* ou de la *summa potestas*, que l'on peut traduire par le *pouvoir le plus élevé* ou le *commandement suprême* dans une société[24]. Concept négatif, la souveraineté représente *la négation de toute entrave ou subordination* (Carré de Malberg). Cette construction porte, dans une large mesure, la marque de l'époque à laquelle elle a été formulée. Il s'agissait, en effet, à partir du XIVe siècle et principalement dans le royaume de France, d'affirmer la suprématie du roi sur les grands feudataires, en un mot de récuser la conception patrimoniale du pouvoir, ainsi que l'indépendance de la Couronne vis-à-vis du Saint-Siège (voir la lutte entre Philippe le Bel et Boniface VIII et l'installation de la Papauté en Avignon décidée par le roi de France en 1309) et du Saint-Empire romain germanique. Cette indépendance de la France vis-à-vis de tout pouvoir – définitivement consacrée au XVIe siècle – est affirmée dans deux brocards hérités des légistes : *Le roi ne tient sa couronne que de Dieu seul ; le roi est empereur en son royaume.* En un mot, *la souveraineté est la forme qui donne l'être à l'État* (Loyseau, 1608).

La contribution de Bodin est capitale : avec lui, la notion de souveraineté est désormais inscrite au cœur du droit public ; avec lui, elle devient un élément constitutif de l'État et se structure autour de caractéristiques permanentes : elle est *absolue, perpétuelle*, au-delà des individus qui l'incarnent et *indivisible*, en ce qu'elle se rapporte à un seul titulaire, qu'il s'agisse d'un être individuel (le roi) ou collectif (le peuple). À ce titre, la souveraineté ne saurait être partagée. Néanmoins en se plaçant d'un point de vue *politique*, l'idée sera consacrée par l'accord de Nouméa, le 5 mai 1998, s'agissant du statut de la Nouvelle-Calédonie[25] : *le partage des compétences entre l'État et la Nouvelle-Calédonie signifiera la souveraineté partagée* (pt. 5 § 9).

23. La France a consenti à des transferts de compétences au profit de l'Union européenne (art. 88-2 C, L.C. des 25 juin 1992, 25 janvier 1999, 25 mars 2003 et 4 février 2008) en vue de la mise en œuvre des traités de Maastricht, d'Amsterdam et de Lisbonne (monnaie unique, libre circulation des personnes et mandat d'arrêt européen). Le C.C., saisi au titre de l'article 54 C, s'assure que les engagements internationaux – 1 – ne contiennent pas une clause contraire à la constitution, – 2 – ne remettent pas en cause les droits et libertés constitutionnellement garantis et – 3 – ne portent pas atteinte aux conditions essentielles d'exercice de la souveraineté nationale. V. O. BEAUD, *La puissance de l'État,* 1994 ; F. CHALTIEL, *La souveraineté de l'État et l'Union européenne, l'exemple français,* 2000 ; A. HAQUET, *Le concept de souveraineté en droit constitutionnel français,* 2004 ; La souveraineté, *Pouvoirs* n° 67, 1993 et *IIIe partie.*

24. V. S. GOYARD-FABRE, *Jean Bodin et le droit de la République,* 1989.

25. V. J.-Y. FABERON et G. ANIEL (sous la direction), *La souveraineté partagée en Nouvelle-Calédonie et en droit comparé,* D.F., 2000.

L'existence de la souveraineté de l'État fédéré à côté de celle de l'État fédéral suscite, quant à elle, un débat distinct (*infra,* n° 150).

b) La souveraineté dans l'État

109 Bodin ne se contente pas de reconnaître que la souveraineté est une *qualité* de la puissance étatique. Il estime qu'en tant que *manifestation de la volonté spécifique de l'État*, elle s'identifie avec cette puissance. L'État assume *seul* un certain nombre d'attributs (les *marques de souveraineté* pour Bodin) : droits de législation et de réglementation, de justice, de police, de battre monnaie, de légation, de lever et d'entretenir une armée, d'accéder à la fonction publique et celui de conférer la nationalité, entre autres. C'est dans une logique approchante que l'on parle des *lois dites de souveraineté* s'appliquant, sans exceptions, sur l'intégralité du territoire aussi bien en métropole qu'outre-mer. L'État exerce une compétence tout à la fois à l'égard du territoire auquel il s'identifie et des personnes qui s'y trouvent rattachées. À cet égard, la doctrine internationaliste, à laquelle on emprunte cette analyse, distingue traditionnellement les compétences *territoriales* et *personnelles* de l'État. En définitive, ce qui le caractérise, c'est l'exercice *solitaire* de ces droits dits de *puissance publique*. Ramenée, à l'essentiel, la souveraineté représente le *pouvoir* ou la *puissance d'État*.

2. Le pouvoir ou la puissance d'État

110 Avant de traiter de ses principales *caractéristiques*, intéressons-nous au *contenu* du pouvoir d'État. En sollicitant un faisceau d'indices, il couvre la nationalité, les droits civiques, les garanties des libertés publiques, l'état et la capacité des personnes, l'organisation de la justice, le droit pénal, la procédure pénale, la politique étrangère, la défense, la sécurité et l'ordre publics, la monnaie, le crédit et les changes, ainsi que le droit électoral.

Pour revenir à ses attributs, la puissance d'État est irréductible aux autres pouvoirs. Elle est *unique*, en tant que pouvoir de *centralisation*, d'*arbitrage, extrapatrimonial, civil et temporel.*

a) Le pouvoir d'État est un pouvoir de centralisation

111 Ce caractère fondamental relève d'une loi du genre. L'histoire de la formation de l'État, en France, en fournit une bonne illustration, à l'exemple de la reprise progressive des droits régaliens opérée par le roi sur les grands feudataires.

Au terme d'une tradition ininterrompue de l'Ancien Régime à la Ve République, le Consulat représentant un moment privilégié, l'évolution de l'État, en France, est achevée. On se trouve, depuis la Révolution (la République *une et indivisible* des Jacobins), sous un régime de *centralisation* politique absolue, dans lequel il subsiste que deux pôles : *l'État et les citoyens*. Tous les pouvoirs politiques *intermédiaires*, liés à la féodalité, ont été supprimés. Demeurent seules des collectivités territoriales à vocation administrative. Le principe de *libre administration*, dont elles se prévalent, est énoncé à l'article 72 C *(infra)*. Ce dernier n'affecte pas le monopole législatif de l'État, dès lors que son représentant a *la charge des intérêts nationaux, du contrôle administratif et du respect des lois (idem)*.

Cependant, la monarchie française, à ses débuts, a été, comme toutes les royautés du Moyen Âge, une confédération de baronnies féodales. Hugues Capet, lorsqu'il fut proclamé roi de France, en 987, était seulement un seigneur un peu plus puissant que les autres et qui, surtout, avait la chance que sa seigneurerie fût l'Île-de-France (terme expressif), c'est-à-dire fût placée au *cœur* de la nation française.

Le pouvoir royal, à ses débuts, a été simplement superposé aux pouvoirs seigneuriaux, détenus par les grands feudataires. Hugues Capet et ses successeurs se sont peu à peu subordonné les féodaux, leur ont progressivement arraché les pouvoirs qu'ils détenaient pour les attacher à la Couronne en les appelant *droits régaliens* (droit d'entretenir une armée, de battre monnaie, de rendre la justice, de faire la police, etc.). *La souveraineté a été la grande affaire de la France* (G. Vedel). Ayant achevé sa centralisation avant d'autres nations, sa prédominance s'est affirmée à partir du XVIe siècle. Sa sensibilité à l'égard de la construction européenne n'en sera que plus vive.

b) Le pouvoir d'État est un pouvoir d'arbitrage

112 L'État procède surtout par choix. Il exerce essentiellement un pouvoir *d'arbitrage* et de *négociation* avec les forces économiques.

À cet égard, les groupes de pression, associés au processus décisionnel (le Conseil économique, social et environnemental, en France, les accueille même officiellement), s'efforcent d'obtenir que telle ou telle décision leur soit favorable. Il suit de là que le pouvoir de l'État est autre chose que *l'extrapolation* du pouvoir économique de la classe dominante. En son tréfonds, il est un pouvoir *d'arbitrage* et par conséquent, un pouvoir *politique*[26]. Aux contraintes *de droit commun* imposées par l'Union européenne peuvent se greffer des sujétions *extraordinaires* justifiées par l'ampleur de la crise. Il est bien délicat d'affirmer ainsi que la Grèce dispose encore de sa souveraineté *économique* en ce sens que ses choix dans ce domaine lui sont désormais dictés par l'extérieur[27].

c) Le pouvoir d'État est un pouvoir extrapatrimonial

113 Il n'existe pas de confusion entre le patrimoine de l'État et le patrimoine privé des gouvernants. Une pareille affirmation nous paraît, à l'heure actuelle, aller de soi : on ne concevrait pas que le président de la République pût prétendre conserver le palais de l'Élysée à l'expiration de son mandat. Des mécanismes sont prévus afin de s'assurer que le passage au pouvoir ne favorise un enrichissement personnel. Ainsi, le président de la République doit-il rendre publique une déclaration de patrimoine avant et après l'exercice de ses fonctions (*v. IIIe partie*).

Avant 1789, prévalait la conception *patrimoniale* de l'État, qui dérivait directement du *droit féodal*. Au-delà de la politique des mariages, en vue d'agrandir le royaume (tels ceux d'Anne de Bretagne avec Charles VIII puis Louis XII), un exemple typique de cette conception est fourni par le statut juridique du domaine de la Couronne. Celui-ci était considéré comme englobant indistinctement les biens personnels du roi et les *choses publiques* (routes, fleuves navigables, etc.) qui sont, à l'heure actuelle, dans le domaine public de l'État. Ce caractère *patrimonial* du pouvoir a été, dans notre pays, abandonné à la Révolution. Il demeure, à l'état diffus, toutefois, dans des sociétés tiers-mondistes.

d) Le pouvoir d'État est un pouvoir civil et temporel

114 Dans la logique occidentale, le pouvoir d'État est aussi *civil* et *temporel. Pouvoir civil :* à partir du moment où l'armée est *un corps obéissant et non délibérant*. Depuis Cicéron, un principe l'exprime avec force : *cedant arma togæ !*[28]. *Pouvoir temporel* le principe de laïcité, *la plus grande conquête des temps modernes*, selon Guizot, en rend compte. *L'État n'est ni religieux ni antireligieux, mais areligieux*, selon la fameuse définition d'Aristide Briand. À cette fin, il observe une attitude de *neutralité* (à

26. L'État peut volontairement renoncer à son pouvoir d'arbitrage dans des secteurs déterminés. L'article L. 1 du Code du travail dispose ainsi que toute réforme envisagée par le gouvernement dans le domaine du droit du travail et relevant du champ de la négociation nationale et interprofessionnelle fait l'objet d'une concertation préalable avec les organisations syndicales en vue de l'ouverture éventuelle d'une négociation. La constitutionnalisation de cette règle est actuellement en cours de discussion devant le Parlement.

27. V. Les États sous contrainte économique, *Pouvoirs*, n° 142, 2012.

28. Pour réaliser la séparation du pouvoir civil et du pouvoir militaire, deux procédés ont été utilisés : celui du cantonnement *territorial* et *juridique* de l'armée. En outre, la tradition française l'a divisée en deux entités, avec la création de la gendarmerie nationale. Le président de la République, chef des armées (art. 15 C) est investi du pouvoir de déclencher le feu nucléaire (décret du 12 juin 1996). Il est devenu *chef de guerre,* en 1991, lors du conflit du Golfe, en Libye en 2011, au Mali en 2013 et *chef de paix* en 2003 à propos de l'Irak.

l'opposé du laïcisme), considérant que la religion ressortit à la conscience individuelle, dès lors que ses manifestations extérieures ne troublent pas l'ordre public. À preuve, la loi de séparation des églises et de l'État du 9 décembre 1905. Avec la montée en puissance du communautarisme, une version plus moderne de la laïcité s'est dégagée plus tard. Elle interdit *à quiconque de se prévaloir de ses croyances religieuses pour s'affranchir des règles communes régissant les relations entre collectivités publiques et particuliers* (C.C., 15 novembre 2004, *Traité établissant une constitution pour l'Europe, G.D.* n° 51). Récemment, le Conseil constitutionnel a eu l'occasion de juger que du principe de laïcité *résulte la neutralité de l'État* (et) *que la République ne reconnaît aucun culte,* (qu'il) *impose notamment le respect de toutes les croyances, l'égalité de tous les citoyens devant la loi sans distinction de religion et que la République garantit le libre exercice des cultes ; qu'il implique que celle-ci ne salarie aucun culte* (C.C., Q.P.C., 21 février 2013, *APEL*). À l'égard du port d'insignes religieux par les usagers de l'enseignement public, le temps du libéralisme (avis du Conseil d'État du 27 novembre 1989) a laissé sa place à celui de la fermeté avec la loi du 15 mars 2004 proscrivant *le port de signes ou tenues par lesquels les élèves manifestent ostensiblement une appartenance religieuse*[29]. Après la résolution adoptée par l'Assemblée nationale le 11 mai 2010 sur le fondement de l'article 34-1 C (*v. IIIe partie*) considérant que *les pratiques radicales attentatoires à la dignité et à l'égalité entre les hommes et les femmes, parmi lesquelles le port d'un voile intégral, sont contraires aux valeurs de la République,* la loi du 11 octobre 2010 interdit, dans l'espace public, de porter une tenue destinée à dissimuler son visage. Cette loi a été déclarée conforme à la C.E.D.H. par la Cour de Strasbourg (1er juillet 2014, *S.A.S. c/ France*). Après une résolution du 31 mai 2011 relative à l'attachement au respect du principe de laïcité, la Cour de cassation a finalement considéré, dans l'affaire *Baby Loup*, qu'un employeur est en droit d'imposer des restrictions à la liberté de ses salariés de manifester leurs convictions religieuses sur leur lieu de travail. Ces restrictions doivent être justifiées par la nature de la tâche à accomplir et proportionnées au but recherché (Cass., plén., 25 juin 2014).

Certes, la religion peut se ranger aux côtés de la liberté. La révolution chrétienne, par exemple, est directement à l'origine de la dislocation de la cité antique (cité totalitaire par anticipation). Le Christ n'a-t-il pas, du reste, posé le principe de séparation des pouvoirs politique et religieux, en déclarant : *Mon royaume n'est pas de ce monde. Rendez à César ce qui est à César et à Dieu ce qui est à Dieu ?* De même, le catholicisme militant de la Pologne, à travers les âges, a préservé son identité nationale.

Il n'en demeure pas moins que le pouvoir religieux peut être également oppressif, en ce sens qu'il réalise une emprise sur les consciences, réduisant le pouvoir civil au rôle de bras séculier[30]. La théocratie médiévale a ressuscité, de nos jours, en Iran[31], avec la révolution islamique et en Afghanistan où il

29. V. La laïcité, *Pouvoirs* n° 75, 1995. Le Conseil d'État estime que la loi du 15 mars 2004 ne méconnaît pas la liberté de pensée, de conscience et de religion garantie par l'article 9 de la C.E.D.H. (C.E., 8 octobre 2004, *Union française pour la cohésion nationale, Rec.* 367). Ces restrictions ont été jugées compatibles à la Convention européenne des droits de l'homme (C.E.D.H., 30 juin 2009, *Tuba Aktas c/ France*) qui avait déjà eu l'occasion de statuer dans le même sens à propos du droit interne antérieur à l'entrée en vigueur de la loi du 15 mars 2004 (4 décembre 2008, *Dogru* et *Kervanci c/ France*). D'une manière générale, la C.E.D.H. estime que *la liberté de manifester sa religion ou ses convictions ne peut faire l'objet d'autres restrictions que celles qui, prévues par la loi, constituent des mesures nécessaires, dans une société démocratique, à la sécurité publique, à la protection de l'ordre, de la santé ou de la morale publiques, ou à la protection des droits et libertés d'autrui.* (25 mai 1993, *Kokkinakis c/ Grèce*). Dans un arrêt remarqué (18 mars 2011, *Lautsi c/ Italie*) elle a toutefois considéré que la présence de crucifix dans les écoles publiques italiennes était compatible avec la Convention compte tenu de la place du catholicisme dans cette société. De son côté, la Cour suprême canadienne a eu une approche libérale (notion d'accommodement raisonnable, soit *l'égalité dans la différence*, issue du droit américain) à l'égard des rites religieux adventistes (*Ontario Human Rights Commission and O'Malley v. Simpsons-Sears Ltd.*, 1985) juifs (*Syndicat Northcrest c/ Amselem*, 2004) et sikhs (*Multani c/ Commission scolaire Marguerite-Bourgeoys,* 2006). Cependant, les réactions dans la société (rapport Bouchard-Taylor de 2008) ont entraîné son raidissement (*Alberta c/ Hutterian Brethren of Wilson Colony*, 2009). Une charte des valeurs québécoises est, depuis 2013, en préparation.

30. V. *La théorie des deux glaives* ou le sacerdotalisme des papes Grégoire VII et Innocent III au Moyen Âge et l'islam dans la cité, *Pouvoirs* n° 62, 1992.

31. La constitution de la République islamique d'Iran de 1979 proclame : *La souveraineté absolue sur le monde et l'homme est celle de Dieu... La nation applique ce droit divin* (56e principe). En conséquence,

sera mis fin au régime des talibans, en 2001. Le fondamentalisme musulman (au même titre que jadis l'intégrisme catholique) qui déferle depuis lors représente un danger réel pour les libertés notamment celles des femmes, victimes de l'obscurantisme, et un authentique défi à la culture occidentale. Les attentats du 11 septembre 2001 l'attestent.

§ 3. L'ORIGINE DE L'ÉTAT

115 C'est un problème malaisé à l'origine de multiples interprétations. On se propose d'en mentionner les principales : la théorie du contrat social et celle de l'institution.

A. L'ORIGINE CONTRACTUELLE DE L'ÉTAT OU LA THÉORIE DU CONTRAT SOCIAL

116 Bien que des esquisses de cette théorie puissent être trouvées dans les œuvres de certains théologiens du Moyen Âge (Althusius), elle a été présentée par Thomas Hobbes (*Le Leviathan*, 1651)[32], John Locke (*Les deux traités du gouvernement civil*, 1690)[33], et surtout par Jean-Jacques Rousseau (*Du Contrat social*, 1762)[34]. Cette doctrine a connu, par la suite, une vogue. Elle a fortement inspiré les hommes de la Révolution française, tout en suscitant la critique ultérieure des marxistes.

1. Présentation

117 Rousseau prétend que les hommes se sont trouvés originairement dans un *état de nature*, où ils étaient indépendants de tout lien sociétal : *l'homme est né libre*. La vie sociale, selon lui, procède

les pouvoirs souverains dans la République islamique sont... placés sous le contrôle de l'autorité de l'Imamat (57e principe). Celui-ci a pour fonctions principales de déterminer *la politique générale de la République islamique d'Iran* et d'en *superviser la bonne exécution* (110e principe). Un *Conseil des gardiens* (91e principe), composé de six religieux et de six juristes islamiques, est créé afin de sauvegarder les commandements de l'Islam. Les lois votées par la chambre des députés lui sont déférées automatiquement (93e principe). V. YADH BEN ACHOUR, *Politique, religion et droit dans le monde arabe,* Tunis, 1992 et *Normes, foi et loi,* Tunis, 1994 ; S. BELAÏD, *Islam et droit,* Tunis, 2000 ; D. KHAIR, *Unité de l'État et droit des minorités*, 2012 ; Islam et démocratie, *Pouvoirs* nº 104.

32. Le *Leviathan* (traduction de F. TRICAUD, Sirey, 1971, Dalloz, rééd. 1999) pose, à bien des aspects, le fondement de l'*autoritarisme,* voire du *totalitarisme*. Dans un état de nature transformé en état de guerre, où *l'homme est un loup pour l'homme* (*homo homini lupus*), chacun renonce à ses droits et à sa liberté au profit de la sécurité apportée par le Léviathan. L'État devenant la seule autorité habilitée à créer des règles de droit et à imposer des contraintes, le droit naturel est répudié au profit du seul droit positif. V. R. POLIN, *Hobbes, Dieu et les hommes,* 1981 ; F. LESSAY, *Souveraineté et légitimité chez Hobbes,* 1988 ; *Thomas Hobbes,* actes du colloque de Paris, 1988.

33. John LOCKE, à l'opposé, doit être regardé comme le père du libéralisme politique, c'est-à-dire de la *société à responsabilité limitée* (H. LASKI). Désirant une meilleure protection de la propriété (qui, dans le sens lockien, englobe *la vie, la liberté et les biens*) qui ne peut être obtenue de manière satisfaisante par le seul recours à la vengeance ou à la guerre privée, l'homme se tourne alors vers la démarche contractuelle en cédant à l'État tout ce qui est nécessaire pour assurer la paix sociale dans l'intérêt de tous. *Les hommes sortent donc de l'état de nature et forment une société civile, lorsqu'ils instituent un juge qui ait autorité pour régler les litiges et réparer les torts*. Contrairement à la vision de Hobbes, le droit naturel ne disparaît pas pour autant. L'individu pris dans le lien sociétal, conserve par devers lui des droits que, le cas échéant, il peut opposer à l'État. On trouve un écho de cette vision à l'article 2 de la Déclaration de 1789 : *le but de toute association politique* est la *conservation* des *droits naturels et imprescriptibles de l'homme.*

34. Parmi les éditions du *Contrat social,* v. celle proposée par B. de Jouvenel, avec un important essai sur la politique de J.-J. Rousseau, 1947. On consultera, la pénétrante étude de R. DE LACHARRIÈRE, *Études sur la théorie démocratique,* 1963, p. 40.

moins d'une nécessité inhérente à la nature humaine que d'un *accord volontaire*, établi à un moment donné, entre les individus. C'est simplement parce que ceux-ci ont senti l'utilité qu'il pouvait y avoir pour eux à mettre en commun certains intérêts, qu'ils ont renoncé de plein gré à leur indépendance par un accord général que Rousseau appelle le *Contrat social*. Ce pacte, une fois conclu, devient le *fondement* de l'État, du pouvoir d'État, c'est-à-dire de la souveraineté, enfin des libertés individuelles. L'État, c'est donc l'association politique librement formée par les participants au contrat social ; la souveraineté de l'État, c'est la volonté générale des contractants, la somme de leurs volontés individuelles ; les libertés ou droits individuels sont cette part de la liberté primitive qui n'a pas été aliénée par le contrat ou qui, ayant été aliénée, a été restituée par le corps social.

Sans doute Rousseau reconnaît qu'on ne trouve pas de traces historiques du contrat social, mais il affirme que, *logiquement* la société et l'État ne peuvent être fondés que sur la force ou sur les conventions. Si l'on admet que les États sont fondés par la violence ou, tout au moins, la contrainte, on renonce, par là-même, à leur donner une base juridique. Seule l'hypothèse du contrat peut fournir une explication juridique touchant la naissance et la formation des États.

Ainsi présentée, cette théorie possède une grande force de persuasion et de séduction.

2. Discussion

118 Elle est, cependant, aujourd'hui rejetée, car, si, dans le processus de formation des États, on peut discerner souvent des éléments consensuels, ceux-ci ne sont pas mis en forme dans une opération de caractère contractuel, et ce pour les trois raisons suivantes.

Cette doctrine est, tout d'abord, contraire à l'ensemble des constatations historiques. Il existe sans doute des sociétés primitives dont on connaît les caractères généraux et la diversité. Ces *sociétés sans État*[35] ne portent pas pour autant témoignage d'un *état de nature*, dans lequel les individus auraient joui d'une liberté originelle et totale ; elles nous montrent, au contraire, l'homme enserré dans les liens à la fois magiques, religieux et économiques très stricts. On ne trouve pas trace, non plus, de pactes ou de contrats conclus entre les *futurs sujets* de l'État[36]. Tout bien considéré, l'état de nature équivaut à un *postulat*, non à une explication historique.

Cette doctrine n'est pas satisfaisante, ensuite, non plus comme hypothèse théorique, en ce sens que, par définition, un contrat ne peut lier que ceux qui sont partie à la convention. Pour qu'un État soit valablement fondé par un contrat social, il faudrait que ce contrat soit accepté par l'unanimité des futurs sujets de l'État. Or, l'expérience prouve que l'*unanimité*, dans un corps de quelque importance, ne peut jamais être obtenue. Seule une *majorité* peut se dégager. Mais quelle serait alors, dans l'hypothèse du contrat social, la situation juridique de ceux qui n'ont pas adhéré au pacte et qui continuent, cependant, à faire partie de la communauté nationale ? Le traitement de la minorité par Rousseau, qui pourra être *forcée* à être libre parce que la volonté est *toujours droite et tend toujours à l'utilité publique*, laisse songeur.

Enfin, un dernier grief peut être articulé. Le lien présente-t-il un caractère indissoluble ? Si, en théorie, le parallélisme des formes incite à l'affirmative, les expériences historiques (guerre de Sécession aux États-Unis), ont pu, dans un premier temps, plaider en sens opposé, avant que la chute du mur de Berlin (avec la dislocation paisible de la Tchécoslovaquie et violente de la Yougoslavie) ne conduise à reconsidérer la réponse à apporter.

35. V. P. CLASTRES, *La société contre l'État : recherches d'anthropologie politique*, 1971 ; J.-W. LAPIERRE, *Vivre sans État ? Essai sur le pouvoir politique et l'innovation sociale*, 1977.

36. À noter, cependant que, dans *Tristes Tropiques,* Claude Lévi-Strauss estime avoir décelé chez les membres d'une petite tribu amérindienne, les Nambikwara, l'existence de procédures de type contractuel, lors de la désignation du chef et de la quête du consentement dans la prise de décisions. Ici *le consentement est à l'origine du pouvoir et le consentement entretient la légitimité du chef.* Au Canada, l'interaction entre les droits coutumiers précoloniaux des peuples autochtones et le droit issu de l'Occident est particulièrement étudiée. Le principe de légitimité issue de l'élection propre à la démocratie représentative s'intègre ainsi difficilement à la culture consensuelle de certaines tribus. V. G. OTIS, Élection, gouvernance traditionnelle et droits fondamentaux chez les peuples autochtones du Canada, *Mc Gill Law Journal*, 2004, n° 49, p. 657.

B. L'ORIGINE INSTITUTIONNELLE DE L'ÉTAT OU LA THÉORIE DE L'INSTITUTION

119 Cette construction du doyen Maurice Hauriou[37] trouve son point de départ dans la constatation que l'État présente tous les caractères d'un organisme social structuré qui relève d'un processus de *biologie institutionnelle*. En un mot, il est *l'institution des institutions*.

1. L'État est un organisme social structuré

120 L'État est un groupement d'individus, dirigé par un gouvernement central, au nom d'une *idée d'entreprise*, qui est la réalisation d'un certain ordre social et politique, dont les personnes seront les bénéficiaires.

Mais, à bien y réfléchir, une mobilisation en vue d'un objectif à atteindre représente le lot commun à tout groupe humain, peu importe, au demeurant, la dénomination juridique qu'il emprunte (une société commerciale, un club sportif, un mouvement caritatif). Dans la formation d'un organisme collectif, ce qui importe c'est l'existence d'un *faisceau de volontés* animées par une même finalité. Autrement dit, un phénomène consensuel n'équivaut pas nécessairement à rebours de Jean-Jacques Rousseau, à un phénomène contractuel.

2. L'État est le produit d'une fondation et d'adhésions

121 On peut avancer l'explication suivante : des personnes conçoivent l'idée d'État et se donnent les moyens politiques et juridiques de la réaliser, en gagnant à leur cause le groupe intéressé. C'est dans la tête des *Pères fondateurs*, selon une expression que les États-Unis sont nés, à la fin du XVIIIe siècle ; à l'instar de l'idée européenne, dans la décennie 1950, ou de celle de la décolonisation. L'Algérie célèbre à ce titre, ses *chefs historiques*, qui l'ont amené à l'indépendance, en 1962. En fin de compte, le processus sera juridicisé.

SECTION II LES FORMES JURIDIQUES DE L'ÉTAT

122 Juridiquement, l'État se présentait, initialement, sous deux aspects : l'État *unitaire*, à l'exemple de la France, et l'État *fédéral*, soit une union, à l'instar des États-Unis ou de l'Allemagne. Désormais, il convient d'intercaler une catégorie supplémentaire avec l'apparition de l'État *autonomique ou régional ou de la dévolution* (Espagne, Italie, Grande-Bretagne respectivement) qui juxtapose l'uniformité à la diversité.

§ 1. L'ÉTAT UNITAIRE

123 À l'image de la France[38], pays de culture d'État, *République indivisible* (art. 1er C), il s'agit d'un État *centralisé*, c'est-à-dire ordonné tout entier autour du principe de

37. V. M. HAURIOU, *Droit constitutionnel,* 2e éd., 1929, p. 253.

38. Au sein de l'Union européenne, relevons que la forme de l'État unitaire (accompagnée, selon les cas, d'une décentralisation plus ou moins poussée, *infra*) est largement dominante. Seuls l'Allemagne, l'Autriche, la Belgique (logique fédérale), l'Espagne, l'Italie, le Royaume-Uni (logique autonomique, régionale et de la dévolution) y échappent.

l'unité (A). Mais, pour étendu que soit ce dernier, il n'en admet pas moins un certain nombre de modalités (B), qui donnent naissance à un *pouvoir local* (C).

A. LE PRINCIPE DE L'UNITÉ

124 Dans la relation *centre-périphérie*, cet État ramène tout à un *seul* centre de décision et d'animation. Un commandement unique se transmet sur le territoire à la manière d'un fluide électrique. En clair, l'unité peut se définir ainsi : *principe d'organisation d'un État au sein duquel une volonté unique s'exprime, tant du point de vue de son agencement politique que de son ordonnancement juridique.* Au premier cas, la centralisation des organes d'État implique qu'un seul chef de l'État, un seul Gouvernement, un seul Parlement et une seule organisation juridictionnelle existent sur la scène juridique ; au second cas, la centralisation du droit aboutit à l'unicité de la constitution, de la loi et du droit (même si quelques exceptions limitées peuvent être agencées tant en métropole[39] qu'outre-mer[40]). Certes, la centralisation peut se parer des vertus du modèle. Mais, elle

39. On relève, à ce titre, l'existence d'un *droit local* alsacien-mosellan, consécutif à des vicissitudes historiques, différent de celui de la *France de l'intérieur* ou de la *vieille France* (loi du 1er juin 1924). V. J.-L. VALLENS, *Le guide du droit local. Le droit applicable en Alsace et en Moselle,* 1997. Le maintien des dispositions législatives et réglementaires particulières aux trois départements du Bas-Rhin, du Haut-Rhin et de la Moselle a été consacré comme principe fondamental reconnu par les lois de la République (C.C., Q.P.C., 5 août 2011, *Sté Somadia*, *Rec.* p. 430) (v. *IIIe partie*).

40. Les collectivités situées outre-mer se rangent en deux catégories : les départements et régions d'outre-mer *(D.O.M., R.O.M.* – Art. 73 C) et les collectivités d'outre-mer *(C.O.M.* – Art. 74 C). Les D.O.M. et R.O.M., soumis au droit commun, sont la Guadeloupe et la Réunion. En 2010, la Martinique et la Guyane, après avoir refusé le statut de C.O.M., ont accepté de devenir une collectivité unique, toujours régie par l'article 73 C mais exerçant les compétences du département et de région, dotée en conséquence, d'une assemblée unique. Le *département de Mayotte* est, depuis 2011, placé dans la même configuration institutionnelle. Ces entités sont soumises au principe d'*assimilation :* les lois et règlements des autorités centrales y sont applicables de *plein droit*. Mais, ceux-ci peuvent faire l'objet *d'adaptations tenant à leurs caractéristiques et contraintes particulières* (art. 73 C) sous le contrôle du juge constitutionnel (C.C., 2 décembre 1982, *Outre-mer*, *Rec.* 70). Sur habilitation de la loi, lesdites adaptations peuvent, depuis 2003, être décidées par les conseils régionaux et généraux ou par les assemblées uniques. Par ailleurs, dans *un nombre limité de matières relevant du domaine de la loi,* ces organes délibérants peuvent, sur habilitation législative, fixer eux-mêmes les règles applicables sur leur territoire (pour les modalités, voir la L.O. du 21 février 2007 assouplie par la L.O. du 27 juillet 2011 ; pour la première mise en application : articles 68 et 69 de la loi du 27 mai 2009 destinés au Conseil régional de Guadeloupe). Les D.O.M. et R.O.M. font partie de l'Union européenne (régions ultrapériphériques) à la différence des collectivités d'outre-mer, seulement associées, qui succèdent aux *territoires d'outre-mer* (T.O.M.).
Les C.O.M. sont : la Polynésie française, Wallis-et-Futuna, Saint-Pierre-et-Miquelon, et, depuis la L.O. du 21 février 2007, St Barthélémy et St Martin. Elles disposent d'un statut qui peut les doter de l'autonomie et qui tient compte de leurs *intérêts propres* au sein de la République (art. 74 C). Au sein des C.O.M., certaines peuvent relever du principe de *spécialité :* les lois (à l'exception de celles *dites de souveraineté*) et règlements des autorités centrales n'y sont pas applicables, sauf mention expresse. La loi organique détermine leur domaine d'intervention. D'où un *partage* du pouvoir normatif entre celui de l'État, réduit aux fonctions régaliennes et aux garanties d'exercice des libertés publiques, et la loi locale, à l'image du précédent de la *loi du pays* de la Nouvelle-Calédonie (art. 77 C). Du reste, le statut de cette dernière a servi de référence, jusqu'y compris l'existence d'un droit préférentiel (soit une discrimination positive), en matière d'accès au travail pour la population de la C.O.M. dotée de l'autonomie ; population toutefois qui *ne peut être définie que comme regroupant les personnes justifiant d'une durée suffisante de résidence dans la collectivité d'outre-mer concernée* – C.C., 12 février 2004, *Polynésie française*, *Rec.* 41. La Nouvelle-Calédonie évolue vers la condition d'un État fédéré *sui generis* via la constitutionnalisation de l'accord de Nouméa (art. 77 C – voir C.C., 15 mars 1999, *Nouvelle-Calédonie*, *Rec.* p. 63). V. J.-Y. FABERON et

ne peut ignorer la réalité spatiale et sociétale. Dans cet ordre d'idées, la vision de *l'apoplexie au centre* et de la *paralysie aux extrémités* (Lamennais) ou du raccourci, *Paris et le désert français* (J.-F. Gravier) est à l'origine de la prise en compte d'une *administration de proximité*.

B. LES MODALITÉS D'EXERCICE DU PRINCIPE DE L'UNITÉ

125 Deux modes d'administration ou de gestion des affaires locales se présentent : la *déconcentration* et la *décentralisation*, qui coexistent utilement. Celles-ci présentent des traits communs : une tendance *centrifuge* qui rapproche l'administration de l'administré, car selon Napoléon III, *on peut gouverner de loin, mais on n'administre bien que de près*. En un mot, l'autorité ne s'exerce plus depuis la capitale, mais sur place. En l'espèce, il s'agit d'une délégation du pouvoir *administratif* (organisation de services publics, maintien de l'ordre public), à l'exclusion du pouvoir *politique* qui demeure l'apanage de l'État, ainsi, le Parlement conserve le *monopole* de la loi. Mais, au-delà, la déconcentration et la décentralisation se différencient. La nouvelle attribution sera, en effet, confiée soit à un agent de l'État, soit à des élus.

1. La déconcentration

126 Cette technique peut se définir comme une modalité ou un relais de la centralisation ; une redistribution territoriale du pouvoir étatique. Il s'agit donc d'un principe d'autorité : la centralisation par personnes interposées, en d'autres termes. Odilon Barrot, au XIXe siècle, résumait d'une manière plaisante le sentiment : *c'est toujours le même marteau qui frappe, mais on en a raccourci le manche*. On serait tenté d'ajouter, pour mieux en ajuster les coups.

Au total, la déconcentration s'analyse dans le transfert de moyens et d'attributions administratives du pouvoir central au bénéfice d'agents de l'État placés à un niveau local. Un rééquilibrage entre le centre et la périphérie est effectué au sein de l'administration d'État. En France[41], le préfet est *le représentant de l'État, représentant de chacun des membres du Gouvernement* (art. 72, al. 6 C). Le décret du 29 avril 2004, abrogeant les décrets du 10 mai 1982, détaille ses prérogatives, fixe l'organisation et l'action des services déconcentrés (relais territoriaux des ministères) dans les régions et départements. Depuis 2007, une vaste réorganisation de l'administration territoriale de l'État a été effectuée sous l'égide de la *Révision générale des politiques publiques* (RGPP) transformée, en 2012, en *Modernisation de l'action publique* (MAP). En accompagnement d'un regroupement significatif des services déconcentrés[42], la région devient le niveau d'administration de droit commun dans la conduite des politiques publiques de l'État. Ainsi, en application du décret du 16 février 2010 (modifiant celui du 29 avril 2004), le préfet de région a-t-il désormais, sauf exceptions, *autorité sur les préfets de département* qui *prennent leurs décisions conformément aux instructions que leur adresse le préfet de région*.

J. ZILLER, *Droit des collectivités d'Outre-mer*, 2007 ; J.-P. THIELLAY, *Droit des outre-mers*, 2011 ; Pouvoirs 2005, n° 113 ; C.C.C., *La Constitution et l'outre-mer*, n° 35, 2012. (v. *IIIe partie*).

41. Le refus de la différence, ce *mal français* est caractéristique. Déjà au XVIIIe siècle, Montesquieu observait : *Il n'y a en France que Paris et des provinces éloignées, parce que Paris n'a pas encore eu le temps de les dévorer.* V. F. CHAUVIN, *Administration de l'État,* 6e éd., 2002 ; P. DEYON, *Paris et ses provinces,* 1992 ; S. VERCLYTTE, *La déconcentration en France,* D.F., 1997.

42. Voir, au niveau départemental, le décret du 3 décembre 2009 instituant les directions départementales interministérielles (D.D.I.) au nombre de trois ou de deux dans chaque département. Le regroupement des directions régionales est aussi visible.

2. La décentralisation

127 Terme moins expressif que les expressions anglo-saxonnes équivalentes (*local government* ou *self government* désignant un système par lequel *les décisions sont prises par les habitants de l'entité locale au mieux de leurs intérêts*), la décentralisation signifie littéralement auto-administration. Ainsi s'analyse-t-elle en un principe de liberté et s'identifie à la démocratie locale chère à Tocqueville. Sous ce rapport, elle se ramène à un transfert d'attributions du pouvoir central au profit d'entités locales, juridiquement distinctes de l'État et dotées d'organes élus par les citoyens concernés. On le constate, l'élection constitue la pierre de touche de la décentralisation[43]. L'État unitaire français a considérablement évolué avec la loi du 2 mars 1982 et la révision constitutionnelle du 28 mars 2003. Les insuffisances identifiées notamment par le rapport Balladur II (*Il est temps de décider*, D.F., 2009) ont appelé un nouveau train de réformes législatives en 2010.

Rappelant officiellement que l'organisation de l'État est *décentralisée* (art. 1er C), la loi constitutionnelle du 28 mars 2003[44] a procédé à un réaménagement substantiel dont il convient de détailler l'économie.

Les collectivités territoriales (communes, départements, régions, collectivités à statut particulier et collectivités d'outre-mer (art. 72 C)[45], *s'administrent librement par des conseils élus et disposent du pouvoir réglementaire pour l'exercice de leurs compétences*. Autrement dit, le principe de *libre gouvernement* n'est pas garanti ; la nuance est d'importance. Le référendum décisionnel sur les projets de délibération ou d'acte relevant de la compétence de la collectivité territoriale a droit de cité (art. 72-1, al. 2 C) et est encadré par la loi organique du 1er août 2003, déclarée conforme à la constitution par le Conseil constitutionnel (C.C., 30 juillet 2003, *Rec.* p. 414). L'initiative, soumise à des restrictions temporelles et matérielles (les actes individuels étant exclus), incombe selon les cas à l'assemblée délibérante ou à l'exécutif local. La délibération organisant le référendum local peut être déférée par le préfet devant le tribunal administratif (annulations de la délibération de la commune d'Ivry-sur-Seine en raison du sujet (le maintien d'un équipement hospitalier) et du droit de vote accordée aux ressortissants non communautaires (T.A. de Melun, 5 octobre 2006, *Ivry-sur-Seine* – C.A.A. de Paris, 9 octobre 2007)). Des exigences de participation (la moitié au moins des électeurs inscrits) sont imposées pour conférer un caractère décisionnel au référendum. Comme on pouvait s'y attendre, les représentants locaux ne trouvant guère d'intérêt à se dessaisir du droit de décider, ce mécanisme est peu sollicité (une trentaine de référendums seulement ont été recensés à l'échelon communal qui portent sur des sujets d'intérêt variés : choix du nom des habitants de la commune, création d'une police municipale, implantation d'éoliennes, etc.).

43. L'évolution a été lente en France : le maire est désigné par l'État jusqu'en 1881 ; le Préfet est l'exécutif du Conseil général entre 1800 et 1982. Le modèle centralisateur français s'est exporté principalement en Belgique et aux Pays-Bas où certaines séquelles y sont encore présentes. Ainsi, l'article 131 de la constitution néerlandaise du 17 février 1983 dispose-t-il que *le bourgmestre* (dans la commune) *est nommé par décret royal.*

44. F. LUCHAIRE et Y. LUCHAIRE, *Décentralisation et constitution*, 2003 ; dossiers *A.J.D.A.* 2003, p. 522 et *R.F.D.A.* 2003, n° 5 et 2004, n° 1.

45. Il est toutefois loisible au législateur de créer une nouvelle catégorie de collectivité territoriale ne comprenant qu'une seule unité, *le cas échéant en lieu et place d'une ou de plusieurs collectivités* mentionnées à l'article 72 C. Une consultation populaire peut ou doit (en cas de changement de statut constitutionnel en outre-mer) être prévue. Les électeurs corses ont ainsi rejeté, en 2003, une nouvelle forme d'organisation territoriale entraînant la disparition des deux départements. Outre-mer, tandis que les électeurs antillais et guadeloupéens repoussaient, en 2003, la fusion de la région et du département, ceux de St Martin et St Barthélémy (îles rattachées, jusqu'ici, à la Guadeloupe) acceptaient la transformation en collectivité d'outre-mer (L.O. du 2 février 2007). Les Mahorais (en 2009), les Antillais et Guyanais (en 2010) se sont prononcés en faveur de la création d'une collectivité exerçant les compétences normalement attribuées aux département et région. Les alsaciens ont rejeté la disparition du conseil régional et des deux conseils généraux au profit d'une assemblée unique en 2013.

En outre, en liaison avec le nouvel article 37-1 C *(La loi et le règlement peuvent comporter, pour un objet et une durée limitée, des dispositions à caractère expérimental)*, l'article 72, al. 4 C permet à la loi ou le règlement, selon les cas, aux collectivités territoriales ou à leurs groupements, *de déroger à titre expérimental* et pour un objet et une durée limités, aux dispositions législatives ou réglementaires qui régissent l'exercice de leurs compétences. Mais, des restrictions générales sont posées : les *conditions essentielles d'exercice d'une liberté publique ou d'un droit constitutionnellement garanti* doivent être respectées et le Parlement décidera à l'issue de l'expérimentation des suites à lui donner. Si le principe de l'adaptation réglementaire des conditions d'application de la loi par une collectivité territoriale avait été déjà accepté (C.C., 17 janvier 2002, *Corse*, *Rec.* p. 70), en revanche, l'adaptation législative a nécessité, compte tenu de la position du C.C. *(Ibid.)*, une révision constitutionnelle.

La loi organique du 1er août 2003, contrôlée par le Conseil constitutionnel (C.C., 30 juillet 2003, *Rec.* p. 406), dispose principalement que l'expérimentation ne pourra excéder cinq ans (avec une possibilité de prolongation) et que les actes d'une collectivité portant dérogation aux dispositions législatives seront, après leur transmission au Préfet, publiés au *Journal officiel*. Ils pourront faire l'objet d'un déféré préfectoral. Ultérieurement, le législateur décidera soit la prolongation, soit l'abandon, soit la généralisation de l'expérimentation[46].

Enfin, et au prix d'une simplification, la reconnaissance de l'identité juridique des collectivités implique une sphère de compétences propres, sous le bénéfice du principe *d'expérimentation* précité et de celui de la *subsidiarité* (le niveau optimal de compétence en vue de se rapprocher de l'administré) : *les collectivités territoriales ont vocation à prendre les décisions pour l'ensemble des compétences qui peuvent le mieux être mises en œuvre à leur échelon* (art. 72, al. 2 C – examen du C.C. limité à l'erreur manifeste : C.C., 7 juillet 2005, *Politique énergétique*, *Rec.* p. 102) et du contrôle exercé par le représentant de l'État qui conserve *la charge des intérêts nationaux, du contrôle administratif et du respect des lois* (art. 72, al. 6 C). La décentralisation est source d'autonomie au sein de l'État centralisé[47]. Au reste, l'article 1er de la constitution *(la France est une République indivisible)* le rappelle, à toutes fins utiles (C.C., 25 février 1982, *Lois de décentralisation*, *Rec.* p. 38)[48].

C. LE POUVOIR LOCAL EN FRANCE

128 Une *nouvelle architecture des pouvoirs* (J. Chirac) s'est mise en place à l'issue de la loi du 2 mars 1982, de la L.C. du 28 mars 2003 et d'un vaste chantier législatif entamé en 2010 (loi du 16 décembre 2010). Avec la fin de la constitution administrative, léguée

46. En application de la loi du 21 août 2007, 40 départements ont été autorisés à pratiquer l'expérimentation du revenu de solidarité active (R.S.A.). Chaque conseil général a apporté par délibération, des dérogations variables aux dispositions législatives et réglementaires du Code de l'action sociale et des familles ainsi qu'au Code du travail. Depuis le 1er juin 2009, le RSA a été généralisé sur l'ensemble du territoire. V. A. ROUX, Constitution, Expérimentation et décentralisation, *Mélanges Loïc Philip,* 2005, p. 207.

47. Un processus de fédéralisation de la France s'esquisse cependant au plan *administratif*, avec la mise en place de structures de coopération intercommunale (communautés de communes, d'agglomérations, urbaines, métropoles) (V. E. KERROUCHE, *L'intercommunalité en France,* 2004). Au plan *politique*, la participation à l'Union européenne (art. 88-1 C), d'une part ; les nouvelles relations avec la Nouvelle-Calédonie et les C.O.M., d'autre part, peuvent illustrer cette démarche.

48. Le Sénat assure, au plan national, la représentation des collectivités territoriales de la République (art. 24 *in fine* C). V. F. ROBBE, *La représentation des collectivités territoriales par le Sénat,* 2001.

par les Jacobins et Napoléon, le paysage national est remodelé, sous l'aspect d'une *République territoriale* (Chr. Poncelet)[49].

Rompant avec la culture d'État, la décentralisation *décidée* est *réalisée*, mais elle demeure *encadrée* en attendant d'être *accentuée*. Il est opportun de présenter ce droit constitutionnel local, en phase actuelle de mutation, à l'origine d'un nouveau sacre des notables[50].

1. La décentralisation décidée

129 La France s'est convertie à la décentralisation à partir de 1982. Le volontarisme débouche sur le renouveau du droit des collectivités territoriales[51], s'agissant respectivement de leurs structures et du régime de leurs actes juridiques.

a) Les modifications des structures juridiques des collectivités territoriales

130 Prenant référence sur l'organisation communale, dont les organes délibérant et exécutif procèdent, depuis la loi du 5 avril 1884 de l'élection, la loi du 2 mars 1982 l'étend au département et à la région. Au premier cas, parallèlement au conseil général (devenu, en 2013, le conseil départemental), l'exécutif est transféré du préfet au président dudit conseil. Au second cas, l'établissement public régional (loi du 5 juillet 1972) s'efface devant une nouvelle collectivité territoriale : conseil régional élu et président du conseil qui exécute ses délibérations. Le juge se montre attentif au conseil élu doté d'attributions effectives par lequel une collectivité s'administre, en garantissant son existence même (C.C., 2 décembre 1982, *D.O.M.*, *chr.* n° 25, p. 183). Seulement, il est possible que des élus désignés lors d'un scrutin unique (les conseillers territoriaux – qui, supprimés en 2012, ne verront jamais le jour) siègent dans deux assemblées territoriales (C.C., 9 décembre 2010, *Réforme territoriale*) ou, qu'à l'inverse, un scrutin binominal paritaire homme-femme (pour les départementales) soit prévu (C.C., 16 mai 2013, *Élections locales*). La réduction du nombre de régions est la priorité du président F. Hollande. Un projet de loi est actuellement en discussion devant le Parlement.

b) La modification du régime des actes juridiques des collectivités territoriales

131 Les actes des autorités locales sont *exécutoires de plein droit*. Ils produisent, en d'autres termes, *de plano* des effets juridiques. Si, en l'occurrence, le principe de la libre administration trouve ici son expression, il subit, cependant une limitation en raison du contrôle assumé par le préfet, *a posteriori*.

Sauf exceptions, les actes sont transmis à ce dernier qui, après avoir épuisé les possibilités de la négociation, est habilité, dans un délai de deux mois, à les déférer au tribunal administratif en cas de manquement à la légalité. Il lui est loisible d'assortir son déféré d'une demande de suspension (art. L. 2131-6 du Code général des collectivités territoriales). En pratique, le déféré préfectoral est exceptionnel (804 en 2012 pour plus de 5,2 millions d'actes transmis ; soit 0,015 %). En revanche, la négociation (*les observations sur la légalité*) est privilégiée (près de 30 000 en 2012).

Les manquements aux règles budgétaires (notamment la date de vote du budget primitif et son adoption en équilibre réel) sont confiés aux chambres régionales des comptes, créées par la loi du 10 juillet 1982, sur recours du préfet[52]. On le constate, celui-ci n'exerce plus lui-même, comme par le passé, le pouvoir décisionnel, désormais assumé par le pouvoir juridictionnel[53].

49. La France s'inscrit dans le mouvement de *l'autonomie locale*, posé par la Charte européenne du 10 octobre 1985. V. A. DELCAMP et J. LOUGHLIN, *La décentralisation dans les États de l'Union européenne,* D.F., 2003. Avec du retard, la loi autorisant son approbation a été adoptée (loi du 10 juillet 2006).

50. V. J.-B. AUBY, J.-F. AUBY, R. NOGUELLOU, *Droit des collectivités locales,* 5e éd., 2009 ; B. FAURE, *Droit des collectivités territoriales*, 2e éd., 2011 ; M. VERPEAUX, *Les collectivités en France*, 4e éd., 2011.

51. Les lois du 6 février 1992 relative à l'administration territoriale de la République, du 27 février 2002 relative à la démocratie de proximité et du 16 décembre 2010 portant réforme des collectivités territoriales complètent le dispositif.

52. V. J. RAYNAUD, *Les contrôles des chambres régionales et territoriales des comptes,* 10e éd., 2005. Le contrôle externe des chambres régionales des comptes : actualité et perspectives, *Revue française de finances publiques,* n° 85, 2004.

2. La décentralisation réalisée

132 Sous le contrôle du juge constitutionnel, il appartient à la loi de mettre en œuvre l'autonomie matérielle et fonctionnelle des collectivités locales, en leur offrant des *garanties suffisantes* (C.C., 20 janvier 1993, *Loi Sapin*, *chr.* nº 66, p. 183). Par suite, le législateur est tenu de respecter *un seuil minimum de compétences* en l'absence duquel *une contrainte excessive entraverait la libre administration des collectivités* (C.C., 29 mai 1990, *Droit du logement, chr.* nº 55, p. 209 ; 6 mai 1991, *Dotation de solidarité urbaine*, nº 59, p. 195)[54].

a) La mise en œuvre de l'autonomie matérielle des collectivités territoriales

133 Au delà de la clause générale de compétences permettant à chaque catégorie de collectivités de disposer d'un fond indéfini d'attributions[55], un processus de transfert de compétences de l'État auxdites collectivités, concomitamment à celui des ressources, a été opéré à partir de 1982. Contrairement à un État fédéral et à un État régional-autonomique (voir *infra*, nº 139 et s., nº 157 et s.), la répartition des compétences n'est pas fixée par la constitution mais relève seulement de la loi. Les matières visées concernent principalement l'urbanisme (communes), l'action sociale (départements) et la formation professionnelle (régions). Les compétences en matière de transport et d'enseignement public sont, réparties entre l'État et toutes les collectivités. La loi du 13 août 2004 a opéré une nouvelle redistribution (essentiellement dans les domaines du tourisme, des voies de transport, et dans la gestion des agents techniques, ouvriers et sociaux). En pratique, la répartition des compétences confine à l'enchevêtrement d'attributions et aux financements croisés. L'écheveau pourra-t-il un jour être démêlé ?

Afin d'éviter un désengagement de l'État préjudiciable aux collectivités, la constitution prévoit que *tout transfert de compétences entre l'État et les collectivités territoriales s'accompagne de l'attribution de ressources équivalentes à celles qui étaient consacrées à leur exercice* (art. 72-2, al. 4 C) sous le contrôle du Conseil constitutionnel (C.C., 18 décembre 2003, *RMI et RMA*, *Rec.* p. 473). En revanche, une *création ou extension de compétences ayant pour conséquence d'augmenter les dépenses des collectivités territoriales est accompagnée de ressources* (art. 72-2, al. 4 C). Le législateur n'est pas ici tenu d'organiser un *transfert* mais un *accompagnement* de ressources (C.C., 13 janvier 2005, *Cohésion sociale*, *Rec.* p. 33). Reste que les compétences *facultativement* exercées par une collectivité n'entraînent pas de compensation financière (C.C., 31 juillet 2003, *Archéologie préventive*, *Rec.* p. 424, et 7 août 2008, *Droit d'accueil pour les élèves pendant le temps scolaire*, *Rec.* p. 359).

Quant aux ressources, elles proviennent de la fiscalité locale, des dotations de l'État (essentiellement la D.G.F. : dotation globale de fonctionnement) et des emprunts (dont certains se sont finalement révélés *toxiques* pour de nombreuses collectivités[56]). Le Conseil constitutionnel a constamment veillé à ce qu'une réduction des ressources fiscales n'aboutisse pas à entraver leur libre administration (C.C., 7 décembre 2000, *loi S.R.U.*, *chr.* nº 97, p. 149) jusqu'à ce que la L.C. du 28 mars 2003 pose le principe de l'autonomie financière : *les recettes fiscales (...) des collectivités territoriales représentent (...) une part déterminante de l'ensemble des ressources* (art. 72-2, al. 3 C) et autorise les collectivités à recevoir *tout ou partie du produit des impositions de toute nature* (art. 72-2, al. 2 C). La loi organique du 29 juillet 2004, quant à elle, dispose que la part des ressources propres *ne peut être inférieure au niveau constaté au titre de l'année 2003* (soit 61 % pour les communes, 59 % pour les départements et 42 % pour les

53. V. Histoire du corps préfectoral, *Administration,* nº spécial, juillet 1983.

54. J. MOREAU, *Administration régionale, départementale et municipale,* 13ᵉ éd., 2002 ; A. ROUX, Peut-on encore décentraliser ?, *Mélanges Genevois,* Dalloz, 2008, p. 911 ; C.C.C., *Le droit constitutionnel des collectivités territoriales*, nº 12, 2002, p. 86 ; *La Constitution et les collectivités territoriales*, nº 42, 2014 ; Rapport Balladur, *Comité de réforme des collectivités locales,* D.F., 2009.

55. La loi du 16 décembre 2010 a supprimé la clause générale pour les départements et régions (qui ne s'est ainsi pas vue reconnaître de valeur constitutionnelle – C.C., 9 décembre 2010, *Réforme des collectivités territoriales*, *Rec.* 367) mais renvoyé à 2015 la détermination législative de leurs compétences d'attribution. L'an III de la décentralisation a été annoncé par la gauche revenue aux affaires en 2012. Pour commencer, la loi du 17 mai 2013 a modifié le mode d'élection des conseillers municipaux et départementaux. La réduction du nombre de régions est désormais à l'ordre du jour.

56. Voir le rapport de la commission d'enquête sur les produits financiers à risque souscrits par les acteurs locaux, A.N., 2011.

régions). Le Conseil constitutionnel s'assure du respect par la loi de cette *part déterminante* (C.C., 29 juillet 2004, *Autonomie financière, Rec.* p. 116 ; 29 décembre 2009, *L.F.* pour 2010, *Rec.* p. 218).

b) La mise en œuvre de l'autonomie fonctionnelle des collectivités territoriales

134 Un recensement des moyens en donne la mesure : partage des services entre la préfecture et le conseil général (ou régional) ; mise à disposition de fonctionnaires de l'État ; création de la fonction publique territoriale alignée sur celle de l'État (loi du 26 janvier 1984) et adoption d'un statut des élus locaux (lois du 3 février 1992 et du 27 février 2002).

c) Le respect de la libre administration des collectivités territoriales

135 Garantie par l'article 72 C, invocable dans le cadre d'une Q.P.C. (2 juillet 2010, *Commune de Dunkerque, Rec.* p. 134), la libre administration implique que 1°) les collectivités soient dotées d'organes élus (C.C., 8 août 1985, *Nouvelle-Calédonie, Rec.* p. 63) selon une périodicité raisonnable (6 décembre 1990, *Concomitance du renouvellement des conseils généraux et des conseils régionaux, Rec.* p. 84) ; 2°) elles doivent exercer des compétentes effectives en nombre suffisant (28 décembre 1982, *Statut Paris Lyon Marseille, Rec.* p. 76). 3°). La liberté contractuelle s'apprécie tel son prolongement (20 janvier 1993, *Loi Sapin, Rec.* p. 14), ainsi que la capacité de prendre des actes administratifs unilatéraux et, enfin, 4°) l'autonomie financière leur est garantie (29 juillet 2004, *Loi organique relative à l'autonomie financière des collectivités territoriales*, *Rec.* p. 116). Régulièrement sollicité en ce sens, le Conseil constitutionnel a rarement invalidé des dispositions législatives pour méconnaissance de la libre administration (C.C., 20 janvier 1984, *Fonction publique territoriale, Rec.* p. 38 ; 20 janvier 1993, *Loi Sapin* ; 14 janvier 1999, *Conseils régionaux, Rec.* p. 21 ; 7 décembre 2000, *Loi relative à la solidarité et au renouvellement urbains, Rec.* p. 176 ; Q.P.C., 8 juillet 2011, *Département des Landes* et 25 avril 2014, *Commune de Thonon-les-Bains*). Au surplus, il est toujours loisible d'imposer aux collectivités locales des obligations, charges et contraintes (par exemple en matière de coopération intercommunale : Q.P.C., 26 avril 2013, *Communes de Puyravault, de Maing* et *de Couvrot* (trois espèces distinctes)) à condition que celles-ci *répondent à des exigences constitutionnelles ou concourent à des fins d'intérêt général, qu'elles ne méconnaissent pas la compétence propre des collectivités concernées, qu'elles n'entravent pas leur libre administration et qu'elles soient définies de façon suffisamment précise quant à leur objet et à leur portée* (7 décembre 2000, *Loi relative à la solidarité et au renouvellement urbains*).

3. La décentralisation encadrée

136 En pratique, la décentralisation est à l'origine d'une compétition entre les collectivités territoriales et l'État, dont le Conseil constitutionnel assure, à titre principal, la régulation. Aussi la jurisprudence subordonne-t-elle la libre administration des collectivités au respect de l'autorité de l'État et à celui des principes sur lesquels la République est fondée (art. 1er C).

a) Le respect des prérogatives de l'État

137 L'autorité de l'État implique que son délégué puisse exercer, à tout moment, un contrôle administratif sur les délibérations des collectivités territoriales (C.C., 25 février 1982, *Lois de décentralisation, Rec.* p. 32) afin de préserver les compétences nationales. Ainsi, s'il est loisible au pouvoir constituant d'aménager des référendums décisionnels au profit des collectivités (art. 72-1, al. 2 C), les projets de délibération ou d'acte soumis aux électeurs ne pourront relever que de leurs seules compétences et non celles de l'État. La loi ne peut enjoindre le premier ministre à répondre, dans un délai préfix, aux propositions de modifications législatives ou réglementaires présentées par les collectivités (C.C., 7 décembre 2000, *Loi sur l'outre-mer, Rec.* p. 164) ; si les présidents de conseils généraux de D.O.M. et de conseils régionaux de R.O.M. ont la capacité de signer des accords internationaux, ils agissent toujours comme représentants de l'État et au nom de la République (*id.*). Enfin, critère de l'État unitaire, la loi demeure l'apanage de l'État (art. 34 C) comme l'a reconnu le juge constitutionnel (C.C., 17 janvier 2002, *Corse*, *chr.* n° 102, p. 140) à moins que le pouvoir constituant en décide autrement. La brèche ouverte en 1998 (avec les *lois du pays* votées par le Congrès de Nouvelle-Calédonie, art. 77 C) s'est amplifiée avec la révision constitutionnelle du 28 mars 2003 *(infra)*.

b) Le respect des principes républicains

138 Sauf dérogation (préférences en matière d'emploi en Nouvelle-Calédonie (art. 77 C via l'accord de Nouméa) et pour une C.O.M. (art. 74, al. 2 C)), les principes d'égalité entre les citoyens et d'indivisibilité de la République l'emportent sur celui de la libre administration des collectivités territoriales. Le principe d'égalité est à l'origine de la censure de la notion de *peuple corse composante du peuple français* (C.C., 9 mai 1991, *Corse*, *chr.* n° 59, p. 196) même si, désormais, *La République reconnaît, au sein du peuple français, les populations d'outre-mer, dans un idéal commun de liberté, d'égalité et de fraternité* (art. 72-3, al. 1 C).

Dans la même optique, le juge constitutionnel s'oppose à ce que les conditions essentielles de mise en œuvre des libertés publiques et, par suite, l'ensemble des garanties que celles-ci comportent dépendent des décisions des collectivités territoriales et ainsi puissent ne pas être les mêmes sur l'ensemble du territoire de la République (C.C., 9 avril 1996, *Polynésie française*, chr. n° 78, p. 191) ; à ce que les conditions essentielles dans lesquelles l'ordre public est garanti sur l'ensemble du territoire national soient affectées (C.C., 22 août 2002, *Loi de programme sur la sécurité intérieure*, chr. n° 104, p. 180) ou que surviennent des ruptures d'égalité dans l'attribution de prestations sociales relevant de la solidarité nationale (C.C., 18 décembre 2003, *RMI et RMA*, *Rec.* p. 473).

Intégrant la jurisprudence constitutionnelle, la L.C. du 28 mars 2003 interdit à certains mécanismes novateurs mis en place (principalement l'adaptation des lois et règlements) de remettre en cause *les conditions essentielles d'exercice d'une liberté publique ou d'un droit constitutionnellement garanti* (art. 72, al. 4 C).

Enfin, c'est dans un esprit similaire que les juges apprécient la coopération décentralisée (principalement transfrontalière) à laquelle s'adonnent les collectivités territoriales avec leurs homologues étrangers (v. articles L. 1115-1 et suivants du C.G.C.T.). Cette action extérieure est fondée dès lors qu'elle *ne porte pas atteinte aux conditions essentielles d'exercice de la souveraineté nationale* (C.C., 26 janvier 1995, *Aménagement et développement du territoire*, *chr.*, n° 74, p. 198 ; 7 décembre 2000, *Loi d'orientation pour l'outremer, ibid.*, n° 97, p. 62). La théorie de l'*État-écran* (O. Audéoud) demeure à l'exemple des traités de coopération signés avec les États limitrophes, au moment où se présente l'horizon européen[57].

§ 2. L'ÉTAT FÉDÉRAL

139 Telle une famille composée, il s'agit d'une union d'États ou, si l'on veut, d'un *État d'États*, unis par un lien de société. Ce principe donne naissance à une fédération (du latin *foedus*, alliance) ou à un *État fédéral*. Cependant, celui-ci ne procède pas d'un phénomène de génération spontanée. Il résulte d'un rapprochement initial entre des États souverains dans le cadre d'une confédération. À ce compte, une fédération se présente souvent comme une *confédération qui a réussi*, à l'image du précédent des États-Unis d'Amérique. De nos jours, l'Union européenne vérifie ce processus évolutif, qui consiste à passer d'une vision horizontale à une vision verticale entre États ; autrement dit, de la *coopération* à l'*intégration* de leur souveraineté.

57. V. B. DOLEZ, *Coopération décentralisée et souveraineté de l'État,* thèse Lille II, 1993 ; A. DELCAMP, *Les collectivités décentralisées de l'Union européenne,* 1995 ; V. GOESEL-LE BIHAN, La participation des départements et régions d'outre-mer à la conclusion des accords internationaux, *R.F.D.C.* 2006, p. 3 ; Conseil d'État, *Le cadre juridique de l'action extérieure des collectivités locales,* D.F., 2006.

A. L'ORIGINE DE L'ÉTAT FÉDÉRAL OU LE PRÉALABLE DE LA CONFÉDÉRATION

140 En règle générale, une fédération obéit à une loi du genre, celle de l'apprentissage de la vie en commun par les États intéressés. À cet égard, la confédération se situe comme un point de passage obligé, abstraction faite de formes surannées liées au phénomène dynastique[58].

1. La définition de la confédération

141 La confédération est une association d'États, au sens du droit international, au sein de laquelle ceux-ci acceptent de coopérer en un certain nombre de domaines, tout en conservant, à titre principal, leur souveraineté.

Il suit de là, que cette dernière est, tout au plus, une *alliance confortée*. Il est utile de préciser le sens de l'expression : l'acte constitutif réside dans un *traité* ; les décisions importantes y sont prises à l'*unanimité* des membres et sous réserve de ratification[59]. Les structures à caractère intergouvernemental sont sommaires (diète ou assemblée de délégués des États ou conseils des ministres intéressés) et ont peu de moyens juridiques pour contraindre un État refusant de respecter ses obligations.

Au total, la confédération, à l'opposé de la fédération, ne tend pas à créer une volonté étatique *supérieure*, un membre peut donc s'en retirer alors que cette possibilité est refusée à l'unité fédérée (à preuve, la guerre de Sécession aux États-Unis).

2. Les applications de la confédération

142 De la *ligue achéenne* en Grèce ou de la *confédération des villes latines*, dont Rome fit partie, jusqu'à l'Union européenne actuelle, l'histoire est jalonnée de nombreux exemples.

a) Les confédérations anciennes ou géographiques

143 Entrent dans cette catégorie, la *confédération des États-Unis de l'Amérique du Nord*, qui dura de 1778 à 1787, pendant la guerre d'Indépendance, et précéda la constitution de l'État fédéral ; la *confédération helvétique*, dont les premiers fondements furent posés au XIVe siècle, et qui, avec des fortunes diverses, dura jusqu'en 1848, époque à laquelle elle fut transformée en un État fédéral par la constitution du 12 septembre 1848 ; et la *confédération germanique*, qui a duré de 1815 à 1866, et dont faisait partie l'Autriche qui, par la suite, a été remplacée par la *confédération de l'Allemagne du Nord*, séparée de l'Autriche par le traité de Prague ; ladite confédération de l'Allemagne du Nord, augmentée de quelques États du Sud, s'est transformée, en 1871, en Empire fédéral allemand. À ce groupe, on rattachera le Commonwealth, *club* qui réunit, selon un rythme biennal, 53 États liés par une solidarité *historique* au Royaume-Uni, d'une part, et la C.E.I. (*Communauté des États indépendants*), celle des ex-républiques soviétiques (en dehors des États baltes), en 1991, d'autre part. La C.E.I. est demeurée lettre-morte[60].

b) Les confédérations actuelles ou économiques

144 En mettant de côté l'appellation trompeuse de *Confédération helvétique* (la Suisse étant un État fédéral), la seconde catégorie repose sur une solidarité d'intérêts

58. En l'occurrence, il s'agit des unions dites personnelles et réelles. Au premier cas, deux États sont unis par un même monarque, à la suite du jeu automatique des règles successorales : Angleterre et Hanovre de 1714 à 1837 ; Luxembourg et Pays-Bas (1815-1890). Au second cas, l'identité de souverain est la conséquence d'un acte de volonté (un traité) : Pologne et Lituanie (1568-1795) ; Suède et Norvège (1815-1905) ; Autriche-Hongrie (1867-1918) et, de manière analogique, Serbie-et-Monténégro (2002-2006).

59. Les règles juridiques ne sont pas directement applicables dans l'ordre interne des États membres, à la différence de la fédération. Elles doivent faire l'objet d'une réception par ceux-ci ou d'une médiation nationale (ratification et les publications). V. L. LE FUR, *État fédéral et confédération d'États*, 1896, rééd. 2000.

60. V. La Russie et autres pays de la C.E.I., 2003, *Le courrier des pays de l'Est*, n° 1, D.F., 2004.

débouchant progressivement, à la manière du *Zollverein* allemand de jadis sur l'intégration *économique* puis *politique*. À l'initiative de l'Allemagne et de la France, des États européens ont créé successivement la C.E.C.A. (*Communauté européenne du charbon et de l'acier*) par le traité de Paris en 1951, la C.E.E. (*Communauté économique européenne*) et l'Euratom (*Communauté européenne de l'énergie atomique*) par celui de Rome, en 1957[61].

Après leur fusion, les Communautés européennes en 1965, ont institué entre leurs membres, en application du traité de Maastricht, signé le 7 février 1992, une *Union européenne*, en matière politique économique et monétaire. Bien qu'étant juridiquement une organisation internationale *régionale* et *spécialisée* (J. Boulouis), l'Union n'en progresse pas moins, de manière originale, sur le chemin de l'État fédéral, au point de lui emprunter la force de son droit. À titre de pierre d'attente, le droit de l'Union européenne, tel le droit fédéral, se pare de la *primauté* à l'égard du droit national et de l'*applicabilité directe* vis-à-vis des États et des personnes. Le choix de la devise, inspirée de celle des États-Unis, (*l'unité dans la diversité*), l'entrée en vigueur de l'euro, le 1er janvier 2002, la volonté de se doter d'une constitution en 2004 prennent valeur de symbole (v. *IIIe partie*)[62].

B. LES CARACTÉRISTIQUES DE L'ÉTAT FÉDÉRAL

145 L'État fédéral se présente comme une modalité raffinée d'État qui nourrit la réflexion, en raison de sa diffusion géographique et de sa séduction juridique. Dans le monde contemporain, il n'est guère, en effet, d'États importants, en dehors du Japon et de la Chine, qui n'aient adopté cette condition qui combine, de manière harmonieuse, l'unité et la diversité des ordres politiques et juridiques.

1. La notion de fédéralisme

146 L'État fédéral échappe largement à la compréhension des Français, marqués par des siècles de centralisation, à l'opposé des Allemands dont il constitue la seconde nature, en dépit de l'avancée de la construction européenne. Raison supplémentaire pour examiner la notion et recenser les applications auxquelles elle a donné lieu.

a) La définition

147 L'État fédéral est une union d'États, au sens du droit interne (c'est-à-dire constitutionnel) au sein de laquelle un nouvel État apparaît.

En d'autres termes, des États souverains jusqu'alors, acceptent de se grouper sous une bannière *étatique* en transférant des compétences[63]. De sorte, que la fédération naît

61. La formule a été, par ailleurs, adoptée en Afrique francophone : Conseil de l'Entente, Communauté économique de l'Afrique de l'Ouest (C.E.A.O.), Union douanière des États d'Afrique centrale (U.D.E.A.C.) dans la mesure où elle permet de concilier l'exercice de la souveraineté *politique*, avec les nécessités de la coopération économique au plan régional.

62. V. C. BLUMANN et L. DUBOUIS, *Droit institutionnel de l'Union européenne,* 4e éd., 2009 ; L. DUBOUIS (sous la direction), *L'Union européenne,* D.F., 2004.

63. L'expression *supranationalité*, empruntée au vocabulaire politique, est significative à cet égard. Dans le même ordre d'idées, on songera à une formule d'Edgar Faure : *l'indépendance dans l'interdépendance*. V. M. CROISAT, *Le fédéralisme dans les démocraties contemporaines,* 3e éd., 1999 ; F. DELPÉRÉE, *Le fédéralisme en Europe,* 2000 ; C. FERCOT, *La protection des droits fondamentaux dans l'État fédéral,* 2011 ; J.-F. GAUDREAULT-DESBIENS, F. GÉLINAS (sous la direction), *Le fédéralisme dans tous ses États. Gouvernance, identité et méthodologie,* 2005.

d'une constitution à l'opposé de la confédération, issue d'un traité. Elle se présente, si l'on peut user de cette comparaison, sous la forme d'une *construction à deux étages*. À *l'étage inférieur*, se situent les États membres ou les *collectivités* ou *unités fédérées*[64] qui, ayant renoncé à l'usage exclusif de leur souveraineté, ne peuvent plus se prévaloir, en dehors d'un élément de considération, de leur qualité originaire. Celle-ci est dorénavant l'apanage du nouvel État (*l'étage supérieur*), que l'on se propose de dénommer le *super-État*[65]. On le saisit, l'Union européenne est un État fédéral en devenir.

L'État fédéral englobe les unités fédérées, mais ne les absorbe point, tant et si bien qu'il réalise la synthèse entre l'État unitaire et la confédération ; entre la solidarité et l'autonomie. *E pluribus unum* : la devise des États-Unis ramène dans un excellent raccourci, la vision du fédéralisme à la *diversité dans l'unité*, ou, si l'on préfère, l'autonomie alliée à la solidarité. La référence américaine n'exclut pas, cependant, le fédéralisme à *la carte*.

b) Les applications

148 Le précédent américain de 1787 a fait école dans le Nouveau Monde (Canada, Mexique, Brésil, Argentine). En Europe, on mentionnera l'Autriche, la Suisse (dont la dénomination officielle de Confédération ne doit pas induire en erreur), l'Allemagne, la Belgique[66] et la Russie[67]. L'Asie offre des exemples : l'Inde (fédéralisme *ethnique*), le Pakistan, la Malaisie ; le Moyen-Orient avec les Émirats arabes unis et l'Irak (avec d'importantes difficultés) ; l'Océanie, avec l'Australie. Enfin, l'Afrique longtemps réfractaire connaît, cependant, des applications : l'Afrique du Sud, le Nigeria, les Comores et l'Éthiopie[68].

2. Les principes organisateurs du fédéralisme

149 Le fédéralisme s'analyse en une technique de partage ou de distribution du pouvoir *lato sensu*. De ce fait, l'État fédéral constitue une *société plurielle*, s'agissant des pouvoirs publics et du droit, au point de cultiver l'ingéniosité, à l'image du fédéralisme sur mesure ou *asymétrique* de la Belgique (F. Delpérée).

64. Du reste, afin d'éviter toute confusion, les États fédéraux adoptent une terminologie *sélective* : les unités fédérées, au Canada, sont les *provinces* ; en Suisse, les *cantons* ; en Autriche et en Allemagne, les *Länder* ; en Belgique, les *communautés et les régions*. En revanche, les États-Unis, l'Australie et l'Inde, entre autres, décernent le même qualificatif, celui d'État, en l'espèce, aux unités fédérées et au super-État, ce qui est à l'origine d'une méprise d'un point de vue juridique, en dehors d'un élément de considération.

65. D'un point de vue terminologique, on rappellera la distinction de Georges Scelle, entre *le fédéralisme par agrégation et le fédéralisme par ségrégation*. Au premier cas, il s'agit d'unir ce qui, au préalable, était séparé, en s'appuyant sur une solidarité *géographique* (États-Unis, Suisse, Canada) ; au second, il importe de séparer ce qui était uni, en tenant compte d'une solidarité historique. La Belgique (1993) et le Brésil (1889) sont des exemples de fédéralisme par *dissociation*.

66. Au terme d'un processus commencé en 1970, la Belgique est devenue, en juillet 1993, un État fédéral. Une de ses grandes particularités est d'être composé de deux catégories d'entités fédérées : les Communautés (française, flamande et germanophone) et les régions (wallonne, flamande et celle de Bruxelles-Capitale). Une juridiction constitutionnelle arbitre les conflits de compétences entre l'État et les diverses composantes. V. F. DELPÉRÉE, *Le droit constitutionnel belge,* 2001 ; A. LETON (sous la direction), *La Belgique, un État fédéral en évolution*. Bruxelles, 2001 ; M. VERDUSSEN et N. BLONBED (sous la direction), *Les droits constitutionnels en Belgique*, 2011 ; La Belgique, *Pouvoirs* n° 136, 2011.

67. La fédération de Russie comprend 89 sujets (art. 65 de la constitution du 12 décembre 1993). Elle s'étend sur un sixième de la terre et 11 fuseaux horaires. V. M. LESAGE et P. GÉLARD, Constitution de la fédération de Russie, *R.F.D.C.* 1994, p. 195 et *La Russie face à ses régions,* D.F. 1994 (v. *IIe partie*).

68. L'hétérogénéité de la société africaine, qui se traduit par l'absence d'un loyalisme national, a jeté la suspicion, à bien des égards, sur la construction fédérale qui est apparue comme une sorte d'encouragement à la sécession. Voir cependant l'expérience du fédéralisme conduite par le Cameroun entre 1961 et 1972.

Selon Georges Scelle, une construction fédérale repose, en règle générale, sur la combinaison dialectique des trois principes de *superposition, d'autonomie* et de *participation*. Le premier rend compte de la condition du *super-État* ; le second, de celle des *unités fédérées* et le troisième de leur collaboration au sein de la fédération, qui fait songer à un *duplex*.

a) *Le principe de superposition*

150 Né de la volonté des États composants, sous forme d'une *constitution* fédérale, le super-État qui les coiffe est à l'origine d'un *nouvel ordre* politique et juridique. Sous cet aspect, il dispose des attributs *étatiques* et plus précisément, d'une organisation politique *distincte* de celle des unités fédérées (une constitution et des pouvoirs publics propres). Le principe de superposition n'en reste pas moins complexe.

Conceptuellement, en se fondant sur le principe de l'indivisibilité de la souveraineté systématisée par Bodin (*supra*, n° 107 et s.), seul le super-État est censé disposer de la souveraineté *plénière*, les unités fédérées étant dépouillées de leur souveraineté originaire. Carré de Malberg énonçait que *si le critérium de l'État est la souveraineté, les collectivités membres d'un État fédéral ne sont pas des États, car elles ne sont pas souveraines.* Au surplus, le super-État agit seul sur la scène internationale, au point de faire figure, sous cet aspect, d'État unitaire[69].

Pratiquement, force est bien de reconnaître que les entités fédérées, le plus souvent apparues *avant* l'État fédéral, ont conservé des parcelles de souveraineté dans les domaines internes (avec la possibilité d'être aussi dotées de leurs propres constitutions et organes institutionnels) et externes (capacité reconnue dans les systèmes juridiques allemand, belge et suisse de signer des traités dans leurs domaines de compétences, *infra*, n° 152). L'article 3 de la Constitution suisse du 18 avril 1999 dispose ainsi que *les cantons sont souverains en tant que leur souveraineté n'est pas limitée par la Constitution fédérale*. Il y a donc matière à débat et la vision de Tocqueville *(La souveraineté de l'Union est l'œuvre de l'art. La souveraineté des États est naturelle*) s'oppose à celle de Carré de Malberg qui, dans la filiation de Bodin, considére que *la souveraineté est entière ou elle cesse de se concevoir*. La problématique de la *souveraineté partagée* ressurgit.

Quoi qu'il en soit, le principe de superposition (de domination ?) implique que l'État fédéral puisse imposer à la fois son ordre constitutionnel (l'article 4 – sect. IV de la constitution américaine dispose que *Les États-Unis garantiront à chaque État de l'Union une forme républicaine de Gouvernement*) et son ordre législatif. Dans ce dernier cas, le droit élaboré par ses organes, dans son domaine de compétence, bénéficie à l'égard des unités fédérées, de la *primauté* et de *l'applicabilité immédiate ;* ce qui emporte sa supériorité. C'est *la clause de suprématie*[70] aux États-Unis. En somme, le droit fédéral s'impose au droit fédéré *(Bundesrecht bricht Landersrecht)* et lie directement les personnes, à l'opposé d'une confédération, au sein de laquelle les normes juridiques font l'objet d'une *réception* par les autorités nationales.

69. V. P. JACOB, *L'imputation d'un fait à l'État en droit international de la responsabilité*, Thèse Rennes 1, 2010.

70. L'art. VI de la constitution de 1787 dispose : *La présente constitution, ainsi que les lois des États-Unis qui seront faites en conséquence et tous les traités faits sous l'autorité des États-Unis constitueront la loi suprême du pays et seront obligatoires pour les juges dans chaque État, et cela nonobstant des dispositions contraires insérées dans la constitution ou dans les lois de l'un quelconque des États*. Autrement dit, les frontières nationales sont effacées dans le cadre d'une fédération, en opposition avec la confédération, où elles forment écran.

b) Le principe d'autonomie

151 La constitution fédérale aménage, ce qui en constitue le cœur, un *partage des pouvoirs ou des compétences* entre ses éléments constitutifs. En dehors de situations particulières[71], la méthode classique de *distribution* des compétences repose sur la combinaison des clauses attributives, entre la compétence *générale* ou de *droit commun* et la compétence *d'exception* ou *d'attribution*.

La première, de portée *générale*, se présente sous l'aspect d'une disposition d'ensemble et s'interprète *largement*. À l'opposé, la seconde de portée *limitée*, se ramène à une liste, sous forme d'une énumération, et s'analyse *restrictivement*. Pour songer à des exemples (États-Unis, Suisse, Australie), la constitution réserve la compétence de droit commun aux unités fédérées et réduit le super-État à la portion congrue. En Suisse, le principe de subsidiarité est consacré et *la Confédération* (attention au faux ami !) *n'assume que les tâches qui excèdent les possibilités des cantons ou qui nécessitent une réglementation uniforme par la Confédération* (art. 43a de la Constitution du 18 avril 1999). *Les pouvoirs délégués au Gouvernement fédéral sont rares et définis. Ceux qui doivent demeurer dans la compétence des États sont considérables et infinis* – Madison. Cependant, la démarche opposée est observée au Canada, où l'État fédéral accapare les attributions les plus importantes, notamment dans le domaine économique ce qui explique aisément que le Québec regimbe à l'idée de se contenter de prérogatives *résiduelles*[72].

S'agissant du *contenu* des attributions, une ligne de répartition sépare, *grosso modo* les compétences *externes* et *internes*.

α) Les compétences externes

152 Les relations avec l'étranger sont assumées, en principe, d'une manière *exclusive*, par le super-État, à partir du moment où il possède seul la *souveraineté* internationale.

71. La Loi fondamentale allemande met en place *le système des trois listes :* les deux premières sont relatives à la compétence *exclusive* du *Bund* (art. 71 et 73) et des *Länder* (art. 70) ; la dernière concerne la compétence *concurrente* entre eux (art. 72 et 74). En l'espèce, les *Länder* peuvent intervenir tant que la fédération ne fait pas usage de son pouvoir (compétences législatives centrales – art. 72, al. 1er) mais ceci reste rare en pratique. Dans certains domaines (assistance sociale, financement des hôpitaux, circulation routière notamment), cette action législative du *Bund* doit cependant être justifiée par une volonté d'assurer *la réalisation de conditions de vie équivalentes sur le territoire fédéral ou la sauvegarde de l'unité juridique ou économique dans l'intérêt de l'ensemble de l'État* (al. 2). La Cour constitutionnelle s'assure du respect de ces conditions. En cas d'intervention législative du *Bund*, les *Länder*, depuis la révision constitutionnelle du 1er septembre 2006, peuvent, dans un nombre limité de cas (par exemple pour l'étendue des droits universitaires), adopter des dispositions dérogatoires à la norme fédérale (compétences législatives de dérogation). Dans les faits, la Fédération a attiré à elle, l'essentiel des attributions et les *Länder* sont principalement compétents en matière d'ordre public, d'enseignement et de culture. V. J. CHARPENTIER, Quelle subsidiarité ?, *Pouvoirs* n° 69, 1994, p. 53 (v. *IIIe partie*).

72. À deux reprises, le 20 mai 1980 et le 30 octobre 1995, les électeurs du Québec ont repoussé la souveraineté de leur province (à 60 % en 1980 et seulement 50,5 % en 1995). Alors que la Chambre des communes avait reconnu, en novembre 2006, que *les Québécois forment une nation au sein d'un Canada uni,* les tensions se sont avivées en 2013. Le gouvernement Harper a annoncé son intention de remettre en cause, devant la justice, la loi 99 votée par le Québec en 2000. Celle-ci indique principalement que la sécession pourra être obtenue si 50 % des électeurs plus un se sont prononcés pour. Pour terminer, un département ministériel intitulé *Gouvernance souverainiste* a été créé pour la première fois dans *la belle province*. V. M.-L. GÉLY. La Cour suprême du Canada, arbitre confirmé de l'évolution du fédéralisme : la décision du 20 août 1998 relative au droit de sécession unilatérale du Québec, *R.D.P.* 1999, p. 1645 ; J.-Y. MORIN et J. WOEHRLING, *Les constitutions du Canada et du Québec du régime français à nos jours,* Montréal, 1994 ; J. WOEHRLING, L'avis de la Cour suprême du Canada sur l'éventuelle sécession du Québec, *R.F.D.C.* 1999, p. 3.

Celle-ci se manifeste dans les domaines diplomatique, militaire, économique, monétaire, postal, ainsi qu'en matière de nationalité.

Toutefois, des entités fédérées peuvent disposer d'une personnalité internationale réduite. Le Québec a signé, en 1965, un accord, appelé pudiquement *entente*, avec la France. Actuellement, il dispose de 28 *représentations* à l'étranger, dont une *délégation générale* à Paris, et, depuis 2006, d'un membre officiel dans la délégation du Canada à l'Unesco. Il est possible d'aller plus loin. Ainsi, les compétences attribuées aux communautés et aux régions, en Belgique, s'étendent-elles aux relations internationales (art. 127 de la constitution du 17 février 1994[73]). De leur côté, les *Länder* allemands disposent d'une compétence externe qui les habilitent à conclure des accords, dans le champ de leurs compétences avec des États étrangers, mais avec *l'assentiment* du Gouvernement fédéral (traités avec la France relatifs à la chaîne culturelle *Arte* en 1990 ou à la gestion portuaire de Strasbourg et de Kehl en 1992) (art. 32, al. 3 de la Loi fondamentale). De même, l'article 56 de la constitution suisse du 18 avril 1999 prévoit que *les cantons peuvent conclure des traités avec l'étranger dans les domaines relevant de leur compétence* après en avoir informé le gouvernement fédéral.

β) Les compétences internes

153 Elles forment le lot des unités fédérées qui, cependant, conservent un pouvoir *d'auto-organisation interne*, sauf à respecter le *caractère républicain de l'État*. Ce pouvoir se manifeste du point de vue *politique* et *juridique*. Au premier cas, l'unité fédérée garde une forme *étatique. Sa propre constitution* (on relèvera que les communautés et régions belges n'en disposent pas) établit une séparation des pouvoirs – souvent identique à celle en vigueur à l'échelon fédéral – entre l'exécutif (un gouverneur dans l'État américain, un ministre-président dans le *Land* allemand, un premier ministre dans la province canadienne), le législatif (tandis que le bicamérisme[74] est en vigueur dans tous les États fédérés australiens et américains – sauf exceptions – le monocamérisme, plus rationnel, s'impose en Allemagne, Suisse et Canada) et une propre organisation juridictionnelle avec au sommet une cour constitutionnelle. Des mécanismes de démocratie directe, souvent ignorés à l'échelon fédéral, sont institués de façon variable. Ajoutons que, de manière *symbolique*, l'unité fédérée dispose d'un drapeau et d'un hymne *distincts* de ceux de la fédération. Elle se présente, de la sorte, comme une *miniaturisation* du super-État. Pour faire bonne mesure, elle détermine, avec une marge de manœuvre distincte, son organisation territoriale et ses *propres* règles juridiques de droit privé et de droit public.

D'où l'extrême diversité d'une unité fédérée à une autre (mais aussi d'un État fédéral à un autre) : on sait, aux **États-Unis**, qu'il est aisé de se marier et divorcer dans le Nevada ; que le mariage homosexuel est seulement autorisé dans douze États (alors qu'il relève de la seule compétence fédérale en Australie et au Canada) ; que la peine capitale est variablement appliquée ; que le port d'armes et le droit à l'avortement sont plus ou moins restrictifs ; que les règles du Code de la route dépendent de chaque État ; que les diplômes universitaires ne sont pas, comme en France, nationaux ou que la possession de marijuana sans visées thérapeutiques est légale depuis 2012 dans deux États. En **Allemagne**, les droits universitaires, la réglementation du port du voile islamique dans l'enseignement, l'ouverture des magasins le dimanche, l'interdiction du tabac dans la restauration ou encore l'organisation communale varient selon le *Land*. En **Suisse**, chaque canton a sa propre organisation judiciaire. Si les droits civil et pénal relèvent de la

73. Dans cette perspective, un accord de coopération linguistique, culturelle et éducatif a été signé à Bruxelles en mars 1999, entre la France et la Communauté française de Belgique. La Communauté flamande, qui dispose d'une délégation générale à Paris (comme, du reste, la Wallonie), avait créé le précédent avec les Pays-Bas.

74. J.-F. FLAUSS, *La seconde chambre dans les États fédérés*. Le bicamérisme (colloque), 1997, p. 135.

fédération, la procédure civile et pénale appartenait, jusqu'en 2010, aux cantons. La procédure administrative reste, en revanche, propre à chaque d'entre eux. On saisit la difficulté à expliquer les contours concrets de la réalité juridique dans un État fédéral.

Toutefois, la pratique s'efforce de lutter contre le fédéralisme *compétitif*, en stimulant le fédéralisme *coopératif* notamment au moyen de conférences entre responsables, destinées à favoriser une harmonisation des législations. Au surplus, le super-État peut toujours se parer de l'autorité centralisatrice : apparition, en Allemagne, des *tâches communes* à partir de 1969 et l'inclinaison vers le fédéralisme unitaire *(unitarische Bundesstat)* ; développement, à partir des années 1960, au Canada de l'État-providence initié par la fédération (politique du *pouvoir de dépenser* correspondant au *pouvoir qu'a le Parlement de verser certaines sommes aux individus, aux organisations ou aux gouvernements, à des fins au sujet desquelles le Parlement canadien n'a pas nécessairement le pouvoir de légiférer* – P. Trudeau) dans les secteurs de la santé, l'éducation et les services sociaux relevant des provinces ; sollicitation soutenue, par la Cour suprême américaine, de la clause du commerce (*Gibbons v. Ogden*, 1824).

Il ne suffit pas de proclamer le principe d'auto-organisation, mais bel et bien de le préserver des atteintes. La protection des compétences permet de sanctionner toute immixtion. Comment veiller à la *ligne de partage* ? On peut songer à une sauvegarde *financière* (le partage des compétences implique en bonne logique celui du produit des ressources fiscales)[75], mais aussi et surtout à une sauvegarde *juridictionnelle*. La juridiction constitutionnelle occupe une place essentielle dans une fédération. En effet, les conflits entre unités fédérées ou entre l'une d'entre elles et le super-État ne peuvent point se régler par la voie *diplomatique*, à la différence d'une confédération, puisqu'ils sont de *droit interne*. Ils ne peuvent pas non plus, être résolus par la voie *administrative*, comme dans le cadre d'un État *unitaire*, parce que les premières ne sont pas subordonnées au second par une hiérarchie administrative. Ils doivent dont être réglés par la voie *juridictionnelle*. C'est ainsi que la Cour suprême américaine ou canadienne, la Cour constitutionnelle allemande ou belge se présentent comme *l'organe régulateur et protecteur du fédéralisme*, bref sa clef de voûte[76]. Censées se comporter tel un arbitre impartial, elles ont, en pratique, tendance à participer au *centralisme* juridique, parallèlement au centralisme financier qui se développe. Autant de raisons qui atténuent l'autonomie des entités fédérées.

c) Le principe de participation

154 À la manière d'un partenariat, le super-État et les États membres concourent à la vie de la fédération. Pour s'en tenir à l'essentiel, ceux-ci sont associés, de façon *intime*, à l'organisation de celui-là, ainsi qu'à toute révision du pacte fédéral.

75. La péréquation financière est devenue un enjeu essentiel du fédéralisme allemand. V. P. KOENIG, La constitution financière et économique, *Pouvoirs* n° 66, 1993, p. 29 ; Fédéralisme et finances publiques, *R.F.F.P.* n° 20, 1987. Le 20 octobre 2006, la Cour constitutionnelle fédérale a refusé d'enjoindre le *Bund* à accorder une aide fédérale massive au profit du *Land* surendetté de Berlin. De son côté, la Suisse a, par votation populaire, mis en place la réforme de la péréquation financière et de la répartition des tâches entre la Confédération et les cantons (RPT) en vigueur depuis 2008. Le principe de subsidiarité en découle (art. 5a et 43a de la Constitution de 1999).

76. Le processus de nomination des membres de la juridiction constitutionnelle peut prendre en compte la nature fédérale de l'Etat. Dit autrement, des critères linguistiques (Belgique et Suisse), cantonaux (Suisse) sont présents. Au Canada, trois postes de la Cour suprême, institution bijuridique, sont réservés à des juges ou avocats québecois *afin de renforcer la confiance du Québec envers la Cour* (C.S., 21 mars 2014, *Renvoi sur la loi relative à la Cour suprême*). Le Québec a, en 2013, contesté la nomination de Marc Nadon (qui, indépendamment du fait qu'il résidait en Ontario, n'avait pas pratiqué le droit civil québecois depuis plus de vingt ans et était en poste dans une juridiction fédérale). Saisie par le gouvernement, la Cour a jugé que tout candidat doit être en fonction dans une juridiction (ou barreau) québecois(e) au moment de sa désignation. En conséquence, la nomination de Marc Nadon a été déclarée nulle *ab initio* (*ibid.*).

α) Le bicamérisme

155 Il n'est pas sans intérêt de préciser que, par suite du *compromis du Connecticut* présenté à Philadelphie, en 1787, le *bicamérisme* a partie liée avec le fédéralisme : une chambre représente la population de la fédération dans son indivisibilité (Chambre des représentants aux États-Unis et en Australie, Bundestag en Allemagne, Conseil national en Suisse, Douma en Russie), une seconde, les unités fédérées selon une base variable[77] (Sénat américain et australien, Bundesrat allemand, Conseil des États suisse, Assemblée fédérale russe). En réalité, cette dissociation se révèle quelque peu artificielle lorsque les membres de la seconde Chambre sont élus directement par les citoyens (États-Unis, Australie, Suisse). La seule entité politique doublement représentée reste ici le peuple.

β) Les attributions de la seconde chambre

156 Le super-État étant une création *volontaire* des unités fédérées, celles-ci sont partie prenante dans la gestion quotidienne de ses affaires. D'abord, la modification de la constitution fédérale suppose leur accord, ce qui, en pareille occurrence, constitue la *garantie des garanties*, en ce qu'elles ne peuvent être dépossédées sans y avoir consenti. Cette approbation peut emprunter plusieurs voies : on peut se contenter de reconnaître un droit de veto au profit de la seconde chambre (en Allemagne, la révision nécessite un vote à la majorité des deux tiers par le Bundestag et le Bundesrat), mais aussi exiger en supplément un assentiment express des entités fédérées (outre-Atlantique, l'adoption d'un *amendement* à la constitution de 1787 est, selon la procédure de droit commun *infra,* n° 529 et s., subordonnée au vote à la majorité des deux tiers des chambres du Congrès et, *ensuite*, au cours d'une période de sept ans, en principe, à sa ratification par au moins trois quarts des *législatures* fédérées, soit le chiffre de 38). En matière législative, la logique fédérale implique, qu'*a minima*, le bicamérisme égalitaire soit institué pour les lois relatives aux entités fédérées (Allemagne, Belgique). Il est toutefois loisible d'aller au-delà et d'imposer systématiquement un bicamérisme égalitaire (États-Unis, Australie, Suisse). On notera l'effacement atypique du Sénat canadien[78].

L'influence sur le *pouvoir exécutif* est moins caractérisée même si l'élection présidentielle américaine relève, pour un aspect important, de la compétence des États (système du contingent et mode de décompte des *mandats électoraux*) et que le Sénat approuve, à la majorité des 2/3 la ratification des traités et les nominations aux emplois fédéraux

77. La représentation des entités fédérées est – soit égalitaire (de manière stricte comme aux États-Unis – 2 sénateurs par État – et en Australie (12) ; ou de façon relative : au Canada, l'égalité est assurée seulement entre le Québec et l'Ontario (notons ici que, de manière inédite, les sénateurs canadiens sont nommés par le gouverneur général sur proposition du premier ministre. En pratique ils représentent davantage les partis que les provinces) ; en Suisse, chaque canton a droit à deux députés et les demi-cantons un seul), soit inégalitaire car basée sur un critère démographique (Allemagne, Autriche).

78. En matière constitutionnelle, son désaccord peut être surmonté (art. 47 de la loi constitutionnelle du 27 avril 1982). Cependant, la révision constitutionelle exige ensuite l'accord majoritaire (sept Provinces représentant la moitié de la population (clause « 7/50 »)) ou unanime des Provinces. Théoriquement l'égal de la Chambre des communes dans le domaine législatif (sauf en matière budgétaire), il s'oppose, de façon exceptionnelle, à celle-ci. Seules des rectifications techniques sont en général apportées aux textes. Il est vrai que ses membres disposent d'une faible légitimité (nomination à vie par le Premier ministre) à opposer à celle des élus du peuple. Le critère du triple E (Élu, Efficace, Égalitaire) étant loin d'être rempli, sa réforme, voire son abolition, est constamment à l'ordre du jour. Elle ne pourra être effectuée que par la voie d'une révision constitutionnelle (C.S., 25 avril 2014, *Renvoi relatif à la réforme du Sénat*).

(v. *infra*, n° 576 et 577). En Suisse, le Conseil des États se joint au Conseil national et participe directement à l'élection des membres du Gouvernement fédéral. Par convention, la distribution des portefeuilles ministériels au Canada prend en compte la province d'origine des impétrants. Enfin, compte tenu de l'importance du rôle de la juridiction constitutionnelle (*supra*), la seconde chambre est associée au processus de désignation de ses membres (approbation des choix du Président par le Sénat américain, élection de la moitié des membres par le Bundesrat, participation égalitaire du Sénat belge).

On l'a compris, le *modèle fédéral* se prête difficilement à la synthèse tant les disparités sont visibles d'un État à l'autre. Au sein de chaque État fédéral, un équilibre juridique, administratif et financier est aménagé avec les entités fédérées ; il est à fois complexe et fragile car soumis perpétuellement à des tensions. En effet, si l'État unitaire est parcouru de nos jours par un mouvement *centrifuge*, l'État fédéral enregistre un mouvement *centripète* : l'un se dilate, l'autre se rétracte, selon un processus dialectique. À l'Union européenne de trouver à terme son propre modèle afin de garantir une régulation adéquate entre le centre et la périphérie.

§ 3. L'ÉTAT AUTONOMIQUE OU RÉGIONAL

157 Une forme intermédiaire[79] peut être distinguée avec l'*État autonomique* espagnol, l'*État régional* italien ou encore l'*État de la dévolution* en Grande-Bretagne (*infra*). Pour s'en tenir aux seules hypothèses méditerranéennes, cette nouvelle organisation, empreinte d'hybridité, se *révèle comme le fruit d'un échec, celui de l'État unitaire à la française, qui ne permit pas d'intégrer les pluralismes culturels des pays concernés* (J.-P. Duprat). Par conséquent, si des principes juridiques de l'État unitaire sont maintenus (A.), une inclinaison fédérale n'en est pas moins visible (B.).

A. LE MAINTIEN DES PRINCIPES DE L'ÉTAT UNITAIRE

158 Dans la lignée de l'article premier de la constitution française de 1958, les textes italien et espagnol réaffirment l'indivisibilité de la République (article 5 de la constitution italienne de 1947) ou de la nation (article 2 de la constitution espagnole de 1978). Une seule constitution est donc présente sur la scène juridique. En effet, le statut des communautés autonomes en Espagne et des régions en Italie a une valeur simplement législative et est soumis, de surcroît, à l'approbation *in fine* de l'État. Celui de la communauté autonome doit être repris par la loi votée par les *Cortès*. Ceux-ci, ont, en 2006, refusé d'accepter la présence du concept de *nation* dans *l'Estatut* de la Catalogne et l'ont renvoyé dans le préambule dépourvu de valeur juridique[80]. Saisi en 2006, le Tribunal constitutionnel s'est enfin prononcé en 2010. Il a déclaré inconstitutionnelles les

79. Chr. BIDÉGARAY (sous la direction), *L'État autonomique, forme nouvelle ou transitoire en Europe ?*, 1994 ; J. FOUGEROUSE (sous la direction), *L'État régional. Une nouvelle forme d'État ?*, 2009 ; P. LE GALÈS, Dévolution à tous les étages, *Pouvoirs* n° 93, p. 67 ; F. RUBIO-LLORENTE, Nationalités, régions et Communautés autonomes, *Mélanges Delpérée*, 2007, p. 1391 ; A. ROUX et G. SCOFFONI, Autonomie régionale et formes de l'État, *Mélanges Louis Favoreu,* 2008, p. 895 ; P. SUBRA DE BIEUSSES, Un État unitaire ultra-fédéral (Espagne), *Pouvoirs* n° 124, 2008, p. 19 : Annuaire international de justice constitutionnelle, *Autonomie régionale et locale et constitution,* 2006.

80. B. PIERRE-VANTOL, Autonomie politique et réforme statutaire en Espagne : regards sur le « blindage des compétences » autonomes dans le nouveau statut de la Catalogne, *R.F.D.C.* 2010, p. 67 ;

dispositions relatives à la nation et à la langue catalane, et celles créant un département de justice de la Catalogne[81]. La résolution, votée par le Parlement régional en janvier 2013 proclamant la souveraineté de la Catalogne, vient d'être aussi contestée devant ce même tribunal. Pour l'Italie, le statut de la région est, depuis 1999, directement contestable devant la cour constitutionnelle qui vérifie son *harmonie avec la constitution* (art. 123). Au surplus, la seconde chambre, au-delà de quelques différences entre les Sénats espagnol et italien, n'a pas pour fonction principale de représenter, de manière individuelle, les entités infra-étatiques et se comporte telle une chambre nationale avec davantage d'influence en Italie qu'en Espagne. Il n'en reste pas moins que cette forme d'État peut être présentée comme transitoire (voir les révisions constitutionnelles italiennes de 1999 et 2001. Celle de 2006, renforçant encore les pouvoirs des régions dans une logique de *devolution*, a toutefois été rejetée par référendum), comme celle d'un *État fédéral en devenir* tant l'inclinaison vers le fédéralisme est manifeste.

Reste que la crise financière semble de nature à freiner ce mouvement en Espagne frappée de plein fouet. L'endettement colossal des communautés autonomes (dont la Catalogne) entraîne actuellement un mouvement de recentralisation visible à travers des coupes budgétaires imposées dans deux de leurs compétences – santé et éducation – et l'institution d'un contrôle tatillon sur leurs comptes. L'ancien Premier ministre Aznar reconnaissait que *l'Espagne ne peut se permettre le luxe de maintenir 17 mini-États*. Tandis que le bras de fer sur les compétences fiscales (seuls le Pays basque et la Navarre pouvant directement lever et gérer leurs propres impôts) s'éternise avec la Catalogne (dont la volonté d'organiser un référendum d'autonomie à l'automne 2014 a été contrecarrée par la décision du Tribunal constitutionnel du 25 mars 2014) et que le mécanisme asymétrique de redistribution des ressources est remis en cause, la thématique de la reprise par l'État de certaines compétences des communautés commence à surgir dans le débat politique. *L'État des autonomies*, initialement institué pour canaliser les aspirations indépendantistes des Basques et des Catalans, a-t-il vécu ?

B. L'INCLINAISON VERS LE FÉDÉRALISME

159 L'autonomie est reconnue constitutionnellement : le droit à l'autonomie des nationalités et des régions qui la composent et la solidarité entre elles est garanti en Espagne (art. 2 C) ; le texte italien reconnaît et favorise les autonomies locales (art. 5 C). Alors que l'uniformité institutionnelle des collectivités locales reste la règle de droit commun en France, chaque communauté et région dispose de la capacité juridique de se doter de son propre statut (avec au final une approbation référendaire ; voir dernièrement en Catalogne [2006] et en Andalousie [2007]) qui sera reconnu et protégé par l'État comme partie intégrante de son propre ordre juridique. Ce statut établit principalement le cadre normatif (une attention particulière doit être portée à l'existence d'une compétence législative propre [Le pouvoir législatif est exercé par l'État et les Régions – art. 117 de la constitution italienne]) organisationnel et financier au sein desquels les acteurs peuvent agir. Principe clé du fédéralisme, la répartition des attributions entre l'État et les autres entités ne relève pas de la loi mais est organisée par la constitution

D. ROCA, Vers la fin de l'État des autonomies en Espagne ? À propos du nouveau statut d'autonomie de la Catalogne, *R.F.D.C.* 2007, p. 861.

81. H. ALCARAZ et O. LECUCQ, L'État des autonomies après l'arrêt du Tribunal constitutionnel espagnol sur le nouveau statut de la Catalogne, *R.F.D.A.*, 2011, p. 403.

selon des modalités variables. Logiquement, l'intervention de la juridiction constitutionnelle s'avère-t-elle décisive pour trancher les litiges. L'État d'un côté, les communautés et les régions de l'autre, disposent d'un accès au juge. En arbitrant les conflits de compétences (qui peut être soit positif – une entité empiétant sur les compétences de l'autre, soit négatif – aucune entité ne s'estimant compétente), il peut alors amplifier ou canaliser les inévitables mouvements centrifuges. Tandis que le Tribunal constitutionnel espagnol apparaît favorable à la logique centralisatrice (notamment en s'opposant frontalement à la Catalogne), son homologue italien semble plus enclin désormais à garantir le principe d'une loyale coopération entre l'État et les régions, même s'il a tenu à rappeler qu'*une position particulière est toujours réservée à l'État dans l'ordonnancement général de la République* (décision n° 274/2003 du 24 juillet 2003).

BIBLIOGRAPHIE

■ J.-B. AUBY, J.-F. AUBY, R. NOGUELLOU, *Droit des collectivités locales*, 5e éd. 2009 ■ O. BEAUD, *La puissance de l'État*, 1994 ■ G. BERGERON, *Petit traité de l'État*, 1990 ■ G. BURDEAU, *Problèmes politiques fondamentaux de l'État*, I.E.P., Paris, 1964-1965 ; *L'État*, 1970 ■ B. CHANTEBOUT, *De l'État*, 1975 ■ J. CHEVALLIER, *L'État*, 2e éd., 2011 ■ F. CHALTIEL, *La souveraineté de l'État et l'Union européenne, l'exemple français*, 2000 ■ M. CROISAT, *Le fédéralisme dans les démocraties contemporaines*, 3e éd., 1999 ■ J. DABIN, *Doctrine générale de l'État*, 1937 ; *L'État ou la politique*, 1957 ■ A. DELCAMP et J. LOUGHLIN, *La décentralisation dans les États de l'Union européenne*, D.F., 2003 ■ F. DELPÉRÉE, *Le fédéralisme en Europe*, 2000 ■ Ch. EISENMANN, *Cours de droit administratif*, 1982, t. I ■ B. FAURE, *Droit des collectivités territoriales*, 2e éd., 2011 ■ Th. FLEINER-GERSTER, *Théorie générale de l'État*, 1986 ■ J. FOUGEROUSE (sous la direction), *L'État régional. Une nouvelle forme d'État ?*, 2009 ■ J.-F. GAUDREAULT-DESBIENS, F. GÉLINAS (sous la direction), *Le fédéralisme dans tous ses États. Gouvernance, identité et méthodologie*, 2005 ■ A. HAQUET, *Le concept de souveraineté en droit constitutionnel français*, 2004 ■ G. JELLINEK, *L'État moderne et son droit*, trad. franç., 1921 ■ B. DE JOUVENEL, *De la souveraineté*, 1955 ■ H. KELSEN, Aperçu d'une théorie de l'État, *R.D.P.* 1926, p. 561 ■ H. LEFEBVRE, *De l'État*, 1976-1978 ■ L. LE FUR, *État fédéral et confédération d'États*, thèse Paris, 1896 (rééd. 2000) ■ F. RUBIO-LLORENTE, Nationalités, régions et Communautés autonomes, *Mélanges Delpérée*, 2007, p. 1391 ■ S. RIALS, *Destin du fédéralisme*, Institut La Boétie, 1986 ■ P. SABOURIN, *L'État-nation face aux Europes*, 1994 ■ M. VERPEAUX, La constitution et les collectivités territoriales, *R.D.P.* 1998, p. 1379. ■ V. également Décentralisation et ordre public, *E.D.C.E.* 1994, p. 15 ■ La souveraineté, *Pouvoirs*, n° 67, 1993. La démocratie municipale, *Pouvoirs* n° 73, 1995 ■ L'Outre-mer, *Pouvoirs* n° 113, 2005 ■ La Constitution et l'outre-mer, *Cahiers du Conseil constitutionnel*, n° 35, 2012 ■ Annuaire international de justice constitutionnelle, *Autonomie régionale et locale et constitution*, 2006.

CHAPITRE II
LES DROITS ET LIBERTÉS

160 Le droit constitutionnel peut se ramener à une poussée par laquelle un peuple s'oppose à *l'arbitraire* du pouvoir. La nation revendique *la liberté politique* (ou le droit des citoyens de désigner leurs gouvernants), en même temps que *des libertés individuelles*, c'est-à-dire la reconnaissance d'une zone d'autonomie propre à chaque personne. La tradition occidentale est fixée en ce sens : la société n'existe que *par* l'individu et *pour* l'individu. En termes édifiants, l'article 2 de la Déclaration de 1789 énonce : *Le but de toute association politique est la protection des droits naturels et imprescriptibles de l'homme*. Cependant, une autre conception, *collectiviste*, et non plus *individualiste* s'y oppose.

Autrement dit, si société et individu sont deux termes *indissociables*, il faut savoir que, selon les époques, l'accent est mis, tantôt sur l'individu, tantôt sur l'organisation sociale.

I. Dans les temps qui ont précédé l'avènement du droit constitutionnel classique, c'est, dans l'ensemble, sur l'organisation sociale que l'on insistait. Bien entendu, la tradition individualiste de l'Occident remonte haut dans l'histoire, mais elle a été souvent contredite dans les faits. La cité antique était un *gouvernement par les mœurs*, voire un régime totalitaire, avant la lettre, ainsi qu'il ressort des travaux de Fustel de Coulanges. Ce qui signifie que, si les citoyens jouissaient d'une large liberté politique, s'ils pouvaient choisir, et, le cas échéant, frapper d'ostracisme leurs gouvernants, ils étaient soumis, dans leur vie de tous les jours, à un *conformisme* rigoureux[1].

1. On connaît à ce propos le *distinguo* fameux dressé par Benjamin CONSTANT, dans un discours prononcé, à Paris, en 1819, et intitulé : *De la liberté des anciens comparée à celle des modernes : chez les anciens, l'individu, souverain presque habituellement dans les affaires publiques, est esclave dans les rapports privés... chez les modernes, au contraire, l'individu, indépendant dans la vie privée, n'est... souverain qu'en apparence... Le but des anciens était le partage du pouvoir social entre tous les citoyens d'une même* patrie... *Le but des modernes est la sécurité dans les jouissances privées et ils nomment liberté les garanties accordées par les institutions à ces jouissances.* Autrement dit, au *plaisir d'action* des anciens, à leur bonheur civique, l'auteur préfère l'indépendance privée et *la jouissance paisible qui en découle. La liberté des anciens s'appelle la liberté politique* ; celle des modernes, la *liberté physique ou individuelle.* Elles conjuguent leurs efforts à l'époque contemporaine. Le *Justice* Breyer met en exergue *la liberté active* impliquant l'intervention du peuple sur les décisions le concernant *in* S. BREYER, *Pour une démocratie active*, trad., 2005.

Le christianisme, après le stoïcisme, affirme l'éminente dignité de la personne humaine, mais les docteurs de l'Église indiquent bien vite que pour bénéficier de la liberté, il faut être majeur, c'est-à-dire non pas précisément être parvenu à un certain âge, mais être capable de discerner, surtout, dans le domaine politique, le vrai du faux. Et, si on ne l'est point, ce qui est le cas général, se confier à ceux qui connaissent le vrai, c'est-à-dire ceux qui détiennent le pouvoir.

II. À l'époque contemporaine, il faut bien constater, qu'un certain nombre d'idéologies se sont attachées à valoriser la société au détriment de l'homme et à nier toute autonomie ou importance de l'individu. Il en est ainsi des doctrines collectivistes ou totalitaires, dont l'échec ne saurait faire oublier leur finalité.

Dans une conception *collectiviste* de la société, ce qui est au premier plan, c'est l'organisation sociale ; l'individu n'apparaissant pas en tant que tel, mais en tant que titulaire d'un poste de service de la société. La confiance est accordée, non à l'homme, mais à la communauté. Bref, l'individu est *l'obligé* de la société, à l'opposé de la tradition occidentale.

Qu'il s'agisse des régimes marxistes-léninistes, à travers les grandes vacances offertes à Andréi Sakharov à Gorki de 1980 à 1986, ou du mur de Berlin, ou qu'il s'agisse des régimes islamistes, tel celui des talibans en Afghanistan dans lequel la femme était dépersonnalisée. Le mépris de l'homme s'étalait lorsque Mussolini, dans l'*Encyclopédie fasciste*, déclarait : *Tout dans l'État, rien contre l'État, rien en dehors de l'État. L'individu n'existe qu'autant qu'il fait partie de l'État et qu'il demeure subordonné aux nécessités de l'État.* Le manuel national-socialiste pour le droit et la législation affirmait, d'une façon encore plus brutale : *Tu n'es rien, la communauté raciale est tout*[2].

À l'opposé, selon la vision individualiste, la personne est reconnue comme *une fin et jamais comme un simple moyen*, selon le précepte de Kant. La société assure son service. L'*anthropocentrisme* résume la pensée occidentale. Il s'ensuit l'exaltation et la protection de l'individu qui, en sa double qualité de *citoyen* et de *personne*, peut revendiquer, respectivement, l'usage de la *liberté politique*, appelée aussi la *liberté-participation*, et la *liberté physique* ou *liberté-autonomie*. À l'image de l'indivisibilité de la liberté, le projet de la société occidentale peut se résumer ainsi : *une personne libre dans une nation libre* ; l'être individuel communiant avec l'être collectif.

Avant d'aller plus loin, la terminologie frappe par sa diversité. Les différentes formulations (*droits de l'homme, libertés publiques, droits et libertés fondamentaux*) semblent renvoyer à une évolution juridique où les droits de l'homme, issus de l'École naturelle où l'homme, par sa naissance, est censé acquérir des droits inaliénables, reconnus et déclarés en 1789 sont, plus tard, consacrés par le législateur (l'article 34 C, dans cette vision légicentriste qui se déploie sous la IIIe République, dispose à cet effet que la loi fixe les règles concernant *les garanties fondamentales accordées aux citoyens pour l'exercice des libertés publiques*) pour, dans un mouvement s'apparentant à celui de la fin de l'Histoire, bénéficier d'un statut rehaussé (la fondamentalité) issu d'une reconnaissance et d'une protection constitutionnelle et internationale. Bornons-nous à constater que, d'une part, le Conseil constitutionnel s'est bien gardé d'intervenir dans ce débat (à cet égard, le recours à la notion de *libertés et droits fondamentaux de valeur constitutionnelle* (22 janvier 1990, *Sécurité sociale*, *chr.* n° 54, p. 196) est resté isolé même s'il fit référence, en 2013, aux *droits et libertés fondamentaux* (17 mai 2013, *Mariage pour tous*)) et que, d'autre part, le pouvoir constituant dérivé a préféré en 2008 solliciter le vocable de *droits et libertés garantis par la Constitution* invocables dans le cadre d'une Q.P.C. (art. 61-1 C).

2. V. R. CAPITANT, L'idéologie nationale-socialiste (1935), *in Écrits constitutionnels* (1982), p. 445.

SECTION I LIBERTÉ POLITIQUE ET LIBERTÉ PHYSIQUE

§ 1. CONSIDÉRATIONS GÉNÉRALES

161 Deux questions se posent : Qu'est-ce que la liberté ? Quelles modalités peut-on y déceler ?

A. UNE VISION DE LA LIBERTÉ

162 On peut avancer l'opinion selon laquelle la liberté politique est le droit, pour les citoyens, de participer au gouvernement de l'État, c'est-à-dire de *désigner* et de *révoquer* leurs gouvernants. Quant à la liberté physique, ou si l'on veut, les *libertés individuelles*, ce sont les diverses facultés qui permettent aux personnes de réaliser, avec indépendance et efficacité, leur destinée particulière, dans le cadre d'une société organisée. Il s'agit donc d'un *pouvoir d'autodétermination* (J. Rivero), en vertu duquel l'individu détermine son comportement, et borne, de la sorte, le pouvoir.

B. UNE CONCILIATION ENTRE LES LIBERTÉS

163 À première vue, ces deux sortes de libertés paraissent jouer sur des plans entièrement différents. La liberté politique se présente avec un aspect collectif, puisqu'il s'agit d'une collaboration à la gestion, d'une participation au gouvernement de la collectivité nationale. Les libertés individuelles semblent, au contraire, comme leur nom l'indique, n'avoir que des fins privées, limitées à l'individu.

À examiner de plus près le problème, on s'aperçoit, cependant, de l'existence de liens étroits entre ces deux aspects de la liberté, qui sont d'ordre historique, logique et politique.

§ 2. LES RAPPORTS ENTRE LES DEUX SORTES DE LIBERTÉS

164 À cet égard, on observe que, d'un point de vue *historique*, les divers mouvements constitutionnels, à partir du XVIIe siècle, sont porteurs d'une *double* revendication et protection qui s'exerce généralement dans le même moment, en faveur de la liberté *politique* et *physique*.

A. UNE REVENDICATION CONCOMITANTE

165 En Angleterre, par la Grande Charte du 12 juin 1215, le roi s'engage à la fois à respecter les libertés individuelles (sûreté personnelle, liberté du commerce), à ne pas lever d'impôts qui ne soient, sauf exception, consentis par le conseil, enfin à gouverner par le grand conseil, c'est-à-dire avoir auprès de lui un *commun conseil du royaume* composé de pairs laïcs et ecclésiastiques, mais à travers lequel, en vertu des coutumes féodales, les sujets étaient valablement représentés auprès du prince. Cette affirmation *conjointe* des libertés politiques et individuelles se retrouve dans la Pétition des droits, du 7 juin 1628 et dans le Bill des droits, du 13 février 1689.

Aux États-Unis, la Déclaration des droits de l'État de Virginie, en date du 12 juin 1776, mêle dans ses articles l'affirmation des libertés individuelles et celle du droit qui appartient aux citoyens de participer au gouvernement. Il en est de même de la Déclaration française des droits de l'homme et du citoyen de 1789, qui, entre la définition de la liberté, en général, et l'énumération des diverses libertés individuelles, indique que tous les citoyens ont le droit de concourir personnellement ou par leurs représentants à la formation de la loi (art. 6).

La liberté politique et les libertés individuelles nouent entre elles, en bonne logique, des rapports. La liberté, en soi, consiste essentiellement en un pouvoir de *décider*. Les diverses libertés individuelles répondent pleinement à cette définition, qu'il s'agisse de la liberté d'aller et venir (pouvoir de décider le lieu de sa résidence ou de ses déplacements) ; de la liberté de conscience et la liberté de religion qui se résument dans le pouvoir d'adopter ou de rejeter les diverses opinions ; de la liberté de l'enseignement (le pouvoir, pour le chef de famille, de décider, au nom de ses enfants, l'enseignement qui leur sera donné). De même, la liberté de communication ou le droit de dialoguer avec autrui, sous diverses modalités techniques ou des libertés de réunion et d'association qui sont le droit de défendre, dans des organisations momentanées ou durables, les idées ou les œuvres en faveur desquelles on s'est décidé, etc.

Mais, la liberté politique est aussi un pouvoir de *décider*, dès lors qu'elle porte la marque de la volonté collective des citoyens d'organiser la cité.

Toute liberté est donc une manifestation de volonté. C'est ce que prend en compte le droit constitutionnel, en combinant la liberté des *modernes* et celle des *anciens : L'œuvre du législateur n'est point complète quand il a seulement rendu le peuple tranquille... Il reste encore beaucoup à faire. Il faut que les institutions achèvent l'éducation morale des citoyens... Elles doivent... consacrer leur influence sur la chose publique*. Ce souhait exprimé par Benjamin Constant, en 1819, est à l'origine de la consécration des *libertés nécessaires*, selon l'expression de M. Thiers en 1864 : *la sécurité du citoyen ; la liberté d'échange dans les idées ; la liberté de la représentation nationale* et que *la majorité devienne la directrice des actes du gouvernement*.

B. UNE PROTECTION CONCOMITANTE

166 Si les citoyens participent au gouvernement, soit directement, soit par l'intermédiaire de représentants, c'est essentiellement afin d'être assurés que leurs libertés individuelles ne seront pas amoindries ou supprimées par le pouvoir politique, et l'histoire prouve que cette garantie est particulièrement nécessaire. Liberté politique et liberté physique ont donc des racines communes et un développement parallèle. Il n'en est pas moins vrai que, s'appliquant à des objets différents, elles méritent d'être distinguées.

L'affirmation de l'ordre individualiste emporte la *primauté* de l'individu sur le pouvoir et lui confère la *sécurité juridique*[3]. Dans cet ordre d'idées, des recours effectifs contre les décisions du pouvoir sont mis à sa disposition ; de la même façon, le principe de confiance légitime, selon la terminologie allemande, s'oppose à un changement brutal de législation, en dehors d'un motif d'intérêt général suffisant. En France, on ne reviendra pas sur l'ordre social établi en 1789, sauf à l'époque de Vichy (1940-1944) au cours de laquelle une législation raciste bafoua la dignité humaine[4].

3. V. B. MATHIEU, La sécurité juridique : un principe constitutionnel clandestin mais efficient, *Mélanges Patrice Gélard*, 2000, p. 301 et *C.C.C.* n° 11, 2001 ; A.-L. VALEMBOIS, *La constitutionnalisation de l'exigence de sécurité juridique en droit français*, 2005. Le Conseil d'État a consacré un nouveau principe général du droit (C.E., Ass., 24 mars 2006, *Soc. K.P.M.G.*).

4. La création de la Ligue des droits de l'homme, en 1898, au moment de l'affaire Dreyfus, est représentative du combat permanent mené en faveur de l'individu face à la raison d'État. Le rétablissement de la légalité républicaine, en 1944, ou de son *éthique*, devait par ailleurs se concrétiser dans le préambule de la constitution de 1946 (texte de droit positif) par l'invocation des *principes fondamentaux reconnus par les lois de la République (infra)*. V. G. VEDEL, *Abrégé de l'histoire des droits de l'homme en France depuis 1789. Commentaires* n°s 59 et 60 p. 639 et 923 ; La liberté, *Pouvoirs* n° 84, 1998.

SECTION II LIBERTÉS INDIVIDUELLES ET DROIT CONSTITUTIONNEL

167 L'accueil réservé à la liberté donne la mesure de l'authenticité et de la solidité d'un régime démocratique : en témoignent, la fête libertaire de 1968, en France, et les revendications de la société civile, initiées par la Pologne, à partir de 1980, qui devaient provoquer la chute du marxisme[5].

§ 1. LA FORMATION DES LIBERTÉS INDIVIDUELLES

168 Au prix d'une simplification, les libertés se sont manifestées, au sein des sociétés occidentales, comme le fruit de *l'inégalité* et de l'*égalité*.

A. LES LIBERTÉS, FILLES DE L'INÉGALITÉ

169 Elles sont, d'abord, le fruit de l'inégalité, en ce sens qu'elles se présentent, dans les sociétés féodales et même au début du régime d'État, comme des facultés réservées à certains privilégiés, entre les mains desquels elles constituent des *droits de supériorité*[6].

En premier lieu, il convient de rappeler que, dans l'Antiquité, les esclaves étaient privés de tous droits, y compris ceux portant sur leur propre personne. Pendant le Moyen Âge, la liberté d'aller et venir était refusée aux serfs. Le commerce et l'artisanat, loin d'être accessibles à tous, ont été, pendant longtemps, soigneusement réglementés. Le droit de chasse et de pêche, celui de posséder des pigeons, celui d'utiliser certaines armes *(jeux de main, jeux de vilain)* étaient réservés, jusqu'à la Révolution, aux seigneurs féodaux, etc.[7].

Dans les temps modernes, l'aptitude aux fonctions publiques a été l'apanage de privilégiés avant d'être reconnue à tous. Enfin, le droit de suffrage a été, tout d'abord, censitaire ; il n'a été étendu aux femmes que longtemps après avoir été accordé aux hommes, etc.

B. LES LIBERTÉS, FILLES DU PRINCIPE D'ÉGALITÉ

170 On peut dire qu'après avoir été filles de l'inégalité, les libertés ont été, par la suite, filles de l'égalité. Dans le développement des divers mouvements constitutionnels, lorsque la bourgeoisie, qui en est généralement l'initiatrice, veut entraîner avec elle l'ensemble de la nation, l'idée-force qu'elle utilise est celle de la *généralisation* de ce

5. La démocratie, c'est *le kiosque à journaux et l'isoloir* (M. Duverger) ; la dictature, *le régime où ce qui n'est pas obligatoire est défendu* (G. Bergery). À sa manière, le chanteur Renaud a résumé la problématique : *Parle toujours !* ou *ferme ta g... !*

6. Un Corneille *(Pour grands que sont les rois, ils sont ce que nous sommes)*, un Montaigne, de la façon crue que l'on sait, dénonçaient, à leur manière, la prédestination politique et sociale. De même, à partir du XIXe siècle, le socialisme qui se résume en une expression, sinon en une passion, *l'égalité réelle*, celle des conditions d'existence. V. le fameux *toast à la Révolution* prononcé, en 1848, par P.-J. PROUDHON : *Les révolutions sont les manifestations successives de la justice dans l'humanité... À chaque révolution, la liberté nous apparaît toujours comme l'instrument de la justice, et l'égalité comme son critérium.*

7. De même, lors des États généraux, outre une différence vestimentaire manifeste entre les Ordres, seuls les membres du Tiers État écoutaient debout le discours royal.

qui a été d'abord privilège, c'est-à-dire leur transformation en *libertés individuelles*. En systématisant la loi du nivellement des conditions, Tocqueville a démontré, avec autorité, que plus l'égalité s'établit et plus elle est désirée, telle une *passion ardente, insatiable, éternelle, invincible*.

À l'unisson du mouvement des idées, on admet généralement que la consécration des libertés aux États-Unis ou dans la France de 1789, se rattache aux théories sur l'état de nature et du contrat social. C'est, dans une large mesure, exact. Mais, il faut bien voir comment ses théories ont agi. Elles ont surtout eu de l'action en substituant à la réalité objective de *l'inégalité* des hommes entre eux, *le concept de l'égalité originaire des hommes*, concept théorique et probablement historiquement inexact, mais d'une valeur mythique incontestable[8].

Cette idée d'égalité (*idée-force* de la démocratie) enseignée par Rousseau et les philosophes du XVIIIe siècle, était si profondément ancrée dans le Tiers État français, porteur en ce domaine des aspirations de l'ensemble de la nation, qu'elle est affirmée à la première ligne de la Déclaration des droits de 1789, reproduite par la constitution du 14 septembre 1791 : *Les hommes naissent et demeurent libres et égaux en droits. Les distinctions sociales ne peuvent être fondées que sur l'utilité commune*[9]. *Cet immortel principe*, mérite bien le détour d'une explication.

§ 2. LE FONDEMENT PHILOSOPHIQUE DE LA LIBERTÉ INDIVIDUELLE

171 La *merveilleuse aurore* (Tocqueville) se lève en 1789.

A. LA VISION LIBÉRALE DE 1789

172 On peut prendre, pour point de départ, les définitions données par la Déclaration des droits de 1789 :

> Art. 4. – La liberté consiste à pouvoir faire tout ce qui ne nuit pas à autrui ; ainsi l'exercice des droits naturels de chaque homme n'a de bornes que celles qui assurent aux autres membres de la société la jouissance de ces mêmes droits. Ces bornes ne peuvent être déterminées que par la loi.
>
> Art. 5. – La loi n'a le droit de défendre que les actions nuisibles à la société. Tout ce qui n'est pas défendu par la loi ne peut être empêché et nul ne peut être contraint de faire ce qu'elle n'ordonne pas.

Deux idées principales en découlent. La première est que *la liberté est la conformation volontaire à l'ordre*, celui-ci étant posé par la loi. Il faut, à cet égard, retenir l'importance de la notion d'ordre pour la définition de la liberté. C'est la soumission *volontaire* à l'ordre qui distingue la liberté de la licence. Mais, bien entendu, l'ordre dont il s'agit dans une démocratie occidentale, n'est pas un ordre totalitaire. Au reste, d'une

8. À travers le contrat social, où chacun donne *tout* pour recevoir *tout*, à nouveau, les individus, jadis isolés, se retrouvent en société, mais jouissent tous, au même titre, des mêmes libertés.

9. Mme DE STAËL était à cet égard fondée à écrire, à propos de 1789 : *Le principe moteur de la Révolution était l'égalité*. Mais observons qu'il s'agit d'une égalité *juridique (une belle et stérile fiction de la loi* constatera Gracchus BABEUF dans le *Manifeste des Égaux*, 1796). Au vrai, le sens profond de la Révolution de 1789, révolution bourgeoise, repose sur le couple indissociable *égalité-propriété :* une République égalitaire de propriétaires libres. À l'*égalité formelle*, le socialisme opposera, au point de s'y identifier, l'égalité *réelle* ou l'égalité de *fait*, celle des conditions d'existence.

façon générale, si un ordre social de ce type est institué dans une société, il n'y a plus de place pour la liberté[10].

La seconde idée est que la *liberté est un pouvoir de décision ou d'autodétermination*. C'est aussi un pouvoir d'action, sur les choses et sur les êtres. Mais ce n'est pas encore assez dire, tout au moins, dans la conception libérale. Pour un libéral, *la liberté est le droit de courir des risques en vue d'acquérir des biens*, soit matériels, soit spirituels.

Dans cette perspective, la liberté apparaît clairement avec son corollaire naturel, qui est la *responsabilité*. Il s'ensuit que l'exercice de la liberté comporte normalement une balance constante des risques et des avantages et, par conséquent, réclame au départ la maîtrise de soi-même.

B. LIBERTÉ ET SOUVERAINETÉ PERSONNELLES

173 À ce stade, on comprend que *liberté humaine* équivaut à *souveraineté humaine. Ce que la souveraineté est à l'État, la liberté l'est à l'individu.* L'État est souverain parce que grâce à son organisation rationnelle et à l'équilibre interne de ses pouvoirs, il est maître de lui-même.

L'individu possède, lui aussi, une *souveraineté personnelle*, qui est sa liberté parce qu'il possède et domine ses diverses facultés et que, par suite, il peut posséder et dominer *l'utilisation de ses propres facultés*.

Cette explication dernière de la liberté humaine permet de comprendre comment, dans la conception classique, les diverses libertés individuelles posent des bornes au pouvoir de l'État. Au fond, il s'agit de la *limitation d'une souveraineté par d'autres souverainetés : la souveraineté de l'État est obligée de composer avec celle des individus*[11].

§ 3. LES DIVERSES SORTES DE LIBERTÉS INDIVIDUELLES

174 On distinguera, les libertés de *l'homme* et du *citoyen* ou celles de la *vie civile* (A) et les libertés de la *vie politique* (B).

A. LES LIBERTÉS DE LA VIE CIVILE

175 Destinées à assurer *la maîtrise paisible de la vie privée*, elles se répartissent en deux groupes que l'on peut respectivement dénommer : libertés *individuelles* et *collectives*. Elles peuvent être revendiquées tant par les nationaux que par les étrangers qui *résident et travaillent régulièrement sur le territoire national* (C.C., 13 août 1993, *Maîtrise de l'immigration, chr.* n° 68, p. 170).

10. On ne saurait, pour autant, dissimuler la profonde inquiétude éprouvée par les libéraux de Tocqueville à Raymond Aron, concernant la marche des sociétés démocratiques : dans une société vouée à l'égalité, que devient la liberté ? *La meilleure chance de bonheur que le monde ait jamais entrevue a été gâchée parce que la passion de l'égalité a détruit l'espoir de la liberté* prétendait Lord Acton.

11. Si la science et la technique ont suscité initialement une fascination, elles provoquent, depuis peu, une inquiétude. Le réseau *Internet* n'est-il pas synonyme d'une société de surveillance ? Face à la montée du pouvoir, le législateur s'emploie à concilier la modernité et la liberté, en matière d'informatique (loi du 6 janvier 1978) ; d'écoutes téléphoniques (loi du 10 juillet 1991) et tout particulièrement concernant la bioéthique (loi du 29 juillet 1994) dès lors qu'on s'approche peut-être de *la main de Dieu ou de la queue du diable* (H. Curien).

Placée en surplomb de ces libertés, transcendant toute distinction, la sauvegarde de la dignité humaine (dont la valeur constitutionnelle a été consacrée, C.C., 27 juillet 1994, *Bioéthique*, *Rec.* p. 100) implique *la primauté de la personne humaine, le respect de l'être humain dès le commencement de sa vie* (art. 16 du Code civil)[12].

1. Les libertés individuelles

176 Pour l'essentiel, ce groupe comprend les libertés suivantes.

a) La liberté individuelle

177 La liberté individuelle, selon l'approche du Conseil constitutionnel, se dissocie. D'un côté, articulée autour de l'article 66 C, elle comprend la **sûreté** (mot forgé par Montesquieu) c'est-à-dire l'interdiction de l'arrestation et de la détention arbitraire. Dans cette approche, l'accès au juge (*Habeas Corpus*) et les droits de la défense sont pleinement représentatifs de la culture occidentale[13]. Dans une ambiance de concurrence entre juges, le régime de la garde à vue a été profondément remanié. Suite à la décision Q.P.C. du Conseil constitutionnel (*30* juillet 2010, *Daniel W. et autres*), la loi du 14 avril 2011 prévoit désormais la présence obligatoire de l'avocat et le principe du droit au silence. Censée entrer en vigueur le 1er juillet, la Cour de cassation a décidé de la rendre effective dès le 15 avril (Ass. plén., 15 avril 2011, n° 10-17049), attendu que les États adhérents à la Convention européenne des droits de l'homme sont tenus de respecter les décisions de la Cour de Strasbourg (ici, C.E.D.H., 13 octobre 2009, *Danayan c/ Turquie* et 14 octobre 2010, *Brusco c/ France*) *sans attendre d'être attaqués devant elle ni d'avoir modifié leur législation.*

De l'autre côté, fondées sur les articles 2 et 4 de la Déclaration, la **liberté d'aller et venir**, l'**inviolabilité du domicile**, le **secret des correspondances**, le respect de la vie privée et la **liberté du mariage** ont été explicitement reconnus (v. *infra*, n° 217). Reste qu'une conciliation, impliquant des sacrifices, est toujours présente au nom de *la sauvegarde de l'ordre public* sans lequel l'exercice des libertés ne peut être assuré (v. notamment la généralisation des contrôles d'identité (loi du 3 septembre 1986 et du 15 novembre 2001) de la fouille des véhicules (loi du 18 mars 2003)).

b) Les libertés de la famille

178 Elles s'énoncent comme suit : justes noces, filiation, autorité parentale, liberté de donation et de testament. Mais au-delà de cet aspect classique, il faut tenir compte, à l'époque actuelle, du désir de protéger *l'intimité* de la vie privée. L'article 9 du Code civil français s'emploie à lutter contre certaines formes d'indiscrétions (photos ou enregistrements de conversations), au même titre que la loi du 4 mars 2002, s'agissant des droits des malades[14].

12. De son côté, le Conseil d'État a estimé que le respect de la dignité humaine est une composante de l'ordre public que le maire est chargé d'assurer sur le territoire de la commune. Aussi, sur ce fondement le *lancer de nain* a-t-il été prohibé (C.E., Ass., 27 octobre 1995, *Commune de Morsang-sur-Orge*, Rec. 372). Il a ensuite fait état de *valeurs et principes, notamment de dignité de la personne humaine, consacrés par la Déclaration des droits de l'homme et du citoyen et par la tradition républicaine* (CE, Sect., Avis, 16 février 2009, *Mme Madeleine Hoffman-Gleman*, n° 315499). Cette référence a été de nouveau sollicitée dans l'affaire Dieudonné (CE, Référé, 9 janvier 2014, *Dieudonné M'Bala M'Bala*, n° 374508) afin de justifier une interdiction de spectacle.

13. Les *droits de la défense* s'imposent à l'administration, en qualité de *principe général de droit* (C.E., 5 mai 1944, *Dame Veuve Trompier-Gravier, G.A.* n° 58) ainsi qu'au *législateur*. Le C.C. les a rangés initialement parmi *les principes fondamentaux reconnus par les lois de la République* (2 décembre 1976, *Accidents du travail, C.C.F.*, p. 232) avant de les rattacher directement à l'article 16 de la déclaration de 1789 (30 mars 2006, *Égalité des chances*, Rec. 50). L'approche conventionnelle (*droit à un procès équitable* – article 6 de la C.E.D.H.) et européenne (droit à *à un recours effectif et d'accéder à un tribunal impartial*, art. 47 de la Charte des droits fondamentaux de l'Union européenne) couronne cette démarche.

14. V. A. ROUX, *La protection de la vie privée dans les rapports entre l'Etat et les particuliers*, 1983.

c) *Les libertés économiques*

179 Plusieurs droits et libertés peuvent s'en réclamer[15] :

— le droit de propriété

Droit naturel et imprescriptible de l'homme (Art. 2 et 17 de la déclaration de 1789), le droit de propriété concerne aussi bien les biens corporels qu'incorporels (notamment les actions, la marque de fabrique et les droits d'auteur). Comme l'a relevé le Conseil Constitutionnel (C.C., 16 janvier 1982, *Nationalisations*, *Rec.* p. 18), *postérieurement à 1789 et jusqu'à nos jours, les finalités et les conditions d'exercice du droit de propriété ont subi une évolution caractérisée (...) par une notable extension de son champ d'application à des domaines individuels nouveaux.* Il protège, depuis 1985, de façon différenciée les privations de propriété (art. 17) et les atteintes aux conditions ou modalités essentielles de son exercice (art. 2). Priver un individu ou une entreprise de sa propriété implique la présence d'une *nécessité publique, légalement constatée, (qui) l'exige évidemment* ainsi qu'*une juste et préalable indemnité.* En revanche, des limites apportées à l'exercice du droit de propriété doivent « seulement » être justifiées par un motif d'intérêt général et proportionnées aux objectifs poursuivis.

— La liberté contractuelle

Cette liberté est implicitement présente dans les articles 2 et 4 de la Déclaration de 1789 et énoncée à l'article 1134 du Code civil : *les conventions légalement formées tiennent lieu de loi à ceux qui les ont faites. Elles ne peuvent être révoquées que de leur consentement mutuel ou pour les causes que la loi autorise.* Le Conseil constitutionnel, après quelques circonvolutions, lui reconnaîtra une valeur constitutionnelle (10 juin 1998, *35 heures*, *Rec.* p. 258) tout en admettant que le législateur peut y déroger à des fins d'intérêt général (C.C., 19 décembre 2000, *L.F.F.S. 2001*, *Rec.* p. 176).

— La liberté d'entreprendre

La liberté d'entreprendre comprend à la fois la liberté professionnelle, de concurrence et du commerce et de l'industrie (loi des 2-17 mars 1791). Elle se conçoit à la fois comme la liberté d'accéder à une profession ou à une activité économique en permettant à chacun de la développer dans le secteur de son choix (sous réserve des domaines réglementés) et une liberté d'exploitation permettant d'opter en faveur de la forme juridique la plus appropriée à l'activité, de l'exercer sans entraves dans le respect des prescriptions légales (C.C., Q.P.C., 30 novembre 2012, *M. Christian S.*, *Rec.* p. 636) et de choisir librement ses collaborateurs (C.C., 20 juillet 1988, *Amnistie*, *Rec.* p. 119).

2. Les libertés collectives

180 À ce point de la présentation, on se bornera à recenser les principales d'entre elles. Ce groupe comprend, au-delà des **libertés locales** *(libre administration)* : ***la liberté de conscience et des cultes ; la liberté de l'enseignement ; la liberté de réunion ; la liberté de manifestation ; la liberté d'association ; la liberté syndicale*** *et* ***la liberté de communication***.

Au détour de cette énumération, il y a lieu de considérer que le régime le plus favorable à l'exercice de la liberté est le régime dit *répressif.* Véritable faux ami, l'individu peut exercer librement son activité et ne répondra devant les tribunaux que des abus commis (liberté d'association). On retrouve ici en filigrane l'article 4 de la Déclaration de 1789 proclamant que *la liberté consiste à faire ce qui ne nuit pas à autrui.* Ailleurs, il sera soumis au régime de la *déclaration préalable* où il est tenu d'informer préalablement l'autorité administrative (liberté de manifestation) ou à celui de l'*autorisation*, où une demande d'exercice de la liberté doit être présentée (liberté de communication audiovisuelle). Compte tenu de ces sujétions marquées, les régimes de déclaration et d'autorisation peuvent être institués seulement par le législateur (C.E., Ass., 22 juin 1951, *Daudignac*, *Rec.* p. 362).

Parmi toutes ces libertés, une doit être isolée en raison de son rôle déterminant. Moins que la liberté d'association, même si les partis politiques empruntent ce vêtement juridique, c'est à celle de la **communication des pensées et des opinions**, *un des droits les plus précieux de l'homme* (art. 11 de la Déclaration de 1789) qu'on pense. En termes péremptoires, le C.C. estime que *son exercice est l'une des garanties essentielles du respect des autres droits et libertés et de la souveraineté nationale*

15. V. J. -É. GICQUEL, Droit constitutionnel et droit des affaires. La convergence juridique encouragée par la Q.P.C., *L.P.A.*, 29 septembre 2011, p. 3.

(10-11 octobre 1984, *Entreprises de presse, chr.* n° 33, p. 163). En un mot, cette liberté débouche sur le pluralisme des courants d'expression, qui constitue *une des conditions de la démocratie* (17-18 septembre 1986, *Liberté de communication, ibid.*, n° 40, p. 179). L'influence de la C.E.D.H. est ici indéniable (7 décembre 1976, *Handyside c/ Royaume-Uni*[16]). Le pouvoir constituant s'est attaché, en 2008, à reconnaître son importance en confiant à la loi le soin de garantir *les expressions pluralistes des opinions* (art. 4 C) ainsi que *la liberté, le pluralisme et l'indépendance des médias* (art. 34 C).

Après la **liberté de la presse** (loi du 29 juillet 1881), un pas décisif a été franchi avec celle de la **communication audiovisuelle** (loi du 29 juillet 1982), dont une instance de régulation, le Conseil supérieur de l'audiovisuel (loi du 17 janvier 1989) assure actuellement le respect[17]. Elle a été marquée, par l'éclosion des radios et télévisions privées. Cependant, le pouvoir économique demeure un danger pour cette liberté, en dépit des barrières dressées contre les concentrations, par la loi du 27 novembre 1986. Avec le développement d'**Internet**[18], et *compte tenu de son importance (...) pour la participation à la vie démocratique et l'expression des idées et des opinions* (C.C., 10 juin 2009, *Hadopi*, *Rec.* p. 107), la liberté de communication électronique est de nature à susciter l'émergence d'une *liberté de connexion* dont les compléments techniques (proxies, réseaux virtuels privés, moteurs de recherches débridés) contournent la censure sur le Net. Les mouvements dans le monde arabe en 2011 ont démontré l'importance des **réseaux sociaux** pour l'expansion des idées démocratiques et pour l'organisation matérielle de la contestation (*flash-mob*). La génération *Facebook* et *Twitter* a pris de cours des appareils policiers sclérosés. Le message a tout de même été compris. En Turquie, le Premier ministre Erdogan a ainsi, au printemps 2014, fait bloquer les connexions *Twitter* et *YouTube* afin d'endiguer une campagne mettant en cause sa probité. La Turquie rejoint provisoirement des États tels l'Iran, la Chine ou la Corée du Nord interdisant tout accès à de tels services.

Mais, la quête de la liberté en faveur de l'individu ne peut être dissociée de celle du citoyen[19]. La *liberté-autonomie* se prolonge sous l'aspect de la *liberté-participation*.

B. LES LIBERTÉS DE LA VIE POLITIQUE

181 La maîtrise de la vie publique résulte, pour une personne, de la reconnaissance de *droits civiques* et *politiques*, dont la trame constitue un élément fondamental du droit constitutionnel. Cette catégorie de libertés est accordée, en règle générale, aux seuls nationaux[20].

16. *La liberté d'expression constitue l'un des fondements essentiels de pareille société, l'une des conditions primordiales de son progrès et de l'épanouissement de chacun (...) elle vaut non seulement pour les « informations » ou « idées » accueillies avec faveur ou considérées comme inoffensives ou indifférentes, mais aussi pour celles qui heurtent, choquent ou inquiètent l'État ou une fraction quelconque de la population. Ainsi le veulent le pluralisme, la tolérance et l'esprit d'ouverture sans lesquels il n'est pas de « société démocratique ».*

17. V. F. BALLE, *Médias et sociétés*, 15e éd., 2011 ; Ch. DEBBASCH, H. ISAR, X. AGOSTINELLI, *Droit de la communication*, 2001 ; La liberté d'expression et de communication, *C.C.C.*, n° 36, 2012.

18. Internet peut aussi contribuer à redessiner les contours de la liberté de réunion à travers le développement des apéros géants lancés *via* Facebook et œuvre en faveur de la transparence (Wikileaks). Le respect de notre vie privée est-il pour autant garanti ? Après les révélations d'Edward Snowden on peut sérieusement en douter... Voir aussi P. TÜRK, La souveraineté des États à l'épreuve d'Internet, *R.D.P.*, 2013, p. 1489.

19. V. F. CONSTANT, *La citoyenneté*, 1998, Montchrestien ; Le citoyen, *Mélanges Alain Lancelot*, 2000.

20. Cependant, pour la première fois, le traité de Maastricht (art. 8) signé le 7 février 1992, procède à une *dissociation* entre la nationalité et la citoyenneté, en instituant une *citoyenneté de l'Union européenne* superposée aux citoyennetés nationales. L'art. 88-3 C (rédaction de la L.C. du 25 juin 1992) reconnaît ainsi aux ressortissants communautaires, en France, les droits de vote et d'éligibilité aux élections municipales et au Parlement européen. La loi organique du 15 mars 1999 reconnaît juridiquement l'existence d'une *citoyenneté de la Nouvelle-Calédonie.* V. J. GICQUEL, Citoyenneté et démocratie *in Les nouvelles frontières de l'Europe* (Fondation Robert-Schuman) 1993, p. 13 ; A. AMOR, Ph. ARDANT et H. ROUSSILLON (sous la direction), *Le suffrage universel*, 1994.

1. Les droits civiques

182 *Civis Romanus sum*. La formule fameuse, désigne les prérogatives attachées à la qualité de *citoyen* qui lui permettront de concourir à la *vie de la cité*. D'une façon plus précise, on désigne par cette expression, l'aptitude à postuler un emploi public, le droit d'être juré ou témoin, celui d'être soldat et aussi certitude moins agréable, d'être contribuable.

2. Les droits politiques

183 Ils sont ceux qui permettent de prendre part, selon une périodicité raisonnable. (C.C., 6 décembre 1990, *Concomitance des renouvellements des conseils généraux et régionaux*, *chr.* n° 57, p. 179), à l'expression de la souveraineté nationale : droit de vote dans les élections et votations, droit d'éligibilité (c'est-à-dire de faire acte de candidature), droit d'adhérer à un parti politique, entre autres. Les droits politiques, qui bénéficient aussi d'une protection internationale[21], procèdent à la fois de l'idée de liberté politique et de celle de liberté individuelle. C'est en raison de ce caractère mixte, qu'ils ne peuvent pas être accordés à tous les individus, mais aux seuls nationaux en âge de les exercer (art. 3 C) avec la réserve que le pouvoir constituant dérivé puisse reconnaître des exceptions au profit des ressortissants de l'Union européenne (art. 88-3 C).

SECTION III LES DÉCLARATIONS DES DROITS

184 L'énoncé des droits de l'individu, en Occident, emprunte, en règle générale, la démarche solennelle d'une *déclaration*, accompagnée le cas échéant d'une *garantie* de ceux-ci (§ 1). Ces documents s'abreuvent à une même *source intellectuelle :* la philosophie des Lumières, pour une part importante (§ 2). Mais, ils ne sauraient figer les libertés, sous peine de les étioler. La *dynamique* inhérente à celles-ci est à l'origine, à l'époque actuelle d'une évolution (§ 3), dont le préambule de la constitution de 1958 rend compte (§ 4). La dimension nationale est désormais complétée voire concurrencée, supplantée par la logique internationale (§ 5).

§ 1. LA NOTION DE DÉCLARATION DES DROITS

185 Les déclarations ou préambules (catalogues ou répertoires des droits et libertés) sont placés en tête des constitutions[22].

A. L'IMPORTANCE DES DÉCLARATIONS

186 Cette démarche solennelle donne tout son sens à la *primauté* de l'individu face à l'État et peut être regardée comme un résumé de l'idéologie libérale[23].

21. V. Y. LECUYER, *Les droits politiques dans la jurisprudence de la Cour européenne des droits de l'homme*, 2009.

22. À cet égard, la distinction entre une déclaration et un préambule se marque exclusivement d'un point de vue *formel* ou rédactionnel : la première se présente sous l'aspect *juridique* d'une énumération d'articles, tandis que le second adopte la démarche *littéraire*. V. H. OBERDORFF et J. ROBERT, *Libertés fondamentales et droits de l'homme. Textes français et internationaux*, 9e éd. 2011 ; R. CABRILLAC (dir.), *Libertés et droits fondamentaux*, 20e éd., 2014.

23. *Les droits de l'homme sont l'horizon moral de notre temps*, selon Robert Badinter.

Cette tradition est née en Amérique du Nord. Sans doute, il y avait eu des précédents anglais (pétition des droits de 1628, *Habeas corpus Act* de 1679, Bill des droits de 1689). Toutefois ces déclarations anglaises, qui s'inscrivaient dans une perspective de lutte entre l'autorité royale et le Parlement, avaient un caractère procédural beaucoup plus marqué que les déclarations américaines et surtout françaises[24].

Les déclarations des droits de l'époque classique sont apparues dans les nouveaux États de l'Amérique du Nord, au moment de la proclamation de leur indépendance, le 4 juillet 1776. La première a été celle votée par l'assemblée de Virginie, le 12 juin 1776. Toutefois, pour des raisons strictement conjoncturelles, il n'y a pas de déclaration des droits en tête de la constitution fédérale de 1787. Mais l'équivalent s'y trouve sous la forme des dix premiers amendements adoptés en 1791[25].

À la suite de l'exemple américain, cette démarche s'est imposée : la plus fameuse étant celle adoptée, en France, le 26 août 1789 *(infra)*.

B. L'ADAPTABILITÉ DES DÉCLARATIONS

187 La constitution française de 1875 ne comportait pas de déclaration des droits[26], mais la tradition a été reprise avec celle de 1946, qui est précédée d'un préambule, dans lequel une référence formelle est faite à la déclaration de 1789, complétée, d'abord par les *principes fondamentaux reconnus par les lois de la République*, et, ensuite par les *principes politiques, économiques et sociaux particulièrement nécessaires à notre temps*. Ce préambule a été officiellement maintenu en vigueur en 1958, et vivifié par le Conseil constitutionnel.

Il y a enfin lieu de noter, que l'affirmation solennelle des droits de l'homme déborde les cadres nationaux pour s'élargir au plan mondial et régional, à la manière de cercles concentriques[27].

À ce propos, la déclaration universelle des droits de l'homme, à l'élaboration de laquelle René Cassin a joué un rôle important, a été votée le 10 décembre 1948 par l'assemblée générale de l'O.N.U. et une commission des droits de l'homme créée[28]. Mais, de façon conséquente, celle-là sera prolongée par deux pactes signés à New York, le 19 décembre 1966, relatifs aux droits civils et politiques, et aux droits économiques, sociaux et culturels. Parallèlement, la Convention européenne de sauvegarde des droits de

24. Les textes anglais sont *composites*. En ce sens, ils garantissent des droits au Parlement (notamment le principe de l'élection des représentants libre et régulière ainsi que le consentement à l'impôt), tout en faisant référence à des garanties en matière pénale. Ils sont concrets ou pragmatiques. Ils aménagent au profit de l'individu des *procédures* protectrices, applicables sur-le-champ, sans aucun souci idéologique, ou universaliste, à l'opposé de la Déclaration française de 1789 qui s'adresse à l'humanité entière. D'une manière générale, la liberté se présumant en Angleterre, on met celle-ci *en actes*, non en articles. La liberté s'y présente comme *une manière d'être*, un *climat des esprits* (R. Grousset). En France, on cède parfois à l'incantation et à l'abstraction. *À quoi sert aux juristes bavards de la Constituante, de discuter sur le droit abstrait d'un homme à se nourrir et à se soigner ? La question est de savoir comment lui procurer des aliments, ou comment lui administrer des remèdes* E. Burke.

25. La Déclaration d'indépendance est un énoncé de la doctrine du droit naturel et du libéralisme. En outre, ce texte a exercé une influence qui, pour n'être pas exclusive, a été décisive en France. V. la fameuse polémique entre Boutmy et Jellinek, *R.D.P.* 1902, p. 385.

26. Cependant, la IIIe République peut être regardée comme *l'âge d'or* des libertés publiques, même si elle n'a pas été exempte de tentations opposées (v. J.-P. MACHELON, *Les restrictions aux libertés publiques sous la IIIe République,* 1976). Du reste, les constituants de 1946, lui rendront hommage par la référence aux *principes fondamentaux reconnus par les lois de la République*. Ceci revient à *constitutionnaliser*, en fait, les grandes libertés votées sous ce régime, qui, participent, pour une part importante, à notre culture nationale.

27. V. G. COHEN-JONATHAN, *La protection internationale des droits de l'homme*, D.F., 2002 ; G. COHEN-JONATHAN et J.- F. FLAUSS, *Droit international, droits de l'homme et juridictions internationales*, Bruylant, 2004 ; F. SUDRE, *Droit européen et international des droits de l'homme*, 9e éd., 2008.

28. *La Déclaration universelle des droits de l'homme* (commentaires des articles), 1998. Toutefois, faute d'avoir été ratifiée (art. 53 C), la déclaration ne produit pas d'effets juridiques en droit interne (C.E., Ass., 23 novembre 1984, *Roujansky*, *Rec.* 383).

l'homme était signée à Rome, le 4 novembre 1950[29] et la Charte des droits fondamentaux de l'Union européenne proclamée à Nice, le 26 février 2001 et entrée en vigueur en 2009[30] (voir *infra*, n° 713).

C. LES GARANTIES DES DROITS

188 Dans les constitutions américaine et française et, en particulier, celle du 14 septembre 1791, on rencontre, à côté des déclarations des droits, l'expression des *garanties des droits*.

Celles-ci se présentent comme des règles positives et obligatoires, ayant valeur *contraignante* et s'imposant, en particulier, au législateur. L'alinéa 3 du titre premier de la constitution de 1791 dispose : *le pouvoir législatif ne pourra faire aucune loi qui porterait atteinte et mettrait obstacle à l'exercice des droits naturels consignés dans le présent titre et garantis par la constitution*.

Après 1791, la constitution de 1793 classe ses derniers articles (122-124) sous cette dénomination. Il arrive même que cette dernière remplace une déclaration en bonne et due forme (constitutions de l'an VIII et de 1852, chartes de 1814 et 1830).

§ 2. LES SOURCES DES DÉCLARATIONS DES DROITS

189 Celles-ci trouvent leur origine dans la philosophie politique du XVIIIe siècle et dans des précédents retentissants.

A. LA PHILOSOPHIE POLITIQUE DU XVIIIE SIÈCLE

190 La philosophie des Lumières doit être regardée comme la source *immédiate* desdites déclarations. Sur ce point, toutes les écoles concordaient, même celle des physiocrates. Pendant la Révolution française, il y eut un nombre élevé de projets, dus à l'initiative privée, entre autres. C'est ainsi que la déclaration de 1789, malgré le désordre qui a présidé à son élaboration[31], présente *une profonde unité d'inspiration, une cohérence remarquable* ; à telle enseigne que l'on est fondé à y voir un raccourci saisissant de *l'esprit du siècle*. Les apports doctrinaux sont aisément discernables, on le rappelle, pour

29. La dynamique du contrôle de conventionnalité de la loi (C.E., Ass., 20 octobre 1989, *Nicolo*, *Rec.* 190) appliquée à la Convention européenne des droits de l'homme (C.E. Ass., 21 décembre 1990, *Confédération nationale des associations familiales catholiques*, *Rec.* 368) a transformé le droit administratif voire même le droit public en relativisant la place de la constitution en tant que source suprême des droits et libertés. La création en 2008 de la question prioritaire de constitutionnalité a pour fonction de rétablir la cohérence de la hiérarchie des normes (v. *infra* et *IIIe Partie*).

30. J. DUTHEIL DE LA ROCHÈRE, La Charte des droits fondamentaux de l'Union européenne, *Regards sur l'actualité*, D.F., janvier 2001. Depuis la ratification du Traité de Lisbonne en 2009, la Charte a la même valeur que les traités européens (art. 6 T.U.E.). *Les dispositions de la présente Charte s'adressent aux institutions, organes et organismes de l'Union dans le respect du principe de subsidiarité, ainsi qu'aux États membres uniquement lorsqu'ils mettent en œuvre le droit de l'Union* (art 51 de la Charte).

31. La Déclaration est le résultat d'une élaboration *collective* par une assemblée *politique* : une confection, au pas de charge, en neuf jours ; une rédaction exemplaire, à beaucoup d'égards, adoptée dans le feu de la discussion publique. Au surplus, il y a lieu de mentionner que le texte, dans l'esprit de ses auteurs, était provisoire, à la manière d'une première mouture et appelé, dans ces conditions, à être modifié, complété, le cas échéant. On sait ce qu'il en advint. Les 17 articles adoptés le 26 août 1789 ont été réputés *intangibles*, tant leur succès fut immédiat. Mais là ne s'arrête pas l'extraordinaire destin de ce texte : placé en tête de la constitution de 1791, ressuscité par celle de 1946, conservé en 1958, il a inspiré les auteurs de la Déclaration universelle des droits de l'homme, en 1948. Parler, dans ces conditions, des *immortels principes* de 1789 ne relève point de la figure de style.

mémoire : Jean-Jacques Rousseau (les droits naturels de l'individu et le culte de la loi)[32] ; Montesquieu (la séparation des pouvoirs et la sûreté)[33] ; Diderot et Voltaire (la tolérance et la liberté de conscience) et les physiocrates (la libération de la propriété et sa vénération). Mais, par-delà les bâtisseurs, il faut se tourner à nouveau vers la théorie du *droit naturel* qui, sur la base de l'enseignement des stoïciens et plus particulièrement de John Locke (*Traités sur le gouvernement civil*, 1690) affirme que l'individu, de par sa *nature*, possède des droits inaliénables, et non en tant que membre de la société ; bref *indépendamment* du droit positif, voire à l'opposé de celui-ci.

C'est ainsi que les idées de Locke (inventeur au demeurant de l'expression des *droits de l'homme*) furent converties en formules juridiques, au XVIIIe siècle, par son compatriote Blackstone. Sans conteste, elles inspirèrent les colons américains dans leur lutte contre la métropole. La liste des libertés individuelles arrêtée par celui-ci est directement à l'origine de la déclaration adoptée, le 12 juin 1776, par l'État de Virginie.

B. LES PRÉCÉDENTS

191 La tradition anglo-américaine peut être aisément identifiée : qu'il s'agisse de l'*Act d'habeas corpus* de 1679 ; du *Mayflower compact* de 1620[34] et bien évidemment de la déclaration d'indépendance des États-Unis, du 4 juillet 1776 qui ouvre le cortège des déclarations des droits insérées dans les constitutions des 13 premiers États américains.

Il n'est pas douteux que ce dernier texte ait favorisé une prise de conscience. L'apologue des *deux tableaux* de La Fayette l'atteste. De retour en France au lendemain de la guerre d'Indépendance, il avait fait placer dans son cabinet de travail le texte de 1776 et en face un cadre vide ; ce qui ne manquait pas d'intriguer ses visiteurs. À ceux-ci, le *héros des deux mondes* répondait que ce tableau était destiné à accueillir la future déclaration française. On sait que son vœu devait être exaucé. L'affirmation, en 1789, de la liberté individuelle allait être ultérieurement contestée et déboucher, en 1946, sur sa socialisation.

§ 3. L'ÉVOLUTION CONCERNANT LA NATURE ET L'ESPRIT DES DROITS ET LIBERTÉS

192 On connaît la formule de Rousseau : *La liberté et le repos sont incompatibles : il faut opter*. À n'en pas douter, le répit engendre tôt ou tard le repli. Dans cette perspective, *l'évolution* de la liberté est à l'image des relations entre l'individu et le pouvoir. Si, initialement, la conception libérale est placée sous le signe de *l'opposition* entre ceux-ci, *la réconciliation* ou la *collaboration* s'impose, en revanche, à l'attention, de nos jours. À l'individu *contre* le pouvoir, correspondent les *libertés-virtualités* ou *libertés-résistance* ; à l'individu *avec* le pouvoir, les *droits sociaux* ou *libertés-créance* ou, de la liberté *de* à la liberté *à*.

32. Par commodité, on prétend souvent que la Déclaration de 1789 est *la fille de Rousseau*. Cette présentation correspond à la vérité si l'on entend par là que *le citoyen de Genève* (et non sujet du roi de France) a exercé une influence diffuse sur les esprits de son temps. Mais elle s'avère fausse, opposée à sa doctrine. En effet, sa théorie du *Contrat social* a été qualifiée d'absolutiste par certains auteurs, dès lors que l'individu entre nu, en quelque sorte, dans la société sans pouvoir disposer, en réserve, d'un droit qu'il pourrait opposer à l'État. On connaît, de ce point de vue, la condamnation de Benjamin Constant, dénonçant dans cette théorie, *le plus terrible auxiliaire de tous les genres de despotismes*.

33. Les auteurs de la Déclaration, fils de Rousseau et de Montesquieu, se sont évertués à concilier la démocratie (ou la confiance dans le pouvoir) et le libéralisme (la méfiance dans le pouvoir à l'origine contemporaine de l'État de droit) (*infra*).

34. Les puritains, fuyant les persécutions, avant de débarquer en 1620 au cap Cod (Mass.) rédigèrent en mer ce document fixant leurs principes d'organisation.

A. LES LIBERTÉS-VIRTUALITÉS OU LIBERTÉS-RÉSISTANCE

193 Dans son expression classique, la notion de liberté individuelle est liée à la conception *libérale*, dont l'idée centrale consiste dans le fait que les individus ne doivent compter que sur eux-mêmes pour réaliser leur destinée, à la manière de pionniers, au point que l'on compare, avec justesse, au demeurant, la société libérale à un *archipel de Robinsons*. Quant à l'État, sa mission se borne à celle d'un *surveillant général* (B. de Jouvenel) ; c'est *l'État-gendarme* dont l'action consiste à assurer la sécurité extérieure du groupe et l'ordre à l'intérieur, par sa justice, sa police et l'organisation d'un minimum de commodités communes ; en un mot, l'État-*veilleur de nuit* (A. Gramsci).

Dans cette vision libérale et individualiste, qui est celle de la Révolution française, réserve faite de courants différents qui ont pu, à certains moments, affleurer, sous la Convention ou le Directoire (comme, celui de Gracchus Babeuf) les libertés apparaissent surtout comme des *possibilités*, des *virtualités*, des routes ouvertes au-devant de l'indépendance et de l'initiative des individus. Magnifié, l'individu est le bâtisseur de son avenir, le responsable de son destin, de son bonheur, en un mot. Aussi n'est-il pas surprenant que l'on qualifie de *libertés-résistance*, de *libertés-barrière* les droits dont il est titulaire face à l'État au profil bas, ravalé à un rôle *utilitaire*, sinon *parasitaire*[35].

Ces remarques prennent leur pleine valeur lorsqu'on réfléchit, en même temps, au contenu de l'idée d'égalité, telle qu'elle a été proclamée à la fin du XVIIIe siècle. C'est uniquement *une égalité de droit*, c'est-à-dire une égalité *politique* et *juridique*.

Or, il est bien évident que l'égalité de droit reste, dans une large mesure, théorique, lorsqu'elle est contredite par *l'inégalité de fait* comme le dénoncera et le dénonce encore de nos jours le socialisme. L'égale admission aux emplois publics, par exemple est proclamée par nos lois. Cependant la préparation à ceux-ci, surtout s'il s'agit d'emplois supérieurs, demande de longs efforts et des moyens financiers appréciables. Ceux qui en sont privés, se trouvent en situation d'infériorité par rapport à ceux qui les possèdent. En ce domaine, comme beaucoup d'autres, l'égalité de droit engendre une inégalité de fait.

En définitive, la liberté n'est assurée qu'autant elle est accessible au plus grand nombre. L'apparition des *droits sociaux* (pléonasme mis à part) à l'époque contemporaine consacre cette revendication.

B. LES DROITS SOCIAUX OU LES LIBERTÉS-CRÉANCE

194 Par suite de l'approfondissement de l'idée d'égalité, liée au combat socialiste, la notion de liberté a évolué et opéré un *revirement* de conception. Par droits nouveaux, on vise ceux au travail, à l'enseignement, à la santé, à la sécurité matérielle, au repos et aux loisirs ; il s'agit, en bref, de la revendication du *droit de l'homme au bonheur*[36]. Dans cette perspective, les droits ou libertés ne sont plus seulement des pouvoirs d'agir, mais des moyens de réclamer les *prestations* déterminées de la part de l'État.

Ainsi, la vision s'élargit-elle, du *droit-résistance* au *droit-créance*, de l'abstention de l'État à son intervention. Mais, il est juste d'observer que l'individu, entre-temps, a abdiqué en acceptant de devenir l'assisté, sinon le protégé de ce dernier, mettant ainsi un terme à l'antinomie qui caractérisait jusqu'alors, la liberté et le pouvoir. *L'État-Providence* ou le *tout-à-l'État* résume cette ambition.

Ce passage des droits individuels aux droits sociaux ou, plus exactement, ce *complément* des uns par les autres, se marque notamment en France, dans le préambule de la constitution de 1946 (toujours en vigueur). D'où la vision du *socialisme individualiste* (G. Vedel).

Entre *la liberté qui opprime* et *la loi qui délivre*, selon Lacordaire, les droits sociaux prennent le parti de la seconde, en se mobilisant pour la défense des plus faibles et des exclus. La crise, consécutive à la fin des *trente glorieuses*, qui ébranle le système de protection sociale, provoque depuis peu, le

35. Dans cet ordre d'idées, mentionnons une formule topique de Thomas Jefferson : *Le meilleur gouvernement est celui qui gouverne le moins*. Anatole France, pour sa part, affirme : *La République n'est brillante ni en femmes ni en chevaux et elle a l'inconvénient de coûter cher. Mais c'est un bon gouvernement parce qu'elle gouverne peu.*

36. V. D. MAYER, *Socialisme : le droit de l'homme au bonheur*, 1976.

retour en force du néo-libéralisme, et du chacun pour soi[37]. Mais, c'est ignorer la *fraternité*, bref la *solidarité*, dont la sécurité sociale constitue le symbole. Solidarité à l'égard des jeunes, des personnes privées d'emploi et des pauvres. À preuve, la création des *minima sociaux* (R.M.I.).

§ 4. LE PRÉAMBULE DE LA CONSTITUTION DU 4 OCTOBRE 1958

195 La constitution de 1958 s'ouvre par la formule suivante :

Le peuple français proclame solennellement son attachement aux droits de l'homme et aux principes de la souveraineté nationale, tels qu'ils ont été définis par la Déclaration de 1789, confirmée et complétée par le préambule de la constitution de 1946, ainsi qu'aux droits et devoirs définis dans la Charte de l'environnement de 2004[38].

Il importe d'en examiner successivement, le contenu actuel (v. *annexes*) et la valeur juridique.

A. LE CONTENU DU PRÉAMBULE DE 1958

196 En apparence, le texte présente un aspect bâclé[39], ridicule à la limite, par rapport aux documents du passé, au point d'être qualifié de *préambule-croupion*. Et pourtant, il se révèle à l'examen d'une richesse remarquable par l'utilisation de la technique juridique du *renvoi* à, d'une part, deux textes d'une particulière densité : la Déclaration des droits de l'homme et du citoyen, votée le 26 août 1789, le préambule de la constitution du 27 octobre 1946[40] et, d'autre part, à la Charte de l'environnement de 2004. On se trouve ainsi en présence d'un monument du droit constitutionnel qui se perpétue, sous le bénéfice de l'*adaptation*, opérée par le Conseil constitutionnel. Ce constat s'est imposé au Comité Veil qui n'a pas souhaité (sauf pour un ajout à l'article 1er de la constitution du *principe de l'égale dignité de chacun*) proposer de modifications (Rapport Veil, *Redécouvrir le Préambule de la constitution*, D.F., 2009). Étudions désormais ce texte qui *juxtapose* des libertés diversifiées (les trois générations de 1789, 1946 et 2004).

37. V. P. ROSANVALLON, *La crise de l'État-providence*, 1981 ; G. SURMAN, *La révolution conservatrice américaine*, 1983 et S.-Chr. KOLM, *Le libéralisme moderne*, 1984.

38. V. J. GEORGEL, Aspects du préambule de la constitution de 1958, *R.D.P.* 1960, p. 88 ; F. LUCHAIRE, P.-H. TEITGEN in *C.R.F.*, p. 87.

39. Des dispositions sont *égarées* dans le texte de la constitution : les art. 1er (égalité devant la loi, respect de toutes les croyances) ; 3 (suffrage universel, égal et secret, parité entre les femmes et les hommes à l'accès aux mandats électoraux) ; 4 (libres formation et exercice des partis politiques), 64 (indépendance de l'autorité judiciaire et inamovibilité des magistrats), 66 (liberté individuelle) et 72 (libre administration des collectivités territoriales). Pourquoi ne pas avoir rédigé un nouveau préambule de 1958 ? À cette date, les rédacteurs étaient pressés par le temps et la tradition républicaine veut, selon M. Debré, qu'une telle mission incombe à une assemblée, et non point à l'exécutif. La constitution de l'an VIII se présentant comme l'exception qui confirme la règle. V. M. DELMAS-MARTY et Cl. LUCAS DE LEYSSAC, ouvrage précité, 2002.

40. Le projet de constitution du 19 avril 1946 comportait une déclaration des droits garantissant l'exercice de libertés individuelles (la Déclaration de 1789 était remplacée) et *des droits sociaux et économiques*. Après le rejet du projet par le peuple, le 5 mai 1946, la Déclaration de 1789 a ressuscité et a été complétée par des *principes politiques économiques et sociaux*. V. *Les constitutions de la France*, par G. BERLIA, 7e éd., 1952, p. 518.

1. Les droits individuels de 1789

197 La Déclaration des droits de l'homme et du citoyen, placée à la tête de la constitution de 1791, a sombré avec elle un an plus tard, avant de ressusciter en 1946. Mais, il est juste de relever qu'au préalable, elle avait très largement inspiré, à partir de 1875, le législateur républicain. Conservé en 1958, *ce catéchisme national* (Barnave) est donc un texte de *droit positif*. Qui plus est, son autorité juridique a été exaltée en raison de sa constitutionnalisation par le Conseil constitutionnel, le 16 juillet 1971 (*Liberté d'association*, *G.D.*, p. 238)[41].

a) Les caractères de la Déclaration de 1789

198 Il est indispensable de faire une déclaration des droits pour arrêter les ravages du despotisme. La rupture annoncée par Barnave par rapport à l'Ancien Régime, qui faisait litière des libertés, est consommée. Dans ces conditions, le texte présente deux aspects essentiels : un aspect *rationnel*, d'une part, et *bourgeois*, au sens descriptif, d'autre part.

L'esprit français se nourrit d'abstractions. La Déclaration apparaît, de la sorte, une construction *intellectuelle*, tant du point de vue de sa portée que de son libellé. La portée du texte est *éternelle*, valable pour les temps, ce que la postérité a confirmé au surplus, et *universelle*, valable pour tous les hommes et pas seulement les Français de la fin du XVIIIe siècle. Quant à son libellé, la Déclaration énonce des principes *formels* à la différence des textes britanniques. Cependant, il ne faudrait pas en conclure hâtivement à un jeu de l'esprit, coupé des réalités. Bien au contraire, derrière chaque formule, un abus précis de l'Ancien Régime est visé et récusé, par les représentants de la *classe bourgeoise* qui en constituent le fer de lance.

Dans la perspective ouverte par la nuit du 4 août, cette dernière se préoccupe d'abolir les *privilèges* (mot honni, s'il en est) et de *niveler* en conséquence, la condition des individus. L'*égalité juridique* résume son ambition, dans le même temps où l'individu est libéré des entraves familiales et professionnelles qui en paralysaient l'activité. L'ordre bourgeois est consacré par l'affirmation capitale et terminale du *droit de propriété* (art. 17). On ne peut que remarquer, à cet effet, la démarche *crescendo* du texte de 1789 et les termes particulièrement vigoureux, choisis pour en parler. Nul doute, à cet effet, que la propriété, assimilée à une liberté, n'en constitue la condition d'exercice.

b) Les dispositions de la Déclaration de 1789

199 De manière classique, on envisagera l'homme, en sa double qualité *d'individu* et de *citoyen*. Au premier, s'adresse la liberté *physique* ou *liberté-autonomie* ; au second, la *liberté politique* ou *liberté-participation*.

α) La liberté physique ou liberté-autonomie

200 Au climat *d'insécurité* de l'Ancien Régime, la Déclaration oppose *la jouissance paisible de l'indépendance privée* (B. Constant). Le principe de la liberté physique, posé aux articles 4 et 5, donne naissance à des libertés précises. Tout d'abord, la *liberté d'aller et venir ou liberté personnelle :* principes de la *légalité des peines* (art. 7) de leur *nécessité* et *non-rétroactivité* (art. 8), à ce propos, une loi pénale rétroactive constitue une abomination (sauf à l'égard du crime de génocide, ou crime contre l'humanité) et *présomption d'innocence* en faveur de l'accusé (art. 9). Ensuite, *la liberté d'opinion et de conscience* (art. 10), supprime le délit d'opinion et l'intolérance, condition du *pluralisme* et, par voie de corollaire, du respect de l'adversaire. Enfin, *la liberté de pensée et des opinions, l'un des droits les plus précieux de l'homme* (art. 11), est consacrée. Beaumarchais triomphe de la censure.

41. V. G. DEL VECCHIO, *La Déclaration des droits de l'homme et du citoyen dans la Révolution française*, 1980 ; L. FERRY et A. RENAUT, *Des droits de l'homme à l'idée républicaine*, 1985 ; J. MORANGE, *La Déclaration des droits de l'homme et du citoyen*, 1988 ; S. RIALS, *La Déclaration des droits de l'homme et du citoyen*, 1989.

Toutefois, la liberté individuelle serait menacée si elle n'était protégée : le droit de propriété (art. 2 et 17) et celui du citoyen répondent à cette préoccupation[42].

β) La liberté politique ou liberté-participation

201 L'éveil de *l'État de droit*, en 1789, est d'abord et avant tout, celui de la liberté politique, du changement fondamental de la condition des gouvernés qui, de *sujets* sont promus au rang de *citoyens*, détenteurs, à ce titre, de la souveraineté *dans* l'État. La révolution politique de 1789 trouve ici son expression achevée et le droit constitutionnel, son origine : *le principe de toute souveraineté réside essentiellement dans la nation. Nul corps, nul individu ne peut exercer d'autorité qui n'en émane expressément* (art. 3)[43]. En application du principe égalitaire (art. 1er), la participation de tous se marque, de diverses façons.

S'agit-il de l'organisation des pouvoirs publics : La loi est l'expression de la volonté générale. Tous les citoyens ont droit de concourir personnellement, ou par leurs représentants, à sa formation (art. 6 in limine). Il s'ensuit que, faute d'assumer eux-mêmes la souveraineté, dans le cadre de la démocratie directe, prônée par Rousseau, il est loisible aux citoyens d'en confier l'exercice à des élus (ce qui implique la naissance du pouvoir de suffrage) selon la démarche de Montesquieu favorable au régime représentatif.

S'agit-il, par la suite, de l'expression des pouvoirs publics, elle emprunte l'aspect de la loi qui rythme désormais de son tempo la vie juridique : *Elle doit être la même pour tous, soit qu'elle protège, soit qu'elle punisse* (art. 6). Reste alors à préciser, que tous les citoyens sont *également admissibles... aux emplois publics, selon leur capacité, et sans distinction que celle de leurs vertus et de leurs talents* (art. 6 *in fine*). Le concours s'analyse comme le procédé normal de recrutement des fonctionnaires.

S'agit-il enfin, de l'intervention des pouvoirs publics, elle se trouve subordonnée, d'un point de vue financier, au principe du *consentement à l'impôt* (art. 14) et à celui de son égale répartition entre les contribuables en raison de leurs facultés (art. 13)[44]. De surcroît, l'article 15 pose le principe du contrôle et de la responsabilité : *la société a le droit de demander compte à tout agent public de son administration*.

Sans préjudice d'apports ultérieurs, la Déclaration de 1789, véritable machine de guerre contre l'Ancien Régime a jeté les fondements de la *société moderne*, selon Taine. Cependant, l'appropriation privée des moyens de production et d'échange, afférente au capitalisme, engendra de nouveaux privilèges, contre lesquels le constituant de 1946 devait s'élever.

42. *La propriété étant un droit inviolable et sacré, nul ne peut en être privé, si ce n'est lorsque la nécessité publique légalement constatée l'exige évidemment, et sous la condition d'une juste et préalable indemnité.* Au surplus il est à noter, par ailleurs, que l'article 2 de la Déclaration range parmi les *droits naturels et imprescriptibles de l'homme : la liberté, la propriété, la sûreté, et la résistance à l'oppression.* La seconde place ne relève certainement pas d'une inadvertance de plume. À propos de la loi de nationalisation, le Conseil constitutionnel (16 janvier 1982, *C.C.F.*, p. 250), a rappelé que les principes de 1789 ont *pleine valeur constitutionnelle tant en ce qui concerne le caractère fondamental du droit de propriété... qu'en ce qui concerne les garanties données aux titulaires de ce droit et les prérogatives de la puissance publique*. La contre-épreuve a été apportée avec la privatisation d'entreprises nationales (25-26 juin 1986, *chr.* n° 40, 1986 p. 178) concernant la propriété administrative, qui a bénéficié de la même protection que la propriété privée. La propriété ayant subi *une notable extension de son champ d'application à des domaines individuels nouveaux* (16 janvier 1982), sont aussi notamment protégés le droit de propriété intellectuelle (8 janvier 1991, *Lutte contre l'alcoolisme et le tabagisme, chr.* n° 58, p. 144) et les droits d'auteurs et droits voisins (27 juillet 2006, *Loi Davsi, chr.* n° 120, p. 154).

43. En écho, s'impose à l'attention la formule liminaire du préambule de 1958 : *le peuple français proclame solennellement son attachement aux droits de l'homme et aux principes de la souveraineté nationale.* Il s'agit là d'une formule spécifiquement française : une même autorité est conférée à la personne individuelle et à la personne collective (v. *chapitre I*).

44. Le système français est particulièrement inégalitaire, entre les contribuables soumis au régime de la dénonciation fiscale (titulaires de revenus fixes) et ceux qui bénéficient des avantages de la confession fiscale (professions libérales). L'avoir fiscal, entre autres, montre qu'il n'est pas nécessaire de frauder, mais seulement... d'appliquer la loi. La publication des déclarations de revenus d'un premier ministre et du chef de l'État, par Le Canard Enchaîné, en donne une bonne illustration.

2. Les droits collectifs de 1946

202 Le préambule de la constitution du 27 octobre 1946, maintenu en vigueur en 1958, enrichit la matière de deux séries de dispositions, en dehors du droit d'asile pour *tout homme persécuté en raison de son action en faveur de la liberté*. Il réaffirme *les principes fondamentaux reconnus par les lois de la République* (*P.F.R.L.R.*), d'une part, et, selon une formule ampoulée, divers principes politiques, économiques et sociaux *particulièrement nécessaires à notre temps*, appelés *les droits sociaux*, d'autre part[45]. Au surplus, la souveraineté nationale est visée.

a) Les principes fondamentaux reconnus par les lois de la République

203 Promise à une belle fortune par le Conseil constitutionnel, à partir de 1971, l'expression marque initialement le souci des constituants de 1946, de renouer avec le libéralisme **politique** de la IIIe République, par-delà des années noires 1940-1944, marquées par la négation de l'homme, dans *l'univers concentrationnaire* (D. Rousset) et raciste du Gouvernement de Vichy. Il importe de restaurer *l'éthique* individualiste ou *la tradition républicaine* (C.C., 20 juillet 1988, *Amnistie, chr.* n° 48, p. 190). Qu'à la même époque, le juge administratif, en formulant la théorie des *principes généraux du droit* (P.G.D.) y ait trouvé un encouragement, n'est guère douteux[46]. Il résulte de ce qui précède, que la circonlocution[47] vise donc essentiellement les libertés proclamées sous le régime de 1875.

b) Les droits sociaux

204 À quelle conception se rattachent-ils ? Quelle énumération peut-on en donner ?

α) La conception des droits sociaux

205 Cette formule, un peu gauche, est l'aveu des difficultés rencontrées par les constituants, non seulement pour opérer la synthèse des principes de 1789 et des principes nouveaux, mais pour définir clairement l'apport moderne au regard de celui de 1789. Il faut cependant, marquer rapidement les différences théoriques qui séparent les principes traditionnels des principes nouveaux.

La Déclaration des droits de 1789, à l'image du XVIIIe siècle organise, peut-on dire, un *statut négatif de l'individu.* Elle définit des *facultés d'agir* qui sont accordées à chacun, sans le secours d'aucune prestation particulière fournie par la société, qui viendrait faciliter l'action du titulaire de ces libertés. Par ailleurs, cette Déclaration se préoccupe uniquement de l'individu, retenu pour l'essentiel, sous l'aspect du citoyen et non des groupes sociaux par lesquels, *l'homme situé* (G. Burdeau) est naturellement encadré : famille, profession, etc.

Les tendances nouvelles qui se font jour, à partir de 1848, s'agissant du droit au travail, et se retrouvent dans les déclarations des droits accompagnant les constitutions de l'entre-deux-guerres, comme celle de Weimar, s'efforcent d'organiser *un statut positif de l'individu.* En un mot, elles envisagent

45. V. G. CONAC, X. PRÉTOT et G. TEBOUL (sous la direction), *Le préambule de la constitution de 1946. Histoire, analyse et commentaires*, Dalloz, 2001 ; Y. GAUDEMET (sous la direction), *Le préambule de la constitution de 1946*, éd. Panthéon-Assas, 2009 ; *Préambule de la constitution de 1946*, ouvrage collectif, Curap, P.U.F., 1996.

46. V. J. RIVERO, Le juge administratif, un juge qui gouverne ?, *D.* 1951, *chr.* p. 21 ; B. JEANNEAU, *Les principes généraux du droit dans la jurisprudence administrative*, thèse Poitiers ; J.-M. MAILLOT, *La théorie administrativiste des principes généraux du droit. Continuité et modernité*, 2003.

47. Cette dernière résulte d'un amendement du M.R.P. (Mouvement Républicain Populaire) qui, à l'Assemblée constituante de 1946, entendait traiter par prétérition, la liberté de l'enseignement, à propos de laquelle ses alliés communistes et socialistes manifestaient une opposition de principe. V.B. MATHIEU et M. VERPEAUX, La reconnaissance et l'utilisation des principes fondamentaux reconnus par les lois de la République par le juge, *D.* 1997, p. 219 ; V. CHAMPEIL-DESPLATS, *Les Principes Fondamentaux reconnus par les lois de la République,* Economica, 2001 ; J. RIVERO, Les principes fondamentaux reconnus par les lois de la République : une nouvelle catégorie constitutionnelle, *D.* 1972, p. 265

non plus un individu *désincarné*, sorte de saint laïc, mais essentiellement l'individu *confronté* aux difficultés économiques et sociales de l'existence. Ce qu'elles perdent en intensité idéologique, elles le gagnent en chaleur humaine[48].

Les droits nouveaux qu'elles consacrent se résolvent presque nécessairement en des *prestations* de la puissance publique, ouvrant de façon conséquente, des *possibilités d'agir* aux individus. Ils ont volontiers un caractère *collectif* et consacrent les aspirations de la famille, de la profession ; du groupe, en définitive. Il s'agit aussi parfois de principes de politique économique, par exemple pour les nationalisations.

β) L'énumération des droits sociaux

206 Valeur républicaine par excellence, la quête de l'égalité est à l'origine de diverses dispositions[49].

• Les mesures protectrices en faveur de certaines catégories de personnes

207 Elles concernent d'abord, *la femme*, relevée de son incapacité juridique par les lois de 1938 et de 1942. En conséquence, le principe de *l'égalité des sexes* est proclamé : *la loi garantit à la femme, dans tous les domaines, des droits égaux à ceux de l'homme* (alinéa 3 du préambule).

Par-delà la journée internationale du 8 mars qui lui est désormais consacrée, la femme dispose du droit d'accès et de déroulement régulier de sa carrière dans la fonction publique[50]. Cependant, dans le secteur privé, en raison de résistances sociologiques, des poches d'inégalité subsistent, qu'il s'agisse de l'emploi (malgré la révolution contraceptive), de la rémunération ou de l'accès aux fonctions dirigeantes (le *plafond de verre*). Grâce à la révision constitutionnelle du 23 juillet 2008, la loi peut désormais **favoriser l'égal accès des femmes et des hommes aux responsabilités professionnelles et sociales[51].**

Remarquons cependant que des inégalités peuvent aussi peser sur les hommes. La C.J.C.E. (29 novembre 2001, *Griesmar*, C-366/99) a jugé que les discriminations entre fonctionnaires ayant eu trois enfants (concernant notamment la retraite anticipée) et fondées sur le sexe méconnaissaient le principe d'égalité. Des conséquences contentieuses (C.E., 29 juillet 2002, *Griesmar*, *Rec.* p. 284) puis législatives (loi de finances rectificative pour 2004) en ont été tirées.

La femme, *source de vie*, c'est ensuite *la mère*, et par voie de corollaire, *l'enfant*, à qui, la nation, au même titre que *les travailleurs âgés* garantit *la protection de la santé, la sécurité matérielle, le repos et les loisirs* (al. 11). Au plan intellectuel, la nation assure à l'enfant et à l'adulte *l'égal accès... à l'instruction, à la formation professionnelle et à la culture. L'organisation de l'enseignement public, gratuit et laïque à tous les degrés est un devoir de l'État* (al. 13). Ultérieurement, la nation prend en charge les aléas de l'existence et notamment *l'aléa économique*, dont on ne peut que souligner la gravité actuelle, par l'obtention de *moyens convenables d'existence* (al. 5 et 11 *in fine*).

En résumé, *la Nation assure à l'individu et à la famille les conditions nécessaires à leur développement* (al. 10)[52]. À ce titre, on relèvera divers *acquis sociaux :* la Sécurité sociale (1945-1946) et sa

48. D'où l'abandon de la Déclaration de 1789 dans le projet de constitution du 19 avril 1946, en dehors de la référence à la *charte de* [la] *libération du peuple français.*

49. V. D. SCHNAPPER, *La démocratie providentielle. Essai sur l'égalité contemporaine*, 2002.

50. L'art. 6 bis de la loi du 13 juillet 1983, inséré par la loi du 9 mai 2001, portant droits et obligations des fonctionnaires retient le principe de l'égalité des sexes, aménage la possibilité de recrutements *distincts* si l'appartenance à l'un ou à l'autre sexe constitue *une condition déterminante de l'exercice des fonctions* et prévoit que des distinctions entre sexes peuvent être faites dans la composition des jurys et des comités de sélection constitués pour le recrutement et l'avancement des fonctionnaires. Des contraintes similaires ont été instituées, par la loi du 12 mars 2012, pour la nomination aux emplois supérieurs.

51. Aussi, à titre d'illustration, la loi du 27 janvier 2011 a-t-elle pu imposer une représentation équilibrée des femmes dans les conseils d'administration et de surveillance des sociétés anonymes cotées.

52. À cette fin, par exemple, *le droit de mener une vie familiale normale*, a été érigé, au rang de principe général de droit, par le Conseil d'État dès 1978 (8 décembre 1978, *G.I.S.T.I.*, G.A. n° 96) avant qu'il ne se fonde plus tard sur l'article 8 de la Convention européenne des droits de l'homme (C.E., Ass, 19 avril 1991, *Belgacem et Babas*, Rec. 151). Il en résulte que les étrangers ont la possibilité de faire venir auprès d'eux leur conjoint et leurs enfants mineurs (C.C., 13 août 1993, *Maîtrise de l'immigration, chr.* n° 68, p. 170).

généralisation (couverture maladie universelle en 1999) ; la retraite à 60 ans (1982) ; les 35 heures hebdomadaires (1998 et 2000) ; l'allocation personnalisée d'autonomie (2001).

En dernier lieu, la fraternité acquiert le droit de cité : la nation proclame la solidarité et l'égalité de tous les Français devant les charges qui résultent des calamités nationales (al. 12). L'indemnisation de nos compatriotes rapatriés d'outre-mer, l'impôt solidarité pour les personnes privées momentanément d'emploi trouvent ici leur justification, etc.

• Les droits des travailleurs

208 *Chacun a le devoir de travailler et le droit d'obtenir un emploi. Nul ne peut être lésé dans son travail ou son emploi, en raison de ses origines, de ses opinions ou de ses croyances* (al. 5).

Dans une société frappée par un chômage endémique, quelle peut être l'effectivité de la première phrase de l'alinéa 5 sinon de se souvenir de l'âge d'or idéalisé des *Trente glorieuses* ? Le Conseil constitutionnel n'en a pas moins jugé qu'une politique de réduction de la durée de travail participait du droit pour chacun d'obtenir un emploi en ouvrant le bénéfice de ce droit à un plus grand nombre d'intéressés (C.C., 10 juin 1998, *35 heures*).

Tout homme peut défendre ses droits et ses intérêts par l'action syndicale et adhérer au syndicat de son choix (al. 6).

Cette disposition est à la base du **droit syndical**, actualisé, en 1982, à l'occasion du vote des *lois Auroux*. Jusqu'en 1946, le Conseil d'État reconnaissait aux fonctionnaires le droit de se grouper dans des associations amicales, relevant de la loi du 1er juillet 1901, mais il leur déniait la faculté de se réclamer de la loi du 21 mars 1884 sur les syndicats professionnels. À l'heure actuelle, les fonctionnaires (à l'exception compréhensible des membres du corps préfectoral) peuvent, sous réserve de respecter le caractère professionnel du syndicalisme, ce qui rend illicite, le *syndicalisme politique*, se grouper dans des syndicats professionnels.

Le droit de grève s'exerce dans le cadre des lois qui le réglementent (al. 7).

La clarté du principe énoncé coexiste avec une réalité juridique complexe. D'abord, parce que sous couvert de réglementer, la loi s'est surtout attachée à *prohiber* **le droit de grève** pour certaines catégories d'agents publics[53]. Ensuite, face à l'attitude du législateur préférant pour des raisons politiques et syndicales se réfugier dans l'abstention, le Conseil d'État a autorisé *le gouvernement, responsable du bon fonctionnement des services publics*, à s'y substituer et à *fixer lui-même*, sous son contrôle, les limitations à apporter à l'exercice dudit droit (C.E., Ass., 7 juillet 1950, *Dehaene*, *Rec.* p. 426).

Toutefois, la réglementation par voie législative s'esquisse insensiblement. La loi du 31 juillet 1963 précise certaines *modalités* de la grève dans les services publics ; interdiction des grèves tournantes et impromptues (obligation de déposer un *préavis*, 5 jours avant son déclenchement, auprès de l'autorité hiérarchique). La loi peut également imposer un *service minimum* (personnels de la radiotélévision, contrôleurs de la navigation aérienne), modifier les modalités de retenue sur le traitement (loi du 30 juillet 1987), prescrire une procédure obligatoire de prévention des conflits (loi du 21 août 2007) et aménager un régime de déclaration préalable individuelle avant la participation à une grève (lois du 21 août 2007, 20 août 2008 et 19 mars 2012).

Au surcroît, *tout travailleur participe, par l'intermédiaire de ses délégués, à la détermination collective des conditions de travail ainsi qu'à la gestion des entreprises* (al. 8 du préambule).

On ne manquera pas de rapprocher de cette disposition, la reconnaissance sur le territoire de la République du *droit d'asile* (al. 4) (C.C., 22 avril 1997, *Loi Debré, chr.* n° 82, p. 206).

53. Lois des 27 décembre 1947 et 28 septembre 1948 (C.R.S. et police), ord. des 6 août 1958 (personnel de l'administration pénitentiaire) et 22 décembre 1958 (magistrats), lois des 2 juillet 1964 (sous-préfets et préfets), 30 juillet 1968 (personnel des transmissions du ministère de l'Intérieur) et 13 juillet 1972 (militaires). V. S. DION-LOYE et B. MATHIEU, Le droit de grève : l'affirmation elliptique du constituant, le silence du législateur, la parole du juge, *R.F.D.C.* 1991, p. 509. D'une manière générale, le Conseil constitutionnel estime que le droit de grève doit se concilier avec le principe de continuité du service public. Aussi, les limitations apportées à son exercice par le législateur peuvent-elles aller *jusqu'à l'interdiction du droit de grève aux agents dont la présence est indispensable pour assurer le fonctionnement des éléments du service dont l'interruption porterait atteinte aux besoins essentiels du pays* (C.C., 25 juillet 1979, *Radio-télévision, C.C.F.*, p. 238).

• Les principes de la démocratie économique

209 Nous n'aurons pas la république dans la cité, si nous avons la monarchie dans l'usine. L'opinion de Marc Sangnier se veut une justification des **nationalisations** opérées en 1946 : *Tout bien, toute entreprise dont l'exploitation a ou acquiert les caractères d'un service public national ou d'un monopole de fait doit devenir la propriété de la collectivité* (al. 9). Reste que derrière la simplicité politique de la formule se cachent des enjeux juridiques subtils : à savoir si l'entreprise concernée exploite un *service public national* ou un *monopole de fait*. Globalement, les enjeux se sont déplacés. L'opération de nationalisation (voir les grandes vagues de 1936 – *Ma décision est prise, faites entrer les juristes*, L. Blum, 1945 et 1982) a démontré ses limites économiques et a été supplantée par le processus de privatisation au développement irrésistible depuis 1986. Aussi, ne s'agit-il plus, à l'heure actuelle, de se demander si une entreprise *doit devenir* la propriété de la collectivité mais plutôt si elle doit *encore rester* sa propriété (v., par exemple, le contrôle de constitutionnalité effectué sur la loi du 7 décembre 2006 privatisant Gaz de France).

On finira par indiquer que, comme la nationalisation, la privatisation est subordonnée au versement *d'une juste et préalable indemnité* (art. 17 *in fine* de la Déclaration de 1789 – C.C., 16 janvier 1982 et 25-26 juin 1986).

c) Les principes de l'organisation internationale

210 Les alinéas 14 et 15 limitent le principe de la souveraineté nationale : *La République française, fidèle à ses traditions, se conforme aux règles du droit public international. Elle n'entreprendra aucune guerre dans des vues de conquête et n'emploiera jamais ses forces contre la liberté d'aucun peuple. Sous réserve de réciprocité, la France consent aux limitations de souveraineté nécessaires à l'organisation et à la défense de la paix* (v. *III*e partie).

3. Les droits et devoirs définis dans la Charte de l'environnement de 2004

211 Pour aller à l'essentiel, *si chacun a le droit de vivre dans un environnement équilibré et respectueux de la santé* (art. 1er), « *toute personne doit contribuer à la réparation des dommages qu'elle cause à l'environnement dans les conditions définies par la loi* » (art. 4). Par ailleurs, le principe de précaution a désormais valeur constitutionnelle : *Lorsque la réalisation d'un dommage, bien qu'incertaine en l'état des connaissances scientifiques, pourrait affecter de manière grave et irréversible l'environnement, les autorités publiques veillent, par application du principe de précaution et dans leurs domaines d'attributions, à la mise en œuvre de procédures d'évaluation des risques et à l'adoption de mesures provisoires et proportionnées afin de parer à la réalisation du dommage*[54] (voir, pour sa mise en application juridictionnelle, *infra*, n° 219).

B. LA VALEUR JURIDIQUE DU PRÉAMBULE DE 1958

212 Après avoir inventorié le préambule de 1958, trompeur, à tous égards, il importe d'apprécier l'autorité juridique qui s'attache à ses énonciations, au moment où émerge une *troisième génération* de libertés[55]. La question ne revêt pas simplement un intérêt théorique, mais aussi et surtout, pratique à l'égard du citoyen[56]. En clair, est-ce du droit *exigible*[57] ?

54. v. J. MORAND-DEVILLER (sous la direction), La constitution et l'environnement, *C.C.C.*, n° 15, 2003 et dossier spécial *A.J.D.A.* 2005, p. 1156 et *L.P.A.*, 7 juillet 2005.

55. On songe aux domaines de l'écologie (Charte de l'Environnement de 2004), de l'informatique (Loi du 6 janvier 1978), de l'eau (Lois du 16 décembre 1964, du 3 janvier 1992 et du 30 décembre 2006) et tout particulièrement à celui de la bioéthique (Lois du 29 juillet 1994 et du 6 août 2004 ; v. N. LENOIR et B. MATHIEU, *Les normes internationales de la bioéthique*, 1998).

56. Le président de la République se considère, depuis Valéry Giscard d'Estaing en 1977, comme un *protecteur des libertés publiques*.

57. V. B. MATHIEU et M. VERPEAUX, *Contentieux constitutionnel des droits fondamentaux*, 2002.

1. La position doctrinale

213 Avant que le juge constitutionnel n'impose sa conception sous la Vᵉ République, les auteurs avaient le champ libre. De ce point de vue, trois positions ont été enregistrées : celle de la *négation* : pour Carré de Malberg et Esmein, sous la IIIᵉ République, les déclarations ne sont que des énoncés de *principes philosophiques et moraux* dépourvus de valeur juridique ; à l'opposé, à la même époque, les doyens Maurice Hauriou et Léon Duguit développent la thèse de la *plénitude* juridique desdites déclarations[58]. Il s'agit, en l'occurrence de textes ayant la même valeur que les autres dispositions de la constitution, supérieurs à la loi et donc opposables au législateur. Ils se déclarent, du reste, favorables au contrôle de la loi par voie d'exception, à l'occasion d'un procès (v. *IIIᵉ partie*). Reste que sous la IVᵉ République, avec l'apparition *des droits sociaux*, les auteurs se rallient à la thèse de la *modulation* en considérant que certaines dispositions sont applicables *sur-le-champ* car elles se suffisent à elles-mêmes (égalité des sexes, admissibilité aux emplois) à l'opposé de celles qui sont conditionnées par une intervention ultérieure du législateur (moyens convenables d'existence).

2. La position jurisprudentielle

214 Au terme d'une démarche *crescendo*, les juridictions ont consacré l'autorité juridique attachée aux dispositions du préambule.

a) La position des juridictions ordinaires

215 Nonobstant l'absence d'un contrôle de constitutionnalité jusqu'en 1958[59], les juridictions ordinaires n'en ont pas moins incorporé, dès cet instant, le préambule au principe de *légalité*, et imposé son respect, tant aux particuliers qu'à l'administration. Les interventions sont restées toutefois exceptionnelles. S'agissant de *juridictions judiciaires*, le tribunal civil de la Seine, du 22 janvier 1947 (G. P. 1947.I.67), avait invalidé la disposition d'un testament par lequel une grand-mère révoquait un legs au profit de sa petite-fille, au cas où celle-ci épouserait un juif. Cette disposition était contraire à l'alinéa premier du préambule, affirmant que tout être humain, *sans distinction de race, de religion, ni de croyance possède des droits inaliénables et sacrés*. On peut signaler également un arrêt de la Chambre sociale de la Cour de cassation du 27 mars 1952, qui décide, par référence à l'alinéa 7, que la grève des salariés ne rompt pas, par elle-même, le contrat de travail. Concernant les *juridictions administratives*, le Conseil d'État, dans des décisions isolées, s'était référé à la déclaration de 1789 (7 juin 1957, *Condamine*) et qualifié la liberté d'association de *P.F.R.L.R.* (11 juillet 1956, *Amicale des Annamites de Paris, Rec.* p. 317). Cependant, le préambule constituait la source première des *principes généraux du droit* façonnés après 1945. Dans l'arrêt *Barel* (Ass., 28 mai 1954, G.A. nº 77), il s'était implicitement appuyé sur l'article 6 de la Déclaration de 1789 pour faire prévaloir le principe de l'égale admissibilité de tous aux emplois publics.

La constitutionnalisation en 1971 du préambule de la constitution de 1958 (*infra*) a modifié l'office du juge ordinaire en le conduisant, dans certaines occasions, à imposer le respect du bloc de constitutionnalité (et donc à agir en tant que juge constitutionnel[60]). Aussi, le Conseil d'État, à l'égard du

58. Le doyen Maurice Hauriou a résumé sa pensée à travers la théorie dite des *deux constitutions :* tout État dispose *simultanément* d'une *constitution politique* (statut des gouvernants) et d'une *constitution sociale* (statut des gouvernés). *Droit constitutionnel*, 2ᵉ éd., 1929, p. 611.

59. V. J. LEMASURIER, *Le contrôle de la constitutionnalité des lois et la constitution de 1946*, thèse Paris, 1953.

60. Pour le doyen Vedel, *Il est, en un certain sens, impossible à un juge, c'est-à-dire à un organe indépendant chargé de trancher des oppositions de prétentions par l'application de la règle de droit, de ne pas être un juge constitutionnel* (Préface à la thèse de F. BATAILLER, Le *Conseil d'État, Juge constitutionnel*, 1966, p. I). V. J. BONNET, *Le juge ordinaire français et le contrôle de constitutionnalité de la loi*, thèse, 2009 ; O. DESAULNAY, *L'application de la constitution par la Cour de cassation*, thèse, 2009 ; G. DRAGO (sous la direction), *L'application de la constitution par les cours suprêmes. Conseil constitutionnel, Conseil d'État, Cour de cassation*, 2007, M. FROMONT, La jurisprudence constitutionnelle de la Cour de cassation, *Études en l'honneur de Loïc Philip*, 2005, p. 79 ; Jean-Éric GICQUEL, Constitution,

principe d'égal accès aux emplois et fonctions publics, se réfère-t-il désormais directement à l'article 6 de la déclaration de 1789 (C.E., 2 mars 1988, *Blet et Sabiani*, n° 61534). Cette situation est, à l'usage, exceptionnelle car le juge a refusé d'effectuer ce type de contrôle si la loi s'interpose entre la norme contrôlée (un acte administratif) et la disposition constitutionnelle (théorie de la loi écran ; ce *bienheureux écran qui permet au juge d'éluder un problème difficile*, J. Rivero) : C.E., Sect., 6 novembre 1936, *Arrighi*, *Rec.* p. 966 ; Cass. crim., 11 mai 1833, *Paulin*, S. 1833, I, p. 357). L'insertion du mécanisme de la Q.P.C. (révision constitutionnelle du 23 juillet 2008 ; loi organique du 10 décembre 2009) conduira désormais le juge *a quo*, s'il est saisi en ce sens, à apprécier la constitutionnalité de la loi et, en cas de doute sérieux, à saisir sa juridiction suprême qui pourra, après un nouveau contrôle, s'adresser au Conseil constitutionnel (v. *IIIe partie*). En refusant de transmettre une Q.P.C. en raison de l'absence de son caractère sérieux, la figure du juge constitutionnel *négatif* peut parfois apparaître[61]. Enfin, d'une manière plus ponctuelle, le juge administratif est compétent pour constater l'abrogation implicite d'une loi antérieure et contraire à une norme constitutionnelle (à savoir, la Constitution : C.E., Avis du 4 nivôse An VIII : *c'est un principe éternel, qu'une loi nouvelle fait cesser toute loi précédente, ou toute disposition de loi précédente contraire à son texte ; principe applicable, à plus forte raison, à la Constitution, qui est la loi fondamentale de l'État* ; C.E., 12 février 1960, *Sté Eky*, *Rec.* p. 101), le préambule de la constitution de 1946 (C.E., Ass., 16 décembre 2005, *Syndicat national des huissiers de justice*, *Rec.* p. 570) ou encore la charte de l'environnement de 2004 (C.E., 24 juillet 2009, *Comité de recherche et d'information indépendantes sur le génie génétique*, *Rec.* p. 294).

b) La position du Conseil constitutionnel

216 Il lui a appartenu d'affirmer l'État de droit, en intégrant *globalement* le préambule de 1958 au principe de *constitutionnalité*, dans sa décision fondatrice du 16 juillet 1971 (*Liberté d'association*), en censurant la loi[62] pour subordonner à ses vues le Parlement. Il n'est pas indifférent, d'indiquer que si, à l'opposé de la constitution de 1946 (art. 92), celle de 1958 n'excluait pas le préambule du champ d'intervention du contrôle de constitutionnalité, elle ne le proclamait pas, pour autant[63]. Ce n'est qu'au terme d'une

Juris-Classeur administratif, fasc. n° 10, 2012 et spécifiquement n° 160- 269 ; B. MATHIEU et M. VERPEAUX (sous la direction), *L'examen de la constitutionnalité de la loi par le Conseil d'État*, 2011 ; A. MARTINON et F. PETIT (sous la direction), *Le juge judiciaire et la Constitution*, 2012 et les chroniques de l'observatoire de jurisprudence constitutionnelle (*Nouveaux Cahiers du Conseil constitutionnel*).

61. Voir notamment les refus du Conseil d'État (C.E., 29 septembre 2010, *Société Snerr Théâtre de Paris*, n° 341065 et 4 octobre 2010, *Mme Repplinger*, n° 339595). La Cour de cassation dans un arrêt remarqué du 7 mai 2010 (n° 09-80774) a considéré que les dispositions de la loi Gayssot du 13 juillet 1990 incriminant la prise de positions niant l'holocauste ne portent pas atteinte *aux principes constitutionnels de liberté d'expression et d'opinion.* La question posée ne présentant pas de caractère sérieux, le Conseil constitutionnel n'a pas été saisi. Au total, une des questions juridiques majeures de ces vingt dernières années aura été tranchée par la Cour de cassation et non par le juge constitutionnel. Que ce dernier ait censuré une loi similaire relative au génocide arménien (C.C., 22 février 2012) relève d'une optique différente puisque le juge a reproché ici au législateur de porter une atteinte inconstitutionnelle à l'exercice de la liberté d'expression et de communication en entendant réprimer la contestation d'un génocide qu'il avait lui-même reconnu en 2001.

62. V. *La Déclaration des droits de l'homme et du citoyen et la jurisprudence* ; colloque C.C., Paris, mai 1989 ; *La Cour de cassation et la constitution de la République*, colloque 1995 ; G. VEDEL, Le C.C., gardien du droit positif ou défenseur de la transcendance, des droits de l'homme, *Pouvoirs* n° 45, p. 149 ; J. ROBERT, Propos sur le sauvetage d'une liberté, *R.D.P.* 1971, p. 1189 ; J. MORANGE, *La liberté d'association en droit public français*, thèse Paris II, 1974.

63. Lors de l'élaboration du texte, en 1958, le commissaire du Gouvernement devant le Comité consultatif constitutionnel, Raymond Janot, déniait toute valeur constitutionnelle aux dispositions du préambule, Documents pour servir à l'élaboration de la Constitution, Vol. 2, *Avis et débats du C.C.C.*, 7 août 1958, D.F., 1988, p. 254.

démarche *volontariste*[64] (*coup d'État de droit, conspiration juridique* a-t-on dit !) que le Conseil parviendra à ce résultat, en appréciant, le contenu de la loi par rapport à l'ensemble de la constitution. Jusqu'ici, et en mettant de côté des décisions par lesquelles il avait imposé le respect de l'article 64 C proclamant l'inamovibilité des magistrats du siège (26 janvier 1967, *Statut des magistrats*) et l'indépendance de l'autorité judiciaire (9 juillet 1970, *Statut des magistrats*), son activité essentielle, en tant qu'*organe régulateur de l'activité des pouvoirs publics* (6 novembre 1962, *Élection du président de la République*) consistait à examiner la répartition des compétences entre eux.

La constitution du 4 octobre 1958, pensée initialement pour les *gouvernants*, s'est surtout préoccupée d'établir un déséquilibre des pouvoirs au profit de l'Exécutif (*v. IIIe Partie*). Dans ces conditions, son laconisme dans le domaine des droits et libertés accordés aux *gouvernés* n'est guère surprenant. Sont seulement garantis l'égalité devant la loi de tous les citoyens (art. 1er) (23 janvier 1987, *D.M.O.S.* ; 13 janvier 1994, *Réforme loi Falloux*) ; le principe de laïcité (art. 1er) défini de manière négative (il interdit *à quiconque de se prévaloir de ses croyances religieuses pour s'affranchir des règles communes régissant les relations entre collectivités publiques et particuliers* (19 novembre 2004, *Traité établissant une Constitution pour l'Europe*) puis de façon positive : il implique *la neutralité de l'État* (...) (et) *que la République ne reconnaît aucun culte ; que le principe de laïcité impose notamment le respect de toutes les croyances, l'égalité de tous les citoyens devant la loi sans distinction de religion et que la République garantisse le libre exercice des cultes ; qu'il implique que celle-ci ne salarie aucun culte* (Q.P.C., 21 février 2013, *APEL*)) ; l'égalité, l'universalité et le secret du suffrage (art. 3) (17 janvier 1979, *Juridiction prud'homale* ; 18 novembre 1982, *Quotas par sexe*) ; la liberté de formation et d'exercice des activités des partis politiques (art. 4) (11 janvier 1990, *Financement des partis*) ; l'interdiction de toute arrestation arbitraire (art. 66) (9 janvier 1980, *Immigration* ; 11 août 1993, *Réforme du code de procédure pénale*), l'indépendance (art. 64) (9 juillet 1970, *L.O. relative aux magistrats*) et l'existence de l'autorité judiciaire, gardienne de la liberté individuelle (art. 66) (12 janvier 1977, *Fouille des véhicules*) qui s'entend au sens sûreté (*i.e.* l'interdiction de l'arrestation et de la détention arbitraires) et enfin l'indépendance du Conseil constitutionnel (9 juillet 2008, *L.O. relative aux archives du Conseil constitutionnel*).

Plus tard, le constituant a exprimé sa volonté (articles 1er et 4 – révisions constitutionnelles des 8 juillet 1999 et 23 juillet 2008) de permettre à la loi de favoriser l'égal accès des femmes et des hommes aux mandats électoraux et fonctions électives, ainsi qu'aux responsabilités professionnelles et sociales ce qui permet au législateur *d'adopter des dispositions revêtant soit un caractère incitatif, soit un caractère contraignant* (C.C., 30 mai 2000, *Égal accès des femmes et des hommes aux mandats électoraux et fonctions électives*) et de garantir les expressions pluralistes des opinions et la participation équitable des partis et groupements politiques à la vie démocratique de la Nation (8 janvier 2009, *Élection des députés*). Par ailleurs, l'interdiction de la peine de mort a une valeur constitutionnelle (art. 66-1 C issu de la révision du 23 février 2007).

Avec la constitutionnalisation du Préambule[65], le Conseil peut pleinement revendiquer la qualité de protecteur des droits et libertés, de préférence à celle de gardien des

64. Gaston Paleswki, alors président du C.C., a saisi cette opportunité pour affirmer l'indépendance de l'institution. V. P. AVRIL, La constitution : Lazare ou Janus ?, *R.D.P.* 1990, p. 950, avec J. GICQUEL, *Le Conseil constitutionnel* 6e éd., 2011 ; C.C., *La liberté d'association et le droit*, colloque 2001.

65. Il n'en reste pas moins que la France se singularise dans le concert des démocraties (en mettant naturellement de côté la Grande-Bretagne). Les constitutions étrangères consacrent une liste plus ou moins conséquente de droits et libertés (par exemples, les art. 1er à 20 de la Loi fondamentale allemande de 1949 garantissant les droits fondamentaux (*Grundrechte*) ou le constituant espagnol de 1978 établissant

frontières normatives (art. 34 et 37 C) et ce, d'autant plus, qu'à partir de 1974, son accès sera ouvert à l'opposition parlementaire. La fortune s'est attachée à la décision du 16 juillet 1971[66], qui marque la véritable naissance de l'institution. Une fois mature et profondément enraciné dans l'État de droit, une nouvelle mission (le contrôle de la loi *a posteriori* – la question prioritaire de constitutionnalité) a pu être attribuée au Conseil constitutionnel par le constituant en 2008.

α) La valeur constitutionnelle de la Déclaration de 1789

217 Les énonciations du préambule de 1958 ont toutes valeur constitutionnelle (C.C., 16 février 1982, *Nationalisations*). Les nationaux et les étrangers dont *la résidence est stable et régulière* (13 août 1993, *Maîtrise de l'immigration, chr.* n° 68, p. 170) peuvent se prévaloir d'une jurisprudence accueillante :

Art. 1er et 6 : égalité devant la loi (27 décembre 1973, *Taxation d'office, G.D.* p. 282) et ses composantes : devant la justice : 23 juillet 1975, *Juge unique*, p. 420 ; le suffrage : 17 janvier 1979, *Juridiction prud'homale, C.C.F.*, p. 87 ; le sexe : 18 novembre 1982, *Quota féminin, chr.* n° 25, p. 190 ; 16 mars 2006, *Égalité salariale* ; l'accès à la fonction publique : 12 septembre 1984, *Limite d'âge dans la fonction publique* ; la commande publique : 26 juin 2003, *Simplification du droit.*

Art. 2 et 4 : aux côtés de la liberté individuelle garantie par l'article 66 C (v. *supra,* n° 216) ; des libertés constitutionnellement garanties (respect de la vie privée (18 janvier 1995, *Vidéosurveillance, chr.* n° 74, p. 201 – ultérieurement rattaché explicitement à l'article 2 de la Déclaration : 23 juillet 1999, *C.M.U.*)) ; inviolabilité du domicile (29 décembre 1983, *Perquisitions fiscales, chr.* n° 29, p. 173) ; secret des correspondances (C.C., 2 mars 2004, *Adaptation de la justice aux évolutions de la criminalité*)) coexistent avec la liberté personnelle (27 juillet 1994, *Bioéthique, chr.* n° 68, p. 178) dont la liberté d'aller et venir (12 juillet 1979, *Ponts à péage, chr.* n° 11, p. 186) et la liberté du mariage (relevant auparavant de l'article 66 C) (9 novembre 2006, *Contrôle de la validité des mariages, chr.* n° 121, p. 156) en sont des composantes. Par ailleurs, le Conseil a confirmé l'existence de la liberté de la femme (27 juin 2001, *I.V.G.*) ; liberté d'entreprendre (16 janvier 1982, *Nationalisation, C.C.F.*, p. 250 ; 12 janvier 2002, *Modernisation sociale*) ; liberté contractuelle (13 janvier 2000, *Loi sur les 35 heures, chr.* n° 94, p. 200 ; 19 décembre 2000, *L.F.F.S. 2001*) ; principe de responsabilité (art. 4) (9 novembre 1999, *PACS*). Les *atteintes aux conditions ou modalités essentielles d'exercice* du droit de propriété sont examinées à l'aune de l'article 2 (C.C., 17 juillet 1985, *Loi relative à la définition et à la mise en œuvre des principes d'aménagement*) ainsi que désormais certaines privations de propriété (Q.P.C., 13 janvier 2012, *Consorts B*).

Art. 5 : principe selon lequel la liberté est la règle (30 mars 2000, *Incompatibilités entre mandats électoraux*).

une division tripartite entre a) les droits fondamentaux et libertés publiques, b) les droit et les devoirs du citoyen et c) les principes directeurs de la politique sociale et économique (art. 10 à 55). Indépendamment des mécanismes juridictionnels de défense (*infra,* n° 404) une protection juridique supplémentaire est assurée par l'interdiction faite au pouvoir constituant dérivé de remettre en cause les droits et libertés (art. 79 de la loi fondamentale allemande ; art. 288 de la constitution portugaise de 1976) ou par l'obligation d'emprunter une voie de révision plus contraignante (art. 168 du texte espagnol) que la procédure normale.

66. Cependant le C.C., dès une décision du 19 juin 1970 (*Ressources propres des Communautés européennes, Rec.* 15), avait mentionné dans les visas, le préambule de la constitution.

Art. 7 et 8 : le principe de légalité des délits et des peines impose au législateur non seulement de fixer le champ d'application de la loi pénale mais aussi de définir les crimes et délits en termes suffisamment clairs et précis (19-20 janvier 1981, *Sécurité et liberté*, C.C.F., p. 244 – pour une illustration récente : Q.P.C., 4 mai 2012, *M. Gérard D.* à propos de la définition du harcèlement sexuel).

La nécessité des peines (19-20 janvier 1981, *Sécurité et liberté*) relève de la pure appréciation du législateur sous réserve d'une proportionnalité (limitée à l'erreur manifeste) entre l'infraction et la peine (30 décembre 1987, *amendement Canard enchaîné, chr.* n° 45), individualisation (22 juillet 2005, *Plaider-coupable* ; 3 mars 2007, *Prévention de la délinquance* ; 9 août 2007, *Récidive*), responsabilité personnelle (16 juin 1999, *Sécurité routière*, p. 187) et non-rétroactivité de la loi pénale (30 décembre 1982, *Loi de finances rectificative pour 1982, chr.* n° 25, p. 199) qui s'applique seulement si la peine ou la sanction a le caractère de punition (8 décembre 2005, *Traitement de la récidive* et 21 février 2008, *Rétention de sûreté*).

Art. 9 : présomption d'innocence (8 juillet 1989, *Amnistie* ; 10 juin 2009, *Loi Hadopi*) ; proportionnalité de la rigueur en cas d'arrestation (11 août 1993, *Code de procédure pénale, chr.*, n° 68, p. 173 ; 8 décembre 2005, *Traitement de la récidive* ; la nécessité, l'adéquation et la proportionnalité des mesures est désormais contrôlée : 21 février 2008, *Rétention de sûreté*) ; droit ne pas être tenu de s'accuser (2 mars 2004, *Adaptation de la justice aux évolutions de la criminalité*).

Art. 10 : liberté de conscience (23 novembre 1977, *Liberté de l'enseignement*). Le Conseil y voit cependant un P.F.R.L.R. avant qu'il n'évolue sur ce point en 2013 (*infra*).

Art. 11 : liberté de communication des pensées et des opinions (27 juillet 1982, *Communication audiovisuelle, C.C.F.*, p. 258 ; 10-11 octobre 1984, *Entreprises de presse, chr.* n° 33, p. 163) ; couvrant aussi Internet (10 juin 2009, *Hadopi 1*). En découlent aussi les objectifs à valeur constitutionnelle de pluralisme des courants d'expression socioculturels (21 janvier 1994, *Libertés de communication*) – plus tard celui des courants d'idées et opinions (4 mai 2000, *Consultation de Mayotte*) – ainsi que le pluralisme et l'indépendance des médias (3 mars 2008, *Liberté de communication*).

Art. 12 : nécessité d'une force publique (C.C., 29 décembre 1989, *L.F. 1990* et surtout 10 mars 2011, *Loi d'orientation et de programmation pour la performance de la sécurité intérieure*).

Art. 13 : contribution commune et progressivité de l'impôt (29 décembre 1983, *Loi de finances pour 1984* et 28 décembre 1990, *Loi de finances pour 1991, chr.* n°s 29 et 57, p. 178 et 185) ; égalité devant les charges publiques (12 juillet 1979, *Ouvrages reliant les voies nationales* ; 20 janvier 1993, *Loi Sapin*). Sont des objectifs à valeur constitutionnelle, les luttes contre la fraude (29 décembre 1999, *Loi de finances pour 2000*) et l'évasion fiscale (Q.P.C., 26 novembre 2010, *Pierre-Yves M.*). L'*objectif constitutionnel de lutte contre l'évasion et la fraude fiscales* constitue désormais un intérêt général suffisant à une loi de validation (Q.P.C., 23 septembre 2011, *Yannick N.*)

Art. 14 : nécessité (29 décembre 1993, *L.F. 1994*) et consentement à l'impôt (30 décembre 1995, *Protection sociale*). Cet article n'est pas invocable dans le cadre d'une Q.P.C., car il ne fonde pas de droits et libertés au sens de l'article 61-1 C (Q.P.C., 18 juin 2010, *SNC Kimberly Clark*).

Art. 15 : En combinaison des articles 14 et 15, l'obligation de présentation sincère des ressources et charges de l'État (13 juillet 2006, *Loi de règlement 2005*) et le bon emploi des deniers publics (28 décembre 2006, *Actionnariat salarié*) sont des principes à valeur constitutionnelle.

Art. 16 : La garantie des droits implique le droit à un recours effectif (21 janvier 1994, *Urbanisme et construction, chr.* n° 70, p. 205 ; 9 avril 1996, *Polynésie française*), le droit à un procès équitable (13 mars 2003, *Loi pour la sécurité intérieure* ; 10 juin 2004, *Confiance dans l'économie numérique*), les droits de la défense (30 mars 2006, *Égalité des chances*) ; l'impartialité et l'indépendance des juridictions (28 décembre 2006, *Actionnariat salarié*) et le principe du contradictoire (Q.P.C., 13 mai 2011, *Société système U*). Par ailleurs, le Conseil peut aussi solliciter la séparation des pouvoirs au regard des relations entre le pouvoir législatif et les juridictions (23 juillet 1980, *Validation d'actes administratifs*) ; les pouvoirs législatif et exécutif (3 mars 2009, *Communication audiovisuelle*) et enfin le pouvoir exécutif et les juridictions (1er mars 2007, *Responsabilité des magistrats*). La séparation des pouvoirs est aussi invocable dans le cadre de la Q.P.C. (11 février 2011, *Alban Salim B.*). Elle relève ainsi des droits et libertés garantis par la Constitution.

Art. 17 : droit de propriété qui concerne aussi bien les personnes privées : 16 janvier 1982, *Nationalisation, C.C.F.*, p. 250 que publiques : 25-26 juin 1986, *Privatisation, chr.* n° 40, p. 178 ; protection du patrimoine de personnes publiques (24 juillet 2008, *Contrats de partenariat public-privé*). La *privation* du droit de propriété est protégée par l'article 17 (C.C., 17 juillet 1985, *Loi relative à la définition et à la mise en œuvre des principes d'aménagement*). Sollicitant la notion de privation *au sens* de l'article 17, le Conseil juge désormais que certaines privations ne seront plus protégées par cet article mais relèveront de l'article 2 aux modalités moins exigeantes (Q.P.C., 13 janvier 2012, *Consorts B.*).

Enfin, l'objectif de valeur constitutionnelle d'intelligibilité et d'accessibilité de la loi s'impose au législateur (art. 4, 5, 6 et 16) (16 décembre 1999, *Habilitation de l'article 38, chr.* n° 93, p. 243 ; 29 décembre 2005, *L.F.* 2006) ainsi qu'une obligation de normativité (29 juillet 1994, *Autonomie financière des collectivités territoriales* ; 21 avril 2005, *Avenir de l'École*), étant précisé que *l'emploi du présent indicatif a valeur impérative* (17 janvier 2008, *Code du travail*). En application des articles 12, 15 et 16, la bonne administration de la justice est aussi un objectif à valeur constitutionnelle (3 décembre 2009, *Loi organique relative à la question prioritaire de constitutionnalité*).

β) La valeur constitutionnelle du Préambule de 1946

218 Alinéa 1 : De manière topique, le Conseil a mis en exergue la *phrase d'attaque* de ce dernier en consacrant le principe de sauvegarde de la dignité de la personne humaine contre toute forme d'asservissement et de dégradation (27 juillet 1994, *Bioéthique, chr.* n° 68, p. 178) ; 27 juin 2001, *IVG, Rec.* p. 74 ; 19 novembre 2009, *Loi pénitentiaire*[67]), avant de dégager des principes fondamentaux reconnus par les lois de la République.

67. De son côté, le Conseil d'État, après avoir jugé que le respect de la dignité humaine est une composante de l'ordre public (C.E., Ass., 27 octobre 1995, *Commune de Morsang-sur-Orge*, *Rec.* p. 372), fait état de *valeurs et principes, notamment de dignité de la personne humaine, consacrés par la Déclaration des droits de l'homme et du citoyen et par la tradition républicaine* (CE, Sect., Avis, 16 février 2009, *Mme Madeleine Hoffman-Gleman*, n° 315499). Cette référence a été de nouveau sollicitée dans l'affaire *Dieudonné* (CE, Référé, 9 janvier 2014, *Dieudonné M'Bala M'Bala*, n° 374508). Ce faisant, le Conseil d'État occulte volontairement la jurisprudence constitutionnelle et ne favorise pas ainsi une approche unitaire du droit public.

Les P.F.R.L.R. Ils doivent revêtir une certaine importance (caractère de fondamentalité) (14 janvier 1999, *Élection des conseillers régionaux, chr.*, n° 90, p. 186) et avoir été consacrés par le législateur républicain (29 avril 2004, *Formation professionnelle*) de manière constante (18 décembre 1997, *Loi de financement de la Sécurité sociale pour 1998*, n° 85, p. 174 ; 3 août 2009, *Repos dominical* ; 12 mai 2010, *Jeux d'argent et de hasard en ligne*) avant l'entrée en vigueur du Préambule de la constitution de 1946. Ils doivent être en lien avec les droits et libertés fondamentaux, la souveraineté nationale et l'organisation des pouvoirs publics (17 mai 2013, *Mariage pour tous*). Ils se distinguent de la tradition républicaine (20 juillet 1988, *Loi d'amnistie* ; 21 février 2008, *Accès au mandat de conseiller général* ; 8 janvier 2009, *Élection des députés*). Malgré de nombreuses sollicitations des saisissants, le Conseil a fait le choix de la prudence et a recouru de manière limitée à ce pouvoir de création jurisprudentielle. On rajoutera que le juge peut réduire la liste de P.F.R.L.R. en rattachant plus tard le principe ou la liberté à une règle constitutionnelle explicite. Ont été qualifiés de P.F.R.L.R. : la liberté d'association (16 juillet 1971, *G.D.*, p. 238) ; la liberté individuelle (12 janvier 1977, *Fouille des véhicules*). Depuis, il se réfère à l'article 66 C (v. *supra,* n° 216) ; les libertés de l'enseignement et de conscience (23 novembre 1977, p. 376). Concernant la liberté de conscience, il s'appuie directement sur l'article 10 de la Déclaration (v. *supra*, n° 217) et le cinquième alinéa du Préambule de 1946 (Q.P.C., 18 octobre 2013, *M. Franck M.*) ; l'indépendance des professeurs de l'enseignement supérieur (20 janvier 1984, *chr.* n° 30, p. 169). Simultanément des *garanties procédurales* ont été consacrées : droits de la défense (2 décembre 1976, *Accidents du travail, C.C.F.*, p. 232 – mais le juge considère plus tard qu'ils résultent de l'article 16 D.D.H. – C.C., 30 mars 2006, *Égalité des chances*). Ont été reconnues l'existence de la juridiction administrative[68] (22 juillet 1980, *Validation d'actes administratifs*, p. 465) puis l'étendue de ses compétences (23 janvier 1987 *Conseil de la concurrence, chr.* n° 42, p. 170), en dehors de la protection de la propriété immobilière confiée au juge judiciaire (25 juillet 1989, *T.G.V.-Nord, chr.* n° 52, p. 188) ; l'existence d'une juridiction et d'une responsabilité pénale adaptées aux mineurs (29 août 2002, *Loi d'orientation pour la justice*, chr. n° 104, p. 179). Enfin, le maintien des dispositions législatives et réglementaires particulières aux départements du Bas-Rhin, du Haut-Rhin et de la Moselle a été identifié dans le cadre d'une Q.P.C. (5 août 2011, *Société Somodia*). De même qu'un train peut en cacher un autre, une loi ordinaire votée sous les Ire, IIe et IIIe Républiques peut receler des normes de constitutionnalité qui s'imposent au législateur contemporain par la seule volonté du Conseil constitutionnel[69].

68. Suite à la révision de la Constitution et l'insertion de l'article 61-1 C, le Conseil a pris acte de la présence du Conseil d'État et de la Cour de cassation, *juridictions placées au sommet de chacun des deux ordres de juridiction reconnus par la Constitution* (3 décembre 2009, *L.O. relative à l'application de l'article 61-1 C*).

69. Au-delà du *référé-liberté fondamental* (loi du 30 juin 2000 – V. O. LE BOT, *La protection des libertés fondamentales par la procédure du référé-liberté*, 2007), l'esprit d'émulation de l'État de droit a amené le Conseil d'État (Ass., 3 juillet 1996, *Koné*, *Rec.* 255) à expliciter un *P.F.R.L.R.* au terme duquel un *État doit refuser l'extradition d'un étranger lorsqu'elle est demandée dans un but politique.* La L.C. du 25 mars 2003 relative au mandat d'arrêt européen (art. 88-2 C) en sera l'aboutissement (v. *IIIe partie*) ; V. B. GENEVOIS, Une catégorie de principes de valeur constitutionnelle : les P.F.R.L.R. *in Les règles et principes non écrits en droit public*, 2000, p. 21 ; V. CHAMPEIL-DESPLATS, *Les P.F.R.L.R. Principes constitutionnels et justification dans les discours juridiques*, 2001 ; L. FAVOREU, P.G.D. et P.F.R.L.R., *R.F.D.A.* 1996, p. 882.

Le sort réservé aux ***droits sociaux*** n'en est pas moins enviable même si la jurisprudence constitutionnelle apparaît plus mesurée.

Alinéa 3 : égalité entre l'homme et la femme (16 mars 2006, *Égalité salariale*).

Alinéa 4 : droit d'asile spécifique à l'étranger militant persécuté de la liberté (17 juillet 1980, *Entraide judiciaire, Rec.* p. 36 ; 22 avril 1997, *Loi Debré, chr.* n° 82, p. 206).

Alinéa 5 : droit d'obtenir un emploi (28 mai 1983, *Prestations vieillesse* ; 10 juin 1998, *35 heures II* ; 30 mars 2006, *Égalité des chances*).

Alinéa 6 : liberté syndicale et liberté d'adhésion pour le salarié (25 juillet 1989, *Licenciement économique, chr.* n° 52, p. 187) ; protection des représentants élus du personnel et des responsables syndicaux (20 juillet 1988, *Amnistie, chr.* n° 48, p. 185) ; liberté de conscience (Q.P.C., 18 octobre 2013, *M. Franck M.*).

Alinéa 7 : droit de grève (25 juillet 1979, *Radiotélévision C.C.F.*, p. 238 ; 16 août 2007, *Continuité du service public dans les transports*).

Alinéa 8 : participation des travailleurs à la détermination des conditions de travail (5 juillet 1977, *Emploi des jeunes* ; 28 décembre 2006, *Actionnariat privé* ; 16 août 2007, *Continuité du service public dans les transports*).

Alinéa 9 : principe des nationalisations (16 février 1982, *Nationalisations*).

Alinéa 10 : droit à mener une vie familiale normale (13 août 1993, *Maîtrise de l'immigration*).

Alinéa 11 : droit à la protection de la santé de l'enfant (15 janvier 1975, *I.V.G., G.D.*, p. 291), et, d'une manière générale, à la protection de la santé publique (8 janvier 1991, *Lutte contre l'alcoolisme et le tabagisme, chr.* n° 58, p. 144 ; 12 août 2004, *Assurance maladie, chr.* n° 112, p. 192) – dont découle un *intérêt général de valeur constitutionnelle qui s'attache à la protection sanitaire de la population* (15 décembre 2005, *L.F.F.S. 2006*) ; droit au repos (13 janvier 2003, *35 heures II, chr.* n° 106, p. 175 ; étant entendu que le principe d'un repos hebdomadaire constitue l'une de ses garanties (C.E., Référé, 12 février 2014, *Fédération des employés cadres CGT-Force ouvrière*, n° 374727)) et à la protection sociale (23 janvier 1987, *DMOS*) ; principe de solidarité nationale en faveur de la famille (18 décembre 1997, *L.F.F.S. 1998*) et des travailleurs retraités (14 août 2003, *Réforme des retraites*). Rattaché aux alinéas 10 et 11, l'obtention d'un logement décent est un objectif à valeur constitutionnelle (19 janvier 1995, *Diversité de l'habitat*).

Alinéa 12 : principe de la solidarité nationale (6 mai 1991, *Dotation de solidarité urbaine, chr.* n° 59, p. 211).

Alinéa 13 : principes d'égal accès à l'instruction (4 juillet 2001, *Sciences po', chr.* n° 100, p. 202) et à la formation professionnelle (16 mars 2006, *C.P.E.*).

Alinéa 14 : respect des règles du droit international public (9 avril 1992, Maastricht, *Rec.* p. 55) et principe de rejet des guerres de conquête et de l'emploi de la force contre la liberté des peuples (30 décembre 1975, Indépendance des Comores, *Rec.* p. 26).

Alinéa 15 : consentement sous réserve de réciprocité, aux limitations de souveraineté (30 décembre 1976. Élection du Parlement européen, *Rec.* p. 15).

γ) La valeur constitutionnelle de la Charte de l'Environnement de 2004

219 Le Conseil constitutionnel (19 juin 2008, *Loi relative aux O.G.M.*, *Rec.* p. 313) et le Conseil d'État (Ass., 3 octobre 2008, *Commune d'Annecy, Rec.* p. 195) ont, malgré les doutes sérieux que l'on pouvait initialement avoir, considéré que *l'ensemble des droits* *et devoirs définis dans la Charte de l'environnement, ont valeur constitutionnelle*[70]. Il en est de même des sept alinéas précédant les dix articles de la Charte. Ils ne sont pas invocables en Q.P.C. (7 mai 2014, *Sté Casuca*).

Sont principalement concernés les principes de prévention (art. 3 – 29 décembre 2009, *Loi de finances pour 2010*, *Rec.* p. 218), de réparation (art. 4 – Q.P.C., 8 avril 2011, *Michel Z.*, *Rec.* p. 183) et de précaution (art. 5 – 19 juin 2008, *O.G.M.*, *Rec.* p. 313. Mais son étendue exacte n'a pu être déterminée dans le contentieux du gaz de schiste (Q.P.C., 11 octobre 2013, *Société Schuepbach Energy LLC*)) ; la promotion du développement durable (art. 6 – 28 avril 2005, *Registre international français*, *Rec.* p. 78 ; sa méconnaissance ne pouvant être invoquée dans le cadre d'une Q.P.C. – *Société Schuepbach Energy LLC*) ; le droit à l'information et le principe de participation du public (art. 7 – 19 juin 2008, *O.G.M.* ; Q.P.C., 14 octobre 2011, *Association France Nature Environnement*, *Rec.* p. 508. Le contentieux constitutionnel est ici fourni. Sans oublier l'action du Conseil d'État, il a conduit à l'adoption de la loi du 27 décembre 2012 relative à la mise en œuvre de la participation du public défini à l'article 7 de la Charte de l'environnement).

Des droits et devoirs exprimés en termes très généraux (*Chacun a le droit de vivre dans un environnement équilibré et respectueux de la santé* (art. 1er) et *Toute personne a le devoir de prendre part à la préservation et à l'amélioration de l'environnement* (art. 2)), le Conseil constitutionnel en a déduit une obligation de vigilance à l'égard des atteintes à l'environnement s'imposant non seulement aux pouvoirs publics et aux autorités administratives, mais aussi à l'ensemble des personnes (Q.P.C., 8 avril 2011, *M. Michel Z*). Interprétant le septième considérant, il juge que relèvent des *intérêts fondamentaux de la Nation*, l'indépendance de la Nation et l'intégrité du territoire et que le secret de la défense nationale participe de la sauvegarde desdits intérêts (Q.P.C., 10 novembre 2011, *M. Ekaterina B.*, *Rec.* p. 528).

Le Conseil d'État, qui contrôle la légalité des décisions administratives seulement par rapport aux dispositions législatives prises pour assurer la mise en œuvre des principes énoncés par la Charte (application de la théorie de la loi écran pour les dispositions législatives postérieures à la Charte : C.E., 19 juin 2006, *Association Eaux et rivières de Bretagne*, n° 282456) a jugé que le principe de précaution est directement invocable par les justiciables (C.E., 19 juillet 2010, *Association quartier Les Hauts du Choiseul*, n° 328687). L'arrêt est d'autant plus intéressant que l'installation d'antennes relais de téléphonie mobile, au cœur du litige, concerne la santé humaine, ce qui confère assurément un sens large à la notion de dommage pouvant *affecter de manière grave et irréversible l'environnement*. Il a été ensuite plus explicite en jugeant que le principe de précaution pouvait être aussi invoqué en cas *d'atteinte à l'environnement susceptible de nuire de manière grave à la santé* (C.E., Ass., 12 avril 2013, *Association coordination interrégionale Stop THT*, n° 342409 – concernant les incidences possibles de la présence de lignes de haute tension sur la santé).

Par ailleurs, un décret empiétant sur les compétences du législateur telles qu'elles sont désormais fixées par la Charte est annulé par le juge administratif (*Commune d'Annecy*) qui peut, au surplus, constater l'abrogation implicite d'une disposition législative antérieure contraire à la Charte (C.E., 24 juillet 2009, *Comité de recherche et d'information indépendantes sur le génie génétique*, *Rec.* p. 294).

70. V. *C.C.C.*, La Constitution et l'environnement, n° 43, 2014.

220 Au terme de cette présentation rapide, il est clair que *toutes* les dispositions de la constitution (préambule inclus), ont la *même* valeur constitutionnelle. Ce qui emporte la récusation de la thèse dite de la *supra-constitutionnalité*, selon laquelle une autorité supérieure à la valeur constitutionnelle pourrait être conférée à une partie des droits et libertés. D'un point de vue juridique, il s'agit là d'une *idée ahurissante* qui implique la fin de l'Histoire au sens où *l'humanité aurait établi un système de valeurs définitif auquel il ne serait plus possible de toucher* (G. Vedel)[71]. En revanche, d'un point de vue politique ou philosophique, chacun est libre d'établir une hiérarchie entre les libertés. Cela dit, le contrôle est à intensité variable. En effet, il appert –1- que certains droits fondamentaux sont moins strictement protégés que d'autres (par exemple la liberté d'entreprendre par rapport à la liberté de communication) –2- que la conciliation nécessaire entre les principes ne génère pas toujours un équilibre dans les sacrifices imposés, enfin, -3- que les objectifs à valeur constitutionnelle établis par les juges (tels notamment la recherche des auteurs d'infraction (19-20 janvier 1981, *Sécurité et liberté*), la sauvegarde de l'ordre public (27 juillet 1982, *Communication audiovisuelle*), la lutte contre la fraude (29 décembre 1999, *L.F.* 2000) et l'évasion fiscale (Q.P.C., 26 novembre 2010, *Pierre-Yves M.*) limitent l'effectivité de libertés spécifiques.

En résumé, le Conseil constitutionnel a érigé un *réduit sacré des libertés à l'abri du pouvoir législatif* (Y. Madiot). On sait, que sous la volonté générale, s'exprime une majorité politique qui peut céder à l'arrogance voire à la tentation liberticide[72]. L'affirmation du député A. Laignel s'adressant, en 1981, aux députés de l'opposition – *Vous avez juridiquement tort parce que vous êtes politiquement minoritaires* – résonne encore dans tous les esprits. À défaut d'avoir institué un *effet cliquet* (L. Favoreu), le juge encadre l'amplitude des changements législatifs souhaités par le Parlement qui peut *modifier des textes antérieurs ou abroger ceux-ci en leur substituant, le cas échéant, d'autres dispositions* à condition cependant de ne pas priver *de garanties légales des exigences constitutionnelles* (29 juillet 1991, *Diverses mesures d'ordre social*[73]). La plasticité de cette condition confère *de facto* une marge d'appréciation considérable au juge.

§ 5. LA DIMENSION INTERNATIONALE

221 Une *dynamique* renouvelée de la protection des droits fondamentaux de la personne, combinant logiques nationale et internationale, est désormais visible. En ressort une concurrence des mécanismes de protection (A) et l'affirmation d'un droit européen des libertés (B).

71. V. le débat Louis FAVOREU-Georges VEDEL, *Pouvoirs* n° 67, 1994, p. 71.

72. V. J. ROBERT, *Le juge constitutionnel, juge des libertés*, 1999 ; B. MATHIEU et M. VERPEAUX, *op. cit.* ; A. DERRIEN, *Les juges français de la constitutionnalité. Étude sur la construction d'un système contentieux*, thèse Bordeaux IV, 2000.

73. V. A. VIDAL-NAQUET, *Les « garanties légales des exigences constitutionnelles » dans la jurisprudence du Conseil constitutionnel*, thèse, 2007. À titre d'illustration, le juge estime que le transfert du pouvoir de nomination des présidents de France télévision et Radio France du C.S.A. au président de la République ne prive pas de garanties légales des exigences constitutionnelles en matière de communication audiovisuelle en raison de la procédure fixée par la loi (avis public des commissions permanentes des assemblées avec pouvoir de veto (art. 13 C) et avis conforme du C.S.A. ; C.C., 3 mars 2009, *Nomination des présidents de France Télévision et Radio France*).

A. CONCURRENCE ENTRE PROTECTION NATIONALE ET INTERNATIONALE DES DROITS FONDAMENTAUX

222 Après le refus du Conseil constitutionnel d'assurer le contrôle de conventionnalité de la loi (C.C., 15 janvier 1975, *Interruption volontaire de grossesse* récemment réitéré dans la décision du 21 mai 2010, *Jeux d'argent et de hasard en ligne*[74]), les juges ordinaires ont accepté d'écarter la loi incompatible avec un engagement international (art. 55 C) (Cass., Ch. mixte, 24 mai 1975, *Société des cafés Jacques Vabre, A.J.D.A.* 1975, II, p. 567 ; C.E., Ass., 20 octobre 1989, *Nicolo, Rec.* p. 190). Dans cette optique, la Convention européenne de sauvegarde des droits de l'homme et des libertés fondamentales, ci-après Convention européenne des droits de l'homme (C.E.D.H.), signée le 4 novembre 1950, occupe au quotidien une place singulière au sein de l'État de droit (C.E., Ass., 21 décembre 1990, *Confédération nationale des associations familiales catholiques, Rec.* p. 369 ; Ass., 19 avril 1991, *Belgacem* et *Babas, Rec.* p. 152 et 162). L'accès direct du Conseil constitutionnel étant exclusivement réservé aux autorités politiques jusqu'à la révision constitutionnelle de 2008 (et en pratique jusqu'au 1er mars 2010), le citoyen s'est tourné vers les juges ordinaires afin d'obtenir une protection de ses droits (v. *IIIe partie*)[75]. Or, les juridictions, à défaut de faire respecter intégralement le *bloc de constitutionnalité* (théorie de la loi-écran, *supra,* n° 215), assurent la protection du *bloc de conventionnalité*. La consistance de la hiérarchie de normes en ressortait affaiblie puisque les droits et libertés consacrés par la C.E.D.H. ont, pour le justiciable et son avocat, une applicabilité contentieuse plus effective que celle touchant les droits protégés par la constitution et ce même si la coïncidence entre les deux blocs n'est pas parfaite. Le réflexe européen avait totalement pris le pas sur la réplique constitutionnelle. Or, *il n'est pas sain que le contrôle de conventionnalité, et donc les traités, prenne dans l'ordre interne plus de place que le contrôle de constitutionnalité et donc que notre constitution* (J.-L. Debré). Dans cet esprit, la procédure de la question prioritaire de constitutionnalité, est de nature à rectifier la situation. Que le Conseil constitutionnel, dans sa première décision Q.P.C., ait pu déclarer contraires à la Constitution des dispositions jugées naguère par le Conseil d'État conformes à la

74. Le Conseil a rappelé que si les dispositions de l'article 55 C *confèrent aux traités (...) une autorité supérieure à celle des lois, elles ne prescrivent ni n'impliquent que le respect de ce principe doive être assuré dans le cadre du contrôle de la conformité des lois à la Constitution.* Dès lors *le moyen tiré du défaut de compatibilité d'une disposition législative aux engagements internationaux et européens de la France ne saurait être regardé comme un grief d'inconstitutionnalité.* Par ailleurs, il ne lui appartient pas, s'il est saisi d'une Q.P.C., *d'examiner la compatibilité des dispositions contestées avec les engagements internationaux de la France ; l'examen d'un tel grief relève de la compétence des juridictions administratives et judiciaires* (C.C., 22 juillet 2010, *M. Alain C.*).

75. Parallèlement au juge administratif, le **juge judiciaire** est traditionnellement le protecteur de la propriété privée (C.C., 25 juillet 1989, *T.G.V. Nord*), ainsi que le gardien de la liberté individuelle (art. 66 C). V. Ph. BRETTON, *L'autorité judiciaire, gardienne des libertés essentielles et de la propriété privée*, thèse Paris, 1964 ; D. TURPIN, L'autorité judiciaire, gardienne de la liberté individuelle, *A.J.D.A.* 1983, p. 653 ; *La Cour de cassation et la constitution de la République*, colloque, 1995 ; Cass., *Les libertés*, rapport 2001, 2002. Des autorités administratives indépendantes sont aussi chargées de s'assurer du respect des libertés. Plus particulièrement, le **Défenseur des droits**, fort de son assise constitutionnelle (art. 71-1 C), est chargé 1°) de défendre les droits et libertés dans le cadre des relations avec les différentes administrations ; 2°) de défendre les droits de l'enfant ; 3°) de lutter contre les discriminations et 4°) de veiller au respect de la déontologie par les forces de sécurité (lois du 11 mars 2011). Sont ainsi fusionnés en une seule autorité le Médiateur de la République (loi du 3 janvier 1973), le Défenseur des enfants (loi du 6 mars 2000), la Commission nationale de déontologie de la sécurité (loi du 6 juin 2000) et la Haute autorité de lutte contre les discriminations et pour l'égalité (loi du 30 décembre 2004).

Convention européenne des droits de l'homme (C.C., Q.P.C., 28 mai 2010, *Consorts L.*, *Rec.* p. 91) est tout à fait révélateur. On s'oriente vers un processus de redécouverte de la constitution et de sa réappropriation par les justiciables. *La Constitution est désormais l'affaire des citoyens* (J.-L. Debré). De nouveau perçu comme un authentique *droit des libertés*, le droit constitutionnel en sort renforcé (v. *IIIe partie*).

B. L'AFFIRMATION DU DROIT EUROPÉEN DES LIBERTÉS

223 Le *droit européen des libertés*[76] s'est développé sous une double dynamique.

D'abord, une protection communautaire des droits fondamentaux se déploie sous l'autorité de la **Cour de justice de l'Union européenne** (le respect des droits fondamentaux fait partie intégrante des principes généraux du droit dont la Cour assure le respect – C.J.C.E., 12 novembre 1969, *Stauder* et 17 décembre 1970, *Internationale Handelsgesselschaft*). Au détour de son activité, la Cour peut être conduite à se prononcer sur le régime des libertés en vigueur dans les États[77]. Par ailleurs, l'Union européenne, avec l'entrée en vigueur du Traité de Lisbonne en 2009, reconnaît les droits, les libertés et les principes proclamés dans la Charte des droits fondamentaux de 2000 (article 6 T.U.E. version consolidée) qui s'adressent aux institutions, organes et organismes de l'Union dans le respect du principe de subsidiarité, ainsi qu'aux États membres uniquement lorsqu'ils mettent en œuvre le droit de l'Union (art. 51 de la Charte[78]).

Ensuite, une protection *conventionnelle* est assurée par la **Cour européenne des droits de l'homme** qui condamne les États méconnaissant les droits et libertés garantis par la Convention européenne de sauvegarde des droits de l'homme et des libertés fondamentales de 1950. La France a ainsi été condamnée par la Cour : expulsion d'un étranger (18 décembre 1986, *Bolzano c/ France, chr.* n° 41, p. 213), absence d'assistance juridique et sociale à des demandeurs d'asile politique (23 juin 1996, *chr.* n° 79, p. 178) ; droit à un recours effectif (26 avril 2007, *Gaberamadhien c/ France*) notamment pendant une garde à vue (14 octobre 2010, *Brusco c/ France*) ; statut des magistrats du parquet (23 novembre 2010, *Moulin c/ France* ; 29 mars 2010, *Medvedyev c. France*) ; écoutes téléphoniques (24 avril 1990, *Époux Huvig ; Kruslin c/ France*, n° 54, p. 198 ; 31 mai 2005, *Vetter c/ France*) ; traitement inhumain et dégradant et durée excessive de la détention provisoire (27 août 1992, *Tomasi c/ France*, n° 64, p. 202) ; torture (28 juillet 1999, *Selmoun c/ France)* ; droit à la vie (16 octobre 2008, *Renolde c/ France*) ; police des publications étrangères (17 juillet 2001, *Ass. Ekin c/ France*) ;

76. V. V. BERGER, *Jurisprudence de la Cour européenne des droits de l'homme*, 12e éd., 2011 ; J.-F. FLAUSS. Le droit constitutionnel national devant la C.E.D.H., *R.F.D.C.* 2000, p. 843 ; L. PETITTI, E. DECAUX et Ph. IMBERT, *La Convention européenne des droits de l'homme* (commentaire des articles), 2e éd., 1999 ; G. COHEN-JONATHAN, *La Convention européenne des droits de l'homme*, 1989 ; F. SUDRE, *Droit international et européen des droits de l'homme*, 10e éd., 2011 ; *La Convention européenne des droits de l'homme*, 8e éd., 2010 ; (sous la direction) *Les grands arrêts de la C.E.D.H.*, 6e éd., 2011 et D. SZYMCZAK, *La convention européenne des droits de l'homme et le juge constitutionnel national*, thèse, Bruylant, 2007 ; Les Cours européennes, *Pouvoirs* n° 96, 2001.

77. À titre d'illustration, la C.J.U.E. (28 avril 2011, *El Dridi*, C-61/11 et 6 décembre 2011, *Achughbabian*, C-329/11) a jugé que la peine d'emprisonnement pour séjour irrégulier d'un étranger (prévue par la législation française) est incompatible avec la directive européenne du 16 décembre 2008 en faisant obstacle à l'exécution d'une décision de retour d'un étranger résidant irrégulièrement sur le sol national.

78. Pour l'interprétation qu'en donne la C.J.U.E., voir les deux arrêts du 26 février 2013, n° C-399/11, *Stefano Melloni c/Ministerio Fiscal* et n° C-617/10, *Aklagaren c/Hans Akerberg Fransson*.

atteinte à la liberté d'expression (21 janvier 1999, *Fressoz et Roire c/ France* ; 17 février 2004, *Éditions Plon c/ France* – ouvrage consacré à la maladie de F. Mitterrand), tout particulièrement pour un élu du peuple (27 avril 1995, *Dorothée Piermont c/ France*, n° 74, p. 218) ou méconnaissance de l'inviolabilité du domicile et de la présomption d'innocence (25 février 1993, *Funke c/ France*, n° 66, p. 202) du droit de propriété (29 avril 1999, *Chassagnou c/ France*) et de l'interdiction de discriminations (fondées sur la naissance : 1er février 2000, *Mazurek c/ France* ; le sexe : 22 janvier 2008, *E.B. c/ France*).

En revanche, elle a jugé conforme à l'article 3 du Protocole n° 1, la définition restrictive du corps électoral pour les élections en Nouvelle-Calédonie (6 juin 2005, *Py c/ France)*. Sa constitutionnalisation n'en a pas moins été nécessaire (L.C. du 23 février 2007, v. *IIIe partie*). Il en a été de même, au regard de la liberté de conscience, des lois interdisant le port d'insignes religieux dans les établissements publics d'enseignement (loi du 15 mars 2004) et de tenues destinées à dissimuler son visage dans l'espace public (loi du 11 octobre 2010) (30 juin 2009, *Tuba Aktas c/ France* et 1er juillet 2014, *S.A.S. c/ France*).

Par ailleurs, une mention particulière doit être portée au respect du droit à un procès équitable (art. 6-1) qui inclut, entre autres, la publicité des audiences, le droit à un recours effectif, l'égalité des armes et le respect du contradictoire, le droit à être jugé dans un délai raisonnable et les exigences d'indépendance et d'impartialité du juge. Les condamnations de la France contraignent notamment le droit administratif (et donc le Conseil d'État) à de multiples réaménagements : lenteur de la justice administrative (24 octobre 1989, *H. c/ France, chr.* n° 53, p. 180) ; présence du commissaire du gouvernement – dénommé depuis rapporteur public – lors du délibéré du juge administratif (7 juin 2001, *Kress c/ France* – mais la communication du projet de décision du rapporteur à celui-ci ne contrevient pas à l'article 6 (4 juin 2013, *Marc-Antoine c/ France*)) ; dualité des fonctions du Conseil d'État (9 novembre 2006, *Société Sacilor-Lormines c/ France*).

Par ailleurs, les décisions du Conseil constitutionnel sont longtemps restées à l'abri des regards de la C.E.D.H., puisque le contrôle *a priori* échappait à l'article 6 (comme du reste le contentieux électoral (21 octobre 1997, *Pierre-Bloch c/ France*)) sauf de manière incidente (à propos des exigences différenciées imposées à une loi de validation (28 octobre 1999, *Zielinski et Pradal c/ France*)). Avec la mise en place de la Q.P.C., les décisions rendues par le Conseil constitutionnel pourront être appréciées par la C.E.D.H. sous le prisme de l'article 6-1 (C.E.D.H., 23 juin 1993, *Ruiz-Mateos c/ Espagne* – ou le *coup de tonnerre dans l'existence paisible des cours constitutionnelles,* J.-L. Pezant[79]). Irrésistiblement, la C.E.D.H. tend à se transformer en une *Cour suprême européenne* dont les décisions ont en outre la particularité d'être insurmontables, ce qui, dans le débat démocratique, lui permet de disposer du dernier mot.

Toutes ses condamnations contraignent les autorités nationales à modifier la législation ou la réglementation contrevenant aux droits et libertés proclamés par la Convention. Les juges, de leur côté, inclinent à se conformer à la jurisprudence de la C.E.D.H. (les thèmes des validations législatives et, plus récemment des gardes à vue étant, à cet égard, topiques) voire à *anticiper* une éventuelle censure. La coopération, ou le dialogue, entre les juges est devenue une réalité de l'État de droit ; une norme européenne à

79. *Cours suprêmes et Convention européenne des droits de l'homme*, Écrits de Jean-Louis Pezant, 2011, p. 354.

la limite. À terme, la subordination des droits et juridictions nationaux à un *ordre public européen* sanctuarisé par la Cour de Strasbourg se profile, au risque de conduire à une inhibition des décideurs politiques qui puisent cependant leur légitimité du peuple et à un activisme des juges ordinaires qui, au nom de la Convention, finissent par décider à la place des élus (Cass, Ass. plén., 15 avril 2011 sur l'entrée en vigueur du nouveau régime de la garde à vue). Reste enfin la question de savoir si un juge européen peut réellement être considéré comme le *protecteur naturel* des droits et libertés. Que les justiciables se soient appropriés la Q.P.C. (114 décisions Q.P.C. rendues par le Conseil constitutionnel en 2011 à comparer aux 25 requêtes concernant la France déclarées recevables par la Cour de Strasbourg[80]) est déjà en soi un premier élément de réponse.

BIBLIOGRAPHIE

■ ALAIN, *Le citoyen contre les pouvoirs*, 1926 ■ J. ANDRIANTSIMBAZOVINA, H. GAUDIN, J.-P. MARGUENAUD, S. RIALS, *Dictionnaire des droits de l'homme*, 2008 ■ R. ARON, *Essai sur les libertés*, 1965 ■ S. BREYER, *Pour une démocratie active*, trad., 2005 ■ P. BLACHER, J.-É. GICQUEL, P. JAN, *Droits et libertés Constitutionnels*, 2012 ■ R. CABRILLAC (sous la direction), *Libertés et droits fondamentaux*, 20e éd., 2014 ■ C.-A. COLLIARD, R. LETTERON, *Libertés publiques*, 8e éd., 2005 ■ G. DRAGO (sous la direction), *L'application de la Constitution par les Cours suprêmes*, Dalloz, 2007 ■ M. DELMAS-MARTY et Cl. LUCAS DE LEYSSAC (sous la direction), *Libertés et droits fondamentaux*, 2e éd., 2002 ■ L. FAVOREU, P. GAÏA, R. GHEVONTIAN, F. MELIN-SOUCRAMANIEN, A. PENA-SOLER, O. PFERSMANN, J. PINI, A. ROUX, G. SCOFFONI, J. TREMEAU, *Droit des libertés fondamentales*, 5e éd., 2009 ■ L. FERRY et A. RENAUT, *Des droits de l'homme à l'idée républicaine*, 1986 ■ B. MATHIEU et M. VERPEAUX, *Contentieux constitutionnel des droits fondamentaux*, 2002 ■ G. LEBRETON, *Libertés publiques et droits de l'homme*, 8e éd., 2008 ■ J. MORANGE, *Manuel des droits de l'homme et des libertés publiques*, 2007 ■ Y. LECUYER, *Les droits politiques dans la jurisprudence de la Cour européenne des droits de l'homme*, 2009 ■ T. RENOUX (sous la direction), *Protection des libertés et des droits fondamentaux*, D.F., 2007 ■ J. RIVERO et H. MOUTOUH, *Les libertés publiques*, 2 t., 8e et 7e éd., 2003 ■ J. ROBERT, *Le juge constitutionnel, juge des libertés*, 1999, J. ROBERT et J. DUFFAR, *Droits de l'homme et libertés fondamentales*, 8e éd., 2009 ■ F. SUDRE, *Droit européen et international des droits de l'homme*, 11e éd., 2014 ■ M. WALINE, *L'individualisme et le droit*, 2e éd., 1949 ■ P. WACHSMANN, *Libertés publiques*, 6e éd., 2009. ■ On consultera aussi : Les droits de l'homme, *Droits* n° 2, 1985 ■ *Droit constitutionnel et droits de l'homme*, rapports français au 2e congrès mondial de droit constitutionnel, Paris-Aix-en-Provence, 1987 ■ *Justice constitutionnelle, justice ordinaire, justice supranationale : à qui revient la protection des droits fondamentaux en Europe ?*, Table ronde, A.I.J.C., 2004 ■ F. GAZIER, M. GENTOT et B. GENEVOIS, La marque des idées et des principes de 1789 dans la jurisprudence du C.E. et du C.C., *E.D.C.E.* n° 40, 1989, p. 151 ■ J. ROBERT (présentation), Le bicentenaire de la Révolution française, *R.D.P.* 1989, p. 607 ■ La liberté, *Pouvoirs* n° 84, 1998 ■ La question prioritaire de constitutionnalité, *Pouvoirs*, n° 137, 2011 et *Cahiers du conseil constitutionnel*, n° 29, 2010 ■ Droits fondamentaux, *A.J.D.A.*, juillet 1998.

■ 80. Chiffres fournis par M. Guillaume, *Audition devant la commission des lois de l'Assemblée nationale*, 21 novembre 2012, Compte-rendu n° 16, p. 3.

CHAPITRE III
LE RÉGIME REPRÉSENTATIF

224 Le droit constitutionnel régularise le cours du pouvoir, en ce sens qu'il place, à l'origine, des *délégués* des gouvernés auprès des gouvernants. Le phénomène de *médiation*, qui en résulte, est à l'origine d'une modalité d'exercice de la souveraineté, appelée le *régime représentatif* ou, si l'on veut, la *nation assemblée*. Celui-ci bénéficie de la durée et de la généralité, au point de faire figure de *dénominateur commun* aux régimes politiques français et étrangers. Un puissant intérêt s'attache donc à l'étude de sa *notion*, de sa *formation* et de sa *systématisation*.

SECTION I LA NOTION DE RÉGIME REPRÉSENTATIF

225 Les députés représentent la nation. L'expression vaut définition du régime représentatif, lequel est, originairement, un dialogue *équilibré* (§ 1) et *institutionnalisé* (§ 2) entre gouvernants et gouvernés. Historiquement, la représentation a été la source de la révolution dans les sociétés occidentales.

§ 1. UN DIALOGUE ÉQUILIBRÉ ENTRE GOUVERNANTS ET GOUVERNÉS

226 À l'encontre de l'absolutisme formulé par un Bossuet (*Le prince ne doit rendre compte à personne de ce qu'il ordonne*), une caractéristique fondamentale du droit constitutionnel, c'est la présence, auprès des gouvernants, de représentants des gouvernés, qui, par leurs questions, leurs interpellations, les commissions parlementaires, entre autres, obligent le gouvernement à justifier sa politique, à expliquer pourquoi il a pris telle ou telle décision, ou bien ne l'a pas prise, ou encore quelles sont ses intentions à l'occasion de tel ou tel problème. Comme, par ailleurs, ce contrôle s'opère au grand jour, par l'intermédiaire de *procédures publiques* et *contradictoires*, l'existence de ces censeurs oblige les gouvernants à *se justifier* devant l'opinion publique. Certes, rendre compte de son action ne va pas sans risques. Mais, la critique est toujours préférable à la flatterie : *la pire des chambres vaut mieux encore que la meilleure des antichambres*, confessait Cavour.

Cependant, dans la conception classique, le dialogue fondamental entre ceux qui agissent et ceux qui apprécient l'action n'a pas lieu entre le gouvernement et l'ensemble des citoyens, mais entre le gouvernement et un *corps de censeurs*, choisis par les citoyens et représentant ces derniers ; c'est-à-dire, en fait, un parlement. De telle sorte, que celui-ci n'est pas sans faire songer à un théâtre sur la scène duquel les affaires publiques sont examinées au vu et au su de tous, réduisant ainsi la *raison d'État* à la portion congrue.

Ce symbole de la démocratie devient par suite la cible des dictateurs. Un mois après l'installation du national-socialisme à Berlin, le Reichstag sera la proie des flammes, en février 1933[1].

§ 2. UN DIALOGUE INSTITUTIONNALISÉ ENTRE GOUVERNANTS ET GOUVERNÉS

227 La distinction des relations entre ceux-ci est liée traditionnellement au *régime représentatif*, c'est-à-dire à un système d'institutions dans lequel le peuple n'intervient pas dans le jeu politique, où il est *représenté* par des *élus*, rassemblés dans un parlement. Même si la source du pouvoir politique est *réputée* se trouver dans le peuple, même si le principe de la souveraineté nationale ou populaire est affirmé, le peuple charge des représentants élus de participer *en son lieu et place*, à l'action politique quotidienne, se réservant de ne pas réélire, le cas échéant, ceux dont il ne serait pas satisfait. Il y a là, par rapport aux institutions de la cité grecque ou romaine, une novation, ou une *déviation* décisive. La démocratie antique était *directe* dans l'acception juridique ; celle des temps modernes est *représentative* ; au *gouvernement du peuple par lui-même* succède le *gouvernement du peuple par ses représentants*.

Ce phénomène repose sur la combinaison de trois éléments : les dimensions de l'État, la compétence des représentants et la confiance des citoyens[2].

A. LES DIMENSIONS DE L'ÉTAT

228 Celles-ci ne permettent pas au gouvernement, tout au moins à l'époque du droit constitutionnel classique, de dialoguer directement avec les citoyens. Aux XVIIIe et XXe siècles, on est bien loin de la cité antique, de l'agora et du forum où le peuple tout entier pouvait être rassemblé. Toutefois, on n'a pas encore inventé les moyens audiovisuels modernes, et encore moins le réseau *Internet*[3]. Ce dernier renouvelle en profondeur les modalités de la participation de tous à la chose publique (*Facebook* ne vient-il pas de dépasser en 2013 le milliard d'abonnés ?) et aux yeux du Conseil constitutionnel, compte tenu de *l'importance prise par ces services pour la participation à la vie démocratique et l'expression des idées et des opinions*, le droit à la communication des pensées et des opinions *implique la liberté d'accéder à ces services* (C.C., 10 juin 2009, *Loi Hadopi*).

Cependant, il faut savoir qu'à cette époque, il y existe des exceptions à la règle générale du régime représentatif. On trouve des survivances de gouvernement direct, dans deux cantons de la Suisse (Glaris

1. La cérémonie de l'unification de l'Allemagne s'est déroulée symboliquement devant le Reichstag, le 3 octobre 1990.

2. L'Union interparlementaire créée en 1889, regroupe 147 États en 2007. L'Islande a été le premier État à se doter d'un Parlement (l'Althing) en 930.

3. V. Y. PAPADOPOULOS, *Démocratie directe*, 1998.

et Appenzell Rhodes-intérieures), où fonctionnent encore des *Landsgemeinden*[4]. Ces assemblées populaires se réunissent une fois par an, un dimanche d'avril ou de mai, sur une prairie ou une place publique et votent les lois, le budget et les révisions constitutionnelles. Mais, ces *Landsgemeinden* (véritable curiosité juridique et touristique) ne sont pas capables d'exercer un contrôle réel de l'exécutif. Dès qu'il s'agit de problèmes juridiques ou techniques, elles entérinent généralement sans discussion les propositions qui leur sont faites par le conseil cantonal. Les femmes, par surcroît, n'y ont été conviées que récemment. À terme, ces assemblées sont menacées dans leur existence. C'est ainsi que la *Landsgemeinde* de Nidwald a été supprimée en 1996 et celle du Obwald en 1998.

B. LA COMPÉTENCE DES REPRÉSENTANTS

229 Désignés périodiquement par les citoyens, ces derniers sont choisis pour une période assez longue (sauf aux États-Unis où le mandat des députés n'est que de deux ans), et ils jugent l'action du gouvernement d'une façon habituelle. De ce fait, ils acquièrent souvent une grande compétence, tout au moins ceux qui prennent figure de *leaders*. Ce ne sont pas exactement des professionnels, encore qu'après plusieurs réélections ils tendent à le devenir, mais ce sont des personnes averties (vivant *pour* et certains *de* la politique), capables de juger d'une façon efficace l'action des gouvernants[5].

C. LA CONFIANCE DES CITOYENS

230 Les citoyens sont, en général, mal armés pour dialoguer avec les gouvernants, surtout à mesure que la gestion des affaires publiques devient plus complexe et technique. Le *bon sens populaire* connaît ses limites intrinsèques. Malgré le développement de l'éducation et des multiples sources d'information, les citoyens restent assez éloignés des réalités politiques, économiques et sociales que les gouvernants ont a gérer. On connaît l'appréciation élitiste de Montesquieu : *Le peuple est admirable pour choisir ceux à qui il doit confier quelque partie de son autorité...* Mais *il n'est pas propre à gérer par lui-même*. Dans une logique plus contemporaine, Paul Hirst a mis en avant que la démocratie représentative est un compromis correct entre l'étendue du droit du citoyen (pouvoir approuver ou sanctionner la majorité en place) et son faible investissement dans la chose publique.

4. P.-M. GAUDEMET, Les Landsgemeinden : survivance de la démocratie directe, *Pouvoirs* n° 51, 1990, p. 12.

5. Le régime représentatif, forme supérieure à la démocratie directe *(la démocratie brute* selon Siéyès) correspond aux intérêts et aux objectifs de la *classe bourgeoise* à la fin du XVIIIe siècle *en* Occident. D'où l'aspect *élitiste*, l'accent triomphaliste de la constitution de 1791 (titre III, art. 2) : *La nation, de qui seule émanent tous les pouvoirs ne peut les exercer que par délégation. La constitution française est représentative : les représentants sont le corps législatif et le roi.*

SECTION II LA FORMATION DU RÉGIME REPRÉSENTATIF

231 Au sortir du Moyen Âge, des essais de régime représentatif furent tentés dans de nombreux pays. En France, les États généraux furent convoqués à partir de 1302, en raison du désir que ressentait, à cette date, Philippe le Bel d'obtenir l'appui de la nation dans sa lutte contre Boniface VIII. Ces États généraux furent, par suite, réunis (13 fois au XIVe siècle ; 8 au XVe ; 5 au XVIe et une seule fois aux XVIIe et XVIIIe) cependant, la tentative devait aboutir à un échec. Il en ira de même en Hongrie, Pologne (on a commémoré, en 1993, le 5e centenaire de la Diète), Espagne où des tentatives feront long feu face au pouvoir royal.

En revanche, en Grande-Bretagne, le régime représentatif naît et se développe progressivement, depuis 1265, date de la première réunion du parlement. On sait, en effet, que de ce côté de la Manche, *on commémore toujours et on n'inaugure jamais*. Il y a donc lieu de se demander les raisons de cette réussite exceptionnelle.

§ 1. LES ORIGINES BRITANNIQUES DU RÉGIME REPRÉSENTATIF

232 Diverses circonstances ont permis un développement heureux du régime représentatif au Royaume-Uni. Celles-ci sont au nombre de trois : le caractère du régime féodal, celui des premiers parlements, et le tempérament politique insulaire[6].

A. LA NATURE DU RÉGIME FÉODAL ANGLAIS

233 La première circonstance et peut-être celle qui a influé le plus profondément sur l'évolution, est le caractère du régime féodal. Celui-ci a été implanté, au moment de la conquête normande, en 1066, par Guillaume le Conquérant, avec beaucoup de force.

Noblesse féodale et classe moyenne ayant un intérêt commun à lutter contre le pouvoir royal qui les opprime, s'unissent pour limiter les prérogatives de la Couronne. En France, la classe moyenne, brimée par les féodaux, bien davantage que par le roi, fait cause commune avec la Couronne contre les seigneurs et travaille, d'un commun accord avec le roi, à leur abaissement.

B. LE CARACTÈRE DES PREMIERS PARLEMENTS ANGLAIS

234 Tandis qu'en France, les États généraux ne représentaient qu'une partie de la population (seigneurs laïcs et ecclésiastiques, députés des villes privilégiées), en Angleterre, presque dès le début, une représentation des comtés, c'est-à-dire des campagnes est organisée.

En outre, tandis que les États généraux français restent séparés en trois ordres (noblesse, clergé, tiers état), le parlement anglais ne se divise qu'en deux chambres comprenant, l'une les pairs laïcs et ecclésiastiques, l'autre les représentants des comtés.

6. V. J.-L. DE LOLME, *La constitution de l'Angleterre*, 1771 ; W. BLACKSTONE, *Commentaires on the laws of England*, 1765-1768 ; J. WIEDHOFFT GOUGH, *L'idée de la loi fondamentale dans l'histoire constitutionnelle anglaise*, 1992.

C. LE TEMPÉRAMENT POLITIQUE ANGLAIS

235 À ces éléments fournis par l'histoire, s'ajoute le *tempérament politique*. Les Anglais ont, au plus haut point, le sens, sinon le génie, *du compromis*. Reprenant à leur compte le conseil d'Aristote, ils répugnent à aller jusqu'au bout de leurs avantages, et sont ennemis des solutions qui satisfont la logique, mais pèchent contre le bon sens. Le respect de l'adversaire, le compromis, *la tolérance*, en un mot, caractérise désormais le combat politique[7].

§ 2. LE DÉVELOPPEMENT DU RÉGIME REPRÉSENTATIF BRITANNIQUE

236 Au prix d'une simplification, l'essor du régime représentatif repose sur une institution, le *magnum concilium* qui donne naissance au parlement. Ce dernier entre en conflit au XVIIe siècle avec le monarque et le soumet au respect du droit.

A. LA CRÉATION DU PARLEMENT

237 Aux côtés du roi tout-puissant, un conseil de vassaux (le *magnum concilium*) existe, conformément à la structure féodale. Outre ses compétences d'ordre judiciaire, le droit de consentir l'impôt et de présenter des pétitions lui sont confirmés, en 1215, par la *Grande charte*. Un demi-siècle plus tard, en 1265, en accueillant deux chevaliers par comté, il s'élargit et donne naissance au parlement. En 1295, le procédé est définitif : Édouard Ier convoque *le parlement modèle*, selon la terminologie anglaise[8].

De façon pragmatique, le parlement se rend indispensable en votant l'impôt et en participant à l'exercice du pouvoir législatif[9].

À partir de 1462, ses membres prennent l'habitude de rédiger eux-mêmes les *bills* (les projets de loi). Lorsque l'accord s'est fait entre la Chambre des Communes et la Chambre des Lords, le roi n'a plus qu'à promulguer le texte de la loi. Le régime représentatif avait acquis outre-Manche ses traits principaux lorsqu'éclata la crise de la monarchie absolue[10].

7. Cette démarche pragmatique et le succès qui l'a couronnée se vérifient aisément dans d'autres domaines ; la marche au suffrage universel à partir de 1832 par un certain nombre d'étapes savamment agencées et entrecoupées de haltes, à l'inverse de la France qui, en 1848, adopte, sans transition, ni préparation, après le suffrage censitaire, le suffrage universel masculin. En outre, l'avènement du régime parlementaire en Grande-Bretagne, à partir du précédent de Lord North de 1782, ne se présente pas fortuitement : régime de collaboration des pouvoirs publics, il repose à l'origine sur la recherche d'un compromis entre l'exécutif et le législatif.

8. Au siècle suivant, en 1351, la Chambre des Communes (celle qui représente les personnes du *commun état*) possède un lieu particulier de réunion. En 1377, elle se donne un *speaker*, à l'époque représentant du monarque, pour diriger ses débats.

9. Le Parlement apparaît comme un organe de gouvernement dès le XIVe siècle ; il contraint Édouard II à abdiquer en 1327 ; Édouard III, en dépit (ou à cause) de ses succès militaires au début de la guerre de cent ans, est amené à solliciter son autorisation en vue de la levée des impôts.

10. Il y a lieu toutefois de mentionner, qu'en France, les États généraux ont été tentés, à un moment crucial de la guerre de cent ans, entre 1355 et 1357, et ce sous l'impulsion d'Étienne Marcel et de Robert Le Coq, de se comporter en assemblée politique face à la monarchie aux abois. Une telle attitude, qui n'est pas sans évoquer le coup de pied de l'âne, est considérée, par certains auteurs, comme la première manifestation du régime d'assemblée. V. P. BASTID, *Le Gouvernement d'assemblée*, 1956.

B. LA CRISE DE LA MONARCHIE ABSOLUE AU XVIIE SIÈCLE

238 La monarchie devint absolue en 1485, avec l'avènement des Tudors. Elle le demeura avec les Stuarts à partir de 1603. L'affrontement avec les parlementaires était inscrit dans la nature des choses. Le XVIIe siècle sera ponctué, à cet effet, de deux révolutions en 1640 et 1688.

À cet égard, le parlement se réveilla de sa léthargie et, malgré des dissolutions répétées, tint tête au roi. Il affirma, à nouveau, en particulier, son droit de voter des subsides et, en 1629, fit suivre le vote des impôts nécessaires pour mener la guerre contre la France, de la célèbre *pétition des droits*, qui contient une première liste des libertés individuelles. La lutte entre le parlement et le roi, sévère sous Jacques Ier, devient tragique sous Charles Ier. En 1642, la guerre civile éclate. Le roi, battu en 1648, est condamné à mort et exécuté le 30 janvier 1649. La République est établie et dure, sous le protectorat de Cromwell, jusqu'en 1660. Une restauration des Stuarts intervient à cette date, mais Charles II et ensuite Jacques II, pénétrés de la doctrine de la monarchie de droit divin, qu'ils avaient admirée en France, indisposent à nouveau le pays par leurs tendances absolutistes[11].

Jacques II est détrôné, à la suite de la *Glorieuse Révolution* de 1688, par son gendre, le prince d'Orange, devenu Guillaume III, qui règne sur l'Angleterre et aussi sur l'Irlande, après la victoire remportée face aux catholiques à la bataille de la Boyne, le 12 juillet 1690. Son avènement marque le retour et le triomphe au régime représentatif. Le nouveau monarque accède, en effet, au trône, en vertu d'un *pacte* avec le parlement anglais et accepte le *Bill des droits*, du 13 février 1689, par lequel il renonce, entre autres choses, au pouvoir d'ordonnance qu'Henri VIII avait rétabli, au profit de la Couronne, 150 ans auparavant. Ce texte sera complété, le 12 juin 1701, par l'acte d'établissement institué *pour une nouvelle limitation de la Couronne et une meilleure garantie des droits et libertés du sujet*.

À partir de la fin du XVIIe siècle, le parlement victorieux, intervient, de façon quotidienne, dans la marche du pays par le vote des lois et par le contrôle exercé sur les ministres. Le pouvoir est désormais enfermé dans un statut juridique. Il est *constitutionnalisé*, un siècle avant la Révolution française.

Sous ce rapport, il a appartenu à John Locke de modéliser la *Glorieuse Révolution* de 1688, dans ses deux *Traités sur le gouvernement civil*, publiés en 1690. Afin d'empêcher le retour à l'absolutisme, la monarchie *contractuelle* (ou constitutionnelle), qui succède à la monarchie divine, sera représentative (l'adresse de Burke aux électeurs de Bristol, en 1774, en fait foi)[12], autant que *modérée*. Dans cet ordre d'idées, il opine que le pouvoir doit dorénavant être distribué entre plusieurs organes, de manière à préserver la liberté. Au siècle suivant, il devait connaître un talentueux disciple, en la personne de Charles-Louis de Secondat, qui allait hériter du nom de Montesquieu. Le génie de celui-ci est à l'origine de l'État libéral ordonné autour du principe de la *séparation des pouvoirs*[13].

11. V. D. BARANGER, *Parlementarisme des origines. Essai sur les conditions de formation d'un exécutif responsable en Angleterre*, 1999 ; A. ESMEIN, Les constitutions du protectorat de Cromwell, *R.D.P.* 1899, p. 193 et 405 ; R. MARX, *L'Angleterre des révolutions*, 1973.

12. *Vous choisissez un député, c'est bien, mais lorsque vous l'avez choisi, il n'est plus député de Bristol, il est membre du Parlement.*

13. Au-delà de la filiation intellectuelle entre Locke et Montesquieu (pour Esmein, *d'un embryon celui-ci a tiré un être arrivé à son plein développement et pourvu de tous ses membres)*, il n'est pas inutile de relever que l'expression *séparation des pouvoirs* ne figure pas sous leur plume. À la réflexion, il serait plus avantageux d'évoquer une *distribution* entre les autorités avec une collaboration modulée : élargie en régime parlementaire (instituant une mutuelle dépendance) ; réduite en régime présidentiel (une mutuelle indépendance). V. Ch. EISENMANN. L'Esprit des lois et la séparation des pouvoirs, *Mélanges Raymond Carré de Malberg*, 1933, p. 190 ; J.-Cl. COLLIARD, Séparation des pouvoirs, *D.C.*, p. 972 ; A. PARIENTE (sous la direction), *La séparation des pouvoirs. Théorie contestée et pratique renouvelée*, 2006.

SECTION III LA SYSTÉMATISATION DU RÉGIME REPRÉSENTATIF

239 Tout homme tend à aller jusqu'au bout de son pouvoir, notait Thucydide. *Le pouvoir rend fou, le pouvoir absolu rend absolument fou*, renchérira Lord Acton. Dans ces conditions, le seul antidote à cette maladie réside dans la répartition ou la distribution de l'autorité : *La séparation des pouvoirs est le principe d'organisation politique selon lequel une même autorité publique ne doit pas exercer toutes les fonctions étatiques.* Autrement dit, si nécessairement, la puissance d'État est une, elle s'exprime par plusieurs bouches, ou par divers organes.

Montesquieu a attaché son nom à ce principe, consacré, avec un éclat tout particulier, par l'article 16 de la Déclaration de 1789 : *Toute société dans laquelle la garantie des droits n'est pas assurée, ni la séparation des pouvoirs déterminée, n'a point de constitution.* On ne saurait mieux formuler la nouvelle *conception* du pouvoir qui prévaut désormais en Occident. Pour faire bonne mesure, une nouvelle *organisation* en découle. Elle concerne la *délégation* de la souveraineté aux représentants de la nation et surtout sa *répartition* entre eux.

§ 1. LA NOUVELLE CONCEPTION DU POUVOIR

240 C'est dans son ouvrage célèbre sur l'*Esprit des Lois*, publié en 1748, que Montesquieu (chapitre VI du livre XI), traite, à propos de la constitution anglaise, de la *séparation des pouvoirs*. Même s'il n'a pas employé cette expression, sa fortune ne s'est point démentie jusqu'à nos jours.

L'auteur prend pour ligne de recherche la *protection* de la liberté. Il la dénomme *liberté politique*, mais c'est à la liberté en général qu'il pense ou, peut être plus précisément, à la sûreté. Quoi qu'il en soit, il se demande quel est le type d'institutions politiques qui protège le mieux la liberté, *la liberté-privilège* (celle des gens distingués par la naissance, la richesse ou les honneurs[14]), et il indique, qu'à ses yeux, c'est un système dans lequel les autorités[15] sont distribuées et peuvent, en tant que de besoin, s'annihiler.

A. LA LECTURE DE MONTESQUIEU

241 En réaction contre l'absolutisme royal, voué à la confusion des fonctions, celui-ci expose sa conception d'une machinerie institutionnelle équilibrée.

La liberté politique ne se trouve que dans les gouvernements modérés. Mais elle n'est pas toujours dans les États modérés ; elle n'y est que lorsqu'on n'abuse pas du pouvoir ; mais c'est une expérience

14. En d'autres termes, Montesquieu est un *libéral* et non point un démocrate tel Jean-Jacques Rousseau. Au demeurant, le principe de la séparation se présente comme un procédé de *cantonnement* du pouvoir, et non point de *distribution* au bénéfice de l'ensemble des individus composant la société. V. L. ALTHUSSER, *Montesquieu. La politique et l'histoire*, 5e éd., 1981.

15. Afin d'éviter toute confusion, les expressions *autorités, organes* sont préférables à celle *de pouvoirs* en dépit de l'habitude prise. Car, on ne saurait ignorer l'*unicité* qui s'attache à la puissance d'État ou à la souveraineté.

éternelle, ***que tout homme qui a du pouvoir est porté à en abuser ; il va jusqu'à ce qu'il trouve des limites****. Qui le dirait. La vertu même a besoin de limites.*

Pour qu'on ne puisse abuser du pouvoir, il faut que, par la disposition des choses, ***le pouvoir arrête le pouvoir****. (...)*

Il y a, dans chaque État, ***trois sortes de pouvoir*** *: la puissance législative, la puissance exécutrice des choses qui dépendent du droit des gens, et la puissance exécutrice de celles qui dépendent du droit civil.*

Par la première, le prince ou le magistrat fait des lois pour un temps ou pour toujours, et corrige ou abroge celles qui sont faites. Par la seconde, il fait la paix ou la guerre, envoie ou reçoit des ambassades, établit la sûreté, prévient les invasions. Par la troisième, il punit les crimes ou juge les différends des particuliers. On appellera cette dernière la puissance de juger ; et l'autre simplement la puissance exécutrice de l'État (...)

Lorsque dans la même personne ou dans le même corps de magistrature la puissance législative est réunie à la puissance exécutrice, il n'y a point de liberté, parce qu'on peut craindre que le même monarque ou le même sénat ne fasse des lois tyranniques pour les exécuter tyranniquement. Il n'y a point encore de liberté, si la puissance de juger n'est pas ***séparée*** *de la puissance législative et de l'exécutrice (...).*

Tout serait perdu si le même homme, ou le même corps des principaux, ou des nobles, ou du peuple, exerçaient ses trois pouvoirs : celui de faire des lois, celui d'exécuter les résolutions publiques et celui de juger les crimes ou les différends des particuliers (...).

B. LES ENSEIGNEMENTS DE MONTESQUIEU

242 On peut les présenter de la manière suivante :

1° La nécessité d'un contrôle du pouvoir, c'est-à-dire, à l'époque, du roi et de ses ministres, est clairement perçue. Bien entendu, l'expression moderne de *censeurs des gouvernants* ne se trouve pas sous la plume de Montesquieu. Mais, lorsqu'il parle de la nécessité d'arrêter le pouvoir par le pouvoir, l'auteur de l'*Esprit des Lois* dit la chose sans employer le mot. Il comprend que la liberté demande pour être protégée, que le faisceau puissant des droits régaliens soit *délié*, que les diverses parties en soient remises à des titulaires différents et que ceux-ci aient la faculté de se neutraliser mutuellement, surtout lorsque l'un d'entre eux risque de s'engager sur la voie du despotisme.

Formulé, de la sorte, le principe est intrinsèquement, à cet instant, révolutionnaire, en ce sens qu'il s'avère *une machine de guerre* contre la conception absolutiste de la vieille monarchie pratiquant la confusion des pouvoirs. Avec le temps, il évoluera d'un rôle stratégique à un aspect pratique, au point d'être regardé comme une *règle d'art politique*, celle afférente à la liberté modérée contenue par les lois.

2° La liste des pouvoirs dressée par Montesquieu comprend trois titulaires : l'exécutif, le législatif et le judiciaire. L'inclusion de ce dernier, qui surprend en France (la justice : l'histoire d'un *pouvoir refusé*, selon Jean Foyer), se comprend assez aisément, compte tenu de la situation de l'époque. Au XVIIIe siècle, les parlements (c'est-à-dire les corps judiciaires) qui détenaient, outre la juridiction, le droit d'enregistrer les ordonnances (ou les règles de droit à portée générale établies par le roi), prétendaient se servir de cette prérogative pour limiter l'arbitraire royal. De fait, les corps judiciaires ont parfois marqué de vives résistances aux ordonnances royales, mettant le roi dans l'obligation de tenir des *lits de justice* pour que celles-ci fussent enregistrées.

Mais, c'était bien davantage dans l'intérêt de la *classe* qu'ils représentaient, la noblesse de robe (qui formait un peu le trait d'union entre la noblesse d'épée et la bourgeoisie), que dans l'intérêt véritable du pays. Il n'empêche, qu'aux yeux de l'opinion, les corps judiciaires jouaient, plus ou moins, vis-à-vis du pouvoir du roi, le rôle de censeurs. Du reste, Montesquieu ne qualifie-t-il pas, d'une manière particulièrement heureuse, les corps intermédiaires, parmi lesquels ceux-ci figurent en bonne place *de canaux moyens par où coule la puissance ?*

Montesquieu inscrit donc le judiciaire, à la différence de John Locke, cette promotion présentant, à dire vrai, un aspect *autobiographique* certain, sur la liste des pouvoirs, mais il se rend compte (la prudence le guidant aussi peut-être), que le dialogue fondamental a lieu entre le législatif et l'exécutif, celui qui fait la loi et celui qui la fait exécuter. Il le dit même expressément : *Des trois puissances dont nous avons parlé, celle de juger est, en quelque façon nulle. Il n'en reste que deux*[16].

3° À l'égard des deux forces qui demeurent et qui comptent réellement sur le plan politique, Montesquieu insiste surtout sur le cantonnement de la fonction législative. La balance des pouvoirs implique à la fois une intervention active de l'exécutif car s'il *n'a pas le droit d'arrêter les entreprises du corps législatif, celui-ci sera despotique* et la division du Parlement, *le corps législatif y étant composé de deux parties, l'une enchaînera l'autre par sa faculté mutuelle d'empêcher*. La figure anglaise du *King in Parliament* s'impose ici. En revanche, Montesquieu reste plus évasif sur la réciprocité. Sans doute par déférence à l'autorité du monarque, il estime qu'*il ne faut pas que la puissance législative ait réciproquement la faculté d'arrêter la puissance exécutrice. Car l'exécution ayant ses limites par sa nature, il est inutile de la borner*.

On est ainsi porté à une comparaison mécanique des poids et contrepoids. Si aucun d'entre eux ne pourra tendre, de la sorte, à l'omnipotence du fait de *l'enchaînement mutuel* des forces, les contraintes pèsent d'abord sur la puissance législative. Cependant, la formule de l'auteur est saisissante. Par là, se marque une certaine différence entre sa conception et ce qui semblerait découler logiquement de la distinction entre gouvernants et leurs censeurs. Mais l'expérience a prouvé que c'est Montesquieu qui avait raison et, qu'il fait ainsi poser des bornes au droit de censurer, car il peut devenir abusif. En régime parlementaire, le gouvernement peut certes être renversé par ses censeurs ; mais il doit pouvoir à son tour les renvoyer devant leurs électeurs, par l'exercice du droit de dissolution.

4° Il faut enfin remarquer que la pensée de Montesquieu est ambiguë. L'auteur l'avait subodoré, en notant : *Je serai plus lu que compris*. Empreinte de libéralisme, elle permet de préserver et de justifier l'importance du monarque[17] au sein des institutions. Par ailleurs, alors que Montesquieu incline plutôt en faveur d'une collaboration des pouvoirs (*Ces trois puissances devraient former un repos ou une inaction. Mais comme, par le mouvement nécessaire des choses, elles sont contraintes d'aller, elles seront forcées d'aller de concert*. Ces derniers termes sont essentiels, car aller de concert, c'est bel et bien collaborer[18]), or seule la séparation des pouvoirs est passée à la postérité. Comment expliquer ce décalage ?

C. LES INTERPRÉTATIONS DE MONTESQUIEU

243 En politique, on dit volontiers que ce qui importe : c'est la *représentation* des choses. Aussi, les contemporains ont-ils généralement lu Montesquieu comme s'il

16. À l'opposé des régimes anglo-américains, qui disposent d'un authentique *pouvoir judiciaire* (art. 3 de la constitution américaine), la constitution de 1958 vise une *autorité judiciaire* (titre VIII), c'est-à-dire un service public relevant du pouvoir exécutif dont les membres disposent de garanties d'indépendance. À ce titre, *le président de la République est garant de l'indépendance de l'autorité judiciaire. Il est assisté par le Conseil supérieur de la magistrature* (art. 64 C) (v. *III*e *partie*). Le C.C. (22 juillet 1980, *Validation d'actes administratifs, C.C.F.*, p. 465) a explicité à bien des aspects, l'indépendance des juridictions, tant judiciaires qu'administratives, en indiquant qu'il n'appartient ni au législateur, ni au Gouvernement *de censurer les décisions des juridictions, d'adresser à celles-ci des injonctions et de se substituer à elles dans le jugement des litiges relevant de leur compétence*. La C.E.D.H. a jugé, le 24 novembre 1994 *(Beaumartin c/ France)* qu'un tribunal, au sens de l'art. 6 de la Convention de Rome, doit répondre à une série d'exigences telles que *l'indépendance à l'égard de l'exécutif comme des parties en cause* ; de même, le 13 février 2003 *(Chevrol c/ France)*, à propos du renvoi préjudiciel au ministère des Affaires étrangères s'agissant de la condition de réciprocité de l'engagement international (art. 55 C).

17. Aussi Kelsen considère-t-il que *ce n'est nullement afin de frayer la voie à la démocratie, que l'on a, depuis Montesquieu, fait valoir le dogme de la séparation des pouvoirs, mais plutôt au contraire en vue de conserver au monarque, à moitié éliminé de la législation par le mouvement démocratique, la possibilité d'exercer un pouvoir propre dans le domaine de l'exécution. Le dogme de la séparation des pouvoirs est le noyau de l'idéologie de la monarchie constitutionnelle*. La démocratie, Sa nature, Sa valeur, 1932.

18. Eisenmann, du reste, estimait que si le pouvoir est censé arrêter le pouvoir, cela implique nécessairement que *les pouvoirs soient appelés à consentir tous deux à une même décision, c'est-à-dire qu'ils exercent conjointement la même fonction pour le règlement de la même matière*. L'esprit des lois et la séparation des pouvoirs, *Mélanges Raymond Carré de Malberg*, 1933.

conseillait une séparation tranchée entre les autorités publiques. Les révolutionnaires français ont été particulièrement sensibles à l'imbrication des pouvoirs visible sous l'Ancien Régime. Ils ont *cru* ou *voulu* comprendre que le gouvernement, le parlement et, éventuellement, les corps judiciaires étaient chacun un organe de l'État, destiné à être cantonné dans une fonction particulière : au parlement, la fonction d'élaborer les lois ; au gouvernement, la fonction de les exécuter ; aux corps judiciaires, la fonction de régler les litiges.

La conséquence d'une pareille conception est qu'on aboutit fatalement à établir une cloison étanche entre les divers organes. Si chaque pouvoir politique ne se justifie dans son existence que par la fonction qu'il exerce, il doit y être enfermé strictement et l'empiétement sur la fonction du pouvoir voisin est, *a priori*, prohibée.

De fait, les premières constitutions de la fin du XVIIIe siècle, telles la constitution américaine de 1787 et les constitutions françaises de 1791 et 1795, prévoient un régime de *collaboration* restreinte entre l'exécutif et le législatif[19]. Or, ce mode de régulation entre les pouvoirs s'avère particulièrement mal adapté pour absorber convenablement les inévitables conflits. La réussite américaine tient lieu ici du miracle institutionnel et le prix à payer, pleinement assumé par les Pères fondateurs, en est une relative inefficacité gouvernementale.

Il résulte de ce qui précède que, si une chose est de dégager au sein de la société politique des activités spécifiques et d'en attribuer l'exercice à des organes différents, une autre, et non des moindres, est de respecter, mieux de préserver, la nécessaire *unité de l'État*. Tout ceci revient à dire que le maintien de liens, fussent-ils ténus, entre les organes, apparaît une nécessité, à partir de l'instant où ils constituent les rouages d'une *même* et *seule* mécanique. L'institution par la constitution de l'an III (art. 125) de *messagers d'État* entre les autorités prend, à ce propos valeur de symbole. À l'image de la coordination musculaire, la *synergie institutionnelle* s'impose donc à la réflexion[20]. Toute révérence gardée, on peut penser également au concept de la consubstantialité, ou au mystère de la Sainte-Trinité.

Au final, le principe a bénéficié d'un sort incomparable, en brisant l'État accaparé par une autorité : le roi en 1789 ; le Parlement en 1958, le parti unique dans les régimes communistes en 1989, voire une majorité parlementaire. En ce cas, la distinction entre les pouvoirs est neutralisée. Mais l'existence d'un pouvoir juridictionnel génère une nouvelle séparation (v. C.C., *IIIe partie)*. En résumé, la souveraineté est restituée au souverain, c'est-à-dire *nationalisée. L'État, c'est moi !* Non, *l'État, c'est nous*, peuvent s'écrier les citoyens, en pénétrant *dans* le pouvoir, qui jusque-là, leur était étranger.

§ 2. LA NOUVELLE ORGANISATION DU POUVOIR

244 La novation politique implique une traduction juridique. Celle-ci revêt tout son sens en ce qui concerne la souveraineté *dans* l'État[21].

19. V. M. TROPER, *La séparation des pouvoirs et l'histoire constitutionnelle française*, 1973. S. BAUME, F. FONTANA (sous la direction), *Les usages de la séparation des pouvoirs*, 2008 ; La séparation des pouvoirs, *Pouvoirs*, n° 143, 2012.

20. L'expression *américaine des trois branches du Gouvernement* (au sens de régime politique) atteste l'existence d'une souche commune et d'une destinée semblable.

21. V. D. TURPIN, *De la démocratie représentative*, thèse Paris-XIII, 1978 et Le régime représentatif est-il démocratique ?, *Pouvoirs*, n° 7, 1978 ; D. GAXIE, *La démocratie représentative*, 4e éd., 2003 et B. MANIN, *Principes du gouvernement représentatif*, 1996.

A. LE MODE D'EXERCICE DE LA SOUVERAINETÉ

245 Aux antipodes de la démocratie directe *(gouvernement du peuple par lui-même)* qui, au nom du *dédoublement démocratique*, postule l'*identification* des gouvernés aux gouvernants, le régime représentatif s'analyse dans *le gouvernement du peuple par ses élus* ou *ses représentants*. Au nom d'une *fiction*, ceux-ci sont réputés agir *en son lieu et place*. En termes saisissants, Carré de Malberg résume la notion : *Ce n'est pas la volonté du peuple qui détermine celle des représentants, c'est au contraire le peuple qui fait siennes par avance les volontés que ses représentants viendront à énoncer*. Somme toute, le pouvoir des citoyens se résume et s'épuise dans l'élection de leurs représentants. Il s'agit, en l'espèce, d'un *gouvernement par délégation*, dont il importe de préciser les contours.

1. Les fondements de la délégation de souveraineté

246 À l'appui du régime représentatif, deux arguments ont été avancés, l'un *matériel*, l'autre *intellectuel*. Le premier, consiste à souligner l'impossibilité pratique de fonctionnement de la démocratie directe dans le cadre d'un État dont le chiffre de la population est important[22]. L'évidence ou le simplisme de cette affirmation ne mérite guère que l'on s'y arrête.

En revanche, le second se révèle d'une grande intensité. Il se rattache à une vision *élitiste* du gouvernement d'une société, dans la perspective *libérale* tracée par Montesquieu, à l'opposé de celle de Rousseau. Seule une minorité aisée et éclairée peut en assumer les *responsabilités. Le peuple doit, en quelque sorte, faire confiance* à des personnes compétentes et s'en remettre à elles[23]. Assurément, l'idée est accordée aux intérêts de classe de la *bourgeoisie* qui entend proclamer la démocratie, pour mieux s'en réserver l'exercice[24] et mieux canaliser les pulsions populaires. De là, résulte, selon un mot énergique de René Capitant, l'*imposture* d'après laquelle le régime représentatif est *réputé* être la démocratie, alors qu'il en prend exactement le contre-pied, en *dépossédant* purement et simplement le peuple de sa souveraineté. Mince gageure, que cette *substitution !*[25]. Mais, que l'on ne s'imagine pas que cette vision appartienne définitivement au passé. Contre toute attente, elle connaît un regain, de nos jours. Arguant de l'opacité des problèmes politiques, économiques et sociaux, la technocratie se retranche volontiers derrière l'*argument d'autorité* pour mieux s'opposer au dialogue démocratique.

2. Les bénéficiaires de la délégation de souveraineté

247 Les délégués des citoyens portent le nom de *représentant*. De façon heureuse, Barnave déclarait, le 10 août 1791, à l'Assemblée constituante : *Le représentant est chargé de vouloir par la nation, tandis que le simple fonctionnaire n'est jamais chargé que d'agir pour elle*. La distinction entre le domaine de la *décision* et celui de *l'exécution* est clairement exprimée.

22. Sans verser dans les facilités de la science politique *fiction*, l'argument n'est plus dirimant, à l'époque actuelle. L'utilisation des sondages d'opinion, de la télévision et surtout d'Internet (un millard d'abonnés à *Facebook*, premier État virtuel en nombre de population) peuvent surmonter l'obstacle dressé sur la route de la démocratie directe. La *révolution technétronique*, évoquée dès 1970 par Z. Brzezinski, va peut être devenir une réalité.

23. Dans sa *constitution de l'Angleterre* (1771), le Genevois Jean-Louis de Lolme observe avec une grande franchise : *La nature... avare de ses dons, n'a donné qu'à une petite portion d'hommes, une tête capable de calculs compliqués d'une législation ; et comme le malade se confie à un médecin, le plaideur à un avocat, de même le très grand nombre de citoyens doit se confier à ceux qui sont plus habiles qu'eux.*

24. Diverses théories juridiques servent les desseins de la nouvelle classe politique : souveraineté nationale ; électorat-fonction, sinon une certaine conception du bicamérisme.

25. C'est donc par un abus de mot manifeste, que l'habitude ne saurait exonérer, que le terme de *démocratie représentative* a été forgé.

Pendant longtemps, l'identité des représentants s'est confondue avec celle des *parlementaires*. Toutefois, à l'époque moderne, à partir de l'instant où le titulaire de l'exécutif procède, lui aussi, de *l'investiture populaire*, il est fondé à se prévaloir de cette qualité, comme jadis le roi en 1791[26]. Il faut lire ainsi l'article 3 C : *la souveraineté nationale appartient au peuple qui l'exerce par ses représentants et par la voie du référendum*. Les parlementaires et le chef de l'État disposent d'une autorité *identique*, ce qui préserve le pouvoir présidentiel de l'anéantissement, dans le cadre de la *cohabitation* ouverte, en France *(infra)*.

B. LES MÉCANISMES DE LA DÉLÉGATION DE SOUVERAINETÉ

248 Les électeurs élisent des représentants et leur confèrent une fonction publique appelée *mandat* qui les habilitent à agir en leur lieu et place. Ce lien juridique n'est pas sans faire songer aux termes de l'article 1984 du Code civil : *acte par lequel une personne donne le pouvoir à une autre de faire quelque chose pour le mandant et en son nom*. Toutefois, au-delà de l'unité d'inspiration, les mandats privé et public aboutissent à des conséquences diamétralement opposées.

1. Les caractères du mandat public

249 Il présente trois caractères : il est *national, représentatif* et *parfait*.

a) Le caractère national

250 Si l'on écarte le cas du président américain ou français, les représentants, quoique élus dans le cadre d'une circonscription électorale déterminée, reçoivent un mandat non de cette dernière mais de la nation *tout entière*[27]. La représentation offre, à l'inverse du droit privé, un aspect *collectif*, à l'image de l'intérêt général. Diverses conséquences en découlent : une modification territoriale est sans influence juridique sur la représentation nationale[28] ; les candidats à une élection *nationale* ne sont pas tenus d'apporter la

26. En écho à Napoléon qui déclarait sans ambages en 1814 : *il n'y a en France de représentant que moi*, le général de Gaulle prétendait : l'*autorité indivisible de l'État est confiée tout entière au président par le peuple qui l'a élu* (conférence de presse du 31 janvier 1964).

27. Les représentants sont nommés *dans* (et non par) les départements, affirmait la constitution de 1791. Élu député à Nancy, en 1970, Jean-Jacques Servan-Schreiber faisait suivre sa signature de la formule *député de Lorraine*. Le président de l'Assemblée nationale lui écrivit : *J'ai le devoir de vous rappeler que vous n'êtes pas député de Lorraine. Car même élu de la première circonscription de Meurthe-et-Moselle, vous êtes beaucoup mieux : vous êtes député de la Nation tout entière*. Le Conseil constitutionnel a fréquemment l'occasion de rappeler que *si députés et sénateurs sont élus au suffrage universel, direct pour les premiers, indirect pour les seconds, chacun d'eux représente au Parlement la Nation tout entière et non la population de sa circonscription d'élection* (C.C., 15 mars 1999, *Nouvelle-Calédonie, Rec.* 63 ; 12 février 2004, *Polynésie française, Rec.* 41 ; 15 février 2007, *Outre-mer, Rec.* 60. Il en est de même des élus représentant les Français établis hors de France, 8 janvier 2009, *Élection des députés, Rec.* 33). Dans les faits, le parlementaire est d'abord apprécié et jugé par les électeurs en tant qu'élu *local*. Une réélection s'obtient en labourant sa circonscription et non dans l'investissement au Parlement.

28. Cependant, les réalités *politiques* interfèrent. Les députés élus en Alsace et en Moselle ont démissionné, en 1871, après le traité de Francfort. En 1962, le général de Gaulle, tirant la conséquence de l'indépendance de l'Algérie, a mis un terme au mandat des parlementaires concernés.

preuve d'un lien de rattachement quelconque avec la circonscription dans quelle ils briguent les suffrages, enfin l'élu doit satisfaire au régime des *incompatibilités, etc.*

b) Le caractère représentatif

251 Dans une vision individualiste, consécutive à l'absence initiale de partis politiques, le mandat confère à l'élu un pouvoir discrétionnaire. Celui-ci est libre d'agir à son gré, à sa guise. En d'autres termes, et ceci est particulièrement important, il n'est en aucune façon lié par des *instructions* précises, qu'il aurait reçues des électeurs. Bref, le mandat n'est pas *impératif*, à l'opposé de la solution observée par les États généraux de l'Ancien Régime et, de nos jours, dans les ultimes régimes communistes (Chine, Cuba, Corée du Nord). Le discours de Bristol de Burke (1774) (*Vous choisissez un membre, en effet ; mais, une fois choisi, ce n'est plus votre représentant de Bristol, c'est un membre du Parlement)* répond en écho à la conception de Condorcet : *Mandataire du peuple, je ferai ce que je croirai le plus conforme à ses intérêts. Il m'a envoyé pour exposer mes idées, non les siennes, l'indépendance absolue de mes opinions est le premier de mes devoirs envers lui.*

L'indépendance de l'élu est traditionnellement proclamée, depuis 1791, par l'affirmation selon laquelle *tout mandat impératif est nul* (art. 27 C)[29]. Par voie de corollaire, le parlementaire est censé émettre un vote selon sa conscience, et non sur instruction d'un groupe[30] ; de même la pratique de la *démission en blanc* remise par un élu à son parti, est de nul effet. En définitive, l'élu bénéficie d'une liberté d'allure qui confine à la *désinvolture* vis-à-vis des citoyens. À preuve, le phénomène des *majorités de reflux* (André Hauriou)[31].

c) Le caractère parfait

252 Les représentants sont investis, entre deux consultations électorales, de la plénitude d'attributions. Leur mandat est non seulement illimité[32], mais encore insusceptible

29. En mars 1960, le général de Gaulle a refusé de convoquer le Parlement en session extraordinaire, motif pris de ce que les députés n'avaient pas agi spontanément, mais davantage à la requête des syndicats agricoles. En décembre 2005, le groupe Virgin, en pleine discussion sur un texte relatif aux droits d'auteurs, a été autorisé à présenter dans les bâtiments de l'Assemblée nationale des systèmes de téléchargement. Force est de constater que le lobbying déploie ses effets de façon diversifiée principalement en influençant les parlementaires aux stades du dépôt de propositions de loi, d'amendements, de questions et lors des votes. Une régulation juridique imposant davantage de transparence s'impose.

30. La discipline de vote, inhérente aux groupes parlementaires, explique, pour une bonne part, le caractère tardif de leur reconnaissance. Ce n'est qu'en 1910 que la Chambre des députés, en France, leur accordera droit de cité dans son règlement. La constitution de 1946 consacrera leur existence (art. 11 et 52). Sous la Ve, il faudra attendre la révision constitutionnelle du 23 juillet 2008 (art. 51-1).

31. Sous les IIIe et IVe Républiques, une tendance voulait, telle une loi, que chaque fois que la gauche remportât une victoire électorale, elle cessât d'exercer le pouvoir, deux ans après, sans que pour autant les électeurs fussent conviés à entériner le revirement décidé par les représentants. Le Cartel de Gauches, en 1926 et 1934, cède la place à la droite symbolisée par Poincaré et Doumergue ; le Front populaire en 1938 s'estompe derrière Daladier et surtout Paul Reynaud, avant de sombrer en 1940 entre les mains du maréchal Pétain. Le Front républicain de Guy Mollet et de Pierre Mendès France débouche, en 1958, sur l'investiture du général de Gaulle.

32. Afin de renforcer le caractère représentatif du mandat, celui-ci ne devrait pas être renouvelable car *à mesure que l'élu, s'il est rééligible, approchera la fin de sa carrière, il songera plus à son canton qu'à sa patrie ; plus à lui-même qu'à ses commettants* (Robespierre). En ce sens, les membres de l'Assemblée nationale de 1789 n'ont pas été rééligibles à celle instituée par la Constitution du 14 septembre 1791 (loi

d'être révoqué, contrairement à la vision civiliste. En clair, la loi adoptée ou, le cas échéant la constitution, s'impose aux citoyens, sans possibilité pour ceux-ci de la contester ou de la discuter. En effet, au nom d'une *fiction* juridique, il existe une *présomption irréfragable de conformité* entre les actes des représentants et les volontés des représentés tant et si bien que *le Parlement est la figuration du souverain. Il peut faire tout ce dont le souverain est capable* (Carré de Malberg).

De cette vision découle une grave *confusion*, entre la participation et l'aliénation des citoyens, la démocratie et l'oligarchie ; en un mot, la souveraineté populaire et la souveraineté parlementaire. Le *libéralisme*, par l'intermédiaire du régime représentatif, confisque, sans vergogne, la logique démocratique, en soumettant le souverain à la domination des représentants. Dans une diatribe, demeurée fameuse, Jean-Jacques Rousseau a stigmatisé *l'usurpation*[33] anticipant largement sur le slogan gauchiste de 1968 : *élection-trahison*. Comment ne pas méditer sur la destinée singulière du régime représentatif : progressiste, au moment du droit constitutionnel classique, devenu de proche en proche, oppressif ?

L'évolution de la pensée de Carré de Malberg est sur cette question éclairante : s'inscrivant, à la fin de sa vie, dans une filiation rousseauiste, le maître strasbourgeois finit par remettre en cause les fondements même du régime représentatif car *Il faudrait être bien crédule pour se laisser persuader que les volontés énoncées par une oligarchie sont l'expression de la volonté générale de la communauté, alors surtout que les soi-disants représentés sont exclus de la possibilité d'opposer une volonté contraire à celle qui passe pour représenter la leur* (*La loi, expression de la volonté générale,* 1931).

Aussi, divers procédés s'emploient désormais à en corriger les excès. La démocratie *semi-directe* en découle.

2. Le dépassement du régime représentatif

253 L'élévation du niveau culturel de la société contemporaine, la généralisation du suffrage, l'action des partis politiques sur fond de médiatisation, ont renouvelé, à bien des aspects, la notion de *bonheur civique*. Si les citoyens se sont longtemps résignés à un comportement abstrait, ils aspirent présentement à un comportement concret. Sans parler de revanche de la société civile sur la société politique, force est, cependant, de constater que la première ne s'en remet plus en totalité à la seconde comme l'atteste la révolte des électeurs italiens contre la partitocratie, à l'occasion du référendum

du 13 juin 1791). Cependant, la possibilité encadrée de réélection est introduite par cette même Constitution (*Les membres du corps législatif pourront être réélus à la législature suivante, et ils ne pourront l'être ensuite qu'après l'intervalle d'une législature* (Titre III, Chapitre I, Section III, article 6) et le décret des deux-tiers (1795) par lequel les membres de la Convention se réservent 500 des 750 sièges des premiers Conseils prévus dans la Constitution du 5 fructidor an III officialise définitivement *l'obsession de la réélection* (Tardieu). *En rendant les députés perpétuellement rééligibles, on les a rendus perpétuellement candidats (...). Il en résulte que nous avons, non des assemblées d'élus, mais des assemblées de candidats* (*ibid.*)).

33. *La souveraineté ne peut être représentée par la même raison qu'elle ne peut être aliénée ; elle consiste essentiellement dans la volonté générale et la volonté générale ne se représente point... Les députés du peuple ne sont donc ni ne peuvent être ses représentants, ils ne sont que ses commissaires ; ils ne peuvent rien conclure définitivement. Toute loi que le peuple en personne n'a pas ratifiée est nulle ; ce n'est point une loi. Le peuple anglais pense être libre, il se trompe fort ; il ne l'est que durant l'élection des membres du parlement : sitôt qu'ils sont élus, il est esclave, il n'est rien. Dans les courts moments de sa liberté, l'usage qu'il en fait mérite bien qu'il la perde* (*Le Contrat social*, livre troisième, ch. XIV).

d'avril 1993, ou la quête de la transparence, en France. On passe alors, selon l'expression de Georges Burdeau, d'une *démocratie gouvernée* à une *démocratie gouvernante*.

La démocratie semi-directe se veut une démocratie de *participation* et non plus d'adhésion. À l'unisson de la Ve République[34], l'abolition de la souveraineté parlementaire débouche sur une manière de partenariat entre les citoyens et les élus, qui emprunte tantôt un aspect sociologique (vie associative, sondages d'opinion) tantôt un aspect juridique multiforme.

À l'image d'un *partage*, le peuple, dans le même temps où il concède l'exercice de la souveraineté *quotidienne* à ses délégués, se réserve de trancher, lui-même, les questions essentielles. En conséquence, les citoyens ont la possibilité de collaborer avec les représentants, soit en déposant un texte de loi au moyen d'une *initiative populaire*, (notamment en Autriche, Pologne, Hongrie)[35] ; soit en le soumettant à sa décision au moyen du *référendum* (Suisse, Californie)[36].

Mais le peuple peut aussi s'ériger en censeur des élus, en abrogeant une loi (technique du *veto populaire* usitée notamment en Italie), ou en les révoquant, en dehors de consultations électorales (*recall* présent dans 18 États américains – voir, en Californie, la révocation, en octobre 2003, du gouverneur Davis pourtant élu en novembre 2002 et son remplacement par A. Schwarzenegger – *abberufungsrecht* prévu, de manière purement formelle, dans certains cantons suisses ; approbation populaire de la destitution du chef de l'État votée par le Parlement – voir l'échec en Roumanie, en mai 2007). En revanche, les élus changeant de parti au cours de législature[37] trahissent objectivement les intérêts des électeurs. Pour autant, la solution préconisée naguère par Kelsen (*il n'est que logique que le député perde nécessairement ce mandat lorsqu'il cesse d'appartenir au parti qui l'a envoyé au Parlement* – principe de la *clause tchécoslovaque*) pose davantage de difficultés qu'elle n'en résout. En effet, les mandats sont attribués par les seuls citoyens et non distribués par les partis.

Parallèlement à ces procédures, un substitut de démocratie semi-directe se présente avec les partis politiques. On prétend, à cet égard, qu'au Royaume-Uni, le meilleur référendum est le *two-party system*, en ce que le bipartisme implique un choix binaire.

34. La souveraineté nationale appartient au peuple qui l'exerce par ses représentants et par la voie du référendum (art. 3 C). V. J. CHATELAIN, *C.R.F.*, p. 179. D. TURPIN, Démocratie représentative et démocratie participative, *Mélanges Jean Gicquel,* 2008, p. 565 ; X. VANDENDRIESSCHE, « Démocratie participative » et légitimité : quelques interrogations, *ibid.* p. 581.

35. En France, le droit de *pétition* (une demande par écrit présentée à une autorité) existe. Elle est adressée par plusieurs personnes au plan national, au président d'une assemblée en vue d'obtenir réparation d'une injustice (art. 147 R.A.N.) et, au plan local, pour l'inscription à l'ordre du jour de l'assemblée délibérante d'une question relevant de sa compétence (art. 72-1 C). Le Conseil économique, social et environnemental peut être saisi par une pétition recueillant au moins 500 000 signatures de toute question à caractère économique, social ou environnemental. En 2013, une première pétition citoyenne relative au *mariage pour tous* a été déposée mais déclarée irrecevable.

36. Le référendum, en tant que technique de formation de la loi, a été retenu, en France, par la constitution de l'an I (art. 53) et celle de 1958 (art. 11 et 89). Le référendum d'initiative minoritaire a désormais droit de cité avec la révision constitutionnelle du 23 juillet 2008 (art. 11 C). Une loi organique est cependant toujours attendue. Au plan local, il peut intervenir sur une matière relevant de la compétence d'une collectivité territoriale (art. 72-1 C) parallèlement aux *consultations* (art. 72-4). V. A. AUER, *Le référendum et l'initiative populaires aux États-Unis*, 1989 ; J.-P. Duprat, Le référendum constitutionnel dans un système français dominé par une logique représentative, *R.I.D.C.* 2006, p. 553 ; F. HAMON, *Le référendum*, 1995 ; F. HAMON (sous la direction), *Le référendum en Europe, Bilan et perspectives*, 2001 ; J.-É. GICQUEL, Faut-il introduire en France le référendum législatif d'initiative populaire ?, *L.P.A.* 28 janvier 2005, p. 5 ; P. TAILLON, *Le référendum, expression directe de la souveraineté du peuple ?,* Dalloz, 2012 ; M. VERPEAUX, Référendum local, consultations locales et constitutions, *A.J.D.A.* 2003, p. 540 *(v. IIIe partie)*.

37. Le *floor-crossing* (selon l'expression en vigueur à Westminster) était même institutionnalisé en Afrique du Sud avec deux périodes de quinze jours par législature avant sa suppression en 2009.

Ainsi, la démocratie semi-directe[38] s'analyse-t-elle, en définitive, comme une sorte de synthèse entre la démocratie directe, idéale mais irréalisable et le régime représentatif, défi théorique à la logique démocratique.

Mais, au-delà de cette prévention, le régime représentatif mérite la considération. On ne peut, en effet, ignorer qu'historiquement, il servit de *référence* aux régimes, au sein desquels les relations entre les organes d'État se nouèrent, selon des modalités particulières. Sous cet aspect, une classification ou une *typologie* fait apparaître deux séries de rapports juridiques, selon que la souveraineté y est *distribuée* entre les organes de l'État ou *centralisée*, en pratique, par l'un d'entre eux.

§ 3. LA CLASSIFICATION DES RÉGIMES POLITIQUES

254 C'est en ce domaine que se manifeste, avec le plus d'éclat, l'apport des démocraties anglo-américaines au droit constitutionnel. L'*équilibre*, véritable maître-mot, y a été recherché et aménagé de deux façons : aux États-Unis, au moyen d'une séparation *tranchée* ou *accentuée* entre les pouvoirs publics (*Ces pouvoirs de volonté en vertu desquels les organes de l'État exercent les fonctions de celui-ci* – Maurice Hauriou) qui aboutit à leur opposition dans le cadre d'un *régime présidentiel ;* en Grande-Bretagne, une séparation *nuancée* ou *atténuée* organise leur collaboration et débouche sur le *régime parlementaire*, appelé aussi, le *gouvernement de cabinet*. Toutefois, au risque de mélanger les genres, il y a lieu de mentionner une tendance actuelle qui consiste à faire *marcher de front*, au plus grand bénéfice de l'exécutif, ces deux types de régimes, ainsi que le vérifie la constitution de la Ve République[39].

À dire vrai, cette césure reflète, d'un point de vue historique, la mise en place dans une société née *libre*, d'une *nouvelle légitimité* (la légitimité *démocratique*) qui règne sans partage en régime *présidentiel* ou qui coexiste provisoirement, au sein d'une société en voie de *libération*, avec l'ancienne (la légitimité *monarchique*) en régime *parlementaire*. Sous le bénéfice de cette observation, on présentera ici, l'économie générale de ces régimes de référence.

A. LE RÉGIME PRÉSIDENTIEL

255 Le *mal nommé* ; leurre institutionnel, doit-on affirmer d'emblée, afin de dissiper la puissance d'égarement qui s'y attache[40]. Au sein du modèle américain, la séparation des pouvoirs est aménagée de façon stricte, en raison de l'unicité de légitimité, tant en ce qui concerne l'organisation que les relations entre les pouvoirs publics. De sorte qu'à

38. On comprend, dans ces conditions, que l'exécutif procède du suffrage universel et dispose, à ce titre, d'une *part* de légitimité, au lieu de l'emprunter aux assemblées, comme dans le cadre parlementaire.

39. V. P. AVRIL, La présidence à nu, *Commentaire* n° 49, 1990, p. 181 ; Ph. LAUVAUX, Classifications des régimes, *Dictionnaire de culture juridique,* 2003.

40. Né aux États-Unis, le régime présidentiel y est demeuré, en dehors de quelques applications en Amérique latine et en France (constitution de 1848), ponctuées de révolutions et de coups d'État. V. G. GILSON, *La découverte du régime présidentiel,* 1968. Son caractère isolé contraste avec la large diffusion du régime parlementaire, et du mode de vie américain. Walter Bagehot a, en 1867, opposé le *gouvernement présidentiel* au *gouvernement de cabinet*. Dans l'entre-deux-guerres, le terme de *régime* va s'imposer à celui de *Gouvernement* au risque de rendre les appellations finales ambiguës. Ph. LAUVAUX, L'illusion du régime présidentiel, *Mélanges Pierre Avril,* 2001, p. 329.

l'opposé de la sémantique et de l'opinion reçue, l'autorité présidentielle est moins affirmée que *concurrencée*. Autrement dit, le *couple* formé par le président et le parlement (le *Congrès*) dirige les destinées des États-Unis, en contraste avec le régime *présidentialiste* de la France, qui s'abandonne à la *seule* volonté de son magistrat suprême. À titre de pierre d'attente, il n'est pas indifférent de souligner que la comparaison entre ces régimes tourne à *l'opposition*.

Un régime présidentiel est celui dans lequel les pouvoirs (ou les organes de l'État) *s'absorbent dans leur fonction respective, s'isolent l'un de l'autre* et se contentent d'une collaboration *minimale*. Il combine la *spécialisation fonctionnelle* et l'*irrévocabilité mutuelle*.

1. L'organisation des pouvoirs publics

256 La structure, ou si l'on préfère la charpente, d'un régime présidentiel est simple, sinon rudimentaire à la limite, par rapport à celle plus élaborée du régime parlementaire. Si l'organisation du Parlement est indifférente, l'exécutif, quant à lui, est nécessairement *monocéphale*.

a) Un exécutif monocéphale

257 *Le pouvoir exécutif est confié tout entier* à une seule et même personne, le président, qui cumule les attributions d'un chef d'État *et* de Gouvernement. Il est assisté d'un certain nombre de *collaborateurs*, au premier rang desquels figurent les *secrétaires* ou ministres, selon la terminologie courante. Nommés et révoqués *ad nutum* par le président, choisis en dehors du Parlement, ils ne forment pas un ensemble structuré et ne possèdent pas, en théorie, le pouvoir décisionnel. Par ailleurs, ils n'ont pas accès aux chambres. La prééminence du président au sein de l'exécutif est manifeste, dans ce sens c'est bien un *gouvernement présidentiel* (W. Bagehot). Aussi, les tensions et dissensions concurrentielles avec un ministre visibles dans un régime parlementaire (T. Blair et G. Brown entre 1997 et 2007) ou présidentialiste (J. Chirac et N. Sarkozy entre 2002 et 2007) où le chef de l'État ou de gouvernement est parfois contraint d'accepter des associés – rivaux au sein de l'équipe gouvernementale, ne sont-elles pas ici concevables. Bref, à Washington, pas une tête ne dépasse. Par ailleurs, tirant son autorité d'une investiture *populaire*[41], le président est indépendant du Parlement, qui ne peut pas mettre en cause sa responsabilité *politique*, ni, du reste, celle des secrétaires[42]. À charge de revanche, il ne peut disposer, à son encontre, du droit de dissolution. On est face à une double irrévocabilité *politique*.

41. L'élection *populaire* du titulaire de l'exécutif se présente comme une condition *nécessaire*, mais non *suffisante* pour identifier le régime présidentiel. Du reste, elle n'était pas prévue par les Pères fondateurs en 1787. La Ve République, quant à elle, est un *vrai-faux régime présidentiel* (S. July). À la *neutralisation* des pouvoirs, elle oppose l'exaltation du pouvoir du chef de l'État. V. G. GONDOUIN, Propos sur la France et le régime présidentiel, *R.D.P.* 1998, p. 373.

42. Cependant, le Congrès américain peut mettre en cause la *responsabilité pénale* du président et des secrétaires, dans le cadre de la procédure de l'*impeachment*. L'affaire du Watergate a provoqué la démission de Richard Nixon en 1974, tandis que Bill Clinton, accusé notamment de parjure, était acquitté par le Sénat, (v. *IIe partie)*. Quant au président brésilien Collor, il a été destitué par le Parlement, pour des faits de corruption, en 1992.

b) Un parlement monocaméral ou bicaméral

258 L'archétype du régime présidentiel se situant aux États-Unis, on serait tenté de croire que le bicamérisme s'impose logiquement. En réalité, l'analyse est délicate puisque la division du Congrès américain en deux chambres résulte certes de la distribution des pouvoirs en ce sens que les Pères fondateurs, suivant ici les préceptes de Montesquieu (*supra*, n° 240 et s.), étaient persuadés que le monocamérisme ferait *peser sur notre postérité une des formes les plus exécrables de gouvernement* (Hamilton), mais découlait aussi de la structure fédérale de l'État exigeant la présence d'une seconde chambre afin d'assurer la représentation des entités fédérées. (v. *IIe Partie*). Bref, le monocamérisme présent en France (dans les constitutions de 1791 et 1848) et dans certains États d'Amérique latine (Pérou, Venezuela notamment) n'est donc pas incompatible en soi avec le régime présidentiel. En fait, ce qui importe, c'est moins le nombre que l'autorité dont est investi l'organe délibérant, qui se présente à la manière d'un authentique *contre-pouvoir* et nullement d'un *faire-valoir*, à la différence du régime *présidentialiste*.

2. Les relations entre les pouvoirs publics

259 À l'image de la *séparation de corps*, le régime présidentiel conforte l'autonomie des pouvoirs, au sens organique et fonctionnel. Chaque autorité dispose de la garantie d'existence, en *l'absence* de la responsabilité politique et du droit de dissolution. Cette mutuelle indépendance se combine avec une *spécialité* et une *dépendance* fonctionnelle. Pour Madison, *l'ambition doit contrarier l'ambition*. Reprenant la vision de Montesquieu, les pères fondateurs ont bâti un système d'entremêlement des pouvoirs où chacun est à la fois maître de l'activité qui lui a été confiée tout en ne pouvant jamais agir dans une absolue indépendance. Autrement dit, tout est agencé afin que ces associés-rivaux soient continuellement *forcés d'aller de concert* (Montesquieu), pour mener à bien les réformes.

En effet, pour étendu qu'il soit, ce principe de la *spécialisation* fonctionnelle ne peut être absolu et aménage une *dépendance* entre les pouvoirs. Celle-ci résulte, tantôt, de la constitution elle-même (droit de veto attribué au président vis-à-vis des lois du Congrès, pouvoir de confirmation reconnu au Sénat s'agissant des emplois fédéraux) ; tantôt de la pratique (droit d'initiative du *Chief Executive*, en matière législative, au moyen des messages au Congrès). En réalité, une collaboration minimale entre les pouvoirs doit être garantie car imposer une étanchéité absolue, ce qui n'a jamais été du reste le choix des constituants américains, conduit, en cas de tensions, à la thrombose (constitution de l'an III).

Dès lors, chaque pouvoir dispose des moyens de *neutraliser* l'autre. Vu de l'extérieur, le président apparaît fort (car il est à la tête de la première puissance mondiale) ; vu de l'intérieur, il ressemble à Gulliver. Ne disposant pas du *leadership* politique du premier ministre britannique et du président de la République française, il est perpétuellement condamné à négocier avec les élus dans la mesure où il est privé du relais incomparable d'une majorité (voir la débauche d'efforts effectuée par B. Obama sur la réforme de la protection sociale aux États-Unis et sur *la falaise* budgétaire). L'enlisement ressemble fort à l'impuissance, le plus clair du temps (voir l'échec des réglementations sur les armes). Les pouvoirs enchaînés garantissent la liberté, selon la vision des *Pères fondateurs*, fût-ce au prix de la paralysie (*deadlock*, *gridlock* ou *stalemate*). *Le choix que nous discernons*, affirment les membres de la Cour suprême (*INS v. Chadha*, 1983), *comme étant ceux de la Convention constitutionnelle pèsent sur les processus gouvernementaux, qui, du coup, paraissent souvent lourds, inefficaces, et même impraticables, mais ces choix difficiles ont été faits en connaissance de cause par des hommes qui avaient vécu sous une forme de gouvernement qui permettait aux actes de l'arbitraire gouvernemental de rester impunis.* Au final, ce régime pose plus de problèmes qu'il n'en résout, à telle enseigne que seules des conditions spécifiquement américaines favorisent son exercice (voir les heurs et malheurs des expériences latino-américaines). (voir Titre II, Chapitre II)

B. LE RÉGIME PARLEMENTAIRE OU LE GOUVERNEMENT DE CABINET

260 En instituant le régime présidentiel, les constituants américains avaient pensé *aménager*, pour un président dans un cadre républicain, le système de monarchie limitée[43], qu'ils avaient vu, dans leur jeunesse, fonctionner dans ce qu'ils regardaient, alors comme la mère-patrie. Mais, dès la fin du XVIIIe siècle, les Anglais en étaient arrivés, *empiriquement*, au régime parlementaire qui peut se définir ainsi en termes *juridiques : régime dans lequel les organes de l'État collaborent et dépendent mutuellement*. La collaboration fonctionnelle, autant qu'élargie, se joint à la révocabilité mutuelle. Bref, le ressort en est le *concours* des pouvoirs publics à l'unisson de la majorité électorale du pays, laquelle se transmet *mécaniquement*[44]. À cet aspect raffiné du parlementarisme, il importe d'associer sa *plasticité*.

Né d'un conflit de légitimités, il n'a cessé d'évoluer au point de refléter, de nos jours, la seule légitimité démocratique. *Le Gouvernement par une majorité* est une définition *politique* qui s'impose en dernière analyse.

1. L'organisation des pouvoirs publics

261 Si le *bicéphalisme* de l'exécutif s'impose, le Parlement peut être soit *monocaméral* soit *bicaméral*.

a) Un exécutif bicéphale

262 Le parlementarisme fait songer à l'aigle à deux têtes de la dynastie des Habsbourg. Il opère une dissociation entre le chef de l'État et le gouvernement (ou le cabinet) ou, si l'on préfère, l'*élément fixe* et l'*élément mobile* (Prévost-Paradol).

43. Succédant à la période *absolue,* la monarchie est appelée *limitée* à partir de l'instant où la règle juridique (le droit, en un mot), se substitue au bon vouloir du prince. La Grande-Bretagne franchit cette étape, à partir de la révolution de 1688, la France, un siècle plus tard, avec la constitution de 1791. Toutefois, il y a lieu d'observer que du point de vue de sa structure, l'exécutif demeure d'un *seul tenant :* les ministres étant étroitement subordonnés au roi. En revanche, la monarchie devient *parlementaire* lorsque l'exécutif se scinde en deux éléments distincts : *le pouvoir royal* d'une part, et *le pouvoir ministériel* d'autre part, pour parler comme Benjamin Constant. V. Ph. LAUVAUX, *Le parlementarisme,* 1986 ; D. BARANGER, *Parlementarisme des origines. Essai sur les conditions de formation d'un exécutif responsable en Angleterre,* 1999.

44. *Renoncer à la majorité, c'est vouloir marcher sans pieds, voler sans ailes, c'est briser le grand ressort du gouvernement représentatif,* affirmait Chateaubriand (*De la monarchie selon la Charte,* 1816). V. D. TURPIN, *Le régime parlementaire,* 1997.

α) Le chef de l'État

263 L'avènement de la dynastie de Hanovre, en 1714, en Grande-Bretagne, ayant précipité l'évolution (les rois George se désintéressaient des affaires publiques), celui-ci ne joue pas un rôle actif dans la vie politique, mais tout au plus contemplatif, sinon décoratif. Symbole vivant, il incarne l'État, qu'il soit monarque ou président de la République. Du reste, et de façon significative, son mode de désignation (la succession héréditaire [Grande-Bretagne, Espagne, Belgique], l'élection par le Parlement [Italie], une assemblée *sui generis* [Allemagne] ou le peuple [Irlande, Autriche, Portugal]) est indifférent. Il reste toujours politiquement irresponsable, chacun de ses actes devait être contresigné (c'est-à-dire avalisés par le chef du Gouvernement). Les conflits entre l'exécutif et le parlement ne l'atteignent pas, selon la formule lancée en 1829, par Thiers : *le roi règne, mais ne gouverne pas. Tout se fait au nom du roi, rien ne fait par lui.* D'où la différence des conditions : *la personne du roi est inviolable et sacrée. Ses ministres sont responsables* (art. 13 de la Charte de 1814). *Le dieu terne de la République* (A. France), en somme.

Cependant, le chef de l'État conserve une influence *morale* sur la marche des affaires gouvernementales qui provient, soit de son autorité personnelle, soit de son expérience politique, soit d'une défaillance de la structure partisane[45].

β) Le Gouvernement ou le cabinet

264 C'est la pièce essentielle *(la cheville ouvrière)* du régime parlementaire, car c'est par lui que s'établit la collaboration ou le concours entre l'exécutif et le parlement. Du reste, *il est parlementaire par ses origines et gouvernemental par ses fonctions.*

D'une façon plus précise, il ne peut gouverner qu'avec la confiance de la majorité parlementaire, issue des élections ; s'il perd cette confiance, il est obligé de démissionner[46]. Ainsi *les chambres sont l'arène où se dispute le pouvoir* (Royer-Collard). L'aptitude des ministres à gouverner, sous l'autorité de l'un d'entre eux (premier ministre ou président du conseil), repose sur les causes suivantes : ils sont issus du Parlement, soit la règle de la *compatibilité* ou du *cumul* entre les fonctions exécutives et parlementaires. Quintessence de la collaboration entre les pouvoirs, c'est parce qu'ils sont membres du Parlement que les ministres y ont entrée, droits de parole et de déposer un projet de loi. Aussi, l'incompatibilité entre les fonctions de membres du Parlement et du gouvernement est-elle antonymique avec la logique du régime parlementaire et est, du reste, rarement instituée (Belgique, France, Pays-Bas, Norvège et Suède). La règle prévoyant, en Grande-Bretagne, qu'un MP's nommé ministre devait se faire réélire immédiatement afin de démontrer l'accord de ses électeurs a été abandonnée en 1926. Par ailleurs, les ministres sont *solidairement* responsables, c'est-à-dire qu'ils répondent *en commun*, de la politique du cabinet devant les députés.

45. C'est *le régime du coq en pâte* (J. Bainville). Vincent Auriol (président de 1947 à 1954) affirmait : *Je n'ai pas le droit de décider. J'ai le devoir d'avertissement et de conseil.*

46. *En Israël, le principe de l'élection du premier ministre au suffrage universel direct a été instauré par la loi fondamentale de 1992* (*Pouvoirs,* n° 72, 1994, p. 125) et mis en œuvre en 1996, 1999 et 2001. Si le cabinet n'obtenait pas la confiance des députés, le premier ministre et ceux-ci retournaient ensemble devant les électeurs (v. Cl. KLEIN, *La démocratie d'Israël,* 1997). Accusée d'amplifier l'éparpillement électoral, l'élection directe du premier ministre a été abandonnée en 2001. À la réflexion, le système des partis politiques débouche sur une investiture populaire du chef du Gouvernement, en raison du choix binaire auquel les électeurs sont confrontés. L'Allemagne, l'Espagne et la Grande-Bretagne vérifient cette hypothèse. V. J.-Cl. COLLIARD, L'élection du premier ministre et la théorie du régime parlementaire, *Mélanges Pierre Avril,* 2001, p. 517.

b) *Un parlement monocaméral ou bicaméral*

265 Sous l'influence britannique, le bicamérisme s'est primitivement imposé dans le fonctionnement du régime parlementaire. Le modèle de Westminster basé sur la division entre la Chambre des Lords et la Chambre des Communes a été transplanté en France sous la monarchie constitutionnelle (1814-1848) avec la Chambre des pairs et des députés. La même distinction se retrouvera sous les régimes subséquents, telle la Ve République (art. 24 C). À la dualité du pouvoir exécutif répond celle du pouvoir législatif où chaque chambre a la possibilité d'empêcher l'autre. En résulte, comme l'avait démontré Montesquieu, un équilibre spécifique des pouvoirs où le Parlement n'est pas mis en position de puissance (*Le corps législatif y étant composé de deux parties, l'une enchaînera l'autre par sa faculté mutuelle d'empêcher*) face à un exécutif divisé.

Si dans une perspective plus contemporaine, le bicamérisme n'est pas indispensable pour le fonctionnement au quotidien du régime parlementaire[47], il reste cependant utile dans la confection législative. Ici s'impose la fameuse présentation de Boissy d'Anglas, à propos de la constitution de l'an III, selon laquelle une assemblée est *l'imagination de la République*, tandis que l'autre en est la *raison*[48]. De la seconde chambre, la sagesse et un travail d'expertise sont attendus[49]. En résulte une amélioration des textes et *lorsqu'une liberté est en cause, deux chambres, c'est deux chances* (R. Monory). Du reste, il arrive parfois qu'un parlement monocaméral organise une dissociation interne entre ses membres recréant, *de facto*, pour la procédure législative, le dialogue entre les deux chambres. Ainsi en Norvège, une navette était-elle organisée entre le Lagting (composé de 25 % des députés désignés par l'Assemblée unique, le Storting) et l'Odelsting (75 % des députés). La révision de la constitution norvégienne de 2007 a mis fin à cette procédure que l'esprit partisan avait fini par éroder[50]. Le rôle, moins marqué, de la Grande commission au sein de l'Assemblée finlandaise, l'Eduskunta, peut aussi être évoqué.

Cependant, sauf en Italie où le Sénat a les mêmes pouvoirs que la Chambre des députés ce qui est une source considérable d'affaiblissement du gouvernement tenu d'être appuyé par les deux assemblées, la tendance actuelle est en faveur du *bicamérisme atténué*. Les attributions législatives et budgétaires de la seconde chambre sont restreintes et le dialogue politique majeur se resserre entre le cabinet et la chambre issue directement du suffrage universel[51]. Reste que, ne pouvant être dissoute, échappant généralement à la discipline majoritaire, la chambre haute entretient finalement des relations complexes

47. En effet, le parlementarisme n'est pas exclusif du monocamérisme, à l'exemple de nombreux États membres de l'Union européenne (Danemark, Grèce, Finlande, Luxembourg, Portugal, Suède et, chez les nouveaux arrivants, Chypre, Estonie, Hongrie, Lettonie, Lituanie, Malte, Slovaquie et Slovénie). La Nouvelle-Zélande et Israël se rattachent à cette tendance. Lors d'un référendum, les Irlandais ont refusé, en 2013, de supprimer leur seconde chambre (*Seanad Eireann*). La campagne tourna seulement autour des effets d'économie à en attendre.

48. C'est pourquoi on a souvent comparé la seconde chambre à une digue, à un barrage, ou à un frein destiné à *arrêter* la poussée populaire qui se manifeste dans la chambre élue au suffrage universel direct. D'où l'opposition des républicains, en France, à l'institution d'une telle assemblée. À deux reprises, les 5 mai 1946 et 27 avril 1969, le peuple français, par voie de référendum, a repoussé le principe du monocamérisme. V. *Le bicamérisme dans le monde,* Forum des Sénats du monde, Sénat, mars 2000.

49. Dans cette logique, le Conseil des États en Inde comprend, aux côtés des membres élus, 12 personnes désignées en raison de leurs connaissances et apports dans les domaines de la littérature, les sciences et l'art (art. 80 de la Constitution indienne du 26 novembre 1949). Le Sénat irlandais *(Seanad Eireann)* est composé de 60 membres désignés, à raison de 11 par le premier ministre, 43 par les organisations socioprofessionnelles et 6 élus par les universités.

50. V. I. NGUYEN-DUY, L'abolition du bicamérisme norvégien, *R.D.P.* 2008, p. 921 et, d'une manière plus générale, D. BREILLAT, Le bicamérisme dans le monocamérisme, *Mélanges Patrice Gélard,* 1999, p. 347.

51. La procédure budgétaire en offre un exemple pertinent avec l'incompétence, *de facto* ou *de jure* de la seconde chambre en Autriche, Belgique, Espagne, Irlande, République tchèque et Royaume-Uni. De manière originale, le Sénat belge dispose, selon les textes, d'une marge d'action variable : bicamérisme

avec le gouvernement à tel point que des analogies avec la régulation institutionnelle propre au régime présidentiel peuvent être trouvées. Autant l'Exécutif réussit-il généralement à imposer son autorité politique à la chambre basse, autant est-il davantage conduit à négocier, convaincre, voire à renoncer devant l'autre.

2. Le fonctionnement du régime parlementaire

266 Ici, l'évocation de la séparation des pouvoirs (au sens de dissociation organique et fonctionnelle) s'avère trompeuse. Walter Bagehot, décrivant le modèle anglais, mettait en avant *la fusion presque complète du pouvoir exécutif et du pouvoir législatif. Le lien qui les unit se nomme le Cabinet.* De manière plus imagée, Léon Blum affirmait que le régime parlementaire *c'est la vie de ménage.* De fait, la boutade est accordée à la *confiance* ou à la solidarité qui caractérise fondamentalement les relations entre les pouvoirs. Sur cette base *juridique* s'instaure entre eux une *collaboration équilibrée* et *sanctionnée.*

a) Une collaboration équilibrée

267 La vie en commun se marque de plusieurs façons : du point de vue du *personnel*, la règle précitée de la *compatibilité* entre les fonctions parlementaire et gouvernementale en assure l'*unité*. Au surplus, du point de vue *fonctionnel*, il existe des compétences *ouvertes ou concurrentes*. En l'absence de cloisons étanches, le parlement participe aux activités de l'exécutif et *vice versa*. La procédure législative prend à cet égard, valeur de symbole. Cependant, la communauté peut être traversée de difficultés. L'existence de mécanismes *régulateurs* assurera, après un trouble passager, le retour à la sérénité.

b) Une collaboration sanctionnée

268 En régime parlementaire, les pouvoirs sont comptables de leurs actes, en d'autres termes, responsables et donc révocables mutuellement : le droit pour les députés de provoquer le retrait du Gouvernement a pour *contrepartie* normale leur retour anticipé devant les électeurs, consécutif à l'exercice du *droit de dissolution*. C'est le *syndrome de la mante religieuse* (Cl. Émeri). À l'instar de l'arme nucléaire pendant la guerre froide, l'équilibre d'un régime est paradoxalement obtenu grâce à la non-utilisation de ces prérogatives.

La règle majeure, en ce domaine, est que le cabinet ne doit et, du reste, ne peut gouverner qu'avec la confiance du Parlement ou, plus précisément, de la majorité de la chambre issue du suffrage universel. À ce compte, le régime est à l'unisson de l'expression majoritaire du corps électoral.

Cette nécessité pour le cabinet de garder la confiance des députés est sanctionnée par la responsabilité *politique*, c'est-à-dire par la perte ou le retrait du pouvoir. Ce principe, qui trouve son origine dans la procédure britannique de l'*impeachment*[52], donne naissance à une double procédure : tantôt le premier ministre prend l'initiative de la vérification, et pose *la question de confiance*. Tantôt, au contraire, l'initiative du débat est prise par des membres de l'assemblée, qui déposent une *motion de censure*.

parfait (droit de veto), bicamérisme optionnel (possibilité d'examiner le texte avec le dernier mot pour la chambre basse) et monocamérisme (aucune intervention).

52. Au départ, il s'agissait, conformément à la tradition, d'une procédure *pénale,* destinée à sanctionner un ministre, ayant commis une infraction dans l'exercice de ses fonctions. La Chambre des Communes l'accusait et la Chambre des Lords le jugeait. Sur ce fondement, deux ministres de Charles Ier (Strafford et Laud) furent exécutés. Aussi, à la fin du XVIIIe siècle, la simple menace d'*impeachment* suffit à provoquer le retrait du cabinet : en 1782, celui de Lord North donne sa démission à la suite d'une motion de défiance votée par la Chambre des Communes et susceptible d'entraîner la mise en œuvre de la procédure de l'*impeachment*. À partir de cette date, on peut admettre que le système de la responsabilité *pénale* et *individuelle* du ministre se transforme en responsabilité *politique* et *collective* du cabinet. Aux États-Unis, les Pères fondateurs vont transplanter l'*impeachment* sans prendre conscience de sa transformation en Grande-Bretagne. V. Ph. SÉGUR, *La responsabilité politique,* 1998. L'*impeachment* conserve son utilité dans un régime parlementaire pour destituer le Chef de l'État coupable d'agissements personnels préjudiciables à l'autorité de l'État (voir la destitution du président lituanien en 2009).

Toutefois, le Gouvernement dispose d'une arme qui lui permet d'exercer sur le Parlement une pression sérieuse et d'éviter souvent d'être mis en minorité. Cette arme se présente sous la forme du *droit de dissolution*.

Celle-ci consiste pour l'exécutif à *abréger* la durée du mandat des parlementaires, afin de provoquer de nouvelles élections. Il suit de là, que ce régime crée *un droit de révocation mutuelle* entre les pouvoirs. Car, la mise en jeu de la responsabilité du Gouvernement par les parlementaires est susceptible de les ramener devant leurs électeurs. De fait, le droit de dissolution signifie que, par-delà la confiance de la chambre, existe celle plus importante du pays et que les députés doivent faire la preuve qu'ils représentent bien la majorité des citoyens. De même, un Gouvernement mis en minorité par l'assemblée peut en appeler au pays et demander aux électeurs de trancher le conflit. C'est à cette condition que l'*équilibre* entre la puissance gouvernementale et la puissance parlementaire peut se réaliser[53]. On ne saurait, en effet, confondre le régime parlementaire avec la souveraineté parlementaire.

3. L'évolution du régime parlementaire

269 À chacun sa vérité, comme à chacun son régime parlementaire, serait-on tenté de dire, à la manière de Pirandello. Ainsi, le parlementarisme n'a cessé d'évoluer depuis sa fondation, à la fin du XVIIIe siècle au point de fonder une famille, au sein de laquelle, chaque *membre* possède cependant sa personnalité propre.

a) Les modalités traditionnelles

270 Celles-ci se présentent, au XIXe siècle, sous deux aspects : le parlementarisme *dualiste*, puis *moniste*.

α) Le parlementarisme dualiste ou orléaniste

271 Si l'on poursuit la comparaison, il s'agit de *l'ancêtre* de la famille, né au Royaume-Uni, en 1782 (démission du Gouvernement de Lord North) et qui disparaît, en 1837, lors de l'avènement de la reine Victoria. Sur ces entrefaites, il s'est acclimaté en France, à partir de 1814, au point d'y être appelé également *orléaniste*, du nom de la dynastie régnante sous la Monarchie de juillet (1830-1848) qui servit de cadre à son essor.

Historiquement, si cette modalité amorce le dépérissement du pouvoir exécutif, elle n'équivaut pas, cependant, à son anéantissement. Autrement dit, il représente une *transition*, appelée la monarchie limitée, par opposition à la monarchie absolue. À ce titre, le chef de l'État est investi d'une part *constitutionnelle* (Louis-Philippe) : il nomme et révoque les ministres ; il participe à la formation de la loi, par l'exercice du pouvoir de *sanction*, au point d'en être le *coauteur*, et il procède à la dissolution de

53. La dissolution a été qualifiée, par Prévost-Paradol, *royale* ou *présidentielle,* en ce qu'elle ressortit à la libre appréciation du chef de l'État (ce qui peut entraîner, en contrepartie, sa mise en cause, comme Mac Mahon en 1877). À l'opposé, dans le cadre du monisme, la dissolution sera dite *gouvernementale* ou *ministérielle,* à partir du moment où elle est décidée par le chef du Gouvernement ; le chef de l'État confirmant sa volonté. V. J. GICQUEL, Président de la République (IIIe, IVe et Ve République) *in Dictionnaire historique de la vie politique française au XXe siècle,* 1995, p. 835. Après avoir rappelé que le Sénat sous la IIIe République devait confirmer la dissolution de la Chambre des députés, il est loisible de remarquer que l'approbation de la Chambre basse est parfois nécessaire (Belgique) et que même un droit d'autodissolution peut être institué (Autriche, Hongrie, République tchèque (voir en 2013), Pologne). Par ailleurs, la nouvelle Constitution hongroise, entrée en vigueur le 1er janvier 2012, a prévu que le Conseil budgétaire pourra demander la dissolution si la dette publique dépasse les 50 % du PIB. Relevons enfin que d'autres régimes s'accommodent de l'absence du droit de dissolution (Norvège) ou de son incapacité, en raison du scrutin proportionnel retenu pour les législatives, à faire évoluer significativement les lignes politiques (Belgique, Pays-Bas). La vertu disciplinaire et dissuasive de la dissolution est ici totalement remisée. V. Ph. LAUVAUX, *La dissolution des assemblées parlementaires,* 1983 ; P. LALUMIÈRE et A. DEMICHEL, *Les régimes parlementaires européens,* 2e éd., 1978.

l'assemblée, le moment venu. Autant de raisons pour Guizot, d'affirmer, en 1846, *que le trône n'est pas un fauteuil vide, ni une machine inerte.*

Quant au cabinet, il se livre à un exercice d'équilibriste, à partir de l'instant où son existence est conditionnée par la confiance *simultanée* du chef de l'État et de l'assemblée. Autrement dit, une double responsabilité pèse sur lui ; ce qui est à l'origine de la dénomination *dualiste* attribuée à cette forme de parlementarisme. En un mot, le cabinet est *un lien vivant entre les pouvoirs. Il représente le roi dans l'enceinte des chambres, les chambres dans le cabinet du roi* (Duvergier de Hauranne). Au final, le parlementarisme dualiste aménage un *ménage à trois*.

L'orléanisme devait ressusciter au début de la IIIe République (1875-1879) et sous la Ve République. À preuve, l'existence de *pouvoirs personnels* du président (nomination du premier ministre, dissolution de l'Assemblée nationale) (art. 19 C) et la cohabitation. Pologne, Bulgarie et Roumanie s'y adonnent, avec des fortunes variées.

Sa spécificité réside dans deux éléments : le chef de l'État demeure un acteur politique *décisif*, tandis que le gouvernement assure le rôle d'*interface* ou de *liaison* entre celui-ci et les chambres. Le maintien de ce double équilibre reste toutefois précaire et éphémère. Irrésistiblement, le parlementarisme dualiste incline vers le monisme.

β) Le parlementarisme moniste

272 Modalité classique par excellence, à laquelle on songe instinctivement, elle correspond, en Grande-Bretagne au règne de Victoria (1837-1901) et, à l'heure présente, au dénominateur commun des États de l'Union européenne. Le monisme se réduit à une double vision : un chef de l'État, simple spectateur politique (*le roi ne peut mal faire, puisqu'il ne peut rien faire*, selon l'axiome anglais) investi d'une magistrature inactive ou contemplative[54]. *Le dieu terne de la République* (A. France) est réduit au rôle protocolaire *d'inaugurer les chrysanthèmes*, selon le mot du général de Gaulle. Il ne peut accomplir aucun acte sans l'assistance juridique du Gouvernement (règle dite du *contreseing* ministériel), sauf à démissionner. Le ministère, émanation de la majorité parlementaire est investi de la *plénitude* du pouvoir exécutif. Il est responsable *uniquement* devant la chambre.

La Ve République peut se réclamer, en pratique, d'un *monisme inversé* en ce sens que le chef du gouvernement ne s'estime comptable de ses actes que devant le seul chef de l'État. *Être premier ministre, c'est mériter la confiance des Français, c'est mériter la confiance du Président de la République*, D. de Villepin. La responsabilité du gouvernement devant l'Assemblée nationale (art. 50 C) est plus virtuelle qu'effective.

b) Les modalités contemporaines

273 Au XXe siècle, la descendance a pour nom respectif, le parlementarisme *rationalisé* et *majoritaire*. Ces nouvelles modalités sont intimement liées au système des partis

54. Le recours au droit comparé permet de nuancer cette vision. Si le monarque britannique, par convention, ne peut refuser de promulguer la loi (Bagehot affirmant même que *si le Parlement votait un jour l'exécution de la souveraine, la loi devait être contresignée par elle, sans possibilité de refus*), cette attitude *notariale* n'est pas systématique ni en Italie (cinq refus de la part du Président Ciampi entre 1999 et 2006) ni en Allemagne (deux refus du Président Köhler en 2006 et 2008). En Belgique, le roi Beaudoin s'était vu reconnaître le bénéfice de la clause de conscience, lorsqu'en 1990, il renonça provisoirement à sa fonction, afin de ne pas promulguer une loi relative à l'avortement. En Islande, le chef de l'État en s'opposant, en 2010, puis en 2011, à la promulgation de la loi Icesave relative aux modalités de remboursement de la dette colossale du pays, a provoqué l'organisation obligatoire de référendums (art. 26 de la Constitution du 23 mai 1944) rejetés par les électeurs. Par ailleurs, le *ministère de la parole* voire *l'influence occulte* sont plus développés en Europe continentale qu'en Grande-Bretagne. Le président Köhler, le *président des citoyens*, s'est régulièrement inséré dans le débat public allemand. Son ultime intervention sur l'Afghanistan conduira, de manière inattendue, à sa démission en 2010. En Belgique, Albert II a œuvré constamment contre l'instabilité politique et les forces centrifuges flamandes. En Italie, G. Napolitano a pesé de tout son poids pour favoriser le départ de S. Berlusconi et l'arrivée au pouvoir de M. Monti en 2011. Ultime pôle de stabilité, les partis politiques l'ont persuadé de se représenter pour un nouveau mandat en 2013.

politiques, ou plus précisément à leur aptitude à dégager ou non une *majorité* parlementaire[55]. Elles se situent dans la relation entre le pis-aller et la panacée.

α) Le parlementarisme rationalisé

274 L'expression forgée par le doyen Boris Mirkine-Guetzevitch, dans l'entre-deux-guerres, par référence à la constitution allemande de 1919 (dite de *Weimar*), désigne une espèce *finalisée*. Outre une codification des règles (la constitution grecque de 1975 comporte même des *déclarations interprétatives*), celle-ci se présente comme un ensemble de règles techniques destinées à préserver la stabilité et l'autorité du Gouvernement, en l'*absence* d'une majorité parlementaire constante. En somme, des cribles et des butoirs sont disposés afin d'endiguer l'indiscipline partisane et même de permettre à un *gouvernement minoritaire* (*i.e.* un gouvernement non appuyé par une majorité absolue de députés[56]) de mener à bien sa politique. Particulièrement éclairante, la *motion de censure constructive* présente principalement en Allemagne (art. 67 de la Loi fondamentale du 23 mai 1949 ; *Le Bundestag ne peut exprimer sa défiance envers le chancelier fédéral qu'en lui élisant un successeur à la majorité de ses membres*) et en Espagne (art. 113-2 de la constitution du 27 décembre 1978) est contraignante pour l'opposition. La rationalisation, cette technique *orthopédique* (M. Prélot) a été omniprésente dans la constitution de 1958 : fixation de l'ordre du jour des assemblées par le Gouvernement (art. 48) ; police des amendements (art. 40 et 44) et, stricte réglementation de l'engagement de responsabilité ; le point d'orgue étant l'article 49, alinéa 3 (56). L'utilité de ces mécanismes sera tout particulièrement évidente entre 1988 et 1993, les gouvernements Rocard, Cresson et Bérégovoy devant se contenter d'une majorité relative de soutien à l'Assemblée nationale. La loi constitutionnelle du 23 juillet 2008 s'est pourtant orientée vers un desserrement de cette contrainte (v. *III*^e^ *partie).*

β) Le parlementarisme majoritaire

275 Le dernier-né, dénommé aussi *gouvernement de législature* est façonné, à l'opposé du précédent, par la logique majoritaire. Selon une vision *politique*, il se caractérise par le fait qu'un parti, ou une coalition, détient seul(e), la majorité des sièges au Parlement, à l'exemple de la Grande-Bretagne, de l'Allemagne ou de la France (2002, 2007 et 2012). Il s'ensuit une *soudure* entre le Gouvernement et sa majorité qui, pour l'essentiel, renouvelle le genre parlementaire. La séparation cède le pas à la confusion du pouvoir au profit de l'exécutif ; la crise ministérielle ressortit à la nostalgie. À titre de pierre d'attente, cette modalité implique une contrainte, celle de la discipline de vote des députés. L'institution britannique du *whip* (piqueur en termes de vénerie) chargé de rameuter la majorité est topique. Mais la récompense n'est pas absente. Par un détour inattendu, elle se présentera à la faveur de la dissolution de la chambre décidée au moment jugé propice, en vue de la reconduction de la majorité sortante, à rebours de la sanction traditionnelle. Il reste à observer que le parlementaire majoritaire contribue à modifier l'environnement politique : un triple phénomène est à noter : la structuration des partis incline au bipartisme ou à la bipolarisation ; la transformation du Parlement le réduit à une tribune de l'opposition, ainsi que la menace de marginalisation de la constitution face au système des partis de gouvernement et d'opposition (v. *II*^e^ *partie).*

Pour faire bonne mesure, la France a enrichi, à son tour, la typologie constitutionnelle. À la partition, d'autres régimes politiques préfèrent l'*indivision*, de telle sorte que l'*exclusivité* de la légitimité démocratique s'accompagne d'une vision *globale* de la souveraineté. Aux charmes de l'équilibre, la *hiérarchie* est substituée, soit au bénéfice du Parlement, dans le cadre d'un *régime d'assemblée*, appelé aussi *régime conventionnel*, en souvenir de la Convention (1792-1795) ; soit au profit du chef de l'exécutif, en *régime présidentialiste*.

55. V. Ph. LAUVAUX, *Parlementarisme rationalisé et stabilité du pouvoir exécutif,* Bruxelles, 1988.

56. Cette pratique est surtout répandue dans les pays scandinaves. Le système électoral retenu (la représentation proportionnelle) n'est pas décisif puisque de tels gouvernements peuvent aussi être présents dans des régimes recourant au scrutin majoritaire à un tour (au Canada entre 1972-1974 (gouvernement Trudeau) et entre 2004 et 2011 (gouvernements Martin et Harper)) ou à deux (France entre 1988 et 1993). V. B. JEANNEAU, Pour une réhabilitation des gouvernements dits minoritaires, *Mélanges Pierre Avril,* 2001, p. 533.

C. LE RÉGIME D'ASSEMBLÉE OU CONVENTIONNEL

276 En rupture avec la logique du régime parlementaire (même s'il lui emprunte son décor), le régime d'assemblée se caractérise par la *confusion des pouvoirs au profit du Parlement*[57] : *les chambres sont le gouvernement lui-même*, opinait Eugène Pierre. Au nom des citoyens, celles-ci dirigent le pays, au moyen d'un ministère, réduit au rôle *instrumental* du préposé ou du commis. Autrement dit, les représentants changent de rôle : de contrôleurs, ils deviennent les *animateurs* du régime[58]. Ce dernier peut se décomposer en deux éléments principaux : *l'assujettissement de l'exécutif* et la *souveraineté parlementaire*.

1. L'assujettissement de l'exécutif

277 Le *Gouvernement rend compte à l'assemblée comme le serviteur à son maître*. L'affirmation de Pierre Mendès-France, à Évreux, le 30 janvier 1955, se vérifie aisément, au vu de l'histoire constitutionnelle des IIIe et IVe Républiques, s'agissant des conditions de *formation* et plus encore, de *disparition* du ministère[59].

Le cabinet procède d'un vote de confiance de l'assemblée, appelé *investiture* (art. 45 de la constitution de 1946), et se trouve menacé à tout instant par la technique particulièrement redoutable de l'*interpellation*, véritable injonction qui lui est adressée de venir s'expliquer sur sa politique[60], et ce d'autant plus, qu'elle ne comporte aucune échappatoire, aucune réplique. En effet, le droit de dissolution, auquel le Gouvernement pourrait songer est un *corps étranger* au régime d'assemblée. À la réflexion, il s'avère

57. C'est par euphémisme que l'on évoque le régime parlementaire *dévoyé* ou *la constitution Grévy* (M. Prélot) pour caractériser la IIIe République, à partir de 1879, ainsi que la IVe. V. P. BASTID, *Le gouvernement d'assemblée,* 1956 (*v. IIIe partie*).

58. La conception d'Alain s'impose à l'attention : *Le député sûr de sa circonscription est tout puissant, c'est l'Idéaliste de province, c'est l'homme redoutable que rien n'arrête parce qu'il est retranché, fortifié, invincible dans son Arrondissement comme le féodal d'autrefois dans son château (Éléments d'une doctrine radicale,* 1925, p. 42). Emmanuel Brousse, député des Pyrénées Orientales de 1906 à 1924, en donne un exemple. N'est-il pas ce ministre mort pauvre comme le rappelle une inscription sur le monument de Mont-Louis ?

59. La formule pourrait être étendue au chef de l'État. À l'issue de la crise du 16 mai 1877, Jules Grévy fera allégeance au Parlement en déclarant, dans un message, le 6 février 1879 : *Je n'entrerai jamais en lutte contre la volonté nationale exprimée par ses organes constitutionnels.* Ultérieurement, les élus devaient le contraindre à se retirer, en 1887, ainsi que Millerand, en 1924, à qui le Cartel de Gauches reprochait son engagement électoral, suite au discours prononcé, à Évreux, en octobre 1923. Dans un raccourci, M. Prélot parlera de *l'exécutif voilé.* De fait, les personnalités seront écartées de l'Élysée. L'échec de Clemenceau, en 1920, face à Deschanel, dont les facultés mentales allaient se révéler fragiles, peu de temps après, prend valeur de symbole. Mais n'est-ce pas au *père la Victoire* que l'on prête cette formule abrupte : *Je vote pour le plus bête ?*

60. Procédure *spécifiquement* française, par laquelle un ou plusieurs parlementaires provoquent un débat à l'occasion de la politique du ministère et qui s'achève par un *vote*, susceptible de mettre en cause la responsabilité de ce dernier, s'il n'épouse pas ses vues. *Le pouvoir de contrôle*, note Alain, *s'est longtemps exercé par révolutions et barricades. Aujourd'hui, c'est par l'interpellation qu'il s'exerce.* La pugnacité de Clemenceau, sous la IIIe République, lui a valu le qualificatif de *tombeur de ministères*. Dans ces conditions, sous les régimes de 1875 et de 1946, la crise ministérielle présentait un caractère, tout à la fois ludique et bénéfique. En termes plaisants, Raymond Aron distinguait trois moments : la mise à mort, la récréation et la récompense ; à savoir, à défaut de la distribution des prix, celle des portefeuilles ministériels. En outre, à l'occasion de la lune de miel entre les députés et le cabinet, la crise permettait de manière paradoxale, de régler des problèmes en suspens (v. *IIIe partie*).

antinomique et, pour tout dire, s'énonce à la manière d'un crime de *lèse-assemblée*. En vérité, le Parlement est moins à la réflexion un pouvoir public que le souverain par délégation du peuple.

Dès lors, l'*absence* du droit de dissolution traduit (ou trahit) l'intimité du régime d'assemblée, *en contraste absolu* avec le régime parlementaire. Sous la IIIe République, la dissolution sera tacitement *abrogée* au lendemain de la crise du 16 mai 1877, et discréditée en tant qu'arme de coup d'État ; ce qui autorisait Duguit à parler du *pseudo-régime parlementaire*. Sous la IVe République, *fausse fenêtre* (G. Burdeau), elle sera *neutralisée* dans les faits, en raison de la pratique des *votes calibrés* (A. Hauriou) (v. *IIIe partie)*. Dans ces conditions, ravalé au rang de comité de la majorité, le ministère est condamné à obtempérer ou à s'effacer. Tout concourt à sa soumission et à l'exaltation du Parlement promu à la dignité de *puissance de souveraineté* (Carré de Malberg)[61].

2. La souveraineté parlementaire

278 En l'occurrence, non seulement le Parlement empêche l'exécutif de conduire la politique nationale, mais il l'absorbe. Lors donc qu'il résorbe l'activité et la volonté de l'État, il en est le maître. Le pouvoir, le peuple, le souverain et la démocratie se confondent en lui. Dans la logique du régime représentatif, rien, en conséquence, ne lui est étranger, tout lui est redevable, à l'opposé. D'une expression saisissante, Carré de Malberg évoquait le *parlementarisme absolu*.

Outre l'emprise sur la fonction exécutive, la fonction législative est l'apanage des élus, à telle enseigne que les ministres y font figure d'intrus, à la limite. Pour ne retenir qu'un exemple significatif, les chambres élaborent, en toute liberté, leur *règlement*[62]. La hiérarchie des normes ne comporte pas de sanction, en ce sens que la loi, incarnation de la souveraineté parlementaire, est *infaillible* et donc *incontestable*. En un mot, elle s'impose à la constitution, dont la suprématie est purement formelle[63]. Avec la pratique de la *vérification des pouvoirs*, chaque assemblée, en France, avant 1958, était juge de la régularité de l'élection de ses membres. Autant dire, que le respect dû au pouvoir de suffrage, relevait de la pétition de principe[64].

Cette vision des choses appartient au passé, pour une part essentielle. Le régime d'assemblée devait servir de repoussoir au régime présidentialiste, qui est accordé à la

61. D'où l'assimilation, en France, jusqu'en 1962, de la démocratie au Parlement. La tradition républicaine peut se résumer dans le discours de Paul Reynaud, prononcé à cette date : *Pour nous, Républicains, la France est ici et non ailleurs. Admettre qu'il en soit autrement, c'est admettre la fin de la République... Aussi M. le premier ministre, allez dire à l'Élysée que cette assemblée n'est pas assez dégénérée pour renier la République !*

62. Il s'agit de la *loi intérieure* de chaque assemblée, selon la formule classique, d'Eugène Pierre, qui en détermine les conditions de travail, ainsi que la discipline. Anodin, en apparence, le règlement se présentait comme une véritable machine infernale contre l'exécutif et la constitution. Les constituants de 1958 ne s'y sont pas trompés en soumettant *obligatoirement* sa conformité à l'appréciation du Conseil constitutionnel (art. 61 C).

63. V. R. CARRÉ DE MALBERG, *La loi, expression de la volonté générale*, 1931 ; J.-P. MACHELON, Parlementarisme absolu, État de droit relatif, *Revue administrative* 1995, p. 628.

64. Aussi les assemblées n'hésitent pas à se livrer à de véritables règlements de comptes et à s'ériger en *supérieur* du suffrage universel. En 1956, 11 députés poujadistes sont invalidés et remplacés *sur-le-champ* par des candidats... écartés par les citoyens. Le contentieux des élections parlementaires appartient désormais au Conseil constitutionnel (art. 59 C).

modernité. Celui-ci porte témoignage de la restauration du pouvoir exécutif, qui s'est présentée en France, à partir de 1958 (v. *IIIe partie*).

D. LE RÉGIME PRÉSIDENTIALISTE

279 Sans exagérer l'importance qui s'attache à la terminologie, ce régime présente en doctrine, un petit aspect de bataille d'Hernani. Qu'est-ce à dire ? Dans le cadre d'un *État de droit*, il prend en compte le phénomène de *concentration de l'autorité au bénéfice du chef de l'État*.

À la manière de Georges Pompidou, évoquant un *régime bâtard* né d'un croisement qui serait impur, en somme, les auteurs parlent tantôt, d'un régime *mixte*, d'un régime *semi-présidentiel* ou, de façon prosaïque, d'un régime *mi-parlementaire, mi-présidentiel*[65]. Or, à la réflexion, il n'est *ni* l'un, *ni* l'autre : il est *spécifique*. On ne saurait, en effet, confondre l'apparence avec la réalité. À ce titre, il existe, en effet, un *saut qualitatif* entre la condition du chef de l'État qui n'est *rien* (régime parlementaire) ; *quelque chose* (régime présidentiel) et celle, analysée présentement, où il est *tout* ou peu s'en faut. Aussi, dans un souci d'authenticité, on préfère utiliser l'expression de régime *présidentialiste*[66].

La plus belle commodité de l'exécutif peut être ainsi définie : *régime qui concentre le pouvoir entre les mains du chef de l'État en raison de son mode d'élection au suffrage universel **et** de la disposition d'une majorité parlementaire*. À cette double condition (voir le reflux présidentiel occasionné en période de cohabitation), le président exerce une domination directe au sein de l'exécutif s'accompagnant d'une ascendance indirecte (via le gouvernement) sur le législatif.

La Ve République a modélisé ce régime et l'a exporté en Europe centrale et orientale ainsi qu'en Afrique subsaharienne[67].

1. La primauté présidentielle

280 Le régime présidentialiste peut être comparé à une pyramide dont le sommet est occupé par le chef de l'État et la base constituée par le Gouvernement et le Parlement, réduits au rôle d'exécuteur de sa volonté.

La *hiérarchie* qui découle de cette vision, repose sur une conjonction : le chef de l'État est désigné par le peuple[68] et il bénéficie du soutien d'une majorité de députés en

65. L'expression forgée par M. Duverger (*Échec au roi*, 1978), en dehors d'une réminiscence ferroviaire, est dangereuse, en raison de sa puissance d'égarement. Au-delà de la référence américaine (véritable *faux ami* constitutionnel), le préfixe implique, en bonne logique, une restriction. Ce qui ne peut manifestement pas se concilier avec l'*exaltation* du pouvoir du chef de l'État. V. O. DUHAMEL, Remarques sur la notion de régime semi-présidentiel, *Mélanges Maurice Duverger*, 1987, p. 581.

66. Jean Buchmann a inventé ce terme (*L'Afrique noire indépendante*, 1962).

67. On vise ici les régimes *constitutionnels* appelés négro-africains. V. J. GICQUEL, Le présidentialisme négro-africain. L'exemple camerounais, *Mélanges Georges Burdeau,* 1977, p. 701 ; Ph. LAUVAUX, *Destins du présidentialisme*, 2002.

68. Certains États (dix sur les 27 de l'U.E. dont notamment l'Autriche, l'Irlande, l'Islande et le Portugal) concilient l'élection populaire du chef de l'État et son abaissement au sein du pouvoir exécutif au profit du chef du gouvernement (A. LE GOFF, La présidence irlandaise. Étude d'un paradoxe constitutionnel, *Revue juridique de l'Ouest* 2006, p. 449 et 2007, p. 33). Puisant dans sa tradition monarchique, la Finlande avait auparavant un mode de fonctionnement institutionnel assez proche de celui de la Ve République. Le

vue de la réalisation de son programme. De cette *confluence*, résulte le régime présidentialiste : le président, authentique représentant de la nation (art. 3) dispose des moyens parlementaires de sa politique. À défaut, il succombe au syndrome du maréchal de Soubise, celui du chef sans troupes !

À ce stade, deux précisions doivent être apportées. Indépendamment de la différence structurelle du pouvoir exécutif (monocéphalisme et bicéphalisme), on observe la différence de nature entre les régimes américain et français : là, le Congrès, authentique *contre-pouvoir*, limite réellement le président ; ici, l'Assemblée nationale, simple *faire-valoir*, facilite grandement son action. Au surplus, la majorité parlementaire qui n'existe que *par* et *pour* le président se révèle être son meilleur auxiliaire. Tant et si bien que l'on mesure l'opposition qui sépare la présidence américaine et la présidence française, privée de majorité, dans un cas et exaltée dans l'autre. Enfin, si le chef de l'État peut prononcer la dissolution de l'Assemblée nationale (art. 12 C), celle-ci n'a pas la capacité de mettre en cause sa responsabilité politique. À défaut, le Gouvernement, véritable *bras armé* du président, peut, telle une victime collatérale, être renversé grâce à l'adoption d'une motion de censure (art. 49-2 C). La crise de l'automne 1962 ressortit à ce cas de figure (v. *IIIe Partie*).

Au total, l'autorité dont peut se prévaloir le président est à la mesure du *couplage* des majorités ou *du fait majoritaire*. Il a en charge les destinées nationales, en bonne logique.

2. Le dirigisme présidentiel

281 Résumé du présidentialisme, le message adressé le 8 juillet 1981 par François Mitterrand au Parlement est éloquent : *J'ai dit... que mes engagements constitueraient la charte de l'action gouvernementale. J'ajouterai, puisque le suffrage universel s'est prononcé une deuxième fois, qu'ils sont devenus la charte de votre action législative.*

Élu sur un projet, le magistrat suprême a le pouvoir de l'accomplir[69]. Le Gouvernement et le Parlement sont *instrumentalisés*. Leur ambition consiste, dans ces conditions, à assurer le *service du président* en mettant leurs attributions à sa disposition. Je serai *un président qui gouverne* (N. Sarkozy). D'un point de vue juridique, au pouvoir réglementaire, le chef de l'État joint le pouvoir législatif. Simple courroie de transmission, la majorité parlementaire se borne, pour l'essentiel, à mettre en forme normative, la volonté de ce dernier. D'où le recours à des expressions topiques sous la Ve République : l'*hyperprésident,* le *président-législateur*, le *monarque électif* ou le *monarque républicain* (M. Debré). La posture du président *normal* (F. Hollande) n'aura duré qu'un court temps[70].

Cette félicité ne doit pas cependant, masquer une difficulté : la concentration de l'autorité entre les mains du chef de l'exécutif est-elle compatible avec la logique démocratique ? N'est-ce pas une *autocratie* (P. Mendès France) ? *Suprema lex regis voluntas ?*

Ces propos sacrilèges méritent d'être ramenés à de justes proportions. Car le régime présidentialiste demeure placé, au-delà des apparences, sous le double signe de l'*indétermination* et de la *limitation*. Sous ce rapport, il est subordonné à la nécessaire coïncidence des majorités présidentielle et parlementaire *(J'ai présenté des engagements au*

président de la République, dans la nouvelle constitution de 1999, a vu ses prérogatives amplement réduites tout en restant élu au suffrage universel.

69. *Je ne veux pas devenir un roi fainéant avec un maire du palais à Matignon*, déclarait Jacques Delors, en 1994, lorsqu'il a renoncé à être candidat à l'Élysée.

70. J. GICQUEL, Variations sur la présidence normale de François Hollande, *Mélanges Jean-Claude Colliard*, 2014.

*cours de la campagne présidentielle, je veux les tenir, mais je ne les tiendrai que si j'ai une majorité à l'Assemblée nationale qui me permette de voter les lois qui correspondent) (*F. Hollande), ce qui entraîne sa précarité et sa relativité. De leur contradiction naît la *cohabitation* ou la codirection entre un chef de l'État et un Gouvernement de tendances politiques opposées (1986, 1993 et 1997). À cet égard, la nature de la Ve République demeure *contingente*, au gré de la volonté des électeurs[71]. La posture présidentielle est variable et le *meneur-décideur* (F. Mitterrand 1981-1986 ; N. Sarkozy 2007-2012) peut laisser sa place au *décideur contrarié* (V. Giscard d'Estaing 1974-1981) voire à l'*acteur symbolique* (cohabitations). Régime à configuration multiple, le *pouvoir ultime de décision* du chef de l'État peut être affirmé, contesté ou remisé. Reste que l'instauration du quinquennat en 2000, conjuguée à l'inversion du calendrier électoral en 2001, en conduisant à un couplage temporel des présidentielles et des législatives (où les secondes confirment les premières) est de nature à réduire les risques de disharmonie et de renforcer la figure du *meneur-décideur*. Les séquences de 2002, 2007 et de 2012 l'attestent. Mais, en sera-t-il toujours ainsi ?

La limitation du pouvoir présidentiel se manifeste cependant. À des contingences personnelles (le *self restraint* (*Je ne voudrais pas que l'on dise que le président de la République se mêle de tout)* (J. Chirac), son état de santé) et politiques (sa popularité, son influence sur le parti majoritaire, son avenir – voir avec le symptôme du *canard boiteux*, les risques d'affaiblissement de son autorité lors d'un second mandat) se surajoutent des contraintes structurelles : le faisceau des droits fondamentaux protégés, dans le cadre d'un État de droit, par le pouvoir juridictionnel ; les engagements européens ; les collectivités territoriales et, plus encore le peuple qui, pour parler comme Gambetta, fait entendre sa *voix souveraine*, en choisissant et en révoquant ses gouvernants. Le chef de l'État n'est jamais, en définitive, que *l'obligé du suffrage universel*. Les défaites de V. Giscard d'Estaing en 1981 et de N. Sarkozy en 2012 le vérifient de façon éclatante. On aura tout loisir d'expliciter ces différentes observations, en abordant *la terre promise* de la Ve République en période de *cohabitation :* à cet instant la dyarchie succède à la monarchie ; le parlementarisme supplante le présidentialisme (v. *IIIe partie*).

BIBLIOGRAPHIE

L. ALTHUSSER, *Montesquieu, La politique et l'histoire*, 5e éd., 1981 ▪ P. BASTID, *Le gouvernement d'assemblée*, 1956 ▪ S. BAUME, F. FONTANA (sous la direction), *Les usages de la séparation des pouvoirs*, 2008 ▪ J. BLONDEL, Gouvernements et exécutifs, parlements et législatifs, *in Traité de science politique* t. II, 1985, p. 355 ▪ R. CAPITANT, Régimes parlementaires, *Mélanges Carré de Malberg*, 1933, p. 33 ▪ J.-J. CHEVALLIER, De la distinction établie par Montesquieu entre la faculté

71. Dans une perspective élargie, c'est-à-dire en incluant les États européens se rapprochant du modèle français (Russie, Pologne, Roumanie, Bulgarie principalement), d'autres paramètres entrent en ligne de compte : –1– le choix de la proportionnelle pour l'élection des députés rendant délicate l'obtention d'une majorité cohérente de soutien de l'action présidentielle ; –2– l'état des relations politiques et institutionnelles entre le chef de l'État et la majorité (voir les tentatives de destitution du président Basescu par le parlement roumain en 2007 et en 2012). Enfin, relevons qu'une translation de l'autorité du chef de l'État au profit de son chef de gouvernement reste toujours envisageable (voir les échanges de postes en 2008 et 2012 en Russie entre V. Poutine et D. Medvedev).

de statuer et la faculté d'empêcher, *Mélanges Maurice Hauriou*, 1929, p. 129 ■ J.-CL. COLLIARD, *Les régimes parlementaires contemporains*, 1978 ■ M. DUVERGER (sous la direction), *Les régimes semi-présidentiels*, 1986 ■ CH. EISENMANN, L'Esprit des lois et la séparation des pouvoirs, *Mélanges Carré de Malberg*, 1933, p. 165 ■ B. GILSON, *La découverte du régime présidentiel*, 1968 ■ PH. LAUVAUX, *Le parlementarisme*, 1986 ; *Parlementarisme rationalisé et stabilité de l'exécutif* 1988 et *Destins du présidentialisme*, 2002 ■ R. MOULIN, *Le présidentialisme et la classification des régimes politiques*, 1978 ■ A. PARIENTE (sous la direction), *La séparation des pouvoirs. Théorie contestée et pratique renouvelée*, 2007 ■ H. TAŸ, *Le régime présidentiel en France*, 1968 ■ P. TAILLON, *Le référendum, expression directe de la souveraineté du peuple ?*, 2012 ■ D. TURPIN, *Le régime parlementaire*, 1997 ■ M. TROPER, *La séparation des pouvoirs et l'histoire constitutionnelle française*, 1973. ■ La séparation des pouvoirs, *Pouvoirs*, n° 143, 2012

CHAPITRE IV
LES ÉLECTIONS DISPUTÉES

282 Comment les gouvernants sont-ils désignés ? Divers procédés ont été imaginés, mais un seul s'est imposé : *l'élection*, c'est-à-dire le choix d'une personne par voie de suffrage. Élire signifie *choisir*. De ce point de vue, l'élection s'analyse comme le mode normal ou le processus de droit commun de désignation et de révocation des gouvernants ou, si l'on préfère, le processus de légitimation du pouvoir. L'onction populaire remplace avantageusement la Sainte-Ampoule[1]. En conséquence, ont été écartés les systèmes concurrents, à savoir : le tirage au sort, qui *est de la nature de la démocratie* (Montesquieu) en assurant l'égalité des chances, en honneur à Athènes et dans certaines cités italiennes de la Renaissance mais qui, contrairement à l'élection, n'accorde pas de *légitimité* ; l'hérédité *(le mort saisit le vif et le roi ne meurt jamais)* ; la cooptation, c'est-à-dire la désignation par les pairs, à laquelle les régimes marxistes se sont livrés jusqu'en 1989 en organisant des ersatz d'élections.

À la réflexion, l'élection est accordée à la démocratie : au caractère *disputé* de l'une correspond la démarche *pluraliste*, de l'autre. Une élection concurrentielle est celle qui implique pour les électeurs un choix réel et libre entre les candidats ; en un mot, une *compétition sincère* ou *loyale*.

Autrement dit, il s'agit d'une consultation *aléatoire* entre candidats, dont l'issue ne peut être prévue à l'avance[2]. *L'inconvénient de vos élections libres, c'est qu'on ne peut jamais être sûr de leur résultat*, aurait confié Molotov, le ministre des Affaires étrangères de Staline à un dirigeant britannique. La *neutralité* du pouvoir s'ensuit : absence de candidatures officielles, à l'exemple du Second Empire ou égalité de traitement des candidats au cours de la campagne.

1. L'article 25 du pacte international de l'O.N.U. relatif aux droits civils et politiques de 1966 dispose : *tout citoyen a le droit et la possibilité... de voter et d'être élu, au cours d'élections périodiques, honnêtes au suffrage universel et égal et au scrutin secret, assurant l'expression libre de la volonté des électeurs*. En écho, l'article 3 du 1er protocole additionnel à la convention européenne des droits de l'homme énonce [les États] *s'engagent à organiser, à des délais raisonnables, des élections libres au scrutin secret, dans les conditions qui assurent la libre expression de l'opinion du peuple sur le choix du corps législatif.* V. B. DAUGERON, *La notion d'élection en droit constitutionnel*, 2011.

2. Phénomène contemporain, les élections deviennent de plus en plus disputées. Au final, un faible écart de voix – de nature à susciter de multiples contestations – départage les candidats. On songera à la présidentielle américaine de 2000, mexicaine de 2006 et aux législatives allemandes (2005) et italiennes (2006).

En un mot, le bulletin de vote apparaît l'arme suprême de l'électeur en démocratie. L'étude de son comportement relève de la sociologie électorale[3]. Sont notamment analysés les ressorts de la fidélité de l'électeur (*paradigme du Michigan*) ou, au contraire, de sa volatilité (*swing voters*) De son côté, le juriste s'attachera à traiter de l'organisation des élections disputées puis des modes de scrutin.

SECTION I — L'ORGANISATION DES ÉLECTIONS DISPUTÉES

283 Ramenée à ses éléments essentiels, l'évolution dans les sociétés pluralistes a consisté à favoriser la *sincérité* de la consultation afin de permettre aux citoyens *la possibilité d'éliminer pacifiquement* ou *légalement leurs gouvernants en place*. On se bornera à l'illustrer, d'un point de vue général.

§ 1. L'ORGANISATION DE LA CONSULTATION DEVANT LES ÉLECTEURS

284 Une consultation, ce sont des candidats et des formations politiques, dont ils se réclament.

A. LA CONDITION DES CANDIDATS

285 Elle découle du régime de *l'éligibilité*, c'est-à-dire de l'aptitude à être *candidat*[4].

1. Le choix des candidats

286 Deux exigences s'opposent ici, dans une certaine mesure, celle de la liberté et celle de la clarté. La multiplicité des candidatures est, évidemment, un signe de liberté ; elle ne contribue pas forcément à aider l'électeur à opérer un choix clair. Pour concilier ces deux exigences, le *principe* de la liberté de candidature, en d'autres termes *l'éligibilité*, qui est la règle, souffre quelques exceptions, les unes juridiques, les autres politiques. En surimpression, se pose aussi la question de la représentativité des candidats.

3. V. Y. DELOYE et O. IHL, *L'acte de vote*, 2008 ; J.-Y. DORMAGEN et D. MOUCHARD, *Introduction à la sociologie politique, 3e éd., 2010 ;* P. PERRINEAU et D. REYNIÉ (sous la direction), *Dictionnaire du vote,* 2001. Voter, *Pouvoirs* n° 120, 2007.

4. D'un point de vue terminologie, si *l'électorat* se rapporte à la condition juridique de *l'électeur*, l'éligibilité définit celle du candidat. En régime démocratique, l'éligibilité, en tant *que principe*, s'interprète de manière extensive. En revanche, une personne peut être exceptionnellement placée dans l'impossibilité de briguer les suffrages. On dira qu'elle est frappée *d'inéligibilité*. En tant que *restriction* à une activité civique, cette dernière s'interprète *restrictivement* aux seules hypothèses visées expressément par un texte : C.C., 18 octobre 1977, *Dassault, C.C.F.*, p. 218.

a) Les limitations juridiques

287 Obstacles à une candidature, elles constituent autant d'hypothèses dites *d'inéligibilités*. Pour l'essentiel, elles résultent d'une condamnation à une peine criminelle ou correctionnelle ; de l'âge ; de la nationalité étrangère ; voire, dans certains cas particuliers, de la non-maîtrise de la langue officielle (C.E.D.H., 9 avril 2002, *Podkolzina c/ Lettonie)*. Les inéligibilités peuvent aussi frapper *momentanément* toute une série de fonctionnaires (préfet, recteur, magistrat etc.) désireux de se mettre sur les rangs. Dans ce cas, l'inéligibilité est *relative*, par opposition aux cas d'inéligibilité *absolue*, susmentionnée. Une mise à jour a été effectuée par la loi organique du 14 avril 2011 (voir l'article L.O. 132 du Code électoral pour les législatives). Cela a été l'occasion pour le Conseil constitutionnel de préciser que le législateur *ne saurait priver un citoyen du droit d'éligibilité dont il jouit en vertu de l'article 6 de la Déclaration des droits de l'homme et du citoyen de 1789 que dans la mesure nécessaire au respect du principe d'égalité devant le suffrage et à la préservation de la liberté de l'électeur* (C.C., n° 2011-628 DC, 11 avril 2011) (v. *IIIe partie*). Si la Grèce antique et Rome fixaient des limites à la réélection des représentants, si les membres de l'Assemblée nationale de 1789 décidèrent de ne pas être rééligibles au Corps législatif (loi du 13 juin 1791), la démocratie moderne s'est éloignée de cette logique laissant alors *l'obsession de la réélection* (Tardieu) se développer. Des professionnels de la politique (vivant *de* la politique) ont fini par occuper les hémicycles. On considère toutefois que la liberté de choix de l'électeur doit être privilégiée. La Cour suprême, invalidant une loi de l'Arkansas limitant le nombre de réélection, rappela qu'un des principes de la démocratie est que *le peuple choisit par qui il lui plaît d'être gouverné* (C.S., *U.S. Term limits v. Thornton*, 1995). Ce principe cède pour le chef de l'État pour lequel les démocraties s'accordent généralement à ne pas lui permettre une réélection illimitée (restriction fixée seulement en 2008 pour la France, *voir IIIe partie*).

b) Les restrictions politiques

288 Hormis les candidatures officielles, celles-ci résultent du choix des partis politiques. Théoriquement, quiconque remplit les conditions légales peut se présenter aux suffrages des électeurs. Mais, en fait (en dehors du système des *élections primaires* aux États-Unis où l'argent est le seul roi), seuls ceux qui sont appuyés par une formation ayant une influence sérieuse, ont des chances de réussir. À tout prendre, une classe politique d'origine *populaire* est préférable. Toutes choses égales, les partis politiques dont l'essor est intimement lié à celui du corps électoral sont à la démocratie, ce que les racines sont à l'arbre (G. Vedel). En un mot, ils se révèlent irremplaçables dans le rôle *d'intercesseurs* entre les individus et le pouvoir.

c) La représentativité des candidats

289 Dépassant la perspective théorique qui établit que le représentant n'a pas pour vocation d'être à l'image de ses électeurs et que le peuple est un et indivisible, il est certain qu'après une longue période d'uniformité sexuelle et ethnique des élus, l'heure est désormais à la quête d'une meilleure représentativité des femmes et des minorités.

Pour les premières, depuis la révision constitutionnelle de 1999, l'article 1er de la Constitution de 1958 dispose que *la loi favorise l'égal accès des femmes et des hommes aux fonctions électives*. Plus de dix ans après, les résultats sont mitigés. Si l'accès au Parlement est modéré (27 % à l'Assemblée nationale aux élections de 2012 et 22 % au Sénat (à celles de 2011)), le principe de parité s'inscrit pleinement dans la démocratie locale. À l'issue des élections municipales de mars 2008, 48,5 % des conseillers municipaux des communes de plus de 3 500 habitants sont des femmes (mais seulement 32 % pour les communes de moins de 3 500 habitants qui ne sont pas soumises à l'obligation de parité. La loi du 17 mai 2013 a décidé que le seuil est désormais fixé à 1 000 habitants – 6 659 nouvelles communes concernées. Malgré un accès malaisé aux fonctions de maire (sans jeu de mots) (14 %), on relèvera que six femmes dirigeaient une municipalité de plus de 100 000 habitants après les municipales de 2008. Ce chiffre est inchangé en 2014 (Aix-en-Provence, Amiens, Lille, Nantes, Paris et Rennes). Les conseils régionaux (47,6 %) sont les assemblées les plus féminisées, ce qui est loin d'être le cas des conseils généraux (13 %) dont deux d'entre eux ne comprennent même pas une seule élue. Après les progrès limités apportés par la loi du 31 janvier 2007 tentant de faciliter l'accès des femmes au mandat de conseiller général, celle du 17 mai 2013, en instituant un scrutin binominal paritaire homme-femme, est nettement plus ambitieuse. Ses effets se constateront lors des prochaines élections départementales.

Concernant les minorités, si certains États prévoient des mécanismes adaptés de représentation (notamment en Roumanie, Croatie et Slovaquie) ou prennent en compte le critère linguistique (Belgique), aucune différence n'est généralement prévue par les législations électorales. En France, cette représentation est insuffisante. Parmi les députés de métropole (c'est-à-dire en excluant ceux élus dans les D.O.M.-C.O.M.), on en recense seulement huit (législatives de 2012). La situation est ici plus satisfaisante au Sénat en raison de la représentation proportionnelle. L'intégration pourrait être facilitée : il suffit que les partis investissent un nombre raisonnable de candidats issus des minorités dans des circonscriptions gagnables et excluent les dissidents se dressant contre eux (voir en ce sens les malheurs de certains postulants du P.S. en 2007).

2. La déclaration de candidature

290 Pour les élections nationales et locales, les candidats sont obligés de faire une déclaration de candidature (sauf pour les élections municipales pour les communes de moins de 3 500 habitants). En certains cas, ils doivent même faire l'objet d'une *présentation* par des personnes politiques qualifiées (élection présidentielle en France – art. 7 C) ou par les citoyens eux-mêmes (élection présidentielle au Portugal, en Pologne et en Slovaquie). Le débat est généralement relancé en France tous les cinq ans (voir les propositions émises par le comité Jospin en 2012) pour être immédiatement délaissé, une fois la liste officielle des candidats établie.

La déclaration de candidature apporte un élément de *clarté* et de *loyauté* dans l'élection. Elle permet de porter à la connaissance des électeurs, un certain nombre de jours avant la date du scrutin, les noms de ceux qui sont candidats[5]. En outre, en obligeant à considérer comme nuls les bulletins portant les noms des citoyens qui n'auraient pas déclaré leur candidature, elle régularise et moralise la compétition.

3. L'égalisation des moyens de propagande

291 Les principales causes d'inégalité, contre lesquelles il s'agit de se prémunir ou, tout au moins, de lutter, sont l'argent et les faveurs du pouvoir.

a) Les dispositions relatives aux affiches, bulletins et professions de foi

292 Pour s'en tenir au droit positif français (art. 26 et s. du Code électoral)[6] ces éléments de propagande sont gratuits pour les candidats, les frais étant pris en charge par le Trésor public. Il existe, naturellement une réglementation, relative aux affiches (nombre, format, couleur : le blanc et le tricolore sont prohibés) ; à l'envoi des professions de foi. En outre, *pendant* la durée de la campagne électorale, l'utilisation, à des fins de propagande, de tout procédé de publicité *commerciale* par la voie de la presse est interdite (art. L. 52-1 du Code électoral). Les sondages électoraux sont réglementés (loi du 19 juillet 1977 modifiée).

b) Les dispositions relatives au financement des campagnes

293 Les pays occidentaux ont mis en place un dispositif comportant les éléments suivants : financement public des partis politiques ; lutte contre la corruption ; plafonnement des dépenses électorales ;

5. L'exigence de la déclaration de candidature, retenue *à l'origine*, en France, par la loi du 17 juillet 1889, prohibe les candidatures multiples. Jusque-là, ce système se révélait avantageux pour les candidats, qui multipliaient, de la sorte, leurs chances de succès. Mais il allait apparaître dangereux à partir de l'instant où le général Boulanger l'utilisa à la manière d'un plébiscite, ou d'un bélier, pour s'imposer au pays, en un moment où la République était encore fragile (art. L. 154 du Code électoral).

6. V. Y.-M. DOUBLET et L. TOUVET, *Droit des élections*, 2007 ; M. DE VILLIERS et J.-Y. VINCENT, *Code électoral commenté*, 2008.

limitation des dons privés, remboursement de frais électoraux, associations de financement électorale destinée à recueillir les fonds, et établissement et contrôle des comptes de campagne. À l'instar de l'Allemagne (lois des 24 juillet 1967), et des États-Unis *(Federal election campaign act* du 7 avril 1972), la France est entrée dans cette voie : lois des 11 mars 1988 relative à la transparence financière de la vie politique ; 15 janvier 1990 instituant une Commission nationale des comptes de campagne et des financements politiques (CNCCFP) et du 29 janvier 1993 créant un service central de prévention de la corruption (v. *III*[e] *partie*).

Aux États-Unis, l'encadrement du financement a été récemment profondément remis en cause. La Cour suprême, dans une décision du 21 janvier 2010, *Citizens United v. F.E.C.*, reconnaît aux entreprises, au nom de la liberté d'expression garantie par le premier amendement, le droit de financer, de façon illimitée, des *Super Political Action Committees* (super PAC) dont la vocation est de soutenir un candidat, un parti ou une cause. Elle a ensuite autorisé un particulier à financer, par des dons, autant de candidats et de comités d'action politique qu'il souhaite (*McCutcheon v. F.E.C.*, 2 avril 2014) (voir *infra*, n° 568 et 625). De son côté, la Commission électorale (F.E.C.) permet, depuis 2014, que des dons puissent être libellés en bitcoins (soit en monnaie virtuelle) dans la limite de 100 dollars.

4. L'accès des candidats aux moyens audiovisuels

294 Ici encore, c'est du fait de l'argent ou des pressions du pouvoir que les difficultés peuvent se présenter. Dans les pays où la radiotélévision est aux mains d'entreprises privées (États-Unis, Italie) et où les heures d'écoute ou d'écran s'achètent, le poids de l'argent se fait sentir lourdement. Dans ceux où les moyens d'information sont contrôlés par l'État, c'est contre le pouvoir, qu'il faut prendre des précautions. La Cour européenne des droits de l'homme s'assure que les partis puissent bénéficier d'un véritable accès aux médias publics (C.E.D.H., 19 juin 2012, *Parti communiste de Russie c/Russie*) et que les candidats puissent s'exprimer dans des langues autres que la langue officielle sans encourir de sanctions (27 mai 2013, *Sükran Aydin c/Turquie*). *Les élections libres sont inconcevables sans la libre circulation des opinions et des informations politiques* (*ibid.*). Elle admet toutefois qu'un État exige que les candidats aient une bonne maîtrise de la langue officielle (C.E.D.H., 9 avril 2002, *Podkolzina c/ Lettonie*).

a) Le cas des démocraties anglo-américaines

295 Aux États-Unis, où la radiotélévision est aux mains de firmes privées, l'argent représente, dans certains cas, un avantage important. Dans le cadre des élections parlementaires (au plan fédéré ou fédéral), il semble que le parti républicain, qui est plus riche que le parti démocrate, utilise un plus grand nombre d'heures à la radio ou à la télévision. Mais, c'est sans compter avec l'élection présidentielle, *élection-pilote*. Or, pour celle-ci, les grandes entreprises privées de radiotélévision conviennent, en principe, d'accorder des chances égales aux candidats des deux partis.

En Grande-Bretagne, la B.B.C., qui constitue une corporation de droit public, longtemps gérée de façon indépendante de l'État, accorde des temps d'intervention égaux au parti du pouvoir et à l'opposition[7]. En Allemagne, la radiotélévision relève de la compétence des *Länder* (jugement de la Cour constitutionnelle du 28 février 1961). L'égalité d'accès y est assurée.

b) Le cas de la France

296 Originairement, ce n'est pas tant l'argent qui a menacé l'objectivité de l'information audiovisuelle, que le pouvoir. En dehors des périodes électorales, l'information était orientée ; la communication étant regardée comme la *voix de la France* (G. Pompidou). Une fois la liberté de communication

7. Le temps d'antenne à la télévision est fixé, d'un commun accord, en dehors du gouvernement, par les *Chief Whips* des partis représentés aux Communes. Si traditionnellement, conservateurs et travaillistes disposaient du même temps, la télévision a adopté, en 1987, le système des *trois tiers*, au profit du parti libéral-démocrate. L'organe de régulation, l'Ofcom créé en 2002, a édicté un code des programmes garantissant l'impartialité et l'accès équitable aux médias. En 2009, le parti d'extrême droite, le *British National Party*, a été invité, pour la première fois, à l'émission politique phare de la B.B.C. *Question time.*

audiovisuelle proclamée par la loi du 29 juillet 1982, la pratique des *trois tiers* d'antenne (Gouvernement, majorité et opposition parlementaires) s'est imposée. Depuis 2000, le *principe de référence* y inclut de manière équitable, les partis qui ne sont pas présents au Parlement ou ceux qui n'appartiennent ni à la majorité ni à l'opposition. Le temps de parole du chef de l'État mérite, quant à lui, un décompte spécifique[8]. Une *instance de régulation*, le Conseil supérieur de l'audiovisuel (loi du 17 janvier 1989), est chargée de veiller au respect du pluralisme[9] (v. *IIIe Partie*).

Depuis la révision constitutionnelle du 23 juillet 2008, il incombe à la loi de fixer les règles concernant *la liberté, le pluralisme et l'indépendance des médias* (art. 34 C).

B. L'EXISTENCE DES FORMATIONS POLITIQUES

297 L'article 4 C déclare : Les partis et groupements politiques concourent à l'expression du suffrage. Ils contribuent à la mise en œuvre du principe énoncé à l'article 1er : la parité entre les femmes et les hommes pour l'accès aux mandats électoraux et fonctions électives, ainsi qu'aux responsabilités professionnelles et sociales. Cette consécration souligne leur lien avec le suffrage[10]. Si l'on s'accorde, avec Maurice Hauriou, sur l'idée que le corps électoral s'analyse en un troisième pouvoir, à côté du gouvernement et du parlement, les partis peuvent être considérés comme une organisation spontanée du pouvoir de suffrage. Si les partis ont toujours provoqué une certaine défiance (de Tocqueville (*les partis sont un mal inhérent aux gouvernements libres*) au général de Gaulle vilipendant *le régime exclusif des partis*), P. Avril a montré que les partis, sont une dépendance du régime[11] en tant qu'éléments explicatifs de la réalité politique. H. Kelsen, quant à lui, insista sur le rôle charnière des partis entre l'État et les individus : *La démocratie est donc nécessairement et inévitablement un État de partis* (Parteienstaat).

Aux yeux de la Cour européenne des droits de l'homme, les partis politiques assurent une fonction capitale au sein de la démocratie car *seules formations pouvant accéder au pouvoir (ils) ont en outre la*

8. Le temps de parole du Chef de l'État échappait originellement à cette répartition car *conformément à la tradition républicaine (...) le Président de la République ne s'exprime pas au nom d'un parti ou d'un groupement politique* (C.E., 13 mai 2005, *Hoffer*). Tout en maintenant cette position de principe, le Conseil d'État a néanmoins rajouté *qu'il n'en résulte pas pour autant, compte tenu du rôle qu'il assume depuis l'entrée en vigueur de la constitution du 4 octobre 1958 dans la définition des orientations politiques de la Nation, que ses interventions et celles de ses collaborateurs puissent être regardées comme étrangères, par principe et sans aucune distinction selon leur contenu et leur contexte, au débat politique national* (C.E., Ass., 8 avril 2009, *F. Hollande*). Les nouvelles modalités de prise en compte différenciée des interventions présidentielles ont été fixées par le C.S.A.

9. V. F. BALLE, *Médias et sociétés,* 16e éd., 2013 ; Ch. DEBBASCH, H. ISAR, X. AGOSTINELLI, *Droit de la communication,* 2001 et Commission de Venise, *Rapport sur l'indépendance des organes de régulation des médias,* 2008.

10. S'agissant du statut juridique des partis, en droit français, il emprunte, à leur gré, la forme de l'association de la loi du 1er juillet 1901. La loi du 11 mars 1988 relative à la transparence financière dispose : [Ils] se forment et exercent leur activité librement. Ils jouissent de la personnalité morale. Ils ont le droit d'ester en justice. Ils ont le droit d'acquérir à titre gratuit ou à titre onéreux des biens meubles ou immeubles (art. 7). Les aides publiques qui leur sont affectées ne sont pas soumises au contrôle de la Cour des comptes (art. 10). Avec la révision constitutionnelle du 23 juillet 2008, la loi a désormais pour fonction de garantir *les expressions pluralistes des opinions et la participation équitable des partis et groupements politiques à la vie démocratique de la Nation* (art. 4 C). V. P. AVRIL, L'approche institutionnelle des partis politiques, *Mélanges Maurice Duverger,* 1987, p. 229 (v. *IIIe partie*).

11. P. AVRIL, *Essais sur les partis,* 1986, p. 135 ; J.-C. COLLIARD, La liberté des partis politiques, *Mélanges Jacques Robert,* 1998, p. 81 ; M. OFFERLE, *Les partis politiques,* 2002 ; Lignes directrices sur la réglementation des partis, *Commission de Venise,* 2010.

capacité d'exercer une influence sur l'ensemble du régime de leur pays. Par leurs projets de modèle global de société qu'ils proposent aux électeurs et par leur capacité de réaliser ces projets une fois arrivés au pouvoir, les partis politiques se distinguent des autres organisations intervenant dans le domaine politique (C.E.D.H., 13 février 2003, *Refah c/ Turquie*). En conséquence, la dissolution d'un parti politique dans une démocratie se révèle délicate et doit rester exceptionnelle. On songera en Allemagne à celles du S.R.P. de tendance national-socialiste (1952) et du parti communiste, K.D.P. (1956), aux Pays Bas, du *Nationale Volkspartij/* CP86 (1998), en Espagne du parti basque Batasuna (2003 – et C.E.D.H., 30 juin 2009, *Batasuna c/ Espagne*) ou, dans le sens inverse, l'interdiction établie par la Constitution italienne de réorganiser, sous quelque forme que ce soit, le parti fasciste. Saisie fréquemment par des partis turcs dissous[12], la C.E.D.H. estime *qu'un parti politique peut promouvoir un changement de la législation ou des structures légales ou constitutionnelles de l'État à deux conditions ; 1) les moyens utilisés à cet effet doivent être légaux et démocratiques ; 2) le changement proposé doit lui-même être compatible avec les principes démocratiques fondamentaux* (*Refah*). Le faisceau d'indices permettant l'identification du caractère dangereux d'un parti intègre l'analyse de son statut, de son programme officiel mais aussi les discours et actes de ses dirigeants et membres. La méthode est identique dans l'hypothèse d'un refus d'enregistrement de parti (C.E.D.H., 6 juillet 2005, *Partidul comunistilor c/ Roumanie* ; 7 mars 2007, *Linkov c/ République tchèque)*.

La Belgique, en 1999, a modifié sa législation sur le financement des partis politiques permettant la suppression de la dotation budgétaire aux partis ne respectant pas les droits et libertés proclamés par la C.E.D.H[13]. Une fois les modalités procédurales fixées en 2005, un recours a été déposé en 2006 contre le Vlaams Belang (ancien Vlaams Blok). Il restera sans suite. Le cadre juridique français est sur cette question lacunaire. La loi du 10 janvier 1936 permet toutefois la dissolution de groupes de combat et de milices privées, qualificatif qui pourrait éventuellement s'adresser au service d'ordre d'un parti. De son côté, le Conseil d'État a rejeté la demande d'annulation du décret attribuant l'aide publique au Front national, demande fondée sur la contestation des thèses et programme du parti (C.E., 22 mars 1999, *Avrillier, Rec.* p. 77).

1. La définition des partis politiques

298 Un parti politique se présente comme *un groupement organisé de personnes, unies par une philosophie ou une idéologie, dont elles poursuivent la réalisation, avec comme finalité la conquête et l'exercice du pouvoir*[14].

De la sorte, les partis se distinguent des groupes de pressions ou d'intérêt[15]. Ceux-ci, en effet, n'entendent en aucune façon investir le pouvoir, même s'ils figurent de nos jours parmi ses interlocuteurs,

12. B. DUARTE, Les partis politiques, la démocratie et la Convention européenne des droits de l'homme, *R.T.D.H.* 1999, p. 314 ; P. LAMBERT, *Les partis liberticides et la Convention européenne des droits de l'homme,* Bruylant, 2005. J. TEJADA, La doctrine de la Cour européenne des droits de l'homme sur l'interdiction des partis politiques, *R.F.D.C.* 2012, p. 339. Voir aussi, les *Lignes directrices sur l'interdiction et la dissolution des partis politiques* adoptées, en 1999, par la Commission de Venise.

13. Dans une logique similaire, le Parlement européen s'assure qu'un parti européen (qui bénéficie d'un financement par le budget général de l'U.E.) respecte, dans son programme et son action *les principes de la liberté, de la démocratie, du respect des droits de l'homme et des libertés fondamentales, ainsi que de l'État de droit.* Règlement du 4 novembre 2003 relatif au statut et au financement des partis politiques au niveau européen.

14. V. M. OSTROGORSKI, *La démocratie et l'organisation des partis politiques,* 1903 (rééd., 1993, préface de P. AVRIL) ; R. MICHELS, *Les partis politiques, essai sur les tendances oligarchiques des démocraties* (rééd. 1971, préface de R. RÉMOND) ; M. DUVERGER, *Les partis politiques,* 1951, J. CHARLOT, *Les partis politiques,* 1971 ; J. LA PALOMBRA et M. WEINER, *Political Parties and Political Development*, 1966.

15. J. D. GIULIANI, *Marchands d'influence. Les lobbies en France,* 1991, G. LAMARQUE, *Le lobbying* 1994 et K. LAWSON, Partis politiques et groupes d'intérêt, *Pouvoirs* n° 79, 1996, p. 35 ; Rapport CHARRIER, A.N., Doc. Parl., n° 613, 2008). Les groupes de pression sont associés à l'exercice quotidien du pouvoir, à l'occasion de la préparation des lois et décrets, quand bien même ils ne sont pas institutionnalisés sous forme d'un Conseil économique, social et environnemental, par exemple.

mais simplement en tirer des *avantages matériels* le plus souvent[16]. Leur démarche est donc moins politique que *corporatiste*. Par ailleurs, les partis se distinguent par leur quête continue de soutien populaire via le processus des élections. Mais pour marquée que soit l'opposition entre partis et groupes de pression, elle n'est pas irrémédiable. En effet, dans certaines hypothèses, des liens ou des passerelles sont aménagés au point de résorber, sinon de supprimer la distance qui les sépare. Le groupe de pression engendre parfois le parti (les *Trade-Unions* et le parti travailliste en Grande-Bretagne) ; le parti s'entoure assez généralement, telles des courroies de transmission, d'un réseau (les partis de gauche en France).

Pour ces groupes agissants de citoyens[17] que constituent les partis politiques, la définition précitée met surtout en relief deux éléments : l'*organisation*, d'une part, et le *projet politique* de l'autre.

a) *L'organisation*

299 Préalablement, les modalités de création du parti sont variablement encadrées. Si certains États exigent un nombre minimal d'adhérents et/ou une implantation nationale (selon des critères qui ne doivent pas excessifs ; voir en ce sens C.E.D.H., 12 avril 2011, *Parti républicain de Russie c. Russie*), la France a opté pour un cadre libéral.

Au sens de la loi du 11 mars 1988, est un parti la personne morale de droit privé qui s'est assignée un but politique et qui a déposé ses comptes, certifiés par deux commissaires aux comptes, auprès de la Commission nationale des comptes de campagne et de financement politique (CNCCFP). 402 partis ont ainsi été recensés en 2013. La plupart, on l'a compris, sont, en réalité, des *micro-partis* dont certains n'ont pour fonction que d'échapper aux contraintes des règles de financement de la vie politique (v. plus particulièrement le 13e rapport d'activité de la CNCCFP, 2010). Rajoutons que le droit électoral d'un État peut aussi imposer des conditions aux partis souhaitant participer aux élections législatives (cautionnement, nombre minimal de signatures de citoyens – v. C.E.D.H., 6 février 2013, *Ekoglasnost c/Bulgarie*).

Au-delà, il est commode, à cet égard, d'opposer, du point de vue de leur *structure*, les partis *de cadres* aux partis de *masse*. Surmontant cette dichotomie, *les partis de rassemblement* et *les partis populistes* offrent de nouvelles perspectives.

α) Les partis de cadres et de masse

300 Selon la vision classique de Duverger, les partis de cadres, nés au XIXe siècle, se présentent, surtout comme des partis de notables, au sens sociologique, et s'adressent à une clientèle située à la droite de l'éventail politique ou, à la rigueur, au centre. Ils se sont créés via un lent processus de structuration de réunions spontanées d'élus proches idéologiquement (mode de constitution *interne*).

En France, sous la IIIe République, le parti radical, créé en 1901, a été un excellent exemple de parti de cadres. En dehors du groupe parlementaire et de l'organisme directeur on ne trouvait guère, au plan local, que des comités électoraux, appuyés, il est vrai, par de nombreux élus et aussi par des hommes

16. Le service des intérêts peut être aussi *désintéressé*, c'est-à-dire idéologique. Pour la défense de nobles causes, on citera la *Ligue des droits de l'homme* créée en 1898, en faveur de Dreyfus ; *Amnesty International,* depuis 1960 ; plus récemment, les actions menées par S.O.S.-Racisme, AC ! et ATTAC.

17. Dans la recherche du soutien le plus large, le parti regroupe, à la façon de cercles concentriques, les *électeur* ; les *sympathisants* (on parlait de compagnons de route au parti communiste) qui s'associent à certaines de ses activités et les *adhérents* qui constituent ses membres. Parmi ces derniers on peut distinguer entre les militants, les dirigeants et les permanents (sorte de fonctionnaires du parti appelés aussi *apparatchiks*).

influents (directeurs de journaux, par exemple), qui maintenaient d'une façon informelle, mais efficace, le contact avec les électeurs. Après avoir été éclaté entre la gauche (P.R.G.) et la droite au sein de l'U.M.P., le rapprochement est toujours à l'ordre du jour.

Les partis de masse sont apparus, avec le XXe siècle, dans les pays occidentaux avec le développement du socialisme, puis du communisme. Confrontés à une forme d'impécuniosité, ces partis se sont efforcés de multiplier le nombre de leurs adhérents et, par conséquent, des cotisations. De plus, s'attachant à la réalisation d'un ordre social nouveau (le collectivisme), ils ont toujours cherché à soutenir et à encadrer leurs électeurs par un nombre de militants aussi grand que possible. Ils sont issus de groupements préexistants (syndicats, associations professionnelles, etc.).

C'est surtout dans les partis de masse que l'*organisation* prend de l'importance, et, par voie de corollaire, la *discipline*. Si elle fut particulièrement stricte au Parti communiste au faîte de sa puissance, le Parti socialiste s'en réclame toujours. Aussi, ses statuts prescrivent-ils que *les membres du groupe au Parlement acceptent les règles internes du Parti et se conforment à sa tactique. En toutes circonstances, ils doivent respecter la règle de l'unité de vote de leur groupe* (art. 5.4.3).

Il arrive toutefois que, sur des options fondamentales, la discipline ne soit pas observée : en 2005, malgré un vote interne, partisans du *oui* et du *non* au référendum portant sur le traité établissant une constitution pour l'Europe se sont opposés pendant la campagne. En outre et ceci n'a guère d'équivalent en France les membres des instances nationales et locales du P.S., sont *élus* par les militants, ainsi que du reste, les candidats aux diverses consultations. Des primaires pour désigner le candidat à l'élection présidentielle ont été organisées en 1995, en 2006 (avec l'institution inédite de débats télévisuels) puis en 2011 (avec un vote ouvert à tous). Précisons que les *courants* y sont représentés *proportionnellement* aux mandats recueillis.

β) Les partis de rassemblement

301 La division entre les partis de cadre et de masse est devenue de moins en moins pertinente. La chute du nombre d'adhérents conjuguée à la montée en puissance des notables (les *éléphants* socialistes) ont fait évoluer un parti de masse tel que le P.S. vers la logique propre au parti de cadre. Les partis américains emprunteraient plutôt le chemin inverse. Selon Robert Merton, le *Boss*, la figure locale, gère le parti telle une machine de placement, un organe d'assistance et de promotion sociale (logique du *bossisme*).

Par ailleurs, on a assisté à la naissance, à droite ou au centre, d'un autre type de parti (nanti d'adhérents, nombreux le cas échéant) sans que ce dernier soit unifié ou structuré par une doctrine aux arêtes vives. Tout au contraire, leur ambition est d'attirer et de charmer le plus grand nombre d'électeurs. Jean Charlot parlera du *parti d'électeurs* (*Le phénomène gaulliste*, 1970). Ces partis de *rassemblement* ont été popularisés sous la dénomination de *partis attrape-tout*, traduction de l'expression *catch-all parties* de Kirschheimer et Neumann. Ces formations qui se développent dans les sociétés occidentales (l'archétype étant le *New Labour* de T. Blair), entendent transcender, tel l'arc-en-ciel, les clivages socio-économiques. Ce faisant, ils cultivent le *pragmatisme*, en dédramatisant les problèmes politiques ou en minorant l'idéologie. On a pu les comparer à des parapluies rassurants. L'accent est mis sur des thèmes *généraux* à propos desquels chacun peut se reconnaître, au-delà de sa condition particulière, dans le droit à la sécurité, la quête de la croissance, la défense de l'emploi. Un nouveau paradigme politique, valorisant le terrain économique et l'électorat du centre, s'appuyant sur des méthodes de communication renouvelées (où l'agenda est imposé aux médias), reprenant à son compte les propositions de ses adversaires (stratégie de la triangulation ou de la démobilisation asymétrique) voit le jour. Les victoires de B. Clinton en 1992 et de T. Blair en 1997 en furent les concrétisations, celle de N. Sarkozy, en 2007, peut, avec certaines nuances, être considérée comme sa première application en France.

Il s'ensuit *l'électoralisme*, le *centrisme et le mimétisme*. Chassant pratiquement sur les mêmes terres, les partis se rapprochent au point de rendre difficile leur identification. À bien des aspects, la différence entre les formations anglo-américaines se *sent* plus qu'elle ne s'explique[18]. Dans ces conditions, les partis *attrape-tout* renforcent la cohésion nationale, à l'inverse des partis de militants qui ont tendance à camper sur leurs positions, et favorisent par voie de corollaire *l'alternance* au pouvoir. En effet, il n'existe aucune difficulté, encore moins de danger à en confier la responsabilité à des formations qui acceptent les *bases* de la société et entendent simplement la gérer. *Blanc bonnet, et bonnet blanc*, en somme ! Revers de la médaille, la progression de l'absentéisme électoral et du populisme observée depuis dans les démocraties occidentales s'explique notamment par cet affaiblissement de la distinction entre les partis de gouvernement.

γ) Les partis populistes

302 Par un phénomène de réaction à l'égard des partis traditionnels, *les partis populistes*, se situant généralement à l'extrême droite, même si elle n'en a pas l'exclusivité, se déploient à l'Ouest de l'Europe (le F.N. en France ; Vlaams Belang en Belgique ; les agitateurs néerlandais (Pim Fortuyn en 2002 et actuellement G. Wilders) ; le *populisme alpin* (J.-Y. Camus) avec, en Italie, la Ligue du Nord puis, depuis 2013, le mouvement 5 étoiles (M5S) conduit par l'ancien comique Beppe Grillo devenu le premier parti de la péninsule, le F.P.Ö. en Autriche et l'U.D.C. de Christoph Blocher en Suisse) au Nord (avec de fortes poussées au Danemark (Parti populaire danois), Finlande (Vrais finlandais), Norvège et Suède) et à l'Est (avec des partis pouvant être qualifiés de profascistes en Hongrie (Jobbik), Roumanie et Slovaquie).

Révélateurs de la crise économique et du retour de la xénophobie en Europe, ils rejettent l'Union européenne accusée de tous les maux. Cultivant l'autorité d'un chef omniscient, ils en appellent directement au peuple, dont ils estiment être les seuls à pouvoir le représenter pleinement et authentiquement. Sans recourir à des moyens illégaux et violents, ils remettent en cause les fondements même de la démocratie représentative. Celle-ci s'est, il est vrai, rapprochée de la vision défendue par Schumpeter pour qui *la démocratie signifie seulement que le peuple est à même d'accepter ou d'écarter les hommes appelés à le gouverner* (*in Capitalisme, socialisme et démocratie*, 1951). La pathologie démocratique marquée par un éloignement grandissant entre représentants et représentés que des gadgets (tels des comptes Facebook et Twitter tenus par les hommes politiques) tentent vainement de dissimuler est exploitée par les populistes de tous bords valorisant l'antiparlementarisme (Du *Sortez les sortants* des poujadistes au *A casa !* (À la maison !) de Beppe Grillo en Italie), le bon sens populaire (la sortie de l'Union européenne présentée comme la réponse à la crise) et les solutions irréalistes (telle l'augmentation massive du revenu minimum et la semaine de 20 heures de travail proposées par B. Grillo). La crise économique accompagnée de politiques d'austérité sévères fissure les fondements des régimes politiques. À qui le tour, après

18. Un journaliste américain constatait : *Nos deux partis peuvent se comparer à deux bouteilles vides, mais portant des étiquettes différentes*. Même observation chez Harold Laski, au Royaume Uni : *un seul parti divisé en deux branches*.

la Grèce en 2012 et l'Italie en 2013 ? On ne peut ici passer sous silence les fortes poussées du F.N. en France lors des municipales et des européennes de 2014.

303 Enfin, sont aussi apparues de nouvelles formes de partis : les *single-issue parties* ou partis d'une seule cause tels, en France, les écologistes à l'origine, le parti Chasse pêche nature et tradition ou aux États-Unis, avec le *Tea party*, en lutte contre B. Obama et le gouvernement fédéral. La posture anti-européenne tient désormais lieu de seul programme pour des partis tels UKIP en Grande-Bretagne et l'AFD en Allemagne. Avec des fortunes variées, ces aspirations (la lutte contre le racisme, l'altermondialisme, l'europhobie) peuvent ensuite être ignorées, canalisées ou récupérées par les partis traditionnels ou alors constituer l'épine dorsale du programme d'un nouveau parti (on pensera, à titre d'exemple au Parti pirate, prônant le téléchargement gratuit sur Internet, qui avait fait en 2011 une entrée remarquée en Allemagne dans les Länder de Berlin, du Schleswig-Holstein et de la Sarre).

b) Le projet politique

304 Il ne faut pas, en effet, chercher à définir les partis par la seule organisation et les modalités de celle-ci. Au fond, ces groupements structurés de citoyens, orientés vers la prise et l'exercice du pouvoir, cherchent tous à traduire dans les faits des options politiques. Ce sont des *institutions*, au sens de Maurice Hauriou, c'est-à-dire *des organisations au service d'une idée*. L'organisation, loin d'être une fin en soi, est développée pour mieux réaliser le projet et atteindre plus efficacement l'objectif. Finalement, la compétition politique ne serait qu'une variante de la lutte économique (avec des *marchés* à gagner, des logiques de *concentration* et *d'absorption* pour atteindre la taille critique et des effets de *cartel* afin d'empêcher l'accès des nouveaux venus).

Dans les démocraties occidentales, l'idée directrice (le projet politique) était initialement très apparente pour des partis socialistes ou communistes, qui se sont créés et développés en vue de transformer radicalement l'ordre social existant et d'établir un nouveau mode de régulation économique. Mais pour les partis de droite ou du centre, maintenir le système capitaliste, soit tel quel, soit en acceptant des évolutions était aussi un projet politique. Une fois cette césure originelle dépassée, les clivages, moins prononcés, perdurent (encadrement du secteur financier, réforme de l'assurance-maladie et du régime des retraites, réduction du temps de travail, sécurité, politique migratoire, etc.) tout en étant de plus en plus érodés par les exigences de l'Union européenne exacerbées par l'actuelle crise économique.

Pour traduire, dans les faits, le projet politique qui est le leur, les partis ont, en général, trois tâches principales à accomplir : *éclairer* (sinon éduquer) l'opinion, d'abord par des réunions politiques, des manifestations, des tracts, des journaux et publications, des blogs, etc. Est désormais visible un phénomène, importé des États-Unis, de sous-traitance intellectuelle au profit d'instances de réflexion extérieures au parti (les *think tanks*, soit des laboratoires d'idées ou encore des officines d'ingénierie politique ayant succédé aux *sociétés de pensée* ou aux *clubs* du passé[19]). Par ailleurs, le recours aux instituts de sondages et aux conseillers en communication *(Spin doctors)* s'est démultiplié. Les partis préservent cependant leur fonction de *sélectionner* les candidats aux élections[20] et, en ce sens, ils constituent le vivier de la classe politique.

19. M. PATARD, *La démocratie entre expertise et influence. Le cas des think tanks français*, Dalloz, 2014.

20. La sélection emprunte, pour l'essentiel un caractère oligarchique, par le biais des instances nationales ou locales. Mais la logique démocratique n'est pas totalement exclue. Ce sont les militants, au P.S. qui choisissent les candidats aux élections. Aux États-Unis, dans le cadre des élections primaires, les *citoyens* interviennent à ce stade.

Enfin, *encadrer et surveiller* les élus pour les maintenir dans la discipline du parti et, parvenir ainsi à une certaine *stylisation* de la vie politique. L'exemple, à cet égard, a été donné par les partis britanniques, puis par les partis socialistes et communistes. Mais, il est largement suivi par certains partis d'électeurs, comme l'U.M.P. en France, qui s'efforce de compenser le caractère hétéroclite de son corps électoral par une solidarité sans faille des élus. Le *Chief Whip* en Grande-Bretagne (v. *infra*, nº 463) ou ailleurs le président de groupe exerce une fonction disciplinaire. Si, allant *crescendo*, l'impossibilité d'être désigné rapporteur sur un texte de loi et de poser une question au gouvernement puis les menaces de suspension, d'exclusion du parti et de non-réinvestiture pour les prochaines législatives suffisent à l'égard d'indisciplines individuelles (même si les effets sont moindres vis-à-vis d'un élu solidement implanté), seule la perspective d'une dissolution est efficace à l'égard d'une révolte organisée de la majorité. Encore faut-il que celle-ci soit crédible au vu des rapports de force. Il est toujours préférable finalement de gouverner avec une majorité indisciplinée que de se retrouver dans l'opposition.

2. Les relations entre les partis politiques

305 L'environnement institutionnel dans lequel évolue une formation politique est déterminant. En écho à la confrontation entre les sociétés unanimistes et pluralistes, répond ici la distinction entre les *partis monopolistiques* et *concurrentiels*.

a) Le parti monopolistique ou le parti-État

306 L'existence d'un parti unique, due, on le sait, à Lénine (*Que faire ?*, 1902), apparaît liée à une volonté de changement radical de l'ordre social. S'agissant des pays marxistes, le problème était de passer du capitalisme au communisme. Pour ce qui est des pays tiers-mondistes, la tâche est généralement double : il faut briser l'ordre ethnique en vue de construire une nation et surmonter le sous-développement pour déboucher sur une économie moderne. En pareilles circonstances, le pluralisme, qui implique nécessairement l'existence de partis d'opposition, constitue incontestablement un handicap difficile à surmonter. Salvador Allende, au Chili, en fit l'amère expérience de 1970 à 1973.

Par ailleurs, la formation unique se subordonne l'appareil d'État avec lequel elle vit en symbiose, et les organisations sociales, en sa qualité de force dirigeante *exclusive*[21]. Dans ces conditions, l'État et la nation sont ou seront, à bien des aspects, ses créations. Il n'est pas douteux, en effet, que dans le cadre des continents décolonisés, le parti a été, à l'origine, l'instrument de l'indépendance politique avant de se transmuer en celui de l'indépendance économique[22].

b) Les partis concurrentiels

307 Dans un système pluraliste, les divers partis entrent naturellement en compétition les uns avec les autres. Ils sont, en effet, une des concrétisations du caractère *disputé* des élections. Trois situations peuvent être envisagées à la manière des poupées gigognes : celles du *multipartisme*, du *bipartisme* et enfin du *parti dominant*.

α) Le multipartisme

308 On n'est ici en présence certes, d'un nombre important de partis, en tout cas plus de deux, mais dont la physionomie sera variable selon que la *discipline* ou non, caractérise

21. À cet égard, il n'est pas sans intérêt de rappeler que l'expérience tchécoslovaque de 1968 *(le printemps de Prague)* ou la constitution du syndicat libre *Solidarité*, en Pologne, en 1980, a été condamnée dans l'esprit des dirigeants soviétiques à partir de l'instant où elle mettait en cause le monopole du parti communiste. On connaît, à ce propos la boutade de Tomski : *Deux, trois, quatre partis sont possibles pendant la dictature du prolétariat, mais à une seule condition, l'un au pouvoir, les autres en prison.*

22. V. O. DUHAMEL, Le Parti Démocratique Gabonais : étude des fonctions d'un parti unique, *Revue française d'études politiques africaines*, mai 1976, p. 24.

leurs relations. La comparaison entre le système français de la IVe République et l'actuel *(la bipolarisation)* tourne à l'opposition.

Le multipartisme est traditionnel, dans de nombreuses sociétés occidentales. Il s'explique par des raisons économiques, sociales, religieuses, historiques, qui varient de pays à pays, mais qui sont, au fond, liées au tempérament national. Le choix de la représentation proportionnelle est décisif. Ce système offre l'avantage, pour l'électeur, d'un choix large. Toutefois, on doit dire qu'il convient mieux pour la désignation des censeurs que pour celle des gouvernants car, les majorités gouvernementales ne peuvent être que des majorités de coalition, généralement plus fragiles que celles constituées par un seul parti.

β) Le bipartisme

309 Le bipartisme désigne moins la vie partisane à deux, que la vie *gouvernementale* à deux, chacun à son tour : soit un parti au pouvoir, sous le contrôle d'un autre et l'arbitrage des électeurs. Dans un cadre multipartisan, il n'existe, en fait, que deux formations ayant *vocation* à gouverner, au rythme de l'alternance.

De ce fait les *relations* entre *les partis de gouvernement* tiennent lieu de constitution. Parler de *two-party system* est éloquent. Sans entrer dans les détails, à ce stade, disons qu'il existe une gamme de bipartismes : bipartisme *parfait*, celui du Royaume-Uni (travaillistes et conservateurs) ; bipartisme *approché :* en Allemagne, l'appoint du parti libéral ou des verts est indispensable pour l'accès au pouvoir des démocrates-chrétiens ou des sociaux-démocrates ; enfin bipartisme *ignoré :* aux États-Unis, en dehors de l'élection présidentielle, une ligne invisible traverse les rangs démocrates et républicains et sépare les libéraux des conservateurs (voir les tensions internes au sein des républicains en raison de la montée en puissance du *Tea party*), tant et si bien qu'il n'est pas erroné de parler de *multipartisme latent*. Pour sa part, la France contemporaine, après la quadrille bipolaire des années 1970-1980, vit désormais au rythme de l'alternance entre le P.S. et la coalition R.P.R.-U.D.F. transformée, en 2002, en l'U.M.P. *(Union pour un mouvement populaire)*. La *bipolarisation*, que l'on doit saluer comme l'une des conquêtes majeures de la Ve République[23], s'est muée en un système bipartisan (88 % des députés appartenant à ces deux partis en 2002 ; 92 % en 2007 et 85 % en 2012). Le centrisme, après une lueur fugitive lors de la présidentielle de 2007, s'est dissipé. La menace, après le premier avertissement de la présidentielle de 2002, vient maintenant du Front National qui n'hésite plus, au vu de ses résultats obtenus aux municipales et européennes de 2014, à se proclamer *le premier parti de France*.

Le bipartisme opère de la sorte une évidente simplification de la vie politique. Le *vote utile* des électeurs n'y est pas étranger, de même le mode de scrutin (le scrutin majoritaire). Il réalise surtout les conditions de la stabilité et de l'efficacité gouvernementales.

γ) Le parti dominant ou majoritaire

310 Au sein d'une structure *concurrentielle*, un parti *dominant* (M. Duverger) peut apparaître. Cette notion reçoit deux acceptions : dans un sens *sociologique*, le parti dominant est celui qui s'identifie à une période historique, dont il est le symbole. À ce titre, le parti radical de la IIIe République, le mouvement gaulliste – l'U.M.P. de nos jours – et le parti socialiste, sous la Ve République, peuvent revendiquer cette épithète.

Dans un sens *politique*, le parti dominant est celui qui s'impose à ses adversaires ; celui sans lequel rien n'est possible. Bref, le parti *incontournable* dans la mesure où il détient ou approche la majorité des sièges au parlement, et plus précisément à la chambre élue au suffrage universel direct. On se prend à penser, sous la Ve République, à l'U.M.P. entre 2002 et 2012 et au P.S. (en 1981, 1988 et 2012) ; à l'étranger, à l'inamovible *démocratie chrétienne* en Italie, de 1947 à 1994, au *parti libéral* japonais au pouvoir de 1955 à 1993, à la *C.D.U.-C.S.U.* en Allemagne, de 1949 à 1969, et de 1982 à 1998 et aux partis *sociaux-démocrates* suédois et norvégien.

Que résulte-t-il de la présence d'un tel parti ? À l'évidence, il constitue un facteur d'efficacité et de stabilité, en raison de *l'osmose* réalisée entre l'exécutif et le parlement. Mais, si l'on n'y prend garde, l'immobilisme peut en résulter, et ce d'autant plus que les mécanismes de contrôle, du point de vue

23. V. F. BORELLA, Le système des partis, *in La vie politique en France,* 1993, p. 223.

parlementaire, se trouvent paralysés. Autrement dit, le parti dominant *régularise* l'exercice du pouvoir et *immobilise* l'alternance, sans pour autant la récuser. En effet, l'opposition, grâce aux règles concurrentielles, peut relever ce défi ou cette provocation, en mettant un terme à son règne, en s'organisant ou en mettant à profit son usure ou ses échecs, ainsi que l'attestent diverses expériences récentes.

3. Les moyens d'existence des partis politiques

311 À l'exception du parti unique, une question se pose : comment vivent les formations en situation concurrentielle ? En tenant compte des zones d'ombre, on envisagera les modes de financement privé et public[24].

a) Le financement privé

312 Figurent, sous cette rubrique, les cotisations des adhérents ; les versements des élus ; les revenus immobiliers et commerciaux (maison d'édition), et ceux dégagés par des sociétés d'études qui forment *écran* (procédé de surfacturation, lors de la passation des marchés des collectivités locales) ; les dons des entreprises et des milieux d'affaires, qui, par prudence élémentaire, font montrer d'une générosité, qui, pour être sélective n'en est pas pour autant exclusive. Ces dons sont désormais prohibés en France (art. L. 52-8 du Code électoral). Au-delà de la solidarité internationale, il n'est pas interdit de répertorier d'autres procédés exceptionnels (souscription, vente du muguet le 1er mai), ou condamnables, telle la corruption politique. Reste que la manne budgétaire concourt largement au financement des partis (42 % des recettes du Parti socialiste, 67 % de celles de l'UMP en 2010).

b) Le financement public

313 L'intervention financière de la puissance publique est tantôt empirique, tantôt systématique. Elle est en tous cas essentielle puisqu'elle tend *à renforcer le pluralisme politique et contribue au bon fonctionnement des institutions démocratiques* (C.E.D.H., 10 mai 2012, *ÖDP c/Turquie*).

Au premier cas, l'État prend en charge, selon diverses modalités, certains frais exposés par les partis à l'occasion des consultations, en liaison avec le plafonnement des dépenses ; les salaires des assistants parlementaires en France ; les avantages matériels consentis aux élus ; l'aide accordée à la presse. Au second cas, l'État subventionne les partis (Allemagne, Italie, France). Enfin, il autorise sous condition (Belgique, Autriche) ou interdit (France, Russie) les dons provenant de l'étranger et notamment par un parti étranger. Ce choix purement politique n'est pas apprécié par la Cour européenne des droits de l'homme (C.E.D.H., 7 septembre 2007, *Parti nationaliste Basque c/ France*) (v. *IIIe partie)*.

§ 2. L'ORGANISATION DU CORPS ÉLECTORAL

314 Le suffrage universel est *la plus grande force politique des temps modernes*, opinait Esmein. On ne peut que souscrire à ce jugement. En effet, la logique égalitaire qui le sous-tend est à l'origine de son extension progressive à l'ensemble des citoyens. Mais des exclusions subsistent. Le *corps électoral* désigne *le pouvoir formé par les personnes ayant la qualité d'électeur* et celle de *candidat* : en un mot, le *pouvoir de suffrage*[25].

24. V. les *Lignes directrices et rapport sur le financement des partis politiques* adoptés, en 2001, par la Commission de Venise J.-P. CAMBY, *Le financement de la vie politique en France,* 1998 ; J.-É. GICQUEL, La transparence du financement de la vie politique en France : une situation juridique en clair-obscur, *Revue générale de droit*, Ottawa, 2006, p. 609.

25. V. A. AMOR, Ph. ARDANT et H. ROUSSILLON (sous la direction), *Le suffrage universel,* 1994 et P. PERRINEAU et D. REYNIÉ (sous la direction), *Dictionnaire du vote,* 2001.

A. L'EXTENSION PROGRESSIVE DU POUVOIR DE SUFFRAGE

1. La situation antérieure au XVIIIe siècle

315 Lorsque se constituèrent, au sortir du Moyen Âge, les premières assemblées représentatives élues, c'est le suffrage de la *généralité* des habitants qui fut appliqué, comme par instinct. Cependant, après cette générosité de départ, au XVIe siècle, le droit de vote est réduit, progressivement, jusqu'au début de l'ère constitutionnelle et même pendant une partie du XIXe siècle. Bref, pour Esmein, *le régime censitaire apparaissait comme la forme naturelle de l'électorat politique. Le suffrage universel se présentait comme une organisation rudimentaire repoussée par une civilisation plus avancée.*

2. Les restrictions initiales au pouvoir de suffrage

316 À titre principal, ce phénomène s'explique par des raisons politique et économique.

La constitutionnalisation du pouvoir, c'est-à-dire la désignation de représentants repose sur des opérations délicates. Aussi des pays ont préféré confier, pendant un temps, parfois long, le fonctionnement de ces mécanismes subtils et fragiles à une minorité, mieux à une *élite*, et ne s'engager que progressivement dans la voie du suffrage universel. La Grande-Bretagne a attendu un siècle, après la formation du régime parlementaire, pour supprimer les dernières traces du système censitaire.

En France, dès 1793, on a voulu faire marcher *de pair* constitutionnalisation *et* démocratisation : notre seconde constitution prévoyait à la fois un régime d'assemblée, des procédures de démocratie semi-directe et le suffrage universel. Mais il a fallu, ensuite, faire machine arrière et cette dualité dans l'effort politique, au moment de la Révolution, a probablement été une des raisons du caractère mouvementé de notre histoire, depuis 1789.

Par ailleurs, s'il est sans doute sage de constitutionnaliser le pouvoir avant de le démocratiser, il faut bien remarquer qu'en Occident, cette séparation des phases de l'évolution s'est surtout produite au bénéfice de la bourgeoisie, qui s'est efforcée et a réussi, pendant longtemps, à monopoliser les avantages du pouvoir. Pour s'en tenir à un exemple, le bicamérisme est conçu en sa faveur. La naissance de la société industrielle a été à l'origine, autrement dit, d'un resserrement de l'autorité politique.

Cependant, la consécration du libéralisme à la fin du XVIIIe siècle, ouvrira la voie à celle de la démocratie : Rousseau supplantera Montesquieu. Le vote réservé à quelques-uns sera accordé à tous : *Le droit de se faire représenter n'appartient aux citoyens qu'à raison des qualités qui leur sont communes et non à raison de celles qui les différencient* (Siéyès). L'universalisme a récusé le communautarisme.

3. La situation depuis la fin du XVIIIe siècle

317 Si la logique de l'élection s'est imposée par rapport aux autres procédés *concurrents*, en matière de désignation des gouvernants, il ne faut pas s'imaginer pour autant que la classe politique dominante, à cette époque, ait favorisé son épanouissement. Bien au contraire, elle s'est employée, autant que faire se peut, à en canaliser le cours, c'est-à-dire à *corriger* la loi du nombre.

La théorie de l'*électorat-fonction* qui est venue contrecarrer, sous la Révolution française, celle de l'*électorat-droit*, favorable au suffrage universel, témoigne du conflit entre le libéralisme et la démocratie, à cette époque.

En écho à Montesquieu, la théorie de l'électorat-fonction, développée par Siéyès, dérive de la notion de souveraineté nationale, entendue comme détenue par une *nation-personne*. Dans cette perspective, le suffrage n'est accordé qu'aux citoyens susceptibles de tenir le rôle d'organes électoraux pour le compte de la nation. Le suffrage étant une *fonction publique* parmi d'autres suppose, à ce titre, *une aptitude*. Il est donc parfaitement légitime, dans ces conditions, de la restreindre à une *partie* des citoyens. En revanche, la théorie de l'électorat-droit se rattache à la notion de souveraineté populaire, et aux idées de Jean-Jacques Rousseau, entendue comme l'addition des diverses souverainetés ou pouvoirs individuels. En ce cas, le suffrage apparaît comme un *droit* appartenant, à titre originaire, à tout citoyen et dont celui-ci est libre d'user.

a) L'avènement du pouvoir de suffrage dans les sociétés occidentales

α) L'évolution en France

318 Le point de départ est le suffrage *censitaire*, c'est-à-dire lié à la *fortune* de l'électeur. La constitution de 1791 subordonne l'exercice du droit de vote dans des assemblées primaires au paiement d'un impôt représentant la valeur de trois journées de travail (quotité appelée *cens*), ce qui élimine du corps électoral de base à peu près un tiers des citoyens. Mais, pour être désigné comme *électeur* (le suffrage était à deux degrés), il fallait payer un chiffre d'impôts beaucoup plus élevé, tant et si bien que le corps électoral ne dépassait pas quelques centaines de milliers d'électeurs. Une césure s'opère ainsi entre les citoyens *actifs* et *passifs*, entre le pays *légal* et *réel*.

Le suffrage *universel* est institué en 1793 sans entrer dans les faits cependant, compte tenu des circonstances exceptionnelles. En l'an III, le droit de vote est à nouveau subordonné à l'inscription sur le rôle des contributions directes, ce qui rétablit incontestablement un cens. En l'an VIII, le suffrage universel est affirmé, mais le vote des citoyens ne sert qu'à établir les *listes de confiance*, à partir desquelles le Sénat désigne les législateurs, les tribuns, les consuls, etc. Le système reste le même sous l'Empire. Sous la monarchie constitutionnelle (1814-1848), le suffrage censitaire est restauré.

Au début de l'année 1848, une proposition de Duvergier de Hauranne demande l'abaissement du cens à 100 F ainsi que l'*adjonction des capacités*, c'est-à-dire l'octroi de l'électorat et de l'éligibilité, sans condition de cens, à ceux qui détiennent des diplômes ou exercent des fonctions démontrant des capacités intellectuelles. Sur les instances de Guizot, aux yeux de qui le droit de vote est considéré comme la *récompense (la prime ?) une réussite sociale*, cette proposition de loi est repoussée. Ce refus sera à l'origine de la campagne des banquets et, en définitive, de la révolution de 1848.

Dès ses débuts, le suffrage universel est proclamé, à l'instigation de Ledru-Rollin, et il subsistera, dès lors, dans les institutions politiques françaises (décret du 5 mars 1848). Parallèlement, un décret du 27 avril 1848, dû à Victor Schoelcher, abolit l'esclavage dans les possessions françaises. Mais, il ne s'agira, jusqu'à l'ordonnance du 21 avril 1944, que du suffrage *masculin*. C'est à cette date que le droit de vote et son corollaire naturel, l'éligibilité, seront accordés aux femmes.

β) L'évolution en Grande-Bretagne

319 En dépit de l'existence du parlement, des restrictions au suffrage pratiquement universel au XVIe siècle, interviennent progressivement, soit sous prétexte d'amélioration de la technique électorale, soit par suite de la pression des possesseurs de grands domaines, soit à raison des déplacements de population, qui vident certaines contrées et y laissent des *bourgs pourris* ou des *bourgs de poche* (*rotten and pocket boroughs*) évoqués par Dickens, où ne subsistent que quelques dizaines d'électeurs, faciles à acheter.

La situation, à la rigueur acceptable au moment des révolutions de 1640 et même de 1688, devient, avec le temps, scandaleuse, parce que les inégalités s'aggravent, progressivement, à partir de la fin du XVIIIe siècle et, surtout, au début du XIXe. Cela tient, pour une très grande part, à ce que cette période, qui va de 1750 à 1830, est celle du démarrage industriel en Grande-Bretagne. C'est seulement avec la loi du 17 juin 1832, votée à l'instigation de Lord Grey, qu'une réforme électorale essentielle interviendra. Ensuite, le droit de vote se généralise en 1867 et 1884 et le vote par bulletin organisé à partir de 1872.

En 1918, le suffrage universel des hommes et des femmes est proclamé, avec cependant cette restriction que les hommes atteignent leur majorité électorale à 21 ans et les femmes à 30 ans seulement ;

cette inégalité est effacée en 1928. Une fois les derniers vestiges du vote plural supprimés en 1948, la majorité électorale est abaissée à 18 ans en 1969.

γ) L'évolution aux États-Unis

320 Le droit électoral ressortit, en principe, à la compétence des États fédérés. À partir de 1787, la situation inégalitaire évolue peu à peu. Malgré le XVe amendement de 1870 prescrivant que « le droit de vote des citoyens des États-Unis ne sera dénié ou limité par les États-Unis, ou par aucun État, pour des raisons de race, couleur, ou de condition antérieure de servitude », le suffrage est, en pratique, demeuré longtemps restreint. Le système des *poll-taxes* (suffrage censitaire) n'a été définitivement supprimé que par le XXIVe amendement en 1964 et jusqu'à la loi fédérale du 6 août 1965 (*Voting Rights Act*), un certain nombre d'États du *Deep South* organisaient (par des mécanismes juridiques baptisés *lois Jim Crow*) un examen sur le degré d'instruction *(the literacy test)* portant sur l'aptitude à lire et à écrire ou à commenter la constitution[26]. Ces États furent contraints à partir de 1965 d'obtenir l'autorisation du département de la Justice pour toute modification électorale jusqu'à ce que la Cour suprême décide en 2013 (25 juin 2013, *Shelby County v. Holder*) d'invalider cette contrainte en raison de l'obsolescence des critères retenus (voir *infra,* n° 625). Depuis, des mesures restrictives (telle l'obligation de présenter une carte d'identité avec une photo – une contrainte financière pour de nombreux américains pauvres) sont progressivement mises en place notamment en Caroline du Nord, en Alabama et au Missisipi.

b) L'avènement du suffrage féminin dans les sociétés occidentales

321 Alors qu'au Moyen Âge, les femmes étaient souvent admises dans les assemblées électorales, elles n'ont retrouvé que difficilement leur égalité avec les hommes, au cours de la période de développement du droit constitutionnel. Ce fait résulte, évidemment, pour l'essentiel, d'une conception *inégalitaire* entre les sexes, liée à la tradition occidentale, qui accorde le monopole de la vie politique aux hommes[27]. La renaissance du droit romain, en Europe, après le Moyen Âge, explique ce phénomène, ainsi que l'exemple donné par l'église catholique qui, dans son organisation, ne fait ni place, ni confiance aux femmes.

Et pourtant ! *Là où tant d'hommes ont échoué, une femme peut réussir* (Talleyrand). Les sociétés occidentales actuelles ne peuvent plus les ignorer, au moment où celles-ci constituent l'élément *majoritaire* du collège électoral (53 % en France).

α) La reconnaissance du suffrage féminin

322 Les Anglo-américains ont été les premiers à l'octroyer. Le Wyoming a donné l'impulsion aux États-Unis dès 1869 avant qu'il se soit généralisé par le XIXe amendement de 1920 ; puis la Nouvelle-Zélande et l'Australie, respectivement en 1893 et 1902. Relancé par les États nordiques, le mouvement s'étend après la Première Guerre mondiale : Danemark (1915), Grande-Bretagne (1918), U.R.S.S. (1918), Allemagne (1919), Espagne (1931). Mais la France (après avoir été pionnière dans l'aventure du suffrage universel) a attribué tardivement les droits politiques aux femmes qu'en 1944 au même titre que l'Italie (1945) ou la Belgique (1948).

26. Si le procédé de la *poll-tax* illustre le suffrage censitaire, celui du *literacy test* se rattache au suffrage *capacitaire*. En d'autres termes, c'est la capacité intellectuelle de la personne qui est prise en compte pour l'électorat. La *poll-tax* au sens américain se distingue de son acception anglaise (impôt par capitation). L'impopulaire imposition souhaitée par M. Thatcher a été à l'origine de son éviction du pouvoir en 1990.

27. La conception *domestique*, certes au sens élevé, de la femme (les enfants, la cuisine et l'église, ou la formule allemande dite des *3 K : Kinder, Küche, Kirche*) était justifiée, au-delà du dimorphisme sexuel, par certains auteurs, en raison d'une division du travail ou de répartition des tâches au sein du couple. Esmein considérait ainsi que, *le développement historique de l'humanité a rendu fort douteuse leur capacité politique, en les faisant, au contraire, éminemment propres aux fonctions familiales.*

L'un après l'autre, les derniers bastions misogynes en Europe ont été emportés : Suisse et Andorre en 1971 ; Saint-Marin, en 1974 et Liechtenstein, en 1984.

β) Les conséquences du suffrage féminin

323 Elles sont, pour l'essentiel, au nombre de trois : l'adoption du suffrage féminin a entraîné, en général, un déport du corps électoral vers la *droite*. Des expériences nombreuses, faites en divers pays, avec le système des *deux urnes*, ont démontré que, dans l'ensemble, les femmes sont plus conservatrices que les hommes et qu'elles redoutent, en politique, l'aventure et le changement. Ce *Gender gap* s'est cependant dissipé en France dans les années 1980. Actuellement, la différenciation entre hommes et femmes serait seulement visible sur l'attitude à l'égard de l'extrême droite.

Cependant, l'attribution du droit de vote aux femmes n'a pas aboli, pour autant, leur *non-pouvoir* dans nos sociétés, au vu de l'indication des disparités entre les sexes élaborée par l'ONU, à l'exception notable des pays scandinaves (même si on pourra relever que la fonction du chef de gouvernement a été attribuée pour la première fois à une femme au Danemark seulement en 2011) et des États-Unis. En dehors de la *femme-alibi, l'exception qui conforte le pouvoir mâle* (Claire Bretécher), la formule de Léon Blum, selon laquelle *les femmes sont entrées dans la politique par effraction*, est demeurée longtemps fondée. Mais depuis peu, la féminisation de la vie politique s'amorce : nomination d'Édith Cresson au poste de premier ministre, en 1991 ; présence de Ségolène Royal au second tour de la présidentielle de 2007 ; mise sur pied d'un gouvernement paritaire en 2007 et en 2012[28] ; féminisation accrue des assemblées locales et nationales. Le mouvement est-il voué à s'intensifier ? Pour F. Giroud, la cause du féminisme cessera le jour où *des femmes incompétentes pourront occuper des postes de direction comme les hommes le font*.

B. LES EXCLUS DU POUVOIR DE SUFFRAGE

324 Certaines catégories de personnes ne peuvent prétendre à l'exercice du droit de vote, en raison de leur *âge*, de leur *nationalité*, ou de leur *comportement*[29].

1. La majorité électorale

325 En l'espèce, il s'agit d'une restriction *naturelle*. La majorité électorale coïncide généralement avec la majorité civile, sinon pénale. Des tendances se font jour, cependant, dans de nombreux cas, qui trouvent leur écho en France, pour l'abaisser. Les raisons en sont doubles : dans les sociétés modernes, les jeunes arrivent à l'âge adulte plus tôt et participent à la vie économique du pays. Par ailleurs, certains pensent que si le corps électoral a été déporté vers la conservation par l'octroi du droit de suffrage aux femmes, un dynamisme compensateur pourrait lui être apporté par un abaissement de la majorité, les jeunes gens étant réputés plus épris de changement que les personnes âgées ou même les adultes. La loi française du 5 juillet 1974 a fixé la majorité civile, pénale et électorale à 18 ans (art. L. 2 du Code électoral)[30].

28. V. J. MOSSUZ-LAVAU, Les femmes et la politique : la France au regard de l'Europe, *Mélanges Jean-Louis Quermonne*, 1996, p. 5 ; J. VERON, *Le monde des femmes. Inégalité des sexes, inégalité des sociétés,* 1997 ; N. LENOIR, Les femmes et la République en France, *Mélanges Pierre Avril*, 2001, p. 73 ; Femmes en politique, *Pouvoirs* n° 82, 1997.

29. Ph. ARDANT, Les exclus, *Pouvoirs* n° 8, p. 47 ; J.-L. HÉRIN, Les exclus du droit de vote, *Pouvoirs* n° 120, p. 95.

30. La majorité électorale est fixée à 18 ans, depuis 1969 en Grande-Bretagne ; 1970 en Allemagne, Luxembourg et Pays-Bas ; 1971 aux États-Unis (XXVIe amendement) ; 1974 en France et l'année suivante en Italie. L'Autriche, quant à elle, a instauré, en 2007, le droit de vote à 16 ans. Il est envisageable d'établir des différences selon l'élection concernée et c'est ainsi qu'en Italie, les sénateurs sont élus seulement par les électeurs de plus de 25 ans. V. E. P. GUISELIN, L'âge, variable juridique des élections politiques, *R.D.P.* 2009, p. 99.

2. La nationalité étrangère

326 Si le droit de vote aux élections nationales est réservé aux nationaux[31] des assouplissements sont visibles pour les élections locales. Certains États acceptent le vote des étrangers sous condition de réciprocité (Espagne, Portugal, le Royaume-Uni exclusivement aux ressortissants d'États membres du Commonwealth) ou de durée minimale de résidence (Suède, Pays-Bas et Belgique). La France, à l'instar de l'Allemagne, de l'Autriche et de l'Italie, ne reconnaît aucun droit de vote des étrangers aux élections politiques (un tempérament est accordé pour les ressortissants communautaires pour les élections européennes et municipales (art. 88-3 C) ; on compte, en 2008, 0,25 % de conseillers municipaux étrangers). Une fois la décision politique prise, seule une révision de la Constitution permettra de lever l'obstacle juridique. (C.C., 18 novembre 1982, *Quota féminin, Rec.* p. 66).

3. Le comportement indigne ou irresponsable

327 La privation du droit de vote frappe la personne condamnée pour crimes ou certains délits de droit commun. Celle-ci est exclue temporairement ou à vie, du corps électoral. Ces mesures ne souffrent guère de discussion de même celles concernant le *majeur en tutelle* ou *la personne protégée* c'est-à-dire en état de démence. La Cour européenne des droits de l'homme considère cependant qu'un État ne peut instituer un mécanisme de privation automatique et générale du droit de vote des détenus (6 octobre 2005, *Hirst c/ Royaume-Uni* – qui, depuis, provoque un véritable point de fixation entre la C.E.D.H. et le Royaume-Uni qui refuse obstinément de se conformer à cette décision nonobstant le maintien de la position de la Cour – 23 novembre 2010, *Greens et M.T. c/R.U.* et 22 mai 2012, *Scoppola c/Italie*) (voir *infra,* n° 439) et des personnes placées sous tutelle et curatelle (20 mai 2010, *Alajos Kiss c/ Hongrie*). En France, en application de la loi du 5 mars 2007, le juge, lorsqu'il ouvre ou renouvelle une mesure de tutelle, *statue sur le maintien ou la suppression du droit de vote de la personne protégée* (L. 5 du Code électoral).

De telles mesures deviennent plus discutables lorsqu'elles recouvrent une indignité *politique*[32]. Les condamnés des journées de juin 1848, de la Commune de Paris en 1871, les parlementaires qui, le 10 juillet 1940, ont voté les pleins pouvoirs au maréchal Pétain, et les personnes ayant collaboré avec l'occupant de 1940 à 1944 ont été frappés d'une incapacité *électorale*, amnistiée en 1953. On le constate, le phénomène est exceptionnel, en liaison avec la liquidation d'une crise grave[33].

§ 3. L'ORGANISATION DU SCRUTIN

328 L'opération électorale doit se dérouler selon une procédure *précautionneuse* afin d'assurer l'indépendance des électeurs. À cet égard, l'article 3 du

31. Les discriminations ethniques conduisant à des restrictions électorales ne sont pas compatibles avec les principes de la Convention européenne des droits de l'homme (C.E.D.H., 22 décembre 2009, *Sejdic et Finci c/ Bosnie-Herzégovine* – à propos des interdictions imposées aux membres des communautés rom et juive). Il en est de même à l'égard des sujetions imposées aux possesseurs de plusieurs nationalités (18 novembre 2008, *Tanase et Chirtoaca c/ Moldavie*).

32. En Russie soviétique, les premières constitutions (1918 et 1924) excluaient du suffrage les propriétaires fonciers, toutes les personnes vivant du travail d'autrui, les prêtres, les moines, les policiers et fonctionnaires du régime tsariste, etc. Ces dispositions ont été supprimées en 1936.

33. L'État accédant, après la nuit totalitaire, à la démocratie est confronté à la délicate gestion du passé. La Cour de Strasbourg reconnaît la légitimité du concept allemand de la *démocratie apte à se défendre*. Aussi, des restrictions au régime de l'éligibilité, à l'accès à certains emplois publics (politique de lustration – voir la loi adoptée en 2007 en Pologne et invalidée pour partie par la Cour constitutionnelle), à l'affiliation à un parti politique peuvent-elles être imposées aux personnes ayant exercé des fonctions dans le parti unique et dans les services de sécurité. Un compromis entre les exigences de l'État de droit et la volonté d'empêcher tout retour en arrière doit être trouvé (C.E.D.H., 20 mai 1999, *Rekvényi c/ Hongrie* ; 16 mars 2006, *Zdanoka c/ Lettonie* ; 24 juin 2008, *Adamson c/ Lettonie).*

Protocole nº 1 additionnel à la Convention européenne des droits de l'homme garantit *la libre expression de l'opinion du peuple sur le choix du corps législatif* et consacre, selon la Cour de Strasbourg, *un principe fondamental dans un régime politique véritablement démocratique* (C.E.D.H., 2 mars 1987, *Mathieu-Mohin et Clerfayt c/ Belgique*). Relevons que l'impossibilité pour les nationaux expatriés de voter sur leur lieu de résidence n'est pas contraire à l'article 3 (C.E.D.H., 1er mars 2012, *Sitaropoulos et Giakoumopoulos c/Grèce*). Il en est de même d'une législation retirant le droit de vote à un expatrié après une période de quinze ans passés hors du sol national (C.E.D.H., 7 mai 2013, *Shindler c/R.U.*).

A. LA LIBERTÉ DE VOTE

329 Le principe inhérent aux élections disputées, c'est que le vote est *libre* et *secret*. Cette liberté se manifeste non seulement par la préférence accordée à un candidat parmi ceux qui se présentent, mais aussi par la faculté de mettre une enveloppe vide ou un bulletin blanc dans l'urne, voire de ne pas participer à l'élection[34].

Il existe cependant, parmi les sociétés pluralistes, un certain nombre d'entre elles qui ont institué *le vote obligatoire*, non pas pour surmonter des contradictions fondamentales, mais pour des motifs d'ordre pratique, en fait, pour lutter contre l'abstentionnisme provenant de la négligence ou de l'indifférence[35]. Du reste, si l'électeur est ainsi incité à déposer dans l'urne un bulletin, il peut très bien y mettre un *bulletin blanc*[36]. L'Australie, la Belgique, le Luxembourg, la Grèce, la France (en ce qui concerne les électeurs sénatoriaux *exclusivement*) illustrent cette démarche.

B. LE SECRET DU VOTE

330 Corollaire de la liberté, le secret s'avère indispensable, car, dans beaucoup de circonstances, le vote public peut demander une sorte d'héroïsme, qui n'est pas nécessairement l'apanage de l'électeur moyen. À cet égard, le formalisme inhérent à l'opération matérielle de vote (passage par l'isoloir ; absence de comportement ostentatoire ou désobligeant de l'électeur) est accordé à la *dignité du scrutin* (C.C., 8 mai 2002, *Élection présidentielle, chr.* nº 102, p. 153). En France, le principe est proclamé, pour la première fois, par la constitution de l'an III (art. 31) : *Toutes les élections se font au scrutin secret*, et rappelé par celle de 1958 (art. 3). Sa méconnaissance (induite notamment par l'absence d'isoloirs) entraîne l'annulation du vote (C.C., 9 novembre 1988, *Référendum néo-calédonien, Rec.* p. 199 ; C.E., 16 novembre 1990, *Chapius et Klein, L.P.A.*, 11 février 1991, note E. Bonnet).

34. En isolant l'élection présidentielle (20 % d'abstention en 2012), la question reste lancinante en France (v. notamment les référendums de 1988 et 2000 marqués par un taux respectif d'abstention de 63 et de 69,8 %) La participation de la moitié des électeurs inscrits est nécessaire pour l'adoption des projets soumis à un référendum local (Code général des collectivités territoriales – loi du 1er août 2003).

35. En France, toutefois, à l'époque de la Convention (1792-1795), la tentation de la société unanime, s'est marquée par la préférence pour le vote public. Ne pas s'y plier, signifiait chez la personne, une attitude *contre-révolutionnaire.* Car dans cet environnement, l'élection vaut *adhésion.*

36. En droit positif français, le bulletin blanc, au même titre que le bulletin nul, n'est pas considéré et donc décompté, comme un suffrage exprimé (art. L. 66 du Code électoral). L'assimilation de l'un à l'autre est abusive, car, en certaines circonstances, le bulletin blanc, qui, en soi est préférable à l'abstention, peut être regardé comme *un vote de raison* (J. Fauvet). Lors du second tour de l'élection présidentielle de 2012, plus de deux millions d'électeurs ont déposé un vote blanc ou nul. La loi du 21 février 2014 prévoit que les bulletins blancs sont décomptés séparement mais n'entrent pas en compte pour la détermination des suffrages exprimés (art. L. 65 du Code électoral).

C. LES MANQUEMENTS À LA SINCÉRITÉ DU VOTE

331 En dehors des abus de propagande (dépassement du plafond des dépenses), la fraude qui porte *atteinte au principe même de la démocratie* (C.C., 3 février 1999, *A. N. Bouches-du-Rhône, 9e, chr.* n° 90, p. 189) vicie la sincérité d'une consultation. Sans pour autant se faire l'avocat du diable, on peut relever les principales, en indiquant les précautions prises, en réaction[37].

1. Les fraudes électorales

332 En raisonnant, sur le cas français, avant l'exigence posée par les lois du 29 juillet 1913 et 31 mars 1914, du *vote sous enveloppe préparée dans un isoloir*, diverses pressions pouvaient se donner libre cours.

Écrire son bulletin en public permettait souvent aux voisins et même au président du bureau de regarder le nom qu'inscrivait l'électeur. En tout cas, les bulletins distribués par le président pouvaient ne pas être identiques et permettre, par la suite, de reconnaître l'électeur. De même, le président, qui prenait en main le bulletin, pouvait, à l'occasion, l'entrouvrir ne serait-ce que sous le prétexte de mieux le fermer.

D'autres fraudes, plus pittoresques, se faisaient jour, à l'occasion. Un arrêt du Conseil d'État rapporte qu'un maire, lorsqu'il présidait le bureau de vote, avait l'habitude de clouer sous la table un morceau de lard et de s'y graisser les doigts avant de recevoir chaque bulletin, de façon à le rendre transparent, pour y lire, ou en tout cas, y reconnaître le nom qui s'y trouvait inscrit. Mais, on ne saurait oublier d'autres manœuvres, en dehors de la corruption : les procès-verbaux des bureaux de vote falsifiés, l'adjonction lors du dépouillement de nouveaux bulletins (voir l'incident de la « chaussette » à Perpignan en 2008), l'urne opaque à double fond et le vote des morts non radiés de la liste électorale[38].

2. Les précautions électorales

333 Un luxe de détails, tout autant que des garanties d'objectivité : une seule urne par bureau, transparente, comportant une seule ouverture, munie de deux serrures dissemblables ; une liste d'émargement signée par l'électeur (v. *IIIe partie*).

Un acte à la fois simple et décisif dans une démocratie – déposer un bulletin de vote dans une urne – est désormais frappé par la loi du progrès : le **vote électronique** est devenu une réalité pour de nombreux électeurs. Deux modalités sont à distinguer. D'abord, **le vote sur place**[39] (via des machines à voter) dont l'emploi est autorisé, en France, depuis la loi du 10 mai 1969 (art. L. 57-1 du Code électoral). Après une première mise en œuvre peu fructueuse en 1973, un nouvel élan fut visible : des machines préalablement agréées par le ministère de l'Intérieur peuvent être utilisées dans certaines communes de plus de 3 500 habitants (82 en 2007, 64 en 2012). Au printemps 2007, une polémique sur leur manque de fiabilité a conduit des citoyens et des partis à demander, malgré un communiqué de presse du Conseil constitutionnel du 29 mars rappelant leur légalité, un moratoire sur leur utilisation lors de la présidentielle. Par mesure de précaution, quelques communes ont préféré y renoncer. Aucun incident

37. Sir Robert Walpole, premier ministre britannique au XVIIIe siècle, se targuait de connaître *le tarif de la conscience* de ses électeurs. V. La sincérité du scrutin, *C.C.C.* n° 13, 2002, p. 61. Voir l'annulation par le Conseil d'État des élections municipales de Corbeil-Essonnes (C.E., Sect., 8 juin 2009, n° 322236) justifiée notamment par la pratique de dons en argent effectués par le maire aux habitants de la commune.

38. Circulaire du 20 décembre 2007 relative au déroulement des opérations électorales lors des élections au suffrage universel direct ; Rapport sur les possibilités de fraude électorale basée sur une manipulation de chiffres, *Commission de Venise*, 2010.

39. Jean-Éric GICQUEL, Le vote électronique en France, *L.P.A.*, 6 avril 2005, p. 5 ; Les machines à voter : chronique d'un débat heurté, *J.C.P., A.*, 2007, n° 2201. Voir la décision du Tribunal constitutionnel allemand du 3 mars 2009 déclarant inconstitutionnelle l'utilisation de machines à voter lors des législatives de 2005.

n'a été relevé en 2012. Cette modalité se distingue du **vote à distance**[40] (via Internet) qui reste confidentiel (seules sont concernées les élections des parlementaires des Français de l'étranger). D'autres méthodes (via SMS) sont étudiées en Grande-Bretagne notamment.

3. Le contrôle de la sincérité du scrutin

334 En cas de manquement aux règles électorales, des recours effectifs et impartiaux doivent être offerts aux candidats battus et aux électeurs (voir en ce sens C.E.D.H., 18 mars 2010, *Grosaru c/ Roumanie*). Différentes procédures sont envisageables. L'instance est portée devant le Parlement (Italie, Belgique), le juge constitutionnel (Espagne, France, Suisse) ou un organe exclusivement compétent en contentieux électoral (Royaume-Uni, Suède). La France confiait originellement cette tâche au Parlement, ce qui a conduit à certaines dérives (notamment les invalidations, en 1956, des élections de nombreux députés poujadistes). En 1958, il fut décidé de l'affecter au Conseil constitutionnel (art. 59 C) (*v. III*^e *partie*).

SECTION II LES MODES DE SCRUTIN OU LES SYSTÈMES ÉLECTORAUX

335 Question classique, véritable pont-aux-ânes, si l'on ose dire, le mode de scrutin désigne *les règles techniques destinées à départager les candidats à une élection*[41].

Il en existe une très grande variété et la science mathématique y est sollicitée (on pensera notamment au fameux paradoxe de Condorcet[42]). Toutefois, on peut les ramener, pour l'essentiel, à une *confrontation*, qui n'est pas exclusive d'une *combinaison*, entre le scrutin majoritaire et la représentation proportionnelle (*R.P.*), selon que l'on met en avant *l'efficacité* ou *l'équité*, en matière de représentation. Un mode de scrutin, en d'autres termes, n'est donc pas innocent : tout dépend de l'idée que l'on s'en fait ; tout dépend des résultats que l'on en escompte, sachant que *le meilleur est celui qui vous fait élire* (A. Santini). Sans cultiver l'opportunisme, la France a préféré en laisser le choix au législateur ordinaire (art. 34 C) et donc renoncé à sa constitutionnalisation[43]. Dans une logique de sécurité juridique, protégeant aussi bien les électeurs que les partis,

40. Jean-Éric GICQUEL, Le vote par Internet : une modalité électorale à aborder avec circonspection, *J. C.P., A.*, 2006, n° 1179.

41. Le scrutin majoritaire, auquel on songe instinctivement, peut se prévaloir de l'antériorité : c'est à lui que Simon de Montfort eut recours en 1265 pour l'élection du parlement britannique. Quant à la R.P., elle a été inventée à la fin du siècle dernier par le mathématicien belge Victor d'Hondt et adoptée, pour la première fois, dans son pays en 1899. V. J.-C. COLLIARD, Les systèmes électoraux dans les constitutions des pays de l'Union européenne, *C.C.C.*, n° 13, 2002, p. 69 ; J.-M. COTTERET et Cl. ÉMERI, *Les systèmes électoraux*, 6e éd., 1994 ; P. MARTIN, *Les systèmes électoraux et les modes de scrutin*, 3e éd., 2006 et le *Dictionnaire du vote précité* ; Commission de Venise, *Rapport sur les systèmes électoraux*, 2004

42. Dans son *Essai sur l'application de l'analyse à la probabilité des décisions rendues à la pluralité des voix* (1785), Condorcet démontre qu'un candidat ayant le plus de voix que ses deux autres concurrents peut paradoxalement *être celui au contraire qui dans la réalité a été le plus éloigné d'avoir le vœu de la pluralité*.

43. En Europe, la constitutionnalisation du mode de scrutin est la voie juridique la plus utilisée. L'article 288 de la constitution portugaise du 2 avril 1976 interdit même sa remise en cause par le pouvoir constituant.

une tradition républicaine[44] impose le respect d'un délai d'un an minimum entre une réforme électorale et l'élection. Cette règle est, du reste, présente dans le *Code de bonne conduite en matière électorale* édicté, en 2002, par la Commission de Venise.

Si la Convention européenne des droits de l'homme exige l'organisation à des intervalles raisonnables (*afin de garantir que les idées des représentants du peuple traduisent les évolutions fondamentales de l'opinion dominante* ; Comm. E.D.H., 11 septembre 1995, *Timke c/ Allemagne*), des élections libres au scrutin secret, dans les conditions qui assurent la libre expression de l'opinion du peuple sur le choix du corps législatif (art. 3 du Protocole additionnel nº 1), une large marge d'appréciation est laissée aux États quant au mode de scrutin retenu (C.E.D.H., 2 mars 1987, *Mathieu-Mohin et Clerfayt c/ Belgique*) et n'impose pas la représentation proportionnelle (Comm. E.D.H., 8 octobre 1976, *M. X c/ R.U.*) Une loi électorale doit toujours s'apprécier à la lumière de l'évolution politique du pays, de sorte que des modalités considérées comme inacceptables par un État peuvent être jugées légitimes par un autre (C.E. D.H., 6 juin 2005, *Py c/ France*). À un niveau européen, la représentation proportionnelle est le mode de scrutin le plus couramment utilisé, la France et le Royaume-Uni s'écartant ici de la règle commune.

§ 1. LES CARACTÉRISTIQUES DES MODES DE SCRUTIN

336 Compte tenu de l'extrême diversité des modes de scrutin, on peut les regrouper, selon deux critères, en tenant compte, soit du nombre *d'élus*, soit de *voix* nécessaires à cet effet. Au premier cas, on distingue le *scrutin uninominal* et le *scrutin de liste* ; au second, le *scrutin majoritaire* et la R.P., qui ont valeur de *références*. Un *mixage* peut aisément se concevoir par ailleurs[45].

A. LA DISTINCTION ENTRE LE SCRUTIN UNINOMINAL ET LE SCRUTIN DE LISTE

337 Dans le cadre du scrutin uninominal, chaque bulletin de vote ne peut porter qu'un *seul* nom : il s'ensuit une corrélation avec la *circonscription électorale*, c'est-à-dire *le cadre spatial dans lequel les candidats se mesurent*. Cette dernière doit être peu étendue pour pouvoir être représentée par un seul élu, tel l'arrondissement, en France, sous la IIIe République (*les mares stagnantes et croupissantes*, selon A. Briand). Afin

44. Cette tradition républicaine n'a pas de valeur constitutionnelle (C.C., 21 février 2008, *Égalité entre femmes et hommes au mandat de conseiller général*). En pratique, on constate que les acteurs politiques s'y soumettent *généralement* mais peuvent y renoncer lorsque les circonstances l'exigent (voir notamment la modification du scrutin adopté un mois avant les élections législatives de juin 1951 afin de contrecarrer principalement le R.P.F. du général de Gaulle). Pour la Cour de Strasbourg, un changement de législation électorale un mois avant l'élection entraîne la condamnation de l'État (C.E.D.H., 6 février 2013, *Ekoglasnost c/Bulgarie*).

45. Au-delà de la juxtaposition (élections municipales et régionales en France) des procédés perfectionnés existent, tel le S.T.V. (*Single Transferable Vote*) ou **vote préférentiel** de Hare utilisé en Irlande (législatives) et en Australie (sénatoriales) et l'A.M.S. (*Additional Member System* – appelé aussi **représentation proportionnelle mixte**) pratiqué, avec des variantes, en Allemagne, en Nouvelle-Zélande, pour le Parlement écossais et l'assemblée galloise (voir aussi les débats conduits depuis 2004 dans cinq provinces canadiennes tentées par un abandon du scrutin majoritaire à un tour). En Grande-Bretagne, l'instauration du **vote alternatif** (principalement utilisé pour les législatives en Australie) a été rejetée, par voie de référendum, le 6 mai 2011. V. Jean-Éric GICQUEL, S.T.V., A.M.S., et autres acronymes : introduction à l'étude de modes de scrutin peu répandus, *L.P.A.*, 12 mars 2004, p. 8, D. SANDERS *et alii*, Simulating the effects of the Alternative vote in the 2010 UK General election, *Parliamentary Affairs*, 2011, p. 5 ; Centre d'analyse stratégique, *Expérimentation du vote par note et du vote par approbation*, 2007.

d'accroître la représentation des femmes, l'établissement d'un scrutin *binominal* paritaire homme-femme est juridiquement possible (C.C., 16 mai 2013, *Élections locales*) et sera mis en œuvre lors des futures élections départementales (loi du 17 mai 2013).

Dans la seconde modalité, appelée également *scrutin plurinominal*, chaque électeur vote pour une *série* de candidats inscrits sur un même bulletin ou liste, dans le cadre d'une circonscription plus ou moins étendue. L'électeur dispose d'une marge de liberté variable. Il peut être tenu de voter pour une liste entière, auquel cas on parlera de *listes bloquées*. À l'opposé, il conserve une latitude, en confectionnant sa propre liste à partir des candidats présentés sur les *différentes* listes (système du *panachage*) ou en intervertissant l'ordre de présentation à l'intérieur d'*une même* liste (système du *vote préférentiel*)[46]. Autant de questions dont la solution manifestera la volonté, soit de faire prédominer la liberté de choix de l'électeur, soit la cohésion des partis politiques.

B. LA DISTINCTION ENTRE LE SCRUTIN MAJORITAIRE ET LA REPRÉSENTATION PROPORTIONNELLE

338 Cette seconde distinction porte sur le *nombre de voix* qu'il est nécessaire de réunir pour être élu. Toutefois, il faut dire qu'elle ne concerne que le scrutin de liste. Tandis que le scrutin uninominal est toujours majoritaire, en revanche, le scrutin de liste peut être majoritaire *ou* proportionnel.

1. Le scrutin majoritaire

339 Lorsque la totalité des sièges à pourvoir est attribuée aux candidats qui obtiennent le plus grand nombre de voix, on distingue selon qu'il se déroule en *un* tour ou en *deux* tours.

Avec le système majoritaire à *un tour*, utilisé traditionnellement dans les démocraties anglo-américaines ainsi qu'en Inde, le *ou* les sièges à pourvoir sont immédiatement attribués au *ou* aux candidats qui recueille(nt) *le plus grand nombre de voix*, fût-ce d'une unité. On dit alors que l'élection a lieu à la *pluralité des voix*[47]. Des variétés peuvent être imaginées (le *Single transferable vote* en Irlande, l'*Alternative vote* (en Australie)[48] afin de corriger ces effets déformants (*infra*).

Avec le système à deux tours, système français traditionnel depuis le Second Empire, le *ou* les candidats ne sont élus au premier tour, que s'ils obtiennent la majorité *absolue*, c'est-à-dire, la moitié plus un des suffrages *exprimés*, assorti le cas échéant d'une condition supplémentaire de *représentativité*. Les candidats *non* élus au premier tour sont dits *en ballottage*. Au second tour, la majorité *relative* suffit, c'est-à-dire que celui qui a le plus grand nombre de voix est élu, quel qu'en soit le chiffre, à condition

46. Le panachage et le vote préférentiel personnalisent, pour une part, le scrutin de liste et ralentissent le dépouillement. Ces procédés sont applicables aux élections municipales dans les communes françaises de moins de 3 500 habitants.

47. Avec ce scrutin, l'efficacité prime toute autre considération et notamment la représentativité de l'élu. En effet, il est fréquent qu'il soit désigné par une minorité ; la circonscription comptant moins de sympathisants que d'opposants (telle est ainsi la situation de la moitié des députés britanniques aux élections de 1997 et 2001). Au surplus, l'extrême sensibilité du scrutin accorde un net avantage aux électeurs indécis, même si, ce faisant, elle facilite l'alternance du pouvoir.

48. V. J. -É. GICQUEL, S.T.V., A.M.S., et autres acronymes : introduction à l'étude de modes de scrutin peu répandus, *L.P.A.*, 12 mars 2004, p. 8.

qu'il bénéficie d'une pluralité de suffrages, c'est-à-dire qu'il obtienne au moins deux voix. Il est loisible, par ailleurs, au législateur de réglementer ou non l'accès au second tour[49].

2. La représentation proportionnelle

340 Ce mode de scrutin se présente, comme un perfectionnement ou, en tout cas, comme une modalité du scrutin de liste ordinaire. Il implique une double opération consistant à attribuer les sièges dits de *quotient*, puis de *restes*.

a) L'attribution des sièges de quotient

341 La représentation proportionnelle tend à assurer la représentation de *toutes* les opinions groupant un nombre *raisonnable* de suffrages. Chaque liste disposera d'un nombre de représentants en proportion avec le nombre des suffrages obtenus.

Un exemple fera comprendre la différence qui existe entre le scrutin de liste majoritaire et le scrutin de liste avec représentation proportionnelle. Supposons, une circonscription dans laquelle il y avait six députés à élire et 120 000 suffrages exprimés. Supposons, également, que deux listes soient en présence, la liste A, qui obtient 80 000 voix et la liste B, qui obtient 40 000 voix.

Avec le scrutin de liste majoritaire la liste A aura six députés élus, car elle aura obtenu la majorité absolue ; la liste B ne verra passer aucun de ses candidats, bien qu'elle ait obtenu 40 000 voix. Avec la représentation proportionnelle, la liste A aura quatre députés élus, et la liste B deux.

En théorie, le système proportionnaliste est facile. En fait, il est d'une application délicate pour les raisons suivantes : les listes en présence sont généralement nombreuses, le rapport des voix aux sièges n'est jamais simple ; il existe, par suite, un problème de répartition des suffrages ou plus exactement des *restes*, problème bien connu de la cuisinière, qui est difficile à résoudre. Dans cette perspective, on sollicite tantôt le *quotient électoral*, tantôt *le nombre uniforme*. Mais, il n'est pas interdit de songer à des procédés plus élaborés ; en un mot, une représentation proportionnelle *sur mesure* ou *à la demande*.

Le quotient électoral est le résultat d'une opération de calcul faite *après* le scrutin. La méthode classique (celle de Hare) consiste en une division, dans chaque circonscription, du nombre des suffrages exprimés par celui des sièges à pourvoir. Ensuite, chaque liste, au titre de la première répartition, aura autant de candidats élus qu'elle contiendra de fois le quotient électoral.

Le nombre uniforme est un chiffre déterminé à *l'avance* et *semblable* pour *tout le pays*. Chaque liste aura autant de candidats élus que le chiffre de voix obtenu par elle renfermera de fois ce nombre uniforme. Cette méthode a été uniquement utilisée sous la République de Weimar.

b) L'attribution des sièges de restes

342 Malgré tout, quel que soit le système adopté, le problème de l'attribution des restes subsiste.

49. À titre d'illustration, l'article L. 162 du Code électoral dispose que, pour les élections législatives, *nul ne peut être candidat au deuxième tour s'il ne s'est présenté au premier tour et s'il n'a pas obtenu un nombre de suffrages au moins égal à 12,5 % du nombre des électeurs inscrits*. Un duel, une triangulaire une quadrangulaire voire une pentagulaire sont arithmétiquement possibles. En pratique, les duels initialement exceptionnels (19 % en 1958) sont devenus la règle (99 % en 2007). Relevons que cette modalité technique est faussement anodine puisque l'élévation du seuil tend à favoriser au final les grandes formations (voir, en 2003, la réforme avortée de relèvement des exigences pour les élections régionales). Il reste aussi, pour tous les scrutins uninominaux, la possibilité, qui ressurgit périodiquement, de limiter à deux le nombre de candidats admis à participer au second tour à l'instar du système retenu pour les présidentielles.

Une première option se présente, à cet égard : faut-il reporter les restes sur le plan *national* ou les utiliser dans la *circonscription*[50] ?

Le report des restes sur le plan *national* consiste à additionner, pour le compte de chaque parti, l'ensemble des voix inutilisées par lui dans les diverses circonscriptions où il a présenté des candidats et à appliquer le chiffre obtenu à des listes nationales, compte tenu d'un quotient dégagé en totalisant le nombre des sièges inutilisés dans le pays et en divisant par ce chiffre le nombre total des suffrages inutilisés de tous les partis.

Cette méthode, qui réalise ce qu'on appelle parfois la représentation proportionnelle *intégrale*, a naturellement pour effet d'encourager les partis à se multiplier : des partis insignifiants pouvant obtenir quelques sièges par l'addition des voix dans diverses circonscriptions où les candidats ont été présentés. Mais, elle présente l'inconvénient majeur de supprimer le rattachement de l'élu à une circonscription géographique déterminée. Aussi, lui préfère-t-on généralement une autre.

L'attribution des restes sur le plan *local* peut se faire elle-même selon deux méthodes : celle des *plus forts restes*, d'une part, ou celle de la *plus forte moyenne* qui peut inclure la variante *d'Hondt*[51], d'autre part.

La première dite *des plus forts restes* (P.F.R.) attribue les sièges restants au parti qui a le plus grand nombre de voix *inutilisées*. Ce système favorise, en fait, les petits partis qui, sans obtenir le quotient ou le nombre uniforme, peuvent réunir un chiffre de voix représentant un reste appréciable.

La seconde méthode, dite *de la plus forte moyenne* (P.F.M.), qui est plus compliquée, favorise plutôt les grands partis. Elle consiste à diviser, pour chaque parti, le nombre total des voix obtenues, par le nombre total des sièges qu'il aurait *si on lui attribuait le siège restant*. On rapproche alors ces diverses moyennes : le parti qui détient dans ces conditions la plus forte moyenne reçoit le siège. Ce sont naturellement des partis qui ont déjà le plus grand nombre de voix qui sont favorisés.

Le recours au *système d'Hondt*, utilisé notamment en Autriche et en Espagne, permet de connaître *sur-le-champ* le résultat d'une élection à la représentation proportionnelle à *la plus forte moyenne*.

Ce système se ramène aux opérations suivantes :

— à diviser le nombre de voix recueillies par chacune des listes par 1, 2, 3, 4, 5, etc., jusqu'à concurrence du nombre *des sièges à pourvoir ;*

— à classer les quotients ainsi obtenus dans un ordre *décroissant* jusqu'à concurrence du *nombre de sièges à pourvoir ;*

— le dernier quotient (le cinquième, par exemple, s'il y a cinq sièges à pourvoir) est appelé *dénominateur commun* : autant de fois il sera contenu dans chaque liste, autant de fois la liste aura d'élus ;

— les restes ne comptent pas, et toute liste ayant atteint un chiffre de voix inférieur au dénominateur commun est exclue de la distribution des sièges.

Précisons que d'autres systèmes, dont les effets ont tendance à favoriser les petits partis, sont envisageables (Ste Laguë ajustée dans les pays scandinaves, Hare-Niemeyer en Allemagne en vigueur jusqu'aux élections de 2009). Par ailleurs, l'impact

50. Cependant, il est loisible de *combiner* les solutions nationales et locales. La Suède utilise le système de la R.P. *étagée* où aux 310 mandats fixes répartis sur les circonscriptions sont rajoutés 39 *mandats compensatoires* permettant d'assurer aux partis une représentativité nationale la plus approchante possible.

51. Sans entamer sa logique, la R.P. peut parfaitement s'accommoder de modalités d'application qui réduisent l'effritement des tendances politiques : établissement d'un *seuil de représentativité* (lois françaises de 1977 sur le Parlement européen et de 1985, relative à l'Assemblée nationale) ou également dans la répartition des sièges (loi grecque actuelle avec l'institution des *députés d'État*). Les deux méthodes peuvent, du reste, se combiner. V. La représentation proportionnelle, *Pouvoirs* n° 32, 1985.

proportionnel sera d'autant plus fort que le nombre de sièges disponibles dans la circonscription est important et *vice versa*.

c) Exemples pratiques

343 On trouvera ci-après des exemples d'application des systèmes d'attribution des sièges.

A : APPLICATION DES SYSTÈMES DU PLUS FORT RESTE PUIS DE LA PLUS FORTE MOYENNE

Circonscription choisie : département de l'Eure, 5 sièges à pourvoir. Utilisation du *quotient électoral* (Q.E.), puis répartition des restes sur la base *locale* :

Inscrits	81 250	Ont obtenu	liste A = 35 000 voix
Votants	76 375		liste B = 21 000 voix
Suffrages exprimés...	75 000		liste C = 12 000 voix
			liste D = 7 000 voix

La répartition comprend trois étapes, à savoir :

1° *Première attribution :* les sièges de quotient.

2° *Deuxième attribution :* les sièges de restes, sur la base, soit des plus forts restes (P.F.R.), soit de la plus forte moyenne (P.F.M.).

3° *Troisième attribution :* récapitulation des procédures précédentes.

PREMIÈRE ATTRIBUTION : LES SIÈGES DE QUOTIENT

– Recherche du Q.E. :

$$\text{Q.E.} = \frac{\text{nb de suffrages exprimés}}{\text{nb de sièges à pourvoir}} = \frac{75\,000}{5} = 15\,000$$

– Répartition des sièges entre les 4 listes en présence :

$$\text{Liste A} = \frac{35\,000}{15\,000} = 2 \text{ sièges}$$

$$\text{Liste B} = \frac{21\,000}{15\,000} = 1 \text{ siège}$$

$$\text{Liste C} = \frac{12\,000}{15\,000} = 0 \text{ siège}$$

$$\text{Liste D} = \frac{7\,000}{15\,000} = 0 \text{ siège}$$

– Répartition partielle :

Liste A = 2 sièges	3 sièges pourvus
Liste B = 1 siège	2 sièges *non* pourvus

DEUXIÈME ATTRIBUTION : LES SIÈGES RESTANTS

Comment attribuer les 2 sièges *non* pourvus ? Deux méthodes possibles : P.F.R. ou P.F.M. (les deux méthodes sont **exclusives** l'une de l'autre). On les présente successivement ici dans un souci pédagogique (schéma ci-après : parcours V ou W).

– Recours aux P.F.R. : parcours V.

Liste A = 2 sièges	(= 30 000 voix utilisées)	reste = 5 000 voix inutilisées
Liste B = 1 siège	(= 15 000 voix utilisées)	reste = 6 000 voix inutilisées
Liste C = 0 siège	(= 0 voix utilisée)	reste = 12 000 voix inutilisées
Liste D = 0 siège	(= 0 voix utilisée)	reste = 7 000 voix inutilisées

Le 4e siège (= le 1er siège non pourvu) ira à la liste C qui a le plus fort reste après la première répartition ; le 5e siège (= le 2e siège non pourvu) ira à la liste D.

TROISIÈME ATTRIBUTION, LES SIÈGES DÉFINITIFS

1re attribution sur la base du Q.E. :	liste A	= 2 sièges
	liste B	= 1 siège
+ 2e attribution sur la base des P.F.R. :	liste C	= 1 siège
	liste D	= 1 siège
		= 5 sièges

Remarque. – Le système des P.F.R. favorise les petits partis. Les listes B et D obtiennent chacune un siège alors que l'une a recueilli trois fois plus de voix que l'autre.

– Recours à la P.F.M. : parcours W.

On feint d'attribuer le 1er siège non pourvu à la liste A... ainsi de suite jusqu'à la liste D.

Liste A = 2 sR*	+ 1 sF**	= 3 s, M*** =	$\frac{35\,000}{3}$	= 11 666 voix
Liste B = 1 sR	+ 1 sF	= 2 s, M =	$\frac{21\,000}{2}$	= 10 500 voix
Liste C = 0 sR	+ 1 sF	= 1 s, M =	$\frac{12\,000}{1}$	= 12 000 voix
Liste D = 0 sR	+ 1 sF	= 1 s, M =	$\frac{7\,000}{1}$	= 7 000 voix

* sR : siège réel = siège de la première répartition.

** sF : siège fictif = siège qui reste à pourvoir.

*** M = moyenne.

Le 1er siège non pourvu est attribué à C, qui a la plus forte moyenne (12 000). Pour C, le sF se transforme en sR.

Désormais un seul siège n'est pas attribué. On recommence la même opération. Ce qui donne :

Liste A = 2 sR	+ 1 sF	= 3 s, M =	$\frac{35\,000}{3}$	= 11 666 voix
Liste B = 1 sR	+ 1 sF	= 2 s, M =	$\frac{21\,000}{2}$	= 10 500 voix
Liste C = 0 sR	+ 1 sF	= 1 s, M =	$\frac{12\,000}{1}$	= 12 000 voix
Liste D = 0 sR	+ 1 sF	= 1 s, M =	$\frac{7\,000}{1}$	= 7 000 voix

La liste A, ayant la P.F.M. (11 666 voix), *obtient le second siège non pourvu.* Si l'on additionne la première répartition à la seconde opérée sur la base de la P.F.M., *on obtient les résultats définitifs suivants.*

1re répartition	liste A = 2 sièges
	liste B = 1 siège
+ 2[e] répartition	liste C = 1 siège
	liste A = 1 siège
Résultats définitifs	liste A = 3 sièges
	liste B = 1 siège
	liste C = 1 siège
	liste D = 0 siège

Remarque. – L'utilisation de la méthode de la P.F.M. favorise les grands partis au détriment des petits.

RÉSULTATS COMPARÉS DES P.F.R. ET DE LA P.F.M.

REPRENDRE SCHÉMA P. **191** PRÉC. ÉD.

B : Système d'Hondt

1° Établissement des quotients :

Sièges	Liste A	Liste B	Liste C	Liste D
1	*35 000*	*21 000*	*12 000*	*7 000*
2	*17 500*	*10 500*	*6 000*	*3 500*
3	**11 666**	7 000	4 000	2 333
4	8 750	5 250	3 000	1 750
5	7 000	4 200	2 400	1 400

2° Classement des quotients dans l'ordre *décroissant*, jusqu'à concurrence de 5 *sièges* à pourvoir :

35 000, 21 000, 17 500, 12 000, 11 666
11 666 = DC

3° Attribution des sièges, à l'aide du *dénominateur commun* :

$$\text{Liste A} = \frac{35\,000}{11\,666} = 3 \text{ sièges}$$

$$\text{Liste B} = \frac{21\,000}{11\,666} = 1 \text{ siège}$$

$$\text{Liste C} = \frac{12\,000}{11\,666} = 1 \text{ siège}$$

$$\text{Liste D} = \frac{7\,000}{11\,666} = 0 \text{ siège}$$

§ 2. LES EFFETS DES MODES DE SCRUTIN

344 *La loi électorale est la société en marche*, prétendait Cormenin, au XIXe siècle. Gardons à l'esprit, avant de distinguer les incidences sur la *représentation parlementaire*, et sur les *partis eux-mêmes*, qu'un mode de scrutin, quelles que soient les modalités techniques retenues, entraîne une surreprésentation des grands partis et donne un bonus au vainqueur. Aussi, une majorité parlementaire est-elle principalement créée par la loi électorale[52].

A. SUR LA REPRÉSENTATION PARLEMENTAIRE

1. La représentation proportionnelle

345 Elle donne à *toute* formation politique, un nombre d'élus correspondant à son importance dans le corps électoral. C'est le procédé le plus *équitable*, sinon le plus juste. En ce sens, elle peut être comparée à une photographie de la circonscription ou à un miroir-plan, à partir du moment où la représentation de cette dernière est bigarrée à l'image de la *diversité* majorité-minorité. En conséquence, la représentation proportionnelle assure une représentation *complète* ; l'opposition acquiert, à cet effet, droit de cité. L'égalité sous-jacente ne pouvait que rencontrer l'adhésion de la gauche. Mais, par la chance offerte aux petits partis, elle tend à en multiplier le nombre (même si cet effet ne doit pas être surestimé : malgré le changement de scrutin, la physionomie politique de la IIIe ne tranche pas avec celle de la IVe). De prime abord, il est plus difficile de constituer des majorités cohérentes et stables, sans être rédhibitoire pour autant (la coalition de partis peut, en effet, s'avérer solide), à l'inverse du scrutin majoritaire, dont c'est le but avoué. Il n'en reste pas moins que les effets proportionnels peuvent être bridés par l'instauration d'un seuil *minimal* de représentativité et par la taille réduite des circonscriptions (diminuant en conséquence le nombre de candidats – situations de l'Espagne ou de la France en 1986)[53].

2. Le scrutin majoritaire

346 L'efficacité dont il se pare, ne saurait dissimuler l'artifice et l'injustice qui l'accompagnent. On le compare volontiers à une sorte de caricature, ou à un miroir brisé ou déformant de la réalité politique. *Seule* la tendance recueillant le plus grand nombre de suffrages est représentée. Tant et si bien, que cultivant *l'impérialisme*, le vainqueur empoche tout ou, selon une mathématique surprenante, dans le cadre d'un scrutin à deux tours : *50,01 % des voix = 100 et 49,99 % = 0*. Mais, la volonté générale n'est-elle pas à ce prix ? La loi de la démocratie s'identifie, en effet, au *gouvernement de la majorité*.

52. V. D. RAE, *The political consequences of electoral Law*, Yale University Press, 1967.

53. Inversement, une circonscription unique, *i.e.* nationale, combinée avec un faible seuil minimal (2 % en Israël) conduit à un émiettement électoral important (douze partis pour 120 députés à la Knesset aux législatives de 2009 et de 2013) entraînant systématiquement la création de gouvernements de coalition plus ou moins solides. Un seuil de représentativité trop élevé porte-t-il atteinte au pluralisme politique ? Tout en estimant excessif le seuil de 10 % retenu en Turquie, la Cour européenne des droits de l'homme (8 juillet 2008, *Yumak et Sadak c/ Turquie*) a cependant estimé, de manière alambiquée, qu'il ne remettait pas en cause les droits reconnus par l'article 3 du protocole n° 1 garantissant la libre expression de l'opinion du peuple sur le choix du corps législatif.

a) Le scrutin à un tour

347 À titre de pierre d'attente de l'étude des institutions anglo-américaines, disons qu'il amplifie dans de fortes proportions le succès du parti vainqueur et la défaite du parti vaincu. C'est donc un scrutin *brutal*, voire *extravagant*[54], mais qui aboutit généralement[55], dans les pays pratiquant le bipartisme, à donner des *majorités constantes*, tout au long de la *législature* et, par voie de corollaire, des gouvernements de même durée. La stabilité de l'exécutif a pour contrepartie sa responsabilité devant la nation. Aussi l'*alternance* au pouvoir s'exprime plus facilement qu'ailleurs.

b) Le scrutin à deux tours

348 Il avantage généralement, au premier tour, les partis du centre. Cependant, il *contraint* surtout les formations à s'entendre en vue du ballottage. Car, selon la formule de Bracke (député socialiste du début du XXe siècle) : *au premier tour, on choisit, au second on élimine*. À gauche, on pratique la *discipline républicaine*, à droite, la *discipline nationale*, par le jeu des *désistements* en faveur du candidat le mieux placé à l'issue du premier tour. On ne saurait dissimuler les dangers encourus : un parti peut être handicapé par la dispersion des voix (Lionel Jospin en sera victime, le 21 avril 2002, à l'issue du premier tour de l'élection présidentielle) et l'absence de renforts en vue d'affronter le ballottage. Ainsi, par suite de l'effondrement communiste, le P.S. s'est-il retrouvé seul, en juin 2002, pour les législatives. Faute de rénovation, et malgré la présence au second tour de Ségolène Royal le 6 mai 2007, le P.S. s'est une nouvelle fois incliné aux législatives de juin 2007. L'heure de la revanche sonnera seulement en 2012 dans la foulée de l'élection de François Hollande à l'Élysée.

Par ailleurs, ce scrutin peut se transformer en véritable couperet avec les refus de désistements : le Front national en maintenant ses candidats, en 1997, dans 79 triangulaires a ainsi précipité la défaite de la droite parlementaire à l'Assemblée nationale. Cependant, ce scrutin s'avère, et c'est son mérite essentiel, *performant* parce que *déformant*. Il sous-représente ceux qui ne veulent (écologistes au début des années 1990, MoDem en 2007) ou ne peuvent (F.N. depuis 1988) s'allier et, au contraire, surreprésente ceux se prêtant aux jeux des alliances[56]. L'allocation d'un *bonus* et d'un *malus* est inhérente au scrutin majoritaire. Mais, son efficacité, sous forme d'une *prime à gouverner* n'en est pas moins

54. Par l'effet de réfraction, un parti remportant le plus grand nombre de voix peut se retrouver, malgré tout, *minoritaire* du point de vue des sièges à la Chambre. On songe aux législatives de 1951 et de février 1974 en Grande-Bretagne ; celles de 1957 et 1979 au Canada. Aux États-Unis, le système des mandats électoraux attribués aux États est à l'origine de résultats surprenants : les présidents Hayes, Harrisson et G. W. Bush, en 1876, 1888 et 2000 ont été proclamés élus, alors qu'ils avaient recueilli moins de voix *populaires* que leurs adversaires, v. *Titre II*.

55. Le déterminisme électoral n'existe pas pour autant. Un tel mode de scrutin n'exclut pas l'apparition, en Grande-Bretagne, du *Hung Parliament – le Parlement suspendu* – où aucun parti ne détient, à lui seul, la majorité absolue des sièges à la Chambre des communes. En résultent alors des périodes de gouvernements minoritaires (1910-1914 ; 1974) ou de coalitions (1924-1931 ; 1977-1978 ; depuis mai 2010). Au Canada, la conduite des affaires par un gouvernement minoritaire est loin d'être exceptionnelle (1972-1974, avec le premier ministre Pierre Trudeau) et entre 2004 et 2011 (gouvernements Martin et Harper). Pour la première fois depuis 70 ans, aucun des deux grands partis australiens n'obtint, en 2010, la majorité absolue. V. *No overall control : The impact of a "hung parliament" on British publics,* Hansard Society, 2008.

56. Aux législatives de 2007, le Modem avec 7,61 % des suffrages exprimés au premier tour obtient 3 députés tandis que son frère ennemi, le Nouveau centre, avec seulement 2,37 % des suffrages a, au final, 22 députés. À celles de 2012, la situation des écologistes (5,46 % – 17 députés) tranche avec celle du Front national (13,60 % –2 députés). Contrairement aux idées reçues, l'effet déformant du scrutin à deux tours est aussi marqué que celui à un tour. Voir, en ce sens, J.-Cl. COLLIARD, Les systèmes électoraux dans les constitutions des pays de l'Union européenne, *C.C.C.*, n° 13, 2002, p. 69.

fondamentale. La Ve République en fournit une démonstration éclatante. Le scrutin majoritaire a généré une logique bipolaire, devenue désormais bipartisane : entre 2002 et 2012, l'U.M.P. et le P.S. ont détenu pratiquement 90 % des sièges de l'Assemblée nationale.

B. SUR LES PARTIS POLITIQUES

349 Sans verser dans le déterminisme, il faut relever les *tendances* dégagées par Maurice Duverger. D'une manière générale, un régime électoral accompagne un système politique, mais il ne le crée pas. Il incite ou incline à un certain comportement ; il favorise ou protège ce système.

1. La représentation proportionnelle

350 Ce scrutin renforce, tout d'abord, le poids de l'*appareil*, en privilégiant la *discipline* de ses membres. En effet, pour ceux-ci, l'important est de se faire inscrire en bonne place sur la liste, c'est-à-dire en rang *utile (un scrutin de retraités* pour Édouard Herriot). De ce point de vue, il est indéniable que la représentation proportionnelle structure les partis politiques, en renforçant la cohérence de ses objectifs, de manière à favoriser, autant que faire se peut, l'efficacité de la démocratie.

Elle contribue, ensuite, au *multipartisme affirmé*, en raison de sa logique. Chaque parti mène le combat sous sa propre bannière, sans aucun souci d'alliance sur sa gauche ou sur sa droite. Mais, pour d'aucuns, multipartisme rime avec *extrémisme*, au vu des expériences allemande de Weimar ou française de la IVe République : la représentation proportionnelle serait un remède mortel pour la démocratie en raison de son caractère *centrifuge*.

L'argument n'emporte pas la conviction, en raison de son exagération. Si, en effet, la formation d'une majorité gouvernementale est rendue plus difficile, voire aléatoire, dans la mesure où ce scrutin fait office de *brise-lame* ou de *parachute* (voir les configurations politiques en Israël, en Belgique et aux Pays-Bas), il est aisé de montrer, qu'à l'inverse, il peut parfaitement s'allier, dans le respect de l'alternance, à la stabilité. Le parti dominant y trouve même son origine (Parti social-démocrate en Suède au pouvoir depuis 1932 avec trois interruptions seulement, la dernière depuis 2006 ; Pasok en Grèce ; Démocratie-Chrétienne en Italie (entre 1947 et 1993)). L'Allemagne offre un exemple éloquent : non seulement l'efficacité gouvernementale n'y a jamais été mise à mal, mais le nombre des partis représentés au Bundestag a été réduit de 10 en 1949 à 4 avant l'unification. L'Espagne n'est pas en reste et l'alternance politique entre parti socialiste et parti populaire s'inscrit quasiment dans une logique bipartisane à la britannique. Autrement dit, les effets de la R.P. restent profondément variables en fonction du contexte politique, économique et social de l'État et des modalités techniques retenues (méthode de répartition, seuil de représentativité et taille de la circonscription)[57]. On en voudra pour preuve que la politique de diversification de la représentation, censée être facilitée par la R.P. en raison de la création de listes paritaires hommes-femmes, peut s'en trouver contrecarrée. Ainsi, l'Assemblée nationale tunisienne ne compte-t-elle que 23 % de femmes (élections de 2011) malgré l'obligation de listes paritaires. L'explication tient principalement au fait que les homes étaient systématiquement placés en tête des listes.

2. Le scrutin majoritaire

a) Le scrutin à un tour

351 Il constitue le *moule* de la vie partisane des États y recourant. L'effet spectaculaire inhérent à ce procédé débouche sur le *bipartisme*. À dire vrai, il serait plus exact de dire

57. V. D. OWEN, *Le système électoral et son effet sur la représentation parlementaire des partis : le cas européen*, 2002.

qu'il *conserve* ou *protège* le *two-party system* plutôt qu'il ne le crée ou ne pousse à sa réalisation. Cependant, il n'implique pas pour autant la sclérose politique (en Grande-Bretagne, l'éviction des libéraux par les travaillistes dans l'entre-deux-guerres puis l'apparition d'un gouvernement de coalition en 2010 ; au Canada, la disparition en 1993 du parti progressiste-conservateur et l'écroulement du Bloc québécois en 2011).

b) Le scrutin à deux tours

352 Scrutin *centripète*, il incline au *multipartisme tempéré* par le jeu des alliances, en vue de ballottage. Dans certaines conditions, celui-ci est *limité* à la confrontation entre deux familles ou constellations politiques. Le phénomène français de la *bipolarisation*, apparu sous la Ve République à partir de 1962, est particulièrement représentatif. En outre, son caractère contraignant mais avantageux, en cas d'union[58], peut se révéler désastreux, si la désunion s'installe dans le cadre de *triangulaires*. Aux élections législatives de 1997, le vote frontiste a démontré sa capacité de nuire, sans pour autant aboutir.

§ 3. LES SCRUTINS MIXTES

353 L'ingéniosité en matière électorale conduit à envisager le *mixage* entre les scrutins de référence que sont le scrutin majoritaire et la représentation proportionnelle. Un bon exemple conciliant l'efficacité et la diversité des tendances représentées est fourni, à l'heure actuelle, en France, par la loi municipale afférente aux communes de 1 000 habitants et plus (art. L. 262 du Code électoral modifié par la loi du 17 mai 2013).

La liste victorieuse au premier tour (elle doit obtenir la majorité absolue des suffrages exprimés) ou au second (majorité relative) se voit attribuer une prime majoritaire conséquente : la moitié des sièges à pourvoir. Les autres sièges sont répartis à la représentation proportionnelle, entre *toutes* les listes ayant recueilli plus de 5 % des suffrages exprimés. Ainsi la liste en tête gagne sur les deux tableaux. Le mécanisme a été étendu aux élections régionales (art. L. 338 du Code électoral, rédaction de la loi du 11 avril 2003) avec une prime plus réduite (un quart des sièges pour la liste victorieuse). Le système électoral italien se réclame depuis la loi de 2005 (baptisée par son propre auteur de *cochonnerie* – la *Porcata*) de cette logique : la coalition victorieuse obtient 55 % des sièges à la Chambre des députés (prime calculée au niveau national) et au Sénat (avec une prime calculée au niveau régional – ce qui rend difficile l'obtention d'une majorité parlementaire). Après son invalidation partielle en décembre 2013 par la Cour constitutionnelle (soit huit ans après...), une nouvelle législation électorale est attendue.

Au final, la logique d'ensemble d'un tel mode de scrutin reste largement majoritaire et la correction proportionnelle n'agit, en pratique, qu'à la marge. La commission Jospin a préconisé que 10 % des députés soient élus à la proportionnelle ; l'électeur disposant concrètement de deux bulletins de vote[59].

58. Ajoutons que les partis unis dans un combat électoral peuvent devenir peu après adversaires au plan gouvernemental, ainsi que le prouve la vie politique française sous la IVe République. La loi sur les apparentements du 9 mai 1951 est un exemple significatif. Devant les menaces que faisaient peser sur le régime, depuis 1947, les pressions convergentes du parti communiste et du R.P.F., la majorité dite de *Troisième Force* (S.F.I.O., Radicaux et M.R.P.) décida, pour les élections de 1951, de voter une loi favorisant les alliances entre partis. Le système réussit sur le plan électoral, mais échoua du point de vue parlementaire.

59. À l'égard du scrutin retenu pour les législatives, la France se distingue des autres États par une instabilité de ses règles. Elle a, le plus souvent pour des considérations tactiques, essayé divers systèmes

BIBLIOGRAPHIE

■ P. AVRIL, *Essais sur les partis*, 1986 ■ Ph. BRAUD, *Le comportement électoral en France*, 1973 ■ P. BRECHON, *La France aux urnes, 50 ans d'histoire électorale*, D.F., 1993 ■ J.-P. CAMBY, *Le financement de la vie politique en France*, 1998 ■ J. CHARLOT, *Les partis politiques*, 1971 ■ J.-M. COTTERET, Cl. ÉMERI et P. LALUMIÈRE, *Lois électorales et inégalités de représentation en France (1936-1960)*, 1960 ■ J.-M. COTTERET et Cl. ÉMERI, *Les systèmes électoraux*, 6e éd., 1994 ■ Connaissance de l'Assemblée, *L'élection des députés*, vol. 8, A.N., 1997 ■ Y. DELOYE, O. IHL, *L'acte de vote*, 2008 ■ Y. M. DOUBLET et L. TOUVET, *Droit des élections*, 2007 ■ M. DUVERGER, *Les partis politiques*, 1951 ■ Cl. FABRE, *Les élections, mode d'emploi*, 2002 ■ Cl. FRANCK, *Droit des élections nationales et locales*, 1988 ■ G. LAVAU, *Partis politiques et réalités sociales*, 1953 ■ A. LANCELOT, *L'abstentionnisme électoral en France*, 1968, et *Les élections sous la Ve République*, 1983 ■ P. MARTIN, *Les systèmes électoraux et les modes de scrutin*, 3e éd., 2006 ■ R. MICHELS, *Les partis politiques ; essai sur les tendances oligarchiques des démocraties* (trad. 1914), réédition, 1971 ■ M. OSTROGORSKI, *La démocratie et l'organisation des partis politiques* (rééd. 1993) ■ B. OWEN, *Le système électoral et son effet sur la représentation parlementaire des partis : le cas européen*, L.G.D.J., 2002 ■ J.-L. PARODI, *La Ve République et le système majoritaire*, thèse Paris I, 1973 ■ O. PASSELECQ, *Modes de scrutin et systèmes électoraux*, D.F., 1995 ■ P. PERRINEAU et D. REYNIÉ (sous la direction), *Dictionnaire du vote*, 2001 ■ D. RAE, *The political consequence of electoral laws*, Yale, 1967 ■ M. DE VILLIERS et J.-Y. VINCENT, *Code électoral commenté*, 2008.

électoraux, mais, dans l'ensemble, surtout utilisé le scrutin *majoritaire à deux tours* à partir de 1848, sans éprouver le besoin de le constitutionnaliser.

Sous la Seconde République (1848-1851), la loi du 15 mars 1849 établit le scrutin de liste majoritaire à un tour, dans le cadre départemental. Avec le Second Empire (1852-1870), le décret organique du 2 février 1852 invente le scrutin majoritaire uninominal à deux tours, dit *scrutin d'arrondissement*, qui deviendra, pour ainsi dire, le scrutin de *droit commun*. La loi de 1849 est d'abord remise en vigueur, par la IIIe République, pour l'élection de l'Assemblée nationale en 1871 mais le scrutin majoritaire uninominal à deux tours est rétabli en 1875. Pour les élections de 1885, on fait l'expérience du scrutin de liste majoritaire à deux tours (le *scrutin républicain* selon Gambetta), dans le cadre du département. On revient au scrutin d'arrondissement à deux tours, entre 1889 et 1914. Cependant, une propagande assez intense avait été faite en faveur de la proportionnelle : la loi Dessoye de 1919, *combine*, dans le cadre du scrutin de liste départemental à un tour, les systèmes majoritaire et proportionnel. Toutefois en 1927, on renoue avec le scrutin d'arrondissement, qui durera jusqu'en 1940. On pourra toujours s'interroger sur le point de savoir si la règle du scrutin à deux tours peut être considérée comme un principe fondamental reconnu par les lois de la République (pour une réponse affirmative, voir G. CARCASSONNE, Régionales : le mode de scrutin proposé est inconstitutionnel, *Libération*, 10 novembre 2009).

Quant à la IVe République (1946-1958), elle fait l'expérience de la proportionnelle dans le cadre départemental, avec utilisation du quotient et de la plus forte moyenne (lois de 1945 et de 1946). Mais, en 1951, on limite le jeu de la proportionnelle par l'introduction d'un *correctif majoritaire* : le système des *apparentements*. Enfin, la Ve République permet, à ce jour, le retour offensif du scrutin majoritaire uninominal à deux tours, sauf en 1986 où la représentation proportionnelle fut appliquée pour l'élection des députés. V. J.-P. CHARNAY, *Les scrutins politiques en France de 1815 à 1962*, thèse Paris, 1962 ; Y. PITTARD, *Les lois électorales françaises depuis la IIIe République*, thèse Nantes, 1971 ; Connaissance de l'Assemblée : *L'élection des députés*, 8, 1997 ; M. BALINSKI, *Le suffrage universel inachevé*, 2004.

CHAPITRE V
LA CONSTITUTION

354 *Constitution :* mot magique et caractéristique de l'État de droit ! Son avènement représente un moment privilégié dans la vie d'un peuple, en ce sens qu'elle coïncide avec l'achèvement du processus de *rationalisation* et plus encore de *nationalisation* du pouvoir. Faut-il rappeler que *toute société dans laquelle la garantie des droits n'est pas assurée, ni la séparation des pouvoirs déterminée, n'a point de constitution ?* (art. 16 de la Déclaration des droits de 1789).

Deux siècles après, la constitution brille d'un éclat tout particulier. Non seulement elle a pris sa revanche sur le parti unique (européen et africain) qui l'avait mutilée, mais elle est devenue tout bonnement incontournable, en se hissant au sommet de la hiérarchie des normes. Son règne a succédé à celui de la loi. Le symbolisme est désormais accordé au normativisme. L'ordre juridique supérieur auquel elle s'identifie, au plan national, notamment dans le domaine sensible des droits fondamentaux de la personne, ne relève plus de l'incantation, comme jadis, mais de la protection du juge constitutionnel. Le moment est venu de retracer cette aventure institutionnelle[1].

Dans cet esprit, l'opération constituante s'analyse comme la rencontre entre l'État et la nation ou le rendez-vous entre les gouvernants et les gouvernés. De manière générale, elle s'exprime par un pouvoir suprême appelé le *pouvoir constituant*, lequel est *souverain* (C.C., 2 septembre 1992, *Traité sur l'Union européenne, chr.* n° 64, p. 191). Chaque État pouvant se prévaloir de l'autonomie constitutionnelle[2], il incombe ainsi au Conseil constitutionnel, dans son contrôle des lois de transposition de directives européennes, de protéger *une règle ou un principe inhérent à l'identité constitutionnelle de la France, sauf à ce que le constituant y ait consenti* (C.C., 27 juillet 2006, *Loi DADVSI, chr.* n° 120, p. 177).

1. V. P. AVRIL, La constitution : Lazare ou Janus ?, *R.D.P.* 1990, p. 949 ; B. MATHIEU, *Constitution : rien ne bouge et tout change*, 2013 ; D. ROUSSEAU, Une résurrection : la notion de constitution, *R.D.P.* 1990, p. 5 et constitution *D.C.* p. 208 ; M. TROPER et L. JAUME (sous la direction), *1789 l'invention de la constitution*, 1994.

2. Seule exception à ce principe, l'O.N.U. a déclaré, le 28 septembre 1984, la constitution de l'Afrique du Sud *nulle et non avenue*, en raison de *l'apartheid*. V. Ch. CADOUX, De l'Union Sud-Africaine à la nouvelle République d'Afrique du Sud, *R.D.P.* 1986, p. 43.

Par suite, la constitution est regardée comme le bien le plus précieux, soit la loi ou la *norme fondamentale* (*Grundnorm*, selon Kelsen) par laquelle *on règle les droits politiques d'une nation, la forme du Gouvernement et l'organisation des pouvoirs publics* (Littré). À y songer, cet état général de la société est à l'image de la personne, dotée *d'une bonne constitution*, selon l'expression consacrée.

Enfin, le traité établissant une constitution pour l'Europe du 29 octobre 2004 (finalement abandonné en raison des « non » français et néerlandais) avait, malgré son appellation volontairement confuse, le statut d'un traité international (C.C., 19 novembre 2004). L'Union européenne n'est pas un État puisqu'elle n'a pas, selon l'expression de Jellinek, *la compétence de sa compétence.* Le transfert d'attributions relevant exclusivement des États membres maîtres exclusifs des traités, l'Union n'est donc pas en capacité d'*étendre sa compétence de sa propre volonté et par ses propres organes* (Carré de Malberg). Elle ne peut être dotée d'une constitution au sens juridique du terme[3]. Affirmer le contraire revient donc soit à conférer un nouveau sens au terme de Constitution, soit à admettre l'idée qu'un État puisse en être dépourvu. On mesure l'ampleur des enjeux théoriques suscités par la construction européenne.

SECTION I — LA NOTION DE CONSTITUTION

355 On dit parfois que l'établissement d'une constitution traduit un désir d'organisation *rationnelle* de l'État. L'idée doit être accueillie, car il n'est pas douteux que cette préoccupation est présente à l'esprit des constituants. Mais, un tel désir n'est pas déterminant, surtout si l'on se reporte, par la pensée, à la fin du XVIIIe siècle. L'*opération constituante* se présente, en effet, *comme un renouvellement de la fondation de l'État effectué avec le concours actif et conscient de la nation*[4]. De manière symbolique, en Pologne, la fête nationale est fixée au 3 mai, date de la constitution de 1791 : *Bonjour, l'aurore de mai, l'aurore de la liberté* chante-t-on depuis, à la mesure des bienfaits répandus. Réactif de notre discipline, la constitution appelle une définition et un inventaire.

§ 1. LA DÉFINITION DE LA CONSTITUTION

356 À l'image du pacte national, la constitution obéit au rythme binaire, en ce *qu'elle fixe, d'une part, le mode de désignation des gouvernants ainsi que leurs compétences, et détermine, d'autre part, les droits ou libertés des gouvernés.* Pour tout dire, elle se présente comme *la loi des lois*. Tout procède d'elle, telle la *norme-mère*.

3. V. B. MATHIEU, F. MÉLIN-SOUCRAMANIEN, M. VERPEAUX (sous la direction), *Constitution et construction européenne*, 2005.

4. V. P. BASTID, *L'idée de constitution*, 1985.

A. L'IDENTIFICATION DES CRITÈRES

357 D'une manière plus précise, il est loisible de définir une constitution en s'attachant, soit à son *objet* (critère *matériel*), soit à son *régime juridique* (critère *formel).*

1. Le critère matériel de la constitution

358 En prenant en considération le contenu de la constitution, celle-ci se ramène à *l'ensemble des règles les plus importantes de l'État, ou si l'on préfère, l'ensemble des règles juridiques qui ressortissent logiquement au droit constitutionnel*. En ce sens, tout État, du fait qu'il existe, possède nécessairement une constitution.

Autrement dit, celle-ci doit tendre à l'essentiel et cultiver la concision[5]. La logorrhée constitutionnelle est souvent contre-productive et on pourra opposer les 377 articles de la Constitution du 22 août 1795 au laconisme des trois lois constitutionnelles de 1875 établissant un simple *code de procédure parlementaire*.

On doit y trouver au moins trois composantes : la détermination de la forme de l'État (État unitaire, fédéral ou hybride – régional, autonomique) ; la distribution des relations entre les pouvoirs publics ou *constitués*, dans le cadre d'un régime parlementaire, présidentiel sous une forme républicaine ou monarchique enfin, l'énonciation de droits et libertés dont les personnes sont titulaires[6].

2. Le critère formel de la constitution

359 En privilégiant la procédure juridique ou la force de la constitution, la perspective change. Elle se présente comme *l'ensemble des règles juridiques élaborées et révisées selon une procédure supérieure à celle utilisée pour la loi ordinaire*. Il suit de là, que la norme constitutionnelle est, tout à la fois, *privilégiée et protégée* : privilégiée, en ce sens qu'elle est unique en son genre ; protégée, dès lors qu'elle est hors d'atteinte des autres normes qui, par définition, lui sont inférieures. Elle relève de la *super-légalité*, en un mot. On pense à Ronsard, qui déclarait à ses disciples de la Pléiade : *Je suis votre fontaine, vous êtes mes ruisseaux*.

Il résulte de ce qui précède, que le *pouvoir constituant*, domine et prime les *pouvoirs constitués* (pouvoir législatif et pouvoir exécutif). La mise en place d'un *contrôle de constitutionnalité* des normes inférieures conforte et préserve la suprématie de la constitution. Faute de quoi, celle-ci ne serait qu'une barrière de papier et la hiérarchie des règles de droit, un trompe-l'œil.

5. On connaît l'aphorisme de Napoléon : *Une constitution courte et obscure est la meilleure des constitutions*. Afin de n'être pas bavarde, la constitution de 1958 est complétée par des lois organiques (art. 46 C).

6. Ces droits peuvent être aussi consignés dans un document à part appelé *préambule ou déclaration (supra)*. Leur place en tête de la constitution à valeur symbolique de la primauté reconnue à l'individu par rapport à la société, dans le cadre d'une société pluraliste. À ce propos, il a été envisagé de dresser parallèlement à celle des droits, une liste des devoirs des citoyens. L'art. 4 de la déclaration de la constitution de l'an III dispose : *Nul n'est bon citoyen, s'il n'est bon fils, bon père, bon frère, bon ami, bon époux*. Ces formules mièvres, qui font songer à la vie des saints, devaient disparaître par la suite, à l'exception toutefois de la constitution de 1848 (art. VII). La Constitution espagnole fait référence aux devoirs des citoyens de *défendre l'Espagne* (art. 30) ainsi que celui, les *Indignados* l'apprécieront à sa juste valeur, de *travailler* (art. 35).

B. LA CONFRONTATION DES CRITÈRES

360 En principe, les critères précités coïncident. Mais, une dissociation peut être envisagée.

1. La coïncidence des critères

361 Un principe veut que les critères confluent l'un vers l'autre : à savoir que les règles les plus importantes de l'État (critère matériel) bénéficient du régime juridique supérieur (critère formel). Dans cette circonstance, le contenu est à l'image du contenant (constitution américaine de 1787, ou française de 1958).

2. La dissociation des critères

362 Pour être rare, le cas n'est pas sans exemples. Il est, en effet, possible qu'un État soit doté d'une constitution *uniquement matérielle*. Dans le passé, cette situation se rencontrait en Italie avec *lo Statuto* de 1861 à 1946 ; de nos jours en Israël (où 11 lois fondamentales votées par plusieurs Knessets forment sa constitution) et en Grande-Bretagne. Une formule du Genevois Jean-Louis de Lolme l'indique avec pertinence : *Le Parlement anglais peut tout faire, sauf changer un homme en femme* (formule, qui avec le *Gender recogniction Act* de 2004, mérite d'être repensée...).

La dissociation est toutefois possible même pour l'État doté d'une constitution formelle car des éléments essentiels pour lui (comme le mode de scrutin des parlementaires) et les citoyens (statut des autorités administratives indépendantes ; fixation de certains droits et libertés – telle la liberté d'accès aux documents administratifs du 17 juillet 1978) peuvent ne pas figurer dans la constitution mais relever de normes juridiques inférieures.

En sens inverse, on rencontre dans une constitution formelle des dispositions marginales ou étrangères au droit constitutionnel[7]. Cette pratique doit rester exceptionnelle puisque toute modification ultérieure nécessitera une révision constitutionnelle. Il est envisageable que certaines d'entre elles survivent, mais au rang inférieur de la loi, en cas de disparition de la constitution à laquelle elles étaient rattachées, au nom de la théorie de la *déconstitutionnalisation* (responsabilité des fonctionnaires : art. 75 de la constitution de l'an VIII)[8].

§2. LES COMPOSANTES DE LA CONSTITUTION

363 De quels matériaux, une constitution est-elle faite ? Dans une mémorable conférence de presse, le 31 janvier 1964, le général de Gaulle déclarait : *une constitution, c'est un esprit, des institutions, une pratique*. Il devait ajouter, après coup : *ce qui est écrit, fût-ce sur un parchemin, ne vaut que par l'application*. Ces appréciations ont le mérite d'indiquer qu'une constitution relève d'un processus de sédimentation : elle s'analyse en un *assemblage* de règles *juridiques* posées par elle et de règles *politiques* élaborées par les pouvoirs publics. Située au carrefour du droit et de la politique, la constitution subit leur action conjuguée. Elle est sans cesse renouvelée, car, *il reste toujours dans les affaires humaines, quelque chose de discrétionnaire* (B. Constant).

7. En France, art. 173 de la constitution de l'an III (mode de calcul du traitement de titulaires de l'exécutif) ; art. 1er de la loi constitutionnelle du 16 juillet 1875 (prières publiques). Le droit constitutionnel suisse privilégiant la définition formelle, il n'est pas étonnant de constater de nombreuses dispositions qui, selon les critères français, ne devraient pas avoir à figurer dans une constitution telles, à titre d'illustrations, l'interdiction de l'abattage des animaux sans étourdissement préalable (constitution de 1874), la protection des marais et des régions alpines ainsi que l'internement à vie des délinquants sexuels et dangereux (constitution de 1999).

8. V. R. CARRÉ DE MALBERG, *Contribution à la théorie générale de l'État*, 1922, t. II, p. 577.

A. LES RÈGLES JURIDIQUES

364 Une constitution est d'abord le produit de règles écrites et non écrites.

1. Les règles écrites

365 La constitution est rédigée, en bonne et due forme, en un document unique ou fragmenté (comme les lois des 24, 25 février et 16 juillet 1875, sous la IIIe République). Elle est généralement précédée d'une déclaration des droits ou d'un préambule faisant état de références historiques, nationales et culturelles. La valeur juridique d'un préambule peut s'avérer incertaine (on pensera plus particulièrement à celui de la Constitution de 1958). Ensuite ses dispositions sont ordonnées, selon une démarche *decrescendo*, en titres, articles et alinéas qui procèdent parfois à des renvois à des lois organiques pour les modalités techniques[9]. C'est au XVIIIe siècle que ce procédé logique a été mis en œuvre, en 1755, par Pascal Paoli lorsqu'il dota la Corse d'une constitution, et plus particulièrement, en 1787, par les Pères fondateurs américains réunis à Philadelphie[10].

Sans conteste, la méthode est avantageuse : la constitution renouvelle le contrat social ; la sécurité inhérente à l'écrit est enrôlée au service des libertés ; en dernier lieu, à l'opposé des *tyrans qui ne lisent pas* (Beccaria), les citoyens ressentent la nécessité d'une éducation civique : *La déclaration des droits et la constitution sont gravées sur des tables au sein du corps législatif et dans les places publiques*, proclamait l'article 124 de la constitution de l'an I.

Ceci posé, la loi fondamentale d'un État, comme il a été dit précédemment, peut *juridiquement* se présenter comme une norme supérieure (constitution de 1958) ou une simple loi (chartes de 1814 et de 1830 ; loi Rivet du 31 août 1871 ; loi de Broglie du 13 mars 1873 et loi du septennat du 20 novembre 1873 au début de la IIIe République ; statut de la monarchie italienne, jusqu'en 1946).

2. Les règles non écrites

366 *La théorie est grise. Mais l'arbre de la vie est toujours vert*, prétendait Goethe. En effet, quel que soit le degré de précision d'un texte, il ne peut tout régler. Il sera vivifié par la pratique du régime, qui n'est pas sans faire songer à la sève. Les 377 articles de la constitution de l'an III ont été emportés comme un fétu de paille, à l'opposé de la trentaine d'articles de celle de 1875 qui, abreuvés à la vie institutionnelle, ont établi le record de longévité. La pratique est à l'origine de la *coutume* qui résulte de *précédents concordants auxquels les pouvoirs publics acquiescent ou se soumettent et leur confèrent*

9. Par exemple, l'article 6 de la Constitution de 1958 dispose que *le Président de la République est élu pour cinq ans au suffrage universel direct (...). Les modalités d'application du présent article sont fixées par une loi organique.* Celle-ci se présente donc comme une loi de prolongement de la Constitution et fait l'objet d'une procédure de vote spécifique (art. 46 C) et surtout d'un contrôle de constitutionnalité obligatoire (art. 61 C). D'une manière générale, la Commission de Venise, à l'occasion de l'examen de la nouvelle constitution hongroise de 2012, a tenu à rappeler que *les constitutions comprennent des dispositions applicables aux questions les plus importantes pour le fonctionnement de l'État et la protection des droits fondamentaux individuels. Il est donc essentiel que les garanties connexes les plus importantes soient spécifiées dans le texte de la Constitution et qu'elles ne relèvent pas de normes d'un niveau inférieur.* Avis no 621/2011, 20 juin 2011.

10. La forme écrite n'était pas ignorée dans les cités grecques, si l'on en juge par le recueil des 158 constitutions rassemblées pour Aristote, dont seul un fragment de la constitution d'Athènes nous est parvenu.

une valeur juridique[11]. Celle-ci combine l'écoulement du temps au consentement à une obligation de comportement. Elle peut être interprétative (*secundum constitutionem*) ou supplétive (*praeter constitutionem*). On parle d'une coutume *auxiliaire* de la constitution. En revanche, l'avis reste réservé à l'égard de la coutume contraire à la constitution (*contra constitutionem*) (disparition du droit de dissolution de la Chambre des députés à partir de 1879).

a) La coutume interprétative

367 Il se peut qu'une disposition constitutionnelle soit ambiguë ; la pratique aura le mérite de lever l'incertitude. Sous la Ve République, le Conseil constitutionnel (12 janvier 1977, *Territoire français des Afars et des Issas, C.C.F.*, p. 201) a consacré l'usage *répété* selon lequel les termes *programme et déclaration de politique générale* du Gouvernement (art. 49, al. 1er C) étaient d'une *acception analogue*. Dans le sens inverse, une disposition claire (art. 27 C imposant le vote personnel des parlementaires) peut aussi faire l'objet d'une pratique différente avalisée par le juge (C.C., 23 janvier 1987, *Amendement Séguin, chr.* n° 42, p. 169).

b) La coutume supplétive

368 La coutume *renoue la chaîne des constitutions brisées* (R. Capitant). Elle peut, à ce titre, se glisser dans les interstices du texte et réparer quelques oublis. Les lois constitutionnelles de 1875 ignoraient l'existence du président du conseil ou le chef du Gouvernement. La pratique y a pourvu. De même, une coutume formée à cette époque veut qu'il existe une *incompatibilité* entre la fonction de chef de l'État et tout mandat public ou activité privée ; qu'un Gouvernement en place, au moment de la tenue d'élections *nationales* présente sa démission à leur issue[12]. Dans le silence du texte de 1958, la possibilité pour les parlementaires de poser des questions *écrites* aux ministres et l'obligation pour ceux-ci d'y répondre, illustre le propos.

On citera également la pratique de la *lettre rectificative*, au moyen de laquelle le Gouvernement modifie un projet de loi déposé sur le bureau d'une assemblée. Le C.C. l'a reliée au pouvoir d'initiative des lois, dont dispose le premier ministre (29 décembre 1978, *Loi de finances rectificative pour 1978, C.C.F.*, p. 285 ; 28 décembre 1990, *Loi de finances pour 1991, chr.* n° 57, p. 183).

B. LES RÈGLES POLITIQUES

369 *Il y a des mystères de politique comme il existe des mystères de religion*, observait Chateaubriand. À cet égard, une constitution est aussi le fait de ses acteurs qui, n'étant pas des automates, disposent du pouvoir d'élaborer entre eux des règles de comportement non formalisées. *Aucune constitution n'est restée telle qu'elle a été faite. Sa marche est toujours subordonnée aux hommes et aux circonstances*, prétendait Napoléon. Ces règles, appelées par l'auteur britannique Dicey des *conventions de la constitution*, se rapportent *au mode d'exercice lato sensu* du pouvoir. On a prétendu, à juste titre, que le régime parlementaire anglais était la plus belle d'entre elles. Aucun texte n'est venu

11. V. R. CAPITANT, La coutume constitutionnelle, *R.D.P.* 1979, p. 959 ; G. VEDEL, Le droit par la coutume, *Le Monde*, 22 décembre 1968 ; B. CHANTEBOUT, Sur la coutume, Deux contes et un proverbe, *Mélanges Jean Gicquel*, 2008, p. 107 ; J. GICQUEL, La coutume en droit constitutionnel, in *La coutume dans tous ses états*, 2013, p. 289.

12. V. Jean-Éric GICQUEL, La démission du premier ministre après les élections nationales, *R.A.* 2005, p. 5.

le consacrer et pourtant il est scrupuleusement respecté, au point d'être intériorisé par les protagonistes.

Au terme de l'analyse de Pierre Avril[13], la convention de la constitution se sépare de la coutume en ce que le nombre de précédents est indifférent à sa formation, dès lors qu'elle ne créée pas du droit. Ainsi, elle peut résulter soit, d'une série concordante (révocation du premier ministre en France par le chef de l'État, vote par procuration des députés) ; soit d'un seul (questions d'actualité à l'Assemblée nationale, en 1974). Au terme d'une négociation politique, une convention (ou un contrat) régit les rapports entre les pouvoirs publics. Sur cette base, le Gouvernement accepte volontairement de répondre aux questions des députés ou d'invoquer la réserve d'examen parlementaire dans le processus d'élaboration des normes européennes. Il suit de là, que la constitution est aussi façonnée par ceux qui ont en charge de l'appliquer, à la manière de l'orchestration d'une œuvre musicale. Le droit communautaire, devenu celui de l'Union européenne, n'ignore pas ce processus *volontariste* avec les *accords interinstitutionnels* élaborés à l'issue d'une conférence entre le conseil, la Commission et le Parlement européen. Celui du 25 octobre 1993 relatif au principe de subsidiarité en témoigne. Ces actes *innomés* n'en constituent moins pas une réalité politique qui s'impose aux États membres de l'Union européenne.

À l'opposé, la *courtoisie* ou la bienséance observée dans la vie institutionnelle entraîne *une désapprobation exclusive de tout sentiment d'obligation* en cas d'inobservation[14].

SECTION II **L'ÉLABORATION DE LA CONSTITUTION**

370 Une constitution est vivante : elle reproduit le cycle biologique. Elle naît, se développe et meurt. Son existence est rythmée par l'exercice du pouvoir constituant, appelé successivement *originaire* au moment de son élaboration et *dérivé* lors de sa révision, mais dont la *plénitude* ne saurait être discutée.

Pour revenir à l'établissement de la constitution, deux circonstances propices se présentent au moment de la *fondation de l'État*, depuis le précédent américain de 1787, et plus généralement en cas de *changement de régime politique*. En ce cas, les dirigeants provisoires ou transitoires n'auront de cesse de légitimer leur autorité[15], en procédant à la rédaction d'une nouvelle constitution[16].

13. À bien des aspects, les conventions sont aux acteurs politiques ce que la jurisprudence est aux juges. V. P. AVRIL : *Les conventions de la constitution*, 1997 : Une convention *contra legem* : la disparition du « programme » de l'article 49 de la constitution, *Mélanges Jean Gicquel*, 2008, p. 9 ; Y. MÉNY, Convention constitutionnelle, *D.C.*, p. 232 : P. AVRIL et M. VERPEAUX (sous la direction), *Les règles et principes non écrits en droit public*, 2000 ; J.-L. PEZANT, De la situation de nécessité. Réflexions sur les avatars du raisonnement juridique dans la matière constitutionnelle, *R.F.D.C.*, 2000, p. 271.

14. La bienséance a pour illustration : la cérémonie des vœux au Palais de l'Élysée ; la présence de ministres, aux côtés du chef de l'État, lors de ses déplacements ; le portrait officiel de celui-ci dans les mairies ; le fait que les parlementaires et les ministres écoutent debout la lecture d'un message présidentiel. Par ailleurs, le chef de l'État assiste à la finale de la coupe de France de football ou de rugby.

15. Ce Gouvernement de fait est appelé aussi *Gouvernement provisoire*. L'histoire constitutionnelle française, en offre, plusieurs exemples (1814, 1848, 1870 et 1944). En contraste avec son caractère éphémère, ce dernier laisse, en général, une œuvre durable, au point de lier les futurs constituants : proclamation en 1848, de la République, du suffrage universel, du droit au travail et abolition de l'esclavage ; rétablissement de la légalité républicaine en 1944, extension du droit de vote et d'éligibilité aux femmes,

§ 1. LES CARACTÈRES DU POUVOIR CONSTITUANT ORIGINAIRE

371 Du passé faisons table rase, chante l'*Internationale*. Il en va de même *mutatis mutandis*, lorsque, pour une raison quelconque, une constitution est élaborée. Le pouvoir constituant originaire est *inconditionné*, à l'image de la souveraineté dont il est paré. Il se situe dans une perspective de *rupture* par rapport à l'ordre juridique déchu. Il est censé, en clair, se développer sur un terrain vierge.

A. LE POUVOIR D'IMPROVISATION DES CONSTITUANTS

372 Une constitution s'édifie, en règle générale, sur des bases juridiques *neuves*, à défaut d'être entièrement inédites au plan technique. Cependant, il importe de replacer cette démarche par rapport aux lois de l'évolution. À savoir que la nouvelle constitution s'inscrit, normalement en *réaction* par rapport à sa devancière *(plus jamais ça !)*. Mais sachant qu'une constitution n'est pas synonyme, pour autant, de révolution, l'*imitation* ou la *conservation* garde sa place *(tout comme avant !)*, tant il est avéré que la vie politique procède, par voie de *sédimentation* ou *d'alluvions* ; l'outillage juridique n'étant pas illimité, au demeurant.

1. La réaction

373 En principe, la nouvelle constitution prend le contre-pied de la précédente. Bref, il n'existe pas un développement linéaire entre elles, mais au contraire *heurté*[17]. Les exemples abondent. Qu'il nous suffise d'évoquer l'histoire française : la constitution de 1946 s'inscrit en faux contre celle de 1875. À son tour, elle est répudiée en 1958 : Le général de Gaulle repoussant avec force, le *système* ou le *gouvernement de brasserie*. Symboliquement, des appellations et termes juridiques peuvent être répudiés (Sénat rebaptisé, en 1946, en Conseil de la République ; abandon en 1958 des vocables de président du conseil et de décret-loi). Du reste, cette démarche n'est pas sans influence sur le mode *d'interprétation*. Tel le slogan capillaire bien connu *(avant et après)*, elle facilite grandement la compréhension des institutions de la Ve République.

2. La sédimentation

374 Le passé répond de l'avenir, dit-on. En dehors de phénomènes authentiquement révolutionnaires répudiant le passé (révolutions française de 1789, russe de 1917 ou iranienne de 1979) le changement ultérieur de constitution intègre un certain nombre *d'acquis* devenus entre-temps *irréversibles*. On songe à la constitution *civile* de la France (le Code civil) ; à sa constitution *administrative* (la loi du 28 pluviôse de l'an VIII) et à sa constitution des *libertés* (Déclaration de 1789), hormis la période de Vichy (1940-1944). De même, on retiendra le régime représentatif, à compter de 1791, le suffrage universel, à partir de 1848 ; la réception en 1946, des libertés publiques de la IIIe République (les *P.F.R.L.R.)*, ou le maintien d'institutions, en 1958 (Conseil supérieur de la magistrature).

nationalisation d'entreprises et création, en 1945, de l'E.N.A. etc. v. E. CARTIER, *Transition constitutionnelle en France (1940-1945)*, 2005.

16. À titre documentaire, les constitutions, en France, après avoir été scellées par le garde des Sceaux, ministre de la Justice, sont conservées depuis 1996 aux Archives nationales. Précédemment, elles demeuraient à la chancellerie.

17. À titre dérogatoire, la continuité ou le mimétisme peut se rencontrer. Incontestablement, il existe *un air de famille* entre les chartes de 1814 et de 1830, *les Trois glorieuses* ayant entraîné tout au plus un changement de branche au sein d'une même dynastie. Marcel Prélot ramenait la constitution de 1875, non sans raison, à la *troisième charte plus le suffrage universel.*

Ainsi depuis 1814, le régime parlementaire peut être regardé comme le plus petit dénominateur commun aux régimes constitutionnels, au point de ressusciter, sous la Ve République à la faveur de la *cohabitation*. De même qu'il existe, selon Montesquieu, *une allure générale des choses*, il existe dans chaque État, une tradition ou un patrimoine politique[18].

B. LES RESTRICTIONS EXCEPTIONNELLES AU POUVOIR DES CONSTITUANTS

375 Des situations historiques et politiques sont susceptibles de limiter la démarche du constituant. La loi du 3 juin 1958 imposa le respect de principes (les cinq bases) au gouvernement du Général de Gaulle en charge d'établir la nouvelle Constitution. À l'étranger, on songe aux conditions d'élaboration, en 1948-1949, de la Loi fondamentale allemande *(Grundgesetz)* par le *Conseil parlementaire*, réunissant des délégués des *Länder*, sous la tutelle des Alliés occidentaux ; à la constitution de l'Afrique du Sud adoptée en 1996 et censurée, en partie, par la Cour constitutionnelle ; à celle de la Bosnie-Herzégovine découlant des accords de Dayton, en 1995[19] ou encore à celles de l'Irak, adoptée par référendum en 2005 sous supervision américaine, et du Kosovo en 2008 sous l'égide de l'O.N.U. La nouvelle constitution de la Hongrie (jusqu'ici République de Hongrie), en vigueur depuis le 1er janvier 2012, a fait l'objet de rapports contrastés de la Commission de Venise et de critiques directes de la part du département d'État américain. Les tensions se sont ravivées avec l'annulation, en décembre 2012, par la Cour constitutionnelle de dispositions transitoires. Aussi, des modifications, censées entrer en vigueur en avril 2013, ont-elles été apportées à la Constitution[20]. Parmi celles-ci, on relèvera surtout que la Cour ne pourra plus solliciter sa jurisprudence antérieure au 1er janvier 2012. En revanche, elle se voit explicitement dotée de la capacité d'examiner la régularité procédurale d'une révision constitutionnelle.

À ces restrictions conjoncturelles, se superpose maintenant la contrainte structurelle des droits et libertés fondamentaux proclamés par les textes internationaux. En pratique, il convient de relativiser l'affirmation selon laquelle le pouvoir constituant originaire est pleinement souverain. L'établissement de la nouvelle constitution tunisienne en 2014 en est une superbe illustration. L'Assemblée constituante, dont la majorité était détenue par le parti islamiste, a dû accepter l'idée que certains principes s'imposaient à elle. Au final, tandis que la mention de la Charia en tant que source de droit était supprimée, la Constitution du 26 janvier 2014 reconnaît l'égalité entre l'homme et la femme ainsi que, situation inédite dans le monde musulman, la liberté de conscience qui implique donc le droit de quitter sa religion.

§ 2. LES MODES D'EXERCICE DU POUVOIR CONSTITUANT ORIGINAIRE

376 Selon que les citoyens sont partie prenante, ou non, à l'opération constituante, on distingue, de manière classique, deux modes d'établissement des constitutions : les modes *autoritaires* (A), et les modes *démocratiques* (B).

18. V. A.F.D.C. : *La continuité constitutionnelle en France, de 1789 à 1989*, 1990 ; Ph. ARDANT, Le contenu des constitutions : variables et constantes, *Pouvoirs* n° 50, 1989, p. 31 ; E. BROUILLET et L. MASSICOTTE, *Comment changer une Constitution ?*, Presses de l'Université de Laval (Canada), 2012. Pour la Tunisie : voir le rôle joué, dans la phase de transition, par l'ISOR (Instance supérieure pour la réalisation des objectifs de la révolution) qualifié de *proto-parlement* par R. Ben ACHOUR et S. Ben ACHOUR, in La transition démocratique en Tunisie : entre légalité constitutionnelle et légitimité révolutionnaire, *R.F.D.C.* 2012, p. 715.

19. La Constitution de Bosnie-Herzégovine, partie intégrante d'un traité de paix, a la particularité de n'être rédigée qu'en anglais et de ne pas avoir été publiée dans une des langues officielles de l'État. Dans un autre registre, voir l'intervention au sein du pouvoir constituant ivoirien décidée par la résolution 1721 du Conseil de sécurité des Nations unies (1er novembre 2006).

20. V. Conseil de l'Europe, *Fourth amendment to the Fundamental Law of Hungary and technical note*, 2013.

A. LES MODES AUTORITAIRES D'ÉLABORATION DES CONSTITUTIONS

377 En l'espèce, la nation se donne moins une constitution qu'elle ne la reçoit des gouvernants. Sans qu'il soit utile d'insister, ceux-ci agiront par nécessité, le plus souvent, et non point par magnanimité. Deux techniques se présentent : l'*octroi*, d'abord, et le *contrat*, ensuite.

1. La technique de l'octroi

378 La constitution procède, en théorie, d'un geste *unilatéral* du *ou* des titulaires du pouvoir, contraints par l'événement. On citera, la charte de 1814 octroyée par Louis XVIII à son retour d'exil, ou la constitution accordée à la Russie par Nicolas II en 1905.

2. La technique du contrat

379 Selon cette méthode, la constitution résulte d'une *transaction* ou d'un *compromis* entre les forces en présence. La charte de 1830 négociée par Thiers au nom des parlementaires et le futur Louis-Philippe ressortit à ce schéma, de même que la constitution belge de 1831. Sous un certain rapport, les lois constitutionnelles de 1875 peuvent être mentionnées. Un *modus vivendi* a été conclu à ce moment-là, entre les modérés : les républicains soucieux de conforter la République et les monarchistes désireux de la transformer, en un tournemain, le moment propice.

Une constitution de ce type est nécessairement *évolutive* à partir de l'instant où l'équilibre à partir duquel elle avait été conçue, est rompu.

B. LES MODES DÉMOCRATIQUES D'ÉLABORATION DES CONSTITUTIONS

380 L'avènement d'une société, au sein de laquelle les gouvernants puisent leur autorité dans le *consentement* des gouvernés, prend ici tout son sens. En conséquence, *le principe* veut qu'une assemblée constituante soit élue, conformément à la tradition républicaine en France. Exceptionnellement, les citoyens s'en remettent à l'exécutif, tout en gardant le pouvoir décisionnel[21].

1. L'élection d'une assemblée constituante

381 Limitée par définition, dans le temps, à la mission qui lui est confiée, l'assemblée constituante se présente, sous plusieurs modalités, que l'on peut regrouper, pour la commodité de l'exposé, en tenant compte de sa *forme* et de l'*étendue* de ses pouvoirs[22].

a) La forme de l'assemblée constituante

382 Elle se présente sous deux aspects importants : tantôt *spécifique*, tantôt *générique*. Au premier cas, on parlera *d'assemblée constituante* ad hoc ; au second, *d'assemblée constituante et législative*[23].

21. Cependant, à l'exemple du Bénin, en 1989, les États africains ont convoqué une *conférence nationale des forces vives de la nation*, formée des mouvements politiques et sociaux. Cette coordination s'est proclamée souveraine.

22. Exceptionnellement, l'élaboration de la constitution peut être confiée à un parlement bicaméral ; à l'exemple contemporain de l'Espagne, de la Pologne ou de la Roumanie.

23. Le recours à une assemblée constituante présente l'avantage insigne de mettre à la disposition du juriste les *travaux préparatoires*, c'est-à-dire de l'*ensemble des documents retraçant les différentes phases*

α) L'assemblée constituante *ad hoc*

Il s'agit, en l'espèce, d'une assemblée spécialement convoquée en vue de cette mission, *à l'exclusion* de toute autre. À titre d'illustration, on peut songer à la convention de Philadelphie (cette *assemblée de demi-dieux* selon Thomas Jefferson), qui élabora la constitution fédérale des États-Unis en 1787. Cette assemblée n'exerce pas le pouvoir législatif. Symboliquement, le terme de convention avait été choisi pour désigner le collège de représentants qui, de février 2002 à juillet 2003 sous la présidence de V. Giscard d'Estaing, avait rédigé le projet de traité établissant une constitution pour l'Europe et servant de base de travail à la Conférence intergouvernementale (C.I.G.).

Ce système, qui met, de façon claire, l'accent sur le caractère de fondation de l'opération constituante, a, en outre, le mérite d'éviter une concentration de pouvoirs, qui risque parfois d'être dangereuse, entre les mains de l'assemblée.

β) L'assemblée constituante et législative

383 C'est une solution plus répandue que la précédente qui confie à l'assemblée, véritable maître Jacques de la nation, le soin, non seulement de rédiger la constitution, mais parallèlement de voter les lois ordinaires (dont le budget) et d'organiser un gouvernement[24]. Les destinées de la nation sont concentrées entre ses mains. La solution de l'assemblée *protée* a été adoptée traditionnellement, en France, malgré les inconvénients qu'elle peut parfois entraîner : Assemblée nationale constituante en 1789, Convention de 1792. La tradition républicaine peut, dans ces conditions s'affirmer : Assemblées nationales de 1848 et de 1871 ; Assemblées nationales constituantes en 1945-1946. Récemment, cette méthode se vérifie dans les nations qui se sont libérées du fascisme (Grèce, Portugal et Espagne). Pour le surplus, l'essentiel réside, assurément, dans l'étendue des pouvoirs de l'assemblée à l'égard du texte élaboré.

b) Les pouvoirs de l'assemblée constituante à l'égard du texte élaboré

384 Selon le mode d'exercice de la souveraineté adopté, on décernera à l'assemblée, l'épithète *souveraine* ou *limitée*.

α) L'assemblée souveraine

385 Dans le cadre du *régime représentatif*, on le sait, les représentants sont assimilés fictivement aux citoyens. Il s'ensuit, qu'ils disposent d'une maîtrise au regard de la constitution : non seulement ils l'élaborent et l'approuvent, mais lui confèrent une valeur obligatoire, sans que les citoyens soient amenés, d'une manière ou d'une autre, à faire connaître leur opinion. Ce système a été utilisé en France, en 1791, 1848 et 1871. À l'étranger, on mentionnera : la Grèce, en 1975, la Chine en 1978, ou le Gabon en 1991.

de l'élaboration. La compréhension et plus encore l'interprétation de la constitution en seront facilitées. À un autre titre, le caractère contradictoire et public des débats est un facteur de supériorité, à la condition de fixer une date butoir à l'assemblée constituante. En *Islande*, les citoyens, à travers les réseaux sociaux (Facebook, Twitter, Flickr) ont pu, en 2011, directement collaborer aux travaux de l'assemblée constituante – devenue ensuite un simple comité constitutionnel consultatif – composée de 25 personnes élues. Cette *e-participation* (relevant d'une logique de *crowdsourcing* – soit d'externalisation ouverte – sollicitée notamment pour la confection de l'encyclopédie Wikipedia) a finalement été faible et l'expérience des plus décevantes. Suite aux législatives de 2013, qui ont permis le retour au pouvoir des partis de centre-droit qui avaient, dans les années 2000, suscité une politique de libéralisation du secteur financier conduisant au krach de 2008 et à la « révolution des casseroles » (*les électeurs ont toujours la mémoire courte*), les propositions du comité ont été écartées par le Parlement. L'avènement d'une *Constitution 2.0* ou d'une *e. Constitution* resta donc purement théorique.

24. V. A. LE PILLOUER, *Les pouvoirs non-constituants des assemblées constituantes*, 2005. Que la première Assemblée nationale eut, en 1789, à la fois des compétences constitutionnelles et législatives ne favorisa pas l'affermissement de la distinction entre une loi constitutionnelle et une loi ordinaire et gêna le développement du contrôle de constitutionnalité des lois.

β) L'assemblée limitée

386 Selon la logique de la *démocratie semi-directe*, le rôle de l'assemblée est plus technique que politique. Elle prépare un projet de constitution qui est soumis, ensuite, à ratification populaire au moyen du *référendum*. En l'espèce, le pouvoir décisionnel est l'objet d'une translation[25]. Cette technique a été utilisée, en France, tour à tour, en l'an I, en l'an III, en 1946 puis dans des États libérés de l'autoritarisme (v. *IIe partie)*.

En dehors du procédé de *droit commun*, il y a lieu de mentionner l'existence d'une méthode *dérogatoire* confiant au gouvernement la responsabilité de l'élaboration de la constitution.

2. Le peuple constituant

387 En certaines circonstances, le pouvoir exécutif s'attribue ou se fait reconnaître le droit de rédiger le texte constitutionnel. À charge de solliciter certains avis, le cas échéant et, surtout de le soumettre au peuple à fin de ratification, par voie de référendum ou plus souvent de *plébiscite : ce mot latin qui veut dire oui !* selon Daumier. Inauguré, en France, par le premier consul, en l'an VIII, et conservé par l'empereur Napoléon (an X, an XII et 1815) et son neveu en 1852 et 1870, ce procédé sera remis à l'honneur, pour une part, par le général de Gaulle, le 28 septembre 1958. Dans ce cas, les constituants sont juridiquement les électeurs.

À ce propos, il n'est pas indifférent de noter que le référendum est une *votation* par laquelle les citoyens se prononcent par *oui* ou par *non* à propos d'un texte. Il participe à ce titre, au processus décisionnel. Quant au plébiscite (le droit de la plèbe, à l'origine), le mot revêt deux significations différentes selon qu'il est utilisé en droit international ou dans notre discipline. Dans la première hypothèse, il désigne la consultation d'une population *locale* dans le cadre du droit des peuples à disposer d'eux-mêmes (plébiscites de 1791 dans le Comtat-Venaissin ; de 1860 en Savoie et dans le comté de Nice ; en Sarre, en 1935 et 1955 ; dans les communes de Tende et de la Brigue en 1947). Dans la seconde hypothèse, un sens *péjoratif*, cette fois, s'y attache. Le texte soumis est en fait un *prétexte*. Il s'agit beaucoup moins pour le peuple de l'approuver que de manifester à cette occasion sa confiance, mieux son *allégeance*, à l'homme qui l'incarne. En l'an VIII, selon la formule, *il y avait Bonaparte* ; en 1958, *le général de Gaulle*. Toutefois, à titre de pierre d'attente, il faut indiquer que le plébiscite est une arme à double tranchant qui peut se retourner contre le chef de l'État et provoquer son départ, comme en avril 1969 (v. *IIIe partie*).

SECTION III — LA RÉVISION DE LA CONSTITUTION

388 *Les constitutions ne sont pas des tentes dressées pour le sommeil.* L'opinion de Royer-Collard a le mérite d'appeler l'attention sur le fait qu'elles subissent l'usure du temps, comme toutes choses humaines. Vivre, n'est-ce pas s'adapter ? La Constitution de 1791 reconnaissait la nécessité *de réformer les articles dont l'expérience aurait fait sentir les inconvénients*. La longévité de la constitution est à ce prix[26].

25. L'influence de Jean-Jacques Rousseau est évidente, lorsque, le 21 septembre 1792 est votée, à l'unanimité, cette résolution : *La Convention nationale déclare qu'il ne peut y avoir de constitution que lorsqu'elle est acceptée par le peuple.* Ajoutons que *le citoyen de Genève* est l'auteur de la distinction entre le pouvoir constituant et le pouvoir législatif *(Considérations sur le Gouvernement de Pologne et sa réformation projetée, 1772)*.

26. Le roi Hassan II du Maroc, lors de sa réception à l'Assemblée nationale, le 7 mai 1996, a développé la métaphore du vêtement à propos de la constitution : *un vêtement se dessine et se coud en fonction des formes et des mesures de celui qui devra le porter. Bien plus, celui que l'on habille ne gardera pas immuablement la même silhouette.* V. O. BEAUD, *La puissance de l'État*, 1994 ; C. KLEIN, *Théorie et pratique du*

En conséquence, il convient de solliciter le pouvoir constituant *dérivé*, car *un peuple, est toujours maître de changer ses lois, même les meilleures* (J.-J. Rousseau). Toutefois, la banalisation de la révision constitutionnelle (visible en France depuis 1992) finit par relativiser l'importance de la constitution en tant que norme suprême. Entre l'intangibilité (celle touchant la constitution américaine) et l'instabilité constitutionnelle, un équilibre subtil doit être préservé[27].

Une question controversée consiste à s'interroger sur le point de savoir si la coutume dite *abrogative* ou *contra legem*, peut *également* réviser une constitution. D'un strict point de vue *juridique*, la réponse est négative[28]. Cependant, on observe que la pratique peut être aussi à l'origine de révisions. Tel un *palimpseste* (M. Prélot), un texte peut être effacé et recouvert d'une seconde écriture[29]. Mais cette vision est celle des *conventions de la constitution* qui relève d'un processus *politique* d'adaptation (*supra*).

§ 1. LES CARACTÈRES DU POUVOIR CONSTITUANT DÉRIVÉ

389 Le pouvoir de révision, qui est une expression de la souveraineté, au même titre que le pouvoir d'élaboration, peut se résumer à travers deux caractères : il est tout à la fois *institué* et *autolimité*.

A. LE CARACTÈRE INSTITUÉ DU POUVOIR DE RÉVISION

La sagesse et l'humilité des auteurs de la constitution se vérifient, en ce sens, qu'ils organisent *à l'avance* (en dehors des chartes de 1814 et 1830), sous l'aspect d'une *clause de révision*, les conditions selon lesquelles leur œuvre (qui n'est pas un chef-d'œuvre) sera modifiée, le moment venu. En d'autres termes, la révision de la constitution entre dans la compétence du pouvoir constituant originaire. D'où la subordination de principe qui lui est inhérente.

pouvoir constituant, 1996 ; F. MODERNE, *Réviser la constitution. Analyse comparative d'un concept indéterminé*, 2006.

27. V. P. PACTET, La désacralisation progressive de la Constitution de 1958, *Mélanges Avril*, 2001, p. 389.

28. Carré de Malberg a tranché la question : *La caractéristique de la constitution est d'être une loi possédant une puissance renforcée. La notion de constitution ne se trouve réalisée qu'à cette condition... Il y a dès lors incompatibilité entre constitution et coutume, la coutume ne possédant pas la force supérieure qui caractérise le droit vraiment constitutionnel (Contribution à la théorie générale de l'État*, t. II, 1920-1922, p. 582). V. J. CHEVALLIER, La coutume et le droit constitutionnel, *R.D.P.* 1970, p. 1375 ; J.-Cl. MAESTRE. À propos des coutumes et des pratiques constitutionnelles : l'utilité des constitutions, *ibid.*, 1973, p. 1275 ; D. LÉVY, De l'idée de coutume constitutionnelle à l'esquisse d'une théorie des sources du droit constitutionnel et de leur sanction. *Mélanges Charles Eisenmann*, 1975, p. 81.

29. Le fait majoritaire a donné naissance à la *constitution politique* de la Vᵉ République (J.-Cl. COLLIARD) (v. *IIIᵉ partie*).

B. LE CARACTÈRE AUTOLIMITÉ DU POUVOIR DE RÉVISION

1. Le cadre général

390 Il résulte de ce qui précède, que la révision est, en théorie, limitée dans sa démarche, de manière à parvenir à un équilibre, entre le souci d'adapter la constitution à de nouvelles réalités et celui, malgré tout, de préserver son identité. Il n'en reste pas moins que la *révision totale*, qui implique en réalité l'établissement d'une nouvelle constitution, peut coexister avec la *révision partielle* (avec parfois des procédures variables : art. 193 et 194 de la constitution suisse de 1999) à moins que le constituant ne l'ait exclu (art. V de la constitution américaine de 1787).

Indépendamment de certaines limites *circonstancielles* globales (interdiction de réviser en cas de guerre ou en cas d'impossibilité de réunion des chambres – art. 196 de la constitution belge de 1994 ; art. 169 de la constitution espagnole de 1978) ou partielles (pas de remise en cause de l'importation d'esclaves pendant vingt ans – art. V. du texte américain), le pouvoir constituant originaire peut imposer des contraintes *matérielles* au pouvoir constituant dérivé.

Si, d'une manière énigmatique, la constitution norvégienne de 1814 (art. 112) interdit à la révision de *contrevenir aux principes de la présente constitution* mais l'autorise seulement à *apporter à certaines dispositions des modifications qui ne changent pas l'esprit de ladite constitution*, les autres textes sont plus explicites. Sont ainsi notamment intouchables : la forme de l'État (qu'il soit fédéral (Allemagne, art. 79), (Brésil, art. 60) ; républicain (Italie, art. 139) ; (Portugal, art. 288) ; parlementaire (Grèce, art. 110)) ; les droits fondamentaux garantis (Allemagne et Portugal), la place du suffrage universel (Portugal) et les règles impératives du droit international (Suisse)). En revanche, la procédure même de révision ne bénéficie pas d'une telle protection à l'image des lois constitutionnelles des 10 juillet 1940 et 3 juin 1958.

2. Le cadre français

391 Concernant la France, d'une manière générale, *la forme républicaine du Gouvernement ne peut faire l'objet d'une révision* (art. 89 *in fine*). Ensuite, certaines circonstances réputées critiques ou dangereuses neutralisent la révision : l'intérim de la présidence de la République (art. 7 *in fine* C) ; l'atteinte à l'intégrité du territoire (art. 89, al. 4) et le recours aux pouvoirs exceptionnels de l'article 16 C (C.C., 2 septembre 1992, *Traité sur l'Union européenne, chr.* n° 64, p. 191).

Le pouvoir constituant dérivé dispose-t-il de la capacité juridique de porter lui-même atteinte à ces limitations (appelée la *clause d'éternité* en Allemagne) ? À défaut d'admettre la légitimité de la double révision (qui implique donc, comme première étape, la suppression des restrictions), on s'oriente alors irrésistiblement vers la reconnaissance de la *supraconstitutionnalité*. Or, celle-ci contrecarre la puissance du souverain qui *ne peut se lier lui-même (et qui) peut changer à tout moment la norme qui interdit de changer* (G. Vedel[30]). En France, ces clauses d'interdiction ressortissent à une logique plus *politique* que juridique. Simples *barrières de papier* (Joseph-Barthélémy), elles ne sont aucunement affranchies de la révision, comme en 1940 et 1958. Ici

30. G. VEDEL, Souveraineté et supraconstitutionnalité, *Pouvoirs* n° 67, 1993, p. 90. Voir aussi l'approche différente de L. FAVOREU, *ibid.*, p. 71.

s'impose, une nouvelle fois, l'opinion du doyen Vedel : *Le pouvoir constituant étant le pouvoir suprême de l'État, ne peut être lié, même par lui*[31]. À l'image de la souveraineté, qu'il exprime, il ne saurait être bridé. En un mot, il n'existe pas de principes supra-constitutionnels qui pourraient lui être imposés.

Si à l'étranger, les juges constitutionnels n'hésitent pas à se déclarer compétents pour contrôler les lois constitutionnelles[32], ce qui, dans le dialogue avec le souverain, leur confère *le dernier mot*, le Conseil constitutionnel est resté davantage prudent. Selon lui, *le pouvoir constituant est souverain ; qu'il lui est loisible d'abroger, de modifier ou de compléter des dispositions de valeur constitutionnelle dans la forme qu'il estime appropriée ; qu'ainsi rien ne s'oppose à ce qu'il introduise dans le texte de la constitution des dispositions nouvelles qui, dans le cas qu'elles visent, dérogent à une règle ou à un principe de valeur constitutionnelle ; que cette dérogation peut être aussi bien expresse qu'implicite*. Toutefois, au risque de dériver vers *cette obscure clarté qui tombe des étoiles* (Corneille), il considère que cette souveraineté, censée reposée sur une puissance illimitée, est bornée par les prescriptions fixées aux articles 7, 16 et 89 (évoquées *supra*) (2 septembre 1992, *Traité sur l'Union européenne, chr.* n° 64, p. 191). Son refus explicite de contrôler une loi constitutionnelle (26 mars 2003, *Organisation décentralisée de la République, chr.* n° 106, p. 198), combiné au maintien de sa jurisprudence de 1992 (30 juillet 2003, *Expérimentation par les collectivités territoriales*) renvoie, en pratique, au chef de l'État et aux parlementaires (éventuellement au peuple si la voie du référendum est choisie) le soin de s'assurer, lors de la procédure de révision, du respect de ces contraintes (v. *IIIe Partie*).

§ 2. LES MODES D'EXERCICE DU POUVOIR CONSTITUANT DÉRIVÉ

392 La mise en œuvre du pouvoir de révision est conditionnée par la nature même de la constitution. De ce point de vue, on distingue traditionnellement les constitutions *rigides* et *souples*.

A. LA DISTINCTION ENTRE LES CONSTITUTIONS RIGIDES ET SOUPLES

393 Au seuil de ces développements, il importe de préciser que les adjectifs précités sont retenus dans leur sens *technique* et non *politique*, à la manière des stratégies élaborées au *café du commerce*.

31. Par suite, la querelle née du recours à l'article 11 C en 1962 est devenue sans objet ainsi que le combat d'arrière-garde du Conseil d'État (C.E., Ass., 30 octobre 1998, *Sarran*, *Rec.* 368). V. R. BADINTER, Le C.C. et le pouvoir constituant, *Mélanges Jacques Robert*, 1998, p. 217.

32. Voir notamment le Tribunal constitutionnel allemand dès l'arrêt *Klass* du 15 décembre 1970 ou la Cour constitutionnelle italienne qui, dans sa décision n° 1146 du 29 décembre 1988, estima que *la constitution italienne comporte certains principes suprêmes qui ne peuvent être altérés ou modifiés dans leur contenu essentiel même par des lois de révision constitutionnelle*. V. M. FROMONT, La révision de la constitution et les règles constitutionnelles intangibles en droit allemand, *R.D.P.* 2007, p. 89. Pour le professeur Miranda, *le contrôle constitutionnel de la révision constitutionnelle est une exigence de l'État de droit, in* Le contrôle et les limites de la révision de la constitution, *A.I.J.C.* 2004, p. 456. Voir *Le contrôle de constitutionnalité des lois constitutionnelles, C.C.C.*, n° 27, 2009.

Une constitution est dite *rigide*, lorsque sa révision s'opère selon une *procédure supérieure à celle utilisée pour la loi*. De là, résulte la différenciation entre le pouvoir constituant et le pouvoir législatif. En conséquence, une constitution *rigide* s'identifie à une constitution *formelle*, telle la constitution de 1958 (v. *IIIe partie*).

À l'inverse, la constitution *souple* est celle dont la révision s'effectue selon *une procédure identique à celle utilisée pour la loi*. Dans l'État considéré, la confusion entre le pouvoir constituant et le pouvoir législatif permet d'assimiler une constitution *souple* à une constitution *matérielle :* le statut albertin de 1848, en Italie ; la constitution espagnole de 1876 ou les « constitutions » israélienne et britannique ; les chartes de 1814 et de 1830 ; les lois Rivet et de Broglie au début de la IIIe République, en fournissant autant d'illustrations.

B. LES PROCÉDURES

394 Au nom du parallélisme des procédures, la révision d'une constitution peut être confiée, en principe, soit à une assemblée législative ordinaire, soit à une assemblée constituante *ad hoc* ou enfin, au peuple, par voie de référendum. Il est loisible, au surplus, d'aménager des modalités différentes selon la portée de la révision ou les articles concernés (voir la double procédure prévue aux articles 167 et 168 de la constitution espagnole du 27 décembre 1978 ou les quatre variantes prévues au Canada – articles 38 à 49 de la loi constitutionnelle du 17 avril 1982) et d'imposer un délai minimal entre deux révisions (art. 110 de la constitution grecque du 9 juin 1975 ; art. 284 de la constitution portugaise du 2 avril 1976). Un degré optimal de rigidité doit néanmoins être trouvé. S'il ne doit pas être aisé de modifier la Constitution encore faut-il s'assurer que *sa rigidité n'aille pas jusqu'à permettre le blocage indéfini des institutions* (G. Vedel). Le cas de la Constitution américaine est à cet égard saisissant (v. *Titre 2*).

1. L'assemblée législative ordinaire

395 Sans autre formalisme que celui afférent à une loi simple, l'assemblée peut modifier une constitution *souple*. Un adage revient instinctivement à l'esprit, s'agissant du Royaume-Uni, celui du Genevois de Lolme : *le Parlement anglais peut tout faire, sauf changer une femme en homme*. En pratique, la situation juridique est plus complexe ; ainsi, la Cour suprême israélienne est-elle compétente, depuis l'arrêt *Bank Mizrahi* de 1995, pour invalider des dispositions législatives pour méconnaissance de principes fixés dans les lois fondamentales[33]. Une supériorité *de facto* est donc ici reconnue à la norme matériellement constitutionnelle. De même, en Grande-Bretagne, le principe de la remise en cause *implicite* de la loi par le législateur (King's Bench, *Vauxhall Estates v. Liverpool Corporation*, 1932) n'est pas admis pour certaines lois pour lesquelles une volonté *expresse* est exigée par les juges (par exemple pour le *Human Rights Act* de 1998). Une hiérarchie formelle entre les lois est donc visible.

2. L'assemblée constituante *ad hoc*

396 La révision d'une constitution *rigide*, en revanche, est confiée à une assemblée *spécialement* convoquée à cet effet. Elle se présente, sous deux modalités, selon qu'elle est *indépendante* ou *différente* des assemblées ordinaires.

La première modalité, lourde à manier, est peu usitée. L'élection d'une assemblée de révision avait été, cependant, retenue par les constitutions françaises de 1791 et de 1848, à l'image d'une des

33. V. S. NAVOT, La Cour suprême israélienne et le contrôle de constitutionnalité des lois, *C.C.C.*, n° 35, 2012, p. 39.

solutions américaines[34]. La seconde modalité, consiste à réunir momentanément les assemblées qui, en temps ordinaires, siègent séparément : *Assemblée nationale* sous la IIIe République[35], *Congrès du Parlement* sous la Ve République.

3. Le référendum

397 Cette votation est susceptible d'intervenir à la diligence des représentants ou des représentés. Dans le cadre d'un régime représentatif, le référendum est insolite même si, conceptuellement, seul l'auteur de la constitution (le peuple) devrait être habilité à la modifier. Exclu en Allemagne et aux États-Unis notamment, il fait, en France, figure, tout au plus, de concession du libéralisme à la démocratie, à titre, soit supplétif, la majorité parlementaire qualifiée n'ayant pas été atteinte (art. 90 de la constitution de 1946) ; soit facultatif, le chef de l'État optant en ce sens (art. 89 C).

En revanche, certains États, plus proches de la logique de la démocratie semi-directe, exigent l'organisation d'un référendum pour toute modification constitutionnelle comme au Danemark (art. 88 de la constitution du 5 juin 1953), en Irlande (art. 46 de la constitution du 1er juillet 1937) et en Suisse (art. 140 de la constitution du 18 avril 1999). En complément, des modalités spécifiques peuvent être imaginées afin de s'assurer concomitamment du soutien populaire et de l'absence de précipitation d'une révision. Une fois le principe de la modification accepté, une dissolution de la Chambre basse (art. 137 de la constitution néerlandaise du 17 février 1983) voire des deux (art. 195 de la constitution belge du 17 février 1994) est organisée et les nouvelles assemblées élues poursuivent ensuite le travail constituant. Relevons que cette contrainte démocratique est parfois contournée par les gouvernants qui attendent la proximité des échéances électorales classiques pour entamer le processus de révision.

SECTION IV L'ABROGATION DE LA CONSTITUTION

398 *La nation a le droit imprescriptible de changer sa constitution*, déclare celle de 1791. *Une génération ne peut assujettir à ses lois les générations futures*, proclame-t-on en 1793. Deux causes mettent fin à une constitution : un acte ou d'un fait juridique contraire. De ce point de vue, la disparition ne saurait être confondue avec la *suspension* de la constitution, qui est une cessation provisoire de son application ou une mise entre parenthèses, tel le recours à l'article 16 C.

§ 1. L'ACTE JURIDIQUE CONTRAIRE

399 Une manifestation de volonté abroge la constitution : la loi du 10 juillet 1940 s'analyse ainsi à l'égard de la constitution de 1875, au même titre que celle du 3 juin 1958, s'agissant de celle de 1946.

§ 2. LE FAIT JURIDIQUE CONTRAIRE

400 Un fait matériel auquel des conséquences juridiques sont attachées peut provoquer la fin d'une constitution. On songe à une révolution consécutive à un soulèvement populaire

34. Aux États-Unis, la révision peut être effectuée soit par une convention spécialement élue à cet effet, soit par le Congrès à la majorité des deux tiers. En fait, c'est ce second procédé qui a, ce jour, été employé.
35. La formule désigne le *tout* en 1875 (Chambre des députés *et* Sénat) et une *partie* depuis 1946. V. J. GICQUEL, Le Congrès du Parlement, *Mélanges Pierre Avril*, 2001, p. 449.

(1830, 1848) ; à un coup d'État, acte d'une autorité constituée (en l'an VIII, *au coup de charte*, selon La Fayette, perpétré par Charles X en 1830), ou à une défaite militaire, en 1814 ou 1870[36].

Cette évocation incite à deux remarques. La non-application d'une disposition constitutionnelle n'emporte pas sa désuétude[37]. La révolution qui *détruit des principes* (A. Camus), entraîne seulement la fin de l'ordre constitutionnel : *le droit public passe, mais le droit privé demeure*, observait Portalis ainsi, qu'en règle générale, les libertés fondamentales. Mais, au moment où une constitution achève son existence, une autre, tel Lazare s'annonce, et le cycle se reproduit, afin de répondre au besoin de légitimation du pouvoir.

SECTION V LA PROTECTION DE LA CONSTITUTION

401 *Une constitution est un corps de lois obligatoires, ou ce n'est rien*, affirmait Siéyès, en l'an III. De fait, sans une garantie, elle se réduirait à une *œuvre morte* (Tocqueville)[38]. À cet égard, il est indubitable que, si *toutes* les constitutions peuvent recevoir une *protection politique (§ 1), certaines* d'elles, selon une tendance contemporaine, peuvent se prévaloir, *de surcroît*, d'une *protection juridique (§ 2)*. À ce propos, les juges qui tirent leur existence et leurs compétences de la constitution ne peuvent que lui faire allégeance et reconnaître sa place *au sommet de l'ordre juridique interne* (C.E., 30 octobre 1998, *Sarran, G.A.* n° 113 ; Cass., 1er juin 2000, *Dlle Fraisse, R.D.P.* 2000, p. 1037 ; C.C., 19 novembre 2004, *Traité établissant une constitution pour l'Europe*). Bref, la constitution est une réalité. Si l'on a pu s'interroger autrefois sur sa *survivance* (G. Burdeau), sa résurrection actuelle débouche sur le *gouvernement de la constitution* (G. Vedel).

§1. LA PROTECTION POLITIQUE DE LA CONSTITUTION

A. LA DÉFENSE DES INSTITUTIONS

402 Au nom de la légitime défense de l'ordre constitutionnel, face à un péril, à une entreprise de déstabilisation, à des actes de terrorisme, *l'État a le devoir d'assurer la sécurité en veillant, sur l'ensemble du territoire de la République, à la défense des institutions et des intérêts nationaux, au respect des lois, au maintien de la paix et de l'ordre publics, à la protection des personnes et des biens* (art. L. 111-1 du Code de sécurité intérieure). Le chef de l'État, le Gouvernement, ainsi que les citoyens, se mobilisent.

36. L'abrogation peut aussi varier en intensité, au point d'être partielle : la L.C. du 4 août 1995 a supprimé les dispositions obsolètes de la constitution de 1958 en matière de décolonisation. Une abrogation peut être également implicite (C.C., 2 septembre 1992, *Traité sur l'Union européenne, Rec.* p. 76).

37. C'est ainsi que la demande d'une nouvelle délibération de la loi (art. 10, al. 2 C) a été utilisée, pour la première fois sous le Ve République, par le président Mitterrand, en juillet 1983 et le référendum de l'article 89, par son successeur, en septembre 2000. L'article 35 al. 1 C relatif à la déclaration de guerre n'a jamais été sollicité, de même que les modalités de l'article 7 C relatives aux perturbations surgissant pendant l'élection présidentielle (v. *IIIe Partie*).

38. On n'envisage ici que les seules règles *juridiques* qui composent la constitution à l'exclusion des *règles politiques* (les conventions de la constitution) qui n'étant que des règles politiques, pour user de la tautologie, obéissent à un régime spécifique, celui de la sanction politique en cas de manquement.

Le président de la République veille au respect de la constitution et à *la continuité de l'État* (art. 5 C). À ce titre, il lui incombe de préserver la République (art. 16 C) ou de déclencher le feu nucléaire (art. 15 C et décret du 12 juin 1996 portant détermination des responsabilités concernant les forces nucléaires). De son côté, le Gouvernement dispose d'une panoplie de moyens exceptionnels pour relever un défi à la démocratie[39]. Dans une logique similaire, la loi fondamentale allemande de 1949 a développé le principe de la *démocratie apte à se défendre* (*wehrhafte Demokratie*) ou encore *la démocratie engagée* (*streitbare Demokratie*) permettant notamment la dissolution des partis remettant en cause l'ordre constitutionnel et la déchéance des droits fondamentaux. Pour leur part, les citoyens ne peuvent demeurer attentistes : *La résistance à l'oppression* (art. 2 de la Déclaration de 1789) figure parmi leurs *droits naturels et imprescriptibles. Ce ne sont pas les pierres, mais les hommes qui constituent le véritable rempart des cités*, notait Platon, à ce propos.

B. LA DÉFENSE DE L'ÉQUILIBRE POLITIQUE

403 Dans leurs relations quotidiennes, le contrôle mutuel auquel se livrent les pouvoirs publics vérifie cette idée. À titre d'illustration, aux *irrecevabilités* que peut soulever le Gouvernement à l'encontre d'une proposition de loi ou d'un amendement d'origine parlementaire *(modification apportée à un texte en discussion)* (art. 40 et 41 C), l'opposition peut rétorquer, entre autres, par un *rappel au règlement* (art. 58 R.A.N.) ou déposer une *motion de rejet préalable* (art. 91 R.A.N.) au motif que le texte de loi serait entaché, en tout ou partie, d'inconstitutionnalité. De toute façon, l'assemblée saisie est appelée à trancher[40]. D'où le caractère *aléatoire* de ce contrôle qui, relève de l'*autolimitation*, ainsi que l'atteste la pratique des IIIe et IVe Républiques. La souveraineté parlementaire débouchait sur la *mise... en tutelle* de la constitution ou l'*État de droit relatif* (J.-P. Machelon). C'est ainsi qu'après examen par le Comité constitutionnel, la loi contraire l'emportait sur cette dernière (art. 93 de la constitution de 1946). Il n'y a pas lieu d'insister sur l'ironie qui consiste à protéger la constitution au point de l'étouffer.

§ 2. LA PROTECTION JURIDIQUE DE LA CONSTITUTION

404 Outre la protection politique, dont on vient de prendre la mesure, *certaines* constitutions peuvent se réclamer d'une protection renforcée. Il s'agit, en l'occurrence, des constitutions *formelles* ou *rigides*. La super-légalité dont elles relèvent donne naissance à un contrôle approprié, appelé *le contrôle de constitutionnalité*. À l'opposé, une constitution matérielle ou souple ne peut y prétendre en théorie. Cependant, cette absence de contrainte juridique est, s'agissant de la Grande-Bretagne, compensée, à bien des aspects, par les contraintes politiques (*les conventions de la constitution*) et juridictionnelles découlant du *Human Rights Act* de 1998 (*v. Titre 2*).

Ce contrôle se présente comme l'affirmation du principe de la séparation des pouvoirs, selon Kelsen, et la sanction attachée à la hiérarchie des normes ; le *révélateur* de

39. Dans cet ordre d'idées, le Gouvernement est puissamment armé. Il peut à titre énonciatif, disposer de pouvoirs exceptionnels (état de siège (art. 36 C), état d'urgence (loi du 3 avril 1955 ; voir l'utilisation en 2005), théorie des circonstances exceptionnelles ; C.E., 28 juin 1918, *Heyriès*, *Rec.* p. 651 ; *Dames Dol et Laurent,* 28 février 1919, *Rec.* p. 208) ou décider, sur la base de l'article L. 212-1 du Code de sécurité intérieure issu de la loi du 10 janvier 1936, la dissolution de groupes de combat et de milices privées.

40. V. J.-L. AUTIN, Les exceptions d'irrecevabilités soulevées par les parlementaires français, *R.D.P.* 1983, p. 687 ; R. CHAZELLE et M. LAFLANDRE, Le rappel au règlement dans la procédure parlementaire de la Ve République, *R.D.P.* 1990, p. 677 ; Y. PIMONT, La question préalable, *R.D.P.* 1970, p. 351. En pratique, l'exception d'irrecevabilité, devenue à l'Assemblée nationale, la motion de rejet préalable, préfigure le plus souvent une saisine du C.C. V. S. BARRE-AIVAZZADEH, *L'exception d'irrecevabilité pour inconstitutionnalité devant les assemblées parlementaires françaises*, thèse Dijon, 1994. O. ROZENBERG, E. THIERS, *L'opposition parlementaire*, D.F., 2013.

l'État de droit, en un mot. Cette idée prend tout son relief, en France, où depuis 1958, il a été mis un terme à la primauté parlementaire et donc à celle de la loi. En rupture avec la tradition, les assemblées sont passées, à cet instant, *de la condition des souverains assurés de l'immunité à celle des justiciables*. Cet admirable raccourci de Léo Hamon est une invitation à étudier le principe (A) et les modalités d'exercice (B) du contrôle de constitutionnalité.

A. LE PRINCIPE DU CONTRÔLE DE CONSTITUTIONNALITÉ

1. La définition

405 Il s'agit de *la garantie de la constitution* ou *l'ensemble des moyens juridiques destinés à assurer la conformité des règles de droit à celle-ci*. La conformité ou la régularité ainsi entendue est susceptible de deux acceptions : *interne* et *externe* ; en d'autres termes, *matérielle* et *formelle*. Au premier cas, la référence se rapporte au *contenu* de la constitution ou si l'on préfère aux matières engrangées. Au second, la conformité s'attache aux procédures d'élaboration des règles de droit édictées par la constitution. À cette fin, le Conseil constitutionnel exerce sur la loi un contrôle *maximal* (art. 61 C) portant sur le *fond* (16 juillet 1971, *Liberté d'association*, *G.D.* p. 238) et la *forme* (23 juillet 1975, *Taxe professionnelle*, p. 112) (v. *IIIe partie*).

2. Le champ d'application

406 Au plan national, l'opération se réduit à une *collation* entre la *norme de référence*, ou *de constitutionnalité*, c'est-à-dire la constitution (préambule inclus), et les normes contrôlées : les actes administratifs et surtout les lois (actes du Parlement). Face au droit international, le *contrôle de contrariété* est mis en place (art. 54 C). Il s'opère *a priori*, avant l'incorporation du traité dans le droit interne (C.C., 2 septembre 1992, *Traité sur l'Union européenne, chr.* n° 64, p. 188). Un contrôle spécifique est assuré à l'égard des lois de transposition fidèle de directives européennes précises et inconditionnelles (C.C., 27 juillet 2006, *Loi DADVSI*) (v. *IIIe partie*).

a) Le contrôle des actes administratifs

407 En France, c'est le lot exemplaire des juridictions administratives d'accueillir la requête d'un administré, dirigé contre un acte lui faisant grief, via *le recours pour excès de pouvoir*. Dès 1954, le Conseil d'État impose le respect du principe de l'égale admissibilité de tous aux emplois publics, sans autre distinction que celle des *vertus* et des *talents* des candidats (*Barel*, *G.A.* n° 77). Cependant, ces juges refusent à l'occasion de l'examen d'un acte administratif d'en examiner la constitutionnalité si celui-ci a été pris conformément à la loi (application de la théorie de la loi-écran : C.E., 6 novembre 1936, *Arrighi*, *Rec.* p. 966 ; 5 janvier 2005, *Deprez et Baillard*, *Rec.* p. 1). La mise en place du mécanisme de la question prioritaire de constitutionnalité (v. *IIIe partie*) a modifié l'office du juge. Si la théorie de l'écran législatif est maintenue (dans l'hypothèse où le justiciable, n'a pas, par un mémoire *distinct et motivé*, déposé un recours en Q.P.C.), les juridictions ordinaires, à travers le filtrage des pourvois (via l'examen du caractère *sérieux* de la question), peuvent être conduites à opérer un contrôle approfondi de préconstitutionnalité de la disposition législative. En refusant la transmission, la figure du *juge constitutionnel négatif* apparaît.

b) Le contrôle des lois

408 La loi n'est plus *l'arche sainte*, qu'elle était au XIXe siècle. Désacralisée, elle se présente comme la technique de réalisation du programme de la majorité. En ce sens, elle est faillible. Par suite, sa soumission à la constitution relève d'une contradiction selon que l'on se place du point de vue de la logique *juridique* ou *démocratique*.

1. *La* logique *juridique* plaide, assurément, en faveur de la soumission de la loi à la règle supérieure. Imaginer le contraire, aboutirait à ruiner le principe de la hiérarchie des normes et à occulter l'État de droit. Dans l'intérêt des citoyens, confrontés à une loi oppressive ou liberticide, il importe de les protéger face au Parlement ; en clair, à la majorité. Car *le pouvoir de tout faire n'en donne pas le droit*, osait prétendre Talleyrand. *Le pouvoir législatif reste le dernier pouvoir dangereux pour les libertés* observait le doyen Hauriou, sous la IIIe République. De ce point de vue, Mussolini, Hitler, Pétain ne sont-ils pas parvenus au pouvoir par la voie légale ? L'objectif est d'autant plus aisé à réaliser, que le juge peut déplacer, tout à loisir son contrôle, en forgeant, en tant que besoin, des principes de valeur constitutionnelle avec le risque cependant d'être accusé d'instituer un *gouvernement des juges*. Cette méfiance à l'égard de la loi qui est à l'origine de l'État de droit, est d'essence *libérale*, à l'opposé de la conception démocratique.

2. De cette vision, la logique *démocratique* ne peut être satisfaite, puisque son identité est défaite. En effet, la loi ne saurait être banalisée et limitée, à partir de l'instant où elle est l'œuvre des représentants du peuple. Le pouvoir d'une majorité s'exprime par elle. Dès lors, le droit d'essence populaire, issu de la conception de Rousseau, récuse le droit aristocratique ou jurisprudentiel qui avait la faveur de Montesquieu. Le gouvernement du peuple ne peut être celui des juges. Autrement dit, la loi porte la marque *indélébile* de la souveraineté : elle est *l'expression de la volonté générale* (art. 6 de la Déclaration de 1789). À son image, elle est *absolue* et *infaillible* et le *légicentrisme* peut alors déployer tous ses effets. En écho à cette idée, le général de Gaulle proclamait encore en 1948 : *Le meilleur arbitre, la meilleure cour suprême, c'est le peuple*. À partir de l'instant où ce dernier est le souverain (en personne ou par ses représentants), aucune autorité ne peut prétendre avoir raison contre lui ; aucun *surpouvoir* (R. de Lacharrière) n'est concevable ; aucune légitimité, en dehors de la sienne ne peut être acceptée. Au plan des principes, le contrôle de constitutionnalité affecte donc la démocratie et tend à lui substituer une *nomocratie*[41]. La question de B. Ackerman, *Qui a donné à neuf juges cacochymes le pouvoir d'invalider les jugements d'hommes politiques démocratiquement élus ?*, renvoie à la constatation de René de Lacharrière que le *pouvoir suprême de censure est confié à neuf personnes totalement irresponsables*.

Cependant, le heurt frontal est évité. La Cour suprême américaine a su plier sans rompre sous le *New Deal* (*v. Titre* 2). Le Conseil constitutionnel entend, dans un même mouvement, respecter la souveraineté du peuple, en déclinant sa compétence à l'égard des lois référendaires (que ce soit dans le contrôle *a priori* (6 novembre 1962, *Élection du président de la République, Rec.* p. 27) ou *a posteriori* (Q.P.C., 25 avril 2014, *Province Sud de Nouvelle-Calédonie*)) ; constitutionnelles (26 mars 2003,

41. V. L. HAMON, Quand les assemblées parlementaires ont des juges, *D.* 1959, p. 253 et R. DE LACHARRIÈRE, Opinion dissidente, *Pouvoirs* n° 13, 1980, p. 133. Voir aux États-Unis, le développement du *constitutionnalisme populaire* (L. KRAMER, *The People Themselves : Popular constitutionalism and Judicial Review*, Oxford University Press, 2004 et Au nom du peuple. Qui a le dernier mot en matière constitutionnelle ?, *R.D.P.* 2006, p. 1027) ou du *droit constitutionnel populiste* (M. TUSHNET, *Taking the constitution away from the Courts*, Princeton University Press, 1999). V. aussi l'opposition entre les écoles de pensée moniste, dualiste et fondamentaliste (B. ACKERMAN, *Au nom du people. Les fondements de la démocratie américaine*, 1998).

Organisation décentralisée de la République, chr. n° 106, p. 198), et préserver le *pouvoir d'appréciation et de décision du Parlement* (15 janvier 1975, *I.V.G.*, p. 19) en statuant en constitutionnalité et non en opportunité. D'où la brillante synthèse : *La loi n'exprime la volonté générale que dans le respect de la constitution* (23 août 1985, *Nouvelle-Calédonie*, p. 70). Ce qui signifie que le juge doit se borner à réguler le cours législatif sans prétendre se substituer aux représentants du peuple. Il dispose de la *gomme mais pas du crayon* (G. Vedel). C'est ainsi que peut s'opérer la conciliation entre l'État de droit et la démocratie. Mais, la confrontation ne peut être exclue et le pouvoir constituant dérivé dispose alors du *dernier mot*. La décision *Maîtrise de l'immigration*, rendue par le C.C. le 13 août 1993 *(chr.* n° 68, p. 158) a été brisée, *pour la première fois, par* le pouvoir constituant, qui a tenu un *lit de justice* (G. Vedel) (art. 53-1 C)[42]. En d'autres termes, le juge constitutionnel serait cantonné à un rôle *d'aiguilleur*. Comme l'affirmait Eisenmann, *la question en son fond reste de procédure : prononcer l'inconstitutionnalité d'une norme légale, c'est dire que dérogeant par son objet ou son contenu à la Constitution, cette norme aurait dû être posée en la forme constitutionnelle*. Le Conseil constitutionnel fait sienne cette *théorie de l'aiguillage* en indiquant, en 2002, que *la loi déférée est intervenue dans un domaine qui ne relève que de la Constitution* (C.C., 17 janvier 2002, *Statut de la Corse*, *Rec.* p. 70 (v. *IIIe partie*)).

3. Reste que contrairement à la position de Marshall défendue dans *Marbury v. Madison* en 1803, il est possible de trouver un *compromis* entre la souveraineté de la loi et la suprématie de la constitution. Ici, la hiérarchie des normes imposée par le juge se conjugue avec le dernier mot *législatif* (et non plus *constitutionnel*) laissé, en droit, aux élus du peuple. En **Grande-Bretagne**, les plus hautes juridictions du Royaume (dont notamment la Cour suprême) sont fondées, grâce au *Human Rights Act* de 1998 (matériellement constitutionnel (voir *supra,* n° 395 et *infra,* n° 440 et 464)) à prononcer une déclaration d'incompatibilité à l'égard de la loi méconnaissant les droits garantis par la C.E.D.H. La validité de la loi n'est cependant pas remise en cause et seul le Parlement, agissant de manière discrétionnaire, décidera de son avenir en sollicitant soit la procédure législative de droit commun, soit celle du *remedial order* (assimilable à une ordonnance de l'article 38 C). Dans une optique différente, le Parlement fédéral **canadien** et les assemblées provinciales peuvent voter une clause dérogatoire à la Charte des droits et libertés de 1982 (la *clause nonobstant* – article 33 de la Charte) et écarter l'applicabilité, pour une durée maximale de cinq ans, de certaines de ses composantes soit à titre préventif, soit afin de surmonter l'annulation d'une disposition législative prononcée par la Cour suprême[43]. Les droits visés par la Charte peuvent donc, sauf pour certains considérés comme absolus, ne pas être expressément garantis dans la loi en cause. Reste qu'à l'usage, la *contrainte politique* pesant sur les Parlements britannique et canadien s'avère finalement plus déterminante que la *liberté*

42. Aux États-Unis, 5 amendements sur les 27 apportés à la constitution de 1787 obéissent à une même finalité. V. G. SCOFFONI, La Cour suprême et le Congrès des États-Unis, *R.F.D.C.* 1993, p. 675. Voir aussi, dans une logique approchante, le bras de fer entre Roosevelt et la Cour suprême où celle-ci a fini par plier. Pour Bruce Ackerman, le peuple américain, lors des élections de 1936, a été *mis en demeure de définir, de débattre, et finalement de décider de son avenir constitutionnel*. Sans révision formelle de la constitution, l'interventionnisme fédéral et la prééminence présidentielle se sont imposés au sein du régime américain.

43. Voir l'intervention législative de l'Assemblée nationale québécoise survenue après l'invalidation par la Cour suprême (*Ford c/ Québec* et *Devine c/ Procureur général du Québec*, 1988) d'une partie de la loi 101 relative à l'utilisation de la langue française. De l'avis de la doctrine canadienne, cette clause conduit les juges, qui savent que le législateur peut toujours intervenir s'il le souhaite, à interpréter largement la charte des droits et libertés (voir notamment A. TREMBLAY, *Droit constitutionnel*, Montréal, 2000). Dans le même ordre d'idées, le Parlement portugais peut surmonter, à une majorité qualifiée, une décision du Tribunal constitutionnel intervenue au titre du contrôle préventif (art. 278 C). Ici, la règle est jugée *incongrue et anormale* (V. MOREIRA, *C.C.C.*, n° 10).

juridique consentie par les textes. Les juges imposent leur vision et le Parlement, de manière souveraine, y consent. En adjoignant les modalités en vigueur en **Australie** et en **Nouvelle-Zélande**[44], un *modèle constitutionnel du Commonwealth* peut être discerné[45].

B. LES MODALITÉS D'EXERCICE DU CONTRÔLE DE CONSTITUTIONNALITÉ

409 Qui juge la loi ? Cette mission peut être confiée, tantôt à une autorité *politique*, tantôt à une autorité *juridictionnelle*.

1. Le contrôle assumé par une autorité politique

a) Les caractères

410 Il est loisible de confier le contrôle à des instances parlementaire ou d'opter en faveur d'un organe *distinct* du Parlement. Dans cette dernière hypothèse, ses membres, en vue d'une mission politique sont recrutés, selon un critère politique, celui de l'*intuitu personae*. Ce contrôle est sans doute concevable dans son principe, mais il s'avère contestable dans sa pratique. Pourquoi en est-il ainsi ?

En raison d'une communauté d'origine, le Parlement, à défaut de l'approuver, peut en escompter une certaine compréhension. De surcroît, il libère les juges *ordinaires* d'un souci. Ces derniers, si l'on se réfère au cas français, sont normalement les *serviteurs de la loi* (du moins tant qu'ils n'ont pas à faire respecter la primauté du traité – article 55 C) et nullement ses censeurs. Songeraient-ils à se comporter différemment qu'ils s'exposeraient, le moment venu, à la vindicte des assemblées. Selon une jurisprudence constante, ils *déclinent* leur compétence à l'égard de la loi (*supra,* n° 215).

Mais, au-delà, l'impression change et les griefs s'accumulent : grief d'*incompétence et dépendance* des personnes appelées à vérifier l'harmonie entre la loi et la constitution. La collation des normes implique un minimum de connaissances techniques. Or, le mode de recrutement (*le compérage*, selon B. Jeanneau) n'apporte pas de garanties. La compétence peut se décliner en complaisance. Quant au grief *d'hégémonie*, il consiste à s'interroger à la manière des Écritures : *Qui contrôlera le contrôleur ?* L'autorité dont il s'agit, ne s'érigera-t-elle pas en *sur-pouvoir ?* À Siéyès qui, sous la Convention, en l'an III, proposait la création d'un *jury* ou d'une *jurie constitutionnaire*, Thibaudeau répliquait avec force : *Ce pouvoir monstrueux serait tout dans l'État et en voulant donner un gardien aux pouvoirs publics, on leur donnerait un maître qui les enchaînerait pour les garder plus facilement*[46]. Cette appréciation conserve toute sa sagacité. Reste un dernier grief, tiré de son aspect *unilatéral*. Cette modalité s'analyse en une sorte de procès d'intention fait aux assemblées. Elle est accordée aux régimes favorables au pouvoir exécutif.

44. Si l'Australie n'a pas souhaité se doter, en 2010, d'un texte national, le district fédéral (*Australian Capital Territory Human Rights Act* (ACTHRA – 2004)) et l'État de Victoria (*Victorian Charter on Human Rights and Responsabilities* (VCHRR – 2006)) en sont pourvus. Ils se rapprochent du modèle du HRA britannique. Quant à la Nouvelle-Zélande, le *New Zealand Bill of Rights Act* (NZBORA – 1990) autorise seulement les tribunaux à privilégier l'interprétation de la loi la plus conforme au *Bill of Rights* (sect. 6) mais leur interdit expressément d'invalider ou de laisser inappliquée une disposition législative (sect. 4).

45. S. GARDBAUM, *The New Commonwealth Model of Constitutionalism*, Cambridge University Press, 2013 ; A. DUFFY, *La protection des droits et libertés au Royaume-Uni*, L.G.D.J., 2007.

46. V. P. BASTID, *Siéyès et sa pensée*, 3e éd., 1970 ; M. TROPER, Siéyès et le jury constitutionnaire, *Mélanges Pierre Avril*, 2001, p. 265.

b) Les applications

411 En réaction à la souveraineté de la loi (ou le *légicentrisme*) et conformément à la prévention nourrie à l'égard du juge[47], les Sénats impériaux ont reçu *de jure* (art. 15 de la constitution de l'an VIII, art. 19 de la constitution de 1852) la mission de contrôler la constitutionnalité des lois adoptées par le Corps législatif, en se souciant principalement de ne pas déplaire à l'empereur. Leur domestication donne la mesure de la perversion de leur mission[48]. Sous la IIIe République. Carré de Malberg soutenait que ce contrôle était exercé, *de facto*, par les assemblées lors de la discussion parlementaire. En conséquence, *cette adoption mettra la loi adoptée au-dessus de toute contestation relative à sa constitutionnalité* (La loi, expression de la volonté générale, 1931). Si, dans une logique contemporaine, le contrôle par une autorité juridictionnelle s'est finalement imposé (*infra*), l'examen par un organe parlementaire reste parfois encore pratiqué[49].

Originairement, le Conseil constitutionnel (art. 56 C) se rangeait sous cette rubrique, dès lors que sa mission consistait, en vue d'asseoir *le nouvel ordre juridique* mis en place, à brider la loi (art. 34 C), afin de favoriser l'essor du décret autonome (art. 37). Ce fleuron du parlementarisme rationalisé, ou ce chien de garde de l'exécutif, allait toutefois connaître une évolution rapide autant qu'inattendue, au cours de la décennie 1970[50]. Pour Bernard Chenot (qui y siégea entre 1962 et 1964), le constat est sans appel : *je n'ai jamais pensé une seconde que le Conseil constitutionnel fût un organe juridictionnel : c'est un corps politique par son recrutement et par les fonctions qu'il remplit.* Pourtant, à l'image du Conseil d'État, le Conseil constitutionnel, préoccupé des risques pour les libertés découlant du fait majoritaire, devait se démarquer des gouvernants pour se ranger aux côtés des gouvernés au point d'effacer avec superbe la frontière normative, dont il avait reçu la garde (30 juillet 1982, *Blocage des prix et des revenus, C.C.F.*, p. 276). *La greffe a réussi :* le Conseil s'est transmué en une *juridiction constitutionnelle* (C.E.D.H., 21 octobre 1997, *Pierre-Bloch c/ France, chr.* n° 85, p. 163) à qui le constituant, en 2008, a confié la tâche de contrôler la constitutionnalité de la loi promulguée (Q.P.C.). L'appellation de *Cour* conviendrait assurément mieux que celle de *Conseil.*

2. Le contrôle assumé par une autorité juridictionnelle

412 *Il n'y a juridiction que là où il y a un litige organisé en la forme*, opinait Maurice Hauriou. Au sens étymologique, celle-ci *dit le droit* avec la force de la vérité légale, (l'autorité de chose jugée) au terme d'une procédure contradictoire. L'intervention du juge représente, sans conteste, une avancée significative.

47. Les prétentions des parlements (ou corps judiciaires de l'Ancien Régime) ont provoqué l'hostilité des révolutionnaires à l'endroit des juges. La loi Thouret des 16-24 août 1790 soustrait le contentieux administratif à l'autorité judiciaire ; l'art. 4 du Code civil interdit le déni de justice ; l'art. 5, les arrêts de règlement. Le référé législatif autorise seul le Parlement à interpréter la loi, à partir de 1791.

48. *Quid* du Comité constitutionnel de 1946 ? Il s'agissait d'un organe de conciliation entre les assemblées et plus encore de protection du Conseil de la République. Il était composé du chef de l'État, des présidents des chambres et de 10 parlementaires (art. 91). Il résumait le conflit des deux logiques : en cas de contradiction entre la loi et la constitution, celle-ci s'inclinait : *monde à l'envers* du point de vue de la logique juridique, mais *monde à l'endroit*, concernant la logique démocratique. Ce Comité ne devait se réunir qu'une seule fois en 1948. Mais, il devait nourrir la réflexion des rédacteurs de la constitution de 1958 à propos du Conseil constitutionnel (v. *T.P.* II, p. 72).

49. Aux Pays-Bas, le Parlement, et plus particulièrement la seconde chambre, exerce le contrôle de constitutionnalité qui n'est explicitement pas attribué aux juges (art. 120 de la constitution de 1983) (v. *C.C.C.*, n° 21). Si la Finlande a opté pour le contrôle nordique de constitutionnalité (*i.e.* de type diffus), une prééminence de fait est accordée aux avis juridiques donnés, pendant la procédure législative, par la commission constitutionnelle du Parlement. A. JYRANKI. Contrôle de constitutionnalité des lois par un organe politique : le modèle finlandais, *Mélanges Patrice Gélard*, 1999, p. 279.

50. V. L. NOËL (premier président du C.C. de 1959 à 1965), *De Gaulle et les débuts de la Ve République*, 1976 ; L. HAMON, *Les juges de la loi*, 1987 ; P. AVRIL et J. GICQUEL, *Le Conseil constitutionnel*, 6e éd., 2011 ; P. JAN, Bloc de constitutionnalité, *Juris-Classeur Administratif*, fasc. 1418, 2002.

a) Les caractères

413 Cette modalité est supérieure à la précédente, en raison de sa sollicitude pour les droits et libertés fondamentaux, même si elle n'est pas exempte de tout danger.

L'office du juge est accordé à sa mission habituelle, qui consiste à arbitrer entre les prétentions opposées des plaideurs ; à trancher leur conflit avec l'égalité des armes. Au surplus, il possède les connaissances techniques idoines par sa formation et son expérience.

Quant aux dangers encourus, ils sont de deux sortes. Il faut tenir compte, tout d'abord, du caractère généralement *conservateur* du juge (la critique pouvant être adressée, d'une manière plus générale, au juriste dont la fonction première est d'expliquer le droit *tel qu'il est*), qui, par inclination, a tendance à privilégier *la lettre* de la constitution sur son esprit, ou si l'on veut à la figer. L'attitude de la Cour suprême américaine, qui refusa initialement l'interventionnisme économique de l'État fédéral, est topique. Pour l'emporter, Roosevelt dut en appeler au pays en 1936 (voir *infra*, n° 622). Une loi du genre, ensuite, conduit à redouter l'hégémonie, sous l'aspect du *gouvernement des juges*, selon l'expression d'Édouard Lambert. Le juge, sous couvert de dire le droit, aura tendance, selon une pente naturelle, à le créer et, en définitive, à se substituer aux pouvoirs publics investis de la *légitimité* démocratique. *Gouverner ou juger* (G. Timsit) : ce dilemme peut-il être surmonté ? Le point d'équilibre peut être atteint par la retenue du juge (*self restraint*)[51].

b) Les applications

414 Devant quelle juridiction et selon quel contentieux, un litige peut-il être intenté à la loi ?

α) La nature de la juridiction constitutionnelle

415 Historiquement, on a pu parler avec Louis Favoreu, d'un modèle *américain* puis *européen*. À cet effet, il résulte de l'arrêt rendu, en 1803, par la Cour suprême des États-Unis *(Marbury v. Madison)* que *l'ensemble des juridictions ordinaires* sont compétentes pour apprécier la conformité de la loi à la constitution (approche du *judicial review)*. Au sommet de l'ordre juridictionnel, la Cour suprême, saisie par voie de recours successifs, statue avec l'autorité relative de la chose jugée (*inter partes*). À l'opposé, selon le précédent autrichien de 1920, *seule une juridiction spécialisée*, appelée selon un terme générique une cour constitutionnelle, est apte[52] (approche du *Verfassungsgerichtsbarkeit*). Une cour constitutionnelle, placée hors hiérarchie, tranche avec

51. R. BAUMERT, *La découverte du juge constitutionnel, entre science et politique. Les controverses doctrinales sur le contrôle de la constitutionnalité des lois dans les Républiques française et allemande de l'entre-deux-guerres*, 2009.

52. *Une cour constitutionnelle est une juridiction créée pour connaître spécialement et exclusivement du contentieux constitutionnel*, selon la définition de Louis Favoreu (*Les cours constitutionnelles*, 1986, p. 3). Ce modèle juridictionnel, inventé par Hans Kelsen (La garantie juridictionnelle de la constitution. La justice constitutionnelle, *R.D.P.* 1928, p. 197) se caractérise par le fait que ses membres ne sont pas des magistrats de carrière (ils sont nommés par des autorités politiques) et que cette cour est autonome par rapport à la hiérarchie juridictionnelle, à la différence d'une cour suprême, dans l'acception technique du terme, comme aux États-Unis (*op. cit.*, p. 18 et 23).

l'autorité absolue de la chose jugée (*erga omnes*). Malgré les mérites de la clarté et de l'utilité pédagogique, cette distinction souffre cependant d'insuffisances[53].

β) La nature du contentieux constitutionnel

416 Malgré les incertitudes d'une telle dichotomie[54], deux types de contentieux sont à distinguer selon qu'il revêt un caractère *subjectif* et *concret* ou *objectif et abstrait.*

Au titre du contentieux subjectif et concret, le contrôle de constitutionnalité s'analyse en un moyen de défense imaginé par un plaideur à l'occasion d'un litige civil, pénal, administratif, etc.

Autrement dit, un justiciable conteste l'application d'une loi invoquée par son adversaire en soulevant une *exception d'inconstitutionnalité*. Cet incident de procédure, procès dans le procès, met ainsi en cause *a posteriori* une loi qui, par définition, est déjà entrée en vigueur. À ce stade, les pouvoirs du juge varient. Aux États-Unis, il appartient à n'importe quel juge de se prononcer directement. Sa décision est revêtue de l'autorité *relative* de chose jugée puisqu'elle ne vise que les seules parties au litige. Il statue *inter partes*, d'où la relativité de sa décision : vérité en deçà, erreur au-delà, pour parodier Pascal. Par voie de recours ultérieurs, la Cour suprême, à condition qu'une question importante de droit fédéral soit en cause, pourra être amenée à trancher définitivement. Sa décision sera *de jure* revêtue d'une portée *inter partes* mais, de fait, s'imposera ensuite à l'ensemble des juridictions inférieures (v. *Titre 2*). Au Portugal, les pouvoirs du juge ordinaire sont identiques. Le Tribunal constitutionnel sera saisi plus tard si la norme législative a été jugée inconstitutionnelle dans trois affaires distinctes.

De leur côté, les juges *a quo* espagnol, allemand, italien ou belge, s'ils considèrent que le problème soulevé est sérieux, sont confrontés alors à une question préjudicielle

53. Ponctuellement, elle écarte les mécanismes de *judicial review* présents, avec des variantes, en Europe (Portugal, Suisse, Grèce, pays scandinaves) et, globalement, en s'intéressant au seul examen de la loi, néglige le contrôle de constitutionnalité des jugements et des actes administratifs qui constitue une part prépondérante de l'activité des cours constitutionnelles allemande et espagnole. On est bel et bien face à des *modèles européens* qui frappent par leurs différences. Voir, notamment, M. FROMONT, *Justice constitutionnelle comparée*, 2013 et La diversité de la justice constitutionnelle en Europe, *Mélanges Philippe Ardant*, 1999, p. 55 ; C. GREWE, À propos de la diversité de la justice constitutionnelle en Europe : l'enchevêtrement des contentieux et des procédures, *Mélanges Michel Fromont*, 2001 ; F. HAMON et C. WIENER, *La justice constitutionnelle en France et à l'étranger*, 2011 ; voir l'actualisation de l'ouvrage de L. FAVOREU par W. MASTOR, *Les cours constitutionnelles*, 2011. D'une manière générale, on se reportera à *l'Annuaire international de jurisprudence constitutionnelle* (*A.I.J.C*) ainsi qu'aux présentations faites par les *Cahiers du Conseil constitutionnel* sur principalement le contrôle de constitutionnalité espagnol (nº 2), italien (nº 6), autrichien (nº 7), portugais (nº 10), belge (nº 12), allemand (nº 15), irlandais (nº 17), suisse (nº 18), néerlandais (nº 21) danois (nº 22) et canadien (nº 24).

54. Conceptuellement, le recours *subjectif* et *concret* qui permet à un citoyen de faire valoir, devant le juge, la défense de *son droit* dans un litige individuel s'oppose au recours *objectif* et *abstrait* où la juridiction constitutionnelle entend faire protéger *le droit* dans sa généralité. Cependant, la pratique démontre l'existence de dissociations. Ainsi, le Conseil constitutionnel, en recourant un principe de proportionnalité et en fixant des réserves d'interprétation de la loi, se prononce-t-il sur les modalités *concrètes* de sa mise en œuvre. Dans une logique inverse, un recours direct exercé par le citoyen contre une loi ou le mécanisme de la question préjudicielle (v. *infra*) amènent, en réalité, les juges constitutionnels à dépasser le cadre des circonstances individuelles et à opérer un contrôle *abstrait* de la loi. Ainsi, indépendamment de la constatation que le Conseil constitutionnel, dans le cadre de la Q.P.C., ne dispose pas de l'intégralité des pièces du dossier, on notera que sa décision d'abrogation emporte des effets *erga omnes*. V. M. FATIN-ROUGE-STEFANI, La singularité du contrôle exercé *a posteriori* par le Conseil constitutionnel : la part de concret et la part d'abstrait, *C.C.C.*, nº 38, 2013, p. 211.

de constitutionnalité. Ils doivent surseoir à statuer et renvoyer l'examen de la question à la Cour constitutionnelle[55]. En pratique, ce type de recours est exceptionnel dans les États aménageant la procédure du recours direct (v. *infra*, n° 705 et 715) tels l'Allemagne et l'Espagne. Grâce à la révision constitutionnelle du 23 juillet 2008, la France s'est rapprochée de cette configuration avec la Q.P.C. (v. *III*^e *Partie*).

Parallèlement, on notera que certains États européens (Allemagne, Espagne, Suisse notamment) aménagent la possibilité pour le citoyen, après épuisement des voies de recours, d'intenter devant l'organe constitutionnel un recours individuel direct (*verfassungsbeschwerde, amparo, recours constitutionnel subsidiaire*) contre un acte étatique (loi, décision juridictionnelle, acte administratif en Allemagne et Suisse ; décision juridictionnelle et acte administratif en Espagne) en cas de violation d'un droit fondamental protégé par la constitution. C'est du reste essentiellement par ce biais que ces cours constitutionnelles qui, *de facto*, se transforment en quatrième degré de juridiction, sont saisies au risque d'être submergées de recours[56].

Le contentieux objectif et abstrait se ramène à un procès fait à la loi en tant que *norme* par des autorités politiques, en principe, selon la démarche initiée par l'Autriche. Il s'opère par voie d'action (soit l'attaque frontale, selon la terminologie militaire) et peut-être effectué *a priori* (avant la promulgation de la loi) comme c'est le cas en France (ce qui favorise la sécurité juridique, de la même façon que son caractère préventif encourage la dissuasion en cours d'élaboration de la loi) mais aussi *a posteriori* (Allemagne, Portugal, Italie). La décision du juge a l'autorité *absolue* de chose jugée. Elle s'impose à tous *(erga omnes)*. La loi incriminée disparaît, en tout ou partie, de l'ordonnancement juridique, selon la portée de la censure opérée (art. 62 C).

Les contentieux objectif et subjectif peuvent coexister, à l'exemple de l'Allemagne. À ce point, la France s'y est refusée à la suite de l'échec du projet Badinter d'exception d'inconstitutionnalité, en 1990 et 1993. La troisième tentative, en 2008, aura été la bonne. Cependant le développement du *contrôle de conventionnalité* de la loi opérée par les juridictions ordinaires tend à s'en rapprocher.

Au final, le contrôle de constitutionnalité de la loi s'avère être, tout à la fois, un concept politique (le gouvernement de la constitution s'imposant à celui de la majorité) et une technique juridique à travers des contentieux diversifiés. Mais, le juge de la constitution ne saurait se parer de la souveraineté de celle-ci. En tout état de cause, il demeure l'obligé du pouvoir constituant, qui dispose du dernier mot. À ce compte, le gouvernement des juges relève du fantasme.

Anticonstitutionnellement : le mot le plus long de la langue française est devenu le terme honteux de l'État de droit.

55. V. La question préjudicielle de constitutionnalité en droit comparé (France, Allemagne, Autriche, Belgique, Espagne et Italie), *A.I.J.C.* 2007. P. BON, La question d'inconstitutionnalité en Espagne, *Pouvoirs* n° 137, 2011, p. 123 ; C. GREWE, Le contrôle de constitutionnalité de la loi en Allemagne : quelques comparaisons avec le système français, *ibid.*, p. 143 ; J.-J. PARDINI, Question prioritaire de constitutionnalité et question incidente de constitutionnalité italienne : *ab origine fidelis*, *ibid.*, p. 101.

56. Étude sur l'accès individuel à la justice constitutionnelle, *Commission de Venise*, 2011 ; S. NICOT, *La sélection des recours par la juridiction constitutionnelle (Allemagne, Espagne, États-Unis)*, 2006. Voir les restrictions législatives posées à l'accès à la Cour constitutionnelle allemande en 1993 et au Tribunal constitutionnel espagnol en 2007.

BIBLIOGRAPHIE

■ B. ACKERMAN, *Au nom du peuple. Les fondements de la démocratie américaine*, 1998 ■ P. AVRIL, *Les conventions de la constitution*, 1997 ■ P. BASTID, *L'idée de constitution*, 1985 ■ R. BAUMERT, *La découverte du juge constitutionnel, entre science et politique. Les controverses doctrinales sur le contrôle de la constitutionnalité des lois dans les Républiques française et allemande de l'entre-deux-guerres*, 2009 ■ O. BEAUD, *La puissance de l'État*, 1994 ■ E. BROUILLET et L. MASSICOTTE, *Comment changer une Constitution ?*, Presses de l'Université de Laval (Canada), 2012 ■ G. BURDEAU, *Essai sur la révision des lois constitutionnelles*, 1930 ; Une survivance : la notion de constitution, *Mélanges Mestre*, 1956, p. 53 ■ R. CAPITANT, La coutume constitutionnelle, rééd. *R.D.P.* 1979, p. 959 ■ E. CARPENTIER, *La résolution juridictionnelle des conflits entre organes constitutionnels*, 2006 ■ P. DUEZ, Le contrôle juridictionnel de la constitutionnalité des lois en France, *Mélanges Maurice Hauriou*, 1929, p. 213 ■ D. DOKHAN, *Les limites du contrôle de constitutionnalité des actes législatifs*, 2001 ■ Cl. ÉMERI et Chr. BIDÉGARAY, *Les constitutions en France de 1789 à nos jours*, 1997 ■ L. FAVOREU et W. MASTOR, *Les Cours constitutionnelles*, 2011 ■ *Cours constitutionnelles et droits fondamentaux*, 1982 (sous la direction), avec J.-A. JOLOWICZ, *Le contrôle juridictionnel des lois*, 1986 ■ M. FROMONT, *Justice constitutionnelle comparée*, 2013 ■ C. KLEIN, *Théorie et pratique du pouvoir constituant*, 1996 ■ L. HAMON, *Les juges de la loi*, 1987 ■ F. HAMON et C. WIENER, *La loi sous surveillance*, 1999 ■ L. HEUSCHLING, *L'État de droit, Rechsstaat, Rule of Law*, 2002 ■ H. KELSEN, La garantie juridictionnelle de la constitution. La justice constitutionnelle. *R.D.P.* 1928, p. 197 ■ J. LAFERRIÈRE, La coutume constitutionnelle, *R.D.P.* 1944, p. 20 ■ E. LAMBERT, *Le gouvernement des juges*, 1921 ; rééd. 2005 ■ J.-P. MACHELON, Parlementarisme absolu, État de droit relatif, *Revue administrative* 1995, p. 628 ■ B. MATHIEU, *Constitution : rien ne bouge et tout change*, 2013 ■ V. B. MATHIEU, F. MÉLIN-SOUCRAMANIEN, M. VERPEAUX (sous la direction), *Constitution et construction européenne*, 2005. ■ F. MODERNE, *Réviser la constitution. Analyse comparative d'un concept indéterminé*, 2006 ■ S. NICOT, *La sélection des recours par la juridiction constitutionnelle (Allemagne, Espagne, États-Unis)*, 2006 ■ R. PINTO, *Des juges qui ne gouvernent pas*, 1934 ■ D. ROUSSEAU, *La justice constitutionnelle en Europe*, 6e éd., 2001 ■ C. SCHMITT, *Théorie de la constitution*, trad. 1993 ■ P. VIALLE, *La Cour suprême et la représentation politique aux États-Unis : nouvel essai sur le gouvernement des juges*, 1972. ■ On se reportera aussi à *Pouvoirs*, Le *Conseil constitutionnel*, n° 13 et n° 105 ; La *Cour suprême* n° 59 ; *La question prioritaire de constitutionnalité*, n° 137 ; à l'*A.I.J.C.* ■ F. HAMON et C. WIENER, *Le contrôle de constitutionnalité*, D.F., 1987 ■ A. PENAGAIA, *La justice constitutionnelle*, D.F., 1998.

CHAPITRE VI
LA DÉMOCRATIE

417 Démocratie : un mot qui chante selon Paul Valéry.

La démocratie se présente, à cet égard, comme le standard majeur de la civilisation occidentale, à l'image des critères d'adhésion à l'Union européenne[1]. Aux yeux de la Cour européenne des droits de l'homme, elle constitue un *élément fondamental de l'ordre public européen* et *l'unique modèle politique envisagé par la Convention et, partant, le seul qui est compatible avec elle* (C.E.D.H., 30 janvier 1998, *Parti communiste unifié de Turquie c/ Turquie*). Les idéaux démocratiques ensevelis sous la place Tien Anmen en 1989 ont rejailli avec éclat sur la place Tahrir en 2011 pour se dissiper de nouveau ensuite. L'étude de la *déesse Démocratie* étant réputée inépuisable[2], on se limitera à l'examen de sa notion et de son fondement.

SECTION I LA NOTION DE DÉMOCRATIE

418 Le mouvement constitutionnel occidental pousse, lorsqu'il est conduit à son terme, à la démocratie ou, en tout cas, à une certaine forme.

On sait, à cet égard, qu'il existe *un synchronisme* notoire entre l'effort de libération nationale que représentent un mouvement constitutionnel et la marche à la démocratie.

Cette coïncidence est, à vrai dire, explicable. Politiquement, l'action qui est entreprise par des citoyens pour limiter le pouvoir des gouvernants (création d'assemblées représentatives, distribution

1. *Les critères de Copenhague* adoptés par le Conseil européen en 1983, sont : *des institutions stables garantissant la démocratie, l'État de droit, les droits de l'homme, le respect des minorités et leur protection.* En écho à l'article 6 du traité sur l'Union européenne, celle-ci *repose sur le principe de la démocratie et celui de l'État de droit* (Charte des droits fondamentaux, 26 février 2001). A. DELCAMP, A.-M. LE POURHIET, B. MATHIEU, D. ROUSSEAU (sous la direction), *Nouvelles questions sur la démocratie*, 2010.

2. Lorsqu'on aborde l'étude de la démocratie, *l'humilité*, dans la recherche et surtout dans les conclusions, doit guider la démarche. Il faut méditer, à ce propos, la réflexion d'Alain : *Je connais un certain nombre de bons esprits qui essaient de définir la démocratie. J'y ai travaillé souvent et sans arriver à dire autre chose que des pauvretés qui bien plus ne résistent pas à une sévère critique.*

et contrôle réciproque des pouvoirs, généralisation des élections, etc.) tend à se poursuivre, par l'effet d'une sorte de loi de *dynamique sociale*, jusqu'à ce qu'il y ait *confusion* entre les gouvernés et les gouvernants, ou plus exactement *dédoublement*. Sous ce rapport, au plan théorique, on ne saurait se dissimuler en attendant ce moment (l'âge d'or, assurément), que la démocratie, sans être un miroir aux alouettes, relève certainement d'un *abus de mots* et comporte une bonne part de croyance, ou d'artifice. À preuve, la théorie du régime représentatif qui *assimile* le libéralisme à la démocratie. Jean-Jacques Rousseau a écrit, à cet égard, des phrases ô combien célèbres et désabusées, dans le *Contrat social* (livre 3, chap. IV) : *prendre le terme dans la rigueur de l'acception, il n'a jamais existé de véritable démocratie, et il n'en existera jamais. Il est contre l'ordre naturel que le grand nombre gouverne et le petit soit gouverné... S'il y avait un peuple de Dieux, il se gouvernerait démocratiquement. Un gouvernement si parfait ne convient pas à des hommes*. La démocratie, selon la Commission de Venise, se conçoit tel *un processus permanent et sans fin. Elle est un ensemble d'éléments différents et dynamiques. N'étant jamais un système pleinement abouti, elle reste toujours à parfaire dans une certaine mesure en raison de ses défauts*[3].

Juridiquement, la démocratie s'identifie au droit d'origine *populaire*, c'est-à-dire à la loi. On ne doit donc pas s'étonner que les divers États qui ont participé au mouvement constitutionnel se proclament des démocraties. Il convient, cependant, de remarquer qu'ils ne sont pas les seuls et que les pays qui se réclamaient ou se réclament encore (Chine, Corée du Nord) de l'idéologie marxiste affirment, également, que leur régime politique est démocratique. L'Espagne franquiste se proclamait *démocratie organique* (*démocratie en rut*, répliquait Bernanos).

§ 1. LA DÉFINITION DE LA DÉMOCRATIE

419 Par commodité, on prendra comme point de départ la définition d'Abraham Lincoln qui a valeur officielle, en France (art. 2 C) : *La démocratie, c'est le gouvernement du peuple, par le peuple et pour le peuple*[4]. Cette définition, qui est la plus courante, revient à dire qu'un État est en démocratie, lorsque le peuple dispose de la souveraineté, que les gouvernés sont leurs propres gouvernants, en un mot, que le pouvoir est attribué à l'universalité des citoyens, conformément aux principes de l'égalité juridique et des droits fondamentaux[5]. La Cour constitutionnelle allemande (décision du 23 octobre 1952) l'a parfaitement résumée : l'ordre démocratique est celui *du pouvoir d'un État de droit, fondé sur l'autodétermination du peuple selon la volonté de la majorité, sur la liberté et l'égalité, à l'exclusion de tout pouvoir violent et arbitraire*[6].

3. Commision de Venise, *Rapport sur la la démocratie, la limitation des mandats et l'incompatibilité de fonctions politiques*, point 12, 2013.

4. Définition la plus fameuse et, sans doute, la plus heureuse dans sa formulation, prononcée lors du discours de Gettysburg, le 19 novembre 1863. Sans verser dans le florilège, on rapprochera de cette dernière, les visions de Montesquieu et de Rousseau. Pour le premier : *Lorsque, dans la République, le peuple en corps a la souveraine puissance, c'est la démocratie*, tandis que pour le second, la démocratie désigne un aménagement institutionnel spécifique : *constitution où le pouvoir exécutif est joint au législatif*, bref le peuple *qui fait les lois les exécute*.

5. La démocratie est sans doute une structure gouvernementale, mais elle se présente aussi comme une structure sociale, voire *un idéal*, placée sous le signe de l'égalité, du *nivellement*, selon la loi dégagée par Tocqueville, hostile à tous les privilèges, à toutes prédestinations. Sous ce rapport, la démocratie serait moins le pouvoir du peuple que l'*amour* du peuple (des *petits* : maître-mot dans le vocabulaire de la gauche). Du reste, Albert Thibaudet suggérait le terme de *démophilie* pour rendre compte de ce phénomène. Il est juste d'observer, par ailleurs, que la démocratie est assimilée, en Occident, par exemple, au progrès. La sécurité sociale prend à cet égard, valeur d'exemple. On n'aura garde d'oublier que la démocratie est inséparable de l'éducation dispensée au peuple : la *démopédie*, selon le mot forgé par Proudhon. V. Ph. BRAUD, *La démocratie politique*, 2e éd., 2003 ; G. LAVAU et O. DUHAMEL, La démocratie *in* M. GRAWITZ et J. LECA, *Traité de science politique* t. II, 1985, p. 31.

6. V. Ph. LAUVAUX, *Les grandes démocraties contemporaines*, 2e éd. 1997.

Ce qui revient à dire que la démocratie est un *mode de légitimation du pouvoir, une idée-force* (Ph. Braud) : l'individu en obéissant au pouvoir ne fait qu'obéir à lui-même ; la volonté du souverain étant le souverain en personne.

Cependant, cette conception a été, pendant plus d'un demi-siècle, contestée par les régimes marxistes-léninistes qui prétendaient bâtir sur un autre fondement une autre démocratie, une démocratie plus authentique. Le verdict de l'histoire a démontré l'imposture lorsque cette démocratie populaire a été renversée, au terme d'une *révolution antitotalitaire* (E. Morin) par le peuple, lors de la chute du mur de Berlin.

La thèse des *deux démocraties*[7] s'énonce, sous forme d'un dilemme : de la *liberté* ou de *l'égalité*, quel doit en être le ressort ? En 1789, *les Français ont cru qu'ils pouvaient être égaux dans la liberté* opinait Tocqueville. En un mot, dans une société vouée à l'égalité, existe-t-il une place pour la liberté ?

§ 2. LA CONSTRUCTION DE LA DÉMOCRATIE

420 En associant la liberté à l'égalité, la société occidentale a relevé, avec panache, le défi lancé par la société communiste.

A. LA LIBERTÉ, PRINCIPE ORGANISATEUR DE LA DÉMOCRATIE

421 La démocratie *classique*, ou libérale est une forme de régime dans laquelle la *liberté* est considérée comme la valeur *initiale* et primordiale. Dans cette conception, le gouvernement *pour le peuple* est entendu au sens de gouvernement *pour le libre développement du peuple* et pour la liberté de chacun des individus qui le composent. C'est la *liberté* qui, pense-t-on, permet, par son jeu, à toutes les aspirations, dont celle à l'égalité de se réaliser. Pour les libéraux, *l'égalité juridique* n'est au fond qu'une sorte de liberté supplémentaire permettant, si elle est bien utilisée, d'obtenir sinon la parité de fait entre les individus, du moins une égalisation des situations, malgré la prévention à l'égard de la loi de nivellement de la démocratie, dégagée par Tocqueville. Il n'en reste pas moins que c'est la liberté qui doit être au maximum protégée tant du point de vue institutionnel que personnel. Le respect de l'opposition et de l'individu est la vertu cardinale de la démocratie occidentale.

1. Le respect de l'opposition

422 Sur le plan de l'action politique, on admet que la diversité des opinions, en ce qui concerne la conduite des affaires publiques[8], est indispensable. *Le libre jeu du débat politique se trouve au cœur même de la notion de société démocratique* (C.E.D.H., 8 juillet 1986, *Lingens c/ Autriche*). La

7. V. G. VEDEL, *Droit constitutionnel*, 1949, p. 240 ; R. DE LACHARRIÈRE, *Études sur la théorie démocratique*, 1963. Cependant, Raymond Aron déniait aux régimes communistes l'épithète démocratique (*Démocratie et totalitarisme*, 1965).

8. À ce propos, il y a lieu de distinguer, ici, entre la démocratie occidentale et ce qui apparaît sa *contrefaçon*, à savoir la démocratie dite *plébiscitaire*, ou *césarienne* ou *populiste*. Dans cette dernière éventualité, on est en présence d'un régime qui, démocratique dans son inspiration, est autoritaire dans ses applications. En un mot, le peuple *délègue* son pouvoir à un homme, sans esprit de retour, qui se détache des institutions. Le pouvoir cesse d'être un concept pour devenir *un visage*. Les régimes napoléonien et gaulliste d'une part,

démocratie implique l'organisation d'élections libres et l'existence de formations politiques bénéficiant de la liberté d'expression[9] et appelées à se succéder au pouvoir. En résulte le *Gouvernement de la majorité* sous le *contrôle de l'opposition*.

Dès lors que la majorité se présente, provisoirement comme *l'organe de la souveraineté nationale* (Esmein), elle pourrait être tentée de dominer la minorité et de la réduire à l'impuissance. La victoire électorale, on le sait, donne des ailes et confine parfois à l'arrogance (*Vous avez juridiquement tort parce que vous êtes politiquement minoritaires* – A. Laignel). *Malheur aux vaincus !* pourrait-on craindre.

Il n'en est rien : la démocratie est libérale, parce que *tolérante*. La majorité veille au respect de l'opposition d'aujourd'hui qui a *vocation* naturelle à devenir le pouvoir de demain, par la seule volonté des électeurs. La majorité reconnaît et protège les droits de la minorité par l'organisation d'élections sincères et régulières où le verdict des urnes est respecté, l'institution des immunités parlementaires, la garantie d'un droit de parole, et plus généralement de la libre communication des idées et des pensées par voie de presse et audiovisuelle, entre autres. L'opposition doit être sauvegardée de l'ostracisme et sa présence au Parlement préservée dans les instances de direction (bureau, conférence des présidents) et de travail (commissions législatives et d'enquête). Elle participe à la vie des assemblées, par le jeu des questions (écrites et orales), le dépôt de motion de censure, et l'exercice de procédures dans le cadre du processus de formation de la loi (motions de procédure, rappel au règlement, demande de suspension de la séance, vérification du quorum, dépôt d'amendements, *etc.*). La révision constitutionnelle du 23 juillet 2008 consacre pleinement son rôle : le règlement de chaque assemblée reconnaît désormais *des droits spécifiques aux groupes d'opposition de l'assemblée intéressée ainsi qu'aux groupes minoritaires* (art. 51-1 C)[10]. Indépendamment des moyens classiques (saisine du juge constitutionnel), un droit à la création d'une commission d'enquête par session est désormais garanti à l'opposition tandis que le poste de président de la commission des finances lui revient. Au surplus, elle bénéficie des aides publiques (financement du parti et des élections). Le point d'orgue est atteint, avec son droit essentiel à devenir la nouvelle majorité (2002 renvoyant à 2012)[11]. En contrepartie, elle doit osciller entre la contestation des décisions prises par la majorité mais aussi, par souci de crédibilité en période de crise économique, la reconnaissance du bien-fondé de telle ou telle mesure. En étant davantage associée, l'opposition parlementaire devient responsable et renonce à la posture manichéenne systématique. Le développement d'une démocratie apaisée est alors envisageable.

À défaut d'être des adversaires admiratifs, le gouvernement et l'opposition sont donc des *partenaires compréhensifs, à la manière d'un couple*. Dans une vision synthétique, leur code de bonne conduite s'établit aux trois principes suivants : la *concurrence en vue de la conquête du pouvoir*, la *tolérance dans son exercice* et enfin *l'alternance*, c'est-à-dire *le changement d'une majorité politique par une autre, au moyen du droit de vote, concernant sa dévolution*[12]. Sont étrangers, par voie de conséquence, au génie de la démocratie occidentale, sans verser, pour autant, dans un optimisme béat : le sectarisme, le dogmatisme et l'ostracisme[13]. Au final, un balancement subtil entre les prétentions doit donc être constamment

la figure du *caudillo* en Amérique latine, d'autre part, en donnent l'exemple. L'image sécurisante du père serait, à ce compte, une contribution de la psychanalyse au droit constitutionnel.

9. *Il est de l'essence de la démocratie de permettre la proposition et la discussion de projets politiques divers, même ceux qui remettent en cause le mode d'organisation actuel d'un État et ceux qui heurtent, choquent ou inquiètent une partie de la population* (C.E.D.H., 16 mars 2006, *Zdanoka c/ Lettonie*). Voir, *supra*, n° 297, le contrôle opéré par la Cour sur les dissolutions de partis politiques.

10. V. J. -É. GICQUEL, Les nouveaux droits de l'opposition parlementaire, Le nouveau règlement de l'Assemblée nationale, C.R.D.C., *Paris I*, 2011, p. 57.

11. *Les démocraties*, selon Raymond Aron, *sont des régimes dans lesquels existe une organisation constitutionnelle de la concurrence pacifique pour l'exercice du pouvoir* (*Démocratie et totalitarisme*, 1965, p. 76) ou *l'aléa politique* (Y. Ben Achour). V. La démocratie majoritaire, *Pouvoirs* n° 85, 1998.

12. L'alternance (l'entrelacement régulier des rimes féminines et masculines, en poésie) est l'indice de la *bonne santé* d'un régime (F. Goguel), qui, par une remise en cause périodique, transforme sa faiblesse en force. On sait, depuis Plutarque, que *l'ingratitude est la marque des peuples forts*. La France de la Ve République a pris la bonne habitude de s'y conformer depuis 1981, v. J.-L. QUERMONNE : *L'alternance au pouvoir*, 6e éd., 2003.

13. *La condition de l'opposition*, estimait André Mathiot, est le critère le plus sûr, auquel on reconnaît un régime démocratique, V. M.-Cl. PONTHOREAU, L'opposition comme garantie constitutionnelle, *R.D.P*, 2002, p. 1127 ; *L'opposition*, *Pouvoirs* n° 108, 2004.

garanti par l'État car *la démocratie ne se ramène pas à la suprématie constante de l'opinion d'une majorité ; elle commande un équilibre qui assure aux minorités un juste traitement et qui évite tout abus d'une position dominante* (C.E.D.H., 13 août 1981, *James, Young et Webster c/ R.U.*).

2. Le respect de l'individu

423 Sur le plan des rapports entre gouvernants et gouvernés, ce respect de la liberté se manifeste fondamentalement par l'affirmation et la garantie juridictionnelle des droits individuels (refuge et symbole du *consensus* ou de l'éthique commune), auxquels le gouvernement ne portera pas atteinte, quelle que soit la majorité qui l'anime, et qui viendront préserver la zone d'indépendance propre aux individus[14]. C'est en cela qu'à l'époque contemporaine, la démocratie est tout autant *continue* (D. Rousseau) que contenue par la montée de l'État de droit (v. *chapitre V*).

Au final, la démocratie occidentale fait confiance à l'individu, à ses *libertés nécessaires* (Thiers), bref à la diversité. Dès lors, elle peut se parer de la *légitimité*, autrement dit la croyance selon laquelle le pouvoir est exercé en accord avec la volonté populaire.

B. L'ÉGALITÉ, PRINCIPE ORGANISATEUR DE LA DÉMOCRATIE

424 Selon la conception marxiste, la quête de l'égalité *réelle*, au-delà de l'égalité *formelle* de 1789 (art. 1er de la Déclaration), c'est-à-dire celle des conditions d'existence, est le seul critère auquel la démocratie s'identifie, fût-ce au détriment de la liberté. Autrement dit, l'effort doit se concentrer sur la réalisation d'une démocratie *économique et sociale*. Il s'ensuit l'abolition de la propriété privée, source de toutes les aliénations, et l'appropriation collective des moyens de production et d'échanges. Cette démarche aboutit à la mise en place d'une société *unanime*, avec la disparition des classes sociales.

Dès lors, la démocratie politique est non seulement délaissée, mais pis encore, sacrifiée. Le parti unique ; la police politique (la moitié de la population surveille l'autre ; parler devient un acte de courage) ; les élections d'adhésion et non de compétition ; la cooptation des dirigeants affranchis de tout contrôle ; les prisonniers d'opinion accueillis au goulag, ont été autant de manifestations de la dictature exercée sur le prolétariat, au nom de l'égalité, par une minorité politique privilégiée *(la nomenklatura).*

L'échec consommé de l'idéocratie marxiste laisse le champ libre à la démocratie occidentale : *le pire des régimes, après tous les autres*, selon le mot fameux de Churchill.

SECTION II LE FONDEMENT DE LA DÉMOCRATIE

425 Dans la perspective ouverte par Bodin au XVIe siècle, la conceptualisation en matière de souveraineté a trouvé, en France, son terrain d'élection, au point d'être un terme *qui n'a point son équivalent dans les autres langues* (Carré de Malberg)[15].

14. On connaît, à ce propos, le mot prêté à Churchill : *Quand on frappe le matin à la porte, c'est le laitier, non le policier*. Le respect de l'individu, se manifeste, avec une particulière acuité, à l'occasion d'un procès qui lui est intenté ; *les droits de la défense* ou le *procès à armes égales*, prennent, à cet égard, valeur de symbole. Personne n'a oublié les procès préfabriqués, ni les arrestations pour *délit d'opinion*, pratiqués dans certains régimes qui font bon marché de la dignité humaine. V. A. LONDON, *L'aveu*, 1968 ; G. COHEN-JONATHAN, Le droit au juge, *Mélanges Jean Waline*, 2002, p. 471.

15. Cette démarche est un des témoignages les plus évidents de cette tendance à l'organisation *logique*, à la *rationalisation* et à la justification des faits ou des évolutions par des conceptions théoriques, qui

La lutte toujours recommencée entre le libéralisme et la démocratie, s'est traduite par l'énoncé de la doctrine de la *souveraineté nationale*, due à Siéyès *(Qu'est-ce que le Tiers-État ?* en 1789) et celle de la *souveraineté populaire*, formulée dès 1762, par Jean-Jacques Rousseau, dans le *Contrat social*. La souveraineté, est-elle, en d'autres termes, attribuée à une personne morale appelée *la nation* ou à la totalité des citoyens ? Double démarche, double machine de guerre contre la souveraineté royale, qui, cependant, ont conflué l'une vers l'autre à l'époque actuelle au point de mélanger leurs eaux : *La souveraineté nationale appartient au peuple qui l'exerce par ses représentants et par voie du référendum* (art. 3 C).

La théorie de la souveraineté se propose, au point de départ théorique, de donner une réponse à cette question : à qui appartient *dans* l'État, la *souveraineté*, c'est-à-dire le pouvoir suprême de commander et de contraindre ? On sait que la réponse traditionnelle, tout au moins jusqu'à la fin du XVIIIe siècle, est que la souveraineté est royale. Le monarque tient son pouvoir de Dieu, mais lorsqu'il l'a reçu, ce pouvoir lui appartient ; il en est le détenteur et, pour ainsi dire, le propriétaire. C'est cette doctrine patrimoniale qui sera dénoncée, désacralisée et laïcisée, à partir du XVIIIe siècle. La souveraineté, selon *l'Esprit du Siècle*, n'a pu prendre naissance que par un acte, le *contrat social*. Dès lors, elle appartient nécessairement et originairement aux signataires dudit pacte, c'est-à-dire aux individus qui composent la nation.

§ 1. LA THÉORIE DE LA SOUVERAINETÉ NATIONALE OU DE LA NATION-PERSONNE

426 Selon une première approche, la nation est titulaire de la souveraineté. Quel en est le *fondement* (A) et quelles en sont les *conséquences* ? (B).

A. LE FONDEMENT DE LA SOUVERAINETÉ NATIONALE

427 Dans cette première perspective, la souveraineté appartient à la *nation* en tant qu'entité, c'est-à-dire en tant que conçue comme personne morale, *distincte* des individus qui la composent. La *nation-personne* ne se confond pas, en effet, avec la somme des citoyens vivant à un moment donné sur le territoire national, car elle englobe, le passé, le présent et l'avenir. Elle est faite non seulement des vivants, mais des morts, comme aussi de ceux qui naîtront. Au-delà de son aspect sophistiqué, cette construction dissimule le fort appétit de pouvoir de la bourgeoisie triomphante.

C'est cette façon de comprendre la souveraineté, comme appartenant à la *nation-personne*, qui, reprise par Siéyès, a été adoptée au début de la Révolution française. On la trouve dès l'article 3 de la Déclaration de 1789 : *Le principe de toute souveraineté réside essentiellement dans la nation. Nul corps, nul individu ne peut exercer d'autorité qui n'en émane expressément*. De même, la constitution du 14 septembre 1791 (la fille de Montesquieu), proclame dans son titre III, aux accents triomphalistes : *La souveraineté est une, indivisible, inaliénable et imprescriptible. Elle appartient à la nation, aucune section du peuple, ni aucun individu, ne peut s'en attribuer l'exercice. La nation, de qui seule émanent tous les pouvoirs.*

marque *l'apport* de notre pays dans l'édification du droit constitutionnel classique. Il est notable, par exemple, que la Grande-Bretagne qui, cependant, pratique de façon indiscutable la démocratie, n'ait pas éprouvé le besoin de la justifier. V. La souveraineté, *Pouvoirs* n° 67, 1993 ; F. LUCHAIRE, La souveraineté, *R.F.D.C.* 2000, p. 451.

B. LES EFFETS DE LA SOUVERAINETÉ NATIONALE

428 Trois propositions en résument la portée : l'indivisibilité et l'inaliénabilité de la souveraineté ; la transposition de la souveraineté nationale en souveraineté parlementaire et la notion d'électorat-fonction.

1. L'indivisibilité et l'inaliénabilité de la souveraineté nationale

429 Une personne morale, ou un être de droit, ne peut avoir qu'une seule volonté. La souveraineté, qui en est l'expression, ne peut, par suite, être divisible en éléments qui risqueraient d'être contradictoires.

Par ailleurs, la volonté de cette personne ne peut se céder. Elle est *inaliénable*, en dehors d'une manifestation de volonté contraire[16].

2. La transposition de la souveraineté nationale en souveraineté parlementaire

430 Étant la volonté d'une personne morale privée de tout substratum physique ; indépendante au surplus des individus qui la composent, la souveraineté de la nation-personne ne peut s'exprimer elle-même. Elle doit nécessairement recourir au service d'*interprètes* ou de *porte-parole qualifiés*. Ce rôle ne peut être assumé que par des êtres physiques, c'est-à-dire les *représentants* du peuple. Il découle, par suite d'un tour habile, que la souveraineté nationale se confond avec celle des élus ou des parlementaires. Le droit constitutionnel français, jusqu'à l'avènement de la Ve République, tient en cette formule. Comme on l'a déjà étudié, le représentant n'est pas lié aux électeurs par un mandat impératif. Lorsqu'il a été élu pour représenter la nation et exprimer sa souveraineté, il doit disposer de la liberté nécessaire, pour interpréter la volonté dont il est le porte-parole et l'adapter aux événements[17]. En conséquence, le vote *résume et épuise* la mission des électeurs.

3. La notion d'électorat-fonction

431 Cette conception pousse logiquement, comme on sait, au *suffrage restreint*. Du moment que voter est accomplir une fonction, celle-ci doit être réservée aux *plus dignes* et surtout aux *plus aptes*. De fait, pendant la première partie de la Révolution, particulièrement dans le cadre de la constitution de 1791, le suffrage sera *censitaire*, c'est-à-dire *élitiste*.

Il faut noter, enfin, que la théorie de la souveraineté appartenant à la *nation-personne*, combinée avec l'idée de représentation, ne conduit pas nécessairement à un régime républicain. L'exercice de la souveraineté peut fort bien être confié, en tout ou en partie, à un monarque ou même à un césar, dans le cadre d'une démocratie plébiscitaire (an VIII).

De fait, la constitution précitée affirmait que le roi était, avec l'Assemblée, un des deux *représentants* de la nation, au même titre, plus tard que l'empereur[18]. À l'origine, on valorise plutôt la fonction

16. À cet égard, l'Union européenne représente un double défi : pour la première fois, la souveraineté est projetée au plan supranational ; au surplus, en cas *de violation grave et persistante* notamment du principe de la démocratie, le Conseil européen peut, à la majorité qualifiée, suspendre un État membre de certains de ses droits issus des traités (art. 7 de la version consolidée du T.U.E.). L'Autriche, en raison de la présence de ministres d'extrême droite dans le gouvernement a été, en 2000, mise au ban de l'U.E. (v. *IIIe partie*).

17. Le doyen Vedel observait, de façon pittoresque, que les représentants, réunis en assemblée, ressemblent un peu à la Sibylle traduisant les décrets de dieu. La *nation-dieu* est muette, mais elle s'exprime par l'*Assemblée-Sibylle*, à Delphes. Au reste, lorsqu'il y a désaccord entre le dieu et la Sibylle, c'est-à-dire entre la nation qui tente de s'exprimer spontanément par des initiatives ou des remous de l'opinion publique, et l'assemblée des représentants, c'est l'assemblée que l'on croit.

18. Napoléon déclare, le 1er janvier 1814, au Corps législatif : *Il y a de représentant, en France, que moi.* Cette formule a pour écho, 150 ans plus tard, l'affirmation du général de Gaulle, au cours de sa

de la représentation (*le vouloir pour la Nation*) que son origine élective. L'élection n'est pas encore le facteur de légitimité ultime du représentant.

§ 2. LA THÉORIE DE LA SOUVERAINETÉ POPULAIRE

432 On reprendra une démarche identique.

A. LE FONDEMENT DE LA SOUVERAINETÉ POPULAIRE

433 La théorie de Siéyès parle peu aux esprits, tant qu'elle n'est pas décodée. En revanche, celle prônée par Rousseau[19] puise sa logique dans un instinct élémentaire d'égalité. Elle consiste à admettre que le pouvoir de commander réside d'une façon *directe* dans l'*universalité des citoyens*. C'est elle qui a été adoptée, en France, en l'an I (1793) et en l'an III (1795), avant de triompher, de façon *irréversible*, à partir de 1848, avec la proclamation du suffrage universel.

Le passage de la souveraineté nationale à la souveraineté populaire se marque dans la constitution du 24 juin 1793, dont les articles 25 et 26 déclarent : *La souveraineté réside dans le peuple... Aucune portion du peuple ne peut exercer la puissance du peuple entier ; mais chaque section du souverain assemblée doit jouir de son droit d'exprimer sa volonté avec une entière liberté.* Il trouve aussi sa traduction dans la constitution du 5 fructidor, an III, article 2, et d'une façon à la fois plus simple et plus nette : *L'universalité des citoyens français est le souverain.* Dans ces conditions, la démocratie peut s'avancer.

B. LES EFFETS DE LA SOUVERAINETÉ POPULAIRE

434 La translation de la souveraineté nationale à la souveraineté populaire est importante. Il existe entre les deux systèmes des différences importantes ; l'électorat devient un *droit* ; la souveraineté populaire implique un *régime républicain* et tend à la *démocratie semi-directe*.

1. La notion d'électorat-droit

435 Puisque chacun possède une portion de souveraineté, on ne peut dénier à un individu, ayant l'âge requis et la capacité mentale nécessaire, le droit de voter. En conséquence, la constitution de 1793 institue le suffrage universel. Du reste, le suffrage universel avait été mis en vigueur, pour les élections de 1792, avant le vote de la constitution et d'une façon particulièrement généreuse puisque la Convention comprenait des députés étrangers, ce qui est exceptionnel. Seules les circonstances dramatiques du moment ne permirent pas sa consolidation.

conférence de presse du 31 janvier 1964 : *L'autorité indivisible de l'État est confiée tout entière au président par le peuple qui l'a élu, qu'il existe aucune autre, ni ministérielle, ni civile, ni militaire, ni judiciaire, qui ne soit conférée et maintenue par lui.* Cette affirmation monarchique, au sens littéral, est en contradiction manifeste avec l'article 3 C selon lequel : *Aucune section du peuple ni aucun individu ne peut s'en attribuer l'exercice.*

19. Au chapitre premier du livre III du *Contrat social*, l'auteur déclare, en effet : *Supposons que l'État soit composé de dix mille citoyens. Le souverain ne peut être considéré que collectivement et en corps. Mais chaque particulier, en qualité de sujet, est considéré comme individu. Ainsi le souverain est au sujet comme dix mille est à un : c'est-à-dire que chaque membre de l'État n'a pour sa part que la dix millième partie de l'autorité souveraine, quoiqu'il lui soit soumis tout entier.*

2. L'admission du régime républicain

La théorie de la souveraineté nationale est parfaitement conciliable avec le principe monarchique.

436 Avec la souveraineté populaire, en revanche, qui traduit la volonté momentanée, mais nullement mythique, des citoyens vivants, il faut que le peuple puisse l'exercer à tout moment. Pareille précarité de la fonction royale est évidemment *incompatible* avec le principe monarchique.

3. L'organisation de la démocratie semi-directe

437 Dans la pensée de Rousseau, la *volonté générale*, expression de la souveraineté populaire, doit être exercée directement par le peuple lui-même. La loi, qui est la concrétisation de cette volonté générale, doit donc, elle aussi, être établie par le peuple en personne. Sans doute, dans les États de quelque importance, n'est-il pas possible de faire *discuter* la loi par l'ensemble des citoyens ; mais le peuple peut encore, à tout le moins, *la ratifier*. C'est le système du *référendum* largement adopté par la constitution de 1793. Le peuple français délègue la délibération des lois à une assemblée. Mais, les mesures législatives les plus importantes devront être ratifiées par le peuple. On aboutit ainsi à la démocratie semi-directe, qui ressuscitera en 1958 (art. 3)[20].

438 L'optimisme était grand après le ralliement des régimes communistes d'Europe et d'États tiers-mondistes aux valeurs occidentales du pluralisme et de l'économie de marché[21] et donnait tout son sens à l'aventure du droit constitutionnel : *la volonté du peuple est le fondement de l'autorité des pouvoirs publics* (art. 21 de la Déclaration universelle des droits de l'homme de 1948). En un mot, *le pouvoir des sans-pouvoirs* (V. Havel) ou le nouvel universalisme démocratique, pointait à l'horizon, à l'exception notable de la Chine qui, après l'échec du mouvement étudiant, place Tien Anmen, en juin 1989, entendit établir une société capitaliste répressive. L'hypothèse de la fin de l'Histoire, systématisée par F. Fukuyama (*La fin de l'histoire et le dernier homme*, 1992), impliquait le triomphe de la démocratie et du libéralisme économique. L'illusion fut de courte durée et le 11 septembre 2001 démontra brutalement que ces principes n'étaient, aux yeux des islamistes, que des représentations occidentales, voire des supercheries qui devaient être rejetées et combattues. Le processus de démocratisation engagé avec les *révolutions de couleur* en Ukraine et en Géorgie s'est ensuite essoufflé (v. les déboires de I. Tymochenko égérie de la révolution *orange* en Ukraine) et n'a pas touché la Russie comme certains le prétendaient. La révolution du Maïdan en 2014 a plongé l'Ukraine dans le chaos et avivé les pulsions sécessionnistes de la Crimée et des provinces de l'Est. Le printemps arabe de 2011, *ce fut un splendide lever de soleil* (Hegel saluant 1789), a pu attester de la vitalité des idées démocratiques. Mais l'effet est vite retombé et si l'on met de côté la Tunisie, qui s'est dotée d'une nouvelle Constitution en 2014, les situations de la Libye, de la Syrie et de l'Égypte sont, avec des degrés variables, des plus préoccupantes.

BIBLIOGRAPHIE

■ R. ARON, *Démocratie et totalitarisme*, 1965 ■ J. BAECHLER, *Démocratie*, 1985 ■ G. BACOT, *Carré de Malberg et l'origine de la distinction entre souveraineté du peuple et souveraineté nationale*, 1985 ■ A. DE BAECQUE (sous la direction), *Une histoire de la démocratie en Europe*, 1991 ■ Ph. BRAUD, *La démocratie politique*, 2e éd., 2003 ■ G. BURDEAU, *La démocratie*, 1956 ■ R. CAPITANT, *Démocratie et participation politique*, 1973 ■ R. CARRÉ DE MALBERG,

■ 20. V. R. CAPITANT, *Démocratie et participation politique*, 1973 ; R. CARRÉ DE MALBERG, Considérations théoriques sur la question de la combinaison du référendum avec le parlementarisme, *R.D.P.* 1931, p. 243.
■ 21. V. P. BRUCKNER, *La mélancolie démocratique*, 1990.

La loi, expression de la volonté générale, 1931 et Considérations théoriques sur la question de la combinaison du référendum avec le parlementarisme, *R.D.P.* 1931, p. 243 ■ J.-J. CHEVALIER, *Recherches sur la naissance et le développement de l'idée démocratique*, Paris, Doctorat, 1960-196 ■ A. DELCAMP, A.-M. LE POURHIET, B. MATHIEU, D. ROUSSEAU (sous la direction), *Nouvelles questions sur la démocratie*, 2010 ■ M. DUVERGER, *Janus, les deux faces de l'Occident*, 1972 ■ P. FABRE, *La décision de la majorité*, 1976 ■ G. FRIEDRICH, *La démocratie constitutionnelle*, trad. 1958 ■ S. GIULJ, *Le statut de l'opposition en Europe*, D.F. 1980 ■ B. DE JOUVENEL, *De la Souveraineté*, 1955 ■ H. KELSEN, *La démocratie*, trad., 1932 ■ R. DE LACHARRIÈRE, *Études sur la théorie démocratique*, 1963 ■ G. LAVAU et O. DUHAMEL, La démocratie *in* M. GRAWITZ et J. LECA, *Traité de science politique* t. II, 1985, p. 29 ■ Ph. LAUVAUX, *Les grandes démocraties contemporaines*, 2e éd., 1997 ■ Y. MÉNY et Y. SUREL, *Politique comparée*, 7e éd., 2004 ■ M.-Cl. PONTHOREAU, L'opposition comme garantie constitutionnelle, *R.D.P.* 2002, p. 1127 ■ D. ROUSSEAU (sous la direction), *La démocratie continue*, 1995. J. ROVAN, *Une idée neuve : la démocratie*, 1961 ■ M. SADOUN (sous la direction), *La démocratie en France*, 2000 ■ G. SARTORI, *Théorie de la démocratie*, 1973 ■ J.-L. SEURIN et autres, *La démocratie pluraliste*, 1981 ■ J.-L. TALMON, *Les origines de la démocratie totalitaire*, trad., 1966 ■ E. TODD, *La chute finale*, 2e éd., 1990 ■ A. TOURAINE, Qu'est-ce que la démocratie ?, 1994 ■ A.-J. TUDESQ, *La démocratie en France depuis 1815*, 1971 ■ J. ZYLBERBERG et CL. ÉMERI (sous la direction), *La démocratie dans tous ses États*, Québec, 1993 ■ La démocratie majoritaire, *Pouvoirs* n° 85, 1998.

DEUXIÈME PARTIE

DROIT CONSTITUTIONNEL ÉTRANGER

CHAPITRE I
DROIT CONSTITUTIONNEL BRITANNIQUE

439 Mère du libéralisme, la Grande-Bretagne peut être regardée comme le *chef de file* ou la *référence* des pays fondateurs du droit constitutionnel. Elle nous a légué, sans éprouver le besoin, cependant, de les conceptualiser : le *régime représentatif* en tant que mode d'exercice de la souveraineté ; *le régime parlementaire*, mode de relations entre les pouvoirs constitués ; *l'Act d'habeas corpus* interdisant, dès 1679, l'arrestation et la détention arbitraires, sans oublier la *tolérance politique*, symbole du respect de l'opposition et de l'humilité démocratique[1].

Le *modèle de Westminster* repose sur des lois matériellement constitutionnelles, la prérogative royale, des décisions de justice et des règles politiques *(les conventions de la constitution)*. Aucune Constitution, au sens d'un texte unique codifiant les relations juridiques entre les pouvoirs publics, n'existe[2]. L'insularité, jusqu'à l'ouverture du tunnel sous la Manche, en 1994, a favorisé sa cohésion, mais plus encore son empirisme qui combine, de manière harmonieuse, la tradition à l'innovation.

La force de la tradition s'est vérifiée avec la reconstruction à l'identique de la Chambre des Communes détruite par un bombardement, en mai 1941. En dépit de son caractère exigu (elle n'offre de places que pour deux tiers des députés) et de son absence de confort, sa disposition en rectangle a été préférée à celle d'un hémicycle, car parfaitement accordée à l'intimité du tête-à-tête entre la majorité et l'opposition. Au surplus, à l'heure où la menace terroriste frappait Londres en juillet 2005, divers incidents ont attesté en 2004 du caractère désuet des règles de sécurité de Westminster. Il est vrai qu'elles ont été fixées principalement au XVIe siècle.

1. La Grande-Bretagne est par vocation *exportatrice de modèles* en tout genre : modèle économique (la société industrielle y est née à la fin du XVIIIe siècle) ; modèle social (*l'État Providence* à partir de 1945) ; modèle religieux (l'ordination sacerdotale des femmes par l'Église anglicane, en février 1994) ; modèle dans le domaine sportif et, d'un certain point de vue, en ce qui concerne les mœurs (du mouvement *punk* des années 1970 à la pratique contemporaine du *binge drinking*) et modèle politique. V. J. LERUEZ, *Le système politique britannique*, 2e éd., 2001 ; G. SCOFFONI (sous la direction), L'actualité constitutionnelle dans les pays de *common law* et de droit mixte, *chr. R.F.D.C.*

2. Au côté du *Ministerial Code* (1997, 2007 et 2010) détaillant les règles de comportement qu'un Premier ministre est en droit d'attendre de ses ministres, le *Cabinet Manual* a été rendu public en 2011. De l'intention initiale de Gordon Brown de doter la Grande-Bretagne d'une constitution écrite ne subsistera que ce document. Véritable *brouillon* de Constitution, il décrit l'environnement juridique et institutionnel dans lesquels le gouvernement agit. V. A. BLICK, The Cabinet Manuel and the Codification of Conventions, *Parliamentary Affairs*, 2014, p. 209.

Cependant la Grande-Bretagne cultive l'innovation. *Notre révolution est calme, mais c'est une révolution.* Les années Blair (1997-2007) se sont concrétisées par la *dévolution* (ou la décentralisation maximale) en faveur de l'Écosse et du pays de Galles, marquée par le rétablissement de leur parlement respectif et la mise en place d'un gouvernement autonome dirigé par un *First Minister*[3] en 1999 ; l'abolition de la pairie héréditaire à la Chambre des Lords en 1999 et la création de la Cour suprême en 2005.

On retiendra aussi l'incorporation de la Convention européenne des droits de l'homme, en 1998, par le *Human Rights Act* (HRA) qui renforce la protection des droits fondamentaux de la personne[4]. Si les lois ne peuvent être invalidées, au nom du dogme de la souveraineté parlementaire (*infra*), les juges supérieurs, dont la Cour suprême, ont le droit d'accompagner leurs décisions d'une déclaration d'incompatibilité au HRA. Le Gouvernement est alors *invité* à proposer au Parlement les modifications législatives nécessaires. Ainsi, dans le prolongement de la condamnation de la Grande-Bretagne par la Cour européenne des droits de l'homme (C.E.D.H., 11 juillet 2002, *Goodwin c/ R-U.*), la loi sur les droits matrimoniaux de 1973, méconnaissant les droits des transsexuels, a-t-elle été déclarée incompatible par les Law Lords (10 avril 2003, *Bellinger v. Bellinger*). Au final, une nouvelle législation (*Gender recogniction Act* de 2004) a été adoptée. Bref, en reprenant Jean-Louis de Lolme, le Parlement anglais peut-il réellement tout faire sauf changer un homme en femme ? De façon plus spectaculaire, les Law Lords, le 16 décembre 2004, ont estimé que la section 23 de la loi anti-terroriste de 2001 autorisant la détention d'étrangers sans inculpation ni jugement n'était pas conforme à la Convention européenne des droits de l'homme (*A. and others v. Secretary of State for the Home department*) (v. *infra*, n° 490).

Toutefois, les crispations sont de plus en plus visibles. D'abord, avec la Cour européenne des droits de l'homme qui, dans l'arrêt *Hirst c/ R.U.* du 6 octobre 2005, avait condamné l'État en raison de son régime d'inéligibilité systématique imposé aux prisonniers. Depuis, la Grande-Bretagne, qui a échoué en avril 2012, lors de la conférence de Brighton, à rogner sur les attributions de la Cour, refuse obstinément d'exécuter ledit arrêt. Elle a néanmoins obtenu de multiples sursis de la part du Comité des ministres, responsable du contrôle de l'exécution des arrêts de la Cour (jouant ici sa crédibilité), qui a suspendu l'examen des 2 354 litiges mettant en cause la Grande-Bretagne sur cette question (voir *supra*, n° 327). Ensuite, l'actuelle ministre de l'Intérieur, Theresa May, qui entend séduire les eurosceptiques, s'en est prise directement au *Human Rights Act* trop protecteur, à ses yeux, des criminels et des étrangers en situation irrégulière. L'idée de le remplacer par un *British Bill of Rights* fait son chemin. Enfin, l'hypothèse de la sortie du Royaume-Uni de l'Union européenne (soit le *Brexit*) n'est plus un sujet tabou. Il est possible qu'un référendum soit organisé sur cette question en 2017.

Quoi qu'il en soit, le modèle constitutionnel britannique, confronté aux exigences européennes et à l'activisme réformiste (et parfois désordonné car découplé de toute mise en perspective conceptuelle) du gouvernement Blair entre 1997 et 2007 a connu une réelle transformation. Une nouvelle architecture des pouvoirs, aux contours encore aujourd'hui incertains (*a constitutional unsettlement* – Anthony

3. Le Royaume-Uni rassemble trois nations : l'Angleterre, l'Écosse et le Pays de Galles, en dehors du cas particulier de l'Irlande du Nord (l'Ulster). L'Écosse, dès 1998, a reçu une compétence législative dans certains domaines. Après l'obtention de la majorité absolue au Parlement écossais du *Scottish national party*, un référendum sur l'indépendance sera organisé en 2014. Le pays de Galles a dû se contenter, jusqu'en 2006, de l'exercice du pouvoir réglementaire. Suite au référendum de 2011, ses compétences législatives ont été substantiellement étendues. Quant à l'Irlande du Nord, elle dispose, après des années d'incertitude, d'institutions autonomes depuis mai 2007. Symbolisant la fin d'une guerre de religions anachronique, le *First Minister* protestant est associé à un vice-premier ministre catholique. Ce dernier (un ancien dirigeant de l'IRA) a été reçu, pour la première fois, par la Reine à Londres en 2014. La dévolution entraîne un morcellement juridique. À titre d'exemple, la loi relative au mariage pour tous, votée en 2013, par le Parlement britannique n'est valable pour que l'Angleterre et le Pays de Galles. L'Écosse s'est dotée de sa propre législation en 2014. En revanche, rien n'est actuellement prévu pour l'Irlande du Nord. B. CRAWFORD, Ten years of devolution, *Parliamentary Affairs*, 2010, p. 89 ; C. DAVISON, La dévolution au Pays de Galles : état des lieux et perspectives, *R.D.P.* 2005, p. 733 ; M. EUDES, La question nord-irlandaise et la souveraineté du Royaume-Uni, *R.D.P.* 2006, p. 951 ; F. ROUX, *La dévolution en Grande-Bretagne. Contribution à la réflexion sur l'autonomie institutionnelle*, 2009.

4. J. BEATSON, Le Royaume-Uni et la nouvelle Déclaration des droits, *R.F.D.C.* 2001, p. 687 ; J.-F. FLAUSS, *Human Rights Act 1998* : kaléidoscope, *idem*, p. 605 ; A. DUFFY, *La protection des droits et libertés au Royaume-Uni*, L.G.D.J., 2007.

King), est en train de voir le jour outre-Manche. Paradoxalement, T. Blair aura laissé une empreinte durable alors qu'il fut un premier ministre peu intéressé par la question constitutionnelle[5].

Il est temps de se plonger plus en avant dans le régime britannique. Après avoir mis en perspective l'environnement politique, (section 1) la configuration institutionnelle pourra être abordée (section 2).

SECTION I L'ENVIRONNEMENT POLITIQUE

440 Qu'est-ce que la constitution du Royaume-Uni ? Un jeu de l'esprit, raisonnable sans être rationnel, a-t-on dit. D'un point de vue théorique, elle est diversifiée, en ce qu'elle combine des éléments formalisés et non formalisés. En premier lieu, des lois – matériellement constitutionnelles – essaimées à travers les siècles forment une constitution *matérielle* et *souple :* la *Magna Carta* (1215) ; l'*Habeas Corpus Act* (1679) ; le *Bill of Rights* (1689) consécutif à la *Glorieuse Révolution* de 1688, acte de naissance du droit constitutionnel ; le *Settlement Act* (1701) et le *Succession to the Crown Act* (2013) concernant la Couronne ; le *Reform Act* (1832) qui ouvre la marche du suffrage universel ; les *Parliaments Acts* (1911 et 1949) et le *House of Lords Act* (1999) en matière de bicamérisme ; l'encadrement du droit de dissolution par le *Fixed-term Parliaments Act* de 2011 ; le dogme de la souveraineté parlementaire systématisé par Dicey remis en cause par en haut (*European Communities Act* (1972), *European Union Act* (2011) et *Human Rights Act* (1998) incorporant le droit européen et la C.E.D.H. au droit national) et par en bas (*Scotland Act* (1998) conférant un pouvoir législatif immédiat au parlement écossais et le *Wales Act* (1998 et 2006) pour l'assemblée galloise) ; l'affirmation de droits et libertés (*Sex discrimination Act* de 1975, *Human Rights Act* de 1998, *Freedom of Information Act* de 2000, *Gender recogniction Act* de 2004).

Si en application du principe de la souveraineté parlementaire, le Parlement britannique peut toujours remettre en cause sa propre œuvre législative de façon *implicite* (*implied reapeal*) (King's Bench, *Vauxhall Estates v. Liverpool Corporation,* 1932), certaines lois (dont notamment le *Human Rights Act* de 1988 – EWHC (England and Wales High Court), *Thoburn v. Sunderland City Council*, 2002) bénéficient d'un statut particulier en ce sens que l'abrogation *explicite* par le législateur est requise. Cette exigence juridique, au coût politique conséquent, leur confère de fait un statut quasi constitutionnel d'un point de vue formel, même si le dernier mot revient, *de jure*, au Parlement.

En second lieu, des règles politiques appelées des *conventions de la constitution* sont à l'origine du régime parlementaire et de l'institution du premier ministre[6], aux côtés de décisions juridictionnelles relatives aux pouvoirs publics et aux libertés fondamentales. Mais le charme britannique ne se limite pas à ce seul aspect.

5. V. Le Royaume-Uni de Tony Blair, *Pouvoirs* n° 93, 2000 ; J. BELL, La révolution constitutionnelle au Royaume-Uni, *R.D.P.* 2000, p. 413 ; R. HAZELL, The continuing dynamism of constitutional reform, *Parliamentary Affairs*, vol. 60, n° 1, 2007, p. 3.

6. V. G. MARSHALL, Les règles constitutionnelles non écrites au Royaume-Uni, *in Les règles et principes non écrits en droit public*, 2000, p. 101 ; A. BULLIER, *La Common Law*, 2003.

D'un point de vue pratique, la constitution cultive la simplicité et se résume au *two-party system :* soit au gouvernement d'un parti sous le contrôle d'un autre et l'arbitrage des électeurs. Cette constitution donne ainsi naissance à un régime politique qui, à bien des aspects, ne correspond pas à l'idée que l'on s'en fait. En vérité, il s'agit d'une *collection de paradoxes* (G. Vedel).

L'étude du corps électoral (§ 1), et du *two-party system* (§ 2) doit désormais être abordée.

§ 1. LE CORPS ÉLECTORAL

441 On qualifie le Royaume-Uni de *gouvernement d'opinion*. Le pouvoir de suffrage (A) y est accordé au mode de scrutin, fidèlement conservé depuis 1265 (B).

A. LE RÔLE FONDAMENTAL DU POUVOIR DE SUFFRAGE

442 La démocratie repose sur des élections *ouvertes*. Or, la portée du mécanisme électoral paraît, à première vue, relativement réduite en Grande-Bretagne. En effet, d'une part, ni les fonctionnaires, ni les magistrats, astreints au loyalisme[7], ne sont éligibles à la Chambre des Communes, d'autre part, celle des Lords, dans l'attente de son nouveau statut, n'accueille aucun élu, tandis que le chef de l'État est un monarque héréditaire. En dehors de la vie locale, le rôle du corps électoral se borne à la désignation des membres de la Chambre des Communes, à l'exclusion de la procédure référendaire[8], et peut, dès lors, paraître faible. La réalité est toute autre.

1. L'expression du gouvernement d'opinion

443 La signification des élections, au Royaume-Uni, dépasse de beaucoup celle qui s'attache à la simple désignation de députés. Lorsqu'il se rend aux urnes, le peuple se prononce, en fait, sur la *politique* qui devra être suivie pendant la législature. À ce titre, il

7. *Les citoyens peuvent légitimement escompter qu'à l'occasion de leurs démarches personnelles auprès des services administratifs (...), ils seront conseillés par des fonctionnaires politiquement neutres et tout à fait détachés du combat politique* (C.E.D.H., 2 septembre 1998, *Ahmed c/ R.U.*). Le raisonnement tenu par la C.E.D.H. à l'égard de restrictions similaires imposées à l'échelon local britannique est valable, *mutatis mutandis*, sur le plan national.

8. Deux référendums nationaux ont seulement été organisés : le 5 juin 1975 sur le maintien dans la Communauté européenne et le 6 mai 2011 sur la réforme électorale. Fortement teinté d'eurospecticisme, le *European Union Act* de 2011 prévoit l'organisation obligatoire de référendums notamment en cas de modification du T.U.E. et du T.F.U.E. Au plan local, on en dénombre neuf : en Irlande du Nord (8 mars 1973 et 22 mai 1998) ; en Écosse et au Pays de Galles (les projets de *dévolution* après avoir été repoussés, le 1er mars 1979 (et provoquant, quelques semaines plus tard, le renversement du gouvernement Callaghan le 28 mars 1979), seront approuvés respectivement, les 11 et 18 septembre 1997. Ultérieurement, une extension des prérogatives de l'Assemblée du Pays de Galles a été approuvée le 3 mars 2011) et en Angleterre (tandis que les Londoniens se prononçaient, le 7 mai 1998, pour le retour à la démocratie locale. (v. J. BELL, Royaume-Uni, *R.F.D.C.* 1999, p. 178), les électeurs du Nord-Est rejetaient, le 4 novembre 2004, le projet de réforme locale). Suite à l'accord d'Edimbourg de 2012, un référendum sera organisé en 2014 en Écosse à propos de son indépendance.

confie le pouvoir à un parti, choisit le premier ministre[9] et son Gouvernement. Avec ce suffrage combiné au bipartisme, qui propose à l'électeur un choix clair, un élément de *démocratie directe*, au sens classique du terme, se trouve, en fait, réintroduit dans le système représentatif. En un mot, la consultation est, à la limite, tout à la fois un *référendum* sur le programme des partis et un *plébiscite* portant sur le *leader* le plus apte à exercer les fonctions de chef de Gouvernement. Toutefois, le grain de sable électoral (1974, 2010) peut être amené à perturber ce délicat agencement et rappelle que les partis restent fondamentalement les obligés du peuple souverain.

Au surplus, la dissolution de la Chambre des Communes est une pratique courante (seules quatre législatures depuis 1945 (celles de 1959, 1987, 1992 et 2005) n'ont pas été écourtées). Elle intervient lorsque des signes d'usure se manifestent en cours de législature (chiffre important de *rebelles*, majorité étriquée ou volatilisée[10]) mais, plus généralement, lorsque le premier ministre veut assurer, en choisissant le *meilleur moment*, une réélection confortable aux parlementaires de son parti. Il s'agit d'une dissolution tactique dont il escompte des effets bénéfiques. Celle-ci est généralement décidée pendant la quatrième année de la législature. Afin de restaurer l'autorité du Parlement, le *Fixed-term Parliaments Act* en 2011 dispose que désormais, la législature de cinq années pourra être écourtée seulement si 1) deux tiers des députés le demande ou si 2) une motion de défiance a été adoptée par la chambre (et qu'aucun gouvernement n'obtienne la confiance de la Chambre pendant une période de quatorze jours suivant cette adoption). *De facto*, rien n'interdira, comme ce fut le cas en Allemagne, au chef du gouvernement d'inciter ses propres troupes à entamer la procédure d'hara-kiri[11].

2. L'extension progressive du droit de suffrage

444 L'élargissement du corps électoral, commencé avec la loi du 17 juin 1832, votée à l'instigation de Lord Grey, aboutit au suffrage universel des hommes et des femmes, respectivement, en 1918 et 1928. Les vestiges du vote plural sont supprimés en 1948. Il a ainsi fallu près d'un siècle à la Grande-Bretagne pour passer d'un suffrage inégal au suffrage universel (*supra,* n° 319). Cette évolution s'est faite *sans à-coups* à la différence de la France, en 1848, sans que la souveraineté du peuple ait été jamais proclamée, nonobstant le combat mené par le *mouvement chartiste* (mouvement ouvrier) dans les années 1840. Mais, par tempérament, les Anglais préfèrent l'innovation à la conceptualisation.

9. En fait, il serait plus juste de dire que le peuple *entérine* le choix du premier ministre opéré préalablement par le groupe parlementaire, ou toute autre instance partisane. Ceci, du reste, apparaît clairement lorsqu'*en cours* de législature, on assiste, au sein de la majorité, à une *relève de leader* (J. Major en 1990, G. Brown en 2007).

10. Par suite d'un phénomène de réfraction (*infra,* n° 450) aucune majorité n'existait à la Chambre des Communes, à l'issue des élections du 28 février 1974. De ce fait, cette dernière avait vocation à être dissoute, dans la mesure où le bipartisme veut que chaque parti gouverne *à son tour*. Son existence a été la plus brève enregistrée, au siècle dernier. Le Gouvernement travailliste de James Callaghan (1976-1979) a vu sa majorité s'effilocher au point qu'une motion de censure de l'opposition a été adoptée le 28 mars 1979. De la même façon, le Gouvernement conservateur de John Major (1990-1997) n'a dû son salut au cours de sa dernière année d'existence qu'à la voix de son leader.

11. P. NORTON, Une innovation constitutionnelle : des législatures à durée déterminée au Royaume-Uni, *Pouvoirs*, n° 141, 2012, p. 147. ; A. LE DIVELLEC, Un tournant de la culture constitutionnelle britannique : le Fixed-term Parliaments Act 2011, *Jus Politicum*, n° 7, 2012, p. 1 ; D. REIGNIER, Le Fixed-term Parliaments Act 2011. La révolution à l'anglaise, *R.F.D.C.* 2012, p. 615.

B. LE RÔLE CAPITAL DU MODE DE SCRUTIN

445 Le scrutin majoritaire uninominal à un seul tour (*The First-past-the-post*), appelé aussi scrutin à la pluralité des voix, est consubstantiel à la démocratie britannique. Le peuple, lors du référendum du 6 mai 2011, a affirmé, avec éclat, son attachement.

1. Les caractéristiques du scrutin

446 Ce scrutin naturel, auquel on songe instinctivement, se déroule le jeudi par tradition dans de petites circonscriptions, puisqu'il n'y a qu'un seul siège à pourvoir. Cependant, celles-ci sont redistribuées périodiquement afin de tenir compte des mouvements démographiques[12]. Est proclamé élu, le candidat qui a obtenu le plus grand nombre de voix, quelle que soit, au demeurant, son avance sur ses concurrents. Dans l'hypothèse où un seul candidat se présenterait (par tradition, le *Speaker* (*infra*) n'affronte pas d'adversaire) l'élection est acquise sans scrutin.

2. Les incidences du scrutin

447 Le scrutin majoritaire provoque une stylisation de la vie politique. Il permet de dégager une majorité gouvernementale, en raison de la déformation de la représentation (v. *1re partie*). Mais, il n'est pas exclu qu'il débouche sur des résultats surprenants pour un continental.

a) La formation d'une majorité gouvernementale

448 On sait que l'élection à la pluralité des voix ne peut pas, à elle seule, provoquer le partage de l'opinion publique en deux partis. En revanche, elle a vocation à dégager une majorité électorale, qui se décline successivement en majorité *parlementaire* et *gouvernementale*.

Cet effet n'est toutefois pas garanti systématiquement. Entre 1924 et 1931, la Grande-Bretagne a connu le *tripartisme*, et son corollaire, les gouvernements de coalition, alors que le parti travailliste prenait progressivement la place du parti libéral. Ce dernier a été marginalisé, par la suite[13]. De manière encore plus caractérisée, les élections législatives de février 1974 n'ont pas permis de dégager une majorité claire. Le gouvernement Callaghan (1976-1979) a bénéficié du soutien à *éclipses* des libéraux et des nationalistes, et s'est maintenu au pouvoir en vertu du principe italien de la *non-défiance*. La faible majorité de soutien de John Major (1992-1997) a empêché celui-ci de gouverner sereinement. Enfin, et même si Disraëli considérait que *l'Angleterre n'aime pas les coalitions*, une alliance inédite entre conservateurs et libéraux-démocrates s'est mise en place en mai 2010.

12. Le redécoupage des circonscriptions est confié en Angleterre, Écosse, Pays de Galles et en Irlande du Nord, à des commissions indépendantes *(boundary commissions)* placées sous l'autorité du *Speaker* de la Chambre des Communes *(Redistribution of the Seats Act* de 1958). Leurs recommandations, qui obéissent, au rythme décennal, sont ensuite entérinées par cette dernière. À terme, cette mission sera transférée à *l'Electoral commission*.

13. L'heure de la revanche a sonné en 2010. Les libéraux-démocrates (*lib-dem*) de Nick Clegg ont pu, et ce malgré des résultats décevants (23 % des suffrages, 57 sièges), enfin peser sur l'échiquier politique. R. HAZELL et B. YOUNG, *The politics of Coalition. How the Conservative-Lib Dem Government works*, Hart Publishing, 2012.

Malgré tout, le *two-party system* domine la vie politique outre-Manche et structure une alternance franche[14]. Pour s'en tenir à une période récente, à l'issue d'une longue domination des conservateurs (1979-1997), les travaillistes ont remporté plusieurs succès électoraux (1997, 2001, 2005) avant de connaître à leur tour l'usure du pouvoir et les affres de la défaite (2010).

Tout bien considéré, les variations électorales enregistrées traduisent, de manière mécanique, le phénomène de *refoulement* inhérent au mode de scrutin. Le *Labour*, extrapolation politique du *Trade Union Congress* (T.U.C.), créé en 1900, franchira le barrage, trente ans après seulement. La mise à l'épreuve, que constitue le mode électoral, implique une solide implantation.

En clair, une bonne organisation du parti se révèle un impératif, au motif que le scrutin se déroulant sur une seule journée, il lui incombe de faire le plein des voix. Cette discipline rejaillit sur l'électeur lui-même, qui, en dehors d'un vote protestataire, est amené de manière inéluctable à concentrer sa voix sur l'un des deux partis de Gouvernement. On évoque, à ce propos, la loi psychologique dite du *vote utile*.

b) La déformation de la représentation parlementaire

449 Le mode de scrutin a cette caractéristique *d'accuser* l'amplitude des mouvements du corps électoral. La *prime à gouverner* (le *bonus*) constitue clairement le but recherché. À titre d'exemple, au scrutin de 2005, le parti travailliste recueille 37 % des voix et détient 55 % des sièges. Cet effet est amplifié car, de son côté, le parti perdant est pénalisé (le *malus*) : avec un nombre de suffrages proche (33 %), le parti conservateur n'obtient que 30,5 % des sièges[15]. Précisons que la déformation s'explique aussi par le découpage électoral et les implantations locales variables des partis.

Dans ces conditions, ce scrutin peut être comparé à une avalanche, si l'on entend rendre compte de son effet de déformation. Mais, une démarche plus rigoureuse, sous la forme d'une loi mathématique, la *loi du cube*, dégagée par Kendall et Stuart dans les années 1950, offre plus de ressources[16].

Cette loi veut que, si dans le pays le rapport du nombre des voix entre les deux principaux partis est de [a/b] le rapport des sièges obtenus par chacun des deux partis à la Chambre des Communes soit de a3/b3.

Autrement dit, si l'un des partis obtient les 3/5 des voix dans le pays et l'autre les 2/5, le rapport des sièges à la Chambre des Communes ne sera pas de 3 sur 2 mais de 27/8, ce qui assure évidemment un sérieux avantage au parti majoritaire. De nos jours, l'effet serait moins flagrant et on s'orienterait plutôt vers une *loi du carré*.

Dans ces conditions, le tiers-parti est laissé pour compte et est laminé injustement. Les libéraux-démocrates (*lib-dem*) de Nick Clegg ont longtemps été incapables de concurrencer les deux autres partis. Malgré une campagne médiatiquement réussie en 2010 où leur leader a pu débattre d'égal à égal avec Gordon Brown et David Cameron, ils n'ont obtenu que 23 % des suffrages leur permettant d'avoir seulement 57 élus. Cependant, au vu des résultats finaux, Nick Clegg a pu, tel Warwick pendant la guerre des Deux-Roses, s'imposer comme *le faiseur des rois* et, en s'alliant avec les conservateurs, provoquer le départ du pouvoir des travaillistes. Avec sa retentissante victoire aux

14. Seules les circonstances éminemment critiques, tels les conflits mondiaux, suspendent l'alternance : Gouvernements Lloyd George (1916-1922) et Winston Churchill (1940-1945).

15. En cas d'égalité en nombre de suffrages, on estime que le Parti travailliste aurait eu encore 110 sièges de plus que le parti conservateur.

16. V. M. G. KENDALL et A. STUART, La loi du cube dans les élections britanniques, *R.F.S.P.* 1952, p. 26 ; Cl. ÉMERI, Loi du cube, *D.C.*, p. 603, V. D. BUTLER, Electoral reform, *Parliamentary Affairs*, vol. 57, n° 4, 2004, p. 736.

européennes de 2014, c'est au tour de Nigel Farage, leader de l'UKIP (parti europhobe) d'être au centre de l'attention. Nul doute que la question européenne constituera l'enjeu majeur des prochaines législatives.

c) *Les errances du scrutin majoritaire*

450 Le scrutin majoritaire à un tour peut provoquer un effet de *réfraction* où le parti *majoritaire* du point de vue de *suffrages exprimés* se retrouve *minoritaire* à la Chambre des Communes, en nombre de *sièges*. Les travaillistes en octobre 1951 et les conservateurs en février 1974 ont ainsi été privés du pouvoir[17].

Comment un tel résultat peut-il se produire ? Ce scrutin est *indifférent* à l'importance de la majorité et, arithmétiquement, une voix de plus que son adversaire suffit à emporter le siège. Ainsi, en osant dire que la plus belle fille du monde ne peut donner plus qu'elle n'a, une majorité écrasante ne peut-elle pas procurer de sièges supplémentaires, par rapport à une majorité étroite. Car, en tout état de cause, la circonscription ne désigne qu'un *seul* candidat. *L'utilisation marginale* des voix est à l'origine du phénomène de *réfraction*, dès lors que les voix inutilisées sont perdues, une fois pour toutes. À ceci, il convient de rajouter l'incidence de la distribution géographique marquée des électorats travailliste et conservateur. En revanche, celui des libéraux-démocrates étant réparti de façon plus homogène sur l'ensemble du territoire, ces derniers s'en retrouvent pénalisés.

Une situation de ce type ferait crier au scandale en France. Au Royaume-Uni (comme aux États-Unis), on s'en accommode par réalisme ; à l'opposé de l'Australie (1948), de la Nouvelle-Zélande (1993) ou de cinq provinces du Canada qui continuent de mener (et ce, malgré les échecs référendaires sur l'Île-du-Prince-Édouard, en Colombie-Britannique (2005) et en Ontario (2007)) une réflexion générale sur son éventuel abandon. La Cour suprême canadienne a, de son côté, refusé d'examiner en 2012 un recours portant sur la loi électorale du Québec.

Le système comporte du fait même de sa *simplicité* (ou de sa brutalité) une forte dose d'injustice[18]. Mais, il est accepté, jusqu'à présent, sans trop de récriminations en raison de son efficacité. Dans le fond des choses, il a toujours bénéficié de la complicité objective des deux partis de Gouvernement qui se sont toujours entendus comme larrons en foire. Avec le refus populaire de l'abandonner, en mai 2011, au profit du vote alternatif[19], le débat sur la réforme électorale[20] est définitivement clos.

17. On retrouve ce phénomène pour la présidentielle américaine en raison de l'élection au scrutin majoritaire à un tour des grands électeurs. En 2000, A. Gore avait ainsi obtenu davantage de voix populaires que G. W. Bush.

18. En 1976, la commission européenne des droits de l'homme a cependant considéré que ce mode de scrutin respectait le droit à des élections libres (art. 3 du Protocole n° 1) (8 octobre 1976, *X. c/ R.U.*). Notons que lors de la rédaction dudit protocole, la Grande-Bretagne, par crainte d'être à terme contrainte d'abandonner le scrutin majoritaire à un tour, avait obtenu la modification du texte initial (des élections *garantissant que l'opinion du peuple sera représentée dans le corps législatif*) par une formulation plus neutre (des élections *qui assurent la libre expression de l'opinion du peuple sur le choix du Corps législatif*).

19. Jean-Éric GICQUEL, S.T.V., A.M.S., et autres acronymes : introduction à l'étude de modes de scrutin peu répandus, *L.P.A.*, 12 mars 2004, p. 8 ; F. HAMON, Référendum et réforme électorale au Royaume-Uni : le rejet du vote alternatif, *R.F.D.C.*, 2011, p. 759 ; D. SANDERS *et alii*, Simulating the effects of the Alternative vote in the 2010 UK General Election, *Parliamentary Affairs*, 2011, p. 5 ; Britain says No : Voting in the AV Ballot Referendum, *ibid.*, 2012, p. 301.

20. La réforme du mode de scrutin faisait partie du programme travailliste de 1997. Dès 1998, la commission Jenkins s'est prononcée pour un système analogue à celui de l'Allemagne. Ensuite, le dossier est resté en l'état même si la proportionnelle, au regard de la représentativité des femmes et surtout des

Au final, le scrutin à l'anglaise donne lieu à un combat clair, c'est-à-dire *binaire* pour l'électeur et conduit objectivement à l'alternance et à la bonne gouvernance. L'élection est donc, selon Karl Popper, *le jour du jugement*: le parti au pouvoir le conserve ou l'abandonne à son rival. Au-delà d'une abstention en constante augmentation (21 % en 1974, 39 % en 2005 et 35 % en 2010) l'effort de mobilisation auquel chacun de deux grands partis est contraint, le pousse à attirer les électeurs indécis ou *flottants* (the *floating vote*) qui représentent *grosso modo* 10 à 20 % de l'électorat et à camper sur des positions modérées.

REPRÉSENTATION DES PARTIS À LA CHAMBRE DES COMMUNES DEPUIS 1974

Dates des élections	Partis	Nombre de sièges	% de sièges	% des suffrages exprimés
28 février 1974	conservateur	297	46,7	37,9
	travailliste	301	47,4	37,1
	libéral	14	2,2	19,3
10 octobre 1974	conservateur	277	43,6	35,8
	travailliste	319	50,2	39,2
	libéral	13	2	18,3
3 mai 1979	**conservateur**	339	53,3	43,9
	travailliste	269	42,3	36,9
	libéral	11	1,7	13,8
9 juin 1983	**conservateur**	397	61	42,4
	travailliste	209	32	27,6
	libéral-démocrate	23	3,5	25,4
11 juin 1987	**conservateur**	376	57,8	42,3
	travailliste	229	35,2	30,8
	libéral-démocrate	22	3,3	22,5
9 avril 1992	**conservateur**	336	51,6	41,9
	travailliste	271	41,6	34,4
	libéral-démocrate	20	3,1	17,8
1er mai 1997	conservateur	165	25	30,6
	travailliste	419	63,5	43,1
	libéral-démocrate	46	7	16,7

minorités ethniques, a pu disposer de certains attraits aux yeux des travaillistes. Des modes de scrutin spécifiques ont été utilisés pour les élections en Écosse, au pays de Galles et pour l'assemblée de Londres (A. M.S. : *Additionnal Member System* ou système du double vote) et la R.P. pour les élections européennes Très logiquement, des partis nouveaux arrivent à obtenir des représentants (ici les verts, les socialistes, les nationalistes au Parlement écossais ; là, une formation europhobe (UKIP) aux élections européennes). Concernant le processus de dévolution, l'intérêt d'un tel mode de scrutin était d'empêcher un parti de disposer, à lui seul, de la majorité. Las, le *Scottish national party* l'obtiendra, à la surprise générale, en 2011. V. D. FARREL, La réforme hésitante du système électoral de la Chambre des Communes, *Pouvoirs* nº 93, 2000, p. 53.

7 juin 2001	conservateur	166	25,1	31,7
	travailliste	412	62,5	40,6
	libéral-démocrate	52	7,8	18,3
5 mai 2005	conservateur	197	30,5	33
	travailliste	356	55	37
	libéral-démocrate	62	10	23
6 mai 2010	**conservateur**	305	47	36
	travailliste	258	40	29
	libéral-démocrate	57	9	23
NB : en gras, le parti vainqueur. Des petits partis (Plaid Cyrmu, Scottish national, etc.) se partagent les sièges restants.				

§ 2. LE TWO-PARTY SYSTEM

451 La véritable constitution britannique reste le *bipartisme*[21]. La formule mérite, en effet, examen. Le régime anglais est généralement défini comme un *gouvernement de cabinet*, ce qui est exact. Mais, il serait tout aussi juste de dire, que c'est un *gouvernement de parti*, en ce sens que, pendant une *législature*, c'est le comité directeur du parti vainqueur qui gouvernera le pays[22]. Margaret Thatcher l'a appris à ses dépens en 1990, Tony Blair a préféré prendre les devants en 2007 et Gordon Brown s'est épuisé à résister aux tentatives de coups de force.

Tout ce qui a trait au déroulement des élections, à formation et à la vie du cabinet, à l'activité du Parlement est donc sous la dépendance, mieux *l'emprise* des partis et, plus précisément, du parti vainqueur. Cependant, la compétition demeure courtoise[23]. On s'attachera à l'origine des partis (A), à leurs relations (B) et à leur rôle (C).

A. L'ORIGINE DES PARTIS POLITIQUES

452 On admet généralement que la division de l'opinion anglaise en deux tendances remonte au milieu du XVIIe siècle, lorsque après la révolution de 1648 et la restauration de la monarchie par Monk, Charles II monte sur le trône, en 1660. Mais, en réalité, la division est la suite de la Réforme, et tient surtout à des oppositions de caractères *religieux : Les puritains* attaquent l'église anglicane et la survivance des

21. Sir Ivor Jennings disait : *Une étude réaliste de la constitution anglaise d'aujourd'hui doit commencer par les partis, finir par eux, après en avoir discuté de long en large*. Il faudra toutefois attendre la fin du XXe siècle pour que les premières règles juridiques générales enserrent leurs activités (*Registration of Political Parties Act de 1998 et Political Parties, Elections and Referendum Act* de 2000).

22. La Grande-Bretagne a enrichi la famille parlementaire d'une variété incomparable : le parlementarisme *majoritaire* qui combine la stabilité, et l'autorité dans le respect des libertés (*supra*) v. J.-Cl. COLLIARD, *Les régimes parlementaires contemporains*, 1978.

23. En fait, les partis anglais sont *rivaux et associés*. Ils se donnent la main pour que le jeu politique soit correctement joué. On se souvient de la formule d'Harold Laski : *Nous avons un seul parti divisé en deux branches*. Par suite, le tiers-parti est un danger contre lequel une attitude s'impose : *l'inertie* en matière électorale.

habitudes romaines qu'on y reconnaît. Ils s'opposent, en même temps, *à l'absolutisme* monarchique et défendent le règne de la loi.

Les partisans du roi soutiennent l'église anglicane et défendent la prérogative royale contre le Parlement. Au cours des siècles, ces positions resteront celles des *whigs* et des *tories*. C'est pendant la guerre civile, c'est-à-dire les années troubles, entre 1648 et 1688, que les deux premiers partis reçoivent leurs dénominations qui ne sont guère flatteuses. Que l'on en juge : les cavaliers qui défendent le roi sont surnommés *tories*, du nom de brigands irlandais qui attaquaient des colons protestants et, cela, pour marquer qu'ils n'étaient que des catholiques camouflés, aristocrates et propriétaires fonciers, défendant le roi et l'église. De l'autre côté, les têtes rondes de Cromwell, qui protègent le Parlement contre le roi, les libertés civiques et la liberté religieuse (sauf toutefois pour les papistes), comprennent certains nobles, des propriétaires, des hommes d'affaires, des marchands de Londres. Ils sont surnommés, en mauvaise part, *wiggamores* ou *whigs*, du nom d'un groupe de paysans presbytériens de l'ouest de l'Écosse.

Deux autres causes ont favorisé le bipartisme : l'extension du droit de suffrage à partir de 1832 et l'utilisation du scrutin majoritaire à un tour.

B. LES RELATIONS PRIVILÉGIÉES ENTRE LES PARTIS POLITIQUES

453 Le Royaume-Uni se ramène au *gouvernement d'un parti sous le contrôle de l'opposition et l'arbitrage de l'électeur*. Dans ce raccourci s'inscrit le *two-party system*, à rebours du principe de séparation des pouvoirs.

C'est un fait que, depuis le XVIIe siècle, le Royaume-Uni, sauf à de brèves périodes, n'a connu que deux partis importants alternant au pouvoir : jusqu'en 1906, les conservateurs et les libéraux, successeurs des *tories* et des *whigs* ; depuis 1935, les conservateurs et les travaillistes. La période de 1922 et 1935, pendant laquelle le parti travailliste a supplanté le parti libéral, étant, à ce jour, la principale période de tripartisme et de gouvernements de coalition, c'est-à-dire de troubles, que la Grande-Bretagne a connue dans le développement de son régime représentatif[24]. Après l'éphémère accord entre les travaillistes et les libéraux entre 1977 et 1978 (*lib-lab pact*), une coalition inédite entre conservateurs et libéraux-démocrates est en place depuis 2010.

1. Les raisons de l'établissement du bipartisme

454 Il s'est trouvé qu'au cours des siècles, les grands problèmes se sont posés en Grande-Bretagne en termes binaires, comme la fameuse leçon d'agrégation en droit. Au XVIIe siècle, la ligne de fracture est politico-religieuse : les tenants de la tradition catholique soutiennent la prérogative royale et s'opposent aux puritains, fervents défenseurs de l'autorité du Parlement. À la fin du XVIIIe siècle, les Anglais doivent choisir entre la lutte contre les idées révolutionnaires françaises ou, au contraire, un accueil bienveillant. À l'heure actuelle, le choix est entre l'intégration ou la coopération au sein de l'Union européenne.

Mais, en fin de compte, peut-on parler d'une véritable spécificité britannique car, comme l'affirmait, avec raison, Esmein *chez toute nation civilisée se produisent inévitablement deux tendances opposées qui rallient et groupent les hommes : l'esprit de progrès et d'initiative, et l'esprit de résistance et de conservation*. Ultérieurement, la survenance de causes particulières conduit à l'éclatement de la demande politique et à l'émergence de nouveaux partis. Du reste, au XXe siècle, le bipartisme ne s'institue durablement qu'à partir de 1935 (système multipartisan bipolaire entre 1906 et 1914, tripartisme entre 1918 et 1931).

24. V. V. BOGDANOR, The constitution and the party system in the twentieth century, *Parliamentary Affairs*, vol. 57, n° 4, 2004, p. 717 et D. BUTLER, Le système des partis, *Pouvoirs* n° 37, 1986, p. 23.

2. Les raisons du maintien du bipartisme

455 Elles se rattachent à la conception du parti de Gouvernement.

a) La mission du parti

456 Le fait qu'un parti est conçu en Grande-Bretagne comme un organisme destiné, par priorité, à exercer le pouvoir, a contribué, sans aucun doute, au maintien du système. Chacun d'entre eux a, en effet, intérêt à avoir le moins de concurrents possibles pour l'exercice du pouvoir. Son avantage est également d'exercer le pouvoir *seul*, ce qui devient irréalisable en période de tripartisme où la majorité est presque nécessairement une majorité de coalition. À partir du moment où le parti libéral a été en perte de vitesse, conservateurs et travaillistes ont objectivement uni leurs efforts pour le dépecer.

En sens contraire, une formation qui veut s'imposer et se transformer en *parti de Gouvernement* doit accomplir des efforts gigantesques sur une longue période pour mieux s'enraciner. *Faites vos preuves !*, serait-on tenté de lui conseiller. La difficile percée, pendant l'entre-deux-guerres, du *Labour*, même adossé au puissant *Trade Union Congress*, l'atteste. Les libéraux-démocrates, continuellement mis à l'écart par les conservateurs et les travaillistes, ont réussi, en 2010, à franchir une étape décisive en étant, enfin, associés au pouvoir dans le cadre d'une coalition avec les *tories*.

Détail significatif, chaque parti, dans sa représentation parlementaire, est organisé selon une *structure gouvernementale* : le parti majoritaire, cela va sans dire, mais aussi *l'opposition* autour du cabinet fantôme *(Shadow Cabinet)*[25] qui est un véritable *Gouvernement en attente*. La relève est prête, les responsabilités partagées, dans l'attente du prochain verdict électoral.

b) L'organisation du parti

457 Il faut signaler, à cet égard, les efforts constants qui sont faits à l'intérieur de chaque parti pour réduire les dissidences. Un parti qui accepte de voir des adhérents ou militants se séparer de lui, surtout lorsqu'ils sont nombreux, est un parti qui cesse d'être crédible. Dès lors, il est voué de manière inexorable à la disparition. C'est parce qu'ils ont affronté divisés, les élections de 1922, que les libéraux ont été éliminés de la vie politique.

Si le parti ressemble à une puissante machine, copiée sur les structures de l'État au demeurant, c'est que le poids de *l'appareil* y est réel, que la *discipline*, maître mot en l'occurrence, y règne. Les partis britanniques constituent de petits chefs-d'œuvre.

3. Les effets du bipartisme

458 Un jugement de valeur nuancé doit être exprimé.

a) Les avantages du bipartisme

459 Le principal est de permettre au corps électoral de choisir, d'une façon *directe*, le Gouvernement et de lui confier, en conséquence, la *légitimité* et l'efficacité. Le bipartisme démocratise le parlementarisme. Il évite, dans toute la mesure du possible, qu'il ne dégénère en système oligarchique. Il constitue *le meilleur des référendums*.

Il procure ainsi, un exécutif stable, au gré de l'alternance[26]. Dès lors que celui-ci dispose de la majorité à la Chambre des Communes, leur durée coïncide. On parle, en conséquence, d'un *Gouvernement de législature*. Il est exceptionnel dans ces conditions, qu'un premier ministre change en cours de mandat (comme ce fut seulement le cas en 1976, 1990 et 2007), ou qu'un cabinet minoritaire demeure au pouvoir (H. Wilson entre mars et octobre 1974).

25. V. J. LERUEZ, Le cabinet fantôme : l'opposition institutionnalisée en Grande-Bretagne, *Pouvoirs* n° 12, 1980, p. 165.

26. Le cabinet de David Cameron – le plus jeune premier ministre (43 ans) depuis 1812 –, formé en mai 2010, est le 60e depuis celui de William Pitt de 1801.

Premier ministre depuis 1945	Parti politique	Durée des fonctions
1. Clement ATTLEE	**travailliste**	juillet 1945 – oct. 1951
2. Winston CHURCHILL	conservateur	oct. 1951 – avril 1955
3. Anthony EDEN	conservateur	avril 1955 – mars 1957
4. Harold Mac MILLAN	conservateur	mars 1957 – oct. 1963
5. Alec DOUGLAS HOME	conservateur	oct. 1963 – oct. 1964
6. Harold WILSON	**travailliste**	oct. 1964 – juin 1970
7. Edward HEATH	conservateur	juin 1970 – mars 1974
8. Harold WILSON	**travailliste**	mars 1974 – avril 1976
9. James CALLAGHAN	**travailliste**	avril 1976 – mai 1979
10. Margaret THATCHER	conservateur	mai 1979 – nov. 1990
11. John MAJOR	conservateur	nov. 1990 – mai 1997
12. Tony BLAIR	**travailliste**	mai 1997 – juin 2007
13. Gordon BROWN	**travailliste**	juin 2007 – mai 2010
14. David CAMERON	conservateur	mai 2010 – ...

b) Les défauts du bipartisme

460 Il comporte, tout d'abord, une certaine dose *d'injustice*, en ce sens que le système électoral, qui est nécessaire pour le maintenir, est cruel pour le *tiers-parti*. S'agissant des libéraux-démocrates, qui souffrent d'abord d'un positionnement sur l'échiquier politique ambivalent, il faut noter qu'en approchant la barre des 20 % des suffrages exprimés, un seuil de tolérance à la pénalisation est atteint. Nul besoin de s'étonner que la réforme du mode de scrutin soit devenue leur cheval de bataille et que les conservateurs aient dû, dans le cadre du pacte de coalition conclu en 2010, accepter le principe d'un référendum sur cette question. Reste que le peuple a finalement souhaité son maintien en 2011. Plus généralement, si on peut faire grief au bipartisme de constituer un système un peu *fruste* de représentation de l'opinion (l'augmentation significative du taux d'abstention (*supra,* n° 450) étant révélateur d'une certaine lassitude de l'électorat), sa transparence renforce son efficacité et favorise le consensus. Celui-ci s'en trouve fragilisé par l'éclatante victoire de l'UKIP aux européennes de 2014.

C. LE RÔLE DES PARTIS POLITIQUES

461 Les formations britanniques assument, avec efficacité, *l'encadrement* des gouvernés au moment de la consultation électorale, et par la suite, celui de leurs représentants.

1. L'encadrement des gouvernés

462 Les partis sont, d'une façon quasi absolue, maîtres de la présentation des candidats. Les candidatures indépendantes deviennent, selon une loi du genre, pratiquement impossibles en raison des frais qu'elles entraînent et de leur peu d'attrait auprès des électeurs.

Les partis choisissent les circonscriptions où se présenteront leurs candidats. L'expérience prouve que la discipline des électeurs est telle que, dans bon nombre de circonscriptions, le remplacement d'un candidat par un autre n'a pas d'importance, le chiffre des voix obtenues par le parti restant, à peu de chose près, le même. Sous l'impulsion de D. Cameron, le parti conservateur après avoir recouru au principe des primaires ouvertes au niveau local, en a fait de même à l'échelon national (du moins pour les circonscriptions où le député sortant n'entendait pas se représenter).

2. L'encadrement des représentants

463 Selon André Mathiot, les partis sont *les organes de formation du Gouvernement*. Le premier ministre est, théoriquement, choisi par le monarque. En réalité, ce dernier a le devoir d'appeler le *leader* du parti qui a remporté la victoire aux élections. La seule exception, au cours de ce siècle s'est produite en 1923, lorsque Stanley Baldwin fut préféré à Lord Curzon par George V. La décision fut prise parce que celui-ci, n'appartenant pas à la Chambre des Communes, n'y avait pas accès de ce fait. Il y aurait eu, dès lors, échec, à la prééminence incontestée depuis 1911, de la chambre issue du suffrage universel. Mais, comme à la suite de cette décision, les partis choisissent désormais pour *leader* un membre des Communes, le devoir du monarque d'appeler le chef victorieux d'une élection générale ne souffre plus d'exception. Au total, le premier ministre *désigné* par le *groupe parlementaire* ou par un autre collège électoral[27], après sélection, sera ultérieurement *confirmé* par les électeurs. Il en va de même si, exceptionnellement, une relève s'opère en cours de législature. L'hypothèse, certes rarissime, du Parlement sans majorité (*Hung Parliament*) a le mérite de rappeler un principe clé du régime parlementaire, à savoir que le premier ministre doit, en tout état de cause, disposer de l'appui de la majorité des députés.

Enfin et surtout, chaque parti veille sur ses élus à la Chambre des communes en leur imposant une discipline de fer. Hormis les cas exceptionnels où la liberté de vote est accordée (restituée ?) aux parlementaires *(free vote)* comme en janvier 2003 à propos de la réforme de la Chambre des Lords, cette discipline s'incarne dans l'institution du *Whip* de la majorité ou de l'opposition. Emprunté à la vénerie, le terme signifie littéralement *piqueur*, c'est-à-dire celui qui armé d'un fouet est chargé de rameuter les chiens qui poursuivent la bête dans la chasse à courre. Toute révérence gardée, le *Whip* s'évertue à diriger la majorité ; à lui imposer une discipline de fer, en tant que de besoin ; bref, à jouer le rôle du serre-file à l'égard des *backbenchers* (les députés de base). Il doit s'assurer de leur présence, le vote étant *personnel* aux Communes, et de leur discipline de vote. Le *Chief Whip* gouvernemental a rang de ministre et est assisté d'une vingtaine d'adjoints. On évoque, à ce propos, le *Government Whips*. De manière caractéristique, le *Chief Whip* de l'opposition perçoit, depuis 1945, une rémunération sur fonds publics[28]. Pourtant, si la logique disciplinaire s'est longtemps incarnée dans le Parlement britannique, elle s'en échappe désormais avec la récurrence de frondes de *backbenchers*[29]. Le degré de dissension parlementaire est nettement plus faible sous la Ve République.

27. Le mode de désignation du *leader* du *Labour* incombe à un collège électoral composé des syndicats (qui en sont à l'origine), du groupe parlementaire travailliste et des sections locales. La règle qui réservait depuis 1981 aux syndicats 40 % des voix a été abandonnée en juillet 1993. Désormais, l'élection s'opère sur la base d'un *membre, une voix*.

28. À cet effet, chaque vendredi, *le Chief-Whip* envoie à tous les membres du groupe le programme des travaux de la semaine *(documentary whip)*. Lorsqu'une question n'est soulignée que d'un trait, la présence est facultative. Si elle est marquée de deux traits, le parlementaire peut s'absenter à la condition de s'entendre avec un député de l'opposition pour que celui-ci s'abstienne également (*pairing*). Enfin, la présence de trois traits entraîne la présence *obligatoire* sous peine de sanctions. Le *three-line whip* est utilisé systématiquement, à quelques réserves près, en cas de majorité restreinte.

29. Le leadersphip de T. Blair a été contesté en 2003, à propos de la participation de son pays à la guerre contre l'Irak puis sur les réformes de la santé et de l'université ; en 2004 sur le droit d'asile et, une nouvelle fois, sur l'augmentation des droits d'entrée à l'université ; enfin, en 2005, il connaît sa première défaite à la Chambre des communes (refus d'allonger la durée de garde à vue de personnes soupçonnées d'actes de terrorisme). G. Brown est, son tour, confronté à des difficultés similaires. Fait rarissime, un amendement de l'opposition, portant sur la situation des vétérans népalais (les Gurkhas) a été adopté, en mai 2009, contre l'avis du Gouvernement. Chez les conservateurs, le phénomène existe aussi : défaites du gouvernement M. Thatcher, pourtant appuyé par une forte majorité, en 1986 (*Shops Bill*) et en 1990 (*National Health service Bill*). Quant à D. Cameron, il éprouve les plus grandes difficultés à maîtriser ses troupes. Un quart des députés conservateurs a ignoré ses consignes de vote en octobre 2011 à propos du rejet d'une motion organisant un référendum sur l'U.E. – option du *Brexit*. En mai 2013, il a dû compter sur les travaillistes pour faire adopter

SECTION II L'ENVIRONNEMENT INSTITUTIONNEL

464 Le droit constitutionnel britannique s'identifie, depuis la révolution de 1688, à la *souveraineté parlementaire*. Conceptualisée, à la fin du XIXe siècle, par Dicey, qui y voit *la caractéristique dominante* des institutions britanniques, elle emporte les conséquences suivantes : 1) Le champ de compétences du Parlement est illimité. Celui-ci peut donc étendre la durée du mandat des députés sans l'accord initial des électeurs (*Septennial Act* de 1714) ou modifier sa propre procédure législative (*Parliament Acts* de 1911 et 1949) ; 2) il n'est pas lié par son prédécesseur comme il ne peut lier son successeur (*Vauxhall Estates v. Liverpool Corporation*, 1932) et, enfin, 3) son œuvre, la loi, ne peut être remise en cause par le juge (*Ex parte Selwyn* (1872)). De manière plus directe, Disraëli affirmait que le Royaume-Uni *n'était pas gouverné par la logique, mais par son Parlement.*

À l'égard du dernier point, il est délicat de passer sous silence la montée en puissance du contrôle juridictionnel lié aux engagements européens de la Grande-Bretagne. Au titre du droit de l'Union européenne, incorporé par l'*European Communities Act* de 1972, l'*Appellate committee* de la Chambre des Lords, devenue en 2009 la Cour suprême (voir *infra*, n° 490), fait prévaloir, depuis 1991, la norme communautaire sur la règle nationale (*Factortame II*). C'est une *révolution technique* (H. Wade). Ensuite, indépendamment de l'attitude des autorités britanniques à l'égard des condamnations prononcées par la C.E.D.H.[30], les contraintes juridiques du *Human Rights Act* de 1998 pèsent, *in fine*, sur le Gouvernement et le Parlement (*supra*, n° 440). Ici, le *dialogue constitutionnel* compense l'absence de contrôle de constitutionnalité de lois[31]. Mais, aux yeux de la doctrine, il a toujours été considéré que le Parlement reste souverain en ce sens qu'il s'est soumis volontairement aux contraintes posées par *l'European Communities Act* et le *Human Rights Act* et qu'il peut décider d'y renoncer à tout moment. Le *European Union Act* de 2011 a explicitement affirmé que le *EC Act* permet la reconnaissance du droit européen dans le système juridique britannique. La souveraineté parlementaire reste donc, en théorie, intacte[32].

Attardons-nous maintenant davantage sur les principales institutions britanniques, à savoir le parlement (§ 1), le Gouvernement (§ 2) et le monarque (§ 3).

§ 1. LE PARLEMENT

465 L'expression de Parlement doit être ici retenue dans un sens *spécifique*. Le développement du régime parlementaire en Grande-Bretagne tient au fait que le Parlement désigne, à

le texte sur le mariage pour tous. La moitié seulement des députés conservateurs le soutenait. En août 2013, la Chambre l'a mis en minorité sur la question d'une action militaire contre la Syrie. Il arrive qu'un premier ministre soit contraint d'engager la responsabilité du Gouvernement afin de mettre au pas les rebelles : Edward Heath, en 1971, à propos de l'adhésion à la Communauté européenne et John Major, en 1993, pour la ratification du traité de Maastricht puis en 1994 concernant la participation au budget communautaire. Voir Ch. J. KAM, *Party Discipline and Parliamentary Politics*, Cambridge University Press, 2009.

30. Voir les arrêts *Liberty c/ R.U.* (1er juillet 2008 – secret des correspondances) ; *Marper c/ R.U.* (4 décembre 2008-base de données ADN) et *A c/ R.U.* (19 février 2009 – détentions arbitraires). Le respect des contraintes européennes ne se fait pas sans difficultés. La Grande-Bretagne refuse ainsi toujours de se mettre en conformité avec l'arrêt *Hirst c/ R.U.* du 6 octobre 2005 condamnant les restrictions imposées au droit de vote des prisonniers. La chambre des communes a voté, en février 2011, une motion rappelant la primauté du pouvoir législatif national. Geste politique à l'égard des eurosceptiques, une commission chargée d'étudier les conséquences pour le Royaume-Uni d'un retrait de la CEDH a ensuite été constituée. Lors de la conférence de Brighton de 2012, la délégation britannique a tenté, sans succès, de modifier les attributions de la Cour européenne des droits de l'homme.

31. Sur la notion de *dialogue constitutionnel* forgée par la doctrine britannique et permettant de trouver une voie de compromis entre la suprématie législative et la suprématie de la constitution, voir A. DUFFY, *La protection des droits et libertés au Royaume-Uni*, L.G.D.J., 2007, p. 484-488.

32. V. P. DUCOULOMBIER, Le European Union Act 2011 ou la démocratie en excuse de l'euroscepticisme, *R.T.D.E.* 2012, p. 689.

l'image de la formule féodale, *the King in Parliament* (le roi en son conseil) *l'ensemble* formé par le roi et ses ministres, d'une part, *et* les deux chambres (les Communes et les Lords) qui siègent séparément depuis le XIVe siècle, au palais de Westminster, d'autre part. Dans ces conditions, la théorie de la *séparation des pouvoirs* s'apprécie différemment outre-Manche[33] puisqu'on incline plus vers une *collaboration étendue* des pouvoirs voire *une fusion* (W. Bagehot). Il n'en reste pas moins que dans une perspective contemporaine, l'histoire du droit constitutionnel n'ayant pas vocation à épuiser définitivement le débat, le régime britannique vit au quotidien la *séparation politique* entre le 10 Downing Street et Westminster, entre *frontbenchers* et *backbenchers* ; bref, entre les décideurs et les suiveurs.

L'examen du bicamérisme, invention britannique au même titre que le régime représentatif (v. *1re partie*), doit maintenant retenir l'attention.

A. LA CHAMBRE DES COMMUNES (HOUSE OF COMMONS)

466 On examinera, de manière classique, successivement sa composition, son organisation et ses attributions.

1. La composition

467 Les sujets britanniques âgés de 18 ans, depuis 1969, ainsi que les nationaux irlandais et les citoyens du Commonwealth, depuis 1981 *(Representation of the People Act)* résidents, participent à l'élection des membres des Communes. Forte en mai 2010 de 650 membres, représentant 44 millions d'électeurs, celle-ci donne de la nation[34] une image approximative, en raison de la déformation inhérente au mode de scrutin. Il y a lieu de préciser que les fonctionnaires sont *inéligibles* (*House of Commons disqualification Act* de 1975) et que le *contentieux* des élections, à la suite d'une réforme introduite par Disraëli en 1868, est confié à un tribunal *ad hoc* dans le cadre de chaque circonscription. Enfin, les élus prêtent serment d'allégeance à la Couronne[35].

2. L'organisation

468 Toute l'organisation des Communes reflète cette idée que, juridiquement indépendante et souveraine, à la suite de sa victoire en 1688 sur l'absolutisme royal, elle est

33. Tandis qu'en France, on se focalise sur les seules relations entre l'exécutif et le législatif (en suivant ici Montesquieu : *Des trois puissances dont nous avons parlé, celle de juger est, en quelque façon, nulle. Il n'en reste que deux*), le concept de *separation of powers* est, outre-Manche, essentiellement centré autour du pouvoir juridictionnel et de son interaction avec les organes exécutif et législatif (voir les récentes réformes du Lord Chancellor et de l'*Appelate committee* of the House of Lords (*infra*, n° 490)).

34. La répartition des sièges entre les quatre composantes du Royaume-Uni est la suivante : Angleterre : 529 sièges ; Écosse : 59 sièges ; Pays de Galles : 40 sièges et Ulster : 18 sièges. Est de plus en plus contesté le principe selon lequel les députés écossais de Westminster puissent toujours voter sur des textes concernant l'Angleterre alors qu'en raison de la dévolution, l'Écosse dispose désormais d'un Parlement avec des compétences législatives affirmées *(West Lothian Question)*. V. V. BOGDANOR, The West Lothian Question, *Parliamentary Affairs*, 2010, p. 156. C. MORRIS, *Parliamentary Elections, Representation and the Law*, Hart Publishing, 2012. On ne compte que 27 élus issus de minorités ethniques.

35. Aux yeux de la C.E.D.H., c'est une *condition raisonnable s'attachant au mandat du député, eu égard au système constitutionnel de l'État défendeur*. C.E.D.H., 8 juin 1999, *McGuiness c/ R.U.* Sur le droit parlementaire (autre invention britannique) : v. J. BEAUTÉ, Le règlement intérieur de la Chambre des Communes britannique d'hier à aujourd'hui, *R.D.P.* 1996, p. 1555 ; Th. ERSKINE MAY, *Parliamentary Practice*, 24e éd., 2011 (la première édition date de 1844).

cependant détournée, par la volonté populaire, dont elle est la *servante*, d'utiliser cette indépendance contre le gouvernement.

La durée de la législature, fixée initialement à sept ans, par le *Septennial Act* de 1715, a été ramenée à cinq ans par le *Parliament Act* de 1911. La mesure, qui ressortit à la compétence *personnelle* du premier ministre (*Sa Majesté s'est fait une joie gracieuse de signifier qu'elle se pliera à cette demande*, selon la formule traditionnelle rédigée en français), présente un aspect *fonctionnel* accusé. La convention selon laquelle la Chambre était habituellement dissoute au cours de la dernière année de son mandat a disparu avec l'adoption du *Fixed-term Parliaments Act* en 2011 (*supra,* n° 443).

Pendant l'intervalle des élections générales, les Communes peuvent théoriquement siéger en permanence, en tout cas régler elles-mêmes leurs sessions, réserve faite de l'ouverture annuelle du Parlement par le monarque. Mais, en fait, c'est le cabinet qui fixe la durée des sessions.

a) Les droits et privilèges des Communes

469 Ceux-ci sont fort étendus : inviolabilité, liberté d'expression ; droit d'accès auprès du roi par l'intermédiaire du *Speaker* ; droit de régler la procédure des débats ; d'admettre ou de ne pas admettre le public dans les tribunes ; droit de s'opposer à la publication des débats (il n'a pas été utilisé depuis 1762) ; droit de faire comparaître et d'admonester toute personne ayant manqué de respect à la Chambre *(contempt of Parliament)*, comme cela est arrivé, le 25 janvier 1957, à un rédacteur du *Sunday Express*, coupable d'avoir accusé les députés de recevoir une allocation exagérée d'essence. Somme toute, la chambre dispose de toutes les commodités qui, de proche en proche, ont constitué le droit parlementaire *commun* des sociétés pluralistes. Le scandale des remboursements des notes de frais révélé au printemps 2009 a cependant démontré que de nombreux élus avaient une conception particulière de l'*éthique parlementaire*. La volonté que Westminster cesse de se comporter tel un *club de gentlemen du XIXᵉ siècle* (G. Brown) s'est traduite rapidement par la création de l'Independent Parliamentary Standards Authority (IPSA) chargée d'imposer de nouvelles règles déontologiques[36]. La coalition *Tories-Lib. dem* souhaite instituer une procédure de *recall* permettant la destitution du député à l'attitude inappropriée. Un projet de loi en ce sens est en cours de préparation.

b) Le rôle insigne du Speaker

470 Le *Speaker*, qui exerce ses fonctions en robe et perruque (qui ne fut abandonnée qu'en 1992) et ne se déplace dans l'enceinte des Communes que précédé de la masse portée par le sergent d'armes, est, peut-on dire, une institution qui, comme le Parlement, remonte au Moyen Âge ; le titre apparaît en 1377. Une femme (Betty Boothroyd) a accédé, pour la première fois, à cette fonction enviable, en 1992.

À l'origine représentant du roi, le *Speaker* est devenu, à partir du XVIIIᵉ siècle, le porte-parole et le *défenseur* des privilèges des Communes. Il est chargé d'en diriger les débats[37], la majorité siégeant à sa droite, l'opposition à sa gauche, et exerce le pouvoir disciplinaire sur ses membres. Son influence sur le travail législatif est déterminante : il désigne les présidents des commissions législatives et opère la sélection des représentants autorisés à s'exprimer lors des séances publiques.

Pendant longtemps son impartialité fut essentiellement assurée par son élection qui survenait suite à un accord entre les deux partis. Tacitement, une alternance entre travailliste et conservateur était observée. Faute de démarche consensuelle, douze candidats se sont affrontés en 2000[38]. Aussi, une procédure de vote à bulletins secrets a-t-elle été instituée et mise en œuvre, pour la première fois, en 2009.

36. C. LAGEOT, La loi sur la liberté d'information et le scandale des notes de frais parlementaires ou lorsque Guy Fawkes prend sa revanche sur l'histoire, *R.F.D.C.*, 2011, p. 641.

37. Lorsqu'il est assis dans sa chaire, la masse posée sur la table, il est le maître des débats. Personne n'entre ni ne sort sans le saluer. Tous les discours s'adressent *à lui*, ce qui est un moyen d'éviter qu'ils ne prennent un caractère excessif. C'est lui qui donne la parole, veille à ce que les interventions ne s'éloignent pas de la question traitée, et, d'une façon générale, assure la liberté, la loyauté et la courtoisie des débats.

38. V. O. H. MARICOURT, Un nouveau Speaker pour la Chambre des Communes, *Pouvoirs* n° 97, 2001, p. 131.

Le *Speaker* s'abstient dans les votes, sauf en cas de partage ; ce qui est rarissime. Dans le même esprit, il doit quitter son parti et montrer, en toutes circonstances, une attitude de neutralité et d'exemplarité. Menacé d'une motion de défiance, faute d'avoir ni su ni surtout voulu astreindre les élus à davantage de transparence et d'honnêteté dans leur remboursement de notes de frais, Michael Martin a dû renoncer à ses fonctions, en 2009. Il faut remonter à 1695 pour retrouver un tel cas de figure.

3. Les attributions

471 Investi, en théorie, de la souveraineté, le Parlement la met en fait, à la *disposition* du cabinet, en vertu de la solidarité partisane qui les unit. Il en est ainsi de son pouvoir législatif et de contrôle.

a) Le pouvoir législatif

472 En un moment où la loi[39] *(statute-law)* tend à l'emporter sur le droit coutumier *(common law)*, en raison des changements dans les rapports économiques et sociaux et de l'influence grandissante du droit européen, il n'est pas indifférent de relever ce nouveau paradoxe britannique.

Bien que les membres de la Chambre des Communes possèdent l'initiative en matière législative (*private member's bills*[40] à distinguer des *private bills* qui n'ont pas de portée générale et impersonnelle), la plupart des lois sont d'origine *gouvernementale* (*governement's bills*). Ceci s'explique par le fait que la procédure favorise les projets de l'exécutif, mais essentiellement parce que, s'il s'agit d'un projet de la *majorité*, il sera tout naturellement présenté par le gouvernement qui en est l'animateur, et qu'à l'opposé, une proposition de l'opposition restera à l'état de pétition de principe. Qu'ils soient d'origine gouvernementale ou parlementaire, la procédure législative ordinaire[41] s'effectue selon la séquence suivante : *First reading* (dépôt officiel du texte) ; *Second reading* (discussion générale) ; *Committee Stage* (passage en commission – voir, en IIIe partie, l'intervention plus rapide de la commission française) ; *Report stage* (examen détaillé des articles modifiés et ajoutés en commission) et, enfin, *Third reading* (rapide discussion finale).

α) Les commissions

473 Les membres des Communes (MP's) sont naturellement appelés à siéger en commissions, mais suivant un système assez particulier. Il convient de distinguer trois types de commissions : la commission de la Chambre entière *(Committee of the Whole House)* les commissions législatives et les autres.

39. Des juristes de haut niveau, spécialisés dans la rédaction des lois *(Parliamentary draftsmen)* sont regroupés, depuis 1869, au sein de *l'Office of Parliamentary Counsel.* À l'image de sa consœur française, la loi britannique est critiquée pour son instabilité, son hermétisme et son manque d'intelligibilité. V. J. BELL, La loi britannique et la sécurité juridique, *E.D.C.E.* 2006, p. 34 ; E. STEINER, Adoption en Angleterre du style législatif en vigueur sur le continent : espoirs déçus et perspectives d'avenir, *R.I.D.C.* 2006, p. 809.

40. Face au *gouvernement-législateur* (P. Avril), la proportion de lois issues de propositions est marginale (6 sur 89 lois adoptées entre 2005 et 2007). Ce déséquilibre suscite peu de réactions des parlementaires ou de la doctrine qui restent convaincus que le Parlement n'est pas en situation de concurrencer le gouvernement dans la fonction législative. Notons l'existence inédite, parmi les mécanismes prévus, d'une procédure de tirage au sort (*The Ballot*) des parlementaires autorisés à déposer une proposition.

41. V. M. MAUGUIN-HELGESON, *L'élaboration parlementaire de la loi. Étude comparative (Allemagne, France, Royaume Uni)*, 2006 ; C. VINTZEL, *Les armes du gouvernement dans la procédure législative : étude comparée : Allemagne, France, Italie, Royaume-Uni*, 2011.

• La commission de la Chambre entière

474 Composée de tous les membres des Communes, elle est présidée, non par le *Speaker*, mais par le *chairman* des voies et moyens. Elle est compétente pour les lois de finances ; les lois de nature constitutionnelle (ratification du traité de Maastricht en 1992, réforme de la chambre des Lords en 1999), les lois controversées (chasse à courre en 2004) ou urgentes (terrorisme en 2005).

• Les commissions législatives

475 Les *Public bills committees* ont remplacé, en 2006, les *Standing committees*. Ce sont des commissions *ad hoc* chargées d'examiner un projet de loi déterminé. En un mot, il s'agit de commissions *spéciales*, appelées à disparaître une fois le travail terminé, et non permanentes. La commission prend le nom de la loi qu'elle est chargée d'examiner (par exemple, la *Criminal Justice and Immigration Bill Committee* instituée en 2007).

Chaque commission comprend entre 16 et 50 membres désignés par le comité du choix *(Committee of Selection)* de façon à ce que leur composition reflète celle de la Chambre. Le président (qui, en revanche, peut être un membre de l'opposition) est choisi par le *Speaker* et dirige les travaux de la commission de manière impartiale.

Afin de renforcer leur rôle, des auditions de ministres et d'experts peuvent être organisées depuis 2006. D'autres *General committees* sont présentes avec des fonctions variées (principalement les trois *European standing committees* examinant les textes de l'Union européenne ; les *Scottish affairs committees* pour l'Écosse).

• Les autres commissions

476 Les *Select Committees* sont des commissions permanentes. Aux côtés des *Departemental Select Committees* (*infra*) certaines sont chargées d'objets divers (comme l'environnement, l'administration publique). Une mention spéciale doit être réservée à *l'European scrutinity Committee*, créée en 1974, et qui est dotée d'une compétence horizontale s'étendant à tous les projets soumis au Conseil de l'Union européenne. Elle dispose d'un véritable pouvoir d'orientation de la politique gouvernementale. Au surplus, un *Select Committee* de la Chambre des communes peut s'associer à son équivalent à la Chambre des Lords et créer ainsi un *Joint Committee.* On soulignera l'existence du *Joint Committee on Human Rights* chargé, d'abord, de vérifier en amont la compatibilité d'un projet de loi avec le *Human Rights Act* et, ensuite, de s'assurer de la correcte exécution des arrêts de la Cour européenne des droits de l'homme et des déclarations d'incompatibilité au HRA prononcées par les juges supérieurs britanniques.

β) La conduite des débats aux Communes

477 En principe, les débats n'ont lieu que si un nombre suffisant de membres est présent. Ce nombre est actuellement fixé à quarante, y compris le *Speaker*. Dans les faits, en raison de la tradition, de l'institution du vote personnel et du contrôle des *whips*, l'assiduité des MP's est honorable.

• La présentation d'une motion

478 Elle est défendue brièvement par celui qui l'a déposée et généralement par un autre membre ; s'il s'agit d'un projet ou d'une proposition de loi ; c'est le président de la commission qui l'a examinée qui, en séance publique, en fait la présentation.

• La mise en question de la motion

479 Le *Speaker* invite la chambre à se prononcer en lui proposant une *question*, qui reprend sous une forme interrogative les termes de la motion. C'est à ce moment que la chambre se décide sur la prise en considération et que le projet ou la proposition peut être amendé. Mais toutes les novations à la motion primitive *(substantive motion)* s'opèrent selon le même processus : motion en vue de faire modifier les termes de la question *(subsidiary motions)*, questions, décisions.

La parole ne peut être prise que si elle a été accordée par le *Speaker* ; lesMP's parlent de leur banc, il n'y a pas de tribune et, en principe, sans notes ; ils doivent s'adresser, on le sait, non à la chambre ou à un ministre, mais au *Speaker* lui-même. Par ailleurs, ce dernier a le droit d'éliminer les *amendements* qui lui paraissent inutiles ou dilatoires (procédé dit du *kangourou*), qui n'est pas sans analogie avec le système français du *vote unique* (art. 44, al. 3 C) ; il est également largement maître de la clôture des débats (*closure of debate*). Par ailleurs, si un accord informel avec l'opposition n'a pu être obtenu (*the usual channels*) le gouvernement peut astreindre les parlementaires à discuter dans un délai imposé (*programme orders* et *guillotine motion*) afin de mettre un terme à l'obstruction ou *filibustering*. Malgré une augmentation visible depuis 1997, le recours à de tels instruments reste raisonnable.

• La décision

480 Le terme de la procédure est, en effet, la décision une fois le débat achevé, le *Speaker* pose définitivement la question telle qu'elle a été amendée ou, en tout cas discutée, et la Chambre se prononce. Cette procédure, lorsqu'on en suit pour la première fois le déroulement, peut paraître compliquée. En fait, elle interdit tout chevauchement de discussions et aussi les longueurs ; le *Speaker* intervenant de façon constante pour faire le point du débat.

b) Le pouvoir de contrôle

481 À l'occasion de l'examen de la genèse du régime parlementaire, on a indiqué que la responsabilité politique des ministres procédait de la procédure pénale de *l'impeachment*[42] (*supra,* n° 268). Observons seulement qu'à l'heure actuelle, en raison du bipartisme et de la stricte discipline de vote, en dehors de problèmes relevant de la conscience individuelle (peine capitale, avortement, homosexualité ou indemnités parlementaires), la mise en cause de la responsabilité politique du Gouvernement n'existe plus dans les faits. Au siècle dernier, deux cabinets travaillistes ont été censurés, ceux de Mac Donald et Callaghan en 1924 et 1979. À la vérité, la logique du parlementarisme majoritaire aboutit à *inverser* le schéma traditionnel. À partir du moment où il est, en définitive, *responsable devant le corps électoral*, c'est plutôt le Gouvernement qui contrôle les Communes, par l'intermédiaire de sa majorité. Ce sont, en effet, des relations de *chef à troupes* (G. Vedel). Ce lien disciplinaire n'exclut ni l'insubordination parlementaire ni l'obligation, pour tout gouvernement, de rendre compte de son activité.

α) Les crises sèches ou intra-majoritaires

482 Le premier ministre est condamné à réussir car il est responsable devant son parti. Lorsqu'il apparaît affaibli, impopulaire ou atteint par un scandale, le parti, même si le locataire du 10 Downing Street continue de disposer de l'appui de la majorité parlementaire, peut en tirer toutes les conséquences. Le premier ministre n'est au final que l'obligé de son parti qui n'hésitera pas à le sacrifier si le besoin s'en fait sentir. En 1957, Anthony Eden, au lendemain de l'équipée de Suez, doit s'effacer au profit d'Harold Mac Millan. À son tour, celui-ci est contraint à se retirer, en 1963, à la suite de l'affaire Profumo. La révolte des contribuables, due à la poll tax et à l'échec économique de Margaret Thatcher, mis brutalement fin à son pouvoir, en 1990[43]. Tony Blair préféra démissionner en 2007 au profit de Gordon Brown plutôt que de subir l'humiliation d'être évincé par le parti travailliste.

Le premier ministre doit donc constamment s'assurer de l'appui et de l'unité du parti. John Major n'a pas hésité, en 1995, à démissionner de la présidence du parti conservateur afin de mettre au pied du mur ses adversaires (*les eurosceptiques*) et ses détracteurs après l'échec subi aux élections locales.

42. V. Y. DEMEER, L'impeachment dans les institutions anglaises et américaines, *Mélanges Jacques Teneur*, 1997, p. 1.

43. V. G. W. JONES, Mais qui a tué Maggie ?, *Pouvoirs* n° 58, 1991, p. 113. On retrouve cette logique dans les États se réclamant du modèle du parlementarisme majoritaire. En Allemagne, le chancelier Erhard fut écarté, en 1966, par ses amis et remplacé par Kiesinger. En Australie, on pensera à l'éviction de Kevin Rudd en 2010 par Julia Gillard et sa revanche sur celle-ci en 2013.

Tony Blair, malmené en 2003 sur la question de l'engagement militaire britannique en Irak (frondes de députés travaillistes, audition du premier ministre par une commission indépendante dirigée par Lord Hutton chargée d'identifier les diverses responsabilités suscitées par l'affaire Kelly) puis de nouveau en 2006 (Scotland Yard décidant, fait sans précédent, de l'entendre comme témoin à propos du financement occulte du parti travailliste) a réussi malgré tout à maintenir le cap. Par la même occasion, *Teflon Tony* a établi un nouveau record de longévité au pouvoir d'un premier ministre travailliste détenu précédemment par Clement Attlee. G. Brown, après avoir évincé T. Blair en 2007, a été constamment confronté à une crise d'autorité politique. De son côté, D. Cameron subit périodiquement les mouvements d'humeur des eurosceptiques. À force de leur donner des gages (en promettant d'organiser à terme un référendum sur l'appartenance du Royaume-Uni à l'Union européenne et ayant fait voter le *European Union Act* de 2011), il ne fait qu'accroître leur crédibilité (le parti anti-européen, UKIP, ayant distancé les conservateurs et les travaillistes aux européennes de 2014). Le refus, en août 2013, de la Chambre des communes de recourir à la force en Syrie a constitué une véritable *humiliation* pour le premier ministre dont le leadership est de plus en plus contesté par une frange de députés tories.

β) L'obligation de rendre compte

483 Être responsable, c'est aussi rendre compte sincèrement et régulièrement de ses activités, de ses dépenses et éventuellement de ses erreurs devant le Parlement (concept d'*accountability*). Plusieurs mécanismes sont présents.

Les questions orales : Après les prières au début de chaque séance, une heure est réservée aux questions des MP's *(question-time)*. Le moment le plus attendu se produit le mercredi, avec l'intervention du chef du Gouvernement *(Prime Minister's, Question time)*, pour une durée de 30 minutes[44]. De manière inédite, le premier ministre accepte, depuis 2002, de répondre, deux fois par an, aux questions posées par le *Liaison Committee* (v. *infra*).

Le contrôle administratif : Depuis 1979, les *Departemental Select Committees* (au nombre de 19) sont essentiellement chargés de contrôler la gestion d'un département ministériel. Comprenant une dizaine de membres, la répartition des présidences est effectuée de manière équitable entre les partis (4 étaient présidées par un conservateur et 3 par un libéral-démocrate en 2004). Une spécialisation plus poussée est possible grâce à la création des sous-comités (*sub-committees*). Le *Liaison Committee*, comprenant tous les présidents des *Select Committees*, gère l'organisation générale des travaux des commissions.

Le contrôle budgétaire : L'efficacité de la dépense publique est appréciée par le *Public Accounts Committee* institué dès 1857 et traditionnellement présidé par un membre de l'opposition. Au quotidien, cette commission – sans doute la plus puissante du Parlement britannique – est assistée par un organe indépendant de l'Exécutif, le *National Audit Office* (N.A.O.) placé sous l'autorité du *Comptroller and Auditor General.*

γ) Le mandat de négociation

484 Au terme d'une convention de la constitution négociée en 1974, les chambres disposent, à l'égal du *Folketing* danois, d'un pouvoir d'orientation de la politique gouvernementale en matière communautaire. Le ministre ne peut agir que dans les limites du mandat qu'il a reçu. Il est tenu d'en rendre compte après la réunion du Conseil européen. De la même façon, le Gouvernement s'engage à refuser d'adopter en Conseil de l'Union européenne une proposition en instance d'examen devant une chambre, sauf circonstances exceptionnelles (pratique dite de la *réserve parlementaire*).

44. Les PMQ's, dans leur formulation moderne, ont été instituées en 1961. Avant l'arrivée au pouvoir de T. Blair, deux sessions de quinze minutes (le mardi et le jeudi) étaient prévues. En moyenne, le Premier ministre répond à 25 questions par session.

B. LA CHAMBRE DES LORDS (HOUSE OF LORDS)

485 L'héritière du *Magnum concilium* est dans l'attente perpétuelle de la réforme qui mettra fin à ses spécificités par rapport à ses consœurs européennes.

1. La composition

486 L'adoption du *House of Lords Act* de 1999 a mis fin à l'anachronisme d'une chambre *pleine de dignité* (W. Bagehot) qui était devenue, avec le temps, *le grand conservatoire des rites anglais* (M. Bouissou)[45].

Présidée par le *Lord Speaker* (depuis 2006), la Chambre des Lords est protocolairement la première, puisque c'est dans sa salle des séances qu'est approuvée la nomination du *Speaker* des Communes, qu'a lieu la cérémonie de l'assentiment royal aux lois votées ainsi que le discours du trône.

Jusqu'à la réforme de 1999, elle revêtait un caractère largement féodal et aristocratique. Parmi ses 1100 membres, s'y rencontraient des pairs héréditaires (les *pairs éternels*) créés par le monarque, des viagers nommés à vie depuis le *Life peerage Act* de 1958 par la reine (en fait, le premier ministre) ainsi que 26 Lords spirituels (archevêques et évêques anglicans). Dans son écrasante majorité, elle était conservatrice (200 Lords travaillistes environ) ; toutefois, échappant à la logique du bipartisme, certains Lords étaient non-affiliés politiquement (les *cross-benchers*).

Le *House of Lords Act* de 1999 en transforme la composition puisque la pairie héréditaire disparaît presque intégralement (92 pairs, à titre de compromis, continuent de siéger) ce qui a réduit de moitié l'effectif (782 Lords siégeant en mai 2012 : 667 pairs viagers, 90 pairs héréditaires, 25 Lords spirituels). Grâce à une active politique de patronage (c'est-à-dire la nomination de pairs par le premier ministre, après avis d'une commission de validation[46]) le rééquilibrage politique de la chambre est patent[47].

45. C. BALLINGER, *The House of Lords 1911-2011, A Century of Non-Reform*, Hart Publishing, 2012 ; Jean-Éric GICQUEL, La réforme de la Chambre des Lords : de l'audace à l'immobilisme, *L.P.A.*, 7 avril 2003 ; A. LACOUDRE, L'ultime bataille de la Chambre des Lords, *L.P.A.*, 19 avril 1999 ; Ph. NORTON, La réforme de la Chambre des Lords, *Pouvoirs* n° 93, 2000, p. 39.

46. En 2006, l'étau judiciaire s'est refermé autour de T. Blair accusé d'avoir remercié des généreux donataires du parti travailliste en proposant, sans succès, leur nomination à la Chambre des Lords. Cas unique dans l'histoire britannique, il a été le premier chef de gouvernement en exercice à être entendu, dans le cadre d'une affaire criminelle, à deux reprises par Scotland Yard. Par ailleurs, la justice britannique, en avril 2008, a estimé illégale son intervention de 2006 visant à obtenir l'arrêt d'une enquête pour corruption concernant la vente d'avions de combat à l'Arabie Saoudite (affaire *BAE systems*). Les travaillistes, arrivés au pouvoir en 1997, avec la volonté d'en finir avec les turpitudes des conservateurs, ont été, à leur tour, touchés de plein fouet par les scandales financiers. L'*Erminegate* (trafic d'influence au sein de la Chambre des Lords) accompagné du scandale du remboursement de notes de frais des députés ont aggravé, en 2009, le discrédit de la classe politique. *Ils n'en mourraient pas tous, mais tous étaient frappés*. La Fontaine. La révélation, en 2011, du recours aux écoutes téléphoniques par le tabloïd *News of the World* a ouvert une nouvelle boîte de Pandore dévoilant l'ampleur des liens entretenus par le groupe Murdoch avec le parti conservateur mais aussi avec T. Blair lorsque celui-ci était aux affaires.

47. En mai 2012, la composition politique de la Chambre des Lords est la suivante. Ne sont pas comptabilisés, d'une part, les 25 Lords spirituels et, d'autre part, 32 Lords non affiliés ou issus de petits partis nord-irlandais, gallois ou euro-sceptique (UKIP)

	Travaillistes	Conservateurs	Libéraux-Démocrates	Crossbenchers (sans affiliation)
Pairs héréditaires	4	48	4	32
Pairs viagers	231	166	86	154
Total	233	214	90	186

Les *Crossbenchers* mis de côté, l'appui des Libéraux-démocrates s'avère donc capital à la Chambre des Lords pour mener à bien toute réforme législative. Depuis mai 2010, il en est de même à la Chambre des Communes. Les libéraux-démocrates sont devenus le groupe charnière au sein du Parlement britannique.

Si la première étape a été franchie somme toute facilement, il reste désormais à établir une nouvelle seconde chambre (dont le nom officiel n'a pas été encore fixé). L'incertitude ne concerne pas ses attributions (qui seraient inchangées) mais sa composition. En effet, si le principe d'un effectif entièrement élu ou nommé n'est pas retenu, la proportion exacte entre ces deux voies d'accès est encore à trouver. Satisfaits d'avoir obtenu l'essentiel, *i.e.* la suppression d'un bastion conservateur, T. Blair et G. Brown, se sont ensuite, malgré leurs engagements répétés, désintéressés de la question. Depuis 2010, le parti libéral-démocrate pousse à la réforme que le parti conservateur semble soutenir du bout des lèvres.

2. Le rôle

487 Comblée d'égards, privée de pouvoirs, telle peut se résumer, à première vue, l'évolution de la Chambre haute.

a) La Chambre des Lords et la constitutionnalisation du pouvoir

488 Le régime parlementaire est né dans un climat libéral ou élitiste, puisque les électeurs à la Chambre des Communes ne représentaient, jusqu'en 1832, que 4 % environ de la population. À cette époque, c'est la Chambre des Lords qui, dans une large mesure, mène le jeu et accapare le pouvoir. Maîtres de la Chambre des Communes, les lords le sont aussi du ministère. Celui-ci est présidé par un des leurs, et les membres des Communes y sont toujours en minorité. Bien plus, le contrôle politique du cabinet appartient, en réalité, de façon indirecte mais sûre, à la chambre haute. Son déclin s'amorce à partir de la réforme électorale de 1832 initiée par l'un des siens, Lord Grey.

b) La Chambre des Lords et la démocratisation du pouvoir

489 À partir de ce moment, le régime se recentre autour du Cabinet et des Communes. Le premier ministre est issu de celle-ci. Lord Salisbury en 1902 sera le dernier d'entre eux venant de la Chambre haute. La règle sera définitivement fixée, en ce sens, lorsque Stanley Baldwin, en 1923, s'imposera face à Lord Curzon. La majorité des ministres est également prise dans la chambre élective. Enfin, les lords voient progressivement s'amenuiser leurs attributions législatives. Un bicaméralisme égalitaire finit par s'établir, sauf en matière financière, où les MP's, représentant les contribuables, avaient de manière consensuelle imposé leurs vues aux lords. En 1909, le bras de fer entre le gouvernement Lloyd George et la Chambre des Lords sur une réforme fiscale tourna en défaveur de la seconde. Soutenu par le peuple (les élections législatives consécutives aux deux dissolutions de la Chambre des communes étant assimilables à une double consultation référendaire), le gouvernement réussit à faire voter le *Parliament Act* de 1911. Cette loi, matériellement constitutionnelle, permet la promulgation des *Money bills* par le Monarque sans l'accord des Lords. Dans les autres domaines, ils disposent d'un droit de veto temporaire (faculté de retarder) limité à deux ans (un an depuis le second *Parliament Act* de 1949[48]). Au surplus, selon la *convention de Salisbury* établie en 1947, la Chambre des Lords renonce à s'opposer à un texte programmatique présenté par le Cabinet, au motif qu'il a été approuvé implicitement par le peuple.

En pratique, les désaccords frontaux sont exceptionnels[49]. Les nombreux amendements votés par les *nobles seigneuries* (terme par lequel les lords sont appelés) sont souvent acceptés par le

48. V. J. CADART, Le Parliament Act de 1949, *R.D.P.* 1952, p. 681. La classique querelle constitutionnelle sur sa validité (et donc celle des lois adoptées sur son fondement) est revenue sur le devant de la scène en 2005. Un recours devant les *Law Lords*, formé par des opposants à la suppression de la chasse à courre imposée par le *Hunting Act*, et fondé sur l'irrégularité du *Parliament Act* de 1949, a été rejeté en 2005 (HL, *R (Jackson) v. Attorney-General*). M. RUSSEL, *The Contemporary House of Lords. Westminster Bicameralism Revived*, Oxford University Press, 2013.

49. Le recours au veto suspensif des Lords a été utilisé à l'égard des lois relatives : aux crimes de guerre (1991 ; l'unique utilisation par un gouvernement conservateur) ; à l'introduction de la représentation proportionnelle pour les élections européennes (1999), aux délits sexuels (2000) et enfin à la suppression de la chasse à courre (2004).

Gouvernement de crainte de voir sa réforme retardée excessivement. Moins illégitime qu'auparavant en raison de la suppression de la pairie héréditaire (*supra*), la Chambre des Lords depuis 1999 s'affirme de plus en plus et n'hésite pas à s'opposer fréquemment au gouvernement (notamment lors des discussions sur les lois de répression du terrorisme de 2001 et 2005, puis en 2008 sur l'extension du délai de garde à vue. En 2012, sous l'impulsion cette fois-ci des Lords spirituels, le plafonnement des aides sociales a été rejeté). Échappant à la discipline majoritaire en vigueur à la Chambre des communes, grâce notamment à la présence – absolument inédite dans un Parlement moderne – d'un nombre important d'indépendants, les *Crossbenchers*[50], sa fonction de contrôle s'est singulièrement étoffée avec la création du *Select Committee on the constitution* (évaluant le processus de la dévolution) et à travers son influence décisive au sein du *Joint Committee on Human Rights* (*supra*). Après avoir connu des heures sombres, le bicamérisme s'exprime de nouveau pleinement en Grande-Bretagne.

La Chambre des Lords était, jusqu'en 2009, la plus haute juridiction du royaume. Plus précisément, 12 *Law Lords* constituaient l'*Appellate Committee* en matière civile et criminelle[51]. Avec l'adoption du *Constitutional reform Act* de 2005, cette fonction a été transférée à la ***Cour suprême – U.K. Supreme Court***[52].

490 **La Cour suprême** a été définitivement installée le 1er octobre 2009. Elle est composée de 12 membres (désignés par le monarque, en fait par le premier ministre sur proposition du Lord Chancelier suite à une sélection effectuée par une commission de cinq membres indépendants). Malgré son appellation, il ne s'agit pas pour autant d'une véritable cour suprême au sens juridique du terme, *i.e.* d'une cour placée au sommet de la hiérarchie des juridictions.

Ses attributions recouvrent le contentieux de la dévolution et les appels rendus en matière civile et pénale par les juridictions suprêmes anglaise, galloise, nord-irlandaise et écossaise. Lui échappent, d'une part, le contentieux pénal écossais – les décisions de la High Court of Judiciary écossaise rendus dans ce domaine étant définitives et, d'autre part, les recours contre les décisions des Cours suprêmes de certains États du Commonwealth ainsi que les litiges survenus sur des territoires britanniques situés outre-mer (Gibraltar, îles Falkland notamment) qui relèvent, quant à eux, de la compétence du *Comité judiciaire du conseil privé* (v. *infra*, n° 493).

Indépendamment de la possibilité d'écarter une loi contraire au droit de l'Union européenne (depuis l'arrêt *Factortame* de 1991), la Cour suprême, à l'instar des hautes juridictions britanniques, peut aussi déclarer une loi incompatible avec le Human Rights Act de 1998 (v. *supra*, n° 439). Tel a été récemment le cas d'une loi imposant à certains prisonniers de notifier systématiquement, une fois libérés, leur changement d'adresse aux forces de police (*R. and Thomson v. Secretary of State for the Home Departement*, 2010) ou d'une autre instituant une conservation définitive des empreintes ADN des personnes acquittées (*R. v. The Commissioner of Police of the Metropolis*, 2011). On l'a compris, la conciliation entre la suprématie de la Constitution et la souveraineté parlementaire s'avère chaque jour de plus en plus subtile. En revanche, concernant l'étendue du droit de vote des détenus, qui constitue un point de fixation avec la Cour européenne des droits de l'homme (v. *supra*, n° 439), la Cour suprême n'a pas émis de déclaration d'incompatibilité compte tenu de la volonté (bien timorée) du Parlement de modifier la législation. En sus, elle a rappelé qu'elle doit seulement *s'efforcer* de prendre en compte les décisions de la Cour européenne (*R. v. Secretary of State for Justice*, 2013).

Après le pouvoir législatif, la révolution constitutionnelle conduite depuis 1997 a touché le pouvoir judiciaire. Parallèlement, le rôle du *Lord Chancellor*, qui jusqu'ici était à la fois membre du Gouvernement, président de la Chambre des Lords et chef de *l'Appellate Committee* a été amplement transformé afin d'être plus compatible avec les enseignements de Montesquieu et surtout des exigences de la Convention européenne des droits de l'homme.

50. L'existence des *Crossbenchers* est historiquement liée à la situation de nombreux pairs héréditaires qui, compte tenu de leur mode de nomination, pouvaient se tenir à l'écart des conflits entre les partis. Cet esprit particulier s'est maintenu ensuite. V. M. RUSSEL et M. SCARIA, Independent parlementarians en masse : The changing nature and role of the Crossbenchers in the House of Lords, *Parliamentary Affairs*, 2009, p. 32.

51. P. et R. DOOKHY, Le développement du contentieux de la loi en Angleterre, *R.F.D.A.* 1999, p. 159.

52. A. LE SUEUR (sous la direction), *Building the UK's new Supreme Court, National and Comparative perspective*, Oxford University Press, 2004. A. DUFFY-MEUNIER, La Cour suprême au Royaume-Uni. Après le Constitutionnal reform Act 2005 : une juridiction hors norme, *R.I.D.C.* 2012, p. 681.

§ 2. LE GOUVERNEMENT

491 Le régime parlementaire a été conçu originairement pour réaliser un *équilibre* entre le Parlement et le cabinet. Selon les traditions nationales, il a évolué soit, vers la prédominance du législatif soit, vers celle de l'exécutif.

Le parlementarisme britannique a pris une orientation contrastée, par rapport à la France d'avant 1958, en ce sens qu'il est demeuré un *Gouvernement*. Adossé à sa majorité, agissant en théorie au nom du monarque, c'est le cabinet qui exerce la fonction dirigeante. Il est juste, toutefois de rappeler, qu'en raison de son mode d'élection, le cabinet, et plus particulièrement son *leader*, peut se réclamer de l'investiture populaire et donc de la légitimité démocratique. Par suite, la définition classique de Bagehot (*The British constitution*, 1867) s'impose : *un comité de liaison, un trait d'union qui joint, une boucle qui fixe la partie législative de l'État à la partie exécutive de l'État. Par son origine, il appartient à l'une, par ses fonctions, il appartient à l'autre.*

Cependant, cette situation est le résultat d'une évolution qu'il importe de retracer. Elle a emprunté deux étapes : *l'héritier* du roi est devenu celui du peuple : du service de Sa Majesté, il a été promu à celui de ses sujets.

A. LE GOUVERNEMENT : L'HÉRITIER DU MONARQUE

492 C'est en Grande-Bretagne que le ministère est devenu, pour la première fois, en tant que tel, *l'héritier* des pouvoirs du roi, à la suite des révolutions de 1640 et de 1688. Selon le sens inné du compromis, qui caractérise le peuple anglais, le roi ne pouvant rien faire, ne peut mal faire *(the king can do no wrong)*[53]. Seuls les ministres sont responsables d'une politique arrêtée et menée en son nom.

1. L'organisation du Gouvernement

493 À l'origine, on trouve auprès du monarque, le Conseil privé *(Privy council)*, qui ressemble beaucoup à celui dont s'entoure, à la même époque, le roi de France. C'est de ce conseil que procède, par une longue évolution, l'actuel cabinet ministériel. Il se compose d'environ 550 membres, nommés à vie, qui portent le titre de *Right honourable*. Seuls les ministres, membres de droit du conseil privé, exercent les fonctions politiques décisives.

Ses attributions sont essentiellement protocolaires. Il donne son approbation formelle à l'exercice des prérogatives royales : l'annonce de la convocation, l'ajournement ou la dissolution de la Chambre des Communes, les déclarations de guerre, l'édiction des *statutory orders in council* qui sont la forme britannique de la législation *déléguée*. Au quotidien, il intervient à l'égard des ordres professionnels, des universités et de certaines personnes morales.

Une fonction juridictionnelle est assurée par son comité judiciaire *(Judicial Committee of the Privy Council –JCPC)* composé de juges et qui statue en appel sur les décisions rendues par les Cours suprêmes de certains États membres du Commonwealth (tels l'île Maurice et la Jamaïque ou encore la

53. Le contexte dans lequel le régime parlementaire est né, en Grande-Bretagne, l'a marqué longtemps de son empreinte. Au XIXe siècle, on l'a considéré comme lié d'une manière intime, sinon indissoluble au système monarchique. Ainsi, la France en fait l'apprentissage, sous la monarchie constitutionnelle de 1814 à 1848. Il faut attendre 1875 pour qu'il soit associé au régime républicain. Encore faut-il souligner qu'il s'agissait de préserver l'avenir, en attendant *le retour... du lys* selon le mauvais jeu de mots, que l'on faisait à l'époque. Pour revenir à la Grande-Bretagne, il faut rappeler que, l'avènement de la dynastie de Hanovre, en 1714, a précipité la translation de l'autorité. Lorsque George III (1760-1820) voulut la reprendre, sa folie l'en empêcha.

Nouvelle-Zélande jusqu'en 2003) ; sur les litiges survenus sur des territoires britanniques situés outremer (Gibraltar, îles Falkland notamment). Les litiges intervenant dans le domaine de la *dévolution* en Écosse, Pays de Galles et Irlande du Nord ont été transférés à la Cour suprême (v. *supra*, n° 490).

Le cabinet, bien qu'ayant actuellement une origine purement parlementaire, demeure toujours, en théorie, un *comité* émanant du conseil privé et, du reste, les ministres sont, en même temps, obligatoirement membres de ce dernier.

a) *Le ministère*

494 La composition actuelle du Gouvernement repose sur une distinction fondamentale entre *ministère* et *cabinet*. Sur le continent, l'habitude est de considérer les deux termes comme équivalents. En revanche, ici ils se présentent à la manière de *cercles concentriques*.

Le ministère représente l'organisme gouvernemental *lato sensu*. Il comprend, suivant la formule des auteurs anglais, toutes les personnes qui, unies par les liens de la solidarité du parti, sont collectivement responsables devant le Parlement de la politique de la majorité. Le ministère est une formation nombreuse, il se compose souvent de plus d'une centaine de personnes. Les ministres (*Secretary of State*) sont, au quotidien, assistés par des secrétaires d'État (*Minister of State*) et sous-secrétaires d'État (*Parliamentary Under-Secretary*) qui ne participent pas aux réunions du cabinet.

Les membres du Gouvernement restent parallèlement des parlementaires (issus de la Chambre des communes, à de rares exceptions près). Compte tenu de la taille de l'effectif gouvernemental, les voies de la domination de l'exécutif sur la chambre basse sont largement ouvertes. Aussi, pour éviter les abus, le *House of Commons disqualification Act* de 1975 limite-t-il à 95 le nombre de ministres et de secrétaires d'État issus de la Chambre des communes. En résulte toutefois une *séparation politique* entre *frontbenchers* et *backbenchers*[54].

b) *Le cabinet*

495 Au sein du ministère, le cabinet est la partie *efficace* (Bagehot) ou le noyau dur de tout le mécanisme exécutif. À l'opposé du Gouvernement, il ne comprend qu'un *petit nombre* de ministres choisis *intuitu personae* par le premier ministre. On y trouve, en général, aux côtés de celui-ci : le vice-premier ministre (qui ne dirige pas de département ministériel et qui, fait inédit, est depuis mai 2010 le libéral-démocrate N. Clegg), le *Chancelier de l'Échiquier* (ministre des Finances) ; le *secrétaire au Foreign Office* (ministre des Affaires étrangères) ; *le Lord Chancellor* (ministre de la Justice) ; les ministres chargés de l'intérieur ; de la défense ; de l'éducation ; du commerce et de l'industrie ; de l'agriculture ; des affaires d'Écosse ; du pays de Galles ; d'Irlande du Nord ; des affaires sociales, et de l'emploi, ainsi que les *leaders (Chief Whips)* des Communes et de la Chambre des Lords, qui ont rang ministériel. Le cabinet comprend donc, en général, une vingtaine de membres, mais la liste des titulaires n'est pas fixée *ne varietur*[55]. Avec le poste de vice-premier ministre, les libéraux-démocrates ont obtenu, en 2010, quatre postes ministériels.

54. Ainsi, le Comité 1922 réunissait-il à la Chambre des Communes les députés conservateurs n'appartenant pas au gouvernement (*backbenchers*) lorsque le parti était au pouvoir. Suite à la volonté de D. Cameron, l'ensemble des députés peuvent désormais y siéger depuis mai 2010.

55. Le cabinet reflète les différentes tendances du parti majoritaire, unies par le lien de solidarité gouvernementale qui s'apprécie strictement. En cas de dissension, la démission s'impose (Robin Cook, en 2003, sur le dossier irakien) ou le changement d'attributions (Jack Straw, en 2006, à propos de l'Iran).

Tous les membres du cabinet, comme ceux du ministère, sont choisis personnellement par le premier ministre. Bien que gardant, théoriquement, le pouvoir de nommer, le monarque ne peut, en réalité, refuser son agrément ; *a fortiori*, il a renoncé au pouvoir de les révoquer[56]. Au regard de la responsabilité politique, le ministre (et même le premier d'entre eux) est tenu de rendre des comptes (*accountability*) d'abord devant le peuple (lors des élections) mais, plus concrètement, devant les parlementaires et des commissions d'enquêtes créées le plus souvent *sui generis* (en 2003 sur les conditions de l'engagement des forces britanniques en Irak et le suicide du Dr Kelly) et même après le départ du pouvoir (en 2010, une nouvelle fois à propos de l'Irak, la *tache indélébile* de T. Blair). L'obligation de sincérité s'impose impérativement (voir la démission du ministre chargé de l'immigration, confronté à ses propres mensonges, en 2004). La responsabilité individuelle du ministre, pour des faits étrangers à sa fonction, dévoilés, le plus souvent, par une presse indélicate, subsiste (voir, en 2014, la démission du ministre de la culture en raison d'une fraude sur ses indemnités parlementaires puis celle de son collègue chargé de l'immigration employant une femme de ménage en situation irrégulière). Reste qu'en définitive, le ministre ne répond que devant le premier ministre et il restera *en fonctions tant qu'il conserve (sa) confiance* (*Ministerial Code* de 2007).

2. Le fonctionnement du Gouvernement

496 En droit, le Gouvernement est toujours la réunion, à peine officielle, des collaborateurs du monarque. C'est peut-être ce caractère discret, tout au moins au regard des textes constitutionnels, qui a fait que, jusqu'à la première guerre mondiale, le ministère malgré toute son autorité ne disposait d'aucune organisation. Aucun secrétariat permanent n'était prévu ; il n'était tenu aucun procès-verbal ; la procédure suivie, pour les convocations et les discussions, dépendait uniquement du premier ministre et changeait avec lui. Par la suite, la collégialité s'est organisée autour et pour ce dernier.

a) Le premier ministre et l'organisation du Gouvernement

497 Depuis qu'en 1923, Baldwin fut choisi de préférence à Lord Curzon, le premier ministre est toujours un membre de la Chambre des Communes. Un pair ayant, toutefois, la possibilité de renoncer à son titre, depuis 1963. À l'origine, *primus inter pares*, celui-ci n'a cessé depuis William Pitt *(the Younger)*, qui a modelé l'institution pendant 20 ans (de 1783 à 1801, puis de 1804 à 1806), de conforter son autorité en raison de son investiture populaire[57]. L'ascendant personnel de Margaret Thatcher et de Tony Blair en porte témoignage. La première aura gouverné sans partage onze ans et remporté, de

Les changements ministériels sont, du reste, fréquents (voir en ce sens le rapport de la Chambre des communes (*Political and Constitutional Reform Committee, The Impact and Effectiveness of Ministerial Reshuffles*, 13 juin 2013) – V. BARBÉ, Actualité de la fonction exécutive au Royaume-Uni, *Constitutions* 2013, p. 30). Par exemple, sous T. Blair et G. Brown (1997-2010), six ministres à la défense et à l'intérieur se sont succédé. Par ailleurs, un *Ministerial Code* – véritable code éthique du ministre – est élaboré par le chef du gouvernement dès son arrivée au 10 Downing Street.

56. Le renvoi en 1834, de Lord Melbourne par Guillaume IV est le dernier exemple de la volonté royale. Le parlementarisme *dualiste* s'effacera au profit du parlementarisme *moniste*. En cas de Parlement sans majorité (*Hung Parliament*), les conventions établissaient que le premier ministre reste en place afin de créer une majorité de soutien. Gordon Brown, au vu de l'ampleur du désaveu électoral et de l'attitude des libéraux-démocrates, a préféré, en 2010, laisser à David Cameron le soin de s'atteler le premier à cette tâche.

57. Sir Robert Walpole a préfiguré ce rôle pendant 23 ans (de 1715 à 1717, puis de 1721 à 1742). La fonction de premier ministre, issue d'une convention de la constitution, a été consacrée indirectement par le *Ministers of the Crown Act* de 1937. V. A. CASTEL, Le premier britannique. Naissance d'une institution conventionnelle, *Revue hist. de droit français et étranger*, 1981, p. 199 ; J.-Cl. COLLIARD, L'élection du premier ministre et la théorie du régime parlementaire, *Mélanges Pierre Avril*, 2001, p. 517 ; J. LARUEZ, M. Thatcher, Un gouvernement fort dans un système souple et adaptable, *Pouvoirs*, n° 147, 2013, p. 135. P. NORTON, Governing alone, *Parliamentary Affairs*, 2003, p. 543.

manière inédite, trois élections générales consécutives[58]. Le second, en fonction pendant dix ans, a incarné la *présidentialisation* des institutions. Il est un fait certain que le Gouvernement de cabinet *(Cabinet Government)* reposant selon un processus décisionnel collégial est de nos jours supplanté par le Gouvernement du premier ministre *(Prime ministerial Government)*. Dans une démarche très proche du *gouvernement présidentiel* américain, le *Prime minister*, entouré de ses conseillers personnels, de ses *spin doctors*, privilégiant les comités restreints et les entretiens en tête-à-tête avec les ministres est omniprésent médiatiquement[59], centralise la prisc de décision et dicte au final ses choix aux ministres, renvoyés au rôle d'exécutants. L'invasion de l'Irak en 2003 résulte directement de ce processus d'isolement voire d'autisme. Le peuple installe au 10 *Downing Street* un monarque temporaire imposant sa prééminence au gouvernement, au Parlement et au parti. La *présidentialisation* du pouvoir britannique ; la *dictature élective* (Lord Hailsham) en découlent naturellement.

α) Les prérogatives du premier ministre

498 Le premier ministre recommande au monarque l'utilisation de ses *prérogatives royales. De facto*, il sollicite celles-ci à son profit. Il constitue librement le Gouvernement, décide des changements ultérieurs et présente sa démission collective. À l'égard du Parlement, il choisit le moment de la dissolution ou de sa convocation pour des journées supplémentaires de session. Enfin, il exerce le droit de grâce, l'octroi de titres et d'honneurs.

Le premier ministre assure *seul* la liaison entre le gouvernement et le monarque (les ministres n'ayant pas d'accès direct). C'est lui, tout d'abord, qui se rend chaque semaine auprès de ce dernier, lequel depuis le règne de George Ier (1714-1727) n'assiste plus aux délibérations du cabinet. Ensuite, une fois par an, il prépare la rédaction du discours du trône qui sera lu par le monarque.

L'interventionnisme du premier ministre dans l'activité quotidienne du Gouvernement est une réalité parfois pesante[60], et, tout particulièrement, dans la politique étrangère. On peut dire que le secrétaire au *Foreign Office* est un exécutant, quand il n'est placé devant le fait accompli. Sans remonter à William Pitt, luttant contre la France révolutionnaire et impériale, on citera des exemples saisissants : Neville Chamberlain a conduit *personnellement* la politique d'apaisement vis-à-vis de l'Allemagne national-socialiste ; Edward Health, le seul *européen* du royaume, comme il aimait à le dire, est à l'origine de l'adhésion de son pays à la Communauté européenne en 1972 ; Margaret Thatcher a dirigé *seule*, en 1982, la reconquête des Malouines, sans dévier, par ailleurs de ses objectifs en matière économique et européenne ; Tony Blair a imposé la participation à la guerre préventive contre l'Irak en 2003 ; quant à David Cameron, il a officialisé l'isolement de la Grande-Bretagne au sein de l'Union européenne en 2011.

58. Au XIXe siècle, Lord Liverpool avait créé un précédent entre 1812 et 1827. Mais les élections se déroulaient au suffrage restreint. Margaret Thatcher a établi le record de longévité gouvernementale, avec 11 ans et 6 mois (mai 1979-novembre 1990). Tony Blair, son meilleur disciple, devra se contenter de 10 ans et un mois (mai 1997-juin 2007). Au regard de ces durées de fonctions, la stabilité gouvernementale de la Ve République mérite d'être relativisée ; T. Blair ayant connu, certes, un seul président de la République, J. Chirac, mais trois Premiers ministres (L. Jospin, J.-P. Raffarin et D. de Villepin).

59. T. Blair avait institué le rite des conférences de presse mensuelles où il répondait aux questions de la presse locale, nationale et internationale.

60. Cependant, le ministre des Finances peut opposer un pouvoir de résistance (accentué entre 1997 et 2007 par la concurrence politique entre Tony Blair et Gordon Brown présenté rapidement comme son successeur au sein du parti travailliste puis au 10 Downing Street). Une dyarchie virtuelle s'est ainsi mise en place. G. Brown, le Chancelier de l'Échiquier le plus puissant de l'histoire britannique, a imposé au premier ministre le renoncement à l'Euro. V. R. PARRY, Dualisme au sommet : le premier ministre et le chancelier de l'Échiquier, *Pouvoirs* n° 93, 2000, p. 21.

En rajoutant que la durée des fonctions n'est pas préfixée (11 ans de pouvoir pour M. Thatcher, 10 pour T. Blair) et que la vocation de la majorité parlementaire est de soutenir fidèlement son action, la position du premier ministre est enviable notamment lorsqu'on la compare avec celle du président des États-Unis qui pourra au mieux exercer deux mandats de quatre ans et est astreint à négocier constamment avec le Congrès. Mais la Roche Tarpéienne est près du Capitole. Le premier ministre est en *permanence responsable* car aux côtés du soutien renouvelé des électeurs (défaite de J. Major en 1997 et de G. Brown en 2010) l'appui constant du parti lui est indispensable (v. *supra,* n° 482).

β) L'organisation administrative du 10 Downing Street

499 Le 10 Downing Street est le centre nerveux du pouvoir[61]. Le premier ministre dispose de son propre cabinet (au sens français du terme), le *Prime Minister's Office* structuré autour de quatre entités : *Private Office, Policy Directorate* (détermination de la vision stratégique), *Political Office* et *Press Office* (qui avait pris une ampleur démesurée sous T. Blair). L'effectif, tournant autour d'une soixante de personnes, est similaire à celui observé pour Matignon.

Le *Cabinet office*, quant à lui, exerce les fonctions attribuées en France au S.G.G. et S.G.A.E. (v. *IIIe partie*) auxquelles il faut rajouter la gestion du *Civil service*.

Au quotidien, les comités restreints (*Cabinet committees*) sont le lieu privilégié de la *coordination* ministérielle et de la *négociation*. Ceux-ci réunissent seulement les ministres (membres ou non du cabinet) intéressés à l'étude d'une question. Le Chancelier de l'Échiquier, ainsi que le *Chief Whip*, y sont naturellement conviés. C'est en leur sein que sont utilisés les sous-secrétaires d'État qui apprennent ainsi à faire leurs premières armes. Le premier ministre peut toujours présider chacun de ces comités ou s'y faire représenter par un membre du cabinet.

b) Les attributions du Gouvernement

500 La régulation du *Civil Service* et des forces armées, la conduite des relations diplomatiques incluant le déploiement de troupes à l'étranger et la ratification des engagements internationaux ressortissent, entre autres, à la compétence au quotidien du Gouvernement. Issues des *prérogatives royales* exercées jadis souverainement par le monarque, ces attributions ne donnent pas lieu à un véritable contrôle parlementaire.

α) La détermination de la politique nationale

501 Sous l'autorité du premier ministre, le cabinet arrête, avec une grande indépendance, les lignes générales de la politique intérieure et extérieure du pays, en raison, d'une part, du mandat que le pays lui a conféré et, d'autre part, de la discipline de sa majorité.

β) La direction de l'administration

502 La seconde tâche du cabinet est d'animer et de contrôler l'administration (*Whitehall*, comme on dit). En Grande-Bretagne, ce contrôle est réel. Sa réalité tient à la durée de l'équipe ministérielle, à son importance et aussi aux traditions de loyalisme du remarquable *Civil Service*, qui applique, avec efficacité, avec honnêteté, la politique de l'équipe au pouvoir, tout en cultivant, au sens noble, le dilettantisme et le scepticisme.

61. V. M. CHARLOT, *Le pouvoir politique en Grande-Bretagne*, 1990, p. 431 ; Ch. CLIFFORD, 10 Downing Street, *Revue française d'administration publique* n° 83, 1997, p. 423.

γ) *L'initiative financière*

503 Il dispose de l'initiative financière et domine toute la vie de l'État. Le fait est d'autant plus notable que le Parlement anglais a, jadis, conquis son pouvoir politique, grâce essentiellement aux prérogatives financières qu'il avait su se faire connaître et par lesquelles, il a pu se rendre *indispensable :* l'impôt ou la taxe n'étant consenti que pour une brève période. Il a renoncé en 1713 à son pouvoir d'initiative au profit du Gouvernement[62]. Depuis 1994, l'année budgétaire est assimilée à l'année civile.

δ) *La maîtrise du processus législatif*

504 Grâce au relais de sa majorité, le cabinet dispose de la *prééminence*. À ce propos, il appartient à une commission, formée en son sein, par les présidents des chambres et le *Chief Whip*, dont le rôle original a déjà été évoqué, de préparer le programme de chaque session. Le Gouvernement peut organiser les débats en recourant au procédé dit de la *guillotine* (*allocation of time motion*).

Les lois sont d'origine gouvernementale ; les MP's n'intervenant qu'à la marge (v. *supra,* n° 472). Au surplus, le cabinet bénéficie de l'*habilitation législative*, appelée *législation secondaire ou déléguée*. Le droit d'édicter des dispositions, au lieu et place des assemblées, a été accordé ici au Gouvernement plus tôt qu'en France. Les *Statutory instruments* (environ 4 000 par an) permettent de compléter – ou de rectifier – le cadre législatif et sont élaborés par les services du ministre compétent. Sauf exceptions, ils doivent être soumis au Parlement afin d'acquérir une valeur législative. En règle générale, le silence observé pendant une durée de 40 jours, par chaque chambre, vaut approbation (le dernier refus de la Chambre des communes remonte à 1979). À l'époque contemporaine, l'introduction du droit communautaire dans le droit britannique s'est opérée sur cette base *(European Communities Act* de 1972)[63].

B. LE GOUVERNEMENT : MANDATAIRE DU PEUPLE

505 Le fait qu'il ait hérité les pouvoirs du monarque ne suffit pas à expliquer l'autorité exceptionnelle dont jouit l'exécutif. À vrai dire, la source la plus évidente de son autorité, se trouve dans le dialogue *direct* que le premier ministre entretient avec le peuple en recourant aux moyens médiatiques les plus modernes (tel YouTube par G. Brown et Twitter par D. Cameron) et aux conseils d'experts en communication (les *spins doctors* dont A. Campbell fut, auprès de T. Blair, l'archétype). Le slogan calibré (le fameux *tough on crime, tough on the causes of crime* de T. Blair) a désormais plus d'impact politique que le discours convenu devant les chambres. Par delà les apparences, le premier ministre, à l'imitation des présidents américain et français, procède du peuple. La position de Bagehot, voyant dans le cabinet *un comité du corps législatif choisi pour être le corps exécutif*, est trop historiquement datée pour fournir, de nos jours, un cadre pertinent de réflexion. De fait, le régime représentatif britannique a incorporé un élément de démocratie semi-directe. Le gouvernement et son leader qu'il le constitue sont concrètement désignés par le peuple.

1. Un Gouvernement désigné par le peuple

506 En théorie, l'électeur du Royaume-Uni désigne, on le sait, un candidat dans sa circonscription. Jusqu'en 1926, un MP's nommé ministre devait se faire réélire immédiatement afin de démontrer

62. V. J. MOLINIER, *La procédure budgétaire en Grande-Bretagne*, thèse Paris, 1969 et J. BEAUTÉ, art. précité *R.D.P.* 1996, p. 1581.

63. V. J. LAFERRIÈRE, La législation déléguée en Angleterre et le contrôle de son exercice par le Parlement, *Mélanges Achille Mestre*, 1956, p. 331 ; J. BELL, Les ordonnances (au Royaume-Uni), *R.F.D.A.* 1987, p. 750.

l'accord de ses électeurs. Depuis, par l'intermédiaire du bipartisme et l'inhérence de la discipline, d'une part, et de l'obligation où le monarque se trouve d'entériner, à la manière d'un officier ministériel, la volonté majoritaire, d'autre part, l'électeur choisit tout à la fois, *un député*, et plus encore *un chef de Gouvernement, une équipe et un programme gouvernemental*. En effet, si le ministère au pouvoir, au moment d'élections générales, les remporte, il sera reconduit dans sa formation générale, à quelques exceptions près. Si, c'est, au contraire, l'opposition qui en sort victorieuse, le *Shadow Cabinet* (cabinet fantôme), élu à chaque session parlementaire, assure la relève sur-le-champ. Rien n'est pour autant définitivement acquis et l'émergence d'une coalition en mai 2010 en est la meilleure illustration.

2. Un programme gouvernemental approuvé par le peuple

507 Le *two-party system* place l'électeur devant un choix binaire, donc clair, en dehors d'un vote protestataire. Par la suite, les sondages d'opinion et les élections partielles permettent au Gouvernement de demeurer en contact avec le pays. Il reste que, si une initiative du premier ministre a manifestement échoué, celui-ci démissionnera pour éviter que son parti ne soit affecté. En se retirant, en 1957, au lendemain de l'affaire de Suez, Anthony Eden entendait ainsi le préserver. Les conservateurs ont pris les devants, en 1990, face à l'hostilité croissante de la politique de Margaret Thatcher. Tony Blair, confronté à une fin de mandat difficile (enlisement en Irak, financement occulte du Labour, révoltes de *backbenchers* à la Chambre des communes) a été soutenu du bout des lèvres lors des élections de 2005 et contraint de quitter le pouvoir en 2007. Enfin, sur un fond d'incertitude économique et d'un climat d'affaires pesant, l'avenir politique de G. Brown s'est assombri chaque jour et a conduit à la défaite des travaillistes en mai 2010. La coalition en place depuis 2010 vacille. L'Europe est un sujet de dissension chez les conservateurs. La victoire de l'UKIP aux européennes de 2014 va assurément l'exacerber. Quant à leurs alliés, les libéraux-démocrates, ils sont en chute libre en termes de popularité. Il est vrai qu'ils ont renié, un à un, tous leurs engagements électoraux. *Qui sème le vent, récolte la tempête*.

3. Un Gouvernement révoqué par le peuple

508 En raison de la logique majoritaire et du phénomène d'osmose entre MP's et Gouvernement, la responsabilité politique de celui-ci et de son leader, est virtuellement parlementaire et ne joue plus que de façon marginale (une seule occurrence depuis 1945 avec le renversement de J. Callaghan en 1979). Dans la pratique et, conformément à la logique du two-party system, un cabinet ne peut pas, en principe, être mis en minorité aux Communes. La responsabilité est devenue électorale, selon une loi du genre. C'est donc, à l'issue de la législature que le peuple jugera l'action de l'équipe dirigeante et acceptera (victoire des travaillistes en 2001 et 2005) ou pas (le vote-sanction des conservateurs en 1997 et des travaillistes en 2010) de le reconduire dans ses fonctions. L'intrusion du peuple a radicalement modifié le modèle de Westminster qui perd alors son originalité primitive.

§ 3. LA COURONNE

509 La monarchie est, sans aucun doute, l'élément le plus ancien des institutions politiques britanniques. La reine Elizabeth II, qui a fêté en 2012, son jubilé de diamant, est, malgré quelques détours, la descendante du roi Egebert, qui unifia l'Angleterre en 829. Placée à la tête du Commonwealth, elle demeure le chef de l'État notamment pour l'Australie[64], la Nouvelle-Zélande et le Canada où elle est représentée par un gouverneur général.

64. Par voie de référendum organisé le 6 novembre 1999, les Australiens se sont prononcés contre l'instauration d'une République. V. S. MURRAY, L'avenir de l'Australie et de ses relations avec le Royaume-Uni : De la Monarchie à la République, *Pouvoirs*, n° 141, 2012, p. 91. Si le modèle de Westminster a pu s'accompagner de la proclamation de droits et libertés en Nouvelle-Zélande en 1990 (*New Zealand*

La Couronne est, par suite, un facteur important de continuité et de stabilité dans la vie nationale, comme dans les autres monarchies européennes. Elle exprime et résume le *consensus*, en un moment où celui-ci a été affecté, notamment par le thatchérisme. Elle symbolise, dans les moments difficiles, la cohésion nationale. *Les terroristes ne changeront pas notre mode de vie*, a ainsi déclaré la reine Elizabeth II, après les attentats de Londres en juillet 2005. Cette situation exceptionnelle est la rançon de sa transformation.

A. LE MONARQUE : LE SYMBOLE DE LA NATION BRITANNIQUE

510 Diverses règles constitutionnelles s'expliquent par l'importance du souverain, envisagé comme le symbole de la nation britannique. Ce sont d'abord les règles d'accession au trône. La Couronne s'est transmise suivant le droit commun successoral dans la famille de Hanovre, qui a pris, pendant la Première Guerre mondiale, le nom de Windsor, puis en 1959, celui de Windsor-Mountbatten, sans exclusion des femmes, d'abord aux héritiers mâles par ordre de primogéniture, puis aux femmes. Avec le *Succession to the Crown Act* de 2013, la règle de primogéniture est désormais indifférente au sexe.

En vertu du *Settlement Act* de 1701, l'accession au trône est interdite à un(e) catholique. Le *Succession to the Crown Act* n'est pas revenu sur cette exclusion mais a supprimé la disposition selon laquelle le mariage avec un(e) catholique écartait définitivement l'intéressé(e) de la succession (règle imposée par l'*Act of Supremacy* de 1558). Les nouvelles règles doivent désormais être intégrées dans les constitutions des États du Commonwealth.

Le monarque est protégé par la maxime : *Le roi ne peut mal faire*. Il ne dispose même pas du droit de grâce ; tout au plus, a-t-il le pouvoir d'attribuer des titres aux membres de sa famille. Sa personne étant inviolable, il ne peut être poursuivi ni pénalement, ni civilement devant les tribunaux du royaume[65]. La revendication d'un droit par un particulier à l'encontre du souverain, suppose l'utilisation du droit de pétition ou de supplique, et le monarque est toujours censé accorder gracieusement une compensation.

En résumé, on peut marquer sa condition par trois ordres de faits : il ne peut s'exprimer publiquement que par l'entremise du premier ministre. À cet égard, le discours du trône par lequel le monarque ouvre la session du Parlement et énonce les projets de réformes qui seront présentés aux MP's et aux Lords est rédigé par le chef du Gouvernement. De la même façon, il n'est pas libre de ses mouvements. Margaret Thatcher s'est opposée à la visite d'Elisabeth II à Moscou en 1988 et 1989. À l'opposé, John Major l'a encouragé à plaider la cause du traité de Maastricht en se rendant au Parlement européen, en 1992. Le monarque n'est même pas libre de ses sentiments : le premier ministre Baldwin a contraint Édouard VIII à abdiquer, en 1936, au moment où celui-ci songeait à épouser Wallis Simpson, déjà divorcée deux fois.

Bill of Rights Act) et en Grande-Bretagne en 1998 (via le *Human Rights Act*), l'Australie continue de s'en détourner. En 2010, le Gouvernement Rudd n'a finalement pas retenu le projet présenté par la commission Brennan de doter l'Australie d'un *Bill of Rights* (voir *supra*, n° 408) Plus symboliquement, la Nouvelle-Zélande organisera, en 2015, un référendum portant sur le maintien de l'Union Jack sur son drapeau. Elle pourrait suivre le Canada qui a, en 1965, adopté la feuille d'érable.

65. W. Bagehot en concluait : *Si le roi tue un ministre, le premier est responsable, si le roi tue le premier ministre, personne n'est responsable.* Notons que la reine Elizabeth était intervenue, en tant que personne privée, auprès des tribunaux, en février 1983, pour que cesse la publication par le quotidien *The Sun* d'articles méconnaissant la vie privée de la famille royale. Elle devait obtenir gain de cause.

Incarnant la nation, le monarque a longtemps fait l'objet d'une véritable vénération depuis le règne de Victoria (1837-1901)[66]. Le comportement de George VI (le *roi bègue)* visitant Londres pendant le Blitz en 1940 cimenta l'esprit de résistance des Britanniques. Reste que, plus tard, les frasques de la famille royale (divorce du prince de Galles, en 1996) et surtout l'indifférence à l'émoi populaire suscité par le décès de la princesse Diana (*the people's princess*) en 1997 ont affaibli, un temps, l'institution monarchique et provoqué, pour la première fois, dans l'opinion publique, une interrogation sur son rôle, voire son utilité. Depuis, les relations sont devenues aigres (violences commises contre la Rolls du prince Charles en 2010) – douces (mariage du prince William en 2011 ; jubilé de diamant de la reine en 2012). Il n'en reste pas moins que la Grande-Bretagne a singulièrement évolué (notamment sur le plan multiculturel) depuis l'accession au trône d'Elizabeth II en 1952, et il semble grand temps que la monarchie s'adapte.

B. LE MONARQUE : LIEN ENTRE LA NATION ET LE GOUVERNEMENT

511 *Le roi règne, mais ne gouverne pas.* Tout est dit dans cette formule ramassée. Le Monarque est seulement le garant du jeu institutionnel à la manière d'un arbitre au sens sportif du terme. Il entérine la volonté populaire au moment d'appeler une personnalité aux fonctions de premier ministre[67]. Il promulgue les lois, quand bien même il demeure théoriquement investi du pouvoir de sanction. Mais, depuis 1707, date à laquelle la reine Ann refusa son assentiment à un *bill (Scottish Militia Bill)*, la sanction se présente à la manière d'une clause de style : *La Reyne le veult*, selon la formulation en vieux français. À ce propos, Walter Bagehot observait, avec pertinence, que *si le Parlement votait un jour l'exécution de la souveraine, la loi devait être contresignée par elle, sans possibilité de refus*. Dans une logique approchante, le monarque, depuis 1714, n'assiste plus au conseil des ministres. À l'occasion de son jubilé en 2012, Elisabeth II y a été exceptionnellement conviée en tant qu'*observatrice*. Cependant, ce *non-pouvoir* n'exclut nullement la persuasion.

C. LE MONARQUE : UNE MAGISTRATURE DE PERSUASION

512 À cette fin, il est particulièrement au fait de la vie nationale. Informé, il est susceptible d'exercer une influence.

66. V. Ch. HARGROVE, *La reine, le mythe et la réalité*, 1994 ; M. CHARLOT, La monarchie et l'opinion publique en Grande-Bretagne, *Pouvoirs* n° 78, 1996, p. 73.

67. En dehors du précédent de la reine Victoria qui en 1894 avait préféré parmi les candidats libéraux, Lord Rosebury, cette liberté s'est présentée lorsque l'Angleterre est sortie du bipartisme initial *(tories et whigs)* entre 1906 et 1924, le roi a pu, à l'occasion de cette turbulence, choisir le chef de la coalition, en écartant les membres de la Chambre des Lords, par surcroît. Lorsque le bipartisme se réaligne parfaitement, la compétence du monarque est *liée*, à la façon d'un automate ; fût-ce lorsque le premier ministre démissionne en laissant sa majorité au pouvoir. En ce cas, un collège idoine choisit un successeur comme ce fut le cas, en avril 1976, pour James Callaghan en remplacement d'Harold Wilson ; en novembre 1990 (John Major succédant à Margaret Thatcher), et en juin 2007 avec la passation de pouvoirs, attendue depuis longtemps, entre Tony Blair et Gordon Brown. Face à une Chambre des Communes sans majorité (*Hung Parliament*), les conventions établissent que le Monarque doit rester à l'écart des controverses politiques et laisser les états-majors des partis le soin de trouver les conditions permettant au futur premier ministre d'être assuré du soutien de la majorité des députés. Parallèlement, le Monarque peut s'opposer à une dissolution quasi immédiate de la Chambre des Communes (comme celle opérée en 1974) si une alternative gouvernementale crédible lui apparaît envisageable.

1. L'information du monarque

513 S'il ne préside plus les réunions ministérielles depuis le début du XVIIIe siècle, le souverain est parfaitement renseigné. Sous cet aspect, il reçoit en audience, tout d'abord, chaque semaine, le mardi après-midi, du premier ministre, le compte rendu, oral mais complet, des délibérations du cabinet. Aucune publicité n'est donnée à ces rencontres. Il se voit ensuite adresser tous les documents destinés à ce dernier et diffusés par le *Cabinet Office* et les départements ministériels. On lui communique également toutes les dépêches diplomatiques et les dépêches d'agences, ainsi que les procès-verbaux analytiques des séances du Parlement. Il a, enfin, des *contacts personnels* avec les gouverneurs généraux qui le représentent auprès des seize États membres du Commonwealth où il est encore le chef de l'État, les gouverneurs des dernières colonies, les ambassadeurs britanniques dans les principaux États du monde[68].

2. L'influence personnelle du monarque

514 On prétend que l'influence de la reine Elizabeth se mesure à ses sourires. Elle donne des avis, jamais des ordres, sans que son opinion ne soit divulguée, à l'exception de sa succession. On sait qu'elle a autorisé en décembre 1995, avec l'accord du premier ministre, au prince et à la princesse de Galles de divorcer[69].

Sans se départir du respect des règles constitutionnelles, le monarque exerce une magistrature d'influence (dès 1867, Walter Bagehot affirmait : *Le roi a le droit d'être consulté, d'encourager et de mettre en garde)*, à l'état diffus, dans le domaine des affaires étrangères (voir le rôle actif d'Édouard VII à la naissance de l'*Entente cordiale* en 1904) et tout particulièrement dans celui des relations avec le Commonwealth (notamment en Australie lors de la crise constitutionnelle de 1975).

515 À l'heure où la classe politique est régulièrement frappée de scandales (dont le dernier en date, le remboursement de notes des frais des députés, a, en 2009, marqué les esprits par son ampleur et son mépris des deniers publics) et au moment où, et la situation est exceptionnelle, un gouvernement de coalition a en main les destinées de la Grande-Bretagne soumise à une cure d'austérité sans précédent, une *nouvelle ère constitutionnelle* pourrait parallèlement émerger.

Après les premières fondations posées par les travaillistes à partir de 1997 (dévolution, réforme partielle de la Chambre des Lords, vote du *Human Rights Act*, suppression du Lord Chancellor, création d'une Cour suprême qui a rendu ses premières décisions en 2010), la réforme constitutionnelle continue de rester à l'ordre du jour. Ouvertes à la discussion publique, en quête d'un consensus politique, les perspectives juridiques envisagées par les uns et les autres rapprocheront insensiblement la Grande-Bretagne

68. Les témoignages ont confirmé que la souveraine, non seulement est parfaitement respectueuse des choix populaires, mais qu'elle est, à n'en pas douter, la personne la mieux éclairée et la plus expérimentée du Royaume. Harold Wilson confessait même qu'il avait eu le sentiment de subir un véritable examen de passage en se rendant, pour la première fois, au Palais de Buckingham. Rappelons en effet que Elizabeth II qui reçoit David Cameron depuis 2010 s'entretenait, en 1952, avec Winston Churchill...

69. Le prince de Galles entend, quant à lui, œuvrer en faveur d'une monarchie davantage à l'écoute. Au mépris de l'obligation de neutralité des membres de la famille royale, il a manifesté sa sollicitude aux laissés-pour-compte de la politique néo-libérale, mis en cause des projets architecturaux, critiqué le système éducatif ou le recours aux OGM, et, plus encore, marqué sa préférence, en matière électorale, pour la représentation proportionnelle. La politique internationale fait aussi l'objet de son intérêt ; il a ainsi, après les événements en Urkaine de 2014, comparé Poutine à Hitler. Par voie épistolaire, il donne régulièrement son avis aux ministres sur la législation. Il a, pour la première fois, représenté en 2013 sa mère à une réunion du Commonwealth.

des autres démocraties. Qu'on en juge par l'ampleur des chantiers en cours : disparition du droit discrétionnaire du premier ministre de recourir à la dissolution de la Chambre des communes (effectuée en 2011), réforme du mode de scrutin des députés (rejetée par référendum en 2011), destitution populaire du député en cours de législature (préparation d'un projet en loi en 2014), institution d'une Chambre des Lords élue, renforcement de la dévolution, établissement d'un *British Bill of Rights* fixant une liste détaillée de droits, de libertés mais aussi de devoirs, et enfin adoption d'une constitution écrite[70]. Reste que, indépendamment du nouvel équilibre à trouver entre la protection de la liberté individuelle et la pulsion sécuritaire qui n'a cessé de se renforcer depuis le 11 septembre 2001, l'enjeu majeur concerne les relations à terme entre la Grande-Bretagne et l'Europe.

BIBLIOGRAPHIE

1. En langue française

■ A. ANTOINE, L'avenir de la Chambre des Communes à la suite des élections du 6 mai 2010, *R.F.D.C.* 2011, p. 733 ■ V. BARBÉ, *Le rôle du Parlement dans la protection des droits fondamentaux. Étude comparative : Allemagne, France, Royaume-Uni*, 2009 ■ J. BELL, La révolution constitutionnelle au Royaume-Uni, *R.D.P.* 2000 p. 413 ■ M. CHARLOT, *Le système politique britannique*, 2e éd., 1984, et *Le pouvoir politique en Grande-Bretagne*, 1990 ■ R. DAVID et X. BLANC-JOUVAN, *Le droit anglais*, 9e éd., 2001 ■ A. DUFFY-MEUNIER, La Cour suprême au Royaume-Uni. Après le Constitutionnal Reform Act 2005 : une juridiction hors norme, *R.I.D.C.* 2012, p. 681 ■ P. et R. DOOKHY, Le développement du contentieux de la loi en Angleterre, *R.F.D.A.* 1999, p. 159 ■ A. DUFFY, *La protection des droits et libertés au Royaume-Uni*, L.G.D.J., 2007 ■ Cl. JOURNES, *L'État britannique*, 2e éd., 1994 ■ J. LERUEZ, *Le système politique britannique depuis 1945*, 2e éd., 2001 ■ Les institutions de la Grande-Bretagne, Doc. d'études, droit constitutionnel, D.F., 1999 ■ H. LEVY-ULLMANN, *Le système juridique de l'Angleterre*, 1928 (rééd.) ■ M. MAUGUIN-HELGESON, *L'élaboration parlementaire de la loi. Étude comparative (Allemagne, France, Royaume-Uni)*, 2006 ■ Chr. de NANTOIS, *Le député : une étude comparative. France, Royaume-Uni, Allemagne*, thèse Paris-X, 2006 ■ F.-M. MOUGEL, *Royaume-Uni, les années Blair*, D.F., 2005 ■ F. ROUX, *La dévolution en Grande-Bretagne. Contribution à la réflexion sur l'autonomie institutionnelle*, thèse Clermont-Ferrand, 2007 ■ G. SCOFFONI et A. DUFFY, L'actualité constitutionnelle dans les pays de *common law* et de droit mixte, *chr., R.F.D.C.* ■ C. VINTZEL, *Les armes du gouvernement dans la procédure législative : étude comparée : Allemagne, France, Italie, Royaume-Uni*, thèse Paris I, 2009. ■ On consultera aussi : La Grande-Bretagne, *Pouvoirs* n° 37, 1986, Le Royaume-Uni de Tony Blair, *idem* n° 93, 2000.

■ 70. V. A. ANTOINE, La question de l'adaptation d'un nouveau *Bill of Rights* au Royaume-Uni, *R.I.D.C.* 2010, p. 685.

2. En langue anglaise

■ W. BAGEHOT, *The English constitution*, London, Kegan, 2e éd., 1872 ■ C. BALLINGER, *The House of Lords 1911-2011, A Century of Non-Reform*, Hart Publishing, 2012 ■ N. BAMFORTH, The Application of the Human Rights Act 1999 to Public Authorities and Private Bodies, *Cambridge Law Journal*, n° 58, 1999, p. 159 ■ V. BOGDANOR, Our new constitution, *Law Quaterly Review*, 2004, p. 242 ■ R. BRAZIE, The constitution of the United Kingdom, *Cambridge Law Journal*, n° 58, 1999, p. 96 ■ A. DICEY, *Introduction to the Study of the Law of the constitution*, London, Macmillan, 10e éd., 1959 ■ R. HAZELL, The continuing dynamism of constitutional reform, *Parliamentary Affairs*, vol. 60, n° 1, 2007, p. 3 ■ I. JENNINGS, *The Law and the constitution*, Cambridge University Press (C.P.U.), 5e éd. 1959 ; *Cabinet Government*, C.P.U., 3e éd., 1959 ; *Parliament*, C.P.U., 2e éd., 1969 ■ F. KLUG et C. O'BRIAN, The first two years of the Human Rights Act, *Public Law*, 2002, p. 649 ■ A. LE SUEUR (sous la direction), *Building the UK's new Supreme Court, National and Comparative perspective,* Oxford University Press, 2004 ■ J. P. MACKINTOSH, *The British Cabinet*, London, Stevens, 3e éd., 1977 ■ G. MARSHALL, *Constitutional Conventions*, Oxford, Clarendon Press, 1984 ■ C. MORRIS, *Parliamentary Elections, Representation and the Law*, Hart Publishing, 2012 ■ M. RUSSEL, *The Contemporary House of Lords. Westminster Bicameralism Revived*, Oxford University Press, 2013 ■ J. STEYN, The case for a supreme court, *Law Quartely Review*, 2002, p. 382 ■ A. TOMKINS, *Devolution and the British constitution*, London, Key Haven, 1998 ■ D. WOODHOUSE, *Ministers and Parliament*, Oxford, Clarendon Press, 1994 ; *No overall control : The impact of a "hung parliament" on British politics*, Hansard Society, 2008.

3. Sites Internet

■ Gouvernement : *www.number-10.gov.uk* ■ Parlement : *www.parliament.uk* ■ Cour suprême : *www.supremecourt.gov.uk* ■ Équivalent de Legifrance : *www.bailii.org*

CHAPITRE II
DROIT CONSTITUTIONNEL DES ÉTATS-UNIS D'AMÉRIQUE

516 Il était *sans fortune personnelle, noir et portant un nom bizarre*[1]. Il est devenu cependant le 44e président des États-Unis en 2008 et a été réélu en 2012. Rarement une élection présidentielle n'aura suscité un tel enthousiasme populaire dépassant les frontières américaines. La formidable leçon de vie donnée par Barack Obama, *peu importe d'où l'on vient, peu importe à quoi on ressemble ou les défis que lance la vie : aucun rêve n'est inaccessible*, synthétisée par le slogan de sa campagne de 2008, *Yes, we can !*, constitue un message universel à la fois de stimulation mais aussi d'envie car chacun le sait, le *rêve américain* est un modèle difficilement exportable. Reste que l'accession de celui-ci à la magistrature suprême, qui démontre l'extraordinaire vitalité de la démocratie américaine, n'a pas permis à la question raciale, qui continue d'imprégner le quotidien, d'entamer une nouvelle évolution.

Bouture de l'Europe, les États-Unis ont favorisé grandement l'avènement du droit constitutionnel, à ce point que Gladstone, parlant de leur constitution de 1787, n'hésitait pas à la qualifier de *l'œuvre humaine la plus admirable qui soit jamais sortie du cerveau humain*. En faisant la part de l'exagération, celle-ci n'en demeure pas moins une œuvre impressionnante qui a défié le temps. C'est la raison pour laquelle, il importe de prendre la mesure du *modèle de Washington*, en examinant ses composantes qui l'anime. Toutefois, on peut immédiatement souligner le décalage entre l'illusion de l'*American way of life* et les difficultés de transplantation à l'étranger du système institutionnel américain, d'une part, et la fausse perception qui s'attache au régime présidentiel, d'autre part.

1. B. OBAMA, *Les rêves de mon père*, 2008 ; *De la race en Amérique*, 2008 ; V. KLOPPENBERG, *Reading Obama, Dreams, Hope and the American political tradition,* Princeton University Press, 2010. La réélection de B. Obama, totalement décentrée par rapport à la place des noirs dans la société américaine, entraînera sans doute une relativisation du facteur racial dans la vie du pays. Il est vrai, comme le note justement R. Kennedy, qu'*on ne devient le premier président noir qu'une seule fois*.

SECTION I LA FORMATION DES INSTITUTIONS AMÉRICAINES

517 Il importe de commémorer dignement un bicentenaire[2]. À cet égard, la courte constitution du 17 septembre 1787, le texte constitutionnel le plus ancien[3], jouit d'un immense prestige, et bénéficie d'un respect profond, voire religieux aux États-Unis. Le bâtiment des Archives nationales, où l'original est exposé à Washington, ne désemplit jamais. Depuis 2004, un *Constitution day* est même reconnu. Quelle réussite, en effet ! Modifiée seulement à vingt-sept reprises, elle a assuré le passage d'un ensemble comprenant 13 anciennes colonies, à économie agricole, groupant 3 millions et demi d'habitants, à *l'hyperpuissance* de plus de 300 millions d'habitants (dont 35 en Californie) dominant le monde. Une réussite remarquée, mais *isolée*, jusqu'aux attentats terroristes du 11 septembre 2001, date à laquelle l'Amérique a cessé d'être invulnérable et rejoint le monde (§ 1). On voudrait s'y attacher, avant de retracer la marche à l'indépendance (§ 2), puis à l'unité (§ 3) qu'elle sous-tend.

§ 1. LA RÉUSSITE SOLITAIRE

518 La constitution de 1787 est un objet légitime de fierté pour les citoyens américains, au point qu'en toute modestie, ils la considèrent comme la meilleure au monde[4]. Cependant, à l'opposé des institutions britanniques, elle a échoué dans son expansion.

Le texte de 1787 est parvenu à concilier, de façon heureuse, la liberté des individus et des États membres ; l'autorité de l'exécutif et le respect de la volonté populaire. Ne soyons pas totalement dupes, cet engouement n'est pas totalement désintéressé et s'explique largement, pour de nombreux pays émergents, par la grande réussite matérielle des États-Unis.

De fait, la constitution des États-Unis a été souvent imitée. Elle a servi de modèle surtout en l'Amérique latine et en Afrique noire. En Europe, les constitutions françaises de 1791, 1795 et de 1848 se sont inspirées largement de la République de Washington. Cependant lorsqu'on essaie de transplanter ce régime en dehors de son pays d'origine, l'échec est consommé, à la suite, soit d'un coup d'État, soit de l'abrogation de la constitution. Les précédents latino-américains et français ont discrédité le régime, identifié à un *risque d'aventure institutionnelle* (J. Chirac)[5].

Le texte de 1787 s'articule en deux éléments : un pacte fédéral entre les 13 anciennes colonies anglaises, qui a été établi pour sauver celles-ci de l'anarchie résultant d'une confédération débile[6], et

2. V. M.-F. TOINET, *Le système politique des États-Unis*, 1987 ; J.-M. DUFFAU, Le bicentenaire de la constitution américaine, *Revue administrative* 1987, p. 375.

3. Du point de vue européen, la constitution en vigueur la plus ancienne est celle de la Norvège adoptée le 17 mai 1814.

4. L'imbroglio de l'élection présidentielle de 2000 a souligné, cependant l'abîme qui sépare désormais la constitution écrite de la fin du XVIIIe siècle et l'actuelle *constitution vivante* (B. Ackerman) : de la mise à l'écart du peuple à sa reconnaissance, en d'autres termes.

5. Au lendemain du coup d'État du 2 décembre 1851, on a assimilé, en France, la démocratie politique au régime parlementaire, à l'exclusion de tout autre système. C'est Léon Blum qui, le premier, a récusé cette vision et amorcé la réhabilitation du régime présidentiel (*À l'échelle humaine*, 1945). Si les institutions de la Ve République s'y réfèrent (élection populaire du président), il n'en demeure pas moins vrai que les préventions entourant l'invention américaine n'ont pas disparu. V. G. POMPIDOU, *Le nœud gordien*, 1974, p. 65.

6. La confédération, ce corps sans tête, *apte ni à la guerre, ni à la paix*, selon Alexander Hamilton

une constitution *stricto sensu*. Le pacte fédéral a entièrement réussi. En revanche, s'agissant de l'aménagement des pouvoirs publics de l'Union, la réussite est plus douteuse. Mais, une des raisons qui explique que la constitution fonctionne aux États-Unis, dans des conditions acceptables, est probablement qu'il est impossible de la désolidariser du pacte fédéral, parallèlement à un localisme accentué et un système partisan original. Le fait doit être retenu, dès à présent.

§ 2. LA MARCHE À L'INDÉPENDANCE

519 *4 juillet 1776 : Rien d'important ce jour*, note dans son journal, le roi George III. Et pourtant, la décolonisation vient de naître, avec la proclamation d'indépendance des États-Unis.

A. LA RUPTURE AVEC LA GRANDE-BRETAGNE

520 Les 13 colonies américaines étaient différentes les unes des autres sur les plans géographique, ethnographique, religieux, économique et même juridique. Certaines étaient des colonies à charte, d'autres des possessions de la couronne. Cependant, elles avaient vu naître entre eux des liens de solidarité, à l'occasion de la lutte menée contre les Français du Canada. *Toutes méprisaient au fond de leur cœur un pouvoir trop lointain et ignorant de leurs besoins. Toutes goûtaient, dans leurs assemblées, la joie d'une liberté un peu frondeuse* – A. Maurois.

Le divorce avec la mère patrie fut provoqué essentiellement par des dissensions fiscales. L'Angleterre, ruinée après la Guerre de sept ans en 1763, décida d'imposer plus fortement les importations et exportations des colonies. Le vote notamment des *Sugar Act*, *Stamp Act* et *Tea Act* par Westminster suscita une opposition juridique des colons qui considéraient, avec justesse, que la Grande charte de 1215 exigeait que l'imposition aille de pair avec la représentation (*No taxation without representation*)[7].

Finalement, le conflit armé éclate au printemps de 1775, avec la bataille de Lexington qui oppose, près de Boston, des milices coloniales rebelles aux troupes anglaises régulières. La guerre d'Indépendance se prolongera pendant six ans, jusqu'à la prise de Yorktown, en octobre 1781, et se terminera, grâce en partie à l'aide française en volontaires et en troupes régulières, par une victoire complète des Américains. Le traité de Paris et celui de Versailles du 3 septembre 1783 reconnaissent l'indépendance des anciennes colonies.

La rupture, toutefois, avait été consommée, dès 1776, d'un point de vue *idéologique*, avec la Déclaration d'indépendance, directement inspirée par le libéralisme de John Locke.

B. LA DÉCLARATION D'INDÉPENDANCE DU 4 JUILLET 1776

521 Rédigée par Thomas Jefferson (qui avait été le principal inspirateur de la *Déclaration des droits de Virginie* du 12 juin 1776), avec l'aide de John Adams[8] et, votée par le

7. Il faut ici rappeler quelques traits du tempérament américain qui s'expriment dans sa culture politique : les colons sont tous, par définition, des indépendants ou des non-conformistes, fuyant l'intolérance, à la quête de la liberté. Les puritains du *Mayflower* en 1620 abordant le cap Cod (Mass.) en témoignent. À l'image des vastes espaces du Nouveau Monde, une société plus égalitaire se constitue, où la réussite matérielle est regardée comme une bénédiction divine. Enfin, l'organisation même des colonies les incline à l'habitude du droit écrit, par opposition à la tradition anglaise des règles coutumières, et à la collation entre le droit de la couronne et celui de la charte octroyée. Le *contrôle de constitutionnalité* découlera de ce comportement.

8. Non seulement ils seront l'un et l'autre président des États-Unis, mais, coïncidence exceptionnelle, ils décéderont le même jour, le 4 juillet 1826, soit 50 ans après ladite Déclaration.

Congrès continental, qui était l'organisme de liaison chargé, pour l'ensemble des colonies révoltées, de la conduite de la guerre, elle marque le triomphe des idées libérales et de l'esprit de *self government*. Ce document est fort intéressant à consulter, car il est révélateur de la psychologie américaine. Il se présente, au surplus, comme un résumé de la doctrine du droit naturel.

D'une manière plus précise, il affirme, avec force : *Tous les hommes sont nés égaux*[9] *; ils sont dotés par leur Créateur de certains droits inaliénables ; parmi ces droits se trouvent la vie, la liberté et la recherche du bonheur. Les gouvernements sont établis par les hommes pour garantir ces droits et leur juste pouvoir émane du consentement des gouvernés. Toutes les fois qu'une forme de gouvernement devient destructive de ce but, le peuple a le droit de la changer ou de l'abolir.* Ce libéralisme optimiste est, du reste, mélangé d'un déisme typiquement anglo-américain.

L'indépendance, *en ordre dispersé*, en 1776, était dangereuse. Tant et si bien, que la recherche de l'unité devait s'imposer aux 13 États, non seulement pour des raisons stratégiques (le Royaume-Uni ne sera vaincu qu'en 1781), mais aussi politiques. La bourgeoisie nationale entendait, en d'autres termes, conserver la *maîtrise* du processus révolutionnaire qu'elle avait déclenché.

§ 3. LA MARCHE À L'UNITÉ

522 Le 14 novembre 1777, un *traité* établit une confédération entre les États souverains. Il les constitue en *ligue d'amitié*. Le seul organe est un *Congrès*, c'est-à-dire une assemblée de diplomates, au sein de laquelle, en vertu du principe *d'égalité*, chacun dispose d'une voix. L'unanimité est requise systématiquement et aucun mécanisme n'est prévu pour l'État refusant de respecter ses obligations. Quant aux finances, elles sont rudimentaires. Elles découlent, non pas d'impositions sur les individus mais de contributions versées par les États[10].

On comprend sans peine que ce pacte présentait de graves faiblesses, *en l'absence* d'un pouvoir exécutif. Le retour de l'égoïsme, à travers la multiplication des guerres commerciales entre États, conjugué à une anarchie monétaire, rendit nécessaire une centralisation plus effective seule apte à préserver les intérêts de la bourgeoisie nationale.

Convoquée afin de remédier à l'acéphalie de l'alliance, une convention constitutionnelle se réunit à Philadelphie, le 14 mai 1787. Mais, sous la pression des grands États (Massachusetts, Pennsylvanie et Virginie), elle s'orienta rapidement vers la rédaction d'une constitution que les petits États (New York, New Jersey, Maryland et Delaware) finirent par accepter, grâce à un certain nombre de concessions, dont la plus substantielle, au point d'en sauver les travaux, fut celle relative au bicamérisme, que l'histoire a retenue, depuis lors, sous le nom de *compromis du Connecticut (infra)*.

Le projet de *constitution fédérale* (encore que l'adjectif ne soit pas employé, pour des raisons tactiques)[11] fut signé le 17 septembre 1787 par les délégués et ratifié, non sans difficultés du reste, par les États au cours de l'année 1788. La constitution est entrée en vigueur, le 1er janvier 1789. Une fédération, *en vue de former une union plus parfaite*, selon le propos liminaire de la constitution de 1787, est instituée.

9. Il faut, cependant, relever que la question esclavagiste a été écartée des délibérations de la convention de Philadelphie. La constitution de 1787 *portait la tache du péché originel de ce pays* (B. Obama).

10. La seule conquête durable de la période confédérale est une dénomination : celle des *États-Unis d'Amérique*.

11. *La constitution de 1787*, affirme John Quincy Adams (président de 1825 à 1829), *fut extorquée sous l'empire de la nécessité pressante à une nation récalcitrante*. On peut aisément s'en convaincre à la lecture du *Fédéraliste* (réédité en 1957). Il s'agit, en l'espèce, de l'ensemble des articles rédigés par Hamilton, Madison et Jay à l'occasion de la campagne de ratification de la constitution dans le cadre de l'État de New York.

SECTION II L'ENVIRONNEMENT DES INSTITUTIONS AMÉRICAINES

523 L'étude de la constitution (§ 1) et du fédéralisme (§ 2) répond à ce souci de mise en perspective des institutions[12].

§ 1. LA CONSTITUTION DE 1787

524 Les États-Unis sont, pour une part importante, à l'origine du droit constitutionnel, lorsqu'ils se sont dotés, à la fin du XVIIIe siècle, d'une constitution *écrite* et *rigide*[13].

A. L'INVENTION DE LA NOTION DE CONSTITUTION

525 En écho à la conception *consensuelle* du gouvernement des hommes, visée par la Déclaration d'Indépendance de 1776, les apports du texte de 1787 sont aussi nombreux que variés. Que l'on en juge : inventions de l'État fédéral ; du régime dit *présidentiel* ; de l'exécutif *stabilisé* sur lequel pèse une responsabilité *électorale* (vision contemporaine, s'il en est) enfin, et surtout, la notion qui a donné son nom à notre discipline[14], à propos de laquelle diverses précisions sont utiles.

Ce changement qualitatif, mieux révolutionnaire à l'époque, tient à trois ordres de faits : le précédent des *chartes coloniales* ; la volonté de conclure, dans l'esprit des philosophes, un contrat politique et, enfin, la logique fédérale qui postule la nécessité d'opérer un *ajustement* entre les droits conservés par les États membres et ceux délégués à l'État fédéral et d'organiser le règlement des différends entre eux.

Selon une démarche conséquente, la constitution de 1787 met en œuvre une procédure *renforcée* relative à sa protection et à sa révision.

12. Concernant l'histoire constitutionnelle américaine : v. B. ACKERMAN, *Au nom du peuple. Les fondements de la démocratie américaine*, trad. 1998 et le commentaire d'Olivier BEAUD à la *R.D.P.* 2000, p. 585 ; A. COUTANT, *Histoire constitutionnelle des États-Unis*, t. 1 et 2, 2012 et 2013 ; D. MONGOIN, *Le pari de la liberté. Étude sur le fédéraliste*, 2012.

13. V. M. FARRAND, *The records of the Federal Convention of 1787*, New Haven, 1966 ; R. BORK et autres, 200 years of the American constitution, *Society*, novembre 1986, p. 5 ; R. MORRIS, *« Nous peuple des États-Unis », Hamilton, Madison, Jay et la constitution*, 1987 ; G. WOOD, *La création de la République américaine*, 1992.

14. Au surplus, il y a lieu de mentionner une autre innovation. Jusque-là, une corrélation était établie, dans l'esprit des auteurs, sinon des gouvernants, entre la *nature* du régime politique d'un État et l'*étendue* de son territoire (une fois n'est pas coutume, Montesquieu et Rousseau communient sur ce point). À une superficie exiguë correspondait la république ; à une superficie moyenne, la monarchie et à une superficie étendue, le despotisme ou la tyrannie. Pour la première fois, en 1776, une grande république apparaît sans antinomie dans les termes. Ce qui amène néanmoins Joseph de Maistre, dans ses *Considérations sur la France* (1797), à la conclusion hâtive suivante : *On ne saurait réunir plus de symptômes de faiblesse et de caducité !*

B. LA PROTECTION DE LA CONSTITUTION

526 La constitution reposant, pour l'essentiel, sur un contrat entre les États membres, elle est regardée comme la règle supérieure de la fédération. Son respect a été assuré, tour à tour par le procédé de la *nullification* et, de façon permanente, au moyen du *contrôle de constitutionnalité*.

1. La théorie de la nullification

527 Initialement, l'idée a été soutenue, selon laquelle, les États membres, en raison de leur rôle essentiel, seraient juges, par l'entremise de leur organe législatif, des violations du pacte fédéral.

Cette théorie, connue sous le nom de *droit de nullification* à laquelle John Calhoun, vice-président des États-Unis de 1825 à 1832, a attaché son nom, veut que chaque État ait le droit de constater la nullité d'une disposition contraire à la constitution et de ne pas en tenir compte. Elle subsistera, avec des fortunes diverses, jusqu'à la guerre de Sécession, qui établira d'une façon claire que ce qui est fondamental dans l'Union américaine, c'est l'État fédéral[15]. S'inspirant de cette philosophie, un projet d'amendement constitutionnel, déposé en 2010 sous l'impulsion du *Tea Party*, avait pour objet de permettre à deux tiers des législatures de s'opposer à une loi ou une réglementation fédérale.

2. La théorie du contrôle de constitutionnalité

528 En 1803, la Cour suprême des États-Unis (c'est-à-dire l'organe *judiciaire* suprême)[16] avait posé, sous l'influence du *Chief Justice* John Marshall, un principe évident mais capital dans l'affaire *Marbury v. Madison*. À savoir : conformément au concept de la hiérarchie des normes, lorsque deux d'entre elles se contredisent, la norme supérieure doit l'emporter sur la norme inférieure. Par ce raisonnement irréfutable, la Cour suprême a *déduit* (on dit ici *construit*) du caractère *rigide* ou *formel* de la constitution de 1787, le contrôle de constitutionnalité, traité par prétérition à Philadelphie.

C. LA RÉVISION DE LA CONSTITUTION

529 Il faut s'attacher à la procédure et aux révisions, appelées outre-Atlantique, des *amendements*[17].

15. V. J.-P. FELDMAN, *La bataille américaine du fédéralisme. John C. Calhoun et l'annulation*, 2004.

16. Ce contrôle est bien à l'origine une *idée anglaise* (M. Fromont), car à l'époque coloniale, la collation était opérée entre le droit de la Couronne et celui concédé à la colonie. Du reste, en application de la constitution du 17 septembre 1787, les juges *fédérés* et *fédéraux* étaient compétents pour écarter les lois constitutionnelles et ordinaires *fédérées* contraires au droit *fédéral*. En revanche, rien n'indiquait si et comment la loi *fédérale* pouvait être invalidée pour méconnaissance de la constitution *fédérale*. La Cour suprême comblera, en 1803, cette lacune. V. J. HENNIGER, *Marbury v. Madison, un arrêt fondateur, mal fondé*, PU de Strasbourg, 2005 ; E. ZOLLER (sous la direction), *Marbury v. Madison, Un dialogue franco-américain*, 2003.

17. La procédure de l'amendement peut être aussi regardée comme une arme du Congrès destinée à neutraliser une décision de la Cour suprême : le XIe (*Chisolm v. Georgia*, 1793) ; le XIVe (*Dred Scott v. Sandford*, 1857) ; le XVIe (*Pollock v. Farmer's Loan and Trust co*, 1895) et le XIXe (*Minor c/Happersett*, 1875) se rattachent à cette pratique. Depuis une quinzaine d'années, le Congrès tente en vain (la dernière fois en 2006) de surmonter l'interdiction, fixée par la Cour suprême, de sanctionner pénalement la profanation physique du drapeau des États-Unis au nom de la liberté d'expression (*Texas v. Johnson*, 1989). La même tactique peut prévaloir à l'égard de Cours d'États fédérés. Ainsi, un amendement, visant à reconnaître le mariage exclusivement entre un homme et une femme, avait-t-il été déposé en 2003 (*Federal Marriage Amendment*) afin de contrecarrer principalement la jurisprudence de la Cour suprême du Massachusetts considérant comme non conforme à la constitution de l'État le refus de délivrer des licences de

1. La procédure de révision

530 Le caractère *rigide ou formel* de la constitution de 1787 prend ici toute sa signification, sans omettre le caractère fédéral de l'union qui doit se concilier, on le sait, avec le pouvoir d'auto-organisation des États fédérés. La révision se décompose en deux phases : l'*élaboration* et la *ratification* du texte de révision (art. V de la constitution).

a) L'élaboration du texte de révision

531 Elle peut se faire, soit à l'initiative du Congrès fédéral, soit à celle des législatures locales (parlements fédérés). De deux choses l'une, alors : si c'est le Congrès qui établit le texte de l'amendement, celui-ci doit être voté par chacune des deux chambres à la majorité des deux tiers ; si ce sont les législatures qui prennent l'initiative, la procédure est plus compliquée. Une proposition de révision doit être votée par les deux tiers desdites législatures ; puis, une convention nationale *ad hoc*, est convoquée, qui rédige le texte.

b) La ratification

532 Elle offre elle-même une option. Que le texte ait été rédigé par le Congrès ou par une convention fédérale, celui-ci doit être ratifié, soit par les législatures, soit par des conventions d'États, le choix du système étant laissé au Congrès. Par ailleurs, aucun amendement ne peut entrer en vigueur s'il n'a été ratifié, dans le délai de sept ans suivant sa transmission, sauf prorogation votée par le Congrès, par les trois quarts au moins des États membres (soit 38, à l'époque actuelle)[18]. La signature du président des États-Unis n'étant pas nécessaire (C.S., *Hollingsworth v. Virginia*, 1798), il ne peut recourir à son droit de veto (v. *infra*, nº 606).

Ce mécanisme, compliqué dans ses détails est cependant, simple, dans son principe. Il est compliqué, en ce sens, que la constitution prévoit quatre solutions possibles (deux pour l'élaboration et deux pour la ratification). Il est, cependant, simple en son principe, parce que l'idée générale est que l'élaboration du contenu intellectuel de l'amendement incombe à un organisme *fédéral*, puisqu'il s'agit d'une modification à la constitution fédérale ; mais que la ratification doit appartenir aux *unités fédérées*, puisqu'il s'agit d'une novation au pacte auquel elles avaient primitivement souscrit, conformément au principe de *participation*. En pratique, on suit une seule procédure : élaboration de l'amendement par le Congrès et ratification par les législatures locales[19]. Avec de telles conditions[20], les changements apportés à la constitution ne pourront être qu'exceptionnels. La Constitution s'avère donc *rigide à l'extrême* (M. Rogoff).

2. Les amendements à la constitution de 1787

533 Seulement 27 amendements (dont les dix premiers dès 1791) sont entrés en vigueur. La constitution bicentenaire s'apparente pratiquement à un texte intangible empêchant toute remise à plat du mode

mariage aux couples de même sexe. L'amendement n'a pas été adopté selon la majorité requise en 2006. V. G. SCOFFONI, Le Congrès des États-Unis et la remise en cause des interprétations constitutionnelles de la Cour suprême, *R.F.D.C.* 1993, p. 675.

18. Afin d'accélérer le processus, le Congrès a introduit pour la première fois, en 1917, à propos du XVIIIe amendement relatif à la prohibition, un *délai* de ratification. La Cour suprême *(Dillon v. Gloss*, 1921) a accepté le précédent devenu, par suite, une *coutume supplétive*. Cependant le XXVIIe amendement proposé en 1789 a été ratifié, le 7 mai 1992. V. M.-F. TOINET, *R.F.D.C.* 1994, p. 609.

19. Toutefois, le recours à la convention a été utilisé, une fois à ce jour, à propos du XXIe amendement abolissant la prohibition des boissons alcoolisées en 1933.

20. Concernant, l'E.R.A. (*Equal Rights Amendment*) visant à interdire toutes discriminations à raison du *sexe* des personnes, voté en 1972, le Congrès avait décidé de proroger la date limite de 1979 à 1982. En vain : il manquait à cette date l'approbation de trois États. V. P. JUILLARD, Vers un *new deal* en matière constitutionnelle aux États-Unis, *Pouvoirs* nº 9, 1979, p. 183.

d'élection du Président, de la procédure législative ou encore de l'affirmation de nouveaux droits et libertés. Cette situation est de nature à renforcer irrésistiblement la place de la Cour suprême dans l'État de droit américain (v. *infra*, n° 615 et s.).

Pour revenir à ces rares amendements, ils se rapportent à la condition des personnes et à l'organisation des pouvoirs publics.

a) Les amendements relatifs à la condition des personnes

534 À cet égard, on distinguera les droits de l'individu et ceux du citoyen.

α) Les droits de l'individu

535 La première utilisation de la procédure de révision, fait significatif, eut lieu dès le lendemain même de la ratification de la constitution fédérale, pour voter et ratifier les dix premiers amendements, en 1791 constituant le *Bill of Rights*. Cette procédure était, du reste, nécessaire, car un certain nombre d'États n'avaient accepté la constitution qu'à la condition qu'elle fût immédiatement amendée. Ce *Bill of Rights* consacre notamment les libertés religieuse, d'expression, de presse, de réunion, le droit de pétition (Ier amendement) et assure des garanties en matière juridictionnelle (Ve, VIe et VIIe). Cependant, la Cour suprême considéra que ces droits n'étaient opposables qu'au seul État fédéral (*Barron v. Baltimore*, 1833). Le processus de fédéralisation du *Bill of Rights* sera effectué au XXe siècle grâce au *due process of law* présent dans le XIVe (1868). La *doctrine de l'incorporation* permettra d'imposer aux États fédérés son respect.

La période de la Reconstruction qui a suivi la guerre de Sécession sera à l'origine de deux amendements *révolutionnaires* : le XIIIe (1865) abolit l'esclavage et le XIVe (1868) plaçant toute personne sous l'*égale protection des lois* et garantit, en outre, le bénéfice des protections dues par les droits (*due process of law*). Nettement plus ponctuels, on peut rattacher le XVIIIe amendement, qui a établi, en 1919, la prohibition de l'alcool et le XXIe de 1933 qui l'a supprimé.

β) Les droits du citoyen

536 Ces amendements consacrent une *extension* progressive du pouvoir de suffrage. Il s'agit du XVe amendement (1870) qui interdit de refuser le droit de suffrage pour des raisons tenant à la race ou à un état de servitude antérieur ; du XIXe amendement, qui a établi, en 1920, le suffrage des femmes ; du XXIIIe amendement (1961) qui accorde le droit de vote aux habitants du district de Columbia (siège de la capitale fédérale) pour l'élection présidentielle[21] ; du XXIVe amendement (1964) qui supprime les *poll-taxes* qui avaient, en fait, pour objet d'écarter des urnes les personnes de couleur ; enfin du XXVIe amendement (1971) qui abaisse de 21 à 18 ans, l'âge de la majorité électorale.

b) Les amendements relatifs à l'organisation des pouvoirs publics

537 On peut ranger sous cette rubrique, le XIIe amendement de 1804 qui prévoit la différenciation entre les élections du président et du vice-président des États-Unis[22] ; le XVIIe de 1913 qui dispose que les sénateurs seront désormais élus au suffrage universel direct ; le XXe de 1933 qui décide d'accélérer l'entrée en fonction du président nouvellement élu, afin d'éviter tout hiatus, en ramenant le *temps mort* au 20 janvier suivant l'élection et non plus fin mars comme auparavant ; le XXIIe de 1951 qui

21. En 1978, un amendement *complémentaire*, consistant à transformer le District de Columbia en 51e État de l'Union, avec pour corollaire la représentation de ses habitants au Congrès, a été adopté. Il n'a toutefois pas été ratifié par suffisamment d'États dans le délai imparti. Ironiquement, l'inscription *Taxation without Representation* figure sur les plaques minéralogiques des véhicules du District.

22. Cet amendement, victoire posthume d'Alexander Hamilton, est la conséquence de l'opposition entre Thomas Jefferson et Aaron Burr, élus respectivement président et vice-président, en 1801, par la Chambre des représentants, par suite d'un ballottage au sein du collège des électeurs présidentiels. Les vicissitudes qui ont marqué l'élection de 2000 ont, un temps, nourri une réflexion sur la suppression de ce collège.

interdit au président d'être réélu plus d'une fois[23] et le XXVe amendement de 1967, qui organise, d'une part, la *suppléance* du président en cas d'empêchement et prévoit, d'autre part, le remplacement du vice-président[24]. Enfin, le XXVIIe amendement, adopté en 1992, est relatif à l'indemnité des membres du Congrès.

D. L'ORIENTATION DE LA CONSTITUTION

538 Les constituants de Philadelphie n'avaient d'yeux que pour Montesquieu, *l'oracle toujours consulté et cité*, selon Madison. La conciliation recherchée entre la liberté et l'autorité, au moyen de la *distribution tranchée* des pouvoirs est à l'origine d'un régime politique appelé abusivement *régime présidentiel.* Certains de ses aspects sont à méditer.

1. Les sources intellectuelles de la constitution

539 Le texte de 1787 se veut une *transposition*, dans le cadre républicain, des institutions britanniques, tout du moins, telles que les constituants américains pensaient les avoir interprétées. Le *mimétisme* versera dans le mirage. Est-ce en raison de la lenteur des communications ? Est-ce en raison d'une erreur manifeste d'interprétation ou simplement l'incompréhension ? Toujours est-il que le régime présidentiel est né d'une confusion et, pour tout dire, d'une *erreur*. À Philadelphie, la référence a été la monarchie *limitée* de l'ancienne métropole, alors que celle-ci venait d'aborder, en 1782 (en liaison, au demeurant avec la guerre d'Indépendance) la phase de la monarchie *parlementaire*. Ce qui n'est pas du pareil au même. Le juriste français Esmein était donc autorisé à affirmer : *Leur président, c'est simplement une réplique du roi d'Angleterre*. Sous ce rapport, le président des États-Unis prend la place du roi d'Angleterre[25] (son Message sur l'état de l'Union s'apparentant au Discours du Trône) et le vice-président, celle du prince de Galles ; la Chambre des représentants et le Sénat se substituant aux M.P.s. et aux Lords.

Au-delà, les *Pères fondateurs* se sont préoccupés d'assurer le triomphe du *libéralisme*, par une *neutralisation* réciproque des pouvoirs publics.

2. Les desseins des Pères fondateurs

540 Les Américains ont longtemps affirmé, selon la célèbre formule de Thomas Jefferson, que *le meilleur gouvernement est celui qui gouverne le moins*[26]. En réalité, les constituants gagnés à la cause *libérale*, se méfiaient de tous les pouvoirs. Après avoir subi les excès de l'exécutif à travers l'action des gouverneurs coloniaux, représentants du roi, ils découvrirent les pulsions et tentatives démagogiques prises par les législatures des États, pendant la période confédérale (révolte de Shays en 1786). Ils devinrent particulièrement réservés à l'égard du législatif, lieu d'expression des *factions. Cent soixante-treize despotes peuvent être aussi tyranniques qu'un seul* (Jefferson).

Il est, dès lors, normal que les constituants aient cherché un *équilibre* aussi complet que possible, entre les divers pouvoirs, afin de les limiter l'un par l'autre tout en préservant la liberté des individus et des États membres. Apparaît alors le système des *checks and balances* (poids et contrepoids)

23. L'amendement consacre la coutume constitutionnelle forgée à partir du précédent de George Washington, que les trois réélections de Franklin Roosevelt, en 1936, 1940 et 1944, neutralisaient.

24. L'utilité du XXVe amendement n'est plus à démontrer après les péripéties de la *présidence impériale*. Après la démission de Spiro Agnew, Gerald Ford sera le premier vice-président *coopté* en 1973, avant de devenir l'année suivante aussi le premier président *coopté* de l'histoire américaine. Par une ironie du sort, la légitimité démocratique ne sera pas au rendez-vous historique du bicentenaire de l'indépendance.

25. L'assimilation est d'autant plus évidente qu'à la séance de la convention du 18 juin 1787, Hamilton avait proposé que la couronne fut attribuée à George Washington. Par conviction républicaine, celui-ci déclina l'offre. V. M. FARRAND, *op. cit.* t. III, p. 617 ; M. WHITE, *The Philosophy of the American Revolution*, New York, 1978.

26. V. G. SCOFFONI, Le droit naturel et l'établissement de la démocratie américaine, la contribution théorique de Thomas Jefferson, *R.D.P.* 1989, p. 853.

permettant à *l'ambition (de) contrarier l'ambition* (Madison) et qui est davantage pertinent juridiquement pour expliquer le régime américain que la théorie de la séparation *stricte* des pouvoirs. Le Juge Jackson, dans son opinion individuelle régulièrement reprise par la Cour suprême, affirma que *s'il est vrai que la Constitution distribue le pouvoir pour mieux protéger la liberté, elle laisse aussi à la pratique le soin de coordonner les pouvoirs distribués en un gouvernement capable de fonctionner. Elle impose aux branches du gouvernement la séparation, mais aussi l'interdépendance ; l'autonomie, mais aussi la réciprocité* (C.S., 1952, *Youngstown Steel & Tube Co. v. Sawyer*).

En 1814, John Adams en comptera pas moins de huit *checks and balances* dans la constitution : d'abord les *balances fédérales* : États particuliers et gouvernement central ; législatures des États et Sénat fédéral ; ensuite les *balances dans l'organisation du suffrage* : peuple et électeurs secondaires ; électeurs et représentants et enfin les *balances dans l'organisation des pouvoirs publics* : Chambre des représentants et Sénat ; exécutif et législatif ; Sénat et président ; pouvoir judiciaire et autres pouvoirs.

La nécessité de canaliser la démocratie (dont le terme ne figure pas dans la Constitution de 1787) entraîne la création d'un régime représentatif, au sein duquel les plus vertueux décideront. Sous l'impulsion de Madison (*Il peut fort bien se produire que la volonté publique formulée par les représentants du peuple s'accorde mieux avec le bien public que si elle était formulée par le peuple*) les passions, tumultes et débordements populaires sont tamisés par les contraintes du régime représentatif : absence de référendum à l'échelon fédéral ; élection indirecte du président des États-Unis par des grands électeurs qui auront à prendre la décision la plus appropriée pour le peuple ; présence d'une seconde chambre dont les membres ne sont pas originellement élus par les citoyens mais par les assemblées législatives des États fédérés. Le XVIIe amendement de 1913 établira l'élection au suffrage universel direct.

Les constituants ont surtout retenu de la pensée de Montesquieu *la faculté de neutralisation* réciproque. Si les organes d'État sont forcés *d'aller de concert*, leurs relations ont cependant été réduites à l'essentiel – soit une *collaboration* minimale de pouvoirs – contrairement au régime parlementaire. La réussite du régime américain tient, sur ce point, du miracle Des facteurs exogènes (le caractère fédéral de l'État, l'absence de différenciation idéologique marquée entre républicains et démocrates, la faible structuration des partis politiques favorisant l'indiscipline des élus) ont compensés cette carence initiale.

§ 2. LE FÉDÉRALISME

541 Formule *inédite*, en 1787, le fédéralisme américain a connu une évolution classique, en dépit d'éléments spécifiques. Dans ces conditions, l'*État-Uni* ne relève plus de la simple provocation verbale : à la centralisation financière, s'ajoute, une centralisation politique et pour couronner le tout, une centralisation juridique, découlant *l'égale protection des lois*, posée par le XIVe amendement.

A. LES CARACTÈRES INITIAUX DU FÉDÉRALISME

542 Le but poursuivi à Philadelphie, en 1787, était l'établissement d'un *pacte fédéral*, c'est-à-dire l'organisation d'un système plus centralisé que celui découlant de la confédération qui, cependant, ménageât l'autonomie des États membres. La technique fédérale se situe au point de rencontre de ces tendances. À l'issue de *négociations*, au cours desquelles *les Pères fondateurs* (Washington, Franklin, Hamilton, gouverneur Morris) mirent toute leur autorité, cette solution de *compromis* fut acceptée par les petits États qui redoutaient de passer sous la domination des grands[27]. Ceci mérite une brève vérification. Le fédéralisme est d'abord *limité*, en ce sens que la *compétence de droit commun* est accordée

27. Les aspects économiques n'y ont pas échappé, en raison du clivage entre les États du nord tournés vers l'industrie et le commerce, donc moins tributaires de l'esclavage, et les États du sud, dont l'activité agricole, impliquait, en revanche, une importante main-d'œuvre. Dans une lettre adressée à Thomas Jefferson, le 6 janvier 1816, Germaine de Staël écrit, à ce propos : *Si vous parvenez à détruire l'esclavage dans le Sud, il y aurait au moins dans le monde un gouvernement aussi parfait que la raison humaine peut le concevoir.* V. D. EPSTEIN, *The Political Theory of the Federalist*, Chicago, 1984

aux États membres (art. Ier, section 8). En outre, il est *aménagé*, au moyen de la loi de participation (élection présidentielle rapportée à chaque État, représentation égalitaire dans le cadre du Sénat, au terme du *compromis* précité). Enfin, il a été *accepté*, à la suite d'une ratification par les États concernés. Jusqu'à la guerre de Sécession, les États du Sud développeront, à cet effet, la thèse du *contrat*, avec la précarité inhérente. Lincoln, à l'opposé, fera reconnaître le caractère *perpétuel* de l'Union.

B. L'ÉVOLUTION DU FÉDÉRALISME

543 Sous la pression conjuguée de diverses causes, le pacte de 1787 s'est progressivement transformé et l'autonomie des États fédérés, amenuisée. Le *Big Government* fait l'objet de critiques et d'attaques récurrentes. L'actuel mouvement contestataire, le *Tea Party*, est l'avatar contemporain d'un courant de pensée profondément enraciné dans la mentalité américaine.

1. La transformation de l'Union

544 Des causes, tant *structurelles* que *conjoncturelles*, militent en ce sens.

a) Les causes structurelles

545 Si l'on accepte au départ, l'idée d'une opération consensuelle, pour l'établissement de la fédération, ce pacte s'était rapidement transformé en une institution, c'est-à-dire en une organisation maintenue, à la fois, par sa *logique interne* et par des mécanismes appropriés, que la volonté particulière d'un État ne pouvait plus, désormais, altérer. En bonne logique, la *primauté* et l'*immédiateté* du droit fédéral ont relégué, au nom de la *clause de suprématie*[28], le droit fédéré dans une condition subordonnée. Brochant sur le tout, la guerre de Sécession devait apporter la démonstration décisive.

b) Les causes conjoncturelles

546 La guerre de Sécession, d'une part, et les responsabilités économiques et sociales, à partir du *New Deal*, dans les années 1930, d'autre part, accélèrent le processus de centralisation.

α) La guerre de Sécession (1861-1865)

547 C'est la question de l'esclavage qui a provoqué la guerre civile, au lendemain de l'élection d'Abraham Lincoln, en 1860. Le *Deep South* craignant un bouleversement de sa condition économique et politique, fera sécession, à l'imitation de la Caroline du Sud. Il se constituera en une *confédération* distincte de l'Union.

La lutte entre les *Dixies* et les *Yankees*, outre ses atrocités, marquera profondément la vie américaine : *l'égalité de droit* entre tous les citoyens est proclamée par le XIIIe amendement, en 1865, et réitérée par le XIVe, en 1868, qui invoque *l'égale protection des lois*[29]. Par ailleurs, le fédéralisme

28. La non-utilisation remarquée de l'expression *fédération* est largement compensée par sa manifestation la plus authentique. L'article VI de la constitution de 1787 dispose, à cet effet : *La présente constitution, ainsi que les lois des États-Unis qui en découleront et tous les traités déjà conclus, ou qui le seront, sous l'autorité des États-Unis, seront la loi suprême du pays ; et les juges dans chaque État seront liés par les susdits, nonobstant toute disposition contraire de la constitution ou des lois de l'un quelconque des États*. Il est utile de noter à ce propos l'unité de conception, voire de rédaction, qui unit cette disposition à l'arrêt *Simmenthal*, rendu en 1978 par la C.J.C.E. (v. *IIIe partie*).

29. Cependant le XVe amendement de 1870 prohibant toute discrimination raciale en matière électorale a été tardivement appliqué *(supra)*. V. D. GAXIE, *Le cens caché*, 1978 et W. MENDELSON, *Discrimination*, N.Y., 1964.

cesse d'être volontaire. C'est dorénavant une *Union indestructible composée d'États indestructibles* (C.S., 1868, *Texas v. White*). En dernière analyse, la démocratie des États cède le pas à celle des *citoyens*[30], appelés à jouer de façon *immédiate*, et non plus par le truchement de ces derniers, un rôle sur la scène politique. C'est ainsi que le suffrage deviendra universel et le *Chief Executive* l'élu du peuple malgré le maintien des grands électeurs (*infra*).

β) Le New Deal (1933-1935)

548 La *grande dépression* de 1929 a accéléré le cours des événements. Avec le *New Deal*, un changement de société s'opère. L'interventionnisme économique et social de l'Union s'étale et sous la poussée du *Welfare State*, l'autonomie des États s'est réduite. Parallèlement, Roosevelt, fort du soutien populaire obtenu lors de l'élection présidentielle de 1936 (il l'emporte sur son adversaire dans 48 États !), fit plier la Cour suprême sur la question du rôle de l'État fédéral dans le domaine économique et social (voir *infra*, n° 622). La figure nationale du président des États-Unis et son leadership qui en découle s'imposent définitivement. La *révolution constitutionnelle* de 1937 altéra profondément l'équilibre initial de la Constitution de 1787 sans pour autant la modifier formellement.

2. Le pouvoir d'auto-organisation des États fédérés

549 Si la Constitution de 1787 et le drapeau fédéral sont particulièrement vénérés, l'Américain se définit et se ressent d'abord comme membre d'un État particulier (l'Indiana ou le Maine, c'est-à-dire *The State*). L'Union ou Washington – *The Government* – est une notion à peine ressentie au quotidien. Quant à l'étranger, mieux vaut ne pas en parler.

Rappelons que l'État fédéré est arrivé le premier sur la scène juridique. Précédant l'État fédéral, il n'a pas, dans le processus de création de normes juridiques, à se justifier[31]. Ses interventions traduisent simplement l'exercice de sa souveraineté et, dans cette logique, l'État fédéral apparaît quasiment comme un intrus. Chaque État possède une constitution qu'il établit, en principe, librement. Cependant, d'après le statut de 1787, l'État fédéral a le droit de veiller au caractère démocratique et républicain de celle-ci (art. IV, section 4). Ces constitutions présentent un intérêt relatif. La raison en est qu'il existe une grande méfiance à l'égard des législatures, et que l'habitude s'est prise d'insérer dans la constitution, véritable *fourre-tout* (P. Juillard), tout ce que l'on ne veut pas voir modifier, à la légère, par les assemblées locales, privées en règle générale, de toute crédibilité[32]. La Constitution californienne de 1879 est un modèle du genre avec ses 512 amendements.

30. Celle-ci avait été annoncée par Andrew Jackson (président de 1833 à 1837), qui affirmait : *Le président est le représentant direct du peuple américain*, et s'écriait : *Que le peuple règne !* Farouchement protecteur des droits des *États fédérés* (comme du reste Jefferson), A. Jackson eut cependant des difficultés à justifier la place singulière du président des États-Unis, organe de l'*État fédéral*. Ce hiatus prit fin sous Roosevelt qui militait concomitamment en faveur de l'extension des prérogatives de l'administration fédérale et présidentielle. Par ailleurs, en application du XVIIe amendement de 1913, les assemblées législatives des États fédérés n'élisent plus les sénateurs. Les électeurs de l'État en sont depuis chargés.

31. *Examiner l'Union avant d'étudier l'État, c'est s'engager dans une route semée d'obstacles. La forme du gouvernement fédéral aux États-Unis a paru la dernière ; elle n'a été qu'une modification de la république, un résumé des principes politiques répandus dans la société entière avant elle et y substituant indépendamment d'elle.* TOCQUEVILLE, *De la démocratie en Amérique I*, 1835, La Pléiade, 1992, p. 63.

32. Il s'ensuit une instabilité réelle. P. Juillard donne des exemples saisissants : la Louisiane a connu 10 constitutions ; la Géorgie 8 ; la Virginie 6 ; le Texas et New York 5, etc. (Le mythe de la stabilité constitutionnelle, *Pouvoirs* n° 29, 1984, p. 15 ; C. MULARD, Faut-il réviser la constitution californienne ?, *Pouvoirs* n° 133, 2010, p. 17). En revanche, le Massachusetts a conservé sa constitution de 1780, rédigée notamment par J. Adams. Ce texte, le plus ancien actuellement en vigueur, a cependant été modifié à 120 reprises. V. Th. GLIOZZO, *L'État fédéré américain*, Bruylant, 2004 ; J.-L. HALPERIN, Changer de Constitution et par la Constitution : l'exemple histoire des États fédérés d'Amérique jusqu'à la première guerre mondiale, *Jus Politicum*, n° 9, 2013 ; E. ZOLLER, *Le droit des États-Unis*, Que sais-je ?, P.U.F., 2001 ; La Californie, *Pouvoirs*, n° 133, 2010.

Sauf le Nebraska, tous les États possèdent deux chambres, un Sénat et une Chambre des représentants, à l'imitation de la constitution fédérale, bien que, dans un cadre où le fédéralisme ne joue pas, un Sénat ait peu de raison d'être. Les législatures d'État siègent peu. Elles ont, en général, deux courtes sessions par an. Le niveau de leurs débats et de leur production législative est souvent très faible.

Le pouvoir exécutif est confié à un gouverneur élu en même temps que la législature et qui correspond, *mutatis mutandis*, au sein de l'État, au président des États-Unis, dans le cadre fédéral ; de même rencontre-t-on une réplique de la Cour suprême. Cependant, mention doit être faite d'un élément d'*originalité* ; à savoir, l'adoption de procédures de *démocratie semi-directe*[33].

Le référendum d'initiative populaire existe au seul niveau fédéré (dans 21 États, généralement dans l'Ouest). Juridiquement, trois variantes peuvent être simultanément présentes (comme en Californie) : suite à une pétition recueillant un nombre de signatures préfixé, le référendum porte 1°) soit sur l'adoption d'une révision de la constitution[34], 2°) soit sur celle d'une loi[35], 3°) soit conditionne l'entrée en vigueur d'une loi votée par le Parlement[36].

Enfin, une autre institution originale et d'intention démocratique consiste dans le droit de rappel (*recall*), c'est-à-dire de révocation, qui peut être mis en jeu, dans certains États, à l'encontre des élus, ce terme englobant les fonctionnaires désignés à l'élection (y compris les juges), qui sont censés avoir démérité. La procédure introduite dans l'Oregon, en 1908, est du même ordre que dans le cas de l'initiative populaire et du référendum : une pétition réunissant un certain nombre de voix provoque un scrutin par lequel l'intéressé est, soit révoqué, soit confirmé dans ses fonctions. Cette procédure, peu usitée, qui remet en cause un des principes essentiels du mandat représentatif, a eu un retentissement politique et médiatique en 2003 avec la révocation du gouverneur de la Californie, Gray Davis, et son remplacement par l'ex-acteur Arnold Schwarzenegger. Rappelons que *Governator* réélu en 2006, ne pourra suivre le même chemin que Ronald Reagan vers Washington. Né autrichien, il est inéligible au poste de président des États-Unis (*infra*, n° 582), du moins tant que la constitution fédérale ne sera pas modifiée sur ce point. Plusieurs textes baptisés *amendements Arnold* avaient été ainsi déposés au Congrès. Pour revenir au *recall*, le gouverneur du Wisconsin a réussi, en 2012, à rester en fonctions. Une nouvelle fois, les écarts substantiels de soutiens financiers ont fait la différence.

33. V. A. AUER, *Le référendum d'initiative populaire aux États-Unis*, 1991 ; D. NEDJAR, Initiative et référendums aux États-Unis, *R.D.P.* 1993, p. 1585 ; J.-P. LASSALE, *Les institutions des États-Unis*, D.F., 2001, p. 17 ; V. MICHELOT, Le processus référendaire en Californie : un travestissement démocratique ?, *Pouvoirs* n° 133, 2010, p. 57.

34. En Californie, on recense plus de 70 référendums de ce type depuis 1980. Si les réussites sont rares, mentionnons la proposition 63 faisant, en 1986, de l'anglais la langue officielle de l'État. En 2004, une dizaine d'États (dont notamment l'Arkansas et la Géorgie) ont constitutionnalisé l'interdiction du mariage entre homosexuels. En 2008, la proposition n° 8 – allant dans le même sens – a été adoptée en Californie. La Cour suprême de Californie a confirmé, en 2009, la régularité de la modification constitutionnelle. La décision d'irrecevabilité rendue par la Cour suprême des États-Unis (26 juin 2013, *Hollingsworth v. Perry*) a eu pour effet de rétablir la décision d'un juge féderal s'étant prononcé pour l'inconstitutionnalité de la proposition n° 8. Provisoirement, le mariage entre personnes de même sexe redevient juridiquement possible en Californie. Rendue le même jour que la décision *US v. Windsor* (v. *supra*, n° 625), la Cour n'établit pas pour autant un droit des homosexuels à obtenir que leur État autorise le mariage pour tous. La bataille judiciaire n'est pas close.

35. Le référendum peut être organisé directement (dans 12 États dont la Californie) ou seulement après une opposition ou une abstention du Parlement (dans 9 États). Ainsi, la législation sur la marijuana à des fins médicales a-t-elle été approuvée en 1998 dans quatre États puis la possession autorisée dans deux en 2012 ; la suppression des programmes publics de discriminations positives (1996), la fin du bilinguisme dans les écoles publiques (1998) l'interdiction du mariage entre homosexuels (2000), le développement de la recherche sur les cellules souches embryonnaires (2004) décidés par voie populaire en Californie. Toujours pour cet État, on pensera tout particulièrement à la révolte fiscale structurée autour de la célèbre proposition 13 adoptée en 1978.

36. Avec le référendum, les citoyens peuvent s'opposer à la loi votée par les parlementaires. Dans le Dakota du Sud, la loi la plus restrictive des États-Unis pour le droit à l'avortement, adoptée en mars 2006, a été repoussée en novembre 2006.

SECTION III LES COMPOSANTES DU RÉGIME POLITIQUE AMÉRICAIN

550 Dans le cadre d'un régime présidentiel (v. *Ire partie, titre I*), on étudiera successivement le corps électoral (§ 1), le Congrès (§ 2), le président des États-Unis (§ 3) et la Cour suprême (§ 4)[37].

§ 1. LE CORPS ÉLECTORAL

551 L'intérêt se portera respectivement sur le système électoral, d'une part, et les partis politiques, d'autre part.

A. LE SYSTÈME ÉLECTORAL

552 Le droit électoral ressortit, en principe, à la compétence des États fédérés. En revanche, divers aspects relèvent du droit fédéral.

Dès lors, la qualité d'électeur varie d'un État à un autre, en dépit d'une tendance au nivellement. Parallèlement à la jurisprudence de la Cour suprême, le droit de vote ne peut être refusé en raison de la race ou de la couleur (XIVe amendement), du sexe (XIXe) ou du non-acquittement d'une taxe électorale (XXIVe). De la même façon, la majorité électorale est fixée à 18 ans (XXVIe amendement). En outre, l'éligibilité au Congrès et à la présidence est réglée par la constitution de 1787 (art. 1er, sections 2 et 3, XIIe et XIVe amendements). Mais, des différences subsistent, pour que l'on puisse parler d'un système *imparfait* et *inégalitaire*[38].

1. Le caractère imparfait du suffrage

553 Sont désormais électeurs, les citoyens âgés de 18 ans révolus, non condamnés à des peines de prison (or, on sait que la population carcérale est importante aux États-Unis) et qui peuvent prouver une résidence d'État de six mois à deux ans, exigence lourde dans un pays où la mobilité de la population est grande. Au total, le corps électoral s'élève à plus de 150 millions de personnes, en 2000.

Par ailleurs, l'inscription sur les listes électorales, qui doit être renouvelée périodiquement, laisse beaucoup à désirer, soit du fait des intéressés, ce qui se produit souvent chez les jeunes, soit du fait des autorités, dont le *mauvais vouloir* à l'égard des personnes de couleur est réel[39]. Ainsi, la procédure discriminatoire du *literacy*

37. V. Éd. ORBAN et M. FORTMANN (sous la direction), *Le système politique américain*, Montréal, 3e éd., 2001.

38. Si, comme on l'a relevé précédemment, le droit de vote à l'élection présidentielle a été reconnu aux habitants du district de Columbia en 1961, il n'a pas été étendu à la population des territoires autonomes ou dépendances extérieures (Porto-Rico, îles Vierges et Micronésie).

39. À l'égard de la communauté noire (13 % de la population), la réussite exceptionnelle de B. Obama ne peut, à elle seule, effacer brusquement des siècles d'abaissement de dignité. La représentation des citoyens de couleur est manifestement minorée (1,2 % de l'ensemble des postes effectifs – jamais plus d'un seul sénateur depuis 1870) en dépit de quelques progressions spectaculaires (B. Obama naturellement

test, appliquée essentiellement dans les États du Sud (les lois *Jim Crow*), n'a-t-elle été abrogée qu'en 1965 avec l'adoption du *Voting Rights Act*[40]. Outre un faible taux de participation (50 % pour l'élection présidentielle (mais 65 % en 2008), 35 % pour celles au Congrès), un découpage *arbitraire* de circonscriptions électorales *(gerrymandering)* est toujours à craindre[41]. Au nom du principe égalitaire, *one man, one vote*, la Cour suprême a condamné, cependant, ce détournement de suffrage (*Baker v. Carr*, 1962) tout en adoptant une position subtile à l'égard du *gerrymandering racial* (*Shaw v. Reno*, 1993 ; *League of United Latin American Citizens, et al. v. Perry*, 2006).

Quant au mode de décompte des voix, qui exprime la volonté des électeurs, il varie selon l'État, sinon le comté : il s'agit du bulletin traditionnel de papier, ou, en général, de la carte à perforer (les bulletins papillons ou les confettis de l'État de Floride, lors de l'élection présidentielle de 2000 passeront à la postérité) ou du système de scannage optique. Autrement dit, si toutes les voix comptent, elles ne sont pas comptabilisées de la même façon. Une loi du 29 octobre 2002 (*Help America Vote Act*) s'est prononcée pour l'amélioration des techniques de scrutin.

mais aussi Colin Powell, Condoleeza Rice par le passé, Éric Holder, ministre de la Justice, Michael Steele, président du parti républicain entre 2009 et 2011). Toutefois, aux termes d'une loi fédérale de 1983, le 3e lundi de janvier est devenu un jour férié en honneur de Martin Luther King, artisan des droits civiques, assassiné en 1968. Seuls avant lui, George Washington et Christophe Colomb avaient été ainsi honorés. L'importance actuelle de l'immigration noire des Antilles et de l'Afrique, la réussite de B. Obama, dont les ancêtres n'ont pas subi l'humiliation de l'esclavage, changent progressivement les termes du débat à la fois sur l'identité noire aux États-Unis et sur les supposés bénéficiaires des politiques d'*affirmative action* qui sont progressivement démantelées par la Cour suprême (voir *infra*, n° 625). V. L. ROBEN et E. ZOLLER, *L'état des noirs aux États-Unis*, 2000. Les hispaniques (13 % de la population) ont connu une progression spectaculaire. Dans certains États (notamment en Californie, Arizona et Texas), leur vote est devenu décisif. A. Gonzales est devenu, en 2004, le premier ministre de la Justice (Attorney General) d'origine latino-américaine ; Sonia Sotomayor la première juge à la Cour suprême. La communauté asiatique (3,6 %) est la mieux intégrée d'un point de vue économique. Dès 1997, un ministre d'origine asiatique a été nommé (N. Mineta, transports). Enfin, relevons l'élection en 2006 du premier représentant musulman, K. Ellison qui, de manière inédite, a prêté serment sur un Coran appartenant à T. Jefferson. V. B. OBAMA, *De la race en Amérique*, 2008 ; D. SABBAGH, La représentation des minorités éthno-raciales aux États-Unis, *R.I.D.C.* 2004, p. 457.

40. Au surplus, ces États, depuis 1965, ont été contraints, en cas de modification des règles électorales, d'obtenir l'autorisation du département fédéral de la Justice. Prolongée régulièrement par le Congrès (la dernière fois pour 25 ans en 2006), les modalités techniques du *Voting Rights Act* ont été jugées obsolètes par la Cour suprême et invalidées (*Shelby county v. Holder*, 2013) (v. *supra*, n° 320 et *infra*, n° 625). Il appartiendra éventuellement au Congrès de définir de nouveaux critères. V. P. MUTIGNON, La loi fédérale du 6 août 1965, relative à la discrimination raciale en matière de droit de vote, *R.D.P.* 1966, p. 738. La Cour suprême (*Crawford v. Marion County Elections Board*, 2008) accepte, au nom de la lutte contre la fraude électorale, les exigences imposées par certains États (la présentation d'un document officiel valide muni d'une photographie ; *i.e.* soit un passeport, soit un permis de conduire) pour exercer son droit de vote même si la mesure est objectivement plus contraignante pour les classes défavorisées (v. *Titre I*). Le nombre d'États concernés, généralement dirigés par les Républicains, ne cesse actuellement d'augmenter.

41. Ce procédé, dont l'exemple type est fourni par la 69e circonscription de Californie (V. M.-F. TOINET, *Le système politique des États-Unis*, 1987, p. 422), dégage des relents de cuisine malodorante. Il est destiné à séparer le bon grain de l'ivraie. Il a été inventé au début du XIXe siècle par le gouverneur Gerry du Massachusetts. Depuis lors la terminologie est ainsi fixée : un *gerrymander* désigne la circonscription à l'allure parfois d'une bête monstrueuse et le *gerrymandering* le procédé de découpage ou de dépeçage. La technique a fait école en France, jusqu'à l'intervention du C.C. (8 août 1985, *Nouvelle-Calédonie, chr.* n° 36, p. 182) (v. *IIIe partie*).

2. Le caractère inégal du suffrage

554 À la Chambre des représentants, on observe une relative sous-représentation des grands États et, par voie de corollaire, une sur-représentation des petits. Cependant, loin d'être figée, l'attribution des sièges est, au contraire, l'objet d'une modification au lendemain d'un recensement général de la population *(census)*. Cette opération se renouvelle à chaque décennie, afin de tenir compte de l'évolution démographique : le centre de gravité s'oriente vers l'Ouest (les États des Rocheuses : Nevada, Arizona, Utah et Colorado) dans le prolongement du *Sun Belt*, au détriment du Nord-Est[42]. En revanche, le phénomène est saisissant au Sénat, où chaque État dispose de la *même représentation*. C'est ainsi que les deux sénateurs de la Californie et du Wyoming représentent, respectivement, 37 millions et 563 000 habitants[43]. Cette surreprésentation des petits États est, à terme, préjudiciable à l'élaboration des politiques nationales.

B. LES PARTIS POLITIQUES

555 Le bipartisme américain, qui se ramène depuis 1860 à la lutte entre les démocrates et les républicains, ne possède, à aucun titre, la cohésion du bipartisme britannique, dont il usurpe, à bien des aspects, la dénomination. Car, il s'apparente, tel le bernard-l'ermite, à un cadre vide, à bien des aspects. La *crise* des partis d'outre-Atlantique atteint une telle acuité, qu'ils s'offrent aux plus audacieux.

1. La spécificité du bipartisme américain

556 Les États-Unis connaissent *apparemment*, à la manière de la Grande-Bretagne, le système des deux partis : le parti républicain et le parti démocrate. Mais, ce système bipartisan a des bases et une signification bien différentes dans les deux pays[44].

a) Le localisme des partis

La superficie du territoire national fait que les partis américains ont une assiette locale extrêmement importante. Plutôt que d'un parti républicain et d'un parti démocrate, certains estiment qu'il serait plus exact de parler d'une *juxtaposition* de 50 partis républicains ou de 50 partis démocrates, quasi indépendants les uns par rapport aux autres ; encore que, le niveau essentiel du pouvoir politique des partis se situerait plutôt dans les villes ou les comtés que dans les États.

Ces remarques ne sont pas totalement inexactes. Il est vrai que le *comité national*, placé à la tête de chaque parti, n'a, en fait, que peu de pouvoirs réels. Il est vrai aussi, que la convention nationale, qui

42. Depuis 1969, quatre présidents sur sept (Nixon, Reagan, G. Bush et G. W. Bush) viennent du *Sun Belt*. En 1972, la Californie a ravi la première place à New York qui est, désormais, placé en troisième position (après le Texas). Le *Golden State* devient le moteur économique des États-Unis et le cadre politique décisif pour le scrutin présidentiel.

43. V. M.-F. TOINET, La concurrence électorale imparfaite aux États-Unis, *R.F.S.P.* 1976, p. 899.

44. C'est certainement par dérision, qu'un animal symbolise les partis : l'âne pour les démocrates ; l'éléphant pour les républicains. V. J. BECQUART-LECLERCQ, Les partis politiques aux États-Unis, *R.D.P.* 1982, p. 689 ; J. CEASER, Les partis américains dans les années 1980 : déclin ou renouveau, *in La présidence en France et aux États-Unis*, 1986, p. 143 ; J.-P. LASSALE, *Les partis politiques aux États-Unis*, 1987 ; J.-L. SEURIN, Partis américains, *D.C.*, p. 735.

réunit tous les quatre ans les délégués du parti, ressemble à une assemblée de féodaux, où chacun discute d'égal à égal.

Mais, il faut nuancer ce point de vue et insister, sur le fait que, d'une part, le président des États-Unis fait figure de *leader* du parti au pouvoir, dès qu'il dispose d'une autorité personnelle suffisante pour exercer effectivement ce rôle et, d'autre part, qu'à l'occasion de son élection qui est, il ne faut pas l'oublier le *seul* moment de la vie nationale, où chacun des partis se retrouve, tous les quatre ans, vraiment *un*. Il n'y a jamais parmi les candidats crédibles, qu'un démocrate et un républicain proposés aux électeurs. De sorte qu'il est excessif, à ce propos, de parler d'un multipartisme américain aussi accentué que le multipartisme français, antérieur à 1958, par exemple. Toutefois, le *localisme* des partis est peu de chose comparé à leur *indiscipline*.

b) L'indiscipline des partis

557 Au plan national, à Washington, les formations étalent, avec une certaine complaisance, leurs différences *internes*[45]. À cet égard, une ligne frontière invisible les traverse et répartit leurs membres en *libéraux* et *conservateurs*. L'exemple du parti démocrate est particulièrement significatif. Son existence a résulté traditionnellement de la rencontre entre, d'une part, une aile *nordiste*, symbolisée par l'intellectuel de la Nouvelle-Angleterre et une aile *sudiste*, incarnée par le petit blanc, profondément conservateur et, d'autre part, une coalition des minorités.

Est-il besoin de conclure à l'opposition de ces tempéraments ? Si bien, que les majorités de rencontre, ou *à saute-mouton*, réunissent les *libéraux* démocrates et républicains et demain les *conservateurs* des deux bords. Sous couvert de bipartisme, une sorte de *quadripartisme* caractérise, en fait, la vie du Congrès, et rend possible la *coexistence pacifique* avec un président de tendance opposée, comme sous Nixon, Reagan, G. Bush, Clinton et G. W. Bush. B. Obama en revanche aura constamment entretenu des relations conflictuelles avec le Congrès. Cela s'explique par la radicalisation des républicains soumis à la pression du *Tea Party*. Mais, pour faire bonne mesure, la domination de son parti ne confère point au *Chief Executive*, une liberté de manœuvre, dans la mesure où, sur fond de séparation des pouvoirs, les *congressmen* ne lui doivent pas leur mandat. L'élection présidentielle ne produit pas un effet d'entraînement (le jugement pouvant être plus nuancé avec B. Obama en 2008) et le *split vote* est fréquent (par exemple en 1996 malgré une réélection aisée de Bill Clinton). On saisit, sur ce point fondamental, le *divorce* entre les systèmes présidentiel et présidentialiste : le président américain dirige un *no-party system* (P. Avril) tandis que son homologue français est, selon la règle d'or, le chef de la majorité parlementaire. *Occupez-vous de mes ennemis, je m'occupe de mes amis.* La formule célèbre demeure d'actualité à Washington. Au surplus, l'indiscipline des partis est accordée à leur unité idéologique.

c) Le pragmatisme des partis

558 Reposant, par priorité, sur une organisation locale[46] les partis politiques américains sont, pour l'essentiel, des machines de *placement électoral*. En d'autres termes, à la différence de l'Europe, ils ne se

45. De manière exceptionnelle, les républicains ont observé une discipline de vote, sous l'autorité du *speaker* Newt Gingrich, à partir de 1994, dans leur opposition au président Clinton. Le point d'orgue sera atteint, en 1998, avec le déclenchement de la procédure de destitution à l'encontre de celui-ci. Globalement, l'encadrement de la majorité parlementaire, via le *speaker*, le *majority leader* et le *majority whip* est plus marqué à la Chambre des représentants qu'au Sénat. Il reste néanmoins nettement moins rigoureux qu'en Grande-Bretagne et en France.

46. Malgré ce caractère fragmenté et local, les partis sont très fortement organisés. Ils ne sont pas basés, en principe, sur l'adhésion individuelle de membres aussi nombreux que possible, mais sur la force des comités et de l'organisation. Pour employer un vocabulaire européen, il s'agit, non pas de *partis de masse*, mais de *partis de cadres*. À l'échelon local, l'action du parti se fait, tout d'abord, sentir dans des *precints*, circonscriptions électorales minuscules, de 400 électeurs en moyenne, dans lesquelles le parti est aux mains d'un *captain*, souvent appointé, qui doit connaître personnellement les électeurs et guider leurs votes. Au-dessus du *precint*, à chaque circonscription électorale, correspond un comité du parti, avec une

soucient guère de l'idéologie, même si l'émergence du *Tea Party* renouvelle les termes du débat, et se bornent à gérer la société capitaliste, confondue de plus en plus avec le conservatisme. Il n'est pas surprenant, à cet égard, que la théorie du *catch-all-party* ait pris naissance outre-Atlantique.

Certes, au départ, à la fin du XVIIIe siècle il y a bien une certaine opposition idéologique entre les *fédéralistes* (Washington, Hamilton, gouverneur Morris), qui sont les ancêtres des républicains et les *antifédéralistes* (Jefferson), qui deviendront les démocrates. La démocratie se manifeste, en effet, surtout à cette époque, dans le cadre des États fédérés, et le fédéralisme, ayant pour objet de diminuer leurs pouvoirs, les démocrates apparaissent, par voie de conséquence, plus progressistes que les républicains. Mais, avec le temps, ces caractères se sont, dans une certaine mesure, atténués. Toutefois, de nos jours, les démocrates demeurent, dans l'ensemble, ouverts à des idées de progrès social, d'intervention de l'État dans le domaine économique ou de coopération internationale et les républicains fidèles, à la conception de la *libre entreprise* et isolationnistes[47]. Roosevelt et Obama d'un côté, G. W. Bush de l'autre symbolisent ces deux projets politiques. La réforme de l'assurance-maladie entreprise par B. Obama va cristalliser les tensions entre les franges les plus radicales de chaque parti.

Par ailleurs, aucun parti n'est un *parti de classe*, au sens européen du terme (encore que le *montant des revenus* y joue un rôle), mais, en principe, de la *collectivité tout entière*. Cependant, chacun a son électorat traditionnel et les élections nationales démontrent que ces caractéristiques économiques et sociologiques se maintiennent. Les démocrates ont gardé dans les villes, les minorités ethniques *récentes*, à revenu généralement modeste, sinon pauvre (communautés noire, hispanique et nouveaux immigrants européens), ainsi que, d'une façon générale, les intellectuels, la classe moyenne, les ouvriers, les juifs et les catholiques. C'est ce qu'on appelle depuis Roosevelt, la *grande coalition*. Les républicains drainent, en revanche, les voix des Américains plus aisés et de souches anciennes (anglo-saxonne, allemande ou nordique) généralement protestants ou W.A.S.P. *(White Anglo-Saxon-Protestant)*, le plus souvent implantés dans les campagnes et les banlieues suburbaines. Mouvement populiste et acéphalique, le *Tea Party* (dont le nom est issu d'un épisode clé de la révolution américaine, le *Boston Tea Party* du 16 décembre 1773) est apparu brutalement en 2009. Méfiant à l'égard du *Big government*, contestant les mesures d'assistance sociale (notamment la réforme d'assurance-maladie instituée par B. Obama) et les hausses d'impôts, le *Tea Party* pèse sur le parti républicain qui tend irrésistiblement à se droitiser. En réaction, les démocrates sont de moins moins enclins au dialogue.

Au total, la comparaison entre les bipartismes américain et anglais tourne aisément à l'opposition, à l'image des régimes présidentiel et parlementaire, qui reposent respectivement sur la *défectuosité* et la *perfectibilité* de leurs partis. Or, aux États-Unis, ceux-ci déclinent, à telle enseigne, qu'on les compare au *moteur d'un véhicule sans direction* (Y. Mény). Les groupes de pression les ont supplantés dans les faits.

2. Le rôle électoral des partis

559 La fonction d'une formation américaine ne consiste pas à réaliser un projet politique. Elle se cantonne en dehors de la défense des intérêts privés, dans un rôle moins glorieux, mais à la vérité, très efficace : assurer l'élection (on dit aux États-Unis la *nomination*) de ses candidats aux divers postes officiels et fructifier ce capital. À ce titre, par exemple, les démocrates et républicains siègent à parité au *Federal Election commission* (F.E.C.) qui gère et contrôle, depuis 1975, le financement public des consultations nationales.

Les méthodes et les règles concernant les partis ont une importance capitale. Car, à partir du moment où un postulant a été désigné comme candidat officiel du parti, sa nomination est d'avance assurée. Les règles de *sélection* des candidats qui, aux États-Unis, s'appliquent en vue de *toutes les élections* (fédérales, fédérées et locales) s'ordonnent, à titre principal, autour de deux systèmes : celui des *caucus* et des *primaries* ou élections primaires. Il reste, cependant, à mentionner que les États autorisent un candidat à entrer en lice, dès lors qu'une *pétition* a été recueillie en sa faveur. Ross Perot et Ralph Nader ont pu entrer en lice en 1992 et 2000.

hiérarchisation jusqu'au cadre de l'État. L'ensemble de ces comités, qui constituent *la machine* du parti, détient un pouvoir politique considérable.

47. Dans le cadre de la lutte anti-terroriste, après la chute des Talibans en Afghanistan, 2001, la guerre préventive contre l'Irak, en 2003, marqua un tournant chez les Républicains convertis au néoconservatisme et à un interventionnisme teinté de messianisme.

a) Le système des caucus

560 Le choix du candidat incombe à une réunion (caucus) de délégués ou militants du parti à l'échelon municipal, ou du comté ou de l'État. Se réunissant dans des lieux divers (écoles, mairies, gymnases voire dans des lieux privés), des discussions entre partisans des candidats conduisent, au final, à une élection de délégués. Depuis 1968, ce procédé, caractérisé par une forte abstention et par la possibilité de votes publics, est concurrencé par celui des élections primaires et de nos jours, seulement une quinzaine d'États continuent d'y recourir.

Traditionnellement, en vue de l'élection présidentielle, l'Iowa rassemble le premier *caucus* en janvier, et le New Hampshire, le mois suivant, ouvre la série des *primaries* qui s'échelonnent jusqu'en juin[48]. Les résultats de l'Iowa sont souvent décisifs car une dynamique politique peut débuter (Obama en 2008) ou alors s'écrouler brutalement (voir cependant les échecs de B. Clinton en 1992 et de G. W. Bush en 2000). Aussi, par tactique, certains candidats préfèrent-ils ne pas se présenter en Iowa et tablent plutôt sur le New Hampshire (comme John McCain en 2000 qui avait, un temps, inquiété G. W. Bush pour l'investiture du parti républicain). Reste qu'on déplore fréquemment la surexposition politique et médiatique dont bénéficient ces deux États manifestement loin d'être représentatifs de la diversité sociale, économique et ethnique des États-Unis.

b) Le système des primaires

561 Cette procédure spécifiquement *américaine*, aussi mystérieuse que le base-ball pour un étranger, a été inventée en 1904, par le Wisconsin, en vue de briser l'oligarchie des dirigeants professionnels. Elle s'analyse en un procédé de *sélection* des candidats d'un même parti par les *électeurs*. Faisant d'une pierre deux coups, ceux-ci en choisissant les délégués à la *convention* du parti (ou assemblée de délégués) départagent les concurrents. Cette épreuve *éliminatoire*, dont l'organisation relève de la compétence des États, se présente selon l'ordre décroissant d'importance, en trois catégories : *fermées, ouvertes* ou *non partisanes*[49].

*α) Les primaires fermées (*Closed primaries)

562 Prévues dans une vingtaine d'États, les primaires fermées s'adressent aux seuls électeurs officiellement affiliés à un parti. Chaque électeur démocrate ou républicain reçoit alors un *ballot* ou bulletin de son parti, comportant une liste des candidats pour chaque poste à pourvoir. En effet, au moment des

48. Chaque parti, au sein de chaque État, fixe librement la date des primaires ou des caucus. Lassés d'intervenir trop tard dans le calendrier (et donc d'être moins déterminants pour le choix final), les partis des grands États (tels la Californie et New York) ont décidé de participer au *Super Tuesday* de février 2008. Ayant procédé à des élections avant cette date, et ce malgré l'interdiction du Parti démocrate, les délégués élus en Floride et au Michigan ont été, un temps, exclus pour la convention nationale d'août 2008 avant de se faire finalement accorder une demi-voix.

49. Une quarantaine d'élections primaires sont organisées dans chaque camp en vue de l'élection présidentielle. Les conventions démocrates et républicaines admettent des délégués des Îles Vierges, de Guam, Samoa et de Porto-Rico, bien que les habitants de ces territoires soient privés du droit d'élire le magistrat suprême. De même, les démocrates ont organisé une primaire des Américains de l'étranger grâce au vote électronique par distance, via Internet, en 2008. (V. P. GÉRARD, *L'élection présidentielle américaine de 1984*, 1989 ; M.-F. TOINET, *La présidence américaine*, 1991, p. 17 ; C. SICARD, *Les primaires présidentielles de 1980 aux États-Unis*, thèse Paris II, 1989). Moins institutionnalisée, la procédure des primaires existe en Europe. Les électeurs (R. Prodi en Italie, 2005 ; F. Hollande en 2011) ou les seuls militants (S. Royal en 2006) ont été amenés à désigner le candidat unique de la coalition ou du parti.

élections, s'effectuant dans de véritables bureaux de vote, les citoyens américains sont invités à procéder, au moyen de machines à voter, en même temps, à un nombre parfois impressionnant de nominations (représentants, gouverneur, magistrats, officiers de police, etc.). Chaque électeur choisit son candidat pour chacun des postes à pourvoir. Une variante (*semi-closed primaries*) est présente dans quelques États ; ici un électeur indépendant peut choisir l'un des deux camps.

*β) Les primaires ouvertes (*Open primaries)

563 Elles ne comportent pas d'affiliation publique à l'un ou l'autre parti. L'électeur choisit librement de participer soit à une primaire républicaine, soit à une primaire démocrate pour l'ensemble des postes à pourvoir. Malgré les risques de manipulation (chaque camp ayant objectivement intérêt à choisir le candidat le plus faible de l'autre bord), ce procédé est actuellement utilisé dans 17 États.

*γ) Les primaires non partisanes (*Blanket primaries ou *crossover primaries)*

564 Dans l'indifférence partisane, chaque électeur peut voter dans l'une ou l'autre primaire des partis pour chaque poste. Aussi, peut-il concrètement panacher son vote (voter pour un délégué d'un candidat républicain à la présidentielle et ensuite pour un candidat démocrate pour le poste de gouverneur). Cette technique est restée marginale et a été, au final, déclarée non conforme à la constitution par la Cour suprême (*California Democratic Party v. Jones*, 2000). Une forme altérée, uniquement valable pour les postes à l'échelle fédérée, est maintenue en Louisiane et à Washington D.C.

Le système des *primaires*, si l'on s'efforce de porter un jugement de valeur, mobilise une *étroite minorité* (20 % *grosso modo*), en dépit d'une tendance au regroupement avec les *Super Tuesday*[50], les électeurs étant à la limite de la saturation en ce domaine. Au surplus, il est parvenu, conformément au but assigné, à limiter l'emprise partisane, en un mot, à *déprofessionnaliser* la politique.

En effet, le savoir-faire et les ressources financières d'un candidat constituent les éléments essentiels de la réussite[51]. La chance peut ainsi sourire à un *amateur* au plan local et plus encore, au plan *national*, si l'on songe aux précédents Carter, Clinton et surtout Obama qui n'était même pas gouverneur d'un État comme les deux précédents. Ce qui ne va pas sans poser quelques difficultés. D'une façon plus générale, cette aventure individuelle est de nature à favoriser un renouvellement du personnel politique. Il s'ensuit une *atomisation* de la vie politique qui se révèle, par la suite, nocive au Congrès des États-Unis.

Au total, l'effort méritoire de *démocratisation* du recrutement des candidats, en dehors de la réussite spectaculaire de Barack Obama en 2008, demeure sujet à caution. Une dernière observation, à propos des partis. Lorsque l'un de ses membres est parvenu à ses fins, il installe avec lui toute une équipe, sur la base du *spoils system* ou système des *dépouilles*, qui fonctionne encore dans les États et surtout à

50. À l'initiative des démocrates, la pratique du regroupement des primaires et caucus de différents États le même jour apparaît lors de la présidentielle de 1988. Augmentant la participation et permettant potentiellement à un candidat de se détacher nettement, cette procédure a pris une ampleur considérable en 2008 (on a même parlé de *Giga Tuesday* ou *Tsunami Tuesday*) avec l'organisation concomitante des élections dans 24 États.

51. Le financement *public* retenu par le *Federal Elections Campaign Act* de 1974 est applicable, depuis 1976, aux *primaries*, à la condition de respecter un plafond des dépenses. Généralement, les candidats y renoncent pendant la période des primaires, préférant tabler sur leur fortune personnelle (R. Perot en 1992 et 1996) ou sur des dons privés (B. Obama) et l'acceptent ensuite pour la campagne officielle (entre la convention et l'élection de novembre). De manière inédite, B. Obama avait refusé en 2008 ces fonds publics (85 millions) optant pour un financement intégralement privé. Il a pu ainsi bénéficier d'un avantage financier écrasant face à J. Mac Cain. En complément, un *comité 527* (baptisé tel d'après l'article d'une législation fiscale) est autorisé à dépenser sans compter pour supporter ou s'opposer à un candidat (voir l'action déstabilisatrice à l'encontre de J. Kerry menée en 2004 par un comité d'anciens combattants du Vietnam).

l'échelon local, et qui permet de faire place nette parmi les fonctionnaires, afin d'y mettre ses amis[52]. L'ensemble constitue un système de *patronage* très puissant. C'est ce que les Américains appellent une *machine locale*, dont le maire, ou le premier magistrat du comté, est le *boss*.

§ 2. LE CONGRÈS DES ÉTATS-UNIS

565 Le parlement fédéral s'appelle *le Congrès des États-Unis*. En application de l'article premier, section I de la constitution de 1787, il se compose de deux chambres, selon l'idée développée par Benjamin Franklin : *la Chambre des représentants* et surtout *le Sénat*, compte tenu de son rôle et de son prestige. Après un certain relâchement, le Congrès a repris, depuis l'affaire du *Watergate* en 1974, la mission que les Pères fondateurs lui avaient assignée : celle d'un *authentique pouvoir* limitant ou neutralisant le président, le cas échéant.

À cette fin, et à l'opposé de la tendance observée à l'étranger, le Congrès a recouvré une authentique puissance avec laquelle le président doit compter. Au risque d'être désavoué, celui-ci est condamné, à négocier ou à s'effacer. Seule l'hégémonie américaine, au plan international, est parvenue, à ce jour, à dissimuler le mythe du régime présidentiel[53]. L'équilibre institutionnel reste par essence précaire et l'effet du 11 septembre 2001 a incontestablement rendu, un temps, le Congrès pusillanime face au renforcement du pouvoir présidentiel.

A. L'ORGANISATION ET LE FONCTIONNEMENT DU CONGRÈS

1. L'organisation du Congrès

566 La logique du fédéralisme est à l'origine d'un recrutement *différencié* des représentants et des sénateurs, qui siègent au *Capitole* à Washington (D.C.). D'une façon générale, les élections au Congrès suscitent un faible taux de participation, inférieur à 40 % des inscrits.

a) La Chambre des représentants (House of Representatives)

567 Elle comprend 435 membres, élus pour un mandat de deux ans[54], au scrutin majoritaire uninominal à un tour, proportionnellement, ou peu s'en faut, au nombre des habitants. Au reste, l'attribution des sièges entre les États fait l'objet de modifications après

52. Au plan *national*, le principe *to the victor the spoils* a longtemps été appliqué, jusqu'au moment où en 1881, le président James Garfield fut mortellement agressé par un mécontent. Dans ces conditions, le procédé a été abandonné au profit du *merit system* à la suite du *Pendleton Act* de 1883.

53. V. R. ROSE, *The Postmodern President. The White House Meets the World*, 1988 et l'analyse de P. AVRIL, *Commentaire*, n° 49, 1990, p. 181 ; *Théorie et pratique du gouvernement constitutionnel : la France et les États-Unis*, actes du colloque de Paris X-Nanterre, 1992.

54. Ce mandat, qui ne peut être abrégé, comme celui du Sénat, en *l'absence du droit de dissolution*, coïncidence avec la *législature* aux États-Unis, appelé *un Congrès*. Chacun est identifié à un numéro (le 113e élu, en 2012 pour la période 2013-2015). Compte tenu du calendrier, le renouvellement de la Chambre des représentants, en totalité et du tiers du Sénat, se présente au *milieu* du mandat présidentiel. D'où l'expression de *mid-term elections*. À l'issue des élections de 2012, les républicains sont majoritaires à la Chambre des représentants (234-201) et les démocrates au Sénat (55-45).

le recensement général de la population. La durée du mandat est, à l'évidence, trop courte ; un mandat bref entraînant presque nécessairement les élus à se livrer à la démagogie. On a coutume de dire, que le congressman emploie la première année de son mandat à faire oublier ses promesses inconsidérées et la seconde année à en formuler de nouvelles.

Pour être éligible à la Chambre des représentants, il faut être âgé d'au moins 25 ans, être citoyen des États-Unis depuis sept ans et résider dans l'État dans lequel on brigue les suffrages (art. Ier, section 2)[55]. Mais, le couronnement du *cursus* se situe au Sénat, la chambre aux allures aristocratiques.

b) Le Sénat (Senate)

568 *Le club le plus fermé du monde*, selon John Kennedy, dont le *prestige* est intact, à l'inverse des autres secondes chambres, est composé de deux membres par État (soit 100) élus selon le scrutin précité, par les *citoyens* depuis le XVIIe amendement de 1913 (auparavant par la législature de l'État), pour six ans et renouvelables par tiers, tous les deux ans au moment où ont lieu les élections à la Chambre des Représentants. Pour être éligible au Sénat, il faut avoir 30 ans d'âge, posséder la nationalité américaine depuis sept ans, et habiter l'État où l'on se porte candidat (art. Ier, section 3)[56]. De surcroît, on soulignera que les fonctionnaires sont inéligibles au Congrès et que le contentieux des élections ressortit à la compétence de chaque assemblée (art. Ier, section 5).

Enfin, concernant le financement de la campagne électorale[57], le *Federal elections campaign Act* de 1974 avait limité les dépenses électorales. La Cour suprême a eu une jurisprudence oscillante. Elle avait initialement jugé (*Buckley v. Valeo*, 1976) que le plafonnement des dons de particuliers n'était pas contraire à la liberté d'expression, protégée par le premier amendement. Plus tard, elle desserra les contraintes temporelles fixées par le *Bipartisan Campaign Reform Act* de 2002 en matière de publicité audiovisuelle financée par des groupes de pressions (*Federal Election Commission v. Wisconsin Right to Life and McCain v. Wisconsin Right to Life*, 2007) avant de vider le texte de son sens (*Citizens United v. FEC* (2010)). Depuis, des *Super Political Action Committees* (ou super PAC) peuvent, à condition d'être distincts juridiquement de l'organisme de campagne du candidat, recevoir des dons de manière illimitée et financer n'importe quel type d'action politique. Remisant partiellement sa jurisprudence de 1976, elle estime maintenant qu'un particulier peut désormais financer, avec un don limité à 2 600 dollars, autant de candidats et de comités d'action politique qu'il souhaite (*McCutcheon v. Federal Election Commission*, 2014). La Cour entend protéger le droit

55. Les femmes demeurent sous-représentées au Congrès (76 représentants et 17 sénateurs en 2010) ainsi que les minorités ethniques (71 représentants et 5 sénateurs), en dépit du *Civil Rights act* de 1964. Il n'en reste pas moins que les proportions sont supérieures à celles constatées en France.

56. Porto-Rico, Guam, Samoa, les îles Vierges, les îles Mariana et le District de Columbia disposent chacun d'un délégué à la Chambre des représentants qui participe aux débats et vote seulement en commission. Par référendum, les électeurs de Porto Rico se sont prononcés, à deux reprises, en 1993 et 1998, pour le *statu quo* : un État libre associé aux États-Unis.

57. Les montants engagés par les candidats sont, dans ces conditions, sans commune mesure et la campagne électorale se transforme bien souvent en un simple affrontement financier. Le milliard de dollars a été dépassé pour les présidentielles de 2012. V. P. AVRIL, La législation fédérale sur le financement des campagnes électorales et la jurisprudence de la Cour suprême des États-Unis, *in Campagnes électorales, principe d'égalité et transparence financière (A.F.D.C.)*, 1989, p. 43.

de chacun à participer, avec des contributions financières, au processus électoral découlant de la liberté d'expression (voir *infra*, n° 625).

Les parlementaires américains bénéficient des immunités qui sont normalement accordées aux membres de tous les parlements modernes ; ils jouissent d'un traitement confortable, auquel il faut ajouter une somme pour les frais généraux exposés, exonérée d'impôt et, une autre, pour les frais de secrétariat d'une vingtaine de collaborateurs personnels. Par ailleurs, leurs conditions de travail sont particulièrement enviables, comparées à celles de certains de leurs collègues étrangers.

2. Le fonctionnement du Congrès

569 Le Congrès tient une session annuelle, qui commence le 3 janvier et doit se terminer au plus tard le 31 juillet. Pendant la durée de la session, chaque chambre peut s'ajourner. Mais, elle ne peut pas se reporter à plus de trois jours, afin d'éviter que l'une d'entre elles puisse faire obstruction à l'autre[58].

Les débats, dans l'une et l'autre assemblée, sont nettement moins organisés qu'à la Chambre des Communes, sans parler du Parlement français, conformément à l'intention des constituants de laisser débattre les *congressmen*. En outre, et ceci est déterminant, l'absence de toute organisation des partis accentue la tendance à l'individualisme, à l'*irresponsabilité* (voire à la médiocrité) de ses membres[59]. Dans ces conditions, le Congrès s'est érigé *en forteresse inexpugnable*, ou en camp retranché. La procédure législative qui est *sa chose* devient alors, pour l'exécutif, une véritable aventure, exposée aux dangers de toute sorte. L'inefficacité est un mot bien faible, pour rendre compte de l'activité du Congrès. Il est plus judicieux de le comparer à un *cimetière législatif* (M.-F. Toinet) qui exige du Président des États-Unis une énergie et une pugnacité exceptionnelles pour imposer ses réformes. Ainsi, le *Waterloo législatif* promis par les républicains à B. Obama sur le texte relatif à la protection sociale ne s'est-il finalement pas réalisé.

Parler, dans ces conditions, d'un *contre-pouvoir* ne relève nullement de la commodité de langage.

Le *Speaker* de la Chambre des Représentants est loin de posséder l'impartialité de son homologue britannique. C'est à l'opposé un partisan : on pense à la croisade menée par Newt Gingrich contre le président Clinton, entre 1994 et 1998 ; à la volonté de Nancy Pelosi, la première femme Speaker, de s'opposer plus fermement à G. W. Bush entre 2006 et 2010 ou encore à John Boehmer qui, dépendant des élus du *Tea Party*, a souvent entamé des épreuves de forces (entraînant, en 2013, le *shutdown*) avec B. Obama. Si le président du Sénat est de droit le vice-président des États-Unis (art. Ier, section 3)[60], un président *pro tempore* dirige, au quotidien, la haute assemblée. Son rôle est généralement modeste et il est surtout impuissant à endiguer l'obstruction (*filibustering*).

Le droit de prendre la parole sans être interrompu (règle XIX) avait été particulièrement utilisé, en son temps, par les élus sudistes hostiles à la politique des droits civiques[61]. Toutefois, afin d'éviter

58. V. B. BROWN, *L'État et la politique aux États-Unis*, 1994, p. 183.

59. L'investiture par le parti ne présente aucun intérêt en raison, d'une part, du système des élections *primaires*, et d'autre part, des groupes de pression promus au rang de bailleurs de fonds voire de la fortune personnelle (le Sénat est, du reste, un véritable club de millionnaires (40 sur 100 en 2003)). L'indépendance de l'élu, tout particulièrement à la Chambre haute, conduit chacun d'eux à se comporter en *souverain* législatif.

60. En cas de partage de voix, une voix prépondérante lui est accordée. Cette disposition, insolite au regard du principe de la séparation des pouvoirs, est exceptionnellement utilisée (sept fois par D. Cheney entre 2000 et 2008).

61. L'un d'entre eux, Strom Thurmond détient, à cet égard, le record du *one-man filibuster* pour avoir occupé, en 1957, la tribune sans interruption pendant 24 heures et 18 minutes, en lisant la Bible ou l'annuaire du téléphone. Voir aussi le film de F. CAPRA, *Mr Smith goes to Washington* (1939).

qu'un projet ne soit enterré, le règlement du Sénat, depuis l'adoption en 1917 de la règle XXII, peut décider de la clôture d'un débat, à la majorité des trois cinquièmes depuis 1975. Cette règle n'a pu être mise en œuvre qu'une dizaine de fois. Autrement dit, un parti, pour être certain de surmonter l'obstruction[62], doit détenir une majorité structurée et substantielle d'au moins 60 sièges (*the magic number*). Un tel rapport de forces étant rarissime, il faut alors compter sur des ralliements individuels de l'autre bord ou s'orienter vers la quête de compromis comme ce fut le cas en 2010 lors de l'adoption du texte sur la protection sociale. Dans le cas inverse, les *filibusters* emportent gain de cause et empêchent définitivement l'adoption de la loi au Sénat et donc, *in fine*, au Congrès. On pensera particulièrement à l'échec, au printemps 2013, de l'administration Obama d'imposer, après l'émoi suscité par la tuerie de Newport, une réglementation sur les ventes d'armes à feu sur Internet et les foires privées. Avec une règle permettant à 41 % des sénateurs de bloquer l'intégralité du processus législatif, on trouve ici une des causes de paralysie de la démocratie américaine[63].

Le Congrès pratique, au surplus, le système redoutable des commissions *permanentes*, à l'instar de la France. Chacune d'entre elles est véritablement souveraine dans son domaine ; son président, désigné au sein du parti de la majorité, selon *la règle de l'ancienneté* y règne sans partage, de façon tyrannique. Il est loisible à ces dernières de procéder, à tout instant, à des auditions publiques (*hearings*) ou à huis clos.

Enfin, chaque assemblée peut décider librement la création de *commissions d'enquête* qui ont qualité pour ordonner la comparution de toute personne, en dehors du président et du vice-président des États-Unis, susceptible de l'informer. En cas de refus, un mandat d'amener peut être délivré.

Ce fut le cas jadis, au Sénat au temps de la chasse aux sorcières dans les années 1950 avec la commission des activités anti-américaines, présidée par le fameux Joseph McCarthy. Non moins retentissantes seront ultérieurement les commissions Church qui apporteront des révélations étonnantes, concernant les activités, en 1973, des sociétés multinationales américaines à l'étranger[64] et, en 1975, on a peine à l'imaginer, sur celles de la C.I.A. La commission Erwin, en 1973 joua un rôle décisif dans l'affaire du *Watergate*. La commission Kean, chargée de démêler les responsabilités des différents services fédéraux dans les attentats du 11 septembre 2001, a procédé à de multiples auditions et obtenu communication de correspondances adressées au chef de l'État. De manière inédite, elle a, au printemps 2004, entendu à huis clos, MM. Bush et Cheney ensemble. Ces derniers, qui avaient jusqu'ici regimbé, n'ont pas, en revanche, prêté serment.

Ainsi entendu, le pouvoir de contrôle de ces commissions qui, de surcroît, bénéficie de la plus large audience, par l'intermédiaire des médias, constitue sans aucun doute, un échec au principe de l'équilibre aménagé par les Pères fondateurs, autrement dit à la séparation entre le législatif et l'exécutif, sinon avec le judiciaire. Mais, il s'avère utile à la compréhension de la place occupée par le Congrès, dans le système politique américain.

B. LES POUVOIRS DU CONGRÈS

570 Le Congrès est investi d'attributions imposantes. Certes, des circonstances politiques comme celles liées à la *présidence impériale* (Nixon) ou de *l'arrogance*

62. En revanche, le recours à l'obstruction n'est pas possible à l'égard d'une *Reconciliation bill*, loi particulière affectant le budget fédéral et votée, chaque année, par le Congrès. Ici, la majorité simple suffit au Sénat. En 2010, le texte relatif à la protection sociale a ainsi été adapté afin de pouvoir bénéficier de cette règle de procédure et de surmonter (enfin) l'obstruction des républicains. La tension extrême entourant les débats a permis de porter à la connaissance du public l'existence d'un fonctionnaire du Sénat, le *parlementarian*, chargé d'indiquer si les dispositions concernées affectent effectivement le budget.

63. Concernant les nominations aux fonctions exécutives (notamment des ministres) et judiciaires (à l'exception des membres de la Cour Suprême), les démocrates ont réussi, le 21 novembre 2013, à changer les règles de vote. Une majorité de 51 (et non plus de 60) suffit pour surmonter l'obstruction (mênée avec outrance par les républicains depuis l'arrivée de B. Obama au pouvoir) dans la procédure de confirmation des nominations. V. D. CONNIL, La « petite » révolution américaine, quand le Sénat tente de limiter l'obstruction parlementaire, *Constitutions* 2014, p. 38.

64. V. J.-M. CROUZATIER, Le rôle des commissions d'enquête du Congrès des États-Unis, *R.D.P.* 1975, p. 997.

présidentielle (G. W. Bush) ont pu, un moment, masquer la réalité découlant de la *séparation accentuée* entre les pouvoirs constitués, le *credo* américain, à bien des aspects. Mais la montée des assemblées à la manière d'un retour aux sources ne permet guère de douter de leur influence déterminante. Il suit de là, que la *crise d'autorité* qui affecte l'exécutif, laisse percer, de manière inattendue mais logique à la réflexion, une manière d'esprit *conventionnel*. Il est un fait certain que l'*enchaînement* des pouvoirs peut déboucher sur leur paralysie (*deadlock*) et entraîner de graves crises budgétaires (comme en 1995 et 2013). La liberté est sans doute gagnante, mais, du point de vue de l'efficacité, on peut toutefois s'interroger, sur sa compatibilité avec les responsabilités mondiales assumées par les États-Unis. Une fois encore, il convient d'indiquer que le prétendu régime présidentiel organise la *compétition* entre les pouvoirs ; autrement dit la *diffusion* de l'autorité politique entre les organes de l'État[65]. À la lumière de ces observations, il importe d'examiner les pouvoirs propres au Congrès et ceux *particuliers* au Sénat (art. Ier, section 8)[66].

1. Le pouvoir législatif et budgétaire du Congrès

571 En application de l'article Ier, section 7, et de la *spécialisation fonctionnelle* qui s'ensuit, le Congrès vote la loi et le budget, *en toute autonomie*, même s'il n'est pas indifférent aux suggestions présidentielles. Ces prérogatives sont exercées concurremment et à parité par les deux chambres, sauf en matière d'impôt, où l'initiative appartient à la Chambre des Représentants. En fait, cependant, les textes de lois proviennent de cette dernière, sous la pression notamment des *lobbies*. Ils sont examinés par des commissions *permanentes (Standing Committees* divisées en sous-comités *(subcommittees))*[67]. Cependant leur sort dépend de la commission du règlement *(Rules Committee)*[68], et du *leader* de la majorité, pour leur inscription à l'ordre du jour.

Si, au cours de procédure parlementaire, les deux assemblées sont en désaccord, le procédé mis en œuvre pour obtenir une entente est celui d'une *commission de conciliation (Conference Committee)* réunissant des élus des deux assemblées, qui s'efforcent

65. Le président est, en temps ordinaire, désarmé face au Congrès. Certes, il peut s'opposer aux réformes votées en recourant au droit de véto (*infra*, n° 606) mais il est difficile de lui imposer ses propres textes. Il faudra alors s'adosser à l'opinion publique pour lui forcer la main (voir l'action médiatique soutenue de B. Obama sur la réforme de la protection sociale) ou utiliser le droit de message, ce qui permet à défaut d'initiative, de *souffler* des projets à ses amis. Il sera nécessaire de dépêcher son vice-président, les membres de son *staff*, pour se concilier les grâces des membres influents (les présidents des commissions en particulier), ou tel parlementaire indécis. Avec ce *président-négociateur*, qui peut être condamné à l'impuissance lorsque le Congrès échappe à son parti, ce qui a été le cas de Bill Clinton à partir de 1995, nonobstant sa réélection l'année suivante, et de G. W. Bush entre 2006 et 2008, on se situe en opposition avec le *président-législateur* français qui dispose, en temps ordinaire, de manière *cumulée* des avantages du parlementarisme rationalisé et de l'allégeance d'une majorité.

66. Le Congrès exerce des pouvoirs *impliqués (implied powers)* par les attributions qui lui sont expressément conférées par la Constitution (C.S., *McCulloch v. Maryland*, 1819). C'est, par ailleurs, une source d'expansion considérable du droit fédéral.

67. Ces commissions (autour d'une vingtaine dans chaque assemblée) sont divisées en trois groupes : les commissions d'autorisation *(authorizing committees)* choisissent des programmes. La commission des dotations *(committee on appropriations)* joue un rôle capital puisqu'elle attribue les fonds budgétaires correspondants. Les commissions de contrôle *(control committees)* examinent la législation, les finances ainsi que le comportement individuel des membres de l'assemblée. À la Chambre des représentants, une commission réunissant l'ensemble des représentants (*Committee of the Whole House*) peut être réunie afin d'étudier les textes importants. Par ailleurs, les commissions communes aux deux assemblées *(joint*

d'élaborer un texte unique ; lequel sera ensuite entériné par la Chambre des Représentants et le Sénat. Si cette commission ne parvient pas à un accord, le projet est purement et simplement abandonné. Faute de procédure de dernier mot, chaque assemblée dispose d'un droit de veto. Le compromis étant la seconde nature des sénateurs (notamment en raison des droits consentis à l'opposition, voir *supra*, n° 569), la procédure législative américaine contraint constamment les partis à chercher davantage la conciliation que l'affrontement[69]. Aussi, le phénomène d'alternance s'en retrouve-t-il moins marqué qu'en Europe.

L'extension de la législation, en liaison avec la centralisation, ne mériterait pas le détour d'une nouvelle explication, si elle n'avait donné lieu à une déviation constitutionnelle, à laquelle la Cour suprême (*I.N.S. v. Chadha*, 1983) avait entendu mettre un terme. Il s'agit de la pratique *du veto législatif*[70]. Depuis les années 1930, le Congrès avait pris l'habitude d'autoriser le président (ou une autorité fédérale) à édicter les règlements d'application d'une loi (ce qui juridiquement s'analysait en une *délégation* législative non prévue par la constitution) mais en se réservant, le moment venu, de les annuler, à la majorité simple. L'opposition *d'une* chambre suffisait, au demeurant, au mépris de l'exigence bicamérale posée en 1787. Comme l'avait pressenti Madison, le pouvoir législatif *peut, avec une grande facilité, masquer avec des mesures compliquées et indirectes, les empiètements effectués sur les départements ministériels*. Au nom de la séparation des pouvoirs, la décision *Chadha* restitue au Congrès la *plénitude* du pouvoir législatif, en lui signifiant par ailleurs de ne plus s'immiscer dans la sphère exécutive. Reste que, dans les faits, la Cour suprême, malgré le maintien de sa position (*Metropolitan Washington Airports Authority v. Citizens for the Abatement of Aircraft Noise*, 1991) n'est guère entendue.

Le domaine budgétaire est assurément un terrain d'observation privilégié sur l'équilibre entre les pouvoirs. Le Congrès en assure la maîtrise, ce qui donne la mesure de son *emprise* sur l'exécutif réduit, en amont, à imiter les bourgeois de Calais (*President's Budget Request* présenté en février). En aval, la chasse aux dépenses inutiles votées par les parlementaires (souvent sous l'influence des groupes de pression – *pork barrel legislation*) suscite fréquemment des tensions. Si le Congrès avait, en 1974 (*Budget Control Act*) interdit la pratique de l'*impoudment* (par laquelle le président refusait, par un veto sélectif, d'exécuter certaines dépenses publiques), un accord a toutefois été trouvé en 1996. Avec le *Line Item Veto Act*, le président reçut la capacité d'annuler certaines dépenses inappropriées, le Congrès pouvant, à la majorité des deux tiers, les rétablir. Las, la Cour suprême a invalidé le mécanisme après une année seulement de fonctionnement (*Clinton v. New York City*, 1998). Au final, le Président conserve un instrument limité accordé en 1974 : il peut faire une demande d'annulation de la dépense (*rescission*) soumise au Congrès qui dispose de 45 jours pour l'accepter ou, cas plus fréquent, la refuser.

En 1974, le *Congressional Budget office* (C.B.O.) a été créé. Ce support logistique non-partisan et puissamment doté (200 agents hautement qualifiés, un budget de 35 millions de dollars en 2007) ruine l'argument d'autorité derrière lequel l'administration se retranchait (*President's Office of Management and Budget* (O.M.B.) (v. *infra*, n° 603)). L'égalité, en matière d'information et de son *traitement*, rend toute sa signification à la fonction de contrôle des parlements passablement terni en Occident où le rituel budgétaire tourne, sans conteste, à la litanie. Le résultat ne s'est pas fait attendre : le *Chief Executive* a été acculé à se rallier aux choix des *congressmen*, après avoir épuisé les ressources de la

committes) sont plutôt des structures non-partisanes composées d'experts chargés d'éclairer techniquement les élus sur leur choix notamment fiscaux (*Joint committee on Taxation*).

68. Tel un poste d'aiguillage, cette commission ouvre le passage à un texte de loi, en restreignant, le cas échéant, le droit d'amendement des parlementaires, l'arrête ou le renvoie sur une voie de garage, de façon quasi discrétionnaire.

69. V. M. MAUGUIN-HELGESON, Observations sur la production législative du Congrès américain, *R.D.P.* 2007, p. 145 ; L'adoption de la loi relative à la réforme de la santé par le Congrès américain. Décryptage d'une bataille politique et procédurale, *R.F.D.C.* 2012, p. 641.

70. V. P. JUILLARD, À propos d'un arrêt de la Cour suprême : mort du veto législatif aux États-Unis, *Pouvoirs* n° 29, 1984, p. 75 ; M.-F. TOINET, Puissance et faiblesse de la Cour suprême, *ibid.* n° 59, 1991 p. 28.

négociation. En détenant les cordons de la bourse *(power of the purse)*, le Congrès se réserve le moment venu, de mettre l'exécutif en tutelle[71].

Aux côtés des interminables discussions sur les relèvements du plafond légal de la dette (notamment en 2011), il va de soi que le vote de la loi de finances est un enjeu de pouvoir considérable. En 1995, le *shutdown* (soit la fermeture d'agences fédérales et le renvoi des fonctionnaires faute de fonds) avait été imposé en raison du veto opposé par Bill Clinton aux propositions budgétaires votées par les républicains. Il dura 21 jours et fut le plus long de l'histoire américaine. Suite au refus de Barack Obama d'effectuer des coupes sombres en matière sociale (sur l'*Obamacare* et le *Medicare*), le budget n'a pas été voté le 1er octobre 2013 par les républicains. Au final, le *shutdown* toucha 800 000 fonctionnaires fédéraux pendant seize jours. Cette crise est symptomatique de l'inefficacité du régime politique américain et d'une bipolarisation aggressive évinçant progressivement les modérés des deux camps.

2. Le pouvoir constituant du Congrès

572 Sur le fondement de l'article V de la constitution, le Congrès participe à l'exercice du pouvoir constituant *dérivé*, au moyen *d'amendements* (*supra*, n° 529 et s.).

3. Le pouvoir électoral supplétif du Congrès

573 L'intervention du Congrès est susceptible de se manifester dans deux hypothèses circonscrites. À l'occasion, tout d'abord, de l'élection du président et du vice-président des États-Unis, si un *ballottage* se produit au sein du collège électoral. Il appartient alors à la Chambre des Représentants de désigner le président, et au Sénat, le vice-président. Mais depuis l'adoption du XIIe amendement en 1804, et de la reconnaissance implicite, à cette occasion, du bipartisme, une majorité se dégage toujours, si bien que cette intervention du Congrès est en pratique des plus marginales (en 1825, pour le président John Quincy Adams et en 1837, pour le vice-président Richard Johnson). Le pouvoir électoral du Congrès peut se déployer ensuite, au cas de *vacance* de la vice-présidence. En application du XXe amendement de 1967, après le choix d'un nouveau *Veep* par le président, les *deux* chambres sont appelées à confirmer la nomination. On recense une seule occurrence, Gerald Ford en 1973, suite à la démission de Spiro Agnew.

Par ailleurs, en cas d'empêchement momentané du président, il appartient au Congrès d'arbitrer le différend éventuel entre ce dernier et le vice-président (XXVe amendement) (*infra*, n° 590).

4. Les autres fonctions du Congrès

574 Outre la composition de la Cour suprême (loi de 1869), le Congrès dispose de pouvoirs de *supervision* sur le fonctionnement des services publics et les fonctionnaires fédéraux.

Il intervient, dans le domaine des relations internationales, en déclarant la guerre (art. Ier, section 8). Cette compétence a été exercée avec une extrême parcimonie : la participation au conflit du Golfe, en janvier 1991 est le cinquième exemple dans l'histoire américaine[72]. Il est vrai qu'à l'époque contemporaine, il a été, le plus souvent, placé devant le fait accompli, par le président. En présence de certaines initiatives intempestives de Richard Nixon, au Cambodge en 1970, les *congressmen* ont réagi, en adoptant, le 7 novembre 1973, le *War powers Act*, afin de conjurer cette véritable obsession d'un nouveau Vietnam. Désormais, le *Chief Executive* ne peut engager,

71. Au surplus, le Congrès peut, depuis 1921, compter sur le *Government Accountability Office* (G.A.O.) chargé de vérifier les comptes publics et d'évaluer les programmes fédéraux. Surnommé le chien de garde du Congrès, il a introduit une action en justice contre l'administration Bush dans le cadre de l'affaire Enron, en février 2002.

72. Au préalable, le Congrès avait déclaré la guerre au Royaume-Uni (1812) ; au Mexique (1846) ; à l'Espagne (1898) et au Japon (1941). Par résolution, en octobre 2002, le Congrès a autorisé le président Bush à utiliser les forces armées contre l'Irak.

au-delà de 60 jours, des troupes américaines sur un théâtre d'opérations étranger, sans avoir obtenu au préalable l'accord des chambres[73].

En revanche, des actions ponctuelles relèvent de la seule autorité exécutive (Ronald Reagan est intervenu, en 1983 au Liban et à Grenade ; George Bush au Panama en 1990, et Bill Clinton en Irak, en 1993). Comme l'atteste l'engagement de forces en Libye en 2011, la date de déclenchement des 60 jours fait l'objet d'interprétations divergentes. Quant au contournement grossier des règles, il finit en fiasco tel *l'Irangate*[74].

Enfin, sur le fondement de la procédure *d'impeachment*, il appartient respectivement à la Chambre des Représentants de voter la mise en accusation du président, du vice-président et tous les fonctionnaires civils fédéraux (pour *trahison, corruption* ou *autres crimes et délits majeurs*, art. II, section 4) et au Sénat (présidé par le *Chief Justice* de la Cour suprême si le président des États-Unis est mis en cause) de les juger. La culpabilité est votée à la majorité des deux tiers (art. Ier, section 2) et la destitution de leurs fonctions prononcée.

La mise en œuvre de *l'impeachment* est restée exceptionnelle (62 instances introduites devant la Chambre des Représentants ; 17 mises en accusations votées par cette dernière – à l'égard de deux présidents des États-Unis ; un ministre, un sénateur et de 13 juges fédéraux dont un membre de la Cour suprême (Samuel Chase en 1804)). Le Sénat au final ne s'est prononcé qu'à 14 reprises et voté en faveur de 7 destitutions (uniquement de juges fédéraux ; la dernière fois en 1989). Toutefois, le simple déclenchement d'une procédure d'*impeachment* peut produire des effets radicaux (démissions préventives du Président Nixon en 1974 et d'Abe Fortas, juge à la Cour suprême, en 1969). Voir *infra*.

5. Les pouvoirs particuliers du Sénat

575 En application de l'article II, section 2 de la constitution de 1787, le Sénat possède des pouvoirs spécifiques en matière de *confirmation des fonctionnaires* et dans le domaine de la *politique étrangère*, au moyen desquels, au mépris du principe de la séparation des pouvoirs, il interfère dans la sphère exécutive.

À cet égard, les constituants de 1787 ont envisagé la chambre des États sous un double aspect : celui d'une assemblée certes, mais aussi, ceci expliquant cela, d'un conseil de l'exécutif, entourant et éclairant, le cas échéant, le président. Au surplus, le petit nombre de sénateurs (26 à l'époque) renforce cette interprétation.

a) Le pouvoir de confirmation des nominations aux emplois fédéraux

576 Le *Chief Executive* doit obtenir l'accord du Sénat, pour la nomination des ministres ; des juges fédéraux ; des hauts fonctionnaires (ambassadeurs) ; du chef d'état-major interarmées ; des membres des instances de régulation : F.E.D. *(Federal Election Commission)*, F.C.C. *(Federal Communications Commission)*, S.E.C. *(Securities and Exchange Commission)*, entre autres et, d'une manière générale, de ceux dont la

73. V. F. HAMON, La loi du 7 novembre 1973 sur les pouvoirs de guerre du président et du Congrès des États-Unis, *Mélanges Georges Burdeau*, 1977, p. 539. La France a fini, en 2008, par s'inspirer de ce mécanisme avec l'article 35 C (v. *IIIe Partie)*.

74. À rebours du discours officiel, des ventes d'armes clandestines ont été effectuées par l'administration Reagan à l'Iran à partir de 1985, selon les révélations du *Washington Post*. Leur produit a été détourné au profit des *contras*, adversaires du régime sandiniste du Nicaragua, à l'insu et contre la volonté du Congrès. Ce dernier avait refusé depuis 1984, de leur accorder une aide militaire. Les rapports des différentes commissions ont été accablants pour l'exécutif accusé de dissimulation et d'amateurisme. Cependant, privilège du *Chief Executive*, Ronald Reagan n'a pas été appelé à témoigner au procès intenté à des membres du Conseil national de sécurité impliqués dans cette affaire. V. Chr. GOUAUD, À propos du l'Irangate, réflexions sur le système politique américain, *R.D.P.* 1989, p. 1351.

désignation n'a pas été réglementée autrement, par les lois en vigueur. En fait, le Sénat est appelé à donner son agrément pour des nominations dont le chiffre varie dans le temps : de 85 en 1796 à 70 000 de nos jours (dont 65 000 militaires). Mais, il est rare que celui-ci fasse objection à une nomination décidée par le président, au terme d'une investigation poussée, tant au plan individuel que professionnel et médiatisée.

Cependant, la *courtoisie sénatoriale* n'est pas illimitée et, à diverses reprises, des nominations à la Cour suprême et à des postes ministériels ont été repoussées[75].

b) L'avis et le consentement aux traités

577 Dans le domaine diplomatique, les traités sont négociés et conclus par le président, mais ils doivent être acceptés par le Sénat, à la majorité des deux tiers, ce qui constitue un obstacle redoutable.

Mais, en pratique, les traités sont rares (700 entre 1939 et 1989) et le refus sénatorial est exceptionnel (21 rejets dont le Traité de Versailles en 1920 et celui relatif à l'interdiction des essais nucléaires en 1999).

La contrainte constitutionnelle a été, *de facto*, contournée. D'abord, des *Congressional Executive agreements*, à la valeur juridique de traité, peuvent être adoptés à la majorité simple par les deux assemblées (ils sont fréquemment utilisés dans le domaine économique et commercial : notamment les traités de Bretton-Woods et ceux instituant le G.A.T.T et l'O.M.C). Ensuite, en tant que commandant en chef des forces armées, le président, de sa seule autorité, peut signer avec les puissances étrangères, tout au moins pour les problèmes réputés mineurs (délicat euphémisme), des *Presidential Executive agreements*, qui ne sont pas soumis au Sénat, mais auxquels la Cour suprême reconnaît cependant les mêmes effets qu'aux traités. Le *Case-Zablocki Act* de 1972 oblige toutefois le président à communiquer pour *information* au Congrès, l'ensemble des *executive agreements* conclus[76].

Qu'en définitive, le Congrès soit redevenu un lieu privilégié de pouvoir ne saurait être nié. Mais, il ne faut pas en être abusé. Car, sa face cachée est celle du champ clos des intérêts privés qui, en l'absence d'une armature partisane, sont appelés à y jouer un rôle décuplé. À telle enseigne que l'on en vient à s'inquiéter de l'authenticité de la démocratie. L'Amérique n'est-elle pas devenue un *comité de lobbies* avec des professionnels de l'influence ayant pignon sur rue ? Pour l'essentiel, ceux-ci sont à l'origine de l'élection des parlementaires.

75. Dans toute son histoire, le Sénat a rejeté 11 nominations de juges à la Cour suprême (sur un total de 158. À cela on rajoutera 11 retraits de candidature) et 9 nominations de ministres (11 retraits) (sur plus de 700). Plus spécifiquement, le Sénat n'a pas confirmé quatre *Chiefs Justice (le dernier* Abe Fortas en 1968). Une même attitude a été adoptée à l'égard de deux juges présentés par Richard Nixon en 1969 et 1970. À son tour, Ronald Reagan a essuyé un refus, en 1987, s'agissant de la candidature de Robert Bork. Le dernier refus de confirmation de ministre remonte à 1989 sous George Bush (John Tower, pressenti secrétaire à la défense, ayant, il est vrai, suscité pendant ses 24 années de présence au Sénat bon nombre d'inimitiés chez ses collègues). La confirmation sénatoriale joue aussi à titre dissuasif et les renonciations préventives se produisent notamment en raison du recours au service d'une immigrée clandestine (*le test de la nounou* ; deux cas sous B. Clinton (1993 et 1995) et G. W. Bush (2001 et 2004)) ou du non-paiement d'impôts (quatre sous B. Obama en 2009). *Je me suis planté*, affirmera, sans détour, ce dernier. Initialement pressentie au poste de Secrétaire d'État à la défense par B. Obama, Susan Rice préféra renoncer en 2013 devant la fronde des républicains. Celle de Chuck Hagel, après une vague d'obstruction inédite, a fini par s'imposer. Par ailleurs, le président peut, si le Sénat ne siège pas, *pourvoir à toutes vacances qui viendraient à se produire*, cette nomination (*recess appointment*) expirant à la fin de la session suivante. G. W. Bush, pour surmonter les risques de refus, a eu recours à cette procédure en 2005 (pour le poste d'ambassadeur aux Nations unies) et en 2007 (pour celui en Belgique). Obama, en 2012, a recouru à ce subterfuge pour nommer le responsable de l'agence de protection des consommateurs (dont le principe de la création est rejeté par les républicains). Reste à savoir à quel moment le Sénat ne siège plus techniquement. Une controverse juridique a opposé B. Obama aux républicains.

76. V. J.-M. CROUZATIER, *Le contrôle de la politique étrangère par le Congrès*, thèse Toulouse, 1977 : L. HENKIN, *Foreign Affairs and the United States constitution*, Oxford, 2e éd., 1996.

C. LA PRESSION DES INTÉRÊTS SUR LE CONGRÈS

578 L'imbrication du pouvoir politique et du pouvoir économique résume, pour l'essentiel, la réalité américaine. On connaît l'importance du *complexe militaro-industriel* dénoncé par Eisenhower dans son discours d'adieu à la Nation en janvier 1961 ; la phrase célèbre de l'un de ses ministres *(ce qui est bon pour la General Motors est bon pour les États-Unis)* au point de justifier la théorie de *subgovernment* développée par Richard Rose *(infra)*.

Le droit de détenir et de porter des armes, garanti par le IIe amendement de la constitution, est un élément important de la culture et de l'histoire américaine. Les tueries dans les établissements scolaires (Columbine en 1999, Virginia Tech en 2007, Newtown en 2012) attestent de l'inadéquation des règles juridiques. Pourtant, les tentatives de réglementation (interdiction de vente d'armes automatiques, vérification des antécédents judiciaires et psychiatriques des acheteurs – *Background check* – sur Internet et les foires privées) échouent pour partie en raison du puissant lobbying effectué auprès des élus par la *National Rifle Association* (N.R.A.). Si Bill Clinton obtint un succès avec le vote de la loi Brady en 1994 (qui ne sera cependant pas reconduite par le Congrès en 2004), B. Obama n'a pas réussi, après l'émoi suscité par la tuerie de Newton, à convaincre les élus démocrates d'imposer un renforcement des contrôles. *Une journée de honte pour Washington* lâcha-t-il, impuissant.

La présence de ces organismes corporatifs au sein de l'État n'est pas une originalité américaine[77]. Ce n'est pas en vain que le terme *lobby* leur a été décerné : le *couloir* étant un lieu privilégié d'action. Toutefois leur rôle y est accusé (plus de 20 000 lobbyistes enregistrés à la seule Chambre des Représentants), au point de supplanter les partis politiques. Si des efforts de transparence ont été accomplis (tandis que le lobbyiste, en application d'une loi de 1995, est tenu d'être enregistré et de publier des comptes, des modifications des règles de financement des élections ont été apportées par la loi du 27 mars 2002 (*infra*)), la corruption n'a pas été totalement éradiquée. La révélation en 2005 des liens financiers unissant le lobbyiste Abramoff et de nombreux parlementaires républicains, a provoqué un des plus gros scandales politico-financiers outre-Atlantique. Tout ceci n'a pas empêché des *hordes de lobbyistes* (B. Obama) de déployer toute leur énergie à s'opposer, finalement sans succès, aux textes sur la protection sociale et la réforme de Wall Street.

§ 3. LE PRÉSIDENT DES ÉTATS-UNIS

579 L'article II, section Ire de la constitution proclame : Le pouvoir exécutif sera confié à un président des États-Unis d'Amérique.

Ce pouvoir *monocéphale* (les ministres appelés ici *secrétaires* n'étant que ses subordonnés) confond dans la personne de son titulaire les fonctions de chef d'État *et* de Gouvernement. Cet élément distinctif au sein des démocraties pluralistes pourrait justifier le qualificatif de *gouvernement présidentiel* (v. *supra*, n° 257). À la vérité, si le *Chief Executive* anime le système américain, il ne le domine ni le maîtrise, à la différence de son homologue français, en régime présidentialiste[78]. Si l'on estime, à cet égard, que gouverner, c'est légiférer et dépenser, ces attributs du pouvoir sont dans les mains du Congrès, au point de faire rêver notre Parlement.

77. V. Les groupes d'intérêt, *Pouvoirs* n° 79, 1996. Le lobbying joue un rôle décisif au sein des instances européennes sans commune mesure avec son équivalent outre-Atlantique. Selon le Commissaire Kallas, 15 000 lobbyistes, 2 600 groupes d'intérêts sont installés à Bruxelles. Une initiative européenne en matière de transparence a été lancée en mars 2007. Un registre public sera, à terme, institué. Quant au Parlement français, cette activité s'exerce de manière feutrée et clandestine.

78. La présidence, aux États-Unis, hormis quelques ombres, est un sujet de fierté. À partir de 1927, les têtes colossales de George Washington, Thomas Jefferson, Abraham Lincoln et Theodore Roosevelt, ont été sculptées dans le granit du Mont Rushmore (Dakota du Sud) qui, depuis lors, est devenu un lieu de pèlerinage. Ajoutons, et ceci n'est pas simplement une pure coïncidence, que les premières images retransmises, en Europe, par satellite, le 10 juillet 1962, ont été celles du Mont Rushmore.

Bref, on en vient à penser que la félicité de l'hôte de l'Élysée, en temps normal, est enviable. Ce qui accuse la disparité entre les deux présidences.

A. LE STATUT DU PRÉSIDENT DES ÉTATS-UNIS

580 La chronologie commande le plan : l'entrée en fonction, leur durée et leur cessation.

1. L'entrée en fonction du président

581 Le président et le vice-président, qui font équipe (on parle d'un *ticket*), sont élus par le peuple des États-Unis, privilège *insigne* et *unique*, par l'intermédiaire d'un système électoral apparemment compliqué et suranné, qui s'articule en deux temps : celui de la *sélection* des candidats des partis, d'une part, et celui de leur *compétition* d'autre part. L'élection du président est le grand moment de la vie politique des États-Unis, car si en théorie il est choisi au suffrage indirect, dans les faits, il est désigné par les citoyens. L'élection puis la réélection de B. Obama auront démontré l'importance de la démocratie numérique à travers l'utilisation soutenue pendant les campagnes des réseaux sociaux tel Facebook où l'intéressé compte 35 millions d'*amis*.

Lorsque le *Chief Executive* en exercice ne peut être réélu et qu'il y a lieu, en conséquence, de désigner une nouvelle personnalité, l'incertitude dure parfois près de deux ans. Cette situation est redoutable, dès lors qu'elle équivaut à la *mort politique* du président en place (qualifié de *canard boiteux – lame duck*), plutôt qu'à l'exercice normal de ses prérogatives[79].

a) La sélection des candidats des partis

582 Cette phase qui, il faut le souligner, résulte essentiellement de la pratique, se subdivise elle-même en deux moments successifs. Les délégués de chaque parti sont choisis, d'abord, selon ses règles particulières dans le cadre de l'État, au moyen des *caucus* et des *primaries* (*supra*, n° 560 et s.). Ces délégués se réunissent, ensuite, en *convention*, pour désigner leur candidat[80]. Le chemin qui y mène est long, onéreux et aventureux, en raison de la diversité des procédés, par lesquels le tri entre les prétendants démocrates et républicains est opéré. Cependant, un candidat indépendant (Ross Perot en 1992 et 1996) ou écologiste (Ralph Nader en 2000) peut contourner le système partisan, par le dépôt de *pétitions* dans le cadre des États.

Pour revenir aux élections primaires, nonobstant leur faible mobilisation populaire (20 % en moyenne) et leur caractère facultatif, elles retiennent la sollicitude des postulants du parti qui ne détient pas la Maison Blanche. En revanche, le président sortant (rééligible une fois) est normalement dispensé de cette campagne, en dehors du précédent de Gerald Ford en 1976.

79. V. N. POLSBY et A. WILDAVSKY, *Les élections présidentielles aux États-Unis*, 7e éd., trad., 1988 ; J.-L. SEURIN (sous la direction), *La présidence en France et aux États-Unis*, 1986.

80. Cette grande fête est due à l'initiative des démocrates qui la réunirent pour la première fois, à Baltimore, en 1832. Les républicains les imitèrent, en 1856, à Philadelphie. V. A. MATHIOT, Sur les conventions nationales, *Pouvoirs* n° 45, p. 141.

Au terme de cette course éliminatoire, les délégués qui, selon les cas, sont liés à un candidat ou non (les *super-délégués*[81]), entérinent ou choisissent, dans le cadre festif de la convention, transformée pour la circonstance en *écho sonore*, leur candidat à la présidence. La procédure de sélection s'achève lorsque celui-ci y prononce son *discours d'acceptation*, à l'occasion duquel il lance sa campagne et annonce le choix de son vice-président, aussitôt ratifié par la convention.

L'éligibilité à la présidence est subordonnée aux conditions ci-après : être citoyen américain de naissance ; être âgé d'au moins 35 ans et résider depuis au moins 14 ans aux États-Unis (art. II, section Ier de la constitution). Quant au vice-président[82], en dehors du fait qu'il ne doit pas habiter le même État que le candidat à la présidence (XIIe amendement de 1804), il peut se présenter sous les traits d'un adversaire malheureux à l'investiture en vue de rétablir l'unité du parti (voir le choix de G. Bush par R. Reagan en 1980).

b) La compétition entre les candidats des partis

583 Originairement les assemblées des États (ou législatures) élisaient des personnes, appelées grands électeurs, qui, à leur tour, désignaient le président et le vice-président. Cette démarche des constituants *(compromis d'Hamilton)* se rattachait au libéralisme ambiant. Elle a succombé devant la logique démocratique. Au cours du XIXe siècle, les États ont attribué à leurs *citoyens* le droit de choisir les grands électeurs (la Caroline du Sud, en 1868, sera la dernière), dans le même instant où le clivage bipartisan apparaissait. Tant et si bien que l'élection présidentielle se réduit, dans les faits, à *un seul degré*. Ce qui a pour effet, de conférer à son bénéficiaire l'investiture *directe* de la nation américaine. Sous des dehors complexes, le scrutin est donc simple, à l'unisson des autres démocraties.

α) L'élection du président

584 En application du XIIe amendement de 1804, chaque année bissextile, le mardi qui suit le premier lundi de novembre (le vote anticipé (*early voting*) étant cependant possible), le peuple américain désigne au scrutin de liste majoritaire à un tour[83],

81. Les démocrates ont institué des super-délégués (membres du Parlement, gouverneurs...) qui appartiennent, de droit, à la convention nationale et qui disposent d'une entière liberté de vote. Leur influence (près de 800 sur un ensemble de 4048) a été décisive en 1984 avec leur basculement en faveur de W. Mondale. V. P. GÉRARD, *L'élection présidentielle américaine de 1984*, 1989.

82. Conformément au XIIe amendement, les conventions s'adonnent à la pratique du *balancing ticket* : complémentarité des deux candidats aussi poussée que possible (localisation, opinions, condition et confession). En définitive, le candidat à la vice-présidence est censé apparaître tel le *cliché négatif* du postulant à la Maison Blanche. Cette formule qui consiste, en définitive, à additionner les contraires, ne plaide pas, assurément en faveur de la solution de la succession, retenue aux États-Unis, afin d'assurer la nécessaire continuité de l'exécutif. Le choix du *Veep* obéit à des considérations strictement *utilitaires* : trouver une personne, cultivant l'abnégation, qui apporte, en guise de dot, des mandats électoraux. D'où le nom de *vote getter* qui lui est attribué. Johnson a joué ce rôle pour Kennedy en 1960, Joe Biden a apporté son expérience et sa couleur de peau à B. Obama. Cependant, Bill Clinton devait récuser cette pratique du dosage, en 1992 en faisant choix de son *double*, Al Gore ; de la même façon que George W. Bush en 2000 et 2004, s'agissant de Dick Cheney, son homme de confiance. À deux reprises seulement, une candidate a été proposée (Geraldine Ferraro en 1984 et Sarah Palin en 2008).

83. La représentation de chaque État, qui est susceptible de varier au lendemain du recensement décennal de la population de l'Union, est unicolore, en application du principe : *The Winner takes all* (le gagnant remporte tout). L'effet de réfraction du scrutin à la pluralité des voix n'est pas à exclure (v. *Ire partie*). Précisons

dans le cadre des États, les *grands électeurs*, dont le nombre, pour chacun d'entre eux, est égal à celui de ses *congressmen* à Washington (art. II, section Ire). Par suite, leur collège s'élève à 538 membres, compte tenu du XXIIIe amendement de 1961, qui en attribue trois au District de Columbia, par référence aux 435 représentants et aux 100 sénateurs[84]. Est élu, ce jour, président, le candidat ayant atteint la majorité absolue des mandats des États *(les mandats électoraux)*, soit 270, et non celle des voix populaires[85].

En cas de ballottage, le Congrès est appelé à départager les candidats ce qui est tout à fait exceptionnel en pratique[86]. Sous cet aspect, l'élection d'un président *minoritaire* du point de vue du suffrage universel est concevable : un président sur trois[87]. Pis encore, on ne peut exclure l'hypothèse du candidat élu ayant recueilli *moins* de voix populaires que son concurrent, par suite du phénomène de réfraction afférent au scrutin majoritaire. George W. Bush est devenu président en 2000, alors qu'Al Gore le devançait de plus de 500 000 suffrages populaires[88] (v. tableau ci-après). Le choix du vice-président s'opère dans des conditions identiques.

D'une manière générale, la participation électorale est modeste. Elle est de l'ordre de 50 % (mais 65 % en 2008) en contraste avec la France (v. *IIIe partie*).

que deux États (le Maine et le Nebraska) utilisent un mode de scrutin mixte et que par référendum, les électeurs du Colorado ont refusé, en 2004, l'amendement 36 établissant un vote à la représentation proportionnelle.

84. Les candidats à la fonction de grand électeur (simple *prête-nom* des candidats investis par les conventions des partis) qui détiennent, en théorie, les *mandats électoraux* des États, sont *déclarés*, bien que la constitution ne leur en fasse pas obligation. Ils indiquent *par avance*, qu'en cas de succès, ils voteront pour le candidat démocrate ou républicain. Ainsi, le résultat est acquis, dès cet instant, en raison de leur compétence *liée*. La Cour Suprême, par une décision *Ray v. Blair* (1952) a reconnu la validité du caractère impératif de l'engagement des électeurs présidentiels imposé par certains États. Cependant, il se peut, au moment de la proclamation officielle des résultats, que l'un d'entre eux se ravise (the *faithless elector*). Même si *un électeur qui ne voterait pas pour le candidat de son parti, s'exposerait à être lynché*. (B. Harrisson), près de 160 discordances ont été identifiées depuis 1789. Ainsi, pour protester contre l'absence de représentation parlementaire des habitants du District de Columbia *(supra)* un grand électeur démocrate s'est-il abstenu de voter en faveur d'Al Gore en 2000.

85. Les grands États exercent une influence considérable sur le scrutin, puisque, pour l'essentiel, leur nombre d'électeurs présidentiels est proportionnel à celui de leur population. C'est ainsi que 12 d'entre eux totalisent 284 mandats électoraux *(Electoral Votes)* (la majorité absolue étant fixée à 270). À savoir, depuis le recensement général de la population de 2000 : Californie (55, ou l'État-clef de l'élection avec un dixième des mandats) ; Texas (34) ; New York (31) ; Floride (27) ; Pennsylvanie (21) ; Illinois (21) ; Ohio (20) ; Michigan (17) ; New Jersey (15) ; Caroline du Nord (15) ; Géorgie (15) et Virginie (13). En outre, on constate, dans ce même ordre d'idées, que si deux États (Ohio et New York) ont fourni, depuis un siècle, 11 des 18 présidents des États-Unis, le tropisme joue désormais en faveur de la Californie depuis 1969 et du nouveau Sud (Texas).

86. Ce pouvoir est ainsi organisé : *La Chambre des représentants* se prononce entre les trois candidats arrivés en tête ; le vote a lieu *par État* et chaque État a *une* voix. Au lendemain de l'adoption du XIIe amendement, en 1804, seul John Quincy Adams a été désigné selon cette procédure archaïque, en février 1825, bien que son rival, Andrew Jackson, fut arrivé en tête du ballottage des mandats électoraux et des voix populaires. L'heure de la revanche sonna en 1828 et l'arrivée de Jackson au pouvoir marqua une première rupture dans l'histoire politique américaine. De son côté, *le Sénat* choisit au poste de vice-président, à la majorité absolue entre les deux candidats de tête. Ici encore, un seul exemple, celui de Richard Johnson, désigné en février 1837. Mais, à cette occasion, le Sénat respecta le vote populaire.

87. V. A. COUTANT, Les présidents minoritaires aux États-Unis, *R.F.D.C.* 2012, p. 35.

88. Au XIXe siècle, deux cas identiques s'étaient présentés en 1876 et 1888, pour les présidents Hayes et Harrisson.

Années	Candidats	Mandats *électoraux*	Pourcentages des suffrages *populaires* exprimés
1980	**R. REAGAN (R.)**	489	51
	J. CARTER (D.)	49	41
1984	**R. REAGAN (R.)**	525	59
	W. MONDALE (D.)	13	41
1988	**G. BUSH (R.)**	426	54
	M. DUKAKIS (D.)	112	46
1992	**B. CLINTON (D.)**	370	43
	G. BUSH (R.)	168	38
	R. PEROT (I)	–	19
1996	**B. CLINTON (D.)**	379	50
	R. DOLE (R.)	159	42
	R. PEROT (I)	–	8
2000	**G. W. BUSH (R.)**	271	49,7
	A. GORE (D)	267	50,3
2004	**G. W. BUSH (R.)**	286	51
	J. KERRY (D.)	252	49
2008	**B. OBAMA (D.)**	365	53
	J. MCCAIN (R.)	173	46
2012	**B. OBAMA (D.)**	332	50,4
	M. ROMNEY (R.)	206	48
Exceptionnellement, on relève trois *triangulaires :* en 1968, G. Wallace réalise le meilleur score en *mandats électoraux* et en 1992, R. Perot, en *suffrages populaires.*			

β) La proclamation de l'élection du président

585 Entre l'élection, qui a lieu en novembre, et l'entrée en fonctions effective s'écoule une période transitoire (où le président en fonctions coexiste avec le président nouvellement élu) qui durait originellement jusqu'au 4 mars. Les délais se sont heureusement raccourcis depuis le XXe amendement de 1933. À l'issue de la réunion des grands électeurs dans leurs États respectifs, le 18 décembre, les résultats sont transmis au président du Sénat (le vice-président sortant). Le 6 janvier, celui-ci proclame les résultats de l'élection du président et du vice-président, en présence des deux chambres du Congrès. Enfin, le 20 janvier, ces derniers entrent en fonction, à l'issue de la cérémonie de l'*inauguration*.

Le collège des grands électeurs, initialement pensé, dans une logique libérale, comme *un procédé habile pour éviter une présidence plébiscitaire* (B. Ackerman) a rapidement été détourné de cette finalité. Depuis la troisième consultation qui opposa, en 1797, John Adams à Thomas Jefferson, ils ont perdu toute liberté d'appréciation et sont devenus les mandataires d'un parti, bref des *polichinelles à sonnerie* (W. Wilson). À telle enseigne que les noms de ces *rangées de zéros* (F. Ogg et P. Ray) ne figurent plus à l'heure actuelle sur les bulletins de vote.

L'attachement des Américains à ces règles électorales est réel malgré leur caractère anachronique et surtout le psychodrame de l'élection de 2000[89], où la controverse née du décompte des voix de la

89. V. O. DUHAMEL, US Supreme Court, *Bush v. Gore,* 12 décembre 2000, *D.* 2001, p. 388 ; B. ACKER-MAN, Anatomie du coup d'État constitutionnel américain, *Le Monde,* 27 février 2001 ; E. ZOLLER, Le rôle de la Cour suprême dans le système américain de gouvernement (à propos de l'arrêt *Bush v. Gore* du 12 décembre 2000), *Mélanges Jean Waline,* 2002, p. 93 ; S. GARDBAUM et G. SCOFFONI, *chr., R.F.D.C.* 2001, p. 417 ; M. ROSENFELD, Bush c/ Gore : trois mauvais coups portés à la constitution, à la Cour et à la démocratie, *C.C.C.* n° 13, 2002, p. 81.

Floride (défaut de perforation des bulletins) avait été tranchée, de manière inédite autant que contestable, par la Cour suprême des États-Unis, le 12 décembre 2000 *(Bush v. Gore)*.

Enfin, notons que le principe du financement *public*, a été adopté par le *Federal Elections Campaign Act* du 15 octobre 1974. Sous le contrôle du *Federal Election Commission* (F.E.C.), le candidat doit constituer un comité unique chargé de gérer les fonds de sa campagne et un dossier accessible à toute personne. En réaction au scandale Enron, la loi du 27 mars 2002 *(Bipartisan Compaign Reform Act)* entend limiter l'influence des groupes de pression : certaines formes de contributions sont prohibées ; les dons aux comptes de campagne sont limités et contrôlés, tandis que le plafond des contributions directes faites à titre individuel est relevé. Malgré cela, la place centrale de l'argent dans la vie politique américaine a été une nouvelle fois consacrée avec éclat lors des présidentielles de 2008.

2. La durée des fonctions du président

586 Le président est élu pour un mandat de quatre ans, renouvelable une fois. En cas d'interruption, il est remplacé par le vice-président *(V.P.)* (art. II, section Ire de la constitution).

a) La durée du mandat présidentiel

587 Si le principe de la limitation du nombre des mandats existait à l'époque coloniale et dans certaines constitutions des États, la Constitution fédérale prévoyait que le président était rééligible immédiatement et indéfiniment. Mais, George Washington avait refusé une seconde réélection, en 1797 (il avait même songé à partir dès son premier mandat), et cette décision, empreinte d'une grande sagesse, était réputée depuis lors comme un précédent impossible à transgresser. Cependant, Franklin Roosevelt, investi du pouvoir exécutif en 1932, reconduit, en 1936, prit, en 1940, la responsabilité d'enfreindre la règle, compte tenu des circonstances exceptionnelles dans lesquelles se trouvaient alors les États-Unis. Qui plus est, il bénéficiera même d'un quatrième mandat en 1944. Par réaction, le XXIIe amendement à la constitution de 1951 limite la durée de la fonction présidentielle à deux mandats[90], ce qui est parfaitement raisonnable[91]. La *malédiction du second mandat* est souvent mise en exergue par les politologues américains. Il est vrai que de l'assassinat de Lincoln au Monicagate de Clinton en passant par le Watergate de Nixon, les seconds mandats ont tendance à être plus heurtés que les premiers.

90. Toutefois, à la règle des deux mandats de quatre ans, il existe une dérogation. Elle concerne l'hypothèse du vice-président qui succède, au sens plein du terme, au président, pour une cause quelconque. Devenu *Chief Executive*, celui-là achève le mandat de celui-ci, et, si cette période n'est pas supérieure à deux ans, il lui sera loisible de solliciter, par la suite, deux mandats, *à part entière*, pourrait-on dire. Ainsi, dans cette éventualité, une même personne peut exercer la magistrature suprême, au maximum une décennie. Le cas de Lyndon Johnson est intéressant à rappeler, à cet égard. Vice-président de John Kennedy, il le remplace le 22 novembre 1963, jusqu'au terme de ses fonctions, fixé au 20 janvier 1965. À ce moment-là, il est élu président, pour son propre compte, et s'il n'avait pas renoncé à se présenter en 1968, il aurait pu se succéder à lui-même pour une nouvelle période de quatre ans.

91. Le président sortant a vocation à être son successeur. Mais au XXe siècle, William Taft (1912), Herbert Hoover (1932), Gerald Ford (1976), Jimmy Carter (1980) et George Bush (1992) ont été victimes d'un vote-sanction, à l'issue de leur premier mandat. Seul Grover Cleveland, battu à l'issue de son premier mandat en 1888, a réussi à être réélu pour un second mandat quatre ans plus tard. À deux reprises, un fils a succédé à son père, dans des conditions controversées : John Quincy Adams en 1825 et George W. Bush, en 2000. L'ironie du sort (Adams père et fils ne restant en fonctions que pour un seul mandat) ne s'est pas répétée en 2004. H. Clinton, en revanche, n'a pas réussi en 2008 à imiter son mari.

Président	Parti	Élection et réélection	Durée du mandat	Vice-président
John KENNEDY	D	1960	janv. 1961 – nov. 1963	Lyndon JOHNSON
Lyndon JOHNSON	D	1964	nov. 1963 – janv. 1965 janv. 1965 – janv. 1969	Hubert HUMPHREY
Richard NIXON	R	1968 1972	janv. 1969 – janv. 1973 janv. 1973 – août 1974	Spiro AGNEW Spiro AGNEW Gerald FORD (déc. 1973)
Gerald FORD	R		août 1974 – janv. 1977	Nelson ROCKEFELLER (août 1974)
Jimmy CARTER	D	1976	janv. 1977 – janv. 1981	Walter MONDALE
Ronald REAGAN	R	1980 1984	janv. 1981 – janv. 1985 janv. 1985 – janv. 1989	George BUSH George BUSH
George BUSH	R	1988	janv. 1989 – janv. 1993	Dan QUAYLE
Bill CLINTON	D	1992 1996	janv. 1993 – janv. 1997 janv. 1997 – janv. 2001	Albert GORE Albert GORE
George W. BUSH	R	2000 2004	janv. 2001 – janv. 2005 janv. 2005 – janv. 2009	Richard CHENEY Richard CHENEY
Barack OBAMA	D	2008 2012	janv. 2009 – janv. 2013 janv. 2013 –	Joseph BIDEN Joseph BIDEN

b) La continuité de la fonction présidentielle

588 En cas de vacance de la présidence américaine, consécutive à l'absence de son titulaire[92] ou lorsque celui-ci est *empêché définitivement*, par suite d'une incapacité, il est remplacé par le vice-président qui achève le mandat commencé, dans la plénitude de ses attributions (art. II, section 1 de la constitution). *Son Excellence superflue :* l'expression de Benjamin Franklin est excessive, à cet égard.

L'entreprise n'est pas sans péril, car non seulement le *Veep* est choisi d'une manière hasardeuse, mais du vivant du *Chief Executive* (en dehors de la présidence du Sénat, à laquelle il peut renoncer, au demeurant) il n'est pas, en règle générale, associé à la direction des affaires publiques. Il siège, cependant, au conseil de sécurité nationale. Ce qui, à tout le moins, est curieux ou dangereux, eu égard à son rôle de *doublure*[93]. Comble d'ironie, celui-ci subit l'usure du pouvoir sans l'exercer, selon une loi du genre. *C'est la fonction la plus insignifiante que l'invention de l'homme ait jamais créée ou que son imagination ait conçue*, affirmera John Adams, le premier d'entre eux. Ses successeurs ne le démentiront guère : pour Theodore Roosevelt, c'est *le marchepied pour l'oubli* et pour Charles Dawes, *le métier le plus facile du monde* qui consiste à *s'asseoir pour écouter parler les sénateurs et à s'informer, dans les journaux du matin, de la santé du président, Veep* n'est pas encore synonyme de *V.I.P.* Seul, à l'époque contemporaine, George Bush (vice-président en exercice) est parvenu au faîte des responsabilités, dans le sillage

92. Huit présidents sont décédés dans l'exercice de leur fonction, dont quatre de mort violente (Lincoln, 1865 ; Garfield, 1881 ; Mc Kinley, 1901 et Kennedy, 1963) ; un seul a démissionné : Nixon, en 1974, à l'occasion du scandale du Watergate (*infra*, n° 614).

93. On rappellera à cet égard, que le vice-président Harry Truman ignorait l'existence de la bombe atomique jusqu'au moment où il a succédé au pied levé à Franklin Roosevelt à la fin de la Seconde Guerre mondiale, en avril 1945.

d'un président populaire en 1988. Il faut remonter à Martin Van Buren, en 1836, pour trouver un précédent. John Adams a parfaitement résumé cette contradiction en affirmant : *Aujourd'hui, je ne suis rien ; demain, je peux être tout*[94]. Cependant, une novation de la fonction s'affirme, depuis peu : Al Gore a assumé la responsabilité de dossiers importants (l'environnement) sous Bill Clinton ; surtout, Dick Cheney a joué un rôle décisif d'animateur en chef de l'administration de George W. Bush, s'agissant de la gestion du quotidien, de la coordination du cabinet et des relations avec le Congrès. Étant associé à la lutte contre le terrorisme international depuis 2001, Cheney, selon Bob Woodward, *sur le long chemin qui mena à la guerre contre l'Irak, (a joué) un rôle moteur de véritable rouleau compresseur.* Son influence sur l'attitude américaine à l'égard de l'Iran est aussi établie[95]. Assurément, il a été le vice-président le plus puissant de l'histoire des États-Unis, son rôle, à la croisée des pouvoirs exécutif et législatif, a pu incliner à celui d'un premier ministre virtuel voire de président de fait. Qualifié par le Washington Post, d'*équivalent politique d'un trou noir*, n'hésitant pas à s'opposer directement au Congrès (à propos de l'interdiction de la torture en 2005) sa probité a été remise en cause par l'ambivalence de ses liens avec la société Halliburton (ayant bénéficié de largesses pour la reconstruction de l'Irak) et par son degré d'implication dans l'affaire Plame (*infra*). Cette excroissance atypique n'est plus de mise avec J. Biden à qui B. Obama a néanmoins régulièrement confié des missions de bons offices à l'étranger ainsi que la gestion du dossier brûlant sur l'encadrement du port d'armes.

α) L'empêchement momentané du président

589 Jusqu'à présent, la constitution était incomplète en cas de survenance d'une maladie. Le président Wilson, frappé de paralysie à la fin de son mandat, sa femme exerça, comme on l'a dit, *la régence* entre 1920 et 1921. En 1955, c'est le secrétaire personnel d'Eisenhower qui exerça *de facto* l'autorité exécutive. En revanche, pendant les deux hospitalisations de Lyndon Johnson en 1965 et 1966, sa suppléance avait été assumée par le vice-président, H. Humphrey.

Avec le XXVe amendement, deux cas sont à distinguer, selon que le président organise ou non sa suppléance.

Dans le premier cas, le président transmet une déclaration écrite au président *pro tempore* du Sénat et au *speaker* de la Chambre des Représentants, dans laquelle il indique son incapacité future et s'en remet, en conséquence au vice-président du soin d'exercer, provisoirement, ses fonctions. Quand les circonstances qui avaient motivé son incapacité ont cessé, le président adresse, à nouveau, une déclaration écrite aux autorités précitées, les informant qu'il reprend l'exercice de sa charge.

Dans le second cas, l'initiative de la suppléance échoit soit au vice-président et à la majorité des secrétaires qui composent le cabinet, soit à la majorité des membres du Congrès, qui transmettent une déclaration écrite aux présidents des assemblées constatant l'incapacité présidentielle. Le vice-président est alors habilité à assumer immédiatement les pouvoirs du président. Mais, dans ce cas, le président dessaisi peut faire appel, estimant la suppléance injustifiée ; auquel cas, c'est le Congrès qui, à la majorité des deux tiers dans chacune des deux chambres, tranchera le conflit, en maintenant la suppléance ou en la faisant cesser[96].

β) La vacance de la vice-présidence

590 Depuis 1787, la vacance s'est produite à 17 reprises : neuf successions, sept décès, une démission (Calhoun en 1832). En application du XXVe amendement, le président choisit un *nouveau* vice-président, lequel ne pourra, cependant, entrer en fonctions qu'après approbation de sa désignation à la majorité absolue par le Congrès.

94. V. M.-P. BAUDOUIN, Le XXVe amendement à la constitution des États-Unis, *R.I.D.C.* 1967, p. 463, Y. DEMEER, *La Vice-Présidence des États-Unis d'Amérique*, 1977 ; A. MATHIOT, La continuité de la fonction présidentielle aux États-Unis, *Mélanges Louis Trotabas*, 1970, p. 354 et P. JUILLARD, La continuité du pouvoir exécutif, *Mélanges Georges Burdeau,* 1977, p. 159.

95. À l'égard de son rôle dans l'engagement militaire en Irak et des menaces adressées à l'Iran, une résolution visant à mettre en œuvre la procédure d'*impeachment* a été, en vain, déposée à la Chambre des représentants en 2007.

96. Pour la première fois, le XXVe amendement a été appliqué, en 1985, lors de l'intervention chirurgicale du président Reagan. Dick Cheney (lui-même visé par un attentat, en janvier 2007, en Afghanistan) a suppléé G. W. Bush, en 2002 et en 2007, pendant de brèves opérations médicales.

Cette procédure, mise en œuvre au lendemain du retrait de Spiro Agnew, en 1973, préserve la *continuité* de la fonction présidentielle aux États-Unis. Le dénouement de l'affaire du *Watergate* l'a prouvé[97].

En cas de vacance simultanée de la présidence et de la vice-présidence, le *Succession Act* de 1947 confie le pouvoir exécutif au Speaker de la Chambre des Représentants, ensuite au président *pro tempore* du Sénat. Certaines précautions ont été, à cet effet, prises lors de l'attaque terroriste du 11 septembre 2001.

γ) La cessation des fonctions

591 Le mandat s'achève à son terme normal. Cependant, il peut être écourté par des causes naturelles (décès, empêchement définitif) ou provoquées (démission, destitution en cas de manquements *graves* selon la procédure de *l'impeachment, infra*, n° 614). Toutefois, seul le peuple peut révoquer le président à l'issue de son premier mandat en ne lui renouvelant pas sa confiance (Précédents de Ford, Carter et Bush).

En dernière analyse, le président ne bénéficie pas d'une immunité juridictionnelle totale à l'opposé de son homologue français (C.S., 27 mai 1997, *Clinton v. Jones*)[98] ce qui démontre, contrairement à ce que l'on entend généralement en France, qu'un président peut, en cours de mandat, être contraint de rendre des comptes à la justice sans que son autorité soit pour autant remise en cause. Dans l'affaire *Paula Jones* (une affaire de harcèlement sexuel close en 1998 par accord entre les parties), Bill Clinton a été condamné par un juge fédéral à une amende de 90 000 $ pour obstruction à la justice. En 2004, G. W. Bush a été entendu à la Maison Blanche par le Procureur indépendant sur l'affaire Plame (fuite relevant l'appartenance de cette dernière à la C.I.A. et ayant conduit à la condamnation du chef de cabinet du vice-président, Lewis Libby, finalement gracié par le président (*infra*, n° 598)).

B. LES ATTRIBUTIONS DU PRÉSIDENT DES ÉTATS-UNIS

592 *Le président des États-Unis est un homme aux pouvoirs extraordinaires, qu'il exerce dans des limites extraordinaires*, prétendait John Kennedy, en raison de la distribution des pouvoirs opérée par la constitution. Titulaire de la puissance exécutive et d'elle seule, en principe, il l'assume avec l'aide de ministres ou *secrétaires*. La notion d'exécutif *unifié* ou remembré (*one man show !*), à l'image de celle de la monarchie limitée qui, jadis lui servit de modèle, lui confère, selon le mot de Theodore Roosevelt, l'autorité d'un roi et d'un premier ministre, à laquelle il convient d'ajouter, celle du prince de l'univers, compte tenu des responsabilités internationales des États-Unis.

Cependant, à l'opposé du schéma présidentialiste, les pouvoirs du *Chief Executive*, pour importants qu'ils soient, ne sont pas exorbitants[99]. Pour tout dire, la fonction présidentielle est *limitée*, parce que *concurrencée*, et ne peut, en aucune façon, s'identifier au régime politique, en temps ordinaire. Cependant, le climat d'union nationale, consécutif à la guerre contre le terrorisme depuis 2001, a modifié, un temps, cette perspective.

97. L'affaire du *Watergate* peut être comparée aux chaises musicales : de manière inédite, l'exécutif a été, tour à tour, privé de son titulaire (la démission de Richard Nixon, le 9 août 1974, était à ce jour sans précédent) et de son titulaire *virtuel*, le vice-président Spiro Agnew, le 10 octobre 1973. Dans ces conditions, Gerald Ford, premier vice-président *nommé* et *confirmé* par le Congrès, en octobre et décembre 1973, est devenu le premier président américain *coopté*. En sa qualité de *Chief Executive*, il lui a appartenu de nommer un nouveau *veep* : Nelson Rockefeller, le 20 août 1974.

98. V. J.-P. LASSALE, Le Président et ses juges : réflexions sur la notion d'immunité présidentielle aux États-Unis, *Mélanges Philippe Ardant*, 1999, p. 77. E. ZOLLER, *De Nixon à Clinton. Malentendus juridiques transatlantiques*, 1999.

99. V. *La présidence en France et aux États-Unis*, actes du colloque de Bordeaux, 1986 ; P. GÉRARD, *Le président des États-Unis*, 1991. V. R. NEUSTADT, *Les pouvoirs de la Maison Blanche*, 1980 ; R. ROSE, *The Post-modern President*, New Jersey, 1988 ; E. ZOLLER, *Histoire du gouvernement présidentiel aux États-Unis*, 2011.

1. La fonction présidentielle

593 En sa qualité de chef d'État *et* de Gouvernement, le président dispose des divers attributs du pouvoir exécutif. En conséquence, selon le tempérament de l'hôte de la Maison Blanche, l'exercice de ce dernier est susceptible de varier en intensité, entre le pôle *maximal*, sous John Kennedy et Richard Nixon, et le pôle *minimal*, avec Dwight Eisenhower et Ronald Reagan, pour simplifier. Mais, à tout prendre, dans cette dernière éventualité, la qualité d'un homme d'État ne se mesure-t-elle pas à sa capacité à bien s'entourer ?

a) Le détenteur du pouvoir réglementaire

594 Le président exerce le pouvoir réglementaire (art. II, section 3) qui se concrétise en des executives orders (près de 300 pris par G. W. Bush dont certains, liés à la guerre contre le terrorisme, ont été immédiatement remis en cause par B. Obama) et des déclarations. On sait, toutefois, que la législation déléguée, au sens habituel du terme en Europe, n'est pas autorisée par la Cour suprême, même en période exceptionnelle, car selon sa formule, *crise ne crée pas pouvoir*. Par ailleurs, un pouvoir d'exécution des lois lui est reconnu, un pouvoir subordonné au Congrès grâce à la technique du *veto législatif* qui persiste malgré la position de la Cour suprême (C.S., 1983, *I.N.S. v. Chadha*).

b) Le chef de l'administration fédérale

595 À ce titre, il actionne les services publics et contrôle leur fonctionnement. Il nomme également tous les fonctionnaires fédéraux. Cependant, on sait que, pour un nombre élevé de nominations importantes, il est obligé d'obtenir la confirmation, c'est-à-dire *l'avis conforme* du Sénat. Toutefois, il peut révoquer tous les fonctionnaires, dans la mesure où selon les formalités prévues par les règles du *Civil Service*, sans l'avis de ce dernier.

Cette attribution présidentielle a entraîné, pendant longtemps, une extrême politisation de la fonction publique, en ce sens qu'à chaque changement de majorité, dont un président nouveau était l'expression, celui-ci n'hésitait pas à licencier la plupart des fonctionnaires en place, afin de les remplacer par des amis politiques. C'était la pratique du *spoil system*, mise en honneur par Andrew Jackson, au début du XIXe siècle. Mais les excès du système des *dépouilles*, qui tournait le dos à la notion de *carrière*, ont entraîné, à partir de 1883, avec l'adoption du *Pendleton Act*, son remplacement par le *merit system* (recrutement par *concours*). Une loi de 1978 *(Senior Executive Service)* est venue l'actualiser. En revanche, comme il se doit, les emplois supérieurs demeurent à la *discrétion* de la nouvelle administration.

c) Le responsable de la politique étrangère

596 Le *Chief Executive* détermine la politique extérieure des États-Unis, dont les propensions à l'unilatéralisme sont connues. On se rappellera de la décision de R. Nixon de rompre, en 1971, avec le système monétaire de Bretton-Woods ou encore de celle de G. W. Bush d'engager les forces armées en Irak en 2003. Au quotidien, le président est assisté d'un *secrétaire d'État* (le ministre des Affaires étrangères)[100], simple exécutant

100. Le département d'État *(State Department)* est le poste le plus envié au sein du gouvernement. Pour la première fois, en 1997, une femme y a été nommée (M. Albright) ; puis en 2001 un homme (C. Powell) et en 2005 une femme (C. Rice) de couleur. Tel un lot de consolation, ce poste a été attribué à H. Clinton, adversaire malheureuse de B. Obama aux primaires démocrates de 2008. Aux attributions classiques d'un ministère des Affaires étrangères, est jointe la charge de conserver les archives et celle de publier les lois. Sous ce rapport, le secrétaire d'État est l'intermédiaire obligé entre le président et la nation, le Congrès et les autorités fédérées. Politiquement, l'occupation de ce poste a perdu au milieu du XIXe siècle sa place de marchepied vers la présidence des États-Unis (T. Jefferson, J. Madison, J. Monroe, J. Q. Adams, M. Van Buren et J. Buchanan ont en effet été secrétaire d'État avant d'entrer à la Maison Blanche). Contrairement au *Prime minister* britannique et au président de la République française, le président des États-Unis n'a pas de rival potentiel au sein du Gouvernement.

de sa volonté. Du reste, il peut à tout instant, se substituer à lui et, parfois, mettre en œuvre une politique suggérée par un membre de son entourage immédiat, appelé *assistant spécial*, dont le rôle est souvent incomparable. On songe à Henry Kissinger sous Nixon.

Les attributions du président, dans ce domaine, impliquent le droit de conduire des négociations diplomatiques, de nommer des ambassadeurs, de signer les traités, etc. Mais un conflit de *leadership* peut l'opposer au Congrès. En rejetant, en octobre 1999, le traité d'interdiction des essais nucléaires, le Sénat a infligé une défaite politique à Bill Clinton.

d) Le commandant en chef des forces armées

597 Le président dispose de l'armée et possède, à ce titre, l'initiative et la conduite des opérations militaires (art. II, section 2). Ce pouvoir s'est traduit par des décisions d'une extrême importance, tant à l'égard de conflits classiques que de la lutte contre le terrorisme international depuis 2001.

On citera, entre autres, l'agression du Vietnam et du Cambodge de 1965 à 1969 par Johnson et Nixon ; des frappes ponctuelles (Libye, Irak, Soudan) ; l'envoi de troupes en Bosnie-Herzégovine, en 1995 ; le déclenchement de la guerre contre la Serbie (sous couvert de l'Otan) en 1999, par Bill Clinton, les opérations militaires contre l'Afghanistan (2001) et l'Irak (2003) décidées par G. W. Bush. Prix Nobel de la paix en 2009, B. Obama, accusé un temps de pusillanimité, s'est impliqué personnellement dans la lutte contre le terrorisme (notamment en ordonnant et supervisant l'élimination de Ben Laden en 2011) et dans la Cyberguerre conduite contre le programme nucléaire iranien.

En temps de guerre, le président reçoit, au surplus, des pouvoirs dictatoriaux (au sens romain du terme), lui permettant, pour les besoins de la défense nationale, de réquisitionner les services et les biens, voire d'interner les personnes dont la présence constitue, en soi, une menace : suspension de *l'habeas corpus* par Lincoln au cours de la guerre de Sécession ; internement de japonais (naturalisés ou non) par Roosevelt après l'attaque contre Pearl Harbour en 1941 (confirmée par la Cour suprême, 1944, *Korematsu v. U.S.*). Un certain nombre de ces pouvoirs de crise qui étaient, par nature, temporaires, sont demeurés acquis au chef de l'exécutif.

Dans le cadre de la lutte contre le terrorisme international, ensuite, une logique de guerre sur la durée s'est mise en place après les attentats du 11 septembre 2001. *Commandant en chef de l'État : c'est le mot magique*, (David Cole). Par l'accroissement de ses prérogatives, la présidence Bush a marqué un tournant pour l'État de droit aux États-Unis. Une résolution votée par le Congrès, le 14 septembre 2001, il est autorisé à user de la force nécessaire et appropriée à l'encontre de toute nation, organisation ou personne ayant permis ou favorisé les attaques terroristes du 11 septembre. Sur ce fondement, George W. Bush a pris la décision de renverser le régime taliban en intervenant en Afghanistan, le mois suivant, en attendant de viser les pays de *l'axe du mal* (Irak, Iran et Corée du Nord)[101]. Au plan intérieur, un ministère de la Sécurité intérieure a été institué en 2002 et l'armée peut désormais intervenir pour des activités de maintien de l'ordre intérieur, ce qui lui était interdit depuis 1878, dans le cadre du *Northern Command* créé en avril 2002. Écartant la loi de surveillance du renseignement étranger de 1978 qui impose l'accord d'un tribunal spécial, le président Bush a, dès septembre 2001, autorisé l'Agence de sécurité nationale (N.S.A.) à intercepter les échanges téléphoniques et les courriers électroniques à destination de l'étranger. Après la révélation des faits par la presse, en 2006, ces programmes de surveillance disposent d'un cadre légal depuis 2008 (grâce à une modification du *Foreign Intelligence Surveillance Act (FISA)* de 1978). L'étendue exacte des agissements de la NSA, révélée par Edward Snowden, va au-delà de ce qui était imaginable. Sur le plan juridique, toutes ses demandes sont acceptées avec bienveillance par la Cour FISA, composée de onze juges nommés par le président. Elle rend des décisions non publiées qui échappent au principe du contradictoire.

101. Par une résolution du 10 octobre 2002, le Congrès a autorisé le président à recourir à la guerre préventive contre l'Irak, fût-ce sans l'aval de l'O.N.U. L'offensive a commencé le 20 mars 2003 et s'est achevée par la prise de Bagdad, le 9 avril suivant. Si des élections ont été organisées en janvier 2005 et un gouvernement irakien constitué en avril, la violence et le chaos continuent de régner. Les fameuses armes de destruction massives, à l'origine de l'intervention américaine, se sont révélées en fait inexistantes. *Tout gouvernement, même celui des États-Unis, ment toujours et en tout* (Stendhal).

Plus généralement, l'équilibre aux États-Unis entre la sécurité et le respect des libertés individuelles est précaire depuis septembre 2001. Le *Patriot Act* du 26 octobre 2001, loi adoptée dans la précipitation, autorise, entre autres, l'Attorney général (le ministre de la Justice) à procéder à la détention provisoire de tout étranger soupçonné d'appartenir à une organisation terroriste. L'interception du courrier électronique est permise ; de même que l'enregistrement des conversations entre les détenus et leurs conseils. Par une *lettre de sécurité nationale*, le F.B.I. peut, sur le fondement d'un simple doute, décider de requérir toute information en liaison avec une enquête terroriste. La section 215 est souvent stigmatisée par les associations de défense des droits de l'homme. Les mentions nominatives détenues par toute organisation (et notamment les fournisseurs d'accès internet, les librairies, les bibliothèques) doivent être communiquées à la demande du F.B.I. si ce dernier estime qu'elles sont en lien avec une enquête liée au terrorisme. De surcroît, il est interdit à l'organisme en cause de faire savoir à l'intéressé qu'une telle transmission de renseignements a été effectuée. Malgré quelques tergiversations, le Congrès a accepté de reconduire, en mars 2006 puis en mai 2011, le *Patriot Act*[102].

La *guerre contre la terreur* (G. W. Bush) a fini par remettre en cause les fondements de la liberté sur lesquels se sont bâtis les États-Unis[103]. Si la Cour suprême a eu l'occasion de rappeler que *l'état de guerre n'est pas un chèque en blanc pour le Président* (C.S., *Rasul v. U.S.*, 2004), l'État de droit a continué d'être malmené. B. Obama a, quant à lui, commencé à clore la parenthèse ouverte depuis le 11 septembre (limitation du nombre de techniques d'interrogation, fermeture des prisons de la C.I.A. à l'étranger) sans pour autant tomber dans l'angélisme (Guantanamo, maintien intact des dispositions du *Patriot Act* et reconduction des programmes de surveillance des correspondances privées).

e) Le droit de grâce

598 Au plan fédéral, le président dispose du droit de grâce (art. II, Section 2). Gerald Ford a accordé, à son prédécesseur, Richard Nixon, en 1974, une grâce complète, absolue dans des conditions critiquables. D'une manière générale, la suspicion entoure une grâce accordée dans les derniers instants de la présidence (voir notamment la grâce de Lewis Libby, impliqué dans le scandale Plame (*supra*, n° 591) en juillet 2007).

102. La base de Guantanamo a compté jusqu'à 700 détenus qui n'étaient placés ni sous la protection du droit américain (le camp étant situé sur le territoire cubain) ni sous celle du droit international (Washington déniant aux intéressés le statut de prisonnier de guerre. Toutefois, depuis 2006, le bénéfice de l'article 3 des quatre conventions de Genève de 1949 (interdiction du traitement inhumain de la torture) leur est accordé). Pour leur jugement, des commissions militaires spéciales ont été créées par un décret présidentiel du 13 novembre 2001. Dans une démocratie, un tel *trou noir juridique* selon l'expression de Lord Steyn, n'étant pas indéfiniment tolérable, la Cour suprême (*Rasul v. U.S.*, 28 juin 2004) autorise les prisonniers à contester leur détention devant une instance juridictionnelle américaine. Des tribunaux d'exception et à la légalité douteuse (sans assistance d'un avocat, sans communication des pièces à charge) ont été institués à cet effet. Logiquement, ils ont été invalidés par la Cour suprême (*Hamdan v. Rumsfeld*, 29 juin 2006). Un cadre législatif plus complet a été voté à l'automne 2006 (*Military Commissions Act* du 17 octobre 2006). Pour aller à l'essentiel, les ennemis combattants illégaux *(unlawful enemy combatant)* sont jugés par des tribunaux militaires et bénéficient d'un avocat militaire ayant accès aux preuves retenues contre eux. Cependant, ils n'ont pas le droit de contester leur détention (autrement dit, la loi leur retire le bénéfice de la protection de *l'habeas corpus*). Or, la constitution (art. 1, sect. 9) indique que *le privilège de l'ordonnance d'habeas corpus ne sera pas suspendu, sauf lorsqu'en cas de rébellion ou d'invasion, l'ordre public l'exigerait.* Comme il fallait s'y attendre, la Cour suprême a invalidé ce montage juridique (*Boumediene v. Bush*, 2008). À défaut de fermer Guantanamo comme il s'était engagé de le faire, B. Obama souhaite établir *un système légal.* Sur les 166 détenus, 90 ont été déclarés libérables mais restent, en pratique, à Guantanamo en raison des difficultés pratiques et financières de transfèrement. V. S. HOFFMANN, Les États-Unis et la guerre contre le terrorisme, *Esprit*, déc. 2001, p. 6 ; W. MASTOR, La prison de Guantanamo : réflexions juridiques sur une zone de non-droit, *Annuaire Français de droit international*, 2008, p. 23 ; G. SCOFFONI, Les juges et la constitution des États-Unis à l'épreuve du terrorisme international, *Mélanges Loïc Philip*, 2005, p. 219.

103. V. L. FISHER et N. MOURTADA-SABBAH, Les pouvoirs inhérents du président américain. Une menace pour les valeurs démocratiques ? *Pouvoirs* n° 19, 2006, p. 115.

À l'évidence, ce faisceau de compétences implique la présence aux côtés du président de nombreux collaborateurs. Sinon, la présidence serait un *killing job* (Éd. Corwin). Gerald Ford en conviendra : *Ancien président, c'est un bien meilleur job que d'être président.*

2. Les collaborateurs du président

599 Le service du président échoit d'abord aux ministres *(secrétaires)*, et ensuite à des *conseillers* rassemblés au sein de la Maison Blanche, en un puissant *Executive office of the President.*

a) Les secrétaires

600 Au nombre de quinze, ce qui donne la mesure de la centralisation opérée par le gouvernement national[104], ils *assistent* et *conseillent* le président dans l'exercice de ses fonctions. Nommés par celui-ci, avec l'accord du Sénat (accord donné traditionnellement), ils sont placés sous sa dépendance immédiate et révocables *ad nutum*. Le choix présidentiel se porte sur des non-parlementaires et la compétence prime l'affiliation politique (v. l'emblématique reconduction, par B. Obama, de R. Gates, secrétaire à la Défense sous G. W. Bush). Les secrétaires, à l'opposé de leurs homologues parlementaires, sont *juxtaposés* les uns aux autres, et ne forment pas, en conséquence, un organe distinct et autonome par rapport au président. Du reste, ils sont rarement rassemblés en *plenum*, le président préférant généralement des entretiens tête à tête. Aux États-Unis, l'expression *cabinet* est utilisée dans un sens *technique* et nullement politique car il ne rassemble pas exclusivement les secrétaires (sous B. Obama, font aussi partie du cabinet le vice-président et certaines personnalités telles les directeurs de l'O.M.B. (v. *infra*, n° 603) et de l'Agence pour la protection de l'environnement). Mais au final, seule la personnalité ou la volonté du président compte : le pouvoir décisionnel demeure son apanage. On cite, à cet égard, la phrase révélatrice de Lincoln qui, ayant été seul de son avis contre son cabinet, déclara sereinement : *Sept oui, un non : les non l'emportent !* En d'autres termes, le *cabinet du président est une partie de lui-même* (Lord Bryce).

b) L'Executive Office du président

601 Sous cette dénomination figurent, en premier lieu, le cabinet du président et, en second lieu, l'ensemble des conseils destinés à l'éclairer. Au cours des dernières décennies, les effectifs de l'*E.O.P.* se sont gonflés, au point d'accueillir environ 6 000 personnes.

α) Le cabinet du président (The White House Office)

602 Créée en 1939, par Franklin Roosevelt et largement développée par ses successeurs, la *maison* du président, se compose, sous l'autorité d'un secrétaire général (*chief of staff*), qui peut incliner au *maire du palais*, d'une équipe de collaborateurs immédiats,

104. À savoir : les départements d'État ; du trésor ; de la défense ; de la justice (dont le titulaire porte le nom *d'Attorney General*) ; de l'intérieur ; de l'agriculture ; du commerce ; du travail et ceux de la santé, de l'éducation et du bien-être social (1953) ; du logement et de l'urbanisme (1965) ; des transports (1966) de l'énergie (1977), de l'éducation (1979), des anciens combattants (1988) et de la sécurité intérieure (2002).

choisis *intuitu personae* et liés à sa fortune politique. Ils portent, au moins pour les principaux d'entre eux, le nom de *conseillers spéciaux*, ou plus modestement d'*assistants* ou *consultants*.

Investis de la *confiance* présidentielle, ceux-ci sont chargés, en règle générale, encore qu'en l'espèce la mobilité soit de principe, de coordonner l'activité au sein de l'exécutif, de superviser ses relations avec le Congrès, et, ce faisant, d'informer et de préparer les décisions incombant au *Chief Executive*.

Il suit de là, que, sous une formule pudique, se dissimulent, en réalité, les détenteurs d'un pouvoir authentique, illustrés par Edwin Meese, James Baker aux côtés de Reagan ; James Baker, secrétaire d'État de George Bush ; Emmanuel Rahm avec Barack Obama. Des clans se sont ainsi constitués : *les Prussiens* sous l'administration Nixon ; les *Californiens* avec Reagan ; les *Texans* avec le président Bush et les *Néoconservateurs* avec son fils.

Dans ces hypothèses, les membres du *staff* présidentiel, dont le nombre est de l'ordre de 400, n'hésitent pas à marcher sur les brisées des ministres. En un mot, le pouvoir est ramené à la Maison Blanche, transformée ainsi en monde clos[105].

β) Les conseils du président

603 Au surplus, la multiplication des tâches du *Chief Executive* à l'époque actuelle a atteint un rare degré de complexité. C'est la raison pour laquelle, il est désormais entouré d'un véritable réseau de *conseils* et *bureaux*, appelés *agences gouvernementales*. Pour l'essentiel il s'agit d'organismes consultatifs destinés à *éclairer* le président, en dégageant et évaluant plusieurs solutions à un problème donné. À ce titre, ils sont dépourvus, en théorie, de pouvoir décisionnel.

Authentiques cellules de travail, les plus importants d'entre eux sont les suivants : *l'Office of Management and Budget*, dont la création remonte en 1939, si, entre-temps, sa dénomination a évolué, est chargé de la politique budgétaire et fiscale, parallèlement à l'action du *Federal Reserve Board* (banque centrale) ; le *Council of Economic Advisers*, créé en 1946, sorte de *brain trust* économique, assiste le président dans la préparation de ses rapports ; le *National Security Council*, de 1947, est une véritable plaque tournante, chargé officiellement d'apprécier les décisions de l'administration en matière de politique étrangère vis-à-vis du potentiel économique et militaire des États-Unis. Après les attentats terroristes du 11 septembre 2001, celui-ci est devenu une sorte de Gouvernement de guerre.

On prétend que la fonction crée le président[106]. Il serait séant d'ajouter que la présidence est ce que le président entend en faire. Autrement dit, si telle est sa volonté ou plus modestement sa capacité, son autorité au sein de l'exécutif est réelle. Mais, au-delà, elle se heurte à la puissance congressionnelle, au point de composer avec elle, dans la meilleure interprétation. C'est toute la différence entre la présidence française, ressort de la chaîne institutionnelle et la présidence américaine, simple maillon.

C. LES RAPPORTS DU PRÉSIDENT ET DU CONGRÈS

604 *Une invitation à la lutte* : La formule de Bernard Brown est saisissante. La constitution génère, en effet, *un rapport de forces* de la tentative d'élimination du président en raison de sa vie privée (le *Monicagate*) en 1998, du bras de fer budgétaire entre le

105. V. Th. CRONIN et S. GREENBERG, *The Presidential Advisory system*, 1969 ; B. ROCKMAN, La Maison blanche et ses conseillers : une administration tentaculaire, *Revue française d'administration publique* n° 83, 1997, p. 481 ; Th. SORENSEN, *Decision Making in the White House*, 1964. Depuis 2011, des pétitions recueillant 100 000 signatures en trente jours obtiennent une réponse officielle de la Maison blanche (wwws.whitehouse.gov/petitions).

106. V. M.-F. TOINET, *La présidence américaine*, 1991, p. 38 et s.

Sénat républicain et B. Obama depuis 2011. Le Congrès ne peut obliger le chef de l'Exécutif, ni ses *secrétaires*, à démissionner. Ceux-ci n'ont pas droit d'accès et de participation aux chambres. De son côté, le président ne peut dissoudre le Congrès. Chacun paraît *enfermé* dans sa fonction et *isolé* dans un rôle. La présidence est *une autorité fragmentée dans un système de pouvoirs séparés* (P. Avril).

Le système américain repose, en définitive, sur une sorte de *miracle*, résultant de la combinaison du fédéralisme, de l'indiscipline partisane et de l'attachement civique. Il n'en génère pas moins une *inefficacité* de plus en plus visible (v., par exemple, les interminables marchandages entre B. Obama et les républicains sur le rehaussement du plafond de la dette en 2011 ou le *shutdown* de 2013) amplifiée par la quasi-intangibilité de la constitution (v. *infra*, n° 529 et s.).

Si le concept de séparation *stricte* des pouvoirs s'est imposé au sein de la doctrine française (sous l'influence principale d'Esmein), elle reflète mal la réalité. Du reste, cette expression n'a pas cours aux États-Unis (théorie des *checks and balances*). Est établie une *collaboration réduite* entre les pouvoirs, qui sont forcés *d'aller de concert*[107] comme l'indiquait Montesquieu, combinant l'irrévocabilité politique mutuelle (l'*impeachment* (*infra*, n° 614), par sa teinte pénale, étant à isoler) et une dépendance fonctionnelle. Aussi, une régulation institutionnelle particulière a-t-elle été organisée par la constitution. *Le parlementarisme de couloirs*, évoqué par Wilson, trouve ici sa justification. En somme, les pouvoirs sont reliés par un *isthme*, qui subit leur pression conjuguée.

1. Les moyens d'action du président sur le Congrès

605 En dehors de la *négociation* et de la *communication*, on en dénombre, pour l'essentiel, quatre : le droit de veto à l'égard des lois votées par le Congrès ; la participation à l'initiative des lois ; la préparation du budget, et le recours au patronage.

a) Le droit de veto à l'égard des lois votées par le Congrès

606 Aux termes de l'article premier, section 7, de la constitution, il est loisible au président de renvoyer un texte de loi, avec ses objections. Cependant, le veto peut être brisé par un vote à la majorité des deux tiers dans chacune des chambres[108].

Au début du XIXe siècle, le président n'avait que rarement l'occasion d'utiliser cette prérogative sollicitée principalement afin de défendre ses propres attributions (en matière militaire ou en politique étrangère) d'immixtions congressionnelles. Plus tard, l'exercice du droit de véto en raison de son désir d'imprimer sa marque dans la vie nationale et de s'opposer à l'influence grandissante des lobbies. Durant son passage au pouvoir (il est vrai, de douze ans), Franklin Roosevelt a opposé 372 vetos et cet obstacle n'a pu être levé que 9 fois. En dehors de la dissuasion, essentielle dans le rapport de forces, ses successeurs en feront un usage plus raisonnable. Confronté à un Congrès démocrate entre 2006 et 2008, G. W. Bush a alterné entre menaces et mises à exécution (notamment, en 2008, sur un texte prohibant l'usage de certaines méthodes d'interrogation (dont le simulacre de noyage – *waterboarding*)).

107. Dans l'arrêt fondamental du 24 juillet 1974 *(U.S. v. Richard Nixon)*, la Cour suprême le rappelle avec force ; *en définissant la structure de notre Gouvernement* [l'État] *et en divisant le pouvoir souverain par une répartition entre trois branches égales, les Fondateurs de la constitution ont cherché à définir un système d'ensemble, mais il n'était pas dans leur intention que les pouvoirs séparés opèrent dans une indépendance absolue.*

108. V. P. GAULMIN, Le droit de veto présidentiel aux États-Unis, *R.F.D.C.* 1998, p. 251 ; F. GUÉRIN, Le vote sélectif aux États-Unis, *Pouvoirs* n° 100, 2001, p. 173.

Le veto ne peut porter que sur *l'intégralité* de la loi. La Cour suprême devait le rappeler, le 25 juin 1998 *(Clinton v. New York)*, en s'opposant à une loi de 1996 qui autorisait le veto sélectif *(line item veto)* susceptible d'écarter des dépenses jugées non appropriées et notamment celles favorisant telle ou telle circonscription, telle ou telle organisation (*pork barrel legislation* ; *earmark*). Une variante de ce mécanisme (dont l'utilité est telle qu'il est fréquemment présent au niveau fédéré au profit des gouverneurs) a été proposée, en vain, par G. W. Bush en 2006. Parallèlement, la pratique est à l'origine du *veto de poche (pocket veto)* utilisé pour la première fois par Madison en 1812. Le président ne promulgue pas la loi, au moment où s'achève la session parlementaire, sans révéler pour autant ses raisons. Par voie de conséquence, le Congrès ne peut répliquer sur-le-champ. Il doit attendre l'ouverture de la prochaine session et reprendre, si telle est sa volonté, l'ensemble de la procédure législative. Tout bien considéré, ce veto officieux (parfois fréquemment utilisé (263 fois par Roosevelt)) se révèle, à l'examen, pour les assemblées, presque aussi redoutable que le veto officiel.

	Veto officiel	**Veto surmonté**	**Pocket veto**	**Total**
R. Reagan	39	9	39	78
G. H. Bush	29	1	15	44
B. Clinton	36	2	1	37
G. W. Bush	11	4	1	12
B. Obama	2	0	0	2
Total 1789-2013	1497	110	1067	2564

En marge de la constitution, le président s'est octroyé la possibilité d'assortir la promulgation de la loi d'une déclaration interprétative (*signing statement*). Cette pratique, permettant au chef de l'État d'entendre la loi à l'aune de ses prérogatives et devoirs constitutionnels, s'est déployée réellement sous la présidence Reagan, a été poursuivie par ses successeurs et a pris une nette ampleur avec G. W. Bush (essentiellement dans le domaine de la politique étrangère). B. Obama, malgré ses promesses initiales, n'a pas renoncé à cet instrument tout en étant plus parcimonieux dans son utilisation.

Comme exemple topique, G. W. Bush avait, en 2002, refusé de faire appliquer (tout en la promulguant...) une loi permettant à tout citoyen américain né à Jérusalem de faire mentionner sur ses documents d'identité la mention « *né en Israël* ». Or, on le sait, la situation de Jérusalem reste des plus complexes au regard du droit international. La Cour suprême (26 mars 2012, *Zivotofsky v. H. Clinton*) ne s'est pas prononcée sur le fond et a renvoyé l'affaire devant les juridictions inférieures.

Toutefois, *la faculté d'empêcher* du président ne peut occulter *sa faculté d'initier* dans le domaine législatif, dont il est théoriquement *extérieur*, conformément au principe de la séparation des pouvoirs.

b) La participation à l'initiative des lois

607 Sachant que l'on ne gouverne que par la loi, le *Chief Executive* n'aura de cesse de réaliser son programme (le *New Deal* de Roosevelt, le *Civil Rights Act* de Johnson, le *Care Act* d'Obama). L'intervention peut être soit indirecte (le président demande à un *congressman* de lui rendre le service de déposer un texte de loi élaboré par l'administration), soit directe. Il s'agit, en ce cas, de projets annexés aux messages délivrés au Congrès (message sur *l'état de l'Union*)[109] qui constituent désormais d'authentiques *programmes d'action* législative et qui peuvent être complétés en cours d'année. Certes, le président ne les impose pas au Congrès, mais il lui suggère de les mettre en œuvre, en prenant appui sur l'opinion publique. *On n'y est bien traité que pendant un*

109. Le message sur l'état de l'Union (art. II section 3) est prononcé au début de la session, en janvier, devant les deux chambres réunies à cet effet. Il s'agit de la transposition du discours du trône au Royaume-Uni. Son impact politique est fort car, retransmis à la télévision, il jouit généralement d'un fort taux d'audience (près de 52 millions de téléspectateurs en 2003). Le tropisme américain a marqué la révision constitutionnelle du 23 juillet 2008 (voir le message devant le Congrès de N. Sarkozy, le 22 juin 2009) (v. *IIIe Partie*).

an, observait Johnson, tant que le président est *en phase* avec ses compatriotes. Mais le rôle de *Chief Legislator*, pour user d'un oxymore, est éphémère. La *logique institutionnelle* reprend vite le pas sur la logique partisane. Cette politique du *chacun pour soi* s'avère périlleuse, lorsque le président peut tabler sur une majorité ; Bill Clinton en a fait l'amère expérience, en 1994, avec l'échec de la réforme du système de santé. Mais, elle est devenue à proprement parler calamiteuse lorsque ses adversaires ont triomphé au Congrès. De 2000 à 2004, une coopération inédite, relevant d'une logique quasi parlementaire, a vu le jour entre le Congrès républicain et G. W. Bush qui a été le premier président depuis John Quincy Adams à ne pas utiliser son droit de veto pendant l'intégralité de son premier mandat. Cependant, après sa réélection, affaibli par le syndrome du *canard boiteux*, les relations sont rapidement devenues plus conflictuelles, avant d'entrer en *cohabitation* avec un Congrès démocrate à partir de 2006. B. Obama, quant à lui, s'est efforcé de privilégier sur les réformes économiques, la protection sociale et le rehaussement du plafond de la dette, une approche bipartisane d'autant plus nécessaire que la Chambre des Représentants est à majorité républicaine depuis 2010. Son incapacité à s'imposer, accompagnée de l'intransigeance des républicains à trouver un compromis sur la *falaise budgétaire* en 2012, ont entraîné des mises sous séquestre automatiques de crédits budgétaires en mars 2013 puis un *shutdown* (soit la fermeture d'agences fédérales faute de ressources) en octobre. Par ailleurs, il a échoué en avril 2013, et ce malgré l'émoi provoqué par la tuerie de Newport (*le pire jour de ma présidence*), dans sa tentative d'imposer une réglementation plus stricte sur les ventes d'armes à feu. Comble de malchance, sa réussite sur le terrain de la sécurité sociale (l'*Obamacare* concernant 50 millions d'américains dépourvus de couverture santé) a été ternie par des blocages techniques du site Internet fédéral gérant les souscriptions en ligne des polices d'assurances et par de nombreuses incertitudes sur le maintien des contrats souscrits avant la loi. Enfin, les révélations d'Edward Snowden sur les agissements de la NSA l'ont conduit à proposer des mesures afin de regagner la confiance des gouvernements étrangers et des citoyens américains. Rien d'étonnant dans ces conditions que sa popularité soit en chute libre.

Le président a la possibilité de recourir à la concertation. Une tradition inaugurée à partir de 1936 par Roosevelt, veut qu'il convie régulièrement, à la Maison Blanche, les *Quatre Grands* (le vice-président, le *speaker* et les *leaders* de la majorité et de l'opposition) afin d'aplanir les différends. De manière inédite, les deux candidats à la présidentielle ont été associés, en septembre 2008, à une réunion portant sur le plan Paulson de sauvetage de l'économie américaine – et donc mondiale.

c) *La préparation du budget*

608 Jusqu'en 1921, en application du principe de la séparation des pouvoirs, le budget était préparé par deux comités du Congrès, celui des voies et moyens (recettes) et celui des appropriations (dépenses). Les inconvénients du système étant devenus éclatants pendant la guerre de 1914-1918, une importante réforme est intervenue en 1921. La préparation du budget fédéral incombe désormais au *Chief Executive*, qui, par l'intermédiaire du puissant *Office of Management and Budget*, présente au Congrès, le *President's Budget Request*.

C'est cependant à ce niveau que l'on peut déceler la présence des *lobbies* (*supra*, n° 578) dans le processus décisionnel. Richard Rose qui a développé la thèse du *subgovernment*[110] démontre que le président n'est pas maître chez lui. Un comble ! Par cette expression, l'auteur désigne le mode de régulation politique d'un secteur déterminé de l'action fédérale. Les parties prenantes en sont les départements ministériels (ou les agences fédérales), les commissions du Congrès et les groupes d'intérêt.

110. R. ROSE, *The Post-modern President*, New Jersey, 1988.

L'attrait de la dotation budgétaire tend à ce que les départements intéressés soient plus sensibles à leurs partenaires qu'au président, à la limite.

d) La pratique du patronage

609 Le président, qui est aussi un chef de parti, recourt au patronage (terme pudique pour désigner le *clientélisme*) qui consiste en l'attribution de postes, administratifs notamment, aux amis de la majorité en échange de leurs bons services. C'est, au fond, une forme atténuée du *spoil system*, mise en œuvre progressivement, de façon à tenir en haleine les *congressmen*. Par ailleurs, l'implantation ou le maintien de services fédéraux dans la circonscription de l'élu compréhensif, est utilisé comme moyen de pression par l'exécutif.

Ces divers pouvoirs dont dispose le président sont *majorés* par l'appui de l'opinion publique, dont il bénéficie habituellement beaucoup plus que les parlementaires. Les représentants sont rarement réélus. Il est juste d'observer que la brièveté de leur mandat n'est pas de nature à les faire connaître et surtout apprécier du peuple, à l'inverse de leurs collègues du Sénat qui jouissent d'une réelle audience locale, sinon nationale, pour un certain nombre d'entre eux.

Il résulte de ce qui précède que *le couple d'associés-rivaux* formé par le président et le Congrès dirige les destinées des États-Unis. À Washington, c'est donc à une sorte de *collégialité* du pouvoir que l'on s'abandonne et non point à l'unicité du commandement comme en France ou au Royaume-Uni. Un président américain, même s'il est doté d'un incontestable charisme (Clinton ou Obama) et du soutien populaire, doit constamment *convaincre, négocier* et *séduire* les membres du Congrès tandis que le premier ministre britannique ou le président de la République français (hors cohabitations) peuvent compter sur la discipline majoritaire pour *imposer* leurs politiques. Bref, l'hyperpuissance américaine est loin d'être dirigée par un hyperprésident.

2. Les moyens d'action du Congrès sur le président

610 À rebours de la tendance contemporaine qui marginalise les assemblées, le Congrès demeure une puissance, dans toute l'acception du terme, à laquelle se mesure le chef de l'exécutif. *Quand je me trouve ici*, reconnaissait John Kennedy, le *Congrès me paraît plus puissant que lorsque j'y siégeais*. La réflexion est saisissante et démontre que le président américain dispose d'une bien moindre liberté d'allure que le chef de l'État français. Contrairement à de fâcheuses interprétations, le *régime présidentiel* ne fait point litière des attributions du parlement ; pas plus, qu'il ne confère une position altière au magistrat suprême. Si Bagehot, au XIXe siècle, évoquait avec justesse le *gouvernement présidentiel* pour qualifier la mainmise du président sur l'exécutif (v. *supra*, n° 257), le glissement sémantique (le *régime* se substituant au *gouvernement*) induit en erreur. Les postures individuelles, exacerbées par une surexposition médiatique, dissimulent mal la réalité d'un président concurrencé quotidiennement par le Congrès (mais aussi, doit-on le rappeler, par la Cour suprême).

a) Le pouvoir d'autorisation

611 Il n'est pas indifférent de mentionner, pour mémoire, le pouvoir d'autorisation du Congrès en matière d'engagement de troupes à l'étranger et les attributs spécifiques du Sénat (*supra*, n° 575).

b) Le pouvoir législatif et financier

612 Que le président intervienne dans la fonction législative, au point d'être qualifié de *Chief Legislator*, est indéniable. Mais, il y a loin de l'évocation à la concrétisation. Le

Congrès, à cet égard, fait songer à un camp retranché ou à un labyrinthe : procédure parlementaire imperméable à l'action présidentielle, notamment concernant l'inscription à l'ordre du jour ; manœuvres dilatoires ou d'obstruction pure et simple, sans perdre de vue l'essentiel : l'*absence* d'une discipline majoritaire.

A fortiori, le Congrès, par le contrôle strict qu'il exerce en matière budgétaire, prend en compte les intérêts des *lobbies*. Il dispose du pouvoir d'annihiler des programmes et de faire passer le président sous ses fourches caudines. À cet égard, au cours des dernières années, la négociation budgétaire s'est révélée particulièrement périlleuse pour son autorité. La *falaise budgétaire* de 2012 a conduit à la mise en œuvre de coupes budgétaires automatiques depuis le 1er mars 2013. Qui plus est, le *syndrome indochinois* est à l'origine de nombreux refus d'aides à des opposants (les *contras* du Nicaragua) ou à des gouvernements étrangers. De sorte, le Congrès *contrôle* efficacement la politique, tant intérieure qu'extérieure, des États-Unis. C'est du reste, en vue de s'y soustraire que l'affaire de l'*Irangate* a été montée par l'exécutif, à partir de 1985, avant de se retourner contre lui.

c) Le pouvoir judiciaire des commissions

613 On a, chemin faisant, signalé le développement des prérogatives judiciaires des diverses commissions (législatives ou d'enquête) du Congrès. En maintes occasions, ces procédures mettent à la disposition de celles-ci de puissants moyens d'action[111]. Au surplus, le support médiatique, dont elles bénéficient, favorise la transparence de la démocratie, autant que le civisme.

d) Le pouvoir de destituer le président

614 L'*impeachment* est la procédure au terme de laquelle le Congrès a la possibilité de mettre en cause la responsabilité du président, en le destituant, lorsque, dans l'exercice de ses fonctions, il est reconnu coupable de *trahison, corruption ou autres crimes ou délits graves* (section 4 de l'art. II de la constitution). Aux États-Unis, les auteurs continuent de s'interroger sur la nature de la responsabilité mise en cause. Sans trancher la question, on conviendra qu'il s'agit d'une responsabilité ambiguë : *politico-judiciaire*[112].

Dans cette circonstance, il appartient respectivement à la Chambre des Représentants, sur recommandation de sa commission judiciaire, d'accuser, à la majorité simple, le *Chief Executive* et au Sénat, de le juger en se prononçant sur sa culpabilité, à la majorité des deux tiers de ses membres ; ce qui exclut un vote partisan.

Le Sénat s'érige en tribunal sous la présidence du *Chief Justice* de la Cour suprême, à la place du vice-président dont l'impartialité pourrait être contestée. Il prête serment et fait prêter serment aux sénateurs. À cent trente ans de différence, deux présidents (Andrew Johnson et Bill Clinton) ont été poursuivis en 1868 et 1998. Richard Nixon a démissionné préventivement en 1974.

Andrew Johnson, vice-président d'Abraham Lincoln, auquel il succéda en 1865, devait entrer en conflit avec les chambres, deux ans plus tard, pour avoir révoqué son secrétaire à la défense (Stanton), sans avoir obtenu le consentement du Sénat, selon le droit applicable *(Tenure of Office Act)*. La Chambre des Représentants présenta, en février 1868, onze chefs d'accusation. Il lui était reproché, entre autres, d'avoir diffamé le Congrès, devenu un objet d'irrespect pour le peuple. À une voix près, celle d'Edmund Ross, le Sénat l'acquitta, au cours de l'été. On a prétendu, qu'en l'occurrence, c'est moins le président que le régime qui fut préservé de la dénaturation ou, si l'on veut, de la parlementarisation rampante.

111. Le refus de déférer à une réquisition a été considéré, par la commission judiciaire de la Chambre des représentants, le 30 juillet 1974, comme un motif valable d'accusation du président Nixon.

112. Au lendemain de l'échec de l'invasion de Cuba (épisode de la baie des Cochons) en avril 1961, John Kennedy affirmait : *En régime parlementaire, je serais amené à démissionner.* V. Y. DEMEER, L'impeachment dans les institutions anglaises et américaines, *Mélanges Jacques Teneur*, Lille, 1977, p. 1 et E. ZOLLER, *Les grands arrêts de la Cour suprême*, 2000, p. 1302.

Quant à Bill Clinton, ses relations extra-conjugales avec Monica Lewinsky, stagiaire à la Maison-Blanche, seront à l'origine d'une double accusation de parjure (faux témoignage sous serment) et d'obstruction à la justice, votée par la Chambre des Représentants, le 19 décembre 1998[113]. Sous la présidence de William Rehnquist, le procès en destitution ouvert le 7 janvier 1999, l'accusation étant portée par des membres républicains de la commission judiciaire de la Chambre des Représentants, s'est achevé le 12 février suivant par l'acquittement du président[114]. Entre temps, l'idée avancée d'une sanction morale sous forme d'un vote de censure avait été écartée car la constitution ne connaît qu'une seule sanction politique[115]. Cette recherche d'un compromis était loin d'être innocente. Elle constituait, à terme, un nouveau moyen de pression du Congrès sur le président. Au surplus, l'absence de proportionnalité entre les frasques de la vie privée et l'exercice de la fonction exécutive a été regardée comme l'équivalent *d'un coup d'État légal*.

La banalisation de l'*impeachment*, débouchant sur une sorte de responsabilité politique du président devant le Congrès, représente une menace de déstabilisation du régime[116]. Pour les républicains, *le Monicagate* n'a pas été la revanche du *Watergate* à l'origine du départ de Richard Nixon, en 1974.

Le cambriolage du quartier général du parti démocrate dans l'immeuble du *Watergate* à Washington, opéré par les fameux *plombiers* de la Maison Blanche, à l'occasion de l'élection présidentielle de 1972, a valeur exemplaire, tant au point de vue de l'État de droit que de la démocratie, face à l'arrogance et à l'intolérance de la *présidence impériale*. Au nom de la raison d'État, dissimulée derrière *le privilège de l'exécutif*[117], Richard Nixon s'est initialement dérobé à ses responsabilités, jusqu'au moment où le journal *Washington Post* l'a confondu.

La commission judiciaire de la Chambre des Représentants a voté, en juillet 1974, trois chefs d'accusation contre le président. Simultanément la Cour suprême (*U.S. v. Nixon*, 1974) rappelait le règne du droit, *rule of law*. Devançant l'événement, le président, après avoir reconnu ses mensonges, renonçait à ses fonctions, le 9 août 1974. La démocratie américaine bafouée dans ses principes méritait bien une cérémonie expiatoire.

Au total, les relations entre le Congrès et le président sont plus nuancées qu'une vision tranchée des choses ne le laisse supposer. Cet enchaînement mutuel des forces, pour parler comme Montesquieu, débouche, le plus clair du temps, sur des *compromis* dont la garantie réside en fin de compte, dans un troisième pouvoir : le *pouvoir judiciaire*.

113. V. F. MICHAUT, *La procédure de destitution sur impeachment aux États-Unis*, 2002 ; J.-P. LASSALE, La puissance et la fragilité : chronique d'une destitution annoncée, *R.D.P.* 1999, p. 535 et Le président et ses juges : réflexions sur la notion d'immunité présidentielle aux États-Unis, *Mélanges Ph. Ardant*, 1999, p. 77 ; B. JONES et J. WILKERSON, « Que le bien triomphe » : le procès en destitution du président Clinton, *Pouvoirs* n° 91, 1999, p. 141 ; E. ZOLLER, *De Nixon à Clinton, Malentendus juridiques transatlantiques*, 1999. Certaines organisations ont milité entre 2006 et 2010 en faveur d'une mise en œuvre de la procédure d'*impeachment* à l'égard du président G. W. Bush.

114. L'accusation de parjure a été rejetée par 55 sénateurs dont 10 républicains ; celle d'obstruction à la justice par 50 d'entre eux, dont 5 républicains. La majorité requise pour la destitution était de 67 voix.

115. En revanche, le président a été condamné, le 29 juillet 1999, par un juge fédéral à une amende pour outrage à la justice dans l'affaire de harcèlement sexuel qui l'opposait à Paula Jones, à l'époque où il était gouverneur de l'Arkansas, et qui s'était terminée par un arrangement financier.

116. La radicalisation du parti républicain, l'acharnement du procureur indépendant Kenneth Starr et la pression médiatique ont objectivement favorisé la cause du président. En revanche, l'opinion publique lui est demeurée fidèle en distinguant entre sa vie privée et son rôle officiel. V. E. SULEIMAN, La procédure de destitution de Bill Clinton : une revanche de la droite, *Le Monde*, 29 décembre 1998.

117. Le privilège de l'exécutif permet, en temps ordinaire, et de manière normale, au président de ne pas répondre à des questions relevant de la sécurité nationale *lato sensu*. En l'espèce, Richard Nixon refusait de livrer à la justice des bandes magnétiques sur lesquelles étaient enregistrées ses conversations avec des agents subalternes. La Cour suprême, dans sa décision du 24 juillet 1974 *(United States V. Richard Nixon)* a pourfendu cette interprétation arbitraire. V. P. JUILLARD, Le privilège de l'exécutif aux États-Unis, *Pouvoirs* n° 4, 1978, p. 168.

§ 4. LA COUR SUPRÊME

615 *Votre Honneur* : La formule traditionnelle, par laquelle on s'adresse au juge, est représentative de son autorité et de son prestige dans la société américaine, ce véritable *empire du droit* (A. Tunc) (avec cependant l'éclipse de Guantanamo).

Faute d'entrer dans les détails de l'organisation du pouvoir judiciaire aux États-Unis[118], on se bornera à la présentation de la Cour suprême, dont le pouvoir n'a d'égal que son autorité morale. Cependant, celle-ci devait être affectée, au lendemain du choix opéré à propos de l'élection présidentielle, le 12 décembre 2000 *(Bush v. Gore)*. Si l'on continuera à s'interroger sur l'*identité du vainqueur, l'identité du perdant est parfaitement claire*, estime le juge Stevens : *c'est la confiance de la nation en ses juges, en ses gardiens impartiaux de la règle de droit qui est perdue*. Tel ne fut finalement pas le cas. Sa décision de juin 2012 sur l'assurance santé (National federation of independent business and al. v. Secretary of Health and Human Services) a démontré, avec éclat, l'importance de son rôle juridique et politique dans la société américaine.

A. LA COMPOSITION DE LA COUR SUPRÊME

616 À titre principal, *le pouvoir judiciaire des États-Unis est dévolu à une Cour suprême*, (art. III, section Ire). Celle-ci est composée, selon une loi de 1869, de neuf juges inamovibles (le *Chief Justice* et les huit *Associate Justices*), recrutés, en pratique, sur un critère socioprofessionnel et nommés à vie par le président des États-Unis, après consultation officieuse de l'*American Bar Association*, la puissante corporation des *lawyers* (avocats) et confirmation du Sénat. Ils prêtent ensuite serment devant la Cour.

S'il arrive que certains juges démissionnent vers l'âge de 70 ans (Sandra O'Connor en 2005, David Souter en 2009), un dicton américain prétend que les membres de la Cour suprême *font partie de ces hommes qui meurent rarement et ne démissionnent jamais*[119]. Le *Chief Justice* (John Roberts, depuis 2005 est le 17e de l'histoire), est le *second* personnage de l'État. Il prend rang avant le vice-président, les secrétaires, le *speaker* de la Chambre des Représentants, et reçoit, détail significatif, traditionnellement, le serment du président, le jour de l'inauguration de son mandat.

118. Le système judiciaire américain est complexe en raison de la coexistence entre les structures fédérées et fédérales. Au prix d'une simplification, aux côtés du système judiciaire fédéré (cours de comtés, cours d'appel et cour suprême de l'État), existe un système judiciaire fédéral (94 cours de districts, 13 cours de circuit (ou cours d'appel) et Cour suprême fédérale). Cette dernière coiffe l'ensemble de l'ordre juridictionnel et assure l'unité et la cohérence du droit américain. Elle se présente comme la somme du Conseil constitutionnel, de la Cour de cassation et du Conseil d'État, en France. Ceci a pour effets principaux, compte tenu du nombre limité de ses membres : une surcharge de travail, une préparation des dossiers laissée à leurs collaborateurs, *(law clerks)* un contentieux étriqué par rapport au nombre des affaires pendantes. V. La Cour suprême, *Pouvoirs* n° 59, 1991 ; S. BREYER, *La Cour suprême, l'Amérique et son histoire*, 2011 ; R. DWORKIN, *L'Empire du droit*, 1994 ; L. FISCHER et N. MOURTADA-SABBAH. La Cour suprême des États-Unis : interprète souveraine de la constitution ?, *R.D.P.* 2002, p. 1205 ; M.-F. TOINET, Puissance et faiblesse de la Cour suprême, *Pouvoirs* n° 59, 1991, p. 23 ; E. ZOLLER, Présentation de la Cour suprême des États-Unis, *C.C.C.*, n° 5, 1998, p. 34 ; *Les grands arrêts de la Cour suprême des États-Unis*, Dalloz, 2010. Voir SCOFFONI (sous la direction), Chroniques sur les pays de common law, *R.F.D.C.* ; *Marbury v. Madison : 1803-2003. Deux siècles de censure judiciaire sur les lois,* 2003.

119. William Douglas s'est retiré en 1975, au terme d'un mandat inégalé de 36 ans ; John Stevens, quant à lui, a été nommé par G. Ford en 1975 et a quitté la Cour en 2010. Les minorités sont aussi représentées : un juge de confession juive (depuis 1916), une personne de couleur (1967), une femme (1981), un italo-américain (1986), une hispanique (2009). Avec le départ de J. Stevens et la nomination d'E. Kagan en 2010, la Cour compte trois femmes et plus aucun membre protestant, ce qui est une première dans son histoire.

Justices	Dates de naissance	Dates de nomination	Autorité de nomination
J. Roberts *(Chief Justice)*	1955	2005	G. W. Bush (R)
A. Scalia	1936	1986	R. Reagan (R)
A. Kennedy	1936	1988	R. Reagan (R)
C. Thomas	1948	1991	G. Bush (R.)
S. Breyer	1940	1994	B. Clinton (D)
Ruth Ginsburg	1933	1993	B. Clinton (D)
S. Alito	1950	2005	G. W. Bush (R)
Sonia Sotomayor	1954	2009	B. Obama (D)
Elena Kagan	1960	2010	B. Obama (D.)

La confirmation sénatoriale n'est non seulement pas acquise (sur 158 nominations, on relève 11 échecs dont un double refus opposé à Nixon, en 1969 et 1970, et un à Reagan en 1987 – qui tenta, en vain, de nommer un juge ultra-conservateur, Robert Bork) mais est, de surcroît, dissuasive en ce sens qu'il arrive que des candidats pressentis préfèrent se retirer plutôt que d'affronter les terribles auditions concernant aussi bien les aptitudes professionnelles que la vie privée (voir les accusations de harcèlement sexuel sur lesquelles Clarence Thomas a dû s'expliquer en 1991).

Un déséquilibre est patent. Si, pour la première fois depuis 1962, un président démocrate parviendra à désigner, en 1993 et 1994 des personnalités libérales (R. Ginsburg et S. Breyer), on recensait, en 2008, 7 *Justices* nommés par un président républicain. G. W. Bush, patientant depuis 2000, a ainsi pu désigner deux nouveaux membres en quelques semaines (J. Roberts et S. Alito en 2005) dont le *Chief Justice*. Par une pente naturelle, la Cour a rejoint son camp[120]. Un rééquilibrage est cependant envisageable mais sera long. Pour l'instant, les deux nouveaux membres (S. Sotomayor en 2009 et E. Kagan en 2010) nommés par B. Obama ont seulement compensé le départ de juges libéraux.

Il n'en reste pas moins que les membres de la Cour suprême, sans renier leurs convictions, ont un *devoir d'ingratitude* (R. Badinter) à l'égard de leur autorité de nomination. Eisenhower confessait, que sa plus grande erreur s'appelait Warren, du nom de ce *Chief Justice* conservateur qui allait engager la Cour dans la voie progressiste. Dans la même logique, J. Stevens et D. Souter, nommés respectivement par G. Ford et G. Bush, ont rejoint finalement le camp des libéraux.

B. LES COMPÉTENCES DE LA COUR SUPRÊME

617 À l'opposé du Conseil constitutionnel, juge d'attribution, la Cour suprême dispose d'une compétence de *droit commun* ou *générale* à l'égard de toutes les *affaires* et *controverses*[121] (art. III, Section 2) soulevant une question de droit fédéral.

120. La Cour s'installe, d'autant plus dans la durée, que l'on observe un abaissement de l'âge de nomination de ses membres. C'est ainsi que le juge Thomas, nommé en 1991, à l'âge de 43 ans, peut espérer siéger autant qu'il a vécu, à ce jour. La nomination à vie était concevable en 1789, mais l'espérance de vie actuelle la remet, sans aucun doute, en cause. La périodicité des fonctions est accordée à la démocratie. La bonne mesure est celle de la France (9 ans) ou de l'Allemagne (12 ans) pour les juges constitutionnels.

121. La Cour a la possibilité, en outre d'écarter une requête en estimant qu'elle pose une *question politique* et non une *question justiciable*, qui rappelle le *distinguo* du juge administratif français entre l'*acte de*

Avec le *writ of certiorari*, la Cour, afin de ne pas succomber sous la confiance des justiciables, filtre, depuis 1988, de manière discrétionnaire, les affaires (sur 8 000 requêtes, 80 en moyenne par an sont seulement acceptées), en ne retenant sa compétence que lorsqu'une *importante* question fédérale lui est déférée (*substantial federal question*)[122]. L'accord de quatre *Justices* est nécessaire. Statuant ensuite au fond, la Cour suprême est à la fois juge *du fait* et *du droit*.

Ses arrêts peuvent être rendus *per curiam*, au nom de la Cour, sans indication de vote de chacun des juges. Sinon, ils sont rédigés par un membre de la Cour soutenu par une majorité. Ici, le décompte des voix est rendu public et des *opinions dissidentes* peuvent être soutenues par les juges[123].

La Cour est garante du fédéralisme et du principe de constitutionnalité. Ses arrêts sont, en droit, revêtus de l'autorité *relative* de la chose jugée (*inter partes*) mais, en pratique, s'imposent à l'égard de tous. Toutefois, par un retournement inattendu de la séparation des pouvoirs, leur exécution est subordonnée à la bonne volonté du président et du Congrès. À cet égard, la condamnation du veto législatif (*INS v. Chadha*, 23 juin 1983) est demeurée formelle.

1. La Cour : garante du fédéralisme

618 Comment faire respecter la répartition des compétences entre l'État fédéral et les États fédérés établie par la constitution de 1787 ?

La clause de suprématie du droit fédéral sur le droit fédéré (Article 6) en disposant que *la présente constitution, ainsi que les lois des États-Unis qui en découleront (...) seront la loi suprême du pays ; et les juges dans chaque État seront liés par les susdits, nonobstant toute disposition contraire de la constitution ou des lois de l'un quelconque des États* confiait ce contrôle aux seuls juges d'État. La Cour suprême, en contrôlant les décisions des juridictions d'État (*Judiciary Act* 1789 ; *Martin v. Hunter's Lessee*, 1816) et en s'accordant le droit d'invalider les lois fédérales (*Marbury v. Madison*, 1803) devint aussi garante de l'équilibre fédéral.

Ce contrôle de fédéralisme se traduit, en pratique, par une supervision des arrêts des Cours d'appel fédérales et des Cours suprêmes d'État. Dans ce dernier cas, la Cour suprême s'assure que les juges d'État appliquent correctement la constitution et les lois fédérales. Au final, il s'agit de savoir si la répartition des compétences entre les échelons fédéral et fédéré a été respectée, au même titre que la *clause de suprématie*.

Cependant, l'intensité du contrôle est variable, selon la *politique jurisprudentielle*. Après avoir valorisé le droit fédéral, notamment grâce à la clause du commerce (*Gibbons v. Ogden*, 1824), la théorie des

gouvernement et l'acte administratif ordinaire (CS, 1962, *Baker v. Carr*). Par ailleurs, la Cour, dès 1793, refuse de répondre à des demandes d'avis.

122. *Nous n'avons pas vocation à rectifier les erreurs que d'autres ont pu commettre. Nous siégeons principalement pour résoudre les conflits d'interprétation entre Cours sur le sens du droit fédéral et pour trancher les questions les plus controversées du moment* (R. Ginsburg). V. D. CUSTOS, La recevabilité du recours constitutionnel devant la Cour suprême américaine, *R.D.P.* 1991, p. 1017 ; E. ZOLLER, Le pouvoir discrétionnaire de juger de la Cour suprême, *Pouvoirs* n° 84, 1998, p. 163 et Présentation de la Cour suprême, *Cahiers du Conseil constitutionnel*, n° 5, 1998.

123. V. F. MORTON, La rédaction des opinions de la Cour suprême, *Pouvoirs* n° 59, 1991, p. 46 ; E. ZOLLER, La pratique de l'opinion dissidente aux États-Unis, *Mélanges Pierre Avril*, 2001, p. 609 ; F. LUCHAIRE, *Le juge constitutionnel en France et aux États-Unis*, 2002. Notons à l'instar de M.-F. Toinet qu'une décision de la Cour suprême est souvent, par prudence, volontairement imprégnée d'une obscure clarté. *Quiconque a lu les décisions de la Cour a été frappé par la beauté de la langue ; quiconque a tenté de les traduire s'est arraché les cheveux en raison de leur imprécision* (*in* Puissances et faiblesses de la Cour suprême, *Pouvoirs*, n° 59, 1991, p. 28)

pouvoirs impliqués (*Mc Culloch v. Maryland*, 1819) et à la fédéralisation des droits et libertés (*Brown v. Board of Education*, 1954), un rééquilibrage au profit du droit des États fut perceptible dans les années 1990. Dans la continuité du *New federalism* reaganien, la Cour a reconnu le principe de la *souveraineté partagée* (*Printz v. U.S.*, 1997) renforcé l'*immunité souveraine* des États (*Seminole Tribe v. Florida*, 1996) et surtout interprété plus strictement la clause du commerce (*Lopez v. U.S.*, 1995 ; *U.S. v. Morrisson*, 2000) qui avait joué, par le passé, un rôle décisif dans l'expansion du pouvoir fédéral (*via* la lutte contre la discrimination raciale dans les motels (*Heart of Atlanta Hotel v. US*, 1964) et restaurants (*Katzenbach v. McClung*, 1964)). Toute jurisprudence étant subtile et oscillante, la Cour est restée sur d'autres domaines moins favorable aux États (*Bush v. Gore*, 2000, *Gonzales v. Raich*, 2005 ; *National federation of independent business and al. v. Secretary of Health and Human Services*, 2012)[124].

2. La Cour : garante du principe de constitutionnalité

619 Le contrôle de la constitutionnalité des lois *(judicial review)* se ramène, à la collation classique entre la norme inférieure (loi ou règlement) et la norme supérieure (la constitution) qui fonde *le droit fondamental et suprême de la Nation* (*Marbury v. Madison*, 1803). La constitution fédérale englobe le *Bill of Rights*, *i.e.* les 10 premiers amendements de 1791, ainsi que le XIVe de 1868, qui consacre *le principe de l'égale protection des lois* et le bénéfice des protections dues par le droit (*due process of law*) qui s'apprécient dans un sens procédural (*procedural due process*) et matériel (*substantive due process*). Devenue gardienne des droits fondamentaux, la Cour suprême est *l'oracle des libertés américaines* (E. Zoller).

À cet égard, le juge américain emploie diverses techniques. Il recourt à une *interprétation constructive* de la loi, votée par une législature ou le Congrès, dans le sens individualiste de la *common law*. Cette interprétation peut ne pas tenir compte de la volonté du législateur et des formes de la loi pour la plier à ce que les juges estiment être la légitimité constitutionnelle. C'est ainsi que la loi Sherman contre les trusts, adoptée en 1890, a été, jadis, par une habile construction, entièrement neutralisée et que, la jurisprudence a retourné contre les coalitions ouvrières, l'arme forgée contre les coalitions capitalistes.

Toutefois, lorsque la loi contraire à la lettre de la constitution ou aux principes constitutionnels ne peut vraiment pas y être ramenée par une interprétation constructive, le juge se décide à déclarer son inconstitutionnalité[125]. Cette affirmation lie, non seulement les juridictions subordonnées, mais la Cour elle-même pour l'avenir. Le revirement de jurisprudence est, on le sait, exceptionnel. En outre, la Cour a la capacité de moduler l'intensité de son contrôle : ainsi, les lois du Congrès dans les domaines social et économique bénéficient-elles d'une présomption de constitutionnalité (*U.S. v. Carolene Products*, 1938) qui n'est pas cependant pas irréfragable. Au surplus, une tendance au rapprochement s'esquisse entre le *modèle américain* et le *modèle européen*, sur le thème de contrôle. Aux États-Unis, le pouvoir exécutif n'hésite pas à saisir officieusement la Cour en interprétation de la constitutionnalité d'une loi, afin d'éviter le long cheminement d'une exception, qui ne sera peut-être jamais soulevée, du reste. Dans un mouvement convergent, l'exception d'inconstitutionnalité se développe en Europe (*supra*, n° 415 et s.).

C. L'ÉVOLUTION DE LA COUR SUPRÊME

620 Malgré certaines dénégations, la Cour suprême a toujours joué un rôle politique. Comme le constatait avec pertinence, en 1908, Charles Hughes, gouverneur de New York et futur *Chief Justice : Nous sommes régis par une constitution, mais cette*

124. V. A. KLEBES-PÉLISSIER, La délimitation des pouvoirs entre l'État fédéral et les États fédérés, *R.F.D.C.* 1998, p. 277.

125. En pratique, la Cour a annulé quelques lois fédérales en deux siècles, et une centaine de lois fédérées. V. P. JUILLIARD, *in L'exception d'inconstitutionnalité* (Centre de recherche de droit constitutionnel de Paris-I), 1989, p. 37 ; A. AUER, *The supreme law of the land. Éléments du droit constitutionnel des États-Unis*, 1990.

constitution est ce que les juges disent qu'elle est. De son côté, le juge Holmes déclarait en 1917 : *Je reconnais sans hésitation que les juges légifèrent et doivent légiférer (Southern Pacific Co v. Jensen)*. De même encore, *Justice* Jackson comparaît en 1941, *la Cour suprême à une convention constitutionnelle permanente qui, sans soumettre ses propositions à aucune ratification, peut modifier la Loi fondamentale*. L'incapacité des institutions politiques à trancher des questions essentielles pour la société américaine conduit parfois la Cour suprême à *décider* : sur la lutte contre la ségrégation raciale (*Brown v. Board of Education*, 1954), sur l'établissement de garanties en matière pénale (*Miranda v. Arizona*, 1966 – *Vous avez le droit de garder le silence...*) et sur le droit à l'avortement (*Roe v. Wade*, 1973).

Ce rôle politique, vecteur d'une *suprématie judiciaire* contestée par la doctrine du *constitutionnalisme populaire*[126], présente, cependant, des époques d'activité plus ou moins intenses et il peut s'exercer soit dans un sens progressiste, soit dans un sens conservateur. À cet égard, et, au prix d'une réduction, cinq périodes peuvent être mises en relief de John Marshall à John Roberts.

1. La Cour fondatrice de John Marshall (1801-1835)

621 C'est celle qui, pendant le premier tiers du XIXe siècle, sous l'impulsion du *Chief Justice* Marshall, *inaugure* le contrôle de fédéralisme puis celui de la constitutionnalité des lois. Elle s'affirme comme un des pouvoirs publics et comme le *régulateur* de la vie constitutionnelle. Compte tenu de sa jurisprudence progressiste à cette époque, la Cour est très vivement attaquée par les jeffersoniens, qui lui reprochent de manquer de *self-restraint*, c'est-à-dire de ne pas pratiquer une suffisante autolimitation. Les décisions *Marbury v. Madison* (1803), *McCulloch v. Maryland* (1816 – la doctrine des pouvoirs *impliqués* par les pouvoirs énumérés au profit du gouvernement fédéral dans la Constitution), *Gibbons v. Ogden* (1824 – sur l'interprétation à donner à la clause du commerce) constituent les piliers du droit constitutionnel américain.

2. La Cour conservatrice (1835-1936)

622 La seconde période, qui va de la fin du XIXe siècle au *New Deal*, est marquée, en revanche, par un activisme *conservateur* : l'esclave est regardé comme un attribut de la propriété *(Dred Scott v. Sandford*, 1857 – *la tache la plus sombre de l'histoire contrastée de la Cour*. B. Ackerman), la doctrine *séparés mais égaux* à l'origine de la ségrégation est consacrée *(Plessy v. Fergusson*, 1896).

C'est aussi contre les législations sociales que la Cour engagea la lutte, à partir de 1880, sous couleur de sauvegarder les principes de l'économie libérale (voir *U.S. v. E.C. Knight Co.*, 1895, l'emblématique *Lochner v. New York*, 1905 et *Hammer v. Dagenhart*, 1918).

Mais, à cette époque, le contrôle de constitutionnalité ne se borne pas aux lois des législatures ou du Congrès. Il est étendu ou, en tout cas, il a paru devoir s'étendre, à un moment donné, jusqu'aux amendements à la constitution. En cette occasion, le juge américain se place *au-dessus* du pouvoir constituant et, prétend le juger parce que, pour lui, il existe au-dessus un ensemble de principes supérieurs de droit naturel, formant une *éthique*, à laquelle la constitution elle-même doit se conformer, au nom d'une *supra*-constitutionnalité. Si le XIVe amendement était censé assurer aux noirs l'égale protection des lois et le *due process of law*, la Cour considéra toutefois qu'il n'était invocable qu'aux

126. V. M. Tushnet, *Taking the constitution Away From the Courts*, Princeton University Press, 1999 ; L. Kramer, *The People Themselves : Popular constitutionalism and Judicial review*, Oxford University Press, 2004 et Au nom du peuple. Qui a le dernier mot en matière constitutionnelle ?, *R.D.P.* 2005, 1027. *Tout ce qui a trait dans l'histoire à l'autorité des juridictions est privilégié, tandis que l'opposition aux tendances autoglorificatrices de la Cour est ignorée, étouffée ou discréditée* (*ibid.*, p. 1040). I. Fassassi, La légitimité de la Justice constitutionnelle aux États-Unis à l'épreuve du constitutionnalisme populaire, *AIJC* 2007, p. 69.

seules actions autorisées ou sanctionnées par des lois étatiques (*state action*) et ne couvrait donc pas les agissements *privés* de discrimination raciale (*Civil Rights Cases*, 1883).

En ramassant tous ces traits, on comprend aisément la forte expression du *gouvernement des juges*, forgée par Édouard Lambert[127]. Incontestablement, les législatures et le Congrès ont été bridés par le pouvoir judiciaire ; des réformes sociales, sinon arrêtées, du moins longtemps retardées ; la déségrégation raciale plus virtuelle que réelle.

La présidence de F.D. Roosevelt marqua une rupture. Le maintien d'une ligne conservatrice (symbolisée par trois décisions rendues le même jour le 27 mai 1935 (*The black Monday* – avec principalement l'arrêt *Schechter Poultry Corporation v. U.S.*)) rendant inapplicables les dispositions majeures de la réforme du New Deal, entraîna une vive réaction de l'exécutif.

Adossé à l'opinion publique, usant de son extraordinaire popularité au lendemain de sa brillante réélection de 1936, Rooselvelt menaça la Cour d'une profonde réforme visant à augmenter ses membres (*Court-packing plan*). Si le Congrès n'était pas prêt à le suivre sur ce terrain, la majorité conservatrice de la Cour finit par plier : un *Justice* vota avec les progressistes (*West Coast Hotel v. Parrish* (1937) – *the switch in time that saved nine*), deux démissionnèrent et un décéda (on a parlé à l'époque de miracle). Un rééquilibrage politique de la Cour put alors s'effectuer. L'épisode avait démontré que celle-ci ne constituait pas un pouvoir au-dessus des autres. En affirmant la présomption de constitutionnalité des lois fédérales régulant l'économie (*US v. Carolene Products Co.*, 1938), la Cour renonçait à exercer le gouvernement des juges.

3. La Cour émancipatrice d'Earl Warren et de Warren Burger (1953-1986)

623 Une nouvelle période d'activisme progressiste, s'est ouverte en 1953, avec la nomination du *Chief Justice* Earl Warren, que l'on compare volontiers, en raison de son rôle décisif, à John Marshall. Son successeur, Warren Burger (1969-1986), en dépit des préventions de conservatisme qui l'avaient accueilli, s'est montré fidèle, dans l'ensemble, à son héritage.

Dans le même temps où la Cour imposait l'État de droit à la *présidence impériale* (*U.S. v. Richard Nixon* 1974), le respect de la constitution au Congrès (*INS v. Chadha*, 1983) et au président, à propos du droit de veto (*Clinton v. New York*, 1998), elle s'est rangée résolument aux côtés des libertés et a participé activement à la déségrégation.

Le point de départ de cet *extraordinaire renouvellement constitutionnel*[128] est l'arrêt *Brown v. Board of Education of Topeka* de 1954, en matière de discrimination scolaire. La Cour abandonne sa pernicieuse doctrine *séparés mais égaux* à l'origine de la ségrégation raciale posée en 1896 (*Plessy v. Fergusson*), au nom du principe de l'*égale protection des lois* (XIVe amendement, 1868), dont *seul le ciel constitue la limite*[129]. Par la suite, les formes de discrimination ont été condamnées par la Cour[130].

127. E. LAMBERT, *Le gouvernement des juges et la lutte contre la législation sociale aux États-Unis : L'expérience américaine du contrôle judiciaire de la constitutionnalité des lois*, 1921, rééd. Dalloz, 2005.

128. V. Ch. CADOUX, Le pouvoir judiciaire aux États-Unis depuis l'élection de Richard Nixon, *R.D.P.* 1978, p. 41 ; A. MATHIOT, La Cour suprême des États-Unis à la fin de l'administration Johnson, *R.F.S.P.* 1969, p. 270 ; La Cour suprême de Warren à Burger (1953-1983), *Pouvoirs* n° 29, p. 59 ; M.-F. TOINET, *La Cour suprême : les grands arrêts*, 1989.

129. La Cour dans une décision du 15 juin 1982, a estimé, sur ce fondement, que la constitution garantissait les *mêmes droits* aux étrangers résidant illégalement aux États-Unis qu'aux immigrés légaux et aux citoyens américains.

130. Dans l'arrêt *Bakke*, du 29 juin 1978, la Cour condamne l'institution des quotas préfixés et fondés sur l'origine raciale dans l'accès à l'Université. De la même façon, elle a censuré la discrimination en matière immobilière (*Jones v. Mayer*) en 1968, précédant de quelques mois le législateur (*openhousing Act*). V. G. CALVÈS, *L'« affirmative action » dans la jurisprudence de la Cour suprême des États-Unis*, 1998 ; P. BOURETZ, L'« *affirmative action* » ou les infortunes de l'égalité, *Pouvoirs* n° 59, 1991, p. 115 ; C. VROOM, Principe d'égalité et « *affirmative action* » aux États-Unis, *R.F.D.C.* 1995, p. 805.

À ce propos, celle-ci n'a pas hésité, de manière *prétorienne*, à dénoncer les découpages électoraux *arbitraires (gerrymandering)* dans un arrêt *Baker v. Carr* de 1962. Au nom du principe *one man, one vote*, la Cour a imposé la proportionnalité à la Chambre des Représentants *(Wesberry v. Sanders*, 1964), mais, aussi et surtout, aux législatures des États *(Reynolds v. Sims*, 1964). À l'occasion d'une décision du 26 mai 1987 *(Majid Ghaidan Al Khazraji)*, les juges ont étendu la protection, due à la minorité noire, en vertu des lois de 1866 et 1964, à d'autres groupes ethniques, en vue de prévenir la discrimination.

En d'autres domaines, la Cour Warren s'est attachée à conforter les droits individuels. En application du VIe amendement qui reconnaît *le droit d'être jugé promptement et publiquement*, l'arrêt *Miranda v. Arizona*, en 1966, ouvre à l'inculpé la possibilité d'être assisté par un avocat au cours de l'interrogatoire de police. De même, le droit à la régulation des naissances a été proclamé en 1965 *(Griswold v. Connecticut*). Dans le même mouvement, elle a accepté le droit à l'avortement, malgré la contestation conservatrice (*Roe v. Wade*, 1973) et contrôlé l'adéquation entre la peine infligée (la peine capitale, en l'espèce), et les faits incriminés (*Furman v. Georgia*, 1972).

L'égalité des sexes, à défaut de la ratification de *l'E.R.A.*, est largement compensée par sa jurisprudence, en matière d'emploi (*Califano v. Goldfarb*, 1977) ; de rémunération *(Corning Glass Works v. Brennan*, 1974), ou de promotion (*Joyce v. Johnson*, 1987). De même, au nom du principe de la séparation de l'État et des églises et de la liberté de conscience (1er amendement), la Cour est demeurée fidèle à sa décision de principe de 1947 *(Everson v. Board of Education of Ewing)* en s'opposant, le 4 juin 1985, à l'organisation de prières dans les écoles publiques, soutenue par l'administration Reagan.

S'agissant de la liberté d'aller et venir, l'arrêt *Delaware* v. *Prouse* du 27 mars 1979, a condamné une arrestation consécutive à un contrôle d'identité. Quant à la liberté de la presse qui avait été mise en cause à propos de l'engagement vietnamien *(Pentagon Papers)*, elle a été solennellement réaffirmée, le 30 juin 1971 (*New York Times v. U.S.*). Par ailleurs, la liberté de communication autorise l'enregistrement au moyen d'un magnétoscope d'émissions télévisées, ont estimé *les Justices*, le 17 janvier 1984.

Mais le reflux s'annonce depuis peu : la révolution des droits civiques est en butte à une orientation réductrice.

4. La Cour réductrice de William Rehnquist (1986-2005)

624 L'existence d'une majorité conservatrice depuis le reaganisme est à l'origine d'une politique jurisprudentielle qui, sans attaquer de front les droits et libertés acquis s'emploie à en limiter la portée, en se livrant à un strict examen. En dehors de décisions qui s'inspirent du libéralisme (la liberté d'expression s'étend au réseau *Internet* par la censure de la loi sur la décence (*Reno v. ACLU*, 1997) et permet la profanation du drapeau national (*Texas v. Johnson*, 1989)) la Cour a plutôt adopté une attitude restrictive dans des matières sensibles.

Ainsi, elle s'est prononcée en faveur du maintien de la peine capitale pour les mineurs au moment du crime *(Missouri v. Wilkins*, 1989*)* ou les handicapés mentaux *(Texas v. Penry*, 1991*)* parallèlement à la réduction des possibilités d'appel pour les condamnés à la peine capitale. Cette position sera cependant infléchie ultérieurement (*infra*, n° 625). De même, elle s'oppose, le 26 juin 1997, au suicide médicalement assisté ou le droit à la mort, en l'absence d'un fondement constitutionnel sur recours des États de New York et de Washington. En outre, elle a estimé conforme, le 3 juillet 1989, une loi du Missouri interdisant toute contribution publique aux interruptions volontaires de grossesse. Le 23 mai 1991, le Cour a interdit aux centres fédéraux de planning familial, toute discussion sur l'avortement avec des femmes enceintes. Fidèle à sa démarche, elle devait réaffirmer ce droit *(Planned Parenthood v. Casey*, 1992*)* tout en autorisant les États fédérés à imposer des restrictions.

Par une décision légalisant le rapt judiciaire, qualifiée de *monstrueuse* par les juges de la minorité, la Cour n'a pas hésité à bafouer le droit international en reconnaissant que le Gouvernement américain avait le droit d'enlever à l'étranger, une personne accusée de crime aux États-Unis *(U.S. v. Humberto Alvarez-Machain*, 1992*)*, tandis qu'elle justifiait l'expulsion d'étrangers entrés illégalement sur le territoire national *(Sale v. Haitian Centers Council*, 1993*)*. En revanche, elle a logiquement estimé que les citoyens américains (affaire *Padilla*) et étrangers (affaire *Rasul*) détenus sans mise en accusation et sans jugement (les premiers aux États-Unis, les autres sur la base de Guantanamo) ont le droit de contester leur statut ainsi que leur détention devant un tribunal américain (*Rumsfeld v. Padilla* et *Rasul v. G. W. Bush*, 2004). V. E. Zoller, Les prisonniers de Guantanamo et la Cour suprême des États-Unis, *D.* 2005, p. 585.

Intervenant dans le débat sur le fédéralisme, la Cour a entendu protéger davantage les droits des États en restreignant la compétence du Congrès, en matière de commerce entre les États, s'agissant du port d'armes autour des établissements scolaires (*U.S. v. Lopez*, 1995) ou du contrôle de leur vente (*Printz v. U.S.* 1997). Toutefois, elle se détourna de cette finalité en choisissant le président des États-Unis *(Bush v. Gore*, 2000*)*[131] et en permettant, grâce à une interprétation plus large de la clause du commerce, à la loi fédérale d'interdire l'utilisation de la marijuana à des fins médicales (*Gonzales v. Raich*, 2005).

5. La Cour restrictive de John Roberts (depuis 2005)

625 Avec les nouvelles nominations de 2005 (*supra*, n° 616), le rapport de force profite aux juges conservateurs (Roberts, Scalia (farouche défenseur de l'interprétation de la constitution à l'aune de *l'intention originale* – original intent – des Pères fondateurs), Thomas, Alito et Kennedy) et ce au détriment des juges libéraux (Kagan, Sotomayor, Breyer et Ginsburg). En pratique, A. Kennedy peut être considéré comme le juge le plus important, car il oscille entre les camps (*the swing Justice*) même s'il a tendance à se rallier davantage aux conservateurs qu'aux libéraux. Dans deux décisions remarquées de 2013, rendues à une majorité de 5 contre 4, il a ainsi fait pencher la balance en faveur de l'invalidation de la loi fédérale ne reconnaissant le mariage que comme l'union entre une femme et un homme (*US v. Windsor*, 2013) et, dans l'autre sens, de la remise en cause des mécanismes prévus par le *Voting Rights Act* de 1965 imposant à neuf États du Sud pratiquant à l'époque des discriminations capacitaires en matière de suffrage (v. *supra*, n° 320 et 553) d'obtenir l'autorisation du département de la Justice pour toute modification électorale (*Shelby County v. Holder*, 2013). Pour revenir au mariage entre personnes de même sexe, la Cour en rendant une décision d'irrecevabilité relative à la situation juridique de la Californie (*Hollingsworth v. Perry*, 2013 ; voir *supra*, n° 549) a, *de facto*, rendu le mariage gay de nouveau possible en Californie. Pour autant, elle n'a pas reconnu dans ces deux décisions des droits particuliers que les homosexuels pourraient opposer aux États fédérés pour la légalisation du mariage pour tous.

Le droit à l'avortement[132], encadré par la célèbre décision *Roe v. Wade* de 1973 et réaffirmé en 1992 (*Planned Parenthood v. Casey*) est indirectement remis en cause par la Cour (*Gonzales v. Carhart & Gonzales v. Planned Parenthood*, 2007). En confirmant l'interdiction d'une méthode spécifique d'avortement, elle encourage, de fait, le vote de législations fédérées et fédérales de plus en plus restrictives (voir, en ce sens, la validation d'une loi du Texas imposant des conditions spécifiques aux médecins pratiquant l'avortement – *Planned Parenthood of Greater Texas v. Attorney General of Texas*, 2013)). La Cour suprême est bien au centre de la crise éthique de la société américaine : *le Vietnam du XXI*e *siècle*.

Dans une approche similaire, la Cour, dans une décision de 154 pages consacrée à une exégèse du IIe amendement, garantit le droit constitutionnel à tous de disposer d'une arme chez soi (*District of Columbia v. Heller*, 2008). En invalidant les restrictions au port d'arme imposées par le District de Columbia, les efforts accomplis dans ce domaine par plusieurs États s'en trouvent désormais remis en cause. En matière de discrimination de revenus entre femmes et hommes, la Cour a estimé qu'une action en justice était prescrite après une période de 180 jours (prévue par le *Civil Rights Act* de 1964) et ce, même si la rupture d'égalité n'était pas apparue immédiatement aux yeux de la requérante (*Ledbetter v. Goodyear*, 2007). En réaction, le *Fair Pay Act* de 2009, mettant fin à cette restriction temporelle, a été la première loi promulguée par B. Obama. Les tensions avec ce dernier se sont avivées avec

131. V. P.-H. PRÉLOT et M. ROGOFF, Le fédéralisme devant la Cour suprême des États-Unis, *R.D.P.* 1996, p. 759 ; M. ROSENFELD, Les décisions constitutionnelles de la Cour suprême américaine pour la session 1998-1999 : redéfinir les limites du fédéralisme au détriment des droits individuels, *idem* 2000, p. 1329.

132. F. MODERNE, La Cour suprême des États-Unis et l'interruption volontaire de grossesse, *R.F.D.C.* 1992, p. 583 ; D. CUSTOS, La Cour suprême américaine et la liberté d'avortement, *R.D.P.* 1995, p. 1119.

la décision *Citizens United v. FEC* (2010) par laquelle la Cour reconnaît aux entreprises, au nom de la liberté d'expression, le droit de dépenser de manière illimitée dans les campagnes et notamment de financer directement des spots de publicité en faveur d'un candidat et donc ne plus être contraintes, comme la législation l'imposait jusqu'ici, de passer par l'intermédiaire d'un comité d'action politique. Lors de son discours sur l'état de l'Union de 2011, B. Obama a considéré que la Cour venait d'ouvrir *les vannes aux intérêts particuliers*. Cela n'a eu guère d'influence sur la détermination de celle-ci à défendre le Premier amendement qui, à travers la liberté d'expression, reconnaît le droit à chacun de participer, avec des contributions financières, au processus électoral. Ainsi, un particulier peut-il désormais financer, avec un don individuel limité à 2 600 dollars, autant de candidats et de comités d'action politique qu'il souhaite (*Mc Cutcheon v. Federal Election Commission*, 2014) (voir *supra*, n° 568).

Dans d'autres domaines, la Cour suprême s'efforce de suivre une ligne jurisprudentielle cohérente. Si, en 2003, le principe de la discrimination positive (*Affirmative action*) avait été préservé pour l'Université, dès lors qu'il n'était pas automatique et exclusif d'autres éléments de sélection (*Grutter v. Bollinger* ; *Gratz v. Bollinger*, 2003 – à cette occasion, Sandra O'Connor déclara que *la participation effective des membres de tous les groupes raciaux ou ethniques à la vie civique de notre nation est essentielle pour réaliser le rêve d'une nation une et indivisible*) –, elle s'est plutôt orientée ensuite dans une logique restrictive. En 2007, elle censure les mesures de rééquilibrage scolaire fondées exclusivement sur l'origine (*Parents involved in Community Schools v. Seattle School*, 2007) puis déclare inconstitutionnelle la décision du maire de New Haven invalidant les résultats d'un concours interne au seul motif que les candidats blancs avaient obtenu les meilleurs résultats (*Ricci v. DeStefano*, 2009). En réaction à la jurisprudence *Grutter* (voir *supra*), l'État de Michigan a, en 2006, modifié par voie référendaire sa Constitution (art. 1 § 26) afin d'exclure toute possibilité de discrimination positive en faveur des minorités. Cette révision n'a pas été remise en cause (*Schuette v. Coalition to defend Affirmative action*, 2014). Le démantèlement des politiques d'*affirmative action* (déjà effectué notamment en Californie et au Texas) entraîne inévitablement une chute de la présence des minorités dans les universités. Parallèlement, le principe des prières publiques chrétiennes organisées avant l'ouverture d'un conseil municipal a été déclaré conforme au Ier amendement (*Town of Greece v. Galloway*, 2014). Le caractère multiconfessionnel de la société américaine s'en retrouve ainsi nié.

En matière pénale, la continuité jurisprudentielle prévaut. Après avoir déclaré la peine de mort inapplicable pour les handicapés mentaux (*Atkins v. Virginia,* 2002), les mineurs (*Roper v. Simmons*, 2005) et les personnes condamnées pour viol de mineur (*Kennedy v. Louisiana*, 2008) la Cour a estimé que la prison à vie sans possibilité de libération conditionnelle pour un mineur non coupable de meurtre était un *châtiment cruel et inhabituel* au sens du VIIIe amendement (*Graham v. Floride*, 2010 ; cette jurisprudence a finalement été étendue même dans le cas d'un crime commis par le mineur (*Miller v. Alabama*, 2012)). Il en va pareillement à l'égard des conditions de vie dans les prisons surpeuplées (*Brown v. Plata*, 2011) où la Cour valide une injonction tendant à *réduire* le nombre de prisonniers. En revanche, la fouille à nu systématique imposée en cas d'arrestation (*Florence v. Board of chosen freeholders of County of Burlington,* 2012) ainsi que le prélèvement d'ADN (*Maryland v. King*, 2013) ne contreviennent pas au IVe amendement. Dans les arrêts *Missouri v. Frye* et *Lafler v. Cooper* rendus en 2012, la Cour a renforcé les droits à l'assistance d'un accusé engagé dans la procédure du plaider-coupable.

Enfin, la protection du *due process of law* continue d'être assurée : le principe d'impartialité implique qu'un juge fédéré ayant reçu des dons d'une entreprise lors de sa campagne électorale ne puisse participer au procès où l'entreprise en question est partie au litige (*Caperton v. A.T. Massey Coal*, 2009).

Cette montée du conservatisme alliée à la durée des juges peut menacer à terme le jeu démocratique, si l'on n'y prend pas garde et ce surtout lorsqu'on sait que la Constitution de 1787 est désormais davantage intangible que rigide. Sur l'ensemble des enjeux de la société américaine, la Cour suprême dispose du *dernier mot*. On comprend, dans ces conditions, l'attention extrême suscitée par toute nouvelle nomination en son sein.

626 Le cadre constitutionnel américain a été à peine retouché par les *amendements*, pourtant le régime a connu des ruptures significatives. Si le *Gouvernement congressionnel* (W. Wilson) s'impose au XIXe siècle, en tentant même de mettre le président des États-Unis sous tutelle (A. Johnson en 1868), la *présidence impériale* (A. Schlesinger) a fini par déployer toutes ses virtualités avec Roosevelt et ses excès avec Nixon jusqu'au coup d'arrêt donné par la Cour suprême en 1974. Et que penser du *gouvernement des juges* (E. Lambert) qui entendit, un temps, assujettir le Congrès à sa propre vision de la société ? En fin de compte, ces amplitudes se dissipent insensiblement sous l'influence des freins et contrepoids – *checks and balances* – disséminés dans le texte de 1787 qui fragilisent et précarisent toute domination d'un pouvoir sur un autre au risque de diluer les responsabilités, de paralyser la conduite des politiques nationales (le *deadlock*, *gridlock* ou *stalemate*) et de différer indéfiniment la prise de décisions indispensables. Le juge Brandeis le reconnaissait sans ambages : *la doctrine de la séparation des pouvoirs a été adoptée non pour promouvoir l'efficacité mais pour empêcher l'exercice du pouvoir arbitraire* (*Myers v. U.S.*, 1926). L'impasse budgétaire dans laquelle démocrates et républicains sont actuellement tombés en devient presque caricaturale. L'incapacité à trouver un accord sur la *falaise budgétaire* (*fiscal cliff*) en 2012 a conduit à des coupes budgétaires automatiques à partir du 1er mars 2013 portant sur la défense, l'enseignement et les services sociaux. Censée, par son absurdité, inciter les partenaires à négocier, la mise sous séquestre des crédits a rapidement entraîné les premiers licenciements et suspensions de contrats. *Un processus lent de grignotage qui va s'intensifier chaque jour* (B. Obama) a touché l'économie. L'aveuglement n'en continue pas moins de persister et, une nouvelle fois, un *shutdown* de l'administration fédérale a été imposé en 2013 faute de pouvoir voter le budget.

Reste désormais à savoir si ce choix délibéré de l'impuissance posé par les Pères fondateurs de 1787 et pesant *sur les processus gouvernementaux qui, du coup, paraissent souvent lourds, inefficaces et même impraticables* (C.S., *INS v. Chadha,* 1983) peut encore rester pertinent au XXIe siècle. Avec une constitution devenue quasiment intangible (*supra*, n° 529 et s.), les voies du réformisme constitutionnel sont plus stimulantes intellectuellement (un renforcement des attributions présidentielles, une augmentation du nombre de parlementaires, un encadrement strict des prérogatives de la Cour suprême, etc.) que crédibles politiquement. Seul un changement de paradigme institutionnel (tel celui établi sous le *New Deal*) pourrait être de nature à permettre de sortir le pays d'une situation où chaque pouvoir a fini par n'avoir plus comme seule fonction que celle d'empêcher les autres de décider. Or cette question nous concerne tous car le *gouvernement du monde* est situé à Washington. On en voudra pour preuve toutes les conséquences macro-économiques mondiales provoquées par l'abaissement de la notation des États-Unis en 2011 par Standard & Poor's qui a été justifié par une perte de confiance dans la capacité des gouvernants américains à prendre, pour l'avenir, les mesures budgétaires d'assainissement nécessaires.

BIBLIOGRAPHIE

1. En langue française

■ B. ACKERMAN, *Au nom du peuple. Les fondements de la démocratie américaine*, 1998 ■ A. AUER, *Le référendum et l'initiative populaires aux États-Unis*, 1989 et *The supreme law of the land. Éléments du droit constitutionnel des États-Unis*, 1990 ■ J. BECQUART-LECLERCQ, *La démocratie locale à l'américaine*, 1988 ■ S. BREYER, *La Cour suprême, l'Amérique et son histoire*,

2011 ■ B. BROWN, *L'État et la politique aux États-Unis*, trad., 1994, N.Y. ■ A. COUTANT, *Histoire constitutionnelle des États-Unis*, t. 1 et 2, 2012 et 2013 ■ R. DENEN-BERG, *Introduction au système politique des États-Unis*, 1979 ■ R. DWORKIN, *L'Empire du droit*, trad., 1994 ■ P. GÉRARD, *Le président des États-Unis*, 1991 ■ B. GILSON, *La découverte du régime présidentiel*, 1968 ■ A. HAMILTON, J. JAY et G. MADISON, *Le Fédéraliste*, nouv. édit., 1957 ■ P. JULLIARD, *La politique d'autolimitation de la Cour suprême aux États-Unis*, 1966 ■ A. KASPI, *Les États-Unis d'aujourd'hui*, 1999 ■ E. LAMBERT, *Le gouvernement des juges et la lutte contre la législation sociale aux États-Unis : L'expérience américaine du contrôle judiciaire de la constitutionnalité des lois*, 1921, rééd. Dalloz, 2005 ■ J.-P. LASSALE, *La démocratie américaine*, 1991 *et Les institutions des États-Unis*, D.F., 2001 ■ A. MATHIOT, *L'évolution récente du système politique américain. Les relations entre le président et le Congrès des États-Unis depuis la présidence de Lyndon B. Johnson*, Ass. franç. de Science politique, 1976 ■ D. MONGOIN, *Le pari de la liberté. Étude sur le fédéraliste*, 2012 ■ R. E. NEUSTADT, *Les pouvoirs de la Maison Blanche*, 1980 ■ F. OGG et P. RAY, *Le Gouvernement des États-Unis d'Amérique*, 1958 ■ Éd. ORBAN et M. FORTMANN (sous la direction), *Le système politique américain*, 3e éd. 2001, Montréal ■ A. SCHLESINGER, *La présidence impériale*, 1976 ■ M.-F. TOINET, *Le système politique des États-Unis*, 1987 ; *La Cour suprême : les grands arrêts*, 1989 et *La présidence américaine*, 1991 ■ A. et S. TUNC, *Le système constitutionnel des États-Unis d'Amérique*, 1954 ■ P. VIALLE, *La Cour suprême et la représentation politique aux États-Unis*, 1972 ■ W. WILSON, *Le gouvernement congressionnel*, 1900 ■ B. WOODWARD, *Plan d'attaque*, 2004 ■ E. ZOLLER, *Les grands arrêts de la Cour suprême des États-Unis*, 2010 ; *Le droit des États-Unis*, 2001 ; *Histoire du gouvernement présidentiel aux États-Unis,* 2011 ; *Histoire du gouvernement présidentiel aux États-Unis*, 2011. ■ V. aussi, Les États-Unis, *Pouvoirs* n° 29, 1984, La Cour suprême, n° 59, 1991 et la Californie, n° 131, 2010 ; les *chr.* de l'*A.I.J.C.* et de la *R.F.D.C.* ■ J.-J. LAVENUE, *Dictionnaire de la vie politique et du droit constitutionnel américains*, 1995.

2. En langue anglaise

■ B. ACKERMAN, *We the People. Fondations*, Harvard University Press, 1991 ; *We the People. Transformations*, id., 1998 ; *The Failure of the Founding Fathers*, id., 2005 ■ A. AMAR, *America's Constitution*, Paperback edition, 2005 ■ L. EPSTEIN et T. WALKER, *Constitutional law for a changing America*, 7e éd., CQ Press, 2009 ■ L. KRAMER, *The People Themselves : Popular constitutionalism and Judicial review*, Oxford University Press, 2004 ■ K. HALL (sous la direction), *The Oxford companion to the Supreme Court of the United States*, 2nd éd., Oxford University Press, 2005 ■ L. LEVY, K. KARST et D. MAHONEY, *Encyclopedia of the American constitution,* Macmillan, 4 vol., 1986 ■ R. Mc CLOSKEY, G. ROBERT, *The American Supreme Court*, University of Chicago Press, 4e éd., 2005 ■ S. LEVINSON, *Our undemocratic constitution. Where the constitution goes wrong (and how we the people can correct it)*, Oxford, 2006 ■ R. ROSE, *The Postmodern President. The White House Meets the World*, N.J., 1988 ■ J. ROSEN, *The most democratic branch*, Oxford, 2006 ■ L. SABATO, *A more perfect constitution*, Walker § Company, 2007 ■ A. SCALIA, *A matter of interpretation : Federal Courts and the Law*, Princeton University Press, 1997 ■ B. SCHWARTZ, *A History of the Supreme Court*, Oxford University Press, 1993 ■ M. TUSHNET, *Taking the constitution Away From the Courts*, Princeton University Press, 1999 ; *The New Constitutional Order*, id., 2003.

3. Sites Internet

■ Chambre des Représentants : *www.house.gov.* ■ Sénat : *www.senate.gov.* ■ Maison Blanche : *www.whitehouse.gov.* ■ Cour suprême : *www.supremecourt.us.gov.*

CHAPITRE III
ÉLÉMENTS DU DROIT CONSTITUTIONNEL EUROPÉEN

627 Par son action formatrice, l'Europe occidentale a bien mérité du droit constitutionnel. En dehors de ses pays fondateurs (Grande-Bretagne et France), ce dernier y a connu une application qui, pour être diversifiée, n'en est pas moins aisément réductible à l'unité d'inspiration. C'est ce dont on doit s'attacher, en examinant successivement les cas spécifiques de la Suisse et de l'Allemagne, ce pays *inconnu* (J. Rovan), avant de procéder à l'inventaire du *patrimoine commun*, selon la belle formule de la Convention européenne des droits de l'homme de 1950.

Ce *droit constitutionnel européen* s'inscrit dans une logique strictement comparatiste et n'aborde ni la perspective constitutionnelle de l'Union européenne ni le constitutionnalisme transversal initié par la C.E.D.H. Avec la présence de l'article 88-1C, l'européanisation du droit constitutionnel français ne fait toutefois pas de doute (v. *IIIe Partie*).

SECTION I LES INSTITUTIONS POLITIQUES DE LA SUISSE

628 Malgré ses dimensions modestes, la Confédération helvétique, constitue un *type isolé* de démocratie occidentale particulièrement digne d'intérêt, pour cette raison que s'y trouvent réunies, de façon originale, trois catégories d'institutions : un système fédéral (malgré l'appellation trompeuse de *confédération helvétique*) ; l'emploi courant des procédures de démocratie semi-directe, voire directe, enfin un exécutif collégial fonctionnant théoriquement sous la dépendance d'un parlement, à l'origine d'un *régime d'assemblée*, appelé ici régime *directorial* (constitution du 29 mai 1874, remplacée par celle, dite *consolidée*, du 18 avril 1999).

On retiendra ici ces trois aspects caractéristiques (le fédéralisme, la démocratie semi-directe et le régime directorial) reliés entre eux par la neutralité, vertu cardinale helvétique.

§ 1. LE FÉDÉRALISME SUISSE

629 À l'image de sa diversité linguistique et religieuse, l'histoire de la nation suisse a débouché, en bonne logique, sur une structure fédérale.

A. LES ÉTAPES DE LA FORMATION DU FÉDÉRALISME

630 Pour bien comprendre l'organisation actuelle, il convient d'en retracer, à larges traits, les origines et l'évolution[1].

La Suisse se présente, comme un carrefour de nations, de religions, de langues. La géographie a, cependant, conduit ces populations différentes à tant de points de vue, à vivre côte à côte dans les vallées alpestres qui sont leur habitat. Toutefois, les frontières linguistiques ou religieuses ne coïncident pas avec les frontières géographiques, et cet accident heureux a permis l'institution de liens fédéraux au lieu de l'organisation de petits États, complètement indépendant les uns des autres.

Malgré tout, cet ensemble de conditions favorables n'a abouti au *fédéralisme* qu'en 1848, en passant par la phase des alliances et celle de la *confédération*.

1. La phase des alliances

631 À l'origine, c'est-à-dire dès le Moyen Âge, on constate l'existence d'alliances conclues entre elles par des communautés qu'on appelle, très vite, *cantons*. Celles-ci avaient été englobées, lors de sa formation, dans le Saint Empire romain germanique. Pour s'en libérer, les cantons conclurent entre eux des alliances, afin de bien marquer l'originalité de leur groupement au sein du Saint Empire. L'origine de la Confédération helvétique est généralement considérée comme apparaissant avec l'alliance d'Uri, en 1291, renouvelée à Bonden, en 1315.

2. La phase de la confédération

632 De la fin du Moyen Âge à la Révolution française, le système des alliances cède la place à un système confédéral, avec une *diète*, dans laquelle les décisions devaient être prises à l'unanimité. C'est là un système fragile, qui a souvent échoué dans d'autres pays, mais qui, ici, a longtemps réussi en raison de l'existence de liens d'intérêts, sociaux ou religieux, rapprochant des catégories d'individus réparties dans des cantons différents.

La Suisse est envahie en 1798 par les armées du Directoire. Un système unitaire, à l'imitation de la République française lui est imposé. Cependant, par *l'acte de médiation*, Napoléon rétablit en partie le système confédéral, en 1803, dans le même temps, où il s'en proclame le protecteur. En 1815, le passé devait ressusciter, tout du moins, provisoirement.

3. La phase de la fédération

633 Au XIXe siècle, deux tendances s'affrontent : centralisation ou autonomie des cantons ; les expériences qui se sont succédé, entre 1798 et 1815, ayant fait apercevoir à beaucoup l'intérêt d'un système plus cohérent. Cette lutte de tendances, longtemps pacifique, aboutira à un conflit sanglant, en 1846, anticipant sur la guerre de Sécession aux États-Unis. Les cantons hostiles au resserrement de l'Union prennent l'initiative et forment une ligue, le *Sonderbund*, qui est vaincue. Cette victoire des fédéralistes ouvre la voie à un système plus moderne, consacré par la constitution du 12 septembre 1848. Ce système demeure, dans

1. V. A. AUER, G. MALINVERNI, M. HOTTELIER, *Droit constitutionnel suisse*, Précis de droit Stämpfli, 2e éd., 2006, vol. I, *L'État* ; vol. II, *Les droits fondamentaux* ; B. KNAPP, *Étapes du fédéralisme suisse in* R. E. GERMANN et E. WEIBEL, *Manuel Système politique de la Suisse*, t. III, Berne, 1986, p. 31 ; J.-F. AUBERT, La formation du régime politique suisse, *Pouvoirs* n° 43, 1987, p. 5.

la rédaction successive des constitutions du 29 mai 1874 et du 18 avril 1999. Il met en place une *fédération*, en dépit du maintien de la dénomination officielle de Confédération helvétique.

Au surplus, il convient de noter, d'une part, le développement progressif de la procédure du référendum législatif, en 1874, du droit d'initiative constitutionnelle, en 1891, du référendum en matière de traités internationaux, en 1920, et d'autre part, après une longue résistance des autorités de Berne, la création par référendum, le 24 septembre 1978, du vingt-troisième canton du Jura francophone. L'événement a été salué comme la preuve de la *vitalité* du fédéralisme à surmonter les difficultés[2].

B. L'ORGANISATION ACTUELLE DU FÉDÉRALISME

634 La Suisse reproduit, pour l'essentiel, le schéma classique.

1. La participation des cantons à la vie fédérale

635 Le *Conseil des États*, composé de 46 membres, représente ceux-ci, à raison de deux députés et un député par demi-canton, quel que soit le chiffre de la population cantonale (art. 150 de la constitution de 1999). Les députés de Zurich (un million d'habitants) sont égaux à ceux d'Uri (3 600 habitants). Des vestiges de l'ancienne organisation confédérale se manifestent, en ce sens que les députés perçoivent leur indemnité de leur canton.

Les cantons peuvent conclure des traités avec l'étranger dans les matières relevant de leur compétence. La Confédération est informée (art. 56).

Ils bénéficient aussi d'une certaine autonomie constitutionnelle. Chaque canton est doté d'une constitution, mais le statut fédéral impose certaines règles : celle-ci doit être démocratique ; elle doit, après son établissement, être approuvée par le peuple du canton ; elle doit prévoir une possibilité de révision à la demande de la majorité des citoyens (art. 51). En contrepartie, la Confédération protège leur existence, leur statut ainsi que leur territoire (art. 53).

2. La tendance à la centralisation

636 Cette marche à la centralisation, selon la loi du genre observée, a eu lieu, ici comme ailleurs, sous l'influence des deux guerres mondiales, dont la Suisse a subi le contrecoup. Les organes fédéraux ont reçu de très larges pouvoirs de 1914 à 1921 et de 1939 à 1945, qui ont entraîné des extensions de compétence de l'État fédéral, surtout dans les domaines économique et social. Ces dernières ont été consolidées, en 1947, par une révision de la constitution.

Le seul point où des résistances se sont longtemps manifestées à la politique de centralisation concernait le système fiscal de la fédération. Son budget ne dispose de ressources directes que depuis 1981. La création de la T.V.A. a été décidée, par référendum en 1993, dans la perspective d'une harmonisation avec l'Union européenne (art. 128 à 135 de la constitution de 1999). Afin d'insuffler un nouvel élan, la réforme de la péréquation financière et de la répartition des tâches entre la Confédération et les cantons (RPT) a été approuvée par voie populaire en 2004 avec une entrée en vigueur en 2008. Ainsi, tandis que le principe de subsidiarité est désormais institué (art. 5a et 43a), l'article 47 prévoit que la Confédération *laisse aux cantons suffisamment de tâches propres et respecte leur autonomie d'organisation. Elle leur laisse des sources de financement suffisantes et contribue à ce qu'ils disposent des moyens financiers nécessaires pour accomplir leurs tâches*. Plus globalement, il s'agit de renforcer l'autonomie des cantons, de réduire les disparités entre eux et de leur garantir une compensation équitable des charges.

2. V. A. AUER, La belle et la bête : les deux constitutions de la Suisse, *Mélanges Jean-François Aubert*, Bâle, 1996, p. 3 ; B. KNAPP, La révision de la constitution fédérale suisse, *R.F.D.C.* 2000, p. 405 ; H. KRIESI, *Le système politique suisse*, 1995 ; J. ROHR, *La démocratie en Suisse*, 1987.

§ 2. LES INSTITUTIONS DE DÉMOCRATIE SEMI-DIRECTE

637 La Suisse se présente comme la terre d'élection de la démocratie semi-directe. On y trouve même des survivances de démocratie directe, au sens descriptif de l'expression. À la vérité, Jean-Jacques Rousseau n'était-il pas *citoyen de Genève ?*[3]

A. LA DÉMOCRATIE DIRECTE

638 Dans deux cantons (Glaris et Appenzell Rhodes-Intérieures) dits *primitifs* (en raison de leur ancienneté), fonctionnent encore des *Landsgemeinden*. Il s'agit, à titre essentiel, pour les citoyens d'entériner les projets préparés par un conseil cantonal élu et le *Landamman* (chef du Gouvernement)[4]. Mais elles sont menacées de dépérissement à terme, en raison du caractère public du vote. L'assemblée du Nidwald (demi-canton d'Unterwald) a été supprimée par les électeurs en 1996 ; celle du Obwald en 1998.

B. LA DÉMOCRATIE SEMI-DIRECTE

639 À part cette exception de démocratie directe, des institutions de démocratie semi-directe sont largement établies à l'échelon fédéral, ainsi qu'à celui des cantons, mais avec une volonté récente *d'encadrement*, destinée à éviter tout débordement. Au demeurant, la participation des citoyens est relativement modeste (40 % *grosso modo*).

1. L'échelon fédéral

640 Le référendum est obligatoire pour toute révision de la constitution ; en cas d'adhésion à des organisations de sécurité collective (O.N.U.) ou à des communautés supranationales (U.E.) et pour la confirmation de lois fédérales urgentes dérogeant à la constitution. La majorité du peuple et des cantons est requise (art. 140 C).

L'initiative populaire, en matière constitutionnelle, est aussi présente. À la demande de 100 000 citoyens, dont les signatures doivent être réunies dans un délai de dix-huit mois, une révision totale peut être proposée à la votation populaire (art. 138 C) et une révision partielle à la votation populaire et cantonale (art. 139 C).

L'initiative populaire pour une révision partielle (16 seulement ont été acceptées entre 1891 et 2009 dont notamment l'adhésion de la Suisse à l'O.N.U. en 2002 et un moratoire sur les O.G.M. en 2005) est davantage encadrée. Ainsi, l'article 139 précise-t-il que, d'une part, cette initiative peut, sous conditions, être déclarée nulle par l'Assemblée fédérale et que, d'autre part, cette dernière peut opposer un contre-projet soumis lui aussi à votation. Le référendum législatif d'initiative populaire existait *de facto* (ce qui conduisait à l'introduction de dispositions matériellement législatives au sein de la constitution helvétique) avant d'être établi *de jure* par la révision constitutionnelle de 2003 (dont l'entrée en vigueur n'est pas immédiate).

Parallèlement à la demande de 50 000 citoyens ou de 8 cantons, des référendums d'approbation peuvent être organisés s'agissant de lois fédérales, d'arrêtés fédéraux à portée générale et de certains

3. V. E. GRISEL, *Initiative et référendum populaires. Traité de la démocratie semi-directe en droit suisse*, Lausanne, 1987 ; J. F. AUBERT, Leçons suisses, *Pouvoirs* n° 77, 1995, p. 123.

4. Cependant, les femmes ne participaient à la *Landsgemeinde* d'Appenzell (Rhodes-extérieures) que depuis 1989 et celles de l'autre demi-canton (Rhodes-intérieures), au lendemain de la décision prise par le Tribunal fédéral, le 27 novembre 1990. En revanche, le principe d'une *représentation équitable des femmes au sein des autorités fédérales* a été repoussé, en mars 2000, à 80 % des votants. V. J. D. DELLEY, La démocratie directe, *Pouvoirs* n° 43, p. 101 ; P.-M. GAUDEMET, Les Landsgemeinden, survivance de la démocratie directe, *ibid.* ; n° 51, 1990, p. 127.

traités et ce dans un délai de 100 jours à compter de la publication officielle de l'acte (art. 141). On dénombre près de 70 référendums de ce type entre 1970 et 2000[5].

Concernant l'intervention des citoyens conduits périodiquement à décider eux-mêmes sur de nombreux sujets, il est délicat de trancher définitivement. Indépendamment du constat que ces référendums sont souvent accompagnés d'une forte abstention, leurs effets sont en effet ambivalents. Tantôt, ils encouragent les tendances conservatrices : rejets de l'assouplissement des conditions de naturalisation des jeunes étrangers en 1994 et en 2004 ; vote favorable sur l'internement à vie des délinquants sexuels dangereux en 2003 ; durcissement des politiques d'asile et d'immigration en 2006, 2010 et 2014 ; interdiction de la construction des minarets en 2009 ; rejet d'une augmentation de la durée des congés payés en 2012. Tantôt, ils relayent les pulsions libérales de la société helvétique : approbation du droit à l'avortement en 2002 ainsi que du *Pacs suisse* réservé aux homosexuels en 2005 ; refus, en 2008, de soumettre chaque naturalisation à un vote populaire d'acceptation. À contre-courant des pratiques visibles dans le monde économique, les rémunérations abusives des grands patrons sont interdites depuis 2013. Globalement, le conservatisme s'exprime davantage dans les cantons ruraux du centre de la Suisse (notamment Uri, Schwyz, Glaris) que dans les cantons frontaliers avec la France et l'Allemagne (Jura, Vaud, Zürich). Quant au référendum d'approbation, il peut susciter des effets indésirables (retards dans la mise en œuvre des réformes, transactions multiples entre partis au cours de la procédure législative pour éviter la consultation, etc.).

2. L'échelon cantonal

641 Les solutions sont analogues *en matière constitutionnelle*. On trouve dans tous les cantons, une possibilité d'initiative populaire et l'obligation du référendum.

Pour les lois ordinaires, l'institution de l'initiative populaire est générale. Le référendum est, lui aussi, largement prévu ; dans de nombreux cantons, il est obligatoire ; dans d'autres simplement facultatif. Mais, le budget cantonal est toujours soustrait au référendum.

Il existe, enfin, dans certains cantons, un droit de révocation populaire, analogue au *recall* américain. Les parlements cantonaux peuvent être dissous à la suite d'un scrutin provoqué par un nombre minimal de citoyens à Berne, Lucerne, Bâle campagne, etc. Les gouvernements cantonaux peuvent également être destitués par le peuple, par un vote intervenant à la demande d'un certain nombre de citoyens dans quatre cantons, mais ces droits ne sont guère exercés *(abberufungsrecht)*.

Les citoyens redoutent les changements, à l'inverse de leurs dirigeants et des groupes économiques. On parle d'une *démocratie en panne* ou en mal d'identité. À preuve, la valse-hésitation (ou *le complexe du hérisson)* à l'égard de l'Union européenne : dans le même temps, où les électeurs approuvaient, en mai 2000 des accords bilatéraux avec elle (circulation des personnes, transports), ils repoussaient massivement, en mars suivant, une initiative populaire en faveur de l'ouverture immédiate de négociations d'adhésion. Cependant, les mentalités évoluent sur ce dossier. En 2005, les Suisses ont accepté la mise en œuvre des accords Schengen-Dublin, supprimant les contrôles systématiques aux frontières puis l'extension de l'accord de libre circulation aux dix nouveaux membres de l'U.E. En sus, a été approuvé, en 2006, le versement d'une aide d'un milliard de francs suisses à ces États. Un formidable coup d'arrêt s'est produit en 2014. Suite au référendum impulsé politiquement par l'U.D.C. de C. Blocher, la Suisse a décidé d'instituer des quotas à l'immigration pour les citoyens européens. Les accords de libre circulation des personnes souscrits avec l'Union européenne sont donc remis en cause. Les instances européennes ont immédiatement réagi. Les étudiants helvétiques

5. J. F. AUBERT, Le référendum en Suisse : règles et applications *in* F. HAMON, O. PASSELECQ (sous la direction), *Le référendum en Europe. Bilan et perspectives*, 2001, p. 44 ; A. AUER, Le référendum populaire en Suisse et aux États-Unis, *R.F.D.C.* 1991, p. 378 ; J.-É. GICQUEL, Faut-il introduire en France le référendum législatif d'initiative populaire ?, *L.P.A.*, 28 janvier 2005, p. 5 ; M. HOTTELIER, Suisse : réforme des droits populaires de rang fédéral, *R.F.D.C.* 2003, p. 657.

seront les premiers à subir les conséquences. La Suisse, admise jusqu'ici, en tant qu'État tiers, dans le programme d'échanges universitaires Erasmus, ne pourra plus y participer à compter du 1er septembre 2014.

Au niveau international, la Confédération, après avoir adhéré à l'O.N.U. en mars 2002, s'est associée, nonobstant son statut de neutralité, aux sanctions décidées par l'O.N.U. à l'encontre de l'Irak en 1990 et de la Serbie, en 1992, tout en repoussant la mise à la disposition de l'O.N.U. d'un contingent de casques bleus en vue d'opérations de maintien de la paix[6].

§ 3. LE RÉGIME DIRECTORIAL

642 Le système suisse est calqué sur celui de la constitution française de l'an III à l'origine du *Directoire* (v. *IIIe partie*). Au surplus, toute ressemblance serait déplacée.

À la tête de la fédération, sont placés, sous le contrôle du peuple et des cantons, deux organes : l'Assemblée fédérale, parlement bicaméral comme la tradition le veut, et le Conseil fédéral, organe exécutif collégial.

On n'aura garde d'oublier l'existence du **Tribunal fédéral**, autorité judiciaire suprême (art. 188 de la constitution), dont les 38 juges sont élus, pour une durée de six ans (avec possibilité d'être réélus), par l'Assemblée fédérale. Indépendamment des compétences juridiques, des critères linguistiques, cantonaux et politiques sont pris en compte. Son Président est aussi élu par l'Assemblée. Le Tribunal connaît des réclamations pour violation des droits fondamentaux (*le recours constitutionnel subsidiaire*), des conflits de compétence et statue sur la constitutionnalité des seules lois *cantonales*. Il est, en revanche, tenu d'appliquer les lois fédérales (art. 190). Il s'agit d'une Cour suprême, au sens technique du terme, compétente pour statuer sur les recours formés contre les jugements des instances juridictionnelles cantonales et fédérales (principalement le tribunal administratif fédéral et le tribunal pénal fédéral). Ne comportant initialement qu'une chambre, il est désormais constitué en sept cours (deux en droit civil, en droit public et en droit social ; une en droit pénal) statuant généralement à trois juges. La conférence des présidents est chargée de coordonner la jurisprudence des cours.

A. L'ASSEMBLÉE FÉDÉRALE

643 Sous réserve des droits du peuple et des cantons, elle est *l'autorité suprême* de la Confédération. Elle se compose de deux chambres : le *Conseil national* et le *Conseil des États* (art. 148 de la constitution) qui siègent à Berne.

6. V. F. DUNAND, *Le modèle suisse*, 1991 ; J.-F. FLAUSS, La constitution suisse face à l'espace économique européen, *R.D.P.* 1993, p. 1501 ; B. KNAPP, La Suisse et l'Union européenne (une intégration en douce), *Mélanges Louis Dubouis*, 2002, p. 387. Carla Del Ponte, procureure de la Confédération, est devenue, en août 1999, procureure près le Tribunal pénal international de La Haye, créé par l'O.N.U. Elle a été chargée de porter l'accusation, en 2002, contre Slobodan Milosevic, premier chef d'État inculpé de crimes contre l'humanité en ex-Yougoslavie.

1. La composition

644 *Le Conseil national*, qui représente le peuple helvétique, est composé de 200 députés, élus par les citoyens[7] dans le cadre du canton, à la représentation proportionnelle, pour un mandat de quatre ans. Les sièges sont répartis entre les cantons au *prorata* de leur population. Le Conseil national se renouvelle en bloc (art. 149 de la constitution de 1999). *Le Conseil des États* comprend 46 députés des cantons. Le mode de scrutin ressortit à la compétence de ceux-ci (représentation proportionnelle dans le Jura, scrutin majoritaire avec des variantes, ailleurs) (art. 150). L'Assemblée fédérale est présentée en Suisse comme un *Parlement de milice* en ce sens que la plupart des parlementaires continuent d'exercer leurs activités professionnelles.

2. Les attributions

645 Les Conseils siègent, habituellement, pendant quatre courtes sessions par an. Leurs pouvoirs sont égaux et concernent la législation fédérale et la législation d'urgence (art. 164 et 165 de la constitution). Ils prennent normalement leurs décisions séparément. Cependant, ils délibèrent en commun pour l'accomplissement de certaines fonctions électives[8] et en vue d'apporter une solution à un conflit de compétences entre les autorités. Le bicamérisme *parfait* trouve ici une illustration.

Concernant le processus de formation des lois, la Suisse pratique ce qui est appelé le *corporatisme*, c'est-à-dire l'intégration des groupes d'intérêt à la procédure. Le Parlement se borne à entériner les choix de ces derniers, en y apportant des modifications mineures, le cas échéant. Cependant, une prise de conscience récente, en faveur d'une *rationalisation* du processus se manifeste par la présence de juristes auprès des conseils[9]. À ce titre, l'Assemblée fédérale veille à l'efficacité des mesures prises par la Confédération en vue d'une évaluation (art. 170 de la constitution).

Un parlementaire, un groupe ou une commission charge le Conseil fédéral de l'examen d'un texte ou l'invite à prendre une mesure (système dit du *postulat*). Le Conseil est tenu alors de présenter un rapport. De la même façon, les parlementaires peuvent interpeller ce dernier. Deux fois par session, au Conseil national, les questions d'actualité sont examinées.

Il y a lieu par ailleurs, de mentionner que les deux conseils élisent pour 4 ans des commissions permanentes (par exemple, la conférence des présidents de groupe du Conseil national et du bureau du Conseil des États établit le programme de travail et de la session). Il leur est loisible, au surplus, de créer des commissions spéciales, et des commissions d'enquête.

B. LE CONSEIL FÉDÉRAL

646 Il s'agit de *l'autorité directoriale* (ou collégiale) *et exécutive suprême de la Confédération* (art. 174 de la constitution).

1. La composition

647 Le pouvoir exécutif est aux mains d'un Conseil fédéral de sept membres élus à la majorité absolue par l'Assemblée fédérale, après chaque renouvellement intégral du

7. L'égalité des sexes a triomphé tardivement, en matière électorale, en 1971, au plan fédéral, et en 1990, au plan fédéré, avec l'élimination de l'ultime réduit misogyne, lorsque le Tribunal fédéral a fait prévaloir, le 27 novembre 1990, l'égalité entre les sexes (art. 8 de la constitution) sur l'autonomie des cantons en matière civique (art. 74) au profit des femmes du demi-canton d'Appenzell-Rhodes intérieures. V. J.-F. FLAUSS, Le suffrage féminin en Appenzell, *L.P.A.* 25 décembre 1989, A. MORAND, Suffrage féminin en Appenzell, *R.F.D.C.* 1991, p. 556.

8. Il en va ainsi de l'élection des membres du Conseil fédéral, du président et du chancelier de la Confédération, de la désignation des membres du Tribunal fédéral de Lausanne, et du général en chef (art. 168 de la constitution).

9. V. Ch.-A. MORAND, La formation et la mise en œuvre du droit, *Pouvoirs* n° 43, p. 72.

Conseil national, soit tous les quatre ans (art. 175). Une équitable représentation entre les régions et les communautés linguistiques doit être assurée (art. 175).

Avec la *formule magique*[10], assurant aux quatre grands partis d'être présents au sein du Conseil fédéral, la Suisse a renoncé à la démocratie *d'alternance* pour se tourner vers celle de la *concordance*.

Élu par l'Assemblée fédérale, principalement sur un critère d'ancienneté, l'un de ses membres assure, pour un an, la présidence de la Confédération (art. 176). Un vice-président est désigné dans les mêmes conditions. Le président fait fonction de chef de l'État, mais il ne dispose que de pouvoirs honorifiques. N'étant qu'un *primus inter pares*, il n'exerce pas d'autorité particulière sur ses collègues mais plutôt une fonction symbolique. Pour la première fois, en 1998, une femme (Ruth Dreifuss) a été élue à ce poste.

2. Les prérogatives

648 Le Conseil fédéral exerce *collégialement* l'autorité gouvernementale (art. 177 de la constitution). Il ne peut siéger que si quatre de ses membres au moins sont en séance. Une répartition des fonctions existe entre les membres du Conseil : chacun est placé à la tête d'un département ministériel[11] et sur un strict pied d'égalité.

Une *chancellerie fédérale* est à la disposition du Conseil fédéral. Elle constitue son *état-major* (art. 179). Elle assiste, par surcroît, le président de la confédération. Elle assure les relations avec le Parlement.

C. LES RELATIONS ENTRE LES POUVOIRS

649 Les relations entre les pouvoirs publics fédéraux constituent l'une des originalités essentielles du système suisse. Le Conseil fédéral est juridiquement subordonné à l'Assemblée qui, on le sait, *exerce l'autorité suprême de la Confédération, sous réserve des droits du peuple et des cantons*. À ce titre, l'Assemblée fédérale exerça *la haute surveillance* sur le Conseil fédéral et l'administration fédérale (art. 169 de la constitution).

10. Le Conseil est un Gouvernement de coalition, mieux un système de *partis associés* (G. Burdeau). Toute formation acceptant l'ordre constitutionnel, a non seulement vocation, mais le *droit* de participer aux responsabilités exécutives, au plan fédéral et cantonal. Depuis 1960, la *formule magique* associe les quatre principaux partis aux responsabilités : deux radicaux, deux démocrates-chrétiens, deux socialistes et un U. D.C. (Union démocratique du centre). Cette dernière, depuis qu'elle est dirigée par Christoph Blocher, est devenue une formation de droite nationaliste populiste qui, depuis 1999, est le premier parti politique suisse (25,6 % aux dernières législatives de 2011). Sa montée en puissance a entraîné une reformulation de la *formule magique* : en 2003, le parti démocrate chrétien a perdu un poste ministériel, tandis que l'U.D.C. en obtenait un supplémentaire. Mais la *formule magique* est soumise depuis 2007 à de fortes perturbations (le second siège attribué à un dissident de l'U.D.C. n'a pas été repris, en décembre 2011). V. Th. FLEINER-GERSTER, Le Conseil fédéral, Directoire de la Confédération, *Pouvoirs* n° 43, 1987, p. 49 ; D.-L. SEILER, Enjeux et partis politiques en Suisse, *ibid.*, p. 115 ; K.-H. VOIZARD, Réflexions autour de la légitimité du Conseil fédéral suisse, *R.F.D.C.* 2013, p. 149.

11. Les sept départements se répartissent comme suit : Justice et police ; intérieur ; affaires étrangères ; finances ; économie ; défense, protection de la population et sport ; environnement, transports, énergie et communication. La chancellerie de la Confédération, dirigeant l'état-major du Conseil fédéral, est souvent présentée comme le 8e département.

1. Les moyens d'action du Parlement sur le Gouvernement

650 Il convient, à cet égard, de rappeler, tout d'abord, que les membres du gouvernement sont élus par l'Assemblée fédérale et ne reçoivent, par suite, aucune investiture populaire.

Par ailleurs, le gouvernement doit présenter, chaque année, un *rapport de gestion* aux chambres, ainsi que des rapports spéciaux chaque fois que celles-ci en réclament. Le parlement peut, en outre, on le sait, adresser au Conseil des interpellations, *postulats* et *motions*, pour infléchir sa politique, ou l'inviter à étudier une question ou à préparer un projet de loi.

2. Les moyens d'action du Gouvernement sur le Parlement

651 De son côté, le gouvernement n'est pas totalement dépourvu de moyens juridiques d'action : il a l'initiative des lois (concurremment avec les députés) ; il donne son avis sur les propositions de lois qui lui sont adressées par les assemblées ; ses membres ont accès aux assemblées et participent à leurs débats. Toutefois, il ne peut pas dissoudre les chambres et n'a aucun pouvoir sur leurs sessions, soit pour les convoquer, soit pour les ajourner. Il ne peut pas non plus poser la question de confiance, et menacer de démissionner.

3. Le règlement des conflits entre les chambres et le Conseil fédéral

652 Si les chambres ne sont pas d'accord avec le Conseil fédéral, elles lui manifestent leur défiance, à la suite d'une interpellation, *mais le Conseil ne démissionne pas* à la manière d'un *commis*. Il reste au pouvoir, en modifiant sa politique dans le sens indiqué par le parlement. S'il ne le faisait pas, l'assemblée aurait, dans le refus des crédits budgétaires et, parfois, dans le vote des lois, tous les moyens nécessaires pour le contraindre à s'incliner. Apparemment, si l'on synthétise ces différents éléments, on se trouve confronté à un *régime d'assemblée*, par *antiphrase*, à l'opposé du système français des IIIe et IVe Républiques.

L'Assemblée fédérale siège de façon intermittente, et laisse au Conseil fédéral le soin de diriger les affaires. Celui-ci jouit au demeurant d'une *légendaire stabilité*. Ses membres sont élus normalement pour quatre ans. En fait ils sont indéfiniment réélus, pour une durée moyenne de dix ans.

Cette permanence et aussi le fait que le Conseil fédéral dispose de l'administration, donc de la compétence technique, assurent à ses membres une autorité considérable en face des assemblées. Un auteur suisse (W. Rappart), a pu écrire : *On a toujours l'impression que le Conseil fédéral, quand il défend sa politique devant l'Assemblée fédérale, est dans la situation d'une équipe professionnelle, devant une collection d'amateurs*. On se prend à songer... à un conseil d'administration d'autant plus, qu'en Suisse, la politique incline, tel l'industrialisme de Saint-Simon, à se confondre avec l'économie.

En définitive, la Suisse, à l'abri des tourmentes (la faillite de sa compagnie aérienne, en octobre 2001, fera l'effet d'un cataclysme)[12], a créé un système politique *spécifique* qui confère à l'exécutif collégial un rôle dirigeant. Son régime de neutralité (même la cuisine dit-on) en fait cependant, un pays *à responsabilité limitée* ; seul l'Uruguay a été tenté de l'imiter entre 1951 et 1966. Un mouvement contestataire remet en cause depuis peu, ce modèle quelque peu *aseptisé*. L'opposition entre les Romands et les Alémaniques vient renforcer cette tendance. À la longue, la voie solitaire (l'*Alleingang*) n'est-elle pas suicidaire ? *En panne de destin* (P. Hazan), la Suisse peut être comparée à une enclave au sein de l'Union européenne mais elle peut être regardée aussi comme une référence pour la construction de celle-ci.

12. L'attitude ambiguë de la Suisse pendant la seconde guerre mondiale, révélée par le rapport Bergier (mars 2000), affecte, par ailleurs, son image. V. P. HAZAN, *Le mal suisse*, 1998 ; J. ZIEGLER, *La Suisse, l'or et les morts*, 1998.

SECTION II LES INSTITUTIONS POLITIQUES DE L'ALLEMAGNE

653 *En adoptant la Loi fondamentale, les Allemands ont fait la promesse de vouloir reconstruire l'Allemagne sur la base de la liberté et de la dignité humaine, de vouloir édifier une démocratie et ramener leur pays au sein de la famille des peuples libres. Nous, Allemands, avons tenu cette promesse* (H. Köhler, 22 mai 2009).

La paisible et sereine commémoration du 60e anniversaire de la *Loi fondamentale* du 23 mai 1949 démontre l'enracinement de l'État de droit en Allemagne. Les traumatismes du nazisme et de la division du pays sont définitivement surmontés. L'Allemagne revendique sa normalité sur la scène internationale (présence de troupes au Kosovo et en Afghanistan[13]), retrouve ses racines et son ancienne capitale[14], affirme son acquis démocratique[15], ses doutes sur l'intégration des immigrés[16], sa puissance économique en imposant ses conditions (ressentis par certains comme des diktats) à ses partenaires européens, et même sa fierté à l'égard de son drapeau et son hymne lors de la Coupe du monde de football de 2006, qui resta *une occasion de joie dans un pays qui ne rit jamais* (A. Grosser). Elle suscite aussi l'envie et, à cet égard, la protection des droits fondamentaux (*Grundrechte*) assurée *in fine* par le Tribunal constitutionnel figure parmi les plus abouties du monde démocratique. Ne dit-on pas que l'allemand, en raison de sa structure grammaticale, est la *langue des juristes* ?

§ 1. LA QUÊTE DE L'UNITÉ ET DE LA LIBERTÉ

654 Ce thème récurrent de l'histoire allemande[17] a été d'autant plus affirmé qu'il a été longtemps contrarié.

13. L'intervention de la Bundeswehr en Afghanistan, extrêmement impopulaire outre-Rhin, provoque une crise de conscience profonde pour une nation qui s'est refondée à partir de 1945 sur le refus de la guerre. Des soubresauts institutionnels sont désormais visibles. Après un bombardement ayant causé la mort de 140 civils afghans en 2009, l'ancien ministre de la Défense, occupant alors une nouvelle place dans le gouvernement, a été contraint de démissionner. Le tollé provoqué par les propos du Président fédéral Horst Köhler liant l'engagement en Afghanistan aux intérêts économiques de l'Allemagne a conduit celui-ci à démissionner de ses fonctions en mai 2010, si du moins on s'en tient à la version officielle.

14. Conformément à l'article 22 de la Loi fondamentale, Berlin est redevenue la capitale de l'Allemagne. Cependant, en application d'une loi de 1994, le siège principal de six ministères sur quatorze est demeuré à Bonn. Une remise en cause de ce partage, transformant *de facto* l'Allemagne en État à double capitale, est à l'ordre du jour.

15. V. J. HUMMEL, *Le constitutionnalisme allemand (1815-1918) ; le modèle allemand de la monarchie limitée*, 2002 ; A. LE DIVELLEC, *Le gouvernement parlementaire en Allemagne*, 2004 ; M. FROMONT, Le constitutionnalisme allemand, *Pouvoirs* n° 66, 1993, p. 5.

16. Après le succès du pamphlet de Thilo Sarrazin, *Deutschland schafft sich ab* (L'Allemagne court à sa perte), Angela Merkel a affirmé que *l'approche Multikulti a échoué, totalement échoué*. Le concept *Multikulti* a été introduit par les Verts dans les années 1980 et prônait l'établissement d'une société allemande multiculturelle, multireligieuse et tolérante. Si l'éphémère président fédéral, Christian Wulff, déclara que *l'Islam fait également partie de l'Allemagne*, la rhétorique de la *Leitkultur* (ou culture de référence à imposer aux immigrés) imprègne le discours politique. L'acquisition de la nationalité allemande se fait principalement par le droit du sang (introduit en 1913). Depuis 2000, une personne née de parents étrangers sur le sol allemand peut, avant ses 23 ans, opter en faveur de la nationalité allemande. Relevons toutefois que deux partis (les Verts et le F.D.P.) étaient en 2011 dirigés par des personnalités issues de l'immigration, que dans l'actuel *Bundestag*, 34 députés sur 631 ont un parent au moins d'origine étrangère et que, pour la première fois, une personne d'origine turque, Aydan Özoguz, a été nommée ministre en 2013.

17. V. F.-G. DREYFUS, *L'Allemagne contemporaine*, 1991 ; D. VERNET, *La renaissance de l'Allemagne*, 1992 ; A.-M. LE GLOANNEC (sous la direction), *L'état de l'Allemagne*, 1995 ; M. FROMONT (sous la direction), *Les 50 ans de la République fédérale d'Allemagne*, Université de Paris I, 2000 ;

A. LE CONSTITUTIONNALISME ALLEMAND

655 Les préludes, qui sont multipliés, rendent plus éclatant son essor contemporain.

1. L'incertitude du constitutionnalisme

656 L'Allemagne se présente comme une nation longtemps en *retard* par rapport aux pays fondateurs du droit constitutionnel classique. La chute de la féodalité sous l'action de la Révolution française et de Napoléon entre autres, n'a pas créé, pour autant, les conditions d'une percée de la bourgeoisie nationale. L'échec de l'assemblée constituante élue au suffrage universel et réunie dans la *Paulskirche* de Francfort, et du *Vormärz* en 1848 l'atteste. Dans ces conditions, la constitutionnalisation du pouvoir, laissée au gré des princes a été latente. L'Empire de 1871 à 1918 marque le début de la monarchie *limitée*, sans aboutir, cependant à un véritable parlementarisme *dualiste*, à l'image de l'autoritarisme de Guillaume II à l'égard de ses chanceliers, après la révocation de Bismarck, en 1890. Le suffrage universel masculin avait été, toutefois proclamé en 1869, avant d'être étendu aux femmes, par la constitution de Weimar du 11 août 1919.

Cette dernière franchit le pas décisif en dotant pour la première fois, l'Allemagne de *tout le confort moderne constitutionnel* (J.-J. Chevallier), au moyen de procédés de démocratie directe et plus encore du régime parlementaire *rationalisé*, élaboré en cette circonstance. Cette contribution germanique au droit constitutionnel était, cependant, mâtinée de régime présidentiel (élection populaire du *Reichspräsident)*[18].

La dictature du parti national-socialiste s'établit rapidement outre-Rhin à la faveur de la crise économique et plus encore *d'identité*, au lendemain du *diktat* de Versailles : nommé chancelier le 30 janvier 1933, Hitler dissout le Reichstag. Il n'obtient, aux élections du 5 mars, que 44 % des voix, en dépit d'une intense propagande et des intimidations, après l'incendie du Reichstag. Mais le nouveau Reichstag accepte de voter l'élimination de 81 communistes, ce qui donne au parti nazi la majorité absolue et permet de voter la loi du 24 mars 1933 mettant *fin à la détresse du Peuple et du Reich*. Celle-ci confie l'exercice du pouvoir législatif et constituant au gouvernement pour une durée de 4 ans, habilitation ultérieurement prolongée puis accordée définitivement. Le parti social-démocrate est dissous, à son tour, en juin ; les autres s'effacent. Le 14 juillet 1933, avec la loi de *récréation des partis politiques*, le parti national-socialiste est proclamé seul parti de l'État.

À la mort du président Hindenburg, en août 1934, Hitler cumule les fonctions de chef de l'État, de chancelier et de *Führer*. Le Reichstag est maintenu. Il est cependant réduit à un simple rôle d'approbation, en même temps que l'élection par le système des candidats uniques lui ôte tout caractère représentatif[19]. La défaite de 1945 brise l'État autant que la nation, à l'intérieur de nouvelles frontières orientales *(ligne Oder-Neisse)*.

2. L'essor du constitutionnalisme

657 À partir du *point zéro*, les Alliés occidentaux s'emploient à créer les conditions d'une *bonne Allemagne*. C'est en pleine connaissance de cause qu'ils ont pratiqué une *greffe*, en convoquant en septembre 1948, un *Conseil parlementaire (Parlementarische Rat)* composé de 65 députés élus par les *Landtage* (assemblées des *Länder*

J. ROVAN, *Histoire de l'Allemagne*, 1993 ; A. BLECKMANN, Le processus d'unification de l'Allemagne, *Pouvoirs* n° 66, 1993, p. 21.

18. À ce compte, la constitution de Weimar est *la grand-mère indigne* de celle de la Ve République (P. Avril) ; V. B. POLONI, *Histoire constitutionnelle de l'Allemagne*, 2001.

19. Dans la conception dynamique du nazisme, l'État est considéré comme un *instrument* entre les mains du *Führer*. Il est, pour ainsi dire, vidé de sa substance au profit de la communauté raciale *(Volk)*. Sur ce point s'opère une césure avec le fascisme italien (1922-1945) qui communie avec l'État, au point d'en cultiver l'idolâtrie. Pie XI parlera même de la *statolâtrie*. V. H. ARENDT, *Le système totalitaire*, 1972 ; R. BONNARD, *Le droit et l'État dans la doctrine national-socialiste*, 1936 ; W. SHIRER, *Le Troisième Reich*, 1961.

reconstitués)[20]. Sous leur autorité (les Alliés se mobilisèrent pour le fédéralisme supprimé par le IIIe Reich) le Conseil adopta le projet de constitution, le 8 mai 1949 (jour anniversaire de la capitulation). Tour à tour, les Alliés et les *Landtage* (à l'exception de celui de la Bavière) l'approuvèrent. Le 23 mai 1949, la Loi fondamentale *(Grundgesetz)* était promulguée, à l'instant même où naissait la République fédérale d'Allemagne *(Bundesrepublik Deutschland)*. Pour la première fois, outre-Rhin, le régime parlementaire s'est ancré, simultanément à la protection des droits fondamentaux de la personne, confiée à la juridiction constitutionnelle. La Loi fondamentale est devenue ultérieurement celle de la *Großdeutschland*, à la suite de l'effondrement de l'idéocratie communiste. La cérémonie de l'unification, organisée le 3 octobre 1990 à Berlin, devant le Reichstag, jadis incendié par les nazis, est symbolique des retrouvailles de la démocratie et de la nation allemande. Cette date est devenue celle de la fête nationale, organisée par chaque *Land*, à tour de rôle[21].

B. L'ÉTAT ALLEMAND

658 La *nation orpheline* (A.-M. Le Gloannec) a durablement cherché un État auquel elle pourrait s'identifier : du traité de Verdun en 843, à la proclamation de l'Empire, en 1871, en schématisant. Véritable mosaïque, le Saint Empire romain germanique disparaît en 1806, au profit d'une confédération *avec* l'Autriche, puis à partir de 1866, *sans* l'Autriche. La Prusse de Bismarck réalise sous une forme *fédérale* l'unité, qui sera maintenue par la République de Weimar ; tandis que le IIIe Reich dans sa folie *totalitaire*, achève le processus en dotant l'Allemagne d'une structure *centralisée*. La fin de la Seconde Guerre mondiale entraîne une occupation de l'Allemagne entre les quatre puissances alliées ; le début de la guerre froide, sa partition.

À partir de 1949, la République fédérale d'Allemagne (R.F.A.) existe aux côtés de la République démocratique allemande (R.D.A.) et, selon une expression consacrée, la question allemande restera ouverte tant que la porte de Brandebourg sera fermée. Le mur de Berlin, construit le 13 août 1961, illustre à la fois la division de l'Allemagne mais aussi de l'Europe. Dans un précipité d'histoire, la R. D.A. disparaît de *facto* avec l'ouverture du mur de Berlin le 9 novembre 1989 et, *de jure*, en 1990. Après le Traité de Bonn, réalisant l'union monétaire, économique et sociale entre les deux États allemands, sous le signe de la parité monétaire et de l'économie de marché, le traité du 31 août 1990, signé à Berlin, achève l'unité politique de l'Allemagne[22]. Si l'unification juridique s'est effectuée rapidement, le décalage économique, psychologique et social entre l'Ouest et l'Est (on parle encore, plus de vingt ans après la chute du mur, des *nouveaux* Länder à propos de ceux de l'Est) reste persistant malgré une aide fédérale massive. Le pacte de solidarité (le *Soli*) prévoit encore plus de 150 milliards d'euros de dépenses d'ici 2020. Indépendamment de la question de savoir si, au niveau macro-économique, une injection monétaire massive peut permettre d'établir, à terme, un équilibre entre régions aux potentiels dissemblables, les difficultés de certains Länder de l'Ouest sont désormais aussi pointées du doigt. *J'ai vu dans la Ruhr des situations que je ne connaissais plus dans l'Est de l'Allemagne* (J. Gauck,

20. Les *Länder* redessinés ou créés par les Alliés (Brême, Hambourg) ont perdu, en dehors de la Bavière, leurs particularismes, en raison, notamment de l'accueil d'un nombre important de réfugiés (*Volksdeutsch* ou Allemands ethniques), estimés à environ 12 millions en trois vagues successives : 1945 (Prusse orientale, Poméranie, Silésie), 1950-1961 (R.D.A.) et depuis 1980 (minorités de l'ex-U.R.S.S., Tchécoslovaquie, Pologne, Roumanie). Cependant, la restructuration a abouti, en 1951, à la fusion des *Länder* de Bade et de Wurtemberg. En revanche, les électeurs devaient repousser, en 1996, celle relative aux *Länder* de Berlin et de Brandebourg.

21. V. W. MONCH, Anatomie d'un *Land, Pouvoirs* n° 66, 1993, p. 67.

22. V. M. FROMONT, L'union de l'Allemagne dans la liberté, *R.D.P.* 1991, p. 121 ; v. A.-M. LE GLOANNEC (sous la direction), *L'État en Allemagne. La République fédérale après la réunification*, 2001 ; H. MENUDIER, 1990, l'année de l'unité, *Universalia* 1991, p. 198 ; Réunification de l'Allemagne et constitution, *R.F.D.C.* 1991, p. 579 ; L'Allemagne unie : un bilan en demi-teinte, *Universalia*, 2002, p. 102 ; G. VALANCE, *La revanche de l'Allemagne*, éd. Perrin, 1999.

président fédéral). En fin de compte, à cette frontière invisible entre l'Ouest et l'Est, se superpose un décrochage économique entre les trois puissants Länder du Sud (Bavière, Bade Wurtemberg et Hesse) et tous les autres.

§ 2. LE PEUPLE SOUVERAIN

659 À la source du pouvoir et, sous la protection de l'État de droit, telle se résume, la condition du peuple allemand : Tout pouvoir émane du peuple. Celui-ci l'exerce par des élections et des votations, et par l'intermédiaire d'organes spéciaux investis des pouvoirs législatif, exécutif et judiciaire. L'article 20 de la Loi fondamentale (L.F.) marque le retour au droit commun occidental, tout en l'enrichissant de solutions originales, en matière de scrutin et d'organisation des partis politiques. Dans un même allant, le légalisme, appelé *le patriotisme de la constitution* (J. Habermas), s'exprime.

L'État de droit *(Rechtsstaat)*, terme forgé par les juristes allemands Bähr et Gneist, au XIXe siècle, est accordé à l'anthropocentrisme. Il est proclamé, en termes d'autant plus impérieux que le totalitarisme nazi l'avait anéanti : *La dignité de l'homme est intangible. Tout pouvoir public est tenu de la respecter et de la protéger. En conséquence, le peuple allemand reconnaît à l'homme des droits inviolables et imprescriptibles...* [Ces] *droits fondamentaux... lient le pouvoir législatif, le pouvoir exécutif et le pouvoir judiciaire à titre de droit directement applicable* (art. 1er L.F.). Ils sont placés sous le contrôle du juge constitutionnel, et soustraits à la révision (art. 79.3 L.F.), à telle enseigne que l'Allemagne *avant d'être une démocratie et un État fédéral est d'abord un État de droit* (M. Fromont)[23].

A. LE DROIT DE SUFFRAGE

660 Le suffrage universel résulte d'une évolution marquée par les deux étapes suivantes : proclamation du suffrage masculin en 1869, extension au vote féminin par la constitution de Weimar en 1919. Fixée initialement à 21 ans, en 1949, la majorité électorale a été ramenée à 18 ans, en 1970 (art. 38 L.F.). Dans le cadre d'un régime purement représentatif, en opposition avec celui de la République de Weimar, érigé par les constituants en *repoussoir*, le corps électoral de l'Allemagne s'élève, en 2008, à 61 millions de citoyens.

En raisonnant sur l'exemple de la loi électorale relative à l'élection des membres du *Bundestag* (l'assemblée du peuple) qui, de proche en proche, est devenue la *référence* outre-Rhin (les *Landtage* ou diètes locales s'y réfèrent), on en vient à rechercher la finalité poursuivie, tant par les puissances occidentales qui ont guidé la démarche que le législateur allemand. Dans leur volonté d'offrir une chance réelle à la démocratie, ceux-ci ont élaboré une *R.P. personnalisée* qui associe, de manière heureuse, en vue de favoriser l'alternance, la représentativité à l'efficacité (loi du 7 juin 1956). La leçon de Weimar n'a pas été oubliée (en novembre 1932, 10 partis étaient représentés) : l'atomisation de la représentation nationale a contribué à sa chute, assurément.

1. Les modalités

661 La loi électorale répartit, sur une base égalitaire les membres du Bundestag, en deux catégories : dans le cadre de 299 circonscriptions du territoire fédéral, ceux-ci sont élus au scrutin majoritaire à un

23. V. Chr. AUTEXIER, *Introduction au droit public allemand*, 1997 ; Cl. WITZ, *Le droit allemand*, 2001 ; M. FROMONT, *Les institutions de la République fédérale d'Allemagne*, D.F., 1999 ; A. LE DIVELLEC, Vues générales sur le parlementarisme en Allemagne, *R.D.P.* 2004, p. 243.

tour, et dans le cadre du *Land*, ils sont désignés à la R.P., selon le système d'Hare-Niemeyer qui a été remplacé, en 2009, par celui de Sainte-Laguë/Schepers. En conséquence, l'électeur dispose de *deux voix*. Au vu du bulletin de vote qui lui est remis, il porte successivement son choix sur un candidat (sièges dits *directs* ou de circonscription) et sur une liste d'un parti (sièges de *Land*). Mais ce dernier choix est déterminant : en effet, l'attribution *totale* des sièges au parti est calculée par référence aux sièges de *Land*. Il s'ensuit qu'à l'intérieur de cette dotation, une modification dans la répartition entre les deux catégories de sièges peut se produire. Au final, l'effectif du Bundestag est variable selon les législatures en raison de l'existence de mandats supplémentaires ou de surreprésentation (*Überhangmandate* – 15 en 2005, 24 en 2009)[24]. Tout bien considéré, le scrutin allemand est proportionnel, par suite de cette *interdépendance* (A. Le Divellec), au-delà d'une apparente mixité.

À cet égard, en dehors de l'identité de vote qui prévaut, on ne saurait oublier la stratégie ou la tactique qui peut se manifester en cette occasion. La *seconde voix* exprime en règle générale, la tendance *modérée* à laquelle l'électorat allemand s'identifie. En transférant cette voix sur un petit parti, il favorise le gouvernement par une *coalition* et non un parti. D'autant plus que, pour lutter contre le fractionnement, un *seuil de représentativité* a été institué. Une formation ne peut prétendre participer à l'attribution des sièges, si elle n'a pas obtenu, au minimum, 5 % des suffrages exprimés à l'échelon fédéral (seconde voix) ou 3 sièges directs (première voix).

2. Les effets

662 Les effets d'un mode de scrutin restent, par essence, variables. Si le multipartisme initialement visible (en 1949, le Bundestag accueille les élus de dix partis) s'est rapidement évanoui, le bipartisme imparfait a ensuite triomphé entre 1961 et 1983 : le parti démocrate-chrétien (*Christliche Demokratische Union Deutschlands*) (C.D.U.) et sa branche bavaroise (*Christlich-Soziale Union in Bayern*) (C.S.U.) d'un côté ; le parti social-démocrate (*Sozialdemokratische Partei Deutschlands*) (S.P.D.) de l'autre ; le parti libéral (*Freie Demokratische Partei*) (F.D.P.) ralliant l'un ou l'autre bord (parti girouette (*Umfallpartei*)) en fonction de ses intérêts. Avec l'apparition sur la scène parlementaire des Verts (*Die Grünen*) en 1983, puis, en 1990, du parti des communistes réformateurs (P.D.S.) (*Partei des demokratischen Sozialismus*) qui fusionne, en 2007, avec une formation d'extrême gauche, pour fonder *Die Linke*, un quintette bipolaire s'est structuré avec deux partis de gouvernement (C.D.U. et S.P.D.), deux partis d'appoint (Verts et F.D.P.) et un parti protestataire (*Die Linke*). Le paysage politique n'est en rien immuable. Le F.D.P. de Théodor Heuss (président de l'Allemagne entre 1949 et 1959) et de Hans-Dietrich Genscher (ministre des affaires étrangères entre 1982 et 1992) vient, en effet, de quitter la scène parlementaire en 2013 tandis qu'un parti eurosceptique, l'A.F.D. (*Alternative für Deutschland*), créé en avril 2013, a failli y entrer (4,7 % des suffrages).

L'expérience est riche d'enseignements : la R.P. a strictement limité le multipartisme, neutralisé l'extrémisme (mais il est vrai aussi que la Cour constitutionnelle a prononcé la dissolution d'un parti de tendance national-socialiste en 1952 puis du parti communiste en 1956) et favorisé la constitution de

24. V. R. HEBEK, Le système électoral en République fédérale d'Allemagne, *Pouvoirs* n° 32, 1985, p. 67. Les règles complexes d'attribution de ces mandats supplémentaires, exarcerbés par le phénomène du *poids négatif des voix*, ont tendance à provoquer des ruptures d'égalité entre partis et ont été déclarées inconstitutionnelles, le 3 juillet 2008, par le Tribunal constitutionnel. L'impact sur la composition du Bundestag était conséquent puisque 15 mandats supplémentaires avaient été attribués lors des législatives de 2005. Par souci de sécurité juridique et politique, ceux-ci n'ont pas été remis en cause. Cependant, le Tribunal a imposé que des modifications soient apportées en 2011. Une loi du 29 septembre 2011 a été votée en ce sens. Elle a été déclarée inconstitutionnelle en juillet 2012. La loi du 21 février 2013 prévoit un mécanisme de compensation en cas d'apparition de mandats supplémentaires. V. A. FOURMONT, Le problème de la loi électorale en Allemagne, *Jus Politicum*, 2013.

majorités constantes, dans le respect de l'alternance. Mais, au rebours de la Grande-Bretagne ou de la France, et en réaction contre le parti-État du IIIe Reich, l'Allemagne se détourne du gouvernement confié à un parti, fut-il le plus démocratique. À nouveau, la R.P. a rendu un service inestimable à la démocratie de Berlin en faisant en sorte qu'aucune formation ne dispose à elle seule de la majorité absolue des sièges au Bundestag. Le Gouvernement de coalition, en dépit du rôle disproportionné conféré au parti d'appoint, se présente comme le rempart à un abus de pouvoir. Par ailleurs, les partis de gouvernement n'hésitent pas, si les résultats électoraux l'imposent, à recourir à la *Grande coalition* (1966-1969 ; 2005-2009 ; depuis 2013). Formule inédite, voire extravagante au regard de la dynamique de la Ve République, la cogestion forcée des affaires de la nation, formalisée dans un contrat de coalition, a eu le mérite entre 2005 et 2009, nonobstant d'inévitables tensions entre ces partenaires-concurrents contraints à un armistice et une impopularité grandissante, de faire avancer des dossiers essentiels (ample révision de la constitution relative au fédéralisme, allongement de la retraite à 67 ans, introduction du salaire parental, privatisation partielle des chemins de fer). En revanche, certaines divergences ont été dirimantes (salaire minimum, droits de succession) et la réforme-phare du système de santé, par ses compromis, sa complexité et son coût, est apparue comme un échec. C'est le prix à payer pour un régime politique structuré autour de l'impossibilité pour un parti de dominer, à lui seul, les pouvoirs publics.

B. LES PARTIS POLITIQUES

663 Le souvenir obsédant du parti totalitaire qui asservit l'État et les personnes, au point de provoquer le naufrage en 1945, a hanté le constituant allemand. Si les formations politiques sont inséparables de la démocratie pluraliste, le phénomène de désaffection est désormais de plus en plus visible. L'opposition extraparlementaire des années 1960 (idéologiquement marquée à gauche et qui constitua le terreau au sein duquel le terrorisme de la *Rote Armee Fraktion* a pu germer) s'est transmuée de nos jours en un mouvement de *colère citoyenne* (*Wutbürger*) symbolisé par l'ample contestation transpolitique et intergénérationnelle au projet ferroviaire Stuttgart 21.

1. La condition des partis politiques

664 L'article 21 L.F. autorise, tout d'abord, le gouvernement ou le parlement fédéral à saisir la Cour constitutionnelle, de la conformité d'une formation politique à ses buts. À ce titre, deux d'entre elles qui cherchaient à porter atteinte à l'ordre constitutionnel ont été interdites, l'une, en 1952, le S.R.P. de tendance national-socialiste ; l'autre, en 1956, le K.P.D. (parti communiste). En revanche, à la suite du recours introduit, en janvier 2001, par le Gouvernement fédéral et le Bundesrat contre le N.P.D. (parti néonazi[25]), le Tribunal constitutionnel n'a pas, en mars 2003, prononcé sa dissolution, en raison d'une importante infiltration du parti par les indicateurs de police. La question est revenue à l'ordre du jour après une série d'assassinats commis par un groupuscule néo-nazi en 2011. Le gouvernement a finalement renoncé, en 2013, à enclencher de nouveau la procédure d'interdiction. En revanche, une déclaration de constitutionnalité d'un parti ne peut être émise par le Tribunal constitutionnel (décision *N.P.D.* du 20 février 2013). Les partis qui se conforment à l'idéal démocratique ont bénéficié, ensuite, de la sollicitude du législateur. Fruit de la grande coalition C.D.U.-C.S.U.-S.P.D., la loi du 24 juillet

25. L'extrême droite a été écartée du Bundestag, qu'il s'agisse du N.P.D., du R.E.P. (*Republikaners*) ou de la D.V.U. Après avoir longtemps végété, le N.P.D. prospère à l'Est. Il a créé la surprise en 2004 aux élections du *Land* de Saxe en obtenant 9 % des suffrages (et 12 députés) et a réussi, en 2005, une nouvelle percée dans le *Land* de Mecklembourg-Poméranie.

1967 adopte le principe du financement public des élections nationales, après décision de la Cour constitutionnelle, sous forme d'une subvention allouée en fonction des résultats obtenus à la précédente consultation. Il y a lieu d'ajouter, que les partis non représentés au Bundestag peuvent prétendre à la même facilité, à la condition de franchir le seuil fixé à 10 % des voix, au plan d'une circonscription ou, après un arrêt de la Cour constitutionnelle du 3 décembre 1968, à 0,5 % au plan du Land. Cependant, le financement occulte a perduré : la découverte des caisses noires de la C.D.U., en novembre 1999, a été à l'origine d'un séisme politique et moral. À son tour, le S.P.D. s'est retrouvé dans la tourmente en 2002 (mise à l'amende par le Président du Bundestag, révocation du ministre de la Défense Rudolf Scharping) avant que le scandale des miles de la Lufthansa n'inquiète en 2003 quelques figures emblématiques de la vie politique allemande.

2. Les relations entre les partis politiques

665 Les partis allemands exercent une fonction constitutionnelle essentielle[26]. À ce titre, ce sont des institutions. Si l'on garde à l'esprit que l'assainissement du système partisan, a favorisé le *consensus* (on pense aux adoptions de la réforme du financement de la santé en 2003 et de la loi sur l'immigration en 2004) et donc l'alternance des coalitions, les partis se présentent essentiellement comme des formations de rassemblement : la C.D.U.-C.S.U. est un parti *interconfessionnel* ; le S.P.D. a renoncé à être un parti de classe en 1959, lors du congrès de Bad Godesberg.

a) La C.D.U.-C.S.U.

666 Sous l'autorité de Konrad Adenauer, le parti démocrate-chrétien a été, à l'origine, le parti dominant de la R.F.A., de 1949 à 1966. Ensuite, le reflux s'annonce et, à l'issue d'une crise sans précédent, il doit partager les responsabilités avec le S.P.D. en 1966 (ou la grande coalition) avant de les lui abandonner en 1969. Avec Helmut Kohl, la C.D.U.-C.S.U. renoue avec le pouvoir de 1982 à 1998 et gère l'unification allemande en 1990.

Élue à la tête de la C.D.U. en 2000, Angela Merkel devint, en novembre 2005, la première femme à occuper le poste de Chancelier *(Bundeskanzlerin)*. Contrainte de partager le pouvoir avec le S.P.D. dans le cadre d'une nouvelle grande coalition entre 2005 et 2009, sa victoire aux législatives de 2009 lui permet de gouverner avec l'appui du seul F.P.D. Cette coalition devient de plus en plus heurtée en raison de soubresauts politiques et économiques que traverse l'Allemagne (dette grecque, renonciation aux baisses d'impôts souhaitées par les libéraux, démission spectaculaire du charismatique ministre Karl-Theodor zu Guttenberg, auteur de plagiats dans sa thèse de doctorat), la désaffection des électeurs s'est fait un temps sentir dans les *Länder* avec notamment les défaites retentissantes de la C.D.U. dans le Bade-Wurtemberg en 2011 puis en Rhénanie du Nord-Westphalie en 2012. Finalement, la bonne santé économique de l'Allemagne, conjuguée à la popularité d'Angela Merkel (surnommée *Die Mutti* – la mère), conduit à une large victoire en 2013 (41,5 % des suffrages – soit son meilleur score depuis la réunification). Cependant, la disparition du F.D.P. (voir *infra*) contraint la C.D.U., qui frôle la majorité absolue des sièges (311 sur 631), à former, une nouvelle fois, un gouvernement de grande coalition avec le S.D.P. La victoire peut parfois avoir un goût amer.

b) Le S.P.D.

667 Le parti le plus ancien et le plus prestigieux en Allemagne, fondé par Ferdinand Lassalle, en 1863, a connu initialement, sous l'autorité de Kurt Schumacher, une longue traversée du désert. Il lui faut patienter jusqu'en 1966 et pleinement en 1969 pour accéder au pouvoir avec Willy Brandt puis Helmut

26. V. F. GUÉRARD, *L'évolution des forces politiques en Allemagne*, D.F., 1996 ; V. M. MORLOK, Y.-M. DOUBLET, La fonction constitutionnelle des partis, *in Les 50 ans de la République fédérale d'Allemagne,* 2000, p. 11 ; G. RESS, Constitution et partis politiques, *A.I.J.C.* t. IX, 1995, p. 205

Schmidt. Victime de la défection du F.D.P., il retrouve l'opposition à partir de 1982. Après s'être recentré, tel le *New Labour* de Tony Blair, le S.D.P. est de nouveau aux affaires entre 1998 et 2005 et conduit, sous l'impulsion de G. Schröder, d'amples réformes sociales impopulaires (dont notamment une politique de réduction drastique des allocations chômage – plan Hartz IV) qui le conduira à devoir partager le pouvoir avec la C.D.U. à partir de 2005. Cette grande coalition entre 2005 et 2009 a, en fin de compte, profité davantage à la C.D.U.) et conduira, en 2009, à sa plus lourde défaite électorale depuis 1949 (23 %) renvoyant le S.P.D. dans l'opposition. Faute d'incarner une alternative crédible sur le plan économique, plongeant rapidement dans les sondages (ce qui explique sans doute la malencontreuse décision de Peer Steinbrück – candidat à la Chancellerie – de se laisser photographier sur la couverture du *Süddeutsche Zeitung* en faisant un doigt d'honneur), la barre n'a pas été redressée lors des législatives de 2013 (25,7 %). Mais, profitant de la disparition du F.D.P., il revient, de manière presque inespérée, aux affaires dans le cadre d'une grande coalition. Le gouvernement fédéral (seize membres) comprend ainsi six ministres S.P.D. (dont notamment le poste des affaires étrangères).

c) Les Verts

668 Apparu en 1983, ce parti est devenu en 1994 la troisième force du pays et accède aux responsabilités gouvernementales en 1998 aux côtés du S.P.D. (coalition *rouge-verte)*. Le conflit du Kosovo en 1999, puis, l'intervention en Afghanistan, aux côtés des États-Unis, en 2001, ont été à l'origine de la métamorphose des *Grünen* et sous l'autorité de Joschka Fischer, ministre des Affaires étrangères, ils ont évolué du radicalisme et du neutralisme au réalisme. Renvoyés dans l'opposition à partir de 2005, ils profitent de l'impopularité du S.P.D. et obtiennent, en 2009, le meilleur score de leur histoire (10,7 % des suffrages). Dirigés, un temps, par Cem Özdemir (d'origine turque), ils poursuivent sur leur lancée et, pour la première fois, un ministre-président Vert a été élu en 2011 dans le Bade-Wurtemberg, l'un des *Länder* les plus économiquement puissants. Las, l'élan s'est essoufflé aux législatives de 2013 (8,44 %). Délaissant les thématiques écologistes, les Verts ont finalement été dépassés, certes de très peu, par *Die Linke*. Relevons qu'un tandem paritaire (K. Göring-Eckardt et J. Trittin) préside à leur destinée.

d) Le F.D.P.

669 Le parti girouette (Umfallpartei) se donne au plus offrant des deux grands (il avait provoqué le départ d'Adenauer en 1963 et celui de Schmidt en 1982). Avec des résultats électoraux variables, il a été plus ou moins en capacité de peser sur les négociations. Se retrouvant exclu de la grande coalition en 2005, son bon score aux élections de 2009 (14,6 %) a conduit à son retour au pouvoir dans le cadre de la coalition avec la C.D.U. et son leader, Guido Westerwelle, est devenu vice-chancelier et, en vertu d'une tradition, ministre des Affaires étrangères. Dirigé ensuite par le ministre de l'Économie, Philipp Rösler (d'origine vietnamienne), le F.D.P. a traversé une grave crise de confiance, sanctionnée électoralement dans les *Länder* à tel point qu'il devint de plus en plus concurrencé dans les élections régionales par un nouveau venu sur la scène politique, le parti Pirate, prônant le téléchargement gratuit sur Internet. Ce qui devait arriver arriva : faute de recueillir au minimum 5 % des suffrages (ou trois mandats directs via la première voix – voir *supra*, n° 661) aux législatives de 2013, le F.D.P. n'a plus de représentants au Bundestag. Un chapitre de l'histoire politique allemande vient de se clore.

e) Die Linke

670 Dernier venu sur la scène politique, Die Linke résulte d'une fusion, en 2007, entre les communistes refondateurs (issus du P.D.S., héritier du parti communiste de la R.D.A.) et d'une formation d'extrême gauche conduite par Oskar Lafontaine, ancienne figure emblématique du S.P.D. Unies à l'époque par un accord électoral, les deux formations ont obtenu 8,7 % des suffrages aux législatives de 2005, contribuant à l'échec du S.P.D. *Die Linke*, qui séduit surtout de nombreux militants et cadres du S.P.D. déçus par l'attitude de ce dernier au sein de la grande coalition, s'affirme sur la scène régionale (aussi bien à l'Ouest qu'à l'Est) en brouillant le jeu classique des coalitions. Avec les législatives de 2009 (11,9 %), *Die Linke* s'est enracinée au sein du paysage politique allemand. Il lui reste désormais à démontrer sa capacité à surmonter ses divisions internes après le départ de la vie politique de son leader, Oskar Lafontaine. La spirale n'est, par pour l'instant, ascendante. Ainsi, son faible score aux élections

de Berlin en 2011 ne lui permet-il plus de gérer la ville avec le SPD. Les résultats relativement décevants de 2013 (8,6 %) font toutefois de lui la troisième force politique du pays.

§ 3. LE PARLEMENT FÉDÉRAL

671 D'une manière classique, le Parlement de Berlin rend compte des retrouvailles avec le fédéralisme qui constitue un élément fondamental de la culture allemande. Il se compose du *Bundestag* qui représente le peuple, et du *Bundesrat*, assemblée *spécifique*, qui représente les principaux ministres des *Länder*. Au nom de la séparation des pouvoirs, les assemblées jouissent de l'autonomie, tant dans leur organisation que dans leurs missions. Cependant, depuis la constitution de Weimar, celles-ci sont encadrées ou *rationalisées*, à l'exemple du fameux art. 67 L.F. La vie politique en introduisant d'emblée, en 1949, la *logique majoritaire* a bouleversé, au bon sens du terme, ce plan. Ce que le Bundestag a perdu en autorité, la démocratie l'a gagné en crédibilité. C'est en cela que réside, sans conteste, le *miracle* germanique[27].

A. LA COMPOSITION ET L'ORGANISATION DU PARLEMENT

672 Les assemblées ont siégé initialement à Bonn, à partir de 1949. Ce choix s'expliquait par la volonté de Konrad Adenauer, en dehors de commodités personnelles, de souligner le caractère provisoire des institutions. Depuis septembre 1999, le Bundestag s'est installé à Berlin, dans l'immeuble rénové de l'ancien Reichstag, à proximité du Bundesrat[28].

1. La composition

673 Conformément à la logique fédérale, le recrutement des chambres assure la représentation respective du peuple et des 16 *Länder* de l'Allemagne.

a) Le Bundestag

674 En application de l'article 38 L.F., les membres du Bundestag *sont les représentants de l'ensemble du peuple*. Depuis 2009, le Tribunal constitutionnel, eu égard aux engagements européens de l'Allemagne, entend faire respecter strictement cet article, dont l'importance avait déjà été soulignée dans sa décision *Maastricht* du 12 octobre 1993, en s'assurant que le Bundestag ne soit pas dépossédé de ses droits notamment dans le domaine budgétaire (v. *infra*, n° 705).

27. A. KIMMEL, Les élections du 22 septembre 2002 au Bundestag, *Pouvoirs* n° 105, p. 145 ; Le chancelier Schröder, L'agenda 2010 et la crise du S.P.D., *Pouvoirs* n° 112, p. 155 ; Les élections anticipées au Bundestag, 18 septembre 2005 : un tournant dans la vie politique allemande ?, *Pouvoirs* n° 116, p. 163 ; 22 septembre 2013, La chancelière triomphe, sa coalition est congédiée, *Pouvoirs* n° 148, 2014.

28. L'inauguration du Reichstag restauré, sa coupole de verre symbolisant la *transparence démocratique vécue, vivante*, selon le chancelier Schröder, a eu lieu le 19 avril 1999. Le 23 mai suivant, jour du 50e anniversaire de la Loi fondamentale, le président fédéral, Johannes Rau, y a été élu symboliquement. V. A. LE DIVELLEC, thèse précitée.

À l'issue des élections de septembre 2013, la 18e législature se compose de 631 sièges se répartissant ainsi : C.D.U.-C.S.U : 311 ; S.P.D. : 193 Die Linke : 64 et les Verts : 63.

De manière classique, les députés bénéficient des immunités, en vue de favoriser l'exercice de leur mandat (art. 38 L.F.). La législature est fixée à 4 ans (art. 39 L.F.), sauf dissolution prononcée par le président, en cas d'impossibilité pour les députés de désigner un chancelier (art. 63 *in fine*), ou suite, à un refus de confiance essuyé par ce dernier (art. 68). En règle générale, le Bundestag est renouvelé au terme de son mandat. Cette condition est à la mesure de la condamnation de la pratique des dissolutions à *jet continu*, proche du rythme des saisons, que pratiqua, sous la République de Weimar, le maréchal von Hindenburg. Au-delà de ce fâcheux précédent, on considère que le respect du calendrier est destiné à assurer l'égalité de traitement entre les partis.

Il suit de là, qu'une rupture de la majorité, en cours de législature, comme cela se produisit en novembre 1966, n'entraîne pas un retour prématuré devant les électeurs. Cependant, il en est allé différemment, dans trois circonstances particulières : en 1972, sous le Gouvernement Willy Brandt, lorsqu'au *comble* du parlementarisme rationalisé, la majorité et l'opposition se sont retrouvées à égalité de sièges ; en 1982, au moment où les libéraux ont changé de camp en rejoignant les chrétiens-démocrates d'Helmut Kohl puis en 2005 avec la volonté de G. Schröder, en butte à une spirale d'impopularité, d'organiser des législatives ant0icipées.

Dans ces conditions, il ne restait plus au chancelier, au prix d'un détournement de procédure, que la ressource de devenir son propre *naufrageur* : il a posé, à cet effet, la question de confiance, en priant ses amis de la lui refuser, de manière à ouvrir la voie de la dissolution (art. 68 précité). Toutefois, le président Carstens s'est interrogé sur la régularité du procédé, jusqu'au moment où la Cour constitutionnelle (arrêt du 16 février 1983) s'y est ralliée, en estimant qu'elle permettait au chancelier d'obtenir une majorité gouvernementale. Cette attitude réaliste limite la portée de la motion de censure *constructive* (art. 67 L.F.) et souligne que l'alternance est le fait, désormais, des *électeurs* et non des partis. Dans la même optique, G. Schröder a obtenu, le 1er juillet 2005, un vote de défiance. La dissolution du Bundestag a été prononcée, le 21 juillet, par le Bundespräsident. Saisie par deux députés, la Cour constitutionnelle (arrêt du 25 août) s'est, une nouvelle fois, prononcée sur la légalité de la procédure[29]. Une convention de la constitution est donc clairement établie.

Par ailleurs, le contentieux des élections appartient à la chambre et en dernier ressort à la Cour constitutionnelle fédérale (art. 41.1 L.F.). Le Bundestag se présente, en principe, comme le vivier de la classe dirigeante.

b) Le Bundesrat

675 Il est l'incarnation vivante du fédéralisme dont les racines remontent au Saint-Empire romain-germanique.

Son originalité tient au fait que ses membres ne sont pas élus par les citoyens. Chaque *Land* y envoie ses ministres soumis à un mandat impératif. En conséquence, il est difficile de qualifier le Bundesrat d'assemblée parlementaire.

Il est composé au *prorata* de la population des *Länder*, et non, selon le principe égalitaire qui prévaut au Sénat des États-Unis. Conformément à l'article 51.2 L.F., chaque *Land* dispose au moins

29. Le chancelier Kohl avait été élu, le 1er octobre 1982, par suite d'un changement d'alliance. Il a estimé, néanmoins, au prix de cette contorsion, tenir sa légitimité du peuple, en organisant des élections, le 6 mars 1983. En Allemagne, on estime que la démocratie parlementaire cède le pas à une démocratie *plébiscitaire*, sans que ce dernier terme soit péjoratif. En se plaçant d'un point de vue prospectif, on pourrait songer à modifier la Loi fondamentale en autorisant *l'auto-dissolution* du Bundestag, en cas de majorité étriquée ou de menace de blocage des institutions. V. C. VINTZEL, La dissolution du XVe Bundestag et l'article 68 de la Loi fondamentale : une stabilisation de la défiance, *R.D.P.* 2006, p. 1007.

de 3 voix ; pour une population supérieure respectivement à 2, 6 et 7 millions d'habitants, le nombre respectif de sièges est de 4, 5 et 6. En réalité, la répartition entre *Länder* est, au final, plus égalitaire que proportionnelle : la Rhénanie du Nord-Westphalie (avec 18 millions d'habitants) a seulement trois voix de plus que Brême, qui ne compte que 700 000 habitants. Il y a lieu d'observer que sur un total de 69 voix, une minorité de blocage appartient aux quatre grands Länder (Bade-Wurtemberg, Bavière, Basse-Saxe et Rhénanie du Nord-Westphalie). Par ailleurs, une formation majoritaire au Bundestag est souvent minoritaire au Bundesrat, comme ce fut le cas pour la C.D.U.-C.S.U. face à Gerhard Schröder. Ne dérogeant pas à la règle, la petite coalition C.D.U.-F.D.P. en place à partir de 2009, a perdu sa majorité au Bundesrat après sa défaite en 2010 en Rhénanie du Nord-Westphalie[30]. Autrement dit, la logique d'affrontement partisan a tendance à prendre le pas sur celle de représentation des intérêts des Länder. C'est une source de blocage institutionnel.

Au Bundesrat, chaque *Land* s'exprime *uniformément* (art. 51.3 L.F.). Le droit de vote appartient aux ministres qui y sont délégués, tel le Conseil de l'Union européenne composé de *ministres-législateurs*. La situation est plus complexe lorsqu'un gouvernement de coalition dirige le *Land* (ce qui est souvent le cas en pratique). Selon la Cour constitutionnelle[31], le vote du *Land* est considéré comme nul s'il n'est pas unanime. Les débats au Bundesrat, qui réunissent des spécialistes, sont de haute tenue, sobres et redoutés par leurs interlocuteurs. Chaque *Land* assume, pour un an, la présidence du Conseil fédéral.

En temps ordinaire le Bundesrat dispose d'un veto suspensif ou absolu, selon la matière législative (art. 77 L.F.). Reste l'hypothèse exceptionnelle d'un gouvernement minoritaire s'appuyant sur le Bundesrat au nom de l'état de nécessité législative (art. 81) (v. *infra*, n° 690). Mais le Bundestag peut, à tout instant y mettre un terme en élisant un nouveau chancelier (art. 67)[32].

Enfin, relevons que le Président du Bundesrat assure l'intérim, en cas de décès ou de démission du Président fédéral. Cette disposition a pour la première fois été mise en œuvre en 2010 puis réitérée en 2012 suite aux départs de H. Köhler et de C. Wulff.

Bade-Wurtemberg	6	Basse-Saxe	6
Bavière	6	Rhénanie du Nord-Westphalie	6
Berlin	4	Rhénanie-Palatinat	4
Brandebourg	4	Sarre	3
Brême	3	Saxe	4
Hambourg	3	Saxe-Anhalt	4
Hesse	5	Schleswig-Holstein	4
Mecklembourg-Poméranie occidentale	3	Thuringe	4

30. V. A. KIMMEL, La cohabitation à l'allemande, *Pouvoirs* n° 84, 1998, p. 177.

31. Cour constitutionnelle, 18 décembre 2002, *Loi sur l'immigration* (note R. Anorld, *R.I.D.C.* 2003, p. 206 ; M. FROMONT, République fédérale d'Allemagne : la jurisprudence constitutionnelle en 2002, *R.D.P.* 2004, p. 1143-1145).

32. Hormis le problème de la péréquation financière entre *Länder* riches et pauvres issus de l'ancienne R.D.A., le fédéralisme allemand n'échappe pas à la tendance à la centralisation, en dépit des compétences dévolues aux *Länder* (enseignement, justice, communication audiovisuelle), de leur administration et de leur pouvoir d'exécution des lois fédérales. Cependant, en vue d'éviter un *glissement* de compétence, l'habitude s'est prise de réunir les ministres fédérés : une convention politique est conclue entre eux, à charge pour leur *Land* respectif de la ratifier. (V. C. GREWE, *Le fédéralisme coopératif en République fédérale d'Allemagne*, 1981). Dans le même ordre d'idées, les *Länder*, après avoir été associés par le gouvernement fédéral à l'élaboration du traité de Maastricht, ont obtenu des garanties. Aux termes de l'article 50 L.F., *par l'intermédiaire du Bundesrat* [ils] *participent à la législation et à l'administration de la fédération et aux affaires de l'Union européenne*. Aussi, dans certaines hypothèses, le pouvoir de décider de l'Allemagne dans les instances communautaires est-il exercé par un représentant des *Länder* choisi par le Bundesrat. (V. X. VOLMERANGE, *Le fédéralisme allemand face au droit communautaire*, 2000). Dans la même logique, les communautés espagnoles, depuis décembre 2004, sont représentées au conseil des ministres de l'Union européenne.

2. L'organisation

676 Les députés du Bundestag, qui bénéficient des immunités parlementaires traditionnelles (art. 46 L.F.), à l'inverse des membres du Bundesrat, *ministres en exercice des Länder*, se répartissent entre les organes *directeurs* et les organes de *travail*.

Au premier cas, figure le bureau, dirigé par le président du Bundestag qui, à l'inverse du *Speaker* britannique demeure à son poste un partisan et le Conseil des anciens *(Aeltestenrat)*, sorte de conférence des présidents, à la française, d'avant 1958. Réunissant 30 personnes, il se compose du président, des vice-présidents de l'assemblée et des représentants des groupes parlementaires au prorata de leur importance, et, officieusement, d'un membre du gouvernement. Ses compétences sont importantes : fixation de l'ordre du jour, distribution des députés entre les commissions et désignation des présidents de celles-ci. Si l'influence gouvernementale est indéniable, le Conseil des anciens s'efforce cependant de rechercher constamment le consensus.

Au second cas, se rencontrent les groupes et surtout les commissions parlementaires. Un groupe parlementaire est constitué, au minimum par 31 députés (soit 5 % de l'effectif du Bundestag). Le président du groupe veille à la discipline de vote, et concernant la majorité, au maintien de la collaboration avec le chancelier. En outre, il appartient au groupe (ou au parti, pour le S.P.D.) de désigner, en vue des élections ou en cas de changement de gouvernement en cours de législature, son candidat à la chancellerie.

Quant aux commissions parlementaires, qui doublent pratiquement les ministères fédéraux, elles jouent ici un rôle essentiel, selon la tendance générale observée, dans le cadre de la procédure législative. Le Bundestag a adopté le principe de commissions permanentes et spécialisées (*Ständige Ausschüsse*) (dont le nombre est variable selon la législature (40 en 1949 ; 22 depuis 2005) auquel il faut rajouter la possibilité de créer des sous-commissions), comprenant de 13 à 41 membres désignés à la proportionnelle des groupes. La répartition des présidences de commissions se fait par consensus ou, à défaut, à la proportionnelle. Dans les deux cas, l'opposition est assurée d'en obtenir (six au profit des Verts, F.D.P. et *Die Linke* en 2008). Des commissions d'enquête peuvent être constituées (*infra*, n° 684). Pour sa part, le Bundesrat dispose de 16 commissions permanentes, chacune d'entre elles est présidée par un représentant de l'un des 16 *Länder*.

B. LES FONCTIONS DU PARLEMENT

677 Le régime représentatif de Berlin confère, en théorie, au Bundestag un rôle essentiel, au point de faire figure *d'organe central de l'agencement institutionnel* (A. Le Divellec).

Cependant, la force conjuguée de la démocratie majoritaire et de l'État de droit le place sous l'autorité du Gouvernement et de la Cour constitutionnelle[33].

1. Le pouvoir législatif

678 Selon la vision de Michel Fromont : *Le Gouvernement fédéral propose, le Bundestag dispose et le Bundesrat approuve ou s'oppose*, au terme de la procédure législative[34].

33. V. A. DITTMANN, D. CAPITANT, Les fonctions respectives du Bundestag et du Bundesrat *in Les 50 ans, op. cit.* p. 37 et 47.

34. V. Chr. AUTEXIER, *op. cit.* p. 56 ; A. LE DIVELLEC, *op. cit.* ; M. FROMONT, La procédure législative en République fédérale d'Allemagne, *Pouvoirs* n° 16, 1981, p. 143 ; GÉLARD, J.-C. PEYRONNET, *L'expérience des parlements nationaux au sein de l'Union européenne, Les exemples allemand, britannique, espagnol, finlandais, italien et polonais*, Sénat, rapport n° 43, Session 2006-2007 ; O. JOUANJAN, L'élaboration de la loi en République fédérale d'Allemagne, *Pouvoirs* n° 66, 1993, p. 81 ; M. MAUGUIN-HELGESON, *L'élaboration parlementaire de la loi. Étude comparative (Allemagne, France, Royaume-Uni)*, 2006 ; C. VINTZEL, *Les armes du gouvernement dans la procédure législative : étude comparée : Allemagne, France, Italie, Royaume-Uni*, 2011.

a) *L'initiative de la loi*

679 En application de l'article 76-1 L.F., l'initiative de la loi appartient au gouvernement fédéral, aux membres du Bundestag et du Bundesrat. Le règlement du Bundestag a établi une initiative collective (et non individuelle comme en France) réservée aux groupes (*Fraktionen*) et à 5 % des députés. Dans une optique similaire, le droit d'initiative du Bundesrat s'apprécie en tant qu'assemblée.

En pratique, plus de deux tiers des lois sont d'origine gouvernementale. Les projets sont systématiquement soumis en premier lieu, au Bundesrat qui se prononce, en principe, dans le délai de six semaines. Ensuite, le texte est transmis au Bundestag, avec la proposition du Bundesrat (art. 76.1).

Dans le même ordre d'idées, les propositions de loi émanant du Bundesrat, démarche exceptionnelle à dire vrai (5 % des textes présentés contre 40 % aux membres du Bundestag) sont transmises au Gouvernement qui doit les adresser à ce dernier, dans le délai de trois mois (art. 76.3). On le constate, l'exécutif joue le rôle *d'intermédiaire* entre les assemblées, avant que la discussion *stricto sensu* ne s'ouvre devant le Bundestag, vers lequel confluent les textes de loi.

b) *La discussion de la loi*

680 La discussion devant le Bundestag se déroule selon le principe des trois lectures (*Beratung*). La première lecture se décompose en deux temps : d'abord, s'il est demandé, l'examen en *plenum*, à la manière britannique, de la philosophie du texte, de son opportunité, etc. ; ensuite, moment capital, le renvoi à une commission qui, à l'issue d'une discussion approfondie, propose une nouvelle rédaction, en cas de besoin.

La seconde lecture s'ouvre sur les conclusions de la commission dont l'influence est généralement déterminante. Chaque article est discuté et adopté séparément. Le droit d'amendement demeure ouvert.

Enfin, la troisième lecture reprend la discussion dans son ensemble et procède au vote relatif au texte. Le droit d'amendement est réglementé à ce niveau. Seule peut être prise en considération, la modification déposée par au moins 26 députés. La procédure semble compliquée inutilement. En fait, le rôle insigne des commissions, d'une part, et de la discipline majoritaire exercée par les groupes, d'autre part, assurent, tout à la fois, la célérité et l'efficacité du travail parlementaire[35].

c) *L'approbation de la loi*

681 Le vote du Bundestag ne clôt pas la procédure législature. En effet, le Bundesrat dispose soit d'un veto suspensif pour les lois simples, soit d'un veto absolu (*Zustimmungsgesetz*) (art. 77 L.F.) pour les lois modifiant les attributions et ressources des *Länder* et opérant des transferts de souveraineté au profit de l'Union européenne. Cette seconde catégorie représentait encore en 2006, 60 % de la législation fédérale.

S'agissant d'une loi simple, l'approbation du Bundesrat n'est pas requise. Cependant, il peut prendre position et saisir la commission de conciliation *(Vermittlungsausschuss)* (art. 77.2) composée de 16 députés choisis à la proportionnelle et de 16 délégués des *Länder*. En ce cas, faute d'un texte de compromis, le veto du Bundesrat à la majorité simple ou à la majorité des deux tiers peut être brisé, selon la *même* majorité par le Bundestag. À preuve, l'adoption de la loi emblématique portant réforme de la nationalité (reconnaissance partielle du droit du sol en 2000). En revanche, si la loi implique l'approbation du Bundesrat, ce dernier peut refuser le compromis établi par la commission de conciliation. Ce droit de veto absolu est exceptionnellement utilisé (une cinquantaine de cas depuis 1949).

Le Bundesrat n'est pas une assemblée politique mais l'assemblée des Länder. Pourtant, au fil des années, elle a eu plutôt tendance à se comporter comme une chambre de l'opposition. Par conséquent, les intérêts des Länder pouvaient être parfois délaissés au profit d'une logique d'affrontement national. La place du Bundesrat dans la procédure législative (60 % de la législation fédérale soumise à son veto) rendait la situation confuse, complexe et onéreuse (le Bund étant souvent contraint d'accepter des concessions financières pour faciliter l'adoption de la loi). Une révision constitutionnelle, attendue depuis longtemps, a été rendue possible avec l'arrivée au pouvoir de la grande coalition en novembre

35. Le vote a lieu à main levée, en principe. Toutefois, en cas de contestation, on procède au décompte des voix *(hammelsprung)* de la manière suivante : les députés quittent la salle de séance et y rentrent en empruntant l'une des trois portes marquées par *oui*, *non* et *abstention*

2005. Depuis la révision du 1er septembre 2006 (*la réforme de toutes les réformes* E. Stoiber)[36], les compétences entre le Bund et les *Länder* sont plus clairement définies (ces derniers ayant vu leurs attributions s'accroître notamment dans le domaine de l'enseignement, l'environnement et la fonction publique – voir *infra*, n° 151) ; en conséquence le pourcentage de lois nécessitant l'accord du Bundesrat a diminué (entre 35 et 40 %). Une seconde vaste réforme, dans le domaine de la péréquation financière entre le Bund et les *Länder* est à l'ordre du jour.

d) La promulgation de la loi

682 Au terme du processus, la loi est promulguée par le président fédéral. Un contrôle de constitutionnalité est susceptible d'intervenir devant la Cour constitutionnelle fédérale (*infra*, n° 703 et s.).

2. Le pouvoir constituant

683 L'article 79 L.F. attribue le pouvoir de révision aux assemblées, à la majorité des *deux tiers*, dans chacune d'entre elles. En 2013, on recense 52 modifications (dont la réforme importante du 1er septembre 2006 (v. *supra*, n° 151)). Il y a lieu de rajouter, d'une part, que les droits fondamentaux énumérés aux articles 1er à 20, et les bases du fédéralisme (organisation de la fédération en *Länder* ; concours des *Länder* à la législation) ne peuvent faire l'objet d'une révision (art. 79-3 L.F.) et, d'autre part, que le Tribunal constitutionnel exerce, depuis l'arrêt *Klass* de 1970, un contrôle de la loi constitutionnelle[37].

3. Le pouvoir électoral et de contrôle

684 Le Bundestag participe à l'élection du président fédéral et des membres de la Cour constitutionnelle (art. 54 et 94 L.F.). En début de législature, il entérine le choix populaire ou plus exactement *le contrat de coalition* signé entre les partis, au terme de leur négociation, en procédant à l'investiture du chancelier (art. 63). Il procède, le moment venu, au retrait de confiance, au moyen d'une motion de censure constructive, en lui élisant un successeur (art. 67). Il est à remarquer que son autorité peut ainsi *primer* celle du président ou neutraliser la dissolution annoncée par le chancelier (art. 68). Cependant, les virtualités *conventionnelles* de la Loi fondamentale ont été utilement compensées par l'efficacité du principe majoritaire.

À la requête d'un quart de ses membres (art. 44 L.F.), le Bundestag constitue une commission d'enquête chargée de recueillir les preuves nécessaires. Depuis 1949, une vingtaine seulement a été créée : notamment sur l'affaire *Flick* (financement occulte des partis politiques) en 1983 ; suicide du ministre-président du Schleswig-Holstein, Uwe Barschel, accusé d'avoir fait espionner son concurrent, lors des élections régionales, en 1988 ; scandale du sang contaminé, en 1993 ; financement occulte de la C.D.U. (1999) ; affaire des visas (2005) ; coopération entre la C.I.A. et les services de renseignements allemands (2006) et les agissements d'une organisation criminelle néonazie N.S.U. (2013). En 2014, une commission a été instituée sur les actions de la N.S.A. en Allemagne. Deux années de travaux sont prévues.

De surcroît, le Bundestag organise depuis 1983, deux séances hebdomadaires consacrées aux questions orales. Il est loisible à un groupe parlementaire de demander un débat d'actualité. L'assemblée accueille, au surplus, les pétitions émanant des citoyens ou des militaires (art. 45 c L.F.) et, par

36. V. M. FROMONT, La réforme du fédéralisme allemand de 2006, *R.F.D.C.* 2006, p. 227.

37. V. M. FROMONT, La révision de la constitution et les règles constitutionnelles intangibles en droit allemand, *R.D.P.* 2007, p. 89.

l'intermédiaire du commissaire à la défense, veille au respect des droits fondamentaux. Elle peut, enfin, introduire un recours devant la Cour constitutionnelle (art. 93).

Cependant, la solidarité partisane qui unit le Bundestag au Gouvernement restreint ses prérogatives. Un détail significatif le prouve : dans la salle des séances à l'opposé de la solution française, les ministres sont placés sur une estrade et font face aux députés.

§ 4. L'EXÉCUTIF FÉDÉRAL

685 Conformément au schéma parlementaire classique, le pouvoir exécutif est distribué, entre deux autorités : le président et le Gouvernement, symbolisé par le chancelier. À la discrétion du premier, a correspondu la valorisation du second. Au-delà de toutes gloses, le slogan de la C.D.U. aux élections de 1969 : *Auf den Kanzler kommt es an* (Tout dépend du chancelier) ou en 1990 : *Kanzler für Deutschland* (un chancelier pour l'Allemagne) résume le sentiment commun[38]. En un mot, les élections au Bundestag sont celles du chancelier *(Kanzlerwahlen)*. Du reste, pour la première fois, en 2002, les deux candidats à la chancellerie se sont affrontés à la télévision.

A. LE PRÉSIDENT FÉDÉRAL

686 L'ombre du *Reichspräsident* de la République de Weimar, élu au suffrage universel direct, pour un mandat de sept ans et disposant de pouvoirs étendus, notamment en période de crise (art. 48 de la constitution de 1919), planait sur le Conseil parlementaire. Dans ces conditions, le *Bundespräsident* a été ravalé à la condition modeste d'une magistrature *morale*. Que le choix se soit porté, en 1994, sur Roman Herzog, président de la Cour constitutionnelle est hautement symbolique. En relève pareillement, l'élection de l'apolitique Joachim Glauck soutenu par tous les grands partis en 2012, suite à la démission peu glorieuse de Christian Wulff.

1. Le statut du Bundespräsident

687 Le président ne dispose plus d'une investiture populaire, mais de la seule confiance, des élus, à l'instar de son homologue français des IIIe et IVe Républiques[39].

a) La désignation

688 En application de l'article 54 L.F., l'éligibilité à la magistrature suprême est subordonnée à trois conditions ordinaires : la nationalité allemande, la qualité d'électeur et l'âge de 40 ans. La décision appartient à un collège, appelé l'Assemblée fédérale *(Bundesversammlung)*, réunie au Reichstag, à Berlin, qui se compose d'une part, des membres du Bundestag, et d'autre part, d'un nombre égal d'élus choisis, à la R.P., par les diètes locales, soit un effectif total de 1244 en 2010. La majorité absolue est requise pour les deux premiers tours et la majorité simple au troisième[40]. L'élection présidentielle, pour

38. V. H. SOELL, La démocratie du chancelier, *Pouvoirs* n° 22, 1982, p. 85 ; K. NICLAUSS, Le Gouvernement fédéral, *ibid.* n° 66, 1993, p. 99. Au plan fédéré, l'exécutif est en revanche monocéphale. Il s'exprime à travers le *ministre-président* du *Land.*

39. V. R. ARNOLD, L'élection et les compétences du président fédéral allemand, *R.D.P.* 1995, p. 303.

40. En règle générale, l'entente entre les partis de la coalition favorise une élection rapide dès le premier tour (en dehors d'une réélection) pour Walter Scheel (F.D.P.) en 1974, Karl Carstens (C.D.U.-C.S.U.) en 1979, Richard von Weizsäcker (C.D.U.-C.S.U.) en 1984, Johannes Rau (S.P.D.) en 1999, H. Köhler

symbolique qu'elle soit, anticipe parfois l'avenir politique en jetant les bases d'une nouvelle coalition gouvernementale. L'élection de 1969 a ouvert la voie de l'alternance ; celle de 2004 a préfiguré, le retour partiel aux affaires de la C.D.U.-C.S.U. en 2005. L'élection difficile de Christian Wulff, le plus jeune président fédéral, en 2010, a attesté des problèmes politiques rencontrés par A. Merkel au sein de son propre parti et dans ses relations avec ses alliés libéraux. Celle de J. Glauck en 2012 comporte, pour originalité, d'avoir été dépolitisée.

b) *La durée des fonctions*

689 Le mandat présidentiel est de cinq ans (art. 54.2), soit un an de plus que la législature. Il est incompatible avec tout autre mandat public (art. 55). Il ne peut être par ailleurs renouvelé qu'une seule fois consécutivement. Theodor Heuss, Heinrich Lübke, Richard von Weizsäcker et Horst Köhler seront reconduits, respectivement, en 1954, 1964, 1989 et 2009.

Exceptionnellement, le mandat sera écourté, soit par démission pour convenances personnelles (H. Köhler en 2010 ; C. Wulff en 2012), soit par déchéance prononcée par la Cour constitutionnelle fédérale, après sa mise en accusation par le parlement, pour *violation volontaire de la Loi fondamentale ou d'une autre loi fédérale* (art. 61). Dans ces hypothèses, l'intérim est assuré par le président du Bundesrat (art. 57) et de nouvelles élections doivent être organisées dans un délai de 30 jours.

2. La fonction du Bundespräsident

690 Pour l'essentiel, le président est cantonné dans une fonction de représentation de l'État, accordée à l'irresponsabilité dont il bénéficie (art. 60 L.F. *in fine*).

Sous ce rapport, gardien de la légalité constitutionnelle, à la manière d'un officier ministériel *(der BundesNotar)*, le président dispose des pouvoirs symboliques du chef de l'État parlementaire : la promulgation des lois (art. 82)[41] ; la nomination et la révocation des fonctionnaires fédéraux (art. 60.1) et des ministres fédéraux, sur proposition du chancelier (art. 64.1) ; la ratification des traités (art. 59), l'exercice du droit de grâce (art. 60.2) et de la dissolution (art. 68). En revanche, il ne préside pas le conseil des ministres.

En définitive, le président n'est que le *fondé de pouvoirs* du chancelier et de sa majorité parlementaire. C'est la raison pour laquelle, ses actes sont revêtus du contreseing ministériel (art. 58), hormis quelques hypothèses : la dissolution du Bundestag (art. 63)[42] ; la demande d'expédition des affaires courantes présentée par le chancelier démissionnaire (art. 69) ; la nomination et la révocation de celui-ci (art. 63 et 67). Ce dernier cas appelle une précision.

En effet, le président recouvre une certaine liberté de manœuvre, tout du moins en théorie, en proposant au Bundestag, un candidat au poste chancelier, au lendemain des élections (art. 63.1). Mais, il est loisible à la chambre de lui imposer sa volonté en élisant un autre à la majorité absolue de ses membres (art. 63.3). Le dernier mot appartient dans les mêmes conditions à celle-ci en cas de recours

(C.D.U.-C.S.U.) en 2004 (à une voix près), J. Glauck (sans étiquette) en 2012 ; sinon, au second tour : Theodor Heuss (F.D.P.) en 1949, Heinrich Lübke (C.D.U.-C.S.U.) en 1959. À ce jour, seuls Gustav Heinemann (S.P.D.), en 1969, Roman Herzog, ancien président de la Cour constitutionnelle (C.D.U.-C.S.U.), en 1994 et Christian Wulff en 2010 ont été élus au troisième tour.

41. De manière exceptionnelle, le président peut refuser de promulguer la loi. H. Köhler, en fonctions depuis 2004, s'est ainsi opposé à deux textes arguant du non-respect de la Loi fondamentale (l'un concernant la privatisation de la navigation aérienne, l'autre les compétences des *Länder* dans le domaine de l'information des consommateurs). Il a par ailleurs, en 2008, suspendu la promulgation de la loi autorisant la ratification du Traité de Lisbonne dans l'attente de la décision de la Cour constitutionnelle. Celle-ci, en juin 2009, a considéré que l'entrée en vigueur du Traité nécessitait préalablement une extension des attributions du Parlement.

42. La dissolution du Bundestag prévue, dans cette éventualité, au lendemain de son renouvellement, aurait la signification d'une sanction infligée aux députés, incapables de désigner le nouveau chancelier. La loi électorale et le bipartisme approché ont, de fait, invalidé le scénario imaginé par la Loi fondamentale. Même si parfois les négociations ont été difficiles (1961, 1966, 2005), le Bundestag a toujours élu, dès le premier tour, le chef du Gouvernement.

par le président à *l'état de nécessité législative* (art. 81 L.F.). En l'espèce, à la demande du Gouvernement et en accord avec le Bundesrat, le blocage, dû au refus de vote d'une loi par le Bundestag et, en l'absence de sa dissolution, peut être provisoirement surmonté. Le souvenir obsédant de Weimar rend de la sorte impossible la formation d'un gouvernement présidentiel. Cette précaution s'est révélée superfétatoire, en raison de l'existence d'une majorité parlementaire constante. À l'instar du monarque britannique, le président fédéral enregistre, tout au plus, la volonté populaire, ou plus exactement l'accord des partis décidés à gouverner ensemble.

Au quotidien, ce *Bürgerpräsident* (citoyen-président) exerce le ministère de la parole : *Au-dessus des partis, mais d'une manière ni neutre, ni silencieuse* (R. von Weizsäcker). Autrement dit, il n'hésite pas à prendre position (sur la reconnaissance de la frontière orientale (Oder-Neisse) et le transfert de la capitale en 1990) ni, pour H. Köhler, à exhorter le Gouvernement à être davantage réformiste et plus soucieux du tiers-monde. *Je veux être ouvert, mais déranger s'il le faut.* On retiendra de l'éphémère C. Wulff son intervention dans le débat sur l'immigration en Allemagne provoqué par le succès du pamphlet *Deutschland schafft sich ab* (L'Allemagne court à sa perte) en déclarant que *l'Islam fait également partie de l'Allemagne.*

B. LE GOUVERNEMENT FÉDÉRAL

691 À coup sûr, le Gouvernement et le chancelier, constituent la pièce maîtresse de l'Allemagne. Dans ces conditions, il est banal d'affirmer que son régime est une *Kanzlerdemokratie*, voire une *Präsidialdemokratie*, tant il s'identifie à l'autorité de ce dernier. La logique du parlementarisme majoritaire, conjuguée à l'exceptionnelle personnalité de Konrad Adenauer, véritable créateur de l'institution, qui restitua la crédibilité à son pays et d'Helmut Kohl, qui réalisa son unité et œuvra pour l'Union européenne, sont à l'origine de ce phénomène. Angela Merkel incarne maintenant la démocratie allemande et, en lien avec la bonne santé économique du pays, est perçue comme la femme la plus puissante d'Europe.

1. La formation du Gouvernement

692 Le parlementarisme germanique est le cadre *formel* de l'activité des partis politiques, ou plus précisément, des alliances nouées entre eux.

a) L'entrée en fonction

693 Fort de son investiture populaire, le chancelier est élu sans discussion, au début de la législature, par le Bundestag à la majorité absolue de ses membres, sur proposition du président (art. 63.1 L.F.). Il y prête serment (art. 64 L.F.) à l'unisson des ministres qui l'entourent, conformément au *contrat de coalition* signé avec le partenaire de la C.D.U.-C.S.U. ou du S.P.D. La loi électorale fait qu'aucun des deux grands partis ne peut détenir la majorité absolue des sièges, hormis le cas du troisième cabinet Adenauer (C.D.U.-C.S.U.) (1957-1961). En cas de grande coalition, un partage des portefeuilles est logiquement effectué de manière quasi paritaire. Dans le gouvernement Merkel III, le S.P.D. détient six ministères sur quatorze. De surcroît, le tassement des partis traditionnels a conduit à l'émergence de nouvelles formations s'inscrivant durablement dans le paysage politique : les Verts dans les années 1980 et actuellement Die Linke. Au *trio* dominant de l'Allemagne d'après-guerre s'est substitué un *quintette* (devenu un *quartette* en 2013 avec la disparition du F.D.P. de la scène parlementaire). On se situe dans une logique de bipartisme *imparfait* en ce sens que ni la C.D.U. ni le S.P.D. ne peuvent gouverner seuls.

L'Allemagne cultive, à cet effet, la formule traditionnelle dite de la *petite coalition* (C.D.U.-C.S.U.-F.D.P. : 1949-1957 ; 1961-1966 ; 1982-1998 ; 2009-2013 ou S.P.D.-F.D.P. : 1969-1982 et S.P.D.-Verts : 1998-2005), comme si dans son inconscient collectif, depuis l'aventure totalitaire, elle refusait de s'en remettre à un seul parti, même le plus démocratique[43]. Exceptionnellement, la *grande coalition*[44] unit les deux grandes formations : (C.D.U.-C.S.U.-S.P.D.) entre 1966 et 1969 ; entre 2005 et 2009 et de nouveau depuis 2013.

b) La durée des fonctions

694 En bonne logique, la vie gouvernementale est liée au rythme de la vie parlementaire, expression unique de la souveraineté nationale, à l'inverse de la solution arrêtée sous Weimar. L'article 69-2 L.F. impose, de manière révélatrice, la démission du chancelier au lendemain d'une consultation nationale. Le Gouvernement de législature est solidement implanté autant que le *Gouvernement de la majorité*.

CHANCELIERS DE LA R.F.A.
1. KONRAD ADENAUER (C.D.U.) : sept. 1949-oct. 1963 (1)
2. Ludwig ERHARD (C.D.U.-C.S.U.) : oct. 1963-nov. 1966 (2)
3. Kurt-Georg KIESINGER (C.D.U.-C.S.U.) : déc. 1966-oct. 1969
4. Willy BRANDT (S.P.D.) : oct. 1969-mai 1974 (2)
5. Helmut SCHMIDT (S.P.D.) : mai 1974-oct. 1982 (3)
6. Helmut KOHL (C.D.U.-C.S.U.) : oct. 1982-janv. 1991
CHANCELIERS DE L'ALLEMAGNE
1. Helmut KOHL (C.D.U.-C.S.U.) janv. 1991-oct. 1998 (4)
2. Gerhard SCHRÖDER (S.P.D.) : oct. 1998-nov. 2005
3. Angela MERKEL (C.D.U.-C.S.U.) : nov. 2005 – ...
(1) 22 gouvernements se sont succédé à Bonn, puis à Berlin, à partir de 1999 : Adenauer (5) ; Erhard (2) ; Kiesinger (1) ; Brandt (2) ; Schmidt (3) ; Kohl (4) et Schröder (2) et Merkel (3). (2) Retrait volontaire en cours de législature. (3) Retrait volontaire en cours de législature. (4) Helmut Kohl détient le record de longévité à la chancellerie (16 ans). Lien de causalité, pour la première fois un Gouvernement sortant a été écarté par le corps électoral en 1998.

Mais, à titre exceptionnel, l'existence du Gouvernement fédéral peut être engagée et abrégée. Sur ce point, la constitution a mis en place un mécanisme célèbre autant qu'ingénieux, celui de la *motion de censure constructive* (art. 67) : *Le Bundestag ne peut exprimer sa défiance au chancelier qu'en lui élisant un successeur à la majorité de*

43. Traditionnellement, le *parti d'appoint* (F.D.P. ou les Verts), dispose du portefeuille des affaires étrangères (Hans Dietrich Genscher a occupé ce poste 18 ans de 1974 à 1992). En outre, son titulaire reçoit le titre de vice-chancelier. Le F.D.P. a provoqué un renversement d'alliance en 1969 au profit du S.P.D. et en 1982, pour le C.D.U.-C.S.U. Cependant, en proposant *une motion de confiance* (ou la question de confiance) (art. 68 L.F.), le chancelier peut ressouder sa majorité : Gerhard Schröder a obtenu l'appui des Verts, le 16 novembre 2001, à l'envoi des troupes en Afghanistan.

44. La coalition au plan fédéral ne se prolonge pas nécessairement au plan fédéré, où les situations les plus variées se rencontrent : gouvernement *monocolore*, gouvernements de *grande coalition* (S.P.D.-C.D.U.) ou de *petites coalitions* classiques (C.D.U.-F.D.P.) (S.P.D.-Verts) ou atypiques (S.P.D.-P.D.S. à Berlin entre 2001 et 2011) (C.D.U.-Verts à Hambourg jusqu'en 2011). Des redéploiements opérés à l'échelle fédérée préfigurent souvent des changements politiques de grande ampleur au niveau fédéral.

ses membres et en invitant le président fédéral à le relever de ses fonctions. En clair, le Gouvernement bénéficie d'une *présomption de confiance*. En cas contraire, il appartient à l'opposition de renverser le fardeau de la preuve en démontrant qu'il ne possède plus la majorité. Cependant, instruits par les précédents fâcheux qui, sous Weimar, permettaient à une majorité *négative* de renverser un cabinet, par la conjonction, par exemple, des voix communistes et national-socialistes, les constituants de Bonn, à l'instigation du professeur Hans Nawiasky, autorisent uniquement une majorité *positive* ou *créatrice* à se manifester, en l'obligeant à s'unir sur le nom d'un remplaçant.

Cette procédure, qui a fait école[45], a été utilisée jusqu'à présent, à deux reprises. En avançant, le 27 avril 1972, le nom de son *leader*, Rainer Barzel, la C.D.U.-C.S.U. voulait manifester son hostilité l'*Ostpolitik* du chancelier Brandt. Cependant, elle devait échouer dans son dessein, faute de deux voix. Il faut attendre, le 1er octobre 1982, pour assister, de façon inédite, à la *relève* du chancelier Helmut Schmidt (S.P.D.) par Helmut Kohl (C.D.U.-C.S.U.).

Par suite d'un désaccord économique, les libéraux ont joint leurs voix à celles des chrétiens-démocrates. Toutefois, on le sait, la logique démocratique ne sera pleinement satisfaisante qu'à partir du moment où les électeurs consultés, en mars 1983, entérineront l'alternance. Ce précédent s'imposera, de toute évidence, à l'avenir, et limitera d'autant la portée de cette disposition fameuse. Enfin, il y a lieu de recenser d'autres causes de retrait. Pour des raisons personnelles, le grand âge de Konrad Adenauer l'amène à se retirer des affaires, en octobre 1963, après un *règne* de près de quatorze ans ; une affaire d'espionnage contraint Willy Brandt à résilier ses fonctions en mai 1974. Enfin, une rupture au sein de la majorité gouvernementale, par suite de la défection du F.D.P., provoque la mise à l'écart de Ludwig Erhard et l'expérience de la *grande coalition*, en novembre 1966. Autant d'exceptions à la pérennité : l'Allemagne, en un demi-siècle, a connu seulement 9 chanceliers et 22 gouvernements.

2. La mission du Gouvernement

695 Le Gouvernement qui a regagné Berlin, en août 1999, agit sous l'autorité du chancelier dépositaire de la confiance de la nation. On parle du *principe du chancelier* qui se décline en termes ordinaires et extraordinaires.

a) Les pouvoirs ordinaires du Gouvernement

696 L'article 65 L.F. énonce : *Le chancelier fédéral fixe les lignes directrices de la politique et en assume la responsabilité*. Appuyé par les services de la chancellerie fédérale (*Bundeskanzleramt*[46]), il détermine les objectifs de la politique et choisit les moyens appropriés pour y parvenir. Sous son autorité, le Gouvernement (*Bundeskabinett*) possède les attributs normaux du pouvoir exécutif et, au moyen du relais incomparable que constitue sa majorité au Bundestag, dispose largement du pouvoir législatif et financier, conformément à la tendance générale. Depuis 1949, 80 % des lois promulguées l'ont

45. Outre les constitutions des *Länder*, cette disposition a été une source d'inspiration pour les constituants français (art. 49 C), grec et espagnol. La loi du 13 mai 1991 l'applique même à la collectivité territoriale de Corse (art. 37) dans la relation entre l'assemblée et le conseil exécutif.

46. V. F. MÜRLLER-ROMMEL, Le bureau du chancelier allemand, *Revue française d'administration publique* n° 83, 1997, p. 437. Généralement, un ministre fédéral avec attributions spéciales (*Bundesminister für besondere Aufgabe*), en fait un ministre sans portefeuille, dirige la Chancellerie fédérale.

été à son initiative, tandis que les membres du Bundestag intervenaient pour moins de 20 % et ceux du Bundesrat pour moins de 2 %. Le bilan de la *soudure organique* entre le Gouvernement et la majorité parlementaire est éloquent. Par ailleurs, celui-là peut saisir la Cour constitutionnelle fédérale, en certaines circonstances (*infra*, n° 704).

b) Les pouvoirs extraordinaires du Gouvernement

697 Le Gouvernement fédéral peut bénéficier d'une délégation de pouvoir législatif : La loi doit préciser le contenu, le but et l'étendue de *l'autorisation donnée* (art. 80 L.F.).

En dehors de l'hypothèse, peu plausible, d'un Gouvernement minoritaire recourant à la procédure *de l'état de nécessité législative* (*supra*, n° 690), la révision constitutionnelle du 24 juin 1968 (art. 115 a L.F.), relative aux pouvoirs de crise (*Notstand*) confère au Gouvernement, dans le cadre de *l'état de défense, en accord avec* les chambres, des pouvoirs accrus. Cependant, ils se trouvent *en deçà* de ceux attribués par l'article 48 de la constitution de Weimar ou de l'article 16 C[47].

§ 5. LA COUR CONSTITUTIONNELLE FÉDÉRALE

698 Rarement la politique n'aura été autant subordonnée au droit qu'outre-Rhin. On dit volontiers que le *gouvernement* ou l'*État des juges (Richterstaat)* y a élu domicile. Mais loin de s'en offusquer, l'opinion générale s'en félicite, en réaction contre la dictature du passé. Chacun s'accorde à reconnaître au *Bundesverfassungsgericht* une autorité juridictionnelle inégalée car, au-delà de son pouvoir d'interprétation, il dispose d'un authentique pouvoir créateur (*Fortbildung*). Il s'agit d'une cour suprême, dans toute l'acception du terme (art. 93 L.F.)[48].

A. L'ORGANISATION DE LA COUR CONSTITUTIONNELLE

699 Siégeant à Karlsruhe, la Cour constitutionnelle se compose de 16 juges répartis en deux chambres *distinctes*, sorte de juridictions jumelles (*Zwillingsgerichte*), appelées *Senate*[49]. De manière exceptionnelle (cinq cas depuis 1951), la Cour peut statuer en plenière lorsqu'une chambre entend remettre en cause une jurisprudence établie par l'autre. En application de l'article 94 L.F. et de la loi du 3 février 1971, ses membres sont choisis sur le fondement d'un critère *socio-professionnel*, comme aux États-Unis et en Espagne, dans les conditions suivantes : six parmi les juges fédéraux et les dix autres entre les personnes âgées de plus de 40 ans disposant des diplômes requis pour entrer dans la magistrature. Ils sont élus, pour moitié par le Bundestag et pour moitié par le Bundesrat, à la majorité des deux tiers, ce

47. V. M. FROMONT, Le problème de l'état de crise, *R.D.P.* 1969, p. 197 ; Chr. AUTEXIER, Les ordonnances et les délégations législatives, *R.F.D.A.* 1987, p. 748.

48. V. Ch. EISENMANN, La justice constitutionnelle dans la République fédérale d'Allemagne, *Mélanges Léo Hamon*, 1982, p. 195 ; M. FROMONT, Les normes constitutionnelles non écrites dans la République fédérale d'Allemagne *in Les règles et principes non écrits en droit public*, 2000, p. 131 ; Présentation de la Cour constitutionnelle fédérale d'Allemagne et entretien avec le Président Papier, *C.C.C.*, n° 15, 2003, p. 90 ; C. STARCK, La Cour constitutionnelle fédérale, *Mélanges Favoreu*, 2007.

49. En pratique, la section (composée de trois juges) est la formation de jugement de droit commun. De manière exceptionnelle (quatre fois en cinquante ans), la Cour siège en formation des Chambres réunies (*Plenum*) (v. O. JOPP, *La procédure devant la Cour constitutionnelle fédérale allemande*, mémoire Paris-I, 2002). En outre, chaque *Land* dispose d'une cour constitutionnelle propre selon la logique fédérale.

qui a pour effet de favoriser, en théorie, un choix consensuel et non partisan. Dans les faits, on assiste à une répartition du droit de nomination à la proportionnelle entre les partis (*Parteienproporz*) et il est donc difficile de nier la politisation du recrutement. Le mandat des juges est de douze ans. Ils ne peuvent être ni révoqués, ni renouvelés. Par ailleurs, une limite d'âge est fixée à 68 ans, au moment de la nomination. La fonction de juge constitutionnel est incompatible avec une activité privée ou une autre fonction publique. Le président de la Cour est élu dans les mêmes conditions (Andreas Vosskuhle depuis 2010). Pour la première fois, une femme (Jutta Limbach) a accédé à cette responsabilité en 1994, en remplacement de Roman Herzog devenu *Bundespräsident*.

B. LES COMPÉTENCES DE LA COUR CONSTITUTIONNELLE

700 La Cour a grandement favorisé le règne du droit, achevant sur ce point capital, la tendance qui s'esquissait sous Weimar à *juridiciser* les problèmes politiques. Au prix d'une simplification, ses chefs de compétence s'articulent autour de la défense respective de l'ordre constitutionnel, de la répartition des compétences au sein de la fédération et du principe de constitutionnalité. Autant dire que la Cour est en prise permanente avec l'exercice du pouvoir. Elle y est parfaitement intégrée, à la vérité.

1. La défense de l'ordre constitutionnel

701 La Cour constitutionnelle dispose d'attributions variées : elle statue à la demande d'un pouvoir public fédéral, sur le caractère constitutionnel de certains partis politiques (art. 21 *in fine* – dissolutions du parti social du Reich en 1952 et du parti communiste en 1956), prononce la déchéance des droits fondamentaux en cas d'atteinte à l'ordre constitutionnel libéral et démocratique (art. 18), juge le président fédéral violant délibérément la Loi fondamentale ou une autre loi fédérale (art. 61) ; enfin la responsabilité des juges fédéraux et fédérés est engagée devant elle (art. 98 *in fine*).

Par ailleurs, il lui appartient, en sa qualité de cour suprême, de statuer sur l'*interprétation* de la constitution en cas de litige entre les pouvoirs publics (art. 93 *in limine)*. C'est sur son fondement qu'elle est intervenue sur l'utilisation du droit de dissolution par le président fédéral (1983 et 2005) et sur la légalité d'une participation de la Bundeswehr en dehors des frontières (1994).

2. La défense de la répartition des compétences entre les pouvoirs publics

702 Le tribunal de Karlsruhe est juge de la puissance d'État. Il arbitre les différends qui peuvent y surgir. Plusieurs cas de figures se présentent : conflit entre la fédération et un *Land*, notamment en matière de télévision (arrêt du 22 mars 1995), entre deux *Länder*, ou bien litige entre organes fédéraux (art. 93) ou examen du contentieux des élections au Bundestag. Les litiges de ce type sont en nombre réduit (208 entre les organes fédéraux et 45 entre le *Bund* et un *Land* entre 1951 et 2013).

Malgré tout, son intervention est décisive pour la bonne régulation du fédéralisme. Il a ainsi imposé au législateur fédéral, le 11 novembre 1999, une modification de la péréquation des ressources entre les *Länder* ou encore considéré, le 24 septembre 2003, que les restrictions posées au port des insignes religieux à l'école relèvent de l'appréciation de chaque *Land*.

3. La défense du principe de constitutionnalité

703 Sans qu'il soit expédient de revenir sur la théorie générale, la complétude du droit allemand se démontre par la coexistence entre le recours *objectif et abstrait* et le recours *subjectif et concret*[50]. En conséquence, la protection *nationale* des droits fondamentaux s'en trouve valorisée.

a) Le recours objectif et abstrait

704 La loi (fédérale ou fédérée) peut, hors de tout litige individuel, être directement déférée à l'instance constitutionnelle, par le Gouvernement fédéral, un gouvernement local ou l'opposition (c'est-à-dire un tiers des membres du Bundestag) (art. 93 L.F.). La saisine s'effectue *a posteriori*. En pratique, ce type de contrôle est rare en Allemagne (178 saisines entre 1951 et 2013) contrairement à la situation française.

b) Le recours subjectif et concret

705 On peut distinguer deux voies de droit distinctes. D'abord, dans le cadre de la question préjudicielle de constitutionnalité, (*Konkrete Normenkontrol*) la Cour est saisie par le juge ordinaire si celui-ci, dans un procès en cours, *estime qu'une loi dont la validité conditionne sa décision est inconstitutionnelle* (art. 100 L.F.). Intervenant assez rarement en raison du dynamisme du recours direct (v. *infra*) (28 requêtes en 2012, 18 en 2013), elle peut soit annuler directement la disposition législative soit la déclarer incompatible et fixer un délai au législateur afin que celui-ci la rectifie pour l'avenir. Ensuite, les *droits fondamentaux liant les pouvoirs législatif, exécutif et judiciaire* (art. 1 L.F.), toute personne lésée dans l'exercice de ses droits peut contester une loi, un acte administratif ou une décision judiciaire par le biais du recours direct de constitutionnalité (*Verfassungsbeschwerde*). Celui-ci concernant principalement les décisions juridictionnelles (le plus souvent pour méconnaissance du droit à une protection effective ou du principe d'égalité), un quatrième degré de juridiction s'est insensiblement constitué. Des règles d'admission strictes (et notamment la condition d'épuisement des voies de recours) sont cependant présentes afin d'éviter un engorgement de la Cour (6 238 requêtes examinées en 2013 – 98,5 % rejetées pour irrecevabilité).

L'autorité de la constitution, ou l'État de droit, est affirmée, au point de subordonner la loi, la démocratie majoritaire en clair, à ses vues. La technique de *l'injonction* adressée au parlement est révélatrice, à cet égard. Le juge ne se comporte plus comme le *législateur-négatif* (Kelsen) mais bel et bien comme un contre-législateur voire un tuteur. On pensera aux obligations imposées au législateur pour mettre fin aux différences d'imposition entre retraites des salariés et celles des fonctionnaires (arrêt du 6 mars 2002), pour corriger le dispositif d'espionnage à domicile (3 mars 2004), à l'égard des législateurs fédérés, pour mieux concilier la lutte contre le tabac avec l'égalité des établissements recevant du public (30 juillet 2008), pour permettre à un « pacsé » d'adopter l'enfant que son partenaire avait adopté

50. Comme il l'a été déjà constaté *supra* dans le chapitre v., cette classification, utile pédagogiquement, a l'inconvénient de mettre de côté les inévitables *dissociations* entre les deux logiques de contrôle et l'émergence de procédures à *caractère mixte* (v. M. FROMONT, *La justice constitutionnelle dans le monde*, Dalloz, 1996, p. 41-44 spécialement). Pour les modalités techniques, voir notamment R. ARNOLD, La question préjudicielle de constitutionnalité, *A.I.J.C.* 2007, A. DITTMAN, Le recours constitutionnel en droit allemand, *C.C.C.*, n° 10, 2001, O. JOOP, *Le recours constitutionnel (Verfassungsbeschwerde) devant la Cour constitutionnelle fédérale allemande*, thèse Paris-I, 2006 et M. FROMONT, Présentation de la Cour constitutionnelle fédérale d'Allemagne, *C.C.C.*, n° 15, 2003.

personnellement avant la conclusion du contrat civil (19 février 2013) ou encore pour établir l'égalité fiscale pour les couples homosexuels (6 juin 2013).

L'action de la Cour constitutionnelle pour l'édification de l'État de droit, à travers la défense des droits fondamentaux, est impressionnante[51]. Sollicitant le principe de sécurité juridique (ou de confiance légitime) (7 avril 1964) et celui de proportionnalité (12 juin 1979), elle a été conduite à intervenir dans de nombreux domaines sensibles. Elle s'est ainsi opposée, à deux reprises, à la libéralisation de l'avortement en janvier 1975 et en mai 1993 et suspendu les opérations légales du recensement de la population, en avril 1983, au motif que les droits des citoyens n'étaient pas suffisamment protégés ; en novembre 1986, au nom de la liberté d'expression, elle s'est souciée de préserver le pluralisme audiovisuel. Tout en limitant le droit d'asile (14 mai 1996), la Cour s'est employée à faire respecter le principe de l'égalité devant l'impôt (22 juin 1995) et plus encore, au point de provoquer un tollé, la liberté religieuse et de conscience, en s'opposant à la présence de crucifix dans les écoles (16 mai 1995).

Plus récemment, elle a au nom du principe de la dignité humaine, invalidé la loi permettant à l'armée d'abattre un avion civil détourné par des terroristes (15 février 2006) ou considéré, qu'au nom de l'intérêt de l'enfant, des règles coercitives ne peuvent être imposées à un parent ne souhaitant pas de contact avec sa descendance (1er avril 2008). Enfin, si elle a accepté, le 27 février 2008, au nom de la lutte contre le terrorisme, le principe des intrusions électroniques dans les ordinateurs privés, consacrant par la même occasion, *le droit fondamental à la protection de la confidentialité et de l'intégrité des systèmes informatiques*, elle a cependant restreint, le 19 mars 2008, les conditions de stockage des données de communication téléphoniques et électroniques. Dans sa décision du 9 février 2010, la Cour a estimé que les restrictions imposées au système d'aides sociales par le plan Hartz IV contrevenaient au droit à un revenu minimal consubstantiel au principe de la dignité humaine. La vigilance ne faiblit pas en 2011. Après avoir protégé les droits des transsexuels (28 janvier 2011), la Cour a, de façon remarquée, déclaré inconstitutionnelles les règles de la détention provisoire (4 mai 2011) en donnant au législateur un délai de deux ans pour établir un nouveau dispositif. La Cour, à deux reprises (3 juillet 2008 et 25 juillet 2012), a déclaré partiellement inconstitutionnelles les lois électorales retenues pour le Bundestag. Il les jugea contraires *aux principes d'égalité et d'immédiateté de l'élection* ainsi qu'à celui de *l'égalité des chances des partis*. Par ailleurs, ses décisions sont désormais tout particulièrement attendues dans le domaine européen compte tenu de la place de l'Allemagne dans une Union confrontée à une crise économique sans précédent[52].

Avant de terminer, il convient de s'attarder sur l'importance de la *protection nationale* des droits fondamentaux en Allemagne. En mettant de côté l'absence de contrôle du droit européen dérivé à l'aune de ces droits (*aussi longtemps* que le système juridictionnel communautaire assurera une protection équivalente (décision baptisée *Solange II*

51. V. M. FROMONT, chronique *R.D.P.* ; R. ARNOLD, chronique, *R.I.D.C.* ; X. VOLMERANGE *et alii*, chronique *A.I.J.C.*

52. Dans une décision du 30 juin 2009, la Cour avait déjà suspendu la ratification du traité de Lisbonne tant qu'une loi renforçant les droits du Parlement (et au final ceux du peuple souverain) n'avait pas été votée. À ses yeux, l'accroissement des compétences du Parlement européen ne permet pas encore de réduire, de manière satisfaisante, l'écart entre l'extension des pouvoirs de décision des institutions européennes et les prérogatives d'action démocratiques des États membres. Dans une logique similaire, elle a entendu faire respecter l'article 38 L.F. prescrivant que les membres du Bundestag sont les représentants de l'ensemble du peuple. Si elle a jugé, sous de strictes réserves d'interprétation, le 7 septembre 2011, que les prérogatives du Bundestag n'étaient pas substantiellement remises en cause par les plans d'aide à la Grèce et de stabilisation de l'euro, elle a, en revanche, enjoint, le 28 octobre 2011, la suspension d'une disposition permettant au représentant allemand du Fonds européen de stabilité financière (FESF) de demander l'approbation des mesures urgentes et confidentielles à un comité composé seulement de neuf parlementaires. Le mécanisme européen de stabilité a, quant à lui, été déclaré conforme à la Loi fondamentale le 12 septembre 2012 compte tenu de son ancrage démocratique. Enfin, le 7 février 2014, elle a, tout en émettant de nombreux doutes sur la légalité du programme d'achat de la dette publique par la B.C.E. (programme O.M.T.), décidé, pour la première fois, de surseoir à statuer et de poser une question préjudicielle à la C.J.U.E. V. X. MAGNON, Le juge constitutionnel national, dernier obstacle au processus d'intégration européenne ?, *R.F.D.C.* 2010, p. 410.

du 22 octobre 1986)), la Convention européenne des droits de l'homme occupe, outre-Rhin, une place subsidiaire. Globalement, la Cour constitutionnelle s'y réfère peu (malgré sa valeur constitutionnelle reconnue *de facto* (décision du 22 mars 1987)) en raison, d'une part, du constat que les droits consacrés par la Convention se recoupent avec les droits fondamentaux et, d'autre part, en raison de sa propre expérience acquise dans ce domaine. On pourra alors comprendre que les décisions de la C.E.D.H. contredisant la Cour[53] soient diversement appréciées. Quoi qu'il en soit, l'importance de la garantie nationale des droits tranche avec la priorité reconnue, en France, à la règle internationale. Il est à souhaiter que l'introduction de la Q.P.C. (art. 61-1C inséré par la révision du 23 juillet 2008 – v. *IIIe partie*) sera en mesure de restaurer un rapport de normes plus respectueux de la primauté de la constitution et donc de l'autorité du souverain qui dispose du *dernier mot* en cas de conflit avec le juge constitutionnel mais reste impuissant à l'égard du juge international.

Au final, la nouvelle Allemagne a connu une destinée exceptionnelle, en raison d'un essor économique et monétaire érigé en modèle et d'un enracinement civique, forgé à l'épreuve des faits. Pour la première fois de son histoire, elle a créé *une tradition* et, plus encore, une *conscience démocratiques*.

SECTION III — LE PATRIMOINE COMMUN OU LA DÉMOCRATIE EUROPÉENNE

706 *Les nations libres de l'Occident présentent*, observait Esmein *dans leurs institutions politiques à la fois un air de famille et des traits individuels.* L'existence de *standards* de civilisation politique confère à cette opinion une étonnante jeunesse. Ces passions partagées, cette communauté de valeurs, se révèlent dans toute leur intensité au sein de l'Union européenne, qui devient la référence, pour les anciens régimes communistes au moment où ils sont *rentrés en Europe* (traité d'Athènes de 2003)[54]. Au-delà de l'euro, les *traditions constitutionnelles communes aux États membres*, selon la formule du traité de Maastricht de 1992, sont à l'origine de la *citoyenneté européenne* et des critères de la démocratie européenne *(critères de Copenhague)*, à savoir : garantie de la démocratie et de l'État de droit ; droits de l'homme et respect des minorités et des *valeurs communes* identifiées par la Charte des droits fondamentaux (v. *IIIe partie)*. En prolongement, la Convention européenne des droits de l'homme affirme son ambition transconstitutionnelle. Des contraintes diversifiées par leur contenu pèsent désormais sur la production normative des États européens. La Hongrie

53. Voir principalement C.E.D.H., 24 juin 2004, *Caroline von Hannover c/ Allemagne* (sur la liberté d'expression) ; 3 décembre 2009, *Zaunegger c/ Allemagne* (régime de l'autorité parentale hors mariage) et 17 décembre 2009, *M. c/ Allemagne* (détention provisoire).

54. V. G. DUPRAT (sous la direction), *L'Union européenne. Droit, politique, démocratie*, 1997 ; Y. GUCHET (sous la direction), *Les systèmes politiques des pays de l'Union européenne*, 1994 ; C. GREWE et M. H. RUIZ FABRI, *Les droits constitutionnels européens*, 1995 ; H. PORTELLI, *Les régimes politiques européens*, 1994 ; Ph. LAUVAUX, *Les grandes démocraties contemporaines*, 3e éd., 2004 ; J.-F. FLAUSS (sous la direction), Vers un droit constitutionnel européen. Quel droit constitutionnel européen ?, *Rev. universelle des droits de l'homme*, 29 déc. 1995, vol. 7, p. 357 ; A. GROSSER (sous la direction), *Les pays d'Europe occidentale*, D.F. (publication annuelle).

l'apprend à ses dépens depuis 2011 et plus encore depuis l'entrée en vigueur de sa nouvelle Constitution le 1er janvier 2012.

On se propose d'évoquer ce fonds commun d'institutions, soit : l'attachement à la démocratie parlementaire et à l'État de droit. Miroir, en somme, de la régulation juridictionnelle de la démocratie.

§ 1. LE RÉGIME PARLEMENTAIRE

707 Au-delà de la variété des formes de l'État (État fédéral en Allemagne, Autriche et Belgique ; unitaire, avec des variantes *autonomiques* en Espagne et Italie)[55] et de l'origine populaire du pouvoir, à la suite d'élections disputées, le régime parlementaire est devenu la *norme* européenne. Le présidentialisme français s'avère l'exception qui confirme la règle. Le mimétisme politique s'observe, bien plus avec la droite au pouvoir dans la majorité des États membres.

De ce point de vue, les constitutions reflètent l'évolution du parlementarisme : celle de la Belgique de 1831 (la plus ancienne, hormis le particularisme britannique) élaborée selon la conception *dualiste* et appliquée en termes *monistes ;* la Loi fondamentale de l'Allemagne empreinte de *rationalisation* découvre les bienfaits de la logique *majoritaire*. Le cas de la constitution italienne de 1947 est original : calquée sur celle de la IVe République française, elle n'a pas versé, cependant dans le régime d'assemblée, à l'image sans doute de la tour de Pise.

A. LE CHEF D'ÉTAT ET LE GOUVERNEMENT

708 Les États de l'Union, en dehors de la France en période présidentialiste, ont opté pour un pouvoir exécutif bicéphale au sein duquel le cabinet occupe la place centrale et assume le rôle dirigeant.

1. Le chef de l'État

709 Selon la loi du genre, le chef de l'État n'est pas un véritable *chef*. Monarque ou président, il accomplit les gestes du pouvoir sans les assumer. Au sein de l'Union européenne, il procède de la Nation dans onze États (principalement en Autriche, Irlande, Finlande, France, Pologne et Portugal)[56], des assemblées ou de l'hérédité (sept monarchies). Malgré ces différences, il est cantonné à exercer, sauf en France, une fonction de représentation et non de décision puisque ses prérogatives sont encadrées par la règle du *contreseing* ministériel. Personnifiant la nation, cette *fatalité de l'effacement*, selon une expression, n'est pas exclusive cependant d'un pouvoir d'influence variable naturellement selon les États.

55. Par référendum, le 7 septembre 2001, la constitution italienne a été révisée. Aux termes du nouvel article 117, l'État transfère aux régions le pouvoir administratif et législatif en matière d'éducation et d'environnement. En l'espèce, il s'est agi, moins *de créer un État fédéral que de réformer l'État régional* : M.-P. ÉLIE, L'Italie, un État fédéral ?, *R.F.D.C.* 2002, p. 749. L'attribution d'un pouvoir législatif exclusif en matière de santé et d'éducation aux régions a été rejetée par référendum les 25 et 26 juin 2006.

56. Rajoutons, pour être complet, la Bulgarie, la Lituanie, la Roumanie, la Slovaquie et la Slovénie.

En **Belgique**, on prétend que le seul Belge est le roi. Un rôle qui s'avère d'autant plus nécessaire que l'État fédéral est devenu une réalité, en 1993 et que le fossé entre les communautés linguistiques ne cesse de s'agrandir. La fonction d'authentification des normes juridiques à laquelle Baudouin était confiné, n'a pu aller à l'encontre de sa conscience. En avril 1990, il s'est mis temporairement dans l'impossibilité de régner afin de ne pas promulguer la loi dépénalisant l'avortement[57]. Tandis qu'Albert II condamnait, en 2006, les séparatistes, le prince héritier Philippe a exprimé publiquement, en 2004, son opposition au Vlaams Blok (devenu depuis le Vlaams Belang). Le divorce de fait entre Flamands et Wallons, alimenté par un différentiel économique et par les rancœurs du passé[58], concerne aussi la place et les attributions du Roi (considéré comme un garant de la *loyauté fédérale*, les Flamands souhaitent abaisser davantage sa fonction). Au final, la bière, l'équipe nationale de football et, pourquoi pas, Stromae, restent les seuls points de repères communs d'une Nation confrontée à une vie institutionnelle et politique erratique, instable (avec l'incapacité des différents partis pendant 541 jours (record mondial) à fonder un gouvernement entre juin 2010 et décembre 2011) et à une rupture entre les communautés (mesures de discrimination linguistique prises en Flandre ; querelles juridiques portant sur l'arrondissement bilingue de Bruxelles-Hal-Vilvorde – ou BHV *le grand bazar*). La montée en puissance du parti indépendantiste N.V.A. où son leader, Bart de Wever, est devenu bourgmestre d'Anvers en 2012, a conduit le Roi à inviter ses concitoyens à *la lucidité et à la vigilance* et à ne pas oublier les leçons des années 1930. Après vingt ans de règne, il a décidé d'abdiquer en faveur de son fils Philippe en juillet 2013. Un des rares pôles de stabilité de la Belgique disparaît. Comme on pouvait s'y attendre, la situation politique reste, après les législatives de 2014, des plus incertaines.

En **Italie**, le président de la République s'entend, tel le pouvoir *neutre* de Benjamin Constant, garant de l'équilibre institutionnel et du bon fonctionnement du régime. Il peut, avec d'inévitables variations selon les occupants du *Quirinal*, exprimer librement sa pensée sur les sujets qui intéressent les Italiens – soit l'*esternazione*.

Francesco Cossiga (1985-1992), appelé *le grand perturbateur*, a affirmé pleinement ce rôle *d'aiguillon* de la classe politique à partir de 1990. Renonçant à son rôle de neutralité, il s'est prononcé pour *une révolution démocratique* impliquant une refonte institutionnelle en 1991 ; sujet réputé tabou, jusqu'alors. *Je ne serai plus le président qui se contente de garantir la correction du jeu entre les partis.* Oscar Luigi Scalfaro (1992-1999) a bénéficié d'une autorité morale et politique, lui permettant, depuis la rupture avec la partitocratie, en 1993, de favoriser la transition institutionnelle[59]. Carlo Azeglio Ciampi (1999-2006) s'est opposé fréquemment à son président du conseil, Silvio Berlusconi. Il a ainsi refusé à cinq reprises depuis 2001 de promulguer une loi (dont notamment, en 2003, la loi Gasparri relative à l'audiovisuel, domaine où, on le sait, le conflit d'intérêts du président du conseil était notable). Le président, Giorgio Napolitano, élu en 2006, a régulièrement appelé la classe politique à un sursaut éthique. En 2011, il s'est personnellement impliqué pour à la fois rassurer les instances européennes sur la détermination de l'Italie à assainir sa situation budgétaire. Après avoir nommé Mario Monti sénateur à vie, il a favorisé l'installation de son gouvernement. Le départ de Monti en 2012, suivi de l'incapacité de former un gouvernement après les élections de 2013, ont provoqué une nouvelle crise politique. Faute de consensus sur d'autres candidats, G. Napolitano, âgé de 88 ans, a finalement été réélu au printemps 2013. C'était une première dans l'histoire politique de l'Italie.

En **Espagne**, Juan Carlos, successeur désigné par Franco, joua dès 1975 un rôle important dans le retour de l'Espagne dans la famille démocratique. Son intervention télévisée, en février 1981, lors de la tentative de *pronunciamiento* fut décisive. Il n'a cessé, par la suite, de dénoncer régulièrement les attentats perpétrés par l'E.T.A. (la dernière fois en décembre 2007), et celui commis à Madrid par Al-Qaida en mars 2004. Selon le premier ministre José Luis Zapatero, le Roi *remplit, depuis la transition*

57. V. F. DELPÉREE, La fonction de roi, *Pouvoirs* n° 78, 1996, p. 43 et le *Droit constitutionnel de la Belgique*, 2000 ; La Belgique, *Pouvoirs* n° 54, 1990 et n° 136, 2011.

58. La domination des Wallons au XIXe siècle fut une réalité historique. Dans l'imaginaire flamand, l'affaire *Coucke et Goethals* occupe une place singulière (deux flamands condamnés à mort en 1860 qui n'avaient pu présenter leur défense devant les tribunaux faute de connaître suffisamment le français alors seule langue officielle). Le *Vlaam Belang* a demandé, en vain, une révision du procès en 2006.

59. V. V. FUMAROLI, *Le rôle du président de la République en Italie*, thèse Toulon, 2000 ; F. LAFAILLE, La mutation de la forme de gouvernement parlementaire en Italie : le chef de l'État, contestable co-législateur ?, *R.F.D.C.*, 2012, p. 11 ; M. LUCIANI et M. VOLPI, *Il Presidente della Republica*, Bologne, 1997.

politique, une inestimable fonction d'intégration politique, sociale et territoriale au service de tous les Espagnols[60]. Pourtant, son rôle et sa fonction ont été, pour la première fois depuis 30 ans, vivement remis en cause par les nationalistes en 2008. Fait rarissime, il a été contraint de s'excuser publiquement, en 2012, pour sa légèreté à l'égard des deniers publics. Le sujet est d'autant plus sensible que l'Espagne traverse une crise économique d'une ampleur inquiétante, que le gendre du Roi est impliqué dans un scandale de corruption et *l'Infante* mise en examen. *Ah, quel malheur d'avoir un gendre* ! Afin d'éviter un discrédit total de la monarchie, Juan Carlos a finalement décidé d'abdiquer au profit de son fils en 2014. Felipe VI s'est engagé à incarner la *revitalisation des institutions* et l'unité d'une *Espagne diverse*.

2. Le Gouvernement ou le ministère

710 À l'issue d'une négociation entre les partis, le Gouvernement se présente à l'investiture de la chambre (Grèce) ou des chambres (Belgique, Italie), devant qui, sa responsabilité peut être mise en cause, soit simplement (Belgique, Italie, Luxembourg), soit au terme d'une procédure rationalisée d'inspiration allemande (Espagne, Grèce, Portugal). Au Danemark, le cabinet n'est pas tenu d'obtenir l'investiture, ce qui permet la constitution de gouvernement minoritaire ou de non-défiance.

En contrepartie, le chef du Gouvernement dispose du droit de dissolution du Parlement, en tout ou partie. Mais, sachant qu'en dehors de la Grande-Bretagne, la représentation proportionnelle (invention belge) est le scrutin de *référence* communautaire, la dissolution est, pour une part importante, privée d'effets concrets. Autre conséquence du mode de scrutin, le Gouvernement de coalition est la seconde nature du modèle européen (à l'exception de l'Espagne). Coalition ne rime pas systématiquement avec instabilité, le cours des choses est celui d'un *Gouvernement de législature* adossé à une majorité constante, en dehors du cas particulier de **l'Italie**. Fruit de la défiance entre les partis en 1947 (soit au début de la guerre froide), la formule d'un gouvernement faible a été sciemment choisie et les mécanismes de rationalisation parlementaire négligés. Rien d'étonnant, dans ces conditions, que la crise ministérielle soit la norme : le gouvernement Renzi est le 74e recensé depuis 1947.

Cependant, à l'image de la compétitivité de son économie immergée, le système transalpin a longtemps fait apparaître dans les faits une stabilité insoupçonnée, en raison d'une part, du *parti dominant* de la Démocratie-chrétienne (en ce cas, un changement de Gouvernement traduisait une modification du rapport de force entre ses composantes ou/et avec les partis coalisés) et, d'autre part, de l'existence d'un *sottogoverno*. Ce concept se définit comme *l'espace de pouvoir politique qu'occupent les organismes publics ou d'intérêts publics par lesquels se réalise une grande partie de la politique économique du pays* (N. Bobbio). En un mot, *le pays n'avait pas besoin d'être gouverné, puisqu'il était sous-gouverné*[61]. Qu'importe : *Il est difficile de gouverner les Italiens, mais cela ne sert à rien* prétendait Mussolini.

En 1993, un séisme politique s'est produit à la suite de la conjonction du peuple et des juges. Le référendum des 18 et 19 avril 1993 et l'opération *mani pulite* (mains propres) destinée à lutter contre la corruption, a atteint la partitocratie dans ses œuvres vives en emportant la Démocratie chrétienne et le parti socialiste qui dominaient la scène politique depuis 1947. La loi électorale a été bouleversée par la même occasion et à la R.P. succède le scrutin majoritaire à un tour avec un correctif proportionnel, pour 25 % des sièges. Après l'échec des référendums de 1999 et 2000 visant à supprimer ce reliquat, la loi de 2005 (baptisée par son propre auteur de *cochonnerie*) prévoit que la coalition de partis victorieuse obtient 55 % des sièges à la chambre des députés (prime calculée au niveau national) et au Sénat

60. V. P. BON, La constitution espagnole dans le constitutionnalisme contemporain, *Mélanges Dmitri Georges Lavroff*, 2005, p. 69 ; P. BON (sous la direction), *Trente ans d'application de la constitution espagnole*, Dalloz, 2009 ; V. M. CANEDO, Le roi est mort, vive... le roi ou la reine ?, *R.F.D.C.* 2006, p. 639.

61. V. N. BOBBIO, La crise permanente, *Pouvoirs* n° 18, 1981.

(prime régionale – ce qui rend difficile l'obtention d'une majorité parlementaire). La Cour constitutionnelle l'a invalidée partiellement en décembre 2013. Une réforme électorale est donc attendue. La bipolarisation et l'alternance sont devenues une réalité. Si les partis de centre-droite (*Forza Italia* de S. Berlusconi et l'*Alliance nationale* de G. Fini) longtemps partenaires de coalitions ont fusionné en 2009 (*Le peuple de la liberté*) avant de se déchirer un an plus tard, les logiques de rassemblement sont plus erratiques à gauche avec le *Parti démocrate* dont la vocation est de regrouper les ex-communistes, plusieurs petits partis de centre-gauche et d'anciens membres de la Démocratie chrétienne. Un mouvement de balancier fut visible entre S. Berlusconi, *Il Cavaliere*, qui a dominé la vie politique transalpine à partir des années 1990 (il a été au pouvoir entre 1994 et 1995 ; entre 2001 et 2006 – soit le gouvernement italien le plus long depuis 1947 – puis entre 2008 et 2011) et différents leaders de centre-gauche (dont R. Prodi). Si la bipolarisation s'est progressivement affirmée, la gouvernabilité du pays au quotidien, traversée par une corruption endémique, le clientélisme et l'influence de la mafia, reste toutefois préoccupante. Empêtré par des affaires judiciaires et de mœurs (le *Rubygate*), l'incapacité de S. Berlusconi à rassurer les marchés financiers et les instances européennes sur sa capacité à endiguer la crise économique lui sera fatale en 2011. Un gouvernement de techniciens, dirigé par Mario Monti, eut pour tâche centrale d'assainir les comptes publics. Las, l'ingouvernabilité est redevenue à l'ordre du jour depuis les élections de février 2013 avec la résurgence du berlusconisme et l'émergence rapide d'un groupement anti-parti (le mouvement 5 étoiles – M5S – conduit par un ancien comique Beppe Grillo). La *génération perdue* des 30-40 ans (M. Monti), refusant les politiques d'austérité, s'est tournée vers le populisme, tels les électeurs grecs en 2012. La crise économique n'en finit plus d'ébranler les fondements classiques de la démocratie représentative. Tandis que Berlusconi, déchu de son mandat parlementaire par le Sénat en novembre 2013, condamné pour fraude fiscale, aspire à un ultime come-back, Matteo Renzi, maire de Florence, est devenu président du Conseil en février 2014. C'est le plus jeune de l'histoire italienne (39 ans). La *rottamazione* (soit l'éviction des anciennes classes dirigeantes) est devenu le nouveau mot d'ordre. La victoire de son parti (le Parti Démocrate) aux européennes de 2014 vient de démontrer que les électeurs italiens ne succombent pas systématiquement aux sirènes du populisme.

Du point de vue institutionnel, le régime est entré en *transition* (M. Volpi) depuis plus de vingt ans ans et l'avènement de la Seconde République attendu tel le capitaine Drogo guettant l'ennemi dans le *Désert des Tartares* (Dino Buzzati)[62]. En 1997, la commission bicamérale du Parlement, dans la perspective du présidentialisme à la française, s'était prononcée pour l'élection du président de la République au suffrage universel, avec un mandat de six ans. Mais ce projet sera mort-né, à la suite du refus de S. Berlusconi en 1998. Depuis 2013, le réformisme constitutionnel, impulsé par le président de la République Napolitano et mis en oeuvre par le gouvernement Renzi, est de nouveau à l'ordre du jour. Les thématiques centrales concernent la forme de l'État, la réforme électorale et l'abandon du bicamérisme égalitaire.

B. LE PARLEMENT

711 En principe, la démarche communautaire s'identifie au bicamérisme, du moins pour les États les plus peuplés[63] : Chambre des Communes et des Lords en Grande-

62. B. GAUDILLÈRE, *Le régime politique italien*, 1999 ; J. GEORGEL, *L'Italie au XXe siècle*, D.F., 2e éd., 1999 ; I. DIAMANTI et M. LAZAR, *Politique à l'italienne*, 1997 ; S. CARMELI, La révision de la constitution, *R.F.D.C.* 1999, p. 385 ; G. CAHIN, L'évolution de la République italienne, *idem*, 2001, p. 705 ; M. BRAUDREZ (sous la direction), *La réforme constitutionnelle en Italie* (les travaux de la commission bicamérale), 2002 ; La réforme constitutionnelle en Italie : entre conviction et appréhensions, *R.F.D.C.* 2014, p. 215 ; F. LAFFAILLE, La révision avortée de la constitution italienne (2005-2006) et les apories de l'ingénierie constitutionnelle, *R.F.D.C.* 2007, p. 381 ; Chronique constitutionnelle italienne, *R.F.D.C.* ; *La lettre de l'Italie*, Centre de droit et de politique comparées Jean-Claude Escarras ; L'Italie, *Pouvoirs* n° 103, 2002.

63. Le monocamérisme a droit de cité dans treize États de l'Union européenne : Bulgarie, Chypre, Danemark, Estonie, Finlande, Grèce, Hongrie, Lettonie, Lituanie, Malte, Portugal, Slovaquie et Suède. Le cas du Luxembourg, avec la présence du Conseil d'État aux côtés de la Chambre des députés, est discuté.

Bretagne ; Bundestag et Bundesrat en Allemagne ; Congrès des députés et Sénat en Espagne ; États généraux (première et seconde chambres) aux Pays-Bas, entre autres. Cependant, le bicamérisme est le plus souvent inégalitaire (en isolant la situation de l'Italie et des États fédéraux) notamment en matière législative[64] et budgétaire[65] même s'il est fréquent que la Chambre haute dispose de prérogatives renforcées dans certains domaines (principalement en cas de révision constitutionnelle).

Les chambres procèdent de l'élection (au suffrage direct, généralement à la R.P., pour la Chambre basse ; au suffrage indirect pour la Chambre haute (sauf en Italie, Pologne, République tchèque et Roumanie)). Le Sénat irlandais *(Seanad Eireann)* se distingue : il est composé de 60 membres désignés, à raison de 11 par le premier ministre, 43 par les organisations socioprofessionnelles et 6 élus par les universités. Consultés par référendum en 2013, les Irlandais ont refusé de le supprimer. Son homologue italien comprend les sénateurs à vie (outre les anciens présidents de la République, le chef de l'État en désigne cinq – art. 59 de la constitution). La place des *super partes* qui disposent de toutes les prérogatives des parlementaires élus, et donc peuvent décider d'accorder ou pas leur confiance au gouvernement, fait régulièrement l'objet de polémiques. Elles ont été réactivées par l'investissement politique de M. Monti, désigné sénateur à vie en 2011, lors des législatives de 2013.

Par ailleurs, la loi peut se révéler être une *norme partagée*. C'est ainsi qu'en Italie, l'article 117 de la constitution distribue-t-il le pouvoir législatif et les compétences afférentes entre l'État et les régions ; une même situation se rencontre, en Espagne, avec les communautés autonomes (Catalogne, Pays Basque, etc.) (art. 148 de la constitution) qui, de surcroît, disposent du pouvoir d'initiative au plan national (art. 87) (v. *Titre 1*).

C. LES INSTRUMENTS DE DÉMOCRATIE DIRECTE

712 Si les instruments de démocratie directe sont, en pratique, peu sollicités (la Suisse mise à part – *supra*, n° 637 et s.), rares sont les constitutions ne prévoyant pas l'organisation d'un référendum national (Allemagne, Belgique, Pays-Bas et Royaume-Uni – toutefois, pour les deux derniers, une loi spécifique peut y pourvoir ; par exemple pour le référendum néerlandais de juin 2005 sur le traité établissant une constitution pour l'Europe ; via l'*European Union Act* de 2011 pour les engagements européens de la Grande-Bretagne). La plus grande diversité référendaire est visible : intervenant dans les domaines *constitutionnel, international* et *législatif*, il peut être *obligatoire* (notamment en cas de révision constitutionnelle – Irlande, Suisse, Danemark), mais le plus souvent reste *facultatif*. Dans ce cas, il peut être demandé soit par l'exécutif (France, Portugal), soit par le législatif (une minorité parlementaire en Espagne, Irlande, Danemark et France depuis la révision constitutionnelle du 23 juillet 2008). Les citoyens se voient reconnaître des prérogatives variables. *Decrescendo*, ils disposent d'un véritable *droit d'initiative populaire* (Espagne, Suisse) ou peuvent demander au parlement l'organisation du référendum (Hongrie, Pologne) ou seulement soutenir la demande des parlementaires (France). En Italie, 500 000 électeurs ou cinq conseils régionaux obtiennent l'organisation d'un *référendum*

V. P. GÉLARD, *Rapport sur les secondes chambres en Europe. Complexité parlementaire ou nécessité démocratique ?*, Commission de Venise, 2006.

64. De manière inédite, la constitution belge du 17 février 1994 établit trois procédures législatives : bicamérale (art. 77), bicamérale en option (à la demande du Sénat) (art. 78) et monocamérale (sans intervention du Sénat) (art. 74).

65. L'inégalité est flagrante notamment en Autriche, Belgique, République tchèque puisque les lois de finances ne sont même pas examinées par la seconde chambre.

abrogatif tendant à la suppression d'une loi déjà votée par le parlement[66]. En complément, une participation minimale (50 % des électeurs) est parfois exigée afin de conférer un effet juridique au référendum (voir en Italie, les échecs de 1999 et 2000 sur la modification du mode de scrutin des députés – *supra*, n° 710). Enfin, il incombe généralement à la juridiction constitutionnelle de vérifier, en amont, la constitutionnalité des questions soumises au référendum (Italie, Pologne).

§ 2. LA PROTECTION DES DROITS FONDAMENTAUX

713 *L'Europe du droit existe.* Avec Robert Badinter, on ne peut que se féliciter de l'existence d'un *corpus* juridique transnational ; en bref, d'une *communauté de droit* ou de valeurs (C.J.C.E., 23 avril 1986, *Les Verts c/ Parlement européen*)[67]. La C.J.U.E. a ainsi eu l'occasion de rappeler que *les droits fondamentaux font partie intégrante des principes généraux du droit dont la Cour assure le respect.* À cet effet, *la Cour s'inspire des traditions constitutionnelles communes aux États membres ainsi que des indications fournies par les instruments internationaux concernant la protection des droits de l'homme auxquels les États membres ont coopéré ou adhéré* (3 septembre 2008, *Kadi c/ Conseil et Commission*). La Charte des droits fondamentaux de l'Union européenne est entrée en vigueur avec la ratification du traité de Lisbonne en 2009. En application de son article 51, ses dispositions s'adressent, d'une part, aux institutions et organes de l'Union et, d'autre part, aux États membres mais uniquement lorsqu'ils mettent en œuvre le droit de l'Union[68]. De son côté, la Convention européenne des droits de l'homme s'apprécie comme *l'instrument de l'ordre public européen pour la protection des êtres humains* (C.E. D.H., 22 mars 1995, *Loizidou c/ Turquie*), la Cour de Strasbourg assurant la défense des droits fondamentaux à plus de 800 millions de justiciables. La répétition n'est pas seulement pédagogique, elle peut se parer d'une vertu civique, celle de l'État de droit.

66. Les lois fiscales et budgétaires, d'amnistie et d'autorisation de ratification des engagements internationaux sont exclues du mécanisme. Après vérification de la Cour de cassation, la décision d'organiser la votation est prise, après examen de conformité, par la Cour constitutionnelle (art. 75 de la constitution et loi du 15 mai 1970). Depuis 1970, une cinquantaine de référendums ont été organisés : l'abrogation de la loi a été effectuée dans une vingtaine de cas. V. H. PORTELLI, Le référendum abrogatif en Italie : réflexions sur son usage constitutionnel et politique, *Mélanges Pierre Avril*, 2001, p. 601.

67. V. V. BARBÉ : *Le rôle du Parlement dans la protection des droits fondamentaux. Étude comparative : Allemagne, France, Royaume-Uni*, 2009 ; A. von BRÜNNECK, Le contrôle de constitutionnalité et le législateur dans les démocraties occidentales, *A.I.J.C.* t. IV, 1988, p. 15 ; La justice constitutionnelle dans le cadre des pouvoirs de l'État (VIIe conférence des cours constitutionnelles européennes), *ibid.*, t. III, 1987, p. 15 et Les Cours européennes (Luxembourg et Strasbourg), *Pouvoirs* n° 96, 2001.

68. La C.J.U.E. confère à l'article 51 une acception assez large (26 février 2013, n° C-399/11, *Stefano Melloni c/Ministerio Fiscal* et n° C-617/10, *Aklagaren c/ Hans Akerberg Fransson*) : *Les droits fondamentaux garantis par la Charte (doivent) être respectés lorsqu'une réglementation nationale entre dans le champ d'application du droit de l'Union, il ne saurait exister de cas de figure qui relèvent ainsi du droit de l'Union sans que lesdits droits fondamentaux trouvent à s'appliquer.* Il n'est pas certain que cette vision soit totalement partagée par le Conseil d'État (voir C.E., 29 avril 2013, *Association nationale d'assistance aux frontières pour les étrangers*, n° 357848). En 2013, 114 décisions des juridictions de l'Union européenne, 41 décisions de juridictions nationales (via le mécanisme de la question préjudicielle) font référence à des articles de la Charte (Quatrième rapport d'application, 2014). Par ailleurs, l'article 52 précise qu'un droit, reconnu simultanément par la Charte et la Convention européenne des droits de l'homme, a le même sens et la même portée que celui conféré par la Convention.

L'harmonisation des droits fondamentaux de la personne en fournit un exemple édifiant[69] (v. *I*[re] *partie*).

L'Europe a, au surplus, fait le choix du standard de la juridiction constitutionnelle. Rares sont ses membres qui n'ont pas encore formellement franchi le pas (Royaume-Uni, Pays-Bas) même si, au quotidien les juridictions ordinaires (par l'intermédiaire du *Human Rights Act* de 1998 en Grande-Bretagne), ainsi que la Cour européenne des droits de l'homme y exercent un contrôle de constitutionnalité *lato sensu*. Inversement, on pourra s'inquiéter des restrictions de compétences imposées à la juridiction constitutionnelle hongroise en 2010 et confirmées par la nouvelle constitution.

Reste enfin à ordonner le *dialogue des juges* pour éviter qu'il ne se transforme en *dialogue de sourds*. Si l'émulation entre juges ordinaires, constitutionnels et européens est assurément favorable au développement de l'État de droit[70], la cacophonie juridictionnelle finit par désemparer les élus et les justiciables. Le dossier de la garde à vue avec, depuis 2010, les interventions successives du Conseil constitutionnel, de la C.E.D.H. et de la Cour de cassation en est un exemple saisissant. Aux prémices d'une *guerre froide* entre contrôles de constitutionnalité et de conventionnalité, préférons l'établissement d'une *entente cordiale*[71].

A. LES GARANTS DE L'ÉTAT DE DROIT

714 Parallèlement au rôle dévolu aux juges ordinaires et internationaux, l'existence d'une juridiction constitutionnelle[72] est représentative de la démarche européenne ; en un mot, de cette *union sans cesse plus étroite* (charte des droits fondamentaux, 26 février 2001).

En Allemagne, les 16 membres de la Cour constitutionnelle sont élus, par moitié, par le Bundestag et le Bundesrat ; les 15 membres de la Cour constitutionnelle italienne sont désignés par tiers, par le président de la République, le parlement et par les juridictions suprêmes (judiciaire et administrative). Le Tribunal constitutionnel, en Espagne, est constitué de 12 membres nommés par le Roi au vu des propositions présentées par le Congrès des députés (quatre membres) le Sénat (quatre), le Gouvernement (deux) et le conseil général du pouvoir judiciaire (deux). Au Portugal, les 13 membres sont élus par le parlement (pour dix d'entre eux), avant de procéder à une cooptation. La Cour constitutionnelle belge, dont les 12 membres sont soumis au strict respect de l'égalité linguistique entre les communautés française et flamande, est composée par le roi, à partir d'une liste présentée alternativement par la Chambre des représentants et le Sénat. Les 38 juges du Tribunal fédéral suisse sont élus par le

69. V. M. LEVINET, La Convention européenne des droits de l'homme, socle de la protection des droits de l'homme dans le droit constitutionnel européen, *R.F.D.C.* 2011, p. 221.

70. La subtilité de l'articulation des ordres juridiques national et européen s'exprime pleinement à l'occasion de renvois préjudiciels qu'une Cour constitutionnelle peut effectuer auprès de la C.J.U.E. Elle affirme ainsi sa volonté de s'inscrire dans une dimension multi-niveaux de l'État de droit. Voir en ce sens l'attitude de la Cour constitutionnelle italienne (ordonnance n° 103 de 2008), du Conseil constitutionnel (4 avril 2013, *Jérémy F.*) et du Tribunal constitutionnel allemand (7 février 2014, v. *supra*, n° 709).

71. V. *Le dialogue des juges*, *Mélanges Genevois*, Dalloz, 2009 ; A. LEVADE, Priorité n'est pas primauté ou comment articuler contrôle de constitutionnalité et contrôle de conventionnalité, *Constitutions*, n° 2, 2010, Dalloz ; D. SIMON et A. RIGAUX, La priorité de la question prioritaire de constitutionnalité : harmonie(s) et dissonance(s) des monologues juridictionnels croisés, *C.C.C.*, n° 29, 2010, p. 63.

72. V. Ch. EISENMANN, *La justice constitutionnelle et la Haute Cour constitutionnelle d'Autriche*, 1928, préface de Kelsen, rééd. 1986 ; M. FROMONT, *Justice constitutionnelle comparée*, 2013 ; L. FAVOREU et W. MASTOR, *Les cours constitutionnelles*, 2011 ; F. HAMON et C. WIENER, *La justice constitutionnelle en France et à l'étranger*, 2011 ; D. ROUSSEAU, *La justice constitutionnelle en Europe*, 4e éd. 2001 ; *chr. A.I.J.C.*

Parlement. Des critères cantonaux, linguistiques et politiques sont pris en compte. Le Conseil constitutionnel français s'inscrit dans cette logique : en sus des anciens présidents de la République, membres de droit et à vie, les autorités de nomination sont, à parité : le président de la République, le président du Sénat et le président de l'Assemblée nationale (art. 56 C). Un avis public est rendu par les commissions permanentes des assemblées. En revanche, les membres de la Cour constitutionnelle luxembourgeoise sont désignés ès qualité, pour l'essentiel.

D'une manière générale, le mandat de juge constitutionnel n'est pas renouvelable, en vue d'assurer une totale liberté de comportement ; il est inamovible ; enfin, à la différence de la Cour suprême américaine, une limite d'âge est imposée (Autriche, Allemagne, Belgique) ou une durée de mandat fixée : 12 ans en Allemagne, 9 en Espagne, Italie, France et 6 au Portugal.

B. LA GARANTIE DES DROITS

715 *Le droit à un recours effectif et à accéder à un tribunal impartial* est consacré par la Convention européenne des droits de l'homme (art. 6) et par la Charte des droits fondamentaux de l'Union européenne (art. 47). Selon des procédures différentes, les juridictions constitutionnelles se sont mobilisées, sur recours des personnes, parallèlement aux conflits d'attribution entre les organes de l'État, en vue de la sauvegarde des droits fondamentaux, tout au plan national que supranational.

On mentionnera l'aménagement d'un *recours direct* devant le juge constitutionnel, en Allemagne (plainte constitutionnelle – *Verfassungsbeschwerde*) ; en Espagne (recours *d'amparo*) et, en Belgique (recours en annulation) ou, au moyen d'une question préjudicielle de constitutionnalité, consécutive à une exception d'inconstitutionnalité soulevée devant le juge ordinaire (Italie, Allemagne, et, depuis 2008 seulement, la France, v. *IIIe partie*). Enfin, l'exception d'inconstitutionnalité à l'américaine, où les juges ordinaires se comportent pleinement comme des juges constitutionnels dans l'attente de la décision de la juridiction suprême, a aussi droit de cité en Europe (Suisse, Portugal, Grèce, pays scandinaves avec d'inévitables variantes entre les États).

La montée en force du pouvoir juridictionnel arrive à point nommé pour contenir celle du pouvoir exécutif. Le génie occidental de l'*équilibre* entre l'autorité et la liberté a toujours su, en effet, modérer le pouvoir par un contre-pouvoir.

Au terme de cette présentation, il est aisé d'affirmer que l'Europe occidentale appartient au club des *États constitutionnels développés* (F. Delpérée) et que l'*Union européenne*, née à Maastricht en 1992, en est la conclusion logique. Qui plus est, son *patrimoine commun* tend à devenir le dénominateur commun, à la suite de ralliement des régimes qui, jusqu'en 1989, lui étaient hostiles[73]. La fin du *droit-alibi* et de la vie politique schizophrénique, peut désormais être envisagée dans les *mondes convertis* au droit constitutionnel occidental.

73. Dans le passé, la logique occidentale avait triomphé du fascisme. Ces sociétés s'analysaient en un phénomène de crispation, comme le choc en retour de l'établissement, en Russie, d'un régime marxiste-léniniste. Par ailleurs, en l'absence d'une tradition démocratique et en présence d'une crise économique, la bourgeoisie nationale a refusé d'être prolétarisée et a préféré sceller son sort à celui d'un sauveur : Mussolini en Italie (1922-1945), Hitler en Allemagne (1933-1945), Salazar au Portugal (1926-1974), Franco en Espagne (1936-1975), sans omettre les colonels grecs de 1967 à 1974. Ces *régimes en rut*, pour parler comme Bernanos, tout en singeant les régimes marxistes (parti unique, militarisation de la société civile, démarche collectiviste) prétendaient, dans le même temps, non sans vergogne, incarner les valeurs de l'Occident. Assurément, il s'agit d'une escroquerie intellectuelle, face à la subordination de l'individu ; à l'arbitraire en lieu et place de l'État de droit ; au conformisme pesant et au panurgisme obsédant et la condamnation de la raison. *La destruction* de celle-ci, relève le philosophe Lukacs, *prépare le terrain idéologique du fascisme*. Ce dernier est donc bien le *mépris*, dont parlait Camus ou *l'insulte à la nature humaine*, selon Montesquieu, puisqu'il s'adresse plus à des troupeaux qu'à des personnes responsables.

BIBLIOGRAPHIE

1. La Suisse

■ J.-F. AUBERT, *Traité de droit constitutionnel suisse*, 1967 ; La révision totale des constitutions. Une invention française, des applications suisses, *Mélanges Pierre Pactet*, 2003, p. 455 ■ A. AUER, *La juridiction constitutionnelle en Suisse*, Genève, 1983 ■ A. AUER, G. MALINVERNI, M. HOTTELIER, *Droit constitutionnel suisse*, Précis de droit, Stämpfli, 2ᵉ éd., 2006, vol. I, *L'État* : vol. II, *Les droits fondamentaux* ■ E. CLARET, *Les partis politiques en Suisse*, Vevey, 1975 ■ A. FAVRE, *Droit constitutionnel suisse*, Fribourg, 1966 ■ P. HAZAN, *Le mal suisse*, 1998 ■ W. RAPPARD, *La constitution fédérale suisse de 1848 à 1948*, 1948 ■ Cl. ROUILLIER, Le contrôle de constitutionnalité des lois par le Tribunal fédéral suisse, *Pouvoirs* nº 54, 1990, p. 147 ■ R. RUFFIEUX et autres, *La démocratie référendaire en Suisse au XXᵉ siècle*, Fribourg, 1972 ■ A. SIEGFRIED, *La Suisse, démocratie témoin*, 1948. ■ V. aussi *La Suisse*, *Pouvoirs* nº 43, 1987 ■ De la constitution, *Mélanges J.-F. Aubert*, Bâle, 1996.

2. L'Allemagne

■ J. AMPHOUX, *Le chancelier dans le régime constitutionnel de la République fédérale d'Allemagne*, 1962 ■ Chr. AUTEXIER, *Introduction au droit public allemand*, 1997 ■ J.-Cl. BEGUIN, *Le contrôle de la constitutionnalité des lois en R.F.A.*, 1982 ■ D. CAPITANT, *Les effets juridiques des droits fondamentaux en Allemagne*, 2001 ■ Ch. EISENMANN, *Bonn et Weimar : Deux constitutions de l'Allemagne*, D.F., 1950 ■ M. FROMONT et A. RIEG, *Introduction au droit allemand*, 1977-1984 ■ M. FROMONT (sous la direction), *Les 50 ans de la République fédérale d'Allemagne*, Paris-I, 2000 ■ C. GREWE, *Le système politique ouest-allemand*, 1986 ■ A. GROSSER, *La R.F.A.*, 8ᵉ éd., 1988 ■ Ph. LAUVAUX et J. ZILLER, Trente-cinq ans de parlementarisme rationalisé en République fédérale d'Allemagne, *R.D.P.* 1985, p. 1023 ■ A. LE DIVELLEC, *Le gouvernement parlementaire en Allemagne*, 2004 ■ A.-M. LE GLOANNEC, *La nation orpheline*, 1989 et *l'état de l'Allemagne* (sous la direction), 1995 ■ M. MAUGUIN-HELGESON, *L'élaboration parlementaire de la loi. Étude comparative (Allemagne, France, Royaume-Uni)*, 2006 ■ J. ROVAN, *Histoire de l'Allemagne*, 1993 ■ X. VOLMERANGE, *Le fédéralisme allemand face au droit communautaire*, 2000. ■ V. également, L'Allemagne, *Pouvoirs* nº 66, 1993 ■ M. FROMONT, *chr.* à la *R.D.P.* et à *l'A.I.J.C.* et *les institutions de la République fédérale d'Allemagne*, D.F., 1999.

3. Le patrimoine commun ou la démocratie européenne

■ A. DE BAECQUE (sous la direction), *Une histoire de la démocratie en Europe*, 1991 ■ V. BARBÉ, *Le rôle du Parlement dans la protection des droits fondamentaux. Étude comparative : Allemagne, France, Royaume-Uni*, 2009 ■ M. BAUDREZ (sous la direction), *La réforme constitutionnelle en Italie*, 2002 ■ P. BON et D. MAUS (sous la direction), *Les grandes décisions des cours constitutionnelles européennes*, 2008 ■ F. DELPÉRÉE, La nouvelle constitution belge, *R.F.D.C.* 1994, p. 3 ■ R. GARNIER, *Un modèle européen de démocratie : le cas portugais*, 2005 ■ B. GAUDILLÈRE, *Le régime politique italien*, 1999 ■ P. GÉLARD, J.-C. PEYRONNET, *L'expérience des parlements nationaux au sein de l'Union européenne, Les exemples allemand, britannique, espagnol, finlandais, italien et polonais*, Sénat, rapport nº 43, Session 2006-2007 et *Les exemples luxembourgeois, belge, portugais, grec, tchèque, autrichien et slovaque*, Sénat, rapport nº 418, Session 2006-2007 ■ J. GEORGEL, *L'Italie au XXᵉ siècle*, D.F., 2ᵉ éd., 1999 ■ V. GIMENO-CABRERA, *Le traitement jurisprudentiel du principe de dignité de la personne humaine dans la jurisprudence du Conseil constitutionnel et du Tribunal constitutionnel espagnol*, L.G.D.J., 2005 ■ Y. GUCHET (sous la direction), *Les systèmes politiques des pays de l'Union européenne*, 1994 ■ C. GREWE et M. H. RUIZ FABRI, *Les droits constitutionnels européens*, 1995 ■ Ph. LAUVAUX, *Les grandes démocraties contemporaines*, 3e éd., 2004 ■ Chr. DE NANTOIS, *Le député : une étude comparative, France, Royaume-Uni, Allemagne*, thèse Paris-X, 2006 ■ Y. MÉNY et Y. SUREL, *Politique comparée*, 8e éd., 2009 ■ H. PORTELLI, *Les régimes politiques européens*, 1994 ■ J. RIDEAU (sous la direction), *Les États membres de l'Union européenne*, 1997 ■ D. ROUSSEAU, *La justice constitutionnelle en Europe*, 3e éd., 1998 ■ G. TOULEMONDE, *Institutions politiques comparées*, 2e éd., 2011 ■ C. VINTZEL, *Les armes du gouvernement dans la procédure législative : étude comparée : Allemagne, France, Italie, Royaume-Uni*, Dalloz, 2011. ■ *On consultera :* L'Espagne, *Pouvoirs* n° 8, rééd., 1984 et n° 124, 2008 ■ L'Italie n° 18, 1981 et n° 103, 2002, La Belgique n° 54, 1990, et n° 136, 2011, Les nouveaux États de l'Union, n° 106, 2003 et Les Cours européennes n° 96 ■ les *chr. A.I.J.C.* et Les constitutions des États de l'Union européenne, D.F., 2000 ■ A. GROSSER (sous la direction), *Les pays d'Europe occidentale*, D.F. et *Le dialogue des juges, Mélanges Genevois*, Dalloz, 2009.

CHAPITRE IV
DROIT CONSTITUTIONNEL RUSSE ET DES ÉTATS POST-MARXISTES[1]

SECTION I DU MARXISME-LÉNINISME À LA TRANSITION DÉMOCRATIQUE

716 Les États qui se réclament du marxisme-léninisme sont actuellement en voie de disparition[2]. Depuis la révolution de l'automne 1989 qui a vu successivement s'effondrer les régimes est-allemand, bulgare, tchécoslovaque et roumain, entraînés après la Pologne et la Hongrie, dans la rénovation démocratique, les événements se sont précipités : accélération du processus de transformation et d'éclatement de l'U.R.S.S., disparition du rôle dirigeant du Parti tant en U.R.S.S. qu'en Europe de l'Est, élections libres et mise en place ici et là de Gouvernements non communistes, enfin dissolution de l'U.R.S.S., en 1991. Simultanément, les États auparavant soutenus par l'Union soviétique sont en crise ou évoluent vers le libéralisme (Éthiopie, Afghanistan, Angola, Mozambique, Yémen, Nicaragua) ; le Vietnam et la Chine se tournent vers l'économie libérale. La Corée du Nord traverse une crise sans précédent et Cuba n'arrive pas à dégager un avenir crédible après Castro. À terme, il ne restera vraisemblablement plus que deux types de systèmes politiques : d'une part les démocraties et d'autre part les totalitarismes dont la justification idéologique ne suffira plus pour camoufler les atteintes inacceptables aux droits de l'homme.

§ 1. LA REMISE EN CAUSE DES PRINCIPES MARXISTES-LÉNINISTES

717 L'U.R.S.S. et les autres États marxistes-léninistes reposaient sur quatre principes essentiels : une idéologie, un système économique, un système de relations internationales et des institutions politiques spécifiques. Ces quatre principes ont été totalement remis en cause au cours des années 1989-1991.

1. Patrice GÉLARD s'est chargé de l'actualisation de ce titre.
2. V. J. BAECHLER, *La grande parenthèse (1914-1919). Essai sur un accident de l'histoire,* 1993. E. FURET, *Le passé d'une illusion,* 1994.

A. L'EFFONDREMENT DU SYSTÈME ET LA TRANSITION DÉMOCRATIQUE

718 La *perestroïka* sera la cause de la révolution des peuples à partir de 1989.

1. La perestroïka soviétique : point de départ du changement

719 Le système marxiste-léniniste semblait immuable. Son extraordinaire cohérence découlait de ce que le Parti communiste, gardien et dépositaire de l'idéologie qui le légitimait, contrôlait et dirigeait tout à la fois le système politique, le système économique et le système international.

a) La logique du système

720 Ce système clos conduisait inéluctablement au conservatisme ; en effet, les réformes ne pouvaient pas aboutir, car elles risquaient de conduire à la remise en cause de l'un de ses éléments essentiels ; l'absence d'alternance et l'inexistence de tendances au sein du Parti empêchaient l'émergence de nouveaux programmes ou de nouvelles idées.

Dans les pays du camp socialiste, la marge de manœuvre était tout aussi étroite. Les crises successives de Berlin en 1953, de Pologne et de Hongrie en 1956, de Tchécoslovaquie en 1968 puis à nouveau de Pologne en 1970, 1974 et 1980 démontraient que le pouvoir soviétique n'était pas prêt à accepter des réformes de structures et qu'il préférait *normaliser*, soit directement, soit par les forces du pacte de Varsovie ou par l'armée nationale. Tout au plus, l'Union soviétique choisissait de rompre avec les dissidents yougoslaves ou chinois plutôt que de reconnaître le bien-fondé d'une remise en cause du système politique.

b) L'impossible sauvetage

721 L'expérience soviétique antérieure des réformes économiques *sans* réformes politiques démontrait que cette voie était vouée à l'échec. Il fallait donc réformer pour sauver la totalité du système. M. Gorbatchev va tenter, au nom de la *perestroïka*, de mener de front réformes économiques et réformes politiques en préservant l'essentiel du système marxiste-léniniste, c'est-à-dire le rôle dirigeant du Parti et le maintien du camp socialiste. Le cours des événements va lui faire perdre le contrôle du processus et engager l'ensemble du monde socialiste dans la voie de la transition démocratique.

Ainsi, comme le pressentait Khrouchtchev, mettant fin à l'insurrection de Budapest de 1956, ou Brejnev, interrompant brutalement en 1968 le printemps de Prague, la remise en cause de l'un des éléments du système marxiste-léniniste conduisait obligatoirement à son effondrement. Elle ouvrait la boîte de Pandore de la contestation en dévoilant le vrai visage de l'héritage stalino-brejnévien, c'est-à-dire celui de la dictature.

2. La transition démocratique en Europe centrale et orientale

722 Il est utile d'indiquer les grandes étapes du processus[3].

a) Le changement de régime

723 Le changement de régime s'est pratiqué selon trois modèles différents : l'évanescence, l'effondrement immédiat ou l'implosion.

3. V. F. Fejto et E. Kulesza-Mietkowski, *La fin des démocraties populaires, le chemin du post communisme*, 1991 ; P. Gélard, *Les textes constitutionnels soviétiques*, 1991 ; J. Gueit (sous la direction), *Les années Gorbatchev. L'U.R.S.S. de 1985 à 1991*, D.F., 1993.

α) L'évanescence

724 Ce premier schéma concerne la Pologne, la Hongrie et plus tardivement l'Albanie.

En Pologne, le Parti ouvrier unifié polonais s'avéra incapable de calmer l'agitation permanente, entretenue par Solidarnosc et de remédier à la dégradation économique et politique du pays. Le Parti sera contraint, le 5 avril 1989, à l'issue d'une table ronde pouvoir-opposition, de signer une plate-forme d'accord acceptant une importance révision constitutionnelle, l'adoption d'une loi électorale nouvelle et l'organisation d'élections presque libres qui devaient voir la victoire de Solidarnosc, aux élections des 4 et 18 juin 1989.

En Hongrie, le développement spontané de groupements et de partis politiques d'opposition va conduire le Parti socialiste ouvrier hongrois à mettre fin, le 2 mai 1988, à la domination de Janos Kadar. La réorganisation du Parti à l'issue du plénum du 23 et du 24 juin 1989 va accélérer le processus de décomposition du système et conduire le Parti à s'autodissoudre lors du XIVe Congrès extraordinaire du 5 au 7 octobre 1989 et à se transformer en Parti socialiste hongrois.

En Albanie, ce ne sera qu'en 1991, après les tentatives d'évasion vers l'étranger de nombreuses personnes et de manifestations de rue que le pouvoir sera contraint d'accepter des réformes, le pluripartisme, l'organisation d'élections libres qui verront cependant la victoire du Parti du travail albanais. Mais, la contestation croissante conduira l'Albanie à la mise en place d'un gouvernement d'union nationale, puis à la victoire de l'opposition démocratique.

β) L'effondrement immédiat

725 Ce deuxième schéma a été celui de la Bulgarie, de la R.D.A. et de la Tchécoslovaquie.

En Bulgarie, l'élimination par le Parti communiste de Todor Jivkov, le 10 novembre 1989, et son remplacement à la tête du Parti et de l'État par Petar Mladenov, ancien ministre des Affaires étrangères, va marquer le point de départ de l'effondrement du régime. Petar Mladenov sera à son tour éliminé le 6 juillet 1990 et le processus de démocratisation ira alors en s'amplifiant.

En R.D.A., la vague considérable d'émigration d'Allemands de l'Est pendant l'été 1989 était la marque d'un profond malaise. Après la destitution d'Éric Honecker par le Parti socialiste unifié, en quelques semaines, le Parti va complètement se décomposer avant de laisser le pouvoir, le 8 novembre 1989, devant la pression de multiples manifestations de rue à Leipzig et Berlin, notamment.

En Tchécoslovaquie, les manifestations de Prague du 17 au 21 novembre vont contraindre les dirigeants du Parti et de l'État à la démission, le 6 décembre 1989.

Dans les trois cas qui précèdent, certains membres du Parti étaient partisans du recours à la force pour éviter ce processus de décomposition. Ce fut le cas de Mladenov en Bulgarie, du général Vacek en Tchécoslovaquie et de Honecker en R.D.A.

b) L'implosion du système

726 Ce troisième schéma est celui de la Roumanie. Après la répression des manifestations de Timisoara, le suicide du ministre de la Défense et le rassemblement du 21 décembre 1989 qui se transforme en manifestation contre Ceausescu, c'est la fuite de ce dernier, son arrestation, son jugement et son exécution, le 25 décembre. L'armée et le Front de salut national s'emparent du pouvoir dans des circonstances qui laissent supposer qu'elles ont été préalablement organisées par des membres du Parti communiste roumain.

α) L'organisation d'élections libres

727 Les États intéressés ont tous organisé des élections libres (ou presque libres) après l'effondrement du système antérieur.

Tous les parlements élus, après les élections libres, ont été constituants et tous les pays concernés ont élaboré des constitutions nouvelles ou bouleversé les constitutions en place.

Diverses réformes ont, cependant, partout été adoptées : suppression du rôle dirigeant du Parti communiste sans exception ; cette suppression s'accompagne parfois de la dissolution des cellules d'entreprise et de la confiscation des biens du Parti. Suppression de toute référence dans la constitution au marxisme-léninisme, au communisme ou au socialisme ; dissolution des forces de sécurité ; privatisation et instauration de l'économie de marché.

β) L'onde de choc

728 La libéralisation de l'Europe de l'Est à abouti à l'effondrement de la Yougoslavie, à partir de 1991, par suite du déclenchement de guerres ethniques. Dans le même temps, les régimes sous-développés assistés par l'U.R.S.S. s'effondraient (Éthiopie, Nicaragua). Seule la Chine, à côté de Cuba, du Vietnam et de la Corée du Nord, ont résisté, le plus souvent en se transformant face au mouvement destructeur.

SECTION II L'U.R.S.S., LA RUSSIE ET LES RÉPUBLIQUES INDÉPENDANTES

729 Entre 1989 et 1991, un phénomène prodigieux se produit : la disparition pacifique du dernier empire au monde. Un processus de démocratisation se met en place depuis.

§ 1. ÉVOLUTION ET DISPARITION DU DROIT CONSTITUTIONNEL SOVIÉTIQUE

730 Le droit constitutionnel classique subissait dans les sociétés marxistes des déformations nombreuses et importantes. Mais, celles-ci se saisissaient plus facilement dans la réalité de la vie politique quotidienne que par la lecture des textes constitutionnels.

En effet, lorsqu'on aborde l'étude des institutions et de la vie politique des sociétés marxistes et particulièrement de l'U.R.S.S., on ne peut manquer d'être frappé par le caractère *paradoxal* de la situation que l'on rencontre. Tout se passe comme si les règles constitutionnelles inscrites dans les textes et la pratique politique quotidienne se développaient sur deux plans différents.

Les institutions politiques de ces pays se réclamaient de la démocratie et elles étaient même affirmées, par les hommes politiques et les commentateurs officiels, plus démocratiques que celles de l'Occident. La vie politique était, malgré des différences de pays à pays, celle d'États dictatoriaux, avec concentration du pouvoir entre les mains de quelques-uns se renouvelant par cooptation, avec des restrictions considérables aux libertés individuelles.

Ce manque de concordance et même cette contradiction provenaient, pour l'essentiel, de ce que les pays marxistes avaient, pour une large part, emprunté des institutions mises au point en vue de l'organisation politique de sociétés pluralistes, alors que l'U.R.S.S. et les démocraties populaires s'efforçaient de réaliser des sociétés *unanimistes*.

A. LES PRINCIPES CONSTITUTIONNELS SOVIÉTIQUES

731 C'est l'originalité, pour ne pas dire la singularité, du constitutionnalisme et du fédéralisme soviétiques qu'il importe de rappeler.

1. L'évolution des institutions soviétiques

732 Depuis la révolution de 1917, l'Union soviétique a connu trois constitutions, quatre même en comptant la constitution russe de 1918. Selon la conception soviétique, chaque constitution était le

reflet des changements intervenus dans la société : à chaque fois que la société connaissait une mutation profonde, il fallait harmoniser le texte constitutionnel avec les transformations intervenues, en vue de la marche vers le socialisme et le communisme. En d'autres termes, le texte constitutionnel se présentait comme le *bilan* des acquisitions du socialisme et non comme un programme d'action pour l'avenir.

a) La constitution russe du 10 juillet 1918

733 Elle est celle d'un régime transitoire de dictature du prolétariat. S'il n'est pas encore question du Parti et si tous les pouvoirs appartiennent théoriquement aux soviets, le système électoral mis en place à l'époque est restreint, inégalitaire, indirect et public. Si l'organe fondamental est théoriquement le Congrès des soviets, puis son Comité exécutif central et son présidium, l'effectivité du pouvoir revient au conseil des commissaires du peuple, investi du droit d'adopter toutes les mesures rendues nécessaires par les circonstances.

b) La constitution soviétique du 31 janvier 1924

734 Celle-ci est la prise en considération du pacte du 30 décembre 1922 qui avait créé l'U.R.S.S. par la fusion de la Russie, de l'Ukraine, de la Biélorussie et de la Transcaucasie. Cette constitution qui reprend l'ensemble des dispositions de celle de 1918, instaure pour la première fois le fédéralisme et transforme le Comité exécutif central en organe bicaméral, composé du Soviet de l'Union et du Soviet des Nationalités. Elle établit au sein du gouvernement la distinction entre ministères fédéraux (qui dirigent directement une administration sur tout le territoire) et fédéraux-républicains (qui dirigent une administration par l'intermédiaire des organes des républiques fédérées).

c) La constitution soviétique du 5 décembre 1936

735 C'est la constitution de la victoire du socialisme : L'économie, intégralement socialisée est maintenant planifiée, l'agriculture est intégralement collectivisée et le rôle du Parti et de son chef, Staline n'est plus remis en cause, grâce notamment à l'élimination de tous les opposants par les purges, et les grands procès. Mais cette constitution est particulièrement intéressante à plus d'un titre. Elle est tout d'abord le modèle qui va influencer toutes les autres constitutions des États socialistes, y compris actuellement. Elle est la première constitution qui affirme, à l'article 126 le rôle *dirigeant* du Parti, noyau dirigeant de toutes les organisations tant sociales que d'État. Elle est aussi une constitution qui se veut démocratique avec la restauration du droit de vote universel, égal, direct et secret et avec la place considérable faite aux droits et libertés du citoyen en mettant l'accent sur les moyens matériels de leur réalisation. Quant aux institutions, elles se rapprochent du schéma occidental. L'organe suprême du pouvoir n'est plus le congrès des soviets (organe pléthorique, épisodique et élu selon des modalités discutables) mais le Soviet suprême de l'U.R.S.S., composé de deux chambres, l'une représentant la population (le Soviet de l'Union), l'autre les collectivités fédérées et autonomes (le Soviet des nationalités). Cet organe détient seul, en principe le pouvoir constituant et législatif et procède à l'élection de tous les autres organes : le Présidium (à la fois exécutif collégial et organe législatif permanent par délégation du Soviet Suprême), le conseil des commissaires du peuple (devenu en 1946 conseil des ministres), le Tribunal suprême et le procureur général[4].

Le XXIIe Congrès du P.C.U.S. et le IIIe Programme du Parti, constituent une approche théorique du problème constitutionnel particulièrement intéressante. Dès le XXIe Congrès (1959), Khrouchtchev estimait qu'il fallait changer de constitution. Au XXIIe Congrès où sera adopté le IIIe programme du Parti (1961), une conception nouvelle de la société et de l'État est élaborée. L'Union soviétique,

4. Cette constitution a été occultée dans les faits. De 1936 à 1956, les élections ne furent que de pure forme et les organes constitutionnels n'ont joué qu'un rôle mineur. Après 1956 (XXe Congrès du P.C.U.S.), les violations de la constitution demeurèrent courantes en ce qui concerne les attributions du Soviet suprême, du Présidium et du conseil des ministres. Quant aux droits et libertés, ils relevèrent beaucoup plus de la déclaration de principe que de la réalité ; il faudra attendre 1956 pour que les droits prennent peu à peu substance et que la conception des libertés, essentiellement au service du socialisme, se développent ainsi que le rôle et la mission des organisations sociales.

selon Khrouchtchev n'est plus l'État de la dictature du prolétariat, ni même celui de la majorité du peuple mais celui du *peuple tout entier*. Dès lors, la société socialiste doit changer de formes : l'État doit être transformé en *auto-administration sociale et communiste* où les citoyens dans leurs organisations sociales, au sein des collectivités locales et des soviets locaux doivent autogérer des services publics de plus en plus nombreux alors que l'État va prendre en charge des besoins accrus (gratuité totale des soins, gratuité des transports urbains, suppression des impôts directs, etc.). Ce gigantesque programme ne sera pratiquement pas réalisé. Mais il prévoyait l'adoption d'une nouvelle constitution dont la mise en chantier débuta en 1962 et fut arrêté en 1964, lors de l'élimination de Khrouchtchev.

d) La constitution du 7 octobre 1977

736 Elle est la dernière constitution de l'U.R.S.S. Annoncée depuis 1959, mise en chantier en 1962, abandonnée jusqu'en 1972, remise en chantier à cette date, son avant-projet sera rendu public à l'issue de la réunion du Comité central du P.C.U.S. du 24 mai 1977 et diffusé dans toute la presse soviétique, le 4 juin 1977. Le projet modifié par une centaine d'amendements, proposés par les députés ou au cours de la discussion publique, sera approuvé par le Soviet suprême de l'U.R.S.S., le 7 octobre 1977. La constitution nouvelle qui présentait l'indiscutable mérite d'être intégralement conforme à la réalité politique est en fait un compromis entre les idées de 1936 et de celles de 1961, entre le stalinisme et le khrouchtchévisme, en qualifiant le stade actuel du développement de la société soviétique de *socialisme avancé*.

2. La révision constitutionnelle du 1er décembre 1988 et les révisions ultérieures

737 C'est la XIXe Conférence du P.C.U.S., en juin 1988, qui a décidé de réviser la constitution de 1977. Après une courte discussion publique qui suivit la publication de l'avant-projet, le 22 octobre 1988, le Soviet suprême de l'U.R.S.S. adoptait la modification de 55 articles (sur 174). Il s'agit donc d'une révision particulièrement rapide, mais aussi partielle puisque seules les institutions centrales du pouvoir et le système électoral sont modifiés en profondeur ; la révision constitutionnelle portait sur la structure de l'État et la refonte du fédéralisme est renvoyée à une date ultérieure. Cette révision qui fut adoptée à une large majorité, mais non à l'unanimité comme naguère, bouleverse les institutions soviétiques dans trois domaines : la mise en place de la pluralité des candidatures aux élections avec vote secret ; l'instauration d'un véritable parlement permanent avec le Soviet suprême, élu par le Congrès des députés du peuple, appelé à siéger de 6 à 8 mois par an (au lieu de 4 jours auparavant) ; la création d'un Comité de contrôle constitutionnel, pièce maîtresse de la volonté de mettre en place un État de droit.

Un processus d'adaptation se déroule, après que le rôle dirigeant du P.C.U.S. eût été supprimé, le 14 mars 1990. Parmi les réformes, celle opérée le 26 décembre 1990 est importante[5]. Elle modifie 37 articles de la constitution et bouleverse l'équilibre constitutionnel antérieur. La philosophie essentielle de cette révision consiste à *présidentialiser* un peu plus les institutions soviétiques.

Sur ces entrefaites, la tentative de putsch des conservateurs, le 19 août 1991, agissant à la manière d'un catalyseur, devait précipiter les événements, au point d'aboutir à la suppression du P.C.U.S. et de l'U.R.S.S. elle-même.

B. L'IMPOSSIBLE RÉFORME DU FÉDÉRALISME SOVIÉTIQUE

738 Le pseudo-fédéralisme a débouché sur l'éclatement de l'U.R.S.S. en 1991.

5. Au préalable, la constitution avait été révisée successivement : le 20 décembre 1989 (modalités électorales ; fonctionnement du Congrès des députés au peuple et du Soviet suprême) ; le 23 décembre 1989 (Comité du contrôle constitutionnel) et le 14 mars 1990 (suppression du rôle dirigeant du Parti communiste, nouvelle définition du droit de propriété et création du poste de président de l'U.R.S.S.).

1. Le fédéralisme stalino-brejnévien

739 L'Union soviétique était théoriquement depuis 1922 un État fédéral. Les constitutions successives de 1936 et de 1977 ont à cet égard respecté les grandes règles du fédéralisme comme la *loi de la participation* ou la *loi de l'autonomie*. Ainsi en ce qui concerne la participation, les républiques étaient représentées au sein de la plupart des organes fédéraux du pouvoir (Soviet Suprême, Présidium, conseil des ministres et Tribunal suprême). Les réformes constitutionnelles de Gorbatchev ont maintenu cette participation ; ainsi, un tiers des députés du Congrès représentait les collectivités fédérées et autonomes qui conservaient en outre leur représentation au sein du Soviet des nationalités, du conseil des ministres et du Tribunal suprême. En revanche, la procurature et le Comité de contrôle constitutionnel obéissaient à d'autres règles qui n'excluaient cependant pas une certaine association des collectivités fédérées ou autonomes.

En ce qui concerne l'autonomie, officiellement reconnue par les textes constitutionnels, elle apparaissait considérable avec le droit de sécession prévu à l'article 72 et le droit d'entrer en relations avec les États étrangers, de conclure des traités ou de participer aux organisations internationales (article 80).

Mais, dans la pratique le fédéralisme et les autonomismes soviétiques s'apparentaient beaucoup plus à un centralisme renforcé plutôt qu'à un véritable fédéralisme. En effet, le fédéralisme était tout d'abord incompatible avec le système du rôle dirigeant du Parti unique qui fonctionnait selon les règles du *centralisme démocratique*, interdisant ainsi tout particularisme local. Le droit de sécession comme celui d'avoir une personnalité internationale pour les républiques fédérées étaient purement théoriques. La répartition des compétences entre la fédération et les collectivités fédérées ou autonomes était, dans le texte constitutionnel, particulièrement floue et en fait n'établissait aucune limite aux compétences fédérales.

2. À la recherche d'un nouveau fédéralisme

a) Le fédéralisme et les révisions constitutionnelles

740 Le schéma initial du fédéralisme soviétique n'a pas été profondément modifié par les révisions constitutionnelles de 1988, 1989 et 1990. Néanmoins, quelques réformes ont permis de mieux préciser les droits des républiques fédérées et des républiques autonomes. La révision constitutionnelle de 1989 a autorisé les républiques à se doter librement d'institutions de leur choix dans le respect de la constitution fédérale, permettant ainsi une certaine diversité d'une république à l'autre. La création du Conseil de la fédération en 1990 a permis d'associer les présidents des républiques à la fonction présidentielle soviétique[6].

b) Les déclarations de souveraineté et d'indépendance

741 Dans l'éventualité d'une renégociation du pacte fédéral, la quasi-totalité des républiques fédérées a proclamé leur souveraineté afin de se placer en situation de force et d'obliger le pouvoir central à consentir des concessions. Ces déclarations vont parfois fort loin en refusant, par exemple, les expériences nucléaires, en s'arrogeant la propriété des ressources naturelles, en refusant le service militaire en dehors de la république ou en affirmant leur souveraineté internationale.

LES DÉCLARATIONS DE SOUVERAINETÉ

Arménie	24 août 1990	Moldavie	23 juin 1990
Azerbaïdjan	23 septembre 1990	Russie	2 juin 1990
Biélorussie	27 juillet 1990	Ouzbékistan	23 août 1990
Géorgie	23 août 1990	Tadjikistan	24 août 1990
Kazakhstan	26 septembre 1990	Turkménistan	22 août 1990
Kirghizstan	2 décembre 1990	Ukraine	16 juillet 1990

6. V. M. LESAGE, *La crise du fédéralisme soviétique*, D.F., 1990.

Mais les trois États baltes qui estimaient que leur annexion à l'U.R.S.S., en 1940, était contraire aux règles du droit international ont d'emblée proclamé leur indépendance, bientôt suivie par les proclamations d'autres républiques.

LES DÉCLARATIONS D'INDÉPENDANCE

Arménie	21 septembre 1991	Lettonie	4 mai 1990
Azerbaïdjan	30 août 1991	Lituanie	11 mars 1990
Biélorussie	26 août 1991	Moldavie	25 juin 1991
Estonie	30 mars 1990	Ouzbékistan	31 août 1991
Géorgie	9 avril 1991	Tadjikistan	9 septembre 1991
Kazakhstan	16 décembre 1991	Turkménistan	27 octobre 1991
Kirghizstan	31 août 1991	Ukraine	24 août 1991

C. LE COUP D'ÉTAT DU 19 AOÛT 1991 ET LA DISSOLUTION DE L'UNION SOVIÉTIQUE

1. L'organisation et le déroulement du coup d'État

742 Le coup d'État du 19 août 1991 était programmé depuis l'automne 1990 par les éléments les plus conservateurs du Parti et du gouvernement. Il a été organisé par un petit groupe de huit personnes, représentatives du complexe militaro-industriel. Profitant des vacances du président Gorbatchev, le vice-président de l'U.R.S.S. décide d'assurer l'intérim du chef de l'État, déclaré malade, instaure l'État d'urgence et constitue un *comité d'État sur la situation exceptionnelle*.

Ce coup d'État a échoué en raison certes de son impréparation mais aussi en raison du courage des uns (comme Eltsine) ou de la passivité des autres. De surcroît, l'armée et la police, comme l'administration et la société étaient devenues pluralistes du fait de la *perestroïka* et devaient perdre leurs habitudes de soumission au pouvoir bureaucratique.

L'échec du coup d'État entraîne la liquidation du Parti communiste dès le 24 août 1991, la suspension de la constitution et la mise en place d'un régime provisoire, l'indépendance des trois États baltes, reconnue le 6 septembre 1991, et la montée en puissance d'Eltsine au détriment de Gorbatchev.

2. La dissolution de l'U.R.S.S.

743 Dans l'immédiat, le Soviet suprême de l'U.R.S.S. réuni en session extraordinaire a, non seulement suspendu le Parti communiste, le 30 août 1991, mais aussi décidé de s'autodissoudre en retirant au président Gorbatchev les pleins pouvoirs économiques qui étaient les siens. Puis, le Congrès des députés du peuple, par trois textes adoptés le 5 septembre 1991 a mis en place le régime transitoire et *suspendu* la constitution soviétique de 1977 modifiée *(supra)*.

À partir de cet instant, l'U.R.S.S. devait se déliter. Il importe d'en rappeler les étapes.

a) La conférence de Minsk du 8 décembre 1991

744 La conférence de Minsk du 8 décembre 1991 a réuni les présidents et les chefs de gouvernement de Russie, Ukraine et Biélorussie. Cette conférence s'est conclue par une déclaration constatant que *l'U.R.S.S. en tant que sujet de droit international et réalité géopolitique a cessé d'exister*. Les trois États reconnaissent leur indépendance mutuelle, et décident de coopérer entre eux et de respecter les droits de l'homme et les règles du droit international. Ils décident de créer une *Communauté des États indépendants* (C.E.I.) ouvertes aux autres républiques, membres de l'ex-U.R.S.S.

b) La conférence d'Alma-Ata du 21 décembre 1991

745 Mises devant le fait accompli, les autres républiques, membres de l'U.R.S.S. ne pouvaient rester à l'écart. Ce fut chose faite à Alma-Ata où les trois signataires de l'accord de Minsk seront rejoints par toutes les autres républiques, à l'exclusion des trois États baltes (indépendants depuis le 6 septembre 1991) et de la Géorgie. Toutes ces républiques deviennent donc indépendantes et membres de la C.E.I.

c) La fin de l'Union soviétique

746 Le président Gorbatchev démissionnera le 25 décembre 1991. La Russie remplacera l'U.R.S.S. dans toutes les instances internationales y compris au Conseil de sécurité des Nations unies, en succédant à l'Union défunte, par accord de tous les États membres de la C.E.I., qui seront progressivement reconnus par la communauté internationale et admis au sein de l'O.N.U.

§ 2. LE DROIT CONSTITUTIONNEL DE LA RUSSIE

747 La Russie est donc redevenue un État indépendant. La vie constitutionnelle a été particulièrement tourmentée. Longtemps soumise à la constitution brejnévienne de 1978, considérablement amendée depuis 1989, la Russie vivait dans l'instabilité politique. La constitution était devenue un *monstre juridique*, formée de strates successives brejnéviennes, gorbatchéviennes et eltsiniennes, incompatibles les unes avec les autres. Sa rigidité rendait de plus impossible une refonte[7].

A. LA CRISE CONSTITUTIONNELLE RUSSE (1991-1993)

1. Les causes

748 Depuis l'indépendance de la Russie, en 1991, les institutions fonctionnaient particulièrement mal du fait du conflit permanent qui opposait le président au Parlement.

Ce conflit était d'abord, *un conflit de légitimité*. Boris Eltsine, fort de son élection au suffrage universel direct de juin 1991 et des résultats du référendum-plébiscite du 25 avril 1993 où 58,7 % des votants lui avaient attribué la confiance, supportait mal le Congrès et le Soviet suprême qui paralysaient ses initiatives et le contredisaient. Il est vrai que le Congrès, élu en 1990, n'étant guère représentatif de la société russe et se composait d'une majorité des deux tiers, nostalgique de l'ancien régime.

C'était aussi un conflit de *répartition des compétences* entre pouvoir exécutif et pouvoir législatif. La constitution sur ce point était si mal rédigée qu'il était impossible d'identifier clairement leur domaine respectif : les ordonnances adoptées par le président étaient réfutées par des lois adoptées par le Parlement et inversement. De plus, pour contrer les députés, le président Eltsine avait attribué, en marge de la constitution, des compétences considérables aux collectivités locales, ce qui conduisait à une grave instabilité juridique.

L'absence d'une administration efficace, l'existence de contrôles juridictionnels inopérants et la désorganisation économique due à la succession des réformes imparfaites et incomplètes, provoquaient en fait la paralysie des institutions fédérales.

7. V. S. MILACIC (sous la direction), *La réinvention de l'État*, Bruxelles, 2003 ; D. COLAS, *Les constitutions de l'U.R.S.S. et de la Russie*, 1997.

2. Les prémices

749 Depuis 1991, la Russie a tenté d'élaborer une nouvelle constitution. Mais, le mandat du Parlement ne prenait fin qu'en 1995 et celui du président en 1996. Or, l'adoption de toute constitution nouvelle impliquait l'abrègement des mandats électifs. De plus, seul le Congrès disposait du pouvoir constituant et ses objectifs étaient incompatibles avec ceux du président qui disposait d'une minorité de blocage au sein du Parlement.

Après le référendum du 25 avril 1993 qui a conforté la légitimité présidentielle, la réforme de la constitution sembla connaître un nouveau départ.

Deux projets ont été publiés, l'un le 24 avril 1993, l'autre le 8 mai 1993. Le premier projet était celui du président Eltsine et de ses collaborateurs. Il proposait un régime fortement présidentialiste, inspiré tout à la fois de la constitution des États-Unis et de celle de la France. Le président dispose de pouvoirs particulièrement étendus qui font de lui le chef exclusif de l'exécutif ; le gouvernement est d'ailleurs intégralement placé sous son autorité.

Le second projet était celui du Parlement. Il créait un régime présidentiel où le parlement dispose de la plénitude du pouvoir législatif et ne peut pas être dissous.

Certes, les deux projets avaient des points communs (structure du pouvoir, déclaration des droits et des libertés, conception du fédéralisme) mais ils se séparaient en ce qui concerne les attributions du président. Dans le premier cas, ses pouvoirs sont à la fois ceux d'un chef d'État parlementaire et présidentialiste. Dans le second cas, le modèle américain prédomine.

Depuis le 5 juin 1993, le Conseil de la Fédération, élargi au conseil des chefs d'administration locale, aux représentants des groupes parlementaires et des organisations sociales et religieuses, avait été convoqué par le président Eltsine qui considérait cette assemblée comme une quasi-constituante. Cette *conférence constitutionnelle* avait finalement approuvé un projet de constitution, sur la base des propositions du président Eltsine, le 12 juillet 1993. Mais pour autant la situation constitutionnelle n'était pas débloquée en raison de la nécessité de l'acceptation incontournable du parlement toujours hostile. Tout au long de l'été, la guérilla entre le président et le parlement va s'intensifier.

3. Le dénouement

750 Le 21 septembre 1993, Boris Eltsine dissout par ordonnance le Parlement, décide l'organisation d'élections législatives anticipées et modifie unilatéralement la constitution en renforçant les pouvoirs présidentiels. Face à ce coup de force constitutionnel, le parlement réagit en prononçant la destitution du président, alors que le vice-président Routskoï s'autoproclame président ; mais la réaction parlementaire et celle du vice-président sont tout autant inconstitutionnelles. Alors que les députés se retranchent dans la Maison Blanche, siège du Parlement, les forces de l'ordre instaurent un blocus autour de l'édifice. Après que les partisans du parlement se soient emparés de la mairie de Moscou et aient tenté d'investir l'immeuble de la télévision, l'armée intervient le 4 octobre et s'empare de la Maison Blanche, alors que les *mutins* conduits par le président du Parlement Khazboulatov et le vice-président Routskoï sont faits prisonniers.

Dès le 7 octobre, Boris Eltsine, seul maître du jeu, dissout les conseils locaux, suspend la cour constitutionnelle. Une ordonnance du 11 octobre annonce que les élections législatives auront lieu le 12 décembre 1993 ; le 13 octobre celui-ci annonce que les élections seront doublées d'un référendum constituant.

4. Les élections et le référendum du 12 décembre 1993

751 Les électeurs devaient se livrer à quatre scrutins distincts à cette date : vote sur le projet de constitution, élection au scrutin proportionnel de la moitié des députés de la Douma, élection au scrutin majoritaire de l'autre moitié des députés de la Douma et élections, enfin, de deux conseillers du Conseil de la Fédération au scrutin majoritaire. À l'issue d'une campagne électorale assez morne, le vote s'est déroulé sans incident et en présence d'observateurs de la C.S.C.E. et de l'Union européenne.

Le référendum constituant a donné les résultats suivants : votants : 54,8 % des inscrits ; pour : 58,4 % des votants ; contre : 41,6 % des votants. Le référendum approche tout juste de la barre fatidique des 50 % de votants nécessaires à son approbation.

B. LES INSTITUTIONS RUSSES

752 La constitution du 12 décembre 1993, précédée d'un court préambule, comprend 137 articles et dispose d'un titre second réservé aux dispositions finales et transitoires. Les dispositions concernant les principes fondamentaux sont tout à la fois classiques et démocratiques : la Russie est un État de droit, démocratique, républicain, laïc, social et pluraliste ; elle fonctionne selon les règles de la séparation des pouvoirs, de la souveraineté populaire et du respect des droits et des libertés. La Russie est, en outre, un État fédéral.

Le second chapitre de la constitution est consacré aux droits et aux libertés de l'homme et du citoyen et correspond parfaitement à la conception universelle des droits de l'homme telle qu'elle découle de la déclaration universelle et des pactes qui la complètent.

1. Les institutions fédérales

a) Le président de la Fédération russe

α) Statut du président

753 Il est élu pour six ans au suffrage universel direct et n'est immédiatement rééligible qu'une seule fois, comme désormais en France (art. 6 C), depuis la révision constitutionnelle du 30 décembre 2008. Le mandat antérieur était de quatre ans. À titre transitoire, Boris Eltsine, élu en 1991 ira jusqu'à la fin de son mandat en 1996. Il sera réélu, le 3 juillet 1996, au second tour avec 53,82 % des suffrages contre 40,29 % à G. Ziouganov, candidat communiste. Le 31 décembre 1999, le président Eltsine démissionnait et l'intérim était alors assuré par le premier ministre, Vladimir Poutine, qui sera élu président, le 26 mars 2000, dès le premier tour avec 52,94 % des suffrages. Il sera réélu, de même, le 14 mars 2004 avec 71,2 % des suffrages. Le président est inviolable et ne peut être destitué qu'en cas de haute trahison ou pour infraction pénale selon une procédure imitée de celle de *l'impeachment* américain. L'intérim est assuré par le président du Gouvernement ; en cas d'empêchement définitif, des élections se dérouleront dans un délai de trois mois.

En vertu d'une ordonnance du 31 décembre 1999, les anciens présidents de la Russie bénéficient d'un statut officiel qui leur garantit l'inviolabilité. Le 2 mars 2008, le nouveau président, A. D. Medvedev, a été élu au 1er tour de scrutin avec 70,23 % des suffrages. Puis, le 4 mars 2012, V. Poutine sera à nouveau élu, dès le premier tour avec 64 % des suffrages. Dès son intronisation, il nommera à nouveau A. D. Medvedev comme premier ministre.

β) Pouvoirs du président

754 Ils sont considérables puisque le président de la Russie dispose, tout à la fois, des pouvoirs d'un chef d'État présidentiel et d'un chef d'État parlementaire et de certains pouvoirs hérités de la tradition russe. Même la cohabitation entre le président et le premier ministre n'a pas fondamentalement modifié, en apparence, l'équilibre des pouvoirs, d'autant que la révision constitutionnelle du 30 décembre 2008 a rendu obligatoire le compte rendu annuel du chef du Gouvernement devant la Douma, comme le fait également le chef de l'État.

En ce qui concerne les pouvoirs régaliens, il est chef des armées et chef de la diplomatie, il exerce le droit de grâce et attribue les décorations et les médailles.

Selon le modèle américain, il nomme et révoque les membres du Gouvernement et les hauts fonctionnaires ; il nomme les juges ; il préside le conseil de sécurité ; il dispose du droit de veto sur les lois et adresse au Parlement un message annuel sur la politique de la Nation.

Selon le modèle français, il nomme le chef du Gouvernement et, sur sa proposition, les autres membres du Gouvernement, il dispose du référendum et de la dissolution de la Douma et peut recourir aux pleins pouvoirs en temps de crise. Il a l'initiative des lois et est le garant de la souveraineté, de l'indépendance et de l'intégrité de l'État.

Selon la tradition russe et soviétique, il accorde l'asile, il suspend les actes administratifs contraires à la constitution et aux lois, il accorde et retire la citoyenneté et dispose du droit de légiférer par voie d'ordonnance (en l'absence de lois ou pour compléter la loi)[8].

γ) Le Gouvernement

755 Le Gouvernement est constamment responsable devant le président qui peut, à tout moment, le modifier ou le révoquer et devant la Douma qui peut le censurer. Mais comme la détermination de la politique de la Nation appartient au président, le rôle du Gouvernement et de son président (premier ministre) ne pouvait être qu'un rôle d'exécutant. Cependant, les choses ont évolué dans un autre sens, du fait de la nomination de V. Poutine puis d'A. D. Medvedev comme premier ministre, aboutissant ainsi plus à une répartition des tâches qu'à une hiérarchisation. Une loi constitutionnelle fédérale du 3 décembre 2012 instaure un contrôle des dépenses des membres du Gouvernement.

b) Le Parlement fédéral

α) Les chambres

756 Elles sont au nombre de deux : La Douma d'État et le Conseil de la Fédération. La Douma d'État est élue pour cinq ans, depuis le 30 décembre 2008 au scrutin proportionnel dans un cadre régional, après l'avoir été selon un scrutin mixte moitié proportionnel, moitié majoritaire. Le mandat était antérieurement de quatre ans). Elle compte 450 membres. Le Conseil de la Fédération représente les collectivités fédérées à raison de deux représentants pour chacune d'entre elles ; à titre transitoire, les 178 conseillers avaient été élus au suffrage universel pour deux ans, puis à partir de 1995 le chef de l'exécutif local et le président du parlement local, en étaient membres de droit. La loi du 5 août 2000 a mis fin à cette situation : dorénavant les conseillers de la Fédération étaient désignés par le chef de l'exécutif local (pour la moitié d'entre eux) et étaient élus par le Parlement local (pour l'autre moitié). Cette réforme voulue par le président Poutine avait pour but de rendre incompatibles les fonctions locales avec les fonctions de conseiller de la Fédération, qui ne pouvait siéger qu'épisodiquement, mais surtout de supprimer les immunités parlementaires dont jouissaient les responsables locaux. Mais, une nouvelle réforme décidée par le président Poutine en 2004 va profondément modifier le système électoral. La Douma était alors élue intégralement au scrutin proportionnel au niveau de la Fédération avec seuil à 7 % et répartition des sièges en fonction du vote dans chaque région.

Seuls les partis politiques enregistrés pouvaient présenter des candidats. Le but poursuivi était d'aboutir à deux ou trois partis politiques seulement (loi du 11 juillet 2001). Quant aux représentants

8. V. M. LESAGE, Le gouvernement présidentiel en Russie (juin 1991-décembre 1999), *Mélanges Gérard Conac*, 2001, p. 389 ; V. TOUMANOV, Sur les caractéristiques de la constitution russe, *Mélanges Michel Lesage*, 2006, p. 117.

au Conseil de la Fédération, ils étaient dorénavant désignés indirectement par le président de la Russie, en application de la loi du 15 décembre 2004, du fait de la disparition de plusieurs sujets de la Fédération. Ils sont au nombre de 166.

Les élections du 2 décembre 2007 ont donné 64,1 % et la majorité absolue à la Douma à *Russie unie*, le parti dont V. Poutine est devenu le secrétaire général. Trois autres partis ont obtenu des élus : le parti communiste avec 11,6 % des suffrages, le parti libéral-démocrate avec 8,2 % et *Russie juste* avec 7,8 %.

Cependant les élections du 4 décembre 2011 qui ont soulevé des mouvements de protestation ont amené le président et son premier ministre à proposer de nouvelles règles électorales : retour au suffrage universel direct pour l'élection des gouverneurs de régions et des présidents de républiques ; simplification de l'enregistrement des partis politiques, diminution du nombre des parrainages pour être candidat et retour au système de la moitié des députés à la Douma élus au scrutin majoritaire et l'autre moitié au scrutin proportionnel. Les réformes seraient applicables aux élections de 2016. Quant aux élections de 2011, la participation a été de 60,20 % (au lieu de 63,71 en 2007). *Russie unie*, le parti de V. Poutine, a obtenu 238 députés (contre 315 en 2007) et 49,54 % des suffrages (au lieu de 64,30 en 2007), suivi du *Parti communiste* (92 députés et 19,20 % des suffrages), *Russie juste* (64 députés et 13,20 %) et le *Parti libéral démocrate* (56 députés et 11,40 % des suffrages). Les autres formations politiques, n'ayant pas atteint le seuil de 7 %, n'ont aucun élu. Une loi du 3 décembre 2012 a enfin modifié les règles de désignation des membres du Conseil de la Fédération. Seules les formations politiques représentées à hauteur de un cinquième des députés de l'organe législatif local peuvent présenter un candidat, au titre de l'organe législatif. Quant au représentant de l'exécutif, il doit être choisi sur une liste de trois candidats proposés par une commission spéciale.

β) Les pouvoirs des chambres

757 Les chambres disposent de pouvoirs séparés et de pouvoirs communs.

Le Conseil de la Fédération vote la destitution du président, approuve la nomination des juges, le recours à l'usage de la force armée hors des frontières et l'approbation de l'état de guerre ou de l'état d'urgence.

La Douma d'État approuve le choix du président du Gouvernement, accorde ou refuse la confiance à celui-ci, met en accusation le président, vote l'amnistie et désigne le délégué aux droits de l'homme.

Les deux chambres votent la loi. Pour être adoptée, elle doit être approuvée à la majorité absolue par la Douma d'État et par le Conseil de la Fédération à moins que ce dernier ne l'ait pas examinée dans un délai de 14 jours (ce qui constitue alors une approbation tacite). En cas de conflit entre les chambres, la Douma peut passer outre à l'opposition du Conseil de la Fédération par un vote à la majorité des deux tiers ; il en est d'ailleurs de même en ce qui concerne le veto présidentiel selon le modèle américain. À côté des lois ordinaires, la constitution a prévu l'existence de lois organiques (lois constitutionnelles fédérales) qui ne peuvent être adoptées qu'à la majorité des trois quarts du Conseil de la Fédération et des deux tiers de la Douma.

γ) La dissolution de la Douma

758 La Douma d'État ne peut être dissoute que dans deux cas : refus d'approuver trois fois de suite le choix du président du Gouvernement (art. 111) ou vote de défiance deux fois de suite dans un délai de trois mois à l'encontre du gouvernement, à condition qu'un an se soit écoulé depuis l'élection de la Douma (art. 117).

δ) La révision constitutionnelle

759 La constitution de 1993 est rigide et prévoit trois formes possibles de révision. Une révision simplifiée pour l'admission de nouvelles composantes de la Fédération, la scission de composantes existantes ou le changement de nom de celles-ci. Le mode de révision a été adopté, en 2014, pour permettre l'intégration de la Crimée à la Russie.

Les révisions constitutionnelles normales concernent toute la constitution, à l'exclusion des principes fondamentaux, des droits et des libertés et du mode de révision constitutionnelle. Elles doivent être approuvées comme les lois organiques (majorité des trois quarts du Conseil de la Fédération et des deux tiers de la Douma). Mais elles ne deviennent applicables qu'après approbation par au moins les deux tiers des composantes de la Fédération ; ce qui fut le cas de la révision constitutionnelle du 30 décembre 2008.

Les révisions constitutionnelles fondamentales concernent les principes fondamentaux, les droits et les libertés et le mode de révision de la constitution doivent être approuvées à la majorité des trois cinquièmes de chacune des chambres, puis sont soumises à l'approbation d'une assemblée constituante qui soit, approuve le projet à la majorité des deux tiers, soit le soumet à référendum, soit le refuse.

c) Les autres institutions

α) Les autorités judiciaires

760 La constitution prévoit trois juridictions suprêmes : la Cour constitutionnelle, la Cour suprême (civil, pénal et administratif) et la Cour suprême d'arbitrage (conflits économiques). Les juges de ces juridictions sont nommés par le Conseil de la Fédération sur proposition du président ; ils sont inamovibles. Les autres juges des juridictions inférieures sont nommés par le président.

La Cour constitutionnelle comprend depuis 2009, 19 juges dont un président, deux vice-présidents et un juge secrétaire, nommés pour 15 ans, avec limite d'âge fixée à 70 ans en application de la loi constitutionnelle fédérale du 15 décembre 2001. Ses pouvoirs ont été limités par rapport à la précédente constitution où la Cour, conduite à l'époque par Zorkine, avait connu des dérapages contestables sur le plan juridique. Elle est juge de la constitutionnalité des actes normatifs et des traités (non encore entrés en vigueur), elle résout les conflits de compétence entre organes, elle veille au respect des droits constitutionnels des citoyens (exception d'inconstitutionnalité) et peut interpréter la constitution. Sous la présidence successive des professeurs Toumanov et Baglaï depuis 1998 la Cour a adopté une jurisprudence peu contestable[9]. Depuis 2004, le professeur Zorkine a été renommé président de la Cour. Mais la révision constitutionnelle du 2 juin 2009 prévoit que dorénavant le président de la Cour est nommé pour six ans ; une seule fois renouvelable par le Conseil de la Fédération sur proposition du président, alors qu'il était auparavant élu par ses pairs sans limitation de durée. Cette même loi prévoit également la révocation possible du président et des vice-présidents.

L'institution du procureur subsiste et continue de fonctionner selon les mêmes règles hiérarchiques qu'à l'époque soviétique, dès lors que le procureur général désigne tous les autres procureurs. Mais dorénavant l'instruction des affaires pénales ne relève plus des services du procureur mais d'une institution autonome.

La constitution prévoit également la mise en place d'une chambre des comptes, placée sous l'autorité du parlement et l'institution d'un délégué aux droits de l'homme, désigné par la Douma.

β) L'administration locale

761 La constitution demeure laconique sur l'administration locale. Elle prévoit l'autonomie (autogestion) des collectivités locales, tant en ce qui concerne le fonctionnement que les compétences et le

9. V. M. -É. BAUDOUIN, *Justice constitutionnelle et État post-soviétique*, thèse Clermont, 2003 ; H. DONSKOFF, *Les limites de l'action de la Cour constitutionnelle de la Fédération de Russie*, thèse Le Havre, 2001 ; M. ZAKHAROVA, 20 ans après, la Russie est-elle dotée d'une véritable justice constitutionnelle ?, *Constitutions* 2012, p. 235.

financement. Il est actuellement impossible de délimiter l'étendue de la décentralisation bien que les exécutifs, locaux (présidents, maires ou gouverneurs) et les parlements locaux aient été régulièrement renouvelés depuis 1998. Cependant, la réforme du 31 décembre 2004 va dans le sens d'une recentralisation. Dorénavant les présidents de républiques, les gouverneurs de régions et les maires de Moscou, Saint-Pétersbourg et Sébastopol sont désignés par le président de la Russie, après accord du parlement local et non plus élus. En cas de trois refus par le parlement local du candidat proposé, celui-ci est dissous. Mais, le retour à l'élection des exécutifs locaux est programmé.

γ) La chambre sociale

762 Cette chambre, créée en 2004, et composée exclusivement de membres nommés ou cooptés, a pour mission de représenter la société un peu comme notre Conseil économique, social et environnemental.

2. Le fédéralisme russe

763 La Russie à l'époque soviétique était déjà une *fédération* comportant en son sein un certain nombre de collectivités autonomes (16 républiques, 5 régions, 10 districts). Ces autonomies étaient essentiellement culturelles et permettaient à des minorités nationales, enclavées dans le territoire russe, de conserver l'usage de leur langue.

La Russie comportait selon la constitution : 21 républiques, 6 territoires, 49 régions, deux villes d'importance fédérale (Moscou et Saint-Pétersbourg), une région autonome et 10 districts autonomes, soit 89 *sujets* de la Fédération. Les révisions constitutionnelles du 30 décembre 2008 ont porté les territoires de 6 à 9, les régions de 49 à 46 et les districts autonomes de 10 à 4. Il ne reste donc plus que 83 sujets de la Fédération et 166 sénateurs du Conseil de la Fédération. Enfin, une loi de 2014 a transformé la Crimée en république autonome et la ville de Sébastopol en ville d'importance fédérale.

Le fédéralisme est égalitaire puisque les différentes composantes disposent des mêmes prérogatives. Toutefois les républiques jouissent de deux prérogatives particulières : le droit à une constitution alors que les autres sujets n'ont que des statuts et celui de disposer d'une langue nationale à égalité avec la langue russe. Sur le plan de la répartition des compétences entre Fédération et sujets, la constitution n'est pas toujours très claire et permet une extension considérable des pouvoirs centraux. Il est cependant possible d'envisager une évolution plus positive du fédéralisme russe. Déjà la Fédération avait su négocier avec certaines républiques frondeuses comme le Tatarstan ou le Bachkortostan des accords qui concédaient une grande liberté à ces derniers. Mais ces *privilèges* sont maintenant remis en cause tant par les cours constitutionnelles que par l'administration présidentielle. En revanche, la constitution exclut la sécession et les autorités fédérales n'ont pas hésité à recourir à la force, en 1994, et à nouveau en 1999, pour ramener dans l'ensemble russe la république dissidente de Tchétchénie.

3. L'avenir de la Fédération de Russie

764 La constitution du 12 décembre 1993 (*R.F.D.C.* 1994, p. 195) n'a pas encore fait suffisamment ses preuves pour que l'on puisse affirmer que la Russie est maintenant une démocratie à part entière. Ce texte qui instaure un régime inclassable, tenant tout à la fois du régime présidentiel, du présidentialisme à la française et du parlementarisme *orléaniste*, protège de façon excessive les prérogatives présidentielles et rappelle en fait le régime impérial russe qui fonctionna entre 1906 et 1914[10]. Depuis l'élection du président Poutine, de nouvelles orientations se font jour : volonté de mieux contrôler les sujets de la Fédération, loi sur les partis politiques visant à réduire leur nombre et lutte

10. M. MENDRAS, *La Russie de Poutine*, *Pouvoirs* n° 112, 2005 et *Russie, l'envers du décor*, 2008.

contre les oligarques[11]. La *démocratie dirigée* s'identifie à l'autorité présidentielle, expression de la *verticale du pouvoir*. La Fédération est membre de la C.E.D.H.[12].

À coup sûr, la guerre avec la Géorgie (août 2008), clôt la période ouverte avec l'effondrement de l'U.R.S.S. en 1991. Le patriotisme est de retour[13] et après les événements d'Ukraine en 2014 on peut légitimement s'interroger sur l'éventualité d'une volonté russe de reconstruire son empire.

§ 3. LES AUTRES ÉTATS ISSUS DE L'U.R.S.S.

765 La dissolution de l'U.R.S.S. a donné naissance, outre la Russie, à quatorze États qui étaient tous à l'époque soviétique des républiques fédérées. La situation de ces États est variable au point que certains d'entre eux font songer aux *protectorats* d'antan.

Les trois États baltes ont, dès leur indépendance, restauré le régime parlementaire et se sont délibérément imposés dans l'Europe occidentale (adhésion au Conseil de l'Europe, demande d'entrée dans l'Union européenne et dans l'OTAN) malgré l'importance des minorités slaves sur le territoire de deux d'entre eux (38,6 % en Estonie et 48,2 % en Lettonie). Les autres États issus de l'ex-U.R.S.S. ont pris une direction différente. Pour l'essentiel les onze autres républiques, regroupées au sein de la C.E.I. (Asie centrale, Caucase, Moldavie, Biélorussie et Ukraine) ont mis tous en place des régimes présidentialistes à forte tendance autoritaire avec des élections souvent contestées et des violations fréquentes des droits de l'opposition[14]. Alors que la Biélorussie, qui souhaite fusionner avec la Russie, est tombée dans l'autoritarisme, trois républiques (Moldavie, Géorgie et Azerbaïdjan) sont incapables de s'imposer sur l'intégralité de leur territoire du fait de sécessions locales. Partout, la Russie est présente, soit avec le stationnement de troupes russes, soit en raison de son poids économique. En réalité, la démocratie doit encore faire ses preuves, dans la plupart des États issus de l'ex-U.R.S.S. Il faut cependant noter une tendance très forte à l'exigence de démocratie, comme le démontrent les élections géorgiennes de 2004, 2008 et de 2012 ; ukrainiennes de 2004, 2008 et de 2010 et la démission du président kirghize en 2005, puis le renversement de son successeur en 2010, qui ont conduit au renversement *pacifique* des régimes en place depuis 1990. À l'opposé, l'Ouzbékistan, en mai 2005, a connu une répression militaire, et le Turkménistan, à la mort du président, en 2006, a vu l'équipe dirigeante imposer son successeur.

SECTION III LES INSTITUTIONS POLITIQUES DE L'EUROPE CENTRALE ET ORIENTALE ET DES ETATS MARXISTES-LÉNINISTES

766 Si le concept idéologique d'*Europe de l'Est* a vécu, le marxisme a survécu en revanche en Chine, au Vietnam, en Corée du Nord et à Cuba.

11. Le groupe pétrolier Ioukos a été démantelé en 2004, de manière édifiante.

12. V. S. KOUZNETSOV, *La mise en œuvre de la Convention européenne des droits de l'homme dans le nouveau contexte fédéral russe* (1993-2012), thèse Bordeaux IV, 2012.

13. V. L. MANDEVILLE, *La reconquête russe,* 2008.

14. V. S. DRUTA SULIMA, *La construction du système électoral en République de Moldavie. Sur la difficile démocratisation d'un État postsoviétique,* thèse Bordeaux IV, 2010.

§ 1. LA REDÉCOUVERTE DU DROIT CONSTITUTIONNEL OCCIDENTAL EN EUROPE CENTRALE ET ORIENTALE

767 Les huit États de l'Europe de l'Est (Albanie, Bulgarie, Hongrie, Pologne, R.D.A., Roumanie, Tchécoslovaquie et Yougoslavie) et les trois États baltes, ont tous abandonné le modèle soviétique de droit constitutionnel au cours des années 1989 à 1991 et se sont référés aux schémas classiques du droit constitutionnel occidental pour réaliser leur démocratisation[15].

Rappelons que le schéma constitutionnel commun à tous les pays du bloc socialiste était le suivant : tous les pouvoirs appartenaient à une assemblée, généralement monocamérale (à l'exception de la Tchécoslovaquie et de la Yougoslavie qui, en tant qu'États fédéraux, avaient mis en place le bicamérisme) ; cette assemblée était élue au suffrage direct (sauf en Yougoslavie où le suffrage était indirect) soit au scrutin majoritaire uninominal à deux tours, soit au scrutin majoritaire plurinominal (Pologne et R.D.A.) ; ces élections qui toléraient une certaine liberté de choix aux électeurs garantissaient au Parti communiste et aux partis qui lui étaient associés la majorité absolue au sein de l'assemblée.

Cette dernière qui se réunissait fort peu (de quelques jours à quelques semaines par an) avait pour mission essentielle de désigner les autres organes du pouvoir constamment responsables devant elle. Il s'agissait du Conseil d'État (présidence, présidium ou comité permanent) tout à la fois chef d'État collégial et organe législatif permanent, du conseil des ministres, du tribunal suprême et du procureur général. Certains États avaient institué un président de la République (Tchécoslovaquie, Roumanie et pendant certaines périodes Pologne, R.D.A. et Yougoslavie) qui dans ce cas bénéficiait des attributions exécutives du Conseil d'État (ou de son homologue). Ultérieurement, certains s'étaient dotés d'une cour constitutionnelle : Yougoslavie depuis 1963, Tchécoslovaquie en 1968, mais elle ne fonctionnait pas, Hongrie (1984) et Pologne (1985).

A. L'EUROPE CENTRALE ET ORIENTALE

768 Il importe de recenser les principales manifestations du constitutionnalisme naissant, à l'aide des tableaux ci-après, en contraste avec l'ex-Yougoslavie dépecée et ravagée par les guerres ethniques.

Il faut souligner que presque tous ces États ont intégré, en 2004, l'Union européenne (traité d'élargissement d'Athènes du 16 avril 2003) (Estonie, Lettonie, Lituanie, Pologne, Hongrie, République tchèque, Slovaquie, Slovénie), en 2007 (Bulgarie, Roumanie) ou en 2013 (Croatie) et que leurs systèmes politique, économique et juridique ont été préalablement harmonisés avec ceux de l'Union européenne. Les États dont l'admission à l'U.E. n'est pas encore fixée (Albanie, Bosnie-Herzégovine, Macédoine, Serbie, procédure en cours, Monténégro et Kosovo) doivent encore progresser dans la démocratisation de leurs institutions et dans la libéralisation de leurs structures économiques[16].

1. Le nouveau droit électoral

769 Ces États ont généralement mis en place un système électoral en rupture avec celui en vigueur à l'époque soviétique permettant d'assurer l'alternance et le multipartisme. Le scrutin majoritaire a pratiquement disparu et presque partout le scrutin proportionnel, avec seuil de représentativité à 3, 4 ou 5 %

15. V. S. MILACIC, *De l'âge idéologique à l'âge politique. L'Europe post-communiste vers la démocratie pluraliste*, 2010 ; Ph. CLARET et J.-P. MASSIAS, *États postcommunistes : vers une standardisation démocratique ?,* 2008.

16. En bonne logique, avec la fin de la guerre froide, marquée par la signature de l'Acte fondateur des relations OTAN-Russie, le 27 mai 1997, la Hongrie, la Pologne et la République tchèque sont devenus le 8 juillet suivant, membres de l'organisation atlantique, imitées ultérieurement par la Bulgarie et la Roumanie. V. Europe centrale et orientale (2000-2001), *Le courrier des pays de l'Est*, D.F., juin 2001.

a été instauré, à moins que les États n'aient préféré un scrutin mixte, souvent inspiré du modèle allemand (Hongrie, Lituanie, Estonie, Albanie). Les élections se déroulent régulièrement, rendant ainsi possible l'alternance politique (Pologne, Lituanie, Hongrie, Bulgarie, Roumanie, Albanie).

2. Les nouveaux Parlements

770 En règle générale, les nouveaux Parlements sont monocaméraux, à l'exception de la Pologne, de la Roumanie et de la République tchèque qui disposent d'un Sénat ; les États issus de l'ex-Yougoslavie ont également souvent conservé un Parlement bicaméral justifié par le fédéralisme (Bosnie-Herzégovine) ou par la tradition (Slovénie).

Ces assemblées fonctionnent comme leurs homologues occidentaux : adoption de nombreuses lois, contrôle actif de l'activité gouvernementale avec recours à la motion de censure mais le pluralisme, issu du scrutin proportionnel, rend parfois difficile la stabilité des majorités.

3. Le président de la République

771 Les nouveaux régimes ont mis en place des régimes parlementaires, souvent inspirés de la tradition constitutionnelle française de la IIIe République, même si parfois, certains présidents disposent de pouvoirs théoriquement étendus. La tendance est cependant au déclin du rôle de chef de l'État, même s'ils sont élus au suffrage universel direct et à la revalorisation du rôle du premier ministre.

PARLEMENTS

État	Mode d'élection	Composition du Parlement	Élections
Albanie	mixte (depuis 1996)	Assemblée du peuple : 140 députés	1991, 1992, 1996 1997, 2001, 2005, 2009 et 2013
Bosnie-Herzégovine	proportionnel (depuis 1996) indirect pour la Chambre des peuples	Chambre des représentants : 42 députés Chambre des peuples : 15 députés	1990, 1996, 1998, 2000, 2002, 2004, 2006, 2008 et 2010
Bulgarie	proportionnel (depuis 1994) avec seuil à 5 %	Assemblée nationale : 240 députés	1990, 1991, 1994 1997, 2001, 2005, 2009 et 2013
Croatie	scrutin mixte proportionnel	Chambre des représentants : 151 députés	1990, 1992, 1995, 2000, 2003, 2007 et 2011
Estonie	scrutin proportionnel	Parlement : 101 députés	1992, 1995, 1999, 2003, 2007 et 2011
Hongrie	scrutin mixte	Assemblée nationale : 386 députés	1990, 1994, 1998, 2002, 2006, 2010 et 2014
Lettonie	proportionnel	Diète : 100 députés	1990, 1993, 1995, 1998, 2002, 2006, 2010 et 2011
Lituanie	scrutin mixte	Diète : 141 députés	1990, 1992, 1996, 2000, 2004, 2008 et 2012

Macédoine	majoritaire 2 tours	Assemblée : 123 députés (3 députés représentent les Macédoniens de l'étranger depuis 2011).	1990, 1994, 1998, 2002, 2006, 2008 et 2011
Monténégro	proportionnel	Assemblée : 81 députés	2006, 2010 et 2012
Pologne	proportionnel (5 %)	Diète : 460 députés Sénat : 100 sénateurs	1991, 1993, 1997, 2001, 2006, 2007 et 2011
Rép. tchèque	proportionnel (5 %) majoritaire à 2 tours	Chambre des députés : 200 députés Sénat : 81 sénateurs	1992, 1996, 1998, 2002, 2004, 2006, 2010 et 2013
Roumanie	proportionnel (3 %)	Chambre des députés : 334 députés Sénat : 137 sénateurs	1990, 1992, 1996, 2000, 2004, 2008 et 2012
Serbie	proportionnel (5 %)	Assemblée nationale : 250 députés	2007, 2008, 2010 et 2012
Slovaquie	proportionnel (5 %)	Conseil national : 150 députés	1992, 1994, 1998, 2002, 2006, 2010 et 2012
Slovénie	proportionnel (5 %)	Assemblée nationale : 90 députés Conseil national : 40 conseillers	1990, 1992, 1996, 2000, 2006, 2008 et 2014
Yougoslavie jusqu'en 2002 (1)	scrutin mixte scrutin indirect	Chambre des citoyens : 138 députés Chambre des républiques : 40 députés	1992, 1996 et 2000

(1) Depuis 2002, la Yougoslavie est devenue l'Union Serbie-Monténégro avec un parlement monocaméral désigné par les deux composantes. L'Union cessa avec l'indépendance de celles-ci en 2006. Quant au Kosovo, après les élections législatives de 2007, il a proclamé son indépendance, le 17 février 2008 et dispose d'une constitution (2008) et d'une Assemblée de 120 membres.

ÉLECTIONS DES PRÉSIDENTS

Présidents élus par le Parlement		
Albanie	Bujar Nishani	élu le 11 juin 2012
Estonie	Toomas Hendrik Ilves	réélu le 29 août 2011
Hongrie	Janos Ader (1)	élu le 2 mai 2012
Kosovo	Atifete Jahjaga	élue le 7 avril 2011
Lettonie	Andris Berzins (2)	réélu le 2 juin 2011
République tchèque jusqu'en 2013	Vaclav Klaus	élu le 28 février 2003, réélu le 15 février 2008
Monténégro	Filip Vujanovic	élu le 7 avril 2008

(1) Successeur de Pal Schmitt démissionnaire.
(2) Successeur de Vaira Vike-Freiberga ; la première femme chef d'État en Europe orientale, élue en 1999 et réélue en 2003. La Slovaquie a changé le mode d'élection présidentiel en 1999 et adopté le suffrage universel direct, après plus de six tours de scrutin infructueux par le Parlement. La République tchèque a fait de même en 2013.

Présidents élus au suffrage universel direct (scrutin majoritaire à deux tours)		
Bosnie-Herzégovine	Présidence collégiale	élue en 2010
Bulgarie	Rosen Plevneliev	élu le 30 octobre 2011
Croatie	Ivo Josipovic	élu le 10 janvier 2010
Lituanie	Dalia Grybauskaité	élue le 17 mai 2009
Macédoine	Gjorgji Ivanov	élu le 5 avril 2009
Monténégro	Filip Vujanovic	élu le 7 avril 2008
Pologne	Bronislaw Komorowski	élu le 4 juillet 2010
Rép. tchèque (depuis 2013)	Milos Zeman	élu le 26 janvier 2013
Roumanie	Trajan Basescu	réélu le 6 décembre 2009
Slovaquie (depuis 1999)	Ivan Gasparovic	réélu le 4 avril 2009
Slovénie	Borut Pahor	élu au 2e tour, le 2 décembre 2012
Serbie	Tomislav Nikolic	élu le 20 mai 2012
Les présidents Walesa (Pologne), Iliescu puis Constantinescu (Roumanie), Adamkus (Lituanie), Stoyanov (Bulgarie), Turk (Slovénie) et Tadic (Serbie) ont été battus par leurs challengers ; les présidents sortants, Jelev (Bulgarie), Landsbergis (Lituanie), Gligorov (Macédoine), Iliescu (Roumanie) et Parvanov (Bulgarie) ne se représentaient pas. Les présidents Tudjman (Croatie), Trajovski (Macédoine) et Lech Kaczynski (Pologne) sont décédés en fonction.		

4. Autres particularités constitutionnelles

a) La généralisation des cours constitutionnelles

772 Les États post-communistes se sont dotés d'une cour constitutionnelle dont le mode de fonctionnement, la désignation des membres et l'étendue des compétences est d'inspiration tout à la fois française, américaine et allemande (v. tableau ci-après)[17]. Afin de mieux protéger les droits et les libertés de l'homme et du citoyen, certains États se sont dotés de protecteur des droits de l'homme (*ombudsman* ou médiateur) ou ont instauré un conseil supérieur de la magistrature pour sauvegarder l'indépendance des magistrats. Les victimes des services de sécurité de l'État communiste, telle la fameuse Stasi, sont réhabilités et leurs auteurs sanctionnés au titre de la politique de lustration.

b) La décentralisation

773 La décentralisation n'est généralement que communale. La plupart des États ont institué le système des préfets au niveau des départements ou des régions. Plusieurs États ont assuré la représentation des collectivités locales dans la seconde chambre du parlement ; certains ont mis en place des dispositions garantissant les droits des minorités nationales.

ATTRIBUTIONS DES COURS CONSTITUTIONNELLES

	Interp. const. (1)	Actes régl. (2)	Excep. inc. (3)	Élections législ. (4)	Élections prés. (5)	Référ. (7)	Partis politiques (8)	Respons. Président (9)
Bulgarie	X	X		X	X	X	X	X
Croatie		X		X	X	X	X	X

17. V. X. BOISSY, *L'apport de la jurisprudence constitutionnelle à la construction de la séparation des pouvoirs. L'expérience des pays européens en transition démocratique – postcommuniste*, thèse Bordeaux IV, 2002 ; M. ULLA, *La lustration dans les États postcommunistes européens*, thèse Clermont, 2013.

Hongrie	X		X			X		X
Lituanie		X		X	X			
Macédoine		X		Avis	Incomp. (6)		X	X
Pologne		X	X		Incomp. (6)		X	
Roumanie		X	X		X	X		Avis
Slovaquie	X			X			X	X
Slovénie		X		X	Incomp. (6)	X	X	X
R. tchèque				X			X	X

(1) Interprétation de la constitution
(2) Examen de la constitutionnalité des actes réglementaires
(3) Exception d'inconstitutionnalité
(4) Contentieux des élections législatives
(5) Contentieux des élections présidentielles
(6) Compétence pour se prononcer sur les incompatibilités de la fonction présidentielle
(7) Contentieux en matière de scrutin référendaire
(8) Constitutionnalité des partis politiques
(9) Responsabilité du président de la République

Source : Michel LESAGE, *Constitutions d'Europe centrale, orientale et balte*, D.F., 1995, p. 20.

5. Les nouvelles constitutions

774 Les États considérés se sont dotés d'une nouvelle constitution. À cet égard, la Pologne qui avait initié le processus de récusation du communisme, dès 1980, sera la dernière, en 1997, à en disposer[18]. La Hongrie qui avait conservé sa constitution de 1949, dont il ne restait, du reste, qu'un seul article (*La capitale de la République de Hongrie est Budapest*, art. 74) vient d'en changer en avril 2011. Elle renforce le caractère nationaliste des institutions et l'héritage catholique. Les constitutions sont toutes parlementaires et rationalisées. Elles ont été influencées par l'expérience de l'Europe occidentale, notamment française, sans négliger quelques emprunts au droit constitutionnel espagnol ou allemand ou à la pratique nationale de l'entre-deux-guerres (v. tableau ci-après).

1. CONSTITUTIONS NOUVELLES		
Albanie	22.11.1998	adoptée par référendum
Bosnie-Herzégovine	21.11.1995	adoptée par voie diplomatique
Fédération croato-bosniaque		— *id.* –
Bulgarie	12.7.1991	adoptée par Parlement
Croatie	21.12.1990	— *id.* –
Estonie	28.6.1992	adoptée par référendum
Kosovo	15.6.2008	— *id.* –
Lituanie	25.10.1992	— *id.* –
Macédoine	19.11.1991	adoptée par Parlement

18. V. Ph. ARDANT, La constitution polonaise du 5 mai 1791 : entre tradition et modernité, *Mélanges Benoît Jeanneau*, 2002, p. 251 ; D. MAZURKIEWICZ-LESAGE, Écrire et adopter la Constitution. Le cas de la Pologne, *Mélanges Gérard Conac*, 2001, p. 357 ; M. KRUK, Le Parlement dans la tradition constitutionnelle polonaise, *Mélanges Michel Lesage*, 2006, p. 201 ; A. HUBENY-BELSKY, *Le changement de régime en République tchèque : 1989-2000*, thèse Clermont, 2000 ; F. FRISON-ROCHE, *Le modèle semi-présidentiel comme instrument de la transition en Europe post-communiste* 2005.

Monténégro	5.6.2006	adoptée par référendum
Pologne	25.5.1997	adoptée par référendum
République tchèque	16.12.1992	adoptée par Parlement
Roumanie	8.12.1991	adoptée par référendum, modifiée en 2006
Serbie	28-29.10.2006	adoptée par référendum
Slovaquie	1.9.1992	adoptée par Parlement
Slovénie	25.6.1991	— *id.* –
2. CONSTITUTION ANCIENNE PROFONDÉMENT REMANIÉE		
Hongrie	20.8.1949	constitution totalement remaniée à l'exception d'un article en 1989 ainsi qu'entre 1990 et 1994
	19.4.2011	nouvelle constitution adoptée par le Parlement et mise en place le 01.01.2012
3. CONSTITUTION ANCIENNE RESTAURÉE		
Lettonie	15.2.1922	constitution restaurée par la loi du 21.8.1991

B. LA FIN DE LA YOUGOSLAVIE

775 La Yougoslavie a éclaté en sept républiques distinctes. On avait pu croire que l'autogestion et le fédéralisme mis en place par Tito étaient une réussite. Mais la crise des nationalités, doublée d'une grave crise économique, a balayé le système constitutionnel, complexe, mis en place en 1974. Si la Slovénie bénéficie d'une indépendance réelle et d'une démocratie indiscutable, au point d'entrer dans l'Union européenne en 2003, chacune des autres républiques est confrontée à des problèmes le plus souvent insolubles. Quant au Kosovo, ancienne province autonome de la Serbie, il a proclamé son indépendance, en février 2008, reconnue conforme au droit international (avis du 22 juillet 2010 de la C.I.J.). Il s'agissait, de fait, d'un protectorat de l'O.N.U. qui a pris fin le 10 septembre 2012.

La Croatie, qui est devenue le 1er juillet 2013, membre de l'Union européenne, sort tout juste de l'autoritarisme ; la Macédoine, longtemps mise en quarantaine de l'Europe, tente de sortir de son sous-développement ; la Serbie et le Monténégro se sont séparés en 2006. La Bosnie-Herzégovine n'est pas réellement un État mais une vague confédération où chaque communauté refuse l'intégration. Tout au plus peut-on s'interroger sur les conséquences lointaines du traité de Versailles qui a donné naissance à des États souvent artificiels (rétrospectivement, l'Autriche-Hongrie serait regardée avec nostalgie), sans réellement respecter le droit des peuples à disposer d'eux-mêmes. Mais là, en Yougoslavie, comme en Tchécoslovaquie et en U.R.S.S., le communisme n'a pu que camoufler le problème des nationalités sans le résoudre. Il ne reste plus qu'à souhaiter que les armes laissent la place à la négociation et que l'on cesse de vouloir faire le bonheur des hommes sans leur consentement[19].

§ 2. LES SOCIALISMES MARXISTES DU SOUS-DÉVELOPPEMENT

776 L'exportation du marxisme-léninisme lui a permis, à ce jour de résister.

19. V. P. NIKOLIČ, La désagrégation de la Yougoslavie socialiste et les problèmes de transition constitutionnelle des nouveaux États, *Mélanges Michel Lesage* 2006, p. 257.

A. LE TIERS-MONDE SOCIALISTE

777 Les États *socialistes* du tiers-monde (Chine, Corée du Nord, Mongolie, Vietnam et Cuba) n'ont été que fort peu touchés par la vague de démocratisation qui a bouleversé les régimes communistes européens. C'est qu'en fait le régime politique mis en place et inspiré du marxisme-léninisme n'avait que fort peu d'éléments communs avec ces derniers. Les uns se sont orientés vers la démocratisation (Mongolie) d'autres vers la libéralisation économique sans modification des structures politiques (Chine-Vietnam). Les derniers (Cuba, Corée du Nord) ont maintenu des dictatures familiales anachroniques et inefficaces.

B. LA CHINE

778 À prendre la mesure des choses, la Chine pourrait semble-t-il se ramener à la vision suivante.

1. Une évolution politique mouvementée

779 Depuis la prise du pouvoir par les communistes en 1949, la Chine a connu une évolution politique particulièrement mouvementée : grandes campagnes jusqu'aux *cent fleurs* en 1956, le *grand bond en avant* et les communes populaires en 1958, les années calamiteuses et le conflit sino-soviétique, la *Grande révolution culturelle prolétarienne* qui de 1965 à 1976 désorganisera l'enseymble de la vie politique. La disparition en 1976 de Zhou Enlai et de Mao Zedong laissera la place aux tenants de la ligne dure (ceux que l'on appellera par la suite *la Bande des quatre)*, puis à des éléments plus modérés, à cette date, avant que les fidèles de Deng Xioping, réintégré au sein du Parti en 1977, ne reprennent le pouvoir. Les révolutionnaires seront éliminés en 1981 à l'issue d'un vaste procès[20].

2. Les quatre constitutions

780 Pendant cette période mouvementée, la Chine a connu quatre constitutions. La première celle de 1954 reprenait très largement les dispositions de la constitution soviétique de 1936. La constitution de 1975 était celle de la fusion complète du Parti et de l'État et de la victoire de la ligne révolutionnaire. Celle de 1978 reprenait pour l'essentiel les dispositions de 1954. La dernière constitution du 4 décembre 1982 qui contient diverses dispositions originales mérite de retenir l'attention. Ce texte de 138 articles rétablit la présidence de la République, interdit la réélection plus de deux fois de suite d'un certain nombre de hauts fonctionnaires (président du tribunal suprême, procureur général, président de la commission militaire centrale).

La Chine devient une *dictature démocratique populaire* (retour à la conception de 1954). La constitution prévoit deux sortes de propriétés socialistes : *la propriété socialiste d'État et la propriété collective des masses laborieuses* (visiblement inspirée de la propriété sociale yougoslave). L'article 18 autorise les sociétés d'économie mixte constituée de capitaux chinois et étrangers. En ce qui concerne les droits et les libertés des citoyens (art. 33 à 56) quelques dispositions originales méritent d'être mentionnées ; aucune limitation à la liberté religieuse n'est prévue, si ce n'est l'interdiction de se servir de la religion contre l'État et l'affirmation que les affaires religieuses sont indépendantes de tout contrôle de l'étranger (ce qui vise l'Église catholique et depuis peu la secte Falungong). Une disposition particulièrement originale est prévue à l'article 38 qui proclame le droit à la dignité personnelle des citoyens alors que l'article 49 interdit de maltraiter les vieillards, les femmes et les enfants. Une révision constitutionnelle, adoptée en mars 1999, s'efforce de garantir une meilleure sécurité juridique aux citoyens et conforte le système économique tout à

20. V. H. PIQUET, *La Chine au carrefour des traditions juridiques,* 2005 et Le « rêve chinois » en question : le débat sur le constitutionnalisme en Chine, *R.F.D.C.* 2014, p. 389.

la fois libéral et socialiste. Enfin, la révision constitutionnelle du 14 mars 2004 proclame le caractère inviolable de la propriété privée et affirme que l'État protège et respecte les droits de l'homme.

3. L'avenir de la Chine

781 À partir de 1980, la Chine emprunte la voie des réformes économiques (suppression des communes populaires, restauration de l'agriculture privée, reconnaissance des activités économiques privées, des sociétés à capitaux mixtes, des sociétés par actions, des sociétés étrangères, ouverture du commerce extérieur, etc.). En d'autres termes, près de 10 ans avant l'Union soviétique, la Chine s'est engagée, sous l'impulsion de Deng Xiaoping *(le petit timonier), dans une véritable révolution économique mais sans révolution politique*.

Shanghaï et Pékin ? Réussir là où l'U.R.S.S. de Gorbatchev a échoué. Or il est un fait d'expérience, qui s'impose à ce jour : l'*indivisibilité* de la quête de la liberté. La rétrocession de Hong Kong, le 1er juillet 1997, en témoigne. Le Parti refuse la libéralisation politique en 1986 et révoque en 1987 son secrétaire général Hu Yaobang, soupçonné de faiblesse à l'égard des manifestations étudiantes de l'automne 1986. Deux ans plus tard, le décès de Hu Yaobang est l'occasion de nouvelles manifestations qui amenèrent, le 5 juin 1989, le Comité central du Parti à faire appel à l'armée pour écraser les étudiants de la place Tien Anmen. Libéralisme économique et autoritarisme politique, telle est la voie que la Chine a choisie, non sans contradiction. Confrontée aux exigences de la modernisation et à la fidélité tant aux idéaux révolutionnaires qu'au poids de la tradition confucéenne, l'histoire de la Chine, devenue conservatrice est loin d'être close, à la suite de la disparition de Deng Xiaoping qui, en 1997, implique, à terme, un renouvellement des élites. L'équipe Jiang Zemin a passé la main, en 2002, à l'issue du Congrès du P.C.C., à un nouveau président de la République, secrétaire général du parti, Hu Jintao et à un nouveau premier ministre Wen Jiabao. Le XVIIIe Congrès du Parti (octobre 2012) a à nouveau renouvelé les 9 membres de l'équipe dirigeante à l'exception de Xi Jinping (devenu secrétaire général et président de la République) à l'autorité grandissante et de Li Keqiang (devenu premier ministre). Promue en rang de seconde puissance économique mondiale en 2010, la Chine cultive un certain néo-colonialisme à l'égard notamment des ressources du continent africain. Une démonstration de puissance a été illustrée avec la tenue des Jeux olympiques de Pékin en 2008 et l'exposition universelle de Shangaï, en 2010. Aux côtés des États-Unis (le *G 2* ou le duopole), elle est en mesure de surmonter la crise mondiale actuelle, sans préjudice de son rôle dirigeant au sein des pays émergents.

BIBLIOGRAPHIE

1. Du marxisme-léninisme à la transition démocratique

2. Le marxisme

■ *Marx et le droit moderne*, 1967 ■ H. BARTOLI, *La doctrine économique et sociale de Karl Marx*, 1950 ■ J.-Y. CALVEZ, *La pensée de Karl Marx*, 1956 ■ H. CARRÈRE D'ENCAUSSE et S. SCHRAM, *Le marxisme et l'Asie*, 1964 ■ R. DAVID, *Les grands systèmes de droit contemporain*, 1967 ■ H. LEFEBVRE, *Le marxisme*, 1969 ■ J. MARCHAL, *Deux essais sur le marxisme*, 1955 ■ B. MIRKINE-GUETZEVITCH, *La théorie générale de l'État soviétique*, 1928 ■ K. PAPAIOANNOU, *Marx et les marxistes*, 1972 ■ A. PIETTRE, *Marx et marxisme*, 3e éd., 1962 ■ J. ROUX, *Précis historique et théorique de marxisme-léninisme*, 1969. ■ II. *Les spécificités politiques* : ■ R. CHARVIN : *Les États socialistes européens*, 1985 ■ T. DRAGANU, *Structures et institutions constitutionnelles des pays socialistes européens*, 1981 ■ P. GÉLARD, *Les systèmes politiques des États socialistes*, 1975 ■ M. LESAGE, *Les régimes politiques de l'U.R.S.S. et de l'Europe de l'Est*, 1971, et *Le système politique de l'U.R.S.S.*, 1987.

3. La transition démocratique

■ S. MILACIC, *De l'âge idéologique à l'âge politique. L'Europe post-communiste vers la démocratie pluraliste*, 2010.

4. L'U.R.S.S., la Russie et les républiques indépendantes

5. La Révolution de 1917 et les institutions soviétiques

■ F. X. COQUIN, *La Révolution russe*, 1967 ■ M. FERRO, *La Révolution de 1917*, 1967 ■ E. H. CARR, *La formation de l'U.R.S.S.*, 1969 ■ M. HELLER et A. NEKRICH, *L'utopie au pouvoir, Histoire de l'U.R.S.S. de 1917 à nos jours*, 1982 ■ A. ZINOVIEV, *Le communisme comme réalité*, 1983 ; *L'État soviétique et le Droit*, Moscou, 1971 ■ M. KROUTOGOLOV, *Libertés et institutions en U.R.S.S.*, 1983 et *Qu'est-ce que la démocratie soviétique ?*, 1978.

6. La constitution soviétique de 1977 et ses révisions ultérieures

■ D. COLAS, *Les constitutions de l'U.R.S.S. et de la Russie (1905-1995)*, 1997 ■ M. LESAGE, *La constitution de l'U.R.S.S. (7 octobre 1977)* ; D.F., 1978 et *Les institutions de la Russie*, D.F., 1998 ■ P. et M. LAVIGNE, *Regards sur la constitution soviétique de 1977*, 1979 ■ D. G. LAVROFF et F. CONTE, La constitution soviétique du 7 octobre 1977, *R.D.P.* 1978 ■ P. GÉLARD, *La nouvelle constitution soviétique*, D.F., 1977, et *Pouvoirs* 1977, n° 3, 1978 ■ M. LESAGE et P. GÉLARD, *R.D.P.* 1989 ; 1978 ; ■ M. LESAGE, *La crise du fédéralisme soviétique*, D.F., 1989 ; *La crise du pouvoir et les libertés en U.R.S.S.*, D.F., 1991 ■ P. GÉLARD, *La constitution de l'U.R.S.S.*, 1991.

7. La Russie post-communiste

■ M.-É. BAUDOUIN, *Justice constitutionnelle et État post-soviétique*, thèse Clermont, 2003 ■ H. DONSKOFF, *Les limites de l'action de la Cour constitutionnelle de la Fédération de Russie*, thèse Le Havre, 2004 ■ G. FAVAREL-GARRIGUES et K. ROUSSELET, *La Russie contemporaine*, 2010 ■ M. LESAGE, La Cour constitutionnelle de la Fédération de Russie, *C.C.C.* n° 1, 1996, p. 41 et n° 28, 2010, p. 43 ■ R. LIROU, *La Russie entre fédéralisme et empire. Contribution à la définition constitutionnelle de l'État russe*, 2010 ■ M. MENDRAS, *La Russie de Poutine, Pouvoirs* n° 112, 2005 et *Russie, l'envers du décor*, 2008 ■ S. MILACIC (sous la direction), *La réinvention de l'État*, Bruxelles, 2003 et Les ambiguïtés du constitionnalisme postcommuniste, *Mélanges Gérard Conac*, 2001, p. 339 ■ T. SCHREIBER et E. LHOMEL, *Les pays d'Europe centrale et orientale*, D.F., 1992 ■ A. SOBTCHAK, *Chronique d'une chute annoncée*, 1991 ■ D. COLAS, *Les constitutions de l'U.R.S.S. et de la Russie*, 1997 ■ M. LESAGE, *Les institutions de la Russie, idem*, 1998 ■ L'État et le droit, d'est en ouest, *Mélanges Michel Lesage*, 2006 ; ■ Chr. de P. GÉLARD à la *R.F.D.C.* et de J.-P. MASSIAS à la *R.D.P.*

8. Ouvrages généraux sur les institutions politiques de l'Europe centrale et orientale et des États marxistes-léninistes

■ J. BAECHLER, *La grande parenthèse* (1914-1991) 1993 ■ H. BOGDAN, *Histoire des pays de l'Est, des origines à nos jours*, 1990 ■ X. BOISSY, *La séparation des pouvoirs, œuvre jurisprudentielle. Sur la construction de l'État de droit postcommuniste*, 2003 ■ R. CHARVIN, *Les États socialistes européens*, 1985 ■ Ph. CLARET et J.-P. MASSIAS, *États postcommunistes : vers une standardisation démocratique ?*, 2008 ■ T. DRAGANU, *Structures et institutions constitutionnelles des pays socialistes européens*, 1981 ■ F. FEJTO, *Histoire des Démocraties populaires*, 1969 ■ P. GÉLARD, *Les systèmes politiques des États socialistes*, 1975, Les constitutions socialistes asiatiques, *Revue d'études comparatives Est-Ouest*, nº 4, 1977 et *Les nouvelles constitutions des États socialistes, Annuaire de législation française et étrangère*, t. XXIV, 1975 ■ E. LHOMEL (sous la direction), *L'Europe centrale et orientale. Dix ans de transformations (1989-1999)*, D.F., 2000 ■ J.-P. MASSIAS, *Justice constitutionnelle et transition démocratique en Europe de l'Est*, 1998 et *Droit constitutionnel des États d'Europe de l'Est*, 2e éd. 2008 ■ S. MILACIC, *De l'âge idéologique à l'âge politique. L'Europe post-communiste vers la démocratie pluraliste*, 2010, et sous direction, *La démocratie constitutionnelle en Europe centrale et orientale*, 1998, *La réinvention de l'État*, 2003 ■ M. LAVIGNE, *Les économies socialistes soviétique et européenne*, 1979 ■ B. OWEN, *Les effets du mode de scrutin et les élections de l'Europe* de l'Est, 1991 ■ G. VEDEL, *Démocraties soviétique et populaire*. I.E.P., Paris, 1965-1966 ■ L'État et le droit, d'est en ouest, *Mélanges Michel Lesage*, 2006. ■ On consultera : la chronique de P. Gélard à la *R.F.D.C.* et celle de J.-P. Massias à la *R.D.P.*

9. Chine

■ C. BETTELHEIM, J. CHARRIÈRE et H. MARCHISIO, *La construction du socialisme en Chine*, 1966 ■ R. GUILLERMAZ, *La Chine populaire*, 1968 ■ *Le Parti communiste chinois*, 1971 ■ R. GUILLAIN, *Dans trente ans, la Chine*, 1965 ■ S. SCHRAM, *Mao Tsé-Toung*, 1963 ■ M. LESAGE, *Les institutions chinoises*, 1978 ■ F. LUCHAIRE, Les institutions politiques des États d'Asie, Cours de doctorat multigraphiés, *Les cours de droit*, 1964-1966 ■ TSIEN-TCHE-HAO, *La Chine*, 1976 ; *Les Institutions chinoises et la constitution de 1978*, D.F., 1979 et *Le Droit chinois*, 1982 ■ C.-L. AUBERT, L. BIANCO, C.-L. CADART et J.-L. DOMENACH, *Regards froids sur la Chine*, 1976 ■ K. S. KAROL, *La deuxième Révolution chinoise*, 1973 ■ A. PEYREFITTE, *Quand la Chine s'éveillera*, 1973 ■ CHENG-MSIANG et C.-L. CADART, *Les deux morts de Mao Tsé-toung*, 1977 ; *La justice en Chine, des cent fleurs aux cent codes*, 1979 ■ J. ISAÏA, *La justice en Chine*, 1980 ■ J.-L. DOMENACH, *Où va la Chine*, 2002, *Comprendre la Chine d'aujourd'hui*, 2007 et *La Chine m'inquiète*, 2008.

CHAPITRE V
DROIT CONSTITUTIONNEL DES SOCIÉTÉS TIERS-MONDISTES

SECTION I LES CARACTÈRES GÉNÉRAUX DES SOCIÉTÉS TIERS-MONDISTES

782 Le tiers-monde est estimé à 146 États[1], dont l'Inde, qui peut se parer du titre enviable de la plus grande démocratie pluraliste du monde (540 millions d'électeurs ont ainsi voté aux législatives de 2014). Longtemps aux antipodes du droit constitutionnel classique, avec lequel ils ont été en rapport de domination, à l'occasion du phénomène colonial à partir du XIXe siècle, ces pays présentent de très nombreuses différences, dont deux surtout méritent d'être notées. Si nombre d'entre eux ne constituent pas encore des nations, tous, en revanche, sont affectés, à des degrés divers, par le phénomène du sous-développement économique[2]. Il est utile de s'attacher aux spécificités des *nations prolétaires* (R. Moussa) et *émergentes* (Brésil, Chine, Inde, Turquie, Afrique du Sud) ; ces dernières-ci étant appelées à devenir le centre du monde.

1. Ces derniers sont ainsi répartis : Afrique (57), Amérique latine (38), Asie (27), Moyen-Orient (14) et Océanie (10). V. E. COMARIN (sous la direction de), *L'état du tiers-monde,* 1987, p. 14. En outre, aucun des termes employés *(pays sous-développés, en voie de développement, pays du tiers-monde, nations prolétaires, sociétés hors du développement)* n'est pleinement satisfaisant. Mais, l'expression *tiers-monde*, forgée à l'image de celle du *tiers état* français par Alfred Sauvy, en 1952, même si Tibor Mende en réclame la paternité (en raison de ses initiales ?) présente intrinsèquement l'avantage de mettre l'accent sur la *spécificité* de ces sociétés. Des sociétés *autres* par rapport à celles de l'Occident capitaliste ou ex-marxiste.

2. On s'accorde à admettre qu'un pays économiquement sous-développé est un pays dans lequel, faute d'investissements en capital et en moyens techniques, on ne fait pas un plein emploi des ressources en hommes et en matières premières que l'état actuel des connaissances autoriserait ou, un État dans lequel il existe *une distorsion manifeste entre la croissance démographique et la stagnation économique.* Le club des *pays émergents* est appelé à jouer un rôle d'impulsion au sein de la nouvelle gouvernance mondiale (le *G. 20*), sans préjudice... de la papauté. Les *BRICS* (Brésil, Russie, Inde, Chine et Afrique du Sud) s'émancipent. Ils ont créé leur banque de développement, en juillet 2014. Le tiers-monde est aussi le monde de la faim, du sida et celui du non-transfert technologique.

§ 1. LA NATION EN VOIE DE FORMATION

783 Tandis qu'en Occident, la formation de la Nation a très généralement, précédé celle de l'État, il n'en va pas de même dans le tiers-monde. André Hauriou parlait d'un *État clefs en main*. De nombreux obstacles ont retardé la formation de la collectivité nationale, même si les manifestations du nationalisme sont fréquentes, justifiant la formule du *nationalisme sans nation* (J. Buchmann).

A. LES OBSTACLES GÉOGRAPHIQUES

784 La formation spontanée d'une nation implique la continuité territoriale ou, tout au moins, une proximité géographique. L'Indonésie souffre de la discontinuité. Le centre est l'île de Java, avec Djakarta comme capitale. Mais, elle comprend encore Sumatra, Bornéo, Timor, les Célèbes, les Moluques, l'Irian occidental et des milliers d'îles réparties sur un espace qui correspond à peu près au cinquième de l'Océan pacifique : du nord-est de Sumatra à l'est des Moluques, soit un peu plus de quatre mille kilomètres. L'éloignement géographique a été fatal au Pakistan, dont les deux ailes, en leur point le plus rapproché, étaient distantes de 2 400 km, séparées l'une de l'autre par toute la largeur de l'Inde. Le Pakistan oriental est devenu indépendant, en 1971, sous le nom de Bangladesh[3]. D'une manière générale, l'État connaît une crise existentielle, du fait du sous-développement, au point d'être *défaillant* (Libéria, Rwanda, Sierra-Leone, Somalie, R.D. Congo). Son appareil *ne peut plus remplir ses fonctions essentielles et spécialement assurer la sécurité physique de sa population* (S. Sur).

B. L'ABSENCE DE PARENTÉ ETHNIQUE LINGUISTIQUE ET RELIGIEUSE

785 Si, dans les pays sous-développés, il existe généralement une unité religieuse (Islam en Afrique du Nord, au Moyen-Orient, au Pakistan, au Bangladesh et en Indonésie ; bouddhisme au Sri-Lanka)[4], ou, en tout cas, une religion largement dominante (Islam en Afrique noire, hindouisme en Inde, bouddhisme en Asie du Sud-Est), sans ignorer le phénomène des sectes, l'unité ethnique ou linguistique fait souvent défaut.

L'Inde, par exemple, qui est une véritable mosaïque peuplée de plus d'un milliard d'habitants (soit 20 % de la population mondiale), manque d'unité raciale, religieuse et linguistique. La langue anglaise demeure la langue véhiculaire[5].

3. En Afrique, le caractère artificiel des frontières, sinon aberrant si l'on songe à la Gambie, à la bande de Caprivi en Namibie ou à l'enclave de Cabinda séparée de l'Angola, remonte à la conférence de Berlin, en 1885. *Nous nous sommes distribués des montagnes, des rivières et des lacs sans savoir où ils se trouvaient*, confessa Lord Salisbury. Par la suite, les États indépendants ont posé, en 1963 (charte d'Addis-Abeba constitutive de l'O.U.A.) le principe de l'*intangibilité* des frontières héritées de la colonisation. Ce principe de sagesse et de raison a été respecté, fût-ce au prix de massacres, au Biafra et au Katanga, jusqu'à une date récente. L'Érythrée a recouvré son indépendance en 1993 par rapport à l'Éthiopie, qui avait procédé à son annexion, en 1952. Une solution juridictionnelle a été donnée au conflit qui a opposé pendant vingt ans la Libye au Tchad à propos de la bande d'Aozou. La Cour internationale de justice a tranché, le 3 février 1994, en faveur de ce dernier.

4. Ceylan a adopté cette dénomination, en mai 1972, conformément à une tendance inaugurée, à beaucoup d'égards, par le Ghana en 1957. Il s'agit de répondre à un besoin d'*identification* ou d'authenticité de la personne collective, en renouant avec les racines *pré-coloniales*. Le Soudan (ex-français) est devenu le Mali, en 1960 ; le Congo (ex-belge) le Zaïre, en 1971, avant d'être débaptisé en 1997, tandis que la Haute-Volta s'appelait en 1984, Burkina Faso *(la patrie des hommes dignes)*. V. C. COQUERY-VIDROVITCH, *Afrique noire,* 1985, p. 88.

5. V. T. MENDE, *L'Inde devant l'orage,* 1950 ; Ph. DECRAENE, *Vieille Afrique et jeunes nations,* 1982 et Les pouvoirs africains, *Pouvoirs* n° 25, 1983.

Dans certains cas, la rivalité entre groupes ethniques dégénère en massacres. Le Burundi a été le théâtre de violents affrontements entre tutsis et hutus, en 1972 et 1988, qui ont dégénéré en génocide au Rwanda en 1994. Le concept d'*ivoirité* a généré une guerre ethnique en Côte-d'Ivoire à partir de septembre 2002, et une élection présidentielle, contestée en novembre 2010. Par suite, l'unité du pays est à rebâtir. La partition du Soudan entre le nord musulman et le sud animiste et chrétien, à l'issue de décennies de guerre, s'est opérée en juillet 2011.

C. LE CARACTÈRE ARCHAÏQUE DE LA SOCIÉTÉ

786 Dans le cadre du *village* en Afrique noire, autosubsistant (la ville est, à cet égard, une création du colonisateur, étrangère à la mentalité indigène)[6], la forme spontanée du pouvoir est purement locale et tribale : le chef traditionnel y dispose d'une autorité à la fois politique, sociale et religieuse, qui n'aide pas à la formation de sociétés plus larges. Les conséquences sont, qu'à l'heure actuelle, les rivalités tribales contrarient souvent l'unification du pays. Dès lors, le passage brutal du village à l'État, de la *chefferie* à la puissance d'État, est artificiel, pour l'essentiel. De sorte que les personnes se sentent moins membres de l'État (concept abstrait) que de leur caste ou tribu qui relève du *vécu*[7].

§2. LE DIALOGUE MALAISÉ ENTRE LES GOUVERNANTS ET LES GOUVERNÉS

787 Le phénomène du sous-développement ne prédispose pas au dialogue, même si la palabre est une expression de la culture.

A. LA CONDITION PARTICULIÈRE DES GOUVERNÉS

788 En règle générale, le peuple ne possède pas et ne peut acquérir rapidement la conscience d'être le détenteur *originaire* du pouvoir. Par ailleurs, il ne dispose encore moins des moyens de contrôler les gouvernants. Il faut, tout d'abord, indiquer, à cet égard, que la tradition, dans la quasi-totalité, sinon dans l'ensemble des pays sous-développés, est en faveur du pouvoir *absolu*. La puissance coloniale prétendait généralement exercer une autorité sans partage. Mais, dans la période précoloniale, déjà les pouvoirs locaux étaient autoritaires.

Par ailleurs, la formation d'une opinion publique, c'est-à-dire la traduction d'une culture politique sans laquelle la démocratie n'est qu'un mot, est difficile à obtenir dans ces pays, du fait de l'analphabétisme, de l'asservissement des femmes et de la détention par le gouvernement des moyens coercitifs et audiovisuels. La hantise de la faim obnubile et occulte le sens civique, en définitive[8].

6. Cependant, la population urbaine ne cesse de croître. Mexico, Sao Paulo ou Bombay accueillent chacune d'entre elles 20 millions d'habitants.

7. L'absence d'une conscience nationale est grosse de conséquences : le loyalisme se rapporte à l'ethnie, non à la nation, concept non assimilé, même si un certain nombre de progrès ont été enregistrés. C'est ainsi, qu'en 1987, le règlement du problème tamoul au Sri-Lanka a été confié à l'Inde. Dans ces conditions, compte tenu du fait que l'engagement politique est moins celui de l'individu que du groupe auquel il appartient, le pluralisme, au même titre, du reste, que le fédéralisme sont malaisés, car synonyme de sécession ou d'irrédentisme. V. G. NICOLAS, Crise de l'État et affirmation ethnique en Afrique noire contemporaine, *R.F.S.P.* 1972, p. 1017.

8. Le P.N.U.D. (programme des Nations unies pour le développement) publie depuis 1989 *un rapport mondial sur le développement humain* destiné à apprécier la qualité de vie des personnes. On estime à moins de 10 %, celles qui participent aux institutions politiques, économiques et socioculturelles de leur État.

B. LE COMPORTEMENT DES GOUVERNANTS

789 Les gouvernants ne souhaitent pas être placés sous l'autorité de la nation et contrôlés par ses représentants. En un mot, ils cultivent volontiers l'élitisme.

La majorité des États d'Afrique et d'Asie sont relativement pauvres en élites politico-administratives. Or, c'est un fait d'expérience que les régimes se réclamant de la démocratie pluraliste ont besoin pour bien fonctionner, d'un personnel politique et administratif nombreux. L'éventualité de l'alternance au pouvoir implique, en effet, une diversité d'équipes. Or, la rareté en dirigeants politiques est une sorte de règle sauf exception (Inde, Sénégal, Bénin), au même titre qu'une classe moyenne[9].

De sorte que la classe politique en place, ou l'ethnie gouvernante en Afrique, n'a d'autre finalité que de demeurer au pouvoir, source de tous les privilèges. On parle alors d'une conception *patrimoniale* du pouvoir qui se décline en népotisme, clientélisme et affairisme ; l'État est alors mis en coupe réglée par une ethnie ou un clan, à la manière de la Tunisie de Ben Ali. La crispation, sous la forme du parti unique, en sera le point d'orgue[10]. Autant d'éléments qui détournent du dialogue inhérent au droit constitutionnel occidental.

SECTION II L'ÉVOLUTION DES INSTITUTIONS POLITIQUES DANS LES SOCIÉTÉS TIERS-MONDISTES

790 Le tiers-monde participe à la recomposition du monde actuel. S'il fallait retenir un seul exemple, celui de l'Afrique du Sud, décolonisée et démocratisée, depuis l'abolition de l'*apartheid* en 1991, s'imposerait à l'évidence : Nelson Mandela, figure emblématique autant que la commission *Vérité et réconciliation*[11]. Mais, auparavant il avait appartenu au Bénin d'initier le processus pluraliste. Ce vent de démocratie se présente, d'un certain point de vue, comme le retour aux origines, lorsque les premières institutions inspirées par celles de l'ancienne métropole ont été rapidement écartées, à partir de 1963, au bénéfice du *modèle algérien* du parti unique ou du *parti-État*. Sans doute, une constitution ne vaut que par son application, et l'on ne saurait dissiper le risque de

9. À beaucoup d'égards, on peut soutenir que la classe moyenne se présente comme *l'épine dorsale de la démocratie occidentale*. C'est la raison pour laquelle Marx considérait que la révolution serait inéluctable à partir de l'instant où elle aurait été ruinée. On comprend, de ce fait, son hostilité à Proudhon, qui dans ses *Confessions* déclare avoir rêvé à *l'universalisation de la classe moyenne*. La difficulté des institutions politiques d'inspiration occidentale, dans le tiers-monde et plus précisément en Afrique, trouve son explication, d'une certaine manière, dans l'absence d'une couche sociale intermédiaire entre l'opulence et le dénuement.

10. Le *continuisme* a pu se généraliser dans le tiers-monde. Mais la dévolution normale du pouvoir, c'est-à-dire *constitutionnelle*, n'est pas sans exemples : en 1967, au Gabon, le vice-président Bongo succède au président M'Ba décédé ; en 1993, à la mort de Houphouët-Boigny, le président de l'Assemblée nationale, Henri Konan-Bedié le remplace. Le président du Sénégal, Léopold Senghor, s'est retiré volontairement en janvier 1981. Il sera imité par les présidents Ahidjo (Cameroun), Nyèrere (Tanzanie), respectivement en novembre 1982 et octobre 1985. V. A. CABANIS et M.-L. MARTIN, La pérennisation du chef de l'État : l'enjeu actuel pour les constitutions d'Afrique francophone, *Mélanges Slobodan Milacic*, 2008, p. 349.

11. Les premières élections pluralistes et multiraciales se sont déroulées en avril 1994. Nelson Mandela a été élu président par le Parlement, le 10 mai suivant. Un sentiment national s'éveille : à preuve la symbolique du drapeau, celui de la *Nation arc-en-ciel*. La nouvelle constitution a été votée le 10 décembre 1996.

résurgence d'une constitution implicite ; en un mot d'un habillage. Mais, en liant désormais l'aide au développement à la pédagogie de la démocratie, une garantie est offerte, d'autant que ces pays ont cessé d'être un enjeu entre les régimes libéraux et communistes[12].

La liberté, ce sera votre meilleure amie, affirmait François Mitterrand, le 20 juin 1990, au sommet franco-africain de La Baule. Mais serait-elle dangereuse au point de provoquer le *cancer* (Hassan II) ? Rien n'est moins certain. Car l'histoire démontre que *la démocratie s'est imposée comme ultime remède à la crise de l'État et de la société* (Y. Ben Achour), à l'image de la révolution tunisienne du 14 janvier 2011. La liberté est, à tout prendre, le meilleur antidote à l'autoritarisme ; l'État de droit et la démocratie sont, à l'évidence, complémentaires[13].

Ce cycle fait apparaître une constante : la référence du tiers-monde aux institutions occidentales : tour à tour, acceptées, répudiées et en passe d'être réhabilitées. Le mimétisme se concilie avec le particularisme et génère le syncrétisme.

§ 1. LA RÉCEPTION DU CONSTITUTIONNALISME OCCIDENTAL

791 Le mimétisme a caractérisé la première génération des constitutions tiers-mondistes. En faisant abstraction d'un choix originaire pour le marxisme (la Guinée de Sekou Touré en 1958) et des régimes latino-américains qui ont accédé à la souveraineté dès le XIXe siècle, il s'agit, ici, de prendre en compte, à titre principal, les premières d'entre elles qui ont vu le jour, soit au cours du processus de décolonisation qui a suivi le second après-guerre, soit *principalement* au cours de la décennie 1960 dans les pays anciennement colonisés par la Grande-Bretagne et la France[14] entre autres. En règle générale, tous ces États d'Afrique ou d'Asie ont commencé par adopter les institutions de type *parlementaire*. Mais seule l'Inde est parvenue à les acclimater et, plus encore, à les pérenniser[15].

A. L'IMPORTANCE POLITIQUE DE L'INDE

792 L'Inde se présente comme *la plus grande démocratie du monde*, avec 814 millions d'électeurs[16]. Depuis son indépendance, en 1947, celle-ci s'est longtemps identifiée à un seul parti gouvernemental

12. V. X. PHILIPPE, La démocratie constitutionnelle sud-africaine : un modèle ?, *Pouvoirs* n° 129, 2009 ; G. CONAC : Le processus de démocratisation en Afrique in *L'Afrique en transition vers le pluralisme politique,* 1993, p. 11.

13. En Algérie, l'armée a interrompu, en janvier 1992, le processus pluraliste face à la montée en puissance du fondamentalisme incarné par le F.I.S. *(Front islamique du salut).* Une situation de guerre civile larvée en a résulté. V. M. NGUELE ABADA, *État de droit et démocratisation,* thèse Paris-I, 1995. M. CHÉRIF, *in Les nouvelles constitutions africaines : la transition démocratique,* IEP Toulouse, 1993, p. 41.

14. La Grande-Bretagne, dont on sait l'attachement à la politique d'autonomie, a exporté à travers le monde décolonisé le modèle de Westminster. V. F. DORÉ, *Les régimes politiques en Asie,* 1973 et P. ISOART, *Les États de l'Asie du Sud-Est,* 1979. La constitution de 1958 a fait figure de *constitution-mère* en Afrique francophone.

15. L'île Maurice (ancienne *île de France)* indépendante depuis 1968, pratique, elle aussi, le régime parlementaire, tout en préservant les droits de la minorité franco-mauricienne face à la majorité indienne.

16. L'Inde, aux côtés de la Chine, symbolise la nouvelle économie mondiale ; la revanche du Sud sur le Nord. Au Sénégal, le seul État africain n'ayant pas connu un coup d'État militaire, l'opposant Abdoulaye

(le parti du Congrès, baptisé en Inde *the Grand Old Party)* et neuf premiers ministres, issus d'une sorte de dynastie : Nehru (1947 à 1964) ; sa fille, Indira Gandhi (1966-1977, puis de 1980 à 1984) et son petit-fils, Rajiv Gandhi de 1984 à 1989[17]. En 1999, le B.J.P. (parti nationaliste) a accédé au pouvoir, dans le respect de l'alternance, avant de s'incliner, en 2004, devant le parti du Congrès. Sonia Gandhi, pressentie pour devenir premier ministre, mais dont l'origine étrangère suscitait bon nombre d'oppositions, a préféré, dès 2004, s'effacer au profit du sikh Manmohan Singh. En 2014, le parti du Congrès a connu la plus grande défaite de son histoire. Le B.J.P. détient désormais, à lui seul, la majorité parlementaire. Narendra Modi est le nouveau Premier ministre. Il lui appartiendra de veiller à ne pas exarceber les tensions religieuses.

Pour ces raisons, il n'est pas négligeable pour l'Occident que des institutions politiques directement inspirées de la démocratie britannique y fonctionnent, en dehors de la parenthèse *autoritaire* d'Indira Gandhi de 1975 à 1977, malgré les difficultés propres à ce sous-continent.

1. Le cadre institutionnel de l'Inde

793 Dans le cadre d'un État fédéral spécifique (fédéralisme *ethnique)*, la démocratie parlementaire symbolise la culture indienne. L'attentat terroriste perpétré contre le Parlement, en décembre 2001, est venu rappeler l'attachement à cette identité institutionnelle.

a) Les institutions politiques

794 La constitution du 26 janvier 1950 se présente comme une copie conforme du modèle de Westminster : un parlement bicaméral : la chambre du peuple *(Lok Sabha)* élu au scrutin majoritaire à un tour, pour un mandat de cinq ans et la chambre des États *(Rajya Sabha)*, dont les membres sont élus, par les assemblées des 28 États, au prorata de leur population ; un exécutif bicéphale avec un président de la République, élu pour cinq ans par un collège formé des membres du Parlement de l'Union et de ceux des assemblées des États, au rôle honorifique, et un premier ministre, investi, en fait, par le peuple. Il existe une Cour suprême qui, outre la défense de la structure fédérale et des libertés individuelles (elle a ainsi reconnu, en 2014, les transgenres comme un troisième genre, ni masculin ni féminin), veille aussi au respect de la constitution[18]. En bref, un régime au sein duquel la majorité et l'opposition s'exposent au choix populaire.

b) La pratique institutionnelle

795 Ce régime a été mis à profit par Nehru, le successeur de Gandhi, le père de l'indépendance. Celui-là a été, un *leader* d'une autorité exceptionnelle sur la scène internationale, en même temps que le symbole de l'unité nationale. On peut même dire que, par son ascendant personnel et par l'efficacité de ses vertus persuasives, il a permis d'éviter, en bien des circonstances, le recours à la force, tout en se démontrant un *éducateur politique* d'une grande autorité. Sa mort, en 1964, a laissé un grand vide, mais il avait duré assez longtemps pour n'être pas irremplaçable. Toutefois, son successeur, à partir de 1966, Indira Gandhi, *la dernière impératrice des Indes* (A. Fontaine), a préservé, en dehors d'une brève fuite en avant, son héritage.

Wade, a été élu président, en 2000, face au président sortant, et remporté les élections législatives l'année suivante, avant de subir le même sort en 2012. (V. S. M. SY, L'alternative politique au Sénégal en mars 2000 et la constitution du 22 janvier 2001, *Mélanges Dmitri Georges Lavroff*, 2005, p. 593). Au Kenya, le président Daniel Arap Moi a remis le pouvoir à l'issue d'un mandat de 24 ans, en décembre 2002, au candidat de l'opposition, Mwai Kibaki.

17. V. M. J. ZINS, *Histoire politique de l'Inde indépendante,* 1992 ; Chr. JAFFRELOT (sous la direction), *L'Inde contemporaine : de 1950 à nos jours*. 1996 ; A. VIRMANI, *L'Inde, une puissance en mutation,* D.F., 2001 ; L'Inde, *Pouvoirs* n° 90, 1999.

18. V. S. SUR (sous la direction), *L'Inde, grande puissance émergente,* D.F., 2005 ; SAINT-HUBERT, La Cour suprême de l'Inde, garantie de la structure fondamentale de la constitution, *R.I.D.C.* 2000, p. 631 ; La Cour suprême de l'Inde, *C.C.C.* n° 27, 2009, p. 59 ; *chr.* à la *R.F.D.C.*

Par ailleurs, l'existence d'un parti *dominant* (le parti du Congrès), a grandement favorisé ensuite, au départ, l'enracinement du régime, au même titre, qu'une classe de fonctionnaires léguée par la Grande-Bretagne, assez nombreuse et compétente pour administrer le pays. Signe des temps, le parti du Congrès, après avoir constamment incarné l'Inde sur le plan politique, a connu une déroute électorale sans précédent lors des législatives de 2014. Une nouvelle ère s'ouvre.

§ 2. LA RÉPUDIATION DU CONSTITUTIONNALISME OCCIDENTAL

796 En réaction au libéralisme, la quête de l'authenticité ou de la spécificité est à l'origine d'une seconde génération ordonnée autour du parti unique, selon la conception léniniste[19]. Il a appartenu à l'Algérie, en 1963, d'inaugurer cette démarche.

A. LA JUSTIFICATION DU MONOPARTISME

797 Le développementalisme est à l'origine de cette conception du pouvoir.

1. L'argument politique

798 Dans cet ordre d'idées, le *parti-institution*, au sens de Maurice Hauriou, qui a mené, sous l'autorité de son *leader*, le territoire à l'indépendance politique bénéficie de la légitimité historique. À ce titre, il s'estime tenu de parachever l'œuvre entreprise en détruisant, après le cadre colonial, la structure tribale. La construction de la nation est désormais sa mission. Dans cette œuvre de longue haleine, le parti (son chef, dans la pratique) domine l'État et s'identifie à la constitution. En somme, on serait enclin à dire : *Au début était le parti.* Au congrès de l'Union progressiste sénégalaise (U.P.S.), en 1960, le président Léopold Senghor affirmait avec force : *Le rôle du parti est de conception, d'organisation et de contrôle. C'est dire sa primauté sur les autres organismes (parlement, gouvernement) dont le rôle est essentiellement d'étude, d'élaboration et de gestion. Ceux-ci mettent en forme et en pratique la doctrine et le programme du parti.* Bref, l'autorité est indivisible. Elle est personnelle à l'image de la chefferie traditionnelle : *La démocratie en Afrique depuis des millénaires est une démocratie avec un seul bonnet sur un seul crâne* (L. S. Senghor).

2. L'argument économique

799 Le monopartisme est présenté comme l'agent de la modernisation, en écho à la thèse du développementalisme de Rostow, justifiant les restrictions apportées aux libertés publiques. Il s'identifie au peuple, à la *nation prolétaire*, selon une expression.

Cette analyse ne correspond en aucune façon au vécu, marqué, au contraire, par une profonde césure entre ce qu'il est convenu d'appeler la bourgeoisie locale et la masse des déshérités. On se souvient, à cet égard, de la diatribe de Frantz Fanon dénonçant l'abandon du projet révolutionnaire chez les nantis *(les nègres blancs)*, au profit de la conservation de leurs privilèges, et plaçant sa confiance dans les démunis des campagnes, de préférence aux villes.

Sous une ambition nationale, le parti dissimule la mainmise d'une ethnie sur l'État, mis en coupe réglée, conformément à la logique patrimoniale du pouvoir.

19. V. pour la génération constitutionnelle intermédiaire : G. CONAC (sous la direction de), *Les institutions constitutionnelles des États d'Afrique francophone et de la République malgache,* 1979 ; D. G. LAVROFF, *Les systèmes constitutionnels en Afrique noire. Les États francophones,* 1976 ; J.-L. ATANGANA-AMOUGOU, L'État et les libertés publiques au Cameroun, thèse Lyon-III, 1999.

B. L'INSTITUTIONNALISATION DU MONOPARTISME

800 À partir du précédent algérien, le monopartisme a rayonné en Afrique, à telle enseigne que l'on y a vu *une sorte de fatalité* (D. G. Lavroff).

Le système du *parti-État* a été consacré par la constitution algérienne du 8 septembre 1963, qui a été formellement abrogée, après la prise du pouvoir par le colonel Boumediene, le 19 juin 1965. Mais sa logique mécanique, à la limite, lui survivra tant que le Front de libération nationale assumera le rôle dirigeant[20].

Dans ce texte d'avant-garde de 1963, tout pouvoir émane du F.L.N. : il est établi au centre de la vie politique (préambule, art. 23 et 26) ; l'Assemblée nationale vote la loi et contrôle le gouvernement ; mais les candidats aux élections législatives, c'est-à-dire, en fait, les membres de l'Assemblée nationale (puisqu'il n'y a qu'une seule liste), sont désignés par le parti (art. 27, 28, 29) ; il en va de même pour le président de la République, secrétaire général du parti. D'une façon générale, on peut dire qu'en Algérie, le présidentialisme fonctionnait *en circuit fermé :* le président de la République, secrétaire général du parti unique, était responsable, politiquement devant l'Assemblée nationale, mais les membres de celle-ci étaient nommés par le parti, dont le président de la République était le secrétaire général, etc.[21].

Dans la réalité des choses, le F.L.N. occupera, cependant, une place discrète comparée au rôle prééminent du président, à l'avenant des exemples qu'il devait susciter. Ceci pour dire que le monopartisme génère le *sur-pouvoir* de son chef : précepteur de la Nation, inspirateur du parti et tuteur de l'assemblée, son autorité quasi exclusive fait songer à *l'arbre tropical dont l'ombre interdit autour la vie* (J. Lacouture)[22].

§ 3. LA MISE EN ŒUVRE DU PROCESSUS DE RÉHABILITATION DU CONSTITUTIONNALISME OCCIDENTAL

801 Un *mouvement sismique* (G. Conac) parcourt le continent africain depuis 1989. La démocratie pluraliste et tolérante y est de retour, après le détour infructueux du parti unique. Au terme d'un processus pacifique de transition, initié par le Bénin, le nouveau cours constitutionnel prend consistance[23]. Il reflète le *syncrétisme* opéré entre le mimétisme post-colonial et le particularisme continental. Le monde arabe, placé longtemps à l'écart de ce mouvement, est frappé à son tour, depuis 2011, par un mouvement démocratique. Le Maroc et la Tunise se sont dotés d'une nouvelle constitution[24]. On retiendra que la constitution tunisienne du 26 janvier 2014 a supprimé la mention de la Charia en tant que source de droit, a reconnu l'égalité entre l'homme et la femme ainsi que, situation inédite dans le monde musulman, la liberté de conscience qui implique donc le droit de quitter sa religion. Mais le chemin est encore long et

20. V. A. MAHIOU, *L'avènement du parti unique en Afrique noire,* 1969.

21. V. J. ROBERT, La constitution de la République algérienne, *R.D.P.* 1964, p. 380 ; J. HABAS, *La fonction législative en Algérie,* thèse Montpellier-I, 1980 ; J. LECA et J.-Cl. VATIN, *L'Algérie politique,* 1975 ; T. LE ROY, Le constitutionnalisme : quelle réalité dans les pays du Maghreb ?, *R.F.D.C.* 2009, p. 543, et l'Algérie, *Pouvoirs* n° 86, 1998.

22. L'Afrique subsaharienne a, par la suite, imité ce modèle. La constitution camerounaise du 2 juin 1972 en témoigne. V. J.-F. BAYART, *L'État au Cameroun,* 1980 ; P.-F. NGAYAP, *Cameroun, qui gouverne ?,* 1983 ; J. GICQUEL, Le présidentialisme négro-africain, *Mélanges Georges Burdeau,* 1977, p. 701.

23. V. G. CONAC (sous la direction de) : *L'Afrique en transition vers le pluralisme politique,* 1993 ; B. GUEYE, La démocratie en Afrique : succès et résistances, *Pouvoirs* n° 129, 2009, p. 5 ; A. BOURGI : L'évolution du constitutionnalisme en Afrique : du formalisme à l'effectivité, *R.F.D.C.* 2002, p. 72 ; J. DE GAUDUSSON, Défense et illustration du constitutionnalisme en Afrique après quinze ans de pratique du pouvoir, *Mélanges Louis Favoreu,* 2007, p. 609 ; L. SINDJOUN, Le gouvernement de transition, *Mélanges Slobodan Milacic,* 2008, p. 967 ; La démocratie en Afrique, *Pouvoirs* n° 129, 2009.

24. O. BENDOUROU, La nouvelle constitution marocaine du 29 juillet 2011 : le changement entre mythe et réalité, *R.D.P.* 2012, p. 639 ; Le Maroc, *Pouvoirs* n° 145, 2012 ; R. BEN ACHOUR et S. BEN ACHOUR, La transition démocratique en Tunisie : entre légalité constitutionnelle et légitimité révolutionnaire, R.F.D.C. 2012, p. 715.

périlleux : destitution, en 2013, par l'armée du premier président élu démocratiquement en Égypte, Mohamed Morsi qui, il est vrai, conduisait une politique favorable aux intérêts des Frères musulmans ; répression féroce au Bahreïn ; guerre civile et confessionnelle en Syrie.

A. LE PROCESSUS AFRICAIN DE DÉMOCRATISATION OU LE MODÈLE BÉNINOIS

802 De manière empirique, le Bénin a innové, en 1989, en se dotant d'un régime pluraliste et en se réclamant de l'État de droit.

1. La sortie du monopartisme

803 C'est à Cotonou, que le renouveau démocratique s'éveille, après le bilan désastreux de deux décennies de *socialisme scientifique* du président Kérékou. Le risque d'une explosion sociale, liée à l'acceptation des conditions draconiennes posées par le F.M.I. au sauvetage de l'économie, a enclenché un scénario original de sortie de crise, qui n'est pas sans faire songer à celui élaboré à l'issue de la table ronde polonaise.

En septembre 1989, sous la pression des événements, le chef de l'État béninois après avoir renoncé à l'idéologie marxiste-léniniste et à son instrument, le parti unique, a décidé la création d'un poste de premier ministre et convoqué une *conférence des forces vives de la Nation*. Un gouvernement de transition sera mis en place. Réunie en février 1990, cette conférence nationale, représentative de l'ensemble des opinions politiques et des activités économiques et sociales, a assumé le pouvoir, à la manière d'une assemblée constituante. Après avoir abrogé la constitution unanimiste de 1977, la conférence a élaboré un projet pluraliste soumis à la décision du peuple, le 2 décembre suivant.

2. La constitution du 11 décembre 1990

804 Cette constitution (la septième depuis l'indépendance) s'abreuve à la conception occidentale d'un pouvoir d'État équilibré par des contre-pouvoirs. L'abus de l'autorité n'a pas abouti, comme on aurait pu le redouter, à sa négation, conformément à la loi de réaction de l'histoire.

De façon caractéristique, le texte s'ouvre par l'énoncé des droits et devoirs de la personne humaine, par l'*incorporation* au droit béninois de la charte africaine des droits de l'homme et des peuples adoptée par l'O.U.A. à Nairobi, en 1981 (art. 7).

Le président de la République est élu au suffrage universel, pour un mandat de cinq ans, renouvelable une fois (art. 42). Il est le détenteur du pouvoir exécutif et à ce titre le chef du Gouvernement, dont il nomme et révoque les membres (art. 54). Cependant, ses actes sont contresignés par les ministres *(idem)*. De la même façon, il peut leur déléguer certains de ses pouvoirs (art. 70). Le Parlement est constitué par une assemblée unique, élue au suffrage universel direct pour un mandat de quatre ans (art. 79). Celle-ci vote la loi, consent l'impôt (art. 96) et contrôle le gouvernement (art. 113). Une Cour constitutionnelle garante de l'État de droit, selon le modèle européen, est créée (art. 114). Elle statue en matière électorale et contrôle la conformité des lois, sur recours d'autorités publiques ou des citoyens (art. 121 et 122). Elle est juge des conflits d'attribution entre les institutions de l'État (art. 117). Une loi organique du 4 mars 1991 en explicite l'organisation, le fonctionnement et les attributions. La sauvegarde de la liberté de communication est confiée, en dernier lieu, à une haute autorité de l'audiovisuel et de la communication (art. 142).

La période transitoire s'achèvera à l'issue de la tenue d'élections législatives en février 1991 et d'une élection présidentielle, le mois suivant, à l'issue de laquelle le premier ministre (Nicéphore Soglo) l'emportera sur le président sortant[25]. Mais, en 1996, il devait s'incliner face à son adversaire. Ainsi va l'alternance.

25. Sur la transition en Afrique : V. J. DU BOIS DE GAUDUSSON, Constitutions sans culture constitutionnelle n'est que ruine du constitutionnalisme, *Mélanges Slobodan Milacic,* 2008, p. 333 ; Les élections à l'épreuve de l'Afrique, *C.C.C.* n° 13, 2002, p. 100. A. CABANIS et M. L. MARTIN, La pérennisation du

Le *schéma béninois* (conférence nationale + changement de constitution avec création d'un premier ministre et d'une cour constitutionnelle + élections disputées) a créé un précédent et plus encore, une dynamique qui, de proche en proche, a renouvelé le paysage africain[26].

B. LE REGAIN CONSTITUTIONNEL AFRICAIN

805 L'évocation de cas de figures et l'exemple d'une constitution de référence aideront à fixer les idées.

1. Les relations entre le pouvoir et l'opposition

806 À partir de 1991, des régimes militaires, tels ceux du Burkina Faso et de Mauritanie, restituent au peuple sa souveraineté, en se dotant, par référendum, de constitution inspirée de celle de la France. Les régimes civils sont appelés de manière *crescendo* à concéder le multipartisme (Angola, Congo, Côte d'Ivoire, Mali, Nigeria, R.C.A., Rwanda, Zaïre) ; à négocier avec l'opposition la tenue d'une conférence nationale (Cameroun, Congo, Togo) ; à l'inviter à partager le pouvoir, dans un exercice de cohabitation (Sénégal) ou à l'associer au renouveau démocratique, à l'image du Gabon.

2. La constitution gabonaise du 26 mars 1991

807 Le mouvement de contestation, né de la multiplication des grèves, a conduit le président Bongo à convoquer, en mars 1990, une conférence nationale, forte de 77 associations politiques. La loi du 28 mai 1990 portant révision de la constitution consacre ses décisions : reconnaissance du multipartisme ; charte nationale des libertés et création d'un conseil national de la démocratie chargé du suivi. Les élections à l'Assemblée nationale qui se sont déroulées, en octobre, au scrutin majoritaire uninominal à deux tours, ont été marquées par la victoire du parti démocratique gabonais (P.D.G.), l'ancien parti unique, qui a obtenu la majorité absolue des sièges. Cependant, 7 partis d'opposition sont représentés.

a) La démocratie constitutionnelle

808 Le texte rééquilibre, en théorie, les institutions, dans la perspective béninoise. Autrement dit, au terme d'une démarche qui fleure bon l'orléanisme d'antan, un *régime parlementaire sans souveraineté présidentielle* est mis en place. Mais la logique majoritaire ressuscitera le présidentialisme.

Le chef de l'État demeure un élu du peuple, à l'issue d'un seul tour, pour un mandat de 5 ans, renouvelable une fois (art. 9). *Il est le détenteur suprême du pouvoir exécutif qu'il partage avec le premier ministre* (art. 8). Ce dernier est appelé à jouer un rôle dans le nouveau constitutionnalisme africain. Il est investi par l'Assemblée nationale. Il est responsable devant cette dernière et le président (art. 15).

Les relations entre le Gouvernement et le Parlement[27] sont rationalisées, s'agissant des amendements (art. 53) ; de l'ordre du jour prioritaire du Gouvernement (art. 57) de l'adoption d'un texte de loi après dépôt d'une question de confiance (art. 63), notamment.

Un Conseil national de la communication est mis en place. Il a pour mission de *veiller au respect de l'expression de la démocratie* (art. 94).

b) L'État de droit

809 Au sommet de l'édifice, se dresse une imposante Cour constitutionnelle, issue du *démembrement* de la Cour suprême[28], composée de 9 membres, nommés respectivement par le président de la

Chef de l'État : l'enjeu actuel pour les constitutions francophones, *Mélanges Slobodan Milacic,* 2007, p. 349 ; K. KOKOROKO, *Contribution à l'étude de l'observation internationale des élections,* thèse Poitiers, 2005.

26. V. pour l'actuelle génération constitutionnelle : J. DU BOIS DE GAUDUSSON, G. CONAC et Chr. DESOUCHES, *Les constitutions africaines publiées en langue française,* D.F., 1997 et 1998.

27. Le Parlement est devenu bicaméral (révision de 1997). L'exemple fera école en Côte d'Ivoire.

28. L'exemple sera suivi au Sénégal, en Côte d'Ivoire et au Cameroun. V. J. GICQUEL, La mise en place du Conseil constitutionnel camerounais, *Mélanges Henri Jacquot*, 2006, p. 253.

République, le président de l'Assemblée nationale et le Conseil supérieur de la magistrature, parmi les juristes et les personnalités qualifiées ayant honoré le service de l'État (art. 89).

Ses compétences sont impressionnantes : contrôle obligatoire de la constitutionnalité des lois organiques et des lois avant leur promulgation (art. 84) ; examen de l'exception d'inconstitutionnalité soulevée par un justiciable à l'occasion d'un procès à l'encontre d'une loi ou d'un acte qui méconnaîtrait ses droits fondamentaux (art. 86) ; juge des élections et des opérations de référendum, ainsi que des conflits d'attributions entre les institutions de l'État (art. 84). La Cour statue également sur les règlements de l'Assemblée nationale, du Conseil national de la communication et du Conseil économique et social *(idem)*. Elle est appelée, par ailleurs à se prononcer sur la conformité des engagements internationaux à la constitution (art. 87). Elle dispose, enfin, du pouvoir d'interprétation de cette dernière, à la demande d'une autorité politique ou d'un dixième des députés (art. 88). De la même manière, la Cour statue obligatoirement sur *les actes réglementaires censés porter atteinte aux droits fondamentaux de la personne* (art. 84). Depuis lors, elle est devenue une institution essentielle du régime gabonais.

Finalement, l'Afrique subsaharienne est devenue un vaste chantier constitutionnel, à l'image des régimes post-communistes, avec l'expérience des élections pluralistes et sincères[29]. La constitution sénégalaise du 22 janvier 2001 a valeur emblématique[30].

Reste que l'apprentissage démocratique demande du temps ; des réticences demeurent : élection présidentielle à un tour au Cameroun (un second tour dans les urnes est préférable à un second tour dans la rue) ; refus de l'alternance au Togo ; élection présidentielle mouvementée au Sénégal où le président Wade a d'abord tenté de modifier la constitution en 2011 afin de prévoir qu'un ticket à l'américaine (soit un président accompagné d'un vice-président, en l'occurrence son propre fils...) l'emporterait s'il recueillait seulement 25 % des suffrages, s'est ensuite présenté, grâce à une interprétation bienveillante du Conseil constitutionnel, pour un troisième mandat en 2012, pour finalement être battu, au ballottage, à la loyale par l'ex-premier ministre, Macky Sall. Le dernier mot est resté au droit et au peuple.

Simultanément, outre une prise de conscience accrue pour la protection des droits fondamentaux de la personne[31], le respect du constitutionnalisme, prélude à son enracinement dans la société, se manifeste : par un référendum d'autodétermination, la population animiste et chrétienne du Soudan du Sud s'est séparée de la population musulmane du Nord, en janvier 2011, prélude à la partition de l'État ; au Kenya, le partage du pouvoir avec l'opposition, en 2008, a mis un terme à une guerre ethnique et à l'arbitraire, comme l'année suivante au Zimbabwe.

À l'égal de l'Afrique du Sud, à partir de 1994, la République démocratique du Congo a retrouvé le chemin de l'État de droit. Après la dictature de Mobutu (1965-1997) et deux guerres lors desquelles les civils ne furent guère épargnés, une constitution est adoptée, par référendum, en 2005. L'année

29. D. KOKOROKO, Les élections disputées : réussites et échecs, *Pouvoirs* n° 129, 2009, p. 115 ; D. MELEDJE, Le contentieux électoral en Afrique, *idem.*, p. 139.

30. V. S. M. SY, article précité, *Mélanges Dmitri Georges Lavroff*, 2005, p. 593.

31. Pour la première fois, un ancien chef d'État du Liberia (Charles Taylor) a été condamné par le tribunal spécial international, siégeant à La Haye, en 2012, pour crime contre l'humanité et génocide au Sierra Leone. Le président Moubarak l'a été en Égypte, à cette date. V. M. MELEDJE, *Les grands arrêts de la jurisprudence constitutionnelle ivoirienne*, 2013 ; L. SINDJOUN, *Les grandes décisions de la justice constitutionnelle africaine*, 2009 ; I. M. FALL, *Les décisions et avis du Conseil constitutionnel du Sénégal*, 2008 ; A. B. FALL, La charte africaine des droits de l'homme et des peuples : entre universalisme et régionalisme, *Pouvoirs* n° 129, 2009, p. 77 ; B. KANTE, Les juridictions constitutionnelles et la régulation des systèmes politiques en Afrique. *Mélanges Jean Gicquel*, 2008, p. 265 ; M. SY, *La protection constitutionnelle des droits fondamentaux en Afrique. L'exemple du Sénégal*, 2007 ; J.-C. TCHEUWA, Les principes directeurs du contentieux électoral camerounais : à propos de « l'influence significative sur le résultat du scrutin » dans sa mise en œuvre à l'occasion des élections législatives et municipales du 22 juillet 2007, *R.F.D.C.* 2011, p. 1.

suivante, pour la première fois depuis 40 ans, des élections ont été organisées en vue de la désignation du chef de l'État (Joseph Kabila sera élu puis réélu (2011)) et des parlementaires. Au Nigéria, l'armée a abandonné le pouvoir, en mai 1999, après que l'ex-général Obasanjo eût remporté l'élection présidentielle, en février. Il sera réélu, en avril 2003. Mais à toutes fins utiles, le projet de révision de la constitution autorisant un troisième mandat sera repoussé en 2006. Ultérieurement, le vice-président Jonathan a succédé, en 2010, au président Adua, élu en 2007, décédé. Il sera élu en 2011. De façon démonstrative, l'armée a sauvegardé la démocratie pluraliste en intervenant au Niger, en 2010, pour s'opposer au président qui souhaitait se pérenniser, après avoir procédé à la dissolution de la Cour constitutionnelle. En 2011, au terme d'une élection sincère, son opposant sera porté à la magistrature suprême. En application d'une résolution du Conseil de sécurité de l'O.N.U., l'armée française a dénoué la crise ivoirienne, en avril 2011, à l'issue de l'élection présidentielle ; le président Alassane Ouattara, reconnu par la communauté internationale, imposant la force du droit à son concurrent Laurent Gbagbo[32].

Le processus africain de démocratisation aborde la seconde phase de la *consolidation*[33]. En dépit de la crise mondiale et de la menace salafiste se développant à partir du Mali (ce qui a entraîné l'intervention *Serval* décidée par le président Hollande en 2013) et du Nigéria (Boko Haram), l'Afrique connaît une relative croissance, liée à celle des pays émergents et à l'aide à la bonne gouvernance décidée par le G8 à Deauville, en 2011. Mais, on ne peut faire tenir debout un sac vide, prétend un proverbe sénégalais[34].

C. LE CONSTITUTIONNALISME LATINO-AMÉRICAIN

810 À cet égard, si les anciennes colonies espagnoles et portugaise se sont tournées initialement vers le modèle américain, elles l'ont largement adapté à leurs besoins. La tradition latino-américaine autoritaire, conformément aux intérêts de l'oligarchie (le *caciquisme*), s'est longtemps abrité, sous l'épée (phénomène du *caudillismo*) et le coup de force (*pronunciamiento*).

Dans ces conditions, la compétition entre l'État *militaire*[35] ou populiste et l'État civil a longtemps ponctué l'histoire de cet hémisphère, à la façon des contagions.

Cependant, après le temps de l'expansion dans les années 1960 et 1970, alimentée par la lutte contre le communisme, la période contemporaine a vu refluer la dictature.

32. Sur l'encadrement du pouvoir d'État : V. I. FALL, *La condition du pouvoir exécutif dans le nouveau constitutionnalisme africain,* 2008.

33. V. A. AMOR, L'émergence démocratique dans les pays du tiers-monde : le cas des États africains *in L'Afrique en transition vers le pluralisme politique,* 1993, p. 55 ; F. MELEDJE-DJEDJIRO, La révision des constitutions dans les États africains francophones, *R.D.P.* 1992, p. 11 ; A. CABANIS et M.-L. MARTIN, Un espace d'isomorphisme constitutionnel. L'Afrique francophone, *Mélanges Dmitri Georges Lavroff,* 2005, p. 343.

34. L'apprentissage de la démocratie au quotidien doit bien évidemment tenir compte des mentalités et du fait *qu'il n'existe pas un modèle préétabli de démocratie* (déclaration de Libreville du 6 octobre 1994 des pays A.C.P. – Afrique, Caraïbe, Pacifique – liés à l'Union européenne). Le Gouvernement par un parti n'est pas toutefois exclusif d'autres solutions : système de la *cohabitation* à la française, après la victoire de l'opposition aux élections législatives (Togo, 1994 ; Bénin, 1995) ; formule du Gouvernement *d'union nationale* avec l'entrée de l'opposition (Gabon, Côte d'Ivoire, 2002 ; Sénégal, 1995, Angola, 1997) ou création d'un poste de vice-président de la République adjoint du chef de l'État confié à un opposant (Gabon, révision de 1997). V. J. DU BOIS DE GAUDUSSON, Les solutions constitutionnelles des conflits politiques *in l'Afrique face aux conflits,* D.F., 1997, p. 250.

35. V. A. ROUQUIÉ, *À l'ombre des dictatures. La démocratie en Amérique latine*, 2010 ; J. LAMBERT et A. GANDOLFI, *Le système politique de l'Amérique latine,* 1987, p. 363 ; *Amérique latine. Les surprises de la démocratie*, D.F., 2007 ; A. MARTIN, La consolidation démocratique en Amérique latine à l'aube du XXIe siècle, une quête inaboutie, *Mélanges Slobodan Milacic,* 2008, p. 551 ; V. SOUTY, La nouvelle « constitution politique de l'État » bolivienne, *R.F.D.C.* 2011, p. 203 ; L'Amérique latine, *Pouvoirs* n° 98, 2001.

De manière emblématique, le Chili a choisi, en décembre 1989, un opposant plutôt que le général Pinochet et l'Amérique du Sud, en dehors principalement du Mexique et de la Colombie, a connu un large virage politique en faveur de la gauche (Hugo Chavez au Venezuela élu en 1998, 2000 et 2006 ; Lula da Silva au Brésil, en 2002 et 2006 puis Dilma Roussef en 2010 ; Michèle Bachelet au Chili en 2006 ; Fernando Lugo, *l'évêque des pauvres*, au Paraguay en 2008 – mettant fin à 60 ans de monopole du parti de droite Colorado ; Evo Morales en Bolivie en 2005 et José Mujica, un ex-guérillero, en Uruguay en 2009). Mais l'alternance politique existe et elle s'effectue désormais de manière pacifiée : le retour au pouvoir de la droite au Chili avec l'élection en 2010 de Sebastien Pinera (le *Berlusconi chilien*) puis la nouvelle élection de Michèle Bachelet en 2013 (avec, situation inédite, un second tour opposant deux femmes) en sont des illustrations éclairantes. Le Chili est ainsi devenu une démocratie *détendue, dépolarisée, consensuelle* (A. Rouquié). Reste que ici (avec, au Paraguay, la destitution éclair de Fernando Lugo votée par le Parlement en 2012) et là (avec, au Venezuela, une élection présidentielle heurtée en 2013), l'équilibre démocratique apparaît encore fragile.

Après l'attribution de la coupe du monde de football de 2014 et les Jeux olympiques de 2016, le Brésil fait figure de puissance émergente et dominante avec le *Mercosur* (le marché commun latino-américain), voire de laboratoire politique, en vue de la réduction des inégalités sociales, en dépit des tensions actuelles. D'une manière plus précise, au terme d'une période dictatoriale, la nouvelle constitution de 1988 y a renouvelé l'État fédéral et conforté l'État de droit (contrôle de constitutionnalité *a priori* et *a posteriori*)[36]. Pour autant, le clientélisme et la corruption restent des plaies endémiques.

Par ailleurs, la régulation *constitutionnelle* des crises l'emporte sur la solution militaire : réconciliations avec la rébellion au Guatemala, en 1996, après 35 ans de guerre civile ; destitution du président brésilien Collor, en 1992, voté par le Parlement ; alternance au Mexique, en 2000, mettant un terme au régime du parti unique (le P.R.I.) depuis 1929, lequel retrouvera le pouvoir en 2012 ; échec du référendum révocatoire dirigé contre Hugo Chavez en 2004, pour se limiter à quelques exemples significatifs.

Les 20 Amériques dollarisées, avec la menace d'explosion sociale qui s'ensuit (quasi-banqueroute de l'Argentine en 2002), la fuite en avant populiste (Venezuela et Bolivie), ont aménagé, par référence aux États-Unis, une *modalité particulière de régime présidentiel* (J. Lambert et A. Gandolfi), qui peut même être mâtinée d'éléments de régime parlementaire, à l'exemple de la Colombie (constitution de 1991)[37]. Le régime présidentiel latino-américain a une conception pour le moins autonome de la théorie des *checks and balances*. En pratique, le Parlement, généralement bicaméral (sauf au Venezuela, Pérou et Équateur notamment) n'est pas un rempart inexpugnable comme l'est le Congrès à Washington. Aussi, le déséquilibre institutionnel profite-t-il à l'exécutif qui n'hésite pas à user et parfois abuser de cette position dominante du moins jusqu'à un certain point (voir la destitution, par la voie de l'*impeachment*, du président brésilien Collor, pour faits de corruption, en 1992). Reste qu'un Président est en capacité d'impulser des réformes plus facilement que son homologue nord-américain. On pourra évoquer l'influence de José Mujica, président *normal* de l'Uruguay depuis 2009, sur la libéralisation du droit de l'avortement, l'autorisation du mariage homosexuel et la légalisation de la vente de marijuana.

Élu par le peuple, le chef de l'État dispose, à côté des pouvoirs traditionnels, de pouvoirs spécifiques : le droit de dissolution en Uruguay ; le droit d'en appeler au peuple par la voie du référendum (Équateur, Venezuela (voir l'échec de la révision constitutionnelle proposée au peuple en 2007)) et la possibilité *de facto* d'intervenir dans la fonction législative (Argentine, Brésil). Au Venezuela, l'Assemblée, au cours d'une séance dans la rue, en février 2007, a délégué de larges pouvoirs législatifs au président Chavez, qui venait d'être réélu. Enfin, la justice constitutionnelle se met en place[38].

36. V. M. GONCALVES, Effets pervers en droit constitutionnel. Considérations sur la constitution brésilienne de 1988, *Mélanges Patrice Gélard,* 1999, p. 393 et D. PAÏVA DE ALMEIDA (sous la direction), *Introduction au droit brésilien,* 2006 ; Le Tribunal fédéral suprême du Brésil, *C.C.C.* n° 26, 2009, p. 47.

37. V. O. PEREZ OROZCO, *Le Congrès dans le système politique de la Colombie,* thèse Paris II, 2006.

Les droits de l'homme, après avoir été longtemps ignorés et bafoués, deviennent une base essentielle du constitutionnalisme latino-américain. Dans une logique transnationale, l'influence de la Cour interaméricaine des droits de l'homme, instituée en 1979, est à relever[39] même si son autorité est régulièrement remise en cause par certains États.

Cependant, l'essentiel réside, moins dans l'agencement institutionnel, que dans le multipartisme et la compétition, à laquelle se livrent, à l'ombre des intérêts de la classe dirigeante et les épées, les conservateurs et les démocrates-chrétiens. Le principe de *l'alternance* qui en découle, permet ainsi de relier les démocraties latino-américaines à la mouvance des pays occidentaux, même si, du point de vue économique et social, elles se rattachent au schéma tiers-mondiste. La condition des populations indiennes suffit à le démontrer. L'attribution du prix Nobel de la paix à Rigoberta Menchû, en 1992, l'année du 500e anniversaire de la découverte de l'Amérique, est symbolique, au même titre que l'élection du président Morales, le premier indigène, en Bolivie, en 2005.

BIBLIOGRAPHIE

1. Les caractères généraux des sociétés tiers-mondistes

■ J. ALIBERT (sous la direction de), *Afrique contemporaine. 30 années d'Afrique,* D.F., 1992 ■ J. AUSTRUY, *Le scandale du développement*, 1965 ■ P. BAIROCH, *Le Tiers-Monde dans l'impasse*, 1971 ■ G. BALANDIER, *Sociologie actuelle de l'Afrique noire*, 3e éd., 1971 ■ J.-Y. CALVÈZ, *Aspects politiques et sociaux des pays en voie de développement*, 1971 ■ J. DE CASTRO, *Géopolitique de la faim*, 2e éd., 1971 ■ B. CHANTEBOUT, *Le tiers-monde*, 2e éd., 1989 ■ E. COMARIN (sous la direction de), *L'état du tiers-monde*, 1987 ■ C. COQUERY-VIDROVITCH, *Afrique noire*, 1985 ■ Ph. DECRAENE, *Vieille Afrique et jeunes nations*, 1982 ■ R. DUMONT, *L'Afrique noire est mal partie*, 1969 ■ avec B. ROSIER, *Nous allons à la famine*, 1966 ■ avec M. MAZOYER, *Développement et socialisme*, 1969 ■ T. MENDE, *De l'aide à la recolonisation*, 1972 ■ M. PENOUIL, *Économie du développement*, 1972 ■ Les pouvoirs africains, *Pouvoirs* nº 25, 1983.

2. L'évolution des institutions politiques dans les sociétés tiers-mondistes

■ G. BATAILLON, Les révolutions démocratiques en Amérique latine, *Commentaire* nº 113, 2006, p. 67 ■ S. BOLLE, *Le nouveau régime constitutionnel du Bénin. Essai sur la construction d'une démocratie africaine par la constitution*, thèse Montpellier, 1997 ■ A. BOURGI, L'évolution du constitutionnalisme en Afrique : du formalisme à l'effectivité, *R.F.D.C.* 2002, p. 721 ■ J. BUCHMANN, *L'Afrique noire indépendante*, 1962 ■ L. BURGOGUE-LARSEN et A. UBERA DE TORRES, *Les grandes décisions de la Cour interaméricaine des droits de l'homme*, 2008 ■ B. CHANTEBOUT, *Le tiers-monde*, 2e éd., 1989 ■ G. CONAC (sous la direction de), *L'Afrique en transition vers le pluralisme politique*, 1993 ■ O. DABENE, *L'Amérique latine au xxe siècle*, 1994 avec J. DU BOIS DE GAUDUSSON et Chr. DESOUCHES, *Les constitutions africaines*

■ 38. A.-R. BREWER-CARIAS, Le recours d'interprétation abstrait de la constitution au Venezuela, *Mélanges Louis Favoreu,* 2007, p. 61 ; M. GONCALVES FERREIRA FILHO, L'évolution du contrôle de constitutionnalité au Brésil, *ibid.*, p. 209.

■ 39. V. L. BURGORGUE-LARSEN et A. UBERA DE TORRES, *Les grandes décisions de la Cour interaméricaine des droits de l'homme,* Bruylant, 2008.

publiées en langue française, D.F., 1997 en 1998 ▪ I. FALL, *La condition du pouvoir exécutif dans le nouveau constitutionnalisme africain*, 2008 ▪ B. GUÈYE, La démocratie en Afrique : succès et résistances, *Pouvoirs* n° 129, 2009, p. 5 ▪ M. KAMTO, *Pouvoir et droit en Afrique noire*, 1987 ▪ J. LAMBERT et A. GANDOLFI, *Le système politique d'Amérique latine*, 1987 ▪ D. G. LAVROFF, *Les systèmes constitutionnels en Afrique noire. Les États francophones*, 1976 ▪ G. KEPEL, *Passion arabe*, 2013 ▪ A. MAHIOU, *L'avènement du parti unique en Afrique noire*, 1969 ▪ M. NGUELE ABADA, *État de droit et démocratisation*, thèse Paris-I, 1995 ▪ D. PAÏVA DE ALMEIDA (sous la direction), *Introduction au droit brésilien*, 2006 ▪ G. PAMBOU-TCHIVOUNDA, *Essai sur l'État africain post-colonial*, 1982 ▪ H. ROUSSILLON (sous la direction de), *Les nouvelles constitutions africaines : la transition démocratique*, 1993 ▪ M. SY, *La protection constitutionnelle des droits fondamentaux en Afrique. L'exemple du Sénégal*, 2007. ▪ V. également *in Pouvoirs* : *Les pouvoirs africains*, n° 25, 1983 ▪ *La démocratie en Afrique*, n° 129, 2009 ▪ *L'Inde*, n° 90, 1999 et *L'Amérique latine*, n° 98, 2001.

TROISIÈME PARTIE
DROIT CONSTITUTIONNEL FRANÇAIS

TITRE 1

L'HISTOIRE CONSTITUTIONNELLE DE LA FRANCE

CHAPITRE I
L'ANCIEN RÉGIME

811 La Révolution de 1789, cette *époque du monde* (J. de Maistre), ne peut se comprendre si on en connaît le point de départ, c'est-à-dire l'Ancien Régime ; d'autant que celui-ci a eu une durée et une stabilité exceptionnelles. Il s'est maintenu pendant près de dix siècles.

Sans doute, pendant ce millénaire, de nombreuses évolutions se sont-elles produites. Pour ne prendre qu'un exemple, la monarchie administrative des XVIIe et XVIIIe siècles est profondément différente de celle des Capétiens ou même des Valois. Toutefois, les caractères généraux demeurent largement les mêmes, à travers un remarquable effort de continuité : l'Ancien Régime peut se définir dans son ensemble comme *une monarchie héréditaire à confusion des pouvoirs*[1].

SECTION I LE POUVOIR ROYAL

812 Le roi de France est un monarque héréditaire et absolu. Mais ces deux caractères n'ont pas été attachés, dès le début, à la couronne. La monarchie a dû lutter longuement pour les conquérir.

§ 1. LE PRINCIPE D'HÉRÉDITÉ

813 L'hérédité monarchique peut être considérée comme acquise en France dès le début du XIIIe siècle ; mais le principe ne s'en est pas imposé sans difficultés.

Au moment de la conquête de la Gaule par les Francs, l'hérédité joue déjà dans notre pays un rôle important comme mode de nomination des administrateurs et même des gouvernants.

1. Le légiste Guy Coquille affirmera au XVIe siècle : *Le roi est monarque et n'a point de compagnon en sa majesté royale*. Cette formule éveille certains échos, sous la Ve République. V. J.-L. HAROUEL, J. BARBEY, E. BOURNAZEL, J. THIBAUT-PAYEN, *Histoire des institutions de l'époque franque à la Révolution*, 2e éd., 1989 ; F. SAINT-BONNET et Y. SASSIER, *Histoire des institutions avant 1789*, 4e éd., 2011 ; R. SZRAMKIEWICZ et J. BOUINEAU, *Histoire des institutions (1750-1914)*, 1989 ; L. BÉLY (sous la direction), *Dictionnaire de l'Ancien Régime*, 1996.

Chez les Francs, l'hérédité existait aussi, mais elle était combinée avec l'élection. Le roi était élu par l'assemblée des guerriers, parmi les membres d'une famille considérée comme divine, celle des Mérovingiens. Après la conquête, ces derniers s'affranchissent assez aisément de l'ingérence de l'assemblée des guerriers et établissent, à la mode gallo-romaine, une succession héréditaire.

Cette réforme, réalisée surtout par Clovis, ne devait cependant pas survivre à la dynastie des Mérovingiens. Pépin le Bref, fondateur de la dynastie des Carolingiens, est élu par une assemblée du peuple, convoquée en 751 à Soissons. Il en sera ainsi pour Louis le Bègue, Louis le Gros, Eudes, etc.

L'avènement d'Hugues Capet, en 987, il y a plus de mille ans, paraît le triomphe de l'élection, le duc de l'Île-de-France ayant été, après discussion, désigné par ses pairs. Du reste, le président de l'assemblée des grands, l'archevêque de Reims, déclare, à cette occasion, qu'en France le trône ne s'acquiert pas par droit héréditaire, mais bien à l'élection.

La désignation d'Hugues Capet devait cependant, marquer le point de départ du retour au système héréditaire. Le moyen employé par Hugues et ses successeurs, pour établir le principe héréditaire, est classique et efficace : le roi associe de son vivant son fils au trône, après l'avoir fait sacrer[2].

§ 2. LE CARACTÈRE ABSOLU DU POUVOIR

A. LES ÉTAPES DE L'ÉVOLUTION

814 La monarchie franque, prenant la suite de l'autorité impériale, cumule rapidement les pouvoirs. Mais cette marche vers l'absolutisme va être interrompue, pour longtemps, par la féodalité.

Au moment où Hugues Capet monte sur le trône, l'autorité royale est réduite à sa plus simple expression. Dans le duché de l'Île-de-France, le roi peut exercer directement les pouvoirs qu'il détient en qualité de seigneur féodal, mais sur les terres de ses feudataires son autorité est bien lointaine. Les Capétiens vont cependant user avec beaucoup d'habileté et de ténacité du principe féodal pour affermir leur autorité. Dans ce système, très fortement hiérarchisé, le roi est, pour ainsi dire, placé à la pointe de la pyramide ; il est le suzerain du royaume, tous les seigneurs étant médiatement ou immédiatement ses vassaux. À ce titre, le roi va contrôler les justices seigneuriales et établir sa justice propre comme recours suprême ; il superposera ses édits et ses ordonnances aux *établissements* seigneuriaux ; il ajoutera les services publics royaux aux services seigneuriaux et s'attachera à fondre ces derniers dans les siens : l'armée d'abord, les finances ensuite ; le reste suivra.

La renaissance du droit romain, au XIVe siècle, viendra réconforter l'entreprise royale. Les *légistes du roi*, nous dirions à l'heure actuelle, ses juristes, retrouvent, ou croient retrouver, dans les *Institutes* de Justinien et les autres monuments du droit romain, l'idée de *souveraineté*, de pouvoir inconditionnel et ils vont s'attacher à la dégager, à la défendre et à la développer au bénéfice du roi et de son autorité. Sous Louis XIV encore, Colbert, pour affermir l'autorité royale, fera rédiger par ses juristes toute une série de mémoires, afin de défendre ou d'accroître l'autorité du roi car *il n'est pas possible d'avoir en la monarchie, pair et compagnon*, selon le dicton.

Ainsi, progressivement, le roi absolu prend la place du roi féodal, par une évolution dans laquelle il est fortement aidé par le peuple lui-même, qui demande à être *immédiatisé*, afin d'échapper à l'autorité seigneuriale, laquelle étant plus proche, paraît plus lourde que celle du roi.

B. LA THÉORIE DE L'ABSOLUTISME ROYAL

815 Elle peut se résumer en deux formules : le roi possède tous les pouvoirs ; dans l'exercice de chacun d'entre eux, le roi ne connaît point de limites, en théorie.

2. On distinguait, à cet égard, jusqu'à Philippe-Auguste, le *rex coronatus* et le *rex designatus*. On a relevé, à ce propos, une coïncidence surprenante : c'est le 14 juillet 1223 que Louis VIII succéda à son père Philippe-Auguste, sans avoir été préalablement associé. *La monarchie capétienne est née le 14 juillet* (D. Amson). V. L. THEIS, *3 juillet 987. L'avènement d'Hugues Capet*, 1984.

1. La confusion des pouvoirs

816 *Au roi seul appartient la puissance souveraine dans son royaume,* déclare le chancelier Lamoignon, en 1787. Il retient entre ses mains les attributs de l'État. *Princeps legibus salutus est :* le prince est par suite affranchi de l'observation des lois, selon la maxime d'Ulpien, reçue sous la monarchie.

Le pouvoir législatif est exercé par voie d'ordonnances. À l'origine, hors du domaine royal, le roi était obligé d'obtenir l'assentiment des seigneurs ; mais assez vite, une consultation suffira qui s'opérera, au bout d'un certain temps, en *conseil du roi*, organisme qui est censé représenter les divers barons intéressés. Avec le temps, le pouvoir législatif du roi se développera de façon notable. Louis XIV promulguera, sous forme d'ordonnance, de véritables codes : ordonnance de 1667 sur la réforme de la justice ; ordonnance sur les eaux et forêts de 1669 ; ordonnance sur la procédure criminelle de 1670, etc.[3]. *Le pouvoir exécutif et administratif* est également entre les mains du roi, qui s'attache à l'exercer sans partage. Il faut rappeler, à cet égard, l'effort continu de centralisation, qui a été celui de la monarchie française. On a tendance à croire que la centralisation administrative remonte à Bonaparte ; c'est partiellement vrai, mais ce dernier n'a fait que réaliser le programme des rois de France ; les 36 intendants répartis sur le territoire à la veille de la Révolution française et soumis étroitement à l'autorité royale ont déjà largement travaillé à absorber les pouvoirs locaux ; ce sont, du reste, les ancêtres directs des préfets. *Le pouvoir judiciaire* est confié assez tôt à des tribunaux appelés *parlements*, mais quelle que soit leur indépendance, du fait de la vénalité et de l'hérédité des charges, ceux-ci ne peuvent rendre la justice qu'au nom du roi. Par ailleurs, le monarque peut intervenir à tout moment, dans n'importe quel procès : il a *un pouvoir d'évocation* qui lui permet d'appeler devant son conseil n'importe quelle cause ; il détient aussi le droit de grâce et la possibilité par une lettre de cachet, de se substituer à la justice[4].

2. Le caractère souverain du pouvoir royal

817 Devant le parlement de Paris en 1766, Louis XV affirme : *C'est en ma personne que réside l'autorité souveraine, dont le caractère propre est l'esprit de conseil, de justice et de raison. C'est à moi seul qu'appartient le pouvoir législatif sans dépendance et sans partage. L'ordre public tout entier émane de moi.*

Le roi est, tout d'abord, libre de toute sujétion extérieure. Il a toujours affirmé son indépendance vis-à-vis de l'empereur et il a réussi à la faire admettre. Il a su également éviter les ingérences de la papauté dans les affaires du royaume.

À l'intérieur et au regard de ses sujets, le roi ne souffre aucune limite dans l'exercice de son autorité. Les libertés individuelles ne sont pas reconnues sous l'Ancien Régime ; la pratique des lettres de cachet, bien qu'elle tende, avec le temps, à tomber en désuétude, montre que la liberté physique elle-même n'est pas à l'abri du bon plaisir du roi[5].

Ce caractère illimité du pouvoir royal, sous l'Ancien Régime, est, dans une certaine mesure, la conséquence du sacre. Ayant reçu des mains de l'évêque de Reims, ce que certains considèrent comme un huitième sacrement, le don miraculeux de guérir les écrouelles, le roi est regardé comme le représentant de Dieu sur terre ; il doit rendre compte de ses actes à la divinité, mais ses sujets lui doivent, tant qu'il est sur le trône, la même obéissance qu'à Dieu lui-même.

C. LES CONDITIONS D'EXERCICE DU POUVOIR ROYAL

818 La confusion des pouvoirs, se révèle cependant, quelque peu limitée, en pratique. Le pouvoir judiciaire, tout d'abord, était, en fait, séparé du roi et largement indépendant de son autorité pour la raison que l'on sait.

3. D'où le brocard : *Si veut le roi, si veut la loi.* V. F. BLUCHE, *Louis XIV*, 1986.
4. On aura l'occasion, *mutatis mutandis*, de parler à nouveau du *pouvoir d'évocation*, à propos de l'exercice du pouvoir réglementaire par le chef de l'État, sous la Ve République (art. 13 C).
5. La quête de la sûreté n'était donc pas vaine en 1789.

La confusion du pouvoir exécutif et du pouvoir législatif était, certes, beaucoup plus grande ; elle n'était cependant pas absolue, en ce sens que les *conseils* jouaient, pour l'établissement des ordonnances, un rôle plus important que pour la préparation des simples décisions. Il n'y avait pas, sous l'Ancien Régime, de distinction possible entre organe législatif et organe exécutif, mais il existait une certaine différence entre pouvoir de décision et pouvoir consultatif.

Les auxiliaires du roi sont les ministres et les conseils. Les ministres sont généralement, à l'époque de la monarchie administrative, au nombre de six : le chancelier, ancêtre du ministre de la Justice, le contrôleur général des finances, les secrétaires d'État aux affaires étrangères, à la guerre, à la marine et à la maison du roi, ce dernier ayant, avec beaucoup d'autres, les attributions d'un ministre de l'intérieur. Théoriquement, ces ministres ne sont que des *secrétaires*, c'est-à-dire des auxiliaires du roi, chargés seulement de préparer, puis d'exécuter ses décisions. Cependant, les ministres du roi ont, en fait, de grands pouvoirs, surtout lorsque l'un d'eux est *premier ministre* ou *principal ministre*, tels Richelieu, Mazarin, le cardinal Dubois, Choiseul,[6]. Les conseils, au nombre de quatre, forment le Conseil du roi : *Conseil des parties*, qui est, dans une certaine mesure, l'ancêtre de notre Cour de cassation, *Conseil des finances*, dont la Cour des comptes est le successeur, *Conseil d'en haut et Conseil des dépêches*, qui, à eux deux, jouaient un peu le rôle tenu, à l'heure actuelle à la fois par le Conseil d'État et le conseil des ministres.

D. LES LIMITATIONS AU POUVOIR ROYAL

819 Sans prétendre, comme Charles Maurras, que la monarchie était hérissée de libertés, force est de relever qu'absolu en son principe, le pouvoir royal était tempéré, en pratique. Il était préservé de l'arbitraire par les Lois fondamentales du royaume et un certain nombre de limitations de fait, qui rendaient plus légère que certains ne l'ont cru, l'autorité royale.

1. Les Lois fondamentales du royaume

820 Ces coutumes étaient relatives à la dévolution du pouvoir, à l'inaliénabilité du domaine de la couronne, aux franchises gallicanes et à la nécessité pour le roi d'être catholique. La plus importante était la loi salique : la couronne de France se transmettait de mâle en mâle par ordre de primogéniture *(les lis ne filent point)*[7]. S'y ajoutaient un certain nombre de pratiques, relatives aux attributions des secrétaires d'État, ainsi qu'à l'institution et aux attributions du Conseil du roi. Ces lois fondamentales s'imposaient au roi : Henri IV sera contraint d'abjurer la religion protestante, le testament de Louis XIV qui modifiait l'ordre de succession au profit de ses enfants adultérins sera cassé par le parlement de Paris en 1715. Mais, ces lois ne peuvent être comparées à une constitution, car il faut être deux. Elles étaient, tout au plus, le statut de la couronne de France, et non point celui de la nation française.

2. Les limitations de fait

821 *Les corps intermédiaires*[8], au premier rang desquels figurent la noblesse et le clergé, venaient limiter et amortir l'exercice du pouvoir du roi. Au surplus, de nombreuses provinces et villes étaient dotées de franchises ; les marchands, les artisans, disposaient de privilèges.

6. On connaît le jugement de Louis XIV : *Je résolus en toutes choses de ne point prendre de premier ministre, et si vous m'en croyez, le nom en sera jamais aboli en France : rien n'étant plus indigne que de voir d'un côté toute la fonction, et de l'autre le seul titre de roi.* Cité par J. MASSOT, *Chef de l'État et chef de Gouvernement*, 1993, p. 21.

7. Un adage affirmait : *Le roi est dans l'heureuse impuissance de violer les Lois fondamentales du royaume.* V. Cl. LOVISI, *Les Lois fondamentales du royaume. Recherches sur la loi de dévolution de la Couronne*, 1984.

8. On se souvient de la formule de Montesquieu : *ces canaux moyens par où coule la puissance.*

SECTION II LES INSTITUTIONS PSEUDO REPRÉSENTATIVES

822 Il n'y a pas de régime politique qui puisse subsister s'il est isolé de la Nation. Or, ses *droits et devoirs sont nécessairement unis avec les miens et ne reposent qu'en mes mains*, affirme Louis XV, en 1766.

La monarchie française n'a pas échappé à cette loi politique. Malheureusement pour elle, le contact entre le gouvernement et la Nation était mal organisé, discontinu, ce qui lui a enlevé des possibilités d'évolution[9].

§ 1. LES ÉTATS GÉNÉRAUX

823 Les États généraux qui, au moment de la guerre de Cent ans, ont failli devenir des corps véritablement représentatifs, trouvent leur origine dans la *Curia regis*. Leur première réunion remonte à 1302, sous Philippe le Bel[10].

A. LE SYSTÈME ÉLECTORAL

824 Le mode d'élection aux États généraux a naturellement beaucoup varié selon les époques ; mais il est intéressant de rappeler qu'au XIVe siècle, il est assez libéral. Il sera restreint au XVIe siècle, avec les débuts de la monarchie absolue, mais il redeviendra libéral pour les États généraux de 1789. À cette date, sont électeurs du Tiers tous les habitants nés Français ou naturalisés, âgés de vingt-cinq ans et compris au rôle des contributions, quel que soit du reste, le montant de l'impôt payé par le contribuable ; il n'y a pas, à proprement parler, de cens qui soit encore institué. L'élection est à un seul degré pour la noblesse et le clergé ; à deux ou trois degrés pour le tiers état, mais il est à noter que le suffrage féminin n'est pas complètement exclu : la femme titulaire de fiefs possède le droit de vote.

B. LE FONCTIONNEMENT

825 Les députés aux États généraux reçoivent un *mandat impératif*. Dès le XVe siècle, l'habitude se prit, surtout pour les élections des députés du Tiers, de rédiger des *cahiers de doléances*. Le député devait s'en tenir aux positions prises dans le cahier, sans quoi, il pouvait être révoqué par ses mandants, d'autant que ces derniers, payant les frais de déplacement et de séjour des députés, entendaient être strictement obéis.

À part les séances solennelles, les ordres siègent séparément et cette coutume sera suivie jusqu'à la Révolution.

C. LES POUVOIRS

826 Ces États n'ont, en général, que des pouvoirs consultatifs. Ils donnent des avis au roi, que celui-ci est libre de suivre ou de ne pas suivre ; ils formulent des remontrances que l'on peut écouter ou laisser sans effet. Il y a cependant, des cas où l'on admet que les États ont pouvoir de décision : en cas de vacance du trône, pour désigner le nouveau roi ; dans le cas d'une modification à apporter aux Lois

9. Il serait également utile de viser *les assemblées de notables*, dont les membres sont nommés par le roi. Celles-ci ont tantôt achevé des réformes adoptées par les États généraux ; tantôt précédé la convocation de ceux-ci, comme en 1787 et 1788.

10. V. P. BASTID, *Le gouvernement d'assemblée*, 1956.

fondamentales du royaume ; enfin, en matière financière. Théoriquement, aucun impôt nouveau ne doit être établi sans le consentement des États et c'est du reste pour cette raison que, très généralement, ces derniers sont convoqués. Mais la royauté parviendra à s'en affranchir[11].

En outre, les pouvoirs des États généraux sont *intermittents*, sauf au début de la guerre de Cent ans, ceux-ci n'ont jamais pu fonctionner avec une périodicité régulière. Après 1614, ils ne seront plus réunis jusqu'en 1789[12].

D. LES RAISONS DE L'ÉCHEC

827 On peut, semble-t-il, donner de ce fait les explications suivantes : à la suite de la centralisation politique et administrative que la monarchie française avait dû entreprendre pour mener à bonne fin la guerre de Cent ans, le pouvoir royal s'est démontré aux XIVe et XVe siècles, plus robuste et efficace en France qu'en Angleterre. Il a, dès lors, su mieux résister aux efforts entrepris par les États généraux pour le contrôler.

Cependant, ceux-ci sont les grands responsables de leur propre effacement. À certaines périodes de notre histoire, en particulier, entre 1355 et 1358, la monarchie française a failli s'orienter dans le même sens que la monarchie anglaise. Mais si cette direction, finalement, n'a pas été prise, c'est, en partie, en raison du mandat impératif imposé aux députés, en partie aussi du fait de leur division en trois ordres, au final, parce que l'opinion publique a été lassée par le désordre et l'impuissance dont les États ont, à de trop nombreuses reprises, fait la démonstration.

§ 2. LES PARLEMENTS JUDICIAIRES

828 Les parlements étaient essentiellement des *tribunaux*, mais le pouvoir royal étant sorti, pour une bonne part, de l'exercice de la justice ; ceux-ci, qui avaient hérité les attributions judiciaires du roi, prétendirent bénéficier, dans un régime qui ne connaissait pas la séparation des pouvoirs, de prérogatives politiques. Il leur était, en effet, reconnu : le droit d'enregistrer les ordonnances et édits royaux ; droit qui correspondait, dans une certaine mesure, au pouvoir de promulgation que détient, à l'heure actuelle, le président de la République ; au même titre que celui d'adresser au roi des *remontrances*, c'est-à-dire des observations sur la teneur des ordonnances et édits soumis à enregistrement.

Le roi pouvait surmonter les résistances des parlements, d'abord par des *lettres de jussion*, c'est-à-dire un ordre écrit d'enregistrer ; ensuite, si les parlements résistaient encore, en tenant un *lit de justice*, où il requérait personnellement d'enregistrer l'ordonnance. Toutefois, ces prérogatives donnaient aux parlements un pouvoir politique appréciable.

Ce pouvoir aurait pu devenir l'expression d'une véritable institution représentative si les parlements avaient su parler au nom de la nation. Mais on doit bien constater que, dans toutes leurs démarches, ils ont toujours été animés par un esprit de classe dont rend compte, pour une part, l'expression passée à la postérité : *Dieu nous garde de l'équité des parlements !* On peut dire que par leur action, ils ont largement contribué à la chute de l'Ancien Régime. Le chancelier de Maupéou l'avait bien compris, qui voulut mettre bon ordre aux prétentions des corps judiciaires en supprimant les parlements, et en les remplaçant par des conseils strictement enfermés dans une fonction juridictionnelle. Mais, Louis XVI commit la lourde faute de rétablir les parlements dans leurs anciennes prérogatives, et on sait que l'agitation qu'ils entretinrent, pendant les années 1787 et 1788, a directement préparé la Révolution[13].

11. Toutefois, cette facilité de la monarchie française, si on la compare à son homologue britannique, se retournera contre elle. Le désordre financier l'emportera, en 1789, comme on sait.

12. À cette date, l'institution est tombée dans l'oubli tel, qu'un arrêt du Conseil du 5 juillet 1788 ordonne une enquête, en vue de sa prochaine formation.

13. Pendant la minorité de Louis XIV et le gouvernement de Mazarin, l'épisode de la Fronde (1648-1652) est révélateur de l'action de ces parlements. À l'instigation de Gondi (le futur cardinal de Retz) et de Broussel, le parlement de Paris se réunit, le 13 mai 1648, avec six autres, dont celui de Bordeaux. En invoquant les droits de la nation, ils rédigèrent une déclaration de 27 articles, le 15 juin suivant, en

SECTION III LA STRUCTURE SOCIALE DE L'ANCIEN RÉGIME

829 La Révolution de 1789 a été, certes au principal, une révolution *politique*, mais elle a été aussi et surtout, dans une large mesure, une révolution *sociale*, en ce sens qu'elle a fait succéder, tout au moins sur le plan juridique, une société égalitaire à une société inégalitaire. Jusqu'en 1789, la société française est, en effet, hiérarchisée en trois ordres ayant chacun un statut juridique particulier : le clergé, la noblesse et le tiers état[14].

§ 1. LE CLERGÉ

830 Le clergé est l'ordre le plus haut en dignité ; il a le pas, non seulement sur le tiers, mais sur la noblesse ; il comprend environ 130 000 membres. Il dispose de privilèges.

Le clergé bénéficie tout d'abord d'un privilège de juridiction, ses membres n'étant justiciables que des tribunaux ecclésiastiques ; par ailleurs, les clercs sont exonérés de la contrainte par corps. Le clergé est en outre exempté d'impôts ; sans doute, paie-t-il annuellement une contribution au gouvernement du roi, mais il en fixe lui-même le montant, qui est largement inférieur à la dîme qu'il perçoit sur les fidèles.

En contrepartie, le clergé rend à la population un certain nombre de services, que nous considérons, à l'heure actuelle, comme des services publics, mais que l'État, sous l'Ancien Régime, ne prend pas à sa charge ; il en est ainsi de l'assistance publique, de l'état civil et de l'instruction. Le clergé se répartissait, en outre, entre le *haut clergé* et *le bas clergé*, lequel fera cause commune, en 1789, avec les députés du tiers état.

réclamant la suppression des intendants (symbole en province de la politique royale de centralisation) et le droit de consentir à l'impôt. L'hostilité de la monarchie, une fois rétablie leur restera acquise, de même que celle des révolutionnaires en 1789. Au préalable, un projet avait été élaboré, par la Ligue, en 1588. V. S. RIALS, Aux origines de constitutionnalisme écrit, *Revue d'histoire des Facultés de droit et de la science juridique* 1989, n° 8, p. 189.
À cet égard, il faut viser une loi capitale, celle des 16-24 août 1790, qui interdit au juge judiciaire de s'immiscer dans le fonctionnement de l'administration. Le principe de la séparation des autorités administrative et judiciaire est à l'origine de la dualité juridictionnelle et par voie de corollaire du droit administratif. V. J. LAFERRIÈRE, Les raisons de la proclamation de la règle de la séparation des autorités administrative et judiciaire par l'Assemblée constituante, *Mélanges Négulesco*, 1935, p. 435.

14. Les deux premiers ordres sont privilégiés, c'est-à-dire que leurs membres bénéficient de prérogatives honorifiques et matérielles, dont le tiers est exclu. Ce fait ne signifie pas, cependant, que les ordres de l'Ancien Régime puissent être considérés comme des classes, au sens que le marxisme a donné à ce mot. La division d'une société en classes traduit des inégalités de fait, résultant de différences de situation dans le processus économique. La division en ordres, marque seulement des distinctions dans les prestiges sociaux et les statuts juridiques. Il y a, cependant, quelques rapports entre classes et ordres ; sous l'Ancien Régime, la noblesse, en même temps qu'un ordre privilégié, était essentiellement une classe terrienne, en ce que ses membres tiraient l'essentiel de leurs ressources de la possession de la terre. Ils ne pouvaient s'adonner sans déroger au commerce ou à l'industrie. Le clergé, de son côté, ne se livrait à aucune activité économique, alors que le tiers jouait un rôle déterminant dans la production. Mais ce dernier ordre mêlait dans ses rangs, avant 1789, bourgeoisie, ouvriers, paysannerie qui, plus tard, se manifesteront comme des classes sociales distinctes. V. F. OLIVIER-MARTIN, *L'organisation corporative de la France d'Ancien Régime*, 1938.

§ 2. LA NOBLESSE

831 Cet ordre privilégié comprend environ 400 000 personnes, groupées en 80 000 familles. Ces dernières descendent, en principe, de la féodalité, mais beaucoup d'entre elles bénéficient d'anoblissements récents, telle la noblesse de robe titulaire de charges judiciaires.

Le fait d'appartenir à la noblesse donne, tout d'abord, droit aux titres à une sorte de préséance générale sur tous les gens du Tiers. On dirait, à l'heure actuelle, que les membres de la noblesse étaient prioritaires dans tous les domaines : Barnave deviendra révolutionnaire le jour où sa mère est expulsée, par un membre de l'aristocratie, de la loge qu'elle occupait au théâtre de Grenoble.

En dehors de ce droit aux titres et aux préséances, les membres de la noblesse bénéficient de quelques menus privilèges, tels que le droit de chasse, de garenne, de colombier, qui, eux-mêmes, ne sont pas très graves, mais sont considérés par les paysans comme des vexations et des brimades injustifiées. Ajoutons que les membres de la noblesse bénéficient normalement, lorsqu'ils sont propriétaires terriens, de redevances féodales, qui seront âprement exigées à la fin du XVIIIe siècle, et qu'ils sont exempts de la taille, des corvées, etc.[15]

Jadis, tous ces droits et privilèges étaient la contrepartie d'une mission, parfois fort lourde, qui incombait aux seigneurs féodaux : assurer la sécurité des populations rurales contre les entreprises guerrières, les pillages, maintenir certains chemins ou ponts en état, etc. Mais à la fin du XVIIIe siècle, il y a longtemps que la police du roi fait régner l'ordre sans l'aide des membres de la noblesse, et chacun se rend compte que ceux-ci bénéficient de privilèges notamment fiscaux sans contrepartie.

§ 3. LE TIERS ÉTAT

832 L'importance de son rôle sociologique est à la mesure de sa dimension historique à la fin du XVIIIe siècle.

A. LE RÉSUMÉ DE LA NATION

833 *Qu'est-ce que le tiers état ?* s'interroge Sieyès, au début de l'année 1789. On connaît sa réponse : Tout. Et de poursuivre le soliloque : *Qu'a-t-il été jusqu'à présent dans l'ordre politique ? Rien. Que demande-t-il ? À y devenir quelque chose !* Ce manifeste est celui de la bourgeoisie qui allait triompher d'une société multiséculaire, qui n'était pas parvenue à se réformer en temps utile.

Il est un fait certain que le tiers état représentait, en 1789, 97 à 98 % de la population, c'est-à-dire 23 millions cinq cent mille sur 24 millions d'habitants. Mais il était loin de constituer une classe, au sens propre du terme. On y pouvait distinguer, en effet, les éléments suivants : *une grande bourgeoisie*, composée de financiers, d'armateurs et de grands négociants ; *une bourgeoisie moyenne*, où se trouvaient mêlés les membres des professions libérales et du moyen négoce, et *une petite bourgeoisie* composée d'artisans et de petits commerçants ; enfin, le *peuple*, c'est-à-dire essentiellement la masse paysanne. Il y a peu d'ouvriers, en effet, à la fin du XVIIIe siècle, car il n'y a que quelques manufactures ; les travailleurs manuels qui ne sont pas à la terre sont les compagnons ou les apprentis d'artisans, mais ils vivent dans la famille du patron et ne peuvent pas être considérés comme un prolétariat, au sens moderne du terme[16]. Cependant, malgré cette variété dans ses éléments constitutifs, le tiers, dans son ensemble, et même dans sa partie la plus riche, était privé des prérogatives et privilèges dont bénéficiaient la noblesse et le clergé.

Cette structure hiérarchisée de la société, sous l'Ancien Régime, s'était atténuée, à un moment donné et, chose curieuse, sous le règne de Louis XIV. Le *Roi-Soleil* travaille, en effet, volontiers avec de grands

15. Pour mieux séparer la monarchie du despotisme, Montesquieu opinait : *Point de monarque, point de noblesse ; point de noblesse, point de monarque, mais on a un despote*.

16. Parler de socialisme et de communisme, à propos des idées du curé Meslier, de Campanella, de Morelly, de Mably, et, à la limite, de Babeuf, est une formulation excessive. Il s'agit, tout au plus, en l'absence d'une structure économique de type capitaliste, de pures spéculations intellectuelles. Le socialisme est lié, en effet, de façon nécessaire à la révolution industrielle qui se manifeste à partir de la Monarchie de juillet, avant de culminer sous le Second Empire.

commis sortis du tiers : Colbert, Louvois, etc. ; il ouvre ses conseils et les charges d'intendants à des roturiers ; il domestique la noblesse d'épée à Versailles ; il domine la noblesse de robe par l'autorité qu'il exerce sur les parlements. Louis XIV veut que son autorité soit obéie de la même façon par tous les sujets et, si les préséances demeurent, une certaine égalité politique est, à un moment donné, esquissée. On trouve, du reste, des échos irrités de cette politique royale dans les mémoires de Saint-Simon.

Mais, après la mort de Louis XIV, on assiste à un retour en force des ordres privilégiés qui, exaspérés par leur éloignement du pouvoir et le déplacement des fortunes dont ils sont les victimes, se ruent vers les places ou les prébendes. Dès la seconde moitié du XVIIIe siècle, tous les ministres seront nobles, à part Necker, et encore ce dernier cherchera-t-il à se faire anoblir. Il en est de même pour les intendants, les officiers, le haut clergé, etc. Les intrigues de la cour font et défont les ministères. Les droits féodaux, qui tombaient en désuétude, sont réclamés avec âpreté par un clergé et une noblesse dont les revenus diminuent.

Cette contre-évolution, que la monarchie n'a pas su freiner, se démontrera une des causes parmi les plus importantes de la Révolution.

B. LE LEVAIN RÉVOLUTIONNAIRE

834 Le tiers état, sous lequel la bourgeoisie s'abrite, sera le *porte-parole du peuple* en ouvrant *l'ère constitutionnelle* de la France, en 1789[17].

Des *dates symboliques* en jalonnent le processus : le 5 mai 1789, ouverture à Versailles, des États généraux, en vue de *la régénération de l'État* ; le 17 juin, le tournant irréversible est pris : sur proposition de Siéyès, le tiers se proclame *Assemblée nationale*, à la suite du refus des ordres privilégiés de le rejoindre ; sur-le-champ, celle-ci se reconnaît le pouvoir de consentir l'impôt, qui donne la mesure de l'autorité politique ; le 20 juin, les membres de l'Assemblée nationale prêtent le *serment du Jeu de paume*, de ne pas se séparer sans avoir donné une constitution à la France ; le 9 juillet, l'Assemblée nationale se transforme, en conséquence, en *Assemblée nationale constituante* ; le 14 juillet, le peuple parisien s'empare de la prison de la Bastille, promue au rang de symbole de l'arbitraire, tandis que l'Assemblée (coïncidence extraordinaire) décide que la future constitution contiendra une Déclaration des droits de l'homme et du citoyen ; le 4 août, l'Assemblée décrète l'abolition des privilèges et donc de la féodalité, l'égalité des impôts et l'admission de tous les citoyens aux emplois publics ; le 26 août, la *Déclaration des droits de l'homme et du citoyen* est votée ; le 3 septembre 1791, l'Assemblée adopte la première constitution de la France[18] ; le 14 septembre, le roi l'accepte[19]. Après avoir émancipé les juifs (décret du 27 septembre 1791), la constituante se sépare trois jours plus tard[20]. *Le peuple français a voté la liberté du monde* (Saint-Just).

17. L'avènement de la classe bourgeoise provoque une triple révolution économique, politique et *psychologique*. S'agissant de cette dernière, Marx et Engels notent : *Partout où elle a conquis le pouvoir, elle a foulé aux pieds les relations féodales, patriarcales et idylliques. Tous les liens complexes et variés qui unissent l'homme féodal à ses supérieurs naturels, elle les a brisés sans pitié, pour en laisser subsister d'autre lien, entre l'homme et l'homme, que le froid intérêt, les dures exigences du paiement au comptant (Manifeste du Parti communiste*, 1848).

18. En application du décret du 26 septembre 1791, la constitution a été enseignée, notamment à la Faculté de droit de Dijon. Simon Jacquinot peut être regardé comme le premier professeur de droit constitutionnel, selon J.-L. MESTRE (*R.F.D.C.* 2003, p. 467). En outre, un crime de *lèse-nation* est établi. V. J.-Chr. GAVEN, *Le crime de lèse-nation. Histoire d'une brève incrimination politique (1789-1791)*, thèse Toulouse, 2005.

19. Le souhait de Rousseau en vue de la bonne gouvernance (*Considérations sur le Gouvernement de Pologne*, 1772) prend consistance, à cet instant : *Il faut faire trois codes. L'un politique, l'autre civil et l'autre criminel. Tous trois clairs, courts et précis autant qu'il sera possible.* D'où les étapes successives de 1791, 1804 (code civil) et 1808 (code d'instruction criminelle).

20. Le 29 août 1789 mérite également d'être mentionné. Ce jour, l'Assemblée se divise à propos de la question du veto royal : le roi doit-il intervenir dans la formation de la loi ? Celle-ci doit-elle être, au

BIBLIOGRAPHIE

■ P. BASTID, *Sieyès et sa pensée*, 1939 ■ L. BÉLY (sous la direction), *Dictionnaire de l'Ancien Régime*, 1996 ■ D. BREDIN, *Sieyès*, 1988 ■ A. CASTALDO, *Les méthodes de travail de la constituante* (1789-1791), 1989 ■ E. FAURE, *La disgrâce de Turgot*, 1961 ■ F. FURET, *La Révolution (1770-1789)* 1989 ■ P. HAZARD, *La crise de la conscience européenne*, 1935, et *La pensée européenne au XVIIIe siècle de Montesquieu à Lessing*, 1946 ■ H. DE JOUVENEL, *Huit cents ans de Révolution française* (987-1789), 1932 ■ E. LE ROY LADURIE, *L'Ancien Régime (1610-1770)* 1991 ■ Cl. LOVISI, *Introduction historique au droit*, 3e éd., 2007 ■ D. MORNET, *Les origines intellectuelles de la Révolution française* (1715-1787), 5e éd., 1954 ■ F. OLIVIER-MARTIN, *Histoire du droit français*, 1948, *L'organisation corporative de la France d'Ancien Régime*, 1938, et *L'absolutisme français*, Doctorat, Paris, 1950-1951 ■ SIEYÈS, *L'essai sur les privilèges*, 1788, et *Qu'est-ce que le Tiers-État ?*, 1789 ■ A. DE TOCQUEVILLE, *L'Ancien Régime et la Révolution*, 1856.

contraire, l'œuvre exclusive des parlementaires ? Un compromis est adopté sous la forme d'un veto suspensif. Mais, à cette occasion, les députés se sont opposés, et se sont répartis, par rapport au président de séance, *à gauche* (adversaires du veto), et *à droite* (partisans du veto). La distinction incontournable selon laquelle se répartit depuis l'esprit public français est née.
V. actes du colloque : *1789 et l'invention de la constitution*, Paris, 1989, Association française de science politique.

CHAPITRE II
LE MOUVEMENT CONSTITUTIONNEL FRANÇAIS

835 À l'inverse de la tradition anglo-américaine, la France peut être comparée à un *laboratoire constitutionnel*, dont le dernier exemple est fourni par la *cohabitation* sous la Vᵉ République. L'histoire du *peuple héraut et moniteur des Révolutions* (P.-J. Proudhon) est particulièrement riche d'enseignements, par-delà les péripéties.

SECTION I L'INSTABILITÉ POLITIQUE

836 La Révolution de 1789 a été une *rupture*, dont les conséquences ne sont pas encore amorties. En quelques années, les fondements de la vie nationale ont été récusés, et le consensus brisé. À ce propos, le préambule de la constitution de 1791, où revient telle une antienne, *il n'y a plus (il n'y a plus ni noblesse, ni pairie, ni distinctions d'ordres, ni régime féodal...)*, est extraordinaire[1]. *On a l'impression*, observait finement Marcel Waline, *d'être pris dans une tourmente, dans un ouragan, d'entendre un vent de tempête déraciner des chênes séculaires.*

La conséquence en a été une longue période d'instabilité politique qui, cependant, a été atténuée par la combinaison de diverses constantes. De fait, la France a connu une quinzaine de régimes politiques différents et souvent opposés ; quatre révolutions ; trois coups d'État, trois interventions de l'étranger. D'où la pertinente observation de Prévost-Paradol : *La France a fondé une société, elle cherche encore son gouvernement.* Il semble, toutefois, qu'elle ait trouvé le repos en deux circonstances particulières : en 1875, sous la IIIᵉ République et depuis 1958, dans le cadre de la Vᵉ République. Au demeurant, ces régimes ont bénéficié de la plus grande longévité depuis deux siècles.

Cette instabilité, comparée à la pérennité anglo-américaine, s'explique par un certain nombre de désaccords profonds qui ont partagé longtemps la nation : désaccord sur le fondement de l'autorité légitime ; désaccord sur la hiérarchie des pouvoirs, dans la

1. En conséquence, l'Assemblée nationale de 1789 *abolit irrévocablement les institutions qui blessaient la liberté et l'égalité des droits.*

perspective de l'action politique, désaccord enfin sur les rapports du temporel et du spirituel dans le cadre de l'État[2]. La démarche consensuelle de la France contemporaine n'en revêt que plus de relief.

§ 1. LE DÉSACCORD SUR LE FONDEMENT DE L'AUTORITÉ LÉGITIME

837 Sur le plan politique, la Révolution de 1789 a été, au premier chef, un effort violent pour *substituer* une légitimité à une autre, au nom de la raison.

La France avait connu près de mille ans de souveraineté et de légitimité monarchiques de droit divin. À cette croyance constitutionnelle, qui faisait partie des bases implicites mais fondamentales de la mentalité, la Révolution a substitué brusquement le principe de la souveraineté et de la légitimité nationales[3].

Ce changement ne sera pas accepté par ceux qui étaient les bénéficiaires de l'Ancien Régime, c'est-à-dire les ordres privilégiés ou ceux qui auraient souhaité en faire partie. Il ne sera pas accepté non plus par tous ceux qui sont sensibles à la foi monarchique, c'est-à-dire à la mystique d'un chef consacré par la divinité, et se refusent par suite, à penser que le pouvoir puisse sortir de la masse.

Il en résultera, dès ce moment, une coupure toujours présente de l'esprit public, entre deux tempéraments, le *mouvement* et la *résistance*, selon la vision de François Goguel ; deux familles, la gauche et la droite, qui a rythmé, à ce jour, les grands événements : révolutions de 1830 et de 1848, sans oublier les journées de juin ; la Commune de Paris de 1871 ; la crise du 16 mai 1877 ; l'aventure boulangiste de 1886 ; *l'affaire Dreyfus* où s'opposent, selon Daniel Halévy, *la fureur patriotique* de la droite et *la fureur humanitaire* de la gauche, et la *Révolution nationale* de 1940, pour ne citer que les plus significatifs[4].

Cette évolution explique qu'après une longue période agitée (*Je me demande*, s'interroge Tocqueville, *si notre destinée n'est pas plutôt de battre éternellement la mer*), la France ait fait une pause, en 1875 et en 1958. À ce compte, selon la vision de François Furet, la Ve République serait parvenue à la synthèse entre les légitimités monarchique et démocratique.

§ 2. LE DÉSACCORD SUR LA HIÉRARCHIE DES POUVOIRS POLITIQUES

838 À certains égards, la Révolution de 1789 est survenue deux siècles trop tard, c'est-à-dire après que les griefs de la Nation à l'encontre des gouvernants

2. Cl. ÉMERI et Chr. BIDÉGARAY, *La constitution en France, de 1789 à nos jours*, 1997 ; J.-L. PEZANT, De la mise en œuvre des constitutions : l'exception française, *Mélanges Jean Gicquel*, 2008, p. 409.

3. Pour Hegel, la Révolution française *est le spectacle le plus prodigieux... La tentative de recommencer entièrement la constitution d'un État... en s'appuyant sur la pensée afin de donner pour fondement à cet État ce que l'on supposait être rationnel*. En écho, Tocqueville observera : *Les Français ont fait en 1789 le plus grand effort auquel se soit jamais livré aucun peuple, afin de couper pour ainsi dire en deux leur destinée, et de séparer par un abîme ce qu'ils avaient été jusque-là, de ce qu'ils voulaient être désormais* (*l'Ancien Régime et la Révolution,* 1856).

4. D'un point de vue sociologique, le XIXe siècle est marqué par la lutte entre aristocratie foncière et clergé, d'une part, bourgeoisie industrielle ou commerçante, d'autre part, à l'occasion de laquelle le peuple, c'est-à-dire surtout la masse paysanne, se solidarisera tantôt avec les uns et tantôt avec les autres. À partir de la seconde moitié du XIXe siècle, l'opposition se transformera, car le prolétariat se développe, en repoussant une partie de la bourgeoisie vers la noblesse et le clergé. Cependant, sur la distance, grâce à la pratique du suffrage universel, établi en 1848, c'est la légitimité démocratique qui l'emportera.

ont eu le temps de se cristalliser, non pas contre le pouvoir en général, mais contre *le seul* pouvoir exécutif[5]. Ce phénomène s'est trouvé, du reste, renforcé par la passion idéologique qu'a entraînée une brusque substitution de la légitimité démocratique à la légitimité monarchique. Si toute souveraineté réside dans le peuple, pourquoi ne pas admettre avec Jean-Jacques Rousseau, que celui-ci doit l'exercer le plus directement possible, soit en assemblée populaire, soit tout au moins par une assemblée de représentants élus qui sera souveraine. Dans cette perspective, l'exécutif apparaît naturellement comme le pouvoir politique le plus éloigné de la souveraineté nationale, surtout lorsqu'il s'incarne en la personne du roi, et il doit être tenu dans une méfiance extrême. C'est là l'origine de la doctrine révolutionnaire du gouvernement d'assemblée, qui a fourni l'essentiel de la mystique jacobine et conventionnelle, et qui a entraîné, par une sorte de réaction inéluctable, la dictature de l'exécutif.

§ 3. LE DÉSACCORD SUR LES RAPPORTS ENTRE LE SPIRITUEL ET LE TEMPOREL DANS LE CADRE DE L'ÉTAT

839 L'Ancien Régime se présente, à part la période des guerres de religion, comme une longue époque d'unité du temporel et du spirituel dans le cadre de l'État. Le catholicisme était *religion d'État* et le roi sacré, par l'archevêque de Reims, se présentait, non pas sans doute comme le chef d'une Église nationale, mais comme l'oint du seigneur et le dépositaire sur terre de l'autorité et de la majesté de Dieu[6]. Par ailleurs, tout en étant rattachée à Rome, l'Église catholique bénéficiait d'une assez large indépendance connue sous le nom *de franchises de l'Église gallicane*, qui contribuait à subordonner le clergé au roi de France, au moins autant qu'au Saint-Siège. On peut dire que, sous l'Ancien Régime, réserve faite des guerres de religion et du mouvement philosophique du XVIIIe siècle, il y avait convergence des préoccupations temporelles et spirituelles pour la majorité de la nation.

L'importance, pour la conduite d'un grand pays, de ce problème de la rencontre dans le cadre de l'État des préoccupations temporelles et spirituelles des citoyens, ne saurait être sous-estimée[7].

L'unité du temporel et du spirituel, qui existait sous l'Ancien Régime, s'est trouvée rompue brusquement à la Révolution, probablement du fait de la tentative un peu improvisée et mal présentée de constitution civile du clergé. Dès lors, depuis cette époque, une ligne de clivage profonde existe, sur ce point, entre les Français. Il existe une partie de la nation qui est partisane d'une séparation tranchée entre le spirituel et le temporel, et qui souhaite que la laïcité, *la plus grande conquête des temps modernes*, selon Guizot, soit profondément acceptée, les problèmes spirituels et, par conséquent, les divergences qui s'y manifestent, devant rester strictement individuels. Mais, une autre partie de la nation demande que soient maintenus ou rétablis des liens entre l'État et l'Église catholique, afin de retrouver une unanimité nationale dans une nouvelle alliance entre l'État et un idéal spirituel animé par l'Église catholique[8]. On sait déjà que c'est surtout dans le complexe, formé par les partis du centre, que se manifeste cette ligne de clivage qui ne coïncide pas nécessairement avec celle qui s'établit sur le plan économique et social.

5. Saint-Just déclare à la Convention, en 1793 : *Le peuple n'a qu'un ennemi dangereux, c'est son gouvernement*. Cette obsession du pouvoir exécutif, on la retrouve exprimée plus tard, par Joseph Caillaux : *La constitution de 1875 permettra à peu près tout, sauf le gouvernement personnel*. V. J.-P. VALETTE, *Le pouvoir exécutif en France. De 1789 à nos jours*, 1999.

6. Sur son lit de mort, Louis XIV déclare à son successeur : *C'est à Dieu que vous devez ce que vous êtes*.

7. V. A. HAURIOU, *Vie politique en France et à l'étranger. Démocratie et forces religieuses*, Doctorat, Paris, 1957-1958.

8. V. P. BASTID, *La notion de laïcité*. Doctorat, Paris, 1960-1961, 1961-1962 ; A. LATREILLE, *L'Église et la Révolution française*, 1946, 1950.

§ 4. L'ATTÉNUATION DE L'INSTABILITÉ CONSTITUTIONNELLE

840 Le prurit a été, en fait, tempéré par la permanence de trois éléments : la constitution libérale et administrative ; le personnel politique et la démarche institutionnelle. Autant d'acquis pour l'instauration d'un État de droit.

On s'est déjà expliqué sur la pérennité de la conception *individualiste* et de la constitution administrative de l'an VIII à 1982. Dans un milieu marqué par la mobilité, l'administration demeure un point fixe qui compense efficacement l'effervescence. On peut estimer raisonnablement que la France, privée de cette armature incomparable, serait allée, sans aucun doute, à vau-l'eau[9].

La permanence du personnel politique (tendance pérenne, au demeurant) s'entend, d'un point de vue humain et social. Il importe de souligner, la longévité de la carrière de certaines générations qui ont traversé, sans encombres, les divers régimes. Des thermidoriens demeurent, jusqu'à la Monarchie de juillet, et l'un d'entre eux, Dupont de l'Eure, sera même président du Gouvernement provisoire en 1848. Par ailleurs, les IIIe et IVe Républiques ont, incontestablement, disposé d'un fonds de ministrables[10] ; ce qui autorisait Clemenceau, réputé pour sa pugnacité, à répliquer à ses adversaires : *Je n'ai jamais renversé, en fait, qu'un seul Gouvernement !*[11]. Au surplus, la classe politique jusqu'à la fin du XIXe siècle est d'origine bourgeoise, et non populaire. Certes, ses représentants s'opposent en ce qui concerne les superstructures (nature du régime, rapports entre l'État et la religion). En revanche, ils sont en harmonie, s'agissant de l'infrastructure économique et sociale, à l'image de la *constitution civile*, issue du code de 1804[12]. Sous ce rapport, l'élection à la magistrature suprême, en juin 1894, de Jean Casimir-Périer est topique. On pourrait multiplier les exemples à l'envi[13].

Enfin, la permanence de la conception institutionnelle n'est pas étrangère à la stabilisation. Refusant d'emprunter la ligne des crêtes, les divers régimes politiques ont préféré une ligne moyenne : celle du juste milieu. *Ni réaction, ni révolution*, cette double négation est tenue pour une vertu cardinale. Il suit de là que le gouvernement par les centres, *l'hygiène de la République* (J. Bainville) est apparu non seulement comme une formule acceptable, mais aussi et surtout comme la seule viable, compte tenu de la division régnante.

Autant d'éléments synthétisés par le *régime parlementaire* qui depuis 1814 s'est posé en référence ou en *résumé* de l'*identité* institutionnelle de la France. D'autres éléments de continuité viennent à l'esprit : le régime représentatif ; la conception organique de la loi[14].

9. V. G. VEDEL, Discontinuité du droit constitutionnel et continuité du droit administratif, *Mélanges Marcel Waline*, 1974, p. 778.

10. J. OLLÉ-LAPRUNE, *La stabilité des ministres sous la IIIe République*, thèse Paris, 1960.

11. Pour prendre un exemple topique, Henri Queuille, élu de Corrèze (Ussel) de 1914 à 1958, a été 30 fois ministre et trois fois président du conseil.

12. C'est l'époque où Robert de Jouvenel écrit : *La France est une terre heureuse... La politique est le goût des individus, elle n'est pas la condition de leur vie.*

13. Dans un discours prononcé à Bordeaux, en 1885, Jules Ferry lance, à l'adresse des partisans de l'intervention de l'État dans le domaine économique et social, l'apostrophe révélatrice : *Je ne vous connais pas !*

14. C'est la raison pour laquelle le régime parlementaire a longtemps été identifié à la démocratie. Il est vrai que le régime présidentiel, par ses échecs successifs, notamment sous la Seconde République, en 1851, a contribué à sa valorisation. V. Chr. BIDÉGARAY et P. ISOART (sous la direction de), *Des Républiques françaises*, 1988 ; La continuité constitutionnelle en France depuis 1789, *A.F.D.C.* 1990 ; Ph. ARDANT, Le contenu des constitutions : Variables et constantes, *Pouvoirs* n° 50, 1989, p. 31 ; J.-L. QUERMONNE, L'instabilité constitutionnelle de la République en France, *Revue Philosophie politique* 1993, p. 119.

SECTION II LES CYCLES CONSTITUTIONNELS FRANÇAIS

841 En contraste avec la *constance* de la tradition du libéralisme et de l'individualisme, inaugurée par la Déclaration des droits de l'homme et du citoyen de 1789, comment prendre *la mesure de la patience française*, selon le mot de Chateaubriand ?

Le trouble profond, qu'a entraîné dans la Nation, la Révolution, et les désaccords qui en sont nés, n'ont pas eu pour seule conséquence une longue instabilité *politique*. Ceux-ci ont imprimé à notre mouvement constitutionnel, une sorte de démarche *dialectique*, comportant thèse, antithèse, et synthèse, qui s'est insérée dans les faits, à deux reprises différentes, entre 1789 et 1958.

Sans entrer, à ce niveau, dans le détail de la chronologie, on peut distinguer, selon la théorie classique du doyen Maurice Hauriou, dans l'histoire politique française, deux cycles constitutionnels : le premier se déroule de 1789 à 1848 ; le second commence en 1848 et peut être considéré comme se terminant en 1958. Dans chacun d'entre eux, apparaissent trois périodes : la primauté des assemblées ; la réaction exécutive et la collaboration des pouvoirs.

§ 1. LA PRIMAUTÉ DES ASSEMBLÉES

842 Une période d'affirmation de la légitimité démocratique, qui est, en même temps, presque toujours, une période de dictature d'assemblée et de recherche de l'unité psychologique de la nation par une séparation du spirituel et du temporel se met en place (1791-1795) (1848-1851).

§ 2. LA RÉACTION EXÉCUTIVE

843 Une période de dictature de l'exécutif, au cours de laquelle le chef du gouvernement cherche à établir notamment une nouvelle légitimité de type monarchique, à l'image de la famille des Bonaparte et, à restaurer l'unité psychologique de la nation par une nouvelle alliance du temporel et du spirituel autour de la tradition catholique (1795-1814) (1851-1870).

§ 3. LA COLLABORATION DES POUVOIRS

844 Après l'affrontement, vient la période de *réconciliation ;* en un mot *l'équilibre* entre l'exécutif et le législatif. D'où la *longévité* de la monarchie constitutionnelle (1814-1848) et de la république parlementaire (1875-1958).

Enfin, au cours de ce dernier stade, l'équilibre psychologique de la Nation tend à s'établir autour de formules transactionnelles diverses, touchant les rapports du temporel et du spirituel (concordat pendant la première période ; séparation des églises et de l'État au cours de la seconde).

Chacun de ces cycles aboutissant, à travers une série de péripéties, à une période de synthèse.

Le moment est venu d'examiner, avec quelques détails, les deux cycles selon lesquels les régimes politiques se distribuent[15]. Le *tableau* ci-après des constitutions françaises aidera à leur compréhension.

15. Par commodité, on peut se référer à F. MÉLIN-SOUCRAMANIEN, *Les constitutions de la France de la Révolution à la IVe République,* 2009 ; S. RIALS, *Textes constitutionnels français*, P.U.F., Que sais-je ?, n° 2022, 2009 et aux constitutions de la France de 1789 à 1870, *Documents d'études*, D.F.

BIBLIOGRAPHIE

■ Association française des constitutionnalistes (A.F.D.C.), *La continuité constitutionnelle française de 1789 à 1989*, 1990 ■ F. BLUCHE et S. RIALS (sous la direction de), *Les Révolutions françaises*, 1989 ■ P. BODINEAU et M. VERPEAUX, *Histoire constitutionnelle française*, 2000 ■ D. CHAGNOLLAUD, *Histoire constitutionnelle et politique de la France*, 2003 ■ M. DESLANDRES, *Histoire constitutionnelle de la France, 1932-1937 (rééd.)* ■ L. DUGUIT, *Notices historiques, in Les constitutions de la France*, 4e édit., 1925 ■ Cl. ÉMERI et Chr. BIDÉGARAY, *La constitution en France, de 1789 à nos jours*, 1997 ■ Y. GUCHET, *Histoire constitutionnelle française (1789-1958)*, 2e éd., 1990 ■ F. DE LA SAUSSAY, *L'héritage institutionnel français (1789-1958)*, 1992 ■ D. LINOTTE, *Les constitutions françaises*, 2e éd., 1992 ■ Cl. NICOLET, *L'idée républicaine en France*, 1982 ■ R. RÉMOND, *La vie politique en France (1789-1879)*, 1965-1969 ■ J. ROBERT (sous la direction), Le bicentenaire de la Révolution française, *R.D.P.* 1989, p. 607 ■ G. VEDEL, Le hasard et la nécessité, *Pouvoirs* n° 50, 1989, p. 15 ■ Ch. ZORGBIBE, *Histoire politique et constitutionnelle de la France*, 2002. ■ V. aussi : La représentation, *Droits* n° 6, 1789-1989 ■ Histoire constitutionnelle, *Pouvoirs* n° 50, 1989.

CONSTITUTIONS FRANÇAISES			
Régime	**Constitution**	**Durée**	**Caractéristiques principales**
MONARCHIE	I. 14 septembre 1791	1791-1792	– Régime représentatif – Suffrage restreint (censitaire) – Séparation accentuée des pouvoirs (type *présidentiel*) – Souveraineté nationale – Déclaration des droits de l'homme et du citoyen
Ire RÉPUBLIQUE	II. De l'an I (24 juin 1793)	*Non appliquée en raison des circonstances (1792-1795 : Gouvernement révolutionnaire)*	– Confusion des pouvoirs (régime d'assemblée) – Souveraineté populaire – Proclamation du suffrage universel et de la démocratie – Introduction du référendum – Adoption par le peuple
	III. De l'an III (5 fructidor) (22 août 1795)	1795-1799	– Séparation accentuée des pouvoirs (type *présidentiel*) – Suffrage restreint – Souveraineté nationale – Bicamérisme
	IV. De l'an VIII (22 frimaire) (13 déc. 1799) et sénatus-consulte du 14 thermidor an X (2 août 1802)	1799-1804	– Confusion des pouvoirs au profit du premier consul (à vie en l'an X) – Contrôle de constitutionnalité des lois
Ire EMPIRE	V. De l'an XII (sénatus-consulte du 28 floréal) (18 mai 1804)	1804-1814	– Confusion des pouvoirs au profit de l'empereur (césarisme)
	VI. Acte additionnel aux constitutions de l'Empire du 22 avril 1815	avril-juin 1815 *(Les cent jours)*	– Régime de collaboration des pouvoirs d'inspiration parlementaire, sur le modèle de la charte de 1814
MONARCHIE *(Restauration et Monarchie de juillet)*	VII. Charte constitutionnelle du 4 juin 1814 (1)	1814-1815 1815-1830 *(première et seconde Restaurations)*	– Régime de collaboration des pouvoirs favorisant l'acclimatation du régime parlementaire dualiste ou *orléaniste* – Suffrage restreint (censitaire) – Souveraineté *royale*, en 1814, devenue *nationale* en 1830 – Constitutions souples
	VIII. Charte du 14 août 1830	1830-1848	

SECONDE RÉPUBLIQUE	IX. 4 novembre 1848	1848-1851	– Proclamation du suffrage universel masculin – Abolition de l'esclavage – Séparation accentuée entre les pouvoirs (type *présidentiel*) – Élection populaire du président de la République
SECOND EMPIRE	X. 14 janvier 1852 (modifié par le sénatus-consulte du 7 nov. 1852 qui rétablit la dignité impériale)	1852-1870	– Confusion des pouvoirs (césarisme) – Contrôle de constitutionnalité des lois – Appel au peuple
	XI. 21 mai 1870	mai-septembre 1870	– Retour au régime parlementaire
IIIe RÉPUBLIQUE	XII. Régime provisoire (résolution du 17 février 1871 ; constitutions Rivet, 1871 ; de Broglie et loi du septennat, 1873)	1871-1875	– Régime d'assemblée – Constitutions souples
	XIII. Lois constitutionnelles des 24, 25 février et 16 juillet 1875	1875-1940	– Régime parlementaire orléaniste (1875-1879) – Régime parlementaire moniste camouflant un régime d'assemblée à partir de 1879 (constitution Grévy)
ÉTAT FRANÇAIS	XIV. Actes constitutionnels de 1940 à 1944	11 juillet 1940 9 août 1944	– Régime de non-droit, frappé d'inexistence par l'ord. du 9 août 1944. Négation des principes républicains
FRANCE LIBRE ET GOUVERNEMENT PROVISOIRE DE LA RÉPUBLIQUE FRANÇAISE	XV. Appel du 18 juin 1940, et ord. du 27 oct. 1940, constitution provisoire du 2 novembre 1945	18 juin 1940 1945-1946	– Dictature de salut public du général de Gaulle – Régime d'assemblée – Extension du droit de vote et d'éligibilité aux femmes
IVe RÉPUBLIQUE	XVI. 27 octobre 1946	1946-1958	– Régime parlementaire moniste camouflant un régime d'assemblée – Tentative de rationalisation de l'activité des pouvoirs publics – Proclamation des droits sociaux
Ve RÉPUBLIQUE	XVII. 4 octobre 1958	1958...	– Régime parlementaire rationalisé en 1958 – Inversion de la hiérarchie entre les pouvoirs publics au profit de l'exécutif et contrôle de constitutionnalité des lois (CC) – Régime présidentialiste, sauf en période parlementaire de cohabitation (1986-1988 ; 1993-1995 ; 1997-2002)

CHAPITRE III
LE PREMIER CYCLE : 1789-1848

845 Le premier cycle commence en 1789 et se termine avec le règne de Louis-Philippe, en 1848, après avoir duré 60 ans. Mais on gardera à l'esprit que la première constitution, celle du 14 septembre 1791, peut être regardée comme la matrice du droit constitutionnel et parlementaire, en ce qu'elle a posé les *idées maîtresses sur lesquelles repose le système de l'État de droit* (Carré de Malberg).

Des régimes de types conventionnel y remplissent les six premières années de la Révolution, pendant lesquelles le pouvoir politique a été, en fait, dans sa presque totalité, aux mains d'une assemblée unique : Assemblée constituante (juin 1789-octobre 1791), Assemblée législative (octobre 1791-septembre 1792), et Convention (septembre 1792-octobre 1795). En l'an III, la réaction du pouvoir exécutif commence, avec la constitution directoriale ; elle s'accentue et culmine avec la constitution consulaire, en l'an VIII (1799) jusqu'en 1814. La dictature impériale s'effondre, à la suite des revers provoqués par ses propres excès, et la France fatiguée de la double expérience qu'elle a faite du gouvernement conventionnel et de la dictature exécutive, se réfugie dans la monarchie constitutionnelle, qui tente d'équilibrer, par une *initiation au régime parlementaire*, les deux courants et les deux pouvoirs.

SECTION I LA PÉRIODE DE GOUVERNEMENT CONVENTIONNEL OU D'ASSEMBLÉE (1789-1795)

846 S'inspirant tour à tour des idées de Montesquieu et de Rousseau, c'est la période révolutionnaire par excellence[1]. Elle s'étend du 17 juin 1789, date où naît l'Assemblée constituante, jusqu'au 26 octobre 1795, date où expire la Convention.

Dès le début, tout en conservant la forme monarchique, la Constituante a la volonté de subordonner le pouvoir exécutif royal au pouvoir législatif qu'elle représente : la Législative, le 10 août 1792,

1. V. A. CASTALDO, *Les méthodes de travail de la Constituante*, 1989 ; G. FERRERO, *Les deux Révolutions françaises*, 1951 ; M. VOVELLE (sous la direction de), *L'état de la France pendant la Révolution (1789-1799)*, 1988 ; M. VERPEAUX, *Textes constitutionnels révolutionnaires*, 1997.

suspend Louis XVI de ses fonctions ; la Convention, dès sa réunion, décrète l'abolition de la royauté et proclame la *République une et indivisible* (décrets des 22 et 25 septembre 1792).

Une seule constitution a été appliquée pendant cette période, celle du 14 septembre 1791, longuement préparée depuis 1789, et qui est restée en vigueur jusqu'au vote de celle du 24 juin 1793. D'autres ont été élaborées ; la constitution girondine, qui n'a pas été votée (premiers mois de 1793), et la constitution montagnarde du 24 juin 1793, qui a été votée, mais non appliquée, ayant été immédiatement suspendue par la proclamation du gouvernement révolutionnaire (décret du 10 octobre 1793).

§ 1. LA CONSTITUTION DU 14 SEPTEMBRE 1791

847 Elle porte comme préambule la célèbre Déclaration des droits de l'homme, votée le 26 août 1789 (v. *Ire partie*) et correspond à l'établissement de la monarchie *limitée*, dans le même esprit que le régime américain qui vient de naître[2]. Du reste, la présentation formelle est calquée sur celle de la constitution de Philadelphie.

A. L'ORGANISATION DES POUVOIRS

848 La constitution (titre III) commence par poser le principe de la souveraineté nationale et celui du caractère représentatif des institutions ; il y a deux *représentants* au sens juridique du terme : le Corps législatif et le roi (titre III, art. 2). Cet ordre d'énumération signifie, dès le début, la suprématie de l'Assemblée[3]. Encore, n'est-ce point sans contestation que la qualité de représentant est reconnue au roi, chef du pouvoir exécutif. Rœderer a énoncé, le 10 août 1791, la doctrine jacobine : *Le pouvoir législatif seul est représentatif, le pouvoir exécutif est commis... D'ailleurs, représentation nationale et hérédité sont deux idées contradictoires*. Le roi porte désormais le titre de *roi des Français* et non plus de *roi de France*.

En face de lui, il trouve une assemblée unique, l'Assemblée nationale législative, élue pour deux ans. Cette dernière siège en permanence, c'est-à-dire qu'elle n'est pas astreinte à ne se réunir que pendant des sessions prévues par la constitution ; elle ne peut pas être dissoute par le roi ; le renouvellement du corps législatif se fait de plein droit, la convocation des assemblées primaires d'électeurs dépendant du corps législatif lui-même.

Il n'existe, ni suffrage universel, ni suffrage direct. Un cens électoral de la valeur de trois journées de travail, comme on sait, est exigé par la participation aux assemblées primaires, mais ce sont celles-ci qui désignent les électeurs, pour lesquels existent des conditions de cens beaucoup plus lourdes : ils doivent, en général, payer un cens équivalent à deux cents journées de travail ; enfin ces derniers, réunis au chef-lieu du département, élisent les représentants au scrutin de liste.

Les citoyens *actifs* étaient, en 1791, 4,3 millions, sur un total de 24 millions d'habitants environ. Il semble que deux millions environ de citoyens *passifs* se trouvaient écartés, au premier degré, du droit

2. La constitution de 1791 complète la Déclaration de 1789, au titre des *garanties*, en prévoyant la création d'un établissement de *secours publics* pour les indigents, les enfants abandonnés et procurant du travail à ceux qui en sont privés ; de même qu'une *instruction publique, commune à tous les citoyens, gratuite à l'égard des parties d'enseignement indispensables pour tous les hommes* (titre Ier).

3. Une disposition capitale, ou la définition du *légicentrisme*, figure à l'article 3 de la section I, du chapitre II : *Il n'y a point en France d'autorité supérieure celle de la loi. Le roi ne règne que par elle, et ce n'est qu'au nom de la loi qu'il peut exiger l'obéissance.* V. M. TROPER, La constitution de 1791 aujourd'hui, *R.F.D.C.* 1992, p. 3.

de vote. Par ailleurs, au second degré, le cens étant beaucoup plus élevé, la prépondérance de la bourgeoisie se trouvait fortement assurée. Une conséquence normale du *libéralisme* de Montesquieu.

B. L'ORIENTATION VERS UN SYSTÈME PRÉSIDENTIEL

849 La séparation des pouvoirs entre le législatif et l'exécutif est quasi absolue, selon la référence américaine. En conséquence, les ministres choisis et nommés par le roi, ne sont responsables que devant lui ; ils ne peuvent être membres du Parlement (rejet de la proposition Mirabeau, le 7 novembre 1789). Toutefois, ils y ont leur entrée, et y sont entendus dès qu'ils le demandent. Autant d'éléments d'attraction vers les États-Unis et de répulsion à l'égard du Royaume-Uni[4].

Dans la confection de la loi, le roi dispose d'un *veto suspensif :* un décret de l'Assemblée, non signé par celui-ci, ne peut prendre force de loi que lorsqu'il a été voté par trois législatures successives.

Dans son ensemble, la constitution de 1791 établissait donc un régime politique de type *présidentiel*, avec un roi comme chef de l'exécutif et une seule assemblée. Cependant, si le texte de 1791 avait été appliquée d'une façon durable, il est possible qu'elle eût évolué vers le régime parlementaire par transformation de la responsabilité pénale des ministres en responsabilité politique, à l'instar de ce qui s'est produit en Grande-Bretagne.

Le 10 mars 1791, les Girondins obtiennent un décret d'accusation de l'Assemblée nationale contre Delessert, ministres des Affaires étrangères, dont la politique pacifique et la longanimité vis-à-vis de l'Autriche leur déplaisaient. Brissot déclare à cette occasion : *Je sais bien qu'il sera absous, mais nous aurons gagné notre objet en l'éloignant du ministère*. De fait, le roi dut se résigner à renvoyer non seulement Delessert, mais l'ensemble de ses ministres et à les remplacer par des hommes pris dans le parti girondin.

Cette tentative d'évolution vers un régime parlementaire fut interrompue par les événements d'août 1792, qui marquent la volonté de s'acheminer vers la *démocratie*.

§ 2. LA PREMIÈRE RÉPUBLIQUE

850 Le 10 août 1792, le roi oppose son veto à deux décrets de l'Assemblée sur les émigrés et les prêtres réfractaires. Ce veto était parfaitement légal, mais la patrie venait d'être proclamée en danger, le roi était suspect d'intelligence avec l'ennemi ; il est suspendu de ses fonctions. L'Assemblée législative prend en main tous les pouvoirs, avec l'aide d'un Conseil exécutif provisoire et convoque une *Convention*, expression empruntée à la terminologie américaine et qui désigne une assemblée spécialement chargée de rédiger ou de réviser une constitution.

Le premier acte de la Convention, qui se réunit le 20 septembre, est la suppression de la monarchie et l'établissement de la République. Le 21 septembre 1792, commence l'an I de la République. L'Assemblée se décide également à mettre en chantier une constitution consacrant le système républicain. Après de longues délibérations, celle-ci sera votée, le 24 juin 1793.

4. *Le pouvoir exécutif suprême réside dans la main du roi,* énonce la constitution, mais *aucun ordre du roi ne pourra être exécuté, s'il n'est pas... contresigné par le ministre*. V. P. BASTID, *L'Assemblée nationale de 1789-1791*, Doctorat, Paris, 1964-1965 ; F. FURET et R. HALEVI, *La monarchie républicaine. La constitution de 1791*, 1996 ; G. GUÉNARD, *L'exécutif et la constitution de 1791*, thèse Paris II, 1999 ; F. BURDEAU et M. MORABITO, Les expériences étrangères et la première constitution française, *Pouvoirs* n° 50, 1989, p. 97.

A. LA CONSTITUTION DU 24 JUIN 1793 OU DE L'AN I

851 Cette constitution de la *démocratie*, connue sous le nom de *constitution montagnarde* ou de l'an I, ne fut jamais appliquée, le Gouvernement ayant été déclaré *révolutionnaire*, après sa ratification par le peuple. Elle est cependant importante à connaître, d'une part, parce qu'elle traduit complètement la mystique révolutionnaire du gouvernement d'assemblée, et d'autre part, parce qu'elle a, à ce titre, gardé, jusqu'à nos jours, un très grand prestige. Après Thermidor, l'extrême gauche et, sous le Directoire, Gracchus Babeuf, en exigent l'application[5]. En 1848, elle hante les souvenirs de certains révolutionnaires ; en 1945 encore, les communistes s'en réclament au cours des discussions à la constituante.

La constitution montagnarde débute par une Déclaration des droits qui, par son allure sociale, tranche avec celle de 1789 : elle reconnaît le droit au travail et aux secours publics, le droit à l'instruction, le droit et le devoir d'insurrection en cas d'oppression.

Elle établit, ensuite, le suffrage universel, étendu aux étrangers (art. 4), ce qui marque, en principe, une victoire populaire sur les éléments bourgeois qui avaient imposé leurs vues dans la constitution de 1791. Mais le vote est public, au sein des assemblées primaires, sauf si on réclame le scrutin, ce qui lui enlève beaucoup de sincérité ou, en tout cas, de liberté. Au référendum sur la constitution, il y eut cinq millions d'abstentions, sur sept millions d'électeurs.

Selon l'esprit de Rousseau, la constitution de 1793 apporte dans l'organisation des pouvoirs publics des nouveautés importantes :

1° Elle prévoit, plutôt qu'une séparation, une organisation *pyramidale* des pouvoirs, aboutissant à une assemblée unique : le *Corps législatif*. Par là, du reste, la constitution de 1793 se présente, pour une part, comme un modèle, dont se sont inspirées ultérieurement les constitutions marxistes-léninistes.

2° Le *Corps législatif* élit un Conseil exécutif *collégial* de 24 membres, qui constitue, selon le vocabulaire de l'époque, un *pouvoir commis*, bien que les membres doivent en être choisis sur une liste de 85 noms, présentés par les électeurs, à raison d'un par département. Ce Conseil exécutif a cependant sous son autorité des ministres, qu'il nomme et révoque[6].

3° Enfin, par opposition au régime représentatif, la constitution introduit dans le jeu politique, le *référendum*. Les lois votées par le Corps législatif n'entrent en vigueur qu'après un délai de 40 jours (art. 59)[7]. Pendant ce délai, il suffit que le dixième des assemblées primaires, dans la moitié des départements plus un, fasse opposition pour qu'un référendum national soit organisé.

La discussion de la constitution montagnarde avait été précédée d'un projet de *constitution girondine*, présenté à l'Assemblée les 15 et 16 février 1793. Ce projet se distinguait de la constitution montagnarde en ce qu'il établissait une dépendance moins étroite de l'exécutif vis-à-vis de l'Assemblée et, aussi, en ce qu'il organisait un système complexe de sectionnement des communes, destiné à briser l'influence de la Commune de Paris.

C'est, du reste, pour cette raison que le parti girondin, qui détenait la majorité à la Convention, fut chassé du pouvoir par une émeute parisienne, puis décimé (31 mai 1793).

5. V. F. BUONAROTTI, *Histoire de la conspiration pour l'Égalité dite de Babeuf*, 1828.
6. Il existe aussi des ressemblances entre le *Conseil exécutif* de la constitution de 1793 et le *Présidium* de la constitution soviétique de 1977.
7. V. J. BOUDON, *Les Jacobins. Une traduction des principes de Jean-Jacques Rousseau*, 2006.

B. LE GOUVERNEMENT RÉVOLUTIONNAIRE

852 Le 10 octobre 1793, la Convention déclare : *Le Gouvernement sera révolutionnaire jusqu'à la paix.* Il gardera ce caractère jusqu'à la mise en application de la constitution du 5 fructidor an III, le 26 octobre 1795. Mais, depuis la fin de la royauté, l'Assemblée législative, puis la Convention avaient gouverné seules. La constitution de l'an I étant *suspendue*, cette dernière s'identifia au pouvoir, au cours de trois phases :

Dans une première phase, la Législative, puis la Convention exercent directement le pouvoir. Le *Conseil exécutif provisoire*, nommé sous la Législative, est maintenu par la Convention, mais il est étroitement soumis à l'Assemblée. Pendant cette période, le désordre s'accroît à l'intérieur et les défaites à l'extérieur.

Après la chute des Girondins, le 31 mai 1793, une seconde étape, s'ouvre. *Le Comité de salut public* créé quelques jours auparavant, le 6 avril 1793, est investi des plus larges pouvoirs. On assiste à un glissement de l'autorité, qui passe de la Convention au Comité et du Comité à Robespierre, assisté de Couthon et de Saint-Just.

Théoriquement, le Comité est entre les mains de la Convention qui a pris la précaution de soumettre ses membres à une réélection mensuelle et qui n'a pas prévu qu'il y aurait parmi eux un président. Pratiquement, cependant, la Convention réélit sans discussion les membres du Comité et Robespierre, appuyé sur le club des Jacobins, les clubs populaires locaux et la Commune de Paris, exerce, en fait, le pouvoir d'une façon dictatoriale.

Ce régime, qui est connu dans l'histoire sous le nom de *Terreur*, en raison de la brutalité avec laquelle il liquidait ses adversaires, a cependant eu le mérite incontestable de faire régner l'ordre à l'intérieur, et de donner la victoire aux armées françaises.

Le 9 thermidor de l'an II (27 juillet 1794), enfin le péril extérieur étant passé, la Convention, lasse de la Terreur, exécute Robespierre et ses adjoints et brise la puissance du Comité de salut public par l'éparpillement entre plusieurs comités de ses attributions et l'obligation du renouvellement périodique de ses membres. On voit, dès lors, renaître le régime d'assemblée à l'état pur, en même temps, du reste, que le désordre.

Dans l'histoire de la Révolution, c'est le Comité de salut public qui tient généralement la première place. Napoléon, en particulier, l'a qualifié de *véritable et énergique Gouvernement de la France*. Certains auteurs (Aulard, Mirkine-Guetzevitch) ont même cherché à le comparer à un *cabinet parlementaire*, fonctionnant sous le contrôle de l'Assemblée ; il y aurait eu, à leurs dires, d'abord un cabinet Danton, puis un cabinet Robespierre. Cette conception est bien évidemment erronée, ne serait-ce que pour la raison qu'il y a une distance importante entre le jeu de la responsabilité politique, et celui de la guillotine. En définitive, le Comité du salut public se présente comme une exception imposée par les circonstances : *Salus populi, suprema lex esto !*

La véritable théorie révolutionnaire est, en effet, celle de l'exercice du pouvoir par l'Assemblée elle-même et non point par un Comité exécutif tout puissant. Il est caractéristique, à cet égard, que sitôt le danger passé, la Convention ait démantelé ce Comité, afin de reprendre, entre ses mains, l'autorité. Par suite, la *collégialité de l'exécutif* en découle. Il faudra attendre la Seconde République, en 1848, pour que l'idée soit évacuée[8].

8. À la manière d'un *chef d'État collectif*, le Conseil exécutif de l'an I se compose de 24 membres ; le Directoire, de l'an III, de 5 membres, et le Consulat, de l'an VIII, de trois membres. L'idée est conservée, de nos jours, en Suisse, après avoir été adoptée par les régimes marxistes avant 1989. V. B. MIRKINE-GUETZEVITCH, *Le parlementarisme sous la Convention nationale*, 1936 ; R. VILLERS, La Convention pratiqua-t-elle le gouvernement parlementaire ?, *R.D.P.* 1951, p. 375.

SECTION II LA PÉRIODE DE RÉACTION ET DE DICTATURE DE L'EXÉCUTIF (1795-1814)

853 Cette période commence théoriquement avec la constitution du 5 fructidor an III, mais son point de départ réel est plutôt le refus par la Convention, le 1er prairial an III (20 mai 1795) de mettre en application la constitution montagnarde du 24 juin 1793, même amendée, c'est-à-dire la volonté de mettre fin au système de la dictature d'assemblée.

§ 1. LA CONSTITUTION DU 5 FRUCTIDOR AN III (22 AOÛT 1795)

854 Cette *constitution de la peur*, selon l'expression de Pierre Gaxotte, n'établit pas encore une dictature de l'exécutif ; elle se présente comme une simple réaction de l'exécutif, mais elle met fin à la dictature de la Convention.

Les traits principaux de la constitution de l'an III peuvent se résumer ainsi :

A. UNE CONSTITUTION ABONDANTE

855 La constitution de l'an III ne comprend pas moins de 377 articles, qui traitent respectivement : des droits individuels[9], de la division du territoire en départements, de l'organisation du corps électoral, du pouvoir exécutif et du pouvoir législatif, des corps administratifs et judiciaires, de l'instruction publique, des finances, etc.

B. UNE CONSTITUTION QUI ORGANISE LE CORPS ÉLECTORAL EN POUVOIR POLITIQUE

856 Avec la constitution de l'an III, apparaît une nouvelle trilogie des pouvoirs, dans laquelle le pouvoir de suffrage remplace le pouvoir judiciaire. Dans la constitution de 1791, le corps électoral était traité en annexe ; seuls l'assemblée et le gouvernement faisaient figure de pouvoirs politiques. En l'an III, le pouvoir de suffrage est mis à la première place, celle qui lui revient, dans la perspective révolutionnaire de la souveraineté nationale.

C. UNE CONSTITUTION BICAMÉRALE

857 L'institution de deux assemblées constitue en l'an III une *nouveauté* constitutionnelle. Les assemblées révolutionnaires (Constituante, Législative, Convention) étaient des assemblées uniques ; c'est, du reste, une des raisons pour lesquelles elles ont tout de suite tendu à la dictature. Afin d'éviter le retour de pareils errements, la constitution de l'an III organise deux chambres : une chambre basse *(Le Conseil des Cinq-Cents)* et une chambre haute *(le Conseil des Anciens)*, sénat électif de deux cent cinquante membres. Mais ces deux chambres ne sont pas dotées de pouvoirs égaux : les projets de lois sont votés

9. Parallèlement, la constitution dressait la liste des *devoirs* des citoyens, à l'aide de formules particulièrement mièvres (v. *1re partie*).

par le Conseil des Cinq-Cents ; le Conseil des Anciens peut seulement approuver ou rejeter les lois votées par la chambre basse sans les amender[10].

D. UNE CONSTITUTION SOUCIEUSE DE L'EXÉCUTIF

858 Le chef du pouvoir exécutif n'est pas un président de la République, mais bien un *organe collégial*, appelé Directoire, composé de cinq membres. Il est renouvelé partiellement par l'élection d'un nouveau membre chaque année ; il est présidé à tour de rôle, tous les trois mois, par chacun des directeurs. Cet organisme a, au-dessous de lui, des ministres, qui sont nommés et révoqués par les Directeurs. Ces ministres ne sont pas politiquement responsables devant le parlement, la constitution de l'an III n'est pas parlementaire. La séparation des pouvoirs est rigoureuse, *quasi schizophrénique* (Ph. Lauvaux), entre les conseils et l'exécutif ; à preuve, l'institution originale des *messagers d'État* (art. 124). Les Conseils se convoquent et s'ajournent eux-mêmes, ils ne peuvent être dissous par les directeurs. En revanche, ni les directeurs, ni leurs ministres ne peuvent être interpellés ou révoqués par les Conseils, ces derniers ont seulement le droit de mettre les directeurs en accusation devant la Haute Cour de justice, en cas de crimes ou de délits commis par eux dans l'exercice de leurs fonctions.

Le Gouvernement du Directoire fonctionna pendant cinq ans, de l'an III à l'an VIII, dans de mauvaises conditions. On se trouva, en effet, rapidement dans cette situation paradoxale que les organes gouvernementaux (Directoire et Assemblées) étaient restés plus révolutionnaires que le pays. Les conventionnels s'étaient, en effet, assurés les deux tiers des sièges dans les deux assemblées. Jusqu'en l'an V, le Directoire et les assemblées gouvernèrent ensemble contre le pays. Mais les élections de l'an V envoyèrent au Conseil des Cinq-Cents une majorité modérée. Le drame commence aussitôt. Le Directoire épure les assemblées, les assemblées épurent à leur tour le Directoire. Il en résulte une série de conflits dans lesquels le Gouvernement se dissout progressivement. En l'an VIII, le régime était mûr pour un coup d'État.

Il fut réalisé, le 18 brumaire an VIII, par Bonaparte que ses victoires en Italie avaient rendu célèbre. Avec la complicité des personnes en place, celui-ci supprime le Conseil des Cinq-Cents et le Conseil des Anciens et établit un consulat provisoire dont les trois membres sont : Bonaparte, Siéyès et Roger Ducos. Ce consulat provisoire, qui dure un mois et demi, élabore une nouvelle constitution celle du 22 frimaire an VIII (13 décembre 1799). *Le monde ordonné commençait à renaître* (Chateaubriand)[11].

§ 2. LA CONSTITUTION DU 22 FRIMAIRE AN VIII (13 DÉCEMBRE 1799) ET LA DICTATURE NAPOLÉONIENNE

859 Il ne s'agit plus, dans cette période, d'une réaction de l'exécutif, mais bien d'une véritable dictature exécutive, qui est le fait d'un homme : Napoléon Bonaparte. Celui-ci essaiera, cependant, de sortir des formes proprement dictatoriales et de rétablir à son profit une légitimité monarchique, mais il ne pourra pas y parvenir. Il sera, à certains égards, plus efficace dans son entreprise tendant à rétablir au profit de l'État une nouvelle alliance entre le temporel et le spirituel : le concordat de 1801 durera jusqu'à la loi du 9 décembre 1905. Il subsiste de nos jours en Alsace et en Moselle.

10. La philosophie du bicamérisme est énoncée, à cette date, par Boissy d'Anglas : les Cinq-Cents sont *l'imagination de la République* et les Anciens, *la raison de la République*. V. R. DUPUY et M. MORABITO (sous la direction), *1795 : Pour une République sans Révolution*, 1996 ; G. CONAC et J.-P. MACHELON (sous la direction), *La constitution de l'an III*, 1999 ; Ch. ACHAINTRE, *L'instance législative dans la pensée constitutionnelle révolutionnaire (1789-1799)*, thèse Tours, 2006.

11. D'où la proclamation des consuls du 24 frimaire an VIII relative à la constitution : *Les pouvoirs qu'elle institue seront forts et stables, tels qu'ils doivent être pour garantir les droits des citoyens et les intérêts de l'État. Citoyens, la Révolution est fixée aux principes qui l'ont commencée : elle est finie.*

La constitution du 22 frimaire an VIII, qui domine cette période, mais qui a été modifiée par de nombreux sénatus-consultes, établit une dictature de l'exécutif, tout en laissant subsister, surtout au début, une façade d'institutions démocratiques. Elle présente les caractères suivants :

A. UNE CONSTITUTION BRÈVE

860 Elle ne comprend que 95 articles et n'est pas précédée par une déclaration des droits. Toutefois, elle comporte l'énoncé *des droits de cité*.

B. UNE CONSTITUTION MÉFIANTE À L'ÉGARD DU POUVOIR DE SUFFRAGE

861 Elle le transforme d'une façon telle, qu'elle aboutit à le confisquer au bénéfice du pouvoir exécutif. Un des rédacteurs de la constitution, Siéyès, avait coutume de dire : *La confiance vient d'en bas, l'autorité vient d'en haut*. En conséquence, le corps électoral est appelé seulement à manifester, de façon plus ou moins directe, sa confiance au pouvoir exécutif.

Les électeurs sont appelés périodiquement à établir des *listes de confiance*, comprenant des notabilités parmi lesquelles le gouvernement et le Sénat choisissent, les législateurs, les tribuns, les consuls, les conseillers d'État, les ministres, les administrateurs, *etc*. En outre, le corps électoral est appelé à plébisciter, à intervalles irréguliers, les décisions importantes du gouvernement.

Ce système, tout en paraissant respecter le principe des élections, supprimait pratiquement toute participation des citoyens au gouvernement et impliquait la négation de fait de la souveraineté nationale, telle la *démocratie plébiscitaire*.

C. UNE CONSTITUTION HOSTILE AU POUVOIR LÉGISLATIF

862 Les assemblées législatives sont, par nature, un théâtre de discussions. Le pouvoir législatif de l'an VIII est seulement une machine à faire des lois. Cette machine est complexe et comprend plusieurs organes : le Corps législatif, composé de 300 membres, le Tribunat, composé de 100 membres auxquels il convient d'ajouter le Conseil d'État, qui jouait un rôle législatif important.

Le Gouvernement à l'initiative des lois qu'il prépare avec le Conseil d'État ; le Tribunat et le Corps législatif votent l'adoption ou le rejet du projet, mais ne possèdent ni l'un ni l'autre le droit d'amendement[12].

D. UNE CONSTITUTION VALORISANTE POUR L'EXÉCUTIF

863 Il va exercer une véritable dictature. Le Gouvernement est confié, par la constitution, à trois consuls (Bonaparte, Cambacérès et Lebrun), nommés pour dix ans et rééligibles. Mais le premier consul a toute la réalité du pouvoir. C'est lui, et lui seul, qui gouverne, avec l'aide de ses ministres, de son Conseil d'État (*sa famille*, selon Thibaudeau) et du Sénat conservateur.

12. Napoléon a été, au surplus, un bon planteur d'institutions *pérennes*. Outre l'œuvre de codification (Code civil ; Code pénal ; Code de commerce), la création du baccalauréat (1808), il est à l'origine, du Conseil d'État (an VIII) ; de la Cour des comptes (1807) ; du corps préfectoral (an VIII) et de celui des recteurs d'académie (1808), entre autres. Le modèle napoléonien de la centralisation est demeuré jusqu'à la fin du XXe siècle.

Ce dernier est une curieuse institution : *le premier des pouvoirs constitués*[13], au point de s'ériger en pouvoir constituant, en 1814. Il est chargé de veiller au respect des lois constitutionnelles et, le cas échéant, de les modifier. Par ailleurs, il choisit, sur les listes de présentation, les membres des assemblées législatives et, par conséquent, tient sous sa dépendance le Corps législatif et le Tribunat. En fait, le Sénat conservateur a servi les intérêts de Napoléon, tant que celui-ci a été tout-puissant ; il l'a abandonné au moment de la défaite. C'est lui qui, le 3 avril 1814, déclarera Napoléon déchu et l'hérédité abolie dans sa famille[14].

La dictature exécutive, établie en l'an VIII, bien que modifiée par divers sénatus-consultes, dont les plus importants sont celui du 14 thermidor de l'an X nommant Bonaparte, consul à vie (2 août 1802), et celui du 28 floréal de l'an XII (18 mai 1804), instituant l'Empire, s'est avérée défectueuse. L'appel au peuple était mal organisé en tant que moyen de consulter l'opinion publique et l'hérédité monarchique n'a pas eu le temps de s'implanter. Bonaparte s'était, cependant, efforcé de jouer à fond le jeu dynastique en reconstituant une nouvelle aristocratie héréditaire et en faisant appel, par le sacre, à la théorie du droit divin. Malgré ses efforts, par lesquels il essaie d'intégrer les partisans de l'Ancien Régime afin de réconcilier les Français, la dictature de Napoléon ne peut résister à la défaite : elle prend fin le 1er avril 1814.

SECTION III **LA PÉRIODE D'ÉQUILIBRE ENTRE LES POUVOIRS : L'ÉTABLISSEMENT DU RÉGIME PARLEMENTAIRE SOUS LA MONARCHIE CONSTITUTIONNELLE (1814-1848)**

864 Une période féconde s'ouvre en 1814 : elle voit l'apparition, puis la consolidation du régime *représentatif*, sous la forme *parlementaire*[15]. Cependant, l'effort pour favoriser un équilibre ne sera pas aisé. En particulier, l'année qui s'écoule entre le 1er avril 1814 et le 3 juillet 1815 est fertile en événements. En ces temps troublés, se succèdent la première Restauration, les Cent jours et la seconde Restauration. Mais, l'orientation constitutionnelle ne sera pas remise en cause, au point de provoquer la Révolution en 1830.

La succession des événements se présente de la façon suivante : le 1er avril 1814, la déchéance de Napoléon est proclamée. Le 6 avril, le Sénat rappelle la *monarchie légitime* et vote la constitution dite *sénatoriale* ou *constitution des rentes*. Mais Louis XVIII n'accepte pas cette *effronterie sordide* (Chateaubriand) et, le 2 mai, pose, dans la déclaration de Saint-Ouen, les bases d'une restauration monarchique. Le 4 juin 1814, la charte constitutionnelle est promulguée et présente ce double caractère d'être une charte octroyée mais communiquée au Corps législatif. Le 1er mars 1815, Napoléon débarque au golfe Juan. Le 13 mars, il dissout la Chambre des députés et la Chambre des pairs, tandis que

13. J.-L. HALPERIN, Sénat *in Dictionnaire Napoléon*, vol. 2, 1999, p. 756.

14. La constitution de l'an VIII comporte trois nouveautés : l'attribution du pouvoir réglementaire au Gouvernement concernant *l'exécution des lois* (art. 44) ; ce principe prendra dès ce moment un caractère définitif ; l'organisation, dans des conditions défectueuses d'un contrôle de la constitutionnalité des lois (art. 37) ; enfin, les pouvoirs de crise (art. 92), préfiguration de l'article 16 C. V. M. VERPEAUX, *La naissance du pouvoir réglementaire*, 1991.

15. De façon empirique, le parlementarisme allait s'imposer avec les chartes de 1814 et de 1830, avant d'être consacré officiellement, sous la IIIe République : *Les ministres sont solidairement responsables devant les Chambres de la politique générale du Gouvernement, et individuellement de leurs actes personnels* (art. 6 de la loi constitutionnelle du 25 février 1875).

Louis XVIII s'enfuit à l'étranger. Le 22 avril 1815, l'empereur promulgue *l'acte additionnel aux constitutions de l'Empire*, qui est plébiscité le 1er juin. Mais ce statut constitutionnel ne s'appliquera que jusqu'au 8 juillet, car le 18 juin, Napoléon subit, à Waterloo, une défaite décisive. Le 29 juin, la Chambre des représentants établit un nouveau projet de constitution monarchique. Mais, le 6 juillet 1815, Louis XVIII rentre à Paris et remet en vigueur la charte du 4 juin 1814.

Pendant cette courte période, trois textes ont donc vu le jour : la constitution sénatoriale, la charte constitutionnelle et l'acte additionnel aux constitutions de l'Empire.

Dans ces textes constitutionnels, l'œuvre de la Révolution est, en grande partie, respectée : les droits féodaux demeurent supprimés ; les libertés individuelles, proclamées par la Déclaration des droits, sont maintenues sous le nom de *droits publics des Français*, l'organisation de la société civile établie par le Code Napoléon est inchangée ; de même, l'organisation administrative établie par la loi du 28 pluviôse an VIII et le statut des cultes prévu par le concordat[16].

Ces divers textes sont tous orientés vers la liberté politique. Le régime parlementaire n'y est pas explicitement établi, mais il est, dans chacun d'entre eux, permis et suivi[17]. C'est en cela que, contre toute attente, le régime de la Restauration *innove*. À bien des aspects, le droit public actuel est redevable à la monarchie constitutionnelle, tant du point de vue du droit constitutionnel, avec le régime parlementaire qui fait figure, jusqu'à l'heure présente, de *référence ;* du droit parlementaire (droit de précédents) et du droit financier. C'est sous la Restauration, que les grands principes budgétaires ont été posés, s'agissant de la confection du budget (annualité, unité et universalité) ce qui donne tout son sens au consentement à l'impôt et au contrôle des élus de la Nation.

§ 1. LA CHARTE CONSTITUTIONNELLE DU 4 JUIN 1814

865 Ce texte mérite d'être examiné, en raison du *changement de cap* institutionnel qu'il opère, au moment même où le principe de la *souveraineté royale* est replacé au cœur des institutions.

A. UNE CHARTE OCTROYÉE

866 Ce caractère appelle les réflexions suivantes : les constitutions nationales se présentent comme des statuts de l'État, établis avec la participation, ou, tout au moins le consentement de la nation. Une charge octroyée est un statut établi par le gouvernement *seul*, en qui est affirmé résider tout le pouvoir politique. L'octroi d'une charte implique donc la négation du principe de la souveraineté nationale. C'est surtout en ce fait, qu'en 1814, la souveraineté est réputée redevenir royale, que réside la Restauration.

Il convient, en effet, de dire qu'à part cette prise de position sur l'origine du pouvoir, le régime inauguré en 1814 ne marque pas un retour à la monarchie absolue d'avant 1789. Sur le plan social, les conquêtes de la Révolution sont maintenues. Sur le plan politique, la charte offre une nouvelle chance à la monarchie constitutionnelle, après l'échec de 1791.

16. V. J. DE SOTO, La constitution sénatoriale du 6 avril 1814, *Revue int. d'histoire politique et constitutionnelle*, 1953, p. 268 ; S. RIALS, Constitution sénatoriale, *in Dictionnaire Napoléon*, vol. 1, 1999, p. 530 ; H. DION, *Le projet d'acte constitutionnel de la commission centrale de la Chambre des représentants des 29 juin-3 juillet 1815 et la question constitutionnelle en 1814-1815*, thèse Tours, 2006.

17. V. CHATEAUBRIAND, *De la monarchie selon la Charte*, 1816, rééd. 1993 (Imprimerie nationale) ; JOSEPH BARTHÉLEMY, *Introduction du régime parlementaire en France, sous Louis XVIII et Charles X*, 1904 ; P. BASTID, *Les institutions politiques de la monarchie parlementaire française*, 1954

B. UNE CHARTE RÉALISTE

867 Ce texte de 76 articles consacre, le nouveau statut juridique et social des Français et ouvre la voie au régime parlementaire, selon lequel *on ne gouverne point hors la majorité* (Chateaubriand).

1. Le droit public des Français

868 Sous cette rubrique, sont maintenues les principales conquêtes de la Révolution : égalité civile ; libertés individuelles (c'est-à-dire liberté d'aller et venir) ; liberté religieuse ; liberté de la presse ; libre détention des biens nationaux. Bien entendu, la liberté de réunion et la liberté d'association, qui ont été déniées par la Révolution elle-même, ne sont pas reconnues par la charte.

2. L'acclimatation du régime parlementaire

869 La connaissance des rouages du régime parlementaire acquise par le futur Louis XVIII, lors de son exil en Grande-Bretagne, a largement influencé l'orientation du texte de 1814. Le pragmatisme a été préféré à la démarche théorique qui avait inspiré la démarche constitutionnelle des révolutionnaires.

La charte dispose des éléments nécessaires au fonctionnement du gouvernement de cabinet : un pouvoir exécutif scindé entre le roi et les ministres, face à une assemblée élective et une assemblée héréditaire. La pratique confortera cette logique : *Le ministère*, selon Chateaubriand, *doit sortir de la majorité de la chambre des députés puisque les députés sont les principaux organes de l'opinion publique*. Battu aux élections, Villèle se retirera, en 1828, par exemple[18].

a) Le roi

870 Le principe de la souveraineté *royale* est clairement affirmé dans la charte. Mais, il résulte des formes du gouvernement du roi, que la couronne n'a que la *jouissance*, et non *l'exercice* de la souveraineté. Voici, de façon plus précise, les dispositions prévues par la charte : le roi est *inviolable* (c'est-à-dire irresponsable). *Ses ministres sont responsables* (art. 13). Il possède toutes les attributions d'un chef d'État parlementaire : il nomme et révoque les ministres, ainsi que les fonctionnaires de l'État ; il reçoit et accrédite les envoyés diplomatiques ; il dispose de la force armée (art. 14). Seul, il propose la loi (art. 16). Il la sanctionne et la promulgue (art. 22). Il convoque les deux *chambres et peut dissoudre* celle des députés (art. 50). Enfin, en cas de nécessité, il *peut prendre les ordonnances en vue d'assurer la sûreté de l'État* (art. 14). On sait que Charles X, en 1830, en y recourant précipita la chute du régime.

b) Les ministres

871 Les ministres peuvent être membres de la Chambre des pairs ou de la Chambre des députés ; ils ont droit d'entrée aux deux assemblées ; ils doivent être entendus par elles lorsqu'ils le demandent (art. 54). En ce qui concerne leur responsabilité, seule la *responsabilité pénale* est organisée (art. 55 et 56), mais la responsabilité *politique* est possible, à la faveur de la pratique, à l'instar du Royaume-Uni.

18. La hauteur prise par Louis XVIII par rapport aux contingences politiques se rattache à son souci de réconcilier les Français, après la tourmente révolutionnaire : *Je ne veux être le roi de deux peuples*, confessait-il. Tradition oblige chez les Bourbons : le roi Juan Carlos, en Espagne, à partir de 1975, agira de la même façon à l'égard des républicains et des franquistes.
Le rôle institutionnel du monarque a été théorisé par Benjamin Constant qui, en 1815, distingue *le pouvoir ministériel* et le *pouvoir royal :* Ce dernier est *un pouvoir neutre. Celui des ministres est un pouvoir actif.* Au-dessus des pouvoirs, le roi se situe *dans une sphère inviolable de sécurité, de majesté, d'impartialité, qui permet* [aux] *dissentiments de se développer sans péril* [et] *y met un terme par les moyens légaux, constitutionnels et dégagés de tout arbitraire*. La théorie du *pouvoir neutre* ressuscitera sous la forme du pouvoir d'*arbitrage*, avec le général de Gaulle, à Bayeux, en 1946, avant d'être consacrée en 1958 (art. 5 C).

c) Les chambres

872 La *Chambre des pairs* (art. 24 à 34), à la différence du Sénat impérial, qui était un corps constitutionnel et électoral, mais ne participait pas à la confection des lois, est une véritable *chambre législative*. Toutefois, elle n'est pas d'origine élective ; les membres sont nommés par le roi, à vie, ou avec transmission héréditaire. Ses séances ne sont pas publiques. Celle-ci peut être, le cas échéant, érigée en Haute Cour pour statuer sur les crimes de haute trahison ou les attentats contre la sûreté de l'État (art. 24).

Quant à la *Chambre des députés des départements* (art. 35), elle est élue pour cinq ans et renouvelable chaque année par cinquième. Mais, une loi du 9 juin 1824 établira le renouvellement intégral, tous les sept ans. Ses membres bénéficient d'immunités dans l'exercice de leurs fonctions (art. 51 et 52).

La chambre procède du suffrage censitaire et le cens exigé, tant pour être électeur que pour être éligible, est fort élevé : pour être électeur il faut avoir 30 ans d'âge et payer 300 francs d'impôts directs. Pour être éligible, il faut avoir 40 ans et payer au moins 1 000 francs de contributions directes. Ces conditions très restrictives limitent à 90 000 environ le nombre des électeurs et à 15 000 celui des éligibles. Encore la loi électorale du 29 juin 1820 accusera-t-elle, à cet égard, le caractère oligarchique de la charte, en permettant aux électeurs les plus imposés de voter *deux* fois.

Avec les pairs, la chambre vote la loi et consent l'impôt (art. 45 et 48). En un mot, elle a le moyen de *se faire respecter* (Chateaubriand).

Elle peut être enfin dissoute, mais le roi est tenu de convoquer les collèges électoraux dans le délai de trois mois (art. 50)[19]. Un règlement du 28 juin 1814 organise la communication entre le roi et les chambres, au moyen de la *proclamation* et du vote de l'*adresse*. Implicitement, la chambre en refusant le vote de la loi dispose d'un moyen de pression sur le ministère. Devant son hostilité, Decazes et Martignac démissionneront en 1824 et 1829[20].

Un an s'est à peine écoulé que l'empereur est de retour de l'île d'Elbe. Il ne peut guère se montrer moins libéral que le roi réfugié à l'étranger *(notre père... de Gand)*.

§ 2. L'ACTE ADDITIONNEL AUX CONSTITUTIONS DE L'EMPIRE DU 22 AVRIL 1815

873 Cette constitution fut hâtivement rédigée par Benjamin Constant (d'où son nom de *Benjamine*), réconcilié avec Napoléon. Dans l'ensemble, elle est aussi libérale que la charte de 1814, dont elle est fortement inspirée. L'empereur s'y révèle aussi généreux que le roi Louis XVIII. En un mot, c'est l'*empire selon la charte*.

L'acte additionnel prévoit une Chambre des pairs et une Chambre des représentants, qui sont, l'une et l'autre, des assemblées législatives. Pour les élections, on revient au système du sénatus-consulte du 16 thermidor an X, qui organisait le vote à deux degrés ; mais les collèges électoraux ont, cette fois, un droit d'élection. La responsabilité ministérielle est fortement organisée au point de vue pénal ; la responsabilité politique est moins nette, mais esquissée en des termes comparables à ceux de la charte.

L'acte additionnel ne fut appliqué que quelques jours : la charte de 1814 resta en vigueur pendant 16 ans. Le régime aurait pu durer plus longtemps, si Charles X avait fait preuve du même esprit politique que son frère aîné. Louis XVIII avait compris qu'un roi constitutionnel doit régner sans gouverner. Du reste, il était porté à cette attitude par son tempérament. Disgracieux physiquement, il était doté, en revanche, d'une belle intelligence politique. Charles X, qui monte sur le trône en 1824, voulait

19. Sous la Restauration, 6 dissolutions sont décidées. Le cabinet se retire si la majorité électorale lui est défavorable (ministères Talleyrand-Fouché, 1815 ; Richelieu, 1824 ; Villèle, 1828). Pour ne pas s'y plier, en 1829, Polignac puis Charles X déclencheront la révolution en 1830. *Les Trois Glorieuses* seront la revanche du parlementarisme. V. A. LAQUIÈZE, *Les origines du régime parlementaire en France (1814-1830)*, thèse Paris II, 1995.

20. Une ordonnance du 9 juillet 1815 crée une présidence du conseil, dont le premier titulaire sera Talleyrand. Ce titre de chef du Gouvernement demeurera jusqu'en 1958 (art. 21 C). Villèle en charge de cette fonction de 1821 à 1828 a créé l'institution, à bien des égards.

participer au gouvernement, mais par malheur, n'avait aucun sens politique au point, selon son expression, de préférer *scier du bois plutôt que de gouverner à l'anglaise*[21]. Il ne fit ni l'un, ni l'autre et prit le chemin de l'exil en 1830. De plus, il était entre les mains d'un parti résolument réactionnaire, les *ultras*, qui n'avaient comme souci que de rétablir progressivement l'état politique antérieur à 1789.

Le divorce entre la nation et la monarchie légitimiste devait être prononcé lors des *Trois Glorieuses*. Le régime parlementaire en sera l'enjeu. La prise d'Alger, le 5 juillet 1830, ne créa pas la diversion espérée.

§ 3. LA RÉVOLUTION PARLEMENTAIRE DE 1830

874 **Au début de 1830, Polignac, qui avait été appelé par Charles X, l'année précédente, pour faire sa politique, dissout la Chambre des députés[22]. Les élections, qui ont lieu au mois de juin, renvoient les opposants, augmentés de 49 députés. Si le roi avait, à ce moment, correctement pratiqué le régime parlementaire, il se serait incliné.**

C'est l'attitude contraire qu'il adopta. Le 25 juillet 1830 furent publiées les ordonnances de Saint-Cloud comportant les dispositions suivantes : la première suspendait la liberté de la presse ; la seconde portait, *à nouveau*, dissolution de la Chambre des députés[23] ; la troisième modifiait le régime électoral, en fait, restreignait gravement le nombre des électeurs en faisant entrer en ligne de compte le seul impôt foncier pour le calcul du cens, ce qui éliminait la bourgeoisie et, enfin, la quatrième convoquait les collèges électoraux pour septembre.

Ces ordonnances étaient, apparemment, fondées sur l'article 14 de la charte, autorisant le roi à édicter des ordonnances *pour la sûreté de l'État*. En fait, celles-ci constituaient une manière de *coup d'État*[24] (*un coup de charte* dira La Fayette). Car, la sûreté de l'État n'était pas en cause : il s'agissait d'un simple changement de majorité, contraire, sans doute, aux désirs du roi, mais parfaitement normal dans un pays pratiquant le parlementarisme. Du reste, le peuple ne s'y trompa pas. Des soulèvements éclatèrent immédiatement à Paris, et en trois jours, la révolution victorieuse força Charles X à s'exiler. Le 29 juillet, un Gouvernement provisoire est formé, qui confie la lieutenance générale du royaume au duc d'Orléans, chef de la branche cadette des Bourbons. Le personnel politique, M. Thiers en tête, qui ne veut pas de la République, mais seulement *le régime parlementaire*, confisque la Révolution pour organiser, avec un nouveau prétendant, un régime libéral. L'attitude de La Fayette, présentant le duc d'Orléans comme *la meilleure des Républiques*, dont le *baiser républicain fit un roi* (Chateaubriand) est significative.

21. De manière prémonitoire, Louis XVIII portait ce jugement de valeur : *Vous vous plaigniez d'un roi sans jambes, vous verrez ce que c'est un roi sans tête*. En revanche, la construction du Trianon de Bagatelle à Paris, avant la Révolution, peut être mise à l'actif de Charles X. Qui le lui reprocherait ?

22. L'adresse des 221, votée par la Chambre des députés, le 2 mars 1830, se réclame de la logique parlementaire : *La charte fait du concours permanent des vues politiques de votre Gouvernement avec les vœux de votre peuple, la condition indispensable de la marche régulière des affaires*.

23. C'est de ce précédent fâcheux, du point de vue parlementaire, que date l'adage selon lequel : *dissolution sur dissolution ne vaut*, aujourd'hui consacré (art. 12 *in fine* C). Cependant, à la différence de ce qui se produira, après 1877, la dissolution demeurera d'un usage courant sous la Monarchie de Juillet, au point qu'aucune chambre ne parviendra au terme de son mandat. On comptera, en 18 ans, 6 élections générales anticipées (1831, 1834, 1837, 1839, 1842 et 1846).

24. Cette disposition, présentée comme l'une des sources de l'article 16 C, se rattache au principe, selon lequel *nécessité n'a point de loi*. Ce qui signifie, qu'en cas d'atteinte à l'ordre constitutionnel, les gouvernants sont autorisés (ou plus exactement s'autorisent) au nom de l'intérêt supérieur de l'État *(la raison d'État)* à prendre toutes mesures appropriées, fussent à l'*encontre* du droit. La théorie de la nécessité, ainsi comprise permet à l'État de se soustraire à l'empire de la norme juridique ; en un mot à la violer. Il en résulte une *incompatibilité* entre cette théorie et celle de l'État de droit. Une démocratie confrontée à l'adversité ne peut que se renier à agir de la sorte. C'est pourquoi il existe une *législation de circonstances* ou des *pouvoirs de crise* prévus à l'avance (v. *titre II*).

La Chambre des pairs et celle des députés préparent hâtivement quelques modifications à la charte et, le 9 août, le duc d'Orléans, qui a accepté les modifications, accède au trône sous le nom de Louis-Philippe Ier, roi des Français.

§ 4. LA CHARTE CONSTITUTIONNELLE DU 14 AOÛT 1830

875 Ce texte ne constitue pas une nouveauté. C'est une seconde édition, revue et corrigée de celle de 1814. Cependant, si les modifications sont peu nombreuses, la perspective est nettement différente.

La charte n'est pas octroyée ; le nouveau statut politique est établi à la suite d'un accord entre le roi et le parlement. On a déjà mentionné que ce texte pouvait être considéré comme un bon exemple de contrat politique.

Louis-Philippe prend le nom de *roi des Français*, et accepte le drapeau tricolore à la place du drapeau blanc fleurdelysé de la Restauration : *La France reprend ses couleurs* (art. 67). Ces modifications, pour légères qu'elles soient, impliquent un déplacement de la souveraineté ; celle-ci, de royale qu'elle était sous la Restauration redevient *nationale*[25]. Le roi règne, non plus en vertu d'un droit propre, mais d'une délégation de la nation.

Le gouvernement de Louis-Philippe dura 18 ans, pendant lesquels la France continua de se reposer des années tourmentées vécues entre 1789 et 1815, s'enrichit, et s'habitua à la liberté politique, et pour tout dire au régime parlementaire. Ce dernier, appelé *orléaniste*, repose sur un partage de la puissance d'État entre les chambres et le roi[26]. Selon Guizot, *le roi peut avoir une politique à la condition d'avoir un premier ministre qui prenne la responsabilité de cette politique et une chambre qui approuve le premier ministre et la politique*.

A. LE PARLEMENTARISME AFFERMI

876 Appelé à former le ministère, en 1831, Casimir Périer se comporte en véritable chef de gouvernement. Il exclut des délibérations ministérielles le prince héritier ; il réunit ses collaborateurs, en dehors de la présence du roi ; toutes les dépêches diplomatiques lui sont transmises en premier lieu. Il imprime une direction à son cabinet, contraint ses ministres au respect de la solidarité. Il défend sa politique devant les chambres. Il inaugure, à ce propos, la pratique de la *question de confiance*. Il n'hésite pas, en présence d'une majorité incertaine, à demander la dissolution de la chambre. Cet exemple sera imité par Broglie, Thiers et Guizot.

Dans le même temps, le contrôle parlementaire s'affirme avec l'invention de l'*interpellation* (précédent Mauguin de novembre 1830) qui allait se révéler comme une arme particulièrement redoutable. Dans le silence de la charte de 1830, la responsabilité politique des ministres a pu jouer *de facto* devant la Chambre des députés : 6

25. Les autres changements à la charte de 1814 sont les suivants : Dans les articles consacrés au *droit public des Français*, deux modifications apparaissent : la liberté de la presse est garantie, la religion catholique n'est plus religion d'État, elle devient religion de la majorité des Français. Dans la partie de la charte traitant du gouvernement du roi, la couronne renonce au droit d'édicter des ordonnances pour la sûreté de l'État et reconnaît aux chambres le droit d'initiative en matière de législation ; enfin, dans celle relative aux assemblées, les pairs héréditaires sont supprimés, et le cens électoral est abaissé pour la Chambre des députés à 200 francs pour être électeur, et à 500 pour être éligible.

26. La Monarchie de juillet a inventé, a beaucoup d'égards, la candidature officielle lors des élections législatives ; accepté la corruption et fabriqué des majorités parlementaires grâce au principe de la compatibilité entre les fonctions de député et celle de fonctionnaire.

gouvernements sur un total de 16 se sont, en effet, retirés devant son hostilité, provoquant le recours à la dissolution.

B. LE PERSONNALISME ROYAL

877 *La charte sera une réalité,* avait annoncé Louis-Philippe, en 1830. Il devait, tout au long de son règne, tirer profit de son ambiguïté et demeurer la clé de voûte du régime. Il s'emploie à miner l'autorité du président du conseil par le procédé de la *polycéphalie* ministérielle, en dotant le gouvernement d'un chef *nominal* (Soult, Mortier), qui regroupe des ministres opposés (Thiers, Guizot, Broglie), afin de mieux les neutraliser. Il congédie des ministères (Laffitte, 1831 ; Thiers, 1836 et 1840). Les affaires étrangères sont l'apanage du roi *(Quand il s'agit de la sécurité nationale, je porte avec moi la responsabilité de la France)*, et les affaires militaires, celui des princes royaux[27].

Mais le régime disparut parce qu'il ne sut pas obéir à sa logique interne. Le développement du régime représentatif et la pratique du régime parlementaire impliquaient, non seulement la reconnaissance, mais la traduction dans les faits de la souveraineté nationale. Cependant, le peuple resta pratiquement écarté des affaires politiques. Malgré l'abaissement du cens, le pays légal, c'est-à-dire l'ensemble des électeurs, demeure restreint : il y a 300 000 électeurs en 1830, 450 000 à la fin de la Monarchie de Juillet, mais l'homme du peuple ne vote pas, l'intellectuel non plus.

La tension entre le peuple et le gouvernement s'accusa, à partir de 1847, à l'occasion de la campagne des banquets, en raison de l'obstination de Guizot, alors président du conseil, d'accepter un abaissement du cens à cent francs, et *l'adjonction des capacités*. Ce qui, dans le jargon politique de l'époque, signifiait l'octroi du droit de vote aux intellectuels, sans condition de cens.

Les réunions publiques étant soumises à autorisation, les partisans du suffrage des intellectuels organisèrent une campagne de banquets. L'interdiction de cette campagne, la crise économique qui éclate, provoqua la Révolution du 24 février 1848.

Cette crise révolutionnaire est plus importante que celle de 1830, car elle embrase l'Europe, mais surtout, pose, pour la première fois, la question *sociale*, en liaison avec l'essor du capitalisme[28].

BIBLIOGRAPHIE

D. AMSON, *Histoire constitutionnelle française. De la prise de la Bastille à Waterloo,* t. 1, 2010 et *De la bataille de Waterloo à la mort de Louis XVIII*, t. 2, 2014. J. BARBEY, *Le conseil des ministres sous la Restauration*, 1936 P. BASTID, *Le gouvernement d'assemblée*, 1956 et *Les institutions politiques de la monarchie parlementaire française (1814-1848)*, 1954 J. BOURDON, *La Constitution de l'an VIII*, 1942 A. CASTALDO, *Les méthodes de travail de la constituante (1789-1791)*, 1989 J.-J. CHEVALLIER, *La pensée politique des doctrinaires de la Restauration*, E.D.C.E., 1964, p. 13 R. DUPUY et M. MORABITO (sous la direction), *1795 : Pour une République sans Révolution*, 1996 P. DUVERGIER DE HAURANNE, *Histoire du gouvernement parlementaire en*

27. La Monarchie de juillet n'est pas sans analogie avec la Ve République en période de cohabitation, particulièrement. L'article 19 C attribue au président des pouvoirs propres ou autonomes *(infra)*.

28. Une autre rupture se produit également, d'ordre épistémologique, avec la publication par Marx et Engels du *Manifeste du parti communiste*. La nouvelle *révolution copernicienne* est, dès lors, en route, avec l'invention du socialisme scientifique.

France (1814-1848), 2e éd., 1870-1871 ■ F. FURET et R. HALEVI, *La monarchie républicaine. La constitution de 1791*, 1996 ■ P. GAXOTTE, *Histoire de la Révolution française*, rééd., 1962 ■ J. GODECHOT, *Les institutions de la France sous la Révolution et l'Empire*, 1950 ■ Cl. GOYARD, Constitution de l'an VIII, *in Dictionnaire Napoléon*, vol. 1, 1999, p. 519 et Constitution de l'an X, *idem*, p. 524 ■ R. HAYEM, *Le conseil des ministres sous Louis-Philippe*, 1939 ■ A. JARDIN et A.-J. TUDESQ, *La France des notables 1815-1848*, 1973 ■ JOSEPH-BARTHÉLEMY, *Introduction du régime parlementaire en France, sous Louis XVIII et Charles X*, 1904 ■ A. LAQUIÈZE, *Les origines du régime parlementaire en France (1814-1830)*, thèse Paris II, 1995 ■ J. LUCAS-DUBRETON, *La royauté bourgeoise, 1830*, 1930 ■ A. MATHIEZ, *La Révolution française*, 1939-1954 ■ J. PETOT, *Les grandes étapes du régime républicain français*, 1970.

CHAPITRE IV
LE SECOND CYCLE : 1848-1958

878 Il se déroule en trois temps : l'établissement d'un régime de séparation des pouvoirs, favorable à l'Assemblée (1848-1851), suscite en réaction, la poussée de l'exécutif, qui culmine avec la constitution de 1852, et s'achève par le *compromis parlementaire*, à partir de 1875.

SECTION I LA SÉPARATION DES POUVOIRS ET LA MONTÉE DU POUVOIR LÉGISLATIF (1848-1851)

879 Une curieuse République qui devait déboucher sur le césarisme.

§ 1. LA RÉVOLUTION DE 1848 ET LA SECONDE RÉPUBLIQUE

880 Elle est, à beaucoup d'égard, un rebondissement de celle de 1789. On y retrouve la même poussée idéologique, la même tendance au caractère universel, la même propension au régime d'assemblée.

Cependant, des différences profondes séparent 1789 et 1848. La première révolution était bourgeoise, celle de 1848 est prolétarienne. Par ailleurs, le suffrage universel, proclamé dès l'origine et appliqué avec sincérité, va briser la prépondérance de Paris qui, sous la Convention, avait, en fait, conduit la Révolution.

C'est cette intervention de la *province* dans le jeu politique, dès les élections du 23 avril, qui mettra un terme très rapide à la période révolutionnaire proprement dite[1].

1. V. P. BASTID, *Doctrines et institutions politiques de la Seconde République*, 1945 ; M. AGULHON, *1848 ou l'apprentissage de la République*, 1973 ; Ph. VIGIER, *1848, Les Français et la République*, 1998.

A. LE GOUVERNEMENT PROVISOIRE

881 Un Gouvernement provisoire, présidé par Dupont de l'Eure, est immédiatement constitué avec Arago, Garnier-Pagès, Louis Blanc, Ledru-Rollin. Ce dernier prépara l'élection d'une assemblée, qui se réunit dès le 4 mai 1848. Mais, fondamentalement, il prit deux décisions qui honorent la République en proclamant le *suffrage universel* (décret du 5 mars 1848) et en abolissant l'esclavage dans les possessions françaises (décret Victor Schœlcher du 27 avril 1848)[2].

Cette assemblée est, pour une large part, la fille authentique de la première Révolution. C'est une assemblée unique et, tout de suite, elle va reprendre les traditions de la Convention et nommer une Commission exécutive, qui sera chargée, sous son autorité, d'assurer l'exécution de ses décisions. Toutefois, sur 900 membres, elle ne comprend que 200 républicains avancés ; il y a, par contre, 50 légitimistes, 200 orléanistes avoués et 450 républicains modérés et même très modérés.

B. LES JOURNÉES DE JUIN

882 Cette seconde expérience révolutionnaire sera traversée par des événements graves, les insurrections de juin, de caractère socialiste, provoquées, du reste, par les mesures réactionnaires prises par la majorité conservatrice de l'assemblée constituante. L'assemblée se hâte alors d'organiser un pouvoir exécutif (confié au général Cavaignac, qui reçoit une véritable autorité dictatoriale) et de voter une constitution. C'est la constitution du 4 novembre 1848, qui établit, dans son ensemble, un *régime présidentiel*, inspiré des États-Unis. L'assemblée se sépare le 25 mai 1849, après avoir voté la loi électorale du 15 mars 1849 et assuré les élections à l'assemblée législative.

De mai 1849 à décembre 1851, fonctionne la constitution de la Seconde République, marquée par la séparation des pouvoirs. Mais, le 10 décembre 1848, le prince Louis-Napoléon Bonaparte est élu par le *peuple* président de la République et il profitera de la première occasion favorable pour établir, à son profit, une dictature exécutive.

§ 2. LA CONSTITUTION DU 4 NOVEMBRE 1848 OU LA CONSTITUTION DE LA SECONDE RÉPUBLIQUE

883 Sur le modèle américain, la constitution votée par l'Assemblée nationale était pleine de contradictions. Établie par des hommes qui n'avaient aucun sens de l'art politique, elle devait fatalement aboutir à une crise, en se réclamant comme en 1791 et en l'an III, d'une conception quasi absolutiste du principe de la séparation des pouvoirs, *première condition d'un gouvernement libre* (art. 19).

En l'absence du droit de dissolution (art. 68), le vice majeur du texte était de dresser, l'un contre l'autre, un pouvoir exécutif et un pouvoir législatif, également puissants, dans un pays fortement centralisé et où, par conséquent, le fédéralisme ne jouait pas le rôle d'amortisseur.

Après l'énoncé de *droits et devoirs antérieurs et supérieurs aux lois positives*, selon le droit naturel (abolition de la peine de mort en matière politique et de l'esclavage) la constitution traite des représentants du peuple (députés et président de la République).

2. La Seconde République a légué, outre le timbre-poste (la célèbre *Cérès*), le *sceau* républicain. Il n'est pas étonnant que *Miss Liberty* (la statue de la liberté) édifiée à New York en 1886, par Bartholdi ou sa réplique du pont de Grenelle à Paris, ait emprunté son aspect.

A. LE POUVOIR LÉGISLATIF

884 Il était exercé par une assemblée unique de 750 membres, élus, pour 3 ans, au suffrage universel et au scrutin de liste par département, les électeurs allant voter au chef-lieu de canton. Un strict régime d'incompatibilités est établi, par opposition à la Monarchie de juillet : *Toute fonction publique rétribuée est incompatible avec le mandat de représentant du peuple* (art. 28). Conséquence naturelle découlant de l'avènement du suffrage universel, et de l'idée d'égalité qu'il implique, les députés perçoivent une *indemnité*, alors que précédemment le mandat n'était pas rétribué, en bonne logique, dans un régime censitaire, c'est-à-dire de possédants.

B. LE POUVOIR EXÉCUTIF

885 Il était confié à *un président de la République*, élu directement par le peuple, à la suite d'une intervention fameuse de Lamartine, pour une durée de quatre ans et rééligible seulement après quatre ans de mise à l'écart du pouvoir (art. 45)[3].

Les seules conditions exigées pour se présenter à la présidence de la République étaient d'être né français, de n'avoir jamais perdu cette qualité et d'être âgé de 30 ans. Un vice-président (*intérimaire* sans plus) était désigné par l'Assemblée nationale sur présentation de trois candidats par le président (art. 70)[4].

Les ministres étaient nommés et révoqués par le président de la République (art. 64), mais responsables devant l'Assemblée (art. 68), ce qui mâtinait de parlementarisme le schéma présidentiel, comme plus tard la constitution de 1958.

En outre, la constitution prévoyait une réorganisation du Conseil d'État (art. 71) dont les membres, nommés pour six ans par l'Assemblée nationale, étaient renouvelables par moitié, tous les six ans.

Ce corps qui, par sa nomination, était entièrement aux mains de l'Assemblée, était destiné à exercer, à l'égard des administrations publiques, d'importants pouvoirs de contrôle qui lui étaient déférés par la loi. Il constituait, par là, un instrument de mainmise de l'Assemblée sur le pouvoir exécutif qui était, par son intermédiaire, étroitement surveillé par le parlement. Cette disposition était évidemment maladroite, du fait qu'elle s'adressait à un exécutif rendu très puissant par l'investiture populaire donnée au président de la République.

La constitution du 4 novembre 1848 avait joué la difficulté. Elle avait accouplé le régime présidentiel américain avec un rudiment de régime parlementaire. De plus, au lieu d'un parlement composé de deux chambres, elle n'avait organisé qu'une seule chambre. Enfin, instituant un président de la République élu par le peuple, elle n'avait su barrer la route au prétendant bonapartiste en le rendant inéligible. Grave faute : le prétendant avait été élu président à une majorité énorme qui rendait dérisoire la perspective d'une mise à l'écart du pouvoir au bout de quatre années d'exercice. Par ailleurs, l'Assemblée législative, élue en mai 1849, avait une majorité monarchiste. Le coup d'État était inévitable, d'autant que les craintes de révolution sociale n'étaient point calmées. On se demandait seulement s'il serait monarchiste avec l'Assemblée et Changarnier, ou bonapartiste avec le Prince-président. C'est celui-ci qui prit les devants[5].

3. La République est désormais personnifiée par un magistrat unique. La collégialité révolutionnaire est abandonnée. V. F. LUCHAIRE, *Naissance d'une constitution : 1848*, 1998.

4. Le titulaire unique, à ce jour, en France, a été Boulay de la Meurthe. V. P. LAPORTE, *Le vice-président de la République dans la Constitution de 1848, Annales de la Faculté de droit de Clermont*, 1964, p. 61.

5. V. A. DANSETTE, *Deuxième République et Second Empire*, 1942 ; M. BLANCHARD, *Le Second Empire*, 1957 ; P. MILZA, *Napoléon III*, 2004.

SECTION II LA RÉACTION DE L'EXÉCUTIF (1851-1870)

886 Le coup d'État perpétré, le 2 décembre 1851, met un terme à la Seconde République et ouvre la voie au césarisme, par l'adoption le 14 janvier 1852, d'une nouvelle constitution bonapartiste. Cependant, cette dernière devait décliner et renouer, au dernier moment, avec le parlementarisme, à l'opposé de l'évolution de la constitution de l'an VIII.

§ 1. LE COUP D'ÉTAT DU 2 DÉCEMBRE 1851

887 La crise éclata après une longue série de conflits entre le Prince-président et l'Assemblée. Le prétexte immédiat en fut une loi du 31 mai 1850, restrictive du suffrage universel destinée à écarter *la vie multitude* des urnes (M. Thiers) en ce qu'elle exigeait des électeurs un domicile fixe de trois ans. En novembre 1851, le gouvernement demanda l'abrogation de cette loi, mais la chambre refusa. Le président se posa immédiatement en défenseur du suffrage universel et saisit, sans hésiter, l'excellente occasion politique qui lui était offerte pour renverser le régime.

A. LA RUPTURE DE LA LÉGALITÉ RÉPUBLICAINE

888 Dans la nuit du 1er au 2 décembre 1851, des affiches sont apposées sur les murs de la capitale et des principales villes de France, portant dissolution de l'Assemblée et du Conseil d'État, convocation du peuple pour un plébiscite, ainsi qu'une proclamation dans laquelle le Prince-président exposait ses intentions. Grâce aux mesures de police prises par le duc de Morny, le coup d'État réussit. Les électeurs sont appelés à se prononcer sur le plébiscite suivant : *le peuple français veut le maintien de l'autorité de Louis-Napoléon Bonaparte et lui délègue les pouvoirs nécessaires pour faire une constitution sur les bases proposées dans la proclamation du 2 décembre*. Ils approuvent l'attitude du président par 7 439 210 *oui* contre 640 757 *non*, les 20 et 21 décembre suivants.

B. L'AVAL POPULAIRE

889 Les bases de la réforme constitutionnelle posées dans la proclamation étaient les suivantes : un chef d'État responsable, nommé pour 10 ans ; des ministres dépendant du pouvoir exécutif seul ; un Conseil d'État chargé de préparer les lois et d'exercer des attributions administratives ; un corps législatif, élu au suffrage universel, chargé de discuter et de voter les lois et une seconde assemblée ayant un rôle de pouvoir pondérateur.

C'est sur ces bases que fut rédigée la constitution du 14 janvier 1852, qui reste encore républicaine. Mais, un sénatus-consulte du 7 novembre suivant rétablit la dignité impériale. Le plébiscite des 21 et 22 novembre 1852 consacre cette décision.

§ 2. LA CONSTITUTION DU 14 JANVIER 1852

890 Retour à l'autocratie, la constitution de 1852 démarque celle de l'an VIII : le neveu imite l'oncle. Il y a, cependant, entre les deux textes, un certain nombre de différences ; une évolution contrastée, vers le césarisme et le parlementarisme ; un seul chef de l'exécutif au lieu de trois consuls ; un pouvoir législatif simplifié et le

suffrage universel restauré. La constitution de 1852 débute par une confirmation et une garantie des principes de 1789, *qui sont la base du droit public des Français* (art. 1er).

A. LE PRÉSIDENT DE LA RÉPUBLIQUE

891 Selon une formule caractéristique, *il gouverne au moyen de ses ministres, du Conseil d'État, du Sénat et du Corps législatif* (art. 2). Au surplus, *la puissance législative s'exerce collectivement par le président de la République, le Sénat et le Corps législatif* (art. 4). En bref, le président est l'expression de la puissance d'État. Toutefois, conformément à la tradition bonapartiste du plébiscite, il est responsable devant le peuple, auquel il a toujours le droit de faire appel (art. 5). Par ailleurs, le président est le chef de l'État et des armées ; il nomme à tous les emplois ; fait les traités de paix, d'alliance et de commerce (art. 6). Il possède seul l'initiative des lois, qu'il sanctionne et promulgue (art. 8 et 10). Enfin, il prend les décrets nécessaires à leur exécution (art. 6). Un sénatus-consulte du 7 novembre 1852 rétablira et conférera à Louis-Napoléon Bonaparte, la dignité impériale (Napoléon III).

B. LE SÉNAT

892 Cette chambre haute est composée de notabilités choisies par le pouvoir exécutif (art. 20). L'étude de ses prérogatives est intéressante, à plus d'un titre. Le Sénat est *le gardien du pacte fondamental et des libertés publiques* (art. 25). En conséquence, *aucune loi ne peut être promulguée avant de lui avoir été soumise*. Dès lors, il est chargé du contrôle de constitutionnalité (art. 26)[6]. Il règle, enfin, par *sénatus-consulte tout ce qui n'a pas été prévu par la constitution et qui est nécessaire à sa marche* et il fixe *le sens des articles de la constitution qui donnent lieu à différentes interprétations* (art. 27). En dernier lieu, il peut proposer des modifications à la constitution (art. 31). C'est, somme toute, un pouvoir constituant permanent à la disposition du chef de l'État.

C. LE CORPS LÉGISLATIF

893 La chambre basse se compose d'un député par 350 000 électeurs (261 membres) : elle est élue au scrutin d'arrondissement. Elle a pour mission de discuter et de voter les lois ; le droit d'amendement lui est accordé, mais dans des conditions telles que ce droit est illusoire. Les ministres ne peuvent en être membres (art. 44). Enfin, le président de la République la convoque, l'ajourne, la proroge ou la dissout. Dans cette dernière éventualité, les élections doivent se dérouler dans le délai de six mois (art. 46).

D. LE CONSEIL D'ÉTAT

894 Présidé par le chef de l'État (selon une tradition qui remonte au Conseil du roi de l'Ancien Régime), ses membres, nommés par ce dernier (art. 48), sont chargés de rédiger les projets de loi

6. V. A. ASHWORTH, Le contrôle de constitutionnalité des lois par le Sénat du Second Empire, *R.D.P.* 1994, p. 45.

(art. 50). Le Conseil d'État soutient, au nom du gouvernement, la discussion desdits projets devant le Sénat et le Corps législatif (art. 51).

Ayant troqué la prospérité contre la liberté[7], le régime du Second Empire souffrait, en dépit d'un appui populaire, du même défaut d'équilibre interne que celui de l'an VIII. Le suffrage universel, encore qu'il eût été théoriquement maintenu, n'était qu'une *institution de façade :* le Corps législatif n'avait aucune part au gouvernement. Une opposition qui grandissait chaque jour réclamait la liberté des débats parlementaires, la liberté de la presse, la participation des chambres au gouvernement, pour tout dire, la liberté politique : le régime était contraint d'évoluer.

Progressivement l'autoritarisme devait s'effacer au profit du *parlementarisme* ressuscité. Un certain assouplissement se manifeste à partir de 1860 : discussion de l'adresse avec des commissaires du Gouvernement, participation de ministres sans portefeuille aux discussions du Corps législatif, publicité des débats parlementaires, accroissement de la spécialité budgétaire. En 1867-1869, le mouvement s'accentue : les droits d'interpellation, d'initiative et d'amendement sont reconnus aux députés.

Enfin, le 2 janvier 1870, Napoléon III appelle au pouvoir Émile Ollivier, avec l'intention de lui permettre d'accentuer et de consacrer les réformes opérées depuis 1860. Sous l'impulsion du nouveau président du conseil, fut alors préparé et approuvé par plébiscite, le 8 mai, un statut constitutionnel de type *libéral et parlementaire* qui fut promulgué le 21 mai 1870. Mais deux mois après, éclatait la guerre de 1870 qui devait, en quelques jours, balayer le Second Empire.

§ 3. LA CONSTITUTION DU 21 MAI 1870

895 La constitution préparée par Émile Ollivier représente une tentative pour combiner un pouvoir exécutif fort avec le régime parlementaire. Le pouvoir exécutif garde une grande autorité politique, d'une part, parce qu'il est héréditaire, d'autre part, parce qu'il continue à s'appuyer sur le peuple par la pratique du plébiscite. Mais, cette forte autorité politique est réservée au chef de l'État seul, c'est-à-dire à l'empereur. Les ministres sont responsables politiquement devant les chambres et au cas où ils sont l'objet d'un vote de défiance, doivent démissionner. Le pouvoir législatif est modifié dans le sens parlementaire, du fait que le Sénat devient une seconde chambre législative (art. 30). Enfin, le pouvoir constituant est confié à l'empereur et, conjointement, au peuple, par voie de plébiscite (art. 44). Cette constitution a été mal jugée par les contemporains, qui ont rendu Émile Ollivier et le régime qu'il avait préparé, responsable du désastre de 1870. Toutefois, l'évolution qu'elle amorçait a été, pour une bonne part, continuée par les constituants de 1875. On ne peut, par ailleurs, s'empêcher de noter de curieuses ressemblances (réserve faite de l'hérédité) entre la constitution de 1870 et celle de 1958.

SECTION III LA RÉPUBLIQUE PARLEMENTAIRE (1870-1958)

896 Après la défaite militaire de 1871, la République s'établit au rythme de Pénélope, avant de s'enraciner dans la conscience collective. Le régime parlementaire s'évanouira pour laisser place à un *régime d'assemblée*, en 1879, avec la *constitution Grévy* (M. Prélot)[8] ; laquelle sera

7. C'est ce régime qui a doté la France d'une économie capitaliste, avec la contrepartie des inégalités économiques et sociales. Il est topique de rappeler que l'organisation des sociétés anonymes remonte à une loi de 1867. De même, le réseau ferroviaire a été constitué à cette époque.

8. A. ESMEIN, le premier professeur républicain, en a théorisé les principes (*Éléments de droit constitutionnel français et comparé*, 1895). V. S. PINON et P.-H. PRÉLOT (sous la direction), *Le droit constitutionnel d'Adhémar Esmein*, 2009 ; G. SACRISTE, *La République des constitutionnalistes*, 2011.

codifiée en 1946. Au cours du second conflit mondial, deux régimes particuliers coexisteront, ceux de Vichy et de la France libre. Mais, la République sera incarnée par ce dernier.

§ 1. LA PRÉPARATION DE LA CONSTITUTION DE 1875

897 Proclamée, le 4 septembre 1870, la République, après avoir été menacée par la restauration de la monarchie, sera finalement consacrée le 30 janvier 1875, par le vote, à une voix de majorité, de l'amendement Wallon.

A. LE GOUVERNEMENT DE LA DÉFENSE NATIONALE

898 La guerre de 1870, défavorable au mois d'août pour les armées françaises, tourna au désastre au début de septembre. Le 2 septembre, Napoléon III, cerné à Sedan, dut capituler et se livrer lui-même avec 80 000 hommes. L'impératrice Eugénie essaya d'organiser une régence avec l'aide du Corps législatif. Mais ces tentatives furent vite dépassées par les événements. Dès le 4 septembre, un Gouvernement provisoire se constitue, composé de députés parisiens. Présidé par le général Trochu, il proclame la République.

Ce Gouvernement (de *défection nationale*, selon ses adversaires) présentait le double caractère d'être un Gouvernement parisien et un Gouvernement de fait. Toutefois, en l'absence de toute autre autorité, ce dernier constitua pendant quelques mois le seul pouvoir politique qui subsistât. Il ne pouvait, cependant, ni signer avec l'ennemi un traité de paix définitif, ni donner à la France une nouvelle constitution. C'est pour cela, du reste que, dès le 8 septembre 1870, le Gouvernement provisoire avait pris l'initiative de convoquer les électeurs pour le 16 octobre, à l'effet d'élire une assemblée constituante. Mais l'invasion rapide du territoire par l'ennemi ne permit pas à ces élections d'avoir lieu. C'est seulement après l'armistice du 28 janvier 1871 que les circonstances redevinrent favorables. Conformément au souhait exprimé par Bismarck soucieux de négocier avec des interlocuteurs autorités, une Assemblée nationale fut élue le 8 février 1871. Elle se réunit à Bordeaux le 12 février et, à cette date, les pouvoirs du Gouvernement de la défense nationale prirent fin.

B. L'ASSEMBLÉE NATIONALE ET LE RÉGIME D'ASSEMBLÉE

899 L'Assemblée nationale avait été élue sur le problème de la paix. La convention d'armistice du 28 janvier 1871 prévoyait, en effet : *une Assemblée sera librement élue qui se prononcera sur la question de savoir si la guerre doit être continuée ou dans quelles conditions la paix doit être faite*. Le pays se déclara massivement partisan de la paix, le 8 février, en élisant une majorité monarchiste. Les républicains étaient décidés à la guerre à outrance et les monarchistes à une paix immédiate. Cette majorité monarchiste était, du reste, divisée en légitimistes et orléanistes et, par ailleurs, les partis républicains repoussaient tout pouvoir constituant[9].

Pour ces diverses raisons, l'Assemblée ajourna tout d'abord sa vocation constituante. Elle se consacra uniquement à la conclusion de la paix (qui devait aboutir au traité de Francfort, en mai 1871, à la perte de l'Alsace et de la Moselle) et au relèvement de la France. L'Assemblée se trouva donc dans l'obligation d'organiser un gouvernement.

Par une *résolution*, le 17 février 1871, l'Assemblée nationale nomma M. Thiers *chef du pouvoir exécutif*, chargé de gouverner *sous l'autorité de l'Assemblée*, mais avec des ministres choisis par lui et qu'il présidera. Ce gouvernement était d'un type très particulier. On ne pouvait pas le qualifier de conventionnel, car M. Thiers et ses ministres n'étaient pas uniquement un comité exécutif parlementaire. En tant que chef du pouvoir exécutif, celui-ci n'était pas irresponsable politiquement devant l'Assemblée. En fait, on se trouvait en présence d'un régime de confusion des pouvoirs, atténué par le

9. V. D. HALÉVY, *La République des ducs*, 1937 ; J.-P. MACHELON, IIIe République, *D.C.*, p. 1047.

prestige personnel d'un homme. Le 20 mars 1871, l'Assemblée nationale quitte Bordeaux pour Versailles, juste au moment où éclate l'insurrection de la Commune, bientôt suivie d'une sauvage répression[10].

Puis, en vue de préserver les chances d'une restauration de la monarchie, l'Assemblée organisa un régime provisoire à l'aide de trois lois ou constitutions successives : la loi *Rivet* ; la loi de *Broglie* et celle dite du *septennat*[11]. Il s'agissait d'élaborer une constitution sans le dire.

1. La loi ou la constitution Rivet du 31 août 1871

900 Du nom de son instigateur, ce texte prévoit les dispositions suivantes : le chef du pouvoir exécutif prend le titre *de président de la République ;* ses pouvoirs dureront autant que ceux de l'Assemblée ; le conseil des ministres fonctionnera désormais sous l'autorité d'un vice-président du conseil, responsable devant l'Assemblée ; enfin, le président de la République agit lui aussi sous l'autorité de l'Assemblée et est également responsable devant elle.

Sans rien changer au fond des choses, selon ses propres termes, cette loi entendait continuer l'*essai loyal* commencé à Bordeaux, en orientant le gouvernement vers le type parlementaire. Mais, elle aboutissait, en fait, à une monstruosité, en ce sens que le chef de l'exécutif était, lui aussi, politiquement responsable devant l'Assemblée. Il n'est que juste de dire que cette hérésie avait été voulue par M. Thiers lui-même, qui prétendait continuer d'imposer à l'Assemblée son autorité et ses discours.

2. La loi ou la constitution de Broglie du 13 mars 1873

901 Par ce texte, l'Assemblée manifeste sa mauvaise humeur à l'égard de M. Thiers et s'efforce, en conséquence, de canaliser ses interventions et ses discours. Celui-ci ne pourra monter à la tribune qu'à l'occasion des débats touchant à la politique extérieure. Pour ceux relatifs à la politique intérieure, le chef de l'État ne pourra prendre la parole que si, au préalable, le conseil des ministres a pris une délibération déclarant que les questions soulevées se rattachent à la politique générale du gouvernement, et engagent la responsabilité du président de la République.

En outre, un cérémonial particulier (qualifié par M. Thiers de *cérémonial chinois*) était prévu pour toutes les interventions du chef de l'État. Lorsque celui-ci voulait prendre la parole, il devait adresser, au préalable, un message à l'Assemblée. Celle-ci suspendait ses travaux, écoutait M. Thiers sans pouvoir l'interrompre, et renvoyait la suite des débats au lendemain. Le retour d'un président dans un hémicycle ne s'effectuera que le 22 juin 2009 (art. 18 C) (v. *IIIe partie*).

Mais M. Thiers, malgré les précautions prises continue à jouer de sa responsabilité devant l'Assemblée. Il en joua tellement que, le 24 mai 1873, celle-ci finit par accepter sa démission. Les raisons pour lesquelles l'Assemblée se sépara de lui sont multiples : les circonstances étaient moins graves (le territoire était libéré et la Commune vaincue) et il exerçait une dictature (celle de la *persuasion*), insupportable à beaucoup de députés. Enfin, il était rendu responsable du succès de nombreux candidats *républicains* aux élections partielles, notamment celui de Barodet à Paris. L'Assemblée monarchiste le remplaça immédiatement par le maréchal de Mac-Mahon, auquel réservait le rôle d'un *régent*, dans la perspective d'une restauration à laquelle elle n'avait jamais cessé de penser.

3. La loi du septennat du 20 novembre 1873

902 Après la chute de M. Thiers, eut lieu effectivement une tentative de *retour du lys*. Deux prétendants sérieux étaient en présence : le comte de Chambord, représentant de la branche aînée, et le comte de Paris, représentant de la branche cadette. Une première difficulté fut vaincue par la soumission de

10. V. P. O. LISSAGARAY, *Histoire de la Commune de Paris*, rééd., 1970 ; Ch. RIHS, *La Commune de Paris*, 1973 ; P. BOISSEAU, *La Commune de Paris de 1871 à l'épreuve du droit constitutionnel*, thèse Tours, 1998.

11. Redoutant un coup de force de M. Thiers, la loi du 15 février 1872 (*loi Tréveneuc*) organise la suppléance de l'Assemblée nationale ou de *celles qui lui succéderont*, par une assemblée des délégués des conseils généraux, au cas où celles-ci seraient *illégalement dissoutes ou empêchées de se réunir*. Sa survie peut prêter à discussion en raison de l'article 16 C.

la branche cadette à la branche aînée, entente rendue facile par le fait que le comte de Chambord n'avait pas d'enfants, et qu'à sa mort, le trône devait revenir à la branche cadette.

À ce moment, on crut que la restauration allait s'opérer. Elle échoua cependant, en raison du refus du prétendant légitimiste d'accepter le trône des mains de l'Assemblée, avec une constitution rédigée par elle. L'attitude du comte de Chambord se concrétisa dans le refus du drapeau tricolore, considéré par lui comme représentant l'ordre nouveau qu'il ne voulait pas reconnaître[12].

Devant l'impossibilité momentanée d'une restauration, l'Assemblée se résigna à gagner du temps, en organisant une sorte de régence *(une présidence personnelle)* pour le maréchal de Mac-Mahon, et décida, le 20 novembre 1873 : *Le pouvoir exécutif est confié pour sept ans au maréchal de Mac-Mahon, duc de Magenta.* L'Assemblée s'était donné ainsi le moyen de transformer, en un tournemain, la République en monarchie. Au terme de 127 ans d'existence, le septennat sera remplacé par le quinquennat, en 2000 (art. 6 C). (V. *III*e *partie*).

C. L'AMENDEMENT WALLON DU 30 JANVIER 1875

903 En même temps qu'elle confiait *intuitu personae* le pouvoir exécutif à Mac-Mahon, la loi du 20 novembre 1873 (art. 2) avait décidé la nomination d'une commission de trente membres, pour l'examen des lois constitutionnelles. Cette commission entreprit de longues études et, en particulier, examina soigneusement les constitutions anglaise et américaine. Toutefois, au bout d'un an et demi, il fallut bien passer à la discussion du projet établi par la commission. C'est au cours de cette discussion que, le 30 janvier 1875, un amendement proposé par Henri Wallon, fixa les destins de la constitution et transforma le septennat *personnel* du maréchal en septennat *impersonnel* du chef de l'État : *Le président de la République est élu à la majorité absolue des suffrages par le Sénat et la Chambre des députés réunis en Assemblée nationale.*

Cet amendement fut adopté à *une voix de majorité*, par 353 voix contre 352. À partir de ce moment, la cause de la forme républicaine était gagnée, la majorité ne fit qu'augmenter. La République fut fondée, en 1875, par les modérés, tant monarchistes que républicains, qui plaçaient leurs espoirs dans l'écoulement du temps.

D. LES LOIS CONSTITUTIONNELLES DE 1875 OU LA CONSTITUTION DE LA IIIE RÉPUBLIQUE

904 À la suite de négociations et transactions, la constitution de 1875 se compose de trois lois, dont la chronologie est topique : loi du 24 février 1875, relative à l'organisation du Sénat ; loi du 25 février 1875, concernant l'organisation des pouvoirs publics et loi du 16 juillet 1875, sur les rapports des pouvoirs publics.

En outre, deux lois organiques, relatives aux élections parlementaires, complètent ces textes constitutionnels : celle du 2 août pour les sénateurs et celle du 30 novembre 1875 pour les députés. Une loi du 30 décembre 1875 vient enfin décider : le Sénat et la Chambre des députés se réuniront le mercredi 8 mars 1876. Les pouvoirs de l'Assemblée nationale prendront fin le jour de cette réunion. La constitution de 1875 allait donner naissance à la *République souveraine* (R. Rémond).

Conçue pour le provisoire, celle-ci s'est pérennisée, jusqu'à la défaite militaire de 1940, avant de ressusciter, d'un certain point de vue, sous la IVe République[13]. Elle détient, en l'état, le record de longévité : 65 ans.

12. V. G. HANOTAUX, *L'échec de la monarchie et la fondation de la République*, 1926.

13. Sur les sources intellectuelles des lois de 1875 : V. J.-P. MACHELON, Victor de Broglie et les Vues sur le gouvernement de la France, *in Coppet, creuset de l'esprit libéral*, 2000, p. 187 ; J.-É. GICQUEL, Les idées constitutionnelles de Prévost-Paradol, *R.A.* 2000, p. 395.

§ 2. LE RÉGIME ÉTABLI PAR LA CONSTITUTION DE 1875

905 Dans le mouvement constitutionnel, l'année 1875 représente un moment aussi important que 1789 et demain, 1958 : la France change de pente et s'imprègne de la culture républicaine, à l'origine des *P.F.R.L.R.* (v. *infra*, n° 1555)[14].

A. L'IMPORTANCE DE LA CONSTITUTION DE 1875 DANS LA VIE POLITIQUE FRANÇAISE

906 La constitution de 1875 présente cette caractéristique remarquable de mettre fin pour longtemps à l'instabilité politique, ou plus exactement constitutionnelle, inaugurée par la Révolution de 1789. De 1789 à 1870, près de dix régimes se succèdent, dont les plus durables (Monarchie de juillet ou Second Empire) ne dépassent pas 18 ans. Après 1875, un seul régime s'établit et s'enracine, au point de faire figure de *modèle* d'exportation pour de nouveaux États de l'entre-deux-guerres[15].

Les institutions et le style politiques inaugurés en 1875, malgré leurs défauts (déséquilibre des pouvoirs publics, instabilité ministérielle), demeurent représentatifs de la culture démocratique ou républicaine française.

B. LES CARACTÈRES GÉNÉRAUX DE LA CONSTITUTION DE 1875

907 On doit signaler, à cet égard, sa brièveté, sa simplicité, son empirisme, l'esprit de transaction et de compromis qui l'anime, enfin le révisionnisme latent dont elle a été affectée.

1. La brièveté et la simplicité de la constitution de 1875

908 La constitution de 1875 est d'abord un statut constituant concis. Au départ, les trois lois des 24, 25 février et 16 juillet 1875 comprenaient, au total, 34 articles. Mais, après les révisions de 1879 et de 1884, elles sont devenues particulièrement courtes. En 1940, la loi du 24 février ne comprenait plus que deux articles ; celle du 25 février, 9 ; et celle du 16 juillet, 14 articles, soit en tout 25 articles. *Il est difficile d'être plus succinct*, opinait Maurice Hauriou.

Ces textes consacraient les mécanismes parlementaires parfaitement rodés depuis la monarchie constitutionnelle de 1814 à 1848 : deux chambres ; un président de la République irresponsable, et des ministres responsables devant le parlement.

Des deux chambres, l'une, la Chambre des députés, est élue au suffrage universel direct ; l'autre, le Sénat, au suffrage universel indirect, avec prépondérance des électeurs ruraux. Elles disposent de pouvoirs comparables, avec un prestige incontestable pour le Sénat.

14. V. S. BERSTEIN et O. RUDELLE (sous la direction de), *Le modèle républicain*, 1992, J.-M. MAYEUR, *La vie politique sous la IIIe République (1870-1940)*, 1984 ; R. RÉMOND, *La République souveraine,* 2002 ; P. PACTET, La IIIe République et la mise en œuvre de l'héritage républicain, *Mélanges Jean Gicquel,* 2008, p. 403.

15. À bien des égards, la IIIe République a été restaurée sous la IVe, avant d'être écartée par la Ve République, à partir de 1962. Auréolée par la victoire de 1918, la IIIe République a été la référence pour des États d'Europe centrale et orientale (Pologne, Tchécoslovaquie, Roumanie) et du Liban, notamment.

Le président de la République, élu pour sept ans par les deux chambres réunies en *Assemblée nationale*, est irresponsable politiquement et pénalement, sauf le cas de haute trahison. Il ne peut gouverner que par l'intermédiaire et avec le contreseing des ministres responsables devant *les* chambres[16].

Tel est, dans les lignes générales, le système simple établi en 1875. Mais, étant donné sa simplicité même et surtout la brièveté des lois qui l'organisent, il aura besoin, pour fonctionner, d'être complété par des règles politiques, qui, à certains égards, seront aussi importantes, sinon plus, que les textes eux-mêmes. Du reste, Marcel Prélot en forgeant l'expression *la constitution Grévy*, rend compte de ce phénomène.

2. Le caractère empirique de la constitution de 1875

909 Les premières constitutions nationales, celles de 1791, de 1793, et de l'an III, ont un caractère dogmatique marqué. Elles partent d'un certain nombre de principes (souveraineté nationale, séparation des pouvoirs, etc.) et elles en déduisent avec rigueur les conséquences.

La constitution de 1875 ne pose aucun principe. Elle ne vise aucun droit, aucune liberté. Elle se borne à décrire certaines institutions et leur fonctionnement politique. C'est à peine si, au détour d'un article, une incidente consacre le suffrage universel comme un principe constitutionnel, pour l'élection de la Chambre des députés[17].

Il n'y a, du reste, aucune méthode dans l'exposé des règles constitutionnelles. Les mêmes questions sont traitées, à diverses reprises, et sans ordre, dans les trois lois de 1875. Il est vrai que son caractère largement empirique et quelque peu désordonné est, pour une bonne mesure, la conséquence de nombreuses transactions qu'il a fallu opérer pour aboutir à ce qu'une majorité vote les textes.

3. L'esprit de transaction de la constitution de 1875

910 Œuvre commune des républicains et des monarchistes modérés, la constitution n'a pu être votée qu'à la suite de concessions réciproques. Cet esprit de *compromis* se retrouve tout au long du texte. En voici quelques exemples :

Républicains et monarchistes ont, tout d'abord, fait chacun une grande concession de principe. Les premiers ont accepté d'abandonner les traditions de la première et de la seconde Républiques ; ils ont renoncé à la Déclaration des droits, à la chambre unique, etc. On peut dire, en effet, que le modèle général que les constituants ont eu sous les yeux a été non pas la constitution de 1791, ou même celle de 1848, mais la charte de 1830 et l'exemple du Gouvernement de juillet[18].

Mais les seconds, de leur côté, ont fait un grand sacrifice, car dans ce cadre, de style Louis-Philippe, se trouve installé, non pas un roi, mais un président de la République. Par ailleurs, les mêmes monarchistes ont été obligés d'accepter le maintien du suffrage universel. Au parlement censitaire de 1830, succède un parlementarisme républicain et démocratique, ce qui impliquait, de la part des orléanistes, un large esprit de concession.

En dehors de cette transaction majeure, on peut en signaler d'autres de moindre importance mais aussi nettes et, par exemple, celle portant sur l'exercice du droit de dissolution. Il s'agit là d'un vestige de la tradition monarchique, selon laquelle le roi convoquait et renvoyait à volonté les assemblées dont il entendait être assisté.

16. Il faut relever que c'est l'article 6 de la loi constitutionnelle du 25 février 1875 qui, pour la première fois, dans notre pays, consacre la responsabilité *politique* des ministres devant *les* chambres (le pluriel sera à l'origine d'une querelle fameuse, en 1896, entre Duguit et Esmein, à propos du rôle du Sénat). Auparavant, comme on sait, si l'on écarte la coutume constitutionnelle, la charte de 1814 (art. 56) ainsi que celle de 1830 (art. 47) ne mentionnaient que la responsabilité *pénale* des membres du Gouvernement.

17. Les constituants se sont compris à demi-mot. Édouard Laboulaye, rapporteur de la troisième loi constitutionnelle, déclarait à ce propos : les dispositions *donneront à la République des garanties de la monarchie constitutionnelle, telle que nous l'avons pratiquée pendant plus de trente ans.*

18. Laboulaye dira : *Une constitution archaïque, qui emmaillote une jeune République dans de vieilles institutions monarchiques*. D'où le raccourci de Marcel Prélot : la *troisième charte* ou *la charte sans la monarchie, mais avec le suffrage universel.*

Pour cette raison, les républicains voyaient dans cette institution une sorte d'attentat de l'exécutif contre la représentation nationale et le principe de la souveraineté populaire. Ils y étaient, par suite, fortement opposés.

La transaction a consisté à reconnaître au président de la République l'exercice du droit de dissolution, mais à subordonner sa mise en œuvre à l'avis *conforme* du Sénat, c'est-à-dire de la plus élevée en dignité des deux chambres. Cette condition a, du reste, rendu inutilisable, en fait, le droit de dissolution.

4. Le révisionnisme latent de la constitution de 1875

911 Bien qu'il n'y ait eu que trois révisions (1879, 1884 et 1926), des efforts nombreux furent faits pour modifier la constitution[19].

Au départ, personne n'était satisfait du régime institué en 1875. Les monarchistes le considéraient comme un pis-aller, permettant d'attendre une restauration. Les républicains le tenaient pour un expédient, acceptable pour fonder la République, mais qu'il faudrait rapidement réformer de fond en comble, afin d'établir un régime véritablement républicain, par la suppression du Sénat et même celle du président de la République.

Ces diverses tentatives auraient dû, semble-t-il, aboutir très aisément, car la procédure de révision établie par les lois constitutionnelles, était particulièrement facile à mettre en œuvre.

Il suffisait que le Sénat et la Chambre des députés, siégeant séparément et à la majorité absolue, émissent un vœu de révision identique. Après quoi, la révision était opérée à la majorité absolue par l'Assemblée nationale, c'est-à-dire par la réunion des chambres, siégeant à Versailles, sous l'autorité du président et du bureau du Sénat (art. 8 de la L.C. du 25 février 1875).

Or, chose curieuse, il n'a été fait de cette procédure de révision, simple et commode, qu'un usage très modéré. Les raisons en sont les suivantes :

Pour la première période, les monarchistes furent, tout d'abord, rapidement mis hors de jeu par les élections de 1876, qui envoyèrent sur les bancs de la Chambre des députés une forte majorité républicaine. En ce qui concerne les républicains, ils se rendirent assez rapidement compte, après être devenus prépondérants, que les institutions établies en 1875 pouvaient être utilisées dans un sens démocratique. En particulier, il se démontra, au bout de quelques années, qu'un Sénat républicain pouvait heureusement contrebalancer une chambre réactionnaire, de telle sorte que des hommes politiques, comme Clemenceau, qui avaient combattu l'institution de la chambre haute, sollicitèrent *l'honneur* (car il s'agissait bien de cela) de siéger au Palais du Luxembourg[20].

En ce qui concerne les tentatives de révision, qui virent le jour après 1919 et qui avaient pour objet de remédier à l'instabilité ministérielle et de restaurer l'autorité de l'exécutif, elles se heurtèrent toutes au développement de l'oligarchie parlementaire et ne purent pas en triompher (projet Doumergue de 1934)[21]. Cependant, la coutume constitutionnelle eut la possibilité de se manifester (présidence du conseil, délégation législative, entre autres).

§ 3. LA STRUCTURE DES POUVOIRS PUBLICS DANS LA CONSTITUTION DE 1875

912 À l'origine, un schéma simple se présente à l'analyste : celui du régime parlementaire.

19. La révision du 10 août 1926 est spécifique. Elle concerne le mode de gestion de la dette publique.

20. L'utilisation de termes déférents rend compte de la prééminence reconnue à cette assemblée, non seulement dans le domaine protocolaire (décret de 1906), mais aussi politique : *La Haute Assemblée dans sa sagesse, MM. les sénateurs* et non *mes chers collègues*. De même, la formule de promulgation des lois place le Sénat avant la Chambre des députés, etc. V. A. SIEGFRIED, *De la IIIe République, à la IVe République* 1956.

21. V. J. GICQUEL, *Le problème de la réforme de l'État en France en 1934*, 1965.

A. LES CHAMBRES

913 Les deux chambres sont recrutées à l'élection, l'une au suffrage direct, l'autre au suffrage indirect. Cependant, leurs pouvoirs sont égaux. On parlera, en conséquence, du bicamérisme *parfait* ou *intégral* de la IIIe République.

1. La Chambre des députés et son recrutement

914 La constitution consacre le principe du suffrage universel pour les élections à la Chambre des députés.

Le mode de scrutin qui a été en vigueur pendant presque toute la durée de la IIIe République est le scrutin majoritaire uninominal à deux tours, dit *scrutin d'arrondissement*, dont on connaît les caractéristiques. Toutefois, ce mode de scrutin a connu deux exceptions : le scrutin de liste pur et simple, de 1885 à 1889, et un soutien de proportionnelle bâtarde, de 1919 à 1927.

Le scrutin d'arrondissement n'était pas considéré, au début de la IIIe République, comme un scrutin républicain. Il avait été, au milieu du siècle, le scrutin de la monarchie constitutionnelle et celui, surtout, du Second Empire. Il était, par suite, réputé sensible aux pressions gouvernementales, à la candidature officielle, etc.

Aussi n'est-il pas étonnant qu'une fois arrivés au pouvoir, les républicains aient modifié la loi votée par l'Assemblée nationale et adopté le scrutin de liste départemental à deux tours, sans listes bloquées, c'est-à-dire avec la possibilité pour l'électeur de pratiquer le panachage.

Mais, dès 1889, devant l'alarme boulangiste, la majorité républicaine revient d'elle-même au scrutin uninominal pour faire échec aux tentatives de prise du pouvoir qui s'organisaient autour du général Boulanger. Le scrutin d'arrondissement rendait, en effet, beaucoup plus difficile à celui-ci la mise en place de ses candidats. Car il lui était malaisé de faire pénétrer ses porte-parole dans 600 circonscriptions locales, biens tenues en main par les notables républicains, appuyés par l'administration préfectorale. En même temps, du reste, la majorité républicaine procéda à l'interdiction des candidatures multiples et rétablit, toujours afin de faire échec à l'entreprise boulangiste, la déclaration de candidature inaugurée sous le Second Empire. Par une curieuse ironie du sort, les républicains se trouvaient contraints, pour la défense du régime, de rétablir eux-mêmes des institutions qu'ils avaient, quelques années auparavant, vigoureusement combattues.

Une seconde infidélité au scrutin d'arrondissement survint après la victoire de 1918. La loi du 12 juillet 1919 combina dans ses articles le principe majoritaire et la proportionnelle, dans le cadre d'un scrutin de liste, selon les règles suivantes : toute liste qui obtient la majorité absolue est élue en entier, d'une part ; si aucune liste n'obtient cette majorité absolue, on ne procède pas à un second tour et les sièges sont attribués aux listes en présence, au prorata du nombre de voix obtenues par chacune d'elles, d'autre part.

Le système de 1919 a eu pour résultat d'avantager, de façon notable, les listes de concentration, susceptibles d'obtenir au premier tour la majorité absolue. Aux élections du 16 novembre 1919, la concentration politique appelée *Bloc national* obtint 338 mandats, alors qu'un système proportionnel intégral ne lui aurait permis d'en obtenir que 275. Aux élections du 16 mai 1924, la concentration politique appelée *Cartel des gauches* obtint 266 mandats, alors qu'avec la représentation proportionnelle intégrale, elle n'en aurait obtenu que 217.

Toutefois, ce système étant considéré comme compliqué par les électeurs et comme gênant par les notables politiques locaux, on en revint, pour les élections de 1928, au scrutin d'arrondissement.

L'âge de l'éligibilité à la Chambre était de 25 ans. Le nombre des députés varia de 500 à 600. Le mandat était de 4 ans. En cas de vacance d'un siège, des élections partielles avaient lieu pour y pourvoir.

2. Le Sénat et son recrutement

915 Le Sénat est la condition mise par les monarchistes à l'acceptation de la République. D'où la vision du *contrepoids de la loi du nombre* et du *gardien des intérêts conservateurs*[22].

Au début, la composition du Sénat n'était pas homogène : à côté de 225 sénateurs élus et soumis périodiquement à la réélection, la Haute Assemblée comprenait 75 sénateurs *inamovibles*. La loi du 9 décembre 1884 supprima, pour l'avenir ceux-ci, qui disparurent progressivement, par décès, le dernier, Émile de Marcère en avril 1918[23].

Les sénateurs (314 après 1918) étaient élus au scrutin de liste, dans le cadre du département, par un suffrage à plusieurs degrés. Le collège électoral était composé des députés, des conseillers généraux, des conseillers d'arrondissement, et principalement de délégués élus par les conseils municipaux. Le mandat était de neuf ans ; le Sénat se renouvelant par tiers tous les trois ans. À ce titre, Gambetta pouvait parler du *Grand conseil des communes françaises* (22 avril 1875). Une formule qui reste largement valable de nos jours (V. *IIIe partie*).

3. Le bicamérisme parfait

916 Les lois de 1875 traduisent la volonté des constituants de donner au Sénat une place *éminente* par rapport à celle de la Chambre des députés.

Le Sénat possède, tout d'abord, la *plénitude de la compétence législative*. Pour pouvoir être promulguée, une loi doit être votée dans des *termes identiques* par la Chambre des députés et le Sénat, ce qui implique que celui-ci n'est obligé de céder, à aucun moment, devant la volonté des députés. La conséquence en est que, pour la plupart des textes, fonctionne le système de la *navette*, c'est-à-dire que le projet va de l'une à l'autre chambre, jusqu'à ce qu'une entente complète ait été réalisée et que, du reste, nombre de projets n'ont jamais été acceptés par le Sénat (le vote féminin).

Celui-ci possède des pouvoirs égaux à ceux de la Chambre des députés en ce qui concerne *le contrôle politique du cabinet*. Cette règle était sans doute contraire à la tradition parlementaire, mais elle découlait de l'article 6 de la loi du 25 février 1875, et par ailleurs, du principe de l'égalité absolue établie dans le domaine législatif : le refus par le Sénat de voter les crédits et le budget, obligeait nécessairement le ministère à démissionner. C'est en 1896, à l'encontre d'un cabinet présidé par Léon Bourgeois, que le Sénat établit, par le refus de collaborer avec un ministère auquel il avait manifesté sa défiance, son droit de sanctionner, par la mise en jeu de la responsabilité politique, son contrôle du Gouvernement[24].

Cette égalité des pouvoirs n'était pas absolue : la Chambre bénéficiait d'une priorité dans le domaine financier, en ce sens que le budget et les lois de finances devaient être déposés d'abord sur son bureau. En revanche, le Sénat ne pouvait être dissous, mais il intervenait dans la procédure de dissolution de la Chambre des députés pour émettre un avis conforme (art. 5 de la loi du 25 février 1875). En outre, le président du Sénat était le second personnage de l'État ; le bureau et le président du Sénat dirigeaient les débats de l'Assemblée nationale. Enfin, la prééminence du Sénat se manifestait par son rôle de juridiction politique : il pouvait être constitué en *Cour de justice*. À ce titre, il était juge du chef de l'État et des ministres (art. 9). En outre, le président du Sénat avait vocation à devenir président de la République (Doumergue, Doumer, Lebrun). Chef du ministère, 17 sénateurs le seront (Waldeck-Rousseau, Clemenceau, Laval). La IIIe a donc bien été *un Sénat* (Dufaure).

22. Lefèvre-Pontalis, rapporteur de la première loi constitutionnelle de 1875 relative au Sénat. La chronologie de ces lois est édifiante.

23. V. J.-M. PAYEUR et A. CORBIN (sous la direction), *Les immortels du Sénat (1875-1918)*, 1995.

24. Le Sénat est le gardien vigilant du gouvernement par les centres. Ainsi, lorsque le balancier politique se déplace trop vers la gauche ou vers la droite, la Haute Assemblée renverse le ministère : Briand (1913), Herriot (1925), Blum (1937 et 1938) dans un cas ; Tardieu (1930), Laval (1932), dans l'autre.

B. LE PRÉSIDENT DE LA RÉPUBLIQUE

917 Le président de la République est élu par l'*Assemblée nationale* (c'est-à-dire par la réunion en un *seul* corps des députés et des sénateurs). Il doit être désigné à la majorité absolue, et on doit procéder à autant de tours qu'il est nécessaire, pour qu'un candidat obtienne cette majorité. Il est élu pour sept ans. Il est rééligible.

Le chef de l'État est pénalement et politiquement irresponsable, sauf le cas de haute trahison, c'est-à-dire de violation grave des devoirs de sa charge. Cependant, cette irresponsabilité ne pouvait être respectée qu'autant que le président s'abstenait d'entrer dans le jeu politique. En cas contraire, il était contraint à la démission.

En 1887, Grévy, qui venait d'être réélu l'année précédente, se trouva indirectement mêlé au scandale des décorations, dont son gendre, Wilson, faisait trafic à l'Élysée. La Chambre des députés refusa d'entrer en contact avec aucun ministère tant que le président de la République n'aurait pas démissionné et cette attitude, bien que, constitutionnellement discutable, se montra très efficace. Jean Casimir-Périer ne demeura président guère plus de six mois (juin 1894-janvier 1895). De même, en 1924, Millerand qui, par un discours prononcé à Évreux, en octobre 1923, avait défini, pour le président de la République, un rôle en contradiction très nette avec la tradition d'effacement qui avait prévalu dès les débuts du régime, se vit contraint, par le même procédé, à démissionner, quelques semaines après l'élection du Cartel des Gauches[25].

Au surplus, tous les actes présidentiels doivent être revêtus du contreseing ministériel. *Je suis un manchot constitutionnel* dira Poincaré, par autodérision.

C. LE CABINET

918 Selon la lettre de la constitution, les ministres sont nommés par le président de la République et égaux entre eux, au point d'engager la responsabilité du ministère (question de confiance dite *individuelle*). En effet, l'institution de la présidence du conseil n'est pas prévue par la constitution et, théoriquement, rien n'empêche, dans les lois de 1875, que les ministres soient les collaborateurs directs du président de la République. Poincaré avait même songé, en 1917, depuis sa *prison* de l'Élysée, avant d'appeler Clemenceau au pouvoir, à devenir son propre président du conseil. Car, en bon juriste qu'il était, il notait que la constitution formellement n'y faisait pas obstacle.

À partir de 1879, le président de la République choisit la personnalité chargée de former le ministère. Il s'agit politiquement de sa fonction essentielle : le choix de Pétain en 1940 le rappelle, comme plus tard, en 1958, celui de De Gaulle. Il entérine, par la suite, les nominations faites par le président du conseil, parfois avec de discrètes réserves, mais sans jamais faire obstacle à sa volonté. Cependant, selon la formule de Vincent Auriol, *le président de la République a un pouvoir d'action sans se découvrir*, par suite de l'indiscipline des partis et de l'absence d'un *leader*. Grâce à la technique du *coup de pouce*, ce dernier inventa Antoine Pinay en 1952, comme jadis Jules Grévy avait dressé *barrage* à Gambetta. Léon Blum dénonçait dans ces conditions, la *préférence arbitraire* du président de la République. En matière diplomatique et militaire, le chef de l'État continua, aussi, à jouer un rôle : Grévy a réglé un différend avec l'Allemagne (affaire Schnoebele) ; Poincaré a été taxé de bellicisme en 1914. Le domaine colonial était également largement ouvert à l'influence présidentielle.

Les ministres sont, conformément aux règles du gouvernement de cabinet, solidairement responsables devant les chambres, de la politique générale du gouvernement et individuellement de leurs actes personnels (article 6 de la loi du 25 février 1875).

25. Les personnalités sont systématiquement écartées de la présidence de la République : Carnot est préféré à Ferry ; Faure à Waldeck-Rousseau ; Deschanel à Clemenceau ; Doumergue à Painlevé ; Doumer à Briand. On prête à Clemenceau ce mot cruel, à la veille d'une élection présidentielle : *Je vote pour le plus bête !* Casimir-Périer déclare, en démissionnant, le 16 janvier 1895 : *Je ne me résigne pas à comparer le poids des responsabilités morales qui pèsent sur moi et l'impuissance à laquelle je suis condamné.* V. J. GICQUEL, *in Dictionnaire historique de la vie politique française au XXe siècle*, 2e éd., 2003, p. 993.

§ 4. L'APPLICATION DE LA CONSTITUTION DE 1875

919 La crise du 16 mai 1877 change la nature des institutions qui s'identifient désormais avec la *souveraineté* des chambres.

A. LA DÉFINITION DU PARLEMENTARISME ET L'INSTALLATION DE LA RÉPUBLIQUE

920 Les constituants de 1875, tout en marquant de façon claire leur volonté d'organiser un régime parlementaire, avaient omis de préciser de quel régime parlementaire il s'agissait. Or, au moment où ils délibéraient, on pouvait hésiter entre deux formules assez différentes l'une de l'autre : le parlementarisme *dualiste* ou orléaniste et le parlementarisme *moniste* (v. *Ire partie*). Les événements, de 1876 à 1879, vont trancher le débat, en donnant la victoire aux républicains, ce qui entraînera l'échec du parlementarisme *orléaniste* et son remplacement, sous couvert de parlementarisme *moniste*, par un *régime d'assemblée*.

B. LA TENTATIVE ORLÉANISTE DE MAC-MAHON OU LA CRISE DU 16 MAI 1877

921 Le maréchal de Mac-Mahon avait été élu en 1873 à la présidence par la majorité monarchiste de l'Assemblée nationale, sachant que ses convictions royalistes le porteraient à s'effacer immédiatement, en cas de restauration. Celle-ci ayant échoué et la République étant proclamée, le maréchal entendait sans doute être loyal vis-à-vis du régime, mais il prétendait user de toutes les possibilités que lui donnait la constitution et, en particulier, n'appeler au gouvernement que des ministres qui eussent sa confiance[26].

1. Le déroulement de la crise

922 Toutefois, dès 1876, il se trouva placé, à cet égard, dans une situation difficile. Les élections générales des 20 février et 5 mars 1876 s'étaient, en effet, traduites par une nette victoire des républicains, amenant ainsi au pouvoir des hommes, dont les idées étaient à l'opposé de celles du maréchal. La règle du jeu parlementaire aurait voulu que, sans aller jusqu'à l'extrême gauche, représentée alors par Gambetta, le président confiât le pouvoir à un représentant authentique de cette majorité républicaine. Mais Mac-Mahon appelle Dufaure, homme de droite, qui est mal accueilli par la Chambre et qui, après divers votes hostiles, est obligé de démissionner. Le chef de l'État s'adresse alors à Jules Simon, homme habile, qui essaie de se concilier à la fois les faveurs de la gauche pour conserver sa majorité, et celles de la droite pour garder la confiance du président. Dans sa déclaration ministérielle, il disait, tourné vers la gauche : *Je suis profondément républicain* et tourné vers la droite : *mais profondément conservateur.*

Malgré tout, ces habiletés ne purent pas durer longtemps. Une agitation ultramontaine de l'épiscopat fut l'occasion d'une interpellation de Gambetta, le 5 mai 1877, qui fut close par un ordre du jour blâmant les menées catholiques.

Jules Simon qui avait été obligé d'accepter cet ordre du jour, reçut, le 16 mai, du maréchal de Mac-Mahon, une lettre le désavouant, à la suite de laquelle il se trouva contraint de démissionner[27]. Dans

26. V. F. PISANI-FERRY, *Le coup d'État manqué du 16 mai 1877*, 1965.

27. La lettre de Mac-Mahon à Jules Simon, qui n'est pas contresignée, comme l'exige la constitution pour tous les actes du président de la République, se présente comme un acte personnel du maréchal.

cette lettre, le chef de l'État ne se contentait pas, du reste, de marquer son opposition à la politique suivie par Jules Simon, il lui déclarait : *Si je ne suis pas, comme vous, responsable devant le parlement, j'ai une responsabilité envers la France*. C'était affirmer que le président de la République, selon les principes du parlementarisme *dualiste*, devait jouer un rôle politique actif, en l'occurrence à l'égard du parlement. Le 19 mai, Mac-Mahon fait appel au duc de Broglie pour former un ministère qui ait sa confiance personnelle et, usant de la faculté que lui donne la constitution, il proroge les chambres pour un mois.

C'est alors que la majorité républicaine rédige la déclaration connue sous le nom de *manifeste des 363*, dans laquelle il est à nouveau affirmé que le cabinet doit, avant tout, jouir de la confiance de l'assemblée, selon les principes du parlementarisme moniste.

Le 19 juin, à la rentrée des chambres, le ministère de Broglie est mis en minorité. Mac-Mahon décide alors de recourir à la dissolution. Cette démarche n'était certes pas inconstitutionnelle, puisque la constitution ne mettait à l'exercice du droit de dissolution qu'une condition : l'avis conforme du Sénat et cette condition avait été respectée. Mais elle posait en clair le problème de la position politique du président de la République. Devant les électeurs, les deux thèses vont s'affronter : le cabinet doit-il traduire seulement la volonté de la majorité du parlement, ou doit-il également tenir compte de la position politique du président de la République, qui représentait ainsi une volonté de l'exécutif, *indépendante* de celle émanant de la souveraineté nationale ?

Les conservateurs et le clergé, avec Mgr Dupanloup, font un gros effort pour persuader le corps électoral de faire confiance au maréchal[28] Gambetta, de son côté, avertit le président de la République que, lorsque le corps électoral aura parlé, il lui faudra *ou se soumettre ou se démettre* (discours de Lille du 15 août). C'est celui-ci qui devait avoir raison ; la majorité républicaine est réélue le 14 octobre, grossie, du reste au lendemain des élections, par de nombreuses invalidations de députés appartenant à la droite.

2. L'issue de la crise

923 Mac-Mahon ne comprit pas cependant tout de suite la situation et commença par former un cabinet personnel présidé par le général de Rochebouët. Mais les chambres ayant refusé d'entrer en rapport avec ce dernier, le président dut s'incliner et il appela, à nouveau, Dufaure au pouvoir. C'était reconnaître que les ministres devaient gouverner avec la confiance de l'assemblée, sans que le chef de l'État puisse lui imposer ses directives.

Mac-Mahon devait après s'être incliné, se démettre. En 1879, les républicains obtiennent la majorité au Sénat. À partir de ce moment, le chef de l'État, qui n'a plus aucun appui au Parlement, se sent complètement isolé. Aussi, le 30 janvier 1879, prenant prétexte des divergences portant sur la nomination de chefs militaires, il démissionne et est aussitôt remplacé par Jules Grévy qui, en 1848, avait proposé, dans un amendement, la suppression de la fonction... de président de la République. Ainsi prenait fin une tentative de parlementarisme dualiste, impliquant un pouvoir politique *propre* du chef de l'État. Désormais, il sera entendu que le cabinet ne doit tenir compte, pour gouverner, que de la majorité du Parlement. L'exécutif ne se relèvera de sa défaite qu'en 1962 (V. *IIIe partie*).

C. L'INSTALLATION DE LA RÉPUBLIQUE ET L'ÉVOLUTION CONSTITUTIONNELLE

924 À partir de 1879, la *République des ducs* (D. Halévy) s'efface au profit de la *République des républicains*.

On aurait, dès lors, pu s'attendre à ce que les républicains, désormais majoritaires au Sénat comme à la Chambre, modifiassent de façon profonde la constitution de 1875. En réalité, les transformations

28. Le ministre de l'intérieur, Fourtou, procède à 1 385 révocations et 4 779 déplacements de fonctionnaires. En outre, 1 743 maires sont révoqués et 631 conseils municipaux dissous. Ce souvenir hantera les auteurs de la constitution de 1946 : *En cas de dissolution, le cabinet, à l'exception du président du conseil et du ministre de l'intérieur, reste en fonction pour expédier les affaires courantes*. Le président de l'Assemblée nationale devenait chef du Gouvernement et ministre de l'intérieur (art. 52).

formelles par voie de révision, furent très limitées, les plus importantes s'établissant par la voie politique de conventions de la constitution et de coutumes.

Celles-ci ont pour origine le message adressé aux chambres, le 6 février 1879, par le président Grévy qui, faute de se supprimer, saborde l'institution en déclarant : *Je n'entrerai jamais en lutte contre la volonté nationale*[29]. Ceci équivaut à la subordination de l'exécutif et à l'abandon du droit de dissolution, marqué d'opprobre. Tout se passe comme si, à partir de cet instant, la constitution était vidée de son contenu parlementaire. En bref, la *souveraineté parlementaire* est proclamée en même temps que le *régime d'assemblée*. Leur règne ne devait cesser qu'en 1958, lors de l'avènement de la Ve République. En attendant, *les chambres sont le gouvernement lui-même* (E. Pierre).

Sans préjudice de la révision du 10 août 1926 afférente à la dette publique, celles de 1879 et de 1884 s'imposent à la réflexion.

1. La révision du 21 juin 1879

925 Bien que postérieure à la victoire des républicains, cette révision n'a qu'une portée très minime ; elle abroge l'article 9 de la loi constitutionnelle du 25 février 1875 qui, en souvenir de la Commune de Paris et par méfiance de la capitale, fixait à Versailles le siège des pouvoirs publics. En conséquence, la loi du 22 juillet transfère ce dernier à Paris, réconciliée ainsi avec la République.

2. La révision du 14 août 1884

926 Elle consacre la victoire des républicains. Elle se compose de quatre touches d'inégale importance : les institutions sont laïcisées avec la suppression des prières publiques relatives aux travaux des assemblées ; la forme républicaine du gouvernement ne peut pas faire l'objet d'une révision[30] ; le délai des élections consécutives à une dissolution est raccourci, enfin le Sénat est démocratisé (suppression, à l'avenir, des sénateurs inamovibles et modification du collège électoral)[31].

3. L'hégémonie parlementaire

927 La IIIe République, en domestiquant l'exécutif, a donné naissance au *régime d'assemblée* ou au *parlementarisme absolu* (Carré de Malberg).

La victoire des républicains, qui se développe de 1876 à 1885, avec les deux étapes principales qu'on a signalées (16 mai 1877 et révision de 1884) se concrétise, en réalité, en une victoire du parlement, qui a triomphé des épreuves de force qui lui avaient été imposées.

On sait les moyens par lesquels, à partir de la crise de 1877, celui-ci a établi sa prépondérance juridique et politique : abandon du droit de dissolution[32], maîtrise complète des assemblées sur leur ordre du jour, action des grandes commissions auxquelles était reconnu le droit de remanier et même de démanteler les projets du gouvernement ; le tout majoré par la *transposition* de la souveraineté nationale en souveraineté parlementaire, ainsi que par le phénomène de l'extrémisme, qui entraînait à

29. Jules Grévy en dissociant les qualités de chef de gouvernement et de chef de la majorité (*le dualisme négatif*) devait encore accuser la dépendance de l'exécutif. On ne peut s'empêcher d'opposer ce message à celui adressé, le 8 juillet 1981, par le président François Mitterrand dans lequel s'affirme avec vigueur le régime *présidentialiste* (*IIIe partie*).

30. Afin de ne pas renouveler l'erreur de 1848, la révision frappe d'inéligibilité à la présidence de la République les membres des familles ayant régné sur la France. Cette disposition reprise en 1946 (art. 44 de la constitution) sera abandonnée en 1958.
En outre, une loi du 22 juin 1886 frappe ces personnes d'exil, généralise l'inéligibilité et leur ferme l'accès à la fonction publique. Ces mesures ont été abrogées par la loi du 24 juin 1950.

31. Initialement chaque commune était représentée par *un seul délégué* (Victor Hugo eut l'insigne honneur d'être celui de Paris). Avec la réforme de 1884, une certaine proportionnalité est établie avec le chiffre de la population de la commune.

32. V. P. COUZINET, Dissolution des assemblées parlementaires et la démocratie parlementaire, *R.D.P.* 1933, p. 495.

gouverner avec un centre divisé lui-même en de nombreux partis, en raison de l'existence de plusieurs lignes de clivage entre centre droit et centre gauche.

Il faut ajouter que, sous la IIIe République, le dialogue gouvernement-parlement était encore compliqué par cette circonstance que le Sénat avait les mêmes pouvoirs que la Chambre des députés, en ce qui concerne le vote des lois et le contrôle politique des ministres. De ce fait, *l'assujettissement* du cabinet était encore plus net.

Après avoir surmonté ultérieurement *la crise boulangiste* (1886-1889), du nom du général Boulanger[33] qui cultivait le mimétisme bonapartiste[34] et la *révolution dreyfusienne* (D. Halévy)[35], la IIIe République devait connaître une relative stabilité ministérielle de 1899 à 1914[36]. Elle parviendra au zénith avec la victoire du 11 novembre 1918, avant de connaître une longue agonie.

D. LA TENDANCE AU RENFORCEMENT DE L'EXÉCUTIF

928 Les défauts du régime sont si évidents qu'on essaie, à diverses reprises, d'amorcer un mouvement *révisionniste* appelé le *mouvement de la réforme de l'État*[37]. Mais ces tentatives échoueront, même celle tentée par le ministère Doumergue, en 1934.

Seules, deux évolutions viendront remédier, dans une certaine mesure, aux défauts de la prépondérance juridique du Parlement sous la IIIe République : l'organisation de la présidence du conseil et la pratique de la délégation de pouvoir (les décrets-lois).

1. L'organisation de la présidence du conseil

929 En 1871, l'Assemblée nationale avait créé un poste de vice-président du conseil et, sous ce titre, le duc de Broglie joua le rôle d'un véritable chef du gouvernement, surtout après la démission de M. Thiers. Dufaure, le 9 mars 1876, acheva l'évolution en s'attribuant la désignation, en même temps, que la fonction[38].

Toutefois, l'autorité du président du conseil dépendait essentiellement de sa personnalité, et aussi de la solidité de la coalition à la tête de laquelle il se trouvait placé. Si, de 1899 à 1913, période de majorités solides, la fonction est souvent tenue par des personnalités fortes (Waldeck-Rousseau, Clemenceau, Briand, Poincaré, etc.), à d'autres époques, où les majorités sont beaucoup moins cohérentes, on est obligé de rechercher des *conciliateurs* plutôt que des chefs et le président du conseil n'a que peu d'autorité sur ses propres collaborateurs. On voit des ministres faire une politique personnelle et même prendre position dans des scrutins publics, contre lui. Du reste, à cette époque, la chose ne paraît pas scandaleuse car, juridiquement, d'après la lettre de la constitution il n'est qu'un ministre comme les autres, dépourvu de prérogatives particulières.

Les choses vont cependant changer au cours de la première guerre mondiale, qui permet de toucher du doigt l'importance du rôle de l'exécutif pour la direction du pays. Dès 1914, on commence d'organiser administrativement la présidence du conseil, avec un chef de cabinet, d'abord, un secrétaire

33. Le programme révisionniste se ramenait à trois idées : *dissolution, constituante, révision.*

34. Le général Boulanger déposait sa candidature aux élections législatives, dans plusieurs circonscriptions à la fois. À ce propos, Henri Wallon déclarait : *Quand on se présente dans 50 collèges, on ne cherche pas à entrer dans la Chambre des députés, on cherche à se mettre au-dessus d'elle, on veut s'imposer au pays par les moyens que la constitution réprouve.* La loi du 17 juillet 1889 a prohibé les candidatures multiples (art. L. 156 du Code électoral) (v. *IIIe partie*).

35. V. Ch. SEIGNOBOS, *L'évolution de la IIIe République, 1921.*

36. Waldeck-Rousseau établit le record de longévité gouvernementale sous la République (1899-1902). Il appartiendra à Lionel Jospin (1997-2002) de le supplanter.

37. Il n'est pas jusqu'au président de la République Alexandre Millerand (1920-1924) qui ne se prononce en faveur de la restauration de l'exécutif (discours d'Évreux, 14 octobre 1923). Ce courant d'idées devait être consacré en 1958 (v. *IIIe partie*).

38. On se souvient que le constituant de 1875 avait traité par prétérition le chef du ministère. Une coutume comblera cette lacune.

général, ensuite, un sous-secrétaire d'État, dans le ministère Clemenceau enfin. En conclusion de ces efforts, l'article 23 de la loi des finances du 24 décembre 1934 reconnaît, pour la première fois, l'existence d'un *ministre chargé de la présidence du conseil* et lui attribue des services administratifs distincts (décret du 31 janvier 1935). Désormais, ce dernier n'aura plus besoin de prendre un portefeuille spécialisé ; d'autre part, il bénéficiera de services pour assurer sa mission de coordination ; enfin, il lui sera attribué un local particulier, affecté au service de la présidence : l'hôtel de Matignon. Toutefois, il ne disposera d'aucune autorité de droit sur ses collègues. Il demeurera un *primus inter pares*. Il faudra attendre la constitution de 1946 pour qu'il soit mis en position de chef réel de l'exécutif.

2. Les décrets-lois

930 Pendant la guerre de 1914-1918, les chambres avaient été amenées, à titre exceptionnel, à autoriser le cabinet à prendre des décrets ayant *force de loi*, c'est-à-dire susceptibles de modifier les lois en vigueur. La loi de 1918 sur le ravitaillement, ou celle de 1919 introduisant la législation française dans les départements recouvrés d'Alsace et de Moselle inaugurent cette technique.

Après la guerre, et en raison des graves difficultés financières consécutives à l'effort accompli entre 1914 et 1918, comme à la politique de reconstruction, une loi du 24 mars 1924 accorde au cabinet Poincaré, la faculté de procéder par décrets-lois, afin de réaliser des économies. Les élections de 1924 entraînant un changement de majorité, et, par suite, la démission de ce dernier, ne permettent pas l'application du texte. Mais, en 1926, Poincaré est rappelé au pouvoir, à la suite de l'urgence de la situation financière, et fait voter la loi du 3 août, qui lui donne des pouvoirs analogues[39]. De proche en proche, le procédé de la délégation législative s'impose.

En 1934, Doumergue est, à son tour, autorisé à agir par voie de décrets-lois, ainsi que Laval en 1935. L'usage de cette procédure est refusé à Léon Blum, au début de l'année 1937, mais la même majorité accorde les pleins pouvoirs à Chautemps, le 30 juin 1937, puis à Daladier, à trois reprises différentes. Enfin, la loi du 8 décembre 1939 fait des décrets-lois un procédé normal de gouvernement du pays pendant la durée de la guerre. En fait, les grandes réformes effectuées entre 1934 et 1940, l'ont été par cette voie *conventionnelle*.

En dernière analyse, le Parlement renoncera, le 10 juillet 1940, à l'exercice du pouvoir constituant, comme du reste, en 1958. *Des pleins pouvoirs à sans pouvoirs !* (J. Giraudoux).

Des institutions inadaptées, malgré un fort courant de pensée révisionniste[40], étaient à la merci d'un choc. L'effondrement militaire de 1940, cette *divine surprise*, pour d'aucuns, allait les ruiner.

§ 5. LA FIN DE LA IIIᴱ RÉPUBLIQUE ET LA SITUATION POLITIQUE DE 1940 À 1944

931 C'est la défaite de 1940 qui devait emporter la IIIe République. De juin 1940 à août 1944 s'ouvre une période complexe, au cours de laquelle s'affrontent deux Gouvernements (celui de *l'État français* et celui de la *France libre*) à l'image de l'illégitimité et de la légitimité, qu'ils incarnent respectivement.

39. Sur cette pratique, consacrée en 1958 (art. 38 C) : D. RUSU, *Les décrets-lois dans le régime constitutionnel de 1875*, thèse Bordeaux, 1942.

40. V. R. CAPITANT, *La réforme du parlementarisme*, 1934 ; JOSEPH-BARTHÉLÉMY, *La crise de la démocratie contemporaine*, 1931, et *Valeur de la liberté et adaptation de la République*, 1935 ; Jean-Éric GICQUEL, Charles Benoist : itinéraires d'un républicain rallié à la monarchie, *RA* 2003, p. 571.

A. LA FIN DE LA IIIE RÉPUBLIQUE

932 Devant la situation militaire désastreuse qui suit l'offensive allemande de mai 1940, les ministres du cabinet Paul Reynaud, alors en fonctions, se divisent. Les uns veulent continuer la lutte outre-mer et proposent que le gouvernement se transporte en Afrique du Nord ; les autres exigent un armistice immédiat. Les seconds étant en majorité, le cabinet Paul Reynaud démissionne et est remplacé par un cabinet Pétain, qui demande et obtient l'armistice (16 juin 1940).

Quelques jours plus tard, la Chambre des députés et le Sénat engagent, à la demande du Gouvernement, une procédure de *révision-abrogation* de la constitution, qui aboutit, dans des formes juridiques, apparemment régulières, à la loi constitutionnelle du 10 juillet 1940, investissant le maréchal Pétain du pouvoir constituant. La nouvelle constitution de l'État français devait être soumise à la ratification de la Nation. En réalité, si divers *actes constitutionnels* interviennent, ils ne visent qu'à assurer provisoirement le gouvernement de la France, sous l'autorité du maréchal, à l'issue de ce *coup d'État* (R. Cassin)[41] qui s'est nommé lui-même, en vertu des pouvoirs conférés par la réforme du 10 juillet 1940, chef de l'État. Malgré quelques tentatives, aucun texte constitutionnel de caractère définitif ne verra le jour.

Il convient de noter que, malgré sa régularité formelle, la loi du 10 juillet 1940 consacre une véritable *contre-révolution,* tant idéologique que juridique ; bref la récusation de 1789. Si politiquement la IIIe République est morte à cette date, il faut attendre le référendum du 21 octobre 1945, pour que démocratiquement son acte de décès soit dressé.

B. LE GOUVERNEMENT DE L'ÉTAT FRANÇAIS OU DE VICHY

933 La période 1940-1944, dite aussi de la *Révolution nationale*, doit être considérée comme une période de dictature de l'exécutif et, plus encore, de *négation* de l'État de droit, de l'individualisme et du libéralisme, en raison notamment de sa politique raciste et antisémite. Cet État vassal, placé sous le protectorat allemand, devait être frappé *d'inexistence* à la Libération, en dehors de ses actes qui *n'eussent pas été désavoués par le régime républicain*. Il s'agit donc d'une *autorité de fait* (art. 7 de l'ord. du 9 août 1944 relative au rétablissement de la légalité républicaine)[42].

Jusqu'au 18 avril 1942, le chef de l'État retient entre ses mains tous les pouvoirs. Il possède le pouvoir constituant, en vertu de la loi du 10 juillet 1940. Il détient également le pouvoir législatif et le pouvoir exécutif, en vertu de l'acte constitutionnel n° II. Il participe, enfin, personnellement, à l'exercice du pouvoir judiciaire, tout au moins à l'égard des ministres ou des hauts fonctionnaires en fonctions ou ayant quitté leurs fonctions depuis moins de dix ans en vertu de l'acte constitutionnel n° VII. Mais, l'acte constitutionnel n° XI du 18 avril 1942, pris sous la pression des autorités

41. Seuls 80 parlementaires empruntèrent, le 10 juillet 1940, le *chemin de l'honneur*, en s'opposant à la fin de la République. Le dernier d'entre eux, Maurice Montel, député du Cantal est décédé en mai 1996. V. R. BONNARD, *Les actes constitutionnels de 1940 à 1942*, 1942 ; J. LAFFERIÈRE, *Le nouveau Gouvernement de la France*, 1942 ; G. BERLIA, La loi constitutionnelle du 10 juillet 1940, *R.D.P.* 1944, p. 45 ; R. CASSIN, un coup d'État : la soi-disant constitution de Vichy (rééd.), *idem* 2010, p. 646 ; E. LE FLOCH : *Les projets de constitution de Vichy (1940-1944)*, thèse Paris II, 2003 ; E. CARTIER, *La transition constitutionnelle en France, 1940-1945*, thèse Paris-I, 2004.

42. La *désincarnation* de la France (J. Giraudoux) est illustrée par la législation raciste de 1940 ; la loi pénale rétroactive du 14 août 1941 porte création d'une juridiction spéciale *(sections spéciales)*. Un décret du 3 février 1993 a institué, le 16 juillet, journée nationale commémorative des persécutions racistes et antisémites. D'où la condamnation de l'État, au nom de la continuité, pour faute de service dans la déportation de juifs (C.E., 12 avril 2002, *Papon, A.J.D.A.* 2002, p. 423). V. M. VERPEAUX, L'affaire Papon, la République et l'État, *R.F.D.C.* 2003, p. 513.

occupantes, qui désiraient le retour au pouvoir de Pierre Laval, crée un poste de *chef du gouvernement*, chargé de la direction de la politique intérieure et extérieure de la France, sous l'autorité du chef de l'État. Ainsi appuyé sur les dispositions dudit acte, Pierre Laval supplante peu à peu Pétain ; l'acte constitutionnel n° XII lui confère directement le pouvoir législatif, conjointement au maréchal, et, à partir de 1943, l'essentiel de l'action législative sera son fait. À côté de Pétain et de Laval se trouvent des ministres et secrétaires d'État, avec une hiérarchie établie au bénéfice des premiers. Le maréchal Pétain décide également la création d'un Conseil national, par lequel il semble que l'on ait voulu organiser un embryon de représentation. Mais cet organisme ne siégera pratiquement pas.

C. LA FRANCE LIBRE ET LE GOUVERNEMENT PROVISOIRE DE LA RÉPUBLIQUE FRANÇAISE

934 Dépositaires de la légitimité républicaine et de l'honneur de la France (*Jamais la France ne crut que l'ennemi ne fût point l'ennemi et que le salut fût ailleurs que du côté des armes de la liberté*, selon le général de Gaulle) la France libre et le G.P.R.F. se sont mis en place parallèlement à l'organisation de Vichy[43].

1. Le Comité national français

935 Cet organisme est constitué à Londres, le 24 novembre 1941, par le général de Gaulle qui, depuis le 18 juin 1940, exerçait une dictature salvatrice au nom de la légitime défense de la République (ou *dictature de salut public*). Le 28 juin 1940, le gouvernement anglais reconnaît en lui le chef des Français libres et l'habilite à organiser une force militaire autonome qui continuera le combat, au nom de la France, aux côtés des Alliés. Le 27 octobre suivant, à Brazzaville, par une *ordonnance*, il s'attribue l'exercice provisoire du pouvoir, avant de le rendre au peuple, en 1945.

2. Le G.P.R.F.

936 Le 3 juin 1943, avec l'aide des Alliés, un accord est établi entre les généraux Giraud et de Gaulle, d'où résulte, par fusion du Comité national français et du Commandement civil et militaire, le Comité français de la Libération nationale.

Cet organisme, qui fonctionne d'abord sous la direction conjointe des deux généraux, passe, à la fin de 1943, sous la seule autorité du général de Gaulle, qui adjoint à son gouvernement une Assemblée consultative provisoire composée de représentants des mouvements de la Résistance. Le 24 avril 1944, à la veille du débarquement des Alliés en France, le Comité français de la Libération nationale prend le titre de *Gouvernement provisoire de la République française*.

Au fur et à mesure de la libération du territoire métropolitain, le G.P.R.F. substitue son autorité à celui de Vichy. Le général de Gaulle et ses ministres s'installent à Paris, ainsi que l'Assemblée consultative, au mois d'août 1944.

43. *La légitimité (du G.P.R.F.) est d'ores et déjà non seulement une légitimité de fait, non seulement une légitimité de droit, mais une légitimité de valeur, c'est-à-dire reconnue par l'adhésion de l'ensemble de la nation qui salue en lui celui qui est resté fidèle à l'idéal national. Le signe indubitable en est la joie de la nation délivrée et la reconnaissance pour l'action menée.* G. FESSARD, consultation du 8 septembre 1944, pour Mgr Théas, *Commentaire* n° 67, 1994, p. 569 ; *Dictionnaire De Gaulle*, 2006.

§ 6. L'ÉLABORATION DE LA CONSTITUTION DU 27 OCTOBRE 1946

937 Devant la complexité des problèmes posés par la loi constitutionnelle du 10 juillet 1940 et le fait de l'*État français*, en raison du vigoureux désir de renouveau qui se manifeste à la Libération[44], mais aussi en réfléchissant aux inconvénients ou dangers qui peuvent naître de l'élection d'une Assemblée constituante à pouvoirs illimités, le G.P.R.F. décide d'inviter le peuple à choisir, par voie de référendum, entre trois solutions : retour à la constitution de 1875 ; élection d'une constituante à pouvoirs illimités ; élection d'une constituante dont les pouvoirs seraient, à l'avance, *limités*. Cette dernière sera choisie.

A. LE RÉFÉRENDUM DU 21 OCTOBRE 1945

938 À l'occasion de ce référendum auquel, pour la première fois, les Françaises étaient conviées, deux questions étaient posées.

La première était la suivante : *Voulez-vous que l'Assemblée élue à ce jour soit constituante ?* Cette question permettait à l'électeur de décider s'il préférait le retour à la constitution de 1875 ou l'établissement d'un régime nouveau. En effet, en cas de réponse négative, l'Assemblée élue le 21 octobre 1945 devait former la Chambre des députés de la constitution de 1875 ; un Sénat serait élu par la suite et les institutions arrêtées en 1940 seraient ainsi remises en route. Par contre, en cas de réponse positive, le régime de 1875 était considéré comme définitivement aboli, le corps électoral conférait le caractère constituant à l'Assemblée élue et on s'orientait vers l'établissement d'un régime nouveau. La seconde question était ainsi conçue : *Si le corps électoral a répondu oui à la première question, approuvez-vous que les pouvoirs publics soient, jusqu'à la mise en vigueur de la nouvelle constitution, organisés conformément au projet de loi ci-contre ?* Une réponse négative faisait de la constituante une assemblée souveraine ; une réponse positive, un corps constituant à pouvoirs limités par les dispositions inscrites sur le bulletin de vote lui-même.

La bataille se livra surtout sur la seconde question. Le général de Gaulle demandait aux électeurs de répondre *oui* et *oui* aux deux questions, c'est-à-dire de se prononcer en faveur d'institutions nouvelles, mais établies par une constituante dont les pouvoirs seraient, à l'avance, limités. Il était suivi, dans cette façon de voir, par les socialistes et les démocrates-chrétiens (MRP). Les communistes, se posant en héritiers de la tradition révolutionnaire, demandaient de répondre *oui, non*, c'est-à-dire de se prononcer pour un régime nouveau à établir par une assemblée constituante, à pouvoirs illimités. La droite demandait à ses fidèles de répondre : *non, oui*, c'est-à-dire de se prononcer par priorité, en faveur d'un retour aux institutions de 1875 ; mais au cas où ce retour ne serait pas accepté par la majorité du corps électoral, de se déclarer en faveur d'une constituante à pouvoirs limités.

Le 21 octobre 1945, les électeurs repoussent le retour aux institutions de 1875 à la quasi-unanimité. Les chiffres sont de 18 584 764 *oui* contre 699 136 *non*. En revanche, la limitation des pouvoirs de l'Assemblée constituante n'est obtenue que par une majorité des deux tiers : 12 794 945 *oui* contre 6 449 206 *non*.

B. LES ÉLECTIONS À L'ASSEMBLÉE CONSTITUANTE

939 Elles ont lieu le même jour que le référendum avec un régime électoral largement modifié par rapport à la constitution de 1875 : les femmes reçoivent, pour la première fois, en vertu de l'ordonnance du 21 avril 1944, le droit de vote, que la Chambre des députés avait souvent désiré leur voir accorder, avant 1940, mais auquel le Sénat s'était toujours opposé ; les militaires de carrière (ordonnance du

44. V. A. HAURIOU, L'expérience d'Alger, *Les cahiers politiques*, avril 1945, p. 31 ; Y. M. DANAN, *La vie politique à Alger de 1940 à 1944*, 1963 ; H. MICHEL et B. MIRKINE-GUETZEVITCH, *Les idées politiques et sociales de la Résistance*, 1954 ; J. DE SOTO, G. BERLIA, G. MORANGE, F. LUCHAIRE et autres, *Refaites une constitution*, 1946.

17 août 1945) peuvent également prendre part au scrutin ; les territoires d'outre-mer, enfin, envoient des représentants à l'Assemblée constituante, même ceux qui ne possèdent pas le statut de département.

Par ailleurs, le mode de scrutin adopté pour ces élections est le scrutin de liste à la proportionnelle (sans panachage, sans vote préférentiel et à la plus forte moyenne). Les élections donnent l'assemblée la plus à gauche que la France ait jamais connue : socialistes et communistes y groupent à eux seuls plus de 51 % des suffrages exprimés et plus de la moitié des sièges.

C. LA CONSTITUTION PROVISOIRE DU 2 NOVEMBRE 1945

940 Le projet réglementant la constituante, accepté par le référendum du 21 octobre, devient la loi du 2 novembre 1945. De novembre 1945 à octobre 1946, la France vit sous le régime constitutionnel établi par elle.

Cette loi organise en gros, pour le gouvernement provisoire du pays, un régime parlementaire de type spécial avec une seule assemblée et *confusion* en une même personne du chef de l'État et du président du conseil[45]. Par ailleurs, les divers pouvoirs de l'assemblée sont minutieusement réglementés.

1. Le pouvoir constituant

941 Il est confié à la nation. L'Assemblée a seule le droit d'initiative ; c'est elle qui propose le contenu intellectuel de la future constitution, mais celle-ci doit être soumise à l'acceptation du corps électoral par voie de référendum, dans le délai d'un mois. Si la constitution est rejetée par le peuple, une nouvelle constituante doit être élue et cette procédure doit être suivie jusqu'à ce qu'intervienne l'approbation par référendum. Par ailleurs, chaque constituante n'a que sept mois pour accomplir son travail ; si dans ce délai elle n'a pas pu aboutir, elle doit être renvoyée devant les électeurs.

2. Le pouvoir législatif et budgétaire

942 L'Assemblée possède le pouvoir législatif, mais n'a pas l'initiative en matière de dépenses. *L'organe exécutif* se compose d'un président du gouvernement et de ministres. Le président est élu directement par l'Assemblée. Après il constitue son ministère et le soumet à l'approbation de l'Assemblée, en même temps que son programme de gouvernement. Le cabinet ainsi composé est responsable devant l'Assemblée. Mais, le simple rejet d'un texte ou d'un crédit n'oblige pas le gouvernement à démissionner, sauf adoption d'une motion de censure.

D. LE PROJET DE CONSTITUTION DU 19 AVRIL 1946 ET SON REJET PAR LE RÉFÉRENDUM DU 5 MAI 1946

943 La constituante, élue le 21 octobre 1945, mit six mois à élaborer un projet de constitution, qui ne fut adopté en séance publique que par 309 voix contre 249. Seuls, les communistes et les socialistes votèrent pour le projet, le M.R.P. s'étant, après de longues discussions, séparé des partenaires avec lesquels il gouvernait et rangé dans le camp des opposants[46]. Tout en innovant sur beaucoup de points (une déclaration des droits, notamment économiques v. *1re partie*), on peut dire que le projet d'avril 1946 tendait à perpétuer, dans ses lignes générales, le système établi par la pré-constitution de 1945. *Le pouvoir législatif* ne comprend qu'une seule assemblée (l'Assemblée nationale) élue pour cinq ans au suffrage universel direct. Ce sera l'une des raisons majeures de l'échec référendaire, même si deux organes consultatifs l'escortent. *Le Conseil de l'Union française*, composé de membres élus par les

45. La fonction est exercée successivement par le général de Gaulle (nov. 1945-janvier 1946) ; F. Gouin (janvier 1946-juin 1946) ; G. Bidault (juin 1946-nov. 1946) et L. Blum (déc. 1946-janvier 1947).

46. V. G. BERLIA, Le projet de constitution du 19 avril 1946, *R.D.P.* 1946, p. 209.

conseils généraux de la métropole et les assemblées territoriales des territoires d'outremer. *Le Conseil économique*, qui examine pour avis, dans un délai de trois jours, les projets et propositions de loi à caractère économique, déposés sur le bureau de l'Assemblée nationale, avant que celle-ci délibère elle-même.

Le pouvoir exécutif est représenté par un président de la République élu par l'Assemblée nationale seule et qui ne doit avoir, dans la conception des premiers constituants, qu'un rôle purement honorifique : il ne participe même pas à la désignation du président du conseil.

Le véritable chef de l'exécutif est le président du conseil, élu par l'Assemblée nationale, au scrutin public, à la majorité absolue des membres la composant. Le chef du gouvernement choisit lui-même ses ministres. Mais, la structure, la composition et le programme du cabinet doivent être soumis à l'Assemblée nationale pour qu'elle accorde ou refuse sa confiance.

Les ministres sont collectivement responsables devant celle-ci. Cette responsabilité est mise en jeu, soit par la question de confiance posée par le président du conseil, après délibération du conseil des ministres, soit par le dépôt d'une motion de censure.

Dans les deux cas, et afin d'éliminer les causes d'instabilité ministérielle, le vote doit avoir lieu au scrutin public, à la majorité absolue des députés et à l'expiration d'un certain délai. Ce délai est d'un jour, lorsque c'est le cabinet qui pose la question de confiance et de deux, si la responsabilité est mise en cause à la suite du dépôt d'une motion de censure.

L'Assemblée peut décider, à la majorité des deux tiers, sa propre dissolution. Elle peut également être dissoute par décision du conseil des ministres, si deux crises ministérielles sont intervenues au cours d'une session annuelle dans la seconde moitié de la législature.

Ce projet organisait, en fait, un régime d'assemblée : l'Assemblée nationale est unique, le président de la République et le président du conseil, à nouveau *distincts*, procèdent directement d'elle ; elle approuve les nominations des ministres ; la magistrature elle-même, dirigée par un Conseil supérieur de la magistrature, dans lequel les membres de l'Assemblée ont la majorité, est indirectement sous l'autorité de cette dernière. Par référendum, le 5 mai 1946, le corps électoral repousse le projet (10 584 359 *non* ; 9 454 034 *oui* ; 5 262 043 abstentions).

Une seconde assemblée constituante est élue le 2 juin 1946. Elle modifie sensiblement les institutions proposées dans le sens souhaité par le M.R.P., établit un nouveau projet, qui est ratifié par le corps électoral, le 13 octobre 1946 (9 297 470 *oui* ; 8 165 459 *non* ; 8 519 835 abstentions). La constitution est promulguée le 27 octobre 1946. Les discours *anti-constitution* prononcés successivement par le général de Gaulle, à Bayeux et à Épinal, les 16 juin et 29 septembre précédents, furent sans portée dans l'immédiat.

Après des années de tumultes, *on sortait du provisoire pour entrer dans le précaire*, selon Léon Blum.

§ 7. LA CONSTITUTION DU 27 OCTOBRE 1946 OU LA CONSTITUTION DE LA IVE RÉPUBLIQUE

944 Précédée d'un préambule, à l'occasion duquel la Déclaration des droits de l'homme et du citoyen est restaurée dans le même temps où les *droits sociaux*, sont appelés à la compléter (v. *Ire partie*), la constitution du 27 octobre 1946, dans sa volonté de s'opposer à celle de 1875, devait succomber au *mimétisme*. La souveraineté parlementaire s'y affirme autant que le *régime d'assemblée*, en dépit d'une tentative de *rationalisation* de l'activité des pouvoirs publics.

A. L'ORGANISATION DES POUVOIRS PUBLICS

945 Malgré de considérables différences de vocabulaire et de présentation, la constitution de 1946 est proche de celle de 1875. La parenté sera, du reste, accentuée par la réforme du 7 décembre 1954. Toutefois, une différence importante est à noter : en 1946, on passe du bicamérisme intégral de 1875 à un bicamérisme partiel, le Conseil de la République ayant beaucoup moins de pouvoirs que le Sénat[47].

1. Le Parlement

946 Il se compose de deux assemblées : l'Assemblée nationale, qui prend la suite de la Chambre des députés, et le Conseil de la République, qui succède au Sénat.

a) L'Assemblée nationale

947 Elle est élue à la représentation proportionnelle (avec répartition des restes à la plus forte moyenne) au suffrage universel direct. Toutefois, par la suite, afin de résister à la double poussée des communistes et des gaullistes, qui, à partir de 1947, constitue une menace pour le régime, la loi du 9 mai 1951 insère un élément majoritaire : les listes *apparentées* dans un département, enlèvent tous les sièges si elles obtiennent ensemble la majorité absolue, quitte, ensuite, à se partager ces sièges au prorata des suffrages obtenus par chacune. Ce système permet à la *troisième force*, coalition centriste, composée des socialistes, du M.R.P. et des radicaux, de gagner les élections de 1951. Il sera, à nouveau, appliqué à l'occasion du scrutin de 1956. C'est entre les mains de l'Assemblée que se trouvent tous les pouvoirs du Parlement.

La maîtrise des députés se manifestait surtout dans les domaines suivants : pour la réglementation des sessions, les constituants de 1946 avaient adopté un système proche de la permanence des assemblées, réglé dans son fonctionnement par la Chambre élue au suffrage universel. La session ordinaire s'ouvrait toujours le second mardi de janvier, mais elle ne se fermait désormais que par la volonté de l'Assemblée nationale. Encore, celle-ci n'avait-elle pas le droit d'interrompre les travaux du parlement pendant plus de quatre mois ; tout ajournement de séance supérieure à dix jours étant considéré comme une interruption. Mais la réforme du 7 décembre 1954 revient au système de la session ordinaire qui peut être close, au bout de sept mois par le gouvernement.

L'Assemblée a la maîtrise de la loi. Enfin, seule, elle peut renverser le ministère, en lui refusant la confiance ou en votant la censure.

b) Le Conseil de la République

948 Il était primitivement désigné, selon la loi du 27 octobre 1946, par un système complexe qui, pour le principal, adjoignait dans les moyennes et grandes villes, des *grands électeurs* aux représentants des conseils municipaux. Toutefois, cette méthode, si elle était moins simple que celle de 1875, avait l'avantage de donner aux centres urbains une représentation comparable à celle des campagnes. La loi du 23 septembre 1948 rétablit le système électoral du Sénat de la IIIe République, qui favorise considérablement les campagnes.

Le Conseil de la République participe au choix d'un chef de l'État et à la désignation des membres d'un certain nombre de grands corps (Comité constitutionnel, Assemblée de l'Union française, Conseil supérieur de la magistrature, etc.). Mais il ne possède plus le contrôle politique du gouvernement (en 1948, cependant, André Marie posera la question de confiance au Luxembourg), et dans le domaine législatif, il n'a plus que les pouvoirs d'une *chambre de réflexion*, selon Léon Blum, c'est-à-dire un rôle *consultatif*.

47. V. J. BOUGRAB, *Aux origines de la Constitution de la IVe République de 1946*, 2002 ; G. BURDEAU, Le régime des pouvoirs publics dans la constitution du 27 octobre 1946, *R.D.P.* 1946, p. 545.

c) *La procédure législative*

949 Le Parlement élabore la loi, en toute indépendance[48]. Jusqu'en 1954, la procédure législative est la suivante : le Conseil examine les projets ou propositions de loi, qui doivent être, tout d'abord, adoptés par l'Assemblée nationale, et il formule son avis par un vote, précédé d'un débat au cours duquel il peut amender le projet. Mais l'Assemblée n'est pas liée par les modifications du Conseil et ce qu'elle vote en seconde lecture devient la loi. Toutefois, lorsque le Conseil de la République a voté une modification au scrutin public et à la majorité absolue de ses membres, l'Assemblée ne peut passer outre qu'à la suite d'un vote acquis dans les mêmes formes.

La réforme du 7 décembre 1954 modifie cette procédure. Le système de la *navette* entre les deux assemblées est rétabli, mais limité à cent jours, après l'adoption du texte en deuxième lecture à l'Assemblée nationale ; au terme de ce délai, c'est la volonté de cette dernière qui prévaut. En contrepartie, le Conseil perd son droit de bloquer un texte par la procédure du vote à la majorité absolue[49].

2. L'exécutif

950 Il demeure bicéphale : président de la République, d'une part et président du conseil et ministres, d'autre part. La *constitution Grévy* est consacrée, en un mot.

Le président de la République est toujours élu pour sept ans, mais n'est plus rééligible qu'une fois. Il perd, au bénéfice du président du conseil, bon nombre de prérogatives que la constitution de 1875 lui reconnaissait, mais dont il n'avait plus l'usage. Soit une magistrature d'influence : *mes conseils s'arrêtent au seuil de la décision* (V. Auriol). En contrepartie, il préside le Conseil supérieur de la magistrature et l'Union française. Le président du conseil devient juridiquement le véritable chef de l'exécutif[50]. C'est un des éléments de l'effort de *rationalisation* du parlementarisme entrepris en 1946.

B. LA TENTATIVE DE RATIONALISATION DU PARLEMENTARISME

951 En 1946, deux mouvements contradictoires sont amorcés par les constituants : institutionnaliser la souveraineté parlementaire et lutter contre l'instabilité ministérielle.

1. L'institutionnalisation de la souveraineté parlementaire

952 Elle se traduit d'abord dans la hiérarchie des pouvoirs établie par la constitution. L'organisation du Parlement est décrite avant celle du gouvernement. Elle est surtout consacrée par l'article 3 de la constitution : en toutes matières autres que constitutionnelles (où un référendum peut intervenir), le peuple exerce sa souveraineté par ses députés à l'Assemblée nationale, élus au suffrage universel, égal, direct et secret.

48. La procédure, haut lieu du régime d'assemblée, se situe aux antipodes de celle de la constitution de 1958. V. G. GALICHON, Aspects de la procédure législative en France, *R.F.S.P.* 1954, p. 793 ; F. GOGUEL, Les méthodes du travail parlementaire, *ibid.*, p. 674.

49. Toutefois, le Comité constitutionnel (art. 92) avait pour mission de protéger le Conseil de la République. Il ne tint qu'une seule réunion, le 17 juin 1948.

50. Paul Coste-Floret, rapporteur du second projet de constitution déclare : *Le président du conseil des ministres devient... au sens anglais du terme « le premier ministre ». La constitution lui donne tous les pouvoirs nécessaires à l'accomplissement de cette haute mission* (*Pouvoirs* n° 76, 1996, p. 17).

Cette affirmation claire et nette de la *transposition* de la souveraineté nationale en *souveraineté parlementaire* (au bénéfice de la seule Assemblée) résulte, en 1946, de deux ordres de raisons : Un *revival* très net de la tradition révolutionnaire, reprise par les communistes et aussi bien qu'à un moindre degré, par les socialistes, et le désir d'établir des institutions rendant très difficile, sinon impossible, le retour du général de Gaulle. Celui-ci a quitté le pouvoir, le 20 janvier 1946, parce qu'il n'admet pas que la politique du gouvernement puisse être définie par l'Assemblée constituante et, par conséquent, par des partis politiques. Pour lui, du reste, il n'est même pas concevable que le gouvernement, dans les nouvelles institutions, puisse procéder du Parlement. Il l'exprime avec force à Bayeux, le 16 juin 1946[51]. Dès lors, si la souveraineté parlementaire est affirmée sans ambages et anime l'ensemble des institutions, les portes du pouvoir seront fermées à un homme qui apparaît à la classe politique qui s'installe en 1946, désireux d'établir un régime *personnel*. De fait, le général de Gaulle ne composera jamais avec le système politique établi en 1946 ; lorsqu'il reviendra au pouvoir, son premier soin sera de le récuser.

Mais, en même temps, les constituants de 1946 se rendent compte qu'il faut s'efforcer de lutter contre l'instabilité ministérielle et procéder à une indispensable *rationalisation* du système politique. Des efforts seront faits, dans ce sens, mais sans succès.

2. L'effort de systématisation

953 On peut signaler, en ce sens, les dispositions suivantes :

a) La suppression du contrôle politique de la seconde chambre sur le Gouvernement

954 Sous la IIIe République, une partie des crises ministérielles a été le fait du Sénat. Il n'en ira plus de même sous la IVe où le Conseil de la République ne peut plus mettre en cause la responsabilité politique du gouvernement.

b) L'établissement d'une solidarité quasi contractuelle entre le président du conseil et l'Assemblée nationale

955 Initialement, le président de la République *désigne* le président du conseil, mais celui-ci doit être *investi* par un vote de l'Assemblée à la majorité absolue des membres la composant (art. 49). C'est seulement après cette marque de confiance *personnelle*, accordée après l'exposé par le président du conseil désigné de son programme, que celui-ci choisit ses ministres. Mais, à la suite du précédent Paul Ramadier de janvier 1947, sollicitant une fois le ministère constitué, une seconde investiture *collective*, cette procédure sera abandonnée lors de la réforme de 1954, qui revient, sur ce point, aux usages de 1875 : la confiance est accordée ou refusée au cabinet *tout entier* après sa formation et par vote à la majorité simple[52].

c) La systématisation de la mise en cause de la responsabilité politique

956 Sous le régime de 1875, la question de confiance pouvait être posée par n'importe quel ministre devant chaque assemblée, à n'importe quel moment, le vote intervenant aussitôt, sans procédure spéciale. Dans le cadre de la constitution de 1946, la question de confiance *personnelle* disparaît : *seul* le

51. *C'est donc du chef de l'État, placé au-dessus des partis, élu par un collège qui englobe le Parlement, mais beaucoup plus large que doit procéder le pouvoir exécutif. Au chef de l'État, la charge d'accorder l'intérêt général quant au choix des hommes, avec l'orientation qui se dégage du Parlement. À lui, la mission de nommer les ministres et d'abord, bien entendu, le premier, qui devra diriger la politique et le travail du Gouvernement.* V. J. GICQUEL, *L'analyse littérale du discours*, colloque de Bayeux, 1991, p. 37.

52. À propos de cette *incartade* (V. Auriol), Ramadier réplique : *L'Assemblée est souveraine et c'est un principe de tout temps : je ne peux méconnaître cette souveraineté.* V. M.-H. FABRE, Un échec constitutionnel : l'investiture du président du conseil des ministres, *R.D.P.* 1951, p. 182.

président du conseil peut la poser, après y avoir été autorisé par le conseil des ministres ; le vote ne peut intervenir qu'un jour franc après que la question a été posée ; il a lieu au scrutin public et la confiance ne peut être refusée qu'à la majorité *absolue* des membres composant l'Assemblée. Si une motion de censure est déposée par un député, le vote a lieu dans les mêmes conditions (art. 49 et 50)[53].

d) L'assouplissement relatif du droit de dissolution

957 Le président de la République dissout l'Assemblée nationale, si le président du conseil le lui demande, après délibération du conseil des ministres et avis des présidents des assemblées. Mais cette demande n'est possible que dans certaines conditions : tout d'abord, aucune dissolution n'est prononcée pendant les dix-huit premiers mois de la législature. Passé ce délai, deux conditions doivent se trouver réunies : il faut qu'au cours d'une seconde période de dix-huit mois consécutifs, deux crises ministérielles soient intervenues. Mais, et la restriction est d'importance, seules les crises ministérielles intervenant dans les conditions prévues aux articles 49 et 50, c'est-à-dire avec un refus de confiance manifesté à la majorité *absolue*, entrent en ligne de compte.

C. L'APPLICATION DE LA CONSTITUTION DE 1946

958 La souveraineté parlementaire s'est épanouie sous la IVe République.

1. L'instabilité gouvernementale

959 En douze ans d'existence, la IVe République a connu vingt-deux cabinets, en comptant le dernier, présidé par le général de Gaulle. Le record de l'éphémère appartient à un gouvernement Queuille avec 10 jours en juillet 1950 et celui de la longévité à Guy Mollet : un an et quatre mois (février 1956-juin 1957). L'échec est donc patent : l'instabilité ministérielle est aussi grave que pendant la seconde période de la IIIe République, c'est-à-dire entre 1918 et 1940.

Les causes principales sont au nombre de deux : la première est que les cabinets se retirent dès qu'ils sont mis en minorité, sans attendre que la confiance leur soit refusée, à la majorité *absolue*. Le premier cabinet, présidé par Paul Ramadier, donne l'exemple. L'Assemblée organisera, dès lors, la pratique des *votes calibrés* (A. Hauriou), afin de provoquer des crises ministérielles à la majorité *simple*, en vue de neutraliser le droit de dissolution[54]. Ce n'est qu'à la suite d'une *erreur de tir*, entraînant à dépasser la majorité absolue, qu'Edgar Faure pourra le 1er décembre 1955, exercer, pour la première et la dernière fois, le droit de dissolution : Pierre Mendès-France ayant été renversé, dans des conditions semblables, au mois de février précédant[55]. Coup d'éclat, a-t-on dit, et non coup d'État !

La seconde raison, qui est déterminante, est que la constitution de 1946 avait été prévue pour fonctionner avec des majorités de coalition solides. On assiste, en effet, en 1945-1946, à un effort de *structuration* des partis, le M.R.P. suivant, à cet égard, l'exemple des partis communiste et socialiste. Par ailleurs, ces partis qui se sont engagés le plus directement dans la Résistance affirment en 1946, leur volonté de gouverner ensemble. Mais le *tripartisme* sera rompu, dès mai 1947, par le départ des communistes, consécutif aux premiers désaccords entre les alliés occidentaux et l'U.R.S.S. À partir de ce moment, la logique partisane vole en éclats.

53. La constitution de 1958 (art. 49) devait parachever ce processus de rationalisation en prévoyant utilement une *sanction*, sous la forme d'un recours devant le C.C. V. P. AVRIL et J. GICQUEL, La IVe entre deux Républiques, *Pouvoirs* n° 76, 1996, p. 27.

54. V. Cl.-A. COLLIARD, La pratique de la question de confiance sous la IVe République, *R.D.P.* 1948, p. 231.

55. Il y a lieu de relever cependant qu'aucune législature de la IVe République n'est parvenue à son terme : la première, élue en 1946, a abrégé son mandat (loi du 12 mai 1951) ; la seconde a été prématurément écourtée par la dissolution du 1er décembre 1955. Quant à la troisième, élue en janvier 1956, elle a pris fin avec l'avènement de la constitution de 1958 (art. 90 C). V. J. GEORGEL, *La dissolution du 1er décembre 1955*, 1958.

Au tripartisme succède alors la *troisième force*, qui inclut les radicaux et les modérés. Mais cette formation, dans laquelle les nouveaux venus ont la nostalgie de la IIIe République et cultivent l'indiscipline, est, en outre, menacée, dès ses débuts, par le R.P.F. *(Rassemblement du peuple français)* créé par le général de Gaulle en 1947 et qui repousse les institutions. Cependant, elle résistera jusqu'aux élections de 1951 et même les gagnera. Mais la querelle des subventions aux écoles privées, soulevées par le R.P.F., la fera éclater ; le M.R.P. se désolidarisant, à cet égard, des socialistes (S.F.I.O.). Il faudra, dès lors, à travers de nombreuses crises ministérielles, désarticuler le R.P.F. pour en incorporer des morceaux dans la majorité gouvernementale[56].

Après la dissolution de 1955 et les élections de 1956, le *Front républicain* (S.F.I.O. et radicaux) ne constituera pas une majorité et il faudra, à nouveau, rechercher l'appui des modérés[57].

2. Les remèdes à l'instabilité gouvernementale

960 Un nouveau révisionnisme se manifeste, dont la Ve République recueillera les fruits.

En dehors de l'instabilité ministérielle, la faiblesse des majorités de coalition entraîne la renaissance de la législation déléguée *(décret-loi)*, malgré l'article 13 de la constitution qui l'interdit expressément. Une loi du 17 août 1948 (dite *loi André Marie)*, invente, pour éviter de heurter de front cet article, le procédé de la *loi-cadre* et celui de l'extension du pouvoir par *délégalisation* de certaines lois. L'origine *gouvernementale* de la loi se vérifie[58], simultanément au retour des décrets-lois à partir de 1953. Une ultime tentative de rationalisation se présente.

La réforme de 1954 avait été, en gros, un retour à la IIIe République sous la pression des radicaux et des modérés. Les projets de révisions constitutionnelle de janvier et mai 1958, dits *projets Gaillard et Pflimlin*[59], étaient une tentative sérieuse d'orientation vers le gouvernement de législature : suppression de l'initiative parlementaire en matière de dépenses et surtout modification du mécanisme du vote de défiance. Lorsque le président du conseil pose la question de confiance sur un texte ou un projet, si aucune motion de défiance ne lui est opposée, le projet est adopté *sans aucun vote*. La législation déléguée est consacrée, par ailleurs le droit de dissolution est modifié. La nouveauté la plus importante, à cet égard, est que, si le gouvernement est renversé à la suite d'une motion de censure ou d'une motion de défiance, dans les deux ans de l'investiture, la dissolution est automatique, si le président du conseil a prévenu, avant le vote, que le refus de la confiance aurait cette conséquence.

La IVe République serait probablement arrivée à se réformer si, elle avait pu mener à bien la décolonisation de l'Algérie. Son échec sur ce point, prévisible dès la guerre d'Indochine, a entraîné sa perte. Mais, il ne faut pas oublier que ce régime au milieu de périls de toutes sortes, a, cependant opéré la reconstruction du pays, donné une vigoureuse impulsion à la construction européenne (traités de Paris et de Rome) et réalisé une œuvre économique et sociale importante.

En définitive, la *version française* du parlementarisme a débouché sur la mise en place, à partir de 1879, d'un *régime d'assemblée*. La primauté du Parlement s'explique par deux causes principales, l'une juridique : le régime représentatif et l'autre politique : l'identification des assemblées à la démocratie. On en connaît les conséquences. Au

56. Le groupe parlementaire gaulliste se brisera, en mars 1952, lors du vote d'investiture demandé par Antoine Pinay. Le général en tirera les conséquences en sabordant son mouvement, le 6 mai suivant (v. *Discours et messages*, t. II, p. 607).

57. V. J. FAUVET, *La IVe République*, 2e éd., 1964 ; F. GOGUEL, *Le régime politique français*, 1955 ; J. BARSALOU, *La Mal-aimée, Histoire de la IVe République*, 1964 ; G. ELGEY, *La République des illusions*, 1965. *La République des contradictions*, 1968, et la *République des tourmentes*, 1992, 1997 et 2008 ; P. AVRIL et G. VINCENT, *La IVe République*, 1988.

58. V. A. PÉRI, *Le pouvoir exécutif dans le processus de formation de la loi dans l'histoire constitutionnelle française (1789-1958)*, 2008 ; J. SOUBEYROL, *Les décrets-lois sous la IVe République*, 1955 ; A. DE LAUBADÈRE, Des pleins pouvoirs aux demi-décrets-lois, *D.* 1952, p. 38.

59. Sur cette République – Janus, v. La IVe République, *Pouvoirs* n° 76, 1996, p. 129 et 137.

premier cas, l'exaltation de la loi et par voie de conséquence, la soumission de la constitution ; au second, la relégation de l'exécutif, en raison notamment de la disparition *de facto* de la dissolution, et la domination du pouvoir de suffrage.

Brutalement, la *souveraineté parlementaire* est récusée en 1958. Les nouvelles institutions se présentent comme une *réaction*. Dans ces conditions, la constitution du 4 octobre 1958 se veut une sorte *d'antithèse* aux règles constitutionnelles et aux pratiques politiques qui étaient celles des IIIe et IVe Républiques.

À bien des égards, trois années (1789, 1875 et 1958) auront marqué de leur empreinte indélébile la vie nationale.

BIBLIOGRAPHIE

■ M. AGULHON, *La République de Jules Ferry à François Mitterrand (de 1880 à nos jours)*, 1990 ■ S. ARNÉ, *Le président du conseil des ministres sous la IVe République*, 1962 ■ P. AVRIL et G. VINCENT, *La IVe République, 1988* ■ P. AVRIL et H. PORTELLI, *Personnel politique français, 1870-1988*, 1989 ■ J. BAINVILLE, *La Troisième République*, 1935 ■ P. BASTID, *Doctrines et institutions politiques de la Seconde République*, 1945 ■ M. BAUMONT, *La IIIe République*, 1968 ■ M. BLANCHARD, *Le Second Empire*, 1957 ■ L. BLUM, *La Réforme gouvernementale*, 1936 ■ G. et E. BONNEFOUS, *Histoire politique de la Troisième République*, 1956-1962 ■ J. CHASTENET, *Histoire de la Troisième République*, 7 vol., 1952-1963 ■ A. DANSETTE, *Deuxième République et Second Empire*, 1942 ■ J. DESLANDRE, *La constitution de 1875*, 1937 ■ Cl. ÉMERI et Chr. BIDÉGARAY, *La Constitution en France, de 1789 à nos jours*, 1997 ■ J. FAUVET, *La IVe République*, 2e éd., 1964 ■ J. GEORGEL, *Critiques et réforme des constitutions de la République*, 1960 ■ J. GICQUEL et L. SFEZ, *Problèmes de la réforme de l'État en France depuis 1934*, 1965 ■ F. GOGUEL, *La politique des partis sous la IIIe République*, 3e éd., 1958 ■ D. HALEVY, *La fin des notables*, 1930 et *La République des ducs*, 1937 ■ A. HAURIOU, *Le socialisme humaniste,* 1944 et *l'Expérience politique d'Alger, Les cahiers politiques*, avril 1945, p. 31 ■ R. DE JOUVENEL, *La République des camarades*, 1924 ■ J. JULLIARD, *La Quatrième République*, 1968 ■ J. LAFERRIÈRE, *Le nouveau Gouvernement de la France*, 1942 ■ F. LUCHAIRE, *Naissance d'une Constitution : 1848, 1998* ■ J.-P. MACHELON, IIIe République, *DC*, p. 1047 ■ R. PAXTON, *La France de Vichy*, 1973 ■ M. RECLUS, *La Troisième République*, 1945 ■ R. RÉMOND, *La République souveraine*, 2002 ■ J.-P. RIOUX, *La France de la Quatrième République*, 1980-1983 ■ O. RUDELLE, *La République absolue : 1870-1889*, 1982 ■ A. SIEGFRIED, *De la IIIe à la IVe République*, 1956 ■ A. SOULIER, *L'instabilité ministérielle sous la IIIe République*, 1939 ■ Ph. WILLIAMS, *La vie politique sous la IVe République*, 1971. ■ V. aussi les actes du colloque de Rennes : *Le centenaire de la IIIe République*, 1975 ; de Nice : *Naissance et mort des Républiques en France*, 1985 ; de Bayeux : *Le discours de Bayeux. Hier et aujourd'hui*, 1990 ; d'Épinal : *Le rétablissement de la légalité républicaine*, 1997 ; *1789-1989.* Histoire constitutionnelle, *Pouvoirs* n° 50, 1989 ; *La IVe République, ibid.* n° 76, 1996 et le *Dictionnaire de Gaulle*, 2006.

TITRE 2

LES INSTITUTIONS POLITIQUES CONTEMPORAINES DE LA FRANCE

CHAPITRE I
LES CARACTÈRES GÉNÉRAUX DE LA CONSTITUTION DU 4 OCTOBRE 1958

961 L'avènement de la Ve République, en 1958, a fait figure d'événement, dans la mesure où elle s'inscrit dans une perspective de *rupture* politique par rapport aux régimes précédents[1]. À ce titre, elle a suscité l'intérêt renouvelé des juristes et des politistes. Cet attrait est fondé, tout à la fois, sur sa *pérennité*, sa *singularité* et sa *dualité*.

Alerte, elle a fêté, en 2008, avec Nicolas Sarkozy, son 50e anniversaire, ce qui est exceptionnel. Vice-doyenne de nos institutions, après celles de la IIIe République[2], elle n'était pas destinée à durer. Elle était liée, en effet, à la solution du problème algérien, en vue de laquelle le général de Gaulle avait été rappelé. Mais, accordée à la modernité en raison de *la primauté* conférée à l'exécutif, elle devait surmonter, avec panache, les trois défis auxquels elle a été confrontée : celui de la normalisation en 1962 ; celui de la civilisation en 1968 et celui de la dévolution, en 1981. L'épreuve du feu, qu'a représenté la première alternance marque, non seulement le ralliement de la gauche à sa cause, mais plus encore son *enracinement*. François Mitterrand a pratiqué, pour l'essentiel, le mimétisme : *Les institutions n'étaient pas faites à mon intention, mais elles sont bien faites pour moi*[3]. Mieux, pendant 14 ans, elles devaient lui aller comme un gant, au point que l'on se prend à parodier Horace : *La Ve République conquise, conquit son rude vainqueur*.

L'exercice régulier de l'alternance depuis 1981, permet de délivrer un certificat de *bonne santé* aux institutions (F. Goguel). La constitution de 1958 s'est adaptée au rythme démocratique et a résisté aux crises économique, et financière.

1. L'année 1958 est aussi placée sous le signe de la rupture, avec l'entrée en vigueur du traité de Rome, créant la Communauté européenne. V. les 40 ans de la Ve République, n° spécial *R.D.P.* 1998, p. 1253.

2. V. A.F.D.C., Cinquantenaire de la constitution de la Cinquième République, 2008 ; Académie des sciences morales et politiques, Cinquantenaire de la constitution de la Cinquième République, n° 9, 2008 ; La constitution de la Ve République, D.F. 2008 ; La Ve République, *Pouvoirs* n° 126, 2008 ; Les 50 ans de la constitution de la Ve République, *R.F.D.C.* n° 77, 2009.

3. F. MITTERRAND, entretien au *Monde*, 2 juillet 1981. Que de chemin parcouru par l'auteur du *Coup d'État permanent* qui, en 1964, stigmatisait le régime : *Il n'y a d'opposition qu'inconditionnelle dès lors qu'il s'agit de substituer un système de gouvernement à un autre. Retoucher, aménager le pouvoir absolu, c'est déjà composer avec lui.* V. O. DUHAMEL, *La gauche et la Ve République*, 1980.

Elle est devenue la *seconde nature des Français*, selon le général de Gaulle, de *l'omniprésidence* de Nicolas Sarkozy à la *présidence normale* de François Hollande[4].

Lors donc, la constitution de 1958 s'inscrit dans le paysage national, avec un éclat de façade qui contraste avec la grisaille d'antan. Au terme d'une dynamique exceptionnelle, elle s'est avérée réfractaire à la typologie traditionnelle au point de l'enrichir et de devenir un modèle à elle seule. Le régime parlementaire restauré à cette date s'effacera au profit d'un régime *présidentialiste, inédit et insolite* au sein des démocraties, avant de ressusciter en période de *cohabitation*, en particulier au cours d'une législature (1997-2002). La *dissociation* opérée, à cet instant, entre les qualités de chef d'État et de la majorité parlementaire, a été à l'origine de la *novation* du régime, en écho aux messages adressés par François Mitterrand aux assemblées.

Le régime présidentialiste est énoncé, avec force, le 8 juillet 1981 : *J'ai dit... que mes engagements constitueraient la charte de l'action gouvernementale. J'ajouterai, puisque le suffrage universel s'est prononcé une deuxième fois, qu'ils sont devenus la charte de votre action législative.* Tandis que le 8 avril 1986, le régime parlementaire retrouve droit de cité. Au chef de l'État : *Fonctionnement régulier des pouvoirs publics, continuité de l'État, indépendance nationale, intégrité du territoire, respect des traités... à quoi s'ajoute l'obligation pour lui de garantir l'indépendance de la justice et de veiller aux droits et libertés définis par la Déclaration de 1789 et le préambule de la constitution de 1946.* Le Gouvernement a pour charge, aux termes de l'article 20 C : *de déterminer et de conduire la politique de la nation. Il assume, sous réserve des prérogatives du président de la République et de la confiance de l'Assemblée, la mise en œuvre des décisions qui l'engagent devant les Français. Cette responsabilité est la sienne*[5].

Le passage de l'unité du pouvoir d'État à son *partage* entre le président et le Gouvernement s'analyse dans celui d'une *monarchie*, fût-elle républicaine, à une *dyarchie*. Somme toute, une *constitution, deux régimes*, au gré du suffrage universel.

En dernière analyse, une *constitution-gigogne*, bref à *droits variables*, d'un point de vue *temporel*, celle des jours ordinaires et celle des jours de crise (art. 16 C), et *matériel*, par l'incorporation du droit communautaire. Une sorte de constitution *européenne* (art. 88-1 C) se superpose ainsi à la constitution *nationale,* protégée par le Conseil constitutionnel.

De la précarité à la pérennité ; de l'infidélité à ses origines au retour à ses premières amours ; de l'unicité de sa condition à sa dualité, le régime de la Ve République[6] n'a cessé d'étaler son originalité et sa plasticité, à l'image de la révision du 23 juillet 2008 portant *modernisation* de ses institutions[7]. Au total, une démocratie *renouvelée* autant que *régulée* par l'État de droit.

4. V. Jean-Éric GICQUEL, Constitution du 4 octobre 1958, *Juris-Classeur administratif*, fasc. 10, 2012 et *La Constitution de 1958, textes et commentaires*, 2013. Pour une analyse de chaque article : v. *C.R.F.* ; G. CARCASSONNE, *La constitution*, 11e éd., 2013, et *Petit dictionnaire de droit constitutionnel*, 2014 ; M. LASCOMBE, *Code constitutionnel et droits fondamentaux*, 2012 ; Th. RENOUX et M. de VILLIERS (sous la direction), *Code constitutionnel*, 5e éd., 2013.

5. V. F. LUCHAIRE et G. CONAC, *Le droit constitutionnel de la cohabitation*, 1989 ; J.-P. CAMBY, P. FRAISSEIX et J. GICQUEL (coord.), *La révision de 2008 : une nouvelle constitution ?,* 2011 ; M. VERPEAUX (direction), Révision de la constitution : La Ve République rénovée ? *J.C.P.*, 30 juillet 2008 ; B. MATHIEU, Transformer la Ve République sans la trahir, *A.J.D.A.* 2008, p. 1858 ; P. MAZEAUD, La révision de la constitution, *R.F.D.C.* 2009, p. 147.

6. Le préambule de la constitution s'inscrit dans la *continuité* républicaine (v. *Ire partie*). La *Q.P.C.* (art. 61-1 C) a pour effet de le dynamiser (v. *chapitre V*).

7. V. Comité Balladur, *Une Ve République plus démocratique*, 2008 ; Rapports Warsmann, A.N. n°s 892 et 1009 ; Hyest, S. n°s 387 et 463.

SECTION I LA PLACE DES INSTITUTIONS DE 1958 DANS LE MOUVEMENT CONSTITUTIONNEL NATIONAL

962 La constitution de la Vᵉ République, affirmait Raymond Aron, est une *réaction*, en ce qu'elle établit un *régime parlementaire sans souveraineté parlementaire* (F. Goguel)[8]. En clair, elle s'inscrit en faux contre le régime d'assemblée des Républiques précédentes, ravalé au rôle de *repoussoir* ou de *faire-valoir*. Ce que l'on peut résumer, à la manière du slogan des lotions capillaires : *avant et après 1958 !* En un mot, tout se passe comme si l'on assistait à la relève de la *république des députés* (R. Priouret) par la *monarchie républicaine* (M. Debré) ; en un mot à une *révolution copernicienne*.

Mais, si le régime détonne, sa pratique étonne plus encore, dans la mesure où quittant son lit constitutionnel, elle devait l'acheminer vers des terres nouvelles. Sous cet aspect, on envisagera les nouveautés de la constitution à l'origine d'une rupture, (§ 1) et sa pratique ; *la constitution vivante* (§ 2).

§ 1. LA RUPTURE INSTITUTIONNELLE

963 *Nous voulons donner un pouvoir à la République.* La formule de Michel Debré, devant le Conseil d'État, le 27 août 1958, résume la philosophie de la nouvelle constitution. En conséquence, une démarche *finalisée*, prenant le contrepied de celles de 1875 et de 1946, tend au dépassement du régime représentatif, consacre la primauté du pouvoir exécutif et provoque la relégation du Parlement.

A. LE DÉPASSEMENT DU RÉGIME REPRÉSENTATIF

964 Dans l'esprit des constituants, les maux dont la République a souffert précédemment, résident dans le régime représentatif (ou le gouvernement du peuple par ses élus) qui débouche, en bonne logique, sur la *transposition* de la souveraineté populaire en souveraineté parlementaire ou *l'identification* des assemblées à la démocratie elle-même.

La Vᵉ République entend briser cette équation et restituer aux citoyens, entre deux consultations, le pouvoir décisif. La redécouverte du référendum, en dépit de la prévention bonapartiste, prend toute sa signification : *La souveraineté nationale appartient au peuple qui l'exerce par ses représentants et par la voie du référendum* (art. 3 C). Cette quête de la démocratie semi-directe qui, détournée ultérieurement ne devait pas répondre, cependant, aux espoirs que l'on avait placés en elle, se concrétise, en dehors du pouvoir constituant (art. 89), par la possibilité offerte aux électeurs de statuer en lieu et place de leurs élus, au plan national (art. 11) et local (art. 72-1). Le passage d'une démocratie d'adhésion à une démocratie de participation se manifestera par la progression du suffrage universel, avec l'élection populaire du chef de l'État (1962) et des députés européens (1979), la promotion de la décentralisation (1982 et 2003) et l'alternance au Sénat, en 2011[9]. La transparence de la vie publique a été confortée (loi du 11 mars 1988 sur les opérations électorales ; lois du 11 octobre 2013 relatives aux obligations déclaratives des responsables publics à l'unisson de la société numérique.

8. M. Debré affirme devant le Conseil d'État, en 1958 : *Le Gouvernement a voulu rénover le régime parlementaire. Je serai même tenté de dire qu'il veut l'établir, car pour de nombreuses raisons, la République n'a jamais réussi à l'instaurer.* La cohabitation (1997-2002) en sera l'illustration, à bien des égards.

9. *La Nation n'a nul besoin du corset du centralisme pour se tenir debout* (J. Chirac, discours de Troyes, 14 octobre 2002).

B. LA PRIMAUTÉ DU POUVOIR EXÉCUTIF

965 Le trait capital de la constitution consiste à *inverser* la hiérarchie traditionnelle entre les pouvoirs constitués au profit de l'exécutif, mutilé et dominé sous le régime d'assemblée ; en un mot à *restaurer l'État* (G. Burdeau), et à le *préserver* en cas de crise majeure (art. 16 C). Pour s'en convaincre, il n'est que de comparer la présentation formelle des constitutions de 1946 et de 1958, qui n'est point innocente[10] ou de songer à l'identité de la métaphore architecturale utilisée à ces dates, par Pierre Cot et Michel Debré : *La clef de voûte des institutions est l'Assemblée nationale*, affirme le premier ; *le président de la République*, répond en écho, le second[11].

Ce changement de pente a frappé par sa soudaineté (un remède de cheval, a-t-on dit), encore que des efforts isolés et désordonnés aient été tentés. Mais, avec le recul du temps et la sérénité qu'il procure, il importe de le relativiser. La démarche est banale, de nos jours, qui confie à l'exécutif, la fonction dirigeante et au Parlement, celle de contrôle. Tout compte fait, la France disposait jusqu'en 1958 des institutions qui correspondaient à ses habitudes. Elle possède désormais celles de ses besoins, en s'ouvrant à la modernité, à l'unisson des grandes démocraties. À cette fin, le pouvoir exécutif *tout entier* est métamorphosé, voire ressuscité[12].

1. La condition renouvelée du président de la République

966 *Je n'ai pas de prédécesseur,* aimait dire le général de Gaulle. De fait, une conception *inédite* de la magistrature suprême s'ébauche. L'autonomie ou le désengagement de l'exécutif par rapport aux assemblées, se marque, en ce que le chef de l'État est, à l'origine, l'élu d'un *collège élargi* (art. 6 et 7 C) aux 80 000 citoyens détenteurs d'un mandat électif, et non plus limité aux seuls parlementaires, comme jadis. En outre, il redevient un *acteur* politique, sous les traits d'un *arbitre*, recevant en charge, aux termes de l'article 5, *le respect de la constitution* et *le fonctionnement régulier des pouvoirs publics ainsi que la continuité de l'État*[13]. À cette fin, sa volonté s'exprime au moyen de compétences *propres* ou dispensées de l'obligation du contreseing ministériel (art. 19 C)[14]. Le sanctuaire aménagé, dans l'esprit du parlementarisme *orléaniste*, est impressionnant : nomination du premier ministre (art. 8, al. 1er) ; référendum législatif (art. 11) ; dissolution de l'Assemblée nationale (art. 12) ; recours aux pouvoirs de crise (art. 16) ; message aux assemblées et convocation du Congrès (art. 18) ; nomination de membres du Conseil constitutionnel (art. 56) et saisine à propos d'un traité (art. 54) ou d'une loi (art. 61). Bref, le pouvoir présidentiel est réhabilité. À ce compte, la Ve est une *IIIe République qui aurait réussi*, si la

10. Après le titre premier consacré à la souveraineté, le titre second accueille, de manière révélatrice, en 1946, le Parlement, et en 1958, le président de la République.

11. À titre de comparaison, la doctrine traditionnelle a été énoncée par Léon Blum, en 1946 : *Sur le principe qui est tout bonnement républicain, il n'y a ni compromis, ni conciliation possible : le premier et le dernier mots doivent appartenir à l'assemblée élue au suffrage universel direct.* À l'opposé, le général de Gaulle affirmera : *Le peuple a le premier mot puisqu'il élit les deux pouvoirs* [le président et l'Assemblée nationale] *et le dernier mot puisqu'il tranche leur conflit.*

12. À titre de pierre d'attente, il n'est pas indifférent de relever que l'ordre protocolaire de la Ve République, cette *mise en forme de l'ordre politique* (Y. Déloye), accorde la préséance aux titulaires du pouvoir exécutif : 1° le président de la République ; 2° le premier ministre ; 3° le président du Sénat ; 4° le président de l'Assemblée nationale.

13. L'article 5, considéré comme la matrice du pouvoir présidentiel, a été résumé, en 1958, par M. Debré en ces termes : *Le président n'a d'autre pouvoir que celui de solliciter un autre pouvoir.* V. Ph. ARDANT, L'article 5 et la fonction présidentielle, *Pouvoirs* n° 41, 1987, p. 37.

14. Le contreseing ou la *seconde signature* consiste dans le fait d'apposer sa signature après celle de l'auteur de l'acte. Politiquement, il signifie que les ministres endossent la responsabilité des actes du chef de l'État et en répondent. Il *engage et révèle la responsabilité ministérielle* (L. Duguit). L'article 19 C écarte cette notion classique, tout en faisant bénéficier le président de l'irresponsabilité et de l'inviolabilité (art. 67).

crise du 16 mai 1877 ne l'avait dévoyée. Le changement de mode d'élection du président en 1962 ne fera que consacrer cette tendance.

2. La condition renouvelée du Gouvernement

967 Outre la restauration terminologique[15], le texte de 1958 entend donner à l'expression, son exacte traduction, au sein du parlementarisme rénové ou *rationalisé* (B. Mirkine-Guetzevitch).

a) Le nouveau statut gouvernemental

968 En vertu de l'article 8 C, le Gouvernement change de maître et *procède* désormais du chef de l'État. En conséquence, la procédure de l'*investiture*, au terme de laquelle, sous les Républiques précédentes, le cabinet était mis en place par les députés, disparaît.

Parallèlement à la création d'une *incompatibilité* entre la fonction ministérielle et le mandat parlementaire (art. 23 C), le *cordon ombilical* est juridiquement coupé avec l'Assemblée nationale. Mais, politiquement, elle peut voter une motion de censure à son encontre s'il ne correspond pas à sa majorité (art. 49 C). La responsabilité ministérielle est désormais strictement réglementée en application du *parlementarisme rationalisé* qui, en 1958, participe de la panacée. Elle ne peut, en effet, intervenir qu'à l'issue d'un refus de confiance ou de l'adoption d'une motion de censure (art. 49). Mais, il est vraisemblable que la victoire des députés sera sans lendemain, car la dissolution les menace (art. 12). À ce propos, on est frappé par le contraste entre la difficulté de la mise en œuvre de la défiance (l'article 49 étant littéralement hérissé de contraintes) et la facilité avec laquelle, à l'opposé, cette dernière peut être utilisée à tout instant et pour tout motif. La dissolution *libérée* sonne le glas du régime d'assemblée.

b) Les nouvelles prérogatives gouvernementales

969 Sous l'autorité du premier ministre, selon la logique parlementaire de 1958, le Gouvernement exerce la réalité du pouvoir exécutif. Il est bien certain, en effet, que la fonction arbitrale dévolue, à cet instant, au président de la République, ne peut être que *sporadique* à l'occasion d'un dérèglement des rapports entre les pouvoirs publics, à la manière du *pouvoir neutre* de Benjamin Constant.

À cette fin, la renaissance, ou la revanche, se marque d'un point de vue politique et juridique. Le pouvoir *décisionnel* est ôté aux assemblées et conféré à l'exécutif. L'article 20 C met un terme à la souveraineté parlementaire : *Le Gouvernement détermine et conduit la politique de la Nation*. Dès lors, il maîtrise et domine le processus normatif, en ce que, pour la première fois depuis 1789, il dispose d'un domaine *propre*, dans lequel il agit au moyen de règlements *autonomes* (art. 37), par comparaison avec les règlements traditionnels, appelés *dérivés*, pris en application et pour l'exécution de la loi (art. 21). Mais, la véritable mutation se situe ailleurs. Le Gouvernement devient le *directeur* du travail parlementaire et le *responsable* des relations entre les assemblées. En clair, la procédure législative, hier haut lieu du régime d'assemblée, est désormais placée sous sa responsabilité : qu'il s'agisse de l'initiative financière (art. 40), de la fixation de l'ordre du jour (art. 48), des amendements (art. 44), de l'adoption de la loi (art. 45 et 49) et, véritable point d'orgue, du contrôle de constitutionnalité (art. 61). Il peut par ailleurs être habilité à se substituer aux assemblées, par voie d'ordonnances (art. 38 et 47). C'est une véritable révolution. Le Parlement conquis subit, de la sorte, une *capitis diminutio*.

C. LA RELÉGATION DU PARLEMENT

970 Le refoulement de la puissance parlementaire résulte, en 1958, de la *rationalisation* de son activité, c'est-à-dire de sa limitation par des procédures appropriées. L'avenir ne pouvant que reproduire le passé, un corset de fer est passé au Parlement, en vue de surmonter

15. Depuis la constitution de l'an VIII, l'expression avait été abandonnée et remplacée par celles de *cabinet*, ou de *ministère*. Seul, de manière incidente, l'article 6 de la loi constitutionnelle du 25 février 1875 mentionnait *la politique générale du Gouvernement*.

son incapacité à dégager une majorité. Il s'est agi pour les constituants de résoudre une gageure : comment faire vivre un régime parlementaire *sans* majorité parlementaire ? Ce que réalise spontanément la cohérence des partis britanniques, la *réglementation constitutionnelle* (M. Debré) est appelée à y suppléer. À cette fin, les fonctions du Parlement sont bridées à l'image du caractère *orthopédique* de la constitution (M. Prélot)[16].

1. La fonction législative

971 À titre de pierre d'attente, la loi connaît une transformation radicale, en 1958 : pour la première fois, elle est *limitée* dans son domaine aux matières énumérées à l'article 34 ; *surveillée* dans son élaboration ; *adoptée* exceptionnellement sans vote par les députés (art. 49, al. 3) ; *supplantée*, en dehors du droit communautaire initialement, par le Gouvernement (art. 38 C) et le peuple (art. 11) et, couronnant le tout, susceptible d'être *contestée* devant le Conseil constitutionnel (art. 61). Avec la fin de la souveraineté parlementaire, la constitution exauce le vœu de Carré de Malberg en s'élevant *jusqu'à la perfection de l'État de droit*. La loi perd, en effet, son *infaillibilité* ou son *incontestabilité*.

2. La fonction de contrôle

972 Les constituants de 1958 ont fait preuve d'une extrême vigilance. Une réaction salutaire était nécessaire, afin que notre pays cessât d'être l'homme malade de l'Occident. La crise ministérielle qui sévissait à l'état endémique était, sans conteste, la tare des régimes précédents (108 ministères sous la IIIe République et 22 sous la IVe). *Au malgoverno*, un seul remède : la *rationalisation* ou la discipline. L'article 49 C, par le jeu de la question de confiance et de la motion de censure, en donne toute la mesure.

En définitive, le régime parlementaire restauré en 1958 offre un aspect diversifié, tour à tour *orléaniste, moniste* et *rationalisé*, selon que l'on envisage le chef de l'État, le Gouvernement et le Parlement[17].

§ 2. LA PRATIQUE EXCEPTIONNELLE

973 Des intentions à la réalité, qu'est-il advenu de cette *démocratie bien ordonnée ?* (R. Aron) Pour l'essentiel, elle a échappé aux prévisions pessimistes de ses auteurs. Rarement, en effet, un régime sera à ce point infidèle à sa constitution, au point de la récuser initialement. La doctrine ne s'y est guère trompée, lorsqu'elle évoque une *constitution buissonnière* ou *caméléon*. Selon une démarche *crescendo*, la dynamique de la Ve République est à l'origine d'une série de *découvertes :* la consolidation des institutions ; la recomposition du système partisan ; la diversification du régime politique et la promotion de l'État de droit.

A. LA CONSOLIDATION DES INSTITUTIONS

974 La Ve République a conféré la durée aux institutions. À la manière de Prévert, la France a connu, à ce jour, 7 chefs d'État (en faisant abstraction du président intérimaire, Alain Poher, en 1969 et 1974) ;

16. Le 27 août 1958, devant le Conseil d'État, Michel Debré déclare : *Ah ! si nous avions la possibilité de faire surgir demain une majorité nette et constante... Parce qu'en France, la stabilité gouvernementale ne peut résulter de la loi électorale, il faut qu'elle résulte... de la réglementation constitutionnelle et voilà qui donne* [à la constitution] *son explication décisive et sa justification théorique*. V. P. AVRIL, Le parlementarisme rationalisé, *in* 40 ans de Ve République, *R.D.P.* n° spécial 1998, p. 1507.

17. V. D. TURPIN, *Le régime parlementaire*, 1997, p. 25.

20 premiers ministres, 37 Gouvernements et *aucune* crise ministérielle, au sens classique[18]. Ce régime est à l'origine de performances inégalées : celle de la longévité pour un président (François Mitterrand, 14 ans) ; un Gouvernement (celui de Lionel Jospin, soit une législature (1997-2002), fait unique sous la République ; un premier ministre : Georges Pompidou est demeuré sans discontinuité à Matignon, 6 ans et 3 mois avant d'être *mis en réserve de la République* (avril 1962-juillet 1968) ; François Fillon s'est identifié au quinquennat (2007-2012). Une stabilité rehaussée par le jeu de l'alternance : à cet égard, aucune majorité parlementaire ne sera reconduite entre 1978 et 2012, sauf en 2007. Tout bien considéré, le régime a connu quatre séquences : la droite au pouvoir (1958-1981) ; la relève par la gauche (1981-1993, puis 1997-2002), atténuée par les brèves cohabitations de 1986 et 1993 ; le retour de la droite (2002-2012) et celui de la gauche avec François Hollande, en 2012. *La France se gouverne enfin raisonnablement* (F. Mauriac).

L'avènement du *fait majoritaire*, ou d'une majorité parlementaire à la disposition de l'exécutif (président *ou* premier ministre, selon les lectures du régime), à partir des élections législatives de 1962 est la cause de la stabilité. C'est *l'épine dorsale du régime* (P. Avril). La Ve République en a été *transfigurée* : à la compétition entre les pouvoirs a succédé la coopération, voire la fusion ; sur les ruines du système des pouvoirs opposés s'est élevé celui des forces associées ou entrelacées. Le vœu de Michel Debré a été exaucé avec l'avènement de cette *constitution politique* (J.-Cl. Colliard)[19]. Une autre explication a été avancée par François Furet : la Ve République serait la synthèse entre les tempéraments monarchique et démocratique entre lesquels les Français étaient écartelés jusque-là. Pourquoi ne pas saluer, en effet, la *démonarchie* (J. Georgel), dont la vie municipale offre, par ailleurs, un exemple saisissant ?

B. LA RECOMPOSITION DU SYSTÈME DES PARTIS POLITIQUES

975 Hostile aux partis, la Ve République ne les a pas moins modernisés[20]. Dans une vision anachronique, ces *féodaux des temps modernes*, selon le général de Gaulle, devaient être marginalisés. L'élection populaire du président de la République, décidée en 1962, poursuivait ce but. Mais, en se rendant maître de cet incomparable levier, les partis ont été métamorphosés autant que le régime. L'effet *structurant* de l'élection présidentielle a été couplé à celui du scrutin majoritaire adopté pour l'élection des députés. La France offre ainsi l'exemple rare d'un pays ayant remodelé, en quelques années, son système partisan, au moyen de ce *combinatoire* (J.-L. Parodi). Le *bipartisme* (P.S.-U.M.P.), sans préjudice de la montée en puissance du vote populiste (F.N.), est, sans conteste, l'une des conquêtes majeures du régime. Il présente l'avantage d'offrir un choix clair aux électeurs. Il a appartenu, enfin, pour la première fois, à la Ve République, de consacrer le rôle des partis (art. 4 C modifié) et de financer leurs activités (loi du 11 mars 1988).

18. Sans doute, en apparence, une motion de censure a atteint, le 5 octobre 1962, le Gouvernement Georges Pompidou. Mais à dire vrai, recourant à la politique du bouc émissaire, les députés entendaient s'opposer au référendum relatif à l'élection populaire du chef de l'État, en visant à travers ce dernier, le général de Gaulle. Du reste, son nom figurait *expressément* dans ladite motion. Par ailleurs, à l'instar de la Grande-Bretagne, on note l'existence de crise *intra-majoritaire* ou crise sèche. Le manifeste des présidents gaullistes des commissions de l'Assemblée nationale, le 12 juillet 1971, sera à l'origine, l'année suivante du remplacement de Jacques Chaban-Delmas par Pierre Messmer, à Matignon.

19. V. J. GICQUEL, Une redéfinition des rapports entre l'exécutif et le législatif *in* La Ve République, permanence et mutations, *Cahiers français*, n° 300, 2001, D.F., p. 12 ; J.-L. PEZANT, Parlementarisme rationalisé et système majoritaire, *Mélanges Pierre Avril*, 2001, p. 465.

20. V. J.-Cl. COLLIARD, Le système des partis ou la constitution politique de la Ve République, *R.D.P.* n° spécial 1998, p. 1611 ; P. BRÉCHON, La revanche des partis politiques, *in La Constitution de la Ve République,* D.F., 2008, p. 51.

C. LA DIVERSIFICATION DU RÉGIME POLITIQUE

976 *Un souverain, deux pouvoirs*[21]. Le dualisme qui caractérise le régime peut être ramené à un conflit de précellence, selon que les majorités présidentielle et parlementaire s'harmonisent ou se contredisent. Au premier cas, il s'identifie à la prééminence présidentielle ; au second, à la prédominance gouvernementale ; soit la République du chef de l'État ou celle de premier ministre. Cette *indétermination*, reflet de la volonté populaire, est à l'origine, tantôt d'un régime présidentialiste ou le *régime parlementaire à correctif présidentiel* (J.-Cl. Colliard), tantôt d'un régime parlementaire dans le cadre de la *cohabitation*. Aussi la *nature* de la Ve République demeure l'enjeu de chaque consultation nationale.

C'est la raison pour laquelle, il est utile de se référer aux *jeux alternatifs* du régime ; à ses *deux lectures* ou *logiques*, qui en font le charme. Cependant, une *constance* est venue atténuer la portée de ce phénomène-gigogne : le rééquilibrage ultérieur dont devait bénéficier le Parlement n'est pas parvenu à remettre en cause la direction de l'attelage confié à l'exécutif, au moment où le Conseil constitutionnel installait le *gouvernement de la constitution* (G. Vedel).

D. LA PROMOTION DE L'ÉTAT DE DROIT

977 Par une ruse de l'histoire, le Conseil constitutionnel, après s'être émancipé du pouvoir exécutif, le 16 juillet 1971 (*Liberté d'association, G.D.*, n° 13) en vue d'assurer le service des droits et libertés est devenu un *contre-pouvoir*, à l'issue de l'élargissement de sa saisine en 1974, et de l'admission de la question prioritaire de constitutionnalité (*Q.P.C.*), en 2008. C'est *la fin de la préhistoire* de la Ve République (P. Avril), soit le passage de l'État légal à l'État de droit, ou *la prééminence du droit dans une société démocratique* (C.E.D.H., 21 février 1975, *Golder c/Royaume-Uni, G.A.* n° 23).

Simultanément à l'essor du *contrôle de constitutionnalité* de la loi (art. 61 et 61-1 C) et du traité (art. 54 C) (C.C., 2 septembre 1992, *Traité sur l'Union européenne, chr.* n° 64, p. 195), les juges ordinaires se reconnaissent désormais compétents pour statuer sur la *conventionnalité* de la loi, en cas de contradiction avec un engagement international ou européen (art. 55 et 88-1 C) (Cass., 24 mai 1975, *Société des cafés Jacques Vabre, A.J.D.A.* 1975-II, p. 567, note J. Boulouis ; C.E., 20 octobre 1989, *Nicolo, chr.*, n° 53, p. 175), à l'unisson du juge européen (C.E.D.H., 28 octobre 1999, *Zielinski c/ France, R.F.D.A.* 2000, p. 289, note B. Mathieu).

Finalement, la réussite de la Ve République s'impose à la réflexion. Par une ironie du sort, celle-ci a mis un terme à *l'exception française* (F. Furet), en réhabilitant le pouvoir gouvernemental et celui des juges. La supériorité principielle de l'exécutif, *préservée* en 2008, s'allie désormais à la *passion du droit* (J. Carbonnier). Dans le même temps, elle démontrait avec brio son aptitude à maîtriser les situations politiques les plus variées, nées de *l'identité* normale des majorités présidentielle et parlementaire, de leur *contrariété* (1986, 1993, 1997) ou de leur *relativité* (1988). S'il est vrai que l'on juge un arbre à ses fruits, le régime actuel peut prétendre, en toute humilité, être érigé en référence ou en bon modèle d'exportation. L'adhésion de la Russie, après l'Afrique francophone, en apporte une preuve éclatante.

21. V. G. BURDEAU, La conception du pouvoir selon la constitution du 4 octobre 1958, *R.F.S.P.* 1959, p. 94. P. AVRIL, La nature de la Ve République *in* La Ve République, permanence et mutations, *op. cit.* p. 3 ; G. VEDEL, Ve République, *D.C.*, p. 128. S. MILACIC, L'État de droit pour quoi faire ?, *Mélanges Jean Gicquel*, 2008, p. 375.

Il est expédient, dans ces conditions, de remonter aux *sources* de la constitution, en observant que, tout bien considéré, elle a moins innové que consacré un courant d'idées qui se prononçait depuis des décennies pour une nouvelle culture politique et juridique.

SECTION II LES ORIGINES DE LA CONSTITUTION DE 1958

978 Dans cette perspective, la Ve République se situe au point de rencontre d'une cause *conjoncturelle* (la crise de la décolonisation) et d'une cause *structurelle* (la crise des institutions).

§ 1. LA CRISE DE LA DÉCOLONISATION

979 La IVe République est morte du mal de la décolonisation en Algérie. La rupture, qui se produit à Alger, le 13 mai 1958, à la suite d'un coup d'État militaire, débouche sur le retour au pouvoir du général de Gaulle, le 1er juin. Élaborée sous sa direction, approuvée par la Nation, le 28 septembre, la nouvelle constitution est promulguée le 4 octobre[22].

A. LA GUERRE D'ALGÉRIE

980 Le mouvement nationaliste algérien, incarné par le F.L.N. déclenche l'épreuve de force, le 1er novembre 1954, dans les Aurès et en Kabylie. Rapidement, l'armée française, se détournant des leçons de Clausewitz pour celles de Mao Zedong, prend fait et cause pour la population européenne, et place le pouvoir civil devant le fait accompli.

1. La rébellion de l'armée

981 Survenant après l'arraisonnement, en octobre 1956, d'un avion marocain qui transportait des chefs historiques de la rébellion, c'est le bombardement du village tunisien de Sakiet-Sidi-Youssef, en février 1958, qui est la cause directe de la chute de la IVe République. Le cabinet Félix Gaillard est renversé, le 15 avril, à la suite d'une interpellation de Jacques Soustelle, pour avoir accepté les conclusions d'une médiation anglo-américaine, en vue de la reprise des relations diplomatiques avec la Tunisie et engagé, par voie de conséquence, un processus d'internationalisation du conflit. Après de vaines tentatives de dénouement, la crise ministérielle se transmue en crise institutionnelle, au soir du 13 mai. À Alger, l'armée met en place un comité de salut public, tandis qu'à Paris, Pierre Pflimlin, qui tient un langage libéral à l'égard du F.L.N., est investi président du conseil. *Deux gouvernements* s'installent, l'un légal, l'autre insurrectionnel, dans l'attente d'un recours[23].

22. Instruit par les précédents de Gaston Doumergue, en 1934, et de Pierre Mendès France, vingt ans plus tard, le Général a posé d'emblée le *préalable* constitutionnel. V. J. GICQUEL, Les visions des auteurs du texte, *in* O. DUHAMEL et J.-L. PARODI (sous la direction), *La constitution de la Cinquième République*, 1985, p. 55.

23. V. J.-M. DENQUIN, *Genèse de la Ve République*, 1988 ; F. ROUVILLOIS, *Les origines de la Ve République*, 1998 ; J.-J. CHEVALLIER, G. CARCASSONNE et O. DUHAMEL, *Histoire de la Ve République, 1958-2012*, 14e éd., 2012 ; R. GHEVONTIAN, *Les grandes dates de la Ve République*, 2012.

2. L'appel au général de Gaulle

982 L'armée, noyautée par les gaullistes, fait pression sur le ministère. Sur ces entrefaites, le général de Gaulle pour hâter les événements, se décide à rompre, le 15 mai, le silence de trappiste dans lequel il s'était enfermé depuis des années. Dans un communiqué remis à la presse, il se déclare *prêt à assumer les pouvoirs de la République*. Mais le cabinet ne cède pas encore et, pendant une période de quinze jours, on assiste à une campagne d'intoxication, en particulier, au *putsch miniature* de la Corse puis à une intervention de René Coty, président de la République, qui se tourne, le 29 mai, vers le général de Gaulle et lui propose la présidence du conseil. Il avertit l'Assemblée nationale qu'il démissionnera s'il est désavoué par elle.

Après d'ultimes entretiens, le général de Gaulle, accepte de solliciter l'investiture de l'Assemblée nationale, dans le respect des institutions. Celle-ci lui est accordée, le 1er juin, par 329 voix contre 224. La IVe République a vécu. Le nouveau Gouvernement obtient sur-le-champ une délégation de pouvoir législatif et surtout *constituant*. À cet égard, la loi constitutionnelle du 3 juin 1958 est la *base légale* à partir de laquelle les nouvelles institutions seront édifiées[24].

B. LA MISE EN PLACE DE LA CONSTITUTION DE 1958

983 Obsédé par son personnage historique (l'homme du 18 juin et de la Libération) et, tenant compte du rapport de forces, le général de Gaulle accepte d'être guidé dans son action. Au terme d'une démarche *transactionnelle* avec la classe politique, l'opération constituante est menée, avec célérité, au cours de l'été et achevée à l'automne.

1. Les dispositions de la loi constitutionnelle du 3 juin 1958

984 De prime abord, cette loi est *étrange*. Elle *lie*, de manière inattendue, le pouvoir constituant originaire, tant au fond qu'en la forme, afin d'éviter tout rapprochement fâcheux avec le blanc-seing accordé au maréchal Pétain par le Parlement, le 10 juillet 1940[25].

a) Les conditions de fond

985 Le Gouvernement s'engageait à mettre en œuvre cinq principes, appelés bientôt les *cinq bases*, ci-après.

Il est entendu que, *seul, le suffrage universel est la source du pouvoir. C'est du suffrage universel ou des instances élues par lui que dérivent le pouvoir législatif et le pouvoir exécutif*. Le 19 mai 1958, le général de Gaulle avait rappelé : *La République ! Il fut un temps où elle était reniée, trahie par les partis eux-mêmes. Alors moi, j'ai redressé, ses armes, ses lois, son nom... Croit-on, qu'à 67 ans, je vais commencer une carrière de dictateur ?*

La seconde *base* énonce : *Le pouvoir exécutif et le pouvoir législatif doivent être effectivement séparés, de façon que le Gouvernement et le Parlement assument, chacun pour sa part et sous sa responsabilité, la plénitude de leurs attributions*. On notera l'appel insistant à la séparation des pouvoirs, technique avérée de refoulement de la puissance législative afin de libérer la puissance exécutive.

24. Officiellement, cette loi se présente comme une révision de la clause de révision (ô ironie !), de la constitution de 1946 (art. 90), à l'image de la *souveraineté* du pouvoir constituant. Du reste, la procédure avait été engagée, en 1955, avec l'adoption d'une *résolution*. En fait, sous couvert de révision, on assiste, comme en 1940, à une *révision-abrogation*. Enfin, on remarquera que pour la première fois dans notre histoire, le passage d'un régime à un autre s'opère dans la légalité, sans répudiation brutale.

25. V. A. CHANDERNAGOR, La loi du 3 juin 1958 et sa mise en œuvre, *Académie des sciences morales et politiques*, 2008, n° 9, p. 65.

Le Gouvernement doit être responsable devant le Parlement. Cette condition révélatrice implique la mise en œuvre d'un *régime parlementaire, à l'exclusion* de tout autre[26].

L'autorité judiciaire doit demeurer indépendante pour être à même d'assurer le respect des libertés essentielles, telles qu'elles sont définies par le préambule de la constitution de 1946 et par la Déclaration des droits de l'homme à laquelle celui-ci se réfère (V. Conseil supérieur de la magistrature, *chapitre* III).

Enfin, *la constitution doit permettre d'organiser les rapports de la République avec les peuples qui lui sont associés.* Dans la perspective ouverte par la loi-cadre Defferre du 23 juin 1956, la Communauté franco-africaine et malgache mise en place achèvera le processus de décolonisation *pacifique* et la marche à l'indépendance, deux ans plus tard. Seule la Guinée refusera d'y entrer, en 1958.

b) Les conditions de forme

986 La loi du 3 juin 1958 fixe également la procédure *dérogatoire* selon laquelle la nouvelle constitution doit être établie : le Gouvernement élabore un avant-projet ; recueille les *avis d'un organe ad hoc*, le Comité consultatif constitutionnel (C.C.C.), composé de deux tiers de parlementaires désignés par leurs pairs[27] et du Conseil d'État, dans l'exercice de sa fonction consultative[28] ; adopte le projet et le soumet au peuple, pour ratification, afin de satisfaire la logique démocratique.

2. L'élaboration de la constitution

987 Le cadre et la procédure étant ainsi fixés, le Gouvernement du général de Gaulle se met immédiatement à l'ouvrage. Un groupe de travail, présidé par Michel Debré, garde des sceaux, trace l'ébauche de la nouvelle constitution ; un *comité interministériel* en arrête les grandes lignes[29] et le conseil des ministres adopte l'avant-projet, le 29 juillet. Celui-ci est transmis au C.C.C., qui y adhère, en dehors de quelques modifications concernant la décolonisation, ainsi que les futurs articles 16 et 23 (*T.P.* II, 1988), tandis que le Conseil d'État, intimement associé à l'entreprise, peaufine la rédaction, tout en se livrant à une bataille d'arrière-garde, en ce qui concerne la nouvelle répartition entre les domaines de la loi et du règlement (art. 34 et 37)[30]. En tenant compte de certains avis émis, le Gouvernement apporte des retouches à son texte et le soumet à la décision du peuple, par référendum, le 28 septembre 1958. Dans un climat consensuel, seuls le P.C.F. et des personnalités (Pierre Mendès France, François Mitterrand) se prononcent pour le *non*, la constitution est *joyeusement approuvée* par 80 % de oui, comme le général de Gaulle l'avait appelé de ses vœux, douze ans plus tôt à Bayeux : une constitution

26. Dès ce moment, résulte une tension, sinon une contradiction entre la seconde et la troisième bases. L'une, en effet, pousse à une séparation réelle des pouvoirs, dans le sens présidentiel, tandis que l'autre s'en détourne, au profit du régime parlementaire. Deux pas en avant, un pas en arrière, somme toute, à la manière de la célèbre procession d'Echternach. V. J. GEORGEL, *Critiques et réformes des constitutions de la République*, 1960 ; G. BERLIA, La crise constitutionnelle de mai-juin 1958, *R.D.P.* 1958, p. 918 et L'élaboration et l'interprétation de la constitution de 1958, *ibid.*, 1973, p. 485.

27. Présidé par Paul Reynaud, le C.C.C. a donné son aval aux nouvelles institutions. Ce qui ne manque pas de saveur compte tenu de sa composition.

28. V. J.-L. PEZANT, in *L'écriture de la constitution de 1958*, 1992, p. 509.

29. Présidé par le général de Gaulle, et animé par Michel Debré, ce comité a été la cheville ouvrière. Son rôle a été déterminant. Les ministres d'État (Guy Mollet, Pierre Pflimlin, Louis Jacquinot et Félix Houphouët-Boigny) et le vice-président du Conseil d'État (René Cassin) y ont siégé du 13 juin au 1er septembre 1958. V. M. DEBRÉ, *Mémoires* (t. II, *Trois Républiques pour la France*), 1988, p. 349 ; G. MOLLET, *Quinze ans après...*, 1973, p. 12 ; *T.P.*, I, p. 245.

30. À défaut de travaux préparatoires au sens *juridique* du terme, en l'absence d'une assemblée constituante, des travaux à valeur *historique* ont été publiés successivement par *le Comité national chargé de la publication des travaux préparatoires des institutions de la Ve République* (décret du 8 juin 1984) (TP) et *la Commission des archives constitutionnelles de la Ve République* (décret du 3 juin 2002). Sur leur fondement et ceux *authentiques* de la constitution de 1946, le C.C. a validé, le 21 février 2013, le régime cultuel d'Alsace-Moselle (*chr.* n° 146, p. 198).

parlementaire rénovée comportant une présidence arbitrale. Le 4 octobre, le président de la République (René Coty) la promulgue[31]. La prophétie gaullienne vient de s'accomplir sur ces entrefaites.

§ 2. LA CRISE DES INSTITUTIONS

988 La constitution de 1958 répond, certes, aux souhaits d'une personnalité exceptionnelle (*constitution sur mesure* et non en prêt-à-porter, opinera le doyen Vedel), mais, à titre principal, à la *logique*, longtemps contrariée, d'une société moderne, conformément au mot d'ordre lancé par Jules Ferry, à Bordeaux, dès 1885 : *La République doit être un Gouvernement.* En d'autres termes, contrairement à l'opinion reçue, la constitution de 1958 ne relève pas d'un phénomène de génération spontanée. Elle consacre, par un effort spectaculaire de synthèse, une tendance, appelée le *mouvement de la réforme de l'État* ou le *révisionnisme* qui, dès les années 1930, contestait le régime d'assemblée et se prononçait pour la restauration de l'autorité exécutive. En bref, la Ve République est une *héritière* ou *un point d'aboutissement* ainsi que le prouvent ses origines[32].

A. LES SOURCES IMMÉDIATES

989 La constitution de 1958 procède de *trois sources* (A. Siegfried) différentes, mais convergentes, émanant du général de Gaulle, de Michel Debré et des ministres d'État.

1. L'apport du général de Gaulle

990 Dans un discours flamboyant prononcé à Bayeux, le 16 juin 1946, le général de Gaulle énonce sa conception de l'État et des institutions[33]. Il se réclame des principes organisateurs de la *souveraineté populaire, de la séparation des pouvoirs*, en vue de briser l'absolutisme parlementaire et, de celui, inédit, d'un *arbitrage national* confié au président de la République, *qui au-dessus des contingences [puisse] fasse valoir la continuité au milieu des combinaisons*[34].

Au sein d'un régime parlementaire, dans lequel *les institutions compensent par elles-mêmes les effets de notre perpétuelle effervescence politique*, le chef de l'État, élu par un *collège élargi* englobant et débordant le Parlement, nomme les ministres et le premier d'entre eux, en vue de préserver *ces choses sacrées, que sont l'unité, la cohérence et la discipline intérieure du Gouvernement.* Au titre de l'arbitrage, il lui appartient de prononcer la dissolution de l'Assemblée et, en cas de péril de la patrie, de se porter à son secours (préfiguration de l'article 16 C). Cet *autoportrait* (J. Lacouture) se poursuit par le choix en faveur d'un Parlement bicaméral, comprenant une Assemblée nationale et un Sénat composé d'élus et de représentants des groupes d'intérêts.

31. En dehors des arrière-pensées, l'accord a été réalisé sur le thème du parlementarisme rénové. La célérité est à l'origine de malfaçons rédactionnelles. La constitution de 1958 *est la plus mal rédigée de notre histoire* (R. Capitant).

32. V. N. WALH, Aux origines de la nouvelle constitution, *R.F.S.P.* 1959, p. 30 ; M. WALINE, Le mouvement des idées constitutionnelles dans les facultés de droit françaises au cours du premier tiers du XXe siècle, *Mélanges Jean-Jacques Chevallier*, 1977, p. 259 ; *Dictionnaire De Gaulle*, 2006.

33. V. F. GOGUEL, Les circonstances politiques du discours *in Le discours de Bayeux*. Hier et aujourd'hui, actes du colloque de Bayeux, 1991, p. 29 ; J. GICQUEL, L'analyse littérale, *ibid.*, p. 37.

34. Le discours prononcé à Épinal, le 29 septembre 1946 s'inscrit dans cette perspective. V. *Le discours d'Épinal, Rebâtir la République*, 1997 ; J.-L. DEBRÉ, *Les idées constitutionnelles du général de Gaulle*, 1974.

Le discours de Bayeux (les semences ou les prémices de la Vᵉ République) s'analyse en une *anti-constitution*, au moment où il est prononcé et une *préconstitution* en annonçant celle de 1958. Tout s'y trouve annoncé (à l'exception du référendum, traité par prétérition, et du contrôle de constitutionnalité de la loi) jusqu'à la réforme de 1962 et la tentative de révision de 1969, qui devait entraîner la démission du général (V. *section III*).

2. L'apport de Michel Debré

991 Il concerne, en premier lieu, la *rationalisation* du régime parlementaire et, en particulier, l'organisation du travail des assemblées sous la direction gouvernementale (art. 39 C et s.) et, en second lieu, la remise en ordre *normative*, par une distinction nouvelle entre le domaine de la loi et celui du règlement (art. 34 et 37), à laquelle il a pensé, dès 1943 (*Mémoires*, t. II, p. 377), et sa protection, confiée au Conseil constitutionnel (art. 56 et 61).

3. L'apport des ministres d'État

992 Les anciens présidents du conseil de la IVᵉ République, devenus les ministres du général de Gaulle (Guy Mollet et Pierre Pflimlin) se sont évertués à mettre en œuvre la formule du *Gouvernement de législature* en reprenant à leur compte les *ultimes* efforts du régime défunt en faveur de l'exécutif (art. 49 C, al. 2 : renversement du *fardeau de la preuve* concernant la motion de censure selon le projet Gaillard de janvier 1958 art. 38 : constitutionnalisation de la législation déléguée et art. 49, al. 3 : adoption *implicite* de la loi par les députés au cas où aucune motion de censure n'est déposée dans les 24 heures en réplique à la question de confiance, d'après le projet Pflimlin, en mai 1958) (*Pouvoirs* nº 76, 1996, p. 129 et 137)[35]. Au-delà, la constitution de 1958 puise son inspiration dans un mouvement ancien, appelé *le révisionnisme* ou *la réforme de l'État*.

B. LES SOURCES MÉDIATES

993 Le régime de 1958 recueille l'héritage des Républiques précédentes, dont le dysfonctionnement devait *susciter le désir de la guérison* (Ch. de Gaulle).

1. L'héritage révisionniste de la IIIᵉ République

994 Le régime de 1875 présente deux versants : celui de la République triomphante, puis déclinante dans l'entre-deux-guerres. La transformation du rôle de l'État et, d'une manière générale, de l'environnement socio-économique, consécutif à la *grande dépression*, provoquent en réaction, une condamnation du régime d'assemblée : le 6 février 1934, à Paris, la Chambre des députés doit être protégée par l'armée. Effectivement, *il y a un malaise entre la France et les Français* (J. Giraudoux)[36].

a) Les préoccupations révisionnistes

995 Le désarroi des années 1930 a été pris en compte par des juristes et des politiques.

La doctrine constitutionnaliste[37] se soucie de remédier à la faiblesse de l'exécutif en s'attaquant à la souveraineté parlementaire : Joseph-Barthélemy est partisan de la rationalisation de la procédure législative par une refonte du *règlement* des assemblées. De son côté, Raymond Carré de Malberg, propose

35. V. J. GICQUEL, Le rôle des ministres d'État *in L'écriture de la constitution de 1958*, 1992 p. 777 ; R. LECOURT, L'origine mouvementée de l'article 49, alinéa 3 C, *France-Forum*, 1992, p. 777.

36. V. J. GEORGEL, *Critiques et réforme des constitutions de la République*, 1959-1960.

37. V. J. GICQUEL, *Le problème de la réforme de l'État, en France, en 1934* ; 1965, G. SICART, *La doctrine publiciste française à l'épreuve des années 1930*, thèse Paris II, 2000 ; S. PINON, *Les réformistes constitutionnels des années 30. Aux origines de la Vᵉ République*, 2003.

l'introduction du référendum et du contrôle de constitutionnalité des lois[38]. Maurice Hauriou présente, avec une belle audace intellectuelle, la thèse de *la primauté du pouvoir exécutif*, préconisant l'établissement d'un contrôle de constitutionnalité des lois et, bien plus, l'élection *populaire* du chef de l'État[39]. Léon Duguit se rallie à l'exception d'inconstitutionnalité de la loi, en 1923. Autant de pères spirituels de la Ve République, en clair.

Pour leur part, des acteurs politiques apportent une utile contribution au débat d'idées. À gauche, Léon Blum, en publiant la *Réforme gouvernementale*, en 1936, entend réserver au chef du gouvernement un rôle *essentiel*, celui d'animateur et de coordonnateur de l'activité ministérielle, d'une part et de directeur du travail parlementaire, d'autre part. En 1945, il se prononce pour le régime présidentiel *(À l'échelle humaine)*. À droite, André Tardieu, dans des ouvrages, au titre incisif (*L'heure de la décision*, 1934, *le Souverain captif*, 1936) poursuit une préoccupation analogue. En dehors de la renaissance du droit de dissolution, son véritable cheval de bataille, celui-ci se prononce en faveur de l'introduction du droit de vote et l'éligibilité des femmes ; du référendum et de la limitation stricte du pouvoir des parlementaires, en matière budgétaire. Ses idées seront à l'origine d'une tentative de révision de la constitution, en 1934.

b) Les réalisations révisionnistes

996 Après l'expérience du président Millerand, entre 1920 et 1924, à laquelle mis fin le Parlement, Gaston Doumergue présente, au lendemain des événements du 6 février 1934, un projet de révision, centré sur le droit de dissolution. Effrayés, les députés provoquent sa chute. Cependant, dans la pratique, une transformation se dessine en faveur de l'exécutif. Le système des *décrets-lois* par lequel le Parlement cesse de légiférer devient un procédé régulier de gouvernement. En 1940, le Parlement renonce même, à l'exercice du pouvoir constituant et le délègue au maréchal Pétain. Le révisionnisme achèvera son parcours à Vichy. Le projet de constitution de 1944[40] possède, à cet égard, un certain air de famille (en dehors des hommes et des circonstances) avec le texte de 1958, dès lors qu'ils s'abreuvent à une même source. Cependant, la restauration du *parlementarisme absolu* sous la IVe République allait susciter, à nouveau, la contestation révisionniste à partir des années 1950.

2. L'héritage révisionniste de la IVe République

997 Il est aisé de récuser le régime de 1946. Toutefois à la réflexion, il ne mérite pas cette indignité. Car, au milieu de graves difficultés, il ne s'est pas abandonné à la facilité.

a) Les préoccupations révisionnistes

998 Selon une démarche parallèle, penseurs et acteurs conjuguent leurs efforts.

La doctrine envisage le *rééquilibrage* des institutions, soit dans le cadre *rénové* du parlementarisme rationalisé, André Hauriou préconisant à cette fin la formule du *Gouvernement de législature*[41], soit dans le

38. Le maître de Strasbourg a été influencé par la constitution allemande de 1919, la *grand-mère indigne* (P. Avril), dans sa volonté de restituer la souveraineté au peuple souverain. D'où sa vision du monisme au sommet de l'État et du dualisme à la base : le Parlement et l'Exécutif, issus de la volonté populaire et responsables devant elle, sont érigés en *foyers de volonté* distincts (Considérations théoriques sur la question de la combinaison du référendum avec le parlementarisme, *R.D.P.* 1931, p. 225). V. A. LE DIVELLEC, Parlementarisme dualiste : Entre Weimar et Bayeux, *R.F.D.C.* 1994, p. 747.

39. *Le pouvoir législatif reste le dernier pouvoir dangereux pour les libertés... Il y a une dernière Bastille à démolir,* note-t-il (*Droit constitutionnel*, 1923 p. 137). L'élection du président par le peuple sera *le contrepoids à l'oligarchie parlementaire* suivant l'exemple allemand de 1919 (*idem*, p. 388). La thèse de la primauté est systématisée en 1929 (2e éd., p. 383) (v. *supra*, no 77).

40. V. *Les constitutions et les principales lois politiques de la France,* 7e éd., 1952 (par G. Berlia), 1952, p. 386.

41. A. HAURIOU, La réforme des institutions politiques, *Les Cahiers de la République* 1956, p. 88 ; et F. GOGUEL, Comment réformer les institutions politiques françaises ?, *Rev. int. d'histoire politique et const.* 1954, p. 174.

cadre *transformé* de l'élection *populaire* du titulaire de l'exécutif. Le doyen Georges Vedel se prononce, à ce titre, pour un régime présidentiel tandis que Maurice Duverger se réclame du néo-parlementarisme[42].

Au plan politique, le gaullisme lance un assaut contre le *système*, terme méprisant, s'il en est. Le Général et ses compagnons n'auront, dès lors, de cesse de le combattre à partir du discours de Bayeux, en 1946, par le verbe, et au moyen du *Rassemblement du peuple français* (R.P.F.), véritable fer de lance, l'année suivante, avant de l'abattre à la faveur des circonstances propices de 1958[43].

Cependant, il serait injuste de ne pas mentionner l'effort méritoire, même s'il n'a pas été toujours couronné de succès, de la classe politique de la IVe République, consciente de l'imperfection de l'outil institutionnel.

b) Les réalisations révisionnistes

999 En octobre 1946, au moment où le peuple était appelé derechef à se prononcer sur le projet de constitution, le M.R.P. qui assumait la responsabilité principale, adoptait un slogan révélateur : *Votez la constitution afin de la réformer*.

Cette préoccupation constante d'*adaptation* des institutions à la modernité sous la IVe République a emprunté une démarche, tantôt *empirique*, tantôt *systématique*. On voudrait le marquer, en quelques mots. En dépit de l'interdiction formulée à l'article 13 de la constitution de 1946, la *législation déléguée* renaîtra avec la loi André Marie du 17 août 1948. Qui plus est, cette dernière prépare la *révolution juridique* de 1958, en esquissant, pour la première fois[44], une répartition des matières entre le domaine de la loi et celui du règlement (futurs art. 34 et 37 C).

Dans le même ordre d'idées, le cabinet recouvre une liberté d'allure concernant le projet du budget sur la base du décret du 19 juin 1956, qui, pour une part importante, servira de référence à l'article 47 C et à l'ordonnance du 2 janvier 1959.

En outre, la révision constitutionnelle a œuvré dans le même sens : celle tout d'abord, de 1954, qualifiée hâtivement de *réformette* est significative avec le rétablissement des sessions parlementaires (ce qui procure un *répit* au ministère) et l'assouplissement des procédures d'investiture et de dissolution ; les projets Gaillard et Pflimlin ensuite, adoptés en conseil des ministres en janvier et mai 1958, anticipent directement l'œuvre de la Ve République (*T.P.*, I, p. 213 et 225). Au premier cas, il s'agit, en effet, du renversement du fardeau de la preuve, en vue de favoriser la stabilité gouvernementale (actuel art. 49, al. 2) ; au second, de la constitutionnalisation de la pratique des décrets-lois (actuel art. 38) et de l'adoption d'une procédure originale d'adoption de la loi par les députés *sans vote* (actuel art. 49, al. 3).

Il résulte de ce qui précède, que la mutation de 1958 a été soigneusement préparée ; ce qui n'est guère surprenant si l'on veut bien se souvenir que le fait précède généralement le droit.

SECTION III — L'APPLICATION DE LA CONSTITUTION DE 1958

1000 *Immuable et changeante :* L'appréciation de Raymond Aron est justifiée. Selon la loi du 3 juin 1958, la constitution établit un régime parlementaire *rénové* (M. Debré). Mais, en raison d'un rapport de forces défavorable, celui-ci s'est délité au

42. G. VEDEL, *Le régime présidentiel*, communication à l'Académie des sciences morales et politiques, 1957, p. 260 ; H. TAŸ, *Le régime présidentiel en France*, 1968.

43. V. également M. DEBRÉ, *La mort de l'État républicain*, 1947, *Ces princes qui nous gouvernent*, 1957 et Trois caractéristiques du système parlementaire français, *R.F.S.P.* 1955, p. 21. En outre, l'auteur, à l'unisson de René Capitant, réclame l'instauration du scrutin majoritaire, en vue des élections parlementaires.

44. La procédure laisse toutefois, à ce moment, au Parlement la possibilité de revenir en arrière, ce qu'il n'est plus à même de faire depuis 1958 V. P. AVRIL et J. GICQUEL, La IVe entre deux Républiques, *Pouvoirs* n° 76, 1996, p. 27.

contact des réalités à partir de 1962. Il a été supplanté par un régime *présidentialiste* identifié à l'autorité du chef de l'État. La logique *majoritaire,* tel un palimpseste, a *effacé* la constitution[45]. Sans doute, le parlementarisme devait-il refleurir, en même temps que celle-ci, avec la cohabitation, pour mieux s'évanouir à son issue. L'inconstance dans la constance ; l'altérité ou l'identité, en somme. En 2002, le régime a recouvré son unité au terme d'une cohabitation de législature. La *cohérence* du pouvoir a remplacé la *coexistence* des pouvoirs. Avec Nicolas Sarkozy, le pouvoir présidentiel a été exacerbé et la constitution modernisée. En réaction, François Hollande veut incarner une *présidence normale*.

§ 1. L'INSTAURATION DU PRÉSIDENTIALISME

1001 Selon une démarche où le *pragmatisme* le dispute au volontarisme, c'est le général de Gaulle, élu chef de l'État, le 21 décembre 1958, qui confronté à la guerre d'Algérie est l'initiateur d'une pratique paradoxale. Au mépris du parlementarisme décidé par les constituants, celle-ci débouche sur un présidentialisme *personnel* (le *principat*, selon Pierre Avril) puis *impersonnel*, à partir de Georges Pompidou en 1969.

A. LA MARCHE AU PRÉSIDENTIALISME AVEC LE GÉNÉRAL DE GAULLE (1959-1969)

1002 En systématisant, on peut avancer l'idée que le général de Gaulle a donné deux versions de ses options, à travers ce qu'il est convenu d'appeler successivement, la *constitution de 1962* et celle, découlant de sa mémorable conférence de presse, du 31 janvier 1964. En un mot, la constitution adoptée en 1958, était un *régime d'attente*, nonobstant les professions de foi parlementaires. C'est la guerre d'Algérie qui sera à l'origine de la déviation présidentialiste. En effet, dès *l'affaire des barricades*, en janvier 1960, le général de Gaulle prend en mains les destinées nationales[46] et remplace la constitution par *la conduite du peuple par son guide*[47], terme par lequel on désigne le régime du recours ou du *sauveur*. Investi d'un mandat historique, le général est lié, tout au plus, par une *obligation de résultat* et nullement de moyens. Il rapporte à lui, tout le pouvoir, ou peu s'en faut, en vertu d'un incontestable *consensus* de l'opinion, tant publique que parlementaire. Mais *l'anesthésie politique* (J. Lacouture) sous laquelle la France était placée depuis 1958 s'achève, avec le retour de la paix en Algérie, au lendemain de la signature des accords d'Évian en 1962. La *crise de la normalisation* éclate alors entre le général et la plus grande partie de la classe politique, qui ne l'avait accepté, que comme un mal nécessaire. De cet affrontement, résultera une constitution gaulliste, non plus par résignation, mais par *inclination*.

1. La « constitution de 1962 » ou la constitution de Bayeux

1003 L'avènement du présidentialisme date de 1962, en raison de la concomitance, entre l'élection populaire du chef de l'État décidée à cet instant, et l'arrivée d'une majorité de députés dévouée à sa cause.

45. *À partir du moment où l'on a une majorité qui suit, ce n'est plus la peine de faire de la procédure.* Avec limpidité, Jean Foyer définissait ainsi, dès 1981, la vraie nature de la Ve République. V. P. AVRIL, *La Ve République. Histoire politique et constitutionnelle,* 2e éd., 1994.

46. *Les institutions nouvelles sont en place... Comment vais-je les façonner ? Dans une large mesure, il m'appartient de le faire,* déclare-t-il, sans ambages (*Mémoires d'espoir*, I.1970, p. 283).

47. Pour le Général, *le premier ministre est responsable devant le Parlement et non pas devant le chef de l'État en ce qui concerne la conjoncture politique* (*T. P.* II, p. 300). V. P. AVRIL, *Le régime politique de la Ve République*, 4e éd., 1979 ; J. GICQUEL, *Essai sur la pratique de la Ve République*, 2e éd., 1977.

La réforme constitutionnelle du 6 novembre 1962, qui décide que le chef de l'État sera désormais élu au suffrage universel direct, modifie moins l'équilibre de la constitution de 1958, qu'elle ne le *bouleverse*[48]. Elle la pousse vers le *présidentialisme :* le président de la République devient un *délégataire* et *dépositaire* de la souveraineté nationale, au sens de l'article 3 C, sans que, pour autant, soient supprimés les moyens d'action puissants dont il dispose à l'égard du Parlement (droit de dissolution : possibilité d'en appeler au peuple par la voie du référendum, *etc.*). Ce qui correspond exactement à la conception exposée dès 1946 et que Léon Blum avait magistralement résumée, de manière prophétique, à cet instant : *Le discours de Bayeux se déduit tout entier du principe de la séparation des pouvoirs, c'est-à-dire du partage de la souveraineté entre un exécutif et un législatif également délégataires du peuple, bien qu'à des titres différents. Dans ce système, le président de la République sera le chef effectif du Gouvernement et de l'administration, le président du conseil se trouvant, par contre, réduit au rôle d'un fondé de pouvoir, d'un homme de confiance, d'un porte-parole vis-à-vis du Parlement. J'ajoute que, pour le chef de l'exécutif ainsi conçu, l'élargissement du collège électoral ne saurait suffire. Toute souveraineté émanant nécessairement du peuple, il faudrait descendre jusqu'à la source de la souveraineté, c'est-à-dire remettre l'élection du chef de l'exécutif au suffrage universel. Là est la conclusion logique du système*[49].

Dès lors, la manière dont le général de Gaulle avait dirigé les affaires nationales au cours de la guerre d'Algérie, loin d'être exceptionnelle, sera demain habituelle, car le président, élu sur un programme, doit le réaliser. À cette fin, les élections législatives de novembre 1962 tournent au *miracle* : ses partisans triomphent et donnent naissance au *fait majoritaire*[50] : le chef de l'État joint ainsi à ses prérogatives juridiques, les attributions *politiques* découlant de sa qualité de *leader* de la majorité parlementaire. La *République nouvelle qui a pour origine, pour base et pour ressort, l'accord direct du peuple et de son guide*[51] est née. Il ne reste plus qu'à la systématiser. La conférence de presse prononcée, le 31 janvier 1964, en sera l'occasion.

2. La « constitution de 1964 » ou la constitution présidentialiste

1004 À cette date, le général de Gaulle exprime le fond de sa pensée, lorsqu'il tient une conférence *constituante*, si l'on ose dire. Avec netteté, il établit le régime présidentialiste. Avec majesté, il justifie la *monarchie républicaine* que Michel Debré, dès 1944, appelait de ses vœux, en ces termes :

Il est normal... que le président de la République et le premier ministre ne soient pas un seul et même homme. Certes, on ne saurait accepter qu'une dyarchie existât au sommet de l'État. Mais justement il n'en est rien. Le président de la République, qui est l'homme de la Nation, mis en place par elle-même pour répondre à son destin, qui choisit le premier ministre, qui le nomme, ainsi que les autres membres du Gouvernement, qui a la faculté de le changer, soit que se trouve accomplie la tâche qu'il lui destinait et qu'il veuille s'en faire une réserve, en vue d'une phase ultérieure, soit parce qu'il ne l'approuverait plus ; le président qui arrête les décisions prises dans les conseils, promulgue les lois, négocie et signe les traités, décrète ou non les mesures qui lui sont proposées, est le chef des armées, nomme aux emplois publics ; le président qui, en cas de péril, doit prendre sur lui de

48. Pour inciter le corps électoral à voter *oui* au référendum, le général de Gaulle, dans son allocution télévisée du 20 septembre 1962, avait déclaré que *ni les droits respectifs, ni les rapports des pouvoirs ne sont modifiés du fait de l'élection du chef de l'État au suffrage universel*. Mais, il est bien évident que cette interprétation ne correspond pas à la réalité. Sous couvert d'une modification, il s'agit, en fait, d'une *révision-fondation*.

49. V. L. BLUM, *Le Populaire*, 21 juin 1946, et *Œuvres*, t. IV, p. 218.

50. Le fait majoritaire a perduré. Seul son *bénéficiaire* a pu changer : le chef de l'État, en règle générale ou le premier ministre, exceptionnellement, en cas de cohabitation (1986 ; 1993 et 1997).

51. Ch. de GAULLE, message à l'Assemblée nationale, 9 décembre 1962 (*Discours et messages*, t. IV, p. 48).

faire tout ce qu'il faut ; le président est évidemment seul à détenir l'autorité de l'État... Il doit être évidemment entendu que l'autorité indivisible de l'État est confiée tout entière au président par le peuple qui l'a élu, qu'il n'en existe aucune autre, ni ministérielle, ni civile, ni militaire, ni judiciaire qui ne soit conférée et maintenue par lui[52].

Il résulte de cette interprétation *authentique*, que le pouvoir d'État s'identifie au président, dès lors que les pouvoirs publics sont instrumentalisés. En se plaçant du point de vue du général de Gaulle, comment ne pas souscrire à son appréciation laudative, selon laquelle la France possède *les meilleures institutions de l'Occident*. Le régime présidentiel américain est loin du compte, face à *l'exercice solitaire du pouvoir*, selon l'accusation lancée par Valéry Giscard d'Estaing en 1967.

Le Parlement écarté du pouvoir, est réduit, en fait, à un rôle consultatif, telle jadis l'assemblée d'Alger, à l'époque de la Résistance, que le Général supportait déjà à peine. Toutefois, cette ligne de conduite lui sera fatale : en 1968, la rue sera l'exécutoire du mécontentement en lieu et place des assemblées et, lorsque, le 27 avril 1969, il voudra anéantir, sous couvert de recrépir le Sénat, il se heurtera à la volonté souveraine du peuple.

B. LE MAINTIEN DU PRÉSIDENTIALISME

1005 *Je maintiendrai.* Si elle n'était la devise de la maison royale des Pays-Bas, la formule conviendrait, semble-t-il, parfaitement pour caractériser l'action, sinon l'ambition, de Georges Pompidou. Son mérite, et en l'occurrence, il n'est pas mince, aura été d'*enraciner* et de *banaliser* le présidentialisme, que beaucoup estimaient lié d'une manière nécessaire au général de Gaulle ; en un mot, d'assurer le *retour à la normale*, selon son expression[53]. À ce titre, il doit être regardé comme le *cofondateur* de nos institutions (G. Vedel). La concordance des majorités présidentielle et parlementaire est érigée en *principe*, sous son mandat.

1. Le présidentialisme confirmé sous Georges Pompidou (1969-1974)

1006 Le général de Gaulle se prévalait volontiers de sa légitimité personnelle ou historique ; son successeur ne se réclamera que de la légitimité institutionnelle ou démocratique. Mais il en tirera toutes les conséquences, en s'appuyant ultérieurement sur le peuple, tour à tour au moyen du référendum du 23 avril 1972[54] et des élections législatives de 1973.

Une vision simple et ample, tout à la fois, résume sa présidence : la *prééminence* du chef de l'État, reposant, tels des propylées majestueux, sur l'investiture populaire et un constant soutien parlementaire. D'où une structure *hiérarchisée* des pouvoirs : une autorité présidentielle sans partage, décidant de tout, supervisant tout et ne déléguant rien ou si peu, à l'inverse du général de Gaulle. *Il inclinait* observe Jacques Chaban-Delmas, *à suivre de près les affaires, quand il ne les précédait pas*. En somme, une

52. V. G. BERLIA, La conférence de presse du président de la République du 31 janvier 1964, *R.D.P.* 1964, p. 126.

53. V. G. POMPIDOU, *Le nœud gordien*, 1974 ; P. ROUANET, *Pompidou*, 1969 ; F. DECAUMONT, *La présidence de Georges Pompidou*, 1979 ; E. ROUSSEL, *Pompidou*, 2e éd., 1994 ; *Georges Pompidou, hier et aujourd'hui*, actes du colloque de Paris, 1990 ; *La contribution de la présidence de Georges Pompidou à la Ve République*, actes du colloque d'Aurillac, 1995.

54. Officiellement, l'objet était l'entrée de la Grande-Bretagne dans la Communauté européenne. En pratique, il s'agissait pour le président de vérifier son autorité. Le P.S. dénonça cette manœuvre de politique interne. V. R. PIASTRA, Le référendum sous Georges Pompidou, *in* colloque d'Aurillac, 1995, p. 273.

conception impérieuse autant qu'ombrageuse[55] : le premier ministre ne peut être que l'exécuteur de ses volontés. Si Jacques Chaban-Delmas s'est trompé de République, en revanche, à partir de 1972, Pierre Messmer s'y conformera. Du reste, dès sa conférence de presse, le 10 juillet 1969, Georges Pompidou avait donné le ton en récusant l'interprétation parlementaire de la Ve République : *La primauté du chef de l'État lui vient de son mandat national. À la fois chef suprême de l'exécutif, gardien et garant de la constitution, le président est, à ce double titre, chargé de donner les impulsions fondamentales, de définir les directions essentielles, d'assurer et de contrôler le fonctionnement des pouvoirs publics ; il est à la fois, arbitre et premier responsable national.* Le 5 avril 1972, le propos se fera plus net lorsqu'il distingue, afin de mieux les opposer, *les élus du peuple et l'élu du peuple tout entier* (message au Parlement). En un mot, *ce que le général de Gaulle aura légué de meilleur à la France, c'est la prééminence du président. Je ne serai ni Mac-Mahon ni Jules Grévy. Je maintiendrai.* Tout est dit et bien dit[56].

Enfin, il a veillé, par personnes interposées à demeurer le chef de la majorité parlementaire, en choisissant les présidents des groupes gaullistes des assemblées ; distribuant les investitures en vue du scrutin de 1973[57] et en se comportant en tuteur du parti dominant, dont il nomme pareillement les dirigeants. Le budget de 1974 est le dernier voté en équilibre.

Toutefois, la maladie allait contrarier le dessein de Georges Pompidou. Le projet de quinquennat, déposé à l'automne 1973, loin d'affaiblir l'autorité présidentielle poursuit le but opposé de l'affermir face aux députés, en faisant *coïncider* l'instant où la légitimité s'exprime. Ce projet sera, certes adopté, en application de l'article 89 C, par les deux assemblées, mais le chef de l'État en différera la ratification par le Congrès. Il décède le 2 avril 1974 et Valéry Giscard d'Estaing lui succède.

2. Le présidentialisme préservé sous Valéry Giscard d'Estaing (1974-1981)

1007 C'est à l'instant où l'expression est consacrée (conférence de presse de 25 juillet 1974), que le présidentialisme a pu paraître affecté[58].

L'ère nouvelle de la politique française, selon le président, ne saurait faire illusion, malgré un changement de style et une volonté de *décontraction* avec l'opposition, dont les chefs sont consultés à partir de 1978. Issu du courant *minoritaire* de la majorité, Valéry Giscard d'Estaing demeurera prisonnier de sa condition. Pour la première fois, en l'absence d'une authentique masse de manœuvre, un président ne dispose pas en fait des moyens parlementaires de sa politique[59]. En effet, la démission de Jacques Chirac de ses fonctions de premier ministre, le 25 août 1976, consacre la rupture entre la droite centriste et néo-gaulliste. Dès lors, le régime entre en crise larvée, seule la menace de la dissolution empêchera les députés R.P.R. de franchir le Rubicon. Les Gouvernements Raymond Barre se satisfont, à la mode italienne, de la *non-défiance*, par l'usage du parlementarisme rationalisé, occulté depuis 1962 par le fait majoritaire (recours à l'article 49, alinéa 3 C et, de façon significative, au Sénat). Mais, il n'est pas jusqu'à la primauté présidentielle qui ne soit altérée.

55. *Le chef de l'État, investi directement de la confiance de la Nation, est et doit être le chef incontesté de l'exécutif,* note Georges Pompidou (*Le nœud gordien*, p. 63)... *Le premier ministre, comme son nom l'indique, n'est que le premier des ministres. Le rôle de coordination qu'il joue dans le Gouvernement, la responsabilité qu'il exerce et engage vis-à-vis de l'Assemblée, ne peuvent effacer cette subordination fondamentale*. La formule ne saurait être plus tranchée. Le discours du 16 septembre 1969 sur la *nouvelle société* n'ayant pas été transmis préalablement au président par le premier ministre, la révocation de celui-ci était dès lors inscrite dans la nature des choses. Elle se produira le 5 juillet 1972.

56. V. G. VEDEL, préface aux actes du colloque d'Aurillac 1995, p. V ; J. GICQUEL, rapport de synthèse, p. 387 ; *Un politique, Georges Pompidou*, colloque Paris 2001.

57. Par ailleurs, il n'hésite pas, au mépris du franc jeu, à préfacer et à clôturer la campagne électorale de la majorité. Dans ces conditions, rien d'étonnant à ce que ses candidats proclament : *Une majorité pour le président.*

58. V. Ch. DEBBASCH, *L'Élysée dévoilé*, 1982 ; A. DUHAMEL, *La République giscardienne*, 1980 ; J. Chr. PETITFILS, *La démocratie giscardienne*, 1981 et Le giscardisme, *Pouvoirs* n° 9, 1979.

59. Le président fédérera la droite centriste à partir de 1978 autour de l'U.D.F. *(Union pour la démocratie française).*

À Verdun-sur-le-Doubs, le 27 janvier 1978, en indiquant *le bon choix*, le président rompt ouvertement avec l'interprétation *maximaliste* qui avait prévalu jusque-là, en estimant possible, selon un mot promis à la postérité, la *cohabitation raisonnable* avec l'opposition de gauche : *Vous pouvez choisir l'application du programme commun. C'est votre droit. Mais, si vous le choisissez, il sera appliqué. Ne croyez pas que le président de la République ait dans la constitution les moyens de s'y opposer.* Cette vision nouvelle de la Vᵉ République s'accompagne, au demeurant de la mise en sommeil de la procédure référendaire, alliée au refus de se doter d'un véritable parti présidentiel. Tout à l'opposé, sera sa sollicitude pour l'État de droit[60] avec l'élargissement de la saisine du Conseil constitutionnel à l'opposition parlementaire (art. 61 C, L.C. du 29 octobre 1974).

§ 2. LA FLUCTUATION DU PRÉSIDENTIALISME

1008 Chacun des mandats de François Mitterrand a été *alterné*, selon le rythme *5 + 2* (G. Vedel) : au présidentialisme affirmé a succédé, en fin de parcours, le parlementarisme ressuscité, le temps d'un interlude, appelé la *cohabitation*. Toute autre se présente la condition de son successeur. Sous Jacques Chirac, le présidentialisme a été écarté par les électeurs, en 1997, deux ans après son retour, puis restauré, en 2002, au terme d'une cohabitation pérennisée[61].

A. LE PRÉSIDENTIALISME ALTERNÉ DE FRANÇOIS MITTERRAND (1981-1988)

1. Le premier septennat (1981-1988)

1009 D'une manière dialectique, l'autorité présidentielle a été refoulée par la restauration de l'autorité gouvernementale, en 1986, car la dernière expression du suffrage supplante la plus ancienne, en démocratie.

a) L'affirmation de l'autorité présidentielle (1981-1986)

1010 *La politique de la France, je l'ai moi-même définie et [...] elle est conduite sous mon autorité. Je ne surprendrai personne [...] en ajoutant que le chef de l'État ne peut dépendre que de l'idée qu'il a de l'intérêt public et des suffrages du peuple qui l'a élu*[62]. L'affirmation péremptoire de François Mitterrand ne laisse planer aucun doute, sur sa volonté de se situer, en dépit de préventions personnelles, dans la logique présidentialiste[63]. Au reste, le message adressé au Parlement, le 8 juillet 1981, est digne de figurer dans une anthologie constitutionnelle *(supra)*. En résumé, le chef de l'État peut s'exclamer, en 1983 : *C'est à moi de décider, ce qu'il convient de décider*.

En effet, *l'état de grâce* est à l'origine de la plus belle victoire électorale à laquelle un président puisse prétendre : son parti obtient *à lui seul*, au scrutin des 14 et 21 juin 1981, la majorité absolue des sièges au Palais-Bourbon. Par la suite, la rupture de l'union de la gauche opérée par le retrait des communistes, en juillet 1984, sera sans incidences au plan parlementaire. De sorte que son Gouvernement

60. Dans le même ordre d'idées, il a appartenu au président Giscard d'Estaing d'introduire dans le vocabulaire politique le terme *État de droit* (discours du 8 novembre 1977 au C.C.). V. Vingt ans de saisine parlementaire du C.C., *A.F.D.C.* 1995, p. 176.

61. V. J. MASSOT, *Alternance et cohabitation sous la Vᵉ République*, 1997.

62. Entretien à *Libération*, 10 mai 1984. Préalablement, à Franceville au Gabon, le 18 janvier 1983, il avait affirmé avec force : *Il n'est pas concevable qu'une politique soit mise en œuvre sans mon accord, plus exactement sans mon impulsion.*

63. Le programme commun de la gauche, en 1972, se situait dans une démarche d'inspiration parlementaire, tout en conservant l'élection populaire du président : V. J.-Cl. COLLIARD, Régime d'assemblée ou régime parlementaire ?, *Le Monde*, 8 juillet 1977 ; G. MASSON, Démocratiser les institutions nationales, *Les cahiers du communisme*, juillet 1977, p. 56.

et sa majorité parlementaire, s'abritant derrière ses *engagements (les 110 propositions pour la France)* n'auront d'autre ambition que de le servir. Il s'ensuivra, en particulier, la pratique du *président-législateur*, dont le veto opposé au projet Savary sur l'enseignement privé, le 12 juillet 1984, donne toute la portée. *J'ai eu des pouvoirs exorbitants... C'était trop, mais bien agréable*. Sans nier cette volupté du pouvoir, François Mitterrand s'est évertué, cependant, à en limiter la portée. Cette politique de *décélération* s'est manifestée avec la formation, en 1984, du Gouvernement Fabius[64], parallèlement à la tradition de dialogue et de proposition au sein du P.S. et du groupe parlementaire.

b) La résurrection de l'autorité gouvernementale ou la première cohabitation (1986-1988)

1011 Le régime parlementaire ou l'insolite sous la Vᵉ République. Un exercice a consisté à spéculer sur le point de savoir, ce qu'il adviendrait si le chef de l'État ne disposait plus d'une majorité à l'Assemblée. Loin de la divination ou des inclinations personnelles, la volonté du suffrage universel a imposé à ses représentants, en 1986, la solution de la *cohabitation*, selon un terme emprunté au Code civil (art. 299). À la mesure du changement de rôle des acteurs, la pièce a été renouvelée : le régime présidentialiste s'est effacé ; le régime parlementaire *orléaniste* s'y est substitué. De manière inédite sous la Vᵉ République, le Gouvernement, adossé à sa majorité parlementaire est rentré en possession du pouvoir (art. 20 C), tandis que François Mitterrand, tout en demeurant présent et vigilant *(Je ne serai pas inerte. Je ne serai pas un président au rabais)*, opérait un repli (art. 5 C).

Le succès remporté, le 16 mars 1986, par l'opposition de droite (R.P.R.-U.D.F.) aux élections législatives marque le retour à la constitution et la mise en place d'une *dyarchie* ou d'une codirection[65].

α) La revanche de la constitution

1012 Dans un État de droit, le code de bonne conduite résulte de la constitution. Selon une approche consensuelle, le chef de l'État et le premier ministre se sont retrouvés sur la nouvelle *ligne alexandrine*[66]. Dès sa prise de fonction, le 20 mars 1986, Jacques Chirac déclare : *Les règles de notre constitution et la volonté du peuple français doivent être respectées. Les prérogatives et les compétences du président de la République, telles qu'elles sont définies par la constitution sont intangibles. Le Gouvernement dirigé par le premier ministre détermine et conduit la politique de la nation*[67]. En un mot, le président ne peut plus invoquer sa qualité de chef de la majorité : François Mitterrand a pris pour *fil d'Ariane : la constitution, rien que la constitution, toute la constitution* (message du 8 avril 1986). Ce qui devait lui conférer, pour une part importante, la *faculté d'empêcher* (faculté de nuisance, en terme d'adversité : *la cohabitation me rend attentif à ce que je peux empêcher*), faute de disposer de la *faculté de statuer*, selon la terminologie de Montesquieu.

64. Le pouvoir a reflué vers l'Élysée, à la manière d'un plan incliné, en raison notamment de l'inexpérience des membres du gouvernement Mauroy, en dehors de Gaston Defferre et d'Alain Savary. V. Th. PFISTER, *La vie quotidienne à Matignon au temps de l'union de la gauche, 1985*.

65. La cohabitation (la *coexistence*, à dire vrai) a failli se produire en 1978. Valéry Giscard d'Estaing se serait retiré au château de Rambouillet, dans un premier temps. V. M.-A. COHENDET, *La cohabitation. Leçon d'une expérience*, 1993 ; F. LUCHAIRE et G. CONAC, *Le droit constitutionnel de la cohabitation*, 1989 ; J. LE GALL, *Les institutions de la Vᵉ République à l'épreuve de l'alternance : la présidence de François Mitterrand*, 1997 ; J. GICQUEL, De la cohabitation, *Pouvoirs* n° 49, p. 69. Sur le vécu : F. MITTERRAND, *Lettre à tous les Français*, 1988 ; E. BALLADUR, *Passion et langueur du temps*, 1989, *Deux ans à Matignon*, 1995 ; S. JULY, *La drôle d'année*, 1987.

66. Lors de la découverte du Nouveau Monde, le pape Alexandre VI, par la bulle *Inter caetera*, en 1493, répartit les territoires entre l'Espagne et le Portugal.

67. Dans un entretien à T.F.1, le 29 mars 1987, le chef de l'État développera le thème de ses *trois responsabilités* : assurer la continuité de l'État, assurer le fonctionnement régulier des pouvoirs publics (art. 5 C) et veiller à l'application des grands principes sur lesquels se fonde la République (art. 2 C). V. Cl.-A. COLLIARD, Les pouvoirs du président de la République en cas de coexistence institutionnelle, *R.D.P.* 1989, p. 1565.

β) La dyarchie ou la codirection

1013 À la manière des *partages polonais* d'antan, le pouvoir d'État a été écartelé entre les deux pôles de l'exécutif. Le Parlement s'est borné à changer de maître et à cultiver les mérites du bicamérisme parfait. En faisant la part de la dissuasion, de la négociation, de la tension, en bref de la théâtralité, le rapport de forces a favorisé, dans l'ordre interne, le Gouvernement et valorisé le président, dans l'ordre externe.

1° *Je suis un chef de Gouvernement heureux*, déclare Jacques Chirac, en juillet 1986, libéré de la tutelle élyséenne au plan interne. Le chef de l'État devenu entre-temps, un *juge-arbitre* selon son expression, n'a pas cherché à entraver l'action du Gouvernement. Mais il s'est préoccupé de survivre politiquement. À cet égard, tout en agréant le choix des ministres (art. 8, al. 2 C), il a manifesté sa volonté de travailler *en harmonie* avec ceux d'entre eux relevant du sanctuaire. D'où le veto opposé à certains choix (Jean Lecanuet, Pierre Méhaignerie aux affaires étrangères, François Léotard à la défense). De même, il n'a pas refusé d'inscrire à l'ordre du jour du conseil des ministres, les projets de loi ou d'ordonnance souhaités par Jacques Chirac, en saisissant l'opportunité d'y manifester son droit à la différence. Il coule de source que le changement de hauts fonctionnaires (art. 13 C) s'est opéré. Cependant, François Mitterrand s'est évertué à en freiner le cours, en liant le reclassement honorable du partant à l'agrément de l'arrivant[68]. Au total, le Gouvernement a été à même de réaliser son programme. Le refus du président de signer des ordonnances a pu être surmonté par le retour à la voie parlementaire.

2° En revanche, la prérogative présidentielle a été préservée au plan externe. Le chef de l'État a placé, sous sa responsabilité, les intérêts supérieurs de la Nation (art. 5). Au cours de cette expérience, selon la formule, si la France s'est exprimée par plusieurs bouches, elle a pu parler d'une *seule voix*.

En matière militaire, le président a déterminé les choix fondamentaux au moment de l'élaboration de la loi de programmation[69]. Il a géré diverses crises. En résumé, la pérennité de la diplomatie a été assurée, en dépit de la présence du premier ministre à ses côtés (*le tandem*, selon Valéry Giscard d'Estaing). Cette première cohabitation ne peut donc être comparée au *S.I.D.A. des institutions* (J. Foyer). Tout au contraire, elle a été salutaire à la constitution, *revisitée* et *repensée*. Celle-ci est devenue, momentanément, une réalité. Mais, d'un point de vue politique, sa conclusion fut un échec, lorsqu'en 1988, François Mitterrand et Jacques Chirac s'affrontèrent à l'élection présidentielle.

2. Le second septennat (1988-1995)

1014 Mimétisme aidant, la cohabitation serait-elle la meilleure alliée du présidentialisme ? Il faut, en effet, relever qu'à son issue, en 1988, le suffrage universel a restitué à la République sa cohérence politique, quitte, à nouveau, à s'en éloigner.

a) Une présidence toute relative

1015 Une présidence en retrait, qui ne cesse pas, pour autant, d'être active, tel peut s'énoncer le nouvel axiome mitterrandien, à partir de 1988[70]. Au-delà de la conduite de la guerre du Golfe (1990-1991), le chef de l'État entend limiter son action à

68. En dehors de l'exemple rarissime de célérité (le choix de Marceau Long au poste de vice-président du Conseil d'État, en février 1987), une course de lenteur a été bien souvent organisée (le changement du directeur de la police nationale s'est effectué au terme de 7 mois de discussions). La cohabitation devait, de ce point de vue, enrichir le droit positif, avec la loi du 31 décembre 1987, dite *loi Paolini*. Celle-ci prévoit que les hauts fonctionnaires qui atteignent la limite d'âge dans les 3 mois précédant la fin du mandat présidentiel peuvent être maintenus en fonctions, avec leur accord, par une décision prise dans les mêmes formes que leur nomination. De même, une clarification jurisprudentielle favorable au pouvoir présidentiel interviendra s'agissant des décrets délibérés en conseil des ministres (art. 13 C) (C.E., 10 septembre 1992, *Meyet*) (V. *infra*, n° 1230)).

69. Au camp du Caylus, le 13 octobre 1986, le président avait affirmé avec force : *Dans ce domaine-là, l'autorité appartient au président de la République. J'espère que cela est bien compris. C'est un point sur lequel j'engage l'autorité que requiert ma fonction* (*chr.* n° 41, p. 217).

70. Dans sa *Lettre à tous les Français* (7 avril 1988) il se prononce pour le *ni-ni institutionnel : Ni... président absolu des débuts de la Ve République, maître en fait de tous les pouvoirs, ni président soliveau de la IVe République qui n'en avait aucun...* Il doit être *à la fois responsable et arbitre*. V. F. ELKAÏM, *Les*

l'impulsion de la politique et aux nominations aux emplois supérieurs. Le rôle du Gouvernement Rocard (1988-1991) s'affirme dans la gestion quotidienne des problèmes, celui de la Nouvelle-Calédonie, entre autres.

C'est donc sans surprise que le président résume sa conception au *guide et à l'arbitre :* celui qui *décide les grands choix ;* celui qui *tente d'organiser le dialogue* entre les Français (entretien à T.F.1, 12 février 1989). À Antenne 2, le 10 décembre 1989, il reconnaît : *mon rôle à moi, c'est de faire des incitations... Je suis l'aiguillon dans tous les domaines... Mon rôle est d'être à l'écoute de tous les Français... Je me mêle de tout.* Ainsi, *le président est demeuré un opposant fût-ce à son propre Gouvernement* (J.-P. Huchon).

Pour sa part, le premier ministre a souscrit à cette interprétation : le chef de l'État est *l'homme chargé de donner des grandes orientations et je m'honore de lui obéir, tout simplement* (3 décembre 1989). Dans le même temps où Michel Rocard se livrait, avec brio, à l'art de l'intermittence, en surmontant l'absence d'une majorité absolue à l'Assemblée, il ne parvint pas néanmoins à conserver la confiance du chef de l'État. La constitution peut être *rude à vivre*, observait-il, au demeurant, le 3 mai 1991, et le partage des compétences au sein de l'exécutif, *un jeu d'équilibre parfois compliqué.* Le président lui en donna acte, le 15 mai, en le relevant de ses fonctions *(À l'heure où il me faut vous présenter la démission de ce Gouvernement).*

Après que le chef d'État eut convié ses compatriotes à entrer dans l'Union européenne, en décidant la tenue d'un référendum, le 20 septembre 1992, il s'est soucié d'ouvrir un chantier constitutionnel, en vue de l'instauration d'une *République moderne et libre*, estimant que les institutions de la Ve République étaient dangereuses avant son accession au pouvoir et qu'elles le redeviendraient après.

b) La deuxième cohabitation (1993-1995)

1016 Si la première fut crispée, celle-ci fut apaisée, en raison de la maladie du chef de l'État et du *devoir d'État* auquel ses protagonistes se soumirent.

Le président Mitterrand a pris acte, le 28 mars 1993, du triomphe électoral de l'opposition R.P.R.-U.D.F. et nommé Édouard Balladur, premier ministre et les autres membres du Gouvernement[71].

Dans une vision *féline* des choses (*Les griffes rentrées ou sorties, sont toujours là*, selon le chef de l'État), la cohabitation s'est mise en place, conformément à la répartition des responsabilités explicitée par Édouard Balladur, le 2 juin 1993 à France 3 : *l'ensemble de la politique économique, sociale, intérieure, dans tous les domaines du pays, est de la responsabilité du Gouvernement et de la nouvelle majorité. Dans le domaine de la politique extérieure et de la politique de défense, notre constitution, un peu compliquée à appliquer... institue une sorte de partage ; c'est ce qu'on appelle le pouvoir partagé... Le président de la République a le droit d'être informé de tout, le premier ministre aussi, et lorsqu'il y a des questions importantes, ils décident ensemble, et rien d'important ne peut être décidé sans l'un ou sans l'autre ou contre l'un ou contre l'autre.*

α) La cohabitation interne

1017 Quand bien même celle-ci n'est pas *une harmonie préalable et instinctive* (E. Balladur), elle aura permis au Gouvernement de réaliser son programme, fût-ce aux dépens du Conseil constitutionnel. On sait que la décision *Maîtrise de l'immigration* (*chr.* n° 68, p. 158) a été surmontée par l'appel au pouvoir constituant (nouvel art. 53-1 C). Le président a estimé que sa compétence était liée, tel *le notaire de la République : Lorsque le Parlement vote une loi..., dans le délai qui m'est imparti, je dois signer, ... sans quoi je serais en situation de forfaiture* (déclaration du 14 juillet 1993). La leçon des ordonnances a été entendue. Le premier ministre a assuré, par ailleurs, la suppléance du chef de l'État, en juillet 1994 (art. 21 C).

idées constitutionnelles de François Mitterrand, thèse Toulouse, 2001 ; X. VANDENDRIESSCHE, L'apport du président Mitterrand au droit constitutionnel de la Ve République, *R.D.P.* 1996, p. 637.

71. Par un juste retour des choses, Édouard Balladur a expérimenté, la cohabitation dont il avait été naguère le théoricien (Ambivalence de la constitution, *Le Monde*, 16 septembre 1983). Sur son expérience : *Deux ans à Matignon* 1995 et *Le pouvoir ne se partage pas. Conversations avec François Mitterrand,* 2009 ; N. BAZIRE, *Journal de Matignon*, 1996.

Mais des turbulences ont traversé le ciel exécutif. Outre la négociation en matière de révision constitutionnelle (L.C. des 27 juillet et 25 novembre 1993), François Mitterrand a refusé, le 30 juin 1993, d'inscrire à l'ordre du jour de la session extraordinaire du Parlement, une proposition de révision de la loi Falloux relative à l'enseignement privé.

β) La cohabitation externe

1018 C'est en ce domaine que la seconde cohabitation a innové par suite de l'avancée du pouvoir gouvernemental. Édouard Balladur a manifesté le souci de ne pas affaiblir le rang de la France en arrêtant une *position commune* avec le chef de l'État. Celui-ci devait réagir. À propos de la gestion de l'opération humanitaire au Rwanda, François Mitterrand a réaffirmé, le 31 août 1994, son rôle : *Les affaires étrangères sont, parmi les fonctions qui sont les miennes, parmi les plus importantes et les plus clairement définies par la constitution. J'entends préserver exactement les différentes répartitions des tâches de l'exécutif.* D'un raccourci, il tranchera : *Il ne peut pas y avoir deux présidents à la fois. Et il n'y en a qu'un* (entretien au *Figaro*, 8 septembre 1994). Au préalable, un *point de désaccord majeur* selon son appréciation, l'avait opposé au Gouvernement concernant le moratoire nucléaire : *la décision de l'usage de la bombe atomique appartient au président de la République* (conférence de presse du 10 mai 1994).

B. LE PRÉSIDENTIALISME TOURMENTÉ DE JACQUES CHIRAC

1019 Élu à la présidence, le 7 mai 1995, Jacques Chirac a bénéficié d'abord du confort politique du présidentialisme. Cependant, il devait innover, à ses dépens, en s'abstenant de dissoudre immédiatement l'Assemblée nationale. Lorsqu'il s'y résout, deux ans plus tard, il subit un revers. Une *grande cohabitation* (1997-2002) inédite se met en place qui transforme le régime. Cependant, cette dernière fera l'objet d'une réaction de rejet, non seulement de la part de ses protagonistes, mais aussi et surtout des électeurs. À l'appel de Jacques Chirac, réélu président le 5 mai 2002, une majorité parlementaire, conforme à ses vues, est désignée le mois suivant. Mais, ce présidentialisme renaissant sera altéré, en 2005, par l'échec du référendum européen.

1. Le présidentialisme restauré (1995-1997)

1020 Un président à l'unisson de la majorité parlementaire ne pouvait que restaurer, en bonne logique, le régime présidentialiste, nonobstant la condamnation de la dérive monarchique des institutions lors de sa campagne électorale.

De fait, le chef de l'État ne cesse d'imprimer sa marque. Le président-législateur, autant que le domaine réservé, sont de retour. Au plan interne, ses décisions se succèdent : réduction des déficits publics, en sa qualité de *garant de l'indépendance nationale* (26 octobre 1995), un changement de Gouvernement s'ensuivra ; réforme de l'école (7 mars 1996) ; politique de la ville (25 avril 1996) et de manière topique, suppression de l'armée de conscription (22 février 1996) plaçant la représentation nationale devant le fait accompli. Tandis que l'U.D.F. exprimait, à cet égard, des réserves, Lionel Jospin, au nom du P.S., accusait le chef de l'État de *dérive solitaire* pour s'être arrogé un pouvoir qui n'appartient qu'au seul Parlement (art. 34 C). En un mot, ce dernier n'est pas redevenu *le lieu privilégié du débat politique*, comme le président s'y était engagé naguère. La soumission du Gouvernement et de la majorité parlementaire aux vues présidentielles est manifeste. À preuve, cette affirmation relative aux restructurations militaires, le 14 juillet 1996 : *c'est ma volonté que cela se passe ainsi et donc je ferai en sorte que le Gouvernement le fasse ainsi*[72].

72. À l'égard du premier ministre, le président se réclame d'une convention de la constitution : *Si je considérais que le premier ministre et le Gouvernement ne faisaient pas leur travail dans une période difficile aussi bien qu'il est possible, j'en aurais naturellement tiré les conclusions. Car c'est ma responsabilité* (déclaration du 14 juillet 1996). Mais, dans le même temps, il ne cesse de faire preuve de sollicitude

Au plan externe, Jacques Chirac a assumé personnellement la conduite de la défense (campagne de tirs nucléaires) et celle de la diplomatie (conflits de l'ex-Yougoslavie et du Liban). Bref, la prérogative présidentielle a été restaurée jusqu'à l'instant où une erreur d'appréciation politique (la dissolution de l'Assemblée nationale) a causé sa chute, en 1997.

2. Le présidentialisme brisé ou le parlementarisme appliqué (1997-2002)

1021 La République est devenue *parlementaire* le temps d'une législature, une cohabitation *constructive* (J. Chirac), tout autant que combative, redistribue les rôles au sein de l'exécutif : *Le président préside et le Gouvernement gouverne*. Mais, dans le même temps, la quête de la *cohérence* ou de l'*unité* du pouvoir d'État n'est pas perdue de vue : le quinquennat (L.C. du 2 octobre 2000) et l'inversion du calendrier électoral (loi du 15 mai 2001) s'inscrivent dans cette démarche de mécanisation de la vie institutionnelle. À ce compte, la cohabitation a été, une fois encore, le réactif du présidentialisme, son *faire-valoir*.

a) La cohabitation pérennisée

1022 En accédant, le 21 avril 1997, à la demande de dissolution de l'Assemblée nationale présentée par le premier ministre, le chef de l'État a précipité le retour de la cohabitation, au point d'affecter, cette fois-ci, la Ve République dans ses œuvres vives. De fait, l'alternance se produit en début de mandat et non plus en fin comme précédemment, ce qui confère au régime parlementaire une durée de cinq ans, soit le temps d'une législature. Par suite, la cohabitation change de nature. Elle cesse d'être comme naguère la veillée d'armes de l'élection présidentielle, un intermède ou un contre-emploi, pour s'inscrire dans la durée et devenir une *composante* de la Ve République ; soit le retour aux sources de 1958, selon la pensée de Michel Debré. La réforme de 1962 est comme neutralisée[73]. Il n'est pas douteux que le chef de l'État y entre, cette fois-ci, très affaibli : juridiquement, il est ramené pour l'essentiel, à une fonction arbitrale, mais plus encore politiquement, il est atteint de plein fouet par la défaite électorale de son camp, le 1er juin. À la manière d'un *nouveau 16 mai 1877*, Jacques Chirac a décidé, échoué et est demeuré en place. Un septennat... de deux ans ? Pour avoir procédé à une dissolution à l'anglaise, le président est voué à régner à l'anglaise. *Ah ! Ne me brouillez point avec la République !* pourrait s'écrier le héros de Corneille. Que reste-t-il, en effet de la Ve République, lorsque, selon le général de Gaulle, *la clef de voûte qui couvre et soude l'édifice de nos institutions* est affaissée ?

Selon une démarche convenue, les cohabitants ont partagé le pouvoir d'État. Après avoir repoussé les concepts de domaine *réservé* ou *partagé*, Jacques Chirac a estimé, le 14 juillet 1997 que *la constitution prévoit des choses et ces choses donnent notamment, une prééminence et je dirais donne un peu le dernier mot au président de la République*. Cette interprétation a été récusée par Lionel Jospin, au conseil des ministres, le 16 juillet suivant. Il s'est borné au rappel littéral des prérogatives institutionnelles respectives du chef de l'État et du Gouvernement (art. 5 et 20 C). À dire vrai, le chef de l'État ne dispose plus des moyens juridiques et politiques de son action.

b) La cohabitation contrastée

1023 Codifiée, celle-ci reproduit le schéma traditionnel. À défaut d'être le partage *des agréments de la vie commune* (P. Avril), elle se révèle une indifférence, mieux une concurrence et une vigilance entre les deux têtes de l'exécutif. La cohabitation s'avère être une *compétition* généralisée, sur fond médiatique.

à son égard, au plus fort de son impopularité au point d'y être précipité à son tour (*chr.* n° 81, p. 198). Pour Alain Juppé, le président est *très attentif à tout, il suit tous les problèmes... Mais il laisse le Gouvernement gouverner. Je le sens présent mais pas interventionniste* (*Le Figaro*, 17 janvier 1996). En un mot, *il y a entre nous une étroite symbiose, une grande harmonie* (*Le Point*, 27 avril 1996).

73. Le président Chirac a pris acte de la volonté populaire en nommant Lionel Jospin, premier ministre, (décret du 2 juin 1997) et en acceptant les membres de son Gouvernement (décret du 4 juin). Mais, pour le surplus, cette cohabitation se présente *à fronts renversés* : la gauche au Gouvernement et à l'Assemblée nationale ; la droite à la présidence de la République et au Sénat, sous l'arbitrage du Conseil constitutionnel.

Au plan interne, hormis le consensus national créé par la victoire de l'équipe de France de football, le 12 juillet 1998 (Jacques Chirac se comparant à Barthez, *l'homme du dernier recours* et Lionel Jospin à un *entraîneur-joueur, un mélange de Jacquet et de Zidane*), le président est demeuré sur la défensive. Selon une gamme éprouvée, le chef de l'État a formulé des réserves concernant des projets de loi (les 35 heures) ; retardé l'inscription à l'ordre du jour du conseil des ministres du projet relatif à la Corse en février 2001 ; négocié les nominations de hauts fonctionnaires ; développé des critiques ponctuelles contre l'action du Gouvernement (crise de la vache folle, novembre 2000), voire générales, le 14 juillet 2001, sans mettre en échec, cependant, la politique du premier ministre. Grâce à sa majorité parlementaire, celui-ci réussira même à modifier le régime électoral du Sénat. Mais en matière constitutionnelle, le veto présidentiel n'a pas pu être brisé : ajournement de la réforme de Conseil supérieur de la magistrature (janvier 2000) ; refus de déposer un projet après la décision du C.C. du 15 juin 1999 relative aux langues régionales ou minoritaires.

À l'opposé, se situe le plan externe, placé sous le mode *consensuel* ou *convergent*, en dehors d'une prise de position de Lionel Jospin sur le conflit israélo-palestinien, en février 2000 (*chr.* n° 94, p. 190). De manière inédite en cohabitation, le conflit du Kosovo (mars-juin 1999) et la lutte contre le terrorisme, après les attentats outre-Atlantique du 11 septembre 2001, ont été marqués par la cohérence sans failles entre les autorités. Une cogestion, basée sur des informations réciproques et permanentes et une répartition harmonieuse des responsabilités, s'est mise en place. Le projet de loi sur la programmation des armées, ainsi que la fin anticipée du service national, ont emprunté cette démarche, en 2001. Un même comportement a prévalu en matière communautaire : préparation et participation aux conseils européens (négociations du traité de Nice, en décembre 2000) ; saisine conjointe du Conseil constitutionnel, en 1997, à propos du traité d'Amsterdam ; passage à l'*euro* au Conseil européen de Bruxelles, en mai 1998, ou dans celle de la coopération (établissement de la *zone de solidarité prioritaire* en 1999). Le domaine *partagé*, qui n'exclut pas la position protocolaire du président de la République, est devenu une réalité institutionnelle.

La France a été gouvernée : à preuve, la *L.O.L.F.* du 1er août 2001 (v. *infra*, n° 1525). La cohabitation a pu retarder la prise de décisions, mais elle n'a pas abouti à la paralysie. Cependant, faute de lisibilité, elle a été repoussée par ses acteurs et, plus particulièrement, le premier ministre, désireux de *devenir roi* (P. Avril)[74].

3. Le présidentialisme tempéré (2002-2007)

1024 La concomitance des pouvoirs a remplacé la *coexistence des contraires* (J. Chirac) au lendemain du triomphe électoral du président. Réélu, par 82,2 % des voix, à la faveur d'un référendum sur les valeurs de la République, face à Jean-Marie Le Pen, le 5 mai 2002, celui-ci s'est engagé dans la bataille de la cohérence institutionnelle en demandant aux électeurs de lui apporter une *majorité claire, cohérente* (discours de Châteauroux, 30 mai). La victoire de l'U.M.P. *(Union pour la majorité présidentielle)*, le 16 juin suivant a été éclatante. Le parti du président, l'U.M.P. devenue, en novembre 2002, *l'Union pour un mouvement populaire*, détient, fait unique, la majorité des sièges, dans chaque assemblée parlementaire ; le Sénat ayant été emporté, à son tour, par la déferlante. Quatre tours de scrutin ; un sursaut démocratique après le séisme du *21 avril* ; un Gouvernement et un Parlement instrumentalisés : à cet instant, Jacques Chirac est parvenu au faîte du pouvoir.

Le quinquennat a accusé la présidentialisation du régime. Ombre portée du chef de l'État, le premier ministre n'a cessé de déployer son activité en loyauté. Le confort de la logique majoritaire a permis aux Gouvernements Raffarin (2002-2005) de procéder à des réformes structurelles (régimes des retraites et de l'assurance-maladie, en 2003 et 2004). Mais, en l'absence d'élections intermédiaires les élections locales et européennes de 2004 ont changé de nature et débouché sur un vote-sanction (*un 21 avril à l'envers*) (F. Fillon). En novembre, Nicolas Sarkozy est élu à la tête de l'U.M.P. Le rejet

74. *Présider autrement,* fut en effet, le thème de sa campagne présidentielle. *Guerre de tranchées, péril pour la République*, en un mot, *le pire des régimes*, selon l'opinion autorisée d'Olivier Schrameck, directeur du cabinet de Lionel Jospin (*Matignon Rive gauche, 1997-2000*, 2001). V. S. SUR, *2002, Élections abracadabrantesques*, 2002 ; P. PERRINEAU et C. YSMAL (sous la direction de), *Le vote de tous les refus*, 2003, p. 363 ; M. CANEDO-PARIS, 1995-2007 : dodécennat abracadabrantesque ! Libres propos sur les deux mandats présidentiels de Jacques Chirac, *R.F.D.C.* 2007, p. 785.

par le peuple, le 29 mai 2005, du traité européen a minoré l'autorité du président qui s'y était identifié. Après la dissolution remisée, le référendum relégué et l'U.M.P. émancipée, le chef de l'État a été privé de moyens d'action. Pis encore, la crise sociale provoquée par le C.P.E. (*contrat première embauche*), en 2006, a débouché sur une crise institutionnelle (*chr.* nº 118, p. 198 et 202).

§ 3. LE PRÉSIDENTIALISME FLAMBOYANT DE NICOLAS SARKOZY

1025 À l'issue de son élection, le 6 mai 2007, et de sa victoire aux élections législatives, le mois suivant, son parti disposant de la majorité absolue des sièges, la Vᵉ République est effectivement de retour. Le régime retrouve son *authenticité* et la monarchie républicaine, son intensité. *Je serai un président qui gouverne. Les Français élisent le président de la République pour qu'il agisse et qu'il décide*, selon la vision étincelante, énoncée au Havre, le 29 mai, à l'origine d'une hyperprésidence ; en clair, d'une conception *personnelle* et *narcissique* de la magistrature suprême (J.-L. Parodi).

La *verticalité* du pouvoir que le président a incarnée, lui a conféré naturellement l'*effectivité*. Sur fond quotidien de communication, pour mieux capter les médias, il a gardé la main sur son parti (U.M.P.) au point de se déplacer, le 28 octobre 2007, à son siège (fait unique) ; de rencontrer chaque semaine ses dirigeants. Le petit-déjeuner hebdomadaire de la majorité a été rapatrié à l'Élysée, en octobre 2008 ; les élus U.M.P. y ont été reçus chaque mois, à partir de mai 2010. En bonne logique, une sorte d'administration présidentielle s'est mise en place (1 000 personnes *grosso modo*). Sous l'autorité du secrétaire général, ses collaborateurs ont impulsé sa politique et l'ont commenté publiquement (fait nouveau) et en ont contrôlé l'exécution.

En la forme, la rupture de style par rapport à ses prédécesseurs a été consommée. L'affichage médiatique, notamment de sa vie privée, a entraîné une désacralisation de la présidence, puis la déstabilisation de son titulaire, à partir de janvier 2008. Tout a procédé du chef de l'État : *C'est le seul qui a été obligé de passer par l'Élysée pour devenir premier ministre* ! Ce trait d'humour de Jean-Louis Borloo est éclairant.

Le président Sarkozy a pris l'initiative de moderniser le régime, par une protection renforcée des droits et libertés *(Q.P.C.), sans tourner la page de la Vᵉ République*, ni *les grands équilibres* des institutions (discours d'Épinal, 12 juillet 2007) ; le présidentialisme a été confirmé par la L.C. du 23 juillet 2008[75]. Mais, en dépit de sa réactivité à la crise économique, le désaveu subi aux élections locales de 2010 et 2011 a affecté gravement son autorité. *Je ne suis pas là pour être aimé ou mal aimé, je suis là pour faire* (déclaration du 31 mars 2010). À partir du discours de Grenoble (30 juillet 2010), afin de remobiliser son électorat, il a droitisé sa politique, tout en adoptant la posture du recours, au point de légitimer et hisser le Front national au rang d'arbitre du scrutin présidentiel de 2012. Devancé dès le premier tour, il s'est incliné, le 6 mai, devant François Hollande. Avec panache, il a quitté le pouvoir en associant celui-ci à la cérémonie du 8 mai.

§ 4. LE PRÉSIDENTIALISME HEURTÉ DE FRANÇOIS HOLLANDE

1026 L'élection présidentielle de 2012 a été autant une élection de crise qu'une élection réactive. Deuxième président socialiste accédant à la magistrature suprême, François Hollande efface la défaite de Lionel Jospin, une décennie plus tôt, et récuse *le règne de l'omniprésidence* [qui] *prétend décider de tout, partout* (discours de Dijon, 3 mars 2012). *Moi président, je serai*, selon la

75. V. N. SARKOZY, discours du 7 octobre 2008, *Académie des sciences morales et politiques,* 2008, nº 9, p. 19 ; J. GICQUEL, La République du président, *Mélanges Yves Jégouzo,* 2009, p. 137 ; A. LEVADE, Les nouveaux équilibres de la Vᵉ République, *R.F.D.C.* 2010, p. 227.

fameuse anaphore, énoncée le 2 mai : *un président qui ne veut pas être un président de tout, chef de tout et en définitive responsable de rien. Moi, président de la République, je ne serai pas le chef de la majorité... Moi, président de la République, je ne traiterai pas mon premier ministre de collaborateur.*

Qu'est-il advenu de cette *présidence normale* que François Hollande appelait de ses vœux ?

À ce jour, le président a gouverné, pour l'essentiel, la France, à la manière du P.S., puis, à partir du vote-sanction enregistré aux élections municipales de mars 2014, sur un mode classique. La première étape a été une rupture affichée avec le style de son prédécesseur. D'où une présidence moins fastueuse ; moins impérieuse, baroque[76] ; sa *ligne* a été contestée, tant au sein du Gouvernement que du Parlement. La crise du chômage a provoqué son impopularité record (18 % de personnes satisfaites). La seconde étape s'ouvre, en avril 2014, avec le grand changement social-démocrate, annoncé lors de la conférence de presse du 14 janvier : un nouveau premier ministre à la tête d'un *Gouvernement de combat* ; un nouveau secrétaire général de l'Élysée ; un nouveau premier secrétaire du P.S. Le quinquennat... commence avec la mise en ordre de marche de ce dispositif approprié en vue de respecter les engagements européens de la France (adoption du projet de stabilité pour 2014-2017). La réforme territoriale, entre autres, s'inscrit dans cette démarche. Le chef de l'État lie son sort à la baisse du chômage : *Je n'ai rien à perdre, c'est le pays qui a tout à gagner* (déclaration du 6 mai 2014). Bref, le président joue son va-tout. Il se fie au premier ministre, appelé « à faire du Valls », en mettant de *l'efficacité, de l'organisation et aussi de la rapidité* (déclaration du 14 juillet 2014) en vue d'opérer le redressement de la France.

SECTION IV — LA RÉVISION DE LA CONSTITUTION DE 1958

1027 La vitalité d'une constitution se mesure à sa capacité d'adaptabilité. À ce jour, le texte de 1958 a été modifié 24 fois, et pour tout dire, en 2008. Jadis la France changeait de constitution ; elle se borne désormais à la réviser, sans préjudice de la démarche *politique* des pouvoirs publics, génératrice de *conventions de la constitution*[77]. L'étude du *pouvoir constituant* conduit à envisager respectivement sa procédure et son objet.

§ 1. LA PROCÉDURE DE RÉVISION

1028 Le régime de 1958 distingue une procédure *normale* (art. 89 C) et une procédure *exceptionnelle* ou *concurrente*, (art. 11), différentes de la procédure législative. La *rigidité* de la constitution est accordée à sa *supériorité* (V. *Ire partie*).

A. LA PROCÉDURE NORMALE (ART. 89 C)

1029 Selon l'article 89 C, elle se déroule en trois phases agencées dans le temps : l'*initiative*, l'*approbation parlementaire* et la *ratification*, ou l'*approbation définitive*.

76. V. P. AVRIL, De l'hyperprésidence à la présidence normale, *in* P. PERRINEAU, *Le vote normal*, 2013, p. 283 ; J. GICQUEL, Variations sur la présidence normale de François Hollande, *Mélanges Jean-Claude Colliard*, 2014, p. 305.

77 V P. AVRIL, Des conventions à la révision de la constitution, *R.F.D.C.* n° hors série 2008, p. 49 ; P. JAN, *C.R.F.*, p. 1991.

1. L'initiative

1030 L'origine de la révision est *partagée* concurremment entre, d'une part, le président de la République sur *proposition* du premier ministre et, d'autre part, les parlementaires (al. 1er). Selon une terminologie classique, mais qui ne relève point de la rhétorique, on sera en présence respectivement d'un *projet* ou d'une *proposition* de révision. C'est la première fois depuis la IIIe République (art. 8 de la L.C. du 25 février 1875) qu'un *partage* est opéré entre les pouvoirs publics.

On observe, fait unique en droit positif, que le chef de l'État est investi du pouvoir d'initiative, le premier ministre et le garde des Sceaux présentant son projet, à l'opposé de la loi ordinaire qui ressortit à la compétence du *seul* premier ministre (art. 39 C). Selon que l'on évolue en régime parlementariste ou présidentialiste, la différence de condition est réelle : dans un cas, la proposition du premier ministre lie le président, mais à charge de revanche, l'acceptation du président lie le premier ministre : Jacques Chirac a opposé une fin de non-recevoir à Lionel Jospin, en juin 1999, concernant les langues régionales ou minoritaires[78]. Dans l'autre cas, le premier ministre se borne à exécuter la volonté présidentielle[79]. Au surplus, l'intervention des parlementaires ne peut pas prétendre à l'égalité avec l'exécutif ; lequel a disposé de la maîtrise de l'ordre du jour des assemblées jusqu'en 2008. Elle se limite, pour l'essentiel, à l'exercice du droit d'amendement. Par suite, aucune proposition de révision n'a abouti, en dehors de celle relative au quinquennat, en 2000, jointe au projet, en raison de son identité[80]. La construction européenne est à l'origine de nombreuses modifications[81].

2. L'approbation parlementaire

1031 Au bénéfice de particularités (le texte du Gouvernement est la base de la discussion) (art. 42, al. 2 C.), la procédure législative ordinaire est applicable. Le projet de révision, après avis du Conseil d'État et délibération du conseil des ministres (art. 39 C), est déposé, sur le bureau de l'une ou l'autre assemblée, à l'opposé de la proposition liée à son auteur. Le texte est discuté, selon des délais d'examen ; la procédure du temps législatif programmé (art. 118 RAN), étant écartée. Il est voté en *termes identiques* (art. 89, al. 2 C) (v. *chapitre IV*).

Par suite, sont exclues la procédure d'habilitation législative (art. 38 C), réservée aux *seules* lois ordinaires (C.C., 5 janvier 1982, *Loi d'orientation, Rec.* p. 15) ; celles de la CMP (art. 45) et de l'article 49, alinéa 3. Aucune étude d'impact n'est exigée (art. 11 de la LO du 15 avril 2009)[82].

78. Lors de la réunion du Congrès du Parlement, le 19 novembre 1993, Édouard Balladur a neutralisé l'idée lancée par François Mitterrand d'une révision relative aux compétences du Parlement. Mais, quelques mois plus tard, à propos du droit d'asile, un cas de figure inverse s'est présenté. La proposition du premier ministre a été soumise à l'agrément de l'Élysée. V. F. LUCHAIRE, Le droit d'asile et la révision de la constitution, *R.D.P.* 1994, p. 5.

79. Selon la pratique observée, il est loisible au chef de l'État de recueillir des avis ou des propositions d'un groupe d'experts, avant de formaliser sa volonté (commissions Vedel, en 1992 ; Avril en 2002 et Jospin, en 2012 ; comités Balladur et Veil, en 2007 et 2008). Le premier ministre a consulté les partis politiques en 2008.

80. La proposition relative au droit de vote des étrangers aux élections municipales a été adoptée, cependant, par les assemblées, en 2000 et 2011, mais en termes différents (*chr.* n° 141 p. 196). Une démarche originale, celle du *testing-législatif* (P. Jan), a été imaginée à propos de la proposition autorisant la ratification de la Charte européenne des langues régionales ou minoritaires, adoptée par l'Assemblée, le 28 janvier 2014. Elle consiste à comptabiliser les voix ouvrant le recours au Congrès *en incitant... le Gouvernement à reprendre la main* sous forme d'un projet (AN, rapport Urvoas n° 1703, 2014).

81. La révision peut se présenter comme le *préalable nécessaire* à la ratification d'un engagement international au titre du *contrôle de constitutionnalité* (art. 54 C) : transferts de compétences à l'Union européenne *affectant les conditions essentielles d'exercice de la souveraineté nationale,* selon le C.C. (L.C. du 25 juin 1992, traité de Maastricht) ou pour faire suite à la transposition d'une directive communautaire (L.C. du 25 mars 2003, mandat d'arrêt européen) ou à un avis du Conseil d'État (L.C. du 25 novembre 1993, droit d'asile).

Le vote est acquis à la majorité *simple* des présents. En l'espèce, la solution retenue est donc celle du bicamérisme *parfait*. Le Sénat devenu *l'égal* de l'Assemblée dispose d'un *droit de veto*, au point de s'opposer à la révision en 1984 et 1990, autant que de celui de s'imposer, comme en 1992, à propos du traité de Maastricht.

3. L'approbation définitive ou la ratification

1032 Cette formalité ou solennité spéciale emprunte un cheminement différencié, selon l'origine du texte.

a) Le projet de révision

1033 *La révision est définitive après avoir été approuvée par référendum* (art. 89, al. 2). *Toutefois, le projet de révision n'est pas présenté au référendum lorsque le président de la République décide de le soumettre au Parlement convoqué en Congrès* (al. 3). Il s'ensuit que le principe est le recours au peuple ; la réunion de l'assemblée constituante étant l'exception. Mais la pratique a inversé le schéma. Ce n'est que le 24 septembre 2000 que le référendum sera utilisé, en vue de l'achèvement de la procédure relative au quinquennat (art. 6 C). Il appartient au chef de l'État d'exercer cette *option*, par un décret contresigné du premier ministre[83] : ou le Conseil constitutionnel proclame les résultats du référendum (art. 60 C)[84] ou bien, le Congrès adopte le projet à la majorité des trois cinquièmes des suffrages *exprimés*, de manière à surmonter un vote partisan.

Devant ce dernier, *ne peut être révisé que ce qui a été déclaré révisable* (M. Prélot). C'est ce que l'on appelle la doctrine de la *souveraineté limitée*, en dépit du caractère *constituant* du Congrès. Né de la *fusion* des assemblées, celui-ci siège au château de Versailles (art. 2 de l'ord. du 17 novembre 1958) et œuvre, sous l'autorité du bureau de l'Assemblée nationale (art. 89, al. 3 C), en concertation avec le président du Sénat. Le droit d'amendement ne s'y exerce pas, à la différence d'une assemblée législative, car il s'agit d'approuver ou non le projet de révision. En revanche, à la différence d'un collège électoral, le Congrès délibère sur un ordre du jour arrêté par le président de la République. Ce dernier dispose d'un *pouvoir d'appréciation*, tant à l'égard du *texte* que du *moment* de la réunion, en l'absence

82. En pratique, la logique majoritaire est à l'origine d'un vote conforme, dès la première lecture, à la suite d'une négociation *politique*. Le projet de modernisation des institutions, en 2008, a donné lieu à deux lectures dans chaque assemblée. Il a fait l'objet, sous l'égide du président et du premier ministre, d'une négociation préalable U.M.P.-U.M.P. Il reste que 271 amendements ont été adoptés, dont 50 émanant de l'opposition. Le vote a été acquis à une voix de majorité. Le président du Congrès y a participé, contrairement à la tradition, à l'égal de Laurent Fabius, en juin 1999. V. G. CARCASSONNE, Que reste-t-il du parlementarisme rationalisé ?, *in La Constitution de la Vᵉ République,* D.F., 2008, p. 97.

83. Le choix d'une branche de l'alternative est normalement *exclusif* de l'autre. Il s'agit d'un acte insusceptible d'être discuté au contentieux (C.E., 11 février 2004, *Hoffer*). L'option se justifie par des considérations de célérité ou de technicité. Au terme d'une interprétation contestable, le C.C. s'est reconnu compétent pour apprécier la conformité à la constitution (art. 61 C) du règlement du Congrès, lequel est *une assemblée constituante* et non législative (20 décembre 1963, *Rec.* p. 16 ; 28 juin 1999, *chr.* n° 91, p. 208). V. J. GICQUEL, Le Congrès du Parlement, *Mélanges Pierre Avril*, 2001, p. 449 ; J. WALINE, Les révisions de la constitution, *Mélanges Philippe Ardant*, 1999, p. 239.

84. En la matière, le C.C. exerce tout à la fois, une compétence *consultative* et *juridictionnelle*. Au premier cas, il est appelé à émettre un avis (avis conforme en pratique) concernant les textes relatifs à l'organisation des opérations référendaires (art. 46 de l'ord. du 17 novembre 1958). Au second cas, le juge s'est reconnu *exceptionnellement* compétent pour connaître des requêtes mettant en cause la régularité des actes *préalables* (25 juillet 2000, *Hauchemaille, chr.* n° 96, p. 218). À l'issue du référendum, il statue sur les réclamations relatives aux opérations électorales. V. J.-P. CAMBY, Le référendum et le droit, *R.D.P.* 2001, p. 3 ; P. JAN, Le contentieux administratif des actes préalables, *L.P.A.*, 24 avril 2001 ; Dossier référendum, *C.C.C.* n° 9, 2000, p. 32.

de tout délai : en 1963, trois ans se sont écoulés après que les assemblées eurent approuvé le changement des dates des sessions parlementaires (art. 28 C).

Le renouvellement entre-temps d'une assemblée est sans influence sur la procédure de révision. Le vote demeure acquis, en vertu du principe de *non-caducité*. *A fortiori*, le président peut surseoir à la convocation du Congrès, à l'exemple de Georges Pompidou, en 1973, à propos du quinquennat et de Jacques Chirac, s'agissant du C.S.M. Après en avoir différé la réunion en 1998 et 1999, il l'annula par un décret du 19 janvier 2000 (*chr.* n° 94, p. 182).

Le chef de l'État peut décider le retrait d'un projet adopté par les assemblées : la réforme de la suppléance parlementaire (art. 25 C) n'a pas été soumise au Congrès, en 1974. Il peut suspendre la procédure parlementaire (réforme du C.S.M. en 2013). Il lui est loisible de soumettre simultanément, tel un bouquet, deux projets : Cour pénale internationale (art. 53-2) et parité entre les femmes et les hommes (art. 3), en 1999 ; mandat d'arrêt européen (art. 88-2) et organisation décentralisée de la République (art. 72), en 2003 ; charte de l'environnement (al. premier du préambule) et titre XV de la constitution, en 2005 ; voire trois projets : corps électoral de la Nouvelle-Calédonie (art. 77), responsabilité du chef de l'État (titre IX) et interdiction de la peine de mort (art. 66-1), en 2007.

Le vote étant acquis, la loi constitutionnelle peut-elle être déférée au Conseil constitutionnel ? Expression du pouvoir *constituant*, à l'image de la loi référendaire (C.C., 6 novembre 1962, *Élection du président de la République, Rec.* p. 27), il s'agit d'une loi de souveraineté (*loi de première classe,* selon M. Hauriou) devant laquelle le Conseil ne peut que décliner sa compétence (26 mars 2003, *Organisation décentralisée de la République, chr.* n° 106, p. 189)[85].

En dernière analyse, outre le rejet d'une *Q.P.C.* (v. *infra*, n° 1559), le président de la République promulgue la loi constitutionnelle. Selon la tradition, le ministre de la justice est appelé, en principe, à la sceller en y apposant le grand sceau de la République.

b) La proposition de révision

1034 Elle ne peut être soumise qu'au *référendum*, à l'exclusion de toute autre procédure (art. 89, al. 3 C). La différence de traitement, par rapport au *projet* de révision, se rattache à la volonté des constituants de 1958 d'enfermer le Parlement dans un cadre limité. Mais en contrepartie de cette logique de *verrouillage*, le chef de l'État est ici tenu de donner la parole au peuple.

4. Les restrictions politiques apportées à la révision

1035 En théorie, la révision est limitée dans son objet : *la forme républicaine du Gouvernement* (la démocratie, en clair) y est soustraite (art. 89 *in fine* C). De même, elle est neutralisée en certaines circonstances : atteinte à l'intégrité du territoire (art. 89, al. 4) ; intérim de la présidence de la République (art. 7 *in fine*) et, par suite d'une interprétation prétorienne du C.C., en cas de recours à l'article 16 C (2 septembre 1992, *Traité sur l'Union européenne, chr.* n° 64, p. 191). Mais, sachant que *le pouvoir constituant est souverain, il lui est loisible d'abroger, de modifier ou de compléter des dispositions de valeur constitutionnelle dans la forme qu'il estime appropriée (idem).* La cause est désormais entendue : aucune disposition de la constitution ne confère au Conseil le pouvoir de statuer sur une révision de celle-ci (26 mars 2003, *Organisation décentralisée de la République, chr.* n° 106, p. 189). Le pouvoir constituant s'exprime en *toute liberté*, tant au fond qu'en la forme.

Autrement dit, les barrières dressées devant ce dernier ne le limitent que dans la mesure où il y souscrit. En termes dénués de toute ambiguïté, le Conseil indique, dans la décision précitée de 1992, que ledit pouvoir peut *introduire des dispositions nouvelles qui dérogent à une règle ou à un principe de valeur constitutionnelle ; que cette dérogation peut être aussi bien expresse qu'implicite*. Politiquement, tout lui est permis, au point d'écarter des principes constitutionnels, telle l'égalité devant la loi (préférence locale

85. V. R. BADINTER, Le Conseil constitutionnel et le pouvoir constituant, *Mélanges Jacques Robert*, 1998, p. 217 ; J.-É. SCHOETTL, Le C.C. peut-il contrôler une loi constitutionnelle ?, *L.P.A.*, 8 avril 2003 ; P. JAN, L'immunité juridictionnelle des lois de révision constitutionnelle, *idem*, 31 octobre 2003.

en Nouvelle-Calédonie et dans les C.O.M., art. 77 et 74 C, *chr.* n°s 88 et 106, p. 177 et 186) ou de tenir *un lit de justice* (G. Vedel) en brisant une décision du Conseil constitutionnel (art. 53-1, L.C. du 25 novembre 1993, à propos du droit d'asile ; *ibid.* n° 68, p. 166 ; art. 3, L.C. du 8 juillet 1999 concernant l'égalité entre les femmes et les hommes, n° 91, p. 210 ; art. 77 C, L.C. du 23 février 2007 s'agissant du corps électoral de la Nouvelle-Calédonie, *chr.* n° 122, p. 226). Aucun principe supra-constitutionnel ne lui est opposable, en l'absence d'une hiérarchie parmi les normes constitutionnelles[86] (v. *Ire partie*).

B. LA PROCÉDURE CONCURRENTE (ART. 11 C)

1036 Une autre procédure a été imaginée, en 1962, par le général de Gaulle s'agissant de l'élection du chef de l'État (art. 6 et 7 C) : le *référendum* de l'article 11 C, c'est-à-dire le recours *direct* devant le peuple ; la voie de l'article 89 étant bloquée, après le vote d'une motion de censure par les députés, le Parlement a été contourné. À cet égard, le général a estimé que *l'organisation des pouvoirs publics*, objet de la votation, incluait leur révision. Cette interprétation a nourri une ample contestation. Cependant, le Conseil constitutionnel (6 novembre 1962, *Élection du président de la République, Rec.* p. 27) devait décliner sa compétence, motif pris de ce que le référendum est une expression directe de la souveraineté nationale (art. 3 C), après avoir rendu, au préalable, un avis officieux négatif, à l'égal du Conseil d'État (*Les grandes délibérations,* 2009, p. 99 et 113). En conséquence, si, à l'origine, la procédure a pu être jugée contestable, l'adhésion populaire lui a conféré un caractère *irrécusable*, en ce sens qu'elle a purgé le vice qui était de nature à l'entacher. Car, selon Siéyès, *de quelque manière qu'une Nation veuille, il suffit qu'elle veuille : toutes les formes sont bonnes et sa volonté est toujours la loi suprême*. En 1969, cette procédure sera, à nouveau, sollicitée, mais elle se soldera par un échec (V. *Dictionnaire De Gaulle*, 2006).

Par la suite, le président Mitterrand a estimé, en avril 1988, que *l'usage, établi et approuvé par le peuple français, peut désormais être considéré comme l'une des voies de la révision concurremment avec l'article 89. Mais l'article 11 doit être utilisé avec précaution, à propos de textes peu nombreux et simples dans leur rédaction. Sinon, il serait préférable que la consultation des Français fût éclairée par un large débat parlementaire* (Entretien à *Pouvoirs* n° 45, p. 138). Procédure concurrente, mieux procédure *combinée*, devait-il estimer, en 1992, lors de la révision relative au traité de Maastricht, en considérant qu'un refus du Parlement (art. 89) pouvait ouvrir la voie du référendum (art. 11)[87]. À l'opposé, son prédécesseur avait émis l'opinion contraire, lors de sa visite au Conseil constitutionnel, le 8 novembre 1977, en récusant le recours à l'article 11. Cependant, à l'issue des décisions des 2 septembre 1992 et 26 mars 2003, la controverse ne revêt plus d'intérêt, hormis son caractère rétrospectif[88].

§ 2. LES RÉVISIONS CONSTITUTIONNELLES

1037 La constitution a fait l'objet de 24 modifications : de la fin de la Communauté franco-africaine et malgache (L.C. du 4 juin 1960) à la modernisation des institutions (L.C. du 23 juillet 2008), à l'ampleur inégalée[89]. La procédure de l'article 89 s'est imposée par rapport à celle de l'article 11, utilisée, avec un éclat particulier, en 1962.

86. V. J.-P. CAMBY : Supra-constitutionnalité : la fin du mythe, *R.D.P.* 2003, p. 671 ; Le contrôle de constitutionnalité des lois constitutionnelles, *C.C.C.* n° 27, 2009.

87. V. P. PACTET, La désacralisation progressive de la constitution de 1958, *Mélanges Pierre Avril,* 2001, p. 389 ; M. VERPEAUX, Constitution et lois constitutionnelles, *Mélanges Jean Gicquel,* 2008, p. 593.

88. La L.C. adoptée par voie référendaire peut être modifiée, de manière subséquente, par la voie parlementaire : la loi du 6 novembre 1962 (art. 6 et 7 C) l'a été par celle du 18 juin 1976. Le C.C. s'est prononcé en ce sens (9 janvier 1990, *Amnistie en Nouvelle-Calédonie, chr.* n° 54, p. 199). V. J. GICQUEL, Brèves réflexions sur un binôme, *L.P.A.*, 4 mai 1992.

89. Cette loi compte, en effet, 47 articles qui modifient 37 articles sur 89 et crée un titre XI *bis* (le défenseur des droits). En outre, sa mise en œuvre a appelé 15 L.O., 7 lois et une refonte des règlements des assemblées, lesquels ont été validés par le C.C., le 25 juin 2009. Par suite, l'entrée en vigueur de la révision a été différée (V, Rapport Hyest S., n° 463, p. 33, 2008 et *annexe I*). La constitution de 1958 est ravalée, *relookée*. On se prend à songer au poète : *une rose d'automne est plus que toute autre exquise !*

Le rejet par la France du traité établissant une constitution de l'Europe, en 2005, a frappé de caducité la L.C. du 1er mars 2005 (titre XV). La première révision *interprétative* est intervenue le 23 février 2007, à propos du corps électoral de la Nouvelle-Calédonie (art. 77 C). Des révisions ont échoué : le 27 avril 1969, le peuple a refusé (art. 11 C) le projet de rénovation du Sénat et de création des régions ; le 5 septembre 1984, le Sénat a repoussé celui tendant à élargir le champ d'application du référendum législatif *aux garanties fondamentales des libertés publiques* (art. 11). De même, il devait s'opposer, en juin 1990, à l'exception d'inconstitutionnalité. La révision relative à l'inscription de la *règle d'or* de l'équilibre budgétaire, destinée à résorber le déficit public, a été votée par les assemblées, le 13 juillet 2011 ; le Congrès n'a pas été réuni, pour autant.

Outre l'avancée de la démocratie marquée, entre autres, par la consécration de l'opposition (L.C. du 23 juillet 2008 : art. 48 et 51-1 C) ; la parité entre les femmes et les hommes (L.C. des 8 juillet 1999 et 23 juillet 2008 : art. 1er) et l'intégration de l'environnement au préambule (L.C. du 1er mars 2005), on répartira les révisions selon leur importance.

A. LES RÉVISIONS PRINCIPALES RELATIVES À L'ORDRE INTERNE

1038 Des L.C. ont visé respectivement : *le président de la République,* 6 novembre 1962 (mode d'élection populaire : art. 6 et 7), 2 octobre 2000 et 23 juillet 2008 (durée du mandat : art. 6), 23 février 2007 (responsabilité, art. 67 et 68) ; *le Parlement,* 4 août 1995 (session unique : art. 28), 23 juillet 2008 (missions : art. 24 ; résolution : art. 34-1 ; *pouvoirs des commissions* : art. 42 et 44 ; *partage de l'ordre du jour* : art. 48) ; *le Conseil constitutionnel*, 29 octobre 1974 (élargissement de la saisine : art. 61), 23 juillet 2008 (contrôle de la loi par voie de *Q.P.C.* : art. 61-1) et *le Conseil supérieur de la magistrature*, 23 juillet 2008 (composition et attributions : art. 65).

B. LES RÉVISIONS PRINCIPALES RELATIVES À L'ORDRE EXTERNE

1039 Les transferts de compétences inhérents à l'Union européenne (traité de Maastricht modifié) ont été consacrés : L.C. des 25 juin 1992, 8 juillet 1999 et 4 février 2008 (art. 88-1 à 88-7). Par ailleurs, la L.C. du 8 juillet 1999 reconnaît la Cour pénale internationale (art. 53-2).

SECTION V L'INTERPRÉTATION DE LA CONSTITUTION DE 1958

1040 Être juriste consiste à appliquer et à interpréter, en tant que de besoin, les règles de droit. La discipline est d'autant plus sollicitée, qu'elle domine dorénavant le paysage normatif. Or en l'espèce, l'absence de travaux préparatoires a favorisé autant la jurisprudence que le clair-obscur politique. Il a fallu, à bien des égards, attendre la cohabitation (n'est-elle pas, à la vérité, la *revanche* de la constitution ?) pour s'interroger sur l'autorité habilitée à lever une ambiguïté, ou trancher une querelle.

En dehors du pouvoir constituant, l'auteur de la norme (ou l'interprétation *authentique*) (art. 77 C : L.C. du 23 février 2007 relative à la définition du corps électoral de la Nouvelle-Calédonie), les deux gardiens de la constitution, que sont le Conseil constitutionnel et le président de la République, sont appelés naturellement à en être les interprètes, mais selon des modalités variées : incidemment pour le premier à l'occasion d'une saisine[90] ; directement pour le second, en application de l'article 5 C, selon lequel il *veille au respect de la constitution et assure par son arbitrage le fonctionnement régulier des pouvoirs publics ainsi que la continuité de l'État*[91]. Soit le *dialogue* des interprètes.

À l'opposé de solutions étrangères, qui confient tantôt, ce rôle à une cour suprême (États-Unis, Allemagne), ou à la technique de la déclaration interprétative incorporée à la constitution (Grèce) ; tantôt, en France à un organe politique (le Sénat en 1852), cette prérogative *excède* la compétence d'*attribution* du Conseil constitutionnel. Tout au plus, celui-ci peut-il être amené à émettre un *avis*, entendu de façon *stricte* (14 septembre 1961, *G.D.*, n° 11), à la demande du chef de l'État, au titre de l'article 16 C ou du Gouvernement, à propos de l'organisation de l'élection présidentielle ou de la tenue d'un référendum national (art. 11, 88-5 et 89 C)[92]. Le Conseil d'État peut, en revanche, éclairer le président (art. L. 112-2 CJA).

Je suis moi-même le principal inspirateur des institutions nouvelles et c'est vraiment un comble que de prétendre me démentir, affirmait le général de Gaulle (*Mémoires d'espoir*, II. 1971, p. 41). De façon *authentique*, il s'est attribué le pouvoir *d'interprétation en vue d'assurer l'intérêt national* (*idem*, I. 1970, p. 284)[93]. À preuve, la conférence de presse du 31 janvier 1964 (v. *supra*, n° 1004). François Mitterrand a estimé, en juillet 1986, qu'il disposait d'un pouvoir discrétionnaire, en matière d'ordonnances, l'autorisant à refuser sa signature (art. 13 C). *Gardien des institutions,* Nicolas Sarkozy a dénié, au sens des articles 61 et 61-1 C, au Conseil constitutionnel la qualité de cour suprême, et celle de contre-pouvoir, le 1er mars 2010 (*chr.* n° 135, p. 161) (V. *chapitre V*).

SECTION VI — LA PROTECTION DE LA CONSTITUTION DE 1958

1041 La constitution se situe *au sommet de l'ordre juridique interne* (C.C., 20 décembre 2007, *Traité de Lisbonne* ; 3 décembre 2009, *Q.P.C., chr.* nos 125 et 133, p. 169 et 188), à la rencontre des ordres international et communautaire, devenu celui *de l'Union européenne*. En dehors de l'attachement des citoyens et de la vigilance de ses gardiens (chef de l'État et Conseil constitutionnel), sa sauvegarde est confiée aux juges internes, dont ils *tiennent leur compétence et leur existence* (R. Abraham). La hiérarchie des normes étant fixée par la constitution, ceux-ci ne peuvent que

90. Cependant, selon la théorie de l'*acte clair*, les *règles constitutionnelles claires et précises n'appellent aucune interprétation* (C.C., 23 août 1985, *Nouvelle-Calédonie*, *chr.* n° 36, p. 180).

91. V. F. MÉLIN-SOUCRAMANIEN (sous la direction), *L'interprétation constitutionnelle*, 2006 ; P. AMSELEK, *Cheminements philosophiques dans le monde du droit et des règles en général*, 2012.

92. Le C.C. a décliné sa compétence à une demande d'interprétation présentée respectivement par le premier ministre (14 mai 1980, *Rec.* p. 64) ; un député (16 avril 1986, *chr.* n° 38, p. 165) ou des requérants (24 juillet 1981, *D.O.E.F.* n° 60, p. 204). En un mot, l'interprétation est limitée à *ce qui est nécessaire à l'appréciation de la conformité du texte (idem)*. V. G. VEDEL, Le C.C. n'est pas compétent, *Le Monde*, 14 septembre 1961 ; F. LUCHAIRE, La matière ou la forme ?, *R.F.D.C.* 1995, p. 3 ; Y. AGUILA, Cinq questions sur l'interprétation constitutionnelle, *ibid.* p. 9 ; La théorie de l'interprétation, *R.F.D.C.* 2002, p. 279.

93. *Je suis fondé à penser,* opinera le général de Gaulle, le 18 mars 1960, en refusant de convoquer le Parlement en session extraordinaire. De même, il interprétera l'article 16 C (lettre du 31 août 1961 à M. Debré), et l'article 11 C, le 20 septembre 1962, à propos du collège électoral du président de la République. Au reste, son volontarisme ne le cédait en rien au réalisme. D'où sa célèbre confession à Jean Foyer : *Il y a d'abord la France, il y a ensuite l'État et en troisième lieu, quand il est possible de respecter les intérêts supérieurs des deux premiers, il y a le droit* (V. *Dictionnaire De Gaulle*, 2006)

l'appliquer, de façon autonome (C.C., 12 mai 2010, *Jeux en ligne, L.P.A.*, 7 juillet 2010, note J.-P. Camby).

§ 1. LA CONSTITUTION ET LES TRAITÉS OU ENGAGEMENTS INTERNATIONAUX

1042 Un traité ou un engagement international s'analyse en un acte international conclu par la France avec un ou plusieurs États ou une organisation internationale. C'est à l'occasion de son *incorporation* dans l'ordre juridique interne que sa régularité à l'égard de la constitution peut être appelée à se poser.

A. L'INCORPORATION DU TRAITÉ À L'ORDRE JURIDIQUE NATIONAL

1043 La procédure de conclusion d'un engagement international, au sens de la convention de Vienne du 23 mai 1969, associe le pouvoir exécutif et le Parlement. Il appartient au président de la République de négocier et de ratifier les traités (art. 52 C). Il est informé de toute négociation tendant à la conclusion d'un accord en forme simplifiée soumis à la signature du ministre des affaires étrangères. Mais, le chef de l'État doit être préalablement autorisé, soit par le Parlement, s'agissant des traités dont l'objet est énuméré à l'article 53 C (les plus importants) ; soit par le peuple, dans le cadre d'un référendum, pour les traités susceptibles *d'avoir des incidences sur le fonctionnement des institutions* (art. 11) ou relatifs à *l'adhésion d'un État à l'Union européenne* (art. 88-5) (V. *chapitre III*).

L'incorporation résulte de la publication du décret de ratification et de l'engagement au *Journal officiel* (décret du 14 mars 1953). Le traité acquiert, à cet instant, une *valeur supérieure à celle des lois*, sous réserve de réciprocité (art. 55 C)[94]. Cette dernière condition est écartée, cependant, en droit humanitaire (C.C., 22 janvier 1999, *Cour pénale internationale, R.D.P.* 1999, p. 37, note F. Luchaire) ainsi qu'en droit de l'Union européenne. À l'opposé, en l'absence de ratification, la coutume internationale ne saurait prévaloir sur la loi (C.E., 6 juin 1997, *Aquarone, R.F.D.A.* 1997, concl. G. Bachelier, p. 1068). En tout état de cause, *la suprématie ainsi conférée aux engagements internationaux ne s'applique pas dans l'ordre interne aux dispositions de nature constitutionnelle* (C.E., 30 octobre 1998, *Sarran, R.F.D.A.* 1999, p. 57, note L. Dubouis) (V. *chapitre IV*).

B. LE CONTRÔLE DE CONSTITUTIONNALITÉ

1044 Un traité en instance de ratification peut être déféré au Conseil constitutionnel, à l'occasion d'un contrôle facultatif et rare (13 cas) (art. 54 C). La saisine est ouverte au président de la République, au premier ministre, à chaque président d'assemblée parlementaire et, depuis la révision du 25 juin 1992, à 60 députés ou 60 sénateurs. À

94. Le juge administratif contrôle la régularité de l'autorisation de ratification (C.E., 18 décembre 1998, *S.A.R.L. du parc d'activités de Blotzheim, Rec.* p. 483) ainsi que la condition de réciprocité (C.E., 9 juillet 2010, *Mme Chériet-Benseghir, R.F.D.A.* 2010, p. 1133, note J.-F. Lachaume). V. L. BURGORGUE-LARSEN, *C.R.F.* p. 1308 ; P. GAÏA, *Le C.C. et l'insertion des engagements internationaux dans l'ordre juridique interne*, 1991 ; V. GOESEL-LE BIHAN, *La répartition des compétences en matière de conclusion des accords internationaux sous la Ve République,* 1995.

l'opposé de la IVe République, qui s'en remettait à une solution politique, à cet égard l'affaire de la C.E.D. pris en 1954 l'allure d'une nouvelle affaire Dreyfus, la Ve République a préféré la régulation *juridictionnelle*.

Le C.C. (2 septembre 1992, *Traité sur l'Union européenne, chr.* n° 64, p. 188) a précisé les contours de ce contrôle *préventif*, spécifique à la France. Il doit être présenté après la signature du traité et avant que n'intervienne la loi autorisant sa ratification ; la saisine n'étant *en aucune façon tributaire du processus de ratification* dans les autres États signataires. Le juge statue dans le délai d'un mois (22 janvier 1999, *Cour pénale internationale, chr.* n° 90, p. 186) et examine, au terme d'un contrôle maximal (il peut soulever tout moyen d'office) si, les engagements souscrits *contiennent une clause contraire à la constitution, remettent en cause les droits et libertés constitutionnellement garantis ou portent atteinte aux conditions essentielles d'exercice de la souveraineté nationale* (19 novembre 2004, *Traité établissant une constitution pour l'Europe, chr.* n° 113, p. 228). Dans l'affirmative, l'autorisation de ratification appelle une révision constitutionnelle préalable (v. *supra*, n° 1030), telle la construction européenne (9 avril 1992, *Traité de Maastricht, chr.* n° 62, p. 180 ; 31 décembre 1997, *Traité d'Amsterdam*, n° 85, p. 189 ; *Traité de Lisbonne,* 20 décembre 2007, n° 125, p. 169)[95]. Au reste, la procédure suivie est identique à celle du contrôle de constitutionnalité de la loi (V. *chapitre V*)[96]. À l'opposé, le Conseil constitutionnel décline sa compétence pour apprécier la conformité de la loi au traité (15 janvier 1975, *I.V.G.*, *Rec.* p. 215). Le contrôle de *conventionnalité* appartient aux juges ordinaires et supranationaux (C.E.D.H.) (art. 55 C) (V. *chapitre IV*).

§ 2. LA CONSTITUTION ET LES NORMES DE L'UNION EUROPÉENNE

1045 Au terme d'une démarche supranationale, l'ordre juridique européen est *intégré au système des États membres* (C.J.C.E., 15 juillet 1964, *Costa c. E.N.E.L.*, *Rec.* p. 1141). Par suite ce droit entre dans le *patrimoine juridique* des États membres à titre d'effet direct (C.J.C.E., 5 février 1963, *Van Gend et Loos*, p. 3) au moyen principal de deux normes : le *règlement* et la *directive* (art. 249 T.U.E.). Autrement dit, *la constitution et le droit adopté par les institutions de l'Union, dans l'exercice des compétences qui sont attribuées à celle-ci, priment le droit des États membres* (art. I.6 du traité établissant une constitution pour l'Europe). Mais, au terme d'une interprétation *volontariste*, le Conseil constitutionnel a jugé, le 19 novembre 2004 (*Constitution européenne, chr.* n° 113, p. 228) que la primauté du droit européen n'est pas de nature fédérale, car elle trouve son fondement dans l'article 88-1 C, selon lequel la République participe à l'Union constituée d'États *qui ont choisi d'exercer en commun certaines de leurs compétences*. Un fondement *spécifique*, différent, il importe de le souligner, de celui de l'ordre international (art. 55 C)[97].

D'une manière plus précise, le règlement, sorte de *loi européenne*, est directement applicable dans chacun des États membres, en tant que norme de *substitution*. Dès lors, sa primauté par rapport à la

95. La contrariété a été relevée, au surplus, concernant le traité de Rome instituant la Cour pénale internationale (22 janvier 1999, *chr.* n° 90, p. 186) ; la charte européenne des langues régionales ou minoritaires (15 juin 1999, n° 91, p. 215) et le pacte international relatif aux droits civils et politiques (13 octobre 2005, n° 117, p. 175). À l'opposé, le traité de discipline budgétaire (*TSCG*) de 2012 a été jugé conforme (9 août 2012, *chr.* n° 144, p. 172).

96. Outre des saisines *conjointes* du chef de l'État et du premier ministre, en période de cohabitation, à propos des traités d'Amsterdam et de Rome, on mentionnera le fait qu'*exceptionnellement*, le président du C.C. a été rapporteur : en 1997, Roland Dumas pour le traité d'Amsterdam et, en 2004 ; Pierre Mazeaud pour celui établissant une constitution pour l'Europe (*chr.* n° 113, p. 221).

97. Le C.C. a entériné, le 19 novembre 2004, l'incorporation du droit européen dans le système français en termes éclairants : *Le constituant a ainsi consacré l'existence d'un ordre juridique communautaire intégré à l'ordre interne et distinct de l'ordre juridique international (Rec.* p. 173). V. J. -É. SCHOETTL, Primauté du droit communautaire, l'approche du droit constitutionnel, *E.D.C.E.* n° 58, 2007, p. 379 ; J. ROSSETTO, L'Union européenne face à l'identité constitutionnelle de la France, *Mélanges Jean Gicquel,* 2008, p. 446.

norme nationale *évincée*, en dehors de l'adoption des modalités d'application laissées à l'initiative des États membres, en découle (C.C., 30 décembre 1977, *Isoglucose, Rec.* p. 44).

Concernant la directive, telle une *loi-cadre européenne*, elle a pour but *l'harmonisation* des législations nationales. Elle impose une obligation de résultat aux États membres. Sous cet aspect, la transposition en droit interne résulte de *l'exigence constitutionnelle* posée à l'article 88-1 C (C.C., 10 juin 2004, *Économie numérique, chr.* n° 111, p. 199).

Il appartient au Conseil constitutionnel de *veiller au respect de cette exigence* (27 juillet 2006, *Droit d'auteur, chr.* n° 120, p. 177), même s'il décline sa compétence au profit du juge européen (10 juin 2004), selon l'arrêt de la C.J.C.E. (22 octobre 1987, *Foto Frost, Rec.* p. 4199)[98]. Tout en demeurant un gardien vigilant de la constitution, il se soucie de la *cohérence* avec l'ordre européen, en vue d'une interprétation uniforme. D'une part, il vérifie que la transposition de la directive ne méconnaît pas *une règle ou un principe inhérent à l'identité constitutionnelle de la France* (atteinte à la laïcité, à l'indivisibilité de la République), *sauf à ce que le constituant y ait consenti* (27 juillet 2006). Il s'agit de la *réserve de souveraineté*. Au reste, la disposition d'une loi de transposition *manifestement* contraire à l'objectif poursuivi par une directive est censurée (30 novembre 2006, *Loi sur l'énergie, chr.* n° 121, p. 145). D'autre part, le Conseil saisit la C.J.U.E. d'une question préjudicielle (4 avril 2013, *Mandat d'arrêt européen, G. P.* 5 mai 2013, note D. Rousseau).

§ 3. LA CONSTITUTION ET LES NORMES INTERNES

1046 On se bornera à un renvoi à l'étude du *contrôle de constitutionnalité* (art. 61 C), conforté par l'admission en 2008, de la *Q.P.C.* (art. 61-1 C) (v. *chapitre V*).

SECTION VII LA CONSTITUTION DE LA RÉPUBLIQUE

1047 La constitution de 1958 est, enfin et surtout, celle de la *République*. Au-delà de l'exclusion du principe héréditaire, le concept doit être entendu comme synonyme de démocratie. Il est utile de dresser un état des lieux en examinant la condition de la République en France et dans l'Union européenne. Ce qui débouche sur la perspective d'une *constitution-gigogne : nationale et européenne (art. 1er et 88-1 C)*[99].

98. L'interprétation a été étendue à la *Q.P.C.* (C.C., 17 décembre 2010, *Protection internationale, chr.* n° 137, p. 237). Au reste, le Conseil d'État décline sa compétence, en cas de transposition d'une directive par un décret (8 février 2007, *Société Arcelor-Atlantique, chr.* n° 122, p. 205). Il reconnaît, cependant, l'effet *direct* des directives ouvrant ainsi l'invocabilité par les particuliers de dispositions non transposées à temps (30 octobre 2009, *Mme Perreux, A.J.D.A.* 2009, p. 2385). V. M. GUILLAUME, La constitution de 1958 et l'Europe : de l'union libre au PACS, *Pouvoirs* n° 126, 2008, p. 71 ; M. QUESNEL, *La protection de l'identité constitutionnelle de la France*, thèse Versailles – St-Quentin, 2013 ; A. MINET, Le statut particulier du droit de l'Union européenne en droit français, *R.F.D.A.* 2013, p. 1199 ; J.-Ph. DEROSIER, Hors-piste constitutionnel, *Mélanges Jean-Claude Colliard*, 2014, p. 227.

99. Au surplus, la constitution de la République coexiste avec la *constitution administrative* de la Nouvelle-Calédonie (art. 77 C), et celle de la Polynésie française (art. 74 C et L.O. du 27 février 2004).

§ 1. LA RÉPUBLIQUE EN FRANCE

1048 Devenue la forme *définitive* du régime politique de notre pays, en 1884, (art. 89 C), la République présente diverses caractéristiques qui unissent le droit à la symbolique.

A. LES VALEURS RÉPUBLICAINES

1049 L'article 1er C énonce : *la France est une République indivisible, laïque, démocratique et sociale.* Qu'il soit permis d'évoquer ce *pacte républicain.* L'*indivisibilité* est la marque de l'État centralisé et souverain (v. *Ire partie*). Elle s'oppose au *syndrome belge* : l'existence d'aires géographiques pour des locuteurs de langues régionales (C.C., 15 juin 1999, *Charte européenne, chr.* n° 91, p. 215).

Mais, l'indivisibilité ne fait pas obstacle à des transferts de compétence (art. 88-1 C) (9 avril 1992, *Traité sur l'Union européenne, Rec.* p. 55), et se concilie avec le principe de libre administration des collectivités territoriales (art. 72 C). Elle autorise une modification de l'assiette territoriale, en la subordonnant au consentement des populations intéressées (art. 53 *in fine* C) (C.C., 30 décembre 1975, *Îles des Comores, Rec.* p. 26).

La *laïcité*, conséquence de la loi de séparation des églises et de l'État de 1905, implique une attitude de *neutralité* de ce dernier par rapport à la religion. Bref, il est *areligieux* (A. Briand). La loi du 15 mars 2004 encadre dans les écoles et lycées, le port de signes ou de tenues manifestant une appartenance religieuse. La République n'est plus liée par un concordat avec le Saint-Siège. Seules des vicissitudes historiques ont maintenu celui de 1801 en Alsace-Moselle. Ce régime cultuel particulier est conforme à la constitution (C.C., 21 février 2013, *chr.* n° 146, p. 199).

La *démocratie* implique par essence, *l'égalité devant la loi de tous les citoyens sans distinction d'origine, de race ou de religion* et la *parité* entre les femmes et les hommes (art. 1er C). D'où le refus du communautarisme (interdiction du port de la burqa, loi du 11 octobre 2010) ou des minorités, sauf volonté contraire du pouvoir constituant (droit préférentiel local, art. 74 et 77 C) ou dérogation, appelée *discrimination positive* ou *réparatrice* (R. Cassin), destinée à compenser des différences de conditions (C.C., 11 juillet 2001, *Science po, chr.* n° 100, p. 202). Le C.C. a censuré la notion d'un *peuple corse composante du peuple français* (9 mai 1991, *Collectivité territoriale de Corse, Rec.* p. 50). Il suit de là, que seul le peuple a la qualité de souverain (art. 3 C). Selon la formule de Lincoln, le principe républicain est *le Gouvernement du peuple, par le peuple et pour le peuple* (art. 2 C). Le caractère *social*, se rattache à la volonté de lutter contre les inégalités économiques.

On visera aussi la *séparation des pouvoirs* (art. 16 de la Déclaration de 1789) ; le respect des conditions essentielles d'exercice de la souveraineté nationale (C.C., 19 juin 1970, *Ressources communautaires, Rec.* p. 15) et la libre formation et activité des partis (nouvel art. 4 C).

B. LA TRADITION RÉPUBLICAINE

1050 Elle s'identifie à diverses pratiques ou civilités (cérémonies des vœux ; portrait du chef de l'État apposé dans les mairies ; galette des rois... sans fève) et à des règles importantes et permanentes, les *P.F.R.L.R.* (v. *infra*, n° 1555)[100].

C. LES DEVOIRS RÉPUBLICAINS

1051 Le C.C. a systématisé le *devoir d'État*, parallèlement aux *objectifs de valeur constitutionnelle* qui guident le législateur (v. *infra,* n° 1556) : *le respect des institutions, la continuité de la vie de la Nation*

100. V. Cl. NICOLET, *La République en France*, 1992 ; J.-Y. ANDRIEUX, *L'architecture de la République*, 2009 ; B. RICHARD, *Les emblèmes de la République*, 2012 ; S. BERSTEIN et O. RUDELLE (sous la direction), *Le modèle républicain*, 1992 ; O. IHL, *La fête républicaine*, 1996 ; Chr. VIMBERT, *La tradition républicaine en droit public français*, 1992 ; La tradition politique, *Pouvoirs* n° 42, 1987 ; F. BURDEAU, Les symboles de la République, *Pouvoirs* n° 100, p. 187, 2001.

et la garantie des droits et libertés des citoyens (22 mai 1985, *Abolition de la peine de mort, chr.* n° 35, p. 184) ; *la sauvegarde de la dignité humaine, contre toute forme d'asservissement et de dégradation* (27 juillet 1994, *Bioéthique, idem*, n° 68 p. 178). L'État est tenu d'*assurer le respect des principes généraux du droit public international* (l'application des conventions ou la règle *Pacta sunt servanda*) (3 septembre 1986, *Entrée et séjour des étrangers, Rec.* p. 175).

D. LES SYMBOLES RÉPUBLICAINS

1052 En dehors de la fête nationale, ceux-ci sont consacrés : l'emblème, l'hymne, la devise et la langue (art. 2 C). Le délit d'outrage public à la *Marseillaise* ou au drapeau national lors d'une manifestation *organisée* (c'est-à-dire officielle) ou *réglementée* (à caractère sportif, récréatif ou culturel) et, *privée* pour ce dernier, est sanctionné (art. 433-5-1 et R. 645-15 du Code pénal). L'*unicité du peuple français et l'indivisibilité de la République* imposent, selon le C.C. (15 juin 1999, *Langues régionales ou minoritaires, chr.* n° 91, p. 215), l'usage du français dans la sphère publique (autorités administratives et services publics) ; à l'opposé, la pratique desdites langues régionales, qui *appartiennent au patrimoine de la France* (art. 75-1 C), est autorisée dans la sphère privée. Enfin, le décret du 13 septembre 1989 (rédaction du décret du 19 mai 2011) fixe le protocole républicain[101].

§ 2. LA RÉPUBLIQUE DANS L'UNION EUROPÉENNE

1053 Fruit de la réconciliation franco-allemande, la construction européenne représente l'un des desseins les plus prometteurs du siècle écoulé, en apportant la paix au continent. Prenant le relais du traité de Paris qui, en 1951, avait institué le C.E.C.A. *(Communauté européenne du charbon et de l'acier)*, celui de Rome a créé, en 1957, une *organisation internationale* appelée la C.E.E. (*Communauté économique européenne*), en vue d'atteindre l'objectif ambitieux de réaliser une politique agricole commune et un marché unique de la libre circulation des personnes, des services, des capitaux et des biens. Il suit de là, que ces traités, dont les organes exécutifs devaient fusionner en 1965, étaient incorporés dans l'ordre juridique national au moment où la constitution de 1958 a été promulguée. Ce n'est donc qu'à la faveur du franchissement de la nouvelle étape du traité sur l'*Union européenne*, à Maastricht, le 7 février 1992 (T.U.E.), qu'une *régularisation juridique* devait être opérée par la L.C. du 25 juin 1992. Les traités ultérieurs d'Amsterdam (1997), de Nice (2001) et de Lisbonne (2007), après le rejet de celui *établissant une constitution pour l'Europe* par le peuple français, en 2005, s'inscriront dans cette perspective.

Selon l'article 88-1 C, *la République participe aux Communautés européennes et à l'Union européenne, constituées d'États qui ont choisi librement... d'exercer en commun certaines de leurs compétences.* Cette disposition valide la *mutualisation des souverainetés* (N. Lenoir) ou l'existence de l'ordre juridique européen *superposé* à l'ordre interne. L'article 88-2 C dispose que, *sous réserve de réciprocité, la France consent aux transferts de compétences nécessaires à l'établissement de l'Union.*

Le droit communautaire, devenu le droit de l'Union européenne, dérivé est accordé à une démarche finalisée au service du fédéralisme *(le dynamisme* ou *l'évolutionnisme).* À un objectif assigné

101. L'ordre protocolaire est fixé comme suit :
À Paris, à l'occasion d'une cérémonie publique organisée : 1° le président de la République ; 2° le premier ministre ; 3° le président du Sénat ; 4° le président de l'Assemblée nationale ; 5° les anciens présidents de la République, selon l'ordre d'ancienneté de leur prise de fonctions ; 6° le Gouvernement ; 7° les anciens premiers ministres, selon l'ordre d'ancienneté de leur prise de fonctions ; 8° le président du Conseil constitutionnel ; 9° le vice-président du Conseil d'État ; 10° le président du Conseil économique social et environnemental ; 11° le défenseur des droits ; 12° les députés ; 13° les sénateurs ; 14° les représentants au Parlement européen, *etc.* Pour la première fois, un rang est réservé aux anciens chefs de l'État, ainsi qu'aux anciens chefs de Gouvernement.
Dans les *départements*, l'ordre est : 1° le préfet ; 2° les députés ; 3° les sénateurs ; 4° les représentants au Parlement européen ; 5° le président du conseil régional ; 6° le président du conseil départemental ; 7° le maire de la commune dans laquelle se déroule la cérémonie ; ... 17° le recteur d'académie, *etc.*

correspond un cadre institutionnel approprié. L'élargissement de l'Union a pour corollaire la rationalisation de son organisation : le traité de Lisbonne sur le fonctionnement de l'Union européenne (T.F.U.E.), entré en vigueur le 1er décembre 2009, s'y emploie.

A. LE NOUVEL OBJECTIF EUROPÉEN

1054 Le traité de Maastricht modifié a créé *l'Union européenne*. Celle-ci s'analyse en une union *politique*, d'une part, et *économique* et *monétaire*, d'autre part, dans *le respect de l'égalité des États membres devant les traités ainsi que leur identité nationale* (art. 3 *bis* T.F.U.E.). La Charte des droits fondamentaux de l'Union du 7 décembre 2000, adoptée en 2007, a la même valeur juridique que le traité. L'Union adhérera à la C.E.D.H., après son approbation par les États membres (art. 6 T.F.U.E.). Autant de traits révélateurs d'une *communauté de droit* (C.J.C.E., 23 avril 1986, *Les Verts c/Parlement européen*)[102]. De six États fondateurs (Allemagne, Belgique, France, Italie, Luxembourg et Pays-Bas), l'Union européenne accueille, depuis le 1er juillet 2013, 28 membres, à la suite de l'entrée de la Croatie et 500 millions d'habitants. Au préalable, le traité d'Athènes de 2003 avait mis fin à l'Europe de Yalta en s'ouvrant aux anciens États communistes (Pologne, Hongrie, États baltes notamment).

1. L'union politique

1055 La création de la *citoyenneté européenne* doit être regardée comme la pierre de fondation de la démocratie européenne. Elle consiste dans la reconnaissance du droit de vote et d'éligibilité, en vue des élections municipales et du Parlement européen, aux citoyens de l'Union dans l'État membre où ils résident *dans les mêmes conditions que les ressortissants de cet État* (art. 19 T.U.E.). La *dissociation*, ainsi opérée, pour la première fois, en France, entre la nationalité et la citoyenneté (art. 3 *in fine* C) a été à l'origine de l'article 88-3 C. En la circonstance, le constituant français s'est employé à concilier l'objectif communautaire avec la spécificité nationale ; le collège électoral des sénateurs étant formé à 95 % par des délégués des conseils municipaux. D'où les limitations apportées : *Ces citoyens ne peuvent exercer les fonctions de maire ou d'adjoint ni participer à la désignation des électeurs sénatoriaux et à l'élection des sénateurs* (v. *chapitres III et IV*).

Outre le droit de circulation, de séjour et d'établissement, le traité de Maastricht accorde la protection diplomatique et consulaire aux ressortissants communautaires par tout État membre de l'Union dans un pays tiers à partir de l'instant où l'État dont ils relèvent n'est pas représenté (art. 20). Il leur est loisible d'exercer également un *droit de pétition* devant le Parlement européen s'agissant de l'application du droit communautaire, indépendamment des actions contentieuses (art. 21). Reste le droit de saisine du médiateur nommé par le Parlement européen (art. 195) pour instruire leurs plaintes. Le traité sur l'Union consacre l'existence de partis politiques européens (art. 191), dotés d'un statut (règlement du 4 novembre 2003, modifié le 18 décembre 2007).

L'Union politique se donne, ensuite, pour objectif *d'affirmer son identité sur la scène internationale notamment par la mise en œuvre d'une politique européenne de sécurité et de défense commune* (P.S.D.C.) (art. 2 et 11) et d'ouvrir de nouveaux champs d'action (éducation, recherche, culture, environnement, réseaux transeuropéens), sans préjudice du dynamisme de certains États dans le cadre des

102. En l'occurrence, il s'agit d'un *espace de liberté, de sécurité et de justice* reposant sur *trois piliers :* civique, économique et monétaire ; politique étrangère et sécurité commune *(P.E.S.C.)* et coopération policière et judiciaire en matière pénale. L'abolition des contrôles aux frontières intérieures de l'Union européenne (l'*espace Schengen*) a été étendue, en décembre 2007, de manière symbolique, à 8 anciens États communistes et à Malte. Il concerne désormais 400 millions d'habitants, en dehors de ceux de 5 États membres (Royaume-Uni, Irlande, entre autres). V. Cl. BLUMANN et L. DUBOUIS, *Droit institutionnel de l'Union européenne*, 4e éd., 2010 ; J. RIDEAU, *Droit institutionnel de l'Union européenne*, 6e éd., 2010 ; J.-Cl. GAUTRON, Une Europe à droits variables, *Pouvoirs* n° 69, 1994, p. 77.

politiques de coopération renforcée (convention de Schengen relative à la circulation des personnes ; création de la zone euro) (art. 10 T.F.U.E.).

En dernière analyse, la coopération intergouvernementale initiale dans le domaine de la justice et des affaires intérieures *(JAI)* (politique des visas, de l'asile, de l'immigration et mandat d'arrêt européen) (art. 62 et 63) a été *communautarisée* par le traité d'Amsterdam. La République a accepté, en conséquence, des transferts de compétences (art. 88-2 C) (v. *supra*, n° 1044).

2. L'union économique et monétaire

1056 En vue de maîtriser l'inflation et le déficit budgétaire, une politique commune est mise en place, dans le respect du principe d'une économie de marché (art. 98 T.U.E.), au terme d'un processus qui s'est déroulé en trois phases. Au prix d'une simplification, la maîtrise d'œuvre appartient à un *système européen de banques centrales* (S.E.B.C.) coiffé par une *Banque centrale européenne* (B.C.E.), *indépendantes* des autorités politiques, à l'image de la *Bundesbank* allemande (art. 107 et 108). Une monnaie et un taux de changes uniques ont été décidés au vu de *critères de convergence* (art. 121). La fin de la souveraineté monétaire des États, avec la naissance de l'*euro,* le 1er janvier 2002, porte la marque manifeste du fédéralisme. La zone euro, qui comprend à l'heure actuelle 18 États, est menacée, depuis 2010, par la contagion de la crise des dettes souveraines ; les déficits publics et la récession économique. Le traité sur la stabilité, la coordination et la gouvernance (*TSCG*) de 2012, en dehors du Royaume-Uni et de la République tchèque, met en œuvre une discipline budgétaire, dans l'attente d'une discipline bancaire, afin d'y pallier (v. *infra*, n° 1526).

B. LE NOUVEAU CADRE INSTITUTIONNEL

1057 Tout en maintenant les *acquis communautaires*, selon la loi observée, la nouvelle phase d'intégration, décidée à Maastricht, adapte l'armature aux fins poursuivies. L'Union européenne, bien qu'étant juridiquement une organisation internationale spécifique, agissant *dans les limites des compétences qui lui sont conférées et des objectifs qui lui sont assignés* (art. 5 T.U.E.) *dans le respect de l'égalité des État membres...* et de *leur identité nationale* (art. 4 § 2 T.F.U.E.) (v. *supra*, n° 1045)[103], n'en cultive pas moins du point de vue institutionnel, le *mimétisme* avec un *système fédéral* (J.-P. Jacqué), au-delà des symboles (drapeau, devise, fête, hymne ou passeport). L'Union s'identifie à *une fédération démocratique d'États et de citoyens* (L. Dubouis) ou plus simplement, ni fédération, ni confédération, à un *regroupement* d'États *(Staatenverbund)* (Cour constitutionnelle allemande, 12 octobre 1993, *Traité de Maastricht*). La crise actuelle de l'Union renforce les États, l'Allemagne en particulier, du fait du décrochage économique de la France, au détriment de la Commission et du Parlement européen[104].

À cet égard, le traité de Rome modifié *n'est que formellement un traité, matériellement c'est une constitution, davantage soumis à une vision constitutionnelle qu'à une vision internationale* (J. Boulouis). En d'autres termes, il s'agit d'une communauté de valeurs (principes de sécurité juridique ; de confiance légitime ; de non-discrimination ; d'accès du juge), à l'unisson des critères d'entrée, adoptés à Copenhague en 1983 (valeurs de respect de liberté, de démocratie, d'égalité, de l'État de droit et du pluralisme). De manière topique, en vertu de la *clause de solidarité*, l'Union et ses États membres mobilisent tous les moyens, y compris militaires, pour prévenir la menace terroriste sur le

103. V. A. BERRAMDANE et J. ROSSETTO, *Droit institutionnel de l'Union européenne*, 2e éd., 2013 ; F. CHALTIEL, *Le processus de décision dans l'Union européenne*, D.F., 2006 ; J.-P. JACQUÉ, *Droit institutionnel de l'Union européenne*, 6e éd., 2010 ; F.-X. MILLET, *L'Union européenne et l'identité constitutionnelle des États membres*, 2013.

104. La gouvernance européenne, *Pouvoirs* n° 149, 2014.

territoire desdits États, et protéger les institutions démocratiques (art. 188 R, T.F.U.E.). L'Union européenne est spécifique, en définitive, car elle ne *peut se réduire à un modèle existant* (Cl. Blumann et L. Dubouis). Cadre commun à l'exercice de compétences entre des États, elle n'en constitue pas un, pour autant. En effet, elle ne possède ni, une constitution, seule une facilité de langage a permis de parler de la *constitution européenne*, à propos du traité du 29 octobre 2004, ni, la compétence de sa compétence.

1. La répartition des compétences entre l'Union européenne et les États

1058 En schématisant trois niveaux de compétences s'y rencontrent, ce qui n'est pas sans analogie avec la démarche allemande (v. *Ire partie*) : les compétences *exclusives* de l'U.E. (politique agricole commune, commerce) d'interprétation stricte en application du principe de *spécialité* (art. 5 T.U.E.) ; les compétences exclusives des États membres (expressions de leur souveraineté) d'interprétation large et, entre les deux, les compétences *concurrentes* régies par le principe de *subsidiarité*, dont la célébrité n'a d'égale que l'ambiguïté[105] et celui de *proportionnalité*. L'U.E. dispose ainsi du pouvoir d'intervenir *en lieu et place* des États, en raison de son caractère optimal ou d'une meilleure adéquation entre le niveau de compétence et le but poursuivi, dans des matières sur lesquelles les États ont pu agir (éducation, formation professionnelle et jeunesse ; protection de la santé humaine ; réseaux transeuropéens dans les secteurs des infrastructures, *etc.*)[106]. Le principe de subsidiarité a donné lieu à l'accord interinstitutionnel du 25 octobre 1993 entre les instances communautaires en vue d'en fixer des modalités. Sous couvert de refréner l'ardeur législative de la Commission de Bruxelles, on ne peut se défaire, pour autant, de l'image du cheval de Troie fédéral. Mais, dans le même temps, il incite les États et leur Parlement (art. 88-6 et 88-7 C) à renforcer leur contrôle juridique et politique sur l'Union (v. *chapitre IV*).

2. Les institutions de l'Union européenne

1059 Il s'agit d'une gouvernance originale (*l'ambiguïté constructive*) de démocratie représentative (art. 10), en dehors du droit d'initiative populaire, ouvert à un million de citoyens ressortissants d'un nombre significatif d'États membres (art. 8 B, T.F.U.E.), que l'on peut comparer à un *pentagone* combinant les techniques confédérales et fédérales. À savoir : le Conseil européen ; la Commission ; le Conseil ; le Parlement européen et la Cour de justice de l'Union européenne. Dans le respect de leurs attributions, les institutions pratiquent entre elles, une *coopération loyale* (art. 13, T.U.E.)[107]. Elles appliquent le principe de *proportionnalité* ; l'action de l'Union n'excédant pas ce qui est nécessaire pour atteindre les objectifs du traité.

105. V. V. CONSTANTINESCO, Le principe de subsidiarité : un passage obligé vers l'Union européenne ?, *Mélanges Jean Boulouis*, 1991, p. 35 ; J. CHARPENTIER, Quelle subsidiarité ?, *Pouvoirs* n° 69, 1994, p. 53.

106. L'article 5 énonce à cet effet : *Dans les domaines qui ne relèvent pas de sa compétence exclusive, la Communauté n'intervient, conformément au principe de subsidiarité, que si et dans la mesure où les objectifs de l'action envisagée ne peuvent pas être réalisés de manière suffisante par les États membres et peuvent donc, en raison des dimensions ou des effets de l'action envisagée être mieux réalisés au niveau communautaire* (v. *Chapitre IV*).

107. Par ailleurs, existent la Cour des comptes (art. 285), la Banque centrale européenne (art. 282) et deux comités consultatifs : le Comité économique et social et le Comité des régions (art. 257 et 263). Ce dernier, qui emprunte ses membres aux collectivités locales des États membres, s'identifie au niveau régional de l'U.E. et se présente comme un lieu d'expression du principe de subsidiarité. Un service diplomatique européen se met en place : le service commun d'action extérieure (S.C.A.E.). V. Y. DOUTRIAUX et Chr. LEQUESNE, *Les institutions de l'Union européenne,* D.F., 2e éd., 1998 ; V. CONSTANTINESCO, La responsabilité de la commission européenne. La crise de 1999, *Pouvoirs* n° 92, 2000, p. 117

a) Le Conseil européen

1060 Le Conseil est formé des chefs d'État ou de Gouvernement des États membres, de son président et du président de la Commission. Le haut représentant de l'Union pour les affaires étrangères et la politique de sécurité y participe (art. 9 B, T.F.U.E.). Il dispose désormais d'une présidence *bicéphale*, permanente et tournante : un président, élu à la majorité qualifiée pour un mandat de deux ans et demi, renouvelable une fois (Herman Van Rompuy a inauguré cette fonction, le 1er janvier 2010), et un président, pour un semestre, le chef de l'État ou du Gouvernement intéressé, selon la rotation traditionnelle. Il choisit par consensus (sauf en 2014, par un vote acquis par 26 voix contre 2), le président de la Commission. L'élection de Jean-Claude Juncker est en harmonie avec le résultat du scrutin au Parlement européen, à l'occasion duquel, de manière inédite, une amorce de légitimité démocratique s'est exprimée. À preuve, sa confirmation, le 15 juillet 2014, par les représentants. Le Conseil se réunit deux fois par semestre sur convocation de son président permanent. Il *donne à l'Union les impulsions nécessaires à son développement et en définit les orientations et les priorités politiques générales. Il n'exerce pas de fonction législative* (art. 9 B).

b) La Commission

1061 Installée à Bruxelles, elle se compose de 28 membres, dont le haut représentant de l'Union pour les affaires étrangères et la politique de sécurité, nommés, pour un mandat de 5 ans, d'un commun accord par les États, agissant de manière indépendante (art. 45 T.U.E.). Les grands États ont renoncé, en 2004, à leur second commissaire. Elle incarne l'intérêt européen. À ce titre, tel un gouvernement appuyé sur une imposante administration, la Commission est, en permanence, une instance d'initiative, d'exécution et de contrôle du droit européen. Elle exécute le budget et gère les programmes. Elle assure la représentation extérieure de l'Union, en dehors de la politique étrangère et de la sécurité commune. Chaque commissaire doit être confirmé par le Parlement européen, ainsi que la Commission, en tant que collège, devant lequel elle est responsable (art. 9 D). En 2004, la Commission Barroso s'est retirée préventivement devant la menace d'une motion de censure.

c) Le Conseil

1062 Il est formé des représentants des États membres. Cet organe intergouvernemental, expression de leur intérêt propre, a la qualité de *colégislateur européen* (art. 16 T.U.E.). Selon les matières inscrites à son ordre du jour, il se réunit en formations *spécifiques* (agriculture, économie et finances, justice et affaires intérieures, relations extérieures, pêche, transports, *etc.*). Une fois par mois, les ministres des affaires étrangères siègent en conseil, dit des *affaires générales*. En outre, des *réunions informelles* des ministres se tiennent dans le pays qui assure la présidence de l'Union.

La délibération y est acquise, en principe, à la majorité *qualifiée* (art. 238) et non à l'unanimité (indice du glissement de la confédération à la fédération), privant ainsi chaque État d'un pouvoir d'opposition ou d'initiative. Le vote des États y est affecté d'un *coefficient de pondération*. La majorité qualifiée se définit comme étant égale à au moins 55 % des membres du Conseil représentant les États, réunissant au moins 65 % de la population de ceux-ci. Une minorité de blocage est prévue : nombre minimum d'États représentant plus de 35 % de la population des États membres participants plus un membre (art. 238, traité de Lisbonne). Chacune des réunions du conseil est préparée, au plan national, par l'ambassade particulière appelée la *R.P.* (représentation permanente de chaque État auprès de l'Union européenne) et, au plan communautaire, par le *C.O.R.E.P.E.R.* (comité des représentants permanents) dont le rôle s'avère chaque jour plus important.

d) Le Parlement européen

1063 Le Parlement, qui siège à Strasbourg, procède du suffrage universel direct depuis 1979 (art. 190 T.U.E.). Ce qui est un cas unique au plan supranational. Il s'est constitué à la manière d'une assemblée parlementaire ou d'un *corps législatif* (C.E.D.H., 18 février

1999, *Matthews c. Royaume Uni, R.T.D.E.* 1999, p. 649, note G. Cohen-Jonathan et J.-F. Flauss), même s'il n'en possède pas encore pleinement les compétences ordinaires. Cependant, le passage à l'Union européenne les accroît, à l'image du jeu interinstitutionnel de la *codécision*. Il exerce les fonctions législative et budgétaire conjointement avec le Conseil (art. 141). Il élit le président de la Commission.

α) Les élections au Parlement européen

1064 Dans l'attente d'une réglementation uniforme, les modalités du scrutin relèvent, pour partie de la norme *européenne* et pour partie, de la norme *nationale*.

Composé de 751 députés, le Parlement assure la représentation des citoyens de l'Union, *de façon dégressivement proportionnelle,* avec un seuil minimum de 6 membres par État membre (Luxembourg). L'Allemagne, pays le plus peuplé, en élit 96 ; la France 74 ; l'Italie et le Royaume-Uni 73, chacun.

Les députés, qui ne disposent pas encore d'un statut unique, en dehors de leur traitement, sont élus pour une période de cinq ans par les nationaux et les ressortissants européens domiciliés dans un État de l'Union (art. 190 T.U.E.). Leur mandat est *représentatif.* Ils bénéficient des privilèges et immunités traditionnels. Sous réserve d'incompatibilités nationales, le mandat peut être cumulé avec celui de parlementaire national. Mais, le système du *double mandat* ne vaut pas du point de vue français (art. 6-1 de la loi du 7 juillet 1977). À l'opposé, il s'avère incompatible avec l'exercice d'une autre fonction européenne. Les députés européens se réunissent en groupes *idéologiques*, et non étatiques[108].

En France, depuis 2004, l'élection des représentants au Parlement européen, *lequel n'est pas l'émanation de la souveraineté nationale* (C.C., 20 décembre 2007, *Traité de Lisbonne, Rec.* p. 459), *a lieu, par circonscription, au scrutin de liste à la représentation proportionnelle, sans panachage, ni vote préférentiel* (art. 3 de la loi du 7 juillet 1977). Le système des listes nationales, retenu, à l'origine, a été remplacé par celui de listes de *circonscriptions interrégionales*, au nombre de 8 (Nord-Ouest, Ouest, Est, Sud-Ouest, Sud-Est, Massif central-Centre, Île-de-France et Français établis hors de France et Outre-mer). Le décret du 28 mars 2014 fixe la répartition, par circonscription, des 74 sièges français. Les sièges sont attribués, dans la circonscription, entre les listes ayant obtenu au moins 5 % des suffrages exprimés à la R.P. Le remboursement forfaitaire est versé aux candidats qui ont recueilli 3 % et plus des suffrages exprimés (art. 2). Au surplus, la loi renvoie au *droit commun* en matière d'éligibilité fixée à 18 ans (art. 5 de la loi de 1977 modifiée) ; d'incompatibilité (art. 6-1 et 6-3) ; d'obligations déclaratives (art. 11 de la loi du 11 octobre 2013) (v. *infra*, n° 1270) ou de financement de la campagne (un plafond des dépenses est fixé pour une liste de candidats) dont le respect est confié à la C.N.C.C.F.P. (art. 19-1 de la loi de 1977). Le premier non élu de la liste remplace le titulaire du siège devenu vacant. Mais, il est loisible, à ce dernier, en cas de démission ou de décès du remplaçant, de reprendre, comme au plan national désormais (loi du 13 janvier 2009), l'exercice de son mandat dans un délai d'un mois (art. 24). Le principe de l'interdiction du cumul entre le mandat européen et une fonction exécutive locale a été posé par la loi du 14 février 2014. Il sera applicable en 2019 (v. *infra*, n° 1387).

Le contentieux est confié au Conseil d'État, qui statue sur requête de tout électeur, ou du ministre de l'intérieur, dans le délai de dix jours qui suit la proclamation des résultats par *la commission nationale de recensement général des votes* (art. 25) (17 février 1995, *Conjard, R.F.D.A.* 1995, p. 432) et au Parlement européen, qui vérifie les pouvoirs de ses membres (art. 12 de l'acte du 20 septembre 1976).

108. Ces élections, qui se tiennent en mai ou juin, sont marquées par une forte abstention (59 et 57 % en France, en 2009 et 2014). Le déficit pédagogique et la politique du bouc émissaire concernant les difficultés rencontrées par les citoyens en sont la cause, sans préjudice de candidatures de *rattrapage* à la suite d'un échec électoral. En l'absence d'un enjeu décisionnel, le scrutin a été marqué, le 25 mai 2014, par le succès du Front national, arrivé en tête dans 5 circonscriptions sur 8, avec 24,8 % des suffrages, à l'image de la poussée eurosceptique, voire europhobe, observée au sein de l'Union. Pour la première fois, un début modeste de campagne européenne s'est présenté avec le débat des candidats à la présidence de la Commission, le 15 mai 2014, au Parlement européen. V. N. CLINCHAMPS, *Parlement européen et droit parlementaire,* 2006 ; Y. POIRMEUR et D. ROSENBERG, *Droit européen des partis politiques,* 2007 ; F. CHALTIEL et L. GUILLOUD (sous la direction), *30 ans d'élection au Parlement européen au suffrage universel direct, L.P.A.*, 11 juin 2009 ; Y. MÉNY (sous la direction), *La construction d'un Parlement, 50 ans d'histoire du Parlement européen,* 2009.

β) *Les attributions du Parlement européen*

1065 Expression de la légitimité démocratique au sein de l'Union européenne, le Parlement de Strasbourg dispose de prérogatives en progression constante. Il exerce le pouvoir législatif dans le cadre de la procédure de la *codécision*, appelée à se généraliser, (art. 251 T.U.E.) et le pouvoir budgétaire depuis les traités de 1970 et de 1975. Il contrôle la Commission au moyen de la motion de censure (art. 234) ; au reste, la dissuasion s'avère efficace au point de provoquer un retrait anticipé (commission Santer en 1999, ou première commission Barroso en 2004).

S'agissant du processus de formation des normes juridiques, le traité de Maastricht a opéré une percée au moyen de la procédure de la *codécision*, dont la portée a été généralisée aux politiques communautaires. On mesure ainsi *la montée en puissance* du Parlement, promu au rang de *colégislateur*. La codécision, véritable *labyrinthe décisionnel* (J.-P. Jacqué), peut se ramener à cette vision : une position commune arrêtée par le conseil, sur proposition de la Commission, est transmise au Parlement. Dans le délai de trois mois, ce dernier peut arrêter l'une des trois décisions suivantes : approuver cette position, de manière explicite ou implicite ; la repousser ou l'amender (art. 251). Cette dernière éventualité qui sera naturellement la plus fréquente, débouchera sur la mise en place d'un comité de conciliation, composé à parité, à l'image de la commission mixte en France (art. 45 C) des 15 membres du conseil et de 15 représentants (al. 3), en vue de parvenir à un texte transactionnel[109]. En contrepartie, la longueur de la procédure s'impose à l'attention, avec une gestation moyenne de 30 mois.

Concernant le processus politique, le Parlement est étroitement associé à la mise en place de la Commission, au terme d'une procédure qui n'est pas sans analogie avec celle de la *double investiture*, pratiquée sous la IVe République. D'autant plus que le mandat des commissaires, porté à cinq ans (art. 214 du traité) coïncide avec celui des parlementaires. De là, à envisager un *Gouvernement de législature*, la tentation est aisée. Après avoir été consulté et confirmé le choix du président de la Commission, le Parlement européen procède à un vote sur celle-ci, en tant que collège, à l'issue de l'audition de ses membres. La commission Santer a inauguré cette procédure en juillet 1994. La seconde commission Barroso a été investie en novembre 2009. Mais, le Parlement européen a obtenu que son président s'engage à démettre tout commissaire qui ne disposerait plus de la confiance des députés. En outre, les partis politiques européens sont appelés à *structurer* l'opinion européenne.

e) La Cour de justice de l'Union européenne

1066 La juridiction, qui siège à Luxembourg, est composée de 28 juges, nommés d'un commun accord, pour 6 ans, par les États membres, après avis d'un comité indépendant (art. 255 T.F.U.E.), renouvelés en partie tous les trois ans et de 8 avocats généraux (à l'imitation des rapporteurs publics devant le Conseil d'État français), dont le rôle consiste à présenter en toute indépendance des conclusions motivées sur l'affaire soumise à la Cour (art. 19). Elle a pour mission fondamentale (art. 252 et 253) d'assurer le respect du principe d'*application uniforme* des règles européennes ; en un mot, de veiller à leur *primauté* et *immédiateté*. Elle dispose, de ce fait, du *monopole* de l'interprétation du droit européen ; ce qui favorise *l'européanisation* des droits nationaux[110].

D'une manière simplifiée, le contrôle juridictionnel se compose de divers recours : *le recours sur renvoi préjudiciel* d'une juridiction nationale (CC, 4 avril 2013, *Mandat d'arrêt européen*, *chr.* n° 146,

109. Au surplus, le Parlement européen a désormais le pouvoir de créer des commissions d'enquête, en matière de manquement dans l'application du droit communautaire (art. 193 T.U.E.) ; il est habilité aussi à recevoir les pétitions des citoyens européens ; il nomme un médiateur. La Cour des comptes, promue au rang d'institution communautaire à part entière (art. 246), l'assiste dans l'exercice de ses fonctions de contrôle de l'exécution du budget (art. 248). V. J.-Cl. GAUTRON, Remarques sur une continuité. Le développement constitutionnel du Parlement européen, *Mélanges Dmitri Georges Lavroff*, 2005, p. 171.

110. V. D. SIMON, *Le système juridique communautaire*, 3e éd., 2001 ; Les Cours européennes, *Pouvoirs* n° 96, p. 2001.

p. 198) (v. *supra*, n° 1044) à l'exclusion des justiciables, à propos d'une question d'interprétation du traité ou de validité d'actes pris par les institutions communautaires (transposition des directives) (art. 234) ; le *recours en annulation*, bâti sur le modèle français du recours pour excès de pouvoir, dirigé principalement contre les actes adoptés conjointement par le Parlement européen et le conseil ; les actes du conseil, de la Commission et de la B.C.E. (art. 230) ; le *recours en carence* lorsqu'une institution communautaire s'abstient de statuer, en violation du traité (art. 232) et, en dernier lieu, *le recours en manquement*. Révélateur de la logique fédérale qui nourrit toute la construction européenne, cette procédure est destinée à contraindre un État à exécuter une obligation, née du traité, à laquelle il se soustrait, à la requête, soit de la Commission, soit d'un autre État membre (art. 228). La transposition des directives dans les droits nationaux en fournit un exemple privilégié. En cas d'inexécution de l'arrêt de la Cour, celle-ci, peut infliger à l'État le paiement d'une somme forfaitaire ou d'une astreinte *(idem)* (v. *chapitre IV*)[111].

On souligne volontiers le *rôle exceptionnel* de la Cour (D. Simon) ; la puissance d'entraînement de sa jurisprudence vers la *fédéralisation* de l'Union en vue de favoriser la cohérence des ordres juridiques. Pour l'applicabilité uniforme du droit européen, la Cour est parvenue, par exemple, à transformer la *nature* de la directive en un règlement *innomé* (art. 249) et à limiter, en conséquence, la compétence des États à une simple mission d'exécution ou de mise en conformité. À ce titre, celle-ci se reconnaît le pouvoir de contrôler la forme et les moyens retenus par l'État au moment de la transposition de la directive (6 mai 1980, *Commission c. Belgique*) ainsi que le choix de la norme opéré (15 mai 1983, *Commission c. Italie*). Dorénavant, un particulier peut invoquer une directive contre l'État en raison de l'*effet direct* qui en découle (26 février 1986, *Marshall*).

Dans cette perspective, se situe l'arrêt *Simmenthal* (9 mars 1978, *A.J.D.A.* 1978, p. 323, note J. Boulouis). Avec une particulière solennité, qui n'est pas sans faire songer à la *clause de suprématie* inhérente au droit fédéral américain, la Cour de justice a invité fermement les juges nationaux à faire prévaloir, en cas de conflit, la norme européenne sur la norme nationale. L'appel sera entendu par les juges français, qui, en rupture avec la tradition de soumission à la loi, n'hésitent plus à la *neutraliser* (v. *chapitres IV et V*).

L'*Europe des juges* (R. Lecourt) supplanterait-elle l'Europe des citoyens ? À la réflexion, il apparaît plus judicieux d'estimer que l'État de droit ouvre le chemin à la démocratie. De ce point de vue, la profonde transformation du droit de la République, on parle désormais de *son européanisation*, n'est jamais que l'expression de la volonté souveraine du peuple français de bâtir, avec les autres peuples européens, une société sans pareille : *la société supranationale démocratique*. De sorte que *si la France est notre patrie, l'Europe est notre avenir* (F. Mitterrand).

1067 Sous le bénéfice de cette mise en perspective, il importe d'étudier les pouvoirs publics, ces *pouvoirs de volonté* (M. Hauriou), on étudiera le *pouvoir de suffrage ;* le *pouvoir exécutif ;* le *pouvoir délibérant* et le *pouvoir juridictionnel* sous la Ve République identifiés respectivement au peuple ; au président de la République et au Gouvernement ; au Parlement et, en partie, au Conseil constitutionnel.

BIBLIOGRAPHIE

1. Ouvrages et articles

Ph. ARDANT, *Les institutions de la Ve République*, 1991 ■ P. AVRIL, *Le régime politique de la Ve République*, 4e éd., 1979, *Le Gouvernement de la France*, 1969, et *La Ve République. Histoire*

111. Outre la Cour de justice, l'ordre juridictionnel européen se compose, depuis le traité de Lisbonne, du Tribunal qui l'assiste et du Tribunal de la fonction publique (T.F.P.). V. J.-L. SAURON, *Procédures devant les juridictions de l'Union européenne et devant la C.E.D.H.*, 3e éd., 2014.

politique et constitutionnelle, 2e éd., 1994 ■ F. DE BAECQUE, *Qui gouverne la France ?*, 1976 ■ A. BERRAMDANE et J. ROSSETTO, *Droit institutionnel de l'Union européenne*, 2e éd., 2013. ■ Ph. BLACHÈR, La présidentialisation du régime de la Cinquième République, *Mélanges Alain-Serge Mescheriakoff*, 2013, p. 39 ■ Cl. BLUMANN et L. DUBOUIS, *Droit institutionnel de l'Union européenne*, 2004 ■ G. BURDEAU, La conception du pouvoir selon la constitution française du 4 octobre 1958, *R.F.S.P.* 1959, p. 87 ■ R. CAPITANT, *L'aménagement du pouvoir exécutif et la question du chef de l'État*, Encyclopédie française, t. X, 1964, p. 142 ■ B. CHANTEBOUT, *Brève histoire politique et institutionnelle de la Ve République*, 2004 ■ M.-A. COHENDET, *La cohabitation. Leçon d'une expérience*, 1993 ■ J.-L. DEBRÉ, *Les idées constitutionnelles du général de Gaulle*, 1974 ■ M. DEBRÉ, Trois caractéristiques du système parlementaire français, *R.F.S.P.* 1955, p. 21, La nouvelle constitution, *ibid.*, 1959, p. 8 ■ O. DUHAMEL, *La gauche et la Ve République*, 1980 ■ M. DUVERGER, *La monarchie républicaine*, 1974, Les institutions de la Ve République, *R. F.S.P.* 1959 ■ p. 101 ■ J. FOYER, *La Ve République*, 1996 ■ B. FRANÇOIS, *Le régime politique français*, 1998 ■ Ch. DE GAULLE, *Mémoire d'espoir*, 1970, 1971 ■ J. GEORGEL, *La Cinquième République : une démonarchie*, 1990 ■ J. GICQUEL, *Essai sur la pratique de la Ve République*, 2e éd., 1977 ■ J.-É. GICQUEL, Constitution du 4 octobre 1958, *Juris-Classeur administratif*, fasc. 10, 2012 ■ F. GOGUEL, Institutions politiques françaises, *I.E.P.*, Paris, 1969-1970 ■ L. HAMON, *De Gaulle dans la République*, 1958 ■ R. DE LACHARRIÈRE, *La Ve, quelle République ?*, 1983 ■ M. LASCOMBE, *Le droit constitutionnel de la Ve République*, 10e éd., 2009 ■ J. MASSOT, *Alternance et cohabitation sous la Ve République*, 1997 ■ G. POMPIDOU, *Le nœud gordien*, 1974 ■ M. PRÉLOT, *Pour comprendre la nouvelle constitution*, 1958 et *La constitution de la Ve République*, Encyclopédie française, *op. cit.*, p. 205 ■ G. VEDEL, *Droit constitutionnel*, Paris, Les Cours de droit, 1960-1961 ■ Ve République, *D.C.*, p. 128 ■ N. WAHL, Aux origines de la nouvelle constitution, *R.F.S.P.* 1959, p. 30. ■ On consultera : *T.P.* (2 vol. 1987-2001) ■ *Archives constitutionnelles* (4 vol. 2008 et 2010), D.F. ■ *Dictionnaire De Gaulle*, 2006 ■ A.F.D.C., *Cinquantenaire de la constitution de la Cinquième République*, 2008 ■ La Ve République, *Pouvoirs* n° 126, 2008 ■ M. VERPEAUX (sous la direction), Révision de la constitution : la Ve République rénovée ?, *J.C.P.*, 30 juillet 2008, I.169 ■ Ch. WALINE, M. THOUMELOU et S. HAMMAL, *Les institutions de la France en questions*, 2013 ■ J.-P. CAMBY, P. FRAISSEIX et J. GICQUEL (coord.), *La révision de 2008 : une nouvelle Constitution ?*, 2011 ■ Les actes du colloque du XXVe anniversaire de la Ve République : *La constitution de la Cinquième République*, 1985 ■ ceux consacrés à *l'écriture de la constitution*, 1992 ■ au *discours de Bayeux*, 1991 ■ à celui d'*Épinal*, 1997 et à *la contribution de Georges Pompidou à la Ve République*, 1995.

2. Site internet

■ *50e anniversaire de la constitution de 1958 en 20 questions : www. conseil constitutionnel.fr. cinquante.*

CHAPITRE II
LE POUVOIR DE SUFFRAGE OU LE PEUPLE SOUVERAIN

1068 La logique démocratique conduit à aborder l'examen de la constitution de 1958 par l'étude du *concept juridique* de *peuple français* (C.C., 9 mai 1991, *Collectivité territoriale de Corse, chr.* n° 59, p. 221) ou le *pouvoir de suffrage*, siège du commandement politique : *la souveraineté nationale appartient au peuple qui l'exerce par ses représentants et par la voie du référendum. Aucune section du peuple, ni aucun individu ne peut s'en attribuer l'exercice* (art. 3 C).

Il suit de là, que la République a pour principe, *le gouvernement du peuple, par le peuple et pour le peuple* (art. 2) et pour fondement, *l'égalité devant la loi de tous les citoyens sans distinction d'origine, de race ou de religion* (art. 1er). En conformité avec la doctrine des fondateurs du droit public français, le Conseil constitutionnel a posé le principe de l'*unicité du peuple français* (15 juin 1999, *Langues régionales ou minoritaires, chr.* n° 91 p. 215), au sein duquel la République reconnaît, cependant, *les populations d'outre-mer* (art. 72-3 C), en liant de manière nécessaire la souveraineté à l'égalité[1]. Dès lors, il devait censurer la notion *d'un peuple corse, composante du peuple français* (9 mai 1991), ainsi que l'existence d'aires géographiques pour locuteurs de langues régionales ou minoritaires (15 juin 1999). Seul, le pouvoir constituant peut déroger à l'universalisme républicain en reconnaissant un *droit préférentiel* aux minorités (art. 74 C) et en limitant le droit de vote en Nouvelle-Calédonie dans le cadre du processus de décolonisation (art. 77)[2].

À la lumière de ces principes, il y a lieu d'analyser maintenant le *corps électoral* et *l'opération électorale*.

1. Pour Siéyès, *le droit de se faire représenter n'appartient aux citoyens qu'à raison des qualités qui leur sont communes et non à raison de celles qui les différencient.* V. A.-S. MICHON-TRAVERSAC, *La citoyenneté en droit public français,* 2009 ; J. GICQUEL, La citoyenneté au regard de la constitution *in La citoyenneté aujourd'hui*, 2006, p. 29.

2. La CEDH (11 janvier 2005, Py c/ France, *chr.* n° 115, p. 199) a accepté cette restriction dès lors qu'*elle ne porte pas atteinte à l'essence même du droit de vote,* en raison de *nécessité locale.* V. J. GICQUEL, Préférence territoriale et démocratie, *in La souveraineté partagée en Nouvelle-Calédonie et en droit comparé*, 2000 p. 379 ; P. PERRINEAU et D. REYNIÉ (sous la direction), *Dictionnaire du vote*, 2001 ; Voter, *Pouvoirs* n° 120, 2007.

SECTION I LE CORPS ÉLECTORAL

1069 Au-delà des étapes qui ont marqué l'avènement du suffrage universel (v. *Ire partie*), l'étude de ce pouvoir, identifié au *corps électoral*, pose trois questions : quelle est sa *condition*, sa *composition* et son *organisation* ?

§ 1. LA CONDITION DU CORPS ÉLECTORAL

1070 Le corps électoral a été promu à la dignité de *pouvoir souverain*, en France, par la constitution de l'an I (24 juin 1793), lors du passage de la souveraineté nationale à la souveraineté populaire. La proclamation du suffrage universel en 1848 consacrera l'autorité du *citoyen-roi*, dans le cadre de la démocratie représentative ; mais les manifestations de la démocratie semi-directe demeurant limitées, ce que l'on ne manquera pas de regretter.

A. LA NAISSANCE DU POUVOIR DE SUFFRAGE

1071 À l'opposé de la constitution de 1791 qui, dans une vision libérale, opposait les citoyens *actifs* aux citoyens *passifs*, celle de 1793, démocratique (la fille de Rousseau) proclame : *le peuple souverain est l'universalité des citoyens* (art. 7). Il lui revient de nommer ses députés (art. 8), de choisir ses administrateurs locaux (art. 9) et de *délibérer sur les lois* (art. 10)[3]. Au demeurant, cette constitution sera approuvée, par référendum, pour la première fois, en application du décret du 21 septembre 1792. Cependant cette avancée extrême de la démocratie n'entrera jamais en vigueur (v. *titre I*).

La constitution de l'an III, qui renoue avec le système représentatif, accorde cependant aux assemblées primaires le droit de décider, en dernier ressort, des révisions constitutionnelles (art. 346). Celle de l'an VIII est présentée au peuple et approuvée par un plébiscite. La méthode sera utilisée ultérieurement en l'an X et en l'an XII.

Le régime représentatif revient à partir de 1814, hormis sous le Second Empire où il se combine avec le plébiscite *(l'appel au peuple)*. Mais, à la Libération, le référendum est remis en honneur à l'instigation du général de Gaulle[4] Le 21 octobre 1945, le corps électoral, élargi par l'octroi aux femmes du droit de vote (ord. du 21 avril 1944), décide que la constitution de 1875 est abrogée et que l'assemblée constituante, chargée d'en rétablir une nouvelle, sera limitée dans ses pouvoirs. C'est aussi le référendum qui a rythmé l'existence de la constitution de la IVe République : après un premier échec le 5 mai

3. *Art. 58 : Le projet de loi (établi par le Corps législatif) est imprimé et envoyé à toutes les communes de la République sous le titre : Loi proposée.*
Art. 59 : Quarante jours après l'envoi de la loi proposée, si, dans la moitié des départements plus un, le dixième des assemblées primaires de chacun d'eux, régulièrement formées, n'a pas réclamé, le projet est accepté et devient loi.
Art. 60 : S'il y a réclamation, le Corps législatif convoque les assemblées primaires.

4. À cet égard, par l'intermédiaire de René Capitant, le général de Gaulle a subi l'influence de Carré de Malberg, présenté comme l'un des théoriciens de la Ve République (v. *chapitre* I) : *La combinaison du référendum avec le parlementarisme aurait... pour effet... de mettre au-dessus des partis... le peuple, statuant en sa masse universelle et indépendant des affiliations à des groupes spéciaux* (*R.D.P.* 1931, p. 225). Sous ce rapport, il n'est pas douteux que pour le Général, le référendum, instrument de l'union du peuple autour de son guide, était l'expression achevée de la démocratie. Il préférait l'*unanimité* à la majorité. V. J.-M. DENQUIN, *Référendum et plébiscite*, 1976.

1946, celle-ci naît le 13 octobre suivant et disparaît le 28 septembre 1958. En bonne logique, la Vᵉ République animée par le souci de *restituer* au souverain sa souveraineté, s'est orientée vers la *démocratie semi-directe*, en ouvrant au *référendum* un champ d'application au plan national (art. 11, 88-5 et 89 C) et local (loi du 1er août 2003, prise en application de l'art. 72-1 C) ; *l'initiative populaire* est accueillie au plan communal (art. L. 2142-3 C.G.C.T.) et, avec réserve, au plan national (art. 11, al. 3 C) (v. *infra*, nº 1203), *Les consultations des électeurs intéressés*, en vue de recueillir leur *avis*, se sont multipliées, en cas de modification de l'assiette territoriale de la France (art. 53 *in fine* C) ; de création d'une collectivité territoriale dotée d'un statut particulier ; de modification de son organisation ou de ses limites (art. 72-1 C) et d'un changement de statut d'une collectivité d'outre-mer (art. 72-4) (v. *infra,* nº 1245). D'un point de vue juridique, la consultation est dénuée de valeur décisionnelle à l'opposé du référendum (C.C., 7 décembre 2000, *Outre-mer, chr.* nº 97, p. 162). En revanche, d'un point de vue politique, elle lie le législateur, à la manière d'un référendum *implicite*. Enfin, le droit de *pétition*, limité à ce jour aux demandes adressées au président d'une assemblée parlementaire, en vue d'obtenir généralement réparation d'une injustice, a été étendu aux électeurs de chaque collectivité territoriale (art. 72-1 C). De même, le C.E.S.E. peut être saisi par cette voie (art. 69 C) (v. *infra*, nº 1331)[5]. Le droit européen accueille les droits d'initiative populaire et de pétition (v. *supra*, nº 1059). Par ailleurs, la démocratie participative a généré une campagne *numérique* (le précédent de Barack Obama, en 2008, faisant école, en France, lors de la présidentielle de 2012), tandis que les réseaux sociaux accentuent le contrôle sur les pouvoirs publics (affaire *Cahuzac*, en 2013), parallèlement à l'essor de la transparence de la vie publique (v. *chapitres III et IV*).

B. L'AVANCÉE DU POUVOIR DE SUFFRAGE DEPUIS 1958

1072 On n'a jamais autant voté que sous la Vᵉ République à l'occasion des élections *nationales* (présidentielles et parlementaires) ; *locales* (municipales, communautaires, départementales et régionales) et, depuis le 10 juin 1979, élections *européennes*[6], auxquelles il convient d'ajouter *les référendums et les consultations*. Au point de provoquer *une sorte d'overdose* ; en un mot de favoriser l'abstentionnisme qui atteindra le record de 69,8 %, le 24 septembre 2000, à l'occasion du référendum sur le quinquennat[7].

À ce point de l'analyse, il est utile de relever la corrélation qui s'établit entre la légitimation du pouvoir et l'imputation de la responsabilité de la politique avec la généralisation, depuis 1978, du *vote-sanction* aux consultations électorales, voire référendaires, si l'on songe au 29 mai 2005. Les scrutins de 2007 sont l'exception qui confirme la règle, à cet égard.

5. À ce jour, trois référendums ont échoué : 5 mai 1946 (projet de constitution) ; 27 avril 1969 (projet de révision constitutionnelle) et 29 mai 2005 (traité établissant une constitution pour l'Europe). V. M. VERPEAUX, Référendum local, consultations locales et constitution, *A.J.D.A.* 2003, p. 540.

6. V. P. BRÉCHON, *La France aux urnes. Soixante ans d'histoire électorale,* D.F., 2009 ; S. DIÉMERT, Le référendum d'initiative minoritaire de l'article 11, révisé de la Constitution, *R.F.D.C.* 2009, p. 55.

7. Les années sans scrutins relèvent de la curiosité : de 1958 à 2005, on en dénombre 10, soit 21 %. À la suite d'une coïncidence du calendrier, des élections multiples devaient se tenir en 2007 et 2014. Le législateur a opéré une séparation entre elles en liant logiquement élection présidentielle et élections législatives ; élections municipales et élections sénatoriales. Il a décidé le report pour les autres. Le quinquennat présidentiel transforme la nature des élections intermédiaires ou locales en *scrutins de sanction* du pouvoir d'État. La défaite de Nicolas Sarkozy, en 2012, a été anticipée dès 2008 ; celle de François Hollande, en 2014, a été la cause d'un changement de politique économique, et du tournant du quinquennat, sans préjudice, un mois plus tard, de la débâcle aux élections européennes.

§ 2. LA COMPOSITION DU CORPS ÉLECTORAL

1073 Placé sous le signe de l'*unicité*, ce qui s'oppose à toute division par catégories d'électeurs (C.C., 18 novembre 1982, *Quota féminin, chr.* n° 25, p. 190), le corps électoral est, à ce titre, identique pour toutes les élections et votations nationales.

A. LA DIMENSION JURIDIQUE

1074 Proclamé initialement par la constitution montagnarde, en l'an I, mais écarté, en raison des circonstances, le suffrage universel *masculin* entre, à titre *définitif*[8], dans nos institutions, avec la Seconde République. Le décret du 5 mars 1848, en avance par rapport avec d'autres pays occidentaux, sera complété, par l'abolition de l'esclavage (décret Schoelcher du 27 avril 1848)[9], et la reconnaissance de l'électorat et de l'éligibilité des femmes par une ordonnance du Gouvernement provisoire de la République du 26 avril 1944, conformément à l'esprit de la Résistance[10]. En 1946, la disparition du Sénat misogyne laissait désormais la route ouverte à une généralisation du suffrage. Sous la Révolution, Olympe de Gouges, auteur d'une déclaration des droits de la femme et de la citoyenne, avait hautement revendiqué ces droits, en affirmant : *Si les femmes sont capables de monter à l'échafaud, elles sont capables de monter à la tribune.*

La loi du 5 juillet 1974, en abaissant à 18 ans, la majorité électorale, réalise une extension du corps électoral qu'un large mouvement à l'étranger avait précédé (art. L. 2 du Code électoral).

B. LA LOCALISATION GÉOGRAPHIQUE

1075 En janvier 2014, le corps électoral se compose de 44,8 millions d'*électeurs*, pour une population de 66 millions d'*habitants*.

En dehors des terres inhabitées (Terres australes et antarctiques françaises dont les îles Éparses, îlot de Clipperton dans l'océan Pacifique et du condominium franco-espagnol de l'île des Faisans ou de la Paix), le collège électoral se répartit entre la métropole ; les départements et régions d'outre-mer (les *quatre vieilles :* Guadeloupe, Guyane, Martinique et Réunion et, depuis 2009, Mayotte) (art. 73 C) ; les collectivités d'outre-mer (Polynésie française, les îles Wallis-et-Futuna ; Saint-Pierre-et-Miquelon, Saint-Barthélemy et Saint-Martin) (art. 74) ; la Nouvelle-Calédonie (art. 77)[11] ainsi que les Français établis hors de France (art. 24 C)[12].

8. En dépit du principe selon lequel *on ne revient jamais sur une conquête du suffrage universel*, ce dernier sera affecté par la loi du 31 mai 1850, ce qui permettra au Prince-président, le 2 décembre 1851, de le rétablir ; avant d'être récusé au temps de la *Révolution nationale*, à Vichy, entre 1940 et 1944. V. R. HUARD, *Le suffrage universel en France*, 1991 ; M. OFFERLÉ, *Un homme, une voix. Histoire du suffrage universel*, 1993.

9. En fait, l'égalité concernera, jusqu'en 1939, les *vieilles colonies* (Antilles, Réunion, Sénégal, Indes françaises), à l'exclusion de l'Afrique noire et de l'Algérie. La métropole, selon un mot prêté à Édouard Herriot, a refusé *d'être colonisée par ses propres colonies*. C'est seulement à la fin de la IVe République, en 1956, que l'égalité de vote triomphera, avec la loi-cadre Defferre.

10. V. A. HAURIOU, *Vers une doctrine de la Résistance, Le socialisme humaniste*, 1944.

11. De façon *spécifique*, ainsi qu'il ressort de l'alinéa second du préambule de la constitution de 1958, les collectivités d'outre-mer (les anciens T.O.M.) et la Nouvelle-Calédonie peuvent se réclamer du principe de la libre détermination des peuples (C.C. 2 juin 1987, *Nouvelle-Calédonie, chr.* n° 43, p. 200). Toutefois, ce droit est conditionné à la *consultation des populations intéressées* (art. 53 *in fine* C). À ce propos, le C.C. a donné une interprétation large de cette disposition en y incluant la sécession, alors qu'elle ne vise expressément que *la cession, l'échange et l'adjonction de territoire* (30 décembre 1975, *Îles des Comores, Rec.* p. 26). Sur la doctrine Capitant, V. A. PELLET, *C.R.F.*, p. 1006.
Au surplus, *la question posée aux populations intéressées doit satisfaire à la double exigence de loyauté et de clarté de la consultation* (C.C., décision précitée du 2 juin 1987). Le droit de vote est assorti d'un délai de résidence. V. J.-Y. FABERON, La Nouvelle-Calédonie, pays à souveraineté partagée, *R.D.P.* 1998, p. 645.

12. De l'ordre de 2,3 millions, ils sont établis notamment en Belgique, Grande-Bretagne, Suisse, Allemagne, pour l'Europe ; au Maroc, Côte-d'Ivoire, Madagascar et Gabon, s'agissant de l'Afrique ; aux États-Unis et au Canada. Un million et demi d'entre eux est inscrit sur les listes électorales ; leur participation est faible, en règle générale. Ils ont élu 11 députés, pour la première fois, en 2012.

§ 3. L'ORGANISATION DU CORPS ÉLECTORAL

1076 L'article 3 C (alinéas 3 et 4) dispose : *Le suffrage peut être direct ou indirect, dans les conditions prévues par la constitution. Il est toujours universel, égal et secret. Sont électeurs, dans les conditions déterminées par la loi, tous les nationaux français majeurs des deux sexes jouissant de leurs droits civils et politiques*. En outre, la loi fixe *le régime électoral des assemblées parlementaires et des assemblées locales* (art. 34 C). Les autres dispositions, législatives (L.) et réglementaires (R.), applicables sont regroupées, depuis 1964, dans le Code électoral, à l'exception de l'élection présidentielle.

Selon la théorie des élections *disputées* (v. *Ire partie*)[13], ou les *garanties d'objectivité qui doivent présider à toutes consultations électorales* (C.C., 5 janvier 1988, *Élections cantonales, Rec.* p. 9), la qualité de citoyen implique celle d'*électeur* et de *candidat* (art. 6 de la Déclaration de 1789 et art. L. 44 du Code électoral).

A. LES CARACTÈRES DU POUVOIR DE SUFFRAGE

1077 Le suffrage est successivement *universel ; libre ; sincère* et *digne*. Il s'exerce *périodiquement*.

1. L'universalité du suffrage

1078 Ce principe tient en deux traits : le vote, en France, est *égal* et *personnel*.

a) Un suffrage égal

1079 Tout citoyen placé dans une situation identique à l'égard de la loi électorale doit être régi selon les mêmes règles[14].

En d'autres termes, selon le principe *un individu, une voix*, le pouvoir détenu par chaque électeur est semblable ; en un mot, une même force est attachée au bulletin de vote. En conséquence, la loi ne peut pas valablement écarter des urnes certaines catégories de citoyens, ni en favoriser une partie d'entre eux. C'est ainsi qu'ont été réalisées les diverses extensions du droit de vote en France, au profit des femmes (ord. du 26 avril 1944) et principe de *parité* (L.C. du 8 juillet 1999) ; des militaires (ord. du 17 août 1945), sauf à adhérer à un parti politique (loi du 24 mars 2005) ; des membres des familles ayant régné en France (loi du 24 juin 1950), et rejetés les *privilèges* électoraux, tels l'existence d'un *quota féminin* (C.C., 18 novembre 1982, *Quota féminin, chr.* n° 25, p. 190), ou, plus encore, du vote plural (C.C., 17 janvier 1979, *Juridiction prud'homale, Rec.* p. 23), jugé *contraire au principe d'égalité devant la loi ainsi qu'à la règle de l'égalité du suffrage*[15].

Un électeur français résidant dans un autre État de l'Union européenne ne participe pas au scrutin en France pour les élections européennes et municipales (art. 2 de la loi du 7 juillet 1977). Le C.C. a posé le principe que le découpage des circonscriptions électorales doit s'opérer sur *des bases essentiellement démographiques*, afin d'éviter toute disparité de représentation (8 août 1985, *Nouvelle-Calédonie, chr.* n° 36, p. 182). Les Français expatriés sont désormais pleinement représentés au Parlement (nouvel art. 24 C) (*infra*, n° 1335). L'égalité implique, enfin l'impartialité du pouvoir. Le temps n'est

13. V. J.-Cl. MASCLET, *Droit électoral*, 1989 ; L. TOUVET et Y.-M. DOUBLET, *Droit des élections*, 2007 ; et *Code électoral*, annoté par B. Maligner, Dalloz, 20e éd., 2014 ; G. DRAGO, *C.R.F.*, p. 179.

14. Le décalage horaire entre la métropole, l'outre-mer et l'étranger est pris en compte pour les élections nationales et européennes. V. M. BALINSKI, *Le suffrage universel inachevé*, 2004.

15. Sous la Restauration, la loi du 29 juin 1820 (dite du *double vote*) accordait ce privilège aux électeurs les plus imposés. Le vote *familial* participe de la même idée. La *réserve parlementaire* (v. *infra*, n° 1408) favorise cependant objectivement les candidats sortants.

plus où sous le Second Empire, le Gouvernement faisait connaître aux électeurs les candidats qui lui étaient *agréables (les candidats officiels)* ou les *élections dirigées*. La neutralité signifie l'égalité de traitement des candidats[16]. Mais, en vue de favoriser la constitution d'une majorité, la loi peut déroger, dans une faible mesure, à l'égalité entre électeurs ou candidats (C.C., 6 décembre 2007, *Polynésie française, chr.* n° 125, p. 172).

b) Un suffrage personnel

1080 Le droit de vote se présente comme un attribut de la personne. En principe, l'électeur est tenu de se déplacer jusqu'au bureau de vote afin d'y voter. Toutefois, l'exception du *vote par procuration* est admise de façon souple.

Les électeurs attestant sur l'honneur simplement qu'en raison d'obligations professionnelles, ou parce qu'ils sont en vacances, notamment, ils ne seront pas présents dans leur commune d'inscription le jour du scrutin, peuvent y recourir (art. L. 71 du Code électoral, rédaction de l'ord. du 8 décembre 2003). La validité de la procuration est limitée à un seul scrutin (art. R. 74).

Le mandataire doit jouir de ses droits électoraux et être inscrit dans la même commune que le mandant (art. L. 72). Il est toujours loisible à celui-ci de résilier sa procuration et d'en donner une nouvelle (art. L. 75). En tout état de cause, il lui appartient d'effectuer la démarche. À défaut, le juge de l'élection annule les suffrages concernés (C.C., 29 janvier 1992, *A.N., Loire-Atlantique, 8e, Rec.* p. 22). La procuration est établie par acte dressé, en principe, devant un juge du tribunal d'instance ou un officier de police judiciaire ou depuis l'ordinateur personnel de l'électeur en utilisant le formulaire administratif disponible en ligne (art. R. 72, rédaction du décret du 18 décembre 2013). En outre, chaque mandataire ne peut disposer de plus de deux procurations, dont une seule établie en France (art. L. 73). Le vote du mandataire est constaté, au moment du vote par l'estampillage de la procuration et par sa signature apposée à l'encre sur la liste d'émargement en face du nom du mandant (art. L. 74).

En revanche, dans un souci de *moralisation*, le vote par correspondance a été supprimé, pour les élections politiques (loi du 31 décembre 1975), sauf pour l'élection des députés par les Français expatriés, sous pli fermé ou par voie électronique (art. L. 330-13 du Code électoral) (rédaction de l'ord. du 29 juillet 2009). Ce dernier procédé pose problème[17].

2. La liberté du suffrage

1081 De ce point de vue, le suffrage est *facultatif* et *secret*.

a) Un suffrage facultatif

1082 Dans le silence de la constitution, le droit de vote relève de la conscience civique. Il est *discrétionnaire*, à l'opposé de certains États de l'Union européenne (Belgique, Luxembourg, Grèce), ou d'Amérique latine (Mexique, Brésil, Chili), qui ont institué, sous peine d'amende, le vote *obligatoire*. Cependant, hypothèse *unique*, en droit électoral français, les membres du collège sénatorial sont tenus de prendre part au scrutin. Sauf cause légitime, une amende, d'un montant de 100 €, leur sera infligée par le TGI (art. L. 318 du Code électoral)[18].

16. V. J.-P. CAMBY, Le vote par procuration, *L.P.A.*, 17 mars 1993.

17. V. Jean-Éric GICQUEL, Le vote électronique en France, *L.P.A.*, 6 avril 2005 ; M. DE CAZALS, La dématérialisation du vote : un nouvel horizon pour la démocratie représentative ?, *R.D.P.* 2008, p. 185 ; J.-Y. VINCENT, Le droit électoral à l'heure d'internet, *Mélanges Yves Jegouzo,* 2009, p. 531 ; S., Rapport Anziani-Lefèvre n° 445, 2014.

18. Il y a lieu de rappeler, qu'en France, les électeurs du chef de l'État (citoyens détenteurs d'un mandat électif) étaient, dans la version *initiale* de la Ve République, astreints au vote (art. 15 de l'ord. du 7 novembre 1958). V. A. AMJAHAD, J.-M. de WAELE et M. HASTINGS (sous la direction), *Le vote obligatoire*, 2011.

Le vote facultatif a pour effet, que l'inscription sur une liste électorale est laissée, à ce jour, à la libre appréciation du citoyen et, pour corollaire, l'abstention, qui le désacralise, et dévalorise la politique.

Les consultations souffrent, depuis peu, de la désaffection et de la démarche volatile des électeurs. À cet égard, la Ve République a établi des records d'abstention : 59,3 % (élections européennes de 2009) ; 55,6 % (élections cantonales de 2011) ; 44,5 % (second tour des élections législatives de 2012). Reste la performance absolue : 69,8 % lors du référendum sur le quinquennat en 2000[19]. L'élection présidentielle de 2007, avec une participation de 84,6 %, a été un motif de satisfaction, compensant l'absence de choix en 2002. Celle de 2012 a enregistré un taux de 77,9 %, venant après le succès de la primaire citoyenne du P.S.

Cet écart grandissant entre les électeurs et la classe politique peut s'expliquer par diverses raisons : la répétition des scrutins confine à la saturation ; la manifestation de *protestation*, les problèmes économiques et sociaux, aggravés par la crise, perdurent ; le *désamour* à l'égard de la formation d'allégeance (les électeurs de gauche pour le P.S. en 2002 et 2009 ; ceux de droite à l'égard de l'U.M.P. en 2010). Ce *vote silencieux* (Proudhon) peut aussi se présenter lorsque les règles techniques de scrutin se limitent à un choix binaire, trop réducteur : second tour de l'élection présidentielle (en l'absence d'un candidat de gauche, le P.C.F. donna une consigne d'abstention en 1969)[20] ; ou référendum (attitudes du P.S. en 1972 et du R.P.R. en 1988). Cette abstention *résignée*, pourrait être surmontée par la reconnaissance du *bulletin blanc* en tant que suffrage exprimé ; ce qui n'est pas le cas, en l'état. Il est tout au plus, décompté séparément (art. 66 du Code électoral, rédaction de la loi du 21 février 2014).

Les sondages ont été incriminés. Ils contribuent à former l'opinion et à renforcer, en règle générale, la tendance majoritaire. Ce qui provoque, d'une part, la *remobilisation* d'indécis et, d'autre part, effet redouté, la *démobilisation* d'une partie d'électeurs qui, considérant d'ores et déjà acquise la victoire de leur champion, auront tendance, à déserter les urnes, telle la correction opérée lors du second tour des élections législatives, en juin 2007. Certes, les intentions de vote ne sauraient être identifiées à ses expressions, d'autant qu'elles sont versatiles. Mais, dans le cadre d'une élection à deux temps, elles peuvent donner le sentiment d'une *anticipation* qui peut se révéler aventureuse. Le premier tour de l'élection présidentielle, le 21 avril 2002, en apporte la démonstration ; la montée du Front national n'avait pas été décelée[21].

En revanche, les sondages sont de nature à modifier le comportement des *candidats* à la candidature[22]. Leur réglementation (loi du 19 juillet 1977) s'avère inopérante. Enfin, s'il est de bonne guerre, pour les partis, de se livrer à la chasse aux abstentionnistes, à partir du moment où ils ont la possibilité d'obtenir *communication et copie de la liste électorale* (art. L. 28 du Code électoral), le caractère secret du suffrage est, cependant, perdu de vue.

b) Un suffrage secret

1083 À l'occasion de l'examen des *élections disputées*, on a souligné l'importance qui s'attache au formalisme inhérent à l'opération *matérielle* de vote, en vue de favoriser sa confidentialité et sa *sincérité*. Le caractère *précautionneux* de la procédure s'analyse en un standard de la culture occidentale. Pour une fois, le diable n'est pas dans les détails, pour citer un proverbe allemand. La réglementation est *la garantie essentielle de la conscience des électeurs* (E. Pierre) (v. *Ire partie*).

En vue de favoriser le secret du scrutin (art. L. 59 du Code électoral) l'électeur signe lui-même la liste d'émargement (art. L. 62-1) ; une urne transparente est disposée par bureau munie de deux serrures

19. V. A. LANCELOT, *L'abstentionnisme électoral en France*, 1968 ; Chr. BOUTIN et F. ROUVILLOIS (sous la direction), *L'abstention électorale, apaisement ou épuisement ?*, 2002 ; A. MUXEL, L'abstention : déficit démocratique ou vitalité politique ?, *Pouvoirs* n° 120, 2007, p. 43.

20. Pour le candidat communiste (Jacques Duclos), choisir entre Georges Pompidou et Alain Poher, c'était opter entre *la peste ou le choléra*.

21. V. J. STOETZEL et A. GIRARD, *Les sondages d'opinion publique*, 1973 ; M. CHARLOT, *La persuasion politique*, 1971 ; R. CAYROL, *Sondages, mode d'emploi*, 2001 ; A. MERCIER, Les médias en campagne, *in Le vote de tous les refus*, 2003, p. 57 ; J.-L. PARODI, L'énigme de la cohabitation ou les effets pervers d'une pré-sélection annoncée, *R.F.S.P.* 2002, p. 485.

22. Les sondages ont fait leur apparition au moment de l'élection présidentielle de 1965, en prévoyant la mise en ballottage du général de Gaulle. V. C. YSMAL, *Le comportement électoral des Français*, 1986.

dissemblables comportant une seule ouverture (art. L. 63) ; l'électeur prend lui-même une enveloppe opaque et des bulletins de vote ; il se rend dans l'isoloir afin d'être soustrait aux regards (art. L. 62), en dehors du bureau de vote doté d'une machine à voter (C.C., 12 juillet 2007, *A.N. Val-de-Marne, 5e*, *Rec.* p. 196). Les bureaux et les techniques de vote doivent être accessibles aux personnes handicapées (art. L. 62-2). Aucune discussion ou délibération ne peut se tenir dans le bureau de vote. Au reste, l'entrée dans l'assemblée électorale avec armes est interdite (art. L. 61) ; de même que toute irruption avec violence en vue d'empêcher un choix (art. L. 99).

3. La sincérité et la dignité du suffrage

1084 Le scrutin doit se dérouler selon l'exigence de clarté et de loyauté (C.C., 9 décembre 2010, *Réforme des collectivités territoriales, chr.* n° 137, p. 212). À défaut, l'existence d'une manœuvre l'altère et provoque son annulation. En outre, voter ne consiste ni à manifester, ni à s'exhiber. Par suite, les agissements ostentatoires, voire désobligeants, sont incompatibles avec la *dignité du scrutin* (C.C., 8 mai 2002, *Élection du président de la République, chr.* n° 102, p. 151). Ils entraînent l'annulation des suffrages émis et sont sanctionnés pénalement (art. L. 113 du Code électoral)[23].

4. La périodicité du suffrage

1085 Le *droit à des élections libres*, qui incorpore les recommandations de la Commission de Venise en faveur d'un *code de bonne conduite* (art. 3 du 1er protocole à la C.E.D.H. de 1952) implique leur tenue à des *intervalles raisonnables*. Ce principe est consacré par le Conseil constitutionnel (6 décembre 1990, *Renouvellements des conseils généraux et des conseils régionaux, chr.* n° 57, p. 179)[24]. La prorogation de la durée d'une assemblée n'est admise qu'à titre *exceptionnel et transitoire* (9 mai 2001, *Pouvoirs de l'A.N., chr.* n° 99 p. 202), *dans un but d'intérêt général* (15 décembre 2005, *Dates des renouvellements du Sénat, chr.* n° 117, p. 194)[25].

En sens opposé, la loi peut réduire la durée des mandats dans un but d'intérêt général, *en vue de favoriser une plus forte participation du corps électoral* (C.C., 11 février 2010, *Concomitance des renouvellements des conseils généraux et des conseils régionaux, chr.* n° 134, p. 158).

B. LA CONDITION JURIDIQUE DE L'ÉLECTEUR OU LE RÉGIME DE L'ÉLECTORAT

1086 La qualité de citoyen s'exprime, d'abord, par celle d'*électeur*. À cet égard, en application de l'article 3 *in fine* C, la faculté d'exercer le droit de vote, en France, est subordonnée à une double condition, l'une de fond, c'est-à-dire attachée à la personne : *la capacité électorale* ; l'autre de forme, à la faveur d'une formalité substantielle : *l'inscription sur une liste électorale*.

23. Le C.C. procède à des annulations, pour manquements à la *sincérité* du vote (absence de procès-verbal à la disposition des électeurs ; non-signature de la liste d'émargement) ; au *secret* du vote (absence d'isoloir), ainsi qu'un cas d'*entrave* à l'action de ses délégués.

24. Le délai de convocation des électeurs est *destiné à ne pas ouvrir à l'autorité administrative une possibilité de choix, telle qu'elle puisse engendrer l'arbitraire* (C.C., 5 janvier 1988, *Élections cantonales*, *Rec.* p. 9).

25. La prorogation des mandats a pour finalité de ne *pas solliciter à l'excès, au cours d'une même période le corps électoral* ; en un mot, de *prévenir des perturbations* (C.C., 15 décembre 2005, *Rec.* p. 165) ou de *favoriser l'abstention* (16 mai 2013, *chr.* n° 147). Le report limité à un an n'affecte pas l'exercice du droit de suffrage selon une périodicité raisonnable (*idem*).

1. La capacité électorale

1087 L'aptitude légale pour exercer le droit de vote se décompose en trois éléments : la nationalité française, la majorité électorale et la dignité morale.

a) La nationalité française

1088 Traditionnellement, le droit de vote est lié à la nationalité. Il s'ensuit que seuls les nationaux votent en France à l'exception des ressortissants européens. La nationalité procède ordinairement de la *filiation* (art. 17 du Code de la nationalité) ou de la *naturalisation* d'un étranger (art. 60). À compter de ce moment, *l'assimilation* avec le Français de naissance est *immédiate*.

Les étrangers non-européens, au nombre de 5 millions, sont exclus des scrutins politiques[26]. À l'instar d'autres pays de l'Union européenne (Grande-Bretagne, Irlande, Pays-Bas), il serait équitable que ceux qui le souhaitent et, dont la résidence est stable et régulière, puissent voter aux élections locales. Mais, cette réforme implique, au préalable, une révision de la constitution[27]. Une proposition a été votée, en 2000 et 2011, mais en termes différents (*chr.* n° 141, p. 196) (v. *supra*, n° 1030). Le président Hollande y est favorable. Seuls, à ce jour les ressortissants de l'Union européenne, domiciliés sur le sol national, sont titulaires du droit de vote et d'éligibilité aux élections municipales (art. 88-3 C, et L.O. du 25 mai 1998) et européennes (art. 19 T.U.E.)[28]. Ils participent également à l'élection des conseillers communautaires (art. L.O. 273-2 du Code électoral, rédaction de la loi du 17 mai 2013), à un référendum municipal (art. L.O. 1112-11 C.G.C.T.), et *a fortiori*, aux pétitions et consultations municipales (art. 72-1 C).

b) La majorité électorale

1089 La loi du 5 juillet 1974 a abaissé la majorité électorale de 21 à 18 ans accomplis (art. L. 2 du Code électoral). Elle est fixée à 16 ans en Autriche, depuis 2007.

c) La dignité morale

1090 Par cette notion, le législateur tient compte du comportement normal de la personne. Sous cet aspect, des actes antisociaux sont regardés comme indignes d'un citoyen. La

26. Seule la constitution de 1793 accordait ce droit aux étrangers domiciliés, en France, depuis un an. Mais, ceux-ci participent aux élections professionnelles, sociales ou universitaires. Leur nombre est pris en compte dans *l'évolution démographique de la population*, sur la base de laquelle les circonscriptions de l'Assemblée nationale sont révisées (art. L. 125 du Code électoral) (V. *supra*, n° 1340). Le Danemark, la Finlande, l'Islande, la Suède, l'Espagne et le Portugal accordent, au titre de réciprocité, les mêmes droits, à leurs nationaux respectifs, aux élections locales.

27. Le juge a déclaré, à cet effet : *La qualité de citoyen ouvre le droit de vote et d'éligibilité dans des conditions identiques à tous ceux qui n'en sont pas exclus pour une raison d'âge, d'incapacité ou de nationalité..., que ces principes de valeur constitutionnelle s'opposent à toute division par catégorie des électeurs ou des éligibles ; qu'il en est ainsi pour tout suffrage politique, notamment pour l'élection des conseillers municipaux*. La Cour constitutionnelle allemande s'est prononcée dans le même sens, le 31 octobre 1990. V. E. PEUCHOT, Droit de vote et condition de nationalité, *R.D.P.* 1991, p. 481.

28. Aux élections municipales de 2008, dans les communes d'au moins 3 500 habitants, 1 200 d'entre eux sont entrés en lice, 244 ont été élus, soit une augmentation de 20 % par rapport à 2001 ; les ressortissants portugais étant les plus nombreux. En revanche, ils ne peuvent accéder aux fonctions de maire ou d'adjoint, ni participer à la désignation des électeurs sénatoriaux et à l'élection des sénateurs (art. L.O. 227-1 et L.O. 228-1 du Code électoral). Les étrangers, adhérents au P.S., ont participé à la primaire présidentielle, en 2011. V. C. TOURET, L'exercice du droit de suffrage des citoyens de l'Union aux élections européennes, *R.F.D.C.* 1995, p. 503.

déchéance (définitive ou temporaire) du droit de vote complétera le dispositif répressif (art. L. 6 du Code électoral).

La radiation automatique des listes électorales pour condamnation définitive à certains délits (art. L. 7 du Code électoral) a été censurée par le C.C. (11 juin 2010, *Artano*, *chr.* n° 135, p. 211)[29]. Une peine d'inéligibilité peut être prononcée en cas de manœuvres frauduleuses portant atteinte à la sincérité du scrutin (art. L.O. 136-3 du Code électoral). *L'interdiction des droits civiques, civils et de famille* (art. 131-26 du Code pénal) inclut une inéligibilité décennale, en tant que peine complémentaire. Elle frappe les parlementaires et les membres du Gouvernement, notamment, en cas d'omission ou d'irrégularité des obligations déclaratives (art. L.O. 135-1 du Code électoral, rédaction de L.O. du 11 octobre 2013 et art. 26 de la loi du 11 octobre 2013).

Pour le majeur en tutelle, il appartient au juge de statuer sur le maintien ou la suppression de son droit de vote (art. L. 5 du Code électoral). Dans les conditions plus discutables, proches du délit d'opinion, des personnes ont été frappées d'*indignité politique*, faute d'avoir adopté, en des périodes critiques une attitude normale (communards, en 1871 ; collaborateurs avec l'occupant et le régime de Vichy). Les parlementaires ayant voté la loi du 10 juillet 1940 ont été frappés d'indignité nationale à la Libération. Une loi d'amnistie du 6 août 1953 les en a relevés. Des raisons *spécifiques* à la Nouvelle-Calédonie (art. 77-C), sont à l'origine d'exclusion du corps électoral[30].

2. L'inscription sur une liste électorale

1091 Il s'agit d'une formalité obligatoire, en théorie seulement, en l'absence d'une sanction (art. L. 9 du Code électoral). Dès lors que le vote est libre, l'inscription l'est aussi. Elle est donc laissée à l'appréciation *volontaire* de l'intéressé et doit être effectuée *en mairie* et non à son *domicile* (C.E., 13 mars 1981, *Maire de Tremblay-lès-Gonesse, chr.* n° 18, p. 181), à l'exception des jeunes ayant atteint l'âge de 18 ans qui sont inscrits *d'office* sur la liste électorale de la commune de leur domicile réel (art. L. 11-1 du Code électoral). On estime de l'ordre de trois millions, le nombre de personnes non-inscrites, à l'heure actuelle.

La liste électorale se présente à la manière d'un *fichier* ou d'un *répertoire* alphabétique des électeurs, dressé pour chaque bureau de vote, auquel est affecté un périmètre géographique (art. L. 17 du Code électoral). Par surcroît, la liste étant *unique*, sert *indistinctement* à toutes les consultations et votations. Elle est *permanente* et *révisable* annuellement à période fixe (art. L. 16). Il est cependant loisible au législateur, dans un but d'intérêt général, d'arrêter des modalités *spécifiques* de refonte des listes électorales[31]. On envisagera son mode d'établissement et le contentieux afférent[32].

a) L'établissement de la liste électorale

1092 Dans quelle commune, un électeur peut-il s'inscrire, et selon quelle procédure ?

α) Les communes de rattachement ou d'inscription

1093 Le code distingue le régime de droit commun et des régimes dérogatoires.

29. En 2009, une incapacité électorale frappe 66 200 personnes, soit 0,15 % des électeurs. Par un jugement ultérieur, elles peuvent en être relevées (art. 702-1 du Code de procédure pénale).

30. V. J.-L. HÉRIN, Les exclus du droit de vote, *Pouvoirs* n° 120, 2007, p. 95 ; N. CLINCHAMPS, Distorsion et corps électoraux en Nouvelle-Calédonie, *idem,* n° 127, 2008, p. 151.

31. Après déclaration de conformité du C.C. (9 mai 1991, *Collectivité territoriale de Corse, chr.* n° 59), l'article 85 de la loi du 13 mai 1991 dispose qu'il sera ainsi procédé dans les communes des départements de Corse.

32. La liste électorale sert de référence, au surplus, dans le cadre du département, pour le tirage au sort des jurés de la cour d'assises (art. 261 du Code de procédure pénale).

Le régime de droit commun (art. L. 11) permet à l'électeur, sur sa demande, *d'opter* et d'y être maintenu, entre l'une des trois solutions suivantes : ou la commune du *domicile réel*, notion juridique, au sens de l'article 102 du Code civil, du *principal établissement* ou le centre des intérêts matériels et moraux ; ou celle de la *résidence*, liée à la constatation d'un élément *objectif*, depuis six mois au moins, établissant l'appartenance *effective et continue* à la commune (Cass., 8 mars 1995 ; *Bull. civ.* II, n° 78), un simple lien affectif aboutirait à une inscription de complaisance ; ou bien, en dernier lieu, celle d'*imposition*, dans laquelle la personne est inscrite au rôle *d'une* des contributions directes communales (taxe d'habitation ; contribution économique territoriale (C.E.T.) ; taxe foncière bâtie ou non bâtie) depuis au moins cinq ans.

Des régimes dérogatoires concernent les citoyens de l'Union européenne inscrits sur une liste électorale complémentaire (art. 2-2 de la loi du 7 juillet 1977) dont l'identité est communiquée aux autres États de l'Union (art. 2-5), suivant la directive transposée par la loi du 16 décembre 2013 ; les mariniers rattachés à un port fluvial (art. L. 15 du Code électoral) et les Français de l'étranger[33]. Ceux-ci relèvent d'un régime *différent*, selon que le territoire national constitue *une* ou *plusieurs* circonscriptions électorales. Au premier cas, pour l'élection *présidentielle*, la L.O. du 31 janvier 1976 modifiée, prévoit que les expatriés peuvent s'inscrire sur *une liste électorale consulaire*, rattachée à un centre de vote, créé dans les ambassades et consulats[34]. Cette solution est étendue aux *référendums* (art. 20). Au second cas, les élections parlementaires, locales et européennes relèvent de règles particulières. L'article L. 12 du Code électoral offre aux intéressés une large *gamme :* communes de la naissance, du dernier domicile, de la dernière résidence, d'inscription d'un ascendant ou d'un descendant au premier degré[35].

β) La procédure d'inscription

1094 En dehors de l'hypothèse des *listes consulaires* propres aux Français de l'étranger, la procédure se décompose en deux phases, entrecoupée d'un détour contentieux, le cas échéant : l'établissement de la liste *spéciale*, puis de la liste *générale*, dans les communes divisées en plusieurs bureaux de vote. À Paris, Lyon et Marseille, cette liste générale est dressée par arrondissement (art. L. 17 du Code électoral). Ces dispositions ont été étendues aux listes électorales propres aux citoyens de l'Union européenne (art. 2-3 de la loi du 7 juillet 1977).

Dans le cadre de chaque *bureau de vote*, une liste est établie par une commission administrative composée de trois membres : le maire ou son représentant (président), un délégué de l'administration désigné par le préfet ou le sous-préfet et un délégué nommé par le président du tribunal de grande instance. Elle procède aux inscriptions et radiations chaque année, entre le 1er septembre et le 31 décembre (sauf réouverture exceptionnelle décidée par la loi)[36]. En conséquence de quoi, cette commission dresse le *tableau rectificatif*, entre le 1er et le 9 janvier suivant, et le dépose, le lendemain au secrétariat

33. En outre, les fonctionnaires sont inscrits dans la commune dans laquelle ils sont assujettis à résidence obligatoire (art. L. 11) ; les militaires de carrière sont assimilés aux autres citoyens (art. L. 13). L'exigence d'un rattachement ininterrompu de trois ans dans une commune, pour les gens du voyage, est contraire à l'égalité entre les électeurs (C.C., 4 octobre 2012, *chr.* n° 145 p. 202).

34. V. P. AVRIL et J. GICQUEL, Les modifications relatives à l'élection du président de la République, *R.D.P.* 1976, p. 1263 ; Rapport Kamardine, A.N., n° 2434, 2005.

35. L'article avait été complété par la loi du 12 juillet 1977, aux termes de laquelle, des Français expatriés avaient, en outre, la faculté de s'inscrire dans *toute* commune de leur choix, de plus de 30 000 habitants, dans la proportion de 2 % des électeurs inscrits. L'application de cette disposition aux élections législatives de 1978, a donné lieu à un détournement de procédure, sous forme d'inscriptions *en blanc*, effectuées *en bloc* par un tiers. Le C.C. (12 juillet 1978, *A.N., Paris 16e*, *Rec.* p. 215) a annulé l'élection pour manœuvre. La loi du 19 novembre 1982 a abrogé cette disposition.

36. Le phénomène de non-inscription concerne, en moyenne, 10 % du corps électoral. En dehors de choix philosophique, il est révélateur du phénomène de non-insertion, en l'absence de la fonction d'intégration exercée par la famille, l'école ou la vie professionnelle. V. P. BRÉCHON et B. CAUTRÈS, L'inscription sur les listes électorales : indicateur de socialisation ou de politisation ?, *R.F.S.P.* 1987, p. 502.

de la mairie (art. R. 10). À cette date, le maire en assure la publicité par les moyens appropriés. Dans le même temps, il adresse une copie dudit tableau à l'autorité préfectorale (art. R. 11) et à l'I.N.S.E.E. qui détient, à Nantes, le fichier *national* des électeurs (art. L. 37), ainsi que les condamnations entraînant une incapacité électorale ; ce qui permet de relever et de poursuivre les auteurs d'inscriptions *multiples*. Après examen du contentieux au civil, la liste *spéciale* est close, le 28 février[37]. Ce même jour, dans les communes comprenant plusieurs bureaux de vote, la liste *générale* ou *récapitulative* des électeurs est arrêtée, au vu des listes spéciales, par une commission administrative composée comme précédemment (art. L. 17).

Tout électeur, tout candidat et tout groupement politique peuvent prendre communication et copie de la liste électorale (art. L. 28 du Code électoral) ; un usage commercial est interdit (art. R. 16). Un fichier, déclaré à la C.N.I.L., a été constitué en vue de la primaire présidentielle du P.S., en 2011, et détruit aussitôt.

b) Le contentieux des inscriptions électorales

1095 Il s'agit d'un contentieux *original* qui relève de la compétence concurrente des juges, à l'exclusion du juge européen (C.E.D.H., 21 octobre 1997, *Pierre-Bloch c/ France R.F.D.A.* 1998, p. 999, note P. Jan). Car il s'agit d'un droit *politique* et non civil, au sens de l'article 6 § 1 de la convention.

α) La compétence du juge judiciaire

1096 À côté de la répression *pénale* (art. L. 86), qui constitue assurément la méthode la plus appropriée, le contentieux de la régularité des *inscriptions* appartient au juge *civil*. Les décisions de la commission administrative qui sont à l'origine du *tableau rectificatif* peuvent faire l'objet d'un recours devant le *juge d'instance*, dans les dix jours suivant sa publication (soit entre le 11 et le 20 janvier) par toute personne omise sur la liste, par tout électeur de la commune demandant l'inscription ou la radiation d'un électeur omis ou indûment inscrit (C.C., 7 novembre 2002, *A.N. Alpes-Maritimes, 1re, chr.* n° 105, p. 194), ainsi que le préfet et le sous-préfet (art. L. 25). Le jugement, qui intervient dans le délai de dix jours (art. L. 26), est susceptible d'un pourvoi devant la Cour de cassation, dispensé de ministère d'avocat (art. L. 27). Cette dernière statue nécessairement, courant février.

β) La compétence du juge administratif

1097 Selon une jurisprudence constante, le juge administratif est compétent pour apprécier la régularité de la *procédure* suivie par les commissions administratives (C.E., 15 février 1978, *Frêche, A.J.D.A.* 1978, p. 89). En revanche, il décline sa compétence concernant la régularité des *inscriptions* (C.E., 30 octobre 1998, *Sarran, R.F.D.A.* 1998, p. 1081, concl. C. Maugüé), sauf à *apprécier tous les faits révélant des manœuvres ou des irrégularités susceptibles d'avoir altéré la sincérité du scrutin* (C.E., 25 juin 1972, *Élections municipales du Blanc*, concl. L. Bertrand, *R.D.P.* 1972, p. 1545).

γ) La compétence du juge constitutionnel

1098 En principe, il n'appartient pas au Conseil de se prononcer sur la régularité des inscriptions (11 juillet 1967, *A.N. Guyane, Rec.* p. 157), sauf au cas d'une *manœuvre de nature à altérer la sincérité du scrutin* (21 juin 1978, *A.N., Hérault* 1re, et 12 juillet 1978, *A.N., Paris 16e, Rec.* p. 215) ou *d'irrégularités, consécutives à l'absence d'une mise à jour* (23 novembre 1988, *A.N., Wallis-et-Futuna, Rec.* p. 214). Il s'ensuit l'annulation du scrutin, sauf à céder au réalisme (20 février 1998, *A.N. Paris, 2e, chr.* n° 86, p. 196)[38] (v. *chapitre III*).

37. La majorité électorale s'apprécie à la date du *28 février suivant la clôture des inscriptions*. Au-delà, l'article L. 31 du Code électoral autorise exceptionnellement sur décision du juge du tribunal d'instance, l'inscription, pour toute personne atteignant l'âge de 18 ans, 10 jours au moins avant la date du scrutin.

38. Au terme de la procédure, la carte électorale des personnes atteignant l'âge de 18 ans est remise par le maire, lors d'une *cérémonie de citoyenneté* (art. R. 24-1 du Code électoral, rédaction du décret du 8 février 2007).

C. LA CONDITION JURIDIQUE DU CANDIDAT OU LE RÉGIME DE L'ÉLIGIBILITÉ

1099 La qualité de citoyen implique celle de *candidat* (art. L. 127 du Code électoral). D'un point de vue sociologique, on assiste depuis peu à la féminisation progressive de la vie politique.

1. Les conditions de fond

1100 Aux conditions communes, s'ajoutent des conditions particulières.

Les premières sont au nombre de trois : la *nationalité française* (à l'exception des électeurs européens) ; la *majorité d'éligibilité*, désormais fixée à 18 ans révolus pour toutes les élections nationales, locales et européennes (art. L.O. 127 du Code électoral, rédaction de la L.O. du 14 avril 2011), à l'exception des élections sénatoriales où elle a été abaissée de 30 à 24 ans (nouvel art. 296 du Code électoral) et, en dernier lieu, la *dignité morale.* À défaut de satisfaire l'une d'entre elles, un cas d'inéligibilité *absolue* ou *permanente* se présente.

Concernant les secondes, elles visent au titre des élections parlementaires, les fonctionnaires d'autorité de l'État ainsi que les membres des cabinets des exécutifs locaux, dont la liste est dressée aux articles L.O. 131 et 132 du Code électoral (rédaction de la L.O. du 14 avril 2011). Ces derniers sont frappés d'une inéligibilité *relative* ou *temporaire* (v. *infra*, n° 1346).

2. Les conditions de forme

1101 Une candidature doit satisfaire à deux formalités : une déclaration ; le choix d'un mandataire financier destiné à recueillir des fonds nécessaires à la campagne (art. L. 52-4 du Code électoral). À l'issue du scrutin, un compte de campagne doit être déposé (art. L. 52-12).

3. Le principe de parité (art. 1er C)

1102 En dépit du principe de l'égalité des sexes proclamé en 1946, le privilège de masculinité a longtemps prévalu. Quoique détentrices de la majorité du corps électoral (52,5 %), les femmes n'en connaissaient pas moins une condition manifestement minorée, s'agissant de l'exercice des mandats électoraux nationaux[39]. Afin d'y remédier, le principe de parité a été adopté en 1999 : *la loi favorise l'égal accès des femmes et des hommes aux mandats électoraux et fonctions électives, ainsi qu'aux responsabilités professionnelles et sociales* (art. 1er C, rédaction de la L.C. du 23 juillet 2008)[40]. Les partis politiques *contribuent à la mise en œuvre du principe,* sanctionnés par une pénalité financière (art. 9-1 de la loi du 11 mars 1988). Le système des quotas, attentatoire à la dignité féminine, s'avère, cependant, un point de passage obligé.

La parité varie selon le mode des scrutins choisi. La représentation proportionnelle l'exprime ; à l'opposé, le scrutin majoritaire l'amoindrit. Au premier cas, en application de la loi du 8 juin 2000, chaque liste est composée de manière alternée : *une femme, un homme* (ou liste *cha-ba-da* en souvenir du célèbre film de Claude Lelouch). Ce dispositif concerne les élections sénatoriales (en majorité), régionales, européennes et les élections municipales et communautaires dans les villes de plus de 1 000 habitants (loi du

39. V. A.-S. BOUGLÉ-MOALIC, *Vive la République quand même ! Le suffrage des Françaises, aléas d'une idée républicaine*, thèse histoire, Caen, 2011 ; N. LENOIR, Les femmes et la République en France, *Mélanges Pierre Avril*, 2001 p. 73 ; G. DRAGO, *C.R.F.*, p. 163.

40. En vue d'une *représentation équilibrée,* les conseils d'administration et de surveillance des sociétés seront composés à l'avenir, au minimum de 40 % d'administrateurs de chaque sexe (loi du 27 janvier 2011). La parité demeure modeste dans la haute fonction publique. Le décret du 30 avril 2012, pris en application de la loi du 12 mars 2012, est destiné à y pallier (État, régions, départements, communes et coopération intercommunale de plus de 80 000 habitants). Une contribution est prévue en cas de non-respect de cette obligation (40 % de personnes de chaque sexe, à partir de 2018). Une stricte égalité se vérifie, cependant, depuis 2007 dans les nominations aux ordres honorifiques de la République (*chr.* n° 125, p. 182).

17 mai 2013). En mars 2014, 85 % de la population a voté pour des listes paritaires. Au second cas, les élections législatives résistent à la féminisation, dès lors que la parité y est facultative. En vue de favoriser la présence des femmes aux élections cantonales (10,9 % en 2006), deux membres de sexe différent se présenteront désormais en *binôme* de candidats dans chaque canton (art. L. 191 du Code électoral, rédaction de la loi du 17 mai 2013). Couronnant le tout, Ségolène Royal a accédé de manière inédite, au second tour de l'élection présidentielle en 2007 et Anne Hidalgo a été élue maire de Paris, en 2014.

D'une manière générale, la représentation féminine a progressé[41]. À l'opposé, l'accès aux responsabilités exécutives marque le pas. On n'aura garde d'oublier, qu'après Michèle Alliot-Marie, au R.P.R., Marie-George Buffet, au P.C.F., Martine Aubry au P.S., Marine Le Pen dirige le Front national et Emmanuelle Coste, les Verts, à l'heure présente.

SECTION II **L'OPÉRATION ÉLECTORALE**

1103 La multiplicité des expressions du pouvoir de suffrage se réduit cependant à l'unité de leur régime[42]. À l'encadrement par les partis politiques s'ajoute la réglementation de la compétition en vue de respecter *le principe du pluralisme des courants d'idées et d'opinions* (C.C., 11 janvier 1990, *Dépenses électorales*, *chr.* n° 54, p. 203). Ce fondement de la démocratie a été constitutionnalisé, en 2008, à l'unisson de l'opposition (art. 4, 48 et 51-1 C).

§ 1. L'ENCADREMENT PARTISAN

1104 En écho à la reconnaissance constitutionnelle des partis (art. 4 C), la loi du 11 mars 1988 détermine leur régime juridique : *[Ils] se forment et exercent leur activité librement. Ils jouissent de la personnalité morale. Ils ont le droit d'ester en justice. Ils ont le droit d'acquérir à titre gratuit ou à titre onéreux des biens meubles et immeubles ; ils peuvent effectuer tous les actes conformes à leur mission et notamment créer et administrer des journaux et des instituts de formation conformément aux dispositions des lois en vigueur* (art. 7). Ils sont dorénavant subventionnés par l'État (art. 8), au titre de la *transparence* de la vie financière.

En contraste absolu avec le multipartisme dévoyé de la IVe République, il importe de souligner *la dynamique bipolaire* qui s'est emparée du régime de 1958 au point de bouleverser sa physionomie en marginalisant l'extrémisme (le communisme à partir de 1981 et le Front national en 2007). L'alternance qui couronne ce mouvement à partir de 1981 accroît l'efficacité du vote ; en un mot, donne tout son sens à la souveraineté du peuple[43].

41. En 2012, 26,9 % de femmes sont députées et 22 % sénatrices ; à l'Assemblée, trois femmes président désormais une commission permanente sur huit, le groupe écologiste a adopté le principe d'une présidence tournante ; au Sénat, deux d'entre elles président une commission permanente sur sept et une, un groupe. Mais les disparités demeurent au plan local.

42. On distingue selon leur *objet* les élections et les référendums. On sépare, d'un point de vue *géographique et politique*, les élections nationales et les élections locales, sans perdre de vue que par l'entremise du Sénat (art. 24 C), ces dernières participent à l'exercice du pouvoir d'État.

43. V. P. AVRIL, *Essais sur les partis*, 1986 ; C. YSMAL, *Les partis politiques sous la Ve République*, 1989 ; J.-Cl. COLLIARD, La liberté des partis politiques, *Mélanges Jacques Robert*, 1998, p. 81 ; P. LARRIEU, Les partis politiques en marge du droit ?, *R.D.P.* 2011, p. 179.

A. LA MISE EN PLACE DU SYSTÈME MAJORITAIRE

1105 L'une des conquêtes majeures du régime consiste dans la *recomposition* du système partisan, au point de le structurer en deux coalitions, incarnées respectivement par la gauche : le Parti socialiste (PS) et ses alliés (Parti communiste français, uni avec le Parti de gauche dans un *Front de gauche (F.G.), Europe-Écologie-Les Verts,* Parti des radicaux de gauche) et par la droite : l'U.M.P. (*Union pour un mouvement populaire*), le *Modem (Mouvement démocrate)*, l'U.D.I. (*Union des démocrates et indépendants*) et le Front national[44]. Cette bipolarisation, menacée par ce dernier, est le fruit de l'élection présidentielle et du recours au scrutin majoritaire. La naissance d'un parti majoritaire à droite a été le meilleur défi lancé à la gauche, en vue de réaliser l'alternance en 1981, puis en 2012[45].

1. L'existence d'un parti majoritaire de droite

1106 Le fait capital, à partir de 1958, c'est la renaissance et la croissance du mouvement gaulliste, *parti d'électeurs* (J. Charlot), qui, de proche en proche, s'établit en situation de parti dominant[46]. Allié aux Républicains indépendants de Valéry Giscard d'Estaing, ce dernier s'installe, à partir de 1962 à l'Assemblée nationale et se transforme en masse de manœuvre. C'est à cette époque, que l'on évoque les *godillots du Général.* Cependant, dès 1974, son hégémonie est affectée. Car, non seulement le pouvoir d'État est entamé[47], mais il est concurrencé par l'U.D.F., qui regroupe des partis centristes. Il n'en reste pas moins que celle-ci connaîtra un destin majoritaire contrarié aux élections législatives de 1978. Pis encore, son fondateur lui infligera une suprême humiliation, en l'écartant de la campagne de 1981. À cette date, l'alternance se produit ; la gauche ayant intériorisé le mécanisme majoritaire de la Ve République.

2. La réplique majoritaire de la gauche

1107 *La Ve République a recréé une gauche.* On ne peut que souscrire à l'opinion d'Olivier Duhamel, en observant que l'opposition initiale au régime a fait place, à partir de

44. L'U.D.F. *(Union pour la démocratie française)*, qui regroupait les centristes, à l'initiative de Valéry Giscard d'Estaing, en 1978, a pris fin avec la formation de l'U.M.P. en 2002. La tentative de la reconstituer avec le *MoDem* de François Bayrou a échoué. À l'élection présidentielle de 2012, celui-ci a obtenu 9,1 % des suffrages contre 18,5 % en 2007 ; quatre députés contre deux, après l'échec de son *leader*. La nébuleuse centriste est à la recherche d'un fédérateur. Un groupe de l'*Union des démocrates et indépendants* (U.D.I.) est né à l'Assemblée, en juin 2012, sur les ruines du *Nouveau Centre* qui avait accueilli, en 2007, des centristes ralliés à Nicolas Sarkozy. Il a généré un parti, en octobre suivant.

45. V. O. DUHAMEL, *La gauche et la Ve République*, 1980 ; H. PORTELLI, La présidentialisation des partis français, *Pouvoirs* n° 14, 1980, p. 67, La Ve République et les partis, *idem* n° 126, 2008, p. 61 ; J. CHARLOT, *Les mutations du système de partis français, ibid.* n° 49, 1989, p. 27 ; J.-Cl. COLLIARD, Le système de partis ou la constitution politique de la Ve République, *R.D.P.* n° spécial, 1998, p. 1611 ; La démocratie majoritaire, *Pouvoirs* n° 85, 1998.

46. *L'U.N.R. (Union pour la Nouvelle République)* créée en 1958 a eu pour successeur le *R.P.R. (Rassemblement pour la République)* fondé en 1976 par Jacques Chirac. Il s'est dissous, à son initiative, dans l'*U.M.P.*, formation électorale, à l'origine, devenue un parti, en novembre 2002. Son congrès fondateur du Bourget a valeur d'événement historique : la droite parlementaire est réunifiée, pour la première fois de son histoire. V. Le R.P.R., *Pouvoirs* n° 28 ; R. RÉMOND, *Les droites en France*, 4e éd., 1982.

47. Pour la première fois depuis 1958, la présidence de la République échappe aux gaullistes, au même titre que la fonction de premier ministre, après la démission de Jacques Chirac, le 25 août 1976. La reconquête ne s'effectuera qu'en 1995.

l'élection présidentielle de 1965, dans le cadre de l'*union de la gauche*, à son acceptation. La reconstitution et la *présidentialisation* du parti socialiste, en 1971 à Épinay, sous l'égide de François Mitterrand, Jean-Pierre Chevènement et Pierre Mauroy et la signature d'un *programme commun* de gouvernement, l'année suivante, avec les communistes et les radicaux de gauche, achèveront la mise en place du dispositif d'accès au pouvoir.

Devenu, à son tour, majoritaire, présidentiel et dominant, en 1981, le P.S. a associé le P.C.F. aux responsabilités, sous les Gouvernements Mauroy (1981-1984), dont il était exclu depuis mai 1947. Après un échec honorable aux élections législatives de mars 1986, le P.S. a retrouvé le chemin du pouvoir, avec une majorité *relative*, deux ans plus tard. La politique de l'*ouverture*, en direction des centristes, a échoué, même si, symboliquement, le Gouvernement Rocard se composait d'une moitié de socialistes. Une décennie de gestion devrait ôter au P.S. sa dynamique, en dépit de sa force électorale. La lutte interne des courants (*libanisation*) qui a atteint un degré inégalé au congrès de Rennes (mars 1990) était alimentée par la perspective de l'échéance présidentielle[48].

Quant à son allié communiste, sa participation gouvernementale à partir de 1981, marque le début de son déclin inexorable. Tandis que sous la IVe République, il recueillait *grosso modo* 25 % des suffrages exprimés, son involution s'amorce aux élections législatives de 1958 (20,5 %) et se précise à l'élection présidentielle de 1981 (15,3 %). Elle s'accentue au scrutin législatif de 1986, où il se situe *en deçà* de la barre symbolique des 10 % (9,7 %), en prélude à la déroute aux élections présidentielles de 2002 (3,3 % des suffrages) et de 2007 (1,9 %), Jean-Luc Mélenchon (F.G.) devait le représenter en 2012 (11,1 %). Un groupe parlementaire subsiste à l'Assemblée, mais sans l'étiquette communiste à l'opposé de celui du Sénat[49].

B. LA DYNAMIQUE DU SYSTÈME MAJORITAIRE

1108 Au rythme du *vote-sanction*, à partir de 1978, sauf en 2007, chaque coalition a accédé au pouvoir, à partir de 1981, hormis le F.N. Régulièrement, un élément du système a été menacé dans son existence, avant d'être reconstitué, selon une logique de situation.

Une bipolarisation presque parfaite se vérifie aux élections législatives de 2012 : 34,4 % pour le P.S., et 34,1 % pour l'U.M.P. La logique du couplage des élections, afférente au quinquennat, a conforté le bipartisme à partir de 2002, en raison de l'effet de confirmation. Après trois défaites au scrutin présidentiel (1995, 2002 et 2007), le P.S. a renoué, en 2012, avec la victoire. Il s'est transmué en parti *dominant*, au plan national, en détenant pour la première fois sous la République, la majorité dans les deux assemblées, et en conquérant, au plan local, la majorité des collectivités territoriales. La tenue de *primaires citoyennes*, en vue de la désignation de son candidat à la magistrature suprême, à l'automne 2011, a, sans conteste, modernisé la démocratie en encourageant la participation de ses adhérents et sympathisants ; l'U.M.P. devait s'y rallier en mai 2013[50]. Le P.S., appelé à exercer le pouvoir sous la contrainte économique et le vote protestataire (F.G. et F.N., 28 % des voix à la présidentielle) a subi une déroute électorale aux élections municipales de mars 2014 (196 municipalités de plus de 9 000 habitants perdues, dont les bastions historiques de Limoges, Roubaix et Bobigny).

Au reste, la logique majoritaire est parvenue à refouler initialement l'extrémisme, en raison de la percée de l'U.M.P. en 2007 : Jean-Marie Le Pen refluant de 16,8 % des voix en 2002 à 10,6 % en 2007. Toutefois, la droitisation décidée par Nicolas Sarkozy, à partir du discours de Grenoble (30 juillet

48. V. A. BERGOUNIOUX et G. GRUNBERG, *Le long remords du pouvoir. Le Parti socialiste français (1905-1992)*, 1992 ; D. BOY, F. PLATONE, H. REY, F. SUBILEAU et C. YSMAL, *C'était la gauche plurielle*, 2003.

49. Les élections municipales de 2001 sonnent le glas du communisme municipal (Évreux, Sète et Nîmes, la dernière municipalité de 100 000 habitants). Le P.C. ne dirige plus que deux conseils départementaux (Allier et Val de Marne), après la perte de celui de la Seine-Saint-Denis, en 2008.

50. V. P. GABORIT, Les primaires à la française, *Mélanges Jean-Claude Colliard*, 2014, p. 411.

2010), a banalisé les termes sécuritaires et identitaires du F.N., devenu l'arbitre du scrutin de 2012 et favorisé la porosité de leur électorat. Marine Le Pen, avec 18 % des suffrages, bouleverse le paysage. Aux élections législatives de 2012 le F.N. obtient 13,6 % des voix contre 4,5 % et trois députés. Il réalise une percée aux élections municipales de mars 2014 (12 communes, dont le 7e arrondissement de Marseille). Il triomphe au scrutin européen du 25 mai suivant, en arrivant en tête dans 71 départements, avec 24,8 % des suffrages ; l'U.M.P. recueille 20,7 % des voix ; le P.S. s'effondre avec 13,9 %, tout comme les Verts (8,8 %) ; l'U.D.I. obtient 9,8 % et le Front de gauche, 6,2 %. Au delà des apparences, le F.N. n'est pas devenu, sur ces entrefaites, le premier parti de France, en raison de la *spécificité* de cette élection. Outre la stimulation inhérente à la R.P., la forte abstention (57,5 %) et les votes blancs (2,7 %), l'absence d'un enjeu national décisif a provoqué une manière de défoulement, en un instant de crise des partis de gouvernement (P.S.-U.M.P.). Mais, en tout état de cause, le F.N. demeure un parti solitaire, comme jadis le P.C.F., en l'absence d'alliés dans le cadre du scrutin majoritaire ; un scrutin qui structure la Ve République. L'idée se vérifie même au Parlement de Strasbourg où Marine Le Pen n'est pas parvenue à former un groupe.

C. LE FINANCEMENT DES PARTIS POLITIQUES

1109 La loi du 11 mars 1988 modifiée par celle du 11 octobre 2013 fixe, de manière inédite, l'aide *publique* et *privée* aux formations politiques. Une loi capitale qui a bouleversé le cours électoral. La démocratie est à ce prix.

1. Le financement public

1110 Le montant des crédits inscrits dans le projet de loi de finances de l'année, pour être affecté au financement des partis, peut faire l'objet de propositions conjointes des bureaux des assemblées au Gouvernement (art. 8 de la loi du 11 mars 1988). Ce montant est divisé en *deux fractions égales* (art. 9 et 9-1), d'un montant de 28,7 millions d'euros en 2014 (décret du 6 février 2014).

La *première fraction* des aides est fonction des résultats obtenus au premier tour des élections législatives. Elle est attribuée, *soit* aux partis et groupements politiques qui ont présenté des candidats ayant obtenu au moins 1 % des suffrages exprimés dans au moins 50 circonscriptions (15 en 2014) ; *soit* aux partis n'ayant présenté de candidats qu'outre-mer, ceux-ci ayant obtenu chacun au moins 1 % des suffrages exprimés dans l'ensemble des circonscriptions dans lesquelles ils se sont présentés (art. 9), au nombre de 20, en l'état.

Mais lorsqu'un parti ne respecte pas le principe de parité entre les femmes et les hommes aux mandats électoraux dont ils contribuent à la mise en œuvre (art. 4 C) (l'écart entre le nombre de candidats de chaque sexe lors du dernier renouvellement général de l'Assemblée nationale dépassant de 2 % du nombre total de ces candidats), le montant de cette première fraction est *diminué* d'un pourcentage égal aux trois quarts de cet écart.

Quant à la *seconde fraction* des aides, elle est destinée aux 25 partis représentés au Parlement. L'attribution est réservée aux partis bénéficiaires de la première fraction susvisée, proportionnellement au nombre de leurs élus qui ont déclaré au bureau de leur assemblée y être inscrits ou s'y rattacher. Un parlementaire élu dans une circonscription métropolitaine ou à l'étranger ne peut s'inscrire ou se rattacher à un parti n'ayant présenté des candidats qu'outre-mer (art. 9, al. 8, rédaction de la loi du 11 octobre 2013). Il s'agit, en l'espèce, de condamner une pratique permettant à des partis politiques de passer des accords pour *capter une part de financement public* (J.-J. Urvoas, A.N., rapport nos 1108-1109, 2013). Le rattachement annuel des parlementaires aux partis éligibles à la seconde fraction est désormais publié au *Journal officiel*. Selon l'article 4 C, les partis bénéficiaires ne sont pas soumis au contrôle de la Cour des comptes (art. 10 de la loi du 11 mars 1988). Mais, en revanche, ils ont l'obligation de tenir une comptabilité. À cet effet, leurs comptes sont déposés à la Commission nationale des comptes de campagne et de financements politiques (C.N.C.C.F.P.) En cas de manquement, le parti est privé du droit à l'aide publique, pour l'année suivante (art. 11-7).

2. Le financement privé

1111 Les dons des entreprises et sociétés privées et, d'une manière générale, de toute personne morale ont été initialement autorisés (loi du 15 janvier 1990). Ils sont désormais interdits (art. 11-4 de la loi du 11 mars 1988, rédaction de la loi du 19 janvier 1995) à l'exception de ceux des personnes physiques et des partis politiques. Le plafond annuel des dons consentis par lesdites personnes (7 500 €) s'applique, non par parti, mais par *donateur* (art. 11-4, rédaction de la loi du 11 octobre 2013). Il s'agit, en l'occurrence, de s'opposer à la création de *micro-partis* en vue de la collecte de financements privés. Le plafond précité englobe, non seulement les dons, mais aussi les cotisations versées par les adhérents à un parti politique. Les fonds sont recueillis par l'intermédiaire d'un mandataire (association de financement ou personne physique) qui est agréé par la C.N.C.C.F.P. (art. 11 et 11-1). (V. *chapitre IV*).

Les partis ont l'obligation de tenir une comptabilité arrêtée, chaque année, certifiée par deux commissaires aux comptes et déposée à ladite commission. Celle-ci assure la publication sommaire des comptes au *J.O.* (art. 11-7 de la loi du 11 mars 1988). Aucun mandataire ne peut recevoir, directement ou indirectement des contributions ou aides d'un État étranger ou d'une personne morale de droit étranger (art. 11-4), tel un parti (C.E., 8 décembre 2000, *Parti nationaliste basque*, *A.J.D.A.* 2001, p. 766, concl. Chr. Maugüé). Un parti ne saurait monnayer ses investitures : la cause est illicite (Cass., 1re ch. civile, 3 novembre 2004, *Front national, chr.* n° 114, p. 200).

§ 2. LA RÉGLEMENTATION DE LA CAMPAGNE ÉLECTORALE

1112 La campagne électorale est la période légale au cours de laquelle une compétition est organisée entre les candidats qui briguent les suffrages. Elle s'achève la veille du scrutin à zéro heure (le vendredi à minuit) (art. L. 49-1 du Code électoral). En dehors de la prohibition des candidatures multiples, la *sincérité* ou la *loyauté* de la consultation est recherchée. Cette réglementation est étendue au référendum.

A. LES MOYENS AUDIOVISUELS

1113 Il est banal de souligner, dans le cadre de l'*État-spectacle* (R.-G. Schwartzenberg), l'importance qui s'attache à la télévision. Sous le contrôle de l'instance de régulation, le C.S.A. (Conseil supérieur de l'audiovisuel, loi du 17 janvier 1989) et du juge de l'élection, le principe de l'*équité* s'applique à la précampagne et celui de l'*égalité* à la campagne officielle : élection présidentielle (art. 15 du décret du 8 mars 2001) ; listes présentées par les partis disposant d'un groupe parlementaire ou alignant des candidats dans au moins 5 circonscriptions aux élections européennes (art. 19 de la loi du 7 juillet 1977) ; ainsi qu'aux groupes de la majorité et de l'opposition, en vue des élections à l'Assemblée nationale (art. L. 167-1 du Code électoral). Quant aux petites formations, si elles ne sont pas ignorées, elles sont réduites à la portion congrue : 7 minutes au premier tour et 5, au second, à condition de présenter 75 candidats. Concernant les interventions du chef de l'État, elles n'étaient pas, à l'origine, comptées. Car *conformément à la tradition républicaine* [il] *ne s'exprime pas au nom d'un parti ou d'un groupement politique* (C.E., 13 mai 2005, *Hoffer chr.* n° 115, p. 14)[51]. Mais, une évolution s'est présentée à la suite de la consécration du principe du *pluralisme et de l'indépendance des médias* (art. 34 C, rédaction de la L.C. du 23 juillet 2008). Selon le Conseil d'État (8 avril 2009, *Hollande, R.F.D.A.*, 2009, p. 259, concl. C. de Salins), un *distinguo* s'impose entre les missions régaliennes du président (art. 5 C), soustraites à la répartition du temps de parole, en application de ladite tradition, et ses interventions, ainsi que celles de ses *collaborateurs* (mention topique), afférentes à *la définition des orientations politiques de la Nation,* qui doivent s'apprécier par

51. Jusqu'en 1981, le chef de l'État intervenait à la veille de la clôture de la campagne électorale, privant ainsi l'opposition du droit de réplique.

rapport à *l'équilibre à rechercher entre les courants d'opinion politiques*[52]. S'agissant du référendum (art. 11, 88-5 et 89 C), en l'absence d'une législation permanente, la réglementation est ponctuelle, mais *stable*, en raison de la jurisprudence du C.C. (v. *chapitre III*).

B. LES SONDAGES ÉLECTORAUX

1114 Une loi du 19 juillet 1977, modifiée par celle du 19 février 2002, réglemente désormais, au-delà de l'autocensure, les sondages d'opinion en période électorale et référendaire[53]. Dans ses lignes générales, l'économie du texte s'analyse en deux principes applicables à toutes les élections et votations : l'élaboration de règles déontologiques et l'interdiction de toute publication à la veille d'un scrutin.

1. L'élaboration des règles déontologiques

1115 La fiabilité et la transparence des sondages électoraux ont été recherchées successivement par l'établissement d'une *carte d'identité* renfermant les données techniques minimales (nom de l'organisme ayant réalisé le sondage, nom et qualité de l'acheteur, nombre de personnes interrogées, date à laquelle il a été procédé au sondage, méthode adoptée, texte intégral des questions posées) (art. 2 et 3) et la mise en place d'une autorité administrative indépendante appelée la *Commission des sondages* qui dispose de pouvoirs étendus (art. 5). À cette fin, celle-ci reçoit mission d'élaborer une sorte de code et dès lors, dispose d'un pouvoir général d'*investigation* (art. 8) et d'un droit de *rectification* en cas de publication erronée ou tronquée pouvant prendre la forme d'une mise au point radiotélévisée (art. 9). Ses décisions sont susceptibles de faire l'objet d'un recours pour excès de pouvoir devant le juge administratif (C.E., 22 décembre 1982, *D'Orcival, D.* 1983, p. 603, note J.-M. Auby ; 8 février 2012, *Mélenchon, R.F.D.A.* 2012 p. 520, note R. Rambaud).

2. L'interdiction

1116 *La veille de chaque tour de scrutin ainsi que le jour de celui-ci,* la publication, la diffusion et le commentaire de tout sondage sont interdits (art. 11, rédaction de la loi du 19 février 2002) ; une amende est prévue (art. L. 90-1 du Code électoral), en application de l'article 12, en cas d'inobservation. En revanche, cette disposition est inapplicable aux élections primaires ; la sélection d'un candidat ne pouvant être assimilée à une opération électorale (CSA, communiqué du 4 octobre 2011). La clôture des bureaux de vote n'étant pas simultanée, des fuites sont intervenues, lors du scrutin présidentiel de 2012, à la suite de la mondialisation de l'information. Mais, cette divulgation n'a pas exercé *une influence déterminante sur les résultats* (C.C., proclamation du 10 mai 2012).

C. LE FINANCEMENT ET LE PLAFONNEMENT DES DÉPENSES ÉLECTORALES

1117 Le régime s'applique à *toutes* les élections, à l'exception des élections municipales organisées dans une commune dont la population est inférieure à 9 000 habitants et à l'élection des conseillers départementaux dans un canton de moins de 9 000 habitants (art. L. 52-4 du Code électoral). Pour la première fois, les opérations référendaires relatives au traité européen ont été concernées (décret du 17 mars

52. Le C.S.A. a adopté, le 21 juillet 2009, un nouveau principe de pluralisme des temps de parole. Hors les interventions régaliennes du président, le principe d'égalité est posé entre les temps d'intervention cumulés du chef de l'État, de ses collaborateurs, du Gouvernement et de la majorité présidentielle, d'une part, et ceux de l'opposition parlementaire, d'autre part (*chr.* n° 132, p. 208).

53. V. H. PORTELLI et J.-P. SUEUR, *Sondages et démocratie.* Sénat, rapport d'information n° 54, 2010 ; R. RAMBAUD, *Le droit des sondages électoraux*, 2012 ; P. ESPLUGAS et X. BIOY (sous la direction), *Faut-il adapter le droit des campagnes électorales ?*, 2012.

2005), ainsi que le financement relatif au recueil des soutiens à une proposition de loi référendaire (L.O. du 6 décembre 2013). Les élections sénatoriales de 2014 le sont, à leur tour.

La législation, aux effets bénéfiques, peut se ramener aux éléments ci-après : tout candidat, ou le binôme de candidats aux élections départementales (art. L. 52-3-1, rédaction de la loi du 17 mai 2013), doit se doter d'un *mandataire financier* (art. L. 52-4) en vue de recueillir des fonds uniquement pendant l'année précédant l'élection, en dehors d'une élection anticipée ou partielle, et jusqu'au moment où elle a été acquise. Le mandataire financier, qui peut être une association de financement électoral, dont le candidat ne peut être membre (art. L. 52-5) ou une personne physique, est tenu d'ouvrir un compte bancaire ou postal retraçant la totalité des opérations financières.

Par ailleurs, *un plafonnement des dépenses électorales* est institué, dont le montant est multiplié, périodiquement par un coefficient selon l'indice du coût de la vie, qui varie selon les élections. Dans le même temps, les *dons* consentis par des personnes *physiques*, à l'exclusion des personnes morales (sociétés ou entreprises) autres que les partis, sont réglementés (art. L. 52-8, rédaction de la loi du 15 janvier 1995). Ces dons sont déductibles de l'impôt sur le revenu (art. 200 *bis* du Code général des impôts)[54].

Un contrôle est mis en place au moyen du *compte de campagne*. Tout candidat (ou le candidat tête de liste en cas d'élections au scrutin de liste) est tenu de l'établir par l'intermédiaire d'un expert-comptable (art. L. 52-12 du Code électoral)[55]. Ce compte doit retracer l'ensemble des recettes perçues et des dépenses engagées ou effectuées en vue de l'élection au cours de la période visée à l'article L. 52-4 précité. Il est déposé à une autorité administrative indépendante, la C.N.C.C.F.P., composée de 9 magistrats de carrière (membres à parité du Conseil d'État, de la Cour de cassation et de la Cour des comptes) (art. L. 52-12).

Celle-ci approuve et, après une procédure contradictoire, rejette ou réforme les comptes de campagne ; elle saisit *le juge de l'élection* en cas d'absence de dépôt ou de rejet ou de dépassement du plafond des dépenses (art. L. 52-15). Ces comptes ne sont pas publiés, à l'exception de ceux afférents à l'élection présidentielle (v. *infra*, n° 1144). Le C.C. est *juge d'appel* pour les élections nationales (4 juillet 2013, *Sarkozy chr.* n° 148, p. 183). En cas de dépassement du plafond des dépenses ; de volonté de fraude ou de manquement d'une particulière gravité aux règles de financement ou de non-dépôt, la sanction encourue est l'*inéligibilité* pour une durée maximale de trois ans et s'applique à toutes les élections, sauf à l'élection présidentielle (art. L.O. 136-1 du Code électoral) (v. *infra*, n°s 1348 et 1382)[56].

D. LA PROHIBITION DE CERTAINES FORMES DE PROPAGANDE

1118 Outre l'interdiction de la publicité politique à la radiotélévision (art. 14 de la loi du 30 septembre 1986) qui s'étend à la campagne référendaire, tout procédé de publicité *commerciale* par voie de presse ou par tout moyen de communication audiovisuelle ou électronique est interdit, pendant les 3 mois

54. V. Y.-M. DOUBLET, *L'argent et la politique en France*, 1997 ; J.-P. CAMBY, *Le financement de la vie politique en France*, 1995 ; V. MARMORAT, P. COHEN-SEAT et J.-L. PERU, *Guide du financement électoral*, 1995 ; E.-P. GUISELIN, *Le régime juridique du financement de la vie politique*, thèse Rennes, 1995 ; F. CUVILLIER, *La moralisation des financements politiques depuis les lois de 1988*, thèse Paris-I, 1998.

55. Mais, la présentation n'est pas nécessaire, en dehors de l'élection présidentielle, lorsque le candidat a obtenu moins de 1 % des suffrages exprimés.

56. Le scandale Cahuzac (avril 2013) est à l'origine d'un renforcement de la *transparence* de la vie publique et du respect des principes de la déontologie. Une *Haute Autorité pour la transparence de la vie publique* (H.A.T.V.P.), dotée de pouvoirs réels, est créée. Elle apprécie les obligations déclaratives des *responsables publics* : parlementaires ; membre du Gouvernement ; représentants français au Parlement européen ; élus locaux titulaires d'une fonction exécutive ou délibérante ; membres des autorités administratives indépendantes ; personnes nommées en conseil des ministres (préfets, recteurs d'académie), entre autres (L.O. et loi du 11 octobre 2013) (v. Rapport Urvoas, A.N. n°s 1108 et 1109, 2013, et *chapitres III et IV*).

précédant le premier jour du mois d'une élection et jusqu'à la date où celle-ci est acquise (art. L. 52-1 du Code électoral, rédaction de la L.O. du 14 avril 2011) ; de la même manière que l'affichage *sauvage* (art. L. 51) ou les numéros d'appel téléphonique ou télématique gratuits (art. L. 50-1), hors les *S.M.S.* La diffusion d'un message ayant *le caractère de propagande électorale* est prohibée le jour du scrutin (art. L. 49) au point de provoquer l'annulation de l'élection (28 juillet 1998, *A.N., Var, 1re chr.* n° 88, p. 164). Le détournement de suffrages électoraux par fausses nouvelles, manœuvres frauduleuses peut donner lieu à une poursuite judiciaire (art. L. 97).

BIBLIOGRAPHIE

■ P. AVRIL, *Essais sur les partis*, 1986 ■ Chr. BIDÉGARAY, « Du confessionnal au diable ». Réflexions sur le statut des partis politiques, quarante ans après la fondation de la Ve République, *R.D.P.* 1998, p. 1810 ■ P. BRÉCHON, *La France aux urnes. Soixante ans d'histoire électorale,* D. F., 2009 ■ J.-P. CAMBY, *Le financement de la vie politique en France*, 1995 ■ J.-M. COTTERET et Cl. ÉMERI, *Le marché électoral*, 2004 ■ Y.-M. DOUBLET, *L'argent et la politique en France*, 1997 ■ O. DUHAMEL, *La gauche et la Ve République*, 1980 ■ P. ESPLUGAS et X. BIOY (sous la direction), *Faut-il adapter le droit des campagnes électorales ?*, 2012 ■ R. HUARD, *Le suffrage universel en France, 1848-1946,* 1991 ■ A. LANCELOT, *Les attitudes politiques*, 4e éd., 1974 et *Les élections sous la Ve République*, 1983 ; Le citoyen, *Mélanges Alain Lancelot*, 2000 ■ B. MALIGNER, *Droit électoral,* 2007 ■ J.-Cl. MASCLET, *Droit électoral*, 1989 et *Les élections politiques*, 1992 ■ V. MARMORAT, P. COHEN-SEAT et J.-L. PERU, *Guide du financement électoral*, 1995 ■ A.-S. MICHON-TRAVERSAC, *La citoyenneté en droit public français,* 2009 ■ J.-L. PARODI, *La Ve République et le système majoritaire*, thèse Paris-I, 1973 ■ P. PERRINEAU et D. REYNIÉ (sous la direction), *Dictionnaire du vote*, 2001 ■ P. PERRINEAU et C. YSMAL (sous la direction), *Le vote de tous les refus. Les élections présidentielle et législatives de 2002*, 2003 ■ B. PLESSIX, Des droits nouveaux pour les citoyens, *J.C.P.*, 30 juillet 2008, I.177 ■ Y. POIRMEUR et D. ROSENBERG, *Droit des partis politiques,* 2008 ■ M. OFFERLÉ, *Un homme, une voix. Histoire du suffrage universel*, 1993 ■ H. PORTELLI, *La politique en France sous la Ve République*, 1987 ■ R. RÉMOND, *Les droites en France*, 4e éd., 1982 ■ S. SUR, *2002, Élections abracadabrantesques*, 2002 ■ C. YSMAL, *Les partis politiques sous la Ve République*, 1989.

■ On consultera le rapport annuel d'activité de la C.N.C.C.F.P.

CHAPITRE III
LE POUVOIR EXÉCUTIF

1119 Composé du président de la République et du Gouvernement, ce pouvoir de *volonté* s'identifie à la *décision exécutoire* (Maurice Hauriou) ; soit l'opération qui décide le passage à l'exécution des lois ou *la force appliquée à la loi* (J.-J. Rousseau). Il s'agit d'un *pouvoir d'entreprise* qui incarne *l'action* au quotidien en vue d'assurer la *continuité de la vie nationale*. Sa condition *renouvelée* dévoile l'intimité du régime.

I. La *restauration* de l'exécutif est le maître-mot des constituants de 1958. Soucieux d'extirper le régime d'assemblée, ils mettent en place un régime parlementaire *rénové*, soit un exécutif *bicéphale*, ou un pouvoir *partagé*, appelé une *dyarchie*, formé du chef de l'État et du Gouvernement. Leurs relations sont placées sous le signe de *l'autonomie :* au premier, la charge de veiller, aux intérêts supérieurs de la Nation, au bon fonctionnement des institutions et à la continuité de l'État (art. 5 C) ; au second, celle d'exercer la fonction décisionnelle ; de déterminer et de conduire la *politique de la Nation* (art. 20). À l'évidence, le Gouvernement occupe le *centre de gravité* de l'exécutif. Longtemps ignorée, cette *lecture parlementaire* s'est imposée avec la *cohabitation*, principalement entre 1997 et 2002.

II. L'*exaltation* de l'exécutif porte la marque de la *lecture présidentialiste* qui a prévalu de l'origine à nos jours. Transformé de pied en cap, ce pouvoir reflète *l'unité* ou la *monarchie républicaine*. Sous l'autorité du chef de l'État, devenu entre-temps un *représentant de la Nation* (art. 3 C), une *hiérarchie* est établie : le Gouvernement est réduit à un rôle *instrumental*, de la même façon que la majorité parlementaire[1]. Dès lors, le pouvoir exécutif sublimé se confond avec le *pouvoir politique. On ne saurait accepter qu'une dyarchie existât au sommet de l'État. Mais justement, il n'en est rien*, déclarait le général de Gaulle, le 31 janvier 1964.

Le pouvoir présidentiel en s'identifiant au *régime tout entier*, a débouché sur une répartition des tâches entre les deux têtes de l'exécutif[2]. Il incombe, à cet effet, au chef de l'État, de *s'occuper de l'essentiel* (G. Pompidou) ou de représenter *la permanence devant l'histoire* (F. Mitterrand), tandis que la *conjoncture* absorbe le premier ministre,

1. Il importe de rappeler les termes édifiants de François Mitterrand dans son message aux assemblées, le 8 juillet 1981, selon lesquels ses engagements se présentaient, à la manière d'une chaîne institutionnelle, comme la *charte de l'action gouvernementale* et la *charte de l'action législative.*

2. De manière caractéristique, l'article 20 C a été maintenu en 1962, comme en 2008. V. J. MASSOT, *La présidence de la République en France*, 1986 ; *L'arbitre et le capitaine*, 1987 ; *Chef de l'État et chef du Gouvernement*, D.F., 2e éd., 2008.

dont elle constitue *le lot aussi complexe et méritoire qu'essentiel* (Ch. de Gaulle)[3]. Bref, l'un gouverne, l'autre administre en étroite concertation. Le Gouvernement *n'a désormais qu'un seul devoir : celui de mettre en œuvre le programme présidentiel* (N. Sarkozy). *Je fixerai les priorités mais je ne déciderai pas de tout ni à la place de tous*, énonce, pour sa part, François Hollande, en quête d'une *conception nouvelle* de la magistrature suprême[4].

Dans cette vision de la Ve République, l'unité de l'exécutif, implique une solidarité, mieux, pour parler comme Guizot, une *unité de dessein et de conception*. Par ailleurs, l'imbrication des rôles, en l'absence de toutes frontières, amène à penser que si, d'un point de vue politique, le Gouvernement est, sans conteste, le subordonné du chef de l'État, on ne saurait ignorer, en se plaçant sous l'angle logistique, que le président est, pour une part, l'obligé du Gouvernement. Cependant, une administration présidentielle se met en place depuis peu[5]. La constitution étant *grosse de plusieurs régimes* (J. Rivero), il importe de procéder à l'étude respective du président de la République et du Gouvernement ainsi que des conseils qui les assistent.

SECTION I LE PRÉSIDENT DE LA RÉPUBLIQUE

1120 *Mon rôle est incommunicable.* L'affirmation de François Mitterrand vérifie l'idée d'une présidence sans précédents, ni références, à laquelle les constituants de 1958 se sont voués. En un mot, la *clé de voûte* du régime (Michel Debré).

La primauté du chef de l'État[6] est le trait distinctif de la Ve République. *Seul* élu de la Nation tout entière, sa représentativité conditionne son autorité. Tel se présente le monarque électif qui brille au firmament, nonobstant la *cohabitation* au cours de laquelle il se languit : chef de l'État, chef du Gouvernement, chef de la majorité parlementaire et chef de guerre, en tant que de nécessité. Comme il est révolu le temps où le général de Gaulle refusait de *présider l'impuissance dans l'impuissance ; de présider à son sommeil !* Au reste, pouvait-on imaginer qu'il se serait *contenté d'inaugurer les chrysanthèmes*, selon sa fameuse exclamation ?

3. Au chef de l'État, *le destin, c'est-à-dire le lointain et le continu*, au premier ministre, *la charge seconde* [il] *mène l'action du moment et dirige les exécutants*. Le rôle du président *est de se préoccuper de la durée et de ce qu'il adviendra de la France* (Ch. de Gaulle). *Le président de la République est celui qui veille sur le pont du navire* (V. Giscard d'Estaing) ; *faire ce qu'il y a à faire* (N. Sarkozy). À l'opposé, le premier ministre est celui qui *rame ; dure et endure* (R. Barre) ; le *maçon de l'architecte présidentiel* (A. Juppé) ; *je suis là pour mettre en œuvre les engagements du président de la République* (J.-P. Raffarin).

4. Le premier ministre est appelé à jouer le rôle utilitaire autant que nécessaire d'un *paratonnerre* (P. Mauroy), d'un *fusible* (J. Fauvet) ; voire d'un *collaborateur* (N. Sarkozy). Selon la logique présidentialiste, le premier ministre assure une *fonction de sacrifice* (M. Jobert). À rebours, *j'entends retrouver la lettre de notre constitution : le premier ministre ne doit pas être un collaborateur, mais l'animateur d'une équipe* (F. Hollande, discours de Dijon, 3 juin 2012).

5. Le Gouvernement assume, de manière constante, un rôle déterminant dans la gestion de la vie nationale. V. G. CARCASSONNE, Ce que fait Matignon, *Pouvoirs* n° 68, 1994, p. 31.

6. L'expression *chef de l'État* n'est pas consacrée par la constitution, à l'opposé de celle de 1852 (art. 6) et de l'acte constitutionnel n° I du 11 juillet 1940. On évoque aussi le *magistrat suprême*, du latin *magister*, le maître. V. Ph. ARDANT, *DC*, 1992, p. 123 ; M. MORABITO, *Le chef de l'État en France*, 1995.

§ 1. LA CONDITION PRÉSIDENTIELLE

1121 *La clé du système actuel repose sur l'élection du président au suffrage universel* (F. Mitterrand). Le ton est donné. Après avoir analysé ce scrutin, enjeu de la compétition politique, on se propose d'étudier successivement le *mandat* conféré au chef de l'État, la *responsabilité* qui peut lui échoir et la *continuité* de sa fonction.

A. L'ÉLECTION PRÉSIDENTIELLE

1122 *Le président de la République est élu pour cinq ans au suffrage universel direct. Nul ne peut exercer plus de deux mandats consécutifs*. Avec sérénité, l'article 6 C nouveau définit l'acte majeur ou moteur de la vie nationale[7]. En raison de son mode d'élection, le chef de l'État est un *représentant de la Nation* (art. 3 C) ou si l'on veut, un *délégataire* de la souveraineté populaire[8].

1. Le collège électoral

1123 L'élection présidentielle, la *seule* organisée par la constitution, donne la mesure du régime, en ce sens qu'elle est directement à l'origine de sa *mutation*. Au départ, élu par les *notables* (les citoyens détenteurs d'un mandat électif), le président est devenu, à partir de 1962, *le seul élu du peuple tout entier*[9].

a) Le collège initial

1124 Reprenant à cet égard, l'opinion avancée par le général de Gaulle, à Bayeux, l'article 6 confie, à l'origine, la désignation du président à un *collège élargi*. Quatre ans plus tard, le principe sera abandonné.

En quelques mots, on rappellera les justifications avancées et les modalités arrêtées.

Les justifications sont diverses. Sous ce rapport, la formule retenue en 1958 se situe à *mi-chemin* entre celle, traditionnelle des IIIe et IVe Républiques qui confiait l'élection aux parlementaires, et celle de la Seconde République qui, en 1848, s'en remettait au peuple. *Le rejet d'une élection parlementaire* s'explique par le principe de la *séparation des pouvoirs*, dont se nourrit la loi constitutionnelle du 3 juin 1958, condition *sine qua non* à la restauration de l'exécutif. Le créateur n'enchaîne-t-il pas sa créature selon l'axiome connu ? À cet argument juridique, s'ajoute un argument psychologique. Le général de Gaulle avait toujours manifesté une certaine incompréhension à l'égard des élus. Il ne pouvait pas accepter que son pouvoir en procède. Du reste, la question ne s'est jamais posée en ces termes, dans la mesure où l'histoire lui avait conféré une légitimité *personnelle*, le 18 juin 1940.

7. En 2002, la combinaison des dates, consécutive au décès du président Pompidou, en avril 1974, et à la dissolution de l'Assemblée nationale, en avril 1997, aboutissait à ce que les députés fussent élus avant le chef de l'État. La loi du 15 mai 2001 a inversé le calendrier électoral et préservé la *priorité* de l'élection présidentielle : *l'élection-reine*. Avec le quinquennat, la *rationalisation* du présidentialisme est achevée. Pour un bilan : P. AVRIL, Retour sur l'élection présidentielle ou les limites de l'ingénierie institutionnelle, *Mélanges Jean-Claude Colliard*, 2014, p. 101.

8. V. M. BALLET et O. DUHAMEL, *Encyclopédie des élections présidentielles en France*, 2011 ; P. JAN, *Le président de la République au centre du pouvoir*, 2011, et F. POTIER, *L'élection présidentielle en France*, 2012 ; P. BRÉCHON (sous la direction), *Les élections présidentielles sous la Ve République*, 2013.

9. V. J.-É. GICQUEL, Art. 6 et 7 C, *C.R.F.*, p. 298 ; L'élection présidentielle, *Les Nouveaux Cahiers du C.C.*, n° 34, 2012.

Plus intéressant, est *le rejet d'une élection populaire*. L'argumentation développée par Michel Debré, garde des sceaux, devant le Conseil d'État, le 27 août 1958 ne manque pas d'intérêt. Il invoque, des arguments de fait : l'existence de la Communauté formée par la France et ses anciens territoires d'Afrique noire et de Madagascar[10], et par prétérition, l'argument fameux d'Édouard Herriot selon lequel *la France refuse d'être colonisée par ses propres colonies ;* la place particulière du parti communiste qui, en raison de l'importance de son électorat (25 % sous la IVe République) lui assurerait une position privilégiée *d'arbitre*. De façon pertinente, un argument de droit emporte l'adhésion. L'orateur indique, que l'élection populaire est l'une des pierres de touche du régime *présidentiel*, ce qui est opposé à la finalité *parlementaire* posée le 3 juin 1958.

En fait, le général de Gaulle n'a pas attaché d'importance à ce mode d'élection transitoire, en 1958, car dans son esprit, les faits avaient tranché. En 1962, il se bornera à indiquer qu'il n'avait pas voulu heurter *certaines susceptibilités*.

Il faut en rappeler les modalités : le choix du chef de l'État est attribué à un collège (calqué sur celui des sénateurs), de 80 000 personnes détentrices d'un mandat électif : parlementaires, conseillers généraux, membres des assemblées des territoires d'outre-mer et surtout délégués des conseils municipaux[11]. L'ordonnance du 7 novembre 1958 adopte le principe de la *présentation des candidats*, dont la liste est dressée par le Conseil constitutionnel. L'*obligation de vote*, sous peine d'amende, est retenue. Le 21 décembre 1958, le général de Gaulle est élu président de la République par 78,5 % des suffrages exprimés. Le seul intérêt de cette consultation de *confirmation*, deux mois après l'adoption de la constitution, réside dans sa réflexion : *Si remplie que soit ma carrière politique, c'est la première fois que je fais acte de candidature.*

b) Le collège actuel

1125 Sous couvert de révision de la constitution, en 1962, on assiste, au prix d'une querelle juridique et politique[12], à la *novation* du régime ; en un mot à la naissance du *présidentialisme*. Après la période de transition, liée à la crise de la décolonisation, l'année 1962, véritable *précipité d'histoire* (Ch. de Gaulle), marque le vrai début de la *République nouvelle*. L'importance de l'événement, qui retentit encore aujourd'hui, doit être éclairée, par la recherche de ses causes et le rappel de la chronologie.

α) Les origines de la réforme

1126 Pour l'essentiel, la révision s'explique par une double raison : structurelle et événementielle.

Le général de Gaulle avait l'ambition suprême de léguer des institutions stables et efficaces à la nation. Or, le régime établi en 1958 comportait une *faille* et donc un danger d'affaiblissement à terme du président, en raison de son élection *au rabais ;* en un mot, de sa *faible* représentativité par rapport à celle des députés. C'est la raison pour laquelle, dans une vision altruiste, dès 1961, celui-ci se soucie de *renforcer l'équation personnelle* de ses successeurs et de couronner la République.

Certes, le Parlement a été placé, en 1958, sous un régime de liberté surveillée. Mais, l'Assemblée nationale disposait, en puissance, d'une force *incoercible*, qui, en cas de différend, demain, avec un président ordinaire *(simple élu des élus)*, qui vraisemblablement aurait été Antoine Pinay[13], lui permettait de l'emporter, sans coup férir[14]. Somme toute, les députés pouvaient se prévaloir, à ce moment, de leur qualité d'*uniques* représentants du peuple, et restaurer à leur profit, l'autorité qui, un moment, leur avait échappé.

10. Cette structure destinée à favoriser la décolonisation revêtait, en 1958, une allure *fédérale*. Ce qui impliquait une même citoyenneté et l'égalité des droits, d'une manière générale.

11. La *surreprésentation* des petites communes, faisait dire au doyen Vedel : *Un chef de l'État qui ne sera même pas l'élu du blé et de la betterave, mais du seigle et de la châtaigne*. En revanche, les parlementaires qui étaient tout *avant* 1958, représentent moins de 1 % du collège électoral.

12. P. BASTID et autres, Le référendum est une procédure non conforme à la constitution, *L'Aurore*, 13-14 octobre 1962 ; G. BERLIA, Le problème de la constitutionnalité du référendum du 28 octobre 1962, *R.D.P.* 1962, p. 936 ; P. LAMPUÉ, Le mode d'élection du président de la République et la procédure de l'article 11, *idem*, 1962, p. 931 ; Ch. de GAULLE, *Mémoires d'espoir*, t. II, 1971, p. 13.

13. V. l'uchronie du doyen Vedel au colloque du XXVe anniversaire de la constitution de 1958, p. 133.

14. Sous la IIIe République, le Parlement a provoqué les retraits de Grevy en 1887 et de Millerand en 1924

Pour le général de Gaulle, la cause est entendue : il faut conférer l'onction populaire au président en brisant le monopole parlementaire. En clair, il importe de *modifier la constitution pour la maintenir*. Grâce à ses *racines de chêne*, comme disait Parieu en 1848, à l'autorité et à la durée de son mandat, le président prend une revanche éclatante sur les députés. Il devient ainsi un *vrai chef d'État*, car seul de sa condition : il n'a *point de compagnon en sa majesté royale*, selon la définition du roi donnée par Guy Coquille. Brochant sur le tout, l'attentat perpétré contre le Général au Petit-Clamart, le 22 août 1962, allait précipiter la réforme, à la manière d'un catalyseur.

β) La chronologie de la réforme

1127 La fin du conflit d'Algérie, en mars 1962, est à l'origine d'une guerre de *position* entre le général de Gaulle et la classe politique qui n'accepte plus sa tutelle et ses conceptions en matière européenne entre autres. À l'automne, elle se transforme en guerre de *mouvement*.

Le point de départ des événements est une allocution présidentielle, en date du 20 septembre 1962. Il annonce au pays qu'il estime nécessaire que le chef de l'État soit désormais élu au suffrage universel et il indique également, qu'à ses yeux, cette modification de la constitution doit être opérée par la voie *directe* du *référendum* de l'*article 11 C* et non celle l'article 89 C.

Le 2 octobre, le président adresse un message aux assemblées, pour les avertir de ses intentions. Dans une seconde allocution au pays, deux jours plus tard, il *lie* son sort au projet de révision, en annonçant qu'il ne restera pas au pouvoir si le corps électoral ne répond pas d'une façon positive, au référendum qui lui sera soumis le 28 octobre.

Entre-temps, l'Assemblée nationale, dans l'impossibilité où elle se trouve de discuter les actes du président, interpelle le Gouvernement sur la proposition qu'il est *réputé* lui avoir faite, sur la base de l'article 11 C. À la suite d'un débat très vif[15], le 5 octobre, une motion de censure est adoptée. Le premier ministre (Georges Pompidou) présente sa démission au chef de l'État (art. 50 C). Mais, celui-ci déclare le *maintenir en fonction*, dans le cadre de la théorie de l'expédition des affaires courantes. Quatre jours plus tard, le Général prononce la dissolution de l'Assemblée (art. 12 C). Le pays appelé à arbitrer le différend est à l'origine d'un *changement miraculeux*. Il se range à son opinion, en approuvant, le 28 octobre 1962, par 62 % des suffrages exprimés, la révision constitutionnelle. Saisi par le président du Sénat, le Conseil constitutionnel décline sa compétence (6 novembre, *Élection du président de la République, Rec.* p. 154). En conséquence, la loi du 6 novembre 1962 (art. 1er et 2) qui modifie les articles 6 et 7 C[16] est promulguée[17]. Dans la foulée, le peuple élit, les 18 et 25 novembre 1962, à l'appel du président[18], une majorité de députés qui lui est favorable. On parlera, à l'époque, d'une majorité *inconditionnelle*, avec une nuance péjorative. Le fait majoritaire venait de naître. Bref, *l'Austerlitz politique* de la Ve République ou son véritable acte de naissance.

Le décor est ainsi planté pour accueillir *le régime présidentialiste :* un chef de l'État disposant d'une investiture populaire, ou si l'on préfère d'une légitimité propre, adossé à une majorité parlementaire constante, en cours de mandat.

En décembre 1965, le peuple français élira, pour la première fois depuis 1848, le président de la République, selon la nouvelle procédure.

2. La période électorale

1128 *Le Conseil constitutionnel veille à la régularité de l'élection. Il examine les réclamations et proclame les résultats de l'élection* (art. 58 C), en mêlant ses compétences

15. D'où la célèbre péroraison de Paul Reynaud à l'Assemblée : *Pour nous, Républicains, la France est ici et non ailleurs. Admettre le contraire ce serait admettre la fin de la République. Aussi, M. le premier ministre, allez dire à l'Élysée que cette assemblée n'est pas assez dégénérée pour renier la République !*

16. L'article 3 de la loi du 6 novembre 1962, ayant valeur de L.O., fixe les modalités d'application de l'article 6 C (rédaction de la L.O. du 5 avril 2006), ainsi qu'un décret (rédaction du décret du 8 mars 2001 modifié). La L.C. du 2 octobre 2000 a ramené la durée du mandat présidentiel de 7 à 5 ans (*infra*).

17. L'article 7 C a été complété par la L.C. du 18 juin 1976 (décès ou empêchement d'un candidat).

18. *Ah ! puissiez-vous faire en sorte que cette deuxième consultation n'aille pas à l'encontre de la première !* (allocution du 7 novembre 1962).

consultative et juridictionnelle. Trois aspects méritent attention : l'ouverture de la campagne présidentielle, ses candidats et son déroulement.

a) L'ouverture de la campagne présidentielle

1129 Sur convocation du Gouvernement (art. 7, al. 2 C), le pouvoir de suffrage est réuni dans deux hypothèses : l'une *normale*, l'autre *exceptionnelle*.

α) L'ouverture normale

1130 Le scrutin est organisé un dimanche, *20 jours au moins et 35 jours au plus avant l'expiration des pouvoirs du président en exercice* (art. 7, al. 3 C). Par dérogation, il est avancé au samedi pour les électeurs situés sur le continent américain et en Polynésie française, afin de prendre en compte le décalage horaire par rapport à la métropole (L.O. du 5 avril 2006)[19]. Le président en exercice est rééligible *une fois,* depuis la révision de 2008. Mais, afin de ne pas affaiblir son autorité, il annoncera, en bonne logique, sa candidature *in extremis*[20]. Son échec (V. Giscard d'Estaing, en 1981 et N. Sarkozy en 2012) a la signification d'une *révocation populaire*. Le pays peut ainsi disposer, pour une brève période (10 jours), de *deux présidents :* le président *en exercice* et le président *élu*. Si la dualité ne pose pas de problèmes juridiques, le président sortant disposant de la *plénitude* de ses attributions jusqu'à l'ultime instant ; en revanche, elle s'avère difficile, d'un point de vue politique[21].

De façon significative, le hiatus qui en résulte n'est pas sans analogie avec la période dite du *canard boiteux* (novembre-janvier) aux États-Unis. Il est permis, enfin, de s'interroger, sur ce qu'il adviendrait en cas de décès du chef de l'État *désigné*. En présence d'une hypothèse de *vacance* de la présidence de la République, l'organisation *impromptue* d'une nouvelle élection serait la seule réponse possible.

β) L'ouverture exceptionnelle

1131 Deux séries de circonstances sont susceptibles, soit *d'avancer* la date à laquelle les électeurs sont conviés à se rendre aux urnes, soit à l'opposé, de la *reporter*. Il s'agit respectivement de la survenance de la *vacance* de la présidence de la République ou de *l'empêchement définitif* de son titulaire, en premier, et d'un *cas de force majeure*, en second.

19. Par suite, le décret du 21 février 2007 a convoqué les électeurs les 21 et 22 avril (1er tour) et les 5 et 6 mai (2e tour), sachant qu'il s'agit de la seule élection, dont le calendrier est constitutionnalisé.

20. Le général de Gaulle s'est déclaré candidat, le 4 novembre 1965, en vue du 5 décembre ; Valéry Giscard d'Estaing (*citoyen-candidat*) le 2 mars 1981 pour le 26 avril ; François Mitterrand, le 22 mars 1988 en vue du 24 avril. Jacques Chirac est entré en lice, le 11 février 2002, en prévision du 21 avril et Nicolas Sarkozy, le 15 février, pour le 22 avril 2012. La date de la déclaration est sans influence sur *le caractère des dépenses intervenues antérieurement* (C.C., 4 juillet 2013, *Sarkozy*) (*chr.*, n° 148, p. 183). En cohabitation (1988 et 2002), les deux têtes de l'exécutif se sont affrontées. Le chef de l'État l'a emporté sur le premier ministre.

21. La nécessaire continuité de l'État a été à l'origine, dès le 12 mai 1981, d'une *antenne présidentielle*, au siège du P.S., à laquelle les télégrammes diplomatiques et les informations relatives à la défense nationale étaient adressés. En mai 2012, le quartier de campagne de François Hollande, avenue de Ségur, s'est mué en *quartier de transition* ; celui-ci y recevant ambassadeurs et représentants de l'Union européenne. Le 8 mai 1995, François Mitterrand a associé à la cérémonie son successeur ; Nicolas Sarkozy y a convié, en 2012, François Hollande. Le 10 mai 2007, Jacques Chirac a invité Nicolas Sarkozy à la cérémonie commémorant l'abolition de l'esclavage, et à une rencontre avec des responsables libanais.

• L'élection avancée

1132 La *vacance* de la présidence (art. 7, al. 4 C) est synonyme *d'absence physique* du titulaire, à la suite de sa *démission*, situation créée par le général de Gaulle, le 28 avril 1969 ; de son *décès* (Georges Pompidou, le 2 avril 1974), ou de sa *destitution* par la Haute Cour (art. 68 C). La vacance assimilée au *vide* au sommet de l'État, la fonction n'étant plus assumée, est *définitive*, par suite. Le Conseil constitutionnel (déclaration du 3 avril 1974, *G.D.* n° 16) se borne à la *constater*. Ce qui a pour effet d'ouvrir le délai de convocation des électeurs (20 jours au moins et 35 jours au plus).

À l'opposé, la notion *d'empêchement* s'avère délicate. Elle se définit comme *un obstacle à l'exercice normal de la fonction par son titulaire*, frappé d'une *incapacité* (maladie, entre autres)[22]. L'empêchement varie en intensité. Il peut être *momentané* (après une opération, le président reprend ses activités)[23] ou *définitif*. En ce cas, atteint d'un mal incurable, celui-ci n'est plus que l'ombre de lui-même ; il se meurt ; il ne recouvra plus la santé[24]. En dehors de toute précipitation ou tergiversation (sans même songer à l'acharnement thérapeutique), la difficulté consiste à s'interroger sur l'autorité investie du pouvoir d'appréciation de l'empêchement lorsqu'il perdure.

L'article 7, alinéa 4 C, confie cette mission au Conseil constitutionnel, saisi *par le Gouvernement et statuant à la majorité de ses membres*[25].

En ce cas, la computation des délais de convocation des élections est identique à celle de la vacance. En attendant, *l'intérim* de la présidence de la République est confié au président du Sénat (art. 7, al. 4 C) (*infra*, n° 1161). De sorte que la nouvelle élection pourrait se dérouler en une période peu propice à la participation, au moment des congés (songeons à la tentative d'attentat contre le

22. Conscient de l'outrage des ans, le président finlandais Kekkonen a préféré démissionner, en toute lucidité, en 1981, à l'égal du pape Benoît XVI en 2013, à l'inverse de son homologue tunisien, Habib Bourguiba, déposé à la suite d'un *coup d'État médical*, en 1987. Quoique malades, les présidents Roosevelt et Bouteflika n'en ont pas moins été réélus trois fois. En France, le secrétaire général de l'Élysée assume, au nom du président malade, des responsabilités internes, tel Édouard Balladur sous Georges Pompidou, en 1973-1974. V. P. ACCOCE et P. RENTCHNICK, *Ces malades qui nous gouvernent*, 1976 ; J. MORANGE, Les défaillances de santé des chefs d'État, *Mélanges Pierre Pactet*, 2003, p. 779.

23. L'empêchement momentané entraîne la *suppléance* du président, en vue d'assurer la continuité de l'État dont il est en charge (art. 5 C). Ce régime relève de l'appréciation de l'intéressé, hormis le cas visé par la constitution : le premier ministre est appelé à présider le conseil des ministres (art. 21 *in fine*) et les conseils et comités supérieurs de la défense nationale (art. 21, al. 3) (v. *infra*, n° 1316). La suppléance est ponctuelle autant que provisoire et ne fait pas l'objet d'une constatation officielle, à la différence de l'empêchement définitif ou de la vacance. V. A. MEYER-HEINE, La procédure d'empêchement temporaire du chef de l'État sous la Ve République : les imprécisions de l'art. 7 C, *L.P.A.*, 28 juillet 1995.

24. Sous la IIIe République, Paul Deschanel, élu en janvier 1920, a démissionné de sa fonction pour troubles mentaux, huit mois plus tard, sur le conseil des médecins. La transparence médicale relève, en dernier ressort, de la conscience du chef de l'État, sauf cas de *déchéance caractérisée,* celle d'un *légume gâteux*, selon le mot de François Mitterrand.
En revanche, la maladie de Georges Pompidou, qui n'affectera ni ses facultés intellectuelles (V. J. MAURIAC : *Le dernier conseil des ministres*, du 27 mars 1974, *Le Monde*, 9 avril 1974), ni le sens de ses responsabilités d'État (v. E. BALLADUR, *La tragédie du pouvoir*, 2013), a mis en évidence une lacune possible du texte, au cas où le Gouvernement par convenances, ne s'adresserait pas au C.C.

25. Sans ignorer le dialogue permanent des pouvoirs publics, on peut s'interroger sur la démarche du C.C. au sein duquel ne siègent pas nécessairement des sommités du monde médical. Devra-t-il les consulter ? Celles-ci ne seront pas pour autant déliées du secret professionnel, le dossier médical ne pouvant être communiqué qu'aux ayants droit. Autant de questions qui se situent aux confins de la politique et de l'éthique. À la différence des États-Unis (XXVe amendement de 1967), le président déclaré empêché définitivement ne peut le contester.

président Chirac, le 14 juillet 2002). Une modification est souhaitable sur ce point, en prévoyant une date fixe et utile, à l'exemple américain[26].

• L'élection reportée

1133 Un élément *extérieur* serait de nature à *différer*, à des jours meilleurs, l'élection. Il s'agit de la survenance d'un *cas de force majeure* (la main de Dieu, en anglais) qui présente un caractère imprévisible et irrésistible : actes de guerre, de terrorisme, ou calamité naturelle (éruption volcanique ; tremblement de terre ; tempête), après *constatation* du Conseil constitutionnel (art. 7, al. 5 C)[27].

b) Les candidats à l'élection présidentielle

1134 L'éligibilité, ouverte à tout citoyen, est subordonnée à des conditions de *fond* et de *forme* (art. 3. I de la loi du 6 novembre 1962). Le contentieux est confié au Conseil constitutionnel (art. 58 C). Mais, on ne saurait perdre de vue l'essentiel, à savoir : le soutien d'une formation politique, dont la seule raison consiste, de nos jours, à se mettre à la disposition de son champion. La *présidentialisation* des partis (H. Portelli) (la *présidentialiste*) s'identifie en définitive, à celle du régime[28]. Seul Valéry Giscard d'Estaing l'a emporté, en 1974, sans cette incomparable machine de guerre électorale.

α) Les conditions de fond

1135 Elles s'énoncent ainsi, pour mémoire (v. *chapitre II*) : la *nationalité française ;* la *majorité d'éligibilité* fixée à 18 ans (art. L. 44 du Code électoral) et la *dignité morale* (C.C., 21 avril 1974, *André Roustan, Rec.* p. 46) (commerçant failli non réhabilité, art. L. 6 du Code électoral)[29].

β) Les conditions de forme

1136 On s'attachera à la triple exigence requise, à peine de nullité, de la *présentation des candidats ; du dépôt d'une déclaration de situation patrimoniale* et de

26. Depuis 1974, le calendrier est fixé par rapport au jour du décès de Georges Pompidou. Une date fixe avait été retenue par la constitution de 1848 (art. 46), le deuxième dimanche de mai ; le comité Vedel, en 1993, avait choisi celle du 15 mars, de manière à prévoir le cas échéant, la tenue d'élections législatives.

27. Dans cette éventualité, il se pourrait, en raisonnant par voie *d'analogie*, conformément aux dispositions de l'article 7, alinéa 10 C relatives au décès d'un candidat, que le mandat du chef de l'État en place, fut prorogé d'autant.

28. Le premier tour est la meilleure élection primaire, a-t-on prétendu initialement. C'est ainsi que les candidats de droite ont été départagés, en 1988 (J. Chirac et R. Barre) et en 1995 (J. Chirac et E. Balladur). À gauche, le P.S. a organisé de manière inédite une primaire, en 2006, réservée à ses adhérents, remportée par Ségolène Royal, et ouverte, en 2011 à ses sympathisants inscrits sur les listes électorales. Au second tour de ces *primaires-citoyennes*, le 16 octobre, auxquelles ont participé 2,8 millions d'électeurs, François Hollande a été désigné face à Martine Aubry. La droite s'est ralliée à cette procédure (réforme des statuts de l'U.M.P., en mai 2013). V. J.-Cl. COLLIARD, Être présidentiable, *Mélanges Pierre Pactet*, 2003, p. 579 ; La candidature à la présidentielle, *Pouvoirs* n° 138, 2011 ; M.-L. FAGES, La primaire en France : nymphe démocratique à institutionnaliser, *R.P.P.* déc. 2011, p. 50.

29. En bonne logique, une femme est éligible (Arlette Laguiller sera la première en 1974) ; un membre d'une famille ayant régné sur la France (l'inéligibilité décidée en 1884, a été abrogée en 1950) ; un président par intérim (A. Poher en 1969) ; un président destitué (art. 68 C, rédaction de la L.C. du 23 février 2007) ; ou un membre du Gouvernement en exercice (V. Giscard d'Estaing, en 1974). Nicolas Sarkozy, ministre de l'intérieur, a démissionné de ses fonctions, en mars 2007, créant un précédent utile. À l'heure actuelle, aucun premier ministre en exercice n'a remporté l'élection. Il n'est pas douteux que la gestion quotidienne de l'État *plombe* sa candidature. À ce compte, Matignon est une *impasse* (J.-P. Raffarin).

l'établissement d'un compte de campagne (art. 3. I de la loi du 6 novembre 1962 modifiée et décret du 8 mars 2001).

• La présentation des candidats

1137 Cette formalité substantielle a pour but de *filtrer* les candidatures, de manière à écarter la dérision des farfelus ou hurluberlus, et les réserver aux seuls représentants des diverses sensibilités politiques, entre lesquelles les citoyens se partagent. L'élection présidentielle ne doit pas se transformer en *concours Lépine de la politique* (A. Sanguinetti) et la fantaisie, s'exprimer aux dépens de la démocratie. Un premier barrage s'étant révélé inopérant[30], les règles du *parrainage* ont été réglementées de manière stricte, tant en ce qui concerne le *droit que l'acte de présentation*.

La présentation de candidats, qui *ne saurait être assimilée à l'expression d'un suffrage* (C.C., 21 février 2012, *Marine Le Pen, chr.* n° 142, p. 164), appartient aux *seuls* citoyens détenteurs d'un mandat électif, à l'exclusion du président de la République. À savoir : membres du Parlement ; des conseils régionaux ; de l'assemblée de Corse ; des conseils départementaux et de Saint-Pierre-et-Miquelon ; du conseil de Paris ; des assemblées territoriales de la Polynésie française, des îles Wallis-et-Futuna ; du Congrès et des assemblées de province de la Nouvelle-Calédonie ; des conseils territoriaux de Saint-Barthélemy et de Saint-Martin ; maires ; maires délégués des communes associées ; maires des arrondissements de Lyon et de Marseille et membres élus de l'Assemblée des Français de l'étranger (*A.F.E.*). Les présidents des organes délibérants des communautés urbaines, des communautés d'agglomération ou de communes et les ressortissants français membres du Parlement européen, élus en France, peuvent aussi présenter un candidat (art. 3. I. de la loi du 6 novembre 1962). Leur nombre est de l'ordre de 42 000, dont 77 % de maires. Tout candidat doit recueillir, au moins, 500 signatures d'élus d'au moins 30 départements ou collectivités d'outre-mer, sans que plus d'un dixième d'entre eux puissent être les élus d'un même département ou collectivité d'outre-mer[31]. Cette exigence géographique est destinée à écarter une *gloire locale* et favoriser les candidatures dont l'audience est à la mesure de leur ambition nationale. Les présentations sont adressées au Conseil (soit par les parrains, soit par les candidats), à partir de la publication du décret convoquant les électeurs et jusqu'au 6e vendredi précédant le premier tour (art. 3. I), en une ou plusieurs fois[32].

L'acte de présentation est rédigé sur un formulaire imprimé par les soins de l'administration, conformément au modèle arrêté par le Conseil constitutionnel (art. 3 du décret du 8 mars 2001). L'acte est adressé, par les soins des services préfectoraux à *tous* les présentateurs, 15 jours au moins avant la publication du décret convoquant les électeurs. Il est revêtu de la signature manuscrite de son auteur qui précise le mandat dont il est titulaire. Le sceau de la mairie est apposé pour un maire ou un maire délégué (art. 4). Il est, par ailleurs, loisible au Conseil de faire procéder à toutes vérifications utiles (art. 5).

Ce dernier tire au sort, dans la limite du chiffre de 500, les présentateurs, dont les noms sont ensuite publiés au *Journal officiel* (art. 3. I de la L.O.). Le droit de réclamation est ouvert à toute personne ayant fait l'objet de présentation (art. 8 du décret du 8 mars 2001).

30. En 1962, le parrainage était le fait de 100 élus ou membres du Conseil économique et social, relevant d'au moins 10 départements ou T.O.M. Une inflation s'en est suivie : 6 candidats en 1965, 7 en 1969 et 12 en 1974. La L.O. du 18 juin 1976, en relevant la barre, est parvenue à la maîtriser (10 candidats en 1981 et 1995 ; 9 en 1988). L'offre, qui a culminé, en 2002, avec 16 compétiteurs, a été ramenée à 12, en 2007 et à 10, en 2012. Le C.C. a mis en garde, en 2007 et 2012, contre des comportements subalternes : une mise aux enchères décidée par un maire, ou le tirage au sort du candidat présenté, *incompatibles avec le caractère personnel de la présentation et la dignité de l'élection.* La probabilité de la publication des présentateurs des petits candidats est accordée à leur nombre réduit. Le C.C. a validé cette disposition visant l'égalité entre les candidats (21 février 2012, *Marine Le Pen*). Le droit de présentation ouvert aux citoyens, sous le contrôle du C.C., paraît souhaitable. La commission Jospin s'y est opposée, en 2012. V. P. AVRIL et J. GICQUEL, Les modifications relatives à l'élection du président de la République, *R.D.P.* 1976, p. 1263.

31. Les représentants européens sont réputés être les élus d'un même département ; les présidents au titre de la coopération intercommunale, ceux du département auquel appartient la commune dont ils sont délégués.

32. Le Conseil a reçu 15 000 présentations, en 2012, contre 16 900 en 2007. Les formulaires font l'objet d'un contrôle informatique. Les personnes présentées sont régulièrement informées du nombre de parrainages recueillis. V. J.-Cl. COLLIARD, Les parrainages à l'élection présidentielle, *Les Nouveaux Cahiers du C.C.*, n° 34, 2012, p. 13.

Il y a lieu de préciser, que la présentation est *unique* et qu'elle ne peut pas faire l'objet d'un *retrait* après son envoi ou son dépôt (art. 6 du décret). En cas de présentation multiple, seule la première parvenue au Conseil, dans les délais, est prise en compte. Un candidat peut se présenter lui-même en sa qualité d'élu (10 avril 2002, *Le Pen ; Boutin, chr.* nº 102, p. 149).

• La déclaration de situation patrimoniale

1138 En vue de favoriser la transparence financière de la vie politique, l'article 3. I. de la loi du 6 novembre 1962 (rédaction de la L.O. du 11 octobre 2013) impose aux candidats une déclaration de situation patrimoniale transmise à la Haute Autorité pour la transparence de la vie publique (v. *infra*, nº 1270). Cette déclaration est rendue publique dans certaines limites (art. L.O. 135-2, III du Code électoral). À l'issue de ses fonctions, le président de la République remet une déclaration à la Haute Autorité, afin d'apprécier les variations de son patrimoine.

Au terme de cette procédure, le Conseil arrête, par tirage au sort, la liste des candidats. Transmise au Gouvernement, celle-ci est publiée, 15 jours au moins, avant le premier tour de scrutin au *J.O.* Cette formalité marque l'ouverture de la campagne ; laquelle prendra fin le vendredi précédant le scrutin à minuit (art. 10 du décret du 8 mars 2001), en vue d'accorder un ultime délai de *réflexion* aux électeurs.

• L'établissement d'un compte de campagne

1139 Il est adressé à la C.N.C.C.F.P. dans les deux mois qui suit le tour de scrutin où l'élection a été acquise (art. 3. II. de la loi du 6 novembre 1962) (v. *supra*, nº 1130)). Chacun d'entre eux sera publié au *J.O.* Les dépenses de précandidature ou de primaire n'ont pas à y figurer.

c) Le déroulement de la campagne présidentielle

1140 Sur fond de communication, deux hypothèses sont à envisager, selon que le déroulement de la campagne est régulier, ou, à l'opposé, perturbé, à la suite notamment du décès ou de l'empêchement d'un candidat (art. 7 C).

α) Le déroulement régulier de la campagne

1141 On s'intéressera à trois aspects : la *durée* de la campagne, la *propagande électorale* et le *financement* de la campagne. Au surplus les opérations électorales sont organisées selon les dispositions du Code électoral (art. 3. II de la L.O. du 5 février 2001).

• La durée de la campagne

1142 Comparée aux États-Unis, où le scrutin se déroule sur dix mois (des *caucus* et *primaries* de janvier au vote de novembre), la campagne *officielle*, en France, est courte : 15 jours en vue du premier tour et 15 jours en vue du second (art. 7, al. 1er C).

• La propagande électorale

1143 Sans préjudice de la campagne numérique, apparue en 2012, qui appelle une réglementation, il s'agit des moyens mis en œuvre par les candidats en vue de persuader les électeurs de voter en leur faveur. En vue du respect du pluralisme, *tous les candidats bénéficient de la part de l'État, des mêmes facilités pour la campagne* (art. 3.IV de la L.O. précitée). Sous le contrôle du Conseil constitutionnel (art. 58 C), il appartient, en principe, à la *Commission nationale de contrôle* (C.N.C.) (art. 13 du décret du 8 mars 2001), de veiller au respect de la règle de l'égalité de traitement entre les compétiteurs[33].

33. La C.N.C. comprend le vice-président du Conseil d'État (président), le premier président de la Cour de cassation, le premier président de la Cour des comptes, et deux membres, en activité ou honoraires, appartenant à ces juridictions désignés par les membres de droit. Le C.C. décline sa compétence à propos de la décision refusant d'homologuer le matériel de propagande d'un candidat (5 avril 2007, *Schivardi*, note J.-É. Schoettl, *L.P.A.*, 22 juin 2007).

Cependant, dans le domaine de la communication audiovisuelle, ce rôle est dévolu, à l'instance de régulation : le C.S.A. (Conseil supérieur de l'audiovisuel) (art. 15 du décret du 8 mars 2001)[34]. Le calendrier électoral est désormais divisé en trois périodes. Celles-ci se répartissent entre *préliminaire, intermédiaire* et *de campagne*. Pour la première (du 1er janvier à la veille de la publication de la liste des candidats) : les opérateurs doivent réserver aux candidats *déclarés* ou *présumés* un temps de parole et d'antenne *équitable*. Quant à la deuxième (du jour de la publication de la liste des candidats à la veille de l'ouverture de la campagne), le principe d'*égalité* s'applique pour le temps de parole, celui de l'*équité*, pour le temps d'antenne. La période de campagne, à compter de l'ouverture de celle-ci jusqu'au second tour de scrutin, est placée sous le respect du principe d'*égalité* du temps de parole et d'antenne pour tous les candidats s'agissant des programmes d'information (recommandation du 30 novembre 2011).

Au reste, l'instance de régulation a accédé, depuis 1974, à la demande des finalistes du second tour de débattre en direct. Point d'orgue de la campagne, François Hollande et Nicolas Sarkozy ont dialogué âprement, le 2 mai 2012 ; l'anaphore développée par le premier (*Moi, président de la République*) représentant un morceau d'anthologie institutionnelle. À l'opposé, en 2002, Jacques Chirac refusa de rencontrer Jean-Marie Le Pen. De manière unique, en 2007, Ségolène Royal et François Bayrou (éliminé du scrutin) ont tenu une conférence de presse retransmise sur BFM TV.

La loi du 19 juillet 1977, relative aux sondages, en dépit de son caractère obsolète à l'époque d'internet, s'applique en l'espèce. La fiabilité des intentions de vote peut s'avérer surfaite : l'élimination de Lionel Jospin, en 2002, l'atteste. À l'opposé, Nicolas Sarkozy et François Hollande ont été placés en tête des sondages, respectivement en 2007 et 2012[35].

• Le financement de la campagne et son contrôle

1144 Longtemps abandonné, si l'on ose dire, au *système D*, le financement, tant public que privé, de la campagne fait l'objet à partir de la L.O. du 11 mars 1988 d'une réglementation (art. 3. II. V de la loi du 6 novembre 1962, rédaction des L.O. du 5 février 2001 et 28 février 2012).

Le dispositif s'articule autour des éléments suivants : l'établissement d'un *compte de campagne*, le plafonnement et le remboursement forfaitaire des dépenses et la limitation des dons privés.

Chaque candidat est tenu d'établir *un compte de campagne retraçant selon leur origine l'ensemble des recettes perçues et selon leur nature, l'ensemble des dépenses effectuées en vue de son élection par lui-même ou pour son compte dans les 12 mois précédant le scrutin* (art. L. 52-12 du Code électoral).

La C.N.C.C.F.P. approuve, rejette ou réforme, après procédure contradictoire, lesdits comptes et arrête le montant du remboursement forfaitaire. Elle se prononce dans les six mois du dépôt des comptes. Les décisions, qui sont susceptibles de faire l'objet d'un recours devant le C.C., sont publiées au *J.O.* En sa qualité de *juge d'appel*, celui-ci désigne des rapporteurs adjoints, choisis par les membres du Conseil d'État et de la Cour des comptes. Les agents de l'administration des impôts sont déliés du secret professionnel à l'égard des membres du C.C. et de ses rapporteurs adjoints à l'occasion des enquêtes qu'ils effectuent (art. 3. II, rédaction de la L.O. du 5 avril 2006)[36].

Un plafond des dépenses actualisé, selon l'indice du coût de la vie (décret du 30 décembre 2009) est fixé à 16,8 millions d'euros pour un candidat au premier tour. Il est porté à 22,5 millions d'euros pour chacun des candidats du second tour. Lors de la publication de la liste des candidats, l'État verse à chacun d'entre eux une somme de 153 000 € à titre d'*avance* sur le remboursement forfaitaire de leurs dépenses. Si le montant du remboursement n'atteint pas cette somme, l'excédent fait l'objet d'un reversement (art. 3. V).

34. V. M.-L. DENIS, La régulation audiovisuelle et l'élection présidentielle, *Les Nouveaux Cahiers du C.C.*, n° 34, 2012, p. 23.

35. Faute d'une heure unique de fermeture des bureaux de vote, des fuites, dues à des réseaux sociaux et à la presse étrangère francophone, se sont produites. Cette divulgation d'estimations et de résultats partiels *pour regrettable qu'elle soit, n'a pas exercé*, cependant, *une influence déterminante sur les résultats* de l'élection (C.C., proclamation du 10 mai 2012).

36. Les comptes de campagne de Jacques Cheminade et de Bruno Mégret ont été rejetés par le C.C., en 1995 et 2002, et en appel, celui de Nicolas Sarkozy, en 2013, pour un dépassement des dépenses de 2,1 %. Un *distinguo* a été opéré, en l'occurrence, entre celles afférentes aux manifestations *s'inscrivant dans l'exercice de sa charge* de président, qui n'ont pas à figurer dans ledit compte, et celles ayant *revêtu un caractère manifestement électoral* (4 juillet 2013) (*chr*, n° 148, p. 183).

Ce remboursement forfaitaire, réduit de 5 %, en 2012, s'élève à 4,75 % du plafond des dépenses pour tous les candidats ; cette somme est portée à 47,5 % dudit plafond pour chaque candidat ayant obtenu plus de 5 % des suffrages exprimés au premier tour. Le remboursement forfaitaire des dépenses retracées dans le compte de campagne n'est possible qu'après l'approbation définitive du compte. Le remboursement n'est pas versé aux candidats qui n'ont pas respecté le plafond des dépenses (C.C., 4 juillet 2013, *Sarkozy*) (*chr*, n° 148) ; qui n'ont pas déposé, en temps utile, leur compte. Par ailleurs, dans le cas où les irrégularités commises ne conduisent pas au rejet du compte, le remboursement peut être réduit en fonction du nombre et de la gravité de ces irrégularités (art. 3.V, rédaction de la L.O. du 5 avril 2006).

Il importe de préciser que les personnes physiques ne peuvent accorder des prêts ou avances remboursables au candidat (art. 3.II) ; de la même façon, les dons consentis par des personnes morales (les entreprises), autres que les partis et formations politiques sont prohibés (art. L. 52-8 du Code électoral). Un État étranger ou une personne morale de droit étranger ne peut contribuer aux dépenses de campagne. En revanche, une personne physique dûment identifiée peut consentir un don qui ouvre droit à une réduction d'impôt sur le revenu.

Quant aux *sanctions* encourues en cas d'inobservation, elles sont de deux sortes : *pécuniaires* et *pénales*. En premier lieu, en cas de dépassement de plafond des dépenses, le Conseil fixe *dans la limite du montant* du dépassement, la somme que le candidat est tenu de verser au Trésor public, (art. L. 52-15 du Code électoral) ; de même, le droit au remboursement forfaitaire est perdu dans les cas précités. En second lieu, la C.N.C.C.F.P. peut transmettre le dossier d'un candidat au parquet lorsqu'elle a relevé des irrégularités (al. 4). En revanche, la sanction électorale de l'inéligibilité n'est pas applicable à l'élection présidentielle, à la différence des élections législatives[37].

β) Le déroulement perturbé de la campagne

1145 À l'occasion du scrutin de 1974, le Conseil constitutionnel (déclaration du 24 mai, *A.J.D.A.* 1974, p. 377, note L. Philip) a appelé l'attention des pouvoirs publics sur une lacune fâcheuse, pour le cas, où un *candidat* viendrait brutalement *à décéder* ou à être *empêché*, à la suite d'une maladie, d'un attentat, par exemple. Des précédents étrangers ne pouvaient laisser indifférent[38]. La réforme a été opérée par la L.C. du 18 juin 1976, complétant l'article 7 C.

Obéissant au rythme binaire de la leçon d'agrégation, cette dernière confie au juge constitutionnel, le soin de sauvegarder le caractère *disputé* de l'élection, selon le moment où le fait générateur se produit.

• Le fait générateur se produit avant le premier tour

1146 *Avant le premier tour,* l'article 7 (alinéas 6 et 7) se situe respectivement *à la veille de la clôture des candidatures et du scrutin*.

Au premier cas, c'est-à-dire dans les 7 jours précédant la date limite du dépôt des présentations de candidatures, une personne (simple *prétendant*) ayant, moins de 30 jours avant cette date, annoncé publiquement sa décision de briguer les suffrages, décède ou se trouve empêchée, le juge saisi, dans des conditions *spécifiques*[39], après avoir constaté la mort ou apprécié le degré de l'empêchement, décide, de façon *discrétionnaire* s'il y a lieu, ou non, de *reporter* la consultation.

37. V. C.N.C.C.F.P., *Memento à l'usage du candidat et de son mandataire* (décision du 11 avril 2011) (*J.O.*, 20 avril 2011) ; J.-P. CAMBY, *Le C.C., juge électoral*, 3e éd., 2007.

38. À l'élection américaine de 1968, un candidat sera assassiné (Robert Kennedy) ; un second agressé (George Wallace). Au Portugal, l'amiral de Azevedo sera frappé d'une crise cardiaque à la veille du scrutin, en 1976. Le 16 avril 1981, une bombe explosera à l'aéroport d'Ajaccio, au moment où Valéry Giscard d'Estaing atterrissait. Éva Joly, candidate écologiste, victime d'une chute, sera hospitalisée une journée, le 2 avril 2012.

39. Dans toutes les hypothèses visées par la L.C. du 18 juin 1976, la *saisine* du C.C. est largement ouverte. Elle s'opère, sans que pour autant un délai soit mentionné, tantôt, en application de l'article 61 C ; tantôt sur la base de la L.O. du 18 juin 1976, au bénéfice de toute personne, dont le nombre doit atteindre *500*, ayant la qualité de *présentateur* de candidat. La L.C. habilite, au surplus le Conseil à proroger les délais observés en la matière. Cependant, le scrutin doit se dérouler, au plus tard, 35 jours après sa décision (art. 7, al. 10 C).

Au second cas, période comprise entre le jour de la clôture des présentations et celui de l'élection, la compétence du Conseil, en revanche, est *liée*. Il prononce, cette fois le *report* du scrutin. Le processus électoral est arrêté. Ce qui permettra à la formation politique concernée de désigner un nouveau candidat. Par suite, une nouvelle campagne débutera de manière à respecter *l'égalité d'audience*. Cette règle de bon sens devient une exigence, si le fait générateur se produit dans le cadre du scrutin de *ballottage*, circonscrit à un duel.

• Le fait générateur se produit avant le second tour

1147 *Avant le second tour,* en effet, l'article 7 (alinéa 8) opère un *distinguo* entre les candidats *potentiels* et *réels*. Si l'un, parmi les deux premiers arrivés en tête à l'issue du premier tour, *avant* les désistements *éventuels*, meurt ou est empêché, le Conseil déclare qu'il sera procédé, de nouveau, à l'*ensemble* des opérations électorales. En un mot, il importe de recommencer *à zéro*, tout le processus électoral. *A fortiori*, en ira-t-il de même, si l'un des deux concurrents demeurés en lice est concerné ou retire *in extremis* sa candidature, comme en Argentine, en mai 2003. Il n'est pas nécessaire d'insister sur *l'incompatibilité* radicale entre la logique pluraliste et la candidature unique.

Ajoutons que l'article 7 (alinéa 10) autorise, le cas échéant, le Conseil à *proroger* les délais de convocation du corps électoral pour tenir compte du temps *neutralisé*, en cas de renouvellement normal, ou non, du mandat présidentiel. Si l'élection du nouveau président se déroule *après l'expiration* des pouvoirs du chef d'État en place, celui-ci demeurera en fonction jusqu'à la proclamation de son successeur.

3. Le mode de scrutin

1148 *Ma circonscription, c'est la France.* La formule giscardienne de 1974 signifie, à l'évidence, que l'élection se déroule dans une circonscription unique, suivant les règles du scrutin majoritaire uninominal à deux tours, à partir du moment où l'on a renoncé, depuis 1848, au principe de la *collégialité* de la présidence et a refusé le système américain du *ticket*[40].

a) Le premier tour de l'élection présidentielle

1149 L'article 7, alinéa 1er C, dispose : *le président de la République est élu à la majorité absolue des suffrages exprimés*. La règle est claire, mais difficile à satisfaire, en l'état actuel du système partisan. Hors le cas particulier de Louis-Napoléon Bonaparte, élu le 10 décembre 1848, sous la Seconde République, par 74 % des voix masculines, aucun candidat contemporain, fût-il un héros historique, n'a pu franchir l'obstacle. Sauf circonstances particulières, la décision interviendra donc normalement à l'issue du scrutin de ballottage[41].

b) Le second tour de l'élection présidentielle

1150 L'article précité présente deux particularités dignes d'intérêt. La consultation se déroule, d'une part, le 14e jour suivant (délai inaccoutumé), et, d'autre part, se limite *à deux candidats*. Quels sont-ils ? D'une analyse littérale, il ressort qu'un compétiteur de la *11e heure*, n'est pas recevable. Force est donc de se limiter à ceux du premier tour. Dans ces conditions, deux procédés *éliminatoires* étaient concevables : l'un mécanique, tel le couperet (les deux premiers arrivés en tête à l'issue du premier tour) ; l'autre

40. La tradition républicaine à l'origine se prononçait en ce sens. En 1848, Jules Grévy, dans un célèbre amendement s'y référa. Au début de la IIIe République, Georges Clemenceau affirme encore : *il existe deux choses inutiles en France, la prostate et la présidence de la République !*

41. Au premier tour, le général de Gaulle a recueilli 44,6 % des suffrages exprimés en 1965 ; G. Pompidou (44,5 %) en 1969 ; V. Giscard d'Estaing (32,6 %) en 1974 ; F. Mitterrand : 25,8 et 34 % en 1981 et 1988 ; J. Chirac : 20,8 et 19,8 % en 1995 et 2002 et N. Sarkozy, 31,1 % en 2007. Pour la première fois, celui-ci, président sortant, est arrivé en seconde position, en 2012 (27 %) face à F. Hollande (28,6 %).

politique, en accord avec la logique du scrutin majoritaire qui autorise les *désistements*[42]. C'est ce dernier critère qui a été consacré : *Seuls peuvent s'y présenter les deux candidats qui, le cas échéant après retrait de candidats plus favorisés, se trouvent avoir recueilli le plus grand nombre de suffrages au premier tour.* Le choix binaire auquel les électeurs sont conviés, génère, en bonne logique, une compétition entre la droite et la gauche. L'élimination de celle-ci en 1969 et, tout particulièrement, en 2002[43], a provoqué depuis lors le réflexe du *vote utile*. À l'issue de la compétition, le candidat arrivé en tête est proclamé élu par le Conseil constitutionnel (art. 58 C), ayant atteint la majorité *absolue* des suffrages exprimés, en dehors de l'hypothèse surréaliste d'un partage des voix[44]. Aucun seuil de participation n'est exigé.

Cette disposition est capitale, tant pour l'élu, les partis politiques que le régime lui-même. Le but recherché, en 1962, a été pleinement réalisé : le président dispose d'une investiture *majoritaire*. Il est un délégataire à part entière de la souveraineté nationale (art. 3 C). L'effet *structurant* de l'élection a favorisé, ensuite, la mise en place du système majoritaire de la Ve République en contraignant chaque famille politique à s'unir autour d'un candidat. Concernant le régime, l'élection doit être regardée comme un *commencement* (V. Giscard d'Estaing), au point de provoquer logiquement des élections législatives *cohérentes* (F. Hollande) ou de *confirmation* conférant au chef de l'État les moyens parlementaires de sa politique. Car, à temporiser, le président encourt le danger, à terme, d'être désavoué, à l'image de Jacques Chirac, en 1997. *Les noces de la légitimité* (A. Camus) sont à ce prix. Ses expressions sont *équivalentes* mais aussi *concurrentes* : vaincu en 1995, Lionel Jospin sera vainqueur deux ans plus tard. Entre-temps l'inversion du calendrier, décidée en 2002, est à l'origine de leur couplage, gage d'unité et d'efficacité ; quitte à provoquer la désaffection des élections législatives (44,5 % d'abstentions au ballottage en 2012).

4. Le contentieux de l'élection présidentielle

1151 Le Conseil constitutionnel *examine les réclamations* (art. 58 C) ; le Conseil d'État déclinant sa compétence (6 mai 1966, *Dame Chaix, A.J.D.A.* 1966.II, p. 500). Ses chefs de compétence se répartissent ainsi : *avant* l'élection, il s'est reconnu *exceptionnellement* compétent pour statuer sur les requêtes dirigées contre les *actes préparatoires* ; il statue sur les réclamations relatives à l'établissement de la liste des candidats. À l'*issue* de l'élection, il examine la régularité du scrutin et juge, en appel, les comptes de campagne (v. *supra*, n° 1144). Il dispose, à cette fin, de *concours extérieurs*.

Il désigne, à cet effet, des *délégués* parmi les magistrats de l'ordre administratif ou judiciaire (au nombre de 2 000) chargés de suivre sur place les opérations et des rapporteurs adjoints choisis parmi les maîtres des requêtes au Conseil d'État et les conseillers référendaires à la Cour des comptes (art. 3. III de la loi du 6 novembre 1962, rédaction de la L.O. du 5 février 2001).

a) Les actes préparatoires

1152 En vertu de sa *mission générale de contrôle de la régularité des opérations électorales* (théorie des pouvoirs implicites) le Conseil constitutionnel s'est reconnu spontanément compétent pour statuer sur les requêtes dirigées contre des *actes conditionnant la régularité d'un scrutin à venir* dans les cas où

42. Aucun exemple n'est à mentionner, à ce jour. L'hypothèse aurait pu se produire, en 1965, lorsqu'après sa mise en ballottage, le général de Gaulle songea un instant à se retirer de la compétition.

43. La qualification de l'extrême droite, au second tour, a privé les électeurs d'un authentique choix. La frustration ressentie (le remords civique ?) est à l'origine de leur forte participation en 2007 (84,6 % au premier tour et 83,9 au second tour). V. S. SUR, *2002, élections abracadabrantesques*, 2002 ; P. PERRINEAU (sous la direction), *Le vote normal. Les élections présidentielle et législatives d'avril-mai-juin 2012*, 2013.

44. En ce cas, on pourrait raisonner, par voie d'analogie, avec les autres élections nationales ou locales, en tranchant pour le candidat le plus âgé (art. L. 126 et 262 du Code électoral).

l'irrecevabilité qui serait opposée risquerait de compromettre gravement l'efficacité de son contrôle des opérations électorales, vicierait le déroulement général du vote ou porterait atteinte au fonctionnement normal des pouvoirs publics (14 mars 2001, *Hauchemaille, D.* 2001 p. 1828, note P. Jan). À ce titre, le Conseil vérifie que les conditions de son intervention sont réunies (15 avril 2002, *Hauchemaille, Meyet et Cazeaux, chr.* n° 102, p. 151).

b) L'établissement de la liste des candidats

1153 Le Conseil est le juge du contentieux de *l'éligibilité* (art. 8 du décret du 8 mars 2001). Toute personne, dont la candidature n'a pas été retenue, peut présenter une réclamation (11 avril 1981, *Le Pen, Rec.* p. 75). En revanche, la requête est frappée d'irrecevabilité, si elle ne peut se prévaloir d'aucune présentation (11 avril 1981, *Scherne*, p. 74), ou si elle a été présentée avant la publication des candidats (5 avril 1995, *Guegan, Chr.* n° 74, p. 209) ou n'énonce aucun grief recevable (22 mars 2012, *Matagne* et *Bourson*, *idem*, n° 142) ou n'atteint pas le nombre requis des 500 présentations (22 mars 2012, *Lepage*, *idem*).

c) Les opérations électorales

1154 La régularité du scrutin peut être contestée par tout électeur qui doit faire porter *préalablement* au procès-verbal des opérations de vote sa réclamation, par suite les réclamations parvenues *directement* ou *tardivement* au Conseil sont irrecevables (proclamation du 10 mai 2012) ; le représentant de l'État dans les départements et les C.O.M. dans le délai de 48 heures, pour les opérations d'une circonscription et par tout candidat, dans le même délai, s'agissant de l'ensemble des opérations électorales (art. 30 du décret du 8 mars 2001). Après avoir procédé à des rectifications d'erreurs matérielles, à des redressements, le C.C. annule, sans procédure contradictoire, des résultats, en cas de manquements à la *sincérité*, à la *dignité* et au *secret* du vote, ou *d'entrave* à l'action de ses délégués[45].

Le Conseil proclame les résultats de l'élection du président de la République (art. 58 C). Après un entretien, au cours duquel le président communique à son successeur le code secret nucléaire, lui fait part d'affaires sensibles en cours, une cérémonie dépouillée d'installation, empreinte de civilité républicaine, à l'opposé de celle du 21 mai 1981, se déroule à l'Élysée en présence des corps constitués. Le président du Conseil constitutionnel y accueille le nouveau chef de l'État, lequel prononce une allocution. En revanche, la prestation de serment n'existe plus depuis 1848[46]. Le parallélisme des procédures veut que le Conseil reçoive la démission du chef de l'État, le cas échéant (précédent d'avril 1969).

45. En 2002, le juge a annulé les résultats d'un bureau de vote pour opposition, pressions et menaces à l'encontre de l'un de ses délégués (Paris, 13e) ; (déclaration du 24 avril) ; sur recours du préfet, les opérations de vote à Villemagne (Aude) pour violation de la *dignité du scrutin* (mise en place d'un dispositif de *décontamination*) (proclamation du 8 mai). En 2007, d'autres incidents ont été sanctionnés : absence d'isoloir à Besneville (Manche) ; bulletins de vote d'un candidat mis tardivement à la disposition des électeurs à La Chapelle-St-Laurent (Deux-Sèvres) (déclaration du 25 avril) ; absence de signature de la liste d'émargement à Poum (Nouvelle-Calédonie) (décision du 10 mai). En 2012, le président d'un bureau de vote s'oppose à la présence du délégué du C.C. à Pont-sur-Seine (Aube) ; la liste d'émargement des électeurs de Lissac n'est pas transmise à la préfecture de Haute-Loire ; le dépouillement des votes s'opère à huis clos dans un bureau de la commune d'Anglet (Pyrénées-Atlantiques) ; les bulletins de vote d'un candidat sont mis tardivement dans un bureau de vote à Limoges (Haute-Vienne) (déclaration du 25 avril) ; la présence quasi unique du président du bureau de vote, qui émarge à la place de certains électeurs à Artigue (Haute-Garonne) (proclamation du 10 mai). V. Cl. PHILIPPE, Le contentieux de l'élection présidentielle : aspects choisis, *Pouvoirs* n° 129, 2008, p. 183.

46. La tradition républicaine accorde ce jour, congé aux écoliers et lycéens ainsi que la levée des punitions dans les armées ; 21 coups de canon tirés depuis les Invalides saluent l'événement. Puis, le chef de l'État remonte les Champs-Élysées. Il se rend à l'hôtel de ville de Paris. Le président Sarkozy a innové en se déplaçant à Berlin, dès sa prise de fonction, le 16 mai 2007, à l'égal de son successeur le 15 mai 2012. Pour la première fois, la conjointe et la compagne (V. Trierweiler) des présidents ont participé à la cérémonie d'investiture, à cette dernière date. V. J. MASSOT, *La présidence de la République en France*, 1986, p. 21 ; J. VIGUIER, Gestes et mots symboliques de la passation des pouvoirs, *L.P.A.*, 9 juin 1995.

SECOND TOUR DES ÉLECTIONS PRÉSIDENTIELLES (1965-2012)

Dates	Électeurs inscrits	Suffrages exprimés	Candidats	Résultats
19 décembre 1965 (1)	28 902 704	23 704 434 (82 %)	**Charles de GAULLE** François MITTERRAND	13 083 699 (55,2 %) 10 619 735 (44,8 %)
15 juin 1969 (3)	29 500 334	19 007 489 (64,5 %)	**Georges POMPIDOU** Alain POHER	11 064 371 (52,8 %) 7 943 118 (41,8 %)
19 mai 1974 (4)	30 600 775	26 367 807 (86,1 %)	**Valéry GISCARD d'ESTAING** François MITTERRAND	13 396 203 (50,8 %) 12 971 604 (49,2 %)
10 mai 1981 (2)	36 398 762	30 350 568 (83,4 %)	**François MITTERRAND** Valéry GISCARD d'ESTAING	15 708 262 (51,8 %) 14 642 306 (48,2 %)
8 mai 1988 (1)	38 168 869	30 923 249 (81 %)	**François MITTERRAND** Jacques CHIRAC	16 704 279 (54 %) 14 218 970 (46 %)
7 mai 1995	39 976 944	29 943 671 (74,9 %)	**Jacques CHIRAC** Lionel JOSPIN	15 763 027 (52,6 %) 14 180 644 (47,3 %)
5 mai 2002 (1) (5)	41 191 169	31 062 988 (79,8 %)	**Jacques CHIRAC** Jean-Marie LE PEN	25 537 956 (82,2 %) 5 525 032 (17,7 %)
5 et 6 mai 2007 (6)	44 472 733	35 773 578 (81,3 %)	**Nicolas SARKOZY** Ségolène ROYAL	18 983 138 (53 %) 16 790 440 (46,9 %)
5 et 6 mai 2012 (2)	46 066 307	34 861 353 (80,3 %)	**François HOLLANDE** Nicolas SARKOZY	18 000 668 (51,6 %) 16 860 685 (48,3 %)

(1) Réélection du président en exercice. Le Général de Gaulle avait été élu, le 21 décembre 1958 au suffrage universel *indirect*.
(2) Défaite du président en exercice, à l'origine de l'alternance à gauche.
(3) Élection avancée en raison de la vacance de la présidence ; marquée par l'élimination de la gauche et le choix des institutions de la Ve République.
(4) Élection avancée en raison de la vacance de la présidence.
(5) Élection marquée par l'élimination de la gauche, référendum sur les valeurs de la République, en raison de la qualification de l'extrême droite.
(6) Première qualification d'une femme.

B. LE MANDAT PRÉSIDENTIEL

1155 Le chef de l'État est investi d'un mandat *représentatif* (art. 3 C), *personnel*, c'est-à-dire entier et *temporaire*, limité à cinq ans. Il est *rééligible*, en principe, une fois (art. 6, rédaction des L.C. du 2 octobre 2000 et 23 juillet 2008[47]). Il bénéficie de moyens en vue de l'accomplissement de sa mission.

1. La durée normale du mandat

1156 En rupture avec la tradition républicaine, inaugurée en 1875, la durée a été ramenée de sept à cinq ans, en 2000 ; soit, en *temps utile,* deux ans et demi, trois ans, au mieux.

a) La tradition du septennat

1157 C'est au début de la IIIe République (en attendant *le retour du lys*) que la loi du 20 novembre 1873 dite *loi du septennat* a fixé la durée du mandat du chef de l'État, en fonction de considérations personnelles, à savoir : *l'espérance de vie* du prétendant légitimiste, le comte de Chambord (*Henri V* pour ses partisans) *(supra).* On sait que devant l'intransigeance de celui-ci à remonter sur le trône de ses aïeux

47. Les constitutions de l'an VIII et de 1852 fixaient la durée du mandat des consuls et du président à 10 ans ; celle de 1848 (art 45) la limitait à 4 ans (art. 45), renouvelable une fois, mais pas immédiatement, ce qui fut la cause du coup d'État du 2 décembre 1851. *Dix ans, ça suffit,* scandait-on déjà en 1968 !

avec le drapeau blanc, les monarchistes ne désespèrent pas de restaurer la royauté, au prix d'un *votum mortis*. À cette fin, le maréchal de Mac-Mahon est élu président de la République, à la *manière d'un régent* en 1873, pour un septennat *personnel*[48], afin de *donner du temps au temps*, selon la formule du duc de Broglie, en attendant que *Dieu ouvre les yeux à Mgr le comte de Chambord ou daigne les lui fermer*[49]. Par la suite, l'amendement Wallon de 1875 transforma ce *misérable expédient* (Gambetta) en un septennat *impersonnel*. Les constituants de 1946 et de 1958 s'y rallièrent. En dehors de l'Allemagne de Weimar, aucune démocratie n'accordait un mandat de cette durée à un chef d'État puissant. La coutume créée par George Washington aux États-Unis (consacrée par le XXIIe amendement de 1951), limite à deux mandats de quatre ans, la fonction du *Chief Executive*. Mais, on ne comptait plus les septennats interrompus : *grosso modo*, une fois sur deux[50]. *A fortiori*, une réélection était non seulement malaisée, Valéry Giscard d'Estaing a échoué en 1981, mais réputée de mauvais augure. Seul, François Mitterrand l'a menée à son terme[51].

b) L'adoption du quinquennat

1158 Après l'échec du projet Pompidou, en 1973, une révision de la constitution a été opérée, en 2000, par voie de référendum (art. 89 C), qui fixe à cinq ans la durée du mandat. Il s'est agi, en favorisant la périodicité électorale, de prévenir le risque d'une cohabitation et donc l'abaissement du chef de l'État, en alignant le temps présidentiel sur le temps parlementaire. La concordance recherchée ne vaut, toutefois, que si l'on dénie à l'hôte de l'Élysée la possibilité de décéder ou de démissionner et d'user du droit de dissolution. Quinquennat rimerait-il avec postulat ? Le président est rééligible *immédiatement*, une fois[52], car, *deux fois cinq, c'est mieux qu'une fois sept* (G. Pompidou). Le quinquennat ayant renforcé l'autorité présidentielle, *il faut compenser la grandeur de la puissance par la brièveté de sa durée*, selon le précepte de Montesquieu[53].

Le mandat prend fin, normalement à l'expiration du délai préfix, après la *proclamation* de l'élection. Cependant, on peut s'interroger, avec le comité Vedel pour la révision de la constitution, s'il ne serait pas opportun d'en déterminer *la date* (au 15 mars par exemple) de manière à ce que la nouvelle élection se déroule en une période *utile* de l'année[54]. Le précédent américain plaide en ce sens.

48. Initialement, le projet retenait le principe du décennat. Le rapporteur à l'Assemblée étant favorable à un quinquennat, le maréchal de Mac Mahon (message du 17 novembre 1873) transigea, estimant que, compte tenu de son âge (63 ans), sept ans seraient plus en rapport avec ses forces. V. P. ALBERTINI et I. SICART, *Histoire du septennat*, 2001.

49. Petit-fils de Charles X, celui-ci était né en 1820 *(l'enfant du miracle)*. Il décédera en septembre 1883, exauçant, de la sorte, le souhait de la mort. L'affaire du drapeau qui a servi d'abcès de fixation dissimulait une hostilité au principe de la souveraineté nationale. Il ne voulait pas, selon sa formule, *être le roi légitime de la Révolution*. En revanche, l'autre prétendant orléaniste, le comte de Paris *(Philippe VII)*, petit-fils de Louis-Philippe, était favorable à la souveraineté nationale. Les événements en décideront autrement.

50. Dans l'histoire de la République, 12 présidents sur 23 ont assumé un mandat *entier* [Grévy (I), Loubet, Fallières, Poincaré, Doumergue, Lebrun (I), Auriol, de Gaulle (I), Giscard d'Estaing, Mitterrand (I et II)], Chirac (I et II) et Sarkozy. Le mandat le plus bref, est celui de Jean Casimir-Périer : 7 mois (juin 1894-janvier 1895) et le plus long, celui de François Mitterrand, avec 14 ans (mai 1981-mai 1995), puis ceux de Jacques Chirac (mai 1995-mai 2007, 12 ans) et du général de Gaulle (janvier 1959-avril 1969 : 10 ans et 3 mois). Cependant, celui-ci occupe une place à part, en raison de sa condition extraordinaire de *dictateur à la romaine* du 18 juin 1940 au 13 novembre 1945, puis de président du G.P.R.F. à cette date jusqu'au 20 janvier 1946.

51. Jules Grévy réélu en 1885, quitte sa fonction, deux ans après, atteint par ricochet par le scandale de son gendre, Wilson ; Albert Lebrun reconduit en 1939 est privé d'emploi le 11 juillet 1940 ; quant au général de Gaulle, son second mandat commencé en 1966, s'achève avec sa défaite référendaire, le 28 avril 1969. *Les pauvres !* (F. Mitterrand, 14 juillet 1993).

52. Mais, telle la constitution russe, un troisième mandat est concevable *ultérieurement* à l'image de Vladimir Poutine, en mars 2012.

53. V. O. DUHAMEL, *Le quinquennat*, 2001 ; J. MASSOT, Quinquennat et présidentialisation, *Mélanges Pierre Pactet*, 2003, p. 703 ; H. ROUSSILLON, *in* Du nouveau dans la constitution ? *L.P.A.*, 14 mai 2008, p. 12 ; F. GABRIEL, Le quinquennat, changement de rythme ou changement de fond, *Revue des Deux mondes*, janvier 2012, p. 146.

2. L'abrègement du mandat

1159 Dans quelles circonstances, le mandat du chef de l'État peut-il être écourté ? Deux éventualités se présentent, selon que l'abrègement est *naturel* ou *provoqué*.

a) L'abrègement naturel

1160 Il résulte soit du décès, soit de la démission volontaire. Dans cette dernière éventualité, le retrait peut être sans appel, ou au contraire, tactique. Rien ne s'oppose, en effet, à ce que le chef de l'État, à la manière du premier ministre britannique, provoque une élection anticipée, en s'y présentant, en un moment jugé favorable. Cette démarche pourrait également se présenter en cas de dissociation des majorités présidentielle et parlementaire (ou *cohabitation*).

b) L'abrègement provoqué

1161 Le chef de l'État est contraint à se retirer, en cas d'empêchement définitif, apprécié par le Conseil constitutionnel (art. 7 C) ; à la suite de la mise en cause de sa responsabilité *pénale* (art. 53-2) ou *politique* (art. 68) ou devant le peuple (*infra*).

3. Les moyens mis à disposition

1162 Le président dispose des moyens fonctionnels[55] et personnels[56] nécessaires à l'exercice de son mandat. Concernant son traitement, une coutume voulait, depuis la IIIe République, qu'il fût fixé par lui-même. Désormais, il est aligné sur celui du premier ministre (v. *infra*, n° 1271), à l'exclusion de toute autre somme, hormis celle à caractère familial (décret du 23 août 2012, *chr.* n° 144, p. 178). Son mandat est réputé *incompatible*, selon la tradition républicaine, avec toute fonction publique et activité privée : Jacques Chirac a renoncé à ses mandats de député de Corrèze et de maire de Paris en 1995 ; Valéry Giscard d'Estaing a cessé d'être ministre en 1974 ; Nicolas Sarkozy a quitté la présidence du conseil général des Hauts-de-Seine, en 2007. François Hollande s'est démis de ses mandats de député et de président du conseil général de Corrèze, en 2012. Mais, la conjointe n'est pas concernée :

54. Sous la Seconde République, l'élection présidentielle était fixée au 2e dimanche de mai (art. 46 de la constitution de 1848). La tentative d'assassinat contre Jacques Chirac, le 14 juillet 2002, à Paris, a relancé l'idée.

55. En dehors de son domicile privé, où il peut continuer à résider, la maison civile et militaire du chef de l'État comprend le palais de l'Élysée *(le château)* et ses annexes (hôtel de Marigny, palais de l'Alma, les 2 et 4 rue de l'Élysée à Paris) et le fort de Brégançon (Var). Le pavillon de La Lanterne au château de Versailles, qui était jusqu'en 2007, la résidence secondaire du premier ministre, est devenu cependant un lieu privilégié depuis Nicolas Sarkozy. En revanche, les résidences de Rambouillet et de Marly-le-Roi (Yvelines) et celle de Souzy-la-Briche (Essonne) ont été restituées, en 2009 et 2010, au ministre de la culture. Le budget de la présidence, fixé librement (art. 7-1, L.O.L.F. du 1er août 2001) ne donne lieu à aucun débat parlementaire, en application du principe de la séparation des pouvoirs. Mais, il est répondu aux questionnaires budgétaires des rapporteurs. Un pas décisif en vue d'une plus grande transparence a été franchi : depuis le 1er janvier 2008, il est soumis au contrôle de la Cour des comptes (rapport du 16 juillet 2009). V. R. DOSIÈRE, *L'argent de l'État*, 2012.

56. Le président dispose de collaborateurs choisis *intuitu personae* qui forment les *services de l'Élysée*. Ceux-ci s'articulent, en règle générale, en trois éléments : *Le secrétariat général de la présidence de la République*, au sein duquel, sous l'autorité d'un secrétaire général, des conseillers du président, regroupés en pôles d'action, suivent, selon un délicat euphémisme, un secteur de l'activité gouvernementale ; *le cabinet du président* et *l'état-major particulier du président.* Des personnes peuvent être rattachées directement au chef de l'État en qualité de conseiller spécial. Il s'agit, pour l'essentiel de fonctionnaires mis à disposition. Une convention est signée par le ministère concerné et l'Élysée ; lequel procède au remboursement. Depuis 1981, les documents officiels de la présidence sont remis aux Archives de France à l'issue du mandat. Ils adressent à la Haute Autorité pour la transparence de la vie publique, une déclaration de situation patrimoniale et une déclaration d'intérêts (art. 11. I de la loi du 11 octobre 2013) (v. *infra*, n° 1270). V. J. MASSOT, *Chef d'État et chef de Gouvernement*, 2e éd., 2008, p. 169. R. BACQUÉ et A. CHEMIN, Élysée. La vie de bureau, *Le Monde*, 17 mai 2013.

de manière inédite, Bernadette Chirac (*électron libre*, selon ses dires), conseillère générale de Corrèze et maire-adjointe de Sarran, a participé à la vie politique ; invitant les Français au *bon choix* au référendum, en 2005 et soutenant la candidature de Nicolas Sarkozy en 2007 et 2012 (la *bonne fée*) (v. *infra*, n° 1197).

Le mandat est, ensuite protégé, d'un point de vue pénal, par le délit d'*outrage à magistrat*, au sens de détenteur de l'autorité publique (art. 222 du Code pénal) (Cass. crim., 6 janvier 1900, S. 1902, I, 425). Celui d'offense au chef de l'État a été abrogé par la loi du 5 août 2013. Une sanction *disciplinaire* peut être prononcée à l'encontre d'un parlementaire qui se rend coupable d'*injures, provocations ou menaces envers le président de la République* (art. 73 R.A.N.)[57]. En sa qualité de *personne privée*, il a *droit au respect de sa vie privée*, dont le droit à l'image (art. 9 du Code civil). Il reste que le chef de l'État garde la haute main sur son parti, selon des procédures diversifiées.

C. LA RESPONSABILITÉ PRÉSIDENTIELLE

1163 Envisager la responsabilité du chef de l'État, sous la Ve République, c'est évoquer un *paradoxe*. Car il *n'est pas responsable des actes accomplis en cette qualité* (art. 67 C), qu'il agisse de concert avec le Gouvernement ou seul. Dans le premier cas, le premier ministre et *les ministres responsables* répondent de ses actes par le jeu de *contreseing* (art. 19 C). Cette responsabilité par transfert laisse ce dernier, à découvert dans le second cas. Aucune justification logique ne peut être avancée, en dehors de celle du privilège, d'autant plus exorbitant qu'il se relie en temps normal au présidentialisme. De sorte que la Ve République est parvenue à *dissocier* l'autorité et la responsabilité : *un président de tout, chef de tout et en définitive responsable de rien*, dénoncera François Hollande, le 2 mai 2012.

Mais, de manière exceptionnelle, cette dernière peut être appelée à jouer du point de vue politique et pénal. Loin d'être regardé comme un *prince intouchable* (P. Avril), le chef de l'État se présente aussi comme un justiciable particulier et *le premier des responsables* (N. Sarkozy).

1. Le principe de l'irresponsabilité présidentielle

1164 L'irresponsabilité traditionnelle dont se prévaut le chef de l'État revêt un caractère *fonctionnel*. Autrement dit, elle protège, non pas tant sa personne que le *mandat* dont il dispose (art. 3 C), à l'exemple des immunités parlementaires (V. *infra*, n° 1398). Les affaires de la ville de Paris, mettant en cause Jacques Chirac pour des actes *antérieurs* à son entrée en fonction, ont été à l'origine d'un problème d'interprétation. Il a appartenu au pouvoir constituant de le trancher[58]. L'article 67 C, à l'origine d'une immunité de fond et de forme, confirme le principe de l'irresponsabilité.

57. Pour avoir mis en cause l'honneur de résistant de François Mitterrand, trois députés d'opposition (F. d'Aubert, A. Madelin et J. Toubon) seront sanctionnés, pour la première fois, sous la Ve République, le 3 février 1984 (V. *chapitre IV*).

58. Préalablement, les juridictions judiciaires ont décliné leur compétence à propos des emplois fictifs de la ville de Paris. V. dossiers *R.F.D.C.* 2002, p. 15 et *R.D.P.* 2003, p. 53. Le C.C. (22 janvier 1999, *Cour pénale internationale, chr.* n° 90, p. 209) s'est prononcé pour le privilège de juridiction : *Pendant la durée de ses fonctions, sa responsabilité pénale ne peut être mise en cause que devant la Haute Cour de justice*. À l'opposé, la Cour de cassation (10 octobre 2001, *Breisacher, L.P.A.*, 30 octobre 2001, note P. Avril et J. Gicquel), a retenu une compétence *concurrente* : Haute Cour pour les actes de haute trahison ; juridictions pénales de droit commun pour les autres actes. Mais, au-delà, le C.C. et la Cour ont considéré que durant l'exercice du mandat, l'action publique était suspendue ; de même que la prescription. La commission Avril, créée en 2002, s'est ralliée à l'interprétation de la Cour de cassation (Rapport, D.F. 2003) ainsi que le pouvoir constituant. Le président Hollande souhaite, pour les actes antérieurs à sa prise de fonction,

a) *L'immunité de fond*

1165 En termes clairs, l'article 67 C énonce : *Le président de la République n'est pas responsable des actes accomplis en cette qualité.* Aucun d'entre eux ne saurait engager sa responsabilité politique, pénale ou civile. L'irresponsabilité est totale. Le président sanctuarisé est placé, en somme, *sous globe* (R. Badinter).

L'irresponsabilité est, tout à la fois, *absolue*, *perpétuelle* et *personnelle*. Le C.C. décline sa compétence à propos d'une intervention du chef de l'État au cours de la campagne législative (21 juin 1967, *A.N. Rhône, 4e, Rec.* p. 133). La création d'une commission d'enquête a été repoussée, en janvier 1994, à l'Assemblée nationale, concernant les relations financières de la famille Mitterrand et, en novembre 2009, à propos des sondages de l'Élysée (*chr.* n°s 70 et 133, p. 188 et 165). L'irresponsabilité subsiste à l'issue du mandat. Valéry Giscard d'Estaing a refusé d'être auditionné, en septembre 1984, dans le cadre de l'affaire des *avions renifleurs*, par une commission parlementaire d'enquête (*idem* n° 32 p. 169). Enfin, l'irresponsabilité est *propre* au chef de l'État ; elle ne couvre pas les actes de ses collaborateurs. *L'effet irradiant* (O. Beaud) a été rejeté (Cass., ch. crim., 19 décembre 2012, *Sondages de l'Élysée*, *chr.* n° 145, p. 196)[59].

b) *L'immunité de forme*

1166 Cette immunité entraîne l'*inviolabilité* du président, à l'exclusion des membres de sa famille. À ce titre, d'une manière générale, mais temporaire, il est soustrait à tout acte de procédure : *Il ne peut, durant son mandat et devant aucune juridiction ou autorité administrative française être requis de témoigner non plus que faire l'objet d'une action, d'un acte d'information, d'instruction ou de poursuite. Tout délai de prescription ou de forclusion est suspendu* (art. 67, al. 2).

Jacques Chirac a opposé un refus de témoigner, en 2007, dans l'affaire *Clearstream* (listings falsifiés mettant en cause des personnalités politiques) surgie au cours de son mandat ; de même en 2009, à propos de l'explosion de l'usine A.Z.F. à Toulouse ou d'être entendu par un juge, en 2011, dans l'affaire de l'attentat de Karachi. Conséquemment, un juge d'instruction ne peut pas perquisitionner la présidence. L'accès lui a été refusé, le 2 mai 2007, dans le cadre de l'affaire Borrel (décès d'un magistrat à Djibouti), car cette dernière n'est pas une administration *stricto sensu*, mais *la maison civile et militaire* du chef de l'État. En revanche, le juge a pu se faire remettre des documents en s'y rendant, en août 2008 (*chr.* n°s 122 et 128, p. 223 et 176). Le conjoint du président ne peut introduire... une action en divorce, sauf consentement mutuel. C'est ainsi que Nicolas Sarkozy a mis un terme à son union, fait unique sous la République, le 15 octobre 2007 (*chr.* n° 125, p. 180).

Cependant, au *terme* de son mandat, le président redevient un citoyen ordinaire, c'est-à-dire un justiciable de *droit commun*. Par suite, *les instances et procédures* [précitées] *auxquelles il est ainsi fait obstacle peuvent être reprises ou engagées contre lui à l'expiration d'un délai d'un mois suivant la cessation des fonctions* (art. 67, al. 3).

Jacques Chirac, après avoir été entendu, en qualité de témoin assisté, par un juge, en juillet 2007, dans l'affaire des emplois fictifs du R.P.R. de la ville de Paris, *antérieure* à sa prise de fonction, a été mis en examen à trois reprises pour abus de confiance, prise illégale d'intérêt et détournement de fonds publics, en novembre 2007, octobre et décembre 2009. Un protocole d'indemnisation de la ville de Paris sera conclu, en septembre 2010, entre les parties prenantes. Renvoyé devant le tribunal correctionnel de Paris, le 7 mars 2011, son procès a été suspendu à la suite d'une *Q.P.C.*, soulevée par un coprévenu. Mais, la Cour de cassation a refusé de la renvoyer au C. C., le 20 mai. Pour la première fois sous la République, le procès, en son absence, s'est conclu, le 15 décembre 2011, par la condamnation de

ne pas relever d'un statut spécial (entretien du 2 mai 2012). V. J.-M. SAUVÉ, *in La responsabilité du chef de l'État* (Société de législation comparée), vol. 12, 2009, p. 9.

59. En revanche, le droit d'accès aux documents administratifs (loi du 17 juillet 1978) s'exerce auprès des services présidentiels (TA Paris, 17 février 2012, *Avrillier*, concl. N. Rouland, *AJDA* 2012, p. 1113.)

l'ancien président, à deux ans d'emprisonnement avec sursis. Il a renoncé à faire appel (*chr.* n° 141, p. 191). Nicolas Sarkozy, mis en examen, le 21 mars 2013, à Bordeaux, pour abus de faiblesse à l'encontre de Liliane Bettencourt, a bénéficié d'une ordonnance de non-lieu, le 7 octobre suivant (*chr.* n° 149, p. 230). Il a été placé sur écoutes judicaires dans le cadre de l'affaire du financement de sa campagne électorale de 2007. Mis en examen pour corruption, après une garde à vue, le 2 juillet 2014, il a vivement réagi, en comparant la démarche *aux activités de la Stasi* (*Le Figaro*, 21 mars 2014), puis en dénonçant *l'instrumentalisation politique de la justice* (*TF1*, 2 juillet 2014).

Au surplus, l'irresponsabilité a pour corollaire *politique*, la règle du contreseing, bien que battue en brèche (art. 19 C) ; et en matière *pénale*, jusqu'en 2013, le délit d'offense au chef de l'État (art. 26 de la loi du 29 juillet 1881)[60].

La protection dont jouit le président ne fait pas obstacle, en revanche, de manière singulière, à ce qu'il introduise une action en justice, au civil ou au pénal, agissant comme un *citoyen ordinaire* (C.A. Versailles, 8 janvier 2010, *D.* 2010, p. 318). Au premier cas, Nicolas Sarkozy a eu gain de cause, le 5 février 2008 : condamnation de la compagnie aérienne Ryanair, par le TGI de Paris, qui avait utilisé à des fins publicitaires sa photo et celle de Carla Bruni (art. 9 du Code civil). Mais, il n'a pas obtenu, le 28 novembre suivant de la cour d'appel de Paris, l'interdiction de la commercialisation d'une poupée vaudou à son effigie, qui portait atteinte à sa dignité (*chr.* n° 129, p. 236). Au second cas, le président a déposé, le 7 février 2008, plainte pour faux, usage de faux et recel contre le site du *Nouvel Observateur*, pour un prétendu *S.M.S.* qu'il aurait adressé à son ancienne épouse. Il devait retirer sa plainte au reçu d'une lettre d'excuse de l'auteur de l'acte incriminé, le 19 mars. L'affaire a été classée, le lendemain (*chr.* n° 126, p. 210). Victime d'une infraction (escroquerie à la carte bancaire), la cour d'appel de Versailles lui a reconnu le droit de se constituer partie civile et lui a accordé l'euro symbolique de dommages et intérêts et une somme pour frais de justice (*D.* 2010, p. 318) ; arrêt confirmé par la Cour de cassation, le 15 juin 2012 (*R.F.D.A.* 2012, p. 1203, note O. Desaulnay).

Pour sa part, le président Hollande a refusé qu'il y ait *deux poids, deux mesures*, le 14 janvier 2014, selon la logique du procès équitable, en s'abstenant d'introduire une action contre l'hebdomadaire *Closer* qui avait révélé sa liaison avec une actrice (*chr.* n° 150, p. 163), à l'opposé de celle-ci.

2. La responsabilité exceptionnelle du président

1167 *Si le président de la République n'est pas un citoyen comme les autres,* selon Jacques Chirac, le 14 juillet 2001, il ne peut prétendre, cependant, être au-dessus des lois. Il demeure un justiciable, au sens politique et pénal.

a) La responsabilité politique

1168 Le périmètre de protection entourant le président n'est pas étanche. Il peut être emporté en cas de *destitution*, prononcée par la Haute Cour (nouvel article 68 C, rédaction de la L.C. du 23 février 2007), ou de *révocation* décidée par le pouvoir de suffrage, lorsqu'il engage sa responsabilité.

60. Le délit d'offense au chef de l'État était une curiosité avant 1958. On ne compte que six condamnations sous la IIIe République. À l'occasion de la crise du 16 mai 1877, l'apostrophe célèbre de Gambetta à Mac Mahon lui vaudra une poursuite ; de même un journaliste, qui commentait ainsi une image équestre du maréchal : *Le cheval a l'air intelligent, ma foi !* Trois condamnations seront prononcées sous la IVe République. À l'époque du général de Gaulle, plus de 500 condamnations le seront, en liaison avec le conflit algérien. Un manifestant, ayant brandi à Laval, une pancarte, au passage du cortège de Nicolas Sarkozy, répétant l'un de ses propos *(Casse-toi...)*, a été condamné le 6 novembre 2008, par le T.G.I. de cette ville (*chr.* n° 129, p. 236). Au terme de la procédure, pas un arrêt de la C.E.D.H., *Éon c/France*, celle-ci le sera, à son tour, le 14 mars 2013, pour *ingérence des autorités publiques* dans le droit à la liberté d'expression (art. 10 de la convention) (*chr.*, n° 146, p. 186). Par suite, la loi du 5 août 2013 (art. 21) a abrogé ce privilège exorbitant. V. O. BEAUD, À propos de la suppression du délit d'offense au président de la République, *A.J.D.A.*, 2014, p. 25.

α) La destitution

1169 Écartant la notion obsolète de haute trahison[61], l'article 68 C institue cette nouvelle procédure, distincte de celle de l'*impeachment* aux États-Unis : *le président de la République ne peut être destitué qu'en cas de manquement à ses devoirs manifestement incompatible avec l'exercice de son mandat.* Le fait générateur, fait déshonorant, découlant de la vie privée (scandale, turpitude) ou de la sphère publique (commission d'infraction), soit un acte *antérieur* à l'entrée en fonction ou *extérieur* à l'exercice normal du mandat présidentiel, porte une atteinte évidente à sa dignité. Dès lors, il s'agit, en vue de préserver la continuité de l'État, dans *des cas exceptionnels et graves de mettre fin, par des mécanismes présentant toutes garanties à une situation devenue intenable* (Rapport Avril, p. 35).

La destitution est prononcée par le Parlement constitué en Haute Cour (art. 68, al. 1er). De manière démonstrative, cette dernière cesse d'être qualifiée de *justice* comme naguère, afin de récuser le mélange *toujours calamiteux* (P. Avril) de la justice et de la politique. La réunion de la Haute Cour résulte de l'adoption par chaque assemblée d'une résolution, statuant par un vote identique à la majorité des deux tiers des membres la composant, de manière à exclure un vote partisan. *Toute délégation de vote est interdite.* Seuls sont recensés les votes favorables à la proposition de réunion (art. 68, al. 4), selon un mode de décompte calqué sur celui afférent à la motion de censure (art. 49, al. 2 C). Dès qu'une assemblée s'est prononcée, sa proposition est *aussitôt transmise à l'autre qui se prononce dans les 15 jours* (art. 68, al. 2)[62]. La Haute Cour, *présidée par le président de l'Assemblée nationale, statue dans le délai d'un mois, à bulletins secrets sur la destitution* (al. 3), à la même majorité et selon le même mode de décompte des voix précités. *Sa décision est d'effet immédiat (idem).* Une *Q.P.C.* est irrecevable (V. *infra*, n° 1558).

Outre le caractère contestable du vote secret qui contredit la nature transparente de la procédure, le président destitué n'en devient pas moins membre de droit et à vie du Conseil constitutionnel (art. 56, al. 2 C) ; ce qui ressortit à la gageure. Au reste, à l'opposé de son homologue américain, il n'est pas frappé d'inéligibilité au point d'être candidat à sa propre succession. Le dernier mot appartient au peuple, en définitive. La destitution sanctionne ainsi une responsabilité *institutionnelle*[63]. Quant aux faits constitutifs de la destitution, ils peuvent recevoir ou non une qualification pénale, ouvrir une procédure judiciaire et viser autant des actes commis pendant la durée du mandat que préalablement[64].

β) La révocation populaire

1170 La responsabilité du président devant le peuple souverain est particulière. Outre la référence bonapartiste de *l'appel au peuple*, elle plus affirmée qu'honorée. Non prévue

61. La haute trahison, ce *fossile constitutionnel* (P. Avril), se définissait comme un manquement grave ou manifeste du président aux devoirs de sa charge, énoncés à l'article 5 C, soit une violation grossière de la constitution. Il appartenait au Parlement de voter sa mise en accusation. L'instruction était confiée à une commission de la Cour de cassation. Le jugement était le fait de la Haute Cour de justice, composée de parlementaires (art. 68 C initial et ord. du 2 janvier 1959). V. J.-P. ROUGEAUX, La Haute Cour de justice sous la Ve République, *R.D.P.* 1978, p. 1019 ; G. BERGOUGNOUS, La normalisation de la fonction présidentielle est-elle possible ? Réflexion sur une exception française, *Mélanges Jean Gicquel,* 2008, p. 25.

62. La procédure relève d'une hypothèse de bicamérisme parfait. Mais, en l'absence de la L.O. prévue, elle revêt, en l'état, un caractère virtuel.

63. V. P. AVRIL, Responsabilité pénale, responsabilité politique : le cas du président de la République *in Responsabilité et démocratie*, 2008, p. 9.

64. Le précédent de l'article 43 de la constitution allemande de Weimar mérite d'être rappelé : le président du Reich pouvait être destitué par un plébiscite sur la proposition du Reichstag, prise à la majorité des deux tiers de ses membres. Si le peuple se prononçait contre la destitution, le président était considéré comme réélu et le Reichstag comme dissous. La constitution roumaine de 1991 a retenu la procédure analogue de la suspension de la fonction présidentielle (art. 95). Destitué par le Parlement, en avril 2007, le président Basescu a été confirmé par référendum, le mois suivant, comme à nouveau, en juillet 2012. V. V. DUCULESCU, *in La responsabilité du chef de l'État,* p. 33.

par la constitution, elle est laissée, en définitive, à l'appréciation de l'intéressé. Pour tout dire, *le déficit de responsabilité... est bien la principale faiblesse de nos institutions*[65], même si sa mise en cause peut se produire à la faveur des *élections nationales* et des *votations*[66]. De fait, *le véritable juge de paix, c'est l'élection* (N. Sarkozy), contrepartie à son *devoir d'agir*.

1. Les élections nationales, à l'occasion desquelles la souveraineté populaire s'exprime, se déclinent en élection présidentielle et élections législatives.

Au premier cas, la défaite du président sortant équivaut à sa révocation populaire. C'est la signification de l'échec de Valéry Giscard d'Estaing, le 10 mai 1981 et de celui de Nicolas Sarkozy, le 6 mai 2012 ; au demeurant, distancé dès le premier tour, de manière unique sous la Ve République. Autant dire que ce scrutin s'est transformé alors en référendum de rejet[67].

Au second cas, une défaite du chef de l'État, à l'issue de la consultation, à laquelle il a été partie prenante, mérite réflexion. Un désaveu infligé au président, quelle qu'en soit l'ampleur, en fin de législature, l'a conduit à se replier sur l'Aventin, à la lumière des précédents de 1986 et 1993. En contraste avec le général de Gaulle qui revendiquait *l'âpre joie d'être responsable* ou la confiance *explicite* de la Nation, au point de se remettre en cause en 1962, ses successeurs ont estimé que leur mandat devait être soustrait aux aléas électoraux : *Une élection législative, ce n'est pas une élection présidentielle... Il n'y a pas de raison de ne pas faire démissionner un député ou le président de la République s'il y a un changement de majorité dans un conseil municipal !* (F. Mitterrand).

De la même façon, une défaite consécutive à l'exercice du droit de dissolution (art. 12 C) n'est pas fatale au président, contrairement à l'aphorisme de Napoléon, selon lequel *il n'y a pas de mauvaises troupes, mais seulement de mauvais chefs*. Quoique très affaibli politiquement, Jacques Chirac est demeuré en place au soir du 1er juin 1997. *Le syndrome de Mac Mahon* a été transformé : *se soumettre sans se démettre*. La cohabitation a généré l'automutilation du président, relégué à la périphérie du régime, avant de rebondir, cependant, victorieusement en 1988 et 2002.

2. Les votations impliquent le même phénomène de *découplage*, en opposition avec la pratique gaulliste du plébiscite, arme à double tranchant. En posant une question de confiance au pays, le général de Gaulle était solidaire du *oui* qu'il appelait de ses vœux. En cas d'échec, tel *l'arroseur arrosé*, il ne pouvait qu'en tirer les conséquences en se retirant. Ce qu'il fît, le 28 avril 1969. Ses successeurs ont pris soin de se désengager de l'issue du référendum : Georges Pompidou, en 1972 ; François Mitterrand en 1992 (il n'y eut *ni vainqueur, ni vaincu*, pour le traité de Maastricht) et, plus encore, Jacques Chirac. À propos du quinquennat, les Français *répondent par oui, c'est très bien ; ils répondent par non, c'est très bien* (5 juin 2000). Il repoussera l'idée avec force, le 14 avril 2005, sur TF1, à propos du traité européen et demandera aux Français d'assumer leur *responsabilité*, le 26 mai, en délaissant la sienne, au soir de la défaite. Il subira un *contre-plébiscite explicite* (O. Duhamel) à l'effet dévastateur. Cette vision *monarchique de la démocratie* (J. d'Ormesson) est vouée à disparaître.

b) La responsabilité pénale

1171 Le président qui se rend coupable d'une infraction encourt une peine. Cette éventualité est consacrée dans l'ordre international. Elle est susceptible de l'être dans l'ordre interne.

65. N. SARKOZY, discours du 7 octobre 2008, *Académie des sciences morales et politiques*, n° 9, 2008, p. 19.

66. Selon René Capitant, *le suffrage, et lui seul, détient la souveraineté. Admettre que le chef de l'État pourrait légitimement se maintenir au pouvoir contre la volonté du peuple... c'est commettre un attentat contre le régime... Le peuple français a le droit de renverser le président de la République au cours du septennat* (*Écrits politiques*, 1971, p. 420).

67. Dans le discours d'Épinal, le 12 juillet 2007, celui-ci avait proclamé : *Il ne peut y avoir de pouvoir fort sans responsabilité forte*. Le président Hollande a repris cette antienne du *premier responsable : je ne délègue à personne d'autre cette responsabilité* (discours de Louviers, 5 janvier 2013).

α) La responsabilité au plan international

1172 La commission des *crimes les plus graves touchant l'ensemble de la communauté internationale*, c'est-à-dire odieux, est désormais sanctionnée. La convention de Rome, adoptée le 17 juillet 1998, a créé la Cour pénale internationale. Sa compétence *permanente*, pour la première fois dans l'histoire des relations internationales, est limitée aux crimes suivants : le crime de génocide ; les crimes contre l'humanité, les crimes de guerre et celui d'agression (art. 5). Le chef d'État qui s'en rend coupable relève de sa juridiction (art. 27). Après révision de la constitution (art. 53-2 C), la convention a été ratifiée (décret du 6 juin 2002). Elle est entrée en vigueur le 1er juillet suivant.

β) La responsabilité au plan interne

1173 Dans l'éventualité où les faits reprochés au chef de l'État recevraient, *au surplus,* une qualification pénale, dans le cadre de la procédure politique de la destitution *(supra)*, ils donneraient lieu, dans les termes du droit commun, à l'ouverture d'une procédure judiciaire, à l'issue de son mandat.

D. LA CONTINUITÉ DE LA FONCTION PRÉSIDENTIELLE

1174 Le fonctionnement sans défaillance est inhérent au pouvoir exécutif. *Le roi est mort, vive le roi*, disait-on sous la monarchie absolue[68]. La continuité de l'État qui lui est consubstantielle, est assumée à titre principal par le président (art. 5 C), selon des modalités appropriées[69].

Dans cet ordre d'idées, deux éventualités méritent d'être recensées, selon que la fonction présidentielle est suspendue ou interrompue. Tandis que la *suppléance* confiée au premier ministre (art. 21 *in fine C*) remédie à la première éventualité (*supra*, n° 1316), *l'intérim* exercé par le président du Sénat (art. 7 C) pallie la seconde.

Conformément à la tradition[70], la constitution de 1958 a fait choix de l'intérim, ou *l'entre-temps* (Littré), c'est-à-dire d'une solution *provisoire* de remplacement du président absent, à l'opposé de celle de la succession adoptée aux États-Unis, en faveur du vice-président. On se propose de décliner l'identité de l'intérimaire et l'étendue des pouvoirs dont il est titulaire au cours de cet intermède.

68. La formule est prononcée pour la première fois aux obsèques de Louis XII en 1515. Au préalable, l'effigie du roi mort était placée à côté de son cercueil jusqu'à l'apparition de son successeur. D'où la théorie des *deux corps du roi*, naturel et politique (E. Kantorowicz), car le roi ne meurt pas. V. Cl. LOVISI : *Introduction historique au droit*, 3e éd., 2007, n° 302.

69. Le principe de continuité est inscrit au cœur de l'État (v. art. 68 C, *supra* n° 1169). Outre le recours à l'article 16 C et la responsabilité et les pouvoirs en matière de défense (ord. du 20 décembre 2004) lorsque l'État est décapité, (v. *infra*, n° 1211), le président en nommant un premier ministre par intérim prend, selon l'article 5 C, *les dispositions nécessaires pour assurer la continuité de l'action gouvernementale* (C.C., 29 décembre 1989, *Loi de finances pour 1990, chr.* n° 53 p. 176). De même, il charge un Gouvernement démissionnaire de l'expédition des affaires courantes dans l'attente d'un nouveau premier ministre (art. 50 C). Le décret du 23 février 2006 dresse la liste des *ministres coordonnateurs des secteurs d'importance vitale* pour la vie de la Nation (*chr.* n° 118, p. 204), tandis que celui du 4 mars 2010 vise les pouvoirs des préfets de zone de défense et de sécurité (*idem* n° 134, p. 168). En l'absence de dispositions législatives permanentes en matière référendaire (art. 11, 88-5 et 89 C), il appartient au pouvoir réglementaire de fixer les modalités d'exécution de la décision du président (C.C., 6 septembre 2000, *Hauchemaille, chr.* n° 96 p. 1214). V. J. GICQUEL, Sur la continuité de l'État, *Mélanges Louis Dubouis*, 2002, p. 571.

70. La solution de l'intérimaire dans l'histoire constitutionnelle française n'a point varié, sauf son titulaire : *vice-président de la République* (art. 70 de la constitution de 1848) ; *conseil des ministres* (art. 7 de la loi constitutionnelle du 25 février 1875) et *président de l'Assemblée nationale* (art. 41 de la constitution de 1946). Dans cette dernière circonstance, à supposer, par ailleurs que la *dissolution* de l'Assemblée survint, ce dernier aurait assumé, en vertu de l'art. 52, le *triple* intérim du chef de l'État, du président du conseil et du ministre de l'intérieur. V. G. LIET-VEAUX, L'intérim de la présidence de la République, *R.D.P.* 1951, p. 1036.

1. L'identité de l'intérimaire

1175 L'intérim échoit, au premier degré, au président du Sénat et, au second degré, au Gouvernement (art. 7, al. 4 C) dans l'attente de l'élection du nouveau chef de l'État.

α) Le président du Sénat : intérimaire au premier degré

1176 Ce choix constitue une innovation de la Ve République. Une raison, tout à la fois historique, juridique et politique, a milité en ce sens.

Avant 1958, la présidence de la Haute assemblée était regardée comme l'antichambre de l'Élysée. Qui peut le plus, peut le moins, selon le proverbe.

La solution antérieure en faveur du président de l'Assemblée nationale (art. 41 de la constitution de 1946) procédait d'une démarche inconséquente. En effet, la dissolution de l'Assemblée frappe l'ensemble de ses membres, y compris son président. Si, au même instant, le chef de l'État défaille, le vide s'installe[71]. Désormais, la pérennité du Sénat, soustrait à la dissolution, assure en *toutes* circonstances, la *continuité* de la fonction présidentielle.

De surcroît, l'esprit *sénatorial* qui, pour une part, anime en 1958 les constituants, se traduit par la promotion de la seconde assemblée, et par ricochet, de son président jusques y compris dans l'ordre des préséances et des honneurs (décret du 13 septembre 1989) *(supra)*.

On s'est interrogé sur l'opportunité, au lendemain de l'attentat de Dallas, en 1963, dont fut victime John Kennedy de créer une *vice-présidence*. Mais l'idée s'est heurtée à l'hostilité du général de Gaulle, qui refusait d'avoir à ses côtés son *veuf*, et principalement à la logique *présidentialiste* qui tolère un attelage, certainement pas une troïka.

En tout état de cause, la situation actuelle du président du Sénat n'emporte pas une pleine et entière adhésion. À rebours du principe de la séparation des pouvoirs, ce dernier revêt l'allure d'un étranger, sinon d'un intrus, au sein de l'exécutif. Il faut y ajouter une moindre représentativité ; l'absence d'informations et de participation à la marche des affaires du vivant du président, et circonstance aggravante, son désaccord politique avec l'Élysée, comme ce fut le cas en 1969 entre le général de Gaulle et Alain Poher. Certes, propulsé à la tête de l'État, l'intéressé peut s'écrier, tel Léon Blum, *un autre homme doit naître en moi*. Mais cette situation n'en provoque pas moins une tension, entre sa condition minorée et ses attributions décuplées.

β) Le Gouvernement : intérimaire au second degré

1177 La fonction présidentielle ne saurait tomber en déshérence. Comme un malheur n'arrive jamais seul, en cas d'empêchement du président du Sénat, l'intérim est confié au *Gouvernement*, au terme d'une procédure inédite. Au demeurant, dès l'ouverture de l'intérim, celui-ci est entouré d'une garantie. À cet effet, les articles 49 et 50 C sont suspendus : sa responsabilité ne peut être engagée à l'Assemblée nationale[72]. Il conserve, cependant la *plénitude* de ses attributions[73].

71. Cet aspect ne devait pas échapper, du reste, à René Coty lorsqu'il signa le décret de dissolution, le 1er décembre 1955. À sa demande, un *modus vivendi* (simple accord *privé*, tout au plus) fut conclu, avec le président du conseil et ceux des chambres, au terme duquel, dans une circonstance de ce genre, le président de l'Assemblée nationale, tel Lazare, ressusciterait. On pourrait, par ailleurs invoquer, l'argument supplémentaire selon lequel il existe une *communauté d'origine* entre l'autorité défaillante et l'autorité suppléante. L'idée se vérifie pleinement aux États-Unis et en France, en 1958, lorsque le président était élu par les notables à l'instar des sénateurs. À l'opposé, le principe est perdu de vue depuis 1962. V. P. JUILLARD, La continuité du pouvoir exécutif, *Mélanges Georges Burdeau*, 1977, p. 159.

72. En revanche, la démission *volontaire* du Gouvernement reste possible, car l'article 8, al. 2 C n'est pas neutralisé en cas d'intérim. *A fortiori*, un ministre peut se retirer, à l'exemple de René Capitant, en 1969, ou de Jean Royer, en 1974.

73. Le projet mort-né de référendum, en 1969, transférait l'intérim au premier ministre, en bonne logique. Un cas de figure original de *vacance simultanée* de la présidence de la République et de celle du Sénat et de disparition des fonctions de premier ministre est envisagé, à la suite de la survenance d'événements interrompant le fonctionnement régulier des pouvoirs publics. À la manière d'un *super article 16 C*,

2. L'autorité de l'intérimaire

1178 En principe, le président intérimaire dispose, en vue d'assurer la *continuité de l'État* (art. 5 C), des *mêmes pouvoirs* que le président ordinaire (art. 7 *a contrario* C), pendant ce laps de temps. Par suite, il est habilité, entre autres, à promulguer les lois, à ratifier les traités, voire à utiliser, en cas de nécessité, les pouvoirs extraordinaires de l'article 16 C ; la sauvegarde de la patrie étant permanente, par nature.

En revanche, toute mesure tendant à mettre en œuvre *une politique personnelle* est bannie. Par voie de conséquence, trois attributions sont *exceptionnellement* soustraites au président intérimaire : le recours au référendum (art. 11 C) ; la dissolution de l'Assemblée nationale (art. 12), ainsi que la possibilité d'entamer ou d'achever une procédure de révision de la constitution (art. 89).

Ainsi, l'intérim aboutit à *geler* les situations acquises à l'ouverture de la vacance ou de l'empêchement définitif du président. En clair, il instaure une *trêve* entre les pouvoirs constitués.

Toutefois, les circonstances politiques sont de nature à l'altérer. Le premier intérim d'Alain Poher, en 1969 le vérifie, tandis que le second, en 1974, apporte tous apaisements[74]. À condition qu'il s'ouvre en un moment utile, avec un président du Sénat en bons termes avec le Gouvernement, sans ambition personnelle, ce régime constitue, à défaut de la panacée, un *moindre mal*. Simple *parenthèse* dans la vie constitutionnelle, la solution conservatoire de l'intérim est peut-être contestable, du point de vue de la continuité de l'exécutif. Mais elle est acceptable, au regard de la *logique démocratique*, en permettant, au plus bref, la tenue d'une nouvelle élection, à l'opposé du système de la succession. On n'a pas oublié, à ce propos, la paralysie des institutions américaines sous Gerald Ford entre 1974 et 1977.

§ 2. LE POUVOIR PRÉSIDENTIEL

1179 Au-delà de la personnification de l'État et de la République, quel rôle assume le président ? Comment exerce-t-il ses prérogatives ?

I. Selon la lecture présidentialiste ou parlementariste du régime, le président de la République assume, de façon *cumulée* ou *séparée*, une fonction juridique et politique : soit celle *d'arbitre* et de *premier responsable national* (G. Pompidou).

Gardien de la constitution, l'arbitre est ce *personnage impartial qui ne se mêle pas de la conjoncture politique*, selon le général de Gaulle en 1958 (*T.P.* II p. 300). Sa mission s'identifie au destin de la République et de la France. Loin de concilier comme jadis, il *décide*, tel un maître souverain. Le pouvoir arbitral revêt un caractère *spécifique* car *le pouvoir exécutif, c'est le Gouvernement* (R. Janot, *T.P.* I p. 69).

Le *premier responsable national* ou le *capitaine* (J. Massot) possède la qualité de *chef de la majorité parlementaire. Il fixe l'orientation de la politique française au-dedans et au-dehors* [et] *en contrôle à mesure le développement* (Ch. de Gaulle). De cette vision des choses découle un sentiment nuancé. Que le président français occupe une place enviable par rapport à ses homologues est indéniable : il réunit, à cet effet, l'avantage d'un long mandat à celui des pouvoirs cumulés d'un président américain et d'un premier ministre britannique. Bref, *un chef-roi sauf le nom et la durée*, selon le vœu exprimé jadis par le duc de Broglie. Mais, on ne saurait oublier que sa condition est variable en intensité, selon que les électeurs lui confèrent ou non, la qualité insigne de *gouvernant*. De sorte que le pouvoir présidentiel est voué à la superbe ou à l'humilité. Cette indétermination illustre la double lecture des institutions.

l'article L. 1111-4 du Code de la défense (rédaction de l'ord. du 20 décembre 2004), transfère la responsabilité au ministre de la défense ou, à défaut, aux autres ministres suivant l'ordre du décret de nomination (*chr.* n° 113 p. 235).

74. À l'adversité, consécutive au référendum du 27 avril 1969, succède en 1974, la sérénité dans les rapports entre Alain Poher et le Gouvernement. En renonçant au rôle du partisan, à cette date, pour celui du gardien vigilant de la compétition, le président du Sénat a grandement servi la cause de l'intérim. V. J. ROBERT, Les leçons d'un intérim, *Le Monde*, 26-27 mai 1974.

1. Si toute souveraineté procède du peuple, toute autorité émane du chef de l'État. Objet de la sollicitude des constituants, incarnation vivante du *régime présidentialiste*, il joint à la présidence traditionnelle des solennités nationales, celle des *destinées nationales*, comme le roi franc hissé sur le pavois. Assurément, le temps n'est plus où, selon Maurras, la République était *une femme sans tête*, car elle s'identifie à la présidence, comme les précédentes s'assimilèrent, au Sénat et à l'Assemblée nationale. Décideur, bâtisseur, pierre de fondation des institutions, le président mérite le titre de *monarque républicain*. Comment, ne pas entonner l'hymne présidentiel[75] ? En couplant la forme juridique et la force politique ou l'alliance du fait présidentiel et du fait majoritaire, sa fonction se résume ainsi : chef du parti majoritaire et de la majorité parlementaire, il détermine et dirige la politique de la Nation, selon le mandat que le peuple lui a confié. La révision de 2008 consacre cette démarche[76].

En vertu d'une solidarité politique, le Gouvernement et la majorité parlementaire sont mobilisés, voire instrumentalisés : ils mettent leurs prérogatives à la *disposition* du chef de l'État en vue de réaliser son projet. D'où la parenté entre l'art politique et l'art militaire, faits d'exécution, dès lors que le chef a assigné à ses subordonnés l'objectif à réaliser. Le pouvoir présidentiel irradie *tout* l'espace politique : *il a autorité sur l'ensemble des problèmes de la Nation* (P. Mauroy).

En somme, un chef de l'État dans la plénitude de l'acception : *mon mandat, c'est une noblesse* (F. Mitterrand). De cette vision *verticale*, résulte l'*unité* du pouvoir d'État, explicitée par le général de Gaulle, en 1964, sublimée par Nicolas Sarkozy, *l'omniprésident* et invoquée par François Hollande, en vue de finaliser ses *60 engagements pour la France*[77].

2. Après le flux, le reflux se manifeste en périodes de cohabitation, et tout particulièrement pendant une législature (1997-2002). Conformément à la logique *parlementaire* restaurée, le président est ramené à un rôle arbitral, tandis que le Gouvernement, adossé à sa majorité, est émancipé. Il recouvre l'autorité politique (art. 20 C). Le pouvoir d'État est réparti, cette fois-ci de manière *horizontale : le président de la République laisse le Gouvernement gouverner... et le Gouvernement laisse le président présider*, affirmera tout bonnement Lionel Jospin, le 16 mars 2000. Car, à cet instant, la constitution redevient une réalité, avec l'inversion de la dyarchie.

II. Quant au mode opératoire du pouvoir présidentiel, d'un point de vue *juridique*, il découle des termes de l'article 19 C, selon que le chef de l'État agit *seul* ou avec le *concours* du Gouvernement ; la ligne de partage résulte de la dispense ou de l'obligation du contreseing ministériel, c'est-à-dire de la *seconde signature* après celle de l'auteur de l'acte[78]. Il suit de là, que l'on étudiera successivement les pouvoirs *personnels* ou *autonomes* du chef de l'État et les pouvoirs *partagés* ou *conjoints* avec le Gouvernement, sachant qu'en dehors d'une cohabitation, ces derniers demeurent, d'un point de vue *politique*, en *indivision*[79].

75. Il faut garder à l'esprit la définition de la royauté donnée par Pellegrino Rossi, sous la Monarchie de Juillet : *le centre autour duquel tous les pouvoirs viennent se coordonner pour former un seul tout.* Cité par D. TURPIN, *Le régime parlementaire*, 1997, p. 21.

76. Cependant, le chef de l'État a perdu le privilège d'accorder une dispense en matière de mariage, lorsque *cela urge*, pour parler familièrement (art. 145 du Code civil, rédaction de la loi du 23 décembre 1970), et d'imposer, selon un droit régalien, la barrette cardinalice au nonce apostolique en France, depuis le concile de Vatican II en 1962. De même, il a renoncé à présider le Conseil supérieur de la magistrature (art. 65 C, rédaction de la L.C. du 23 juillet 2008).

77. D'où la double mobilisation, lancée le 16 mai 2013, au Gouvernement, dont la mission est de *faire réussir la politique que j'ai décidée pour le pays*, et à la majorité parlementaire, les *soldats de l'an II* en vue de *l'offensive de l'an II* (*chr*, n° 147, p. 185).

78. V. R. PIASTRA, *Du contreseing sous la Ve République*, thèse Paris-I, 1997 ; Chr. GUETTIER, Le contrôle juridictionnel des actes du président de la République, *R.D.P.* n° spécial 1998, p. 1719.

79. V. G. CONAC et J. LE GALL, *C.R.F.*, p. 229 ; Ph. ARDANT, L'article 5 et la fonction présidentielle, *Pouvoirs* n° 41, 1987, p. 37 et Arbitrage, *D.C.*, p. 40 ; J. FOURNIER, Politique gouvernementale : les trois leviers du président, *ibid.*, p. 63 ; B. PAYS, *L'article 5 de la constitution du 4 octobre 1958*, thèse Paris-I, 1987.

A. LES POUVOIRS PERSONNELS OU AUTONOMES DU CHEF DE L'ÉTAT

1180 Ces pouvoirs, qui expriment la *volonté propre* du chef de l'État (R. Janot), se rattachent à sa *fonction arbitrale* (art. 5 C) en tant qu'*instrument et répondant de la France* (Ch. de Gaulle). Ils témoignent de l'*effectivité* du pouvoir présidentiel, soit la *faculté de statuer* selon Montesquieu, ou le droit d'ordonner par soi-même. Pour prendre la mesure des choses, ces prérogatives qui fleurent bon *l'orléanisme*, se situent aux points cardinaux de l'espace politique. Selon la vision de Michel Debré, en 1958 : *le président n'a d'autre pouvoir que celui de solliciter un autre pouvoir :* le Gouvernement (nomination et acceptation de la démission du premier ministre, art. 8, al. 1er C) ; le Parlement (droits d'expression et de dissolution, art. 18 et 12) ; le Conseil constitutionnel (nomination de membres et saisine, art. 56, 54 et 61) et la Nation (recours au référendum et aux pouvoirs de crise, art. 11 et 16)[80]. Ces attributions irréductibles qui sont tributaires, cependant, de l'environnement politique, particulièrement en période de cohabitation, délimitent le *sanctuaire* ou le *pré-carré* présidentiel. Leur caractère arbitral commande leur rythme *intermittent* à l'opposé des attributions partagées avec le Gouvernement exercées au *quotidien*. À ces pouvoirs *propres*, on rattachera, par souci de réalisme, des pouvoirs *particuliers*.

1. Le président et le Gouvernement (art. 8, al. 1er C)

1181 Il appartient au chef de l'État de désigner le chef du Gouvernement. Ce *privilège* (J. Chirac) qui s'est avéré capital en des moments décisifs (1940, 1958) s'exprime ainsi : *le président de la République nomme le premier ministre. Il met fin à ses fonctions sur la présentation par celui-ci de la démission du Gouvernement*. De cette rédaction *asymétrique*, il résulte d'un point de vue juridique, que si le président nomme le premier ministre, il ne peut le révoquer, en dehors d'une règle *politique*.

a) La nomination du premier ministre

1182 En rupture avec les Républiques antérieures, le choix du chef du Gouvernement, appelé désormais *premier ministre* et non plus président du conseil des ministres[81], procède de la volonté du chef de l'État, à l'*exclusion* de celle de l'Assemblée nationale.

80. Conformément à la tradition, la démission du président de la République est regardée également comme un acte personnel, dispensé à ce titre du contreseing ministériel. Avant 1958, la démission était adressée aux chambres. En avril 1969, le général de Gaulle, comblant une *lacune*, a communiqué sa décision au premier ministre, lequel l'a transmise au C.C. (V. G. BERLIA, L'intérim présidentiel, *R.D.P.* 1969, p. 458). En revanche, le droit de grâce (art. 17 C), le référendum relatif à l'adhésion d'un État à l'Union européenne (art. 88-5) et la consultation relative à une collectivité située outre-mer (art. 72-4) sont subordonnés au contreseing ministériel.

81. Outre la fin d'une incorrection terminologique, car *expressis verbis*, c'était traditionnellement le chef de l'État qui présidait le conseil des ministres, le changement de dénomination accuse la hiérarchie au profit du président, en indiquant que le premier ministre n'est, après tout, qu'un ministre parmi d'autres, le premier *des* ministres comme aimait à le dire le général de Gaulle. À un autre point de vue, il est mis un terme au formalisme excessif qui voulait avant 1958 que l'ancien chef du cabinet contresignât le décret de nomination de son successeur qui, bien souvent, était à l'origine de son départ. En Italie, le président du conseil nommé par décret du président de la République contresigne ce dernier (art. 92 de la constitution de 1947). V. P. AVRIL, *C.R.F.*, p. 309.

En conséquence, *l'investiture* a été supprimée sous la Vᵉ République. Au reste, et volontairement, le choix du premier ministre intervenait, à l'origine, au cours de l'intersession parlementaire[82]. Il est clair qu'un Gouvernement existe, de nos jours, *indépendamment* d'une manifestation de volonté des députés. Il y a lieu d'ajouter que l'article 8 ne fait plus état de ce que la constitution de 1946 (art. 45) dénommait *les consultations d'usage*, auxquelles le président de la République procédait auprès des présidents des groupes parlementaires. En revanche, il lui est loisible de se rapprocher des présidents des assemblées parlementaires.

On ne pose pas de conditions au président de la République, opinait François Mitterrand, en 1986. *Il nomme qui il veut, mais il doit se placer en conformité avec la volonté populaire*. Il dispose d'un pouvoir *quasi discrétionnaire*. Son choix se porte, en principe, sur un député (Jean-Marc Ayrault, président de groupe, 2012) ou un ancien député (Manuel Valls, 2014). Mais, il peut désigner un sénateur (Jean-Pierre Raffarin, 2002 ; François Fillon, 2007), voire un non-parlementaire (Georges Pompidou, 1962 ; Raymond Barre, 1976 ; Dominique de Villepin, 2005), sans expérience ministérielle (Georges Pompidou ; Pierre Mauroy ; Jean-Marc Ayrault), en relation avec la composition politique de l'Assemblée. En cas contraire, celle-ci pourrait s'opposer à son choix, en refusant son concours au premier ministre ou en votant une motion de censure à son encontre (art. 49, al. 2 C). *Ce n'est pas un choix de confort, ce n'est pas le bon plaisir* (N. Sarkozy).

Le fait pour le premier ministre de poser ultérieurement la question de confiance aux députés (art. 49, al. 1ᵉʳ C) ressortit à la solidarité politique, tout au plus. En avril 1978, Valéry Giscard d'Estaing a tenu à dissiper tout malentendu : *Le Gouvernement a été nommé en application de l'article 8 C et il exerce normalement ses attributions. Il ne s'agit donc pas d'investiture. Investiture*, telle la flèche du Parthe, le mot annihile toute velléité de régime d'assemblée. En revanche, en cas d'empêchement du premier ministre, le président nomme un premier ministre par intérim, en vue d'*assurer la continuité de l'action gouvernementale* (C.C., 29 décembre 1989, *Loi de finances pour 1990, chr.*, nº 53, p. 176) ; le décret de nomination est contresigné par le premier ministre.

b) L'acceptation de la démission du premier ministre

1183 En droit strict, il appartient au seul premier ministre de présenter la démission du Gouvernement. Ainsi, le chef de l'État ne dispose pas du pouvoir de le révoquer. Cependant, *une convention de la constitution* l'y autorise en période présidentialiste.

α) L'interprétation présidentialiste

1184 *À l'heure où il me faut vous présenter la démission de ce Gouvernement :* La formule de Michel Rocard, le 15 mai 1991, est révélatrice de la *subordination politique* du premier ministre au chef de l'État[83]. À cet égard, le président est d'une essence

82. Cette séparation est à rapprocher de la conception de Napoléon qui, en 1804, déclarait : *Le Gouvernement n'est plus comme jadis une émanation du Corps législatif : il n'a plus avec lui que des rapports éloignés.* Mais, on relève des exceptions : nominations de Laurent Fabius en juillet 1984 (session extraordinaire du Parlement) ; d'Édith Cresson et de Pierre Bérégovoy (session ordinaire, en mai 1991 et avril 1992). François Fillon a été reconduit, en novembre 2010, au cours de la session unique.

83. Le général de Gaulle choisissait le premier ministre *de façon à ce qu'il soit son second.* D'où le leitmotiv de l'allégeance : *Notre régime ne pourrait pas subsister*, notait Pierre Messmer, *si les premiers ministres se servaient des moyens que la constitution leur offre pour s'appuyer sur l'Assemblée nationale contre le président de la République.* Pierre Mauroy observait : *Je suis là pour servir.* Jean-Pierre Raffarin déclarait : *Je le fais en serviteur*, Quant à Jean-Marc Ayrault, il constatait : *Nous avons une confiance réciproque ; on marche la main dans la main.* V. P. AVRIL, *Les conventions de la constitution*, 1997, p. 100 ; R. BACQUÉ, *L'enfer de Matignon,* 2008.

différente. On ne saurait, en effet, confondre l'élu du peuple avec la personne, qui ne doit son autorité qu'à sa *seule* volonté : *Il est normal que celui qui a été élu fixe le cap par rapport à celui qui est nommé* (N. Sarkozy). Ce lien de subordination découle, enfin et surtout, de la logique partisane. Le premier ministre ne dispose pas d'une confiance de rechange, lorsque celle de l'Élysée se dérobe. *Ma légitimité, c'est le président de la République* (J.-P. Raffarin)[84]. Songerait-il à se livrer à un jeu de bascule, en s'appuyant sur la majorité parlementaire, qu'il lâcherait la proie pour l'ombre. Car celle-ci n'est pas la sienne, mais la *chose* du président. Hors le soutien présidentiel, point de salut pour un premier ministre ! On connaît le propos de Jacques Chaban-Delmas en 1970 : *Que serait ce premier ministre qui s'accrocherait à son poste, qui se dresserait contre le chef de l'État ? Ce serait un triste sire !*

La règle politique est désormais fixée en ce sens : tour à tour, Michel Debré (avril 1962), Georges Pompidou (juillet 1968) et Jacques Chaban-Delmas (juillet 1972) ont été relevés de leur fonction. Le président Mitterrand n'a pas agi autrement en désavouant, en juillet 1984, Pierre Mauroy et en faisant part à Michel Rocard et à Édith Cresson de son intention de former un nouveau Gouvernement, en mai 1991 et avril 1992. Un échange épistolaire parachève le processus.

Cette dépendance fondamentale du premier ministre (*J'ai le bail locatif le plus précaire de Paris*, observait Michel Rocard) est attestée, en dehors de la *confirmation* périodique, à laquelle cède à son tour le président Hollande (*chr.* n° 145, p. 194), à titre principal, par la précaution de la lettre de démission en blanc signée le jour de la nomination à l'époque du général de Gaulle, et le rythme d'accomplissement du mandat présidentiel, soit un Gouvernement identifié à un objectif[85]. En conséquence, la responsabilité du premier ministre est appelée à jouer normalement devant le président et non plus devant les députés *(monisme inversé)*, tant que celui-ci demeure le chef de la majorité parlementaire. Faut-il rappeler qu'un seul Gouvernement a été censuré par l'Assemblée nationale, le 5 octobre 1962, précisément à un moment où le fait majoritaire n'existait pas encore.

β) L'interprétation parlementaire

1185 Cette logique est à l'origine d'un renversement de majorité (1986, 1993 et 1997). La sémantique retrouve son autorité : le premier ministre de la cohabitation est *indéboulonnable* (V. Giscard d'Estaing). À la tête de *sa* majorité, celui-ci s'impose au président, en dehors du recours à la dissolution de l'Assemblée.

2. Le président et le Parlement (art. 18 et 12 C)

1186 Leur relation s'exprime par l'exercice du droit respectif d'*expression* et de *dissolution* de l'Assemblée nationale.

84. Selon une pratique observée, le premier premier ministre du mandat présidentiel est un politique ; le second davantage un technicien (Jacques Chaban-Delmas et Pierre Messmer sous Georges Pompidou ; Jacques Chirac et Raymond Barre sous Valéry Giscard d'Estaing ; Jean-Pierre Raffarin et Dominique de Villepin sous Jacques Chirac), sauf cohabitation et unicité de premier ministre (François Fillon sous Nicolas Sarkozy).

85. Ce principe de rotation a été affirmé, avec force, par le général de Gaulle, le 31 janvier 1964 : *Le président, qui choisit le premier ministre... qui a la faculté de le changer, soit parce que se trouve accomplie la tâche qu'il lui réservait et qu'il veuille s'en faire une réserve en vue d'une phase ultérieure, soit parce qu'il ne l'approuvait plus.* Jacques Chirac partage cette interprétation : *Si je considérais que le premier ministre et le Gouvernement ne faisaient pas leur travail dans une période difficile aussi bien qu'il est possible, j'en aurais naturellement tiré les conclusions. Car c'est ma responsabilité* (déclaration du 14 juillet 1996). François Mitterrand assignait au Gouvernement une durée maximale de trois ans : *Cela correspond au temps de respiration de la démocratie* (entretien du 14 juillet 1991) avant d'ajouter : *Ça fait du bien de changer de premier ministre... !* (24 janvier 1992).

a) Le droit d'expression

1187 La communication avec les assemblées revêt deux aspects : la prise de parole ou l'envoi d'un message (le *cérémonial chinois* selon M. Thiers) (art. 18 C, rédaction de la L.C. du 23 juillet 2008) ; une lettre aux élus est toutefois concevable (précédent de Nicolas Sarkozy en 2011). Le chef de l'État peut honorer de sa présence une réception ou accepter une invitation à déjeuner (Georges Pompidou et François Mitterrand à l'Assemblée nationale, en 1971 et 1981).

α) La prise de parole

1188 Il est loisible au chef de l'État de s'exprimer *uniquement* devant les assemblées réunies à cet effet en Congrès à Versailles : *sa déclaration peut donner lieu, hors sa présence, à un débat qui ne fait l'objet d'aucun vote.* Mais, incidemment son irresponsabilité peut être affectée[86].

β) L'envoi d'un message

1189 La procédure et son contenu méritent examen. Selon la tradition républicaine, qui interdit d'hémicycle le chef de l'État depuis 1873, le message est adressé simultanément au président de chacune des assemblées. Par courtoisie et égards, les membres du Gouvernement et les parlementaires écoutent debout, la lecture qui leur en est faite. Le message ne donne lieu ni à débat, ni à une réplique des assemblées, telle jadis l'*adresse*. Celles-ci en donnent acte au chef de l'État[87]. Hors session, le Parlement est réuni spécialement à cet effet.

Une pratique veut que le président s'adresse aux assemblées au moment de son entrée en fonction, sauf Nicolas Sarkozy et François Hollande en juillet 2007 et 2012 ; lors de la survenance d'une crise majeure (Charles de Gaulle, en avril 1961 au moment du putsch d'Alger ; François Mitterrand en août 1990, après l'invasion du Koweït et, en janvier 1991, lors du déclenchement de la guerre du Golfe) ; à l'occasion d'une novation constitutionnelle (l'avènement du régime d'assemblée, en 1879, avec Jules Grévy, ou les deux versions de la Ve République, sous François Mitterrand, en juillet 1981 et avril 1986) ou à l'annonce d'une décision importante (fin de la guerre d'Algérie, en mars 1962 ou recours au référendum).

b) La dissolution de l'Assemblée nationale

1190 En vertu de l'article 12 C, la dissolution est l'acte par lequel le chef de l'État met un terme prématurément à la durée de l'Assemblée nationale (ou de la législature), et provoque des élections législatives anticipées[88]. Cette procédure *d'arbitrage populaire* est

86. Par un décret du 11 juin 2009, *non-contresigné,* Nicolas Sarkozy s'y est rendu, le 22 juin. Sa déclaration a été consacrée à la France confrontée à la crise. Les élus communistes et écologistes étaient absents. Les élus socialistes n'ont pas participé au débat (*chr.* n° 131, p. 183).

87. En 1924, après les élections qui ont amené au pouvoir le Cartel des gauches, le président Millerand a été obligé de constituer un *cabinet de lecture*, présidé par François-Marsal, pour faire lire un message. Mais, le message de René Coty, le 29 mai 1958, prévenant l'Assemblée nationale qu'il démissionnerait si le général de Gaulle n'était pas investi, reflétait sa pensée. À l'occasion du centenaire du Sénat, le président Giscard d'Estaing était présent, le 27 mai 1975. Préalablement. l'hémicycle avait été *déparlementarisé*. François Mitterrand s'est rendu dans la cour du Palais Bourbon, le 27 octobre 1982, pour rendre hommage à la mémoire de Pierre Mendès France. Jacques Chirac s'est adressé, le 22 janvier 2003, aux députés allemands et français réunis à Versailles, dans l'enceinte du Congrès. Au reste, le président se rend au C.E.S.E. (art. 69 C) et au Parlement européen. V. J.-Cl. MAESTRE, Les messages présidentiels en France, *R.D.P.* 1964, p. 392.

88. En revanche, le Sénat est soustrait à la dissolution, à partir de l'instant où il ne peut pas mettre en cause la responsabilité du Gouvernement (art. 49 et 50 C), dont elle constitue la contrepartie normale. Mais, en cette période, la Haute Assemblée assure *constitutionnellement la permanence de la représentation nationale* (R. Monory). Elle peut, à ce titre, se réunir à tout moment en vue d'exercer son pouvoir législatif (précédent du 6 juin 1968) et de contrôle. En 1997, les commissions ont tenu 26 réunions et procédé à l'audition de deux ministres. V. *Pour mieux connaître le Sénat*, 3e éd., 1993, p. 160.

destinée à protéger le régime, en dehors d'une tentation démagogique de fin de mandat, sachant qu'*une chambre ne meurt bien que si elle ne sait pas quand elle doit mourir* (P. Deschanel).

α) Le cadre juridique de la dissolution

1191 Une dissolution *présidentielle*, qui échappe au chef du Gouvernement, résume l'esprit des constituants de 1958. On entend, à la manière de Prévost-Paradol, que le président est investi d'un pouvoir *discrétionnaire* qui l'autorise à intervenir, en principe, à *tout moment* et pour *tout motif* jugés utiles. Avec la fin de la souveraineté parlementaire, la simplicité a succédé à la complexité de jadis ; le volontarisme à l'immobilisme. Mais en cas d'échec, à l'opposé de la logique parlementaire, la responsabilité présidentielle n'est pas mise en cause (précédent de Jacques Chirac en 1997).

• Le moment de la dissolution

1192 Le chef de l'État apprécie seul *l'opportunité* d'un recours au pays. Dès lors, la dissolution de la Ve République est *libérée* des entraves qui, jadis, en paralysaient l'exercice, jugé attentatoire à la prééminence des députés. À ce propos, il est tenu tout au plus de recueillir officiellement (par oral ou écrit) les *avis* simples des présidents des assemblées parlementaires et du premier ministre (al. 1er) et de respecter un calendrier, car *il n'est pas permis de laisser la Nation sans représentants* (E. Pierre).

Les élections générales ont lieu dans un délai de 20 jours au moins et de 40 jours au plus tard, après le décret de dissolution (al. 2)[89]. L'Assemblée ressuscitée se réunit de plein droit, le second jeudi, qui suit son élection. Si cette réunion a lieu en dehors de la période prévue pour la session ordinaire, une session est ouverte de droit (étendue au Sénat, au demeurant), pour une durée maximale de quinze jours (al. 3)[90].

Toutefois, la dissolution est *exceptionnellement* neutralisée dans trois circonstances réputées sensibles : intérim de la présidence de la République (art. 7, al. 4 C) ; recours aux pouvoirs extraordinaires (art. 16) et lorsqu'une *précédente dissolution* remonte à moins d'un an (art. 12, *in fine*), car selon l'adage : *dissolution sur dissolution ne vaut.*

89. Le décret présidentiel portant dissolution ressortit à la catégorie des *actes politiques* (appelée aussi *actes de gouvernement*) qui bénéficient de l'immunité juridictionnelle (C.E., 20 février 1989, *Allain, R.F.D.A.* 1989, p. 868, concl. P. Frydman). En conséquence, le C.E. (14 juin 1963, *Bellot, R.D.P.* 1963, p. 1211) et le C.C. (4 juin 1988, *Rosny Minvielle, chr.* n° 47, p. 194) déclinent leur compétence. En revanche, ce dernier la retient exceptionnellement, au titre de la théorie des *actes préliminaires*, s'agissant du décret portant convocation des électeurs (11 juin 1981, *Delmas, Rec.* p. 97 ; *Galienne*, 4 juin 1988, *chr.* n° 47, p. 194). En l'espèce, le juge a fait prévaloir les délais de l'art. 12, al. 2, ayant valeur constitutionnelle, sur ceux visés par le Code électoral (valeur législative) au moment du renouvellement normal de l'A.N. Mais, le C.C. se réserve d'apprécier si la liberté et la *sincérité* du scrutin sont respectées en raison de la brièveté du délai de dépôt des candidatures (v. *chapitre IV*).

90. Cette hypothèse, qui s'est vérifiée en 1968 et 1981, a rebondi en 1988. Élue les 5 et 12 juin, l'A.N. s'est réunie le 23, soit une semaine *avant* la clôture de la session ordinaire. L'esprit de l'art. 12, al. 3, a prévalu sur sa lettre : l'A.N. a continué à siéger de droit jusqu'au 7 juillet, de manière à ce qu'elle puisse bénéficier du délai normal d'installation de 15 jours, V. P. AVRIL, *C.R.F.*, p. 472.
Ce principe d'annualité n'a pas cours au Royaume-Uni (précédent de 1974), au moment même où ce droit... se *rationalise* (V. Ph. MORTON, Une innovation constitutionnelle : des législatures à durée déterminée au Royaume-Uni, *Pouvoirs* n° 141, 2012, p. 147) (V. *IIe partie*). À tout prendre, il est préférable aux contorsions allemandes de l'article 68 de la Loi fondamentale. Enfin, à titre de curiosité intellectuelle, en cas de dissolution arbitraire de l'Assemblée (outre la mise en branle possible de la procédure de la destitution), conformément à la loi Tréveneuc du 15 février 1872, les conseils généraux seraient théoriquement appelés à en assumer la suppléance *(supra)*.

Ce dernier signifie, en clair, que dès l'instant où le président en appelle au corps électoral, il s'engage par avance à respecter son verdict. Si l'on admettait le contraire avec le procédé des dissolutions *à jet continu*, comme en 1830, sous Charles X ou dans l'Allemagne d'Hindenburg des années 1930, le chef de l'État s'érigerait en supérieur du suffrage universel, en cassant, ni plus ni moins, sa décision. Bref, ce serait dissoudre le peuple lui-même et réaliser le fantasme du dictateur, selon Brecht. Des dissolutions répétitives ne peuvent qu'être abusives. On comprend, dès lors, l'intérêt pour le président à garder les mains libres en respectant le calendrier électoral. Appelé à gérer le temps, ce *don de Dieu* (Th. Mann), il maîtrise l'initiative politique ; ce qui est déterminant dans tout régime.

Au total, la dissolution de la Ve République renoue avec l'*orléanisme* : elle est *présidentielle* ou *royale*. En ce sens, elle relève de la seule décision du chef de l'État, qui en assume, en bonne logique, la responsabilité. Le premier ministre est réduit à un rôle consultatif. Pis encore, toute initiative de sa part est de nature à se retourner contre lui[91].

La réaction du président a été prompte : le chef du Gouvernement révoqué pour *usurpation de fonction*, à la limite, et les députés conservés. Les précédents de Michel Debré, en 1962, Georges Pompidou en 1968 et Jacques Chirac, en 1976, venant après un refus essuyé en 1974, l'attestent. La dissolution se présente, comme la pomme de discorde au sein de l'exécutif. Si, en d'autres termes, le chef de l'État avait encouragé cette tendance, insensiblement, on aurait assisté à un déplacement d'autorité au sein du pouvoir exécutif au profit du premier ministre, celui-ci empochant le bénéfice de l'opération, en cas de succès, et, en définitive, à un glissement insensible du présidentialisme vers le parlementarisme.

• Le motif de la dissolution

1193 Le président apprécie et avise. Il dispose, à son gré, de la dissolution devenue entre-temps *autonome*, n'étant plus liée comme jadis à la survenance d'une crise ministérielle, au vu des précédents de 1968 et de 1997. En contrepartie, celui-ci demeure placé devant le dilemme de Mac-Mahon, exposé par Gambetta en 1877 : *se soumettre ou se démettre*. Pour la première fois, en 1997, l'initiative du chef de l'État a été désavouée par les électeurs. Mais, Jacques Chirac est demeuré en fonction.

β) L'exercice de la dissolution

1194 La dissolution s'analyse, à titre principal en un mode de régulation d'une crise institutionnelle. Cependant, une utilisation tactique, selon la démarche britannique, pour la promotion de la majorité parlementaire s'est présentée.

• La dissolution : mode de régulation d'une crise institutionnelle

1195 On compare volontiers cette prérogative à la soupape de sûreté du régime, qu'il s'agisse de réduire ou de prévenir une crise, en vue de maintenir la *cohérence* du système majoritaire.

1. Les dissolutions prononcées par le général de Gaulle, le 9 octobre 1962 et le 30 mai 1968, illustrent la première finalité. Celle de 1962 est, sans doute, banale, mais sa portée a été capitale pour l'évolution du régime. En effet, au vote de la motion de censure, le 5 octobre 1962, atteignant de plein fouet le Gouvernement Georges Pompidou, le général de Gaulle réplique quatre jours plus tard, en renvoyant les députés devant leurs électeurs. Bref, une dissolution-*sanction* ou *rétorsion*. Sa portée, en revanche,

91. L'exercice solitaire trouve cependant des limites : Georges Pompidou, en mettant dans la balance le poids de sa démission, imposera son choix au général de Gaulle, le 30 mai 1968. Mais il remportera une victoire à la Pyrrhus et sera *placé en réserve de la République*, en juillet. De la même façon, Alain Juppé a pris une part déterminante dans la décision du président Chirac en 1997. V. Ph. LAUVAUX, *La dissolution des assemblées parlementaires*, 1983 ; A. CABANIS et M.-L. MARTIN, *La dissolution parlementaire à la française*, 2001.

est immense. Elle donne *naissance* au fait majoritaire et donc, pour l'essentiel, au régime présidentialiste ; ce fait qui, paradoxalement, la neutralisera.

La seconde dissolution, décidée le 30 mai 1968, est *originale* à tous égards. Non seulement, elle est *imposée* par le premier ministre ; non seulement, elle frappe une assemblée, qui, une semaine plus tôt, avait fait preuve de *loyauté* en repoussant une motion de censure, mais plus encore, elle s'analyse en un substitut de référendum, sans en subir les contraintes[92].

2. Les dissolutions décidées par François Mitterrand se rattachent à la seconde finalité. Le recours précipité au suffrage universel, les 22 mai 1981 et 14 mai 1988, était destiné à *parachever* l'alternance ou à accorder la majorité présidentielle à la majorité parlementaire.

• La dissolution : mode de promotion de la majorité parlementaire

1196 À la veille d'importantes échéances européennes, Jacques Chirac a souhaité disposer, le 21 avril 1997, d'un *nouvel élan* avec une *majorité ressourcée*, en tablant sur le pari d'une embellie et d'une opposition prise en délit de quiétude. Toutes choses égales par ailleurs, il s'est agi, en l'occurrence, d'une dissolution à la britannique destinée à conforter la coalition parlementaire en place[93]. Cette *initiative-boomerang* ou à contretemps, a ouvert une nouvelle période de la Ve République : celle de la *revanche* du régime parlementaire (v. *supra*, n° 1021). Dissoudre à l'anglaise pour régner à l'anglaise a été un comble : la condition du chef de l'État en a été bouleversée à l'image du régime jusqu'en 2002. Décision *malencontreuse*, reconnaîtra après coup l'intéressé.

Avec la fin de la souveraineté parlementaire, la dissolution a cessé d'être le *sabre de bois* d'antan (P. Reynaud). La Ve République est à l'origine de sa renaissance. Il s'agit, en clair, de la pièce maîtresse du pouvoir exécutif[94]. Son rôle *dissuasif*, accusé par son couplage avec le mode de scrutin, a été, à cet égard, la meilleure arme des Gouvernements réduits à une majorité *relative* tout au long d'une législature (1988-1993)[95]. Mais, on doit en souligner les limites politiques : la cohabitation ordinaire (le prélude à l'élection présidentielle) la rend inopérante ; *a fortiori*, après un échec comme en 1997. Reste à s'interroger sur son utilité après l'adoption du quinquennat : est-elle parasitée ou paralysée ?

3. Le président et le Conseil constitutionnel (art. 56, 54 et 61 C)

1197 Les deux gardiens et interprètes de la constitution ne peuvent qu'entretenir des relations privilégiées. À telle enseigne que le président trouvera refuge au Conseil, à l'issue de son mandat, en qualité

92. Le 24 mai 1968, le général de Gaulle avait annoncé un référendum sur la participation, qui allait se révéler impraticable, en raison des circonstances. De fait, remporter un référendum suppose la majorité *absolue* des suffrages exprimés, tandis que dans le cadre d'élections législatives, la victoire s'apprécie en *sièges*, compte tenu de la déformation inhérente au scrutin majoritaire à deux tours. En amenant, le 30 mai le chef de l'État à changer son fusil d'épaule, Georges Pompidou s'est révélé un fin manœuvrier. En effet, la majorité a obtenu près des trois quarts des sièges, avec seulement 43,5 % des suffrages exprimés.

93. À l'origine, le président Chirac était hostile à une dissolution de convenance. Il estimait, le 14 juillet 1996 qu'elle *n'a jamais été faite que pour trancher une crise politique*. Sachant qu'il n'y en a pas eue au lendemain de son élection, son recours eût été *une sorte de combine tout à fait contraire à l'esprit de nos institutions*, ajoutait-il. V. R. FERRETTI, La dissolution sous la Ve République, *L.P.A.*, 2 juillet 1997 ; Les élections législatives de 1997, *R.D.P.* 1997, p. 607.

94. Un Gouvernement renversé (hypothèse de 1962) est appelé *démissionnaire*. Il est chargé seulement de *l'expédition des affaires courantes*, c'est-à-dire ordinaire, étant donné qu'il est en sursis ou en survie. Si, entre-temps, la dissolution est prononcée, *quid* de ses pouvoirs ? Demeurent-ils amoindris, ou recouvrent-ils leur plénitude ? La question n'a pas été tranchée par le C.E. (19 octobre 1982, *Brocas, R.D.P.* 1962, p. 1881). On opinera en faveur de la première solution, de manière à maintenir *l'égalité* au regard de l'Assemblée nationale qui n'a fait qu'exercer son droit et, pour la seconde, en cas de survenance d'une crise.

95. Ce rôle de la dissolution a été invoqué par le président Giscard d'Estaing à l'encontre du R.P.R. entre 1976 et 1981.

de *membre de droit* (art. 56, al. 2)[96]. Dans l'attente de cet instant, le président y nomme des membres, après avis public des commissions permanentes compétentes des assemblées parlementaires (art. 13), ouvrant un recours à l'encontre de l'immunité d'antan (C.E., 9 avril 1999, *Dame Ba, A.J.D.A.* 1999, p. 418). Il exerce un droit de saisine (art. 54 et 61)[97].

a) Une autorité de nomination

1198 Le chef de l'État nomme un tiers des membres du Conseil ; un par renouvellement, mais trois en cas d'unité politique avec les présidents des assemblées ; de façon inédite, pour un président de gauche, en 2013 (art. 56 C). Il désigne le président de la juridiction, qui dispose d'une voix prépondérante en cas de partage (art. 56 *in fine*). Les commissions parlementaires des lois peuvent opposer leur *veto* à la majorité des trois cinquièmes des suffrages exprimés (art. 13 C). Sur proposition du président du Conseil, le chef de l'État nomme son secrétaire général (art. 1er du décret du 13 novembre 1959). Il reçoit, enfin, le serment des membres nommés (art. 3 de l'ord. du 7 novembre 1958). Mais, le principe de *l'inamovibilité*, dont les conseillers bénéficient, s'oppose à ce que l'autorité de nomination puisse mettre un terme à leur mandat, comme l'atteste le cas de Roland Dumas (*chr.* n° 89, p. 179).

b) Une autorité de saisine

1199 Comme d'autres autorités politiques (v. *supra*, n° 1044), il est loisible au chef de l'État de déférer au Conseil, soit un engagement international en instance de ratification (art. 54 C), soit une loi en instance de promulgation (art. 61). Le traité d'Amsterdam, en 1997 et celui de Rome créant la Cour pénale internationale, en 1998, ont été déférés sur saisine *conjointe* du chef de l'État et du premier ministre, en période de cohabitation (*chr.* nos 85 et 90, p. 169). En revanche, il s'est abstenu, à ce jour, en matière législative, refusant d'avouer son impuissance politique[98]. En outre, il peut produire des *observations*,

96. Avant 1958, l'ancien chef de l'État rentrait dans le rang. Certains retrouvaient un siège de sénateur (Deschanel, Millerand, Poincaré), ou devenaient président du conseil, en période de crise (Doumergue, Poincaré). Depuis 1958, un ancien président bénéficie d'une retraite, alignée sur celle de président de section au Conseil d'État, à laquelle est venue s'ajouter l'indemnité, en qualité de membre de droit et à vie du C.C. (art. 56 C). Un ancien président occupe le 5e rang dans l'ordre protocolaire de la République. Il bénéficie d'une protection policière, d'une voiture de fonction avec chauffeur ; de locaux dont la maintenance et les charges sont assumées par l'État ; deux personnes y sont affectées et sept collaborateurs permanents (décision du premier ministre du 8 janvier 1985). Il continue de disposer d'un passeport diplomatique (arrêté du 11 février 2009). La tradition veut qu'il emporte la moitié de la cave de l'Élysée ; qu'un timbre postal commémoratif soit émis à son décès et qu'une artère de la capitale porte son nom. V. R. DOSIÈRE, *L'argent de l'État*, 2012 ; Chr. BIGAUT, *Le statut des anciens présidents de la République, R.A.* 2009, p. 113.

97. La conjointe ou la compagne du chef de l'État (*la première dame*) dispose d'un statut résultant uniquement d'*usages* (*chr*, n° 147, p. 185). En principe, son rôle est limité aux engagements humanitaires, en dehors de Danielle Mitterrand, militante des droits de l'homme et de Bernadette Chirac, élue locale en Corrèze (v. *supra*, n° 1162). Mais Cécilia Sarkozy a participé, en juillet 2007, à la libération d'infirmières bulgares détenues en Libye. Au nom de la séparation des pouvoirs, elle a refusé d'être auditionnée par la commission d'enquête créée à l'Assemblée nationale (*chr.* n° 124, p. 193). Carla Bruni-Sarkozy a apporté son aide à la lutte contre le téléchargement illégal. Elle s'est prononcée sur l'affaire *Clearstream* (un *procès pénal, non politique*) en 2010, avant de tenir un rôle dans le film de Woody Allen, *Minuit à Paris*, l'année suivante. Valérie Trierweiler, journaliste, a été associée à la cérémonie d'investiture le 15 mai 2012. Son *tweet* lors des législatives, a été à l'origine d'un conflit vie privée-vie publique. Le premier ministre l'a invitée à conserver un *rôle discret. Les affaires privées se réglent en privé*, opinera le chef de l'État, le 14 juillet 2012, avant de la répudier en janvier 2014 (*chr.* n° 150, p. 163).

98. En périodes de cohabitation, il est intervenu, en conseil des ministres, laissant à l'opposition parlementaire le soin de réagir. Mais, il a agi en matière *conventionnelle* : le C.C. n'a pas relevé de contrariété à la constitution (30 décembre 1976, *Parlement européen, Rec.* p. 15 ; 22 mai 1985, *Abolition de la peine de mort, chr.* n° 35, p. 184) ; 9 août 2012, *TSCG*, n° 144, p. 172, sauf en matières européenne (9 avril 1992, *Traité de Maastricht*, n° 62, p. 180 ; 31 décembre 1997, *Traité d'Amsterdam*, n° 85, p. 169 ; 15 juin 1999, *Charte des langues régionales ou minoritaires*, n° 91, p. 215 ; 19 novembre 2004, *Traité constitutionnel*, n° 113, p. 222 ; 20 décembre 2007, *Traité de Lisbonne*, n° 125, p. 169) et internationale (22 janvier 1999,

lorsque le Conseil examine une *question prioritaire de constitutionnalité* (*Q.P.C.*) (art. 23-8 de l'ord. du 7 novembre 1958 modifiée) (v. *chapitre V*). Le président peut saisir la Haute Instance en cas d'empêchement ou de décès d'un candidat à la présidence de la République (art. 7, al. 9 C).

4. Le président et la Nation (art. 11 et 16 C)

1200 Le chef de l'État peut aussi provoquer *l'arbitrage* populaire à l'occasion d'un référendum (art. 11) et s'évertuer à assurer le salut de la patrie, en cas de crise majeure, en se portant à son secours (art. 16).

a) Le référendum législatif (art. 11)

1201 Cette expression de la souveraineté nationale (art. 3 C) se définit comme *une procédure exceptionnelle d'adoption de la loi par les citoyens*[99]. La démocratie semi-directe se substitue à la démocratie représentative : le peuple souverain, promu au rôle de *législateur d'un jour* (Ch. de Gaulle), décide en lieu et place du Parlement ; d'autant qu'il dispose désormais du pouvoir d'*initiative* (L.C. du 23 juillet 2008). Au reste, cette opération est distincte de celle relative à la révision de la constitution (art. 89), d'une part, et du référendum relevant de la compétence d'une collectivité territoriale (art. 72-1 C) et de la consultation des électeurs de cette dernière (art. 72-1 et 72-4), d'autre part.

α) La procédure référendaire

1202 Plusieurs questions se posent : quelles sont les autorités publiques habilitées à provoquer un référendum ? Quel en est le champ d'application ? Quel contrôle juridictionnel s'exerce ? Enfin, quelle en est l'issue ?

• Les initiants

1203 D'un point de vue littéral, l'article 11 modifié procède à une distinction entre le projet et la proposition de loi référendaire.

1. S'agissant du *projet*, l'initiative est partagée entre *le Gouvernement pendant la durée des sessions*, afin de permettre, le cas échéant l'exercice du contrôle parlementaire, comme en octobre 1962, et, sur *proposition conjointe des deux assemblées publiées au J.O.* (al. 1er)[100]. Lorsque le référendum est organisé sur proposition du Gouvernement, celui-ci fait devant chacune d'entre elles une déclaration suivie d'un débat

Cour pénale internationale, n° 91, p. 215 ; 13 octobre 2005, *Abolition de la peine de mort*, n° 117, p. 175). V. I. RICHIR, *Le président de la République et le Conseil constitutionnel*, thèse Paris-X-Nanterre, 1998.

99. V. F. HAMON, *Le référendum* 1995 ; F. GOGUEL, De la conformité du référendum du 28 octobre 1962 à la constitution, *Mélanges Maurice Duverger* 1987, p. 115 ; G. CONAC et J. LE GALL, *C.R.F.*, p. 402 ; S. DIÉMERT, *Textes constitutionnels sur le référendum*, 1993 ; M. GUILLAUME-HOFNUNG, *Le référendum*, 1987 ; J. GICQUEL, Brèves réflexions sur un binôme (art. 11 et 89 C), *in La démocratie continue*, 1995, p. 149 ; Le référendum, *Pouvoirs* n° 77, 1996.

100. La prévention à l'égard de la démocratie semi-directe explique la rareté de la démarche parlementaire qui relève du bicamérisme parfait. Quatre motions ont été adoptées par le Sénat (5 juillet 1984, loi Savary sur l'enseignement privé ; 19 juin 1985, loi électorale ; 18 décembre 1997, loi sur la nationalité ; et 2 juillet 2014, loi relative aux régions) qui seront repoussées par l'Assemblée nationale. L'opposition utilise la motion référendaire à la manière d'une motion de procédure, en vue de retarder l'ouverture de la discussion d'un texte sensible (réforme de la Poste, des collectivités territoriales, ou des retraites, en 2010 ; mariage homosexuel, en 2013). V. P. AVRIL, Référendum de la Ve République, *in Dictionnaire historique*, 2e éd., 2003, p. 1058 ; J. GICQUEL, Le référendum du 6 novembre 1988, *in Le référendum, quel avenir ?*, 1990, p. 89.

(al. 2), de manière à informer les citoyens. Il ne reste plus, dans ces conditions, au président de la République, sauf en période d'intérim (art. 7 *in fine* C), qu'à décider de la suite à donner au projet. En clair, l'article 11 lui confère, en théorie, un pouvoir discrétionnaire, tel un *veto*.

Le projet de loi est délibéré en conseil des ministres, après avoir recueilli successivement les *avis* secrets du Conseil constitutionnel et du Conseil d'État. De façon topique, le premier dispose, d'une compétence *consultative* en matière d'*organisation des opérations de référendum* (art. 46 de l'ord. du 7 novembre 1958). De même, il peut présenter des *observations* concernant la liste des formations politiques habilitées à participer à la campagne (art. 47). La pratique suivie est riche d'enseignements.

Le C.C. est dûment associé par le Gouvernement à l'élaboration des textes réglementaires au point d'évoquer une compétence *codécrétale*, c'est-à-dire partagée avec ce dernier. Outre le respect de l'exigence de *clarté et de loyauté* de la question posée (2 juin 1987, *Nouvelle-Calédonie, chr.* n° 43, p. 213), le Conseil se prononce *de facto* sur sa conformité à la constitution, à l'image de l'avis officieux de 1962. Par suite, l'avis simple est devenu un avis *conforme* liant l'exécutif. En transposant la jurisprudence relative au référendum constituant (25 juillet 2000, *Hauchemaille, chr.* n° 96, p. 218), il est permis d'opiner que désormais le Conseil, en vertu de la mission générale de contrôle de la régularité des opérations référendaires que lui confère l'article 60 C, peut *exceptionnellement* accueillir, *à ce stade*, au titre de sa compétence *juridictionnelle*, les requêtes mettant en cause la régularité des actes *préalables* à la votation[101]. Quant au second, le Conseil d'État, il émet un avis, en sa qualité de conseiller juridique du Gouvernement (art. 39 C).

2. La *proposition* de loi, innovation de la révision de 2008, s'analyse en un droit de la *minorité*. Elle résulte de l'initiative *partagée* d'un cinquième des membres du Parlement, soutenue par un dixième des électeurs inscrits sur les listes électorales (art. 11, al. 3 C). Ladite proposition est déférée *obligatoirement* au Conseil constitutionnel (art. 61) qui vérifie sa régularité, notamment celle des *opérations* de recueil des soutiens (art. 45-2 et 45-4 de l'ord. du 7 novembre 1958, rédaction de la L.O. du 6 décembre 2013). Sous le contrôle du C.C., le ministre de l'intérieur met en œuvre *le recueil des soutiens* (art. 3 de la L.O. précitée). Le soutien des électeurs inscrits sur une liste électorale est recueilli sous forme électronique (art. 5). La liste des soutiens peut être consultée par toute personne ; elle sera détruite, deux mois après la décision du C.C. (art. 7). Le financement des actions tendant à favoriser ou à défavoriser ledit recueil est organisé ; de manière *permanente* (art. L. 558-37 du Code électoral, rédaction de la loi du 6 décembre 2013) (v. *supra*, n° 1117). L'usurpation d'identité d'un électeur est sanctionné (nouvel art. L. 558-38).

Si, dans le délai de six mois après la déclaration de conformité du C.C., la proposition de la loi n'a pas été examinée, au moins une fois par chacune des assemblées parlementaires, le président de la République la soumet au référendum (v. *infra*, n° 1522). En cas de rejet par le peuple, une nouvelle proposition portant sur le même objet ne peut être présentée qu'à l'issue d'une période de deux ans (al. 6). Pour tout dire, une procédure acceptée du bout des lèvres, qui revêt un aspect virtuel[102].

• Le champ d'application

1204 Par dérogation à l'article 24 C, qui confie le vote de la loi au Parlement, l'article 11 offre aux électeurs la possibilité de se prononcer sur des sujets essentiels. *Il ne faut pas prostituer le référendum en le faisant jouer à tout propos*, estimait le général de Gaulle.

De fait, après un échec, en 1984, relatif à son extension aux *garanties fondamentales des libertés publiques*, trois sortes de textes de loi sont concernées portant sur *l'organisation des pouvoirs publics, sur des réformes relatives à la politique économique, sociale ou environnementale de la Nation et aux services publics qui y concourent, ou tendant à autoriser la ratification d'un traité qui, sans être*

101. Antérieurement, le C.C. ne statuait qu'à *l'issue* du scrutin (23 décembre 1960, *Regroupement national, Rec.* p. 67). V. P. JAN, Le contentieux administratif des actes préalables, *L.P.A.* 24 avril 2001 ; J.-P. CAMBY, Le référendum et le droit, *R.D.P.* 2001, p. 3.

102. Sous le bénéfice de réserves, le C.C. a validé (681 D.C.) la L.O. du 6 décembre 2013 (*chr.* n° 149, p. 222). V. S. DIÉMERT, Le référendum d'initiative minoritaire de l'article 11, révisé de la constitution, *R. F.D.C.* 2009, p. 55.

contraire à la constitution, aurait des incidences sur le fonctionnement des institutions[103]. La matière des *réformes*, introduite par la L.C. du 4 août 1995, et étendue à l'environnement par celle du 23 juillet 2008, ouvre un vaste espace, à l'exclusion des sujets de société (mariage gay, en 2013).

Si l'on s'accorde, sur l'interprétation *restrictive* afférente à une liste, la difficulté consiste à cerner la portée de dispositions qui cultivent l'ambiguïté.

Organisation des pouvoirs publics : cette circonlocution (empruntée au libellé de la loi constitutionnelle du 25 février 1875) s'avère réfractaire à l'interprétation, au terme de deux disputes politico-juridiques, en 1962 et 1984 *(supra)*. En l'absence de travaux préparatoires destinés à départager les opinions (ce qui a pour effet d'en limiter la portée), deux thèses ont été présentées : au sens étroit, la périphrase viserait la *structure* des pouvoirs publics (par exemple, le régime électoral des assemblées, le cumul des mandats ou la justice) ; au sens large, elle engloberait leurs *compétences* (*tout ce qui touche à l'organisation de l'État et aux responsabilités de la puissance publique* selon Michel Debré)[104]. À la vérité, il faut renvoyer dos à dos les bretteurs : *le choix entre les deux appartient aux autorités habilitées à appliquer cette disposition, c'est-à-dire le chef de l'État, en dernière instance* (P. Avril). L'article 11 est ce que les pouvoirs publics souhaitent ou veulent ce qu'il soit.

La dernière hypothèse se présente, au-delà d'une rédaction ampoulée, comme une modalité solennelle d'autorisation donnée au chef de l'État de ratifier un traité, à l'image de la construction européenne (1972, 1992 et 2005)[105].

Concernant l'organisation du référendum, en l'absence de dispositions législatives permanentes, *c'est au pouvoir réglementaire... qu'il incombe de fixer les modalités d'exécution de la décision* du président de la République (C.C., 6 septembre 2000, *Hauchemaille, chr.* n° 96, p. 214). Une réforme apparaît souhaitable[106]. Pour la première fois, un financement public des partis a été adopté (décret du 17 mars 2005).

• Le contentieux référendaire

1205 *Le Conseil constitutionnel veille à la régularité des opérations de référendum... Il en proclame les résultats* (art. 60 C). En vue d'assurer cette mission, il exerce une compétence juridictionnelle en *amont* et en *aval*. Outre la saisine *obligatoire* de la proposition de loi référendaire, à l'occasion de laquelle il examine et tranche les réclamations relatives aux opérations de recueil des soutiens à celle-ci (v. *supra*, n° 1203), il se reconnaît compétent *exceptionnellement*, au titre des opérations *préliminaires* (25 juillet 2000,

103. À l'opposé, le projet de loi autorisant la ratification d'un traité relatif à l'adhésion d'un État à l'Union européenne est un pouvoir *partagé* entre le chef de l'État et le Gouvernement. Il revêt un caractère facultatif (art. 88-5 C, rédaction de la L.C. du 23 juillet 2008) *(l'article turc)*.

104. Au colloque d'Aix-en-Provence, en 1988, consacré à *l'écriture de la constitution*, Raymond Janot a révélé qu'en 1958, l'expression avait été retenue pour son ambiguïté en vue de la décolonisation de l'Algérie. À propos du référendum calédonien de 1988, le Conseil d'État s'est rallié à une interprétation extensive de la notion d'organisation des pouvoirs publics au motif que l'ensemble des mesures destinées au rétablissement et au maintien de la paix constituait un tout indissociable des dispositions proprement institutionnelles (*E.D.C.E* n° 40, 1989, p. 83).

105. Pour l'essentiel, les rédacteurs de 1958 ont tiré les enseignements de la querelle de la C.E.D. *(Communauté européenne de défense)* sous la IVe République, en permettant le recours au peuple en matière de construction européenne et la saisine du C.C., en tant que de besoin (art. 54 C). Le style alambiqué de la formule de l'art. 11 s'explique par le fait que le traité de Rome de 1957 était incorporé dans l'ordre juridique national au moment de la naissance de la Ve République. V. la querelle constitutionnelle sur la C.E.D., 1954, *Droits* n° 16, 1992, p. 101 ; F. LUCHAIRE, L'Union européenne et la constitution, *R.D.P.* 1992, p. 1387 ; F. HAMON, *Le référendum*, 2e éd., 2012.

106. Le C.C. s'est prononcé pour la *pérennisation* des règles régissant les opérations référendaires : *il est d'avis que relève de la loi* (art. 34 C) *l'édiction de règles permanentes..., le pouvoir réglementaire devant se borner à en fixer les modalités d'application* (observations du 27 septembre 2000, *Rec.* p. 158). La L.O. du 1er août 2003 relative au référendum *local* (art. 72-1 C) s'est rangée à son opinion (*chr.* n° 108 p. 191) (V. *chapitre II*).

Hauchemaille, précité). Ainsi, il se réserve le pouvoir d'apprécier la *constitutionnalité* du projet de loi ; ce qui représente une avancée jurisprudentielle significative[107].

À l'issue, il examine les réclamations afférentes au déroulement des opérations (15 septembre 1992, *Caldaguès ; Lederman, chr.* n° 64, p. 214)[108].

Dans cet ordre d'idées, il désigne des délégués, parmi les magistrats judiciaires ou administratifs, chargés de suivre sur place les opérations (art. 48 de l'ord. du 7 novembre 1958). Simultanément, aux termes du règlement applicable pour les réclamations relatives aux opérations (décision du 5 octobre 1988, prise en application de l'art. 50 de l'ord. du 7 novembre 1958), tout électeur a le droit de contester la régularité du scrutin en faisant porter au procès-verbal des opérations, mention de sa réclamation (art. 1er). Le représentant de l'État dans les départements et collectivités d'outremer, le ministre des affaires étrangères pour les Français expatriés, peuvent introduire un recours, dans le délai de 48 heures suivant la clôture du scrutin (art. 2 et 3)[109]. Mais, le Conseil décline sa compétence à l'égard de la loi référendaire en tant qu'expression directe de la souveraineté nationale (6 novembre 1962, *Élection du président de la République, Rec.* p. 27 ; 23 septembre 1992, *Traité sur l'Union européenne, ibid.*, p. 94), à l'unisson d'une *Q.P.C.* (25 avril 2012, *Province Sud de Nouvelle-Calédonie* (*chr.* n° 150, p. 140) v. *chapitre V*).

• La promulgation de la loi référendaire

1206 Le C.C. proclame les résultats ; ce qui l'amène à procéder à des redressements, à des annulations de suffrages en cas de manquement à la sincérité et au *secret* du vote ou *d'entrave* à l'action de ses délégués. (V. proclamation du 1er juin 2005, *chr.* n° 115, p. 213). Le chef de l'État promulgue la loi (art. 10, al. 1er C). En dernier lieu, le juge formule des *observations*, en appelant l'attention des pouvoirs publics sur d'éventuelles réformes législatives et réglementaires.

À l'opposé du référendum local (L.O. du 1er août 2003) ou de législations étrangères (Italie, Pologne), aucun seuil de participation n'est exigé pour la validité du référendum (l'abstention a été de 63 % en 1988). En dernière analyse, il y a lieu de noter que la loi référendaire occupe, dans la hiérarchie des normes, la place de la loi à laquelle elle se substitue. Dans ces conditions, il est loisible au législateur ordinaire, de manière subséquente, *de modifier, compléter ou abroger des dispositions d'une loi référendaire, sous la seule réserve qu'il ne prive pas de garanties légales des principes de valeur constitutionnelle* (C.C., 9 janvier 1990, *Amnistie en Nouvelle-Calédonie, chr.* n° 54, p. 199).

β) La pratique référendaire

1207 À ce jour, huit référendums ont été organisés, dans l'attente d'une proposition minoritaire : deux se sont soldés par un échec, en 1969 et 2005 (v. *tableau ci-après*). La procédure a été contestée, délaissée au point de s'interroger sur son effectivité.

La contestation est née de la pratique gaulliste, qui a dénaturé le référendum en *plébiscite*, avec, cependant, le puissant correctif de la mise en jeu de la responsabilité du chef de l'État, comme en 1969.

107. L'existence de cette voie de recours parallèle a amené le C.E. à décliner sa compétence (1er septembre 2000, *Larrouturou*). Le C.C. a pu ainsi ériger un bloc de compétences (6 septembre 2000, *Pasqua, chr.* n° 96, p. 218). V. M. FATIN-ROUGE STÉFANINI, *Le contrôle du référendum par la justice constitutionnelle*, 2004.

108. Le C.C. a étendu *proprio motu* sa compétence aux consultations d'autodétermination (art. 53 *in fine* C), (C.E., 30 octobre 1998, *Sarran, chr.* n° 89, p. 178). Celles-ci se sont déroulées à Wallis-et-Futuna (27 décembre 1959) ; en Algérie (1er juillet 1962) ; à Djibouti (19 mars 1967 et 8 mai 1977) ; à Mayotte (8 février et 11 avril 1976) et en Nouvelle-Calédonie (13 septembre 1987 ; 8 novembre 1998, en application de l'article 77 C).

109. Par analogie avec une consultation électorale, la campagne référendaire implique l'intervention du C.S.A., après avis du C.C., en vue d'assurer le respect du pluralisme, en matière de propagande ; la participation des formations politiques suivant des critères *objectifs* d'habilitation (un nombre minimal de parlementaires ou seuil de 5 % des suffrages exprimés aux dernières élections législatives ou européennes) et, conséquemment, le financement public des opérations. V. H. SAVOIE, concl. sous C.E., 1er septembre 2000, *Larrouturou, R.F.D.A.* 2000, p. 998.

Au nom de la tradition républicaine, Pierre Mendès France devait dénoncer cet appel au peuple : *Un plébiscite, cela ne se discute pas, cela se combat !*

La relégation du référendum pendant 16 ans (1972-1988) peut trouver une explication dans l'exceptionnelle commodité de la logique majoritaire offerte au président. Le jeu bipolaire rend superfétatoire, à la limite, la démarche référendaire. Que reste-t-il du référendum, après le rejet du traité européen, le 29 mai 2005 ? Un bien faible espoir de survie : une institution insolite, sans contredit.

RÉSULTATS DES RÉFÉRENDUMS EN POURCENTAGE DES SUFFRAGES EXPRIMÉS (1)

I. 8 janvier 1961 autodétermination des populations algériennes. oui : 75,2	IV. 27 avril 1969 création des régions et transformation du Sénat. **non** : 53,1	VII. 20 septembre 1992 autorisation de ratifier le traité sur l'Union européenne. oui : 51
II. 8 avril 1962 approbation des accords d'Évian oui : 90,7	V. 23 avril 1972 autorisation de ratifier le traité d'élargissement de la CEE. oui : 67,7	VIII. 29 mai 2005 autorisation de ratifier le traité établissant une constitution pour l'Europe. **non** : 54,6
III. 28 octobre 1962 révision de la constitution (art. 6 et 7 C) oui : 62,2	VI. 6 novembre 1988 autodétermination de la Nouvelle-Calédonie oui : 79,9	

(1) Le référendum du 24 septembre 2000 relatif à la durée du mandat présidentiel (art. 6 C) relève, en revanche, de la procédure de révision de l'article 89 C (v. chapitre Ier).

b) Les pouvoirs de crise ou exceptionnels (art. 16 C)

1208 Une *dictature de salut public* destinée à assurer l'existence de la Nation, en cas de péril extrême, telle est la raison d'être de cette disposition fameuse.

Tout État libre où les grandes crises n'ont pas été prévues est à chaque orage en danger de péril. L'opinion exprimée, en 1772, par Jean-Jacques Rousseau *(Considérations sur le gouvernement de Pologne)* a le mérite de souligner qu'une démocratie, menacée dans ses œuvres vives, ne peut, sous peine de renoncer à son identité, que répliquer avec l'autorité attachée aux moyens de l'État de droit. Une démocratie s'épanouit dans l'adversité en respectant la légalité. C'est la raison pour laquelle il existe, en vue d'assurer *la légitime défense* de l'État ou de la République, qui lui est consubstantielle, un droit *de circonstances* caractérisé par le double souci de la prévisibilité des crises et la juridicité des ripostes[110]. C'est dans cette perspective qu'il importe d'accueillir le président de la République devenu, sur ces entrefaites, le cavalier de l'apocalypse.

110. La théorie des pouvoirs de crise tourne le dos à celle de la *nécessité* qui avait cours au XIXe siècle. Conformément à la doctrine allemande du *Notrecht*, l'État était habilité à se soustraire, de manière *improvisée*, à l'empire de la règle de droit. La violation du droit emportait, par la suite, *absolution*, en raison de la finalité poursuivie. En conséquence, l'adage *nécessité n'a point de loi* prenait tout son sens. On connaît le propos de Louis-Napoléon Bonaparte, après le coup d'État du 2 décembre 1851 : *La France a compris que je n'étais sorti de la légalité que pour rentrer dans le droit. Plus de sept millions de suffrages viennent de m'absoudre.* V. G. CAMUS : *L'état de nécessité en démocratie*, 1965 ; J. GICQUEL, Les états de nécessité, *in Droit constitutionnel et droits de l'homme*, 1987, p. 171.

Face à un danger exceptionnel (guerre, insurrection, entreprise de déstabilisation, *etc.*), que le Gouvernement n'est pas parvenu à juguler, il appartient au président en vue d'assurer *la continuité de l'État* (art. 5 C), de prendre *les mesures exigées par les circonstances*.

L'article 16, qui a suscité des appréhensions, se présente comme une constitution au sein de la constitution ; la constitution *des jours de tempête*, comparée à celle des *jours de miel* (A. Camus). À l'origine de la *suspension* de la constitution, il s'analyse en la régulation d'une crise exacerbée. À cette fin, le président incarne la dernière ligne de défense du régime, à l'image respectable du *dictateur de Rome*, en vue de rétablir la légalité républicaine compromise[111]. En sorte, cette disposition est *ambitieuse* : il lui faut réussir là où tout a échoué, autant qu'*avantageuse*, car elle se situe *aux côtés* du droit et non à côté, en communion avec le poète : *C'est la nuit qu'il est beau de croire à la lumière*. Ainsi, l'article 16 peut se résumer en *un remède extrême pour une crise extrême dans le respect de l'État de droit*, ou la gestion *paroxystique* d'une crise[112].

α) Les sources de l'article 16

1209 Les sources de la dictature de salut public sont, à la fois, lointaines et contemporaines.

Les premières sont respectivement : la dictature à la romaine ; l'article 92 de la constitution de l'an VIII et l'article 14 de la Charte de 1814 qui, de manière paradoxale, lors de sa mise en œuvre le 25 juillet 1830, provoqua *les Trois glorieuses* et la fin de la monarchie légitimiste *(supra)*.

Les secondes se rattachent à l'article 48 de la constitution allemande de 1919 qui, permettait au *Reichspräsident* de mettre en vigueur *l'état de nécessité*, en suspendant les dispositions relatives aux libertés et, principalement aux événements que la France connut en mai-juin 1940, lorsque l'État se disloqua sous les coups de l'ennemi. L'article 16, *c'est la constitutionnalisation de l'appel du 18 juin 1940* (R. Capitant). De fait, le général de Gaulle a *emmené avec lui la légitimité de la République*, selon son expression (*TP*, II, p. 301), tel le dictateur romain. Il sera toujours hanté par la déliquescence de l'État et n'aura de cesse, à partir du discours de Bayeux que, puisse survivre dans tous les cas, la République. En 1958, sa position est, en effet, que si, en 1940, le président Albert Lebrun avait eu des pouvoirs analogues à ceux inscrits dans l'article 16, il aurait eu, à la fois *la possibilité de transférer le siège des institutions et d'éviter le déchirement de la patrie*.

β) Le déclenchement de l'article 16

1210 Conçue et rédigée en termes de *raison d'État*, cette disposition, véritable *scénario-catastrophe*, se présente comme *l'ultime remède* à la paralysie qui menace les pouvoirs publics (tant au plan *national* que *local*), après *épuisement* des moyens gouvernementaux (v. *infra*, n° 1306). Sans se dissimuler la part d'artifice qu'elle inclut, car *toujours l'exceptionnel arrive* (A. Maurois), la mise en œuvre de cette *dictature constitutionnelle ou légale* est subordonnée à deux séries de conditions, tant *factuelles* que *formelles*[113].

111. Cincinnatus fut deux fois dictateur à Rome, en 458 et 439 av. J.-C. et retourna à sa charrue, en écho à la formule de Cicéron : *Salus populi suprema lex esto*. Il y a lieu de préciser, pour éviter toute interprétation tendancieuse, que la dictature à la romaine, à laquelle se rattache l'article 16 était *légale* et *temporaire* (six mois) à l'inverse de sa forme détestable à l'époque contemporaine, qui repose sur une usurpation de pouvoir et aspire à la pérennité. Principe de valeur constitutionnelle, *la préservation de l'environnement doit être recherchée au même titre que les autres intérêts fondamentaux de la Nation*, énonce le préambule de la Charte de l'environnement (C.C., 7 mai 2014, *Servitude de* pasage, *chr.* n° 151).

112. V. M. VOISSET, *L'article 16 de la constitution de 1958*, 1969 ; F. HAMON, *L'article 16 de la constitution de 1958*, D.F., 1986 ; F. SAINT-BONNET, Réflexions sur l'article 16 et l'état d'exception, *R. D.P.* n° spécial 1998, p. 1699.

113. L'article 16 a été étendu par voie conventionnelle à la principauté de Monaco (traité de Paris du 22 octobre 2002, *chr.* n° 118, p. 192).

• Les conditions de fond

1211 Deux conditions *cumulatives* (et non point alternatives) qui se situent dans un rapport *causal*, doivent se trouver réunies, afin que l'article 16 puisse être invoqué.

La première, *subjective*, consiste en une *menace*, qualifiée de *grave et immédiate*, découlant d'une guerre (civile ou étrangère) ; d'une grève générale à caractère insurrectionnel ; d'une subversion militaire (à l'image du putsch d'Alger, en avril 1961) ou d'un attentat terroriste nucléaire affectant *les institutions de la République*[114], *l'intégrité du territoire, l'indépendance de la Nation ou l'exécution de ses engagements internationaux*. On le constate ces formules, qui mobilisent les ressources de la sémantique, sont imprécises, à l'exception de celle afférente à l'assiette territoriale de la République. À défaut de la divination, les constituants ont laissé au seul chef de l'État, le pouvoir de constater et d'apprécier l'adéquation de la riposte aux faits.

En revanche, suivant une suggestion du *C.C.C.*, en 1958, la seconde condition revêt un caractère *objectif* et limite avantageusement la première. La menace dont il s'agit, doit aboutir à un résultat *tangible : l'interruption du fonctionnement régulier des pouvoirs publics constitutionnels*[115].

Ce que les événements de 1968 ont rappelé opportunément : le pouvoir y fut certes contesté, mais à aucun moment il ne fut entravé. Le général de Gaulle se rendit en Roumanie puis en Allemagne pour s'assurer de la fidélité de l'armée française. Quant au premier ministre, Georges Pompidou, il fit preuve d'une maîtrise exemplaire.

• Les conditions de forme

1212 L'article 16 impose au chef de l'État, avant qu'il ne franchisse le pas, l'accomplissement de deux formalités. Il est tenu de consulter officiellement le premier ministre, les présidents des assemblées parlementaires ainsi que le Conseil constitutionnel[116]. Mais les avis recueillis ne sauraient le lier. Il doit aussi adresser un message à la Nation, ce qui implique une justification de son bon droit à agir, en vue d'emporter son adhésion. Il peut aussi communiquer avec le Parlement (précédent du message du 25 avril 1961). En définitive, il appartient au chef de l'État devant l'histoire, de trancher le nœud gordien, en recourant et en renonçant à son usage.

γ) Les effets de l'article 16

1213 Cet article ouvre une *parenthèse* dans la vie publique en *suspendant* la constitution. L'autorité, en tant que nécessité, est accordée, de manière *exclusive* au président ; les autres pouvoirs sont subordonnés à sa mission de sauvegarde de l'État. Le Parlement se réunit de plein droit ; l'Assemblée nationale ne peut être dissoute.

114. L'expression englobe non seulement les pouvoirs publics, mais aussi les *personnes* qui, localement, les incarnent, au plan civil (préfets) ou militaires (officiers généraux exerçant un commandement territorial). Lors du putsch d'Alger en 1961, un ministre (Robert Buron), en tournée d'inspection, fut arrêté par les rebelles.

115. Un *article 16 aggravé,* l'État étant décapité par suite de la *vacance simultanée* des présidences de la République et du Sénat et des fonctions de premier ministre, confie la responsabilité de la défense au ministre de la défense, en cas d'interruption du fonctionnement des pouvoirs publics (art. L. 1111-4 du Code de la défense).

116. L'avis doit être *motivé* et *publié* au *J.O.* (art. 53 de l'ord. du 7 novembre 1958) (V. la séance du 23 avril 1961, *Les grandes délibérations,* p. 82). À supposer que le C.C. exprime des réserves ou un refus, le chef de l'État hésiterait à franchir le Rubicon, de crainte d'être considéré comme un usurpateur. Sous couvert d'avis consultatif, celui-ci est associé à la mise en œuvre de l'article 16, puis à sa fin (L.C. du 23 juillet 2008).

• La concentration du pouvoir en vue de la mission de sauvegarde de l'État

1214 Tel le *deus ex machina, le président de la République prend les mesures exigées par (les) circonstances* énonce, en termes laconiques, l'article 16. En clair, il est habilité à concentrer le pouvoir entre ses mains, à recourir à l'emploi d'armes nucléaires, si nécessaire[117] ; en un mot, à se *substituer provisoirement* au Parlement et au Gouvernement. Agissant par *décisions*, il intervient en lieu et place de la loi ou du décret. Mais, sauf à le dénaturer ou à le diaboliser, l'article 16 n'est pas synonyme d'arbitraire. Il ne confère pas les pleins pouvoirs au président. Des limites représentatives de l'État de droit se dressent sur son chemin. Il importe de recenser ces *garde-fous*.

La fin ne justifie pas tous les moyens et la force des événements ne le cède en rien à celle du droit. La légalité est, tout au plus, assouplie et nullement anéantie. Il s'agit d'un *droit* de circonstances. Par voie de conséquence, la première limite découle de la *finalité* poursuivie : *assurer aux pouvoirs publics constitutionnels... les moyens d'accomplir leur mission* (al. 3). Ce qui interdit d'envisager la *banalisation* de cette disposition.

C'est ainsi, qu'on ne peut justifier sur ce fondement, la *révision* de la constitution, en dehors de l'article 89, car ce serait ignorer le but assigné au chef de l'État, qui consiste à briser la crise grave, afin de *remettre les institutions sur la voie*, c'est-à-dire *en l'état* (C.C., 2 septembre 1992, *Traité sur l'Union européenne, chr.* n° 64, p. 191). En revanche, il lui est loisible de *suspendre* l'application d'un article de la constitution, ainsi que des lois[118]. *On ne doit jamais arrêter le pouvoir sacré des lois que quand il s'agit du salut de la patrie*, opinait Jean-Jacques Rousseau dans le *Contrat social*. Dans le même ordre d'idées, l'article 16 ne saurait paralyser l'alternance[119]. Ce serait une *erreur monstrueuse* (R. Capitant) ; un comble, en un mot. En termes gaulliens, le président doit assurer *le salut de l'État*, et non se soucier d'une péripétie électorale.

Une seconde limite, tirée de la *durée* de la crise, vient à la rescousse. Celui-ci est tenu de faire diligence, en agissant *dans les moindres délais* (al. 3) ; ce qui a pour effet de repousser *la pérennisation* dudit article. À cet égard, au-delà de 30 jours d'exercice, le Conseil constitutionnel est appelé à se prononcer par un avis publié sur son maintien. Mieux, il intervient de *plein droit,* au terme de 60 jours d'utilisation (al. 6, rédaction de la L.C. du 23 juillet 2008)[120].

Une troisième limite, à caractère *procédural*, est à mentionner : chaque décision prise doit recueillir au préalable *l'avis* du Conseil (art. 54 de l'ord. du 7 novembre 1958). Mais cette fois-ci, l'avis demeure secret, tant que le président n'en décide pas autrement.

Enfin, la logique de l'État de droit se décline en *contrôles*. Un contrôle *juridictionnel* est exercé par le Conseil d'État, d'un point de vue *minimal* (2 mars 1962, *Rubin*

117. La Cour internationale de justice (avis consultatif du 8 juillet 1996, p. 266) en a justifié le recours *dans une circonstance extrême de légitime défense dans laquelle la survie même d'un État serait en cause.*

118. Les décisions des 26 avril et 17 juin 1961 ont suspendu l'inamovibilité des magistrats du siège, en Algérie, en dépit de l'article 64 C. L'affirmation selon laquelle *nul ne peut être condamné à la peine de mort* (nouvel article 66-1, rédaction de la L.C. du 23 février 2007) trouverait sa limite, en l'occurrence. À la veille des élections législatives de 1967, cette dangereuse opinion avait été avancée par M. Debré et A. Sanguinetti, dans l'éventualité d'une victoire de l'opposition qui déboucherait sur *l'interruption du fonctionnement des pouvoirs publics.*

119. En 1961, le putsch du *quarteron de généraux en retraite* à Alger, a duré cinq jours et l'application cinq mois (23 avril-29 septembre). Autrement dit, l'absence de proportionnalité dans la temporalité est sanctionnée désormais sur recours parlementaire ou *autosaisine* du C.C.

120. En 1961, le putsch du *quarteron de généraux en retraite* à Alger, a duré cinq jours et l'application cinq mois (23 avril-29 septembre). Autrement dit, l'absence de proportionnalité dans la temporalité est sanctionnée désormais sur recours parlementaire ou *autosaisine* du C.C.

de Servens, G.A. nº 82)[121] et *normal*, s'agissant d'une mesure individuelle d'exécution (23 octobre 1964, *D'Oriano, D.* 1965.9, note D. Ruzié), à l'exclusion du Conseil constitutionnel, qui ne peut se prononcer que sur la conformité d'une loi (art. 61 C), sauf renvoi d'une *Q.P.C.* (art. 61-1 C) (v. *infra*, nº 1559). Le contrôle *politique* subsiste, de son côté, parallèlement à la vigilance des citoyens ; le Parlement étant réuni de *plein droit*, lors de la mise en application de l'article 16 (al. 4). L'Assemblée nationale bénéficie d'une *garantie d'existence* : elle est soustraite à la dissolution (al. 5). Si d'aventure, elle avait été renvoyée, elle devrait être rappelée, en bonne logique.

• La subordination des autres pouvoirs

1215 Le Gouvernement est appelé à finaliser la volonté présidentielle. Le pouvoir du Parlement est ravalé à celui d'un témoin de moralité politique. En 1961, le général de Gaulle lui a dénié le droit de débattre sur des objets *étrangers* à l'article 16 (lettre du 31 août à M. Debré). De son côté, le président de l'Assemblée nationale a décidé, le 12 septembre, qu'une motion de censure ne pouvait pas être déposée pendant cette période dès lors que la dissolution était paralysée. Enfin, le premier ministre a refusé de répondre à des questions écrites l'interrogeant sur les modalités d'application de ces pouvoirs. Ces restrictions sont contestables[122].

En revanche, dans le cadre d'une session *ordinaire*, à condition que cette dernière n'interfère pas avec la mission du chef de l'État, le Parlement recouvre ses attributions en matière législative et de contrôle.

À la différence des pouvoirs exceptionnels confiés au Gouvernement (art. 36 C) (v. *infra*, nº 1309) et de la situation en Allemagne, la représentation nationale est, ici, évincée du règlement de la crise. Nul doute que cet ostracisme se rattache au souvenir de 1940. Cependant, au-delà d'un certain seuil, le Parlement serait en mesure de mettre un terme à l'usage arbitraire de l'article 16, en déclenchant la procédure de la *destitution* (art. 68 C). Convient-il d'abroger l'article 16 ? L'améliorer, sans aucun doute, à l'exemple du comité Balladur. Article dévastateur ou salvateur ? Outre son rôle dissuasif, il ne mange pas de pain, selon la sagesse populaire. Ce serait donc une *idée saugrenue* (G. Vedel) que de le supprimer, face à une impérieuse nécessité menaçant la patrie.

5. Les pouvoirs particuliers

1216 Le réalisme constitutionnel autorise à envisager une extension des pouvoirs propres du chef de l'État dans l'ordre juridique et honorifique.

a) *Les pouvoirs particuliers dans l'ordre juridique*

1217 Au plan interne, la tradition réserve au chef de l'État la nomination de ses collaborateurs. Il exerce, la *justice retenue*, en période de guerre pour les prises maritimes (décret du 9 mai 1859). Au titre du droit local alsacien-mosellan, le président nomme, en application du concordat de 1801, suivant la bulle donnée à Rome, les archevêques et évêques. Il autorise la célébration d'un mariage *post mortem*, si l'un des futurs époux avait accompli une formalité officielle marquant sans équivoque son consentement

121. En conséquence, la *décision*, par laquelle le chef de l'État recourt à l'article 16, ainsi que celle par laquelle il y met fin, ressortissent à la catégorie des *actes de gouvernement*, insusceptibles de donner prise au contentieux (C.E., 2 mars 1962, *Rubin de Servens, G.A.* p. 590). En revanche, la décision prise *au titre* de l'article 16 *qui, en temps normal*, relève de la compétence du pouvoir réglementaire, peut être déférée au juge administratif. S'il s'agit d'une mesure qui ordinairement ressortit à la compétence du législateur, le recours est fermé, en dehors d'une *Q.P.C.*. V. G. MORANGE, Le contrôle des décisions prises au titre de l'article 16, *D.* 1962, *chr.* p. 109 ; G. BERLIA, Le contrôle du recours à l'article 16 et son application, *R.D.P.* 1962, p. 288 ; M. DISANT, *Droit de la Q.P.C.*, 2011, nº 49.

122. V. J. LAMARQUE, L'état de nécessité et l'article 16 de la constitution de 1958, *R.D.P.* 1961, p. 558 ; G. BERLIA, L'application de l'article 16 de la constitution de 1958 et ses rapports entre le Parlement et le Gouvernement, *ibid.*, p. 1029 ; *Dictionnaire De Gaulle*, 2006.

(art. 171 du Code civil) et lève une prohibition au mariage incestueux (art. 164) ou entre les enfants adoptifs d'un même individu (art. 366). Il lui appartient de décider l'organisation d'obsèques nationales ; le transfert d'une personnalité, ou d'un hommage de la Nation, au Panthéon et de nommer des membres d'autorités administratives, ou publiques, indépendantes.

1218 Au plan européen, le chef de l'État est membre du Conseil européen, et le préside au nom de la France. Le second semestre 2008 aura été marqué par la réactivité de Nicolas Sarkozy à la crise économique, au point de bouleverser la gouvernance de l'Union.

Au plan international, outre le recours à l'article 16 dans la principauté de Monaco, le président de la République est, depuis l'acte de paréage de 1278, *conjointement et de manière indivise* avec l'évêque espagnol de Seo de Urgel, le chef de l'État de la principauté d'Andorre, en qualité de *coprince* (art. 43 de la constitution andorrane du 14 mars 1993). À ce titre, les coprinces qui ont renoncé à leur pouvoir de justice, assument désormais la représentation suprême d'Andorre. Ils *arbitrent et modèrent le fonctionnement des pouvoirs publics et des institutions* (art. 44). Ils agissent, dans le cadre d'un régime parlementaire, tantôt avec le contreseing du chef du Gouvernement (art. 45), tantôt de leur propre initiative (droit de grâce, nominations de membres du tribunal constitutionnel et saisine de ce dernier, art. 46). Les actes accomplis par le président français, en qualité de coprince d'Andorre, ont juridiquement le caractère d'*actes d'une autorité étrangère*. Il s'ensuit que les juridictions françaises sont incompétentes à leur égard (T.C., 2 février 1950, *Radio Andorre, G.A.* n° 3)[123]. Le président peut accepter, enfin, une fonction d'arbitre dans un litige entre États.

b) Les pouvoirs particuliers dans l'ordre honorifique

1219 En vertu d'un privilège régalien, le chef de l'État est le protecteur de l'Académie française et, de l'Institut de France, en général (loi du 18 avril 2006)[124]. Il est chanoine d'honneur de la basilique Saint-Jean-de-Latran à Rome. Nicolas Sarkozy s'y est rendu en décembre 2007, à la différence de François Hollande reçu en audience papale, en janvier 2014. Il est le grand maître de l'ordre national de la Légion d'honneur et de celui du Mérite, au point d'en modifier les règles (décret du 21 novembre 2008). Le général de Gaulle était *intuitu personae*, grand maître de l'ordre de la Libération. Selon la formule convenue, il dispose d'une réserve personnelle de croix.

B. LES POUVOIRS PARTAGÉS OU CONJOINTS DU CHEF DE L'ÉTAT AVEC LE GOUVERNEMENT

1220 Le président de la République dispose *au quotidien* de prérogatives qui requièrent l'assistance du Gouvernement, sous la forme du *contreseing* (art. 19 C). Cette formalité est *le principe même de la responsabilité ministérielle* (R. Janot). Situés au point de rencontre de leur volonté, ces pouvoirs *conjoints* peuvent être ceux des *passions partagées*, en ce sens qu'ils s'interprètent *littéralement* et reflètent le rapport de forces au sein de l'exécutif[125].

En régime présidentialiste, sous réserve de la *présidence normale* de 2012, la subordination du Gouvernement est à l'origine d'une mise à la disposition du chef de l'État et

123. V. J.-Cl. COLLIARD, L'État d'Andorre, *A.F.D.I.* 1993, p. 377.

124. L'audience accordée par le chef de l'État vaut approbation de l'élection du nouvel immortel et de son discours de réception. Fait unique, Nicolas Sarkozy s'est exprimé sous la coupole de l'Institut de France, le 7 octobre 2008, à l'occasion du jubilé de la constitution.

125. Les actes du chef de l'État sont contresignés préalablement par le *premier ministre* et *les ministres responsables* c'est-à-dire ceux auxquels ils *incombent à titre principal, la préparation et l'application des actes du président* (C.E., 10 juin 1966, *Pelon, Rec.* p. 384 ; C.C., 25 juillet 2000, *Hauchemaille, chr.* n° 96, p. 212). *L'allégeance* des ministres au chef de l'État, en logique présidentialiste, ôte toute signification, à la règle du contreseing qui est un *dû*. Le refus du ministre, voire un état d'âme, entraînerait sur-le-champ sa démission (précédent d'Edgard Pisani, en avril 1967). V. J. MASSOT : *Chef de l'État et chef du Gouvernement, op. cit.,* p. 131 ; M. JOBERT, Le partage du pouvoir exécutif, *Pouvoirs* n° 4, 1978, p. 7.

l'on parlera, en conséquence, de *pouvoirs concédés* ; à l'opposé, en régime parlementaire, le Gouvernement entend assumer, pour son compte, ses responsabilités et l'on évoquera une manière de *codécision* ou des *pouvoirs revendiqués* ; en un mot, *négociés*.

Il suffit d'énoncer l'idée pour se persuader de la difficulté de l'articulation qui en résulte au sein du pouvoir exécutif ; bref le talon d'Achille des institutions. On classera ces pouvoirs selon leur destinataire.

1. Le président et le Gouvernement

1221 Le domaine conjoint se décompose en trois éléments : la nomination et la démission des membres du Gouvernement (art. 8, al. 2 C) ; la nomination aux emplois supérieurs de l'État (art. 13, al. 2 et 5) et la signature d'actes réglementaires (art. 13, al. 1er). Le conseil des ministres apparaît le lieu privilégié de leur rencontre (art. 9).

a) La nomination et la démission des membres du Gouvernement

1222 En application de l'article 8, al. 2 C, *sur la proposition du premier ministre* [le président] *nomme les autres membres du Gouvernement et met fin à leurs fonctions*. Le décret prend *effet immédiatement* (C.C., 6 septembre 2000, *Hauchemaille, chr.* n° 96, p. 206), c'est-à-dire, *sans attendre sa publication au J.O.* (29 décembre 1989, *Loi de finances pour 1990, idem.* n° 53, p. 187). Au-delà de l'application contrastée, observée selon la phase de la Ve République, force est d'adhérer à l'opinion de Michel Rocard, selon laquelle, en droit, *la constitution d'un Gouvernement, on la fait à deux*. Cette réflexion a le mérite de souligner le nécessaire accord de volontés entre les intéressés : la proposition du premier ministre *lie* le président de la République, mais l'acceptation du président de la République *lie* le premier ministre.

α) L'interprétation présidentialiste

1223 Le choix et l'avenir des ministres sont entre les mains du président, en raison de leur subordination politique. Le service du chef de l'État est exaltant autant que contraignant. En cultivant le frégolisme, Nicolas Sarkozy s'est substitué de fait à chacun d'entre eux. Être ministre implique donc une forte dose d'abnégation[126]. Est-il utile de rappeler qu'en latin, *minister* signifie serviteur ? *On nomme un ministre par accident, on le garde par oubli* (F. Mitterrand)[127].

L'Élysée arrête la composition du Gouvernement, rendue publique par son secrétaire général, suivie de la photographie sur le perron. De manière inédite, Jacques Chirac a annoncé, *en même temps*, le 31 mai 2005, la nomination de Dominique de Villepin à Matignon et celle de Nicolas Sarkozy, à

126. Dans sa proclamation du 14 janvier 1852, le Prince-président (le futur Napoléon III) qualifiait les ministres d'*auxiliaires honorés et puissants de sa pensée*. Au risque de braver l'honnêteté, Jean-Pierre Chevènement devait lancer, en 1983 : *Un ministre, ça ferme sa g... S'il l'ouvre, il quitte le Gouvernement.* Mais, selon Cécile Duflot, *une ministre, ça agit, ça ouvre sa g... et ça ne démissionne pas. Je décide et il exécute*, affirmait le président Chirac, le 14 juillet 2004, à propos d'un ministre (N. Sarkozy). À Chantal Jouanno, *désespérée* par l'abandon de la taxe carbone, celui-ci, devenu chef de l'État, rétorque, le 26 mars 2010 : *Les ministres n'ont pas à être désespérés, ils ont à faire leur travail.* Néanmoins, s'*il ne doit y avoir qu'une seule ligne au sein du Gouvernement*, selon François Hollande, des ministres ont pu s'émanciper, initialement.

127. Au moment de la formation du Gouvernement en 1959, le général de Gaulle déclare à Michel Debré (*Mémoires*, t. III, 1988, p. 13) : *Je tiens à Couve de Murville. Je vous fais la même demande pour* (les noms défilent). Avec superbe, il achève : *Et puis avez-vous des noms ?* L'infériorité du premier ministre est dès cet instant *intériorisée*. C'est la marque du Gouvernement présidentiel.

l'intérieur. Les attributions des ministres sont fixées par décret délibéré en conseil des ministres (décret du 22 janvier 1959) (art. 1er du décret du 22 janvier 1952). En cas de *conflit d'intérêts*, le premier ministre exerce celles du ministre intéressé (art. 2-1, rédaction du décret du 16 janvier 2014) (v. *infra*, nº 1270). Certains ministres ont quitté le Gouvernement, non en raison d'un désaccord avec le premier ministre, mais parce qu'ils avaient désobligé le chef de l'État : Antoine Pinay (1960) ; Pierre Sudreau (1962) ; Jean-Pierre Cot (1982) ou François Fillon (2005).

Un ministre peut être contraint à changer d'attributions (Nicole Bricq en 2012) ; présenter sa démission (Jérôme Cahuzac en 2013) ; être révoqué (Delphine Batho en 2013). Le départ doit être accepté par le chef de l'État, après qu'il ait été refusé, le cas échéant (Jean-Pierre Chevènement, ministre de la défense en 1991). De la même façon, le premier ministre ne peut révoquer un ministre sans l'accord du chef de l'État, en cas de manquement à la solidarité (Jean-Jacques Servan-Schreiber en 1974, Léon Schwartzenberg, en 1988, Alain Madelin en 1995) ou à la suite d'une facétie douteuse (Olivier Stirn, en 1990). Le président peut opposer une fin de non-recevoir à un remaniement demandé par le premier ministre.

β) L'interprétation parlementaire

1224 La nomination du Gouvernement de cohabitation, le 20 mars 1986, a permis au premier ministre (Jacques Chirac) de faire prévaloir ses choix, sans réduire à néant, cependant, la volonté présidentielle. L'article 8, al. 2 C, est *redevenu* une réalité juridique. François Mitterrand a manifesté sa volonté de *travailler en harmonie* avec les ministres du sanctuaire (affaires étrangères et défense) au point d'opposer son veto au choix initial des titulaires (Jean Lecanuet et François Léotard). Pareillement, il refusera, en 1986, la nomination au rang de ministre d'André Santini, secrétaire d'État aux rapatriés. L'agrément présidentiel ne s'est donc pas transformé en une clause de style ; le repli de l'Élysée n'a pas été source d'inertie. En revanche, le chef de l'État a accepté les propositions présentées par Édouard Balladur, en mars 1993 et Lionel Jospin, en juin 1997, ainsi que lors des remaniements subséquents.

b) La nomination aux emplois supérieurs de l'État

1225 Le chef de l'État nomme aux *emplois civils et militaires*. La nomination est tantôt *discrétionnaire*, tantôt *obligatoire*, selon qu'il y est ou non, pourvu en conseil des ministres. Un souci d'encadrement, en vue de vérifier la capacité des candidats, se manifeste désormais pour certains d'entre eux (art. 13, al. 5 C).

α) Les nominations discrétionnaires

1226 Les emplois sont pourvus en *toute* discrétion ou après *avis public* des commissions parlementaires compétentes.

Les *premiers* sont dits à *la décision du Gouvernement*. Destinés à jeter une passerelle entre les pouvoirs politique et administratif, ils sont *précaires* par définition. Leurs titulaires, *librement* choisis, selon un critère partisan, sont révocables *ad nutum* (sur un signe de la tête), notamment en cas d'alternance. Ils peuvent être maintenus en fonction, au-delà de la limite d'âge (*loi Lambert* du 31 mai 2011). On parle, en termes politiques, de la *chasse aux sorcières* ; de l'*État-P.S.* ou *U.M.P.* Cette pratique destinée à assurer, en bonne logique, des relais au pouvoir d'État, aboutit cependant au reclassement honorable du partant. Ces hauts fonctionnaires, astreints au loyalisme, sont énumérés par le décret du 24 juillet 1985 : directeurs généraux et directeurs d'administration centrale des ministères ; secrétaire général du Gouvernement ; des affaires européennes ; secrétaire général de la défense nationale ; délégués interministériels ; chef de mission diplomatique ayant rang d'ambassadeur ; préfet ; recteur d'académie, entre autres. Ils sont nommés en conseil des ministres (art. 13, al. 2 C). Mais, le Gouvernement ne peut méconnaître l'exigence de *capacité* de l'intéressé (art. 6 de la Déclaration de 1789) (C.C., 28 janvier 2011, *chr.* nº 138, p. 164)[128]. Ces personnes adressent à la Haute Autorité pour la

128. En outre, le procédé du *tour extérieur,* comportant un *numerus clausus,* s'analyse en un mode d'accès ouvert à de simples particuliers ou de promotion pour des fonctionnaires de grade inférieur aux grands corps de l'État (Conseil d'État, Cour des comptes, Inspection des finances). Le Conseil d'État se réfère, sans se l'appliquer à lui-même, l'adéquation entre les capacités du candidat et l'emploi auquel il a été nommé (16 décembre 1988, *Ass. générale des administrateurs civils c. Dupavillon : Bleton c. Sarazin,*

transparence de la vie publique, une déclaration de situation patrimoniale et d'intérêts (art. 11-7 de la loi du 11 octobre 2013) (v. *infra*, n° 1270).

Les *seconds* visent les emplois ou fonction de *direction* qui en raison de leur *importance pour la garantie des droits et libertés ou la vie économique de la Nation* sont soumis pour *avis public* à la commission permanente compétente de chaque assemblée parlementaire (art. 13, al. 5 C, rédaction de la L.C. du 23 juillet 2008). La L.O. du 23 juillet 2010 dresse la liste de 50 emplois environ (Aéroports de Paris ; Autorité de sûreté nucléaire ; Autorité des marchés financiers ; Banque de France ; Banque publique d'investissement ; Caisse des dépôts et consignations ; C.N.R.S. ; C.S.A. ; Défenseur des droits ; E.D.F. ; Haute Autorité de santé ; Haute Autorité pour la transparence de la vie publique ; Office national des forêts ; La Poste ; R.A.T.P. ; S.N.C.F., entre autres). Les commissions disposent d'un pouvoir de *veto,* non de confirmation, à la majorité des trois cinquièmes des suffrages exprimés ; le scrutin doit être dépouillé au même moment dans les deux assemblées (art. 5 de l'ord. du 17 novembre 1958, rédaction de la loi du 23 juillet 2010). Les commissaires ne sont pas autorisés à déléguer leur droit de vote (art. 1er de l'ord. du 7 novembre 1958, rédaction de la L.O. du 23 juillet 2010)[129].

β) Les nominations obligatoires

1227 En vertu de l'article 2 de l'ordonnance du 28 novembre 1958, le président de la République est tenu de nommer par décret non délibéré en conseil des ministres (sa compétence est dite *liée*), les membres du Conseil d'État, de la Cour des comptes, les magistrats de l'ordre judiciaire issus du concours de l'E.N.M., les professeurs de l'enseignement supérieur, selon l'ordre de sortie du concours, et les officiers des trois armes, au moment de leur nomination et de la promotion de grade. Il nomme également, à leur entrée en fonction, les membres des corps dont le recrutement est assuré par l'E.N.A. et l'École polytechnique.

c) La signature d'actes réglementaires

1228 Aux termes de l'article 13, al. 1er C, *le président de la République signe les ordonnances et les décrets délibérés en conseil des ministres*. Ces actes se rattachent au pouvoir réglementaire, créateur de mesures générales et impersonnelles à caractère exécutoire.

α) La signature des ordonnances

1229 L'ordonnance, qui succède au *décret-loi* d'antan, se définit comme un acte réglementaire, délibéré en conseil des ministres et signé par le président de la République, qui intervient, pendant *un délai limité*, sur habilitation ponctuelle du Parlement, dans le domaine de la loi (art. 38 C)[130]. À l'occasion de la privatisation d'entreprises, la cohabitation a eu le mérite, en 1986, de soulever une question qui, à ce jour, avait été occultée par la logique présidentialiste : la signature du chef de l'État est-elle

A.J.D.A. 1989, p. 102). V. P. LALUMIÈRE, Les hauts fonctionnaires, *D.* 1959, *chr.* p. 241 ; Ph. YOLKA, Le pouvoir de nomination du chef de l'État sous la Ve République, *R.D.P.* 1999, p. 719 ; O. SCHRAMECK, Emplois supérieurs et condition de nomination, *Mélanges Yves Jegouzo,* 2009, p. 169.

129. Le Conseil constitutionnel (3 mars 2009, *France Télévisions, chr.* n° 130, p. 192) a censuré l'extension du pouvoir de veto des commissions à la révocation de ceux-ci. Indépendamment du pouvoir constituant (art. 56, 65 et 71-1 C), des lois ordinaires ont retenu la procédure de l'avis simple (sans droit de veto des commissions) : loi du 30 octobre 2007 relative au contrôleur général des lieux de privation de liberté. V. A. VIDAL-NAQUET, un président de la République plus *encadré, J.C.P.,* 30 juillet 2008, I, 172 ; L. SPONCHIADO, Du droit de regard au droit de veto : le contrôle restreint opéré par les parlementaires sur les nominations présidentielles, *R.F.D.A.* 2011, p. 1019, G. BERGOUGNOUS, L'avis des commissions permanentes, *Constitutions* 2013, p. 50 ; J. BENETTI, L'avis du Parlement, le choix du Prince, *Mélanges Jean-Claude Colliard*, 2014, p. 351.

130. À titre de pierre d'attente, il convient d'indiquer qu'il en existe d'autres catégories : les ordonnances budgétaires et sociales (art. 47 et 47-1 C) en cas de *carence* du Parlement, le Gouvernement est habilité à se substituer en vertu de la constitution ; les ordonnances destinées à l'actualisation du droit applicable dans les collectivités d'outre-mer et en Nouvelle-Calédonie (art. 74-1 C). À titre rétrospectif, on citera : les ordonnances ayant force de loi (ancien art. 92 C) prises par le Gouvernement sur habilitation de la *constitution* au moment de la mise en place de la Ve République en 1958 et enfin les ordonnances référendaires signées par le chef de l'État, en vue de l'application des accords d'Évian, sur habilitation du *peuple* (loi référendaire du 13 avril 1962).

obligatoire ou discrétionnaire ? La controverse a été tranchée, en ce dernier sens, par François Mitterrand (art. 5 C) (v. *infra*, n° 1301).

En conséquence, trois ordonnances seront refusées, en matière de privatisation d'entreprises (13 juillet 1986) ; de découpage des circonscriptions de l'Assemblée nationale (2 octobre 1986) et d'aménagement du temps de travail (17 décembre 1986). Le Gouvernement répliquera, en convertissant les ordonnances en projets de loi (*infra*). Le veto suspensif *(un fusil à un coup)* a pu ainsi être brisé.

β) La signature des décrets délibérés en conseil des ministres

1230 *Le président décrète ou non, les mesures qui lui sont proposées,* affirmait sans ambages, le général de Gaulle, le 31 janvier 1964. De fait, celui-ci peut opposer un refus à une catégorie particulière de décrets, à savoir : ceux qui sont *délibérés en conseil des ministres.*

Il s'agit de décrets, dont on ne peut définir avec précision le champ d'application. En effet, tantôt, ils sont imposés par un texte[131], tantôt, le plus souvent, laissés à l'appréciation du chef de l'État, de manière à réaliser un judicieux *ajustement* avec le domaine d'intervention du premier ministre, titulaire normal du pouvoir réglementaire. À la faveur de ce droit d'*évocation*, le président peut attraire une question en conseil des ministres, dont il arrête l'ordre du jour au demeurant, c'est-à-dire la distraire à la compétence du chef du Gouvernement. Il peut en éprouver un sentiment de jouissance ou de résistance, selon la logique institutionnelle[132].

C'est la raison pour laquelle, dans un souci de clarté, sinon de *réalisme*, le Conseil d'État (10 septembre 1992, *Meyet, R.D.P.* 1992, p. 1822, note A.-M. Le Bos) a retenu un critère *tautologique : un décret délibéré en conseil des ministres est un décret délibéré en conseil des ministres*. En conséquence, dès lors qu'il a été signé par le président de la République, *il ne peut plus être modifié que par lui*.

La pratique de la Ve République a accru le champ d'action présidentiel, en validant des décrets réglementaires *non délibérés en conseil des ministres*. Le Conseil d'État (27 avril 1962, *Sicard, Rec.* p. 280) a admis que l'incompétence initiale du chef de l'État était purgée *dès lors que le premier ministre, investi du pouvoir réglementaire par l'article 21 de la constitution, y a lui-même apposé sa signature*.

d) Le conseil des ministres

1231 *L'institution française la plus originale et la plus clairement monarchique* (J. Massot), est un lieu privilégié[133]. Le conseil symbolise, en effet, *l'unité* du pouvoir exécutif : le chef de l'État le préside et le Gouvernement l'assiste (art. 9 C)[134].

131. On citera : la dissolution d'une association (loi du 10 janvier 1936) ; la proclamation de l'état de siège (art. 36 C) ou de l'état d'urgence (ord. du 15 avril 1960) ; les attributions des membres du Gouvernement (décret du 22 janvier 1959) ; la révocation d'un maire (art. 2122-16 C.G.C.T.) ; l'organisation d'un référendum (art. 11, 88-5 et 89 C) ; la dissolution de l'assemblée des collectivités territoriales. D'une manière ponctuelle et symbolique, le décret du 27 juin 2001 a mis fin au service national.

132. Le président Mitterrand a refusé, en juin 1982, de signer un décret adopté en conseil des ministres, relatif à l'organisation du ministère de la coopération. D'une manière plus générale, on pourrait envisager, une *grève de la plume*, tel Louis-Philippe provoquant le départ de M. Thiers, en 1836 et 1840. V. P. AVRIL, Les décrets réglementaires du président de la République non délibérés en conseil des ministres, *A.J.D.A.* 1976, p. 116 ; D. POUYAUD, Les décrets réglementaires du président de la République, *R.F.D.C.* 1993, p. 55 ; J. MASSOT, Les catégories de décrets réglementaires, *Mélanges Pierre Avril*, 2001, p. 363.

133. En cas d'empêchement du président, le premier ministre est appelé à le remplacer (art. 21 C). En revanche, le conseil franco-allemand qui se réunit chaque semestre, alternativement à Paris et à Berlin, depuis 2003, est coprésidé par le président et le chancelier (*chr.* n° 106, p. 178).

134. Le président Chirac a différé d'une semaine, le 13 février 2001, l'examen du projet de loi sur la Corse (*chr.* n° 98, p. 173). Le conseil des ministres ne peut être assimilé à une assemblée, dont les

À cet effet, le président convoque le conseil ; fixe sa composition et arrête son ordre du jour (art. 21 *in fine* C). Par suite, il lui est loisible de refuser ou de retarder d'y inscrire un projet de loi ou un décret de nomination. Il organise son déroulement ; détermine ses choix et y manifeste ses préférences ou ses réticences, à la manière d'une *caisse de résonance* (J. Fournier).

Symbole de l'*unité* du pouvoir d'État ou de l'*interministérialité* (v. *infra*, n° 1266), le conseil apparaît *la plaque tournante* de l'activité de l'État : tous les projets de loi (art. 39), les ordonnances et des décrets (art. 13) y sont délibérés et approuvés ; le plus grand nombre de nominations aux emplois supérieurs de l'État effectuées (art. 13) (v. *supra*, n° 1226) ; les mesures restrictives à l'exercice des libertés (art. 36) arrêtées et l'existence du Gouvernement discutée avant l'engagement de responsabilité devant l'Assemblée nationale (art. 49).

Sans préjudice de l'étude qui en sera présentée (v. *infra*, n° 1266), on vérifie l'*imbrication* qui s'opère entre le pouvoir présidentiel et le pouvoir gouvernemental.

2. Le président et le Parlement

1232 Le pouvoir partagé englobe le rythme et l'activité du Parlement.

a) Le rythme du Parlement

1233 Il appartient au président de la République de convoquer le Parlement en session extraordinaire (art. 30 C) ou en Congrès (art. 18, 88-5 et 89).

α) La convocation en session extraordinaire

1234 En dehors de la session ordinaire du Parlement (art. 28 C) et des sessions de plein droit (art. 12 et 16), il appartient, au chef de l'État de le convoquer, à la demande du premier ministre ou de la majorité des députés, *sur un ordre du jour déterminé* en *session extraordinaire* (art. 29 C). Il lui revient de la clore (art. 30). La signature du chef de l'État étant *discrétionnaire*, l'interprétation qui prévaut, lui attribue, un pouvoir d'appréciation, tant sur le *contenu* de l'ordre du jour et sa modification (C.C., 27 juillet 1995, *TVA, chr.* n° 76, p. 182) que sur l'*opportunité* même de la session. En mars 1960, les députés avaient demandé la convocation du Parlement en session extraordinaire pour débattre de problèmes agricoles. Le général de Gaulle a argué de son pouvoir discrétionnaire pour s'y refuser[135]. François Mitterrand l'imitera en période de cohabitation, en s'opposant, en décembre 1987, à une demande de session qui devait être consacrée à l'examen d'un projet de loi portant modification du statut de la Régie Renault. De la même façon, en juin 1993, il distraira de l'ordre du jour, l'examen d'une proposition de loi révisant la loi Falloux de 1850 relative à l'école privée (v. *chapitre I*).

β) La convocation du Congrès du Parlement

1235 Cette formation est réunie en vue de l'autorisation de ratifier un traité relatif à l'adhésion d'un État à l'Union européenne (art. 88-5 C) ou de l'adoption d'un projet de révision (art. 89). Le chef de l'État peut s'y rendre pour faire une déclaration (art. 18).

délibérations auraient en soi une valeur juridique. Il ne prend, en théorie, que des *projets de résolution*, qui sont ensuite convertis en décisions formelles, où figure la formule caractéristique : *le conseil des ministres entendu*. C'est la raison pour laquelle le secrétaire général du Gouvernement qui y assiste, est chargé, en dehors de la rédaction du procès-verbal, d'en dresser le *relevé* des décisions. Ce dernier, signé par le président de la République, est adressé ensuite aux ministres concernés afin d'éclairer leurs services. Les *délibérations sont, par elles-mêmes, sans effet juridique direct et doivent être regardées comme une simple déclaration d'intention du Gouvernement* (C.E., 25 novembre 1977, *Compagnie des architectes en chef des bâtiments civils et palais nationaux, Rec.* p. 463). V. D. TURPIN, La présidence du conseil des ministres, *R.D.P.* 1987, p. 873 ; R. DENOIX de SAINT MARC, Le fonctionnement du conseil des ministres et du Gouvernement, *in Les règles et principes non écrits en droit public*, 2000, p. 221 ; J.-M. SAUVÉ, Le conseil des ministres, *Mélanges Jean Gicquel*, 2008 p. 497.

135. V. G. BERLIA, La convocation d'une session extraordinaire du Parlement et la nature du régime, *R.D.P.* 1960, p. 303.

b) L'activité du Parlement

1236 Le président de la République participe à l'activité du Parlement, au titre du pouvoir constituant et du pouvoir législatif. En sa qualité de chef de la majorité, en principe, il devient le *président-législateur.*

α) Le pouvoir constituant

1237 En l'occurrence, le chef de l'État dispose de l'*initiative*, sur proposition du premier ministre, et du choix de la procédure d'approbation relative à un projet de révision. Il promulgue, en dernière analyse, la loi constitutionnelle (v. *chapitre Ier*).

β) Le pouvoir législatif

1238 Le président est théoriquement *extérieur* au processus de formation de la loi. Il intervient à ses extrémités : de l'inscription des projets de loi à l'ordre du jour du conseil des ministres (art. 9 C) à la promulgation des lois (art. 10). Mais, il lui est loisible d'y *surseoir*, soit en déférant la loi au C.C. (art. 61, al. 2)[136], soit en demandant au Parlement de procéder à une *nouvelle délibération*.

• La promulgation de la loi (art. 10, al. 1er)

1239 À la manière du *notaire de la République*, le chef de l'État authentifie la volonté exprimée par le Parlement (art. 24 C) ou le peuple (art. 11). À l'issue du vote de la loi, *la procédure législative est close par la promulgation* (C.C., 23 août 1985, *Nouvelle-Calédonie, Rec.* p. 70). À cette fin, *le président de la République promulgue les lois dans les quinze jours qui suivent la transmission au Gouvernement de la loi définitivement adoptée* (art. 10, al. 1er)[137]. La promulgation ou la naissance de la loi peut être définie comme l'*acte par lequel le chef de l'État atteste l'existence d'une loi et donne ordre aux autorités publiques de l'observer et de la faire observer* (C.E., 8 février 1974, *Commune de Montory, Rec.* p. 93). Elle *vaut ordre à toutes les autorités... de la publier sans délai*, au *J.O.* (25 juillet 2001, *Lois de finances, Rec.* p. 109) selon les modalités visées au décret du 19 mai 1959 modifié. Devenue exécutoire, la loi est opposable à tous[138].

La portée de la promulgation doit être précisée. L'intervention du chef de l'État vise la *régularité formelle :* à savoir qu'il *atteste que la loi a été régulièrement délibérée et votée* (C.C., 23 août 1985, *Nouvelle-Calédonie, Rec.* p. 70) et aucunement l'approbation de son contenu. Sous ce rapport, la promulgation s'oppose à la *sanction*, au moyen de laquelle, sous la monarchie constitutionnelle de 1791, 1814 et 1830, le roi était le *coauteur* de la loi ; en bref, disposait d'une *part* de la puissance législative. Mais, la logique présidentialiste et son corollaire, le *président-législateur*, rappellent, d'un point de vue politique, ce pouvoir d'antan, tant son implication dans l'adoption des lois emblématiques est manifeste (réforme des retraites, en 2010 ; mariage pour tous, en 2013).

Par ailleurs, l'acte de promulgation emprunte la forme d'un décret, dont la *date* sera celle de la loi. Enfin, le président est tenu d'agir dans le délai préfix de 15 jours, faute de démissionner[139].

136. En revanche, une nouvelle suspension du délai de promulgation est exclue, dans l'hypothèse où le C.C. ayant rendu une décision est saisi d'un nouveau recours contre la même loi (C.C., 4 juillet 2001, *I.V.G., L.P.A.*, 13 juillet 2001, note J.-É. Schoettl). Il appartient au chef de l'État de décider l'entrée en vigueur immédiate d'une loi, en cas d'*urgence* (art. 1er du code civil, rédaction de l'ord. du 20 février 2004). Cette prérogative appartenait depuis 1816 au chef du Gouvernement.

137. La loi *Mariage pour tous* du 17 mai 2013 a été promulguée, aussitôt sa validation par le C.C.

138. Un cas de figure paradoxal s'est présenté en avril 2006 : le chef de l'État a promulgué la loi pour l'égalité des chances en demandant au Gouvernement de ne pas... l'appliquer concernant un article contesté par la rue. V. Jean-Éric GICQUEL, La promulgation-suspension, *R.D.P.* 2006, p. 568 ; M. COUDERC, Coma législatif et délibération parlementaire, *Pouvoirs* n° 125, p. 135 ; F. BOTTINI, La promulgation des lois parlementaires, *R.F.D.C.* 2008, p 761.

139. Les constitutions de 1848 (art. 57) et de 1946 (art. 36) avaient adopté une solution de substitution, en cas de refus de promulgation de la loi au bénéfice du président de l'A.N. De même, l'instauration d'un

• La nouvelle délibération de la loi (art. 10, al. 2)

1240 La demande présentée par le président au Parlement (qui ne peut la lui refuser) consiste dans une nouvelle lecture du texte ou de certains de ses articles[140]. Introduite, à l'initiative de Tocqueville dans la constitution de 1848 (art. 58), cette disposition illustre, à la manière du veto suspensif du président américain, la *faculté d'empêcher* du chef de l'État[141].

La demande poursuit une double finalité : ou remédier à un défaut technique, à une malfaçon rédactionnelle ; en un mot, rectifier une erreur matérielle, lorsqu'une coquille malencontreuse, s'est glissée dans le texte ; ou assurer la régularité de la loi à la constitution, à la suite d'une décision de non-conformité *partielle*, rendue par le Conseil constitutionnel. En cette dernière éventualité, le chef de l'État dispose d'une *option* : ou promulguer la loi amputée de la disposition censurée, ou provoquer une nouvelle délibération, selon l'article 23 de l'ordonnance du 7 novembre 1958, pris en application de l'article 10, al. 2 C (C.C., 23 août 1985, *Nouvelle-Calédonie, chr.* n° 36, p. 180). Ainsi, la nouvelle délibération ou lecture, s'analyse en une *phase complémentaire* de la procédure législative *(ibid.)* (v. *chapitre IV*).

3. Le président et l'autorité judiciaire

1241 Outre la nomination formelle des magistrats (art. 13 et 65 C) (v. *infra*, n° 1328), celui-ci dispose du droit régalien de *faire grâce à titre individuel* (nouvel art. 17 C).

Garant de l'indépendance de l'autorité judiciaire (art. 64), bien qu'il ne préside plus le C.S.M. depuis 2008, il peut néanmoins modifier les conditions d'exécution d'une peine à laquelle une personne a été condamnée, soit à la faveur de sa *commutation*, lorsque la peine capitale a été prononcée, soit de la *remise*, en tout ou partie, de sa durée. La première branche de l'alternative est devenue sans objet au lendemain de l'abolition de la peine de mort (loi du 9 octobre 1981 et art. 66-1 C). La grâce est *individuelle*, à la différence de l'amnistie, qui est *collective*. Synonyme d'*oubli*, celle-ci ressortit, au surplus, à la compétence du *législateur* (art. 34)[142] et efface l'infraction (amnistie et amnésie sont unies par la

délai d'urgence, n'a pas été retenue en 1958, à l'inverse de la solution des Républiques précédentes : 3 jours en 1848 (art. 57) et 1875 (art. 7 de la L.C. du 16 juillet), ou 5 jours en 1946 (art. 36). En moyenne, le délai de promulgation sous la Ve République est de 10 jours. V. Y. GAUDEMET, Promulgation et publication des lois, *Juris-Classeur administratif*, 1993, fasc. 10.

140. Sous la IVe République, tel un substitut de contrôle de constitutionnalité, Auriol en a usé, en juin 1948 et août 1949, pour assurer le respect de la constitution concernant les pouvoirs du Conseil de la République. V. M. PRÉLOT, *Droit parlementaire français*, I.E.P. Paris, 1953-1954, p. 261 ; J.-Y. PLOUVIN, Le droit présidentiel de demander une nouvelle délibération, *R.D.P.* 1980, p. 1563. B. BAUFUMÉ, Le droit présidentiel de demander une nouvelle délibération de la loi : le précédent du 13 juillet 1983, *ibid.* p. 1239.

141. Le C.C. ayant censuré le 8 août 1985 (*Nouvelle-Calédonie, chr.* n° 36, p. 182) une disposition relative à la représentation de la région de Nouméa, le président Mitterrand a usé de cette prérogative (décret du 9 août 1985). Jacques Chirac devait utiliser cette technique de mise en conformité, à propos d'un article du projet de loi relatif à l'élection des conseillers régionaux (décret du 4 avril 2003) repoussé la veille par le Conseil (*chr.* n° 106, p. 191). À l'opposé, en mars 2006, il a opté pour le vote d'une nouvelle loi concernant l'article controversé sur le C.P.E. *(contrat première embauche)* de la loi pour l'égalité des chances (*chr.* n° 118, p. 198). Au reste, la nouvelle délibération peut s'analyser en un authentique veto, lorsque le Gouvernement s'abstient d'inscrire le texte de loi, à l'ordre du jour, celui-ci étant renvoyé aux calendes grecques (précédent du 13 juillet 1983 concernant l'exposition universelle) (*chr.* n° 29, p. 175).

142. La tradition républicaine, depuis 1959, voulait qu'en signe de *joyeux avènement* du nouveau chef de l'État, le Gouvernement déposât un projet de loi d'*amnistie* de certaines infractions commises au plus tard à la veille de son installation à l'Élysée. Nicolas Sarkozy y a mis fin, en 2007, François Hollande l'a imité. De même, la pratique des grâces collectives a été supprimée.
Droit régalien, par définition, le décret de grâce n'est pas publié ; le contreseing du premier ministre intervient à titre exceptionnel, *postérieurement* ; enfin, selon la tradition parlementaire, on ne discute jamais publiquement de son exercice. V. M. GUILLAUME, Amnistie et grâce : ordre, contre ordre, désordre,

même racine grecque). La grâce laisse subsister l'élément constitutif, ainsi que la mention de l'incrimination au casier judiciaire de l'intéressé. Cependant, la pratique initiale de la *grâce amnistiante* a combiné la forme et les effets de l'une et de l'autre. Cet acte de clémence ou le pardon républicain relève, en dernier lieu, de la *conscience* du chef de l'État. Il mériterait d'être libéré de l'obligation de contreseing[143], tout en sachant que les recours en grâce sont instruits par la *chancellerie* (ou le ministère de la justice).

4. Le président et l'État

1242 *Garant de l'indépendance nationale, de l'intégrité du territoire et du respect des traités* (art. 5 C), le président personnifie l'État. Il a la *haute main*, voire la maîtrise, sur la défense et la diplomatie. Mais, il ne saurait ignorer la compétence *concurrente* du Parlement (art. 35 C) et du Gouvernement, qui *détermine et conduit la politique de la Nation* et *dispose... de la force armée* (art. 20) et celle du premier ministre, *responsable de la défense nationale* (art. 21). À cet effet, celui-ci est *garant* notamment que le chef de l'État dispose, en toutes circonstances, des moyens de la dissuasion nucléaire (art. R. 1411-1 du Code de la défense, rédaction du décret du 17 septembre 2009). La cohabitation en fournit une illustration en mettant en place une *coordination*, voire une *cogestion*, entre les responsables (v. *chapitre I*). On y évoque alors le domaine *partagé* et non plus le domaine *réservé* afférent à la période présidentialiste. Au surplus, il recueille le consentement des électeurs d'outre-mer en cas de changement législatif ou statutaire de leur collectivité territoriale (art. 72-4 C).

a) Le chef des armées

1243 *Le président de la République est le chef des armées* (en deux mots !) (art. 15 C). Outre la fin de l'armée de conscription en 1996, due à Jacques Chirac, la politique de dissuasion, arrêtée par le général de Gaulle, est à l'origine de la *monarchie nucléaire* (décret du 12 juin 1996)[144]. Seul, il peut ordonner des essais nucléaires ; Jacques Chirac a mis un terme, en 1995, au moratoire décidé par son prédécesseur et donner l'ordre d'une riposte océanique ou aérienne. *La pièce maîtresse de la dissuasion, c'est le chef de l'État, c'est moi* (F. Mitterrand). Nicolas Sarkozy s'est prononcé, en 2009, pour le retour de la France dans le commandement militaire intégré de l'O.T.A.N.[145].

Chef de guerre, le président est habilité à dépêcher des troupes françaises à l'étranger, dans le respect de la légalité internationale : guerre du Golfe, en 1991 pour François Mitterand ; Afghanistan, en 2002 (J. Chirac) ; Libye et Côte d'Ivoire, en 2011 (N. Sarkozy). Après avoir ordonné, en 2012, le retrait en Afghanistan, François Hollande a décidé une intervention au Mali, puis en Centrafrique, en janvier et décembre 2013[146].

Mélanges Jean Gicquel, 2008, p. 215 ; P. TÜRK, Le droit de grâce présidentiel après la révision du 23 juillet 2008, *R.F.D.C.* 2009, p. 513.

143. Cependant, en 1962, le premier ministre Georges Pompidou, appuyé par le garde des sceaux, Jean Foyer, n'a pas hésité à offrir sa démission pour imposer au chef de l'État, la grâce du général Jouhaud qui avait joué un rôle important l'année précédente à l'occasion du putsch d'Alger.

144. Le décret du 14 janvier 1964 en matière d'engagement des forces nucléaires a été abrogé par celui du 12 juin 1996 : *L'ordre d'engagement est donné par le président de la République, chef des armées et président du conseil de défense* (art. 5). La dissuasion, c'est *l'assurance-vie de la Nation* (N. Sarkozy). Les mesures générales d'application incombent au premier ministre (art. 2) et leur mise en œuvre au ministre de la défense (art. 3) et au chef d'état-major des armées (art. 4 et 5), à l'image de la chaîne de commandement des responsables politiques et militaires.

145. V. B. CHANTEBOUT, *L'organisation générale de la défense nationale en France depuis la fin de la seconde guerre mondiale*, 1967 ; S. COHEN, *La monarchie nucléaire*, 1986 ; H. PAC, *Le droit de la défense nucléaire*, 1989 ; La France en guerre, *Pouvoirs* n° 58, 1991.

146. La décision présidentielle est toutefois conditionnée par la *lecture* de la Ve République. En logique présidentialiste, il s'agit d'un *pouvoir sans partage* (S. Cohen). En logique parlementaire, celle de la

Le chef de l'État *préside les conseils et comités supérieurs de la défense nationale* (art. 15 C). Il dispose d'un état-major particulier. Il préside le conseil de défense et de sécurité nationale, dont la réunion n'est pas annoncée, qui *définit les orientations en matière de programmation militaire, de dissuasion, des opérations extérieures... de lutte contre le terrorisme* (art. R. 1122-1 du Code de la défense). Ce conseil comprend deux formations spécialisées : le conseil national du renseignement et le conseil des armements. Le chef de l'État peut se faire suppléer par le premier ministre (art. 21 C). À cet effet, le secrétariat général de la défense et de la sécurité nationale *(S.G.D.S.N.)*, rattaché à Matignon, assure la liaison avec l'Élysée et la coordination avec les ministères concernés (décret du 25 janvier 1978)[147].

Outre la déclaration de guerre autorisée par le Parlement, le pouvoir d'intervention des forces armées à l'étranger est dorénavant encadré : le Gouvernement informe ce dernier au plus tard 3 jours après le début de l'intervention. Au-delà de 4 mois, sa prolongation est soumise à autorisation parlementaire, voire de la seule Assemblée nationale (nouvel art. 35 C). Les opérations extérieures (OPEX) ont été approuvées, dans un climat consensuel, dont celles, en Libye, en juillet 2011, au Mali, en avril 2013, et en Centrafrique, en février 2014[148].

b) Le chef de la diplomatie

1244 Garant du *respect des traités* (art. 5 C), le président a pour mission d'accréditer les ambassadeurs et envoyés extraordinaires des puissances étrangères (art. 14 C). À ce titre, les ambassadeurs, selon les règles du droit international (convention de Vienne de 1969), lui remettent leurs *lettres de créance*[149]. Il *négocie et ratifie les traités. Il est informé de toute négociation tendant à la conclusion d'un accord international non soumis à ratification* (accords dits *en forme simplifiée*) (art. 52). En outre, il soumet au référendum, tout projet de loi autorisant la ratification d'un traité relatif à l'adhésion d'un État à l'Union européenne, sauf vote d'une motion par le Parlement (nouvel art. 88-5 C). Il doit obtenir préalablement l'autorisation du législateur (art. 53) ou du peuple (art. 11 et 88-5).

En période présidentialiste, tel le général de Gaulle, François Mitterrand a fait la politique *étrangère* de la France (gestion des crises du Golfe et de la Bosnie-Herzégovine) ; *européenne* (traité de Maastricht) et de l'Afrique francophone (le *champ*)[150]. Jacques Chirac s'est opposé, en 2003, à la guerre préventive déclenchée par les États-Unis contre l'Irak et s'est mobilisé pour le traité constitutionnel de l'Union européenne, en 2005. Son successeur a œuvré en vue des traités de Lisbonne (2007) et de discipline budgétaire (2012). François Hollande s'est mobilisé pour un pacte de croissance, afin de *réorienter l'Europe*, après avoir ratifié ce dernier, en 2013.

En période parlementariste, les *autorités françaises* œuvrent de conserve ; la compétition demeurant à l'arrière-plan. Un conseil restreint prépare les conseils européens auxquels le premier ministre participe, jusques y compris à la traditionnelle conférence de presse du chef de l'État. Le traité de Nice

cohabitation, le premier ministre peut annihiler l'initiative du chef de l'État : des troupes françaises ne sont pas intervenues en décembre 1999 en Côte d'Ivoire au lendemain d'un putsch. En revanche, le conflit du Kosovo (mars-juin 1999) et la lutte contre le terrorisme, après le 11 septembre 2001, ont été gérés, dans un climat d'union nationale, par Jacques Chirac et Lionel Jospin.

147. Les pouvoirs de défense sont dévolus au ministre de la défense ou à défaut aux autres ministres dans l'ordre du décret de nomination dans l'hypothèse où l'État est décapité, en vue de conjurer le *syndrome de Sadate* (président égyptien assassiné, lors d'un défilé, en 1981) (art. L. 1111-4 du Code de la défense) (v. *supra*, n° 1211).

148. V. J. MASSOT, *Le chef d'État, chef des armées*, 2011.

149. La ratification se présente juridiquement sous la forme d'un décret. Elle peut être précédée d'une révision de la constitution (art. 54 C). (v. *chapitre I*).

150. *Je n'ai entendu parler du Rwanda qu'après mon départ. La situation échappait au premier ministre. Vous n'étiez pas invité à vous mêler de ce qui ne vous regardait pas. Puisque j'excluais d'influer sur la décision, je ne me suis pas informé.* Telle a été la réponse de Michel Rocard devant la mission d'information de l'A.N. le 30 juin 1998, à propos des opérations au Rwanda, à partir de 1990.

du 26 février 2001 a été négocié, de manière consensuelle, au point que Lionel Jospin évoquera *la fusion intellectuelle et humaine des équipes* (*chr.* n° 97, p. 156). Le maintien du rang de la France a été à ce prix, en cette période.

c) *Le garant de l'intégrité du territoire*

1245 Au-delà de l'hypothèse visée à l'article 16 C *(supra)*, le président, sur proposition du Gouvernement pendant la durée des sessions ou sur proposition conjointe des deux assemblées, *publiées* au *Journal officiel*, peut consulter les électeurs d'une collectivité territoriale située outre-mer, sur une question relative à son organisation, à ses compétences ou à son régime législatif, d'une part, ou portant sur un changement de statut, d'autre part (art. 72-4 C et 73) (V. C.E., 4 décembre 2003, *Feler, R.F.D.A.* 2004, p. 187). Diverses consultations se sont déroulées : en décembre 2003, les électeurs de Guadeloupe et de Martinique, à l'opposé de ceux de Saint-Barthélemy et de Saint-Martin, ont repoussé une modification statutaire. En mars 2009, les mahorais ont approuvé la transformation de leur île en département, tandis que les Guyanais et Martiniquais se prononçaient, en janvier 2010, pour la création d'une assemblée unique dans le cadre de l'article 73 C, après avoir rejeté le projet d'une C.O.M. (art. 74) (*chr.* n° 134, p. 158).

SECTION II LE GOUVERNEMENT

1246 Second élément du pouvoir exécutif, le Gouvernement peut être défini comme *le collège dirigé par le premier ministre et formé par les ministres, à l'exclusion du chef de l'État*[151].

Détaché du Parlement (art. 8 C), son rôle décisionnel a pu varier en intensité, compte tenu de l'environnement constitutionnel ; en revanche, il n'a cessé d'occuper une place essentielle dans le domaine opérationnel.

I. En bonne logique, la position du Gouvernement est inversement proportionnelle à celle assumée par le chef de l'État, selon la version des institutions retenue. *L'intégration* des deux éléments de l'exécutif a ravalé le Gouvernement à un rôle *instrumental*, chargé de finaliser le projet présidentiel. Il est soumis à une obligation de moyen et de résultat. À ce titre, le premier ministre se veut le *garant* de la mise en œuvre des engagements présidentiels (J.-M. Ayrault). C'est le lot du Gouvernement *par reflet* (A. Mathiot). L'article 20 C, selon lequel il *détermine et conduit la politique de la Nation*, signifie en clair, *qu'il détermine souverainement les buts de l'État et le dirige vers leur réalisation* (L. Trotabas). Cette vision s'avère symbolique, sauf en période de cohabitation.

La *partition* du pouvoir d'État, à cet instant, transfigure le Gouvernement et donne, sous réserve des attributions présidentielles, sa pleine signification à l'article 20. Pour la première fois, il existe un authentique *pouvoir gouvernemental*, dirigé par le premier ministre uni à sa majorité parlementaire. Qui mieux que Jacques Chirac, en vérité, pouvait symboliser ce saut qualitatif ? En août 1976, il démissionne estimant ne pas disposer des moyens suffisants pour mener une politique ; en juillet 1986, il déclare être un *chef de Gouvernement heureux !* Cependant, la rupture dans l'ordre politique se concilie avec la permanence de l'ordre logistique.

II. De manière constante, le Gouvernement, fût-il *présidentiel*, occupe une place éminente dans la continuité de la vie nationale au point d'être le *lieu de confluence* de tous les problèmes. Il se situe, en effet, au *carrefour* des autorités publiques : qu'il

151. Outre-mer, il existe, au sens administratif, un Gouvernement en Polynésie française (art. 73 de la L.O. du 27 février 2004) et en Nouvelle-Calédonie (art. 110 de la L.O. du 19 mars 1999). Ce dernier présente la particularité de représenter la *majorité et la minorité* siégeant au Congrès.

s'agisse de l'autorité présidentielle, de l'autorité administrative et militaire avec laquelle il vit en osmose (art. 20 C) et de l'autorité parlementaire. En un mot, la machinerie institutionnelle converge et transite par Matignon, qui fait *tout* (G. Carcassonne)[152]. Autant dire qu'en l'absence d'une administration, le chef de l'État demeure *tributaire du Gouvernement* (J. Massot).

Au plus fort du régime présidentialiste, ce dernier s'est trouvé certes réduit, mais nullement anéanti, pris en sa qualité de bras séculier de l'Élysée. Que dans ces conditions, le premier ministre avise et que l'administration temporise, le pouvoir présidentiel s'enlise, de manière inéluctable. Le différend qui s'est élevé, à partir de 1970, entre Georges Pompidou et Jacques Chaban-Delmas l'atteste. Le président ne retrouvera l'initiative politique qu'en s'entourant d'un fidèle exécutant (Pierre Messmer).

Au total, le Gouvernement de la Ve République n'a succombé ni au *misérabilisme*, ni à l'*impérialisme*. Il oscille, en tout état de cause, entre un pouvoir *influent*, au minimum, et *déterminant*, au maximum. Ceci précisé, il importe d'envisager son *organisation* (§ 1) et le *pouvoir* dont il est titulaire (§ 2).

§ 1. L'ORGANISATION GOUVERNEMENTALE

1247 L'organisation actuelle contraste avec celle des Républiques passées, sur deux points essentiels. La conception horizontale ou égalitaire est remplacée par une conception verticale ou hiérarchique. Le président du conseil de jadis (simple *primus inter pares*, en dehors de circonstances particulières) fait place désormais à un premier ministre, coordonnateur et supérieur des ministres : *Rien ne peut se faire sans que le premier ministre en ait décidé* (F. Mitterrand). Par ailleurs, l'article 23 C pose le principe de l'*incompatibilité*, c'est-à-dire de l'impossibilité de *cumuler* les fonctions gouvernementales et parlementaires. Mais il est juste de relever que, si cette disposition a suscité de nombreuses appréhensions, la pratique du régime les a apaisées, par la suite, pour ne laisser subsister que son *byzantinisme*. D'une manière plus précise, on s'attachera à l'examen respectif de la structure gouvernementale et au statut de ses membres.

A. LA STRUCTURE GOUVERNEMENTALE

1248 Une comparaison militaire vient à l'esprit : telle la tortue romaine, le Gouvernement allie la diversité à l'unité. Il se présente comme un ensemble, tout à la fois, *différencié* et *coordonné*, en raison de la *solidarité* politique qui unit ses membres.

1. La différenciation gouvernementale

1249 La différenciation entre les membres du Gouvernement présente trois caractères : elle est *fonctionnelle* et *personnelle ; pragmatique* et *hiérarchique*[153].

152. Depuis Valéry Giscard d'Estaing, en 1974, l'activité du Gouvernement a été planifiée par le chef de l'État, hors les périodes de cohabitation. Nicolas Sarkozy a adressé une *lettre de mission* au premier ministre et à chacun des ministres, au style directif, assortie d'un entretien de gestion annuel (*chr.* n° 128, p. 170). V. J. GICQUEL, Le programme de travail gouvernemental sous la Ve République, *Mélanges Loïc Philip*, 2005, p. 99 ; F. de BAECQUE, *Qui gouverne la France ?*, 1976 ; P. JAN, *Le Gouvernement de la Ve République*, D.F., 2002 ; Qui gouverne la France ?, *Pouvoirs* n° 68, 1994.

153. Le premier ministre n'assume pas, en principe, de responsabilités gestionnaires, sauf en cas de conflit d'intérêts d'un ministre (décret du 16 janvier 2014) (v. *infra*, n° 1270). Mais, Georges Pompidou a cumulé le portefeuille de l'éducation nationale (mai-juillet 1968) ; Raymond Barre, celui de l'économie et des finances (1976-1978) ; Pierre Bérégovoy, ceux de la ville, en 1992, et de la défense, en 1993 et

a) La différenciation fonctionnelle et personnelle

1250 À l'inverse du système qui prévalait sous l'Ancien Régime consistant à diviser *géographiquement* le royaume (système des *quatre quartiers*), la répartition entre les ministres s'effectue sur la base des activités de l'État. Mais, le critère géographique demeure s'agissant des outre-mer ; des affaires étrangères et européennes. Le passage du libéralisme à l'interventionnisme de l'État en a accru le nombre. Sous la Ve République, le Gouvernement Rocard II, en juin 1988 est le plus étoffé : 49 membres dont 6 femmes ; le Gouvernement Fillon I, en mai 2007, le plus resserré : 21 membres ; les Gouvernements Ayrault et Valls en mai 2012 et avril 2014, les plus féminisés de l'histoire, *à parité*, hormis le premier ministre. Les attributions des ministres *stricto sensu* (à l'exclusion des ministres délégués et secrétaires d'État) sont fixées par décret, après avis du Conseil d'État, le conseil des ministres entendu (décret du 22 janvier 1959).

b) La différenciation pragmatique

1251 À la différence d'un État fédéral (Belgique, États-Unis), aucune disposition ne fixe la liste des ministres. Elle est laissée à l'appréciation du chef de l'État et du premier ministre (art. 8 C). Car, au-delà du noyau dur des fonctions régaliennes ou de puissance publique, la répartition tient compte de considérations politiques (personnalité ou dosage), conjoncturelles (redressement productif ; égalité des territoires, en 2012). Seul le garde des sceaux, ministre de la justice, vis-à-vis du Conseil supérieur de la magistrature, dispose d'un statut constitutionnel (art. 65 C).

c) La différenciation hiérarchique

1252 En dépit du principe de l'égalité juridique entre les membres du Gouvernement, ce dernier est aménagé, d'un point de vue politique, sur une base hiérarchique.

On rappellera pour mémoire, que sous la IIIe République, a prévalu le nivellement entre les ministres. Pendant longtemps même, l'institution d'un président du conseil a été purement coutumière. Celle-ci n'a été concrétisée que par la loi de finances du 24 décembre 1934, reconnaissant l'existence d'un *ministre chargé de la présidence du conseil* et lui attribuant des services administratifs distincts et une résidence à l'hôtel de Matignon. Mais cela n'empêchait pas que, par exemple, après comme avant 1934, la responsabilité politique du cabinet devant le Parlement pût être engagée par *tout ministre* (questions de confiance *individuelle*). Dans les faits, le ministre des finances exerçait la responsabilité de chef de gouvernement et de l'administration, en dehors de quelques fortes personnalités[154].

Sous la IVe République, la primauté du président du conseil est reconnue. Il est investi *seul*, à l'origine, de la confiance des députés. Il peut se séparer des ministres qui mettent en cause l'unité du cabinet (révocation des ministres communistes, en mai 1947, par Paul Ramadier). Par ailleurs, il peut poser *seul*, la question de confiance devant l'Assemblée nationale. Mais, en pratique, il en sera tout autrement (v. *titre I*).

La Ve République a repris cette inspiration. Cependant, l'organisation hiérarchisée du Gouvernement est à la fois plus affirmée et nuancée. Le premier ministre se voit officiellement confier le soin de diriger l'*action* du Gouvernement (art. 21 C), mais l'évolution présidentialiste du régime a contrarié, voire neutralisé, sa prééminence. Le puissant ministre de l'économie et des finances s'est souvent émancipé, comme les ministres de *proximité* avec le chef de l'État, en raison de leurs responsabilités

François Fillon, l'écologie, en 2012. V. Jean-Éric GICQUEL, Gouvernement, *Juris-Classeur administratif*, fasc. 101, 2012 ; J. FOYER, Les ministres entre eux : hiérarchie et collégialité, *Pouvoirs* n° 86, 1986, p. 103.

154. En fait, le président du conseil, sous les IIIe et IVe Républiques, rappelait *le petit roi de Bourges* (M. Duverger) au milieu des grands féodaux. En d'autres termes, il s'est agi d'un conciliateur plutôt que d'un *leader*, conformément à la pratique inaugurée par Jules Grévy, qui, par hostilité à Gambetta, a *dissocié*, dans le cadre du *dualisme négatif*, les qualités de chef de Gouvernement et de la majorité parlementaire, à l'opposé de la situation en Grande-Bretagne. Il n'est pas surprenant qu'Aristide Briand ait exercé à onze reprises cette fonction, sous le régime de 1875, et Henri Queuille, trois fois, sous celui de 1946. Cependant, à titre exceptionnel, on rencontre d'*authentiques* chefs de Gouvernement à la faveur de circonstances de crise : Waldeck-Rousseau (1899-1902), Clemenceau (1906-1909) et au temps de la *peur sacrée* (1917-1920), Poincaré (1926-1929) et Mendès France (1954-1955).

(affaires étrangères, défense) et les ministres *court-circuiteurs*, entretenant des relations privilégiées (Laurent Fabius et Jack Lang avec François Mitterrand ; Cécile Duflot, Arnaud Montebourg et Manuel Valls avec François Hollande).

Plus encore, les services de l'Élysée exercent une emprise réelle sur Matignon : Georges Pompidou, en 1967, au prix d'une menace de démission, obtiendra le départ du secrétaire général qui marchait sur ses brisées. En 1972, ils seront à l'origine du renvoi du premier ministre (J. Chaban-Delmas). Au cours de la guerre du Golfe, en janvier 1991, l'intervention télévisée de l'amiral Lanxade a entraîné la démission du ministre de la défense[155]. Les collaborateurs de Nicolas Sarkozy et, spécialement Claude Guéant, l'omnipotent secrétaire général de l'Élysée, *un autre lui-même*, ont exercé une fonction politique, au point de commenter et contrôler l'action des ministres, voire du premier d'entre eux, même *ils ne font pas partie de l'exécutif* (F. Fillon)[156].

Le retour au régime parlementaire sous la cohabitation a restauré l'autorité du premier ministre, et à travers lui, les membres de son cabinet, sur les ministres. Cependant, le fait que ceux-ci demeurent des responsables politiques nationaux a créé des difficultés. À l'occasion de la guerre du Kosovo, en 1999, Jean-Pierre Chevènement a usé de sa liberté de parole.

Sous l'expression générique de *membres du Gouvernement*, la hiérarchie entre eux n'est pas fixée par la constitution. Au reste, le terme *ministre* y est rare (sauf aux articles 19, 22 et 65). Elle résulte du *décret de nomination*, publié au *Journal officiel*. En dépit de son caractère *contingent*, hormis le premier ministre, le rang habituel entre ceux-ci s'établit selon un dégradé : ministre d'État, ministre ou ministre à *part entière*, ministre délégué ou placé et secrétaire d'État[157].

α) Le ministre d'État

1253 Cette *dignité républicaine* est conférée *intuitu personae*. Elle se rapporte moins à la fonction exercée qu'à la personnalité désignée, à cet effet[158]. Il s'agit, en d'autres termes, pour le chef de l'État et le

155. En sens opposé, l'action conjuguée du premier ministre et du secrétaire général de l'Élysée est susceptible de peser sur les choix présidentiels, à l'exemple de la dissolution de l'Assemblée nationale en 1997. De manière révélatrice, les interventions médiatiques des collaborateurs de Nicolas Sarkozy ont été prises en compte, en vue d'assurer le respect du pluralisme (décision du C.S.A. du 21 juillet 2009) (V. *supra*, n° 1113).

156. Claude Guéant a fait figure de super-premier ministre, voire de vice-président de 2007 à 2011. Il annonçait les décisions du chef de l'État ; confirmait, convoquait et admonestait les ministres ; supervisait la haute administration ; sélectionnait les candidatures aux emplois supérieurs de l'État ; préfaçait les sessions parlementaires et se rendait à l'étranger, en qualité d'émissaire. Son départ aurait été négocié par Alain Juppé, nommé au Quai d'Orsay, en février 2011. Son successeur, Xavier Musca, (l'homme du *triple A*) a géré la crise économique et financière de la zone euro (2011-2012). Lors de la maladie de Georges Pompidou et de François Mitterrand, les secrétaires généraux ont assuré, pour partie, *de facto*, la continuité de l'État (v. *supra*, n° 1132).

157. La hiérarchie entraîne divers effets : du point de vue de la préséance (manifestations officielles ; place occupée à la table du conseil des ministres) ; du traitement ; cylindrée des voitures ; agent de sécurité ; et l'intérim du premier ministre. Les membres du Gouvernement ne bénéficient pas d'un droit à retraite. La hiérarchie incline à l'alchimie, en ce qu'elle est accordée à la pratique du dosage (politique et géographique). La répartition par sexe, naguère modeste, ressortit désormais à la parité (Gouvernement Ayrault I) : au préalable, des femmes avaient accédé cependant à des fonctions régaliennes : garde des sceaux (1997) ; budget (2000) ; défense ; affaires européennes (2002) ; intérieur et outre-mer, économie et finances (2007) et affaires étrangères (2010). En 1936 (Gouvernement Blum) trois d'entre elles (Cécile Brunschvicg ; Irène Joliot-Curie et Suzanne Lacorre) ont été nommées, pour la première fois, sous-secrétaires d'État. En 1947, Germaine Poinso-Chapuis (Gouvernement Schuman) est devenue la première femme ministre et Édith Cresson, premier ministre, en 1991. La diversité n'est plus ignorée, au surplus, depuis 2012. V. Le ministre, *Pouvoirs* n° 36, 1986.

158. En conséquence, le titulaire porte un double titre, l'un *personnel*, l'autre *fonctionnel*. V. B. FESSART de FOUCAULT, Les ministres d'État, *R.F.S.P.* 1972, p. 5.

premier ministre (en dehors d'une attention particulière), de valoriser sa présence. La distinction est donc à éclipses et varie selon les circonstances. Ce titre protocolaire est tantôt décerné à plusieurs ministres, responsables de la majorité (Gouvernement Balladur, 1993-1995) ; tantôt réservé à l'un d'entre eux, on parle d'un *archiministre :* Édouard Balladur (Gouvernement Chirac, 1986-1988) ; Nicolas Sarkozy (Gouvernements Raffarin et Villepin, 2004, 2005 ; Jean-Louis Borloo, Gouvernement Fillon II, 2007) ; Alain Juppé (Gouvernement Fillon III, 2011). À l'origine, le ministre d'État ne disposait pas d'attributions précises (on parlait alors de *ministre sans portefeuille*), la Ve République répudie cette conception.

β) Le ministre

1254 Il s'agit de la dénomination ordinaire du ministre de plein exercice[159]. Il prépare et met en œuvre la politique du Gouvernement dans le domaine qui lui est attribué. Longtemps, celui de l'économie et des finances a relevé d'un statut spécial. Outre le fait qu'il a disposé naguère du palais du Louvre, il se comporte à la manière d'un Gouvernement au sein du Gouvernement, contrôlant les dépenses de ses collègues, en fixant l'exécution par l'entremise des contrôleurs financiers[160]. Pour la rue de Bercy, les autres ministères ne sont que des maisons de verre. Seul le chef de l'État peut refréner la férocité légendaire de ce ministre haï, autant qu'universel, et l'affirmation de puissance de ses services. Selon le modèle allemand, ce ministère est réparti, d'une part, entre les finances et les comptes publics et, d'autre part, l'économie (Gouvernement Valls 2014). Si un ministre s'estime en conflit d'intérêts, ses attributions sont exercées par le premier ministre. Dès lors, il s'abstient de donner des instructions aux administrations placées sous son autorité (décret du 16 janvier 2014) (v. *infra*, n° 1270).

γ) Le ministre délégué

1255 Ce titre a connu une évolution. Originairement, ces ministres agissent par *délégation* du premier ministre (art. 21, al. 2 C), afin que celui-ci ne soit pas distrait, par des tâches de gestion, de sa fonction de coordination et d'impulsion. La formule a été étendue aux ministres ordinaires. Ils disposent d'une délégation du ministre de rattachement ; lequel a le pouvoir de leur adresser des instructions. Cette tutelle fragilise le *couple*, à l'exemple du scandale provoqué par le ministre délégué au budget (J. Cahuzac) en avril 2013, vis-à-vis du ministre de rattachement (P. Moscovici) (v. *infra*, n° 1442). Ils peuvent contresigner *seuls* les décrets qui les concernent et ont autorité pleine et entière sur leurs services, sauf conflit d'intérêts. En ce cas, le ministre de rattachement reprend ses attributions. Cette dénomination abandonnée entre 2008 et 2012, au profit de celle de ministre *auprès* d'un ministre (*chr.* n° 137, p. 221) a été restaurée avec le Gouvernement Ayrault I. Elle a disparu, en 2014[161].

δ) Le secrétaire d'État

1256 Il s'agit du dernier degré de la hiérarchie ; un *strapontin* (G. Pompidou). Le titre initial de *sous-secrétaire d'État*, dont le général de Gaulle, en mai 1940, fut le plus illustre titulaire, a disparu en 1946. Il est destiné à accueillir, à la manière d'une école du pouvoir, de jeunes talents qui, par délégation et sous l'autorité du premier ministre ou d'un ministre, traitent de diverses questions, en apprentissage

159. La dénomination de *garde des sceaux* est accolée à celle de ministre de la justice. La tradition avant 1958 lui attribuait la qualité de vice-président du conseil des ministres. Il préside par ailleurs le Tribunal des conflits (art. 25 de la loi du 24 mai 1872), en vue de déterminer l'ordre juridictionnel compétent en cas de contestation. Il n'y siège pas, sauf pour *vider* le conflit en cas de partage (une douzaine de fois). Ce vestige de justice retenue apparaît contraire au droit à un procès équitable (art. 6 § 1 C.E.D.H.). Jusqu'en 1945, le ministre de la justice présidait le Conseil d'État.

160. *La France est une entreprise dirigée par son caissier,* prétendait Michel Debré, en 1947 *(La mort de l'État républicain)*. La formule conserve toute sa sagacité. V. J. GICQUEL, Le ministre des finances dans le cadre de la réforme des finances publiques *in* M. BOUVIER (sous la direction), *Réformes des finances publiques, démocratie et bonne gouvernance*, 2004 p. 46 ; Le ministère des finances, *Pouvoirs* n° 53, 1990.

161. Le Gouvernement est ordonné, autour du premier ministre, en pôles d'action, soit un ministre, chef de file, aidé, tantôt de ministres délégués (Gouvernement Ayrault I), tantôt de secrétaires d'État (Gouvernement Valls) : affaires étrangères et développement international ; économie ; finances ; affaires sociales et santé ; éducation nationale ; écologie.

de la vie gouvernementale : le budget est le lieu de prédilection. La participation des secrétaires d'État au conseil des ministres est variable : tantôt ils en sont exclus ; tantôt ils y siègent, de manière ponctuelle, pour les affaires relevant de leurs attribution (Gouvernement Valls 2014). Le secrétaire d'État ne peut pas contresigner seul les décrets relatifs à ses attributions ; sa signature doit être accompagnée de celle du ministre qu'il assiste. Il a seulement la disposition de ses services : l'administration reste sous l'autorité du ministre délégant. Ce dernier est fondé à lui adresser des instructions et de le rappeler à l'ordre en cas de manquement à la solidarité gouvernementale. *C'est contraignant, mais c'est la règle du jeu* (F. Fillon). Bref, il ne possède pas la qualité de ministre, au sens de l'article 22 C, chargé de l'*exécution* des actes du premier ministre (C.E., 12 juin 1998, *Fédération des aveugles et handicapés visuels de France, Rec.* p. 222). De manière inhabituelle, les Gouvernements Balladur (1993), Villepin (2005) et Ayrault (2012) n'en comptaient pas dans leur rang. Cette catégorie a été rétablie par Manuel Valls (2014)[162].

2. La coordination gouvernementale

1257 Comment faire en sorte qu'un ministre mettant en œuvre l'action du Gouvernement, dans son domaine particulier, l'engage tout entier ? En vue de favoriser l'unité de dessein, l'existence d'une *seule ligne* (F. Hollande), telle qu'elle ressort du projet politique, une coordination, qui rime avec *centralisation*, est mise en place. On étudiera les *acteurs* et les *lieux* de *l'interministérialité*.

a) Les acteurs de l'interministérialité

1258 Au nom de la solidarité gouvernementale, un regard appuyé s'exerce sur chaque ministre. Tour à tour, les aspects *politiques* et *techniques* de son activité sont embrassés en vue d'éviter la cacophonie.

α) Les coordonnateurs politiques

1259 La *cohérence* du projet politique est assumée, tantôt par le président de la République en régime présidentialiste ; tantôt par le seul premier ministre, en régime parlementaire (art. 21 C)[163], au moyen de leurs collaborateurs respectifs et du secrétaire général de l'Élysée, en particulier. Dans la vision initiale, ils incombent à ceux-ci d'impulser les choix, après que le chef de l'État eut fixé le cap ; de contrôler l'exécution des *lettres de mission* par les ministres ; de la commenter, sous Nicolas Sarkozy, et de rendre compte. Ainsi, ces derniers ne sont jamais en situation d'apesanteur. Ils relèvent, à l'image des chevrons d'une marque automobile, d'*honorables correspondants* ; de référents, qui se déclinent, à la limite, en *super-premier ministre* et *super-ministres* d'un *Gouvernement présidentiel*, parés de l'irresponsabilité présidentielle ; soit la volupté du pouvoir. Avec François Hollande, la discrétion s'allie à l'efficacité dans le respect de la collégialité[164].

162. Une dénomination inhabituelle a été décernée à des membres du Gouvernement : *secrétaire d'État autonome*, en 1974, un ministre sans le titre en l'absence d'un rattachement *(ministricule) ; haut-commissaire*, en 2007, un secrétaire d'État sans le titre. Au reste, des délégués interministériels ou des *commissaires,* extérieurs au Gouvernement, favorisent la solidarité de ses membres (*chr.* n° 129, p. 234).

163. Le cabinet du premier ministre se présente comme une miniaturisation du Gouvernement. Il exerce une mission politique réelle, qui devient essentielle parce qu'*exclusive* en période de cohabitation. V. O. SCHRAMECK, *Dans l'ombre de la République. Les cabinets ministériels*, 2006.

164. Les conseillers sont tenus désormais à l'humilité ; ils informent le président, en respectant l'autorité des ministres ; lesquels sont invités à exercer leur responsabilité... tout en s'assurant en pratique, de l'approbation présidentielle. Chaque conseiller à l'Élysée tient une réunion hebdomadaire avec son correspondant de Matignon et le directeur de cabinet du ministre concerné. À chacun sa place ; à chacun sa responsabilité, selon ce dispositif politique. V. R. BACQUÉ et A. CHEMIN, Élysée. La vie de bureau, *Le Monde*, 17 mai 2013.

β) Les coordonnateurs techniques

1260 Les contraintes *juridiques* et *financières* entrent en ligne de compte. Elles sont prises en charge respectivement, sous l'autorité du premier ministre (art. 20 C), par le secrétariat général du Gouvernement (S.G.G.), le secrétariat général des affaires européennes (S.G.A.E.) et le Conseil d'État, d'une part, et le ministre des finances, qui dispose d'un redoutable pouvoir de *veto*, d'autre part.

Le S.G.G., créé par le décret du 31 janvier 1935, organisé par la loi du 13 août 1936, joue un rôle déterminant, mieux incontournable. Au sens propre du terme, il est la *cheville ouvrière* du pouvoir exécutif : la vigie de l'État de droit, le greffier, le conseiller et la mémoire de l'État ; bref la *main invisible* de la République, constamment en retrait, mais constamment présente et vigilante[165]. À ce titre, suivant un *memento du travail gouvernemental*, il escorte toutes les phases de la procédure normative, tant légale que réglementaire, jusqu'à y compris la publication au *Journal officiel*, dès lors que les textes concernés lui sont adressés. *Je suis un convoyeur de textes* (M. Long). Le site *Legifrance* (deux tiers des dispositions législatives sont codifiées) est placé sous sa responsabilité.

Le secrétaire général du Gouvernement, assisté d'un directeur et de chargés de mission, en charge d'un *portefeuille interministériel*, s'avère l'acteur et le directeur de la programmation du travail gouvernemental, en coordination avec les secrétaires généraux des ministères. Il assure le secrétariat du conseil des ministres auquel il assiste. Il est naturellement l'interlocuteur des ministres et des autres pouvoirs publics (Parlement et C.C.) (v. Rapport d'activité)[166].

Dans le domaine européen, l'intervention du S.G.A.E. (décret du 17 octobre 2005), qui a succédé au S.G.C.I (décret du 25 juin 1948), est décisive, à l'image du caractère transversal du droit de l'Union européenne. Point de passage obligé, au plan externe, il instruit et prépare les positions qui seront exprimées par la France au sein des institutions de l'Union. Il transmet les instructions du Gouvernement aux agents chargés de l'expression des positions françaises. Au plan interne, il veille à la mise en œuvre, par les ministères, des engagements souscrits par le Gouvernement. Il assure, avec le S.G.G., la mise en œuvre des résolutions européennes (art. 88-4 C) et, de manière décisive, la transposition des directives européennes (v. *infra*, n° 1483). Le S.G.A.E. assure le secrétariat du comité interministériel sur l'Europe, d'autant que son secrétaire général peut être aussi le conseiller Europe du chef de l'État (Élisabeth Guigou sous François Mitterrand ; Philippe Léglise-Costa avec François Hollande).

Outre le *réseau* formé par ses membres au sein du pouvoir (le *symbole* même de la coordination)[167], le Conseil d'État exerce une mission *consultative* auprès de l'exécutif : il *participe à la confection des lois et ordonnances* (art. L. 112-1 C.J.A.)[168].

165. *Le S.G.G. c'est le premier* ministre, *ou le premier ministre, c'est le S.G.G... Sa fonction revêt un aspect un peu schizophrène : concilier le rôle de gardien des bons principes...* [et] *mettre en œuvre loyalement les décisions du Gouvernement* (J. Arrighi de Casanova). Le S.G.G. est l'avocat naturel de la loi devant le C.C., y compris les amendements adoptés (art. 61 et 61-1 C) Le secrétaire général a plaidé, lors de l'examen d'une Q.P.C. (21 février 2012), *Marine Le Pen*, *chr.* n° 142, p. 164) (v. *infra*, n° 1510). V. M. LONG, *Les services du premier ministre*, 1981 ; R. PY, *Le Secrétariat général du Gouvernement*, D.F., 1985 ; F. BONINI, *L'histoire d'une institution coutumière : le secrétariat général du Gouvernement de la République française* (1934-1986), thèse I.E.P. Paris, 1987 ; J. GICQUEL, Le programme de travail gouvernemental sous la Ve République, *Mélanges Loïc Philip*, 2005, p. 99.

166. La permanence dont jouit le secrétaire général du Gouvernement souligne son importance. Depuis la Libération, on ne compte en effet que huit titulaires : d'André Ségalat, qui demeura à ce poste, tout au long de la IVe République, à Serge Lasvignes, nommé en septembre 2006. Il a vocation à devenir vice-président du Conseil d'État, à l'exemple de Jean-Marc Sauvé, à cette date. L'alternance du pouvoir en a été largement favorisée. Il exerce, au surplus, les fonctions de haut fonctionnaire de défense et de sécurité auprès du premier ministre (décret du 22 mars 2012).

167. Un conseiller d'État occupe, le plus souvent, les emplois de secrétaire général de l'Élysée ; de directeur du cabinet du premier ministre ; de secrétaire général du Gouvernement ; de secrétaire général du Conseil constitutionnel, sans oublier la direction et la présence dans les cabinets ministériels et les autorités administratives indépendantes.

168. Le conseil du Gouvernement est devenu aussi celui du Parlement (art. 39, al. 5 C, rédaction de la L.C. du 23 juillet 2008) (V. *chapitre IV*). V. O. SCHRAMECK, Le Conseil d'État, conseil du Gouvernement ou/et conseil du Parlement, *in L'examen de la constitutionnalité de la loi par le Conseil d'État* (C.R.D.C., Paris-I) 2011, p. 83.

La section administrative compétente est saisie par le représentant du ministre (appelé le commissaire du Gouvernement) du projet ou de la proposition de loi (nouvel art. 39 C), de l'ordonnance (art. 38 C), du décret ou d'une demande d'avis sur une question, puis l'assemblée générale délibère, chaque jeudi. En dehors d'une clarification rédactionnelle, le Conseil d'État veille à la rectitude juridique des textes, à leur cohérence par rapport à l'État de droit en vue de conjurer le contentieux *(les précautions pré-contentieuses)*. L'avis, qui est secret, a valeur d'aval pour le Gouvernement. Éclairé, celui-ci le reprend, en règle générale, à son compte. Par la suite, le conseil des ministres n'aura pas la possibilité de modifier, au fond, le texte soumis pour avis (C.C., 3 avril 2003, *Élections des conseillers régionaux, chr.* n° 106, p. 187) (v. *infra*, n° 1509).

b) Les lieux de l'interministérialité

1261 En dehors des rencontres au sein de la majorité et du réseau téléphonique et électronique de *l'interministériel, quid* du circuit décisionnel, sachant que le S.G.G. en constitue le fil d'Ariane, et que le *secret* y est observé (art. 6 de la loi du 17 juillet 1978) ?

Où va-t-on à l'*arbitrage*, pour utiliser l'expression consacrée ? Une fois encore, la réponse est conditionnée par l'environnement politique, dans lequel les acteurs se meuvent. Mais, la diversité des étapes débouche sur le passage obligé du conseil des ministres.

α) Les étapes de l'arbitrage en logique présidentialiste

1262 En dehors du pouvoir d'*évocation* du chef de l'État, attitude fréquente de Nicolas Sarkozy, comment l'arbitrage, c'est-à-dire le règlement d'une question, est-il rendu ? Le cheminement emprunte, en temps ordinaire[169], le processus ci-après :

• La réunion interministérielle

1263 On désigne sous ce vocable, une réunion entre les membres des ministères concernés par un projet, présidée par le membre du cabinet du premier ministre compétent. Un premier bilan des accords et des désaccords est dressé (le *bleu*) et un nouveau rendez-vous fixé.

• Le comité interministériel

1264 Créé par décret, il regroupe à Matignon, à intervalle régulier, sur un sujet déterminé (Europe ; aménagement du territoire ; mer ; modernisation de l'action publique ; sécurité routière), sous l'autorité du premier ministre, les ministres et, le cas échéant, les secrétaires d'État intéressés. Un collaborateur du chef de l'État y participe[170].

Les arbitrages y sont rendus par le chef du Gouvernement, en harmonie préalable avec le président, en pratique, tout particulièrement en matière budgétaire, sous la forme successive de *lettre de cadrage* puis de *lettre-plafond*. Cependant, appel peut être interjeté éventuellement de la décision par le ministre désavoué devant le chef de l'État. Il est loisible au premier ministre ou au chef de l'État de réunir un *séminaire gouvernemental*.

• Le conseil restreint

1265 Le plan incliné, auquel le régime présidentialiste peut être aisément comparé, conduit tout naturellement vers l'Élysée. Le président tient, de manière *spontanée*, en dehors du domaine militaire

169. En période de crise (guerre du Golfe en 1990-1991), les choix présidentiels ont été arrêtés, à l'issue d'un conseil d'état-major quotidien réunissant, sous l'autorité du chef de l'État, ses collaborateurs immédiats (secrétaire général, et chef de l'état-major particulier) ; le premier ministre ; les ministres de la défense, des affaires étrangères et de l'intérieur, le chef d'état-major des armées ; les chefs d'état-major des trois armes et le secrétaire général de la défense nationale. V. G. CARCASSONNE, Cellules de crise, *Pouvoirs* n° 58, 1991, p. 41.

170. La terminologie usitée sous la Ve République, conformément à la volonté exprimée par le général de Gaulle, est ainsi fixée : un *comité est réuni sous l'autorité du premier ministre, un conseil sous celle du chef de l'État* par mimétisme avec le *conseil des ministres*. V. A. DELION, Les conseils et comités interministériels, *A.J.D.A.* 1975, p. 268 ; J. FOURNIER, *Le travail gouvernemental*, 1987.

(art. 15 C), un conseil restreint, dont la périodicité et la composition sont laissées à son appréciation. Cet *assemblage de lumières*, aurait opiné Louis XVI, qui confère le *dernier mot* au chef de l'État, a connu un destin contrasté, car *l'Élysée n'est pas une instance d'appel des décisions prises par Matignon* (J. Chirac). Sous Nicolas Sarkozy, à l'opposé, une *réunion de ministres,* en présence du premier ministre, était convoquée avant qu'il n'arrête sa décision.

Un conseil stratégique de la dépense publique, présidé par le chef de l'État, a été créé par François Hollande à la manière d'un Gouvernement économique au sein du Gouvernement (décret du 22 janvier 2014) (v. *infra*, n° 1526).

• Le conseil des ministres

1266 On a souligné l'importance de cette formation *spécifique* à la France, à bien des aspects, hormis la Russie, qui incarne *l'unité* politique du pouvoir exécutif[171] (v. *supra*, n° 1231). *Il n'y a pas de mission plus noble que d'y siéger* (F. Mitterrand). En l'absence de réglementation, sa *composition* est laissée à la discrétion du chef de l'État qui le réunit et le préside, en principe, chaque mercredi[172]. En cas d'empêchement, sa suppléance est confiée au premier ministre, *en vertu d'une délégation expresse et pour un ordre du jour déterminé* (art. 21 *in fine* C). En dehors de l'honneur insigne fait à une personnalité d'y participer (en avril 1919, le maréchal Foch ; en décembre 1974, le premier ministre québécois, Robert Bourassa, en juillet 2010, le ministre allemand, Wolfgang Schäuble ou son compatriote, Frank-Walter Steinmeier, en mai 2014), la participation des secrétaires d'État a été variable. Sauf un tour de table, on n'y vote pas comme jadis ; le conseil entérine plus qu'il ne délibère. D'où la célérité de ses travaux[173]. Il siège au salon Murat, et depuis 2014, au salon des Ambassadeurs, plus intime, en raison du caractère resserré du Gouvernement Valls, en présence des seuls ministres.

Son *ordre du jour*, proposé par le premier ministre, le vendredi, arrêté par le chef de l'État, le lundi, adressé aux participants, le lendemain, comprend, en principe, trois parties : la *partie A* vise les projets de loi (art. 39 C), les ordonnances et les décrets (art. 13), pour lesquels il y a lieu à une adoption par *consensus* ; la proclamation de l'état de siège (art. 36 C) et de l'état d'urgence ; *la partie B* est relative aux mesures individuelles (nominations de hauts fonctionnaires, officiers généraux entre autres), à la dissolution de l'assemblée délibérante d'une collectivité territoriale ; la *partie C* est réservée aux communications, et traditionnellement à celle du ministre des affaires étrangères. Un avant-projet de loi important peut être présenté afin de provoquer un premier échange de vues. L'engagement de la responsabilité gouvernementale y est délibéré (art. 49 C). En *partie D*, un sujet peut y être inscrit en vue d'ouvrir un débat. L'idée initiée 2007 par Nicolas Sarkozy a été abandonnée. Elle a été relancée par son successeur en avril 2014. L'usage du smartphone est prohibé depuis cette date. Le secret des délibérations constitue *une obligation d'État* qui engage l'honneur de tous ceux qui y assistent ; ce qui

171. V. R. DENOIX de SAINT MARC, Le fonctionnement du conseil des ministres et du Gouvernement *in Les règles et principes non écrits en droit public*, 2000, p. 221 ; J.-M. SAUVÉ, Le conseil des ministres, *Mélanges Jean Gicquel*, 2008, p. 497.

172. Le conseil des ministres se réunit à Paris. Cependant, en dehors de la situation dramatique de juin 1940, Valéry Giscard d'Estaing a innové en le transportant à Lyon, en septembre 1974 ; Nicolas Sarkozy l'a délocalisé à Strasbourg et Ajaccio, en septembre et en octobre 2007. Exceptionnellement, l'examen d'une question peut justifier deux réunions hebdomadaires (putsch d'Alger en avril 1961 ; dévaluation de la monnaie, novembre 1968 ; guerre du Golfe, janvier 1991 ; plan de relance de l'économie, décembre 2008). Le chef de l'État peut, à l'inverse, ajourner ou supprimer un conseil. V. B. DORINET, *Le conseil des ministres en France*, thèse Paris-I, 2005.
En principe, si le conseil ne peut se réunir en l'absence du président, à l'opposé celle du premier ministre n'y fait pas obstacle, à partir de l'instant où il signe après coup le décret de présentation du projet de loi, lors de son dépôt sur le bureau d'une assemblée (C.C., 12 septembre 1984, *Limite d'âge dans la fonction publique, chr.* n° 32, p. 184).

173. À côté de la table où le président et les ministres sont réunis, siègent à part le secrétaire général du Gouvernement et celui de la présidence de la République. Ils rédigent le procès-verbal, le communiqué de presse et dressent le relevé de ses décisions. Pour le S.G.G., qui en assure le secrétariat, le conseil est un moment privilégié pour y recueillir les contreseings des ministres concernés. La tradition veut que le chef de l'État et le premier ministre s'entretiennent en tête-à-tête avant le début du conseil.

n'empêche pas les indiscrétions. Le délai de communicabilité est fixé à 25 ans (loi du 15 juillet 2008 sur les archives). Un communiqué remis à la presse informe l'opinion.

Depuis 2014, sous le Gouvernement Valls, une *réunion*, dite des *ministres* (de *tous* les membres du Gouvernement, secrétaires d'État inclus) se tient à Matignon, tous les 15 jours, *après* le conseil des ministres, en présence d'un collaborateur du chef de l'État. Il s'agit d'un espace de débats, destiné à favoriser la communication et la coordination gouvernementales. Ses membres sont tenus à la confidentialité ; aucun compte-rendu n'est publié (*chr.* n° 150, p. 152).

β) Les étapes de l'arbitrage en logique parlementaire

1267 En période de cohabitation, le processus est tout à la fois, *simplifié* et *renouvelé*. Hors les conseils de défense (art. 15 C), la tenue d'un conseil restreint, convoqué par le chef de l'État, à la veille d'un conseil européen, ou de manière factuelle, celui-ci n'est plus partie prenante au processus de coordination, jusqu'à la réunion du conseil des ministres. Il n'est pas jusqu'au traditionnel relevé des décisions qui ne soit abandonné. Dans ces conditions, les arbitrages sont rendus par le premier ministre, à l'issue des comités (ou réunions) interministériels[174]. Par suite, l'autorité des membres de son cabinet ne cesse de croître, au point de ramener l'essentiel des décisions gouvernementales à leur niveau et à se comporter, à la limite, en *super-ministres*. La crise des lycées et des universités en 1986 et le départ de Jean-Pierre Chevènement, en août 2000, à propos du projet de loi sur la Corse, en témoignent.

Cependant, le comité interministériel est primé, au plan *politique*, par la *réunion de ministres*. Sous l'autorité de Lionel Jospin, celle-ci se tenait deux fois par mois, *avant* le conseil des ministres. Tous les membres du Gouvernement y étaient conviés, en présence du directeur du cabinet (O. Schrameck) et des conseillers du premier ministre afin d'y débattre collégialement des orientations de la politique gouvernementale. Le conseil de cabinet d'antan a ressuscité, transformant le conseil des ministres en un lieu formel.

B. LE STATUT DES MEMBRES DU GOUVERNEMENT

1268 Le premier ministre et les ministres sont soumis, en principe, à un régime commun. Les devoirs de leur état (ou la déontologie) sont consacrés : ils *exercent leurs fonctions avec dignité, probité et intégrité et veillent à prévenir ou à faire cesser immédiatement tout conflit d'intérêts* (art. 1er de la loi du 11 octobre 2013)[175].

1. La nomination aux fonctions gouvernementales

a) Le profil gouvernemental

1269 On se bornera à rappeler, qu'en vertu de l'article 8 C, le chef de l'État nomme le premier ministre et, sur la proposition de celui-ci, les ministres et secrétaires d'État. À l'origine de la Ve République, les Gouvernements comptaient, en règle générale, une proportion relativement importante de *non-parlementaires*, appelés ministres *techniciens* issus de la *société civile*[176], à l'inverse de la règle observée jusque-là. De nos jours, l'origine parlementaire est redevenue le principe. Mais, les services de l'Élysée représentent aussi une filière d'accès : trois anciens secrétaires généraux ont été nommés premiers

174. V. A. BONDUELLE, *Le pouvoir d'arbitrage du premier ministre sous la Ve République*, 2000.

175. Les membres des cabinets ministériels sont soumis au même régime (art. 11.I de la loi du 11 octobre 2013). Les membres du Gouvernement Ayrault I avaient signé, au préalable, en mai 2012, une *charte de la déontologie* (*chr.* n° 143, p. 184), dont la source remontait à une circulaire Rocard de 1988.

176. Avant 1958, la présence de ces ministres était exceptionnelle : on citera le général Picquart, ministre de la guerre dans le cabinet de Clemenceau en 1906 ; le maréchal Pétain, au même poste, en 1934, avec Doumergue. Dans des circonstances particulières ou graves, le ministère sera dirigé provisoirement par un *non-parlementaire* (Rochebouët en 1877, François-Marsal en 1924, Pétain en 1940 ou de Gaulle en 1958). Sous la Ve République, on mentionnera : Georges Pompidou, (1962) ; Raymond Barre (1976) ; Dominique de Villepin (2005). V. P. BIRNBAUM, *Les sommets de l'État*, 1977.

ministres (Pierre Bérégovoy en 1992 ; Édouard Balladur en 1993 ; Dominique de Villepin en 2005) ou ministres (Jean François-Poncet en 1978 ; Hubert Védrine en 1997 ; Claude Guéant en 2011). Concernant le *cursus honorum*, avant 1958, il était marqué par la détention de mandats électifs locaux puis nationaux, avant d'atteindre le *dernier terme de la gloire humaine* (G. Flaubert), le titre de ministre, celui de la consécration. Les débuts de la Ve République ont été marqués par une tendance inverse : on était d'abord ministre avant de devenir un élu.

b) Les obligations déclaratives

1270 Le mensonge d'État de Jérôme Cahuzac, ministre du budget, en 2012, a renforcé le dispositif initial de la loi du 11 mars 1988. Tout membre du Gouvernement dans les deux mois suivant sa nomination adresse au président de la H.A.T.V.P., une *déclaration exhaustive, exacte et sincère de sa situation patrimoniale* concernant ses biens propres et ceux de la communauté, le cas échéant. Un secrétaire d'État a été invité à réévaluer ses biens, lors de la première appréciation, en juin 2014. Une seconde déclaration est relative aux *intérêts détenus*. Ces obligations de déclaration s'appliquent dans le délai de deux mois qui suivent la cessation de fonction pour une cause autre que le décès (art. 4.I de la loi du 11 octobre 2013). La Haute Autorité est ainsi à même de contrôler la variation de situations patrimoniales (art. 7). Tout ministre, en outre, fait l'objet, à sa nomination, d'une procédure de vérification de sa situation fiscale, placée sous le contrôle de celle-ci (art. 9).

Faute d'avoir reçu en temps utile lesdites déclarations, la Haute Autorité adresse une injonction à l'intéressé (art. 4). Elle rend publiques les déclarations ; l'administration fiscale lui apportant son concours, ainsi que les électeurs sous forme d'observations écrites (art. 5). Lorsqu'elle constate qu'un ministre se trouve dans une situation de *conflit d'intérêts*, à savoir une *situation d'interférence entre un intérêt public et des intérêts publics ou privés affectant l'exercice indépendant, impartial et objectif de sa fonction* (art. 2 de la loi précitée du 11 octobre 2013), elle peut lui enjoindre de faire cesser cette situation. Elle peut rendre publique cette injonction, en dehors du cas du premier ministre (art. 10)[177]. Au surplus, l'omission d'une partie substantielle du patrimoine ou des intérêts est punie d'une peine d'emprisonnement et d'une amende, comme le fait de ne pas déférer à une injonction de la Haute Autorité (art. 26). Peut être prononcée, à titre complémentaire, l'interdiction des droits civiques, comportant une peine d'inéligibilité de 10 ans (art. 131-26-1 du Code pénal) (v. *supra*, n° 1254).

c) Le traitement

1271 Outre des avantages en nature, dont la prise en charge, en tout ou partie d'un loyer, lorsque le ministre ne dispose pas d'un logement personnel à Paris (circulaire du 30 juin 2005) et le défraiement pour leur déplacement (décret du 3 février 2011), les ministres et ministres délégués reçoivent *un traitement brut mensuel* calculé par référence à celui des fonctionnaires occupant les emplois supérieurs de l'État dits *hors échelle*. Il est, au plus, égal à 1,4 fois la moyenne de ces emplois ; pour les secrétaires d'État, il est égal à 1,33 fois cette même moyenne. Ce traitement est complété, d'une part, par une *indemnité de résidence* égale à 3 % de son montant et, d'autre part, par une *indemnité de fonction* égale à 25 % de la somme du traitement et de l'indemnité de résidence. La rémunération est modulée entre celle allouée au premier ministre, aux ministres et ministres délégués et aux secrétaires d'État (décret du 23 août 2012)[178] ; elle est écrêtée pour l'exercice d'un mandat local, à l'image des députés

177. La Haute Autorité succède à la Commission pour la transparence financière de la vie politique (loi du 11 mars 1988). La Haute Autorité, aux pouvoirs renforcés (aide de l'administration fiscale), comprend neuf membres : un président nommé par le chef de l'État (v. *supra*, n° 1226) ; deux conseillers d'État, élus par l'assemblée générale du Conseil d'État ; deux conseillers à la Cour de cassation élus par les magistrats du siège ; deux conseillers-maîtres à la Cour des comptes élus par la chambre du conseil et deux personnalités qualifiées respectivement nommées par le président de l'Assemblée nationale et son homologue du Sénat, après avis conforme de chaque commission parlementaire compétente. Le mandat, d'une durée de six ans, est non renouvelable (art. 19 de la loi du 11 octobre 2013).

178. Au nom de la séparation des pouvoirs, le Conseil constitutionnel a censuré, le 9 août 2012 (*Loi de finances rectificative pour 2012*, *chr.* n° 144, p. 178), l'article 40 de ladite loi qui mettait en œuvre un engagement de François Hollande de réduire de 30 % la rémunération du président et des ministres, telle qu'elle résultait de la loi du 6 août 2002. Le décret du 23 août a repris les dispositions censurées (v. *supra*, n° 1162).

(v. *infra*, n° 1408). Les ministres sont tenus à un *devoir d'exemplarité* dans l'utilisation de l'argent public (circulaire Fillon du 2 juillet 2010) et doivent informer le S.G.G. de tout séjour effectué, à titre strictement privé, dans un pays situé en dehors de l'Union européenne (v. Premier ministre, S.G.G., *Règles applicables à la fonction de membre du Gouvernement*).

2. Les restrictions à l'activité gouvernementale ou les incompatibilités gouvernementales

1272 On ne peut servir deux maîtres à la fois, selon les Écritures. L'importance attachée à la fonction ministérielle, en raison de son caractère *national* justifie le souci de *l'isoler* par rapport aux autres activités privées ou publiques pour prévenir tout conflit d'intérêts. En principe, leur exercice simultané est prohibé (art. 23 C). L'*incompatibilité* est donc une restriction à l'activité civique. D'où le principe strict d'interprétation : pas d'incompatibilité *sans texte, ni au-delà d'un texte*. Elle se résout par une *option* laissée à l'appréciation de l'intéressé. En prenant en considération l'origine socio-professionnelle du ministre, on distingue deux types de relations avec une autre fonction publique, d'une part, et une activité privée ou professionnelle, d'autre part.

a) La relation entre la fonction gouvernementale et une autre fonction publique

1273 Il importe d'opérer une distinction, selon que la fonction publique est conférée par le pouvoir ou les citoyens. Au premier cas, il s'agira d'une fonction publique dite *nominative ;* au second, d'une fonction *élective*. En conséquence, des réponses opposées seront apportées, selon les sentiments de réticence ou de confiance.

α) La fonction publique nominative

1274 Le principe de la séparation des pouvoirs est à l'origine du *non-cumul* avec la fonction gouvernementale. Il suit de là, que la qualité de ministre est *exclusive*, entre autres, de celles de membre du Conseil constitutionnel, du Conseil économique, social et environnemental, du C.S.A., de fonctionnaire, dans l'ordre juridique français et européen ; et des fonctions de défenseur des droits ou de juré de cour d'assisses.

β) La fonction publique élective

1275 L'exercice de la démocratie débouche, au cas présent, sur le principe opposé du *cumul*. Cependant, ce dernier souffre de quelques dérogations.

• Le principe du cumul

1276 Un membre du Gouvernement peut, à l'heure actuelle, être investi de mandats *locaux* et des fonctions exécutives inhérentes (conseiller municipal, départemental et régional), *à l'exclusion* de mandats nationaux[179]. Cependant, le ministre titulaire de ces mandats ne peut percevoir pour l'ensemble de ses fonctions, un montant total de rémunérations et d'indemnités de fonction supérieur à une fois et demie le montant du traitement qu'il perçoit au titre de ses fonctions ministérielles (art. 27 de la loi du 14 avril 2011).

• L'interdiction de cumul

1277 La fonction de ministre est *incompatible* respectivement avec le mandat de président de la République, en vertu d'une coutume constitutionnelle ; celui de parlementaire

179. Lionel Jospin a imposé une règle *politique*, en exigeant, en 1997, que les ministres renoncent à l'exercice de leurs responsabilités exécutives locales. Celle-ci a été réitérée, en 2012, par Jean-Marc Ayrault, conformément à la proposition du président Hollande. Cette règle est un élément de la charte déontologique signée par les ministres, en mai 2012 (v. *supra*, n° 1268).

européen (art. 6 de la décision du Conseil des Communautés du 20 septembre 1976) et, plus encore, de parlementaire national (art. 23 C), (V. *chapitre IV*).

Cette innovation de la Ve République mérite considérations. Un membre du Gouvernement est sans doute éligible au Parlement, mais s'il est élu, il sera tenu de choisir entre des qualités désormais *exclusives* l'une de l'autre.

L'article 23 C, à l'inverse de la tradition parlementaire, a créé la sensation, en 1958. Cette règle trouve sa justification, dans la volonté du général de Gaulle de favoriser la stabilité gouvernementale, en mettant un terme à la *course aux portefeuilles*, génératrice de crises, et de faciliter l'exercice des responsabilités en libérant le ministre de ses attaches partisane et locale. *On ne peut être à la fois contrôleur et contrôlé*, disait-il. Ce choix se rattache à la volonté des constituants d'*émanciper* l'exécutif de la tutelle des assemblées, de manière à disposer de ministres à temps complet[180].

Mais, en dépit des appréhensions, la règle de l'incompatibilité a été non seulement, du point de vue juridique, *tempérée* dans sa portée, mais comme *oubliée* d'un point de vue politique par les intéressés. La règle a été tempérée, de diverses façons : le ministre élu parlementaire et qui renonce à cette dernière qualité, est remplacé *temporairement* par son suppléant, qui joue le rôle de *garde-place* (art. 25 C, L.C. du 23 juillet 2008)[181]. Le ministre, titulaire d'un emploi public, est placé pendant la durée de ses fonctions en position de *disponibilité*, ne lui permettant pas d'acquérir des droits à l'avancement et à pension (art. 4 de l'ord. du 17 novembre 1958, rédaction de la L.O. du 11 octobre 2013). L'incompatibilité prend effet à l'expiration d'un délai d'un mois après acceptation de la fonction gouvernementale (art. L.O. 153 du Code électoral)[182]. Une *indemnité de licenciement*, si l'on peut dire, est accordée, pour trois mois, à l'ancien parlementaire, devenu entre-temps ancien ministre, sauf si l'intéressé a repris auparavant une activité rémunérée. En cas d'omission des obligations déclaratives à la H.A.T.V.P., cette indemnité n'est pas versée (art. 5). Il retrouve *automatiquement* son mandat, à l'expiration d'un mois.

Au surplus, la règle de l'incompatibilité est occultée, car le parlementaire devenu membre du Gouvernement se considère et est considéré, comme l'élu de la circonscription. Il se comporte, ainsi, chaque fin de semaine et surtout au moment du renouvellement de l'assemblée dont il est issu. De manière topique, en cas de décès de son suppléant, le ministre, s'empresse de sauvegarder son siège, quitte à le rétrocéder *sur-le-champ*, tel l'apanage de jadis, à un nouveau remplaçant, à l'exemple de Jacques Chaban-Delmas, à Bordeaux, en 1970[183].

En l'absence d'une disposition *expressis verbis*, la fonction gouvernementale est compatible avec l'exercice de responsabilités nationales au sein d'un parti. Le chef de l'État en apprécie l'opportunité : en 2004, Nicolas Sarkozy, ministre de l'économie et des finances, élu président de l'U.M.P., est contraint à démissionner. Nommé ministre de l'intérieur, en 2005, il est autorisé à cumuler. Xavier

180. La règle traditionnelle de la compatibilité avant 1958, permettait aux parlementaires de se faire plaisir, sans encourir de risques. En provoquant la chute du ministère, ils devenaient ministres, tout en conservant un pied au Parlement. Par ailleurs, le dédoublement fonctionnel autorisait le mélange des genres. En avril 1947, les ministres communistes, en tant que députés, votèrent contre le cabinet Ramadier dont ils faisaient partie ; en août 1954, lors du débat sur la C.E.D. des ministres de Pierre Mendès France s'abstinrent.

181. En outre, afin de prévenir toute ingratitude, le remplaçant est frappé par une *inéligibilité temporaire :* il ne peut pas faire acte de candidature contre l'ancien parlementaire *devenu ministre*, lors de l'élection suivante, dans la même circonscription (art. L.O. 135 du Code électoral) (C.C., 8 juin 1993, *A.N., Oise, 5e, Rec.* p. 58) (V. *chapitre IV*).

182. Cette *franchise* a pour souci d'éviter qu'une tentative avortée de constitution d'un Gouvernement ne pénalise incontinent et injustement ses membres éphémères. Mais, pendant ce laps de temps, les ministres-parlementaires sont privés du droit de vote et ne peuvent percevoir aucune indemnité en tant que parlementaire (art. L.O. 153 du Code électoral, rédaction de la L.O. du 11 octobre 2013). D'où en cas de majorité resserrée, une formation *échelonnée* afin d'éviter tout incident de parcours. Avec le Gouvernement Chirac, en 1986, la règle a été tournée : Les ministres-parlementaires ont démissionné, la veille du début de la législature, afin de permettre à leur suppléant de voter utilement (*chr.* n° 38, p. 179).

183. Sous la VIIIe législature (1986-1988), la loi du 10 juillet 1985 a momentanément réglé la difficulté en substituant la R.P. au scrutin majoritaire, pour l'élection des députés. En cas de vacance, le premier non-élu de la liste était appelé à siéger. V. G. MORIN, Un exemple de résistance au changement constitutionnel : l'impossible réforme du statut des suppléants parlementaires, *R.D.P.* 1979, p. 1559.

Bertrand, ministre du travail a quitté, en 2009, le Gouvernement, en sens opposé. En revanche, un ministre ne sera plus à l'avenir trésorier de son parti (précédent d'Éric Woerth, 2010).

b) La relation entre la fonction gouvernementale et une activité privée ou professionnelle

1278 En l'espèce, ces rapports sont placés sous le signe de *l'incompatibilité*. Ce régime a, tout d'abord, pour objet de mettre fin à certains abus qui se produisaient sous les régimes antérieurs, dans le cas notamment d'avocats, qui n'hésitaient pas à garder la direction de leur cabinet et à plaider devant des magistrats pendant la durée de leurs fonctions ministérielles ; ce qui, évidemment, risquait de porter atteinte à l'indépendance de la magistrature. D'une façon générale, l'interdiction de continuer à exercer une activité professionnelle ou une fonction de représentation professionnelle à caractère national, a pour objet de limiter la pression des intérêts privés sur le Gouvernement.

En conséquence, un ministre qui jusque-là exerçait une activité privée, est tenu *d'opter* à son entrée en fonction entre deux types d'activités qui ne *s'aiment pas*, pour parodier le petit Mozart.

3. La cessation des fonctions gouvernementales

1279 Comment quitte-t-on le Gouvernement ? Une double réponse peut être apportée, selon que l'on envisage la cessation *individuelle* ou *collective*.

a) La cessation individuelle

1280 Elle résulte du décès ou de la démission du titulaire.

α) Le décès

1281 Des ministres sont décédés dans l'exercice de leurs fonctions (Robert Boulin, en 1979, Joël Le Theule en 1980).

β) La démission

1282 Elle procède de causes multiples : convenances personnelles ; incompatibilité ; péripétie électorale[184] ; mise en examen, pour blanchiment de fraude fiscale (J. Cahuzac, 2013), d'une manière générale, chaque fois qu'un *ministre est dans une procédure, il n'est plus membre du Gouvernement* (F. Hollande)[185] ; erreur de communication politique (H. Gaymard, 2005) ; indélicatesse (Chr. Blanc, 2010) ; révocation, pour manquement à la solidarité gouvernementale (D. Batho, 2013) ; désaccord (J.-P. Chevènement a démissionné à trois reprises). Sur proposition du premier ministre, le président de la République met fin aux fonctions de l'intéressé (art. 8 al. 2 C)[186].

184. Un ministre battu à une élection présente sa démission au chef de l'État ; lequel apprécie. Jean-Marc Ayrault a posé la règle politique, selon laquelle un échec aux élections législatives provoque le retrait du Gouvernement, à l'opposé d'une défaite à une élection primaire en vue de la désignation du candidat du parti (Marie-Arlette Carlotti en octobre 2013). Tous les ministres ont été élus en juin 2012. En cas de mise en cause *personnelle*, le ministre démissionne en vue d'assurer plus librement sa défense : Bernard Tapie, ministre de la ville, en 1992.

185. Suivant la doctrine Bérégovoy-Balladur, la présomption d'innocence écartée, des ministres ont été appelés à démissionner au nom de l'exemplarité : A. Carignon, G. Longuet et M. Roussin (1994) ; D. Strauss-Kahn (1999) ; R. Donnedieu de Vabres (2002) ; P. Bédier (2004) ; G. Tron (2011). Dans l'affaire du bail de l'appartement privé d'Alain Juppé, la décision de classement sous condition prise par le procureur de la République près le T.G.I. de Paris, le 11 octobre 1995, a préservé non seulement l'intéressé mais aussi le Gouvernement (*chr.* n° 77 p. 259).

186. Le record de l'éphémère est détenu par Léon Schwartzenberg, démis de ses fonctions 10 jours après sa nomination, en 1988. En 1974, Jean-Jacques Servan-Schreiber était demeuré ministre 13 jours ;

b) *La cessation collective*

1283 Un changement de premier ministre entraîne le retrait du Gouvernement. En dehors du décès dans l'exercice de ses fonctions, la démission peut être *volontaire* ou *obligée*.

Au premier cas, Jacques Chirac y a spontanément mis un terme, le 25 août 1976, estimant qu'il ne disposait pas des moyens nécessaires à la conduite des affaires.

Au second cas, le premier ministre est relevé de ses fonctions par le chef de l'État. On sait qu'en période présidentialiste, l'hôte de Matignon côtoie constamment l'abîme. Autres causes : un vote de défiance de l'Assemblée nationale (art. 49 C), à l'exemple de Georges Pompidou en octobre 1962 ou la tenue d'élections nationales (élections présidentielles et législatives)[187].

En ce cas, le changement de Gouvernement, qui se veut un hommage rendu au suffrage universel, s'explique par la combinaison de la tradition républicaine et l'application de la constitution. Le maintien du premier ministre aurait, en effet, pour conséquence inattendue d'empêcher le président de la République d'exercer le pouvoir de nomination (art. 8 C) ; pouvoir personnel, de surcroît. Alain Juppé et Lionel Jospin ont annoncé leur démission respective dès l'annonce de leur échec électoral, les 26 mai 1997 et 21 avril 2002.

En tout état de cause, la démission du Gouvernement est remise par le premier ministre au président (art. 50 C). Cependant, celui-ci peut en *différer* l'acceptation, en le chargeant provisoirement de *l'expédition des affaires courantes*, sans préjudice des affaires urgentes, en vue d'assurer la continuité de la vie nationale. En 1962, Georges Pompidou a présenté sa démission, le 5 octobre ; le général de Gaulle y a accédé, le 28 novembre. En l'espèce, le record appartient à la Belgique où la nomination du Gouvernement Di Rupo, en décembre 2011, a mis fin à une période de... 18 mois. Avec la cérémonie de la passation des pouvoirs, qui marque la nomination d'un nouveau Gouvernement, la continuité de l'État est pleinement assurée. Les documents officiels sont versés par les ministres aux Archives nationales, et communicables dans le même ordre d'idées (loi du 15 juillet 2008).

4. La responsabilité individuelle des membres du Gouvernement

1284 Qu'est-ce que gouverner pour un ministre ? Sinon être responsable de son administration, ou du *mauvais usage d'un pouvoir légal* (B. Constant). En dehors de la responsabilité *politique* devant l'Assemblée nationale qui, en raison du principe de solidarité (ou de l'unité de dessein), ne peut qu'être *collective* (art. 49 C), la responsabilité individuelle susceptible d'être encourue repose sur la distinction entre les actes inhérents à la fonction, découlant des termes de l'article 20 C, et ceux *extérieurs* ; en un mot, *détachables*. Elle est de deux ordres : *comptable et pénale*.

a) *La responsabilité comptable*

1285 Depuis l'ordonnance du 14 septembre 1822, le ministre a la qualité *d'ordonnateur principal* en matière financière ou budgétaire (art. 74 du décret du 7 novembre 2012). Il émet des ordres d'engagement des dépenses publiques, à l'opposé des *comptables* chargés du maniement des deniers publics. Cependant, en cas d'ingérence dans ce maniement, le ministre est déclaré *comptable de fait* pour la somme concernée par le Cour de comptes. Le 30 septembre 1992, Christian Nucci l'a été dans l'affaire du Carrefour de développement, nonobstant l'intervention d'une loi d'amnistie qui *n'a pas eu pour effet d'effacer l'existence matérielle des faits* (*chr.* n° 66, p. 207). En revanche, un ministre n'est pas justiciable de la

en 1995, Philippe Briand, 14 ; en 2004, Alain Madelin, ministre de l'économie et des finances, cent jours ; Hervé Gaymard, au même poste, moins de 90 jours, en 2005, comme Jean-Louis Borloo, un mois, en 2007.

187. Avant 1958, la règle était observée après le renouvellement de la Chambre des députés ou de l'Assemblée nationale (art. 45 de la constitution de 1946). Le président du conseil présentait au nouveau chef de l'État sa démission *protocolaire*. Ce dernier s'empressait, bien entendu, de la refuser. On rappellera que la règle est consacrée, dans certains États étrangers : Allemagne (art. 69.2 L.F.), Espagne (art. 101 de la constitution de 1978). En revanche, les élections européennes demeurent sans influence sur l'existence du Gouvernement en place. V. Jean-Éric GICQUEL, La démission du premier ministre après les élections nationales, *R.A.* 2005, p. 5.

Cour de discipline budgétaire et financière, en cas de faute de gestion commise à l'égard de l'État ou d'une collectivité territoriale (art. L. 312-II du Code des juridictions financières)[188].

b) La responsabilité pénale

1286 Hors le cas de la transparence de la vie publique (v. *supra*, n° 1270), *les membres du Gouvernement sont pénalement responsables des actes accomplis dans l'exercice de leurs fonctions et qualifiés crimes ou délits au moment où ils ont été commis. Ils sont jugés par la Cour de justice de la République* (art. 68-1 C). La *pénalisation* de la vie politique trouve ici son expression, à l'exemple de la Cour pénale internationale dont ils relèvent, au surplus, en cas de *crimes graves touchant la communauté internationale* (génocide, crime contre l'humanité) (art. 27 de la convention de Rome) (art. 53-2 C). En revanche, au titre du dédoublement fonctionnel, les ministres sont renvoyés en tant que *personnes privées*, devant une juridiction de *droit commun* en cas d'*absence de tout lien entre les faits poursuivis et la fonction ministérielle* (Cass. crim., 27 juin 1995, *Carignon, chr.* n° 75, p. 169). La ligne de partage a été ainsi explicitée : *Les actes commis par un ministre dans l'exercice de ses fonctions sont ceux qui ont un rapport direct avec la conduite des affaires de l'État... à l'exclusion des comportements concernant la vie privée ou les mandats électifs locaux*[189].

La mise en œuvre de la responsabilité pénale des ministres relevait initialement de la Haute Cour de justice[190]. Ce privilège de juridiction a été à l'origine d'un *déni de justice* par suite d'une loi d'amnistie, en 1990, pour Christian Nucci (affaire du Carrefour du développement) (*chr.* n° 45, p. 181) ; ou de la prescription, en 1992 pour Laurent Fabius, Georgina Dufoix et Edmond Hervé (affaire du sang contaminé) (*chr.* n° 66, p. 199). La formule provocatrice : *Responsable mais non coupable* (G. Dufoix) devenait intolérable. La L.C. du 27 juillet 1993 y met fin. En vue de restaurer l'égalité devant la loi, celle-ci organise une procédure orientée vers le droit commun, mais empreinte de spécificité. La continuité de la fonction gouvernementale repousse, en effet, aussi bien l'impunité de naguère que le fait d'être désigné à la vindicte populaire.

La C.J.R. intervient, au moyen de formations appropriées, aux phases successives de la *poursuite*, de l'*instruction* et du *jugement*. Une *Q.P.C.* est recevable (v. *infra*, n° 1559).

α) La formation de poursuite

1287 À rebours de la solution antérieure, le verrou parlementaire est supprimé : *toute personne qui se prétend lésée par un crime ou un délit commis par un membre du Gouvernement dans l'exercice de ses*

188. V. S. THÉBAULT, *L'ordonnateur en droit public financier*, 2007.

189. La compétence *concurrente* des juridictions ordinaires a été confirmée dans l'affaire Elf, à propos de Roland Dumas, ancien ministre des affaires étrangères, en l'absence d'*aucun lien direct avec la détermination et la conduite de la politique de la Nation et des affaires de l'État* (Cass. crim., 16 février 2000, *chr.* n° 94, p. 187), puis s'agissant de Michel Gillibert, ancien secrétaire d'État aux handicapés, en 2003 et 2004. En revanche, Dominique de Villepin a été renvoyé, en novembre 2008, devant le tribunal correctionnel de Paris, dans l'affaire *Clearstream* en qualité d'ancien ministre des affaires étrangères et d'ancien premier ministre, avec constitution de parties civiles, dont celle du chef de l'État. Il a été relaxé, en septembre 2011, par la cour d'appel de Paris. V. O. BEAUD et J.-M. BLANQUER (sous la direction), *La responsabilité des gouvernants* 1999 ; F. BOTTINI, *La protection des décideurs publics face au droit pénal,* 2008 ; La responsabilité des gouvernants, *Pouvoirs* n° 92, 2000 ; B. MATHIEU, Th. S. RENOUX et A. ROUX, *La Cour de justice de la République*, 1995 ; P.-O. CAILLE, Cour de justice de la République, *Juris-Classeur administratif*, fasc. 40, 2011 ; H. PORTELLI, La pénalisation de la vie politique, *Pouvoirs* n° 128, 2008, p. 113 ; J. ROSSETTO, *C.R.F.*, p. 1605.

190. Sous la IIIe République, trois ministres ont été jugés : Louis Malvy en 1918, Joseph Caillaux en 1920 (ils seront amnistiés en 1924) et Raoul Peret, qui sera acquitté en 1931. V. P. DESMOTTES, *De la responsabilité pénale des ministres en régime parlementaire français*, thèse Caen, 1968.

fonctions peut porter plainte auprès d'une commission des requêtes (art. 68-2 C). Cette commission de filtrage de la Cour de justice est composée de 7 magistrats de carrière (conseillers à la Cour de cassation, conseillers d'État et conseillers-maîtres à la Cour des comptes) (art. 12 de la L.O. du 23 novembre 1993). Aucune constitution de partie civile n'est recevable. L'action en réparation de dommages ne peut être portée que devant les juridictions de droit commun (art. 13). La commission ordonne soit, le classement (si la requête est manifestement irrecevable ou infondée : nuage de Tchernobyl, en juin 2000) soit, la transmission au procureur général près la Cour de cassation aux fins de saisine de la Cour de justice de la République. Les actes de la commission ne sont susceptibles d'aucun recours (art. 14). En outre, il est loisible au procureur d'agir d'office, après avoir recueilli son avis conforme (art. 17).

β) La formation d'instruction

1288 *La commission d'instruction* de la Cour de justice est composée de trois magistrats du siège de la Cour de cassation élus par leurs pairs (art. 11 de la L.O. du 23 novembre 1993). Elle procède à tous les actes qu'elle juge utile à la manifestation de la vérité, selon les règles du Code de procédure pénale (art. 18). Elle décide du renvoi devant la Cour de justice ou constate la prescription de l'action publique (art. 18). Ses arrêts peuvent faire l'objet d'un pourvoi en cassation devant la Cour de cassation (art. 24) ; ses membres peuvent être récusés ; le premier président de la Cour de cassation statuant sur la cause invoquée (art. 4).

γ) La formation de jugement

1289 Le jugement d'un membre du Gouvernement est le fait de la Cour de justice de la République composée de 15 juges : 12 parlementaires titulaires, et autant de suppléants, élus, en leur sein et en nombre égal par l'Assemblée nationale et le Sénat, après leur renouvellement général ou partiel et trois magistrats du siège à la Cour de cassation. Le président de la Cour de justice est l'un de ceux-ci (art. 68-2 C). Les juges parlementaires prêtent serment devant leur assemblée d'origine de se *conduire en tout comme dignes et loyaux magistrats* (art. 2 de la L.O. du 23 novembre 1993). Tout juge peut être récusé, selon les termes du Code de procédure pénale ; la Cour de justice statue sur la cause invoquée (art. 4). Dans l'affirmative, il est remplacé par son suppléant. Les juges sont tenus de respecter le secret des délibérations. Pour l'avoir enfreint, lors du procès du sang contaminé, le sénateur Autain a été condamné, le 14 novembre 2000 par le tribunal correctionnel de Paris (*chr.* n° 97, p. 154). Le procureur général près la Cour de cassation, assisté du premier avocat général et de deux avocats généraux, tient le siège du ministère public et porte l'accusation (art. 8). La Cour statue selon les termes du Code de procédure pénale (art. 26). Elle est liée par le principe de la détermination légale des infractions et des peines (art. 68-1 C). Ses arrêts peuvent faire l'objet d'une *Q.P.C.* et d'un pourvoi en cassation (art. 33 de la L.O. du 23 novembre 1993). Aucune constitution de partie civile n'est recevable. Les actions en réparation de dommages sont portées devant les juridictions de droit commun (art. 13).

Dans l'affaire du sang contaminé, par arrêt du 9 mars 1999, la Cour a relaxé Laurent Fabius et Georgina Dufoix, tandis qu'Edmond Hervé était déclaré coupable du délit d'atteinte involontaire à la vie de deux transfusées, mais dispensé de peine (V. Dossier spécial : Le sang contaminé, *R.D.P.* 1999, p. 313). Poursuivie pour diffamation dans une affaire de bizutage, Ségolène Royal sera relaxée, en mai 2000 (*chr.* n° 95, p. 184). Mais, ayant *abusé de sa situation de ministre*, Michel Gillibert a été condamné le 7 juillet 2004 à une peine d'emprisonnement avec sursis et à une amende, pour avoir détourné des sommes au préjudice de l'État (*chr.* n° 112 p. 195). À son tour, Charles Pasqua, ancien ministre de l'intérieur, le sera, le 30 avril 2010, à une peine d'un an d'emprisonnement avec sursis pour complicité et recel d'abus de biens sociaux dans l'affaire de la Sofremi (société de ventes de matériel de sécurité, dépendante du ministère). La Cour de cassation, de manière inédite, a confirmé sa condamnation, le 23 juillet 2010 (*chr.* n° 134, p. 165).

Au surplus, un ministre est identifié à *un magistrat* en tant que dépositaire de l'autorité publique (art. 222 du Code pénal), en cas d'outrage (Aix-en-Provence, 6 novembre 1903, *D* 1904.2.62). Son audition, comme témoin devant un tribunal doit être autorisée par le conseil des ministres (art. L. 552 du Code de procédure pénale). Des premiers ministres (Lionel Jospin et Dominique de Villepin), ont été entendus, en novembre 2001 et décembre 2006 (*chr.* n°s 101 et 121, p. 134 et 158). En revanche, un ministre se constitue librement partie civile. Une perquisition peut être menée sans entrave par la police à son bureau ou à son domicile (précédent de Thierry Breton, en juin 2005, nº 115, p. 207). De manière unique sous la Vᵉ République, un ministre en exercice (B. Hortefeux) a été condamné à deux reprises, sans démissionner sur-le-champ (*idem*, nº 137, p. 231).

§ 2. LE POUVOIR GOUVERNEMENTAL

1290 Personnifié par le premier ministre, *le Gouvernement détermine et conduit la politique de la Nation* (art. 20 C). Sans doute les phases alternées de la Vᵉ République sont-elles de nature à moduler son autorité décisionnelle. Mais, on ne saurait perdre de vue que *l'action* demeure, en tout état de cause, sa raison d'être. Incontestablement, le cœur de l'État bat à Matignon qui dispose du pouvoir *d'agir et les moyens de faire agir ou d'empêcher d'agir* (G. Carcassonne). Gouverner, ce mot *emprunté à la navigation* (R. Capitant), implique, en effet, l'idée de direction, de conduite. Il est ainsi avéré que le Gouvernement est autant nécessaire au chef de l'État que complémentaire. Rien ne peut se faire, en effet, sans leur *concours*, quel que soit le degré d'autonomie ou de hiérarchie qui caractérise leurs rapports[191].

À l'invitation du pouvoir constituant, on étudiera les attributions collectives du Gouvernement et celles personnelles au premier ministre.

A. LES ATTRIBUTIONS COLLECTIVES DU GOUVERNEMENT

1291 En sus des *pouvoirs partagés* avec le président de la République (v. *supra*, nº 1220), la constitution confère au Gouvernement des pouvoirs *ordinaires* et *extraordinaires* ; le temps étant la mesure de chaque chose. Ceux-ci se ramènent à l'exercice de la puissance publique en vue d'assurer l'exécution des lois, c'est-à-dire la vie de l'État.

1. Les pouvoirs ordinaires

1292 Le Gouvernement est investi de la responsabilité et des moyens du pouvoir exécutif, ce pouvoir d'entreprise, (art. 20 C). À cet égard, il met en œuvre le projet politique du président, ou le sien, selon les phases du régime (v. *supra*, nᵒˢ 1179 et 1246).

a) La détermination de la politique nationale

1293 La logique démocratique veut que le programme de la majorité, soit celui du Gouvernement. L'article 20 C, qui domine tout l'édifice institutionnel, lui confère, de manière essentielle, la fonction décisionnelle. Déterminer la politique de la Nation consiste à fixer des priorités, en un mot, à *choisir* (P. Mendès France). Déterminer la politique de la Nation emporte une attitude conséquente : prendre les mesures

191. *Le président de la République ne peut rien faire sans Matignon : c'est le premier ministre qui met en musique la partition composée par l'Élysée* (R. Barre). *Je suis là pour servir les orientations de Jacques Chirac... Je roule pour mon devoir* (J.-P. Raffarin). Le président est *l'inspirateur* du Gouvernement et de la majorité, tandis que le premier ministre en est *l'animateur* (F. Fillon). V. A. CLAISSE, *Le premier ministre de la Vᵉ République*, 1972 ; J. MASSOT, *Le chef du Gouvernement en France*, D.F., 1979, et Faut-il encore un premier ministre ?, *L.P.A.*, 22 mai 2008 ; S. RIALS, *Le premier ministre*, 1981.

appropriées pour gérer, préserver et transformer la société ; en un mot, *résoudre les questions nouvelles* ou urgentes posées par la conduite d'un pays (M. Hauriou).

b) La conduite de la politique nationale

1294 En dehors des responsabilités spéciales du chef de l'État, le Gouvernement dispose de deux incomparables leviers de commandement : l'administration et la force armée d'une part, et la majorité parlementaire qu'il dirige, dans le cadre de la procédure législative, d'autre part.

α) La disposition de l'administration et de la force armée (art. 20, al. 2 C)

1295 Par administration, on désigne le pouvoir exécutif, ou si l'on préfère, l'autre face du Gouvernement, au sens où Jean-Jacques Rousseau parlait de la *suprême administration*, ou de la terminologie usitée aux États-Unis. Tel un *agent double* (B. Chenot), un ministre participe de la qualité d'autorité politique *et* administrative. Il exerce le pouvoir hiérarchique à l'égard des services placés sous son autorité. En sa qualité de *chef de service*, il dispose du pouvoir réglementaire (C.E., 7 février 1936, *Jamart, G.A.* n° 50). Il contresigne les actes du président de la République au titre de *ministre responsable* (art. 19 C) et ceux du premier ministre en tant que *chargé de leur exécution* (art. 22 C) (C.C., 25 juillet 2000, *Hauchemaille chr.* n° 96, p. 212). Autant de formules révélatrices de sa subordination. À l'opposé, il n'existe pas de contreseing de ministre à ministre. Le Gouvernement est *responsable du bon fonctionnement des services publics* (C.E., 7 juillet 1950, *Dehaene, G.A.* n° 63), et plus précisément, de leur *continuité* qui conditionne la vie de la Nation (C.C., 25 juillet 1979, *Droit de grève à la radio-télévision, Rec.* p. 33)[192].

Les comptes des administrations publiques, dont celles de l'État (loi de finances et loi de financement de la sécurité sociale), doivent être *réguliers et sincères*. Il appartient à la Cour des comptes de les certifier (art. 47-2 C, rédaction de la L.C. du 23 juillet 2008). L'objectif d'équilibre des comptes publics *(la règle d'or)* doit être poursuivi (nouvel art. 34 C), dans le cadre de la discipline budgétaire (v. *infra*, n° 1526).

β) La direction de la majorité parlementaire (art. 39 et s.)

1296 Gouverner, c'est légiférer. La discipline ou la *rationalisation* de l'activité parlementaire, en 1958, confère à l'exécutif, une autorité réelle dans la procédure d'élaboration de la loi, accrue par le confort de la discipline majoritaire. D'autant que les ministres ont droit d'accès et de parole aux assemblées (art. 31 C). Seul le Conseil constitutionnel peut en desserrer l'étreinte (24 décembre 1979, *Loi de finances pour 1980, G.D.*, n° 20 ; 23 janvier 1987, *Amendement Séguin, chr.* n° 42, p. 169) (v. *infra*, n° 1553).

192. Sauf dispositions contraires, le premier ministre dispose du pouvoir réglementaire général (art. 21 C). Toutefois, il met ce pouvoir à la disposition des ministres, dans la pratique. Par ailleurs, dans le cadre de la déconcentration, le préfet est le représentant de l'État, du Gouvernement et de chacun des ministres (décret du 29 avril 2004). Politiquement, le premier ministre est le chef des ministres, mais juridiquement, il n'a pas la qualité de supérieur hiérarchique. En ce sens, il ne peut ni réformer, ni annuler leurs décisions, ni se substituer à eux (C.E., 12 novembre 1965, *Compagnie marchande de Tunisie, A.J.D.A.* 1966, p. 997, concl. N. Questiaux). V. Chr. GUETTIER, *Institutions administratives*, 2000 ; H. OBERDORFF, *Les institutions administratives*, 4e éd., 2004 ; J. WALINE, *Droit administratif*, 22e éd., 2008, p. 337 ; B. STIRN et S. FORMERY (sous la direction), *Code de l'administration*, 2e éd., 2006.

Liste des gouvernements de la Vᵉ République

Présidence du Général de Gaulle (1959-1969)

1. Michel DEBRÉ : 8 janvier 1959 – 14 avril 1962 (1).
2. Georges POMPIDOU (I) : 14 avril 1962 – 28 novembre 1962.
3. Georges POMPIDOU (II) : 28 novembre 1962 – 8 janvier 1966.
4. Georges POMPIDOU (III) : 8 janvier 1966 – 10 avril 1967 (4) (8).
5. Georges POMPIDOU (IV) : 10 avril 1967 – 10 juillet 1968 (10).
6. Maurice COUVE DE MURVILLE : 10 juillet 1968 – 20 juin 1969 (3).

Présidence de Georges Pompidou (1969-1974)

7. Jacques CHABAN-DELMAS : 20 juin 1969 – 5 juillet 1972.
8. Pierre MESSMER (I) : 5 juillet 1972 – 2 avril 1973.
9. Pierre MESSMER (II) : 2 avril 1973 – 27 février 1974.
10. Pierre MESSMER (III) : 27 février 1974 – 27 mai 1974 (3).

Présidence de Valéry Giscard d'Estaing (1974-1981)

11. Jacques CHIRAC (I) : 27 mai 1974 – 25 août 1976.
12. Raymond BARRE (I) : 25 août 1976 – 28 mars 1977 (8).
13. Raymond BARRE (II) : 28 mars 1977 – 3 avril 1978.
14. Raymond BARRE (III) : 3 avril 1978 – 21 mai 1981.

Présidence de François Mitterrand (1981-1995)

15. Pierre MAUROY (I) : 21 mai – 22 juin 1981.
16. Pierre MAUROY (II) : 22 juin 1981 – 22 mars 1983.
17. Pierre MAUROY (III) : 22 mars 1983 – 17 juillet 1984.
18. Laurent FABIUS : 17 juillet 1984 – 20 mars 1986 (3).
19. Jacques CHIRAC (II) : 20 mars 1986 – 10 mai 1988 (6) (10).
20. Michel ROCARD (I) : 10 mai – 23 juin 1988.
21. Michel ROCARD (II) : 23 juin 1988 – 15 mai 1991.
22. Edith CRESSON : 15 mai 1991 – 2 avril 1992 (5).
23. Pierre BÉRÉGOVOY : 2 avril 1992 – 29 mars 1993.
24. Édouard BALLADUR : 29 mars 1993 – 17 mai 1995 (6).

Présidence de Jacques Chirac (1995-2007)

25. Alain JUPPÉ (I) : 17 mai – 7 novembre 1995.
26. Alain JUPPÉ (II) : 7 novembre 1995 – 2 juin 1997.
27. Lionel JOSPIN : 2 juin 1997 – 6 mai 2002 (2) (6).
28. Jean-Pierre RAFFARIN (I) : 6 mai – 17 juin 2002.
29. Jean-Pierre RAFFARIN (II) : 17 juin 2002 – 30 mars 2004.
30. Jean-Pierre RAFFARIN (III) : 30 mars 2004 – 31 mai 2005.
31. Dominique de VILLEPIN : 31 mai 2005 – 17 mai 2007 (8)

Présidence de Nicolas Sarkozy (2007-2012)

32. François FILLON (I) : 17 mai – 18 juin 2007 (7)
33. François FILLON (II) : 18 juin 2007 – 13 novembre 2010.
34. François FILLON (III) : 14 novembre 2010 – 15 mai 2012.

Présidence de François Hollande (2012-...)

35. Jean-Marc AYRAULT (I) : 15 mai-18 juin 2012.
36. Jean-Marc AYRAULT (II) : 18 juin 2012 – 31 mars 2014
37. Manuel VALLS : 31 mars 2014-...

(1) Modes de cessation : adoption d'une motion de censure [G. Pompidou (1)] ; démission-reconduction par accord du président et du premier ministre [P. Messmer (II) ; R. Barre (I) ; P. Mauroy (II), A. Juppé (I), J.-P. Raffarin (II), F. Fillon (II)] ; démission-révocation par le président [M. Debré ; J. Chaban-Delmas ; P. Mauroy (III) ; M. Rocard (II) ; E. Cresson] ; démission volontaire [J. Chirac (I)] et expressions du pouvoir de suffrage [*élections présidentielles :* G. Pompidou (II) ; M. Couve de Murville ; P. Messmer (III) ; R. Barre (III) ; J. Chirac (II) ; E. Balladur ; L. Jospin ; D. de Villepin ; F. Fillon (III) ; *élections législatives :* G. Pompidou (III et IV) ; P. Messmer (I) ; R. Barre (II) ; P. Mauroy (I) ; L. Fabius ; M. Rocard (I) ; P. Bérégovoy, A. Juppé (II) ; J.-P. Raffarin (I) ; F. Fillon (I) ; J.-M. Ayrault (I) ; *élections municipales* : R. Barre (I) ; P. Mauroy (II) ; J.-M. Ayrault (II) ; *référendum :* J.-P. Raffarin (III)].

(2) Le Gouvernement Jospin *(gouvernement de législature)* détient le record de longévité sous la République tandis que les Gouvernements Mauroy (I) ; Rocard (I) ; Raffarin (I) et F. Fillon (I) ; ont été, les plus éphémères (un mois), en raison de la double manifestation du suffrage universel qui ont encadré leur existence.

(3) Alain Poher, président du Sénat a exercé les fonctions de président de la République par intérim du 28 avril au 20 juin 1969 et du 2 avril au 27 mai 1974.

(4) Georges Pompidou détient le record de permanence à Matignon, sous quatre Gouvernements, qu'il a dirigés.

(5) Édith Cresson est la première femme nommée premier ministre. Jeanne d'Arc n'a été qu'un chef de guerre.

(6) Gouvernement de cohabitation.

(7) Sénateur nommé premier ministre.

(8) Non-parlementaire nommé premier ministre.

(9) Ancien premier ministre, élu président de la République.

2. Les pouvoirs exceptionnels

1297 En certaines circonstances, le Gouvernement bénéficie d'une extension de compétences.

a) *L'intérim de la présidence de la République (art. 7, al. 4 C)*

1298 En cas d'empêchement prolongé du chef de l'État, le Gouvernement est habilité à saisir le Conseil constitutionnel. Dans le même ordre d'idées, la qualité d'intérimaire *au second degré* lui est attribuée, depuis la réforme de 1962, lorsque, par malchance, le président du Sénat est empêché à son tour.

b) *La proposition de référendum (art. 11 C)*

1299 Il appartient au Gouvernement de proposer au chef de l'État la tenue d'un référendum, pendant la durée des sessions du Parlement *(supra).*

c) *La proposition de consultation (art. 72-4 et 73 C)*

1300 Suivant la condition précitée, le Gouvernement soumet au président de la République un projet de consultation des électeurs d'une collectivité territoriale située outre-mer, en cas de changement ou évolution de son statut.

d) *L'habilitation législative (art. 38 C)*

1301 Selon l'article 38 C, le Gouvernement peut demander au Parlement, au titre d'une délégation de compétence[193], en vue de l'exécution de son *programme*, au sens ponctuel ou circonstanciel (C.C., 12 janvier 1977, *Territoire français des Afars et des Issas, Rec.* p. 31), l'autorisation de prendre par ordonnances, pendant un *délai limité*, des mesures qui sont du domaine de la loi[194].

Les ordonnances sont délibérées en conseil des ministres et signées par le chef de l'État, après avis du Conseil d'État, agissant à la manière d'un *coauteur*, et le cas échéant, celui du C.E.S.E. (art. 69 C). Elles sont *publiées* (les lois sont *promulguées*). Elles deviennent *caduques* (c'est-à-dire qu'elles tombent, privées d'effets) si le *projet de la loi de ratification* n'est pas *déposé* devant le Parlement, avant la date fixée par la loi d'habilitation (art. 38, al. 2). Ce procédé avantageux de la *législation déléguée* permet au Gouvernement, en cas d'encombrement du calendrier parlementaire, qui *ferait obstacle à la réalisation, dans des délais raisonnables*, de son programme (C.C., 16 décembre 1999, *Codification, chr.* n° 93 p. 243), ou en cas d'urgence, d'agir, avec célérité et sérénité, en déjouant les embûches de l'opposition, et les surenchères de sa majorité. Norme juridique d'origine monarchique *(la loi des rois)* (Cl. Lovisi), l'ordonnance est devenue républicaine par détermination du général de Gaulle, à Brazzaville, le 27 octobre 1940 (v. *supra*, n° 935). En 1958, cette dénomination se substitue à celle de *décret-loi* utilisée sous les Républiques précédentes. Il s'agit d'un régime *dérogatoire* par rapport au principe posé à l'article 34 C, selon lequel *la loi est votée par le Parlement*, et de manière générale à celui de *l'interdiction des délégations de compétences en droit public (supra)*. Il résulte de ce qui précède, que

193. En principe, la délégation emprunte la forme d'une loi *spécifique*. Mais, selon une tendance récente, elle se présente, de manière furtive, dans la loi ordinaire (v. loi du 17 mai 2013, *Mariage pour tous* ; loi du 27 janvier 2014, *Affirmation des métropoles*).

194. Ce programme se différencie de celui au sens *général* visé à l'art. 49 al. 1er C (v. *infra*, n° 1468). Il reste que l'habilitation peut être conférée directement par la *constitution*, au titre des ordonnances *budgétaires* (art. 47 C) ou *sociales* (art. 47-I), afin de pallier la carence parlementaire ou en matière d'actualisation du droit des collectivités d'outre-mer (art. 74-1), sans oublier celles *ayant force de loi* (ancien art. 92), au moment de l'installation des pouvoirs publics, en 1958. Une *Q.P.C.* peut être soulevée à leur encontre (C.C., 13 mai 2011, *Syndicat des fonctionnaires du Sénat, chr.* n° 139, p. 146) à l'égal des ordonnances de la France libre (20 mai 2011, *Liberté d'expression*) (*chr.* nos 138 et 139, p. 146 et 156).

la procédure de l'article 38 doit s'interpréter *restrictivement* : le *législateur ne saurait déléguer sa compétence dans un cas non prévu par la constitution* (C.C., 17 janvier 2002, *Corse, chr.* n° 102, p. 160). Aussi, sa description repose sur l'étude chronologique de *la loi d'habilitation* et du *projet de loi de ratification* qui enserrent et conditionnent les ordonnances.

α) La loi d'habilitation

1302 À la *seule* demande du Gouvernement (C.C., 20 janvier 2005, *Juridiction de proximité, chr.* n° 114, p. 193), introduite, sous forme d'un projet de loi ou d'un amendement à un texte en cours de discussion (16 mars 2006, *Retour à l'emploi*, n° 118, p. 194), inséré en première lecture (17 mai 2013, *Mariage pour tous*, *ibid.* n° 147, p. 180), le Parlement peut se dessaisir *momentanément* de sa compétence. Cette *loi du départ* est conditionnée.

À rebours de la loi de *pleins pouvoirs* de jadis, le Gouvernement ne peut que solliciter une habilitation *ponctuelle*, en indiquant *avec une précision suffisante* au Parlement *la finalité des mesures* qu'il se propose de prendre, ainsi que leur domaine d'intervention (C.C., 12 janvier 1977 précitée). Par suite, le projet doit faire l'objet d'une étude d'impact (art. 11 de la L.O. du 15 avril 2009) (v. *infra*, n° 1510).

Le C.C. se livre à un contrôle strict, en examinant le degré d'exactitude apportée au soutien de la demande, sachant qu'elle ne peut pas dispenser le Gouvernement dans l'exercice des pouvoirs qui lui sont conférés, de respecter les règles et principes de valeur constitutionnelle (25-26 juin 1986, *Privatisations, chr.* n° 40, p. 173)[195].

En revanche, le Gouvernement *n'est pas tenu de faire connaître au Parlement la teneur des ordonnances qu'il prendra* (C.C., 16 décembre 1999, *Codification, chr.* n° 93, p. 243). L'habilitation est liée à l'*exécution du programme* du Gouvernement. Ce dernier doit-il avoir été approuvé, au préalable, par l'Assemblée au sens de l'article 49, alinéa 1er C ? Le juge a répondu par la négative, en 1977. Concernant le *domaine* de l'habilitation, il est limité à la *seule* loi *ordinaire* (art. 34) (C.C., 5 janvier 1982, *Loi d'orientation, Rec.* p. 15), y compris les mesures fiscales qui relèvent du domaine *mixte* avec la loi de finances (30 décembre 1995, *Réforme de la protection sociale, chr.* n° 77, p. 250).

La loi d'autorisation, avec le *délai d'action* ouvert au Gouvernement, relève, au surplus, de la procédure de droit commun, concernant son adoption par le Parlement ou sa contestation éventuelle devant le juge constitutionnel. En dehors du refus de signature du chef de l'État[196], le Gouvernement dispose, dès cet instant, d'une liberté d'allure. Il peut, à l'égal du président de l'assemblée intéressée, s'opposer, au moyen d'une exception d'irrecevabilité (art. 41 C), pendant la durée de la délégation qui lui a été accordée, à une initiative parlementaire qui la méconnaîtrait[197]. En vue d'assurer la continuité administrative, selon un principe hérité de la IIIe République, la délégation de pouvoir est consentie pour sa durée quel que soit le Gouvernement en place, sauf disposition expresse contraire (loi du 4 février 1960). Le Conseil d'État (5 mai 2006, *Schmitt, A.J.D.A.* 2006, p. 959) a consacré ce principe.

195. V. *Dictionnaire De Gaulle,* 2006 ; A.-M. LE POURHIET, *Les ordonnances. La confusion des pouvoirs en droit public français*, 2011 ; Ch. DEBBASCH, Les ordonnances de l'article 38 de la constitution du 4 octobre 1958, *J.C.P.* 1962.I, n° 1701 ; P. EBRARD, L'article 38 de la constitution du 4 octobre 1958 et la Ve République, *R.D.P.* 1969, p. 259 ; J. TOUSCOZ, La notion d'ordonnance, *Études de droit public*, 1964, p. 219 ; C. BOYER-MÉRENTIER, *Les ordonnances de l'article 38 de la constitution de 1958*, 1996.

196. La loi du 4 février 1960 relative au maintien de l'ordre en Algérie disposait, au prix d'une redondance, que les ordonnances seraient *signées par le général de Gaulle*. V. P. MONTANÉ DE LA ROQUE, L'article 38 de la constitution du 4 octobre 1958 et la loi de pouvoirs spéciaux du 4 février 1960, *Mélanges Maury*, t. II, 1960, p. 199 ; J. GICQUEL, Sur une source constitutionnelle du droit administratif : l'ordonnance, *Mélanges Jacqueline Morand-Deviller*, 2007, p. 341 ; J.-Cl. COLLIARD, Que reste-t-il de l'article 38 C ?, *Mélanges Yves Jegouzo,* 2009, p. 121.

197. Le Gouvernement peut accepter le dépôt d'une proposition de loi entrant dans le champ d'application de sa délégation (C.C., 23 janvier 1987, *Conseil de la concurrence, chr.* n° 42, p. 179).

β) La loi de ratification

1303 Cette *loi du retour* impose au Gouvernement, l'obligation du *dépôt* du projet à la date fixée, puis son inscription à l'ordre du jour des assemblées (art. 48 C). Car, désormais les ordonnances, *ne peuvent être ratifiées que de façon expresse* (art. 38, al. 2 C., rédaction de la L.C. du 23 juillet 2008)[198]. Une ordonnance peut être contestée par une *Q.P.C.* (C.C., 17 mars 2011, *Agglomération de Papeete, chr.* nº 138, p. 179), sauf si elle n'a pas été ratifiée (10 février 2012, *Services touristiques, idem*, nº 142 p. 177), en raison de son caractère réglementaire (v. *chapitre V*).

Cette procédure résulte d'une loi *spécifique* votée par le Parlement qui, à cette occasion, recouvre la *plénitude* de sa compétence. Par l'adoption d'amendements, ce dernier est fondé à modifier le contenu des ordonnances, le cas échéant.

γ) La condition juridique des ordonnances

1304 La nature des ordonnances varie dans le temps, à la manière du caméléon. En mettant en avant le critère *organique* qui préside à sa naissance, l'ordonnance s'analyse initialement, entre la loi d'habilitation et la date du dépôt du projet de ratification, en un *acte réglementaire*, susceptible d'être déféré au *juge administratif*, selon une jurisprudence constante (C.E., 30 mai 1930, *Syndicat professionnel des épiciers en détail, Rec.* p. 583 ; 24 novembre 1961, *Syndicat de police de France et d'outre-mer, D.* 1962, p. 624 note M. Fromont). En revanche, la ratification confère à l'ordonnance *valeur législative* et la soustrait, au contrôle du Conseil d'État (9 mars 1951, *Guiolet, D.* 1951, p. 474, note J.-L. Quermonne), sauf dans le cas où la loi de ratification aurait *essentiellement pour but de faire obstacle au droit de toute personne à un procès équitable*, conformément à l'article 6 C.E.D.H. (C.E., 8 décembre 2000, *Hoffer*, concl. Chr. Maugüé, *R.F.D.A.* 2001, p. 454).

La compétence du juge administratif est *temporaire* ; tandis que celle du Conseil constitutionnel renaît à la faveur de la *loi* portant ratification (28 mai 1983, *Prestations de vieillesse, chr.* nº 29, p. 184 ; 23 janvier 1987, *Conseil de la concurrence, chr.* nº 42, p. 179).

Il y a lieu de préciser qu'en l'absence de dépôt en temps utile, du projet de loi de ratification, les ordonnances sont frappées de caducité. Elles tombent et sont donc dénuées de valeur pour l'avenir (art. 38 al. 2)[199]. En cas de rejet du projet de ratification par le Parlement, les ordonnances cessent d'exister et la législation antérieure s'applique à nouveau (C.C., 1er-2 juillet 1986, *Circonscriptions électorales de l'Assemblée nationale, Rec.* p. 78)[200]. La modification d'une ordonnance, à l'expiration du délai d'autorisation ne peut résulter que de la loi, dans les matières législatives (art. 38 *in fine* C) et d'un décret de *déclassement* après intervention du Conseil constitutionnel (art. 37, al. 2 C), dans les matières réglementaires[201]. Il importe, enfin, de relever le *particularisme* des ordonnances ultra-marines découlant de l'article 74-1 C (rédaction de la L.C. du 28 mars 2003)[202].

198. La ratification *tacite*, résultait de *la manifestation de volonté implicitement, mais clairement exprimée du Parlement* (C.C., 29 février 1972, *A.J.D.A.* 1972.II, p. 638, note B. Toulemonde) lorsqu'il modifiait ultérieurement l'ordonnance par une loi, avant 2008.

199. En raisonnant par voie d'analogie, en l'absence de toute ratification, les ordonnances budgétaires (art. 47 C) et sociales (art. 47-1) (v. *infra*, nº 1528) demeurent des actes réglementaires et peuvent être déférées au Conseil d'État. V. P. GAUCHER, Les ordonnances en matière budgétaire, *Annales de la Faculté de droit de Clermont*, 1965, p. 7 ; J.-C. BONICHOT, F. MÉLIN-SOUCRAMANIEN, Chr. MAUGÜÉ, Le contrôle juridictionnel des ordonnances, *R.F.D.A.* 1997, p. 450.

200. Un raisonnement identique a été suivi en ce qui concerne les ordonnances référendaires prises par le chef de l'État en vue de l'application des accords d'Évian (C.E., 19 octobre 1962, *Canal, G.A.*, p. 599).

201. V. B. MATHIEU, Les rôles respectifs du Parlement, du président de la République et du Conseil constitutionnel dans l'édiction des ordonnances, *R.F.D.A.* 1987, p. 700.

202. Dans les collectivités d'outre-mer et en Nouvelle-Calédonie (art. 74 C), le Gouvernement dispose désormais d'une habilitation *permanente* l'autorisant à prendre des ordonnances portant sur le domaine *particulier* des matières qui demeurent de la compétence de l'État. Ces ordonnances sont prises en conseil

L'habilitation législative connaît depuis peu une *mutation*. Exceptionnelle, à l'origine (*l'article 16 bis* selon J. Duhamel), elle n'a cessé de se banaliser, tant du point de vue de son champ d'application *(la simplification du droit)* (loi du 2 juillet 2003)[203] que des délais d'habilitation (un an, désormais)[204]. Des *vagues* d'ordonnances déferlent : dans les années 2000, à trois reprises, leur nombre a été *supérieur* à celui des lois (hors ratification des traités)[205] (V. Conseil d'État, rapport public, 2006). Le Gouvernement ne s'accommode plus du temps parlementaire : la gestation législative étant de trois mois, en moyenne. La relation dialectique entre elles et la loi débouche sur une vision inattendue : lorsque l'exception évince le principe, la *révolution des sources* est accomplie (Ph. Malaurie).

e) Le transfert du siège des pouvoirs publics

1305 En accord avec les présidents des assemblées parlementaires, quand les circonstances exigent le transfert dans une autre ville que Paris, *le Gouvernement prend toutes les mesures nécessaires pour permettre au Parlement de siéger à proximité du lieu où se trouvent le président de la République et le Gouvernement* (art. 1er de l'ord. du 17 novembre 1958).

f) Les pouvoirs de crise

1306 La gestion d'une crise, le cours ordinaire des choses étant *momentanément* altéré, incombe au Gouvernement[206], à l'exception de la dictature constitutionnelle confiée au chef de l'État (art. 16 C).

Les pouvoirs de crise confèrent, au Gouvernement, des prérogatives exceptionnelles de puissance publique qui, en temps normal, ressortissent à la compétence de la représentation nationale. Ce surcroît d'autorité est destiné à faciliter les activités publiques (maintien de l'ordre et fonctionnement des services publics), au détriment passager des droits et libertés des personnes. *Il y a des cas où il faut mettre, pour un moment, un voile sur les libertés comme l'on cache les statues des dieux*, prétendait Montesquieu[207].

Retranché derrière un système constitué *en écailles*, le Gouvernement est puissamment armé afin de s'opposer à des crises intérieures et extérieures, en temps de paix comme de guerre. Il peut ainsi rivaliser, sans peine, avec le chef de l'État, réduit au *tigre de papier* de l'article 16 C, en mobilisant les ressources de la jurisprudence administrative, de la loi et de la constitution. Mais, le recours à la négociation et l'utilisation de moyens paisibles (référendum algérien ou calédonien ou dissolution de l'Assemblée, en 1968) présentent l'avantage de ne pas céder au catastrophisme[208].

des ministres, après avis de l'assemblée délibérante intéressée et du Conseil d'État. Elles doivent faire l'objet d'une ratification *expresse* du Parlement dans un délai de 18 mois après leur publication. À défaut, elles deviennent caduques (art. 74-1 C). V. P. MBONGO, Caducité des ordonnances de l'article 74-1 C et légistique, *A.J.D.A.* 2009, p. 2267.

203. On relève, par exemple : passation des marchés publics (ord. du 6 juin 2005) ; filiation (ord. du 4 juillet 2005) ; circonscriptions de l'A.N. (ord. du 29 juillet 2009) ; logement (ord. du 3 octobre 2013) ; défense (ord. du 10 juillet 2014).

204. L'habilitation législative est intervenue, à titre principal, dans les domaines suivants : outre-mer ; transposition des directives européennes et codification. À ce dernier égard, le Gouvernement ne peut apporter des modifications de fond aux ordonnances, sauf *s'il s'agit d'assurer le respect de la hiérarchie des normes ou de procéder à l'harmonisation de l'état du droit* (C.E., 26 novembre 2001, *Association Liberté Information Santé, R.F.D.A.* 2002, p. 65, concl. S. Boissard).

205. V. SÉNAT, *Les ordonnances de l'article 38* (service des études juridiques), 2013 ; Y. GAUDEMET, Sur l'abus ou sur quelques abus de la législation déléguée, *Mélanges Pierre Pactet* 2003, p. 617 et (sous la direction), le désordre normatif, *R.D.P.* 2006, p. 43 ; M. GUILLAUME, Les ordonnances : tuer ou sauver la loi ?, *Pouvoirs* nº 114, 2005, p. 117.

206. L'envoi et le maintien de troupes français à l'étranger est désormais encadré (nouvel art. 35 C, rédaction de la L.C. du 23 juillet 2008) (v. *supra*, nº 1243).

207. La gestion gouvernementale des crises présente à la réflexion un double avantage par rapport à la gestion présidentielle (art. 16 C) : le contrôle juridictionnel est étendu et plus encore, le contrôle parlementaire maintenu.

208. Georges Pompidou a délivré une leçon de stratégie, à propos des *événements* de 1968 : *J'ai fait ce que fait un général qui ne peut plus tenir une position. Je me suis retiré sur une position défendable. Et j'ai*

α) Les théories jurisprudentielles

1307 On citera la théorie de l'*urgence* qui autorise un *chevauchement* ou un *déplacement* des compétences entre les diverses autorités administratives (T.C., 2 décembre 1902, *Société immobilière de Saint-Just*, concl. Romieu, *G.A.* n° 11) et, celle des *circonstances exceptionnelles*, élaborée par le Conseil d'État, à partir de la première guerre mondiale (28 juin 1918, *Heyriès,* n° 31) qui permet, sous le contrôle du juge, à l'autorité administrative d'*excéder* ses propres compétences, en empiétant, en tant que nécessité, sur le domaine du législateur. En définitive, avec la première théorie, on assiste à un changement de *degré* dans les prérogatives de l'administration ; avec la seconde, à un changement de *nature*[209].

β) Les dispositions législatives

1308 Depuis une loi du 3 juillet 1877, et de manière pérenne, le Gouvernement peut procéder aux *réquisitions pour les besoins généraux de la Nation* (art. L. 2211-1 du Code de la défense). La réquisition des *taxis de la Marne*, en septembre 1914, est célèbre. En octobre 2010, lors du conflit de la réforme des retraites, des personnels de raffineries et de dépôts de carburants, ont été concernés. Le ministre de la défense, ou à défaut les autres ministres, selon l'ordre du décret de nomination, exerce les pouvoirs de défense en cas de *vacance simultanée* des autorités supérieures de l'État (art. L. 1111-14) (v. *section I*). La loi du 10 janvier 1936, contemporaine des ligues, habilite le conseil des ministres à procéder à la dissolution d'associations portant atteinte à l'ordre public ou à l'intégrité du territoire (mouvements autonomistes ou indépendantistes) ou qui *provoquent à des manifestations armées dans la rue*. Enfin, depuis la guerre d'Algérie, le conseil des ministres peut déclarer *l'état d'urgence* sur tout ou partie du territoire (loi du 3 avril 1955, rédaction de l'ord. du 15 avril 1960)[210], *en cas de péril imminent résultant d'atteintes graves à l'ordre public ou d'événement présentant... le caractère d'une calamité publique*. Mais, son maintien au-delà de 12 jours ne peut résulter que de la loi (art. 2)[211].

γ) Les dispositions constitutionnelles

1309 Selon l'article 36 C, l'*état de siège est décrété en conseil des ministres. Sa prorogation au-delà de douze jours ne peut être autorisée que par le Parlement*. Institué par les lois du 9 août 1849 et du 3 avril 1878, ce régime est déclaré *en cas de péril imminent, résultant d'une guerre étrangère ou d'une insurrection à main armée* (art. L. 2121-1 du code de la défense). Il s'est appliqué en 1914. Il a pour effets principaux d'accroître les pouvoirs de police et de donner compétence aux tribunaux militaires sur les

donné à cette retraite un caractère volontaire... Je n'avais plus qu'à gagner du temps... Une démocratie ne peut user de la force que si elle a l'opinion pour elle. V. P. LEROY, *L'organisation constitutionnelle et les crises*, 1966 ; Les pouvoirs de crise, *Pouvoirs* n° 10, 1979.

209. On peut se livrer à une brève comparaison entre la théorie des circonstances exceptionnelles et l'article 16 C. En dehors d'analogies, les différences l'emportent : l'article 16 vise tout d'abord des hypothèses plus rares et plus graves que la théorie jurisprudentielle. Il n'est pas besoin d'une constatation officielle au dernier cas ; c'est l'administration qui se détermine seule. *Toutes* les autorités administratives (nationales et locales), voire de simples particuliers, sont habilitées à prendre les mesures nécessaires, à la différence de l'article 16 qui confère un pouvoir *exclusif* au président. Le contrôle du juge administratif demeure, alors que dans le cadre de l'article 16, il est réduit à sa plus simple expression. Enfin, les mesures prises au titre de ces circonstances sont limitées dans le temps, tandis que les décisions de l'article 16 peuvent y survivre. V. A. MATHIOT, La théorie des circonstances exceptionnelles, *Mélanges Achille Mestre*, 1956, p. 413 ; P.-L. FRIER, *L'urgence*, 1987 ; F. SAINT-BONNET, *L'état d'exception*, 2001.

210. L'état d'urgence a été déclaré en Nouvelle-Calédonie en 1984 et 1985 (*chr.* n°s 33 et 34, p. 160 et 181). En métropole, ce régime s'est appliqué, en relation avec le putsch d'Alger du 23 avril 1961 au 31 mai 1963 (décret du 22 avril 1961) ; puis en réaction aux émeutes urbaines (décret du 8 novembre 2005) du 9 novembre 2005 au 4 janvier 2006, à la suite de la loi de prorogation du 18 novembre 2005. La France a informé le secrétaire général du Conseil de l'Europe des mesures prises qui dérogeaient à ses obligations conventionnelles (art. 15 C.E.D.H.) (*chr.* n° 117, p. 177). V. Pouvoirs exceptionnels et droits fondamentaux, *Cahiers de la recherche sur les droits fondamentaux* n° 6, 2008 (Université de Caen).

211. Toutefois, la loi devient caduque, en cas de démission du Gouvernement ou de dissolution de l'Assemblée (art. 4). V. R. DRAGO, L'état d'urgence et les libertés publiques, *R.D.P.* 1955, p. 670.

populations civiles, pour tout ce qui a trait au maintien de l'ordre. À cet égard, l'état d'urgence diffère, en retenant la compétence des juridictions *civiles*, dans le même temps où il autorise les internements *administratifs*, à l'égard de personnes, dont la pensée et les convictions constituent *en soi* un danger. Bref, il s'agit de sanctionner le délit d'opinion.

B. LES ATTRIBUTIONS PERSONNELLES DU PREMIER MINISTRE

1310 *C'est la fonction la plus difficile de la République* (É. Balladur), sans cesser cependant d'être enviable. Le premier ministre est en effet une *contradiction vivante*. La constitution ne lui consacre aucun titre particulier ; pas plus qu'elle ne lui confère une légitimité personnelle en l'enfermant dans un tête-à-tête obligé et semé de dangers avec les représentants de la Nation (président et Parlement). Qui plus est, elle ne lui reconnaît pas expressément la qualité de chef du Gouvernement[212]. Pour autant, ce second par nature n'est pas appelé à assumer un rôle secondaire. Tout au contraire, le privilège de l'*interface* (ou, si l'on préfère, le rôle de charnière entre les pouvoirs publics) lui permet de maîtriser la gestion quotidienne de l'État, sans ignorer la possibilité offerte aux citoyens de réévaluer, voire métamorphoser, sa condition en période de cohabitation. *L'agencement complexe et mouvant des pouvoirs au sein de l'exécutif* (J. Massot), autorise à penser que le premier ministre est un *protée* politique, ballotté entre la frustration et la jubilation du pouvoir.

Longtemps considéré, dans la logique présidentialiste, comme l'obligé du président, *le parent pauvre de nos institutions* (F. Mitterrand), son *fondé de pouvoir*, selon la formule prémonitoire de Léon Blum, il est transfiguré lors du passage au régime parlementaire. D'un rôle d'exécuteur, il est promu à celui de décideur. Le collaborateur cède le pas au compétiteur. Certes, Georges Pompidou, au moment des événements de mai-juin 1968, a donné toute la mesure de la fonction jusqu'à occulter la présidence. Mais, ce n'est que l'exception qui confirme la règle, car la constitution est *rude* pour l'intéressé (M. Rocard).

I. La pratique présidentialiste du régime réduit le premier ministre à une *mission de sacrifice* (M. Jobert), aggravée par le quinquennat présidentiel, au point de rendre sa condition intenable, à la limite. *Il ne respire que le service du président et la grandeur de l'État*, pour parodier le prince de Condé. *La loyauté, c'est mon honneur ; c'est pour cela que je suis inoxydable* ; d'un mot, *ce que veut le président, je le veux* (J.-P. Raffarin)[213]. Il s'ensuit une *hiérarchisation* des fonctions, faute de dyarchie, entre un président gouvernant et un premier ministre exécutant. *Ce qui revient au premier ministre, c'est de faire travailler le Gouvernement dans le cadre que j'ai fixé*, estime François Hollande. Premier *des* ministres, chargé de *la mise en œuvre* des choix présidentiels, *l'homme-lige* de Matignon cultive l'ambiguïté ou l'impossibilité. Que lui demande-t-on, en effet ? Tenir la gageure d'être, tout à la fois, un grand commis de l'État doublé d'un homme d'État, sans que le point d'équilibre ne soit dépassé, au risque de menacer le président de la République. Il doit se tenir en avant, pour le protéger (d'où la comparaison avec le *paratonnerre* ou le *fusible*), mais sans être devant, de crainte de l'éclipser. Ainsi que l'observe Pierre Avril, *s'il existe il inquiète, s'il n'existe pas il manque*. En somme, *l'être ou le néant*, pour imiter Sartre, ou la condition ontologique du premier ministre. Mais, Alain Juppé et Jean-Pierre Raffarin ont bénéficié de la sollicitude du chef de l'État, au point de le précipiter dans l'impopularité, en 1997 et 2005 *(monisme sublimé ?)*.

212. Le général de Gaulle lui déniait cette qualité : *Le chef du Gouvernement, c'est moi. Le premier ministre est le premier des ministres... il coordonne leur action, mais il le fait sous la responsabilité du président de la République, qui dirige l'exécutif sans partage*. V. Ph. ARDANT, *Le premier ministre en France*, 1991 ; R. BACQUÉ, *L'enfer de Matignon*, 2008 ; A. PARIENTE, *Recherches sur l'action du premier ministre sous la Ve République*, thèse Bordeaux IV, 2000 ; Le premier ministre, *Pouvoirs* n° 83, 1997.

213. *Fidèle, loyal, sans être courtisan :* François Fillon devait récuser la qualité de *collaborateur*, décernée par le chef de l'État, en 2007, en mettant en avant sa fonction institutionnelle de *responsable*. Manuel Valls évoque, pour sa part, la *fusion*, le *tandem* qu'il forme avec le président, en vue du *réformisme assumé*.

Cet exercice périlleux explique que la crise surgisse régulièrement, au sein du *couple exécutif*, vers la seconde année et que le premier ministre soit chargé des péchés de Moïse[214]. Ce que Jacques Chaban-Delmas résumait, en substance : *Tout ce qui va mal est la faute de Matignon ; tout ce qui va bien est à porter au crédit de l'Élysée.* Pour tout dire, *la fonction est utile. Le premier ministre peut soulager le président de la République... Nous travaillons tous les jours ensemble, chacun connaît sa place et ce qu'il a à faire,* observait Nicolas Sarkozy. *Le rôle du premier ministre, ce n'est pas de compliquer la vie du président*, confessait François Fillon, dès lors qu'il est dépourvu de toute ambition présidentielle. Un modèle ! Avec abnégation, Jean-Marc Ayrault a démissionné, en mars 2014, après le vote-sanction contre le chef de l'État, aux élections municipales.

II. L'avènement de la cohabitation, sous une législature (1997-2002), en particulier, récuse cette tendance, et marginalise le chef de l'État ; la dyarchie étant inversée. Le premier ministre, en union avec la majorité parlementaire, se pare alors de l'autorité attachée à celle d'un *leader* national, menant une politique structurelle qu'il a arrêtée, et dont il assume la responsabilité. À ce jour, son sort était intenable, brusquement il devient enviable. Le subordonné d'hier devient le concurrent du chef de l'État, au point de le défier à l'élection présidentielle (1988, 1995 et 2002), mais en vain. Ce sont les institutions de la Vᵉ République qui lui donnent la maîtrise des affaires publiques. *Ma fonction, c'est de gouverner. C'est le mandat qui m'a été confié*, affirme Lionel Jospin (8 octobre 1998). Par suite, l'effectivité de son autorité est comparable à celle de ses homologues étrangers. Ce pouvoir est assumé, en *intégralité* par le premier ministre par intérim (C.C., 29 décembre 1989, *Loi de finances pour 1990, chr.* n° 53, p. 176). Au fond des choses, l'hôtel de Matignon, comparé à une *tour de contrôle* (L. Jospin), représente la meilleure école du pouvoir, car elle se situe à son épicentre *(supra*, n° 1259).

1. Le premier ministre : un entrepreneur politique

1311 *Le premier ministre dirige l'action du Gouvernement* (art. 21 C), tel Bonaparte au pont d'Arcole, au mieux! Cheville ouvrière, il met en œuvre le programme présidentiel, hors cohabitation. Il impulse, coordonne, adossé au S.G.G., l'action des ministres, délègue et tranche par un *arbitrage intervenu sous l'autorité* du chef de l'État, selon François Hollande, à l'exemple de la sidérurgie à Florange, en novembre 2012 (*chr.* n° 145, p. 193). Confrontée à l'*enfer gestionnaire* (M. Rocard), la santé se révèle la qualité essentielle d'un premier ministre. Soit un métier de chien, ou la *galère*, à tout prendre. Le *miracle* de *Matignon, c'est de rester vivant* (D. de Villepin).

a) L'animateur du Gouvernement

1312 Le *pilote de l'Airbus gouvernemental* (J.-P. Raffarin) est dégagé de la gestion d'un département ministériel. Il propose au président, la nomination des autres membres du Gouvernement et la cessation de leurs fonctions (art. 8, al. 2 C). Il est le *seul* à pouvoir engager l'existence du Gouvernement (art. 49 C). En sa qualité de coordonnateur, il gère *l'interministérialité* (v. *supra*, n° 1257) et le pouvoir du quotidien. Mais, lorsqu'il estime se trouver en conflit d'intérêts, il délègue certains de ses pouvoirs (art. 21 C) au *ministre premièrement nommé* dans le décret de composition du Gouvernement (art. 2 du décret du 22 janvier 1959, rédaction de celui du 16 janvier 2014) (v. *supra*, n° 1270). Les décisions des ministres qu'il reçoit sont envoyées en copie à l'Élysée, avec lequel il demeure en dialogue constant. Le premier ministre veille à la discipline gouvernementale ; tâche qui s'est avérée malaisée pour Jean-Marc Ayrault ; la solidarité n'étant pas une *muselière* (C. Duflot), selon la culture de gauche[215]. *Le sérieux budgétaire* a été

214. Au-delà du travail de déminage, la considération n'est pas exclue pour autant. Le chef de l'État élève le premier ministre à la dignité de grand croix de l'Ordre national du Mérite, six mois après son entrée en fonction (art. 4 du décret du 3 décembre 1963 modifié). Celle de grand officier de la Légion d'honneur lui est conférée de plein droit après deux années au moins d'exercice (décret du 21 novembre 2008). Autre rite républicain, la plantation d'un arbre dans le jardin de Matignon par l'intéressé.

215. *Un Gouvernement n'est pas un club de réflexion où chacun peut jouer sa petite musique. Il y a une partition, il y a un chef d'orchestre [Il y a] un pilote dans l'avion du Gouvernement*, affirmait Alain Juppé, le 27 août 1995, au lendemain de la démission d'Alain Madelin, ministre de l'économie et des finances.

contesté par Arnaud Montebourg, fort de son rôle décisif lors de la primaire de 2011, autant que Manuel Valls. De manière significative, c'est *sous l'autorité* du premier ministre que le ministre du budget prépare les projets de loi de finances (art. 38 L.O.L.F.). Il fixe le montant des dotations ministérielles (*lettres de cadrage, puis lettres-plafond*) (circulaire Raffarin du 21 janvier 2005) ; ce qui lui confère une autorité sans pareille accordée à sa responsabilité. *Il n'y a pas des fusibles au Gouvernement, mais un fusible et c'est le premier ministre* (É. Balladur). Il assure l'articulation entre les pouvoirs.

b) Le chef de l'administration et de la force armée

1313 Le premier ministre a les moyens de son action (ou de son ambition) : au plan politique, il s'appuie sur son cabinet ; au plan opérationnel, il dispose de services, soit *une grande administration et un département ministériel très particulier* (Ph. Ardant) et de l'administration de l'État (S.G.G. et S.G.A.E. en particulier) (art. 20 C). En sus, *responsable de la défense nationale*, il en exerce la direction et la coordination générale et militaire, en concertation avec le chef de l'État. Il est en possession des codes secrets de commandements de la force de frappe en cas d'indisponibilité du président *(supra)*. Il gère les fonds *spéciaux* relatifs aux opérations de la D.G.S.E. (art. L. 1131-1 du Code de la défense) (ord. du 20 décembre 2004). En cas de crise majeure, il informe, selon la pratique (précédent de la guerre du Golfe), les présidents des assemblées et des groupes parlementaires.

c) Le chef de la majorité parlementaire

1314 En bonne logique, le premier ministre dirige la majorité, au nom du président ou du sien, selon les périodes politiques de la Ve République. Il peut exercer une influence sur le chef de l'État concernant le recours à la dissolution de l'Assemblée nationale, à l'exemple de Georges Pompidou en 1968 ou d'Alain Juppé, en 1997. Il mènera le combat au moment de la consultation électorale et en assumera la responsabilité. L'exception qui confirme la règle s'est présentée, à partir de 2005, avec Dominique de Villepin, dès l'instant où Nicolas Sarkozy, ministre de l'intérieur, présidait le parti majoritaire de l'U.M.P. Il a appartenu à celui-ci de gérer la crise du C.P.E. *(contrat première embauche)* l'année suivante (*chr.* n° 118, p. 193). Du reste, le premier ministre sera totalement absent lors de la campagne présidentielle de 2007. De même, en dehors du Parlement, les réunions de la majorité se sont tenues entre 2010 et 2012, à l'Élysée, chaque mois.

d) Le collaborateur du président

1315 Outre le *contreseing* des actes du président de la République (art. 19 C), le premier ministre est appelé à œuvrer de conserve. C'est ainsi qu'il est chargé de sa suppléance, d'émettre des avis et de formuler des propositions.

α) La suppléance du chef de l'État (art. 21 C)

1316 En cas d'empêchement momentané, il peut suppléer, le cas échéant, le chef de l'État dans la présidence des conseils et comités supérieurs de la défense nationale (art. 21, al. 3), ainsi que celle du conseil des ministres (art. 21 *in fine*). Au cas particulier, la réunion se tient à Matignon, *en vertu d'une délégation expresse et pour un ordre du jour déterminé*[216].

L'action gouvernementale n'est pas une affaire sentimentale. Pour rupture de la solidarité gouvernementale, en matière budgétaire, Delphine Batho a été révoquée, en juillet 2013. Autrement dit, *si le ministre a l'éclat du verre, il en a la fragilité.* (J. Rigaud). Grandeur et servitude, en somme.

216. À ce jour, six conseils des ministres se sont tenus : sous le général de Gaulle, par Georges Pompidou, le 22 avril 1964 (à la suite à l'hospitalisation du président) et le 30 septembre 1964 (lors d'un déplacement en Amérique latine). Pierre Messmer a présidé exceptionnellement un conseil des ministres à l'Élysée, le 14 février 1973, en raison de l'état de santé du président Pompidou ; lequel, la veille de son décès, en avril 1974, l'avait à nouveau habilité. Pierre Bérégovoy et Édouard Balladur (en période de cohabitation) ont suppléé François Mitterrand, les 16 septembre 1992 et 20 juillet 1994, après une intervention chirurgicale. Dominique de Villepin a réuni le conseil, le 7 septembre 2005, lors de l'hospitalisation de Jacques Chirac. En mai 1968, le général de Gaulle avait remis délégation à Georges Pompidou, au moment où

β) Les avis (art. 12 et 16 C)

1317 Officiellement, le président de la République est tenu de recueillir l'avis (un avis simple) du premier ministre dans le cadre de la procédure de dissolution de l'Assemblée (art. 12) et de la mise en œuvre des pouvoirs extraordinaires (art. 16).

γ) Les propositions (art. 8, 29 et 89 C)

1318 Concomitamment à celles relatives à la nomination et à la démission des ministres (art. 8 C), le premier ministre propose au chef de l'État, la tenue d'une session extraordinaire du Parlement (art. 29) et la révision de la constitution (art. 89, al. 1er).

2. Le premier ministre : un entrepreneur juridique

1319 Dans le domaine normatif, le premier ministre assume un rôle *décisif* au sein du pouvoir exécutif. Il dispose de l'initiative de la loi (art. 39 C) ; il exerce le pouvoir réglementaire (art. 21 et 37 C), ainsi que celui de nomination (art. 21 C). Ses actes sont normalement contresignés par *les ministres chargés de leur exécution* (art. 22 C), c'est-à-dire ceux qui auront la charge de prendre les mesures juridiques d'application. En un mot, il est *celui sans lequel les décisions ne peuvent être ni élaborées, ni appliquées*, (F. de Baecque). Il préside (en théorie) le Conseil d'État (art. L. 121-1 C.J.A.). Il peut déléguer certains de ses pouvoirs aux ministres (art. 21, al. 2 C).

a) Le titulaire du pouvoir d'initiative de la loi (art. 39 C)

1320 Hors la loi constitutionnelle (art. 89 C), le premier ministre partage l'initiative des lois avec les parlementaires, sous forme d'un *projet de loi* ou d'une *lettre rectificative* (C.C., 28 décembre 1990, *Loi de finances pour 1991, chr.* n° 57, p. 183) (art. 39, al. 1er). Il peut proposer la convocation du Parlement en session extraordinaire (art. 29 C) et décider la tenue de jours supplémentaires de séance (art. 28). Il intervient dans le déroulement de la procédure, en convoquant, entre autres, une commission mixte paritaire (C.M.P.), en cas de divergence entre les assemblées (art. 45, al. 2) ou en engageant, après délibération du conseil des ministres, la responsabilité du Gouvernement devant les députés (art. 49). En un mot, il est *l'interlocuteur* incontournable du Parlement (v. *chapitre IV*).

b) Le titulaire du pouvoir réglementaire (art. 21 et 37 C)

1321 Il résulte de la combinaison des articles 21 et 37 C, que le premier ministre dispose, de la compétence de *droit commun*, en l'espèce : 90 % de la matière[217]. Le chef de l'État exerce, par suite, une compétence *d'attribution* (art. 13), sous la réserve du pouvoir d'*évocation* des décrets en conseil des ministres (C.E., 10 septembre 1992, *Meyet, D.* 1993, p. 293, note O. Gohin) ou du recours aux *décisions* (art. 16). En outre, un règlement peut comporter, *pour un objet et une durée limités, des dispositions à caractère expérimental* (art. 37-1 C).

il se rendait en Roumanie, en tant que de besoin. V. Ph. GODFRIN, La suppléance du président de la République, *D.* 1969, p. 167.

217. Il existe trois catégories de décrets : les décrets simples ; les décrets en conseil des ministres et les décrets en Conseil d'État. Les décrets simples sont, en règle générale, des décrets du premier ministre. C'est le mode ordinaire d'exercice du pouvoir réglementaire. Les décrets en conseil des ministres (art. 13 C), comportent dans les visas, la mention *le conseil des ministres entendu*. Ils sont signés par le président de la République et contresignés par le premier ministre et, le cas échéant, par les ministres responsables *(supra)*. Les décrets en Conseil d'État sont prévus par un texte (art. 37 C, par exemple) ou une loi. V. *Premier ministre, S.G.G. et Conseil d'État*, D.F., 2005, p. 33 ; J. MASSOT, Les catégories de décrets réglementaires : critère matériel et critère formel, *Mélanges Pierre Avril*, 2001, p. 363 ; D. DE BÉCHILLON, À propos de l'obligation faite au Gouvernement de prendre des règles d'exécution des lois, *A.J.D.A.* 2009, p. 686.

α) L'étendue du pouvoir réglementaire

1322 Les lois n'étant pas d'application directe, en principe, il appartient au premier ministre d'en assurer *l'exécution* (art. 21 C) par des *décrets dérivés*, qui en déterminent les modalités d'application (V. *chapitre IV*). Mais, le législateur peut déléguer ce pouvoir à une autre autorité de l'État, *à la condition que cette habilitation ne concerne que des mesures limitées, tant par leur champ d'application que par leur contenu* (C.C., 17 janvier 1989, *C.S.A., chr.* n° 50 p. 199). Il reste que le pouvoir réglementaire exercé par une collectivité territoriale (art. 72 C) ne saurait mettre en cause celui dont le premier ministre est investi (C.C., 17 janvier 2002, *Corse, idem* n° 102 p. 163). En revanche, les règlements *autonomes* (c'est-à-dire *sans* lois) (art. 37 C) ont pratiquement disparu. À ce propos, le Conseil constitutionnel (30 juillet 1982, *Blocage des prix et des revenus, G.D.* n° 16) a sonné le glas de la distinction entre les articles 34 et 37 C, en restituant à la loi son domaine classique et réduisant à néant cette dernière catégorie.

β) La protection du pouvoir réglementaire

1323 Le premier ministre est l'un des protecteurs de la constitution. Il veille au respect de la répartition des compétences par la saisine du juge constitutionnel. C'est ainsi qu'il lui appartient, de transmettre *obligatoirement* les lois organiques (art. 61, al. 1er C). Quant aux lois ordinaires, en dehors de l'inscription à l'ordre du jour (nouvel art. 39 C), la saisine est facultative et peut se produire à divers moments : en cours d'élaboration, en cas de désaccord, avec le président de l'assemblée considérée (art. 41), en vue de sauvegarder, notamment, une habilitation législative ; à la veille de sa promulgation (art. 61, al. 2) ; il dispose *seul et à tout moment*, du pouvoir de déférer une loi *après* sa promulgation, selon la procédure du *déclassement* (art. 37, al. 2). Il peut aussi saisir le Conseil au titre du déclassement *ultra marin* (art. 74 C)[218] et lui adresser des observations relatives à une *Q.P.C.* (art. 23-8 de l'ord. du 7 novembre 1958, rédaction de la L.O. du 10 décembre 2009).

La collaboration du Gouvernement et de la majorité parlementaire a changé la perspective conflictuelle dans laquelle les constituants de 1958 s'étaient placés : dans la pratique, l'article 41 a été délaissé et l'article 61 abandonné à l'opposition. Reste donc l'article 37, alinéa 2. Tout bien considéré, la seule différence avec les régimes antérieurs, consiste en ce que, sur ce fondement, le premier ministre a désormais la possibilité de réclamer son dû et de surmonter une inadvertance ou une défaillance passagère (v. *infra*, n° 1495).

c) Le titulaire du pouvoir de nomination (art. 21 C)

1324 Réserve faite des emplois *supérieurs* (art. 13) (v. *supra*, n° 1225), le premier ministre nomme aux autres emplois civils et militaires de l'État.

1325 Le premier ministre occupe le second rang dans l'ordre protocolaire (décret du 13 septembre 1989) et dans la commune opinion. Ceci n'est pas le fait d'une inconséquence. Politiquement et juridiquement, il tient exactement cette place. Dès lors, selon une pente naturelle, à l'égal de Georges Pompidou et de Jacques Chirac, en 1969 et 1995, il aspire logiquement à devenir le premier en France. À défaut, il redeviendra exceptionnellement ministre[219]. *Duo* ou *duel*, harmonie ou conflit : en ces termes, le bicéphalisme exécutif se réduit[220].

218. Le premier ministre est également habilité à déférer un *traité*, avant sa ratification au Conseil constitutionnel (art. 54 C : 19 juin 1970, *Ressources communautaires, Rec.* p. 15) (v. *supra*, n° 1045). Il peut déléguer son pouvoir de saisine (C.C., 12 juillet 1967, *Statut de la magistrature, Rec.* p. 21).

219. Tour à tour, Michel Debré : économie et finances (1966), affaires étrangères (1968) et défense nationale (1969) ; Laurent Fabius, économie et finances (2000) et affaires étrangères (2012) et Alain Juppé, écologie (2007), défense nationale (2010) et affaires étrangères (2011).

220. Lors du débat télévisé entre les têtes de l'exécutif, en 1988 : au *M. Mitterrand* de Jacques Chirac, répliquait un *M. le premier ministre* de François Mitterrand. Un premier ministre en exercice, accaparé par la gestion de l'État, a échoué, à ce jour, dans son dessein présidentiel (J. Chirac en 1988 ; E. Balladur en 1995 et L. Jospin, en 2002). V. Ch. DEBBASCH, Président de la République et premier ministre dans le

SECTION III LES CONSEILS DE L'EXÉCUTIF

1326 Dans l'exercice de leurs fonctions, les titulaires du pouvoir exécutif sont assistés, en dehors des services administratifs, par diverses *autorités*, qui ne leur sont pas propres, pour autant : le Conseil d'État (art. 39 C) ; le Conseil supérieur de la magistrature (art. 64) et le Conseil économique, social et environnemental (nouvel art. 69 C)[221].

§ 1. LE CONSEIL D'ÉTAT

1327 Successeur du Conseil du roi à l'époque de la monarchie absolue, le Conseil d'État, qui siège à Paris, au Palais Royal, a été créé par la constitution de l'an VIII. Premier grand corps de l'État, dans toute l'acception du terme, la haute juridiction, au terme d'une évolution dont l'étude excède les limites de cet ouvrage, jouit d'un grand prestige, accordé à l'importance de son rôle. On se propose d'en indiquer les caractéristiques essentielles.

Présidé par le premier ministre depuis 1945, mais dirigé, en fait par un vice-président qui, en sa qualité de chef de juridiction est le premier fonctionnaire de France, le Conseil d'État, se recrute, à titre principal, parmi les élèves issus du concours de l'E.N.A. (ceux sortis dans la *botte*, comme l'on dit) et des personnes nommées, selon le système du *tour extérieur*.

Le Conseil assume une double fonction *juridictionnelle* et *consultative*, à l'origine, pour une part importante, de l'édification de l'État de droit. Au titre de la justice déléguée (loi du 24 mai 1872), il est, tout à la fois, un juge administratif ; un juge européen ; un juge conventionnel et un juge constitutionnel[222]. Il annule les actes de l'administration pris en violation du principe de légalité et statue sur sa responsabilité. Juge des référés en cas d'urgence, il *peut ordonner toutes mesures nécessaires à la sauvegarde d'une liberté fondamentale* à laquelle une personne morale de droit aurait porté atteinte (art. L. 521-2 C.J.A.). Pour la première fois, un juge dispose du pouvoir d'identifier ces libertés. Ainsi, le Conseil d'État peut aisément concurrencer le Conseil constitutionnel sur son propre domaine. Pour l'essentiel, le droit administratif, qui est son œuvre, a servi de référence à ce dernier.

Traditionnellement serviteur de la loi, le Conseil d'État a cessé de l'être au titre du contrôle de *conventionnalité*. Celle-ci est désormais écartée en cas de contrariété avec un traité (art. 55 C) (C.E., 20 octobre 1989, *Nicolo, chr.* n° 53, p. 175). De ce fait, se trouve réalisée la *primauté* du droit européen, par la supériorité du *règlement* par rapport à une loi postérieure (24 septembre 1990 *Boisdet, R.F.D.A.* 1991, p. 172, note L. Dubouis) ainsi que celle de la *directive* (28 février 1992, *Philip Morris France, chr.* n° 62, p. 177)[223]. Il écarte, enfin, la loi, qu'il considère comme implicitement abrogée par une disposition subséquente (16 décembre 2005, *Syndicat national des huissiers de justice, A.J.D.A.* 2006,

système politique de la Ve République, *R.D.P.* 1982, p. 1175 ; P. SERVENT, *Œdipe à Matignon ou le complexe du premier ministre*, 1989.

221. En position d'équidistance, la Cour des comptes *assiste le Parlement dans le contrôle de l'action du Gouvernement. Elle assiste le Parlement et le Gouvernement dans le contrôle de l'exécution des lois de finances et l'application des lois de financement de la sécurité sociale ainsi que dans l'évaluation des politiques publiques. Par ses rapports publics, elle contribue à l'information des citoyens* (nouvel art. 47-2 C). Elle certifie les budgets de la présidence de la République et des assemblées. Elle participe à l'exercice de la discipline budgétaire par son rapport public. V. Ph. SÉGUIN, La Cour, vigie des finances publiques, *R.F.F.P.* n° 100, 2007, p. 223 ; B. CIEUTAT, Les évolutions récentes de la Cour, *ibid.*, p. 229 (V. *chapitre IV*).

222. V. *Deuxième centenaire du Conseil d'État*, 2001 ; S. LEROYER, *L'apport du Conseil d'État au droit constitutionnel de la Ve République,* 2011 ; B. STIRN, Constitution et droit administratif, *Les Nouveaux Cahiers* n° 37, 2012, p. 7 et Y. AGUILA, *Droit public français et européen*, 2014, p. 549 ; B. MATHIEU et M. VERPEAUX (sous la direction), *L'examen de la constitutionnalité de la loi par le Conseil d'État*, 2011 ;

223. V. O. DUTHEILLET DE LAMOTHE, Contrôle de constitutionnalité et contrôle de conventionnalité, *Mélanges Daniel Labetoulle*, 2007, p. 315.

p. 357). Le contrôle de *constitutionnalité* de la loi, au moyen d'une *Q.P.C.* (art. 61-1 C) consacre sa qualité de juge constitutionnel (v. *infra*, n° 1562).

Tel un *coauteur, le Conseil d'État participe à la confection des lois et ordonnances* (art. L. 112-1 C.J.A.). En outre, il *peut être consulté par le premier ministre ou les ministres sur les difficultés qui s'élèvent en matière administrative* (art. L. 112-2). Par le truchement du S.G.G., les projets de loi sont soumis, pour avis au Conseil d'État (art. 39 C), ainsi que les lois du pays de Nouvelle-Calédonie (art. L. 112-6), les ordonnances (art. 38 et 74-1 C) ; les textes de forme législative intervenus *avant* 1958 (art. 37, al. 2 C) et les décrets, pour lesquels son rôle est prévu. Il exerce un contrôle juridictionnel sur des actes des assemblées délibérantes des C.O.M. intervenant dans le domaine de la loi (art. 74 C). Une proposition de loi peut lui être, désormais, soumise (art. 39, al. 5 C, révision du 23 juillet 2008). Le conseil du Gouvernement est devenu ainsi celui du Parlement, en vue *de veiller à la qualité de la gouvernance publique*, selon sa propre définition (v. *infra*, n° 1511).

En dernière analyse, le Conseil d'État est investi d'un pouvoir de *proposition* : il peut *de sa propre initiative appeler l'attention des pouvoirs publics sur les réformes d'ordre législatif, réglementaire ou administratif qui lui paraissent conformes à l'intérêt général* (art. L. 112-3 C.J.A.). En définitive, le Conseil d'État serait-il devenu *une troisième chambre ?* (P. Gélard). Le réseau de pouvoir et d'influence auquel il s'identifie permet effectivement d'y songer.

§ 2. LE CONSEIL SUPÉRIEUR DE LA MAGISTRATURE

1328 À l'opposé de régimes étrangers, il n'existe pas en France, un pouvoir judiciaire, mais une *autorité judiciaire*, selon la terminologie administrative du titre VIII de la constitution, à l'origine du principe d'*indépendance et d'impartialité* des *juridictions* (art. 64 C et art. 16 de la Déclaration de 1789) *ainsi que le caractère spécifique de leurs fonctions* (C.C., 22 juillet 1980, *Validations d'actes administratifs,* (*G.D.* n° 21)). À l'inamovibilité des magistrats du siège, s'ajoute le rôle du chef de l'État, pris en sa qualité de *garant de leur indépendance*, assisté par le Conseil supérieur de la magistrature (C.S.M.) (art. 64 C). Créé par la loi du 30 août 1883, en matière disciplinaire, ce dernier a été constitutionnalisé en 1946. Il est devenu une autorité constitutionnelle autonome (art. 65)[224]. En vue de favoriser l'indépendance de la magistrature, par rapport au pouvoir politique et au corporatisme, la L.C. du 23 juillet 2008 modifie, pour la troisième fois, sa composition et sa mission. Le C.S.M. a cessé de siéger, en 2011, au palais de l'Alma à Paris, qui est une dépendance de l'Élysée.

A. LA COMPOSITION DU C.S.M.

1329 Clef de voûte de l'indépendance de l'autorité judiciaire (H. Haenel), sa composition est *modulée, en application des principes constitutionnels de la séparation des pouvoirs et de l'unité du corps judiciaire* (C.C., 11 août 1993, *Maîtrise de l'immigration, Rec.* p. 217). Les magistrats du parquet (le ministère public) relèvent *hiérarchiquement* du garde des Sceaux, ministre de la justice, en charge de la politique pénale du Gouvernement ou de la défense de l'ordre public. La C.E.D.H. (29 mars 2010, *Medvedyev c/France, chr.* n° 134, p. 157) a rappelé qu'un magistrat doit présenter des *garanties d'indépendance à l'égard de l'exécutif et des parties,* et dénié leur appartenance à l'autorité judiciaire (23 novembre 2010, *France Moulin c/ France, idem,* n° 137, p. 212). Depuis 2008, le chef de l'État a cessé de présider le C.S.M., et le garde des Sceaux, ministre de la justice, d'y appartenir.

De manière caractéristique, les magistrats deviennent *minoritaires*, afin d'ouvrir la justice à la société (nouvel art. 65 C). Deux formations compétentes, respectivement à l'égard des magistrats du siège et de ceux du parquet, dont la composition varie selon les fonctions, existent. Une formation plénière du Conseil complète ce dispositif.

En matière de *nomination,* la formation propre à la magistrature assise comprend : le premier président de la Cour de cassation, qui la préside, le principe électif ayant été écarté, cinq magistrats du

224. Un Conseil supérieur des tribunaux administratifs et cours administratives d'appel, présidé par le vice-président du Conseil d'État, est compétent à l'égard des magistrats de l'ordre administratif (art. L. 232-1 C.J.A.).

siège ; un magistrat du parquet (élus par leurs pairs) ; un conseiller d'État désigné par le Conseil d'État ; un avocat et six personnalités qualifiées, n'appartenant ni au Parlement, ni à la justice, choisis à *parité* par le président de la République et chacun des présidents des assemblées parlementaires, après avis public des commissions permanentes compétentes de celles-ci et droit de veto (art. 13 C et L.O. du 22 juillet 2010).

Concernant la formation propre à la magistrature debout, sa composition est identique à la précédente, à ceci près que le procureur général près la Cour de cassation la préside et qu'un magistrat du siège y figure (art. 65, al. 3).

En matière *disciplinaire,* l'égalité est restaurée au profit des magistrats, en ce sens que dans chacune des formations, le magistrat qui symbolise l'unité du corps judiciaire réintègre sa formation naturelle : au siège, le magistrat du siège appartenant à la formation du parquet et *vice versa* pour celle du parquet (al. 6 et 7). Quant à la formation plénière, intervenant en matière consultative, née de la pratique, elle est consacrée, sous une forme *miniaturisée* (al. 8).

B. LES ATTRIBUTIONS DU C.S.M.

Le déroulement de la carrière des magistrats ressortit au C.S.M., selon des modalités *diversifiées* au siège et au parquet ; les membres de ce dernier étant *hiérarchiquement* subordonnés au garde des sceaux. Il lui a appartenu, en 2010, d'élaborer un *Recueil des obligations déontologiques* des magistrats, afin de prévenir une action disciplinaire.

1330 Formellement, ils sont nommés par le président de la République (art. 13 C). Pour les premiers, la formation dispose d'un vrai pouvoir : elle fait des propositions pour les emplois les plus élevés (conseillers à la Cour de cassation, dont le premier président ; premier président de cour d'appel et président de T.G.I.) et émet un avis *conforme* pour les autres emplois (art. 65, al. 4). Pour les seconds, la formation émet un avis *simple,* désormais généralisé à l'ensemble des membres du ministère public ; procureurs généraux inclus (al. 5).

La formation du siège agit en conseil *juridictionnel* de discipline, justifiant le dépôt d'une Q.P.C. (al. 6), tandis que celle du parquet se borne à émettre un avis simple. En clair, le garde des sceaux conserve le pouvoir de poursuite et de sanction à l'égard des membres du ministère public (al. 7). Par ailleurs, la formation plénière répond, dans des conditions restrictives, aux demandes d'avis formulées par le chef de l'État ou le ministre de la justice (al. 8). En dernier lieu, le C.S.M. peut être saisi, en écho au désastre judiciaire d'Outreau, par un justiciable, dans les conditions fixées par la L.O. du 22 juillet 2010[225]. Pour la première fois, ce dernier a statué, sur ce fondement, à propos de l'affaire des journalistes du *Monde*. Le magistrat poursuivi n'a pas été sanctionné, en février 2014 (*chr.* n° 150, p. 143).

§ 3. LE CONSEIL ÉCONOMIQUE, SOCIAL ET ENVIRONNEMENTAL (C.E.S.E.)

1331 C'est après la première guerre mondiale que l'idée d'un organisme représentant les *forces vives de la Nation* (à défaut de parler des groupes de pression) a pris naissance. Elle a été concrétisée, en 1919, par la constitution allemande de Weimar, puis, en France, par le Conseil national économique, créé par le Cartel des gauches, en 1924 et développé par le Front populaire, en 1936[226].

225. V. J. KRYNEN, *L'emprise contemporaine des juges*, 2012 ; C.S.M., rapport annuel. année du cinquantenaire, *J.O.,* brochure n° 4318, 1987 ; J. ROYER, *Histoire de la justice en France,* 2e éd., 1996 ; J. GICQUEL, Le Conseil supérieur de la magistrature : une création continue de la République, *Mélanges Philippe Ardant,* 1999, p. 289 et Le nouveau Conseil supérieur de la magistrature, *J.C.P.* 30 juillet 2008, I.176 ; J.-P. MACHELON et B. MATHIEU, La nomination des membres du C.S.M. sous la IVe et la Ve Républiques (1947-1954), *in Rapport d'activité* 2011, p. 167 ; D. ROUSSEAU, *in* Du nouveau dans la constitution ?, *L.P.A.,* 14 mai 2008, p. 80.

226. V. M. PRÉLOT, *La représentation professionnelle dans la constitution de Weimar et le Conseil économique national*, 1924.

Depuis 1946, l'organisme est constitutionnel. Sa dénomination a été modifiée en 2008. Il s'agit d'une *assemblée consultative* auprès des pouvoirs publics. Elle siège à Paris, au Palais d'Iéna. Le projet référendaire du 27 avril 1969 la fusionnant avec le Sénat a échoué[227].

Le C.E.S.E. comprend 233 membres (art. 71 C), désignés par les organisations professionnelles les plus représentatives et des personnalités qualifiées nommées par un décret. Ils sont répartis entre 9 sections ; lesquelles peuvent bénéficier de l'expertise de personnalités associées nommées par le Gouvernement. Les conseillers disposent d'un mandat de cinq ans, renouvelable une fois, dans le respect du principe de parité (L.O. du 28 juin 2010). Les contestations éventuelles sont jugées par le Conseil d'État. En dehors d'une inclination, il ne peut être comparé à une assemblée parlementaire (C.E., 17 mai 1957, *Simonet*, *Rec.* p. 314) : son règlement est approuvé par décret et non par le Conseil constitutionnel ; ses membres ne bénéficient pas des immunités traditionnelles. Son budget est rattaché au premier ministre. Il est soumis au contrôle de la Cour des comptes. Ses membres peuvent être sanctionnés (Cour de discipline budgétaire et financière, 23 avril 2012, *chr.* n° 150, p. 143). Jean-Paul Delevoye a été élu à sa présidence, en janvier 2011.

Le C.E.S.E. représente la société civile : il accueille des pétitions dorénavant, présentées dans les mêmes termes, par au moins 500 000 personnes, de nationalité française ou résidant régulièrement en France (art. 4-1 de l'ord. du 29 décembre 1958, rédaction de la L.O. du 28 juin 2010) ; celle relative au projet de loi *Mariage pour tous* a été déclarée irrecevable, en février 2013. Le Gouvernement peut le consulter sur une ordonnance (art. 69 C) et, à l'égal du Parlement, sur tout problème de caractère économique, social ou environnemental (art. 70 C). Tout projet de loi de programmation (art. 34 C) lui est soumis pour avis (art. 70). L'omission de cette *formalité substantielle* vicie la procédure (C.C., 21 avril 2005, *Avenir de l'école, chr.* n° 114 p. 189).

BIBLIOGRAPHIE

1. Ouvrages et articles

■ Ph. ARDANT, *Le premier ministre en France*, 1991 ; Responsabilité politique et pénale des chefs d'État, des chefs de gouvernement et des ministres, *R.I.D.C.* 2002, p. 465 ■ P. AVRIL, *Un Président pour quoi faire ?*, 1965 ; *La Ve République, Histoire politique et constitutionnelle*, 2e éd., 1994 ■ R. BACQUÉ, *L'enfer de Matignon,* 2008 ■ F. DE BAECQUE, *Qui gouverne la France ?*, 1976 ■ G. BERLIA, Le président de la République dans la constitution de 1958, *R.D.P.* 1959, p. 71 et Essai sur la Ve République, *ibid.*, 1961, p. 1157 ■ E. BURIN DES ROZIERS, Les relations de travail avec le premier ministre in *De Gaulle et le service de l'État*, 1977, p. 353 ■ P.-O. CAILLE, Président de la République, *Juris-Classeur administratif*, fasc. 100, 2011 ■ M.-A. COHENDET, *Le président de la République*, 2e éd., 2012 ■ R. CAPITANT, *L'aménagement du pouvoir exécutif et la question du chef de l'État*, Encyclopédie française, t. X, 1964, p. 205 ■ A. CLAISSE, *Le premier ministre de la Ve République*, 1972 ■ J. FOURNIER, *Le travail gouvernemental*, 1987 ■ J.-É. GICQUEL, Gouvernenment, *Juris-Classeur administratif*, fasc. 101, 2012 ■ M.-A. GRANGER, Les décrets portant attribution des membres du Gouvernement, *R.F.D.C.* 2013, p. 335 ■ Chr. GUETTIER, *Le président sous la Ve République*, 1995 ■ F. HAMON, *Le référendum*, 2e éd., 2012 ■ P. JAN, *Le Président de la République au centre du pouvoir*, 2011 ■ M. LASCOMBE, Le Gouvernement et la révision constitutionnelle : un oublié très présent, *J.C.P.*, 30 juillet 2008, I.173 ■ M. LONG, *Les services du premier*

■ 227. V. J. DERMAGNE, *Qu'est-ce que le Conseil économique et social ?*, 2006 ; M. DE CAZAL, La saisine du C.E.S.E. par voie de pétition citoyenne : gage d'une Ve République « plus démocratique ? », *R.F.D.C.* 2010, p. 209 ; L. TOUZEAU, Le C.E.S.E. après la L.O. du 28 juin 2010 : une assemblée constitutionnelle mal identifiée, *R.D.P.* 2011, p. 637.

ministre, 1981 ■ J. MASSOT, *Chef de l'État et chef du Gouvernement*, 2e éd., 2008 ; *Le chef de l'État, chef des armées*, 2011 ■ M. MORABITO, *Le chef de l'État en France* ; 1995 ■ A. PARIENTE, *Recherches sur l'action du premier ministre sous la Ve République*, thèse Bordeaux IV, 2000 ■ R. PY, *Le Secrétaire général du Gouvernement*, D.F. 1985 ■ S. RIALS, *La présidence de la République*, 1981 et *Le premier ministre*, 1981 ■ A. VIDAL-NAQUET, Un président de la République plus « encadré », *J.C.P.*, 30 juillet 2008, I.172 ■ M. VOISSET, L'article 16 de la constitution du 4 octobre 1958, 1969 ■ On se reportera aussi à La Ve République, *Pouvoirs* n° 4 ; Les pouvoirs de crise, n° 10, Élire un président, n° 14 ; La candidature à la présidentielle, n° 138, Le Président, n° 41, le Premier ministre n° 83, La cohabitation, n° 91 ; L'élection présidentielle, *Les Nouveaux Cahiers du C.C.*, n° 34, 2012 et aux actes des colloques consacrés aux régimes semi-présidentiels (Paris, 1983) ; au XXVe anniversaire de la constitution de 1958 (Paris, 1984) et aux rapports entre président de la République et premier ministre sous la Ve République (1959-1962) (Paris, 1988).

2. Sites internet

■ www.elysee.fr ■ www.premier-ministre.fr

CHAPITRE IV
LE POUVOIR DÉLIBÉRANT OU LE PARLEMENT

1332 Le choix du libellé est délibéré. Il vaut mieux, en effet, utiliser la terminologie du doyen Maurice Hauriou, pour désigner le Parlement, formé de l'Assemblée nationale et du Sénat (art. 24 C), que d'évoquer le *pouvoir législatif* afin de respecter la *spécificité* de son mode opératoire. Le propre d'une chambre est de procéder à une *délibération*, c'est-à-dire à une *résolution collective, prise à la majorité des voix après une discussion publique*[1]. De la même façon, convient-il d'écarter cette dénomination qui, pour être courante, n'en est pas moins inexacte car, non seulement, elle occulte la fonction de contrôle et d'évaluation, mais ignore la réalité contemporaine. Sous la pression de la rationalisation de l'activité parlementaire, fût-elle allégée, et de la discipline majoritaire, de manière invariante, *le Parlement est moins le législateur que le titulaire du pouvoir exécutif*. Les assemblées mettent en forme juridique la volonté que ce dernier exprime, sous le contrôle du Conseil constitutionnel[2].

I. La *composition* du Parlement se rattache au *bicamérisme*[3], inauguré en l'an III, et intégré à la tradition républicaine, en 1875. Deux questions se posent : Quelles justifications apporte-t-on à cette solution d'*émulation* dans un État unitaire ? De quelles protections peut-elle se prévaloir ?

On fait valoir, de façon classique, un argument technique et politique, en faveur du bicamérisme. Outre la permanence qui la caractérise, une seconde chambre améliore la

1. V. B. ACCOYER, *L'Assemblée nationale,* 2010 ; M. AMELLER et G. BERGOUGNOUS, *L'Assemblée nationale*, 2e éd. 2000 ; P. AVRIL et J. GICQUEL, *Droit parlementaire*, 4e éd., 2010 ; Ph. BLACHÈR, *Le Parlement en France*, 2012 ; J. GARRIGUES (sous la direction), *Histoire du Parlement de 1789 à nos jours*, 2007 ; J.-L. HÉRIN, *Le Sénat en devenir*, 2e éd., 2012 ; Le renouveau du Parlement, *Pouvoirs* no 146, 2013.

2. À preuve, le message de François Mitterrand le 8 juillet 1981 : *Mes engagements... sont devenus la charte de votre action législative... Le premier ministre vous demandera les moyens dont dispose la représentation nationale pour que soit fidèlement exécuté le contrat qui... nous lie au peuple français ;* à l'égal de Nicolas Sarkozy, réunissant le 20 juin 2007, à l'Élysée, les parlementaires U.M.P., et de François Hollande, ceux du P.S. le 16 mai 2013, dans un établissement de la capitale.

3. Le bicamérisme s'applique dans les régions métropolitaines (loi du 2 mars 1982) et en Nouvelle-Calédonie avec un Congrès et un Sénat coutumier (art. 83 et 137 de la L.O. du 19 mars 1999). Le C.E.S.E. est *extérieur* au Parlement. Le Congrès du Parlement (art. 89 C) est une *assemblée constituante ad hoc*. Le Parlement européen est incorporé à l'ordre national (art. 88-1-C), bien que n'étant *pas l'émanation de la souveraineté nationale* (C.C., 20 décembre 2007, *Traité de Lisbonne, Rec.* p. 459).

qualité du travail législatif. Le temps de la réflexion permet de mieux évaluer la législation dans un contexte, non de *rivalité*, mais de *complémentarité* (Chr. Poncelet) ; celui des regards croisés. Au delà d'une meilleure représentativité du corps politique (les *citoyens* sont représentés à l'Assemblée et les *collectivités territoriales* au Sénat) (art. 24 C), ce dernier est appelé à assumer une mission générale de *modération* du jeu institutionnel et à renforcer la protection des libertés : *deux chambres, c'est deux chances* (R. Monory). D'où le raccourci célèbre de Boissy d'Anglas, en l'an III : le Conseil des Cinq Cents sera *l'imagination de la République* et le Conseil des Anciens, *la raison*. Ainsi, la seconde assemblée, agissant, tel un mentor, est destinée à calmer l'impétuosité de l'assemblée élue au suffrage universel direct. Mais là surgissent, au plan des principes, la suspicion et la contestation. Au nom de l'*unité* de la souveraineté nationale, le monocamérisme s'impose. *Défense de déposer un Sénat le long des constitutions !* s'exclamait Victor Hugo. *Sus au Sénat !* proclamait la gauche, en 1938, après qu'il eût renversé le cabinet du Front populaire de Léon Blum. De son côté, en 1969, le général de Gaulle s'efforcera de le neutraliser. Est-ce pour autant une *anomalie* (L. Jospin) ? Non point, depuis que l'alternance s'y est exprimée, pour la première fois, en 2011, et légitimé ainsi le Sénat[4].

Les fondements du bicamérisme sont divers[5]. La protection du Sénat repose sur la constitution : sa révision implique un vote *en termes identiques* des assemblées (art. 89 C), au même titre que les L.O. qui lui sont afférentes (art. 46, al. 4 C)[6], et celle relative à la *citoyenneté européenne* (art. 88-3 C). En outre, la proposition d'un projet de référendum (art. 11 C), la destitution du président de la République (art. 68 C), l'adhésion d'un État à l'Union européenne (art. 88-5) et la modification de règles d'adoption d'actes de l'Union (art. 88-7), ressortissent à cette logique égalitaire. La consécration est venue du peuple qui, à deux reprises, le 5 mai 1946 et le 27 avril 1969, a repoussé, par référendum, un projet de Parlement monocaméral.

II. La *condition* de l'institution s'identifie à la révolution copernicienne de 1958 : Un pouvoir constitué succède à la *puissance de souveraineté* (Carré de Malberg). La rationalisation de son activité a été d'autant plus visible qu'elle était spectaculaire, à travers la procédure législative confiée au Gouvernement, et le contrôle de la loi. L'abaissement du Parlement est certain, selon la tendance contemporaine. Mais il ne faut pas en conclure à sa fin. Car la pratique enregistre, moins son déclin que son regain, à l'image de la nouvelle *constitution financière* de l'État (L.O. du 1er août 2001) et de la révision du 23 juillet 2008. Cependant, la réévaluation de son rôle est conditionnée à sa volonté politique de la mettre en œuvre. *L'hyper-Parlement* relève donc de l'incantation face à la logique majoritaire.

4. Selon Lionel Jospin : *Une chambre comme le Sénat avec autant de pouvoirs où l'alternance n'est jamais possible... qui n'a même pas la caractéristique d'être une chambre fédérale, c'est une anomalie parmi les démocraties. Je la perçois comme une survivance des chambres hautes conservatrices* (entretien au *Monde*, 21 avril 1998, *chr.* n° 86, p. 216). L'élection, le 1er octobre 2011, de Jean-Pierre Bel, premier président socialiste à la présidence, met un terme à une majorité sénatoriale inamovible depuis 1959. V. B. RULLIER, Les élections sénatoriales de 2011 : un rendez-vous historique pour la gauche, *R.P.P.* n° 1060, 2011, p. 14.

5. V. V. BOYER, *La Gauche et la seconde chambre de 1945 à nos jours*, 2007 ; J.-P. MARICHY, *La deuxième chambre dans la vie politique française*, 1969 ; 2007 ; A. DELCAMP, La seconde Chambre comme révélateur de la nature de l'État, *Mélanges Francis Delpérée*, 2007, p. 357.

6. Le C.C. (10 juillet 1985, *Élections des députés, chr.* n° 35, p. 192) a retenu deux acceptions : *les dispositions législatives qui ont pour objet, dans les domaines réservés aux lois organiques, de poser, de modifier, ou d'abroger des règles concernant le Sénat* à titre direct ou indirect. Mais pour la loi *ordinaire* (art. 34 C), l'Assemblée nationale dispose du dernier mot (art. 45 *in fine*), comme en cas d'intervention de forces armées à l'étranger (art. 35, al. 3). La tradition parlementaire veut qu'une assemblée respecte l'autonomie de l'autre par un *sentiment réciproque des convenances* (E. Pierre).

Ce *renouveau* de la prérogative parlementaire est la résultante, de trois causes : la volonté du pouvoir constituant, tout d'abord : les révisions ont accru le périmètre parlementaire, de l'élargissement de la saisine du Conseil constitutionnel, en 1974 aux nouvelles prérogatives accordées en 2008, tout en sachant que la majorité en sera la bénéficiaire, au point de les mettre à la disposition du Gouvernement ; l'action du Conseil constitutionnel, ensuite, qui d'une manière paradoxale s'est révélé un allié *objectif* du Parlement en facilitant la reconquête de son domaine législatif (30 juillet 1982, *Blocage des prix et des revenus, G.D.* n° 25), tout en canalisant le flux des amendements (19 juin 2001, *Statut des magistrats, L.P.A.* 13 juillet 2001) ; enfin la logique majoritaire est à l'origine d'une novation de la fonction parlementaire. Ainsi *l'assemblée des clones* (Ph. Séguin) s'en remet au Gouvernement du soin de légiférer, pour mieux le contrôler, sous le regard d'une opposition qui a vocation à accéder au pouvoir, à la suite du jeu régulier de l'alternance[7].

Le parlementarisme rénové (millimétré ?) de 2008 tend à un équilibre raisonnable qui, sans affecter la fonction dirigeante de l'exécutif ne sacrifie pas la mission irréductible de *contrôle* ; le *réactif* de la démocratie. La première liberté politique a été celle de la représentation de la Nation. Il importe donc de revisiter le Parlement, à la lumière de ce *bonheur différé plus doux à goûter,* pour parler comme Chrétien de Troyes.

SECTION I **LE RECRUTEMENT DU PARLEMENT**

1333 Les parlementaires sont des *représentants de la Nation* (art. 3 C), même au titre des Français de l'étranger (C.C., 8 janvier 2009, *Élections des députés, Rec.* p. 36), titulaires d'un *mandat représentatif* (art. 27 C). Deux questions : comment y accède-t-on ? De quelle protection, est-il entouré ?

§ 1. L'ACCESSION AU MANDAT PARLEMENTAIRE

1334 Les parlementaires procèdent de l'élection, selon des modalités *différenciées*, suivant la logique bicamérale. En effet, une seconde chambre calquée sur la première serait un doublet inutile. L'une *reflète la démographie*, l'autre *traduit la géographie* (M. Prélot). À cet effet, les députés à l'Assemblée nationale sont élus au suffrage direct. Le Sénat est élu au suffrage indirect. Il assure la représentation des collectivités territoriales de la République. Les Français expatriés sont, depuis 2008, représentés dans chaque assemblée (nouvel art. 24 C). Dans un cas, la désignation incombe aux électeurs *eux-mêmes*, tandis que dans l'autre, ces derniers élisent des électeurs (appelés *grands électeurs*) qui procèdent ensuite à la désignation des élus. Le moment est ainsi propice à l'ouverture d'une chronique électorale : après un examen distinct des élections à l'Assemblée nationale (A.N.) et au Sénat (S.), on conclura par l'examen du contentieux qui leur est commun.

7. V. O. DORD, Vers un rééquilibre des pouvoirs publics en faveur du Parlement, *R.F.D.C.* 2008, p. 99 ; J. GICQUEL, La reparlementarisation : une perspective d'évolution, *Pouvoirs* n° 126, 2008, p. 47 ; Jean-Éric GICQUEL, La restauration des droits du Parlement dans le domaine de la procèdure législative : entre espoirs et illusions, *Politéia* n° 15, 2009, p. 387 et Le C.C. et le mandat parlementaire, *Les Nouveaux Cahiers* n° 38, 2013, p. 69 ; X. VANDENDRIESSCHE, Une revalorisation parlementaire à principes constitutionnels constants, *J.C.P.,* 30 juillet 2008, I. 174.

A. LES ÉLECTIONS À L'ASSEMBLÉE NATIONALE

1335 L'Assemblée se compose de 577 députés (art. L.O. 119 du Code électoral) ; ce chiffre a été plafonné en 2008 (art. 24 C)[8]. On se propose de retracer le cheminement des élections dites *législatives*, attributives de pouvoir, en tant qu'expression de la souveraineté nationale.

1. Le collège électoral

1336 Le collège électoral, ou *l'assemblée des électeurs réunis par circonscription*, mérite examen au triple point de vue de sa composition, de sa localisation et de sa convocation.

a) La composition du collège électoral

1337 En application de l'article 24 C et de l'article L. 1er du Code électoral, *le suffrage est direct et universel*. Tout citoyen français ayant la qualité juridique d'électeur participe à l'élection des députés *(supra)*.

b) La localisation du collège électoral

1338 Les députés sont élus dans des circonscriptions, au sein du département ou de la collectivité d'outre-mer, en dehors du cas spécifique de ceux représentant les Français expatriés. Celles-ci, qui ne coïncident pas avec une délimitation administrative, sont l'objet d'une révision, *en fonction de l'évolution démographique*, après le deuxième recensement général de la population (art. L. 125 du Code électoral)[9]. Sous un aspect anodin, le découpage pose un problème aigu, lorsqu'il affecte l'égalité devant la loi (art. 6 de la Déclaration de 1789), et, en particulier, devant le suffrage (art. 3 C). Il a appartenu au Conseil constitutionnel de la restaurer.

α) La délimitation initiale des circonscriptions

1339 Elle a été opérée, à l'origine, par l'ordonnance du 13 octobre 1958, demeurée en vigueur pendant un quart de siècle. Outre l'existence de *gerrymanders*[10], voire d'*enclaves* électorales[11], cette démarche a ignoré le double phénomène d'urbanisation et de translation, qui a renouvelé le visage de la France. L'égalité altérée devant provoquer la réaction du Conseil. Dans une décision *Nouvelle-Calédonie*

8. Ils se répartissent comme suit : 556 élus dans les départements ; 10 en Nouvelle-Calédonie et collectivités d'outre-mer et, pour la première fois, en 2012, 11 pour les Français expatriés. V. P. LAFARGE et B. SOCOL, *577 députés à élire. Dictionnaire des circonscriptions,* 2007 ; P. PERRINEAU et S. REYNIÉ (sous la direction), *Dictionnaire du vote,* 2001.

9. En réaction contre les pratiques du Second Empire, le législateur républicain a posé le principe de la *coïncidence* entre les circonscriptions électorale et administrative. Le choix se portera sous la IIIe République, sur *l'arrondissement* (on assimile souvent *scrutin d'arrondissement* et *scrutin majoritaire*) ; sous la IVe République, sur le *département.*

10. Circonscriptions taillées sur mesure, à la suite d'un découpage arbitraire destiné à favoriser outrageusement un parti. Procédé inventé, en 1812, par Elbridge Gerry, gouverneur américain du Massachusetts.

11. La 8e circonscription des Bouches-du-Rhône était constituée de façon *non contiguë.* V. A. ROUX, Le découpage des circonscriptions administratives et électorales, *A.J.D.A.* 1983, p. 219 et Les juges constitutionnel et administratif et le principe d'égalité devant le suffrage, *Mélanges Louis Dubouis*, 2002, p. 147 ; J.-M. COTTERET, Cl. ÉMERI et P. LALUMIÈRE, *Lois électorales et inégalités de représentation en France*, 1960 ; M. BALINSKI, Lois électorales. Le vote à la découpe, *Commentaire* n° 110, 2005, p. 139.

(8 août 1985, *chr.* n° 36, p. 182), celui-ci a posé le principe que la délimitation des circonscriptions électorales doit s'opérer sur *des bases essentiellement démographiques.* Ce critère, distinct de celui *juridique* d'*électeur,* prend en compte les étrangers exclus du pouvoir de suffrage. Autrement dit, sans aboutir à une stricte proportionnalité de la représentation, la loi ne peut s'en écarter que dans une *mesure limitée,* en tenant compter d'*impératifs d'intérêt général.* Sur ce fondement, la loi du 24 novembre 1986 a redessiné les circonscriptions, au vu du recensement de la population, réalisé en 1982. Mais, celle-ci est demeurée, à son tour, en application pendant un quart de siècle, nonobstant les recensements de 1990 et de 1992, suscitant, en réaction, les observations réitérées du Conseil[12]. Sur ces entrefaites, la révision de 2008 est intervenue.

β) La nouvelle délimitation des circonscriptions

1340 En dehors de la fixation du nombre des députés (art. 24 C), une commission indépendante se prononce par un avis public sur les projets de délimitation (art. 25)[13]. Après déclaration de conformité par le Conseil (8 janvier 2009, *Élections des députés, chr.* n° 130, p. 189), la loi du 13 janvier 2009 a autorisé le Gouvernement à mettre à jour la délimitation des circonscriptions par ordonnances (art. 38 C), à fixer le nombre de députés élus par les Français expatriés, et répartir le nombre de sièges dans les départements et l'outre-mer, en *respectant au mieux l'égalité, devant le suffrage,* selon la directive du juge constitutionnel. Après consultation de ladite commission, une ordonnance du 29 juillet 2009 a été publiée, puis ratifiée par la loi du 23 février 2010, après validation par ce dernier, le 18 février[14] (*chr.* n° 134, p. 167).

c) La convocation des collèges électoraux

1341 On distingue le renouvellement *général* de l'A.N. de son renouvellement *partiel.*

12. Aux élections de 2007, une disparité *caractérisée* s'est étalée entre les circonscriptions : Lozère, 2e (34 374 habitants) et Val-d'Oise, 2e (188 200 habitants). Dans 62 départements, l'écart démographique entre deux circonscriptions dépassait 20 % (*chr.* n° 117, p. 175). *La loi électorale est-elle faite pour les élus ou pour les électeurs ?* (M. Balinski). De manière *itérative,* le C.C. s'est prononcé en faveur d'un remodelage des circonscriptions (observations de 2003, 2005 et 2008, *chr.* n° 127, p. 186). Au titre du contentieux électoral (art. 59 C), il a décliné sa compétence à propos de l'inconstitutionnalité du découpage (3 mai 2007, *Jan ;* 28 juin 2007, *A.N.* Aube, 3e, *chr.* nos 122 et 127, p. 207 et 184).

13. Elle comprend trois personnalités qualifiées, nommées respectivement par le président de la République et chacun des présidents des assemblées parlementaires, sur avis public des commissions parlementaires compétentes (art. 13 C), pour un mandat de six ans non renouvelable ; un conseiller d'État ; un conseiller à la Cour de cassation et un conseiller maître de la Cour des comptes (art. L. 567-1 du Code électoral, rédaction de la loi du 13 janvier 2009). Saisie par le premier ministre, elle se prononce dans les délais de deux mois par un avis publié au *J.O.* (nouvel art. L. 567-7 du Code électoral).

14. La décision du 8 janvier 2009 est riche d'enseignements. La règle traditionnelle selon laquelle le nombre de députés ne peut être inférieur à deux pour chaque département a été écartée, au vu du changement de circonstances. Car le nombre total des députés étant fixé à 577, celui des départements ne peut qu'être réduit à la suite de la représentation des Français de l'étranger, alors que le chiffre de leur population a augmenté depuis 1986, de plus de 7 600 000 personnes. D'où la répartition, selon le système par *tranches* (ou d'Adams) d'un député jusqu'à 125 000 habitants (contre 108 000 en 1986), puis d'un député supplémentaire par tranche ou fraction de tranche de 125 000 habitants ; ce qui aboutit à n'en conférer qu'un *seul* à la Creuse et à la Lozère, dont la population se situe en deçà de cette barre. Au reste le C.C. a estimé, *qu'aucun impératif d'intérêt général n'impose que toute collectivité d'outre-mer constitue au moins une circonscription électorale,* en visant les nouvelles collectivités de Saint-Barthélemy et de Saint-Martin, auxquelles, cependant, un sénateur respectif a été attribué (L.O. du 21 février 2007). Par une seconde décision, le 18 février 2010, le C.C. a validé le découpage opéré, qui ne méconnaît pas *manifestement le principe d'égalité devant le suffrage,* tout en relevant *le caractère discutable des motifs d'intérêt général invoqués,* notamment pour la Moselle et le Tarn (*chr.* nos 132 et 134, p. 193 et 167). V. B. MALIGNER, note sous C.C., 8 janvier 2009, *D.* 2009, p. 645 ; Cl. BENELBAZ, Le redécoupage électoral sous la Ve République, *R.D.P.* 2010, p. 1661 ; J.-Cl. COLLIARD, Le découpage électoral, *in La révision de 2008, une nouvelle Constitution ?*, 2011, p. 119.

α) Le renouvellement général de l'Assemblée nationale

1342 Sur convocation du Gouvernement (art. L. 172 du Code électoral)[15], l'Assemblée se renouvelle intégralement (art. L.O. 120). En principe, ses *pouvoirs expirent le troisième mardi de juin de la cinquième année qui suit son élection* (art. L.O. 121). Cette période porte le nom de *législature*. Les élections générales ont lieu, un dimanche, dans les 60 jours qui précèdent l'expiration de ses pouvoirs (art. L.O. 122). En cas de dissolution, les élections se déroulent 20 jours au moins et 40 jours au plus tard après la date du décret (art. 12, al. 2 C). La nouvelle Assemblée se réunit de plein droit, le second jeudi, qui suit son élection (al. 3) (*supra*).

β) Le renouvellement partiel de l'Assemblée nationale

1343 L'organisation d'une élection partielle, dans le délai de 3 mois, sauf dans l'année précédant l'expiration normale des pouvoirs de l'Assemblée (art. L.O. 178), est *exceptionnelle*. Le recours au suppléant est devenu le *principe* (art. L.O. 176, rédaction de la L.O. du 14 février 2014) (v. A.N., rapport Borgel n° 1529, 2014).

Autrement dit, le remplacement par le suppléant se présente dans les cas ci-après : démission du député (situation de cumul ; convenance personnelle) et décision du Conseil constitutionnel (annulation, démission d'office, en cas de rejet du compte de campagne ; déchéance en cas de révélation d'une inéligibilité postérieurement à l'élection). Il reste que le député devenu membre du Gouvernement et qui cesse de l'être, recouvre son siège un mois après avoir quitté ce dernier (art. L.O. 176 du Code électoral)[16].

2. L'éligibilité à l'Assemblée nationale

1344 Il appartient au législateur organique d'en fixer les conditions (art. 25 C), *dans la mesure nécessaire au respect du principe d'égalité devant le suffrage et à la préservation de la liberté de l'électeur* (C.C., 12 avril 2011, *Élection des députés et des sénateurs, chr.* n° 138, p. 156)[17]. Une inéligibilité est donc d'interprétation *stricte* et *expresse*.

a) Les conditions de l'éligibilité

1345 Elles sont de deux sortes : de fond et de forme.

α) Les conditions de fond

1346 Toute personne qui remplit *les conditions pour être électeur* (nationalité et 18 ans révolus) *peut être élue à l'Assemblée nationale* (art. L.O. 127 du Code électoral). L'interdiction d'adhésion à un parti politique applicable aux militaires est suspendue pour la durée de la campagne (art. 5 de la loi du 24 mars 2005). Aucun lien avec une

15. Le décret de convocation appartient à la catégorie des actes politiques (dits *actes de gouvernement*) insusceptibles d'être discutés au contentieux (C.E., 8 juin 1951, *Hirschowitz, Rec.* p. 320). Il entre immédiatement en vigueur, sans nécessiter une délibération préalable du conseil des ministres (C.C., 13 juillet 1988, *Rosny Minvielle, chr.* n° 48, p. 187).

16. À l'opposé, une élection partielle est organisée lorsque l'ancien député renonce à reprendre son mandat (J. Cahuzac en avril 2013), car le suppléant ne peut se prévaloir d'un remplacement définitif (C.C., 8 janvier 2009, *L.O. relative à l'art. 25 C, chr.* n° 130, p. 202). V. Jean-Éric GICQUEL, Fin du cumul des mandats : la troisième tentative fut la bonne, *J.C.P.,* 3 mars 2014, p. 416.

17. Le nombre de candidats s'est élevé, en 2012, à 6 603 dont 2 651 femmes (40 %). Il est en recul par rapport à celui de 2007 (7 639 dont 3 177 femmes) (41 %) et plus encore par rapport au record de 2002 (8 455 dont 3 250 femmes) (38,5 %). La diversité a été prise en compte, avec 8 députés socialistes, à l'unisson des membres du Gouvernement (v. *chapitre III*). Le pays légal amorce un rapprochement avec le pays réel. Marion Maréchal-Le Pen (Vaucluse, 3e) (NI), 22 ans, devient la plus jeune députée de la République, en juin 2012.

circonscription n'est exigé en raison du caractère *national* du mandat parlementaire. Un *parachutage* est donc concevable... aux risques et périls politiques du candidat. Certains d'entre eux sont frappés d'une inéligibilité *temporaire*, et le cas échéant, *permanente*.

L'inéligibilité *temporaire* ou *relative* (art. L.O. 132 du Code électoral, rédaction de la L.O. du 14 avril 2011) vise, *d'abord*, les fonctionnaires d'autorité de l'État : membres du corps préfectoral (préfet ; sous-préfet ; secrétaire général de la préfecture) ; recteur et inspecteur d'académie ; magistrats de l'ordre judiciaire, y compris le juge de proximité ; magistrats de l'ordre administratif, juge financier inclus ; officiers des armées exerçant un commandement territorial, trésorier-payeur général, commissaire de police, *etc.* ; *ensuite*, désormais, les collaborateurs des exécutifs locaux (membres des cabinets, dont celui de maire ou d'une instance intercommunale de plus de 20 000 habitants). Ces titulaires de fonction ne peuvent être candidats dans *certaines* circonscriptions : celles qu'ils administrent *présentement* ou qu'ils ont administrées *récemment*. Il s'agit de protéger les électeurs contre d'éventuelles pressions, en ne leur permettant pas d'utiliser leurs compétences officielles, afin d'assouvir leur ambition personnelle. D'un point de vue *spatial* et *temporel*, par exemple, le préfet de la Mayenne peut être valablement candidat dans une circonscription de l'Aube dans laquelle il n'a jamais été en poste ; de même que, trois ans après avoir quitté Laval, il peut revenir, à *ses premières amours*, en briguant les suffrages de ses anciens administrés. Car entre-temps, on estime que les mérites de son successeur l'auront fait oublier : loin des yeux, loin des électeurs[18].

Au surplus, les juges consulaires, qui sont élus, ne sont pas concernés (C.C., 8 juin 1993, *A.N., Ardennes 1re, chr.* n° 67, p. 179). De même, un membre du Conseil constitutionnel, fût-il membre de droit (C.C., 7 novembre 1984, *A.N., Puy-de-Dôme, 2e, chr.* n° 33, p. 156) ; un membre du Gouvernement (C.C., 21 juin 1967, *A.N., Rhône, 4e, Rec.* p. 133) ou du C.E.S.E. (C.C., 26 mai 1993, *A.N., Paris, 21e, Rec.* p. 37) et, d'une manière générale, un fonctionnaire. En outre, un sénateur peut se porter candidat à un siège de député et *vice versa*. Dans le langage politique, on parle d'un *élu amphibie*. Cependant, en cas de succès, le cumul n'est pas autorisé (art. L.O. 137 du Code électoral). Un député est fondé à se présenter à une élection en vue d'un *autre* siège de député, ce qui vaut par ailleurs pour un sénateur. L'hypothèse est rarissime, mais elle n'est pas sans exemples. À preuve, Lionel Jospin, député de Paris et Philippe Douste-Blazy, député des Hautes-Pyrénées, élus députés de Haute-Garonne, respectivement, en septembre 1986 et en avril 2001[19]. De même, un député européen est éligible à l'Assemblée.

À l'opposé, outre les *majeurs* en tutelle ou en curatelle (art. L.O. 129), sont frappés d'une inéligibilité *générale* ou *permanente*, le défenseur des droits et le contrôleur général des lieux de privation de liberté (art. L.O. 130), et les personnes déclarées inéligibles par le Conseil constitutionnel, pour une durée maximale de 3 ans, pour irrégularité du compte de campagne. Le manquement grave aux obligations déclaratives des parlementaires peut entraîner, à titre complémentaire, l'interdiction des droits civiques, comportant une inéligibilité décennale (art. L.O. 135-1 du Code électoral et art. 26 de la loi du 11 octobre 2013) (v. *infra*, n° 1362).

Quant au suppléant du député, nommé membre du Gouvernement, il ne peut cultiver l'ingratitude[20], en se portant candidat contre lui, lors de l'élection suivante (art. L.O. 135) (C.C., 8 juin 1993,

18. Le *délai de retour* est de trois ans, au maximum, pour le préfet, et d'un an, dans les autres cas (art. L.O. 132). Pour l'élection des parlementaires représentant les Français expatriés, le délai de trois ans concerne le chef de mission diplomatique et de poste consulaire et un an, pour leurs collaborateurs civils et militaires (art. L.O. 329). En outre, le mode de scrutin n'est pas neutre. L'utilisation de la R.P., par exemple, rend à la limite cette précaution superfétatoire.

19. On citera également le cas de Jean-Jacques Servan-Schreiber, député de Nancy et candidat, en septembre 1970, à Bordeaux, contre Jacques Chaban-Delmas, alors premier ministre. Cependant, en cas de contestation, la vacance du siège délaissé n'est proclamée qu'après la décision du C.C. confirmant l'élection (art. L.O. 137 du Code électoral). V. G. VEDEL, Le droit et l'élection de Bordeaux, *Le Monde*, 4 septembre 1970 ; P. CHARNAY, Sur l'évolution du pouvoir de suffrage, *R.D.P.* 1970, p. 1187 ; Cl. ÉMERI et J.-Cl. GAUTRON, Vie et droit parlementaires, *ibid.*, 1971, p. 182.

20. D'une manière contestable, le contrat-type proposé par les députés à leurs assistants parlementaires stipule que ceux-ci ne solliciteront pas de fonction élective dans la circonscription de celui-là, sans son accord écrit. Cette *inéligibilité conventionnelle* paraît contraire à l'ordre public et à l'article 25 C.

A.N., Oise 5e, Rec. p. 58)[21]. De la même façon, un député, un sénateur ou le remplaçant d'un membre d'une assemblée parlementaire ne peut être le remplaçant d'un candidat à l'Assemblée nationale (art. L.O. 134) (C.C., 8 novembre 1988, *A.N., Seine-Saint-Denis, 9e, chr.* n° 49, p. 205)[22].

β) La condition de forme

1347 Une formalité substantielle doit être satisfaite : la *déclaration de candidature* pour chacun des tours à la préfecture (art. L. 154 du Code électoral). Elle *est remise personnellement par le candidat ou son suppléant* (art. L. 157), de manière à éviter des manœuvres en matière de financement des partis politiques. Elle comporte, en outre, le nom du *remplaçant*, ainsi que son acceptation (C.C., 9 septembre 1981, *A.N., Dordogne, 3e, Rec.* p. 138), dont le choix évoque la pratique américaine du *balancing ticket*, de manière à *ratisser large* (art. L. 155 du Code électoral). Nul ne peut être candidat dans plus d'une circonscription (art. L. 156). Il est donné aux déposants un reçu provisoire de déclaration (art. L. 157), puis un récépissé définitif est délivré dans les quatre jours du dépôt de ladite déclaration (art. L. 161)[23].

Les conditions exigées du candidat doivent être simultanément satisfaites par le *remplaçant*, au rôle virtuel (art. L. 155). À défaut, l'inéligibilité de celui-ci entraîne l'annulation de l'élection de celui-là (C.C., 5 juillet 1973, *A.N., Landes 1re, Rec.* p. 135). Il en est de même en cas d'indisponibilité du remplaçant (art. L.O. 134) (8 novembre 1988, *A.N., Seine-Saint-Denis, 9e*, p. 193)[24].

b) Le contrôle de l'éligibilité

1348 Le juge de l'élection est celui de l'éligibilité. Au cas où une candidature ne satisfait pas aux conditions requises, le préfet n'est pas fondé à refuser son enregistrement (C.C., 8 juillet 1986, *A.N., Haute-Garonne, chr.* n° 40, p. 170). Il est tenu de saisir, à l'opposé, dans les 24 heures, le tribunal administratif qui statue dans le délai de 3 jours (art. L. 159 et L.O. 160 du Code électoral). Le jugement rendu ne peut être contesté que devant le Conseil constitutionnel (art. 59 C).

21. En l'espèce, un ministre avait choisi comme suppléant, le remplaçant d'un sénateur, élu à la R.P. Le C.C. a justifié cette inéligibilité en estimant qu'elle a *pour objet d'assurer la disponibilité permanente de la personne appelée à remplacer le parlementaire dont le siège devient vacant*. En conséquence, *elle fait obstacle à ce qu'un candidat à l'A.N. puisse choisir comme remplaçant la personne qui, en cas de vacance du siège de sénateur, serait immédiatement appelée à remplacer ce dernier*. À l'opposé le C.C. a jugé que l'inéligibilité ne peut être invoquée à l'égard des personnes ayant seulement *vocation* à acquérir la qualité de suppléant du fait de leur présence sur la liste (8 novembre 1988, *A.N., Seine-Saint-Denis, 6e, chr.* n° 49, p. 205) ; V. J.-P. CHARNAY, Pouvoirs et suppléance, *R.D.P.* 1967, p. 511.

22. En revanche, les députés et les sénateurs sont éligibles aux élections municipales dans toutes les communes du département où ils ont été candidats (art. L. 229 du Code électoral).

23. Le retrait de candidature ne peut intervenir que jusqu'à la date limite fixée pour son dépôt. Il est enregistré comme la déclaration de candidature (art. R. 100 du Code électoral) (C.C., 1er juillet 1993, *A.N., Côte-d'Or, 1re, Rec.* p. 160).

24. L'article L. 122-24-1 du Code du travail se soucie d'améliorer la *représentativité* des diverses catégories socioprofessionnelles au Parlement, et plus précisément celle des salariés et des employés. Mais d'une manière générale, les députés issus du secteur public (les enseignants, en particulier) sont majoritaires. Hors les médecins, ceux venus du secteur privé sont confrontés à l'aléa économique. On compte, en 2012, 44 permanents politiques contre 15 en 2007. L'âge moyen s'établit à 54 ans. La nouvelle Assemblée se caractérise par le renouvellement de ses membres : 234 nouveaux, soit 40 % du total, parmi eux 134 sont issus du P.S. La féminisation progresse, par la volonté des partis, limitant le refoulement inhérent au scrutin majoritaire, avec 155 élues (104 P.S. et 27 U.M.P.), soit 26,9 % ou plus du quart de l'Assemblée, contre 107 en 2007 (18,5 %). Le Sénat de l'alternance en accueille 77 (22 %). Pour autant, l'Assemblée n'est pas devenu un gynécée. La France passe du 18e rang au 9e rang européen, en termes de femmes parlementaires et du 61e au 39e rang mondial. V. O. COSTA et E. KERROUCHE *Qui sont les députés français, enquête sur des élites inconnues*, 2007.

Outre une décision d'annulation de l'élection, ce dernier prononce la *déchéance* du parlementaire (art. L.O. 136 du Code électoral) dont l'inéligibilité se révélera après la proclamation des résultats.

La déchéance est *constatée* par le juge (et non plus comme avant 1958 par l'assemblée intéressée) à la requête de son bureau ; ou du garde des sceaux, ministre de la justice ; ou du ministère public près la juridiction compétente en cas de condamnation devenue définitive.

Hors le cas d'une mise sous tutelle (23 décembre 2004, *D'Attilio, chr.* n° 113, p. 240), la durée de l'inéligibilité *postérieure* à l'élection est *modulée* par le Conseil constitutionnel (entre un et trois ans au maximum).

À cet effet, ce dernier peut, en cas de contestation ou de saisine de la C.N.C.C.F.P., déclarer inéligible le candidat, eu égard au *caractère substantiel de l'obligation méconnue* (25 janvier 2013, *A.N. Wallis-et-Futuna, chr.* n° 146, p. 182 (compte de campagne non déposé, ou rejeté)) ; *à bon droit en cas de volonté de fraude ou de manquement d'une particulière gravité aux règles relatives au financement* (art. L.O. 136-1 du Code électoral). L'inéligibilité s'applique à *toutes* élections. Mais, elle n'a pas d'effet sur les mandats acquis antérieurement à la date de la décision. Lorsque le Conseil a déclaré inéligible un candidat proclamé élu, il annule son élection ou, si l'élection n'a pas été contestée, il le déclare *démissionnaire d'office* (al. 4 et 5)[25].

3. Le mode de scrutin

1349 La loi électorale (art. 34 C) a choisi, depuis l'ordonnance du 13 octobre 1958, le scrutin majoritaire uninominal à deux tours. Après la parenthèse de la loi du 10 juillet 1985, pour la représentation proportionnelle, à la plus forte moyenne, celle du 11 juillet 1986 est revenue à la source. Le vote se déroule, le dimanche, dans chaque commune (art. L. 53 du Code électoral).

a) Le premier tour

1350 La décision est acquise lorsqu'un candidat réunit sur son nom deux conditions : la majorité *absolue* des suffrages exprimés et, du point de vue de la représentativité, un nombre de suffrages correspondant, au moins, au quart du nombre des électeurs *inscrits* (art. L. 126). À défaut, un scrutin de ballottage se déroule le dimanche suivant, en métropole ; le samedi suivant dans les départements américains (art. L. 173 du Code électoral), sauf en Polynésie française où il a lieu le *second samedi*, après le premier tour, en raison du fractionnement territorial (art. L. 397). La dérogation vaut pour les députés élus par les Français expatriés[26].

Il y a lieu de préciser que n'entrent pas en compte dans le résultat du dépouillement, pour la détermination des suffrages exprimés, les bulletins blancs ; une enveloppe ne contenant aucun bulletin leur est assimilée (art. L. 66, rédaction de la loi du 21 février 2014) ; les écrits sur papier de couleur ou

25. La Chambre des députés a voté la déchéance des députés communistes, le 16 janvier 1940. À ce jour, sous la Ve République, en dehors de députés européens (B. Tapie en 1996), une vingtaine de parlementaires ont été concernés. La déchéance prend effet à la date de la démission présentée par l'intéressé (C.C., 18 juillet 2001, *Hoarau, chr.* n° 100, p. 206) ou, en cas contraire, à celle de la notification de l'arrêt de la Cour de cassation (5 septembre 1996, *Tapie* n° 80, p. 165). En revanche, le délai de saisine du C.C. est laissé à la libre appréciation du garde des sceaux. Ce qui est très contestable, lorsqu'il s'abstient d'agir. Le chef de l'État a pu ainsi gracier, en mai 2002, un député (M. Gremetz) dont la condamnation était devenue définitive (*chr.* n° 102, p. 162). Un délai préfix devrait être imposé. V. A. TAILLEFAIT, La déchéance des parlementaires, *R.D.P.* 2001, p. 157.

26. Outre le recours au vote électronique, des dispositions spécifiques sont applicables à ces députés : premier tour de scrutin, le dimanche précédant la date du scrutin en métropole ; second tour, le 14e jour suivant le premier (art. L. 330-11 et s. du Code électoral).

portant des signes de reconnaissance, des injures pour les candidats. Le nombre d'élus à cet instant est modeste : 12 en 1997 ; 58 en 2002, 36 en 2012 ; le record s'élevant à 110 en 2007.

b) Le second tour

1351 À son issue, est élu le candidat ayant atteint la majorité *relative*. En cas d'égalité de suffrages, le plus âgé l'emporte (art. L. 126). Cependant, dans un souci de simplification et aussi, il ne faut pas s'en cacher de moralisation, des désistements (certains d'entre eux ont été jadis compensés de diverses façons), la participation au scrutin de ballottage, à l'opposé de la IIIe République, est désormais *réglementée*.

Pour demeurer en lice, tout candidat doit, au préalable, l'avoir été au premier tour (ce qui exclut une candidature de la *onzième heure*), et y avoir atteint le *seuil de représentativité* fixé à 12,5 % du nombre des électeurs *inscrits* (art. L. 162, al. 3).

Cette disposition *technique* a conforté la bipolarisation. Bref avec ce *scrutin de gladiateurs* (E. Herriot), les *duels* gauche-droite se sont généralisés, et la majorité *absolue* a été atteinte. Une *triangulaire* est exceptionnelle : 79, en 1997, à la suite du maintien du candidat du Front national, ce qui contribua objectivement à l'échec de la droite parlementaire ; 10 en 2002, dont 9 avec ce dernier. Mais, en revanche, au nombre de 34 en 2012, contre une seule en 2007, dont 28 où le F.N. était présent (Gard, 2e ; Aube, 1re).

Un dernier cas de figure doit être abordé. *Quid*, si à l'issue du premier tour, *un seul* candidat a réussi à franchir la barre des 12,5 %, en raison du grand nombre de compétiteurs ou d'abstentionnistes ? Peut-on imaginer, en d'autres termes, pour utiliser une comparaison, une *élection de maréchal*, comme l'on dit à l'Académie française, c'est-à-dire *sans concurrents* ? La logique des élections *disputées* s'y oppose. L'article L. 162, al. 4 autorise, en ce cas, le candidat qui se situe immédiatement *en deçà* de la barre à se maintenir sur les rangs. *A fortiori*, cette disposition s'impose si *aucun* candidat n'a dépassé le cap. Dans ce cas, les deux candidats qui ont obtenu le plus grand nombre de voix peuvent se présenter.

De ce point de vue, si l'on retient l'éventualité d'un seul candidat ayant atteint de 12,5 %, son concurrent dispose, tout au plus, d'une *faculté* à laquelle il peut renoncer pour diverses considérations. Si l'on y ajoute, la règle des *désistements*, on observe qu'une candidature *unique* au second tour est désormais plausible. Ce cas de figure a concerné 12 circonscriptions en 1997 (*Isère, 2e ; Seine-Maritime, 3e*) ; 3, en 2002 (*Nord 16e et 19e ; Paris, 16e*) ; 2 en 2007 (*Nord, 19e* et *Seine-Saint-Denis, 7e*) et 12 en 2012 (*Paris, 4e*). À défaut de l'abstention, la liberté de l'électeur trouve refuge dans le bulletin blanc ou l'enveloppe vide.

En revanche, il est de jurisprudence constante, que le maintien en lice d'un second candidat n'est possible que dans l'hypothèse où un seul candidat aurait franchi la barre ci-dessus ; le désistement, à l'opposé, ne peut être interprété comme une cause de repêchage (C.C., 10 mai 1978, *A.N., Val-de-Marne 1re, C.C.F*, p. 82 ; 13 juillet 1988, *A.N., Val-de-Marne 9e, chr.* n° 48, p. 181) L'unicité de candidature ne contrevient pas au principe d'élections libres posé par la C.E.D.H. : (C.C., 21 octobre 1988, *A.N., Val-d'Oise, 5e, Rec.* p. 183).

4. La période électorale

a) La propagande électorale

α) La propagande écrite

1352 Il est institué pour chaque circonscription, une commission de propagande chargée d'assurer l'envoi et la distribution de tous les documents de propagande (art. L. 166 du Code électoral). En ne se limitant pas à ce rôle matériel, celle-ci outrepasse *manifestement* sa compétence (C.C., 2 décembre 1997, *A.N., Ariège, 1re Rec.* p. 277). Elle est créée par le préfet et présidée par un magistrat (art. R. 31 et R. 32) ; les candidats désignent un mandataire qui y participe, avec voix consultative.

Les décisions de la commission relatives à la diffusion des circulaires et des bulletins de vote des candidats constituent *des actes préliminaires aux opérations électorales*. Seul, le Conseil constitutionnel, juge de l'élection, est appelé à en connaître (8 juin 1993, *A.N., Yvelines, 6e, Rec.* p. 63 ; Cass., 8 mars 1996, *R.F.D.C.* 1996, rapport Dorly, p. 152).

L'affichage est réglementé : pendant les trois mois précédant le premier tour, tout affichage *sauvage* (en dehors des emplacements spéciaux) est interdit (art. L. 51 du Code électoral) ; de la même façon que l'affichage *commercial* par voie de presse (art. L. 52-1) et les affiches combinant les couleurs nationales (art. R. 27).

β) La propagande audiovisuelle

1353 La campagne électorale s'achève, de manière uniforme, *la veille du scrutin à zéro heure* (soit le vendredi à minuit) (art. L. 49 du Code électoral)[27]. Il appartient au C.S.A. (Conseil supérieur de l'audiovisuel), sous le contrôle du juge de l'élection, de veiller au respect du pluralisme (art. L. 167-1.IV du Code électoral).

À cet effet, l'article L. 167-1 opère une distinction, selon que les partis sont représentés, ou non, par des groupes parlementaires dans l'Assemblée sortante. Au premier cas, une tranche de trois heures dans le cadre du premier tour, et d'une heure trente, au second, sont attribuées aux groupes, sur les antennes de radiodiffusion-télévision du service public. Cette durée est répartie en *deux séries égales*, l'une pour ceux de la *majorité*, l'autre, dont le terme est consacré, pour ceux de l'*opposition*. À l'intérieur de chaque tranche, à défaut d'accord amiable entre les présidents des groupes intéressés, la répartition est fixée par le *bureau* de l'assemblée, à la réunion duquel ces derniers sont conviés. Au second cas, toute formation présentant au moins 75 candidats disposera d'un temps d'antenne de sept minutes au premier tour et de cinq, en cas de ballottage.

Une commission siégeant au ministère de l'intérieur arrête la liste des partis et groupements habilités à utiliser les antennes du service public de la radio-télévision (art. L. 167.III et décret du 9 janvier 1978). Il appartient au C.S.A. de fixer les horaires et les modalités de réalisation des émissions. Leur diffusion est *simultanée* sur les chaînes publiques. Il doit aussi veiller au *respect du pluralisme* sur les réseaux privés ; les interventions présidentielles sont défalquées car, selon *la tradition républicaine*, le *chef de l'État ne s'exprime pas au nom d'un parti ou d'un groupement politique* (C.E., 13 mai 2005, *Hoffer, chr.* n° 115, p. 214). Mais, on ne manquera pas de rappeler que jusqu'en 1981, ce dernier préfaçait et clôturait la campagne en privant l'opposition du droit de réplique. Le C.C. a décliné sa compétence (21 juin 1967, *A.N., Rhône, 4e, Rec.* p. 133), même par voie d'exception (8 juin 1967, *A.N., Sarthe, 4e*, p. 105), en raison du principe de l'irresponsabilité présidentielle. Le chef de l'État ne s'implique plus dans le scrutin.

b) Le financement de la campagne

1354 Le régime est fixé par la loi du 11 mars 1988 modifiée, en vue de favoriser sa transparence[28].

α) Le mandataire du candidat

1355 Dans l'année précédant l'élection, le candidat ne peut recueillir de fonds destinés au financement de sa campagne que par l'intermédiaire *d'un mandataire* (association de financement électorale ou personne physique, appelée mandataire financier) qui, bénéficiant d'un droit au compte, est astreint à des obligations de tenue de compte (art. L. 52-6 du Code électoral). Ce mandataire ne peut être commun à plusieurs candidats, ni titulaire de deux comptes bancaires (C.C., 15 février 2013, *A.N. Français établis hors de France, 1re, chr.* n° 146, p. 182). De même, un candidat ne saurait être membre de sa propre association (art. L. 52-4 et L. 52-5). En cas d'élection anticipée ou partielle, ces dispositions ne sont

27. Outre les nouvelles technologies de la communication soumises au régime de droit commun (art. L. 48-1 du Code électoral), la jurisprudence a été codifiée : interdiction, par exemple, de distribution de tracts à un moment où les adversaires ne peuvent y répondre utilement (art. L. 48-2).

28. V. J.-Cl. MASCLET, *Droit électoral*, 1989 ; L. TOUVET et Y.-M. DOUBLET, *Droit des élections*, 2007.

applicables qu'à compter de *l'événement* qui rend cette élection nécessaire : décret de dissolution de l'Assemblée, démission d'un député (31 juillet 1991, *A.N., Paris, 13e, chr.* n° 60, p. 206).

L'association, déclarée à la préfecture (loi du 1er juillet 1901) est limitée dans le temps. Elle est dissoute de plein droit dans les trois mois qui suivent le dépôt du compte de campagne du candidat (art. 52-5 du Code électoral), car *elle est liée à une campagne électorale* et non à ce dernier. À défaut, l'absence de transparence entraîne l'annulation de l'élection et l'inéligibilité de l'élu (C.C., 16 novembre 1993, *A.N., Alpes-de-Haute-Provence, 1re, chr.* n° 69, p. 199). *A fortiori*, si l'association de financement coexiste avec une association parallèle (16 décembre 1993, *A.N., Alpes-Maritimes, 2e, ibid.*) ou est déclarée postérieurement à l'élection (27 février 2003, *A.N., Martinique, 3e, chr.* n° 106, p. 179). Le mandataire financier est *seul* habilité à régler les dépenses, mais, *pour des raisons pratiques*, il peut être *toléré* que le candidat règle directement de menues dépenses à condition que leur montant global soit *faible* par rapport au total des dépenses du compte et *négligeable* au regard du plafond des dépenses autorisées (5 % et 1 % respectivement) (15 février 2013, *A.N. Français établis hors de France*, 8e, *chr.* n° 146, p. 182). À défaut, l'élection est annulée (7 février 2008, *A.N., Vendée, 5e* ; 27 mars 2008, *A.N., Rhône 11e, chr.* n° 126, p. 194 ; 25 janvier 2013, *A.N. Wallis-et-Futuna, ibid.*, et *A.N. Français établis hors de France,* précitée).

β) Le plafonnement des dépenses électorales

1356 Le plafond par candidat est fixé à 38 000 €, majoré de 0,15 € par habitant de la circonscription (art. L. 52-11 du Code électoral). Il est actualisé tous les ans. Il évolue comme l'indice des prix à la consommation des ménages.

Sont exclues, les dépenses de propagande prises en charge par l'État (coût du papier, impression des bulletins de vote, affiches apposées sur les emplacements officiels) *(ibid.)*[29].

γ) Le compte de campagne

1357 Chaque candidat est tenu d'établir *un compte de campagne sincère et exhaustif*, qui retrace l'ensemble des recettes perçues et l'ensemble des dépenses engagées ou effectuées par lui-même et son suppléant, au cours de l'année précédant le scrutin (art. L. 52-12), sauf en cas d'élections anticipées ou partielles[30]. En revanche, les frais liés au déplacement de représentants de formations politiques venus soutenir un candidat ne constituent pas une dépense devant y figurer (C.C., 14 octobre 2009, *A.N. Gironde, 8e, chr.* n° 133, p. 169). À défaut, son élection sera annulée pour manœuvre (C.C., 16 décembre 1997, *A.N., Moselle, 3e, Rec.* p. 300). Le compte, présenté par un membre de l'ordre des experts-comptables, *formalité qui revêt un caractère substantiel*, est accompagné des pièces justificatives (C.C., 3 mai 1996, *A.N.*, Corrèze, 3e, *Rec.* p. 13). Il est déposé à la C.N.C.C.F.P. dans les deux mois où l'élection a été acquise, par chaque candidat présent au premier tour : celle-ci approuve, rejette ou réforme les comptes. Le délai se *décompte de jour à jour* et revêt un *caractère impératif* (C.C., 3 mai 1996, *A.N., Corse du Sud, 1re, Rec.* p. 13). Mais, les candidats ayant obtenu moins de 1 % des suffrages exprimés et qui n'ont pas bénéficié de dons de personnes physiques sont dispensés de dépôt, au vu d'une attestation d'absence de dépense et recette établie par le mandataire financier (8 février 2013, *A.N. Bouches-du-Rhône*, 7e, *JO*, 21 février 2013) (art. 52-12 du Code électoral).

29. La jurisprudence a précisé la notion de dépense faite *en vue de l'élection* (art. L. 52-12) avec un *grand réalisme* (J.-P. Camby) qu'il s'agisse des affichages, des brochures, des avantages directs ou indirects des prestations de service et tout particulièrement des sondages d'opinion. Le C.C. (31 juillet 1991, *A.N., Paris, 13e, chr.*, n° 60, p. 206) a estimé qu'*un sondage effectué en vue de déterminer les chances de succès d'éventuels candidats à une élection ne constitue pas* une dépense, dès lors que ses résultats *ne font pas ultérieurement l'objet d'une quelconque exploitation à des fins de propagande électorale*. Il a estimé, à l'opposé, est une dépense électorale, *tout sondage commandé par un candidat ou, avec son accord même tacite, par les personnes physiques ou morales, les groupements et partis qui lui apportent un soutien et servent à l'orientation de sa campagne électorale dans la circonscription.* V. P. BON, Aspects récents du contrôle des campagnes électorales en France, *R.F.D.C.* 1993, p. 59.

30. La présentation n'est pas nécessaire, cependant, en l'absence de toutes dépenses et recettes ou le *compte zéro* (art. L. 52-12). V. Observations du C.C., 29 mai 2008, (*chr.* n° 127, p. 186) et *C.C.C.* n° 24, 2008, p. 35.

δ) *Les dons*

1358 Selon le principe général, les dons des personnes morales de droit privé (les entreprises)[31], de droit public[32], d'un État étranger sont interdits, à l'exception des partis ou groupements politiques (art. L. 52-8). (C.C., 13 février 1998, *A.N., Val-d'Oise, 5e, chr.* n° 86, p. 199) ; lesquels peuvent apporter un concours en nature (tribunes dans un journal) (C.C., 14 mai 2009, *A.N.* Marne 1re, *chr.* n° 131). Les candidats recueillent des dons de personnes physiques dûment identifiées. Ceux-ci sont plafonnés et font l'objet d'un reçu délivré par la préfecture à son mandataire et dont l'un des volets est transmis à la C.N.C.C.F.P. (art. R. 39-1 et 39-2). Tout donateur bénéficie d'une déduction fiscale (art. 200-2 *bis* du Code général des impôts). Un prêt d'honneur consenti *après* l'élection par l'Assemblée, dont le remboursement est assorti d'un taux, n'entraîne pas l'inéligibilité (12 avril 2013, *A.N. Guyane, 1re, chr.* n° 146, p. 182). En revanche, l'indemnité représentative de frais de mandat (v. *infra*, n° 1408) ne peut servir à financer la campagne électorale du député candidat (art. L. 52-8-1 du Code électoral, rédaction de la loi du 11 octobre 2013)

ε) *Le remboursement forfaitaire de frais exposés*

1359 En application de l'art. L. 52-11-1 du Code électoral, le remboursement effectué par l'État est égal à 50 % du plafond des dépenses. Ce remboursement, dont le montant est arrêté par la C.N.C.C.F.P. (art. L. 52-14), ne peut excéder le montant des dépenses retracées dans le compte de campagne. En revanche, le remboursement forfaitaire n'est pas versé dans divers cas : candidats ayant obtenu moins de 5 % des suffrages exprimés au premier tour ; qui ont dépassé le plafond des dépenses ou omis de déposer leur compte de campagne, dont le compte a été rejeté ou qui n'ont pas effectué une déclaration de situation patrimoniale.

ζ) *Les sanctions*

1360 Le candidat qui a enfreint la réglementation s'expose à des sanctions multiples : *pécuniaires* (non-remboursement forfaitaire partiel ; versement au Trésor d'une somme égale au dépassement du plafond) (art. 52-11-1, et 52-15 du Code électoral), cette disposition n'étant pas une punition, au sens de l'article 8 de la Déclaration de 1789 (C.C., 8 avril 2011, *Huchon, chr.* n° 138) ; *pénales* (art. L. 113-1) et *électorales* (inéligibilité temporaire pour une durée maximale de 3 ans) (art. L.O.136-1).

5. La proclamation des résultats de l'élection

1361 À l'issue du scrutin, *le recensement général des votes* est effectué, pour toute circonscription électorale, au chef-lieu du département ou du territoire, au plus tard le lundi suivant, en présence des candidats, par une commission administrative (art. L. 175 du Code électoral) présidée par un magistrat (art. R. 106). Après avoir procédé, s'il y a lieu, au redressement des chiffres portés sur les procès-verbaux des bureaux de vote, qui lui ont été adressés, la commission *proclame* les résultats en public (art. R. 108). L'élection est acquise dès cet instant[33]. Il ne reste plus au ministre de l'intérieur, tel un messager du

31. L'intervention d'une société exploitant un hypermarché et de son personnel, représente un avantage prohibé, à l'origine de l'inéligibilité du député proclamé (C.C., 26 juin 2008, *A.N., Eure-et-Loir, 1re, chr.* n° 127).

32. Selon le C.C. (*19 janvier 1996, A.N., Bas-Rhin, 4e, chr.* n° 78, p. 185), l'article L. 52-8 du Code électoral ne fait pas obstacle à la fourniture par une personne morale de droit public de biens ou de services à un candidat *à la condition que leur évaluation ait été effectuée conformément aux prix habituellement pratiqués et qu'ils aient donné lieu à un paiement effectif.* À l'opposé, l'installation de la permanence électorale dans un bâtiment communal, sans acquitter la redevance, enfreint ce principe et entraîne l'inéligibilité (29 novembre 2007, *A.N., Hauts-de-Seine, 12e, chr.* n° 125, p. 167). Le rejet du compte n'entraîne pas nécessairement l'inéligibilité, nonobstant des promotions publicitaires prohibées (art. 52-8), eu égard à l'écart des voix (29 novembre 2012, *A.N. Loir-et-Cher*, 3e, *AJDA* 2013, p. 581, note B. Dolez).

33. À l'issue du 1er tour, le 5 juin 1988, de manière inédite, des commissions de recensement général des votes, ont versé dans le juridisme, en considérant non valables les bulletins de vote des candidats socialistes, sur lesquels, le nom de leur remplaçant était suivi et non précédé de la mention *suppléant*, en méconnaissance de l'art. R. 103 du Code électoral. Les proclamations des députés ont été annulées par le C.C. (21 juin 1988, *A.N., Oise 1re et 2e, chr.* n° 47, p. 195). V. J. GICQUEL, Proclamation des résultats, *in Dictionnaire du vote*, 2001, p. 756.

pouvoir de suffrage, qu'à adresser à l'Assemblée nationale, la liste de ses membres (art. L.O. 179). Le doyen d'âge, ou son suppléant comme en 2002, qui préside la séance inaugurale, annonce à l'Assemblée, la communication du nom des personnes élues qui lui a été faite par le Gouvernement.

6. Les obligations déclaratives

1362 *Initialement*, trois obligations s'imposaient aux députés : une déclaration d'activités ; une déclaration de situation patrimoniale (L.O. du 19 janvier 1995) et une déclaration d'intérêts (décision du bureau de l'Assemblée, 6 avril 2011). Désormais, deux obligations demeurent, par suite de la *fusion* de la déclaration d'activités et de la déclaration d'intérêts (art. L.O. 135-1 du Code électoral, rédaction de la L.O. du 11 octobre 2013).

1363 Concernant la *déclaration de situation patrimoniale*, le député l'adresse, dans les deux mois de son entrée en fonction, au président de la Haute Autorité pour la transparence de la vie publique (v. *supra*, nº 1270). Une déclaration *exhaustive, exacte, sincère et certifiée sur l'honneur* relative à ses biens propres et de la communauté, le cas échéant. Toute modification substantielle donne lieu à une nouvelle déclaration ; de même une déclaration doit être souscrite en fin de mandat afin de vérifier l'évolution du patrimoine (nouvel art. L.O. 135-5). En cas d'omission d'une partie *substantielle* du patrimoine, ou d'une évaluation *mensongère* de ce dernier, une sanction d'emprisonnement et d'amende est prévue, assortie éventuellement d'une interdiction des droits civiques, comportant une *inéligibilité* décennale (nouvel art. L.O. 135-5°).

Au surplus, ladite déclaration est tenue à la disposition des électeurs inscrits sur les listes électorales, aux *seules fins de consultation* à la préfecture du département d'élection du député. Sauf pour celui-ci de rendre publique sa déclaration, le fait de la publier ou de la divulguer est puni de 45 000 € d'amende. Certains éléments ne sont pas rendus publics. Par ailleurs, le fait pour un député de ne pas déférer à une injonction de la Haute Autorité (demande d'explication) est puni d'une peine d'emprisonnement et d'amende (nouvel art. L.O. 135-4). En dernier lieu, en cas de manquement, la Haute Autorité saisit le parquet (nouvel art. L.O. 135-5), et le bureau de l'Assemblée nationale, dans l'hypothèse d'absence de dépôt de la déclaration ; le Conseil constitutionnel peut être appelé par le bureau à se prononcer. Ce dernier constate le cas échéant l'inéligibilité du député et le déclare démissionnaire d'office (nouvel art. L.O. 136-2) (v. A.N., rapport Urvoas, 2013).

1364 S'agissant de la *déclaration d'intérêts et d'activités* (art. L.O. 135-1 du Code électoral, rédaction de la L.O. du 11 octobre 2013), elle est adressée au président de la Haute Autorité ainsi qu'au bureau de l'Assemblée nationale. Elle fait apparaître, au sens déontologique du terme[34], les *intérêts* détenus à la date de l'élection et dans les 5 années précédant cette date, ainsi que la liste *des activités professionnelles ou d'intérêt général*, même non rémunérées, conservées. Toute modification substantielle donne lieu à déclaration. Une omission de déclarer une partie substantielle des intérêts est sanctionnée pénalement, avec une interdiction éventuelle des droits civiques. Ladite déclaration porte sur divers éléments[35], dans le respect du droit à l'intimité de la vie privée (C.C., 9 octobre 2013, *Transparence de*

34. À la suite des affaires Woerth-Bettencourt (l'épouse du ministre du budget salariée d'un puissant groupe privé, en 2010) et Cahuzac (mensonge de fraude du ministre du budget, en 2013), la déontologie, ou la *science des devoirs* (Littré), en cas de conflit entre l'intérêt général et l'intérêt privé, détenu par l'élu ou un proche, a été mis en œuvre par le Parlement, avant de servir de référence aux lois du 11 octobre 2013, lors de sa généralisation, entre autres, aux membres du Gouvernement (v. *supra*, nº 1270). À cet effet, le Sénat a créé, en novembre 2009, un Comité de déontologie parlementaire ; l'Assemblée nationale, en avril 2011, s'est dotée d'un code de déontologie axé sur la probité, rédigé une déclaration d'intérêts imposée à ses membres et créé la fonction de déontologue, confiée à une personnalité indépendante, à l'instar du Royaume-Uni et du Québec. V. Ph. BLACHÈR (coord.), *Déontologie et droit public*, 2014 ; S. Le GOFF, *La prévention et le traitement des conflits d'intérêts en droit parlementaire français*, mémoire Paris I, 2012 ; J. GICQUEL, Sur la déontologie parlementaire : le nouveau cours de la moralisation de la vie politique, *Mélanges Jean-Claude Masclet*, 2013, p. 221.

35. En l'occurrence, les activités professionnelles donnant lieu à rémunération à la date de l'élection ; et au cours des 5 dernières années ; les activités de consultant ; les participations aux organes dirigeants d'un organisme public ou privé ; les participations financières directes dans le capital d'une société à la date de

la vie publique, chr n° 149, p. 218). Elle est rendue publique, dans certaines limites, par la Haute Autorité (v. site du 24 juillet) ; les électeurs pouvant adresser, à cette dernière, des observations (nouvel art. L.O. 135-2). La Haute Autorité peut solliciter l'administration fiscale ; les agents de celle-ci sont déliés du secret professionnel (nouvel art. L.O. 153-3). Une déclaration incomplète (une évaluation mensongère) est sanctionnée (art. L.O. 135-1 et L.O. 135-4). En cas d'absence de dépôt, la Haute Autorité saisit le bureau de l'Assemblée nationale ; lequel peut en appeler au C.C (nouvel art. L.O. 136-2).

B. LES ÉLECTIONS AU SÉNAT

1365 La seconde chambre, appelée aussi la Haute assemblée, est la *République des territoires* (J.-P. Bel). Elle assure la représentation des collectivités territoriales, après que le référendum du 27 avril 1969 eut repoussé sa fusion avec le Conseil économique et social. Le bicamérisme *différencié* rime avec le particularisme *affirmé*. L'autoréforme du Sénat (L.O. du 30 juillet 2003, *chr.* n° 108, p. 194) a su préserver cette *spécificité* française. L'alternance de 2011 a mis un terme à la querelle de sa légitimité[36].

1. Le collège électoral

1366 En reprenant la précédente démarche, on relèvera ses différentes caractéristiques.

a) La composition du collège électoral

1367 On dit volontiers que les sénateurs sont *les élus des élus* De fait, ils procèdent du suffrage universel *indirect* (art. 24 C). Le collège, dont la composition a peu varié, depuis la IIIe République, comprend dans chaque département les membres suivants : les députés, les sénateurs, les conseillers régionaux de la section départementale correspondant au département, les conseillers de l'assemblée de Corse, de Guyane, de Martinique, les conseillers départementaux et les délégués des conseils municipaux ou leurs suppléants (art. L. 280 du Code électoral)[37]. Il s'ensuit que ces élections revêtent un caractère quasi *mécanique* en répercutant les élections locales.

Dès lors, l'exercice de responsabilités locales est le chemin naturel qui conduit à la Haute assemblée. À ce compte, *le Sénat est le grand conseil des communes françaises*. Cette définition de Gambetta conserve son actualité avec la reconnaissance de la citoyenneté européenne (art. 88-3 C, rédaction de la L.C. du 25 juin 1992)[38]. La représentation

l'élection ; les activités professionnelles exercées, à la date de l'élection, par le conjoint, le concubin ou le pacsé entre autres (art. L.O. 135-1, III, du Code électoral). V. J. BENETTI, Transparence de la vie publique : quelles obligations nouvelles pour les parlementaires ?, *Constitutions* 2013, p. 542.

36. V. J. MASTIAS, *Le Sénat de la Ve République*, 1980 ; M.-F. VERDIER, *Le Sénat dans les institutions de la Ve République*, thèse Bordeaux IV, 1991 ; K. FIORENTINO, *La seconde Chambre en France dans l'histoire des institutions et des idées politiques*, thèse Aix-Marseille-III, 2006 ; P. GÉLARD, À quoi peut donc bien servir une seconde chambre en démocratie ?, *Mélanges Gérard Conac*, 2001, p. 139 ; J. GRANGÉ, Bicamérisme, *D.C.*, p. 74 ; Sénat, *Situation du bicamérisme dans le monde*, 2000.

37. La composition du collège sénatorial *assure dans chaque département, la représentation des différentes catégories de collectivités territoriales et de la diversité des communes en tenant compte de la population qui y réside* (art. 280 du Code électoral, rédaction de la loi du 2 août 2013).

38. Le *lien privilégié* entre les élections municipales et sénatoriales a conduit le Conseil constitutionnel à déclarer, sous cet aspect, la citoyenneté européenne contraire à la constitution (9 avril 1992, *Traité sur l'Union européenne, chr.* n° 62, p. 183). L'article 88-3 C en a limité la portée : *les ressortissants communautaires ne peuvent participer à la désignation des électeurs sénatoriaux et à l'élection des sénateurs.* Une L.O. du 25 mai 1998 en détermine les conditions d'application : les conseillers municipaux et les

hégémonique des délégués des conseillers municipaux au sein du collège sénatorial (95 % des effectifs) est la conséquence des dispositions suivantes : un *distinguo* est établi, selon que la commune a une population de moins de 9 000 habitants ou plus. Au premier cas, le nombre des délégués élus par le conseil municipal varie en fonction du nombre des membres de ce dernier (art. L. 284 du Code électoral). Au second cas, tous les conseillers municipaux sont délégués de droit. En outre, dans les communes de plus de 30 000 habitants, les conseils municipaux élisent des délégués supplémentaires par tranche de 800 habitants en sus de 30 000 (art. L. 285, rédaction de la loi du 2 août 2013)[39]. Il appartient au préfet de dresser le tableau des électeurs sénatoriaux (art. L. 292). Au total, ceux-ci sont *grosso modo* au nombre de 150 000[40] (v. S., Rapport Kaltenbach, n° 538, 2013)

À ce propos, une loi votée en 2000 prévoyait la représentation de chaque commune à raison d'un délégué supplémentaire pour 300 habitants lorsque le nombre des délégués serait supérieur à l'effectif du conseil municipal. La désignation de ces délégués supplémentaires, hors du conseil municipal, intervenait ainsi à partir de 8 700 habitants au lieu de 30 000. Le Conseil constitutionnel a censuré cette disposition, le 6 juillet 2000 (*chr.* n° 96, p. 199) en estimant que le corps électoral sénatorial *doit être essentiellement composé de membres des assemblées délibérantes des collectivités territoriales*. Quant aux délégués supplémentaires, leur participation doit conserver un *caractère de correction démographique*, et non représenter une *part substantielle, voire majoritaire* du collège des électeurs sénatoriaux. En d'autres termes, les sénateurs ne peuvent pas être *les élus des élus des élus* (J.-É. Schoettl).

b) La localisation du collège électoral

1368 Les sénateurs sont élus dans le cadre d'une circonscription électorale qui correspond au département ou à une collectivité d'outre-mer. Les représentants des Français de l'étranger, comme ceux de l'Assemblée nationale, le sont dans celui de circonscriptions continentales. Un critère démographique, adopté par la loi du 23 septembre 1948 et pérennisé, attribue, selon le système par *tranches,* un siège de sénateur jusqu'à 150 000 habitants et un siège supplémentaire par tranche de 250 000 habitants (ou fraction de cette tranche)[41].

Leur nombre a été porté à 346 par la L.O. du 30 juillet 2003 d'origine sénatoriale, afin de se conformer à l'injonction du Conseil constitutionnel (6 juillet 2000, *Élections des sénateurs, Rec.* p. 98)[42], puis à 348, à la suite de la création de deux sièges à Saint-Barthélemy et Saint-Martin (L.O. du 21 février 2007).

conseillers de Paris qui n'ont pas la nationalité française ne peuvent être membres à un titre quelconque du collège sénatorial ni participer à l'élection à ce collège de délégués supplémentaires et de suppléants (nouvel article L.O. 286-1 du Code électoral). De la même façon, le conseiller municipal qui ne possède pas la nationalité française ne peut être élu maire ou adjoint ni en exercer temporairement les fonctions (nouvel article L.O. 2122-4-1 du Code général des collectivités territoriales).

39. Le choix des conseils municipaux ne peut porter ni sur un député, ni sur un sénateur, ni sur un conseiller départemental ou régional (art. L. 287 du Code électoral). Dans le cas où un député est conseiller départemental ou régional, un remplaçant lui est désigné, sur sa présentation, par le président du conseil départemental ou régional (art. L. 282). La possibilité du vote plural se trouve ainsi écartée. Des dispositions spécifiques visent la désignation des délégués de l'assemblée de Corse (art. L. 293-1).

40. Les 12 sénateurs représentant les Français de l'étranger sont élus par un collège spécial formé des députés élus par ces derniers, les conseillers consulaires et les délégués consulaires (art. 44 de la loi du 22 juillet 2013). Le bureau de vote se réunit au ministère des affaires étrangères (art. 51). Le droit de vote par procuration est admis (art. 53).

41. V. F. Robbe, *La représentation des collectivités territoriales par le Sénat*, 2001.

42. *Les articles 3 et 24 C,* rappelle le C.C., *imposent au législateur de modifier la répartition par département des sièges de sénateur pour tenir compte des évolutions de la population des collectivités territoriales dont le Sénat est l'émanation.*

La création de 27 sièges supplémentaires (22 dans les départements et 5 outre-mer) a été échelonnée au fil des renouvellements : soit un nombre *total* de 331 sièges en 2004 ; 343 en 2008 et 348 en 2011. Ce dernier chiffre est *figé* par la révision de 2008 (nouvel art. 24 C)[43].

c) La convocation du collège électoral

1369 À l'opposé de l'Assemblée nationale qui se renouvelle en bloc, le Sénat est une assemblée *permanente*, d'où la pérennité de son rôle législatif (v. *infra*, n° 1505) en particulier, soustraite, par surcroît, à la dissolution. L'attirance exercée par la *sécurité de l'emploi* en fait un refuge pour l'âge et les aléas politiques. À l'origine, la Haute assemblée se renouvelait, sur le modèle de la IIIe République, par tiers tous les trois ans ; ses membres, élus pour un mandat de neuf ans, le plus long de la République, étaient répartis en trois séries *(A, B, C)*. En 2008, la série *A* a été la dernière concernée.

Depuis 2011 *(série 1)*, le Sénat se renouvelle par *moitié*, comme sous la IVe République (L.O. du 30 juillet 2003). À cet effet, la durée du mandat a été ramenée de 9 à 6 ans (art. L.O. 275 du Code électoral), à l'unisson de celle des assemblées des collectivités territoriales. Par suite, les sénateurs sont répartis en deux séries (1 et 2) d'importance approximativement égale :

– *série 1 : représentation des départements :* Indre-et-Loire à Pyrénées-Orientales ; Seine-et-Marne ; Essonne à Yvelines ; Guadeloupe, Martinique, Réunion ; *représentation de l'outre-mer :* Mayotte, Saint-Pierre-et-Miquelon, Nouvelle-Calédonie et *Français de l'étranger*, soit un total de 170 sièges ;

– *série 2 : représentation des départements :* Ain à Indre ; Bas-Rhin à Yonne (à l'exception de la Seine-et-Marne) ; Guyane ; *représentation de l'outre-mer :* Polynésie française, Saint-Barthélemy, Saint-Martin, Wallis-et-Futuna et *Français de l'étranger*, soit un total de 178 sièges[44].

L'élection se déroule dans les 60 jours qui précèdent le début du mandat (à l'ouverture de la session ordinaire) (art. L.O. 278 du Code électoral), c'est-à-dire dans la seconde quinzaine de septembre[45].

Ce mode de renouvellement *partiel* est accordé à la fonction *modératrice*, ou *régulatrice*, attribuée, en règle générale à la seconde assemblée : *Le Sénat, c'est le temps de la réflexion*, affirmait Clemenceau ; il crée une *lenteur salutaire*, prétendait Joseph-Barthélemy. La sérénité (on dit aussi volontiers le *charme raffiné*) de cette assemblée fuit la brusquerie, au profit des transitions savamment réparties. De fait, un nouveau parti doit s'enraciner localement avant de prétendre accéder au Sénat : les députés gaullistes ont fait une entrée en force dès 1958, mais ce n'est qu'en 1986, que les sénateurs de cette obédience sont devenus le groupe le plus important et que, l'un d'entre eux, Christian Poncelet, a été élu à sa présidence, en 1998. La logique majoritaire apparue en 1974, voire 1981, a été incarnée par le groupe U.M.P. de 2002 à 2008. Mais, de manière pérenne, le Sénat se soucie de préserver son autonomie, en cas d'unité de majorité, situation inédite, quoique virtuelle dans les faits, pour la gauche depuis 2012.

Au-delà, la seconde assemblée est censée apaiser les passions et s'en remettre, en fin de compte, à l'expérience du temps.

43. Par suite, la question essentielle de la représentativité du Sénat a été camouflée. Le comité Balladur s'était prononcé pour une représentation des collectivités *en tenant compte de leur population.* V. J.-P. DUPRAT, *in* Du nouveau dans la constitution ?, *L.P.A.*, 14 mai 2008, p. 33.

44. La répartition est la suivante : 326 sénateurs élus dans les départements ; 8 dans les collectivités d'outre-mer (dont un sénateur respectif pour Saint-Barthélemy et Saint-Martin) ; 2 en Nouvelle-Calédonie et 12 par les Français expatriés. La *série 2* a été renouvelée en 2014, et ainsi de suite.

45. Les nouveaux élus doivent attendre pour siéger la fin du mandat de leurs prédécesseurs. Si une session extraordinaire du Parlement est convoquée, entre la date des élections sénatoriales et l'ouverture de la session ordinaire, les sénateurs non renouvelés sont appelés à siéger *in extremis*. Ce cas s'est présenté à trois reprises en septembre 1968, 2008 et 2011.

Le *remplacement* du sénateur varie selon le mode de scrutin : au scrutin majoritaire par son suppléant (art. L.O. 319 du Code électoral, rédaction de la L.O. du 14 février 2014) (v. *supra*, n° 1343) ; à la R.P. par le premier non-élu de sa liste (art. L.O. 320 du Code électoral). Un mois après avoir cessé ses fonctions gouvernementales, l'ancien sénateur reprend l'exercice de son mandat. Cette disposition favorisera à l'avenir l'entrée au Gouvernement des sénateurs élus à la proportionnelle et l'égalité avec les députés ; d'autant que le mandat sénatorial a été limité à 6 ans.

2. L'éligibilité au Sénat

1370 Elle est alignée sur celle de l'Assemblée nationale, à ceci près que, la majorité est fixée à 24 ans (art. L.O. 296, rédaction de la L.O. du 14 avril 2011) ; soit le temps d'accomplir un mandat local de 6 ans.

3. Le mode de scrutin

1371 Il présente diverses particularités. Tout d'abord, *fait unique* en droit positif, les électeurs sénatoriaux ont *l'obligation de voter* ; à défaut d'une *cause légitime*, ils seront condamnés à une amende de 100 € par le T.G.I. (art. 318 du Code électoral). Mais en contrepartie, ils perçoivent une indemnité électorale (art. L. 317). Ensuite, le vote est *centralisé* : il se déroule au chef-lieu du département ou de la collectivité d'outre-mer (art. L. 312), sous l'autorité du président du T.G.I., assisté de deux juges désignés par le premier président de la cour d'appel (art. R. 163). Enfin, le scrutin est *diversifié*, selon le nombre de sénateurs élus : 2 sénateurs ou moins (art. L. 294 du Code électoral, rédaction de la loi du 2 août 2013) : scrutin majoritaire (25 %) ; 3 sénateurs ou plus, représentation proportionnelle (75 %). Par suite, le scrutin s'avère *majoritairement proportionnel* (J.-L. Hérin).

a) Le scrutin majoritaire

1372 Il s'agit d'un scrutin à deux tours. Le succès au premier tour est subordonné à deux conditions (majorité absolue des suffrages exprimés ; nombre de voix égal au quart des électeurs inscrits). Le scrutin est *uninominal* lorsque le département n'élit qu'un seul sénateur, dans les autres cas, il est *plurinominal*. De sorte que les candidats peuvent être isolés ou groupés en listes non bloquées. Le décompte des voix s'opère, non par liste, mais par *nom*. Le second tour est organisé l'après-midi ; la majorité relative y sera déterminante. Son accès est réglementé : nul ne peut être candidat, désormais, s'il ne s'est pas présenté au premier tour (art. L. 305, rédaction de la loi du 2 août 2013). En cas de partage, le candidat le plus âgé l'emporte. Chaque candidat doit mentionner dans sa déclaration de candidature le nom de son remplaçant (art. L. 299). En vue du ballottage, la déclaration doit être présentée à la préfecture, une demi-heure au moins avant l'heure fixée pour l'ouverture du scrutin (art. L. 305).

b) La représentation proportionnelle

1373 Elle revêt les modalités suivantes : règle de la plus forte moyenne, selon le système des listes bloquées (art. R. 169 du Code électoral). Une déclaration de candidature collective est obligatoire[46]. Chaque liste doit comporter deux noms de plus qu'il y a de sièges à pourvoir et être composée selon le principe de la parité alternée : une femme et un homme (art. L. 300)[47].

4. La campagne électorale

1374 Outre sa *discrétion* (absence de campagne audiovisuelle), la législation sur les comptes de campagne est applicable à partir de 2014 (*série 2*), aux candidats aux élections sénatoriales (art. L. 308-1

46. À l'origine, la R.P. n'a pas favorisé la nomination de sénateurs aux fonctions ministérielles. Mais, ses mérites ne sont pas moins éclatants : rajeunissement ; féminisation ; représentation des minorités (élues écologistes) et de l'immigration (trois sénatrices socialistes ont été désignées en 2004 et 2008).

47. Cependant, il est procédé à une élection au scrutin majoritaire lorsque la liste ne comporte plus de candidats élus (art. L.O. 320 du Code électoral).

du Code électoral, rédaction de la loi du 14 avril 2011) : le plafond des dépenses est de 10 000 € par candidat ou par liste. Il est majoré, de manière diversifiée, par habitant du département, selon le nombre de sénateurs élus. Les montants sont actualisés tous les ans par décret. De la même manière, les réunions électorales sont désormais ouvertes à tous et non plus aux seuls électeurs et candidats.

5. La proclamation des résultats de l'élection

1375 À l'issue du scrutin, la commission de recensement des votes, installée à la préfecture (art. L. 175) proclame les résultats ; les ministres intéressés et celui des affaires étrangères, pour les sénateurs représentant les Français de l'étranger les communiquent dans les conditions précitées.

6. Les obligations déclaratives

1376 À l'égal du député, deux séries de déclarations s'imposent au sénateur : une déclaration de situation patrimoniale et une déclaration d'intérêts et d'activités (art. L.O. 136-2 du Code électoral, rédaction de la L.O. du 11 octobre 2013) (v. *supra*, n°s 1362, 1363, 1364)

C. LE CONTENTIEUX DES ÉLECTIONS PARLEMENTAIRES

1377 Jusqu'en 1958, selon une tradition qui remontait aux États généraux de l'Ancien Régime, les assemblées validaient l'*ensemble* des élections de leurs membres, même non contestées. La *vérification des pouvoirs* était la traduction de la *souveraineté* du Parlement : *La Chambre est un jury souverain*, notait Eugène Pierre. Elle a été source d'abus. C'est ainsi qu'au cours d'une même séance, en 1951, l'Assemblée nationale a pris, sur une même question, deux solutions opposées. Mais, le comble sera atteint, en 1956, lorsqu'au mépris du pouvoir de suffrage, 11 députés poujadistes seront invalidés et remplacés *sur-le-champ* (en l'absence donc d'élections partielles) par leurs adversaires malchanceux. Notons, cependant, que pour abusives qu'elles fussent, ces pratiques avaient l'avantage, d'un point de vue subalterne, de conforter les majorités issues des consultations électorales, lesquelles avaient tendance, à être faibles. Sous cet aspect, la constitution de 1958 a introduit une heureuse réforme, qui s'inspire de celle réalisée dès 1868, par Disraëli en Grande-Bretagne, en transférant ce contentieux au Conseil constitutionnel. Juge de pleine juridiction, celui-ci *statue en cas de contestation sur la régularité de l'élection des députés et des sénateurs* (art. 59 C)[48].

En d'autres termes, le juge constitutionnel n'intervient qu'à propos des *résultats de l'élection*, c'est-à-dire à son *issue*. Mais *en vue de l'accomplissement de sa mission* (11 juin 1981, *Delmas, Rec.* p. 97), il peut *exceptionnellement*, afin de prévenir un déni de justice, statuer, à propos des *actes préparatoires* afférents à une élection *à venir*[49]. Par

48. V. L. PHILIP, *Le contentieux des élections aux assemblées politiques françaises : de la vérification des pouvoirs par les Chambres au contrôle juridictionnel du Conseil constitutionnel*, 1961 ; J.-P. CHARNAY, *Le contrôle de la régularité des élections parlementaires*, 1964 ; J.-P. CAMBY, *Le Conseil constitutionnel, juge électoral*, 5e éd., 2009 ; F. DELPÉRÉE, *Le contentieux électoral*, 1998 ; Ph. ARDANT, Le contentieux électoral devant le C.C. et le C.E., *in C.C. et C.E.*, colloque Paris II, 1988, p. 55 ; F. MÉLIN-SOUCRAMANIEN, Le Conseil constitutionnel, juge électoral, *Pouvoirs* n° 105, p. 117 ; Le C.C., juge électoral, *Les Nouveaux Cahiers* n° 41, 2013.

49. Le C.E. avait décliné sa compétence à l'occasion d'un recours présenté contre le décret de dissolution de l'Assemblée nationale (3 juin 1981, *Delmas*, concl. D. Labetoulle, *R.D.P.* 1982, p. 186). À cette occasion, le C.C., statuant de façon *prétorienne* (11 juin 1981, *Rec.* p. 97), a accueilli *le recours pour excès de pouvoir* (réservé à ce jour au C.E.) en se déclarant compétent, au motif que *les griefs allégués mettent en*

suite, la juridiction administrative décline sa compétence (C.E., 14 juin 1963, *Bellot, Rec.* p. 369)[50].

Le contentieux électoral est *autonome* par rapport à celui de la loi. Il s'agit, du point de vue quantitatif, du recours le plus important. Il revêt un caractère subjectif et n'est enfermé dans aucun délai pour statuer. Il accueille, le cas échéant, les conseils des parties.

En bref, un contentieux *spécifique*, au point que le juge électoral procède à la collation entre la norme internationale et la norme nationale (21 octobre 1988, *A.N., Val-d'Oise, 5e, chr.* n° 49, p. 203), qu'il s'interdit en sa qualité de juge constitutionnel (15 janvier 1975, *I.V.G., G.D.*, n° 17) ; qu'il donne acte d'un désistement d'instance (13 avril 1967, *A.N., Hérault 1re, Rec.* p. 51) auquel il se refuse ailleurs (30 décembre 1996, *Amendement Malraux, chr.* n° 81, p. 182). Au surplus, le Conseil rejette les recours abusifs des *requérants d'habitude* (27 février 2003, *Hauchemaille, chr.* n° 106, p. 177), à rebours du contentieux objectif (27 juin 2001, *I.V.G., chr.* n° 100, p. 195). Enfin, le juge électoral est lié par la requête, à la différence du juge constitutionnel (11 août 1960, *Redevance radio-télévision, G.D.* n° 4). Mais, l'admission de la *Q.P.C.* unit désormais les contentieux (12 janvier 2012, *S. Loiret, chr.* n° 142, p. 154) (v. *infra*, n° 1558).

1. La saisine du Conseil constitutionnel

1378 L'élection est acquise au moment de la proclamation des résultats par la commission de recensement des votes (art. L. 175 du Code électoral), le lundi soir, suivant le déroulement du scrutin. Un recours écrit et motivé contre les opérations électorales peut être présenté au secrétariat du Conseil, au préfet ou au représentant de l'État dans la collectivité d'outre-mer, mais non au tribunal administratif (10 juillet 1997, *A.N., Pyrénées-Orientales*, 1re, *Rec.* p. 130), sans effet suspensif, dans le délai de 10 jours à partir de ce moment. Il est ouvert à tout *électeur* de la circonscription et à *tout candidat* qui s'y était présenté (art. 33 et 34 de l'ord. du 7 novembre 1958), à l'exclusion du préfet (21 juin 1988, *A.N., Oise, 1re Rec.* p. 84), d'un mandataire (22 janvier 1963, *A.N., Allier, 3e*, p. 78 ; 13 juillet 1988, *A.N., Charente-Maritime 1re*, p. 97) ou d'une association (14 septembre 1995, *A.N., Savoie, 2e*, p. 217). Il appartient à la C.N.C.C.F.P. de saisir le juge, à propos du compte de campagne (art. L.O. 136-1 du Code électoral), sans que sa position puisse préjuger sa décision (C.C., 4 mai 1990, *Financement des campagnes électorales, chr.* n° 55, p. 209).

cause les conditions d'application de l'article 12 C et, à cet égard, la régularité de l'ensemble des opérations électorales. V. notes Cl. GOYARD, *A.J.D.A.* 1981, p. 357 ; F. LUCHAIRE, *D.* 1981, p. 589 ; L. FAVOREU, *R.D.P.* 1981, p. 1347.
Mais, cette hardiesse a été aussitôt limitée. Elle ne s'applique que *dans la mesure où l'irrecevabilité qui serait opposée risquerait de compromettre gravement l'efficacité du contrôle, vicierait le déroulement général des opérations électorales ou porterait atteinte au fonctionnement normal des pouvoirs publics* (C.C., 16-20 avril 1982, *Bernard, chr.* n° 22, p. 182). Cette jurisprudence des pouvoirs implicites ou inhérents vaut pour toutes les élections nationales et les opérations référendaires (C.C., 25 juillet 2000, *Hauchemaille, chr.* n° 96, p. 218). Le recours est rejeté, s'il ne remplit pas les conditions posées (3 mai 2007, *Jan, chr.* n° 122) (contestation du décret de convocation des électeurs en raison du tableau des circonscriptions législatives). V. P. DELVOLVÉ. Le C.C., juge administratif, *Mélanges Benoît Jeanneau*, 2002, p. 55.

50. Quelques îlots subsistent, tout au plus : le contentieux de l'inscription sur les listes électorales pour le juge judiciaire ; celui de l'éligibilité qui ressortit au T.A. (art. L. 159 et 303 du Code électoral) ; de la contestation intentée contre le tableau des électeurs sénatoriaux (art. L. 292) (C.C., 9 juillet 1959, *S. Guadeloupe, Rec.* p. 247). Le contentieux de l'élection à l'Assemblée des Français de l'étranger est confié au Conseil d'État (art. 9 de la loi du 18 mai 1983), ainsi que celui des élections au Parlement européen (art. 25 de la loi du 7 juillet 1977).

La qualité d'électeur est retenue dans son acception juridique. Concernant la Haute assemblée, *tout citoyen inscrit sur les listes électorales du département* est fondé à présenter un recours contre l'élection d'un sénateur, et *non les seuls membres du collège sénatorial* (15 décembre 1995, *S. Bas-Rhin, chr.* n° 77, p. 241).

Par surcroît, la contestation s'entend *strictement*. Elle doit mettre en cause *l'élection du parlementaire proclamé* ; non, les résultats du premier tour, à l'issue duquel aucun candidat ne l'a été (22 mars 1973, *A.N., Paris 3e, Rec.* p. 55) ; ou une demande d'annulation partielle dans un canton (7 novembre 1968, *A.N., Rhône, 4e*, p. 114), une commune (10 juillet 1997, *A.N., Côte-d'Or, 3e, p. 94*), un bureau de vote (28 juin 2007, *A.N., Alpes-Maritimes*, p. 156), *ou* l'ensemble des opérations où les candidats ont utilisé le nom du chef de l'État (*27 avril 1978, A.N., Rec.* p. 59), voire les conditions dans lesquelles la campagne s'est déroulée (13 avril 1967, *A.N., Moselle, 8e, Rec.* p. 49).

De la même façon, est irrecevable, la requête qui n'apporte aucun élément précis à l'appui de ses allégations (26 mai 1993, *A.N., Manche 2e, Rec.* p. 35) ; qui se borne à une demande indemnitaire en vue du remboursement de frais exposés dans l'instance (8 juin 1993, *A.N., Bouches-du-Rhône, 5e, Rec.* p. 69) ou d'admission à l'aide juridictionnelle, laquelle n'existe pas, en l'espèce, (25 novembre 1997, *A.N., Nord, 19e ibid.* p. 261) ou de mises en examen (10 juillet 1997, *A.N., Bouches-du-Rhône, 16e, Rec.* p. 143). *A fortiori*, le juge rejette les conclusions du député tendant à la condamnation des requérants aux dépens et au versement de dommages et intérêt (10 juillet 1997, *A.N., Charente-Maritime, 1re, ibid.* p. 70) ou tendant à la suppression de passages injurieux, outrageants ou diffamatoires contenus dans une requête (19 décembre 2002, *A.N., Allier, 3e, chr.* n° 105, p. 194). Le Conseil statue sur la régularité de l'élection, tant du titulaire que du remplaçant (art. L.O. 189 du Code électoral). Le nombre relativement élevé des requêtes implique, en vue d'une bonne administration de la justice, leur examen dans le délai raisonnable de six mois. Sous ce rapport, le juge respecte la diligence nécessaire, rejette les recours abusifs (27 février 2003, *Hauchemaille, chr.* n° 106, p. 177) et met en place une formation d'instruction appropriée[51].

2. L'organisation du Conseil constitutionnel

1379 Le Conseil forme, en son sein, trois *sections d'instruction* composées chacune de trois membres tirés au sort, de façon *séparée*, afin de tenir compte de l'*origine* de leur nomination (par le président de la République, et ceux du Sénat et de l'Assemblée nationale) (art. 36 de l'ord. du 7 novembre 1958)[52], à *l'exclusion* des membres de droit (v. *chapitre V*). Mais, ces derniers peuvent participer à la délibération (*chr.* n° 125, p. 164).

La section dispose de rapporteurs *adjoints*, pris sur une liste arrêtée par le Conseil, chaque année, parmi les maîtres des requêtes au Conseil d'État et les conseillers référendaires à la Cour des comptes ; ce qui favorise le rapprochement jurisprudentiel. Ceux-ci, au nombre de dix, n'ont pas voix délibérative. Ils sont nommés rapporteur par le président du Conseil (art. 37).

Selon une procédure dorénavant dématérialisée, la section instruit l'affaire dont elle a été chargée par ce dernier ; informe, selon le principe du *contradictoire*, le

51. Une situation originale peut se présenter, dans le cas d'un *élu amphibie*. En application de l'article L.O. 137 du Code électoral : *tout député élu sénateur ou tout sénateur élu député cesse de ce fait d'appartenir à la première assemblée dont il était membre. Toutefois, en cas de contestation, la vacance du siège n'est proclamée qu'après décision du Conseil constitutionnel confirmant l'élection. Il ne peut en aucun cas participer aux travaux des deux assemblées*. Bref, pour parler comme Lamartine, il siège provisoirement *au plafond*.

52. La procédure suivie est fixée par l'ord. du 7 novembre 1958 (art. 32 et s.) et le règlement adopté par le C.C., le 31 mai 1959. Par une décision du 22 février 2013, ce dernier fait place à la Q.P.C. À l'issue de l'examen du contentieux, le juge présente des observations à l'attention des pouvoirs publics. V. *Code constitutionnel*, 5e éd., 2013, p. 1290.

parlementaire dont l'élection est contestée. Elle peut, ainsi que le Conseil, ordonner une enquête (8 juillet 1986, *A.N., Haute-Garonne, Rec.* p. 97) ; se faire communiquer tous documents et rapports ayant trait à l'élection, notamment les comptes de campagne, ainsi que l'ensemble des documents, rapports et décisions de la C.N.C.C.F.P. Le ministre de l'intérieur présente des observations. Le rapporteur peut être commis pour recevoir sous *serment* les déclarations des témoins, voire du président du T.G.I. (art. 42 de l'ord.) (25 octobre 2007, *S. Hérault*, *chr.* n° 125, p. 166). La section délibère. Puis, son rapporteur en expose les conclusions, tel un pré-délibéré, devant le Conseil qui décide (art. 38, al. 1er). Le principe du contradictoire (art. 17 du règlement électoral) limité, à ce jour, à un seul cas (3 mai 1996, *S. Vaucluse*, *chr.* n° 78, p. 184) a été renforcé. La demande d'audition doit être présentée devant la section, qui en apprécie l'intérêt. En *plenum*, le Conseil entend les parties et leurs conseils, qui plaident en robe (29 novembre 2007, *A.N.*, *Eure-et-Loir, 1re*, *chr.* n° 125, p. 166). Mais, l'oralité ne signifie pas pour autant la publicité de la séance.

Il est permis cependant au Conseil de procéder rapidement à un premier tri, *sans instruction préalable* (art. 38, al. 2), en repoussant les requêtes manifestement irrecevables, qui ressortissent au juridisme (recours prématuré ou tardif ; objet étranger au contentieux) ou celles dont les griefs articulés n'ont pas pu, à l'évidence, exercer une influence sur les résultats de l'élection. De même, le Conseil peut rejeter, par décision motivée, sans instruction contradictoire préalable, la *Q.P.C.* qui ne réunit pas les conditions de recevabilité (18 octobre 2012, *A.N. Hauts-de-Seine*, *13e*, *chr.* n° 145, p. 199) (v. *infra*, n° 1558).

Hors ces cas, le juge peut, soit annuler l'élection contestée, soit réformer la proclamation faite par la commission et proclamer élu un *autre* candidat (art. 41 de l'ord. de 1958). À ce jour, le Conseil s'est refusé à cette dernière éventualité, sans se l'interdire, à l'opposé du juge administratif. Les décisions sont revêtues de l'autorité de chose jugée (art. 62 C) et notifiée à l'assemblée intéressée (art. L.O. 185 du Code électoral). La C.E.D.H. décline sa compétence (21 octobre 1997, *Pierre-Bloch c/ France*, *Les Cahiers* n° 4, 1998, p. 123, note J.-F. Flauss).

Cependant, le Conseil, à défaut d'y procéder lui-même (art. 21 du règlement électoral), accueille, outre une *Q.P.C.* (v. *infra*, n° 1558), le *recours en rectification d'erreur matérielle*, c'est-à-dire de transcription (23 octobre 1987, *Salvan, chr.*, n° 45, p. 174), à l'exclusion d'une demande de révision de la décision (21 juillet 1994, *Estrosi*, n° 72, p. 171 ; 12 juillet 2000, *Cohen-Solal*, n° 96, p. 202)[53].

3. La jurisprudence électorale du Conseil constitutionnel

1380 Le Conseil veille moins à la régularité formelle qu'à la *sincérité réelle* de la campagne électorale (24 janvier 1968, *A.N., Corse, 2e, G.D.*, n° 15) en cas de doute sérieux jeté sur le résultat, consécutif à un abus de propagande. Il s'emploie à préserver la liberté de choix des électeurs, en écartant les faits incriminés *qui n'ont pas excédé les limites normales de la polémique* (25 novembre 1988, *A.N., Essonne, 4e*, *Rec.* p. 238) ; une diffusion de tracts ne présentant pas un caractère massif à laquelle la personne visée a pu répondre, en temps utile (15 janvier 1998, *A.N., Seine-et-Marne, 7e*, *ibid.* p. 54) ou en raison de leur réciprocité (affichage : 28 novembre 1988, *A.N.*, *Belfort, 1re*, p. 49 ; dépassement du plafond des dépenses électorales : 11 mai 1989, *A.N.*, *Bouches-du-Rhône, 6e, chr.* n° 51, p. 180). Il module désormais les sanctions qu'il prononce en

53. V. Jean-Éric GICQUEL, Du recours en rectification d'erreur matérielle devant le Conseil constitutionnel, *L.P.A.*, 20 janvier 1995.

fonction du *caractère substantiel de l'obligation méconnue* (25 janvier 2013, *A.N., Wallis-et-Futuna, ibid.* n° 146, p. 182) (art. L.O. 136-1 du Code électoral).

À l'opposé, il ne lui appartient ni, *d'apprécier la sincérité de l'adhésion des candidats aux idées dont ils se réclament* (8 juin 1993, *A.N., Bouches-du-Rhône, 13e, Rec.* p. 61) ni, *de vérifier la régularité de l'investiture des candidats au regard des statuts des partis politiques* (25 novembre 2004, *S., Yonne, chr.* n° 113, p. 224) ni, *de s'immiscer dans leur fonctionnement interne* (28 juin 2007, *A.N., Bas-Rhin, 3e, Rec.* p. 185).

a) Le pouvoir de réformation de la proclamation

1381 Ce pouvoir permet au juge de rectifier le décompte des voix, en cas, par exemple, de disparité entre le nombre de bulletins et d'émargements ou autres irrégularités dans la tenue d'un bureau. Tout en pratiquant un redressement (7 juin 1978, *A.N., Paris, 29e, Rec.* p. 120), le Conseil se refuse à procéder à l'inversion du résultat lorsque les rectifications auxquelles il a procédé n'aboutissent pas à un changement de majorité (28 juin 1978, *A.N., Meurthe-et-Moselle, 1re*, p. 117). Bref, le juge ne s'estimait pas, à ce jour, fondé à se substituer au collège électoral, *en dépit de la gravité des manœuvres frauduleuses ayant entaché le scrutin* (3 février 1999, *A.N., Bouches-du-Rhône, 9e, chr.* n° 90, p. 189). Le nouvel article L.O. 136-3 du Code électoral ouvre cette possibilité.

b) Le pouvoir d'annulation de l'élection

1382 D'une manière exceptionnelle[54], le juge, ayant forgé son intime conviction, procède à l'annulation de l'élection, en combinant généralement un critère *quantitatif* (un faible écart de voix ou une élection dans un *mouchoir de poche)* avec un critère *qualitatif* (l'existence d'un comportement irrégulier à l'*influence déterminante*, constitutif d'une *manœuvre*) : propagande abusive, le jour du scrutin à laquelle le concurrent ne peut répliquer (7 juin 1978, *A.N., Seine-Saint-Denis, 9e, chr.* n° 7, p. 167) ; diffusion d'un message à caractère de propagande électorale *(le vrai journal de Karl Zero)* (28 juillet 1998, *A.N.*, Var, 1re, *Rec.* p. 274) ; distribution massive de tracts (3 décembre 1981, *A.N., Paris, 2e*, p. 120) et comportant des allégations particulièrement violentes et mensongères (7 juillet 1993, *A.N., Loire-Atlantique, 8e, chr.* n° 68, p. 161) ; impossibilité de circuler librement pour les électeurs autour des tables de dépouillement d'un bureau constitué illégalement (21 octobre 1988, *A.N., Meurthe-et-Moselle, 2e, Rec.* p. 174) ; établissement irrégulier de nombreuses procurations (25 novembre 1988, *A.N., Bouches-du-Rhône, 6e*, p. 246) ; disparition momentanée d'une liste d'émargement pour une élection acquise à une voix d'avance (3 mai 1996, *S. Vaucluse*, p. 69) ; défaut d'émargement d'électeurs (19 décembre 2002, *A.N., Wallis-et-Futuna, chr.* n° 105, p. 193) ; pression sur les électeurs (23 octobre 1997, *A.N., Haut-Rhin, 6e* p. 199) ; désignation irrégulière de suppléants de délégués des conseils municipaux (25 novembre 2004, *S., Bas-Rhin* ; 22 décembre 2011, *S. Lozère, chr.* n°s 113 et 141, p. 224 et 179) ; répétition de cérémonies d'inauguration de logements sociaux, en un mois (29 novembre 2007, *A.N., Eure-et-Loir, 1re, chr.* n° 125, p. 167) ; élection acquise à une voix, après un nouveau décompte, et distribution d'un tract à la veille du second tour

54. Les annulations sont rares ; le Conseil pouvant céder au *réalisme* (6 février 1998, A.N., Paris 1re, *chr.* n° 86, p. 196) : 10 sénateurs et 70 députés. Mais, si l'on note, qu'à 14 reprises l'A.N. a été renouvelée, ce chiffre est faible ; d'autant qu'il faut prendre en compte l'annulation de listes élues à la R.P., en raison de la *solidarité* des candidats (10 députés en Haute-Garonne, en 1986 ; 5 sénateurs dans le Bas-Rhin, en 2004). V. J.-P. CAMBY, *op. cit.,* p. 283 ; G. PRUNIER, À qui profite le contentieux électoral ?, *L.P.A.*, 21 juin 2007 ; S. LAMOUROUX, Sincérité et juge électoral, *in Sincérité et démocratie* (Université d'Aix-Marseille) 2011, p. 143.

constitutif d'une *manœuvre* de nature à créer *une confusion dans l'esprit des électeurs* (20 mai 2010, *A.N., Yvelines, 10e, idem* n° 135, p. 214).

Par ailleurs, le Conseil estime qu'une irrégularité substantielle et non vénielle, altère la sincérité des opérations, en raison de sa gravité : la fraude qui porte *atteinte au principe même de la démocratie* (3 février 1999, *A.N., Bouches-du-Rhône, 9e, chr.* n° 90, p. 189) ; la non-participation d'une liste conduite par un député sortant, consécutive à un refus irrégulier d'enregistrement par les services préfectoraux (8 juillet 1986, *A.N., Haute-Garonne* ; n° 40, p. 170) ; la composition irrégulière de bureaux de vote (19 février 1963, *A N., Réunion, 2e Rec.* p. 127) ; le dépouillement irrégulier (12 février 1963, *A.N., Gard, 2e*, p. 120) ; l'inéligibilité du remplaçant (5 juillet 1973, *A.N., Landes, 1re*, p. 135 ; 18 octobre 2012, *A.N. Hauts-de-Seine, 13e*, n° 145, p. 179) ; l'absence de mise à jour des listes électorales (23 novembre 1988, *A.N., Wallis-et-Futuna*, p. 214) ou d'inscriptions irrégulières (12 juillet 1978, *A.N., Paris, 16e*, p. 215). D'autres causes d'annulation peuvent être relevées pour *irrégularité* du compte de campagne : dépassement du plafond des dépenses électorales *(A.N., Loir-et-Cher, 1re, chr.* n° 69, p. 197) ; absence de transparence financière (16 novembre 1993, *A.N., Alpes-de-Haute-Provence, 1re*) ; manœuvre aboutissant à méconnaître les principes d'unicité et d'exhaustivité du compte (16 décembre 1997, A.N., *Moselle, 3e, Rec.* p. 300) ; association de financement déclarée postérieurement à l'élection (27 février 2003, *A.N., Martinique, 3e, chr.* n° 106, p. 179) ; ouverture de deux comptes bancaires (15 février 2013, *A.N. Français établis hors de France, 1re, chr.* n° 146, p. 182) ; avantage d'une personne privée (26 juin 2008, *A.N., Eure-et-Loir, 1re, chr.* n° 127) ; don d'une personne publique (28 novembre 2007, *A.N., Hauts-de-Seine, 12e, chr.* n° 125, p. 167) ; règlement direct par le candidat d'une part substantielle de ses dépenses ; (7 février 2008, *A.N., Vendée, 5e* ; *chr.* n° 126, p. 194 ; 15 février 2013, *A.N. Français établis hors de France, 8e, chr.* n° 146, p. 179).

Enfin, saisi d'une contestation, le Conseil peut désormais déclarer inéligible le candidat qui a accompli des *manœuvres frauduleuses* portant atteinte à la *sincérité du scrutin* (art. L.O. 136-1 du Code électoral). Prononcée pour une durée maximale de trois ans, l'inéligibilité vaut pour toutes les élections, mais elle n'a pas d'effet sur les mandats acquis antérieurement. Dans l'éventualité où le candidat déclaré inéligible avait été proclamé élu, le Conseil annule son élection ou, si l'élection n'a pas été contestée, le déclare démissionnaire d'office.

Il y a lieu de rappeler que le Conseil est juge de l'éligibilité (art. L.O. 136-1 du Code électoral) (v. *supra*, n° 1344). De même, à l'initiative de la Haute Autorité pour la transparence de la vie publique, le bureau de l'assemblée peut saisir le Conseil, en cas de non-dépôt d'une déclaration de situation patrimoniale ou de celle d'intérêts et d'activités (v. *supra*, nos 1362, 1363, 1364). Celui-ci constate, le cas échéant, l'inéligibilité du parlementaire et le déclare démissionnaire d'office (art. L.O. 136-2).

§ 2. LA PROTECTION DU MANDAT PARLEMENTAIRE

1383 En vue de favoriser la liberté de l'élu, *tout mandat impératif [étant] nul* (art. 27C), ce dernier est protégé, au nom de la séparation des pouvoirs, à un double titre : contre lui-même (en dehors de toute ironie) par le régime des *incompatibilités* (art. 25 C) et pour lui-même, par celui des *immunités parlementaires* (art. 26 C).

A. LES INCOMPATIBILITÉS PARLEMENTAIRES (ART. 25 C)

1384 Les règles relatives aux incompatibilités ont pour finalité d'assurer l'indépendance de l'élu, à l'égard du pouvoir politique, s'il est fonctionnaire, ou du pouvoir économique, s'il dépend de lui. Car, il faut être assuré *de garantir à l'électeur l'indépendance de l'élu* (E. Pierre), dépositaire de l'intérêt général, en sa qualité de *représentant* (art. 3C).

L'incompatibilité ne doit pas être, cependant, confondue avec l'inéligibilité. Celle-ci *empêche* d'être candidat, tandis que l'incompatibilité permet d'être candidat, mais elle oblige *l'élu*, à l'issue du scrutin, à *faire un choix*, en vue de surmonter une opposition, entre le mandat parlementaire et l'activité exercée jusque-là. Des *interdictions* complètent ce dispositif. L'intérêt général, à l'image de l'amour, est, en principe, un sentiment *exclusif*[55], en vue de prévenir les risques de confusion ou de conflits d'intérêts.

1. Le champ d'application des incompatibilités parlementaires

1385 La matière, visée à l'article 25 C, est d'interprétation *stricte*, en ce qu'elle s'analyse en une *restriction* à une activité civique. Elle est régie par une loi organique. Une loi ordinaire ne peut donc pas instituer un nouveau cas d'incompatibilité (C.C., 30 août 1984 *Polynésie française, chr.* n° 32, p. 175). Ce régime a été étendu aux membres du Parlement européen (art. 6 de la loi du 7 juillet 1977). Le cumul ne cesse de se rétrécir notamment avec l'exercice de fonctions exécutives locales (L.O. du 14 février 2014) (*chr.* n° 150, p. 155).

a) La relation entre le mandat parlementaire et la fonction publique

1386 D'une façon classique, la confrontation doit tenir compte de *l'origine* de la fonction publique, selon qu'elle est *élective* ou *non élective*, bref *nominative*. Elle est placée sous le signe de l'interdiction du cumul, en règle générale.

α) Le mandat parlementaire et la fonction publique élective

1387 Longtemps a prévalu le régime du *cumul* des mandats ou, si l'on veut, *le frégolisme* qui constituait un particularisme français ; celui de *la République des fiefs* (Y. Mény). Mais, sous la pression de l'opinion publique et de la décentralisation[56] qui a transféré, depuis 1982, le pouvoir exécutif à des élus, une limitation est intervenue, à partir de 1985, pour refréner la *politique professionnelle* (J. Julliard). L'article L.O. 141 du Code électoral (rédaction de la L.O. du 5 avril 2000) a édicté une incompatibilité *générale* entre le mandat parlementaire et l'exercice de plus d'un des mandats électifs ci-après : ou conseiller régional[57], ou conseiller à l'assemblée de Corse, ou conseiller départemental ou conseiller de Paris ou conseiller municipal d'une commune d'au moins 1 000 habitants ; le montant des indemnités étant écrêté (v. *infra*, n° 1408). Au surplus, le mandat devient incompatible avec celui de membre du Parlement européen (art. L.O. 137-1)[58]. Cependant, l'exercice de responsabilité au titre de l'intercommunalité permettait aisément de contourner la limitation.

55. V. P. AVRIL et J. GICQUEL, *Droit parlementaire*, 4e éd., 2010, n° 52 ; J.-Cl. GRUFFAT, *Les incompatibilités parlementaires en droit public français*, thèse Lyon, 1972.

56. Une loi du même jour généralise cette limitation à *l'ensemble* des élus locaux et européens (art. L. 46-1 du Code électoral). La solution retenue de l'incompatibilité présente, toutefois l'avantage, par rapport à celle de l'inéligibilité, de laisser aux élus le *choix* entre les mandats ou fonctions électives qu'ils entendent conserver. À l'heure actuelle, 80 % des parlementaires sont *cumulards*, selon la loi du genre.

57. En définitive, l'unicité du mandat national devrait s'accompagner de l'unicité du mandat local, à l'avenir selon René Dosière (*Le métier d'élu local*, 2014).

58. L'incompatibilité s'apprécie au moment du renouvellement du mandat parlementaire (C.E., 6 avril 2001, *Flosse, chr.* n° 98, p. 169).

Sur ces entrefaites, le principe du non-cumul de fonctions exécutives locales avec un mandat parlementaire a été énoncé (nouvel art. L.O. 141-1 du Code électoral, rédaction de la L.O. du 14 février 2014) soit : les fonctions de maire, d'adjoint au maire ; président et vice-président de conseil régional ou départemental ; président et vice-président d'un établissement public de coopération intercommunale ; président et vice-président des assemblées des collectivités d'outre-mer, entre autres[59].

Le principe de l'incompatibilité appelle une double précision : à la limitation précitée du cumul *vertical* des mandats, s'ajoute l'interdiction classique du cumul *horizontal* des mandats de député *et* de sénateur (art. L.O. 137), étendue à leur remplaçant (art. L.O. 138) ; en vertu d'une règle coutumière formée à partir de Jules Grévy en 1879, le mandat parlementaire est réputé incompatible avec celui de président de la République : François Mitterrand a démissionné de son siège de député de la Nièvre en 1981 ; François Hollande, de celui de la Corrèze, en 2012.

β) Le mandat parlementaire et la fonction publique non élective

1388 La règle qui prévaut est celle de l'impossibilité d'une détention simultanée (art. L.O. 142, du Code électoral), car l'action du pouvoir politique est particulièrement à redouter. Le principe a été posé dès la Seconde République, en raison des abus perpétrés par la Monarchie de Juillet, où sous certaines législatures, le nombre des fonctionnaires-parlementaires approchait le tiers des membres[60]. Cette commodité gouvernementale faisait litière de leur dignité. Tout en étant des élus, ils n'en demeuraient pas moins soumis au pouvoir hiérarchique du ministre.

• Le principe du non-cumul

1389 Il n'a cessé de s'affirmer, jusqu'au plan local (L.O. du 14 février 2014). Le mandat est *exclusif* des qualités de membre : du Gouvernement (art. L.O. 153 du Code électoral)[61] ; du conseil du gouvernement d'une collectivité d'outre-mer (art. L.O. 139) ; du Conseil constitutionnel (art. L.O. 152) ; du C.E.S.E. (art. L.O. 139) ; du C.S.A. (loi du 30 septembre 1986) ou des fonctions de magistrat et, de manière générale, avec l'exercice de toutes fonctions juridictionnelles, et avec l'exercice de fonctions d'arbitre, de médiation ou de conciliateur (art. L. 140, du Code électoral rédaction de la L.O. du 11 octobre 2013) ; de fonctionnaires de l'État (art. L.O. 142)[62] ; de défenseur de droits (L.O. du 29 mars 2011).

59. Cependant, le L.O. du 14 février 2014 n'entrera en application qu'à compter du premier renouvellement de l'Assemblée nationale et du Sénat, en 2017. Une loi du même jour étend l'interdiction aux représentants au Parlement européen avec une entrée en application différée à 2019 (v. *supra*, n° 1064). V. Jean-Éric GICQUEL, Fin du cumul des mandats : la troisième tentative fut la bonne, *J.C.P.*, 3 mars 2014, p. 416.

60. V. F. JULIEN-LAFERRIÈRE, *Les députés fonctionnaires sous la Monarchie de juillet*, 1970.

61. Jusqu'à la révision de 2008 (nouvel art. 25, al. 2 C), le parlementaire, optant pour la fonction gouvernementale, était remplacé *jusqu'au renouvellement général ou partiel* de l'assemblée à laquelle il appartenait (art. 25 C). Lorsque le ministre, ancien parlementaire, cessait d'appartenir au Gouvernement, il n'était absolument pas assuré de rentrer en possession de son *bien*, s'il en exprimait le désir. En effet, le suppléant devenu, entre-temps, député ou sénateur *à part entière*, était fondé juridiquement, en dehors de toutes autres considérations à prétendre : *J'y suis, j'y reste*. La révision de 2008 pose le principe d'un remplacement *provisoire* (nouvel art. 25 C). La reprise de l'exercice du mandat parlementaire par son titulaire initial, intervient un mois après son départ du Gouvernement, sauf renonciation de l'intéressé (J. Cahuzac, en 2013) (L.O. du 13 janvier 2009).
En dernière analyse, le suppléant d'un parlementaire, *demeuré* parlementaire, peut être candidat contre lui ; toute personne ayant la qualité de remplaçant d'un député ou d'un sénateur perd cette qualité si elle est élue député (art L.O. 138 du Code électoral). V. Éd. JAILLARDON, *La suppléance parlementaire sous la Ve République*, thèse Lyon II, 1976.

62. À la différence de son homologue anglo-américain, le fonctionnaire en France n'est pas un *citoyen spécial*. Il est éligible, mais il est tenu de choisir entre son mandat parlementaire et la fonction assumée

Au surplus, cette solution est étendue, au plan *national*, aux fonctions dirigeantes, ainsi qu'à celles de conseil exercées de façon permanente, dans les entreprises nationales et établissements publics nationaux (art. L.O. 145 du Code électoral, rédaction de L.O. du 11 octobre 2013) (C.C., 14 septembre 1995, *Trémège, chr.* n° 76, p. 173 ; 28 janvier 1999, *Natali, ibid.* n° 90, p. 198)[63] ; de président d'un groupement d'intérêt public, en qualité de représentant de l'État, fût-ce à titre *bénévole* (14 février 2008, *Morange*, *chr.* n° 126, p. 200) ; aux personnes exerçant une mission conférée par un État étranger ou une organisation internationale (art. L.O. 143 du Code électoral) ; de membre de conseil d'administration exercé dans les entreprises nationales et établissements publics nationaux, ou au sein d'une autorité administrative indépendante ou d'une autorité publique indépendante (sauf si le député y est désigné en cette qualité) ; de président de ladite autorité indépendante.

Au plan *local* (art. L.O. 147-1, rédaction de la L.O. du 14 février 2014), le mandat parlementaire est désormais incompatible avec les fonctions de président et de vice-président : du conseil d'administration d'un établissement public local, d'un centre de gestion de la fonction publique territoriale, d'une société publique locale ou d'un organisme d'H.L.M. (v. A.N., rapport Borgel, n° 1529, 2013).

• Les exceptions

1390 De manière classique, la *simultanéité* est autorisée dans plusieurs éventualités. Trois catégories de personnes (art. L.O. 142 du Code électoral) peuvent s'en réclamer les universitaires : professeurs, conformément à la tradition républicaine (loi du 15 mars 1849) et à leur *indépendance* (C.C., 20 janvier 1984, *Libertés universitaires, chr.* n° 30, p. 170), attendu qu'*ils doivent leur nomination qu'à eux-mêmes* (C.E., avis du 31 octobre 1893)[64] et, maîtres de conférences (C.C., 19 décembre 2013, *Sophie Dion, chr.* n° 149, p. 220) ; ensuite, les ministres des cultes et les délégués du Gouvernement aux cultes dans les départements concordataires d'Alsace et de Moselle[65]. Ce régime vaut, enfin, pour les personnes chargées officiellement par le Gouvernement, d'une mission temporaire, dont la durée n'excède pas six mois (art. L.O. 144, rédaction de la L.O. du 11 octobre 2013). Cette possibilité offerte traditionnellement aux parlementaires a contribué à atténuer la rigueur de l'incompatibilité édictée à l'article 23 C[66].

jusque-là. Il est placé d'office, pendant la durée de son mandat, en position de *disponibilité* et bénéficie, fait capital, du *droit à réintégration*, à son issue. Cette position ne lui permet plus désormais d'acquérir des droits à l'avancement et à pension (art. L.O. 151-1 du Code électoral, rédaction de la L.O. du 11 octobre 2013). Bien que limité, l'attrait du mandat parlementaire demeure, cependant.

63. Le critère n'est pas celui du critère géographique depuis la décision de 1999 (Chambre de commerce et d'industrie de Bastia) mais celui des *fonctions dirigeantes au sein d'établissements publics relevant de la tutelle de l'État*. À l'opposé, les fonctions exercées dans un établissement public *local* sont compatibles avec le mandat parlementaire (C.C., 8 juillet 1966, *Benoist, Rec.* p. 43) ; de la même façon que celle d'administrateur d'une société d'H.L.M., dépourvue de tout but lucratif (15 juillet 1976, *Boileau*, p. 71).

64. En revanche, les fonctions de professeur *associé*, sont incompatibles (C.C., 14 février 2008, *Le Maire*, *Moscovici* et *Plagnol*, *chr.* n° 126, p. 200), suivant l'avis du Conseil d'État du 17 avril 1980. Le cumul des fonctions vaut cumul des rémunérations pour nos collègues ; situation très avantageuse pour les professeurs praticiens hospitaliers. V. B. TOULEMONDE, Le cumul des mandats parlementaires avec l'exercice de la fonction de professeur de l'enseignement supérieur en France, *R.D.P.* 1978, p. 949.

65. Le concordat de 1801 a été abrogé en 1905, dans la France de *l'intérieur*. En 1918, lorsque les départements rhénans et mosellan ont été recouvrés, ce dernier y a été maintenu au titre du droit local (loi du 1er juin 1924). Les ministres des cultes, en dehors de leur traitement pris en charge par le budget du ministère de l'intérieur, ne sont pas juridiquement des fonctionnaires (C.E., avis du 27 août 1948 ; C.C., 21 février 2013, *chr.* n° 146, p. 199). En sus, ceux de Guyane, de Mayotte et de Polynésie peuvent prétendre, au régime du cumul, (décret Mandel du 26 août 1939). V. J.-F. FLAUSS, Droit local alsacien-mosellan et constitution, *R.D.P.* 1992, p. 1265.

66. En cas de changement de Gouvernement, une lettre de reconduction intervient. La mission, qui peut être *conjointe* auprès de ministres ou secrétaires d'État, revêt plusieurs aspects : fiche de consolation ou espoir de responsabilités ; étude ponctuelle d'un problème ou exercice de responsabilité. Chr. Nucci et

Au reste, en dépit du principe de la séparation des pouvoirs, un parlementaire peut exercer *de facto* une fonction de conseiller auprès du chef de l'État ou se voir confier une mission par celui-ci.

b) *La relation entre le mandat parlementaire et une activité privée ou professionnelle*

1391 Le principe est le *cumul* d'activités. Exceptionnellement, il est refusé, en cas de risque de confusion, préjudiciable à l'intérêt général.

α) Le cumul autorisé

1392 Un parlementaire a la possibilité, s'il le souhaite, de continuer l'activité professionnelle à laquelle il s'adonnait jusque-là : expert-comptable, médecin, vétérinaire, pharmacien, industriel, exploitant agricole, avocat, *etc.*

β) Le cumul refusé

1393 L'intérêt général a une vocation exclusive. Diverses activités privées sont *exceptionnellement incompatibles* avec l'exercice concomitant d'un mandat parlementaire.

L'article L.O. 146 du Code électoral (rédaction des L.O. des 11 octobre 2013 et 14 février 2014) vise, à cet effet, les fonctions de *direction* (en droit ou *en fait* par personne interposée), dans certaines sociétés ou d'entreprises. Il s'agit, 1° : de celles qui bénéficient de garanties d'intérêts, de subventions ou d'avantages assurés par l'État ou par une collectivité publique (C.C., 18 janvier 1996, *Baumont, chr.* n° 78, p. 188) ; 2° : de celles ayant principalement un objet financier et faisant publiquement appel à l'épargne ; 3° : de celles dont l'activité consiste *principalement* dans l'exécution de travaux, de prestation, de fournitures ou de services pour le compte ou sous le contrôle de l'État, d'une collectivité (6 décembre 1988, *Garrec*, n° 49, p. 204)[67] ou d'un établissement public ou d'une entreprise nationale ou d'un État étranger ; 4° : de celles à but lucratif dont l'objet est l'achat ou la vente de terrains destinés à des constructions ou qui exercent une activité de promotion immobilière (14 décembre 2010, *Marini*, n° 137, p. 224) ; 5° : de celles des sociétés, dont plus de la moitié du capital est constitué par des participations de sociétés, entreprises ou établissements publics précités ; 6° : des sociétés et organismes (*sociétés-mères*) exerçant un contrôle effectif sur une société, une entreprise mentionnées aux 1° à 4°, et 7° : des sociétés d'économie mixte.

c) *Les interdictions parlementaires*

1394 Le rôle joué par certains avocats-parlementaires, lors de l'affaire Stavisky, sous la IIIe République est à l'origine des interdictions édictées à l'article L.O. 149 du Code électoral : ceux inscrits au barreau ne peuvent accomplir directement ou indirectement par l'intermédiaire d'un associé (sauf devant la Cour de justice de la République), aucun acte de leur profession à l'occasion de poursuites pénales pour crimes et délits contre la Nation, l'État et la paix publique, ou en matière de presse ou d'atteinte

P. Guidoni, en 1982 et 1983 ont été nommés en cette qualité, respectivement haut-commissaire de la République en Nouvelle-Calédonie et ambassadeur de France en Espagne. Le renouvellement de la mission peut éviter, le cas échéant, une élection législative partielle (*chr.* n° 130, p. 202). L'exercice de celle-ci ne donne lieu à aucune rémunération ou indemnité (L.O. du 11 octobre 2013).

V. G. ZALMA, *Le parlementaire en mission dans les institutions françaises*, 1980.

67. Le député exerçait la fonction de président du conseil d'administration d'un organisme ayant le monopole de conclure pour le compte de l'État, les contrats d'achat de charbon. Autres applications : 7 novembre 1989, *Gatel* (*chr.* n° 53, p. 173) : prestation de service à des banques agissant sous le contrôle d'une entreprise nationale ; 19 janvier 1996, *Braouezec ; Josselin* (n° 78, p. 188) : membres de la S.C.E.T. (société centrale pour l'équipement du territoire) qui facilite les initiatives des collectivités locales ; 20 juillet 2006, *Pélissard* (n° 120, p. 181) : association d'expertise technique, juridique et financière pour le compte desdites collectivités ; 26 octobre 2006, *Scellier* (n° 121, p. 153) : association dont l'activité principale est celle de prestation de services pour le compte de ces dernières.

au crédit ou à l'épargne[68]. Il leur est interdit de plaider ou de consulter pour le compte des sociétés, entreprises ou établissements visés aux articles L.O. 145 et L.O. 146, ou contre l'État, les sociétés nationales, les collectivités ou établissements publics, à l'exception des actions en responsabilité des dommages causés par les véhicules et dirigées contre une personne morale de droit public (loi du 31 décembre 1957). Un nouveau cas de figure se présente : l'élu devient avocat *(le député mutant)* à l'origine d'un conflit d'intérêts caractérisé. Au reste, l'article L.O. 146-1 interdit à tout parlementaire de commencer à exercer une fonction de conseil qui n'était pas la sienne avant le début de son mandat (C.C., 12 juillet 2011, *Taugourdeau*, *chr.* n° 140, p. 139).

Il est interdit à un parlementaire de faire ou de laisser figurer son nom suivi de l'indication de sa qualité dans toute publicité relative à une entreprise privée (art. L.O. 150 du Code électoral)[69].

2. La résolution des incompatibilités parlementaires

1395 Si jadis chaque chambre statuait souverainement, de nos jours, ce chef de compétence appartient au Conseil constitutionnel (art. L.O. 151) : *tout texte édictant une incompatibilité et qui a donc pour effet de porter atteinte à un mandat électif... ne saurait faire l'objet d'une interprétation extensive* (18 octobre 1977, *Marcel Dassault*, *Rec.* p. 81)[70] ; l'appréciation s'opère à la *date* de la décision (23 décembre 2004, *Serge Dassault*, *chr.* n° 113, p. 233). L'incompatibilité est sanctionnée par la *démission d'office*. Elle n'entraîne pas l'inéligibilité.

a) La sanction décidée

1396 Le parlementaire nommé au Conseil constitutionnel, au Gouvernement, devenu défenseur des droits, est *réputé* avoir opté pour cette fonction, s'il n'a pas exprimé une opinion contraire, dans le délai de huit jours, dans le premier cas (art. L.O. 152 du Code électoral), ou d'un mois, dans les autres cas (art. L.O. 153 et L.O. du 29 mars 2011).

De façon drastique, au regard de l'*élu amphibie* (le député élu sénateur ou *vice versa)*, aucune option n'existe : *Il cesse, de ce fait même, d'appartenir à la première assemblée dont il était membre* (art. L.O. 137), comme le parlementaire élu membre du Parlement européen (art. L.O. 137-1).

b) La sanction imposée

1397 Le député qui se trouve dans un des cas mentionnés à l'article L.O. 141 du code électoral (v. supra n° 1387) (mandat électif simple) susvisé, est *tenu de faire cesser cette incompatibilité en démissionnant du mandat de son choix, au plus tard 30 jours qui suit la date de la proclamation des résultats de l'élection qui l'a mis en situation d'incompatibilité* ou, *en cas de contestation, la date à laquelle le jugement confirmant cette élection est devenu définitif* (art. L.O. 151 du Code électoral). À défaut d'option, le député est déclaré démissionnaire d'office par le C.C, à la requête du bureau de l'Assemblée ou du Garde des sceaux. Dans les cas visés à l'article L.O. 141-1 (rédaction de la L.O. du 14 février 2014) (mandat local exécutif) (v. supra n° 1387), le député est tenu de démissionner du mandat ou de la fonction qu'il détenait antérieurement, dans le délai de 30 jours. Le droit d'option disparaît en l'espèce. Ces dispositions s'appliquent au représentant européen (loi du 14 février 2014).

68. En revanche, dans les autres procès, la parole est libre : Me Roland Dumas, député de Dordogne a été le conseil, en 1987, de Christian Nucci, inculpé devant la Haute Cour de justice.

69. Un parlementaire ne peut faire l'objet, selon le principe de la séparation des pouvoirs, d'une nomination, promotion ou élévation dans l'Ordre national de la Légion d'honneur, ni recevoir une décoration (art. 12 de l'ord. du 17 novembre 1958).

70. En dépit du fait qu'une entreprise travaille de façon substantielle pour une personne publique, le C.C. a estimé que la détention d'une partie de son capital ne peut être assimilée à sa direction de fait (décision Marcel Dassault). De même, avant la modification de 2013, les fonctions de P.D.G. d'une société holding, quoique figurant au nombre des sociétés *faisant publiquement appel à l'épargne*, n'étaient pas incompatibles avec l'exercice d'un mandat parlementaire, au motif que ladite société ne poursuit pas *un objet exclusivement financier* (art. L.O. 146, 2e du Code électoral), (6 mars 1990, *Tapie, chr.* n° 54, p. 194).

Dans les autres cas d'incompatibilités mentionnés (L.O. 140), le même délai s'impose au député (art. L.O. 151-1). Il appartient, par ailleurs, au bureau de chaque assemblée d'examiner, au vu de la déclaration d'intérêts et d'activités déposée (art. L.O. 135-1 du Code électoral), la comptabilité des activités conservée avec l'exercice du mandat parlementaire. En cas de doute, le bureau ou le garde des sceaux ou l'intéressé, saisit le Conseil constitutionnel. Dans l'affirmative, le député régularise sa situation dans le délai de 30 jours. À défaut, le Conseil le déclare démissionnaire d'office (art. L.O. 151-2). Cependant, la démission d'office n'entraîne pas l'inéligibilité (art. L.O. 151-4).

B. LES IMMUNITÉS PARLEMENTAIRES (ART. 26 C)

1398 Il s'agit d'un système de *protection* contre les menaces ou mesures d'intimidation, allant jusqu'à son arrestation, dont un parlementaire pourrait être l'objet dans le cadre de son mandat, de la part du pouvoir politique ou des citoyens, nonobstant l'interdiction du mandat impératif (art. 27 C)[71]. Ce régime découle du principe de la séparation des pouvoirs en vue de conforter l'*indépendance des élus*. Il ne doit pas être interprété comme un privilège d'impunité, allant à l'encontre de l'égalité de tous devant la loi (art. 6 de la Déclaration de 1789), mais simplement un ensemble de *garanties* attachées au libre exercice du *mandat* représentatif. *Aucun représentant du pays n'a le droit de se dépouiller, lui-même d'une garantie qui n'a pas été créée pour lui, mais pour l'assemblée tout entière* (E. Pierre). Telle est la doctrine constante lorsqu'un député entend renoncer à son immunité pour assurer sa défense[72]. La protection du mandat parlementaire, posée par le décret du 23 juin 1789, présente les deux aspects de l'*irresponsabilité* et de l'*inviolabilité* (art. 26 C), auxquels il convient d'ajouter, en raison d'un lien de connexité, l'*indemnité* (art. 25 C et ord. du 13 décembre 1958) créée par la constitution de 1848. Une démocratie se doit, en effet, d'assurer l'indépendance et la dignité de la représentation nationale.

En dernière analyse, les parlementaires auteurs de crimes contre l'humanité ou de génocide, entre autres, sont désormais jugés par la Cour pénale internationale (art. 27 du statut) (art. 53-2 C, rédaction de la L.C. du 8 juillet 1999).

1. L'irresponsabilité parlementaire

1399 L'irresponsabilité s'analyse en une immunité de fond *(ou fonctionnelle)* qui protège le parlementaire pris en sa qualité d'*élu*, à raison des actes accomplis au titre de son mandat, dans l'enceinte parlementaire, selon le critère *ratione loci*. Les règles destinées à favoriser la liberté d'expression et de décision de la représentation nationale sont énoncées, de manière classique : *Aucun membre du Parlement ne peut être poursuivi, recherché, arrêté, détenu ou jugé à l'occasion des opinions ou des votes émis par lui dans l'exercice de ses fonctions* (art. 26, al. 1er C). La portée de l'irresponsabilité est générale, sans être illimitée.

71. V. C. GUÉRIN-BARGUES, *Immunités parlementaires et régime représentatif : l'apport du droit constitutionnel comparé (France, Angleterre, États-Unis)*, 2011.

72. La protection du mandat, *mesure d'ordre public* (E. Pierre) est d'interprétation *étroite : elle ne s'applique qu'à la seule* personne du parlementaire, à l'exclusion de son conjoint, de sa famille, de ses assistants parlementaires, de son coauteur ou complice. La saisie de documents est possible à son bureau sur réquisition du juge, après autorisation du président de l'assemblée, ou à son domicile. V. G. BERGOUGNOUS, Le statut de parlementaire. De l'application souveraine à la souveraineté du droit, *R.D.P.* n° spécial, 2002, p. 340.

a) La portée de l'irresponsabilité

1400 Cette immunité est *absolue* et *perpétuelle*. Elle est absolue, en ce qu'elle couvre tous les actes inhérents à l'exercice du mandat parlementaire (propos, votes, rapports, missions confiées par l'assemblée), tant du point de vue de la responsabilité civile, pénale que politique[73]. Au demeurant, elle est perpétuelle, en ce qu'elle survit à la fin du mandat[74].

b) Les limites à l'irresponsabilité

1401 Les parlementaires ne sont pas, pour autant, au-dessus des lois. Les actes *détachables* ou *extérieurs* à la fonction parlementaire engagent leur responsabilité. Rentrent sous cette dénomination, en premier lieu, les actes accomplis en tant que personne privée, et, en second lieu, ceux qui sont sanctionnés, au titre de la police de l'assemblée, par des peines disciplinaires.

α) Les actes extérieurs

1402 L'irresponsabilité ne saurait concerner les actes accomplis par l'élu agissant en tant que personne privée, ou *en dehors* de l'enceinte parlementaire, à l'occasion d'une réunion publique ; d'une intervention à la radio (vive critique d'une décision de justice, Cass., ch. criminelle, 7 mars 1988, *Forni*) ; à la télévision (mise en cause d'associations, CA Paris, 6 septembre 2001, *Guyard*) ou sur les réseaux sociaux ; d'un article de presse ; de la rupture du contrat de travail avec un assistant parlementaire ou d'une voie de fait commise sur un journaliste[75].

β) Les actes excessifs

1403 *C'est un axiome du gouvernement représentatif que la tribune ne relève que de la chambre.* Royer-Collard énonce la règle traditionnelle, selon laquelle *seule* l'assemblée est compétente pour sanctionner le comportement excessif de ses membres, qui perturbe gravement le déroulement de la séance.

Toutefois, l'action disciplinaire est empreinte de particularisme : elle concerne exclusivement *l'ordre de la séance publique*. À l'opposé, l'assemblée n'est pas juge du comportement de ses membres, en matière d'honneur ou de déontologie. La définition des fautes disciplinaires, ainsi que l'échelle des peines, sont mentionnées par le règlement de chaque assemblée. À ce sujet, on distingue deux catégories de sanctions, selon qu'elles sont prononcées par le président ou l'assemblée, sur la proposition de ce dernier. Le président seul *rappelle à l'ordre*, tout orateur qui le trouble. Il ne peut jamais être procédé à un vote, en ce cas. S'il persiste ou adresse des injures à un collègue, ou se livre à *un geste insultant* (un bras d'honneur...) tel Noël Mamère à l'Assemblée, en décembre 2009, il sera *rappelé à l'ordre avec inscription au procès-verbal*. Cette dernière peine comporte de droit, la privation, pendant un mois, du quart de l'indemnité parlementaire (*chr.* n° 133, p. 181).

73. Cependant, le parlementaire chargé d'une mission par le Gouvernement, qui est une *activité distincte*, ne peut s'en réclamer (C.C., 7 novembre 1989, *chr.* n° 53, p. 177). Au demeurant, le décret de nomination est *un acte détachable des rapports entre le pouvoir exécutif et le pouvoir législatif*, susceptible de faire l'objet d'un recours devant le juge administratif (C.E., 25 septembre 1998 *Mégret*, note Jean-Éric GICQUEL, *L.P.A.*, 2 juin 1999 A.N., rapport Fekl, 2014, n° 1989).

74. Il a été dérogé, cependant, à l'irresponsabilité, en 1945, à l'encontre des parlementaires qui avaient voté les pleins pouvoirs au maréchal Pétain, le 10 juillet 1940. Ceux-ci ont été frappés d'inéligibilité. Une mention particulière concerne les membres du Conseil d'État élus au Parlement : en qualité de fonctionnaire détaché, ils sont tenus, *dans la mesure compatible avec le libre exercice de leur mandat*, de respecter les obligations découlant de leur statut (art. 3 du décret du 30 juillet 1963). À un autre titre, le Conseil d'État (28 mars 1969, *Jannès A.J.D.A.* 1969 II, note V. Silvera) a décidé qu'un fonctionnaire pris à partie au cours d'une séance publique par un parlementaire a droit à obtenir réparation du préjudice causé, fût-ce à titre symbolique, non pas de celui-ci, mais de l'*État*, en application du statut général de la fonction publique.

75. Les relations entre l'élu et son assistant sont régies par le droit privé. V. X. PRÉTOT, Les collaborateurs des parlementaires et le droit du travail, *Droit social* 1986, p. 431.

L'assemblée prononce *la censure simple*, ainsi que la *censure avec exclusion temporaire*, pour les faits graves tels que : scène tumultueuse, appel à la violence, outrage envers l'assemblée ou son président ; injures ou menace envers le président de la République, les membres du Gouvernement et les assemblées prévues par la constitution[76]. La sanction encourue sera la privation pendant un mois de l'indemnité parlementaire, qui sera portée à deux mois, en cas d'exclusion. Pour la première fois, cette ultime sanction a été prononcée à l'encontre de Maxime Gremetz, en mars 2011, auteur d'un esclandre à l'Assemblée (*chr.* n° 138, p. 173)[77].

2. L'inviolabilité parlementaire

1404 *L'inviolabilité* est une immunité de *procédure* garantissant le parlementaire contre des poursuites *pénales*, abusives ou vexatoires, pour crimes ou délits, qui pourraient être intentées contre lui, à raison de faits *autres* que ceux concernant l'exercice de sa fonction, c'est-à-dire *étrangers* à celle-ci (art. 26, al. 2 et 3 C). Il s'agit d'éviter que le parlementaire, pris en sa qualité d'*individu*, cette fois-ci, ne puisse être l'objet d'intimidations ou d'arrestations injustifiées de la part du Gouvernement ou de ses partisans.

Autrement dit, l'inviolabilité ne consiste pas comme dans le cas précédent à supprimer l'infraction, mais à *retarder* le déroulement de l'action publique (ou pénale) à l'encontre du parlementaire, de manière à ce qu'il ne soit pas distrait de son mandat par des décisions inconsidérées ou précipitées. En clair, il ne s'agit pas pour une assemblée de soustraire l'un de ses membres au bras séculier, mais de procéder à l'examen de la matérialité des faits qui lui sont reprochés ; sachant qu'il lui est toujours loisible de suspendre, après coup, toute mesure coercitive prise à son encontre.

a) L'étendue de l'inviolabilité

1405 Traditionnellement, l'inviolabilité englobait la *poursuite* (ou l'engagement de l'action pénale) et l'*arrestation* du parlementaire. La révision constitutionnelle du 4 août 1995 la limite dorénavant à cette dernière circonstance. Ainsi, un juge d'instruction peut mettre un député en examen, selon la procédure de droit commun. En revanche, l'arrestation ou une mesure privative ou restrictive de liberté au titre du contrôle judiciaire (art. 138 du Code de procédure pénale) ne peut intervenir qu'avec l'autorisation du *bureau* de l'assemblée[78]. Cette autorisation n'est pas requise, cependant, en cas de crime ou de délit flagrant (c'est-à-dire dont *l'immédiateté* ne peut être niée) ou de condamnation définitive (nouvel al. 2 de l'art. 26 C)[79].

76. Des expulsions *manu militari* sont demeurées célèbres dans les annales parlementaires : celles du libéral Manuel, en 1823 ; des communistes, Doriot, en 1926, et Calas, en 1947, tandis que la censure simple était prononcée, en 1947 et 1950, contre quatre députés communistes. En dehors de quelques rappels à l'ordre, depuis 1958 (trois députés U.M.P., en avril 2013, lors du débat sur la loi *Mariage pour tous*), pour la première fois, l'Assemblée a voté la censure simple, le 2 février 1984, à l'encontre de trois députés de l'opposition (F. d'Aubert, A. Madelin, et J. Toubon) qui avaient mis en cause l'honneur du président Mitterrand (*chr.* n° 30, p. 159).

77. Sur recours de l'intéressé, le juge des référés du Conseil d'État a décliné sa compétence, le 28 mars 2011, au titre des actes politiques. Mais, le TGI de Paris a, de manière insolite, déclaré recevable la demande, et l'a jugée non fondée, le 21 septembre suivant (*chr.* n° 140, p. 142).

78. De manière inédite, sous la Ve République, un député a été condamné par une cour d'assises, en octobre 2001. Une peine d'emprisonnement avec sursis a été infligée, en juin 2005, à un autre, pour conduite d'un véhicule en état d'ivresse. *Errare humanum est !*

79. La protection ne s'étend pas aux locaux du parlementaire, fussent-ils situés dans l'enceinte de l'assemblée : un juge d'instruction a conduit une perquisition dans le bureau de Charles Ceccaldi-Raynaud,

b) La procédure de levée de l'immunité

1406 Conformément à la tradition, l'article 9 *bis* de l'ordonnance du 17 novembre 1958 (rédaction de la loi du 29 janvier 1996) prévoit que l'arrestation ou toute autre mesure privative ou restrictive de liberté prise à l'encontre d'un parlementaire doit faire, *à peine de nullité, l'objet d'une demande d'autorisation formulée par le procureur général près la cour d'appel compétente et transmise par le garde des sceaux, ministre de la justice, au président de l'assemblée intéressée.* La demande indique *précisément les mesures envisagées ainsi que les motifs invoqués.* En revanche, l'audition d'un parlementaire par un juge ne requiert pas une autorisation préalable du bureau. Il appartient à ce dernier de désigner en son sein une délégation des immunités représentative des groupes. Celle-ci auditionne le parlementaire et fait rapport devant le bureau. Le vote est public (art. 33 C). L'autorisation donnée *ne vaut que pour les faits mentionnés dans la demande* (art. 9 *bis* de l'ord. précitée)[80].

c) La suspension de l'action pénale

1407 De manière classique, une chambre peut requérir et obtenir la suspension de l'action publique : *la détention, les mesures privatives ou restrictives de liberté ou de poursuite d'un membre du Parlement sont suspendues pour la durée de la session si l'assemblée dont il fait partie le requiert* (nouvel al. 3 de l'art. 26 C). Cette disposition rompt avec la règle observée qui voulait que la suspension se prolongeât jusqu'à *la fin du mandat.* Une commission permanente est constituée, à la proportionnelle des groupes à l'Assemblée nationale (commission dite des *immunités*) et une commission *ad hoc* au Sénat, en vue de l'examen de la demande de suspension[81].

3. L'indemnité parlementaire

1408 Elle a pour objet de mettre l'élu à l'abri du besoin et éventuellement des tentations. Elle est indispensable à partir du moment où, le suffrage universel étant institué, des citoyens appartenant aux classes les moins favorisées de la nation sont susceptibles d'être élus. En corrélation avec la proclamation du suffrage universel, l'indemnité parlementaire a été instituée sous la Seconde République (art. 38 de la constitution de 1848).

Selon l'ordonnance du 13 décembre 1958, prise en application de l'article 25 C, l'indemnité parlementaire mensuelle comprend, à l'heure actuelle, deux parties : une partie fixe, appelée *indemnité principale* (ou de base) calculée par référence au traitement moyen des hauts fonctionnaires de la catégorie dite *hors échelle* de la grille indiciaire (art. 1er) : au 1er juillet 2010, elle s'élevait à la somme de 5 514,68 € ; une indemnité de résidence (3 %) de 165,44 €, d'une part, et une indemnité de fonction (25 % du total) s'élevant à 1 420,03 €, d'autre part, *variable* selon la participation aux travaux de

sénateur des Hauts-de-Seine, le 10 février 2004, et dans celui de Joëlle Ceccaldi-Raynaud, députée des Hauts-de-Seine, à l'Assemblée nationale.

80. Le bureau se prononce sur le *caractère sérieux, loyal et sincère* de la demande de levée, c'est-à-dire dénuée d'arrière-pensées politiques (C.C., 10 juillet 1962, *R.A.N.*, *Rec.* p. 17) à l'exclusion de la qualification pénale et de la réalité des faits invoqués, qui ressortissent à la compétence du juge, selon le principe de la séparation des pouvoirs. L'appréciation porte ainsi sur la procédure, non sur le parlementaire.

81. Le Sénat a voté, le 10 décembre 1997, une proposition suspendant la poursuite visant Michel Charasse à propos d'une amende infligée par un juge d'instruction (*chr.* n° 85, p. 172). Mais, l'A.N. a refusé, le 3 juin 2014, la suspension demandée par Henri Guaino, poursuivi pour outrage à magistrat, consécutif à des propos tenus à la radio-télévision (v. A.N., rapport Fekl, 2014, n° 1989). La levée de l'immunité de Serge Dassault (sénateur de l'Essonne) a été autorisée par le bureau en février 2014, à la suite d'une troisième demande ; le vote secret ayant été rejeté entre-temps (*chr.* n° 150, p. 154).

l'assemblée (l'intention... était louable), soit un *brut mensuel* de 7 100,15 €[82]. L'indemnité parlementaire est exclusive de toute rémunération publique (art. 4), en dehors du *cumul* autorisé pour les universitaires, les pensions civiles et militaires et l'exercice de mandats locaux[83].

Au surplus, le député perçoit trois crédits non fiscalisés, sans préjudice de prestations familiales. Tout d'abord, une indemnité représentative de frais de mandat (*I.R.F.M.*) destinée à couvrir des dépenses liées à l'exercice du mandat (voiture, loyer de la permanence, réception, habillement) d'un montant mensuel de 5 770 €. Ensuite, un crédit affecté à la rémunération de ses collaborateurs de 9 500 €, selon la même périodicité, sur décision du bureau de l'Assemblée. Enfin, une quote-part de la *réserve parlementaire* (130 000 € en moyenne, en dehors des membres du bureau, présidents de groupe et de commission), somme inscrite dans la loi de finances, mise à la disposition des parlementaires, pour l'attribution de subventions au plan local (v. *infra*, n° 1432). Les députés sont obligatoirement affiliés à un fonds propre de la sécurité sociale. S'agissant des anciens députés, non réélus, ils peuvent prétendre à une *allocation de chômage* modulée.

Le régime fiscal de l'indemnité parlementaire a évolué. Traditionnellement, elle était assujettie à l'impôt sur les revenus à hauteur de 55 % ou des onze vingtièmes, en contrepartie de sujétions particulières (loi du 4 février 1938). Elle est désormais soumise au régime de droit commun, à l'exclusion de l'indemnité de fonction, (art. 46 de la loi de finances rectificative pour 1992 du 31 décembre 1992).

Quant à la pension de retraite, dont le régime *fait partie du statut du parlementaire* (C.E., 4 juillet 2003, *Papon, R.D.P.* 2003, p. 1227, note J.-P. Camby), les élus cotisent aux caisses de retraite, soustraites au contrôle de la Cour des comptes, établies par les résolutions de la Chambre des députés, le 23 décembre 1904 et du Sénat, le 28 janvier 1905. Des modifications ont été introduites à l'unisson des lois de 2010 et 2014 portant réforme des retraites. La pension moyenne est actuellement de 2 700 € par mois. Par ailleurs, le vote d'une peine disciplinaire emporte de droit privation d'une partie de l'indemnité. En dehors d'une cotisation versée à leur parti, les élus sont assujettis à des *retenues obligatoires* : contribution *solidarité* en faveur des personnes privées d'emploi (loi du 4 novembre 1982), la contribution sociale généralisée (loi du 31 décembre 1990) et à celle relative au remboursement de la dette sociale (loi du 30 décembre 1995). À l'Assemblée, au-delà de deux absences mensuelles, sans excuse, aux réunions d'une commission, chaque absence donne lieu, de manière effective, à une retenue de 25 % sur le montant mensuel de l'indemnité de fonction (art. 42 R.A.N. résolution du 27 mai 2009).

Les parlementaires perçoivent, en définitive, un *net mensuel* de 5 148,77 € au 1er juillet 2010.

Au nombre des *avantages en nature* figurent : la franchise postale ; la gratuité des communications téléphoniques ; un équipement micro-informatique ; une carte de libre circulation sur le réseau ferroviaire et, en partie, aérien ; des bons de taxi ; des prêts très avantageux ; un bureau transformable en studio ; un immeuble à usage hôtelier existe pour les députés et le concours de trois assistants parlementaires depuis 1995[84].

82. Le montant de l'indemnité parlementaire a souvent alimenté l'antiparlementarisme (du geste de Baudin qui se fait tuer sur une barricade pour 25 francs, en décembre 1851 jusqu'à la querelle des 15 000 francs en 1906). La délibération à laquelle procédaient les assemblées était... un record de célérité. Un député de la IIIe République disait à ce propos : *Mon indignation n'a d'égale que ma satisfaction !* C'est la raison pour laquelle, pour éviter cette difficulté, la constitution de 1946 (art. 23) a aligné le montant de l'indemnité parlementaire sur le traitement des conseillers d'État. V. A. BAUDU, La réforme des régimes de pension des anciens députés et sénateurs : la fin d'un privilège parlementaire ?, *Droit social* 2011, p. 834.

83. Le parlementaire, titulaire de mandats locaux ou qui siège au conseil d'administration d'un établissement public local, ne peut cumuler les rémunérations et indemnités afférentes à ces mandats ou à ses fonctions avec son indemnité parlementaire de base que dans la limite d'un écrêtement : une fois et demie le montant de cette dernière (art. 4 de l'ord. du 13 décembre 1958). V. R. DOSIÈRE, *L'État au régime*, 2012.

84. Les assistants sont choisis librement ; leur salaire est pris en charge par le budget de l'assemblée, selon des modalités particulières. Ils peuvent demander leur inscription au barreau (décret du 3 avril 2012). Un avocat exerçant ces fonctions ne peut accomplir aucun acte de sa profession contre un parlementaire, un ancien parlementaire dont il a été l'assistant, cinq ans après leur cessation (décret du 27 novembre 1991, rédaction du décret du 4 mai 2004, *chr.* n° 111, p. 195). V. *Connaissance de l'Assemblée*, 7. Le statut du député, 2002 ; *Pour mieux connaître le Sénat*, 3e éd., 1993, p. 75 ; Th. RENOUX, Les moyens d'action de l'Assemblée nationale, *Pouvoirs* n° 34, p. 67 ; J.-P. CAMBY, note sous C.E., 21 octobre 1992, *Couveinhes, L.P.A.*, 2 avril 1993.

SECTION II L'ORGANISATION ET LE FONCTIONNEMENT DU PARLEMENT

1409 Selon le principe de la séparation des pouvoirs, les assemblées parlementaires jouissent de *l'autonomie*, en vue de favoriser leur libre administration, tant du point de vue structurel que fonctionnel, ainsi que la libre activité de leurs fonctionnaires, par rapport au pouvoir exécutif, d'une part, et de chacune d'entre elles, d'autre part. En ce cas, on évoque les *convenances parlementaires*, les *égards mutuels* (E. Pierre) que chaque assemblée doit à l'autre. L'ensemble des règles applicables aux assemblées forment, au sein du droit constitutionnel, le *droit parlementaire* ou la *science protectrice des assemblées politiques* (E. Pierre)[85].

Le droit parlementaire procède de plusieurs sources : la constitution, les L.O., les lois (dont l'ordonnance du 17 novembre 1958 relative au fonctionnement des assemblées), les règlements parlementaires *(R.A.N.* et *R.S.)*, les précédents, les conventions de la constitution et la jurisprudence constitutionnelle[86]. Au bénéfice de cette précision, on étudiera successivement les réunions du Parlement et son organisation.

§ 1. LES RÉUNIONS DU PARLEMENT

1410 Depuis la révision du 21 juin 1879, qui a transféré le siège des pouvoirs publics de Versailles à Paris, le Palais Bourbon est affecté à l'Assemblée nationale ; le Palais du Luxembourg au Sénat, tandis que, le moment venu, pour des raisons pratiques, le château de Versailles accueille le Congrès du Parlement[87].

Toutefois, lorsque les circonstances exigent un transfert du siège dans une autre ville (on songe à celles visées à l'article 16 C), le Gouvernement prend en accord avec les présidents des assemblées, toutes mesures pour permettre au Parlement de siéger à proximité du lieu où se trouvent les titulaires du pouvoir exécutif (art. 1er de l'ord. du 17 novembre 1958).

85. D'où la définition classique de Marcel Prélot : *Cette partie du droit constitutionnel qui traite des règles suivies dans l'organisation, la composition, les pouvoirs et le fonctionnement des assemblées politiques.* La révision de 2008 a valorisé le droit parlementaire.

86. V. E. PIERRE, *Traité de droit politique électoral et parlementaire*, 5e éd., 1924 (réed.) *et Nouveaux suppléments*, 1924 à 1978 ; E. BLAMONT, *Les techniques parlementaires*, 1958 ; P. AVRIL et J. GICQUEL, *Droit parlementaire*, 4e éd., 2010 ; M. PRÉLOT, *Droit parlementaire*, I.E.P. Paris, 1953-1954 et 1957-1958 ; J. BENETTI, *Le droit parlementaire et le fait majoritaire à l'Assemblée nationale*, thèse Paris-I, 2004 ; Chr. GUETTIER, *Le Conseil constitutionnel et le droit parlementaire sous la Ve République*, thèse Paris-I, 1986 ; J.-L. HÉRIN, *Le Sénat en devenir*, 2e éd., 2012 ; P. JAN, *Les assemblées parlementaires françaises,* 2e éd., 2010 ; J.-P. CAMBY, Le droit parlementaire, droit de la minorité ?, *Mélanges Pierre Avril*, 2001, p. 419 et Actes parlementaires, *Répertoire contentieux administratif,* Dalloz, 2012 ; J. GICQUEL, Sur l'autonomie du droit parlementaire, *Mélanges Dmitri Georges Lavroff*, 2005, p. 189 ; M. LAFLANDRE, *Les sources du droit parlementaire sous la Ve République*, 1996 ; L. HAMON, Une discipline juridique ancienne et nouvelle : le droit parlementaire, *D.* 1989, p. 294 ; J.-P. MACHELON, Droit parlementaire, *in Dictionnaire de la culture juridique*, 2003, p. 511 ; J.-L. PEZANT, Quel droit régit le Parlement ?, *Pouvoirs* nº 64, 1993, p. 63 ; *Le nouveau Règlement de l'Assemblée nationale*, (R.A.N.), Paris-I (C.R.D.C.), 2011 ; Le Parlement français et le nouveau droit parlementaire, *Jus Politicum*, 2012.

87. Les parlementaires siègent séparément, sauf en cas de réunion du Congrès (art. 18, 88-5 et 89 C) ; de la Haute Cour (art. 68) et d'une commission mixte paritaire (art. 45).

À l'époque de la Révolution, les assemblées siégeaient en permanence, mais c'était là une mauvaise méthode. La monarchie parlementaire a introduit, à partir de 1814, le principe des *sessions*, à l'instar du Royaume-Uni. Il a été conservé depuis.

A. LES SESSIONS PARLEMENTAIRES

1411 Les assemblées siègent normalement selon le principe de la *simultanéité* dans le cadre de sessions. On en distingue trois sortes : la session ordinaire et les sessions extraordinaire et de plein droit.

1. La session ordinaire (art. 28 C)

1412 La recherche de la gestion optimale du temps, conjuguée à la volonté du président Philippe Séguin de renforcer le contrôle parlementaire, tant à l'égard du Gouvernement que des instances communautaires, est à l'origine, en 1995 de la session *unique ou ordinaire* de neuf mois[88].

Désormais, *le Parlement se réunit de plein droit en une session ordinaire qui commence le premier jour ouvrable d'octobre et prend fin le dernier jour ouvrable de juin* (nouvel art. 28, al. 1er). *Le nombre de jours de séance que chaque assemblée peut tenir au cours de la session ordinaire ne peut excéder 120. Les semaines de séance sont fixées par chaque assemblée* (al. 2). Toutefois, *le premier ministre, après consultation du président de l'assemblée concernée ou de la majorité des membres de chaque assemblée, peut décider la tenue de jours supplémentaires* (al. 3)[89].

Autrement dit, à l'unisson du droit comparé[90] ou du rythme universitaire, cette session revient systématiquement dans l'année, à des dates préfixes, sans autre convocation que celle du temps qui s'écoule. En dehors du pouvoir constituant en 1958, (art. 90 C), rien ne saurait l'interrompre, pas même la dissolution, comme on a pu le vérifier en 1997. En revanche, la tradition parlementaire veut qu'une assemblée suspende ses travaux en séance *plénière* (à l'exclusion de ceux des commissions) et s'en remette à son président du soin de la convoquer à l'occasion des élections, nationales et locales, à l'exception des élections européennes et des référendums nationaux[91].

2. La session extraordinaire (art. 29 et 30 C)

1413 En dehors de la session ordinaire, l'article 29 C autorise la tenue de sessions *extraordinaires, sur un ordre du jour déterminé*, qui sont ouvertes, soit à l'initiative du premier ministre, soit à celle de la

88. Les constituants en 1958 avaient réduit la durée des sessions, en raison de l'accroissement du pouvoir normatif du Gouvernement (art. 37 C). L'article 28 C prévoyait que la première session commençait le premier mardi d'octobre et prenait fin le troisième vendredi de décembre ; la seconde session s'ouvrant le dernier mardi d'avril, pour une durée ne pouvant excéder trois mois. Ces dates étaient incommodes. La révision du 30 décembre 1963 avait modifié le calendrier : la première session dite *d'automne*, consacrée principalement au vote de la loi de finances, s'ouvrait le 2 octobre (sauf jour férié) et s'achevait 80 jours plus tard ; la seconde dite *de printemps*, débutait le 2 avril et se terminait 90 jours plus tard, soit 170 jours de sessions ordinaires par an.

89. Au-delà du rejet d'une *démocratie à mi-temps* (Ph. Séguin), cette solution aboutit à une meilleure gestion du temps en supprimant les deux débuts et fins de sessions marqués par la lenteur et la précipitation. Mais des vacances ont été prévues au sein de la session ordinaire, à l'image du rythme universitaire : vacances de fin d'année, d'hiver et de printemps. Pour la première fois, en juin 2009, le seuil des 120 séances a été dépassé.

90. La session unique a cours dans des États de l'Union européenne (Belgique, Danemark, Royaume Uni, Suède), au Canada, et aux États-Unis. V. M. AMELLER, *C.R.F.*, p. 810 ; J. GICQUEL, Le temps parlementaire *in La réforme du travail législatif*, 2006, p. 13.

91. La clôture de la session ordinaire est retardée de droit en matière de suspension de l'action publique à l'encontre d'un parlementaire (art. 26 *in fine* C) et de mise en jeu de la responsabilité du Gouvernement (art. 51 C, rédaction de la L.C. du 4 août 1995). En cas de dissolution de l'Assemblée, la tradition veut que le Sénat s'ajourne ; les travaux des commissaires perdurent, cependant.

majorité des députés, par un décret du président de la République (art. 30 C). Si l'exécutif a usé largement de cette faculté, en vue de l'achèvement des travaux législatifs, en revanche, il a fallu attendre mars 1979, pour assister à la première et seule session convoquée à la demande de ceux-ci. En ce dernier cas, la durée de la session est *limitée*, dès que le Parlement a épuisé l'ordre du jour et au plus tard 12 jours à compter de sa réunion (art. 29, al. 2). La clôture de la session résulte d'un décret du chef de l'État (art. 30). On sait que celui-ci dispose, en la matière, d'un pouvoir d'appréciation discrétionnaire, concernant l'ordre du jour de la session, voire son opportunité (v. *chapitre III*). Seul, le premier ministre peut demander une nouvelle session avant l'expiration du mois qui suit le décret de clôture (art. 29 *in fine*). Depuis 2002, le Parlement est régulièrement convoqué en juillet et septembre, au point de siéger de façon quasi permanente désormais. Il est, en outre, spécialement réuni en Congrès (art. 18, 88-5 et 89 C).

3. La session ou réunion de plein droit (art. 12 et 16 C)

1414 En application de la constitution, le Parlement s'assemble automatiquement, au vu de certaines circonstances. Après dissolution, la nouvelle Assemblée se réunit de plein droit, le second jeudi, qui suit son élection. Si cette réunion a lieu *en dehors* de la période prévue pour la session ordinaire, une session est ouverte *de droit* pour une durée de quinze jours (art. 12 C). Il en est de même, au cas où le président de la République décide d'exercer une dictature de salut public (art. 16 C).

B. LES SÉANCES DU PARLEMENT

1415 En dehors de la fixation de l'ordre du jour (v. *infra*, n° 1434), *les jours et les horaires des séances sont déterminés par le règlement de chaque assemblée* (art. 28 C). Ce principe traditionnel de droit parlementaire étale la semaine de travail entre le mardi et le jeudi et la partage entre les matinées réservées aux travaux des commissions et les après-midi aux délibérations plénières.

1. La publicité des séances

1416 Les séances du Parlement sont publiques (art. 33 C)[92]. La publicité résulte du compte rendu des débats au *Journal officiel*, de la présence de spectateurs, et des informations portées sur les sites Internet des assemblées. Les débats sont enregistrés. Les séances sont retransmises par la *Chaîne parlementaire* (loi du 30 décembre 1999), propre à chacune d'entre elles. Une assemblée peut siéger, en comité secret, à la demande du premier ministre ou si elle en décide elle-même, sur proposition d'un dixième de ses membres (art. 33 C). Le dernier exemple remonte au 19 avril 1940. Les commissions organisent la publicité de leur débat par des moyens appropriés, depuis 1988. Des auditions sont organisées en présence de la presse. La séance publique à l'Assemblée peut aussi se tenir à la salle Lamartine (le *petit hémicycle*). L'usage des *tweets* et des tablettes s'y est répandu, lors du débat sur le projet *Mariage pour tous*, en février 2013. Hors celui du Congrès, l'hémicycle reste interdit au chef de l'État. Mais, il est accessible aux personnalités, au titre de *la diplomatie parlementaire* ; aux ministres, entendus à leur demande, et aux *commissaires du Gouvernement* (membre du cabinet ou directeur d'administration centrale) qui les assistent dans la discussion législative (art. 31 C). Ceux-ci sont nommés par décret.

92. L'hémicycle a été longtemps comparé à un sanctuaire. Seul le président américain Wilson, accompagné de son homologue français Poincaré, fut admis aux honneurs de la séance ; la Chambre des députés ne siégeant pas, le 3 février 1919. À l'occasion de la commémoration de son centenaire le 27 mai 1975, le Sénat a accueilli le président Giscard d'Estaing, après que l'hémicycle eût été *déparlementarisé*. En 1993, le précédent a été créé avec les réceptions du roi Juan Carlos à l'Assemblée et du chancelier Kohl au Sénat. L'Assemblée a reçu les présidents tunisien et italien, en juillet et octobre 2012. Des militants de Greenpeace ont perturbé une séance, après avoir tenté d'accéder au Palais Bourbon par le toit, en décembre 2009 (*chr.* n° 133, p. 162 et 191). Un *streaker*... fera irruption au Palais du Luxembourg, en mai 2005 (*idem*, n° 115, p. 215). V. B. MOREAU, *Protocole et cérémonial parlementaires*, 1997 ; D. JAMOT, *Le Parlement et les relations internationales*, 2013.

Le président et le rapporteur de la commission y sont entourés de fonctionnaires parlementaires. Un membre du C.E.S.E. peut venir exposer l'avis de son assemblée. Le premier président de la Cour des comptes et le défenseur des droits accèdent à l'hémicycle à l'occasion du dépôt de leur rapport.

2. La fixation de l'ordre du jour

1417 Véritable enjeu de pouvoir, cette notion revêt un caractère *stratégique*, en ce sens qu'aucune question ne peut être délibérée sans y figurer. Les séances du Parlement se déroulent suivant un *programme de travail* fixé à l'avance, qu'on appelle l'*ordre du jour*. Avant 1958, les assemblées en étaient *maîtresses*, sous réserve du droit pour le ministère d'être entendu lorsqu'il le demandait ou d'engager son existence. En réaction, la constitution de 1958 accorde, à titre principal, au Gouvernement le pouvoir décisif de déterminer le calendrier parlementaire. Mais, les assemblées ont recouvré une marge d'autonomie, à partir de 1995, au point de parvenir, en principe, au *partage* (art. 48 C, rédaction de la L.C. du 23 juillet 2008).

a) La priorité gouvernementale initiale

1418 Le Gouvernement verrouillait le travail parlementaire. À la suite de la translation de la fonction décisionnelle à ce dernier en 1958, l'article 48 C apportait un changement radical, en inversant la règle traditionnelle : l'ordre du jour des assemblées comportait, *par priorité et dans l'ordre que le Gouvernement avait fixé, la discussion des projets de loi... et des propositions de loi acceptées par lui*, ainsi que des résolutions communautaires (art. 88-4 C) (C.C., 17 décembre 1992, *R.A.N., chr.*, n° 65, p. 216). La fixation emportait aussi, dans les mêmes conditions, la modification subséquente de cet ordre du jour *prioritaire* ou *réservé*.

b) Le principe actuel du partage

1419 Après la révision de 1995 créant un ordre du jour *prioritaire* pour chaque assemblée (une séance par mois, appelée *la niche*), celle de 2008 consacre une proposition *phare* du comité Balladur : la séquence ou le rythme des quatre semaines. À savoir, en première lecture, au titre de la session *ordinaire* : deux semaines de séance sur quatre sont réservées par priorité au Gouvernement (art. 48, al. 2) ; deux semaines aux assemblées, dont une *sanctuarisée*, est affectée au contrôle de l'action de ce dernier et à l'évaluation des politiques publiques (al. 4). En outre, un jour de séance par mois est réservé dans chaque assemblée à l'initiative des groupes d'opposition et à celle des groupes minoritaires, c'est-à-dire membres de la majorité (al. 5), sans préjudice d'une séance par semaine au moins de questions orales au Gouvernement (al. 6). L'adoption d'un projet ou d'une proposition d'une loi au cours de cette dernière séance entraînerait la censure (C.C., 9 août 2012, *Loi de finances rectificative pour 2012*, *chr.* n° 144, p. 177).

Mais, en pratique, le Gouvernement s'y retrouve en grevant le temps parlementaire. Outre la multiplication des sessions extraordinaires, qui ne sont pas concernées, et la tenue de jours supplémentaires de séance (art. 28 C), il dispose de la *priorité,* dans l'inscription à l'ordre du jour, fût-ce dans la semaine réservée au contrôle parlementaire (art. 48, al. 4 C), car priorité ne signifie pas exclusivité (C.C., 14 novembre 2013, *Indépendance de l'audiovisuel*, *chr.* n° 149, p. 227) ; fût-ce dans une semaine d'initiative parlementaire, pour l'examen des projets de loi de finances ; de financement de la sécurité sociale, au point de *préempter* la période d'automne ; les projets relatifs aux états de crise (art. 36 C), les demandes d'autorisation d'opérations militaires extérieures (art. 35) et des textes transmis par l'autre assemblée depuis six semaines. La conférence des présidents (en un mot, la majorité) peut rétrocéder au Gouvernement une séance, voire une semaine, tout comme un projet de loi peut être inscrit à l'ordre du jour parlementaire (majoritaire, en clair)[93]. L'agenda parlementaire n'est donc pas entièrement sanctuarisé ; le Gouvernement ayant préservé sa temporalité. Au total, l'ordre du jour éclaté est devenu une *véritable mosaïque* (Chr. Pallez).

93. V. B. ACCOYER, La réforme de la procédure législative *in Les lois organiques et la mise en œuvre de la révision constitutionnelle* (C.R.D.C.) (Université de Paris I), 2009, p. 59 ; J.-L. PEZANT, *C.R.F.*, p. 1204 ; G. BERGOUGNOUS, L'ordre du jour partagé et les nouveaux rythmes du travail législatif, *in Le nouveau Règlement de l'A.N.*, *op. cit.*, p. 19.

3. Le déroulement de la séance

1420 Sa tenue a évolué, hormis le cérémonial d'ouverture du 27 nivôse an VIII (17 janvier 1800). Le Gouvernement conserve des prérogatives importantes, pour lutter contre les amendements. La logique majoritaire ôte tout élément d'incertitude ou de surprise. Mais, depuis l'examen en 1980 de la loi *sécurité et liberté*, la flibuste ou l'obstruction a été redécouverte. D'où d'âpres batailles : presse (1983-1984) ; révision de la loi Falloux (1993) ; réforme des retraites (2003) ; réforme de l'assurance-maladie (2004) ; énergie (2006). En vue d'y remédier, à l'initiative du président Accoyer, l'Assemblée nationale a instauré une procédure efficace impartissant des délais pour l'examen d'un texte en séance (le *temps législatif programmé* ou le *crédit-temps*) (art. 49 R.A.N.) qui garantit, cependant le droit d'expression de tous les groupes parlementaires, en particulier ceux d'opposition (art. 17 et 18 de la L.O. du 15 avril 2009) (v. *infra*, n° 1513). À l'opposé, le Sénat a préféré la procédure de la *clôture* du débat (art. 38 R.S.) ; l'obstruction étant étrangère à sa tradition. Au surplus, la délibération s'est *juridicisée* à l'ombre du Conseil constitutionnel[94].

4. Les modes de votation

1421 *Le droit de vote des membres du Parlement est personnel* (art. 27 C). Mais, ils sont autorisés exceptionnellement à *déléguer* ce droit dans certains cas (maladie ; mission temporaire confiée par le Gouvernement), sauf en matière de propositions de nomination (art. 13 C) (art. 1er et 3 de l'ord. du 7 novembre 1958, rédaction de la L.O. du 23 juillet 2010) et de destitution du chef de l'État (art. 68 C) (v. *chapitre III*). *Nul ne peut recevoir délégation de plus d'un mandat* (art. 27 C). À l'assemblée, le vote personnel, et non *le vote par les clefs* (M. Ameller), a été consacré par décision du président Philippe Séguin en 1993[95] ; le bureau a décidé, en 2014, de supprimer les délégations de vote pour les scrutins publics et de publier les noms des votants. Par ailleurs, on y observe, depuis 1997, une pratique destinée à endiguer l'absentéisme... de la majorité, consistant à séparer dans le temps la discussion et le vote solennel du texte de loi. Ce dernier intervient généralement le mardi, à l'image des *heures de vote* du Parlement européen. La majorité peut, de la sorte, repousser une proposition de loi de l'opposition débattue dans son ordre du jour mensuel (*chr.* n° 133, p. 193). En revanche, le vote personnel demeure ignoré au Sénat. Au moyen du système des *boîtiers,* les présents y détiennent les boîtes à bulletins des absents[96].

Le vote est valable, indépendamment du nombre de parlementaires en séance, car selon un principe *l'assemblée est toujours en nombre pour délibérer et régler son ordre du jour.* Ce n'est que dans l'hypothèse d'une demande de *vérification du quorum* (c'est-à-dire de la présence minimale de la majorité des membres *dans* l'assemblée) que la validité des votes peut être appréciée. Faute de quorum, le vote ne peut avoir lieu et la séance est levée. Ainsi le quorum *est nécessaire pour voter, et non pour discuter* (E. Pierre).

94. V. M. AMELLER, Plaidoyer pour une organisation rationnelle des débats à l'Assemblée nationale, *Mélanges Jean Gicquel*, 2008, p. 1 ; P. GÉLARD, Remarques impertinentes sur la séance publique au Sénat, *idem*, p. 185 ; Chr. PALLEZ, La réforme du règlement de l'A.N. : le temps législatif programmé, *in Le nouveau Règlement de l'A.N.*, *op. cit.*, p. 31.

95. Grâce au vote électronique introduit à l'A.N., en 1959, l'*assemblée des serruriers* (E. Claudius-Petit) avait remplacé celle des législateurs. De manière inattendue, le C.C. (23 janvier 1987, *Diverses mesures sociales, Rec.* p. 13) avait validé cette pratique. En laissant sa clef à la disposition de son groupe, le député votait par procuration, et disposait, par surcroît du don d'ubiquité en demeurant dans sa circonscription. *La Nation donne à ses délégués des pouvoirs pour agir, non pour se réfugier dans le silence, et la plus haute parole des assemblées politiques c'est le vote*, notait E. Pierre. Il faut, toutefois, observer qu'un certain... taux d'absentéisme est une condition du bon travail législatif. V. G. BERGOUGNOUS, Des scrutins publics plus transparents : la décision du 5 février 2014 du bureau de l'A.N., *Constitutions* 2014, p. 44.

96. Au Sénat, il est procédé au *pesage électronique* des bulletins de vote (J.-L. Hérin). Ceux-ci se présentent sous forme de plaques nominatives déposées dans trois urnes : *pour, contre* et *abstention.* Un élu centriste, qui votait pour son groupe, a commis une erreur de manipulation, en décembre 2009, à l'origine du rejet du projet de loi relatif aux circonscriptions électorales de l'A.N. (*chr.* n° 133, p. 193) ; V. J.-Cl. NÉMERY, Le principe du vote personnel dans la constitution de la Ve République, *R.D.P.* 1987, p. 995 ; F. ROUVILLOIS, Heurs et malheurs d'un principe : le vote personnel des députés, *ibid.* 1998, p. 781.

Selon la tradition républicaine, qui a aboli le vote secret, les séances sont *publiques* (art. 33 C). C'est en principe, par *un vote à main levée*, lequel ne laisse pas de traces, qu'une assemblée prend une décision, sauf pour des nominations personnelles (élection du président de l'assemblée). En cas de doute sur le résultat, il est procédé au *vote par assis et levé*. Un scrutin public à la tribune intervient dans certains cas (vote d'une motion de censure ; engagement de responsabilité du Gouvernement) (art. 49 C).

En principe, les questions mises aux voix sont adoptées (sauf dispositions contraires de la constitution) à la majorité des suffrages *exprimés*, c'est-à-dire, à la *pluralité*. En cas d'égalité de suffrage, cette question n'est pas adoptée. Le résultat de la délibération est proclamé par le président. Il ne peut pas être remis en cause. Le principe du *vote acquis* résulte du fait qu'*aucune rectification de vote n'est admise après la clôture du scrutin*. À preuve, le précédent fameux du vote de l'amendement Wallon, le 30 janvier 1875 : *Le vote est acquis, je ne le laisserai pas discuter*, répondit le président Buffet, à une demande de rectification de vote.

§ 2. L'ORGANISATION INTERNE DU PARLEMENT

1422 Selon le principe de la séparation des pouvoirs, une assemblée arrête son organisation interne. Sur la base de la constitution et de son *règlement*, cette dernière repose sur un *distinguo* entre les *organes directeurs* et les *organes de travail*. En outre, chaque assemblée dispose de *services législatifs et administratifs*, placés sous l'autorité du bureau, au sein desquels sont regroupés les fonctionnaires parlementaires[97].

A. LE RÈGLEMENT DE L'ASSEMBLÉE

1423 Il s'agit d'une sorte de *loi intérieure* de l'assemblée, (E. Pierre), *le lieu des débats réglés* (P. Bourdieu), qui organise son fonctionnement et sa discipline. Il est pris juridiquement sous la forme d'une *résolution* qui, depuis 1958, avant sa mise en application et de toute modification subséquente, est soumise *obligatoirement* au Conseil constitutionnel (art. 61 C). Sous un aspect anodin, le règlement s'est avéré une redoutable *machine à organiser des débats* (M. Prélot), dont la force a éclipsé la constitution dans la tradition française. Sous la Révolution, des observateurs anglais ont considéré que les impulsions souvent fâcheuses des assemblées étaient dues, pour une part, aux imperfections de leur règlement[98].

97. Les services législatifs dépendent du secrétaire général et les services administratifs du secrétaire général de la questure. Les fonctionnaires parlementaires concourent avec efficacité, loyauté et disponibilité au bon fonctionnement des services. Fonctionnaires de l'État (art. 72 II de la loi de finances du 23 février 1963), ils sont, au nom du principe d'autonomie du Parlement, indépendants de l'exécutif. Ils relèvent d'un statut *autonome* (art. 2 de la loi du 13 juillet 1983) et très avantageux. La juridiction administrative est appelée à connaître des seuls litiges d'ordre individuel (art. 8 de l'ord. du 17 novembre 1958) ; interprétation confirmée par le C.C. (13 mai 2011, *Syndicat des fonctionnaires du Sénat*, *chr.* n° 139, p. 146) ; V. *L'Assemblée nationale dans les institutions françaises* (A.N.), 2009, 3e éd. ; H. DESCLODURES, *Le droit administratif des assemblées parlementaires*, thèse Lille II, 1999 ; L. DOMINGO, *Les actes internes du Parlement*, 2008 ; Y. PALAU, L'évolution du statut des personnels des assemblées parlementaires, *R.F.D.C.* 1998, p. 321.

98. V. R. BONNARD, *Les règlements des assemblées législatives de la France depuis 1789*, 1926 ; C. BUNIET, *Les règlements des assemblées parlementaires en France depuis 1871*, thèse Paris, 1967 ; S. SANCHEZ, *Les règlements des assemblées nationales (1848-1851)*, thèse Aix-Marseille III, 2010 ; D. RUZIÉ, Le nouveau règlement de l'Assemblée nationale, *R.D.P.* 1959, p. 863.

1. La maîtrise traditionnelle des assemblées sur leur règlement avant 1958

1424 À l'image de sa souveraineté, jusqu'en 1958, chaque assemblée était *maîtresse de son règlement*, c'est-à-dire qu'elle l'établissait en toute *indépendance*, voire au mépris de la constitution. À ce propos, des institutions importantes y ont pris naissance. C'est par ce biais que la technique de l'*interpellation* a vu le jour, sous la Monarchie de juillet, au cours des années 1830-1831. C'est par une modification du règlement du Conseil de la République, due à Michel Debré, le 14 juin 1949, que la *question orale avec débat* s'est développée au palais du Luxembourg. L'Assemblée nationale s'est émue, à l'époque, de cette initiative, qu'elle considérait comme contraire à la constitution, puisqu'elle tendait à rétablir au Conseil de la République une sorte de droit d'interpellation, susceptible de mettre en cause, un jour ou l'autre, la responsabilité politique du cabinet, contrairement à la volonté des constituants. Mais, le chef de l'État, à qui le président de l'Assemblée nationale s'était plaint, ne put que prendre acte du fait. Le 27 juillet 1949, Vincent Auriol déclara à Édouard Herriot : *J'ai étudié les moyens de donner satisfaction à l'Assemblée. Malheureusement, la constitution ne prévoit absolument aucun moyen pour faire abroger les articles d'un règlement d'une assemblée parlementaire. Ni l'Assemblée nationale, ni le Gouvernement ni le président de la République ne peuvent intervenir en cette matière ; chaque assemblée est maîtresse de son règlement.*

On le constate, sous couvert de dispositions techniques, le règlement s'affranchit, à ce moment, du respect dû à la constitution, au point de disposer, dans la pratique, d'une autorité *supérieure*.

Selon la formule classique, *le règlement est un instrument redoutable aux mains des partis, il a souvent plus d'influence que la constitution elle-même sur la marche des affaires* (E. Pierre). Michel Debré a tiré de ces précédents, en 1958, d'utiles enseignements en limitant l'autonomie réglementaire des assemblées.

2. Le changement fondamental de 1958

1425 La souveraineté du Parlement ayant été abolie, en 1958, les constituants ont souhaité, de façon significative, que les règlements des assemblées fussent obligatoirement contrôlés, avant leur entrée en application, par le Conseil constitutionnel[99]. À l'instant même où sur la base du principe de la *rationalisation* de l'activité parlementaire, des dispositions qui y figuraient ordinairement étaient *incorporées* dans la constitution (nombre des commissions, art. 43 ; exercice du droit d'amendement art. 40, 41 et 44, *etc.*)[100].

Le C.C. (17-18 et 24 juin 1959, *R.A.N., G.D.*, n° 3) a été interprété strictement les nouvelles règles. Il s'est opposé, par exemple, à ce qu'une question orale avec débat s'achève par un vote, de crainte qu'elle ne dégénère, sous couvert de *proposition de résolution*, à l'interpellation de jadis. Ce faisant, le juge a eu pour souci (sinon comme réflexe) de se porter au secours de la constitution et, tout spécialement de son arsenal rationalisé, face à une tentative de débordement ou de grignotage. En revanche, par suite d'une inadvertance, l'ordonnance du 17 novembre 1958 relative au fonctionnement des assemblées, a valeur de loi *ordinaire*, et non de loi organique, a eu pour effet de l'affranchir du contrôle *obligatoire* du Conseil (art. 61, al. 1er C). Une brèche dans le cantonnement du Parlement a été ainsi ouverte.

Un arrangement ou un accommodement institutionnel parvient au même résultat ; le Conseil ne pouvant le contrôler. De sorte, qu'à l'exemple de la sagesse populaire, selon laquelle moins on en dit, mieux on se porte, la sagesse parlementaire inclinera à la concision : *moins on écrit, mieux on agit.* À cet égard, le Sénat privilégie cette démarche.

Cependant, la révision du 23 juillet 2008, tout en réévaluant le rôle des assemblées, n'en a pas moins mis en place un contrôle renforcé, sous l'aspect d'un *double encadrement* de leur activité confié

99. Le C.C. n'a pas hésité à se reconnaître compétent à l'égard du Congrès du Parlement, assemblée constituante, donc souveraine (v. *chapitre I*). Le règlement des assemblées est complété par une *instruction générale (I.G.B.)*, élaborée par leur bureau, qui porte application de certaines de ses dispositions. Elle est soustraite, en revanche, au contrôle du juge.

100. V. S. de CACQUERAY, *Le Conseil constitutionnel et les règlements des assemblées*, 2001.

au Conseil constitutionnel : qu'il s'agisse de la L.O. du 15 avril 2009[101] et de sa traduction mécanique par les règlements des assemblées. Par suite, ceux-ci ont été validés, *globalement* le 25 juin 2009, exactement un demi-siècle après un contrôle retentissant[102].

En dernière analyse, selon une jurisprudence constante (C.C., 27 juillet 1978, *Procédure pénale*, *Rec.* p. 31) le règlement d'une assemblée *n'a pas, en lui-même, valeur constitutionnelle*. Il relève d'une légalité spéciale, interne aux chambres. Son inobservation *ne saurait avoir pour effet de rendre la procédure législative contraire à la constitution* (10-11 octobre 1984, *Entreprises de presse, chr.* n° 32, p. 180).

B. LES ORGANES DIRECTEURS

1426 Ils sont constitués respectivement par le *bureau* de l'assemblée et la *conférence des présidents*. Dans la pratique, celle-ci est appelée à jouer un rôle déterminant, en raison de la présence en son sein des présidents des *groupes* parlementaires.

1. Le bureau de l'assemblée

1427 En dehors du *bureau d'âge*, composé du doyen d'âge et des six plus jeunes élus, qui préside la séance inaugurale de la législature, le bureau de l'assemblée en dirige la vie intérieure et les travaux. C'est une autorité *collégiale* composée d'un président, de vice-présidents, de questeurs et de secrétaires[103].

Sous les IIIe et IVe Républiques, il était admis que le bureau de chaque assemblée devait être *représentatif* de l'ensemble des opinions de ses membres. Le principe a été respecté par le Sénat. Toutefois, à l'Assemblée nationale, où il est indiqué qu'il doit s'efforcer d'en reproduire la configuration politique (art. 10, al. 2), la tendance inverse a prévalu, à l'origine[104]. De 1958 à 1966, le groupe communiste n'y a pas siégé, de même, il s'en exclut de 1986 à 1987, afin de protester contre l'entrée du Front national. Au Sénat, les non-inscrits y sont représentés et, en 2001, pour la première fois depuis 1947, le groupe communiste.

En dehors du président de l'assemblée, élu au scrutin secret à la tribune, les autres membres sont choisis par accord entre les présidents de groupe. En cas de désaccord, la nomination a lieu au scrutin majoritaire. À l'issue de l'élection du bureau, le président de l'assemblée en notifie la composition au

101. Après déclaration de conformité du C.C. (9 avril 2009), la L.O. du 15 avril 2009 arrête la procédure de la résolution (nouvel art. 34-1 C) ; celle de la présentation des projets de loi (nouvel art. 39) et tout particulièrement, celle afférente au droit d'amendement (nouvel art. 44). Le C.C. a censuré notamment la disposition qui ne permettait pas au Gouvernement d'assister aux votes en commission (v. *infra*, n° 1512) (*chr.* n° 130, p. 184).

102. L'Assemblée et le Sénat ont modifié leur règlement (résolutions des 27 mai et 2 juin 2009) à la suite de la révision constitutionnelle de 2008 et de la L.O. du 15 avril 2009. La réévaluation du Parlement n'ayant pas privé pour autant le Gouvernement de moyens d'action, le C.C. a veillé au respect de ces nouveaux équilibres ; aux droits de tous les groupes politiques et à la recevabilité financière des amendements, au Sénat. V. *Le nouveau Règlement de l'A.N., op. cit.*, 2010.

103. En cas de dissolution de l'A.N., le président et les questeurs assument les pouvoirs d'administration générale du bureau jusqu'à l'entrée en fonction de la nouvelle assemblée (art. 33 de l'I.G.B.). V. M.-Cl. GREHAL et Ph. BOURASSE, Les bureaux des assemblées parlementaires, *Administration* n° 120, 1983, p. 25 ; G. CARCASSONNE, L'appareil de l'Assemblée, *Pouvoirs* n° 34, p. 31.

104. La répartition des fonctions entre les groupes s'effectue dans la pratique, à l'A.N., sur une clé répondant aux caractéristiques suivantes : l'attribution à chaque fonction d'un nombre de points (la présidence vaut 4 points ; une vice-présidence, 2 ; une questure, 2,5 ; et un poste de secrétaire, 1) ; ce total de 35,5 points fait l'objet d'une répartition au *prorata* des effectifs des groupes, en veillant à ce que la majorité parlementaire dispose de la majorité au sein du bureau. Ce dernier a toute liberté, ensuite, pour répartir ses membres en vue de tâches spécifiques, dans des délégations.

chef de l'État, au premier ministre et à son homologue. La tradition veut que le président de la République accorde audience au bureau. Par ailleurs, le bureau de l'Assemblée nationale est celui du Congrès (art. 18, 88-5 et 89 C) (v. *chapitre III*).

Le bureau exerce la *fonction dirigeante : Il a tous pouvoirs pour présider aux délibérations de l'assemblée et pour organiser et diriger tous les services*. En son sein, les attributions personnelles se combinent avec les attributions collectives. Il est convoqué, au moins, une fois par mois par le président, qui en fixe l'ordre du jour.

a) Les attributions collectives du bureau

1428 Le bureau exerce collégialement diverses attributions, en matière de recevabilité et transparence financières, de conflits d'intérêts, d'incompatibilités et d'immunités parlementaires. Il désigne le déontologue à l'A.N. le P.D.G. de la société de programme de la chaîne parlementaire. Il détermine le statut des fonctionnaires parlementaires et le fonctionnement des services auxquels ils sont nommés. De même, celui-ci est compétent, à défaut d'accord entre les groupes, pour l'attribution d'un temps d'antenne dans le cadre de la campagne électorale (art. L. 167-1 du Code électoral). Il complète par voie d'une *instruction générale* (I.G.B.), le règlement de l'assemblée. Il propose le montant des crédits alloués au financement des partis politiques (art. 8 de la loi du 11 mars 1988).

b) Les attributions personnelles des membres du bureau

1429 Au sein du bureau, s'impose l'autorité du président. Il est appelé à assumer d'importantes responsabilités et à exercer un pouvoir de conseil et d'influence. Tout concourt à ce qu'il ait pour mission de *veiller à la bonne application de la constitution* (R. Monory).

α) Le président de l'assemblée

1430 Depuis 1958, le président de l'Assemblée est élu pour la durée de la législature, au cours de la première séance ; celui du Sénat, après le renouvellement triennal (art. 32 C)[105]. À l'Assemblée, les autres membres du bureau sont élus, pour une

105. À l'Assemblée nationale, la présidence (*le perchoir*, dans le langage politique) a eu 12 titulaires à ce jour : Jacques Chaban-Delmas (U.N.R.) (9 décembre 1958-25 juin 1969) ; Achille Peretti (U.D.R.) (25 juin 1969-2 avril 1973) ; Edgar Faure (app. U.D.R.) (2 avril 1973-2 avril 1978) ; Jacques Chaban-Delmas (R.P.R.) (2 avril 1978-22 mai 1981) ; Louis Mermaz (S.) (7 juillet 1981-1er avril 1986) ; Jacques Chaban-Delmas (R.P.R.) (2 avril 1986-14 mai 1988) ; Laurent Fabius (S.) (23 juin 1988-22 janvier 1992) ; Henri Emmanuelli (S.) (22 janvier 1992-2 avril 1993) ; Philippe Séguin (R.P.R.) (2 avril 1993-21 avril 1997) ; Laurent Fabius (S.) (12 juin 1997-28 mars 2000) ; Raymond Forni (S.) (29 mars 2000-25 juin 2002) ; Jean-Louis Debré (U.M.P.) (25 juin 2002-4 mars 2007) ; Patrick Ollier (U.M.P.) (7 mars-26 juin 2007), qui a eu le triste privilège de ne présider aucune séance publique ; Bernard Accoyer (U.M.P.) (26 juin 2007-26 juin 2012) et Claude Bartolone (S.), depuis cette date.
Au Sénat, la continuité au *plateau* s'y exprime avec 6 titulaires : Gaston Monnerville (*G.D.*) (28 avril 1959-2 octobre 1968), qui précédemment avait dirigé le Conseil de la République à partir de 1947 ; Alain Poher (U.C.) (2 octobre 1968-2 octobre 1992) ; René Monory (U.C.) (2 octobre 1992-2 octobre 1998) ; Chr. Poncelet (U.M.P.) (2 octobre 1998-1er octobre 2008) ; Gérard Larcher (U.M.P.) (1er octobre 2008-1er octobre 2011) et Jean-Pierre Bel (S.) depuis cette date.
Cependant, au Sénat, en cas d'intérim de la présidence de la République, le bureau fait choix d'un vice-président pour remplacer provisoirement le président (art. 3 *in fine* R.S.). André Méric, en 1969, et Étienne Dailly, en 1974, ont assumé ce rôle. V. A. MARTIN, *Le président des assemblées parlementaires sous la*

année, à l'ouverture de la session ordinaire ; au Sénat, ils le sont pour 3 ans. Le Conseil constitutionnel décline sa compétence, (16 avril 1986, *Yannick Piat, chr.* n° 38, p. 167).

Le président du Sénat réside au Petit-Luxembourg et celui de l'Assemblée nationale à l'hôtel de Lassay. Chacun d'entre eux représente l'assemblée, et prend en charge ses intérêts[106]. Il ouvre et clôt la session. Il dirige ses débats. Il veille à sa sûreté intérieure et extérieure. À cette fin, il fixe l'importance de la Garde républicaine placée sous son autorité et peut aussi requérir directement la force armée et toutes les autorités dont il juge le concours nécessaire (art. 3 de l'ord. du 17 novembre 1958)[107]. En accord avec le Gouvernement, les présidents peuvent décider le transfert du siège des assemblées, en cas de nécessité (art. 1er).

• Les compétences à l'extérieur de l'assemblée

1431 Les présidents exercent, *à titre personnel*, des attributions *constitutionnelles* : ils font part à l'assemblée du message du chef de l'État (art. 18 C) ; ils émettent un avis lors du recours à la dissolution de l'Assemblée nationale (art. 12 C) ou aux pouvoirs de crise (art. 16 C) ; ils sont consultés par le premier ministre lorsque celui-ci décide la tenue de jours supplémentaires de séance (art. 28, al. 3 C). Ils ont la qualité de *protecteur de la constitution*, en tant qu'autorité de *nomination* et de *saisine* du Conseil constitutionnel (art. 7, 16, 39, 41, 54, 56, 61, 61-1 et 74 C). En accord avec son auteur, ils peuvent saisir le Conseil d'État, pour avis, d'une proposition de loi (art. 39 C) et consulter le C.E.S.E. (art. 70 C). Chacun d'entre eux désigne des personnalités au C.S.M. (art. 65 C). Le président du Sénat exerce l'intérim de la présidence de la République (art. 7 C), tandis que son homologue préside le Congrès (art. 89 C) et la Haute Cour (art. 68 C).

Des lois leur confèrent des responsabilités : nomination de membres d'organismes extraparlementaires, et en particulier d'autorités administratives, ou publiques, indépendantes : C.N.I.L. (Commission nationale informatique et libertés) (loi du 6 janvier 1978) ; C.S.A. (Conseil supérieur de l'audiovisuel, loi du 17 janvier 1989) ; Commission consultative du secret de la défense nationale (loi du 8 juillet 1998) ; Autorité de régulation des télécommunications (loi du 26 juillet 1996) ; Commission de la régulation de l'électricité (loi du 10 février 2000) ; A.M.F. (Autorité des marchés financiers) (loi du 1er août 2003) ; Autorité de sûreté nucléaire (loi du 13 juin 2006) ; Commission de l'article 25 C (loi du 13 janvier 2009) ; membres des collèges auprès du défenseur des droits (L.O. du 29 mars 2011) ; Haut Conseil des finances publiques (L.O. du 17 décembre 2012) ; Haute Autorité pour la transparence de la vie publique (loi du 11 octobre 2013) entre autres. Le président peut aussi saisir le défenseur des droits ; la Cour des comptes d'une demande d'évaluation d'une politique publique (loi du 3 février 2011), ou le Conseil national d'évaluation des normes relatives aux collectivités territoriales (loi du 17 octobre 2013). Au reste, il est informé des décrets d'application des lois (v. *infra*, n° 1520).

Mais, le président de l'Assemblée nationale n'est plus appelé à jouer, éventuellement, les rôles importants qui lui étaient dévolus par la constitution de 1946 : promulgation des lois, au cas où le président de la République n'y procéderait pas dans le délai imparti ; présidence du conseil, en cas de

Ve République, 1996 ; Y. DAUDET, *La présidence des assemblées parlementaires*, 1965 ; J.-P. AUBERT, *Le président du Sénat depuis 1875*, thèse Paris, 1970 ; F. LAFFAILLE, *Le président du Sénat depuis 1875*, 2004 ; E. FAURE, L. MERMAZ, *C.R.F.*, p. 731 ; Ph. SÉGUIN, *240 dans un fauteuil*, 1995.

106. Par un communiqué commun, les présidents des assemblées, ont dénoncé, le 28 janvier 1987, l'atteinte portée au droit d'amendement, à la suite de la décision rendue, par le C.C. (*Amendement Séguin, Rec.* p. 13). Leurs collaborateurs sont tenus de déposer à la H.A.T.V.P. une déclaration de situation patrimoniale et une déclaration d'intérêts (art. 11, I. 5° de la loi du 11 octobre 2013).

107. Lors d'une manifestation dans les jardins du Luxembourg, hostile au Sénat, le président Jules Jeanneney, en mars 1938, a requis la force armée. Le lieu de délibération des assemblées est inviolable. Pour la première fois, sous la Ve République, l'hémicycle du Palais du Luxembourg a été occupé, le 24 mars 1987, par des instituteurs en grève. V. D. DUTRIEUX, Les forces armées à disposition des présidents des assemblées parlementaires françaises, *L.P.A.*, 9 février 1996.

dissolution de l'Assemblée intervenue à la suite d'une motion de censure et intérim de la présidence de la République, en cas de vacance ou d'empêchement de son titulaire. Politiquement, ils sont enrôlés dans la logique majoritaire : ils sont reçus régulièrement par le chef de l'État et consultés sur la composition du Gouvernement. Ils participent aux petits-déjeuners de la majorité. Ils sont conviés aux réunions d'information au moment des crises internationales, et œuvrent au dénouement des crises internes, telle celle relative au *C.P.E.* en avril 2006. Ils accordent audience aux ministres et mettent en place une *diplomatie parlementaire*. Ils ont cogéré la révision de 2008 et sa mise en œuvre[108]. Cependant, ils ont été rétrogradés dans l'ordre protocolaire au profit du premier ministre, aux 3e et 4e rangs : Le président du Sénat a rang et préséance sur celui de l'Assemblée nationale, tandis qu'en sa qualité d'*institution*, l'Assemblée nationale prend l'avantage sur le Sénat (décret du 13 septembre 1989) (v. *chapitre I*).

• Les compétences à l'intérieur de l'assemblée

1432 La révision de 2008 accroît leurs compétences en matière législative : ils peuvent soulever une irrecevabilité à l'encontre d'une proposition de loi ou d'un amendement (nouvel art. 41 C), ou, agissant *conjointement*, provoquer la réunion d'une C.M.P. (nouvel art. 45, al. 2). En matière de contrôle, le président peut déclarer irrecevable la création d'une commission d'enquête. Concernant la *conduite* des débats parlementaires, les présidents se comportent en véritables *meneurs de jeu*. À ce titre, ils ouvrent, dirigent et lèvent la séance et en assurent la police. Ils proclament le résultat des votes. Aucun élu ne peut parler, qu'après l'avoir demandé et obtenu du président, même s'il est autorisé par un orateur à l'interrompre ; il peut aussi la lui retirer. Les ministres et les rapporteurs des commissions obtiennent la parole, quand ils le demandent et pour la durée souhaitée. Il gère, d'une manière modulée, la réserve parlementaire, d'un montant total de 150 millions d'euros, avec le rapporteur général de la commission des finances. Enfin, une règle coutumière veut que le président de l'assemblée ou de séance (vice-présidents), ne participe pas au vote car selon l'adage, *le président n'a pas de parti quand il préside*. Mais, en début de législature, Louis Mermaz en 1981, Jacques Chaban-Delmas, en 1986 et Laurent Fabius en 1997, ont voté la confiance au Gouvernement.

β) Les autres membres du bureau

1433 Le bureau est complété par des *vice-présidents*, des *secrétaires* et des *questeurs*.

Les *vice-présidents* sont les suppléants du président. Ils le remplacent, avec les mêmes pouvoirs et suivant les mêmes conditions, dans la conduite des débats.

Les *secrétaires* assument un rôle limité à la surveillance des scrutins publics et à la constatation des votes à main levée.

Quant aux *questeurs*, au nombre de trois, dont un membre de l'opposition, ils sont chargés de l'administration intérieure des assemblées et de la gestion du personnel. Ils dirigent les services administratifs et financiers. Aucune dépense nouvelle ne peut être engagée, sans leur avis préalable (art. 13 de l'ord. du 17 novembre 1958)[109]. En application du principe de *l'autonomie financière* de l'assemblée (art. 8), ils préparent *librement* le budget de celle-ci ; lequel est ensuite *entériné* par une commission (art. 7)[110]. Ils procèdent, avec les présidents de groupe, à la division de l'hémicycle en secteurs. Cette

108. Sous leur impulsion, les règlements des assemblées ont été, en 2009, rénovés. Le recours du président Poher, en juillet 1971, est à l'origine de la véritable naissance du Conseil constitutionnel. (*G.D.* nº 18). En cas de doute sur la recevabilité financière des amendements déposés sur le bureau de l'Assemblée nationale, le président décide, après consultation du président de la commission des finances. Le président transmet aux autorités européennes l'avis sur la conformité d'un projet européen au principe de subsidiarité (art. 88-6 C). Les nominations au Conseil constitutionnel et au C.S.M. relèvent de la procédure de l'article 13 C (v. *chapitres III et V*).

109. Avec la fin de la souveraineté parlementaire, l'immunité traditionnelle des assemblées se résorbe : au-delà des litiges d'ordre individuel relatifs à leurs fonctionnaires *(supra)*, les dommages de toute nature causés par leurs services engagent la responsabilité de l'État devant les juridictions compétentes. La juridiction administrative se prononce sur les litiges individuels en matière de marchés publics (art. 8 de l'ord. du 17 novembre 1958 modifiée). V. P. AVRIL et J. GICQUEL, *Droit parlementaire*, *op. cit.*, 2010, nº 103.

110. La commission qui est *commune* aux deux chambres est présidée par un membre de la Cour des comptes. Elle se borne à entériner les demandes formulées. Les propositions arrêtées sont inscrites au projet

fonction est prisée, car elle présente notamment l'avantage pour ses titulaires de disposer, tout comme le président, d'un appartement de fonction[111].

2. La conférence des présidents

1434 Instituée en 1911, à la Chambre des députés, et en 1947, au Conseil de la République (redevenu le Sénat en 1958), constitutionnalisée en 2008 (art. 39), elle est le second organe directeur d'une assemblée, plus orientée vers les rapports entre le Gouvernement que le bureau, car son rôle consiste à *régler l'ordre du jour*, selon les nouvelles règles du partage (art. 48 C) ; en un mot, à *bâtir* un calendrier, en organisant l'examen d'un texte (*le temps législatif programmé*) (art. 49 R.A.N.) ; en arrêtant les journées mensuelles des groupes d'opposition et minoritaires (art. 48 C), en particulier.

Elle comprend : le président de l'assemblée, les vice-présidents, les présidents des commissions permanentes et des commissions spéciales, les présidents des groupes parlementaires, qui disposent d'un droit de vote pondéré ; le rapporteur général de la commission des finances, le président de la commission chargée des affaires européennes. Au Sénat, le rapporteur général de la commission des affaires sociales y siège (nouvel art. 29 R.S.). On ne vote pas, en principe, à la conférence des présidents ; le résultat étant acquis, par avance. En un mot, celle-ci est le cheval de Troie de la majorité, sinon du Gouvernement.

Ce dernier, représenté par l'un de ses membres, informe la conférence des présidents, au début de chaque session ordinaire, puis le 1er mars suivant, des sujets dont il prévoit de demander l'inscription à l'ordre du jour[112]. La conférence se réunit chaque semaine le mardi à l'Assemblée ; toutes les deux ou trois semaines au Sénat.

En outre, la mission de la conférence des présidents a été confortée par la révision de 2008. Elle est chargée de veiller à la présentation des projets de loi sous l'aspect des études d'impact (L.O. du 15 avril 2009). Dans la négative, ledit projet ne peut être inscrit à l'ordre du jour. En cas de désaccord avec le Gouvernement, le président de l'assemblée concernée ou le premier ministre saisit le Conseil constitutionnel (nouvel art. 39, C). Les conférences des deux assemblées peuvent s'opposer à ce que le Gouvernement utilise la procédure accélérée d'adoption (nouvel art. 45).

C. LES ORGANES DE TRAVAIL

1435 Ces formations internes, en qui se résume l'activité parlementaire, se partagent entre les *commissions*, les *délégations* et les *groupes parlementaires*.

de loi de finances, au titre d'une *mission spécifique* (art. 7-I de la L.O. du 1er août 2001). Un rapport explicatif y est joint (art. 115-I de la loi de finances pour 2002). Selon la coutume, les dotations ne font pas l'objet de discussions, en séance publique. L'exécution des dépenses est soustraite au contrôle financier de la Cour des comptes. Le règlement du budget de l'assemblée est confié à une *commission spéciale chargée de vérifier et d'apurer les comptes*, présidée par un député de l'opposition (art. 16 R.A.N.). Cette commission donne *quitus* aux questeurs de leur gestion ou rend compte à l'assemblée et publie un rapport public. Les comptes sont désormais certifiés par la Cour des comptes. V. V. DUSSART, *L'autonomie financière des pouvoirs publics constitutionnels*, 2000 ; J.-Cl. FORTIER, La Cinquième République et le principe de l'autonomie budgétaire des assemblées, *R.A.* 1980, p. 585 ; M. MAY, Le régime financier des assemblées parlementaires en France, *R.F.A.P.* 1993, p. 537.

111. Le président et les questeurs du Sénat exercent traditionnellement le pouvoir réglementaire dans le jardin du Luxembourg (art. 14 de la loi du 15 novembre 2001, *chr.* n° 101 p. 154).

112. Cet ordre du jour *prévisionnel* ne lie pas pour autant le Gouvernement ; les informations données n'ayant qu'un caractère *indicatif* (C.C., 15 décembre 1995, *R.S., Rec.* p. 246). En revanche, l'assemblée peut utilement anticiper très en amont ses travaux.

1. Les commissions

1436 Composées des membres de l'assemblée, elles se répartissent en trois catégories : les commissions législatives appelées commissions *permanentes ou spéciales*, les ministres y accédant ; les commissions d'investigation, désignées sous le nom de *commissions d'enquête* et les commissions statuant sur des faits personnels ou *commissions ad hoc*.

a) Les commissions législatives : commissions permanentes ou spéciales (art. 43 C)

1437 Une organisation rationnelle du travail parlementaire veut que les textes de loi ne viennent pas immédiatement en discussion en séance publique. Il est souhaitable qu'ils soient d'abord étudiés et discutés dans des formations limitées au sein desquelles se rassembleront des spécialistes. Les commissions sont les *chevilles ouvrières* des assemblées (M. Ameller), en raison de leur permanence et polyvalence, les interlocutrices naturelles du Gouvernement ; pour mieux dire, le lieu *privilégié* de la délibération, depuis 2008, au terme d'une démarche à l'allure dialectique.

α) L'expansionnisme passé

1438 Sous les IIIe et IVe Républiques, les commissions, sortant de leur rôle d'organes de préparation du travail en séance publique, étaient devenues des instruments *autonomes* de contrôle politique du cabinet, plus tatillons souvent que l'assemblée. Il s'ensuivait, que les présidences des commissions étaient en fait d'excellentes antichambres ministérielles et le meilleur moyen d'accéder notamment au poste de ministre des finances[113].

Un sursaut s'est produit, en 1958, contre ces pratiques, qui étaient évidemment excessives et révélatrices du régime d'assemblée. Pour démanteler *ces Parlements dans le Parlement* (Joseph-Barthélemy), le principal moyen utilisé a été de supprimer la *correspondance* entre ministères et commissions permanentes. En gros, avant 1958, chaque ministre trouvait en face de lui une commission parlementaire, ou, plus exactement, deux : une au Palais Bourbon, l'autre au Palais du Luxembourg. Théoriquement, ce système se présentait comme un magnifique exemple de *rationalisation* du travail parlementaire. Il paraît, en effet, tout à fait logique qu'à chaque département ministériel corresponde un groupe de contrôleurs qualifiés pour apprécier l'action du ministre. Mais, ce *quadrillage* s'est démontré particulièrement néfaste dans ses conséquences politiques, en ce sens que le contrôleur entravait l'action du contrôlé, souvent dans l'espoir de le supplanter.

β) La réaction de 1958 et la promotion institutionnelle de 2008

1439 L'article 43 C posait, à l'origine, le principe selon lequel l'examen d'un texte de loi était confié à une commission *spécialement désignée à cet effet*, et, à défaut d'une *telle demande*, exceptionnellement à une commission *permanente*, dont le nombre était limité à 6 dans chaque assemblée, contre une vingtaine jadis, dont la fameuse commission des boissons. Mais, la tradition a été plus forte en renouant, selon une pente naturelle, avec les commissions permanentes. D'où l'*inversion* significative de la rédaction

113. Les commissaires, constatait dans l'entre-deux-guerres Raymond Poincaré, *sont des ministres en expectative qui dressent des embûches aux ministres en fonction. La commission est un ministère au petit pied et aux grandes prétentions*. Pour Gaston Jèze, des *coupe-gorge politiques... groupes de naufrageurs du ministère en fonctions... véritable machine infernale pour faire sauter les ministères*. V. JOSEPH-BARTHÉLEMY, *Essai sur le travail parlementaire et le système des commissions*, 1934 ; P. PACTET, Les commissions parlementaires, *R.D.P.* 1954, p. 127 ; F. FRAYSSE et F. HOURQUEBIE (sous la direction), *Les commissions parlementaires dans l'espace francophone*, 2011.

opérée en 2008 avec la *fin* de la priorité des commissions spéciales. On s'accorde pour louer la qualité du travail effectué par les commissions, en général, et leur rapporteur, en particulier. Ces véritables *ruches* sont devenues le lieu d'exercice *ordinaire* du droit d'amendement ; d'autant plus, que leur rapport sert désormais de *support* à la discussion législative (art. 44, al. 1er et 42 C, rédaction de la L.C. du 23 juillet 2008)[114].

• Les commissions permanentes

1440 Au nombre limité à 8 dans chaque assemblée (nouvel art. 43 C), elles sont composées au *prorata* des groupes et siègent pour la durée de la législature. Chacune d'entre elles est compétente dans un domaine déterminé[115]. Elles monopolisent le travail législatif. Un député, ou un sénateur, ne peut appartenir qu'à l'une d'entre elles. Leurs membres sont renouvelés, chaque année, au début de la session ordinaire. L'absentéisme y sévit aussi, mais il est sanctionné à l'Assemblée (art. 42 R.A.N.) (*supra*).

1. En dehors de l'emprise sur le temps, commissions permanente et spéciale cultivent le *mimétisme*. Elles élisent, l'une et l'autre, au scrutin secret, un *bureau* composé d'un président, de vice-présidents et de secrétaires. Les groupes y sont représentés au *prorata* de leurs effectifs. Depuis 2007, à l'Assemblée, la présidence de la commission des finances est confiée à un membre de l'opposition sur le modèle britannique (art. 39 R.A.N.). *Chaque commission est maîtresse de ses travaux* (art. 40 R.A.N.). À cet effet, elle désigne, moment capital, un *rapporteur*, en vue de l'examen du texte de loi ; elle procède à l'audition du ministre qui, d'une manière générale, participe à ses travaux et, fait nouveau, assiste aux votes (art. 45 R.A.N.). C'est la fin de l'*entre-soi*, (J.-L. Hérin). Elle vote un rapport. Elle dispose d'un secrétariat administratif performant, composé de fonctionnaires parlementaires et d'un équipement numérique.

114. V. P. LOQUET, *Les commissions parlementaires permanentes sous la Ve République*, thèse Lille II, 1980 ; P. TÜRK, *Les commissions parlementaires permanentes et le renouveau du Parlement sous la Ve République*, 2005 ; M. BONNARD, *C.R.F.*, n° 1140 ; D. G. LAVROFF, Les commissions de l'Assemblée nationale sous la Ve République, *R.D.P.* 1971, p. 1429 ; P. CAHOUA, Les commissions, lieu du travail législatif, *Pouvoirs* n° 34, 1985, p. 37 ; A. DELCAMP, Commissions législatives, *D.C.*, p. 177 ; J.-J. URVOAS, La lente mais irrépressible renaissance des commissions parlementaires, *Pouvoirs* n° 146, 2013, p. 19.

115. L'A.N. nomme 8 commissions (art. 36 R.A.N.) : *commission des affaires culturelles et de l'éducation* (enseignements, recherche...) ; *commission des affaires économiques* (agriculture et pêche, commerce, urbanisme et logement...) ; *commission des affaires étrangères ; commissions des affaires sociales* (emploi santé, famille, loi de financement de la sécurité sociale) ; *commission de la défense nationale et des forces armées ; commission du développement durable et de l'aménagement du territoire* (construction, transports, travaux publics...) ; *commission des finances, de l'économie générale et du contrôle budgétaire et commission des lois constitutionnelles, de la législation et de l'administration de la République* (lois constitutionnelles, organiques et électorales, législation civile, administrative et pénale, administration générale de la République et des collectivités locales), appelée communément la *commission des lois*.
Le Sénat désigne 7 commissions (art. 7 R.S.) : *commission de la culture ; commission des affaires économiques ; commission des affaires étrangères, de la défense et des forces armées ; commission des affaires sociales ; commission des finances ; commission des lois constitutionnelles, de législation, de suffrage universel, du règlement et d'administration générale* et, *commission du développement durable, des infrastructures, de l'équipement et de l'aménagement du territoire*.
La charge de travail et le prestige attachés aux commissions, sont inégaux : la *commission des lois (commission reine)* et celle des finances jouent un rôle essentiel. Mais celle-ci, ainsi que celles chargées des affaires étrangères et de la défense assument davantage un rôle tourné vers le contrôle du Gouvernement. V. Jean FOYER, Le président de commission permanente, *Mélanges Pierre Avril*, 2001, p. 435. Il reste que la *commission chargée des affaires européennes*, en dépit de sa dénomination (nouvel art. 88-1 C) demeure juridiquement une *délégation parlementaire*. Du reste, ses membres bénéficient de la double appartenance avec une commission *stricto sensu*.

2. Les commissions sont un point de passage obligé : *aucun texte ou propositions quelconques, ne peut être mis en discussion et aux voix, s'il n'a fait, au préalable, l'objet d'un rapport de la commission compétente*[116]. À chaque phase de la délibération, appelée *lecture*, elles présentent un rapport.

3. Au-delà de cette fonction *normative*, les commissions exercent une fonction *politique* : elles *assument l'information de l'Assemblée pour lui permettre d'exercer son contrôle sur la politique du Gouvernement* (art. 145 R.A.N.). Elles procèdent à l'audition des ministres ; créent des missions d'information en leur sein, au point de rivaliser avec les commissions d'enquête ; et peuvent briser des nominations présidentielles (art. 13, al. 5 C) (v. *Chapitre III*), à l'exclusion des révocations (C.C., 3 mars 2009, *France Télévisions, chr.*, n° 130, p. 200).

• Les commissions spéciales

1441 Il s'agit de commissions *temporaires*, dont la durée est liée à la décision définitive relative au texte de loi qui est à son origine. Elles sont constituées de droit à l'initiative du Gouvernement ou de l'assemblée (art. 43 C). Ses membres sont désignés à la proportionnelle des groupes. Son recours est exceptionnel : à peine plus de un pour cent de textes, transversaux le plus souvent.

À l'Assemblée nationale, on citera, du nom de leur président : les commissions Neuwirth (régulation des naissances, 1966) ; Cot (publicité commerciale à la télévision, 1967) ; Edgar Faure (commission des libertés, 1977) ; Charzat (nationalisation, 1981) ; Gouzes (administration territoriale de la République, 1990) ; Forni (lois de finances, 1999) ; Leonetti (droits des malades, 2004). ; Copé (audiovisuel, 2008) ; Urvoas (gouvernance des finances publiques, 2012) ; Geoffroy (système prostitutionnel, 2013) ; Chatel (exil des forces vives de France, 2014). Au Sénat, on visera les commissions Fourcade (communication audiovisuelle, 1986) ; François-Poncet (développement du territoire, 1994 et 1999) ; Garrec (Corse, 2001) ; Valade (recherche, 2005) ; Revet (service minimum dans les transports, 2007) ; Larcher (modernisation de l'économie, 2008) ; Marini (crédit à la consommation, 2009) ; Émorine (Grand Paris, 2009) ; Hyest (délimitation des régions, 2014).

b) Les commissions d'enquête (art. 51-2 C)

1442 En vue de procéder à des investigations, chaque assemblée peut constituer une commission d'enquête[117]. Mais, les constituants de 1958, en souvenir des excès d'antan, ont limité leur utilisation, leur durée et leurs pouvoirs. Cependant, chaque groupe d'opposition ou minoritaire (art. 51-1 C) bénéficie du droit d'en demander la création, une fois par session ; sachant que celle-ci peut être rejetée à la majorité des trois cinquièmes des suffrages exprimés (art. 141 R.A.N.). Ce qui limite d'autant le *droit de tirage*, laissé à l'appréciation de la majorité, pour l'essentiel.

α) La création

1443 Le vote d'une *résolution* est à l'origine de la commission. Ses membres sont désignés suivant le principe de *proportionnalité* des groupes (art. 6.I, al. 4, de l'ord. du 17 novembre 1958). L'opposition est appelée à y exercer une fonction exécutive de président ou de rapporteur, selon le système du *binôme* (art. 143 R.A.N.). La commission est formée pour recueillir des éléments d'information, soit sur des *faits déterminés*, soit sur la *gestion des services publics ou des entreprises nationales* en vue

116. Mais, si par suite de l'obstruction de l'opposition en commission, cette dernière n'est pas parvenue, en temps utile à adopter un rapport, il est permis au Gouvernement d'invoquer la priorité de l'article 48 C (C.C., 10-11 octobre 1984, *Entreprises de presse, chr.* n° 32, p. 180).

117. Une concurrence est désormais possible : les commissions législatives peuvent demander à l'assemblée à laquelle elles appartiennent *pour une mission déterminée et une durée n'excédant pas six mois de leur conférer... les prérogatives attribuées aux commissions d'enquête* (art. 5 *ter* de l'ord. du 17 novembre 1958). En outre, elles peuvent créer, en leur sein, une *mission d'information*, substitut ou anticipation d'une commission d'enquête (tempête Xynthia ; vente d'armes au Pakistan, à l'Assemblée en 2010). La mission peut être commune aux commissions (*Médiator* au Sénat, 2010), voire aux assemblées (toxicomanie, 2010).

de soumettre leurs conclusions à l'assemblée qui l'a créée. Mais, dans le respect de la séparation des pouvoirs ou de l'irresponsabilité présidentielle (art. 67 C)[118], cette commission ne peut être créée sur des faits ayant donné lieu à des poursuites judiciaires. La commission a un caractère *temporaire*. Sa mission se termine avec le dépôt d'un rapport et, au plus tard, six mois après l'adoption de la résolution qui est à son origine *(ibid.)*.

β) Les moyens d'investigation

1444 Les auditions sont désormais publiques, sauf application du secret, selon les moyens choisis par la commission (art. 6.IV). À l'image du rapporteur général de la commission des finances (art. 57 de la L. O. du 1er août 2001), celui d'une commission d'enquête est investi de larges pouvoirs d'investigation : il exerce sa mission *sur pièces et sur place*. Tous les renseignements et documents appropriés doivent lui être communiqués, à l'exception de ceux revêtant un caractère secret et concernant la défense nationale, les affaires étrangères, la sécurité intérieure et extérieure de l'État, dans le respect du principe de la séparation de l'autorité judiciaire et des autres pouvoirs (art. 6.II).

Par ailleurs, les personnes dont l'audition est jugée utile par la commission, sont tenues de déposer, sous réserve du secret professionnel (art. 378 du Code pénal) après prestation de serment. Des sanctions pénales sont encourues, en cas de refus, au même titre qu'en cas de non-communication de documents (art. 6.II et III de l'ord. de 1958). Les témoins sont, par ailleurs, protégés (loi sur la presse du 29 juillet 1881, rédaction de la loi du 14 novembre 2008). Enfin, le rapport de la commission est rendu public, sauf vote contraire (art. 6.IV). Ses recommandations font l'objet d'un *suivi*.

γ) Les applications

1445 À l'Assemblée, des commissions ont concerné : la sûreté des installations industrielles, après l'accident d'A.Z.F. à Toulouse (2001) ; le dysfonctionnement de la justice dans l'affaire d'Outreau (2005) ; la libération des infirmières bulgares (2007) ; la campagne de vaccination contre la grippe A (H1N1) et les mécanismes de spéculation affectant les économies (2010) ; les services de renseignements français (2012) ; la gestion de l'affaire Cahuzac par les services de l'État et la filière nucléaire (2013). Au Sénat, on mentionnera : les écoutes téléphoniques (1973) ; l'évasion des capitaux (2012) ; le rôle des banques, l'écotaxe en 2013. Des objets identiques peuvent être retenus par les assemblées. En revanche, aucune commission n'a été créée s'agissant de l'affaire du sang contaminé. (v. *chapitre III)*.

c) Les commissions ad hoc

1446 Par une *résolution*, une assemblée met en place, à la majorité, et au *prorata* des groupes, une commission de ce type, en vue d'apprécier certains comportements individuels. Il s'agit, de la demande de suspension de l'action pénale à l'égard de l'un de ses membres ou d'une demande de destitution du président de la République devant la Haute Cour. Cependant, au Palais Bourbon (art. 80 R.A.N.) une commission *permanente* dite des *immunités* a été créée, en 1994.

2. Les délégations parlementaires

1447 L'objet de ces instances est varié. Les traits communs résident dans leur mode de création par la loi et la finalité de l'évaluation. Après un essor, destiné à contourner le nombre limité des commissions permanentes, elles subissent un contrecoup au lendemain de la révision de 2008. La loi du 15 juin 2009 portant modification de l'ordonnance du 17 novembre 1958 en supprime cinq, dont l'office parlementaire d'évaluation de la législation (loi du 14 juin 1996) et celui relatif aux politiques de santé (loi du 20 décembre 2002). Restent, la commission chargée des affaires européennes, qui suit les travaux des

118. La proposition du groupe socialiste de créer une commission relative aux sondages commandés par la présidence de la République a été déclarée irrecevable par le président de l'Assemblée, en novembre 2009 (*chr.* nº 133, p. 165), à l'inverse de la solution retenue pour les infirmières bulgares (*idem* nº 125, p. 163). V. J. DESANDRE, La responsabilité des personnes entendues par les commissions parlementaires d'enquête, *R.D.P.* 1986, p. 731 ; *Les commissions parlementaires d'enquête ou de contrôle en droit français*, D.F., 1976 ; J.-P. CAMBY, *C.R.F.*, p. 1281.

institutions communautaires, tout en étant informé par le Gouvernement des négociations en cours (art. 88-4 C) et la délégation aux droits des femmes et à l'égalité des chances entre les hommes et les femmes (loi du 12 juillet 1999), *propres* à chaque assemblée. Sont *communs,* en revanche, l'office parlementaire d'évaluation des choix scientifiques et technologiques (loi du 8 juillet 1983) et la délégation au renseignement (loi du 9 octobre 2007). *Proprio motu,* l'Assemblée s'est dotée, en 2009, d'un comité d'évaluation, et de contrôle des politiques publiques (*C.E.C.*) et d'une délégation pour les outremer, en 2012, et le Sénat, de trois délégations en 2009 et 2011 (prospective ; collectivités territoriales et décentralisation ; outre-mer) et d'une commission *sui generis* pour le contrôle de l'application des lois. Ces instances ont un destin contrarié, dès lors qu'elles se heurtent aux commissions législatives, jalouses de leurs prérogatives.

3. Les groupes parlementaires

1448 Selon le principe du pluralisme, *les partis et groupements politiques concourent à l'expression du suffrage ; ils se forment et exercent leurs activités librement*, tout en respectant *les principes de la souveraineté nationale et de la démocratie* (art. 4 C). Ces derniers trouvent leur *aboutissement* dans des formations intérieures aux assemblées, appelées *groupes*, qui rassemblent des élus d'une même obédience ou par affinités politiques[119]. *Le Parlement des groupes* (M. Ameller) est devenu une réalité institutionnelle incontournable. Leur président est appelé à jouer un rôle essentiel, en accédant ensuite à la présidence de leur assemblée (J.-L. Debré en 2002 ; B. Accoyer en 2007 ; J.-P. Bel en 2011) ou à la fonction de premier ministre (J.-M. Ayrault, en 2012).

Leur reconnaissance a été tardive (1910 à la Chambre des députés et 1920 au Sénat), motif pris de ce que la *discipline de vote, une aliénation librement consentie* (P. Gélard), qu'ils imposent à leurs membres est apparue contraire au principe du régime représentatif, selon lequel les élus se déterminent eux-mêmes. Constitutionnalisés en 1946 (art. 11 et 52), leurs droits le seront en 2008 (nouveaux art. 48, 50-1 et 51-1).

a) La formation et l'organisation

1449 L'existence des groupes est subordonnée à deux conditions : un nombre minimum de membres : 15 à l'Assemblée nationale (art. 19 R.A.N.) et 10 au Sénat (art. 6 R.S.) et la production d'une déclaration politique commune, qui n'est pas contrôlée (C.C., 17, 18 et 24 juin 1959, *R.A.N., G.D.*, n° 3). Les parlementaires qui se sentent proches d'un parti, sans en approuver pour autant toutes les positions, ont la possibilité de *s'apparenter.* L'apparentement implique l'agrément du groupe, mais n'impose pas aux parlementaires apparentés la discipline de celui-ci. Les apparentés ne comptent pas dans le chiffre minimum requis. Au Sénat, *le rattachement administratif* est possible. Il n'implique qu'un accord de tendance[120]. Cependant, l'adhésion à un groupe est facultative. Des élus peuvent s'y refuser,

119. La coprésidence paritaire, imaginée par le groupe écologiste de l'A.N., a été censurée pour atteinte à l'égalité entre les groupes (C.C., 28 février 2013, *R.A.N, JCP*, 22 avril 2013, p. 480, note J.-É. Gicquel). V. L. FONDRAZ, *Les groupes parlementaires au Sénat sous la Ve République*, 2000 ; J. WALINE, Les groupes parlementaires en France, *R.D.P.* 1961, p. 1170 ; D. REIGNIER, L'organisation interne des groupes parlementaires, *R.F.D.C.*, 2013, p. 415 ; J. BENETTI, Le président du groupe majoritaire, *Pouvoirs* n° 146, 2013, p. 31.

120. La XIVe législature, qui s'est ouverte le 26 juin 2012, compte 6 groupes à l'A.N. : *socialiste, républicain et citoyen* (S.R.C.) (279 + 16 app.) ; *écologiste* (18) ; *gauche démocrate et républicaine* (15) ; *radical, républicain démocrate et progressiste* (R.R.D.P.) (15) ; *Union pour un mouvement populaire (U.M.P.)* (185 + 11 app.) ; *Union des démocrates et indépendants* (U.D.I.) (29) et 9 non-inscrits. Mais, lors de la séance inaugurale, les députés sont répartis selon l'ordre alphabétique, tout comme au Congrès (art. 89 C). Au Sénat, à l'issue du renouvellement de 2011, on dénombre 6 groupes : *socialiste* (130 + 12 app.) ; *communiste républicain, citoyen* (C.R.C.) (21) ; *Europe-écologie Les Verts* (E.E.L.V.) (10) ; *Rassemblement démocratique et social européen* (R.D.S.E.) (16) ; *Union centriste et républicaine* (U.C.R.) (31) et *Union pour un mouvement populaire* (U.M.P.) (132 dont 1 app. et 11 ratt.). Il existe une réunion administrative des non-inscrits (7) qui est assimilée à un groupe. Pour la première fois sous la République, le parti de l'U.M.P. a détenu la majorité absolue dans chacune des assemblées entre 2002 et 2008.

et figurer parmi les *non-inscrits*. Un député peut appartenir à un intergroupe, mais la *bigamie* est interdite. Chaque groupe élabore son règlement intérieur. Il dispose d'un secrétariat administratif, dont le rôle ne cesse de s'affirmer, et d'un *pool* de collaborateurs, sans préjudice d'avantages matériels et financiers (quote-part de la réserve parlementaire et aides consenties par le bureau).

b) Les attributions

1450 Les groupes résument la *dynamique* parlementaire, dès lors qu'ils en sont le ressort et l'énergie. De sorte que l'activité est moins individualisée que *collectivisée*, à l'exemple du temps législatif programmé (art. 49 R.A.N.). Elle est devenue, en un mot, l'apanage des groupes, tandis que leurs membres sont réduits au rôle de *groupie*. Cette situation se vérifie désormais au Sénat depuis 2008.

Les groupes donnent vie au Parlement. Rien ne leur est étranger, tout leur est redevable. Aux côtés des groupes de la majorité qui délèguent leurs attributions à l'exécutif, les groupes *minoritaires* (membres de cette dernière, tels les écologistes) et ceux d'*opposition*, qui se sont *déclarés* (art. 19 R.A.N.) bénéficient de *droits spécifiques* : un jour de séance par mois (le jeudi à l'Assemblée ; le mercredi après-midi, le jeudi matin et après-midi, suivant une rotation au Sénat) ; une demande de déclaration adressée au Gouvernement ; un droit de tirage en matière de commissions d'enquête ; la présidence des commissions des finances, un poste de questeur, et la moitié des questions orales, en dehors du *T.L.P.*[121]. Au titre d'une mission d'information, créée par la conférence des présidents (art. 145 R.A. N.), ou d'une commission d'enquête, la présidence revient à un député appartenant à un groupe d'opposition. Les secrétaires des groupes assistent désormais aux travaux des commissions. La délibération se trouve en porte-à-faux, à la suite du passage d'une conception individualiste à une conception grégaire : 577 députés cédant le pas à deux groupes (P.S., U.M.P.)[122]. À cet égard, le mardi apparaît le moment décisif de la semaine parlementaire : petit-déjeuner à Matignon (à Élysée entre 2008 et 2012), auquel sont conviés les responsables politiques, les présidents des assemblées et des groupes de la majorité et les ministres intéressés ; puis, déjeuner du chef de l'État et du premier ministre depuis 2012 ; conférence des présidents et réunion des groupes, en présence des ministres pour la majorité. Ainsi, la coordination politique aboutit à la mécanisation juridique des débats.

SECTION III LES COMPÉTENCES DU PARLEMENT

1451 Que fait le Parlement ? En dehors de la facétie de Victor Hugo, prétendant qu'il *parle et ment,* l'article 24 C (rédaction de la L.C. du 23 juillet 2008) définit de manière inédite ses missions : [Il] *vote la loi. Il contrôle l'action du Gouvernement. Il évalue les politiques publiques.* Un double rôle législatif et politique qui s'avère *asymétrique,* cependant, en raison de son activité rationalisée et, plus encore, de la discipline majoritaire. De telle sorte que sa fonction consiste, avec la fin de sa souveraineté (art. 20 C), pour l'essentiel, *à contrôler l'activité législative du Gouvernement* (Ph. Séguin). Il faut se

121. V. J. -É. GICQUEL, Les nouveaux droits de l'opposition parlementaire, *in Le nouveau R.A.N., op. cit.*, p. 57 et La journée mensuelle réservée aux groupes de l'opposition et aux groupes minoritaires, *in Un Parlement renforcé ?*, 2012, p. 33 ; J. BENETTI, Les rapports entre Gouvernement, groupes de la majorité et groupes d'opposition, *in Le Parlement français et le nouveau droit parlementaire, Jus Politicum*, 2012, p. 83 ; J.-L. HÉRIN, Les groupes minoritaires : un nouveau concept entre droit et politique, *Pouvoirs* n° 146, 2013, p. 55 ; G. BERGOUGNOUS, Les binômes majorité-opposition, *idem*, p. 41 ; A. VIDAL-NAQUET, Le renouveau de l'opposition, *idem*, p. 131.

122. Le C.C. a veillé au respect des droits de tous les groupes (25 juin 2009, *R.A.N.* et *R.S., chr.* n° 131, p. 200).

rendre à la justesse de cette réflexion, au point d'inverser l'ordre formel de présentation. Le Parlement incarne, pour tout dire, le *destin de la démocratie* (Kelsen)[123].

§ 1. LA FONCTION DE CONTRÔLE

1452 *Le contrôle est opposé à l'action* (Littré). Il est *ramifié* au point d'englober des opérations, aussi variées que nombreuses, allant des activités informatives à la mise en jeu de la responsabilité du Gouvernement, en passant par le vote de résolutions et l'évaluation des politiques publiques. En un temps où la fonction législative du Parlement se résorbe, on assiste à une tendance au *recentrage* de son rôle sur le contrôle devenu sa *seconde nature* (Chr. Poncelet). Légiférer moins pour contrôler et évaluer plus : à cette fin, une semaine de séance sur quatre, sanctuarisée, de surcroît, à l'avenant de la journée mensuelle de l'opposition, y est consacrée (nouvel art. 48, al. 5 C). Les salles *Lamartine* et *Médicis* à l'Assemblée et au Sénat symbolisent ce renouveau (débats interactifs sur le rapport de la Cour des comptes et l'affaire du *Mediator*, en 2011). Bref, le *Parlement est de retour* (R. Hertzog), ni souverain, ni soumis, mais serein.

A. L'INFORMATION DU PARLEMENT

1453 Le dialogue est consubstantiel à la démocratie représentative. Mais à l'époque actuelle il est malaisé en raison d'un déséquilibre, auquel les parlementaires s'efforcent de remédier.

Les ministres sont animés du souci (à la limite de l'obsession) de communiquer avant toutes choses avec l'opinion. *Gouverner, c'est paraître* (J.-M. Cotteret). Le Parlement a cessé d'être le lieu privilégié du débat politique. Cette *médiatisation* de la vie politique contrarie ses efforts, notamment en matière budgétaire en vue de limiter sa dépendance[124]. Les procédures informatives sont variées : déclarations gouvernementales ; questions ; auditions ; évaluation et enquêtes parlementaires.

1. Les déclarations du Gouvernement

1454 Elles se sont diversifiées, sans engager pour autant la responsabilité du Gouvernement, d'un point de vue juridique (v. *infra*, n° 1467).

a) Les déclarations avec débat

1455 Les représentants des groupes répondent au Gouvernement. Cette procédure à l'Assemblée peut tenir lieu de *substitut* d'engagement de responsabilité. Faute de majorité absolue sous la IXe législature

123. V. A. CHANDERNAGOR, *Un Parlement pour quoi faire ?*, 1967 ; J. FOYER : *Le député dans la société d'aujourd'hui*, 1991 ; P. AVRIL, Le parlementarisme rationalisé, *R.D.P.* 1998, p. 1507 ; B. CHANTEBOUT, *Le contrôle parlementaire*, D.F., 1997 ; P. TÜRK, *Le contrôle parlementaire en France*, 2011 ; D. HOCHEDEZ, Contrôle parlementaire, *D.C.*, p. 229 ; J.-L. PEZANT, Parlementarisme rationalisé et système majoritaire, *Mélanges Pierre Avril*, 2001, p. 465 ; J. GICQUEL, Le renouveau du contrôle parlementaire *in Responsabilité et démocratie*, 2007, p. 25, et La reparlementarisation, une perspective d'évolution, *Pouvoirs* n° 126, 2008, p. 47 ; J.-P. CAMBY, Le renouveau du contrôle parlementaire, *in Le nouveau R.A.N.*, *op. cit.*, p. 75 ; Le contrôle parlementaire et Le renouveau du Parlement, *Pouvoirs* n°s 134 et 146, 2010 et 2013.

124. V. M. AMELLER, Le progrès technique au service du législateur, *R.F.S.P.* 1984, p. 1120 ; J.-Y. FABERON, Choix scientifique et décision parlementaire, *A.J.D.A.* 1983 ; J.-F. LE MEN, *L'information du parlementaire français*, D.F., 1984 ; J.-P. DUPRAT, Le Parlement évaluateur, *R.I.D.C.* 1998, p. 551.

(1988-1993), les Gouvernements Rocard, Cresson, Bérégovoy y ont recouru[125]. Le premier ministre est tenu de faire, à l'opposé, une déclaration en cas de recours au référendum (art. 11 C), d'interventions militaires à l'étranger (art. 35), de consultation relative au statut d'une collectivité territoriale située outre-mer (art. 72-4 et 73 C) et d'organiser un débat d'orientation budgétaire (art. 48 L.O. du 1er août 2001) et sur les finances sociales (art. L.O. 111-5-3 du Code de la sécurité sociale).

b) Les autres déclarations

1456 Un débat est organisé, depuis octobre 2004 *(le précédent turc)* avant la tenue d'un Conseil européen (*chr.* n° 113, p. 227) devant chaque assemblée, et à son issue, depuis juillet 2007. Au Sénat, il est donné lecture, par un ministre, en concomitance avec les députés, du programme du Gouvernement sur lequel celui-ci engage sa responsabilité devant l'Assemblée (art. 49, al. 1er C). Aucun débat, aucun droit de réponse, ne sont autorisés.

c) Les déclarations thématiques (art. 50-1 C)

1457 Le Gouvernement peut, de sa propre initiative, ou à la demande d'un groupe d'opposition ou minoritaire, faire depuis 2008, sur un sujet déterminé une déclaration qui donne lieu à un débat *et peut, s'il le décide, faire l'objet d'un vote, sans engager sa responsabilité.* À l'initiative du Gouvernement, en juillet 2010 et en avril 2013, le débat sur les orientations des finances publiques a donné lieu à un vote des assemblées. Les députés se sont prononcés, le 29 avril 2014, sur le projet de stabilité pour 2014-2017, conformément aux engagements européens de la France.

2. Les questions parlementaires

1458 Les questions *écrites* ou *orales* constituent pour les députés et sénateurs un procédé traditionnel d'information. Les constituants de 1958 se sont efforcés de développer ces dernières qui, on le sait, constituent en Grande-Bretagne, un des moyens de dialogue les plus efficaces entre le Gouvernement et le Parlement *(question time)*. Mais, pour des raisons d'organisation, peut-être des motifs tenant aux habitudes des élus français, sans compter la mauvaise volonté des gouvernants, cette tentative n'a pas été jusqu'ici, couronnée de succès. Cependant, à la faveur d'une *convention de la constitution*, une relance du questionnement a été opérée avec succès, à partir de 1974.

a) Les questions écrites

1459 Parallèlement aux informations obtenues auprès des services des assemblées, la question écrite, dont l'existence est *coutumière* à l'origine, est une demande de renseignement adressée par un parlementaire à un membre du Gouvernement, qui doit répondre dans le délai d'un mois.

La procédure date d'une résolution de 1909, due à l'initiative de Pressensé. Introduite d'abord à la Chambre, cette technique a été adoptée par le Sénat en 1911. Les questions écrites sont, pour les parlementaires, une source précieuse de renseignements en vue de la solution des innombrables problèmes qui leur sont soumis par leurs électeurs. C'est aussi un moyen d'obtenir une consultation juridique gratuite, notamment en matière fiscale. En ce cas, l'administration est liée par sa réponse (art. L. 80 A du Livre des procédures fiscales)[126].

Les questions écrites, remises à la présidence de l'assemblée, ne doivent contenir aucune imputation d'ordre personnel à l'égard de tiers nommément désignés. Lorsqu'une question intéresse une situation individuelle, il est répondu directement au parlementaire. Par ailleurs, si dans le délai précité, le ministre n'a pas répondu, en raison, d'une part, de l'intérêt public ou d'autre part, des difficultés rencontrées pour rassembler les éléments de la réponse, un délai supplémentaire est accordé, qui ne peut excéder un mois. La réponse est signée par le ministre ou son délégataire[127].

125. Au préalable, cette procédure avait été mise en œuvre par Georges Pompidou (1966 et 1967) ; Maurice Couve de Murville (1968) ; Pierre Messmer (1972, 1974) ; Raymond Barre (1976).

126. Une moyenne de 100 000 questions *écrites* sont posées par les députés et oralement, 3 500 *questions au Gouvernement*, dont la moitié par l'opposition, au cours d'une législature.

b) *Les questions orales*

1460 Le droit d'interroger le Gouvernement est inhérent au régime représentatif. Dans le cadre de la session *ordinaire, une séance par semaine au moins, y compris pendant les sessions extraordinaires, est réservée, par priorité, aux questions des membres du Parlement et aux réponses du Gouvernement* (art. 48, al. 6 C, rédaction de la L.C. du 23 juillet 2008).

Deux types de questions, à titre principal, selon leur origine, constitutionnelle ou conventionnelle, peuvent être recensés. La révision de 2008 est à l'origine d'une diversification des procédures.

α) Les questions d'origine constitutionnelle

1461 Dans la pensée des constituants de 1958, et particulièrement de celle de Michel Debré, la technique des questions orales devait *compenser*, par une large information hebdomadaire des parlementaires, les restrictions au contrôle politique du Parlement sur le Gouvernement, ainsi que la maîtrise de celui-ci sur l'ordre du jour. Mais, en fait, ces efforts pour développer en France cette technique et en faire le principal élément d'un dialogue fécond entre les pouvoirs a fait long feu ; les réponses étant *désactualisées*, pour l'essentiel. Ainsi la question relative à l'enlèvement de Ben Barka, déposée le 9 novembre 1965, n'est venue en discussion que le 6 mai 1966. Entre-temps, les faits avaient répondu avant le ministre[128]. Ce double monologue se poursuit néanmoins le mardi matin à l'Assemblée, à la manière d'une litanie[129].

β) Les questions d'origine conventionnelle

1462 Dans le dessein de traiter les questions, en temps réel, et de provoquer un débat interactif, l'Assemblée nationale devait accueillir une suggestion du président Giscard d'Estaing. Dans son message du 30 mai 1974, celui-ci se réclamant du *question time* britannique, se prononçait pour l'examen de *questions d'actualité*, appelées depuis les *questions au Gouvernement* (E. Faure).

Le nouveau style obéit aux principes suivants : en accord avec le Gouvernement, deux séances ont lieu, depuis 1995, le mardi et le mercredi, de 15 à 16 heures, suivant le principe d'*égalité* entre groupes de la majorité et de l'opposition (art. 133 R.A.N.). La séance est retransmise sur *France 3* et suscite l'affluence et parfois un excès de théâtralisation. Le Gouvernement a accepté la suppression du dépôt préalable des thèmes des questions ; seule la liste des ministres interrogés lui est communiquée. Le temps de chaque intervention est limité à deux minutes pour l'auteur, comme pour le ministre, invité à répondre au débotté. À cet effet, deux écrans ont été installés à la tribune qui affichent le compte à rebours[130]. Le président de séance se réserve, enfin, d'interrompre les intervenants qui ne respecteraient pas les délais impartis[131].

127. Les ministères qui en drainent le plus sont ceux de l'économie ; du budget ; des affaires sociales ; de l'éducation nationale ; de l'agriculture et de l'intérieur. Le taux de réponse hors délai s'élève à 60 % en raison de la pertinence de certaines questions qui entraînent des études, voire des enquêtes. Il existe aussi des questions à caractère *didactique* et des questions *ciblées*, à l'initiative de René Dosière (S), (décrets d'application des lois ; budget de la présidence de la République et mises à disposition ; coût des cabinets ministériels).

128. C'est le premier ministre qui désigne le membre du Gouvernement appelé à répondre. La notion de *ministre compétent* n'entre pas dans l'appréciation des parlementaires (C.C., 21 janvier 1964, *R.A.N. Rec.* p. 23).

129. Il est arrivé que des dialogues importants s'engagent, exceptionnellement, à l'occasion de questions orales avec débat : le 24 avril 1964, Georges Pompidou, alors premier ministre, est venu répondre à une question posée par François Mitterrand, relative aux rôles respectifs du président de la République et du premier ministre et la discussion a été, d'une grande qualité. Des incidents rares peuvent émailler la séance à l'A.N. (départ des ministres, le 7 février 2012 ; boycott de l'opposition, le 26 février 2014).

130. Cette règle politique paralyse la constitution qui pose le principe que *les ministres sont entendus quand ils le demandent* (art. 31 C). Il s'agit sans conteste de l'épreuve de vérité pour ceux-ci.

131. V. M. AMELLER, *Les questions, instrument du contrôle parlementaire*, 1964, et L'heure des questions au Palais Bourbon, *Mélanges Georges Burdeau*, 1977, p. 355.

Le succès de cette procédure a amené le Sénat à l'adopter en 1982, de manière conventionnelle, avant de l'institutionnaliser en 1995. L'examen des *questions d'actualité au Gouvernement* a lieu le jeudi, deux fois par mois. Le temps est *proportionnel* à l'effectif des groupes[132].

3. Les auditions parlementaires

1463 Les commissions entendent les ministres, les hauts fonctionnaires et des personnalités qualifiées pour éclairer leurs travaux, et informer l'assemblée. Elles peuvent créer en leur sein une *mission d'information* ; tout comme la conférence des présidents, sur initiative du président de l'assemblée (art. 145 R.A.N.) (simplification législative ; écotaxe, en 2013).

4. L'évaluation parlementaire

1464 Maître-mot du contrôle moderne, elle consiste dans l'appréciation des moyens au regard des résultats qui mesurent l'*efficacité* de la dépense publique et plus généralement de la gestion de l'État. À ce titre, le Parlement *évalue les politiques publiques* (art. 24 C) ou l'application des lois. Cette mission, particulièrement sensible en matière de finances et de sécurité sociale, incombe aux commissions[133] ; aux délégations parlementaires[134]. La Cour des comptes apporte son précieux concours (art. 47-2 C)[135] (v. *chapitre III*).

5. L'enquête parlementaire

1465 Elle est le fait, notamment des commissions d'enquête (art. 51-2 C) (v. *n° 1442)*[136].

B. LA MISE EN JEU DE LA RESPONSABILITÉ DU GOUVERNEMENT À L'ASSEMBLÉE NATIONALE

1466 La responsabilité est le corollaire de l'autorité en démocratie. Le Gouvernement est comptable de ses actes devant les députés (art. 20 C) suivant les procédures *rationalisées* de la question de confiance et de la motion de censure (art. 49). *Nous vous*

132. La procédure de la *question à un ministre* ou celle des *questions cribles thématiques* s'ajoutent depuis la révision de 2008. L'auteur de la question dispose d'un droit de réponse en vue d'interroger le Gouvernement, d'une façon plus dynamique (v. Rapport Gélard, *S.*, n° 427, 2009).

133. La commission des finances de l'A.N. a créé en 1999, la mission d'évaluation et de contrôle *(M.E.C.)* ; celle des affaires sociales a constitué, en 2004, une mission pour les lois de financement de la sécurité sociale *(M.E.C.S.S.)*. Chaque mission est *coprésidée* par un député de la majorité et un député de l'opposition (système du *binôme*). V. A. BAUDU, L'évaluation parlementaire, problème ou solution ?, *R.F.P.P.* n° 113, février 2011, p. 131 ; J.-L. WARSMANN, L.O. relative à l'application de la *Q.P.C.* ; *A.N.*, rapport d'information n° 2838, 2010 et J.-J. URVOAS, sur ce thème, n° 842, 2013.

134. L'A.N. s'est dotée, en 2009, d'une délégation transversale : le *comité d'évaluation et de contrôle des politiques publiques (C.E.C.)*. Présidé par son président, il réalise, avec deux rapporteurs de la majorité et de l'opposition, des travaux d'évaluation relatifs à des politiques publiques dont le champ dépasse le domaine de compétence d'une seule commission permanente (art. 146-1 R.A.N.). Il peut disposer des pouvoirs d'une commission d'enquête, et saisir la Cour des comptes d'une demande d'évaluation (loi Accoyer du 3 février 2011). V. B. ACCOYER, Les premiers résultats d'une démarche innovante et ambitieuse, A.N., rapport d'information n° 4485, 2012 ; P. AVRIL, Le contrôle. Exemple du C.E.C., *in Le Parlement français et le renouveau du droit parlementaire*, *Jus Politicum*, 2012, p. 65.

135. V. P. JAN, Parlement et Cour des comptes, *Pouvoirs* n° 146, 2013, p. 105. Le Parlement peut consulter le C.E.S.E. sur tout problème de caractère économique, social ou environnemental (art. 70 C) et saisir le défenseur des droits (art. 71-1 C).

136. On n'aura garde d'oublier, au surplus, les avis des commissions permanentes (art. 13 C) et les autorisations relatives aux interventions militaires à l'étranger (art. 35) (v. *chapitre III*).

demandons raison des actes consommés : La formule du général Sébastiani, ministre de la guerre de Louis-Philippe, signifie que ce contrôle classique se présente comme l'examen *a posteriori* des actes accomplis par le Gouvernement. Cette appréciation est de nature à entraîner une double sanction : le retrait de confiance ou la démission de ce dernier (art. 50) et, telle l'onde de choc, la dissolution de l'Assemblée (art. 12). Pour sa part, le Sénat peut épauler le Gouvernement, mais non le désarçonner (art. 49 *in fine* C), en application du bicamérisme inégalitaire[137].

Cependant, l'évolution de la Ve République s'impose à la réflexion. La *logique majoritaire*, ou la *logique de soumission* (P. Avril), à laquelle elle s'abreuve depuis 1962, a remodelé le concept de responsabilité, au point de le *neutraliser* et de verser dans la *pénalisation* de la vie politique. La crise ministérielle écartée, le *Gouvernement de long cours* (L. Jospin) a pu voguer. Par un retournement de situation, ce dernier répond de ses actes devant le *seul* chef de l'État, en période présidentialiste, d'une politique qu'il n'a pas déterminée[138]. D'où l'expression topique du *monisme inversé. À l'heure où il me faut vous présenter la démission de ce Gouvernement :* la formule célèbre de Michel Rocard à l'adresse de François Mitterrand en 1991 le vérifie.

En revanche, la cohabitation, ou la période parlementaire du régime, place la majorité devant ses responsabilités, lorsque le premier ministre menace de démissionner, à l'exemple de Lionel Jospin, en octobre 2000[139].

Au total, l'existence du Gouvernement et de la majorité à laquelle il est soudé, s'apprécie en termes *électoraux*, selon la démarche contemporaine, sans préjudice du contrôle quotidien des médias et des réseaux sociaux (affaire Cahuzac, 2013). Bref, c'est devant la Nation que le *quitus* sera donné ou refusé. En termes binaires, le peuple souverain est appelé à renouveler sa confiance ou à préférer l'alternance. Au demeurant, aucune majorité parlementaire ne sera reconduite, entre 1978 et 2012, sauf en 2007, au terme d'un *vote-sanction*. Cette quasi-automaticité de la relève a permis à la majorité de surmonter sa victoire et de respecter l'opposition.

1. Les procédés de mise en jeu de la responsabilité gouvernementale

1467 En faisant abstraction que le fait majoritaire ne s'est pas démenti à ce jour, la constitution de 1958 a retenu, dans un souci de discipline, deux procédures qui se

137. V. N. HAVAS, *La responsabilité ministérielle en France*, 2012 ; Ph. SÉGUR, *La responsabilité politique*, 1988 ; J.-Cl. COLLIARD, *C.R.F.*, p. 1224 ; J. GICQUEL, Une redéfinition des rapports entre l'exécutif et le législatif, *Cahiers français* n° 300, 2001, p. 12.

138. Le président Sarkozy a présenté une déclaration de politique générale devant les parlementaires de la majorité réunis au palais de l'Élysée, le 20 juin 2007, puis devant le Congrès du Parlement, le 22 juin 2009 ; laquelle sera à l'origine de la motion de censure de la gauche, en juillet (*chr.* n° 132, p. 209). Le Gouvernement a été chargé de sa mise en œuvre.

139. En échange de la discipline de vote, la négociation se substitue à l'application des techniques de contrainte dans le cadre du dialogue intra-majoritaire. Après 15 jours de tractations, les communistes ont voté, en juin 2001, la loi relative à la modernisation sociale. La négociation peut porter sur le contenu de l'ordre du jour prioritaire du Gouvernement. En juillet 1998, celui-ci sera amené à procéder au retrait du projet de loi portant réforme du scrutin aux élections européennes. Cependant, au-delà d'un certain seuil, le premier ministre peut brandir la menace de sa démission, voire recourir à l'article 49, al. 3 C (loi sur le pardon de généraux, en novembre 1982). Une autre démarche est concevable, celle de la *crise sèche*, à l'imitation du Royaume-Uni : le Gouvernement Chaban-Delmas en sera victime en juillet 1972. V. P. AVRIL, La *Ve République*, 2e éd., 1994, p. 138.

situent dans un *rapport dialectique*, destinées à vérifier si le Gouvernement possède toujours la confiance de l'Assemblée : l'une est mise en œuvre par le premier ministre, c'est *l'engagement de la responsabilité gouvernementale*, (art. 49, al. 1er C) ; l'autre, laissée à l'initiative des députés, c'est la *motion de censure* (al. 2). Il reste que ces procédures peuvent se combiner, à propos du *vote d'un texte* (al. 3). Mais, à l'opposé, ni un vote bloqué (art. 44, al. 3 C), ni une résolution (art. 34-1), ni une déclaration thématique (art. 50-1) ne peuvent contraindre juridiquement le Gouvernement à démissionner[140].

Par ailleurs, il est expédient d'indiquer que ces mécanismes qui puisent leur inspiration dans les projets Gaillard-Pflimlin de la fin de la IVe République *(supra)*, peuvent être mis en œuvre par le premier ministre intérimaire (C.C., 29 décembre 1989, *Loi de finances pour 1990, chr.* n° 53, p. 187)[141]. En revanche, ils sont *suspendus* en période d'intérim de la présidence de la République (art. 7 *in fine* C). Mais, l'interdiction signifiée par le général de Gaulle, en 1961, lorsque l'article 16 C s'appliquait, n'emporte nullement la conviction. La tenue d'une session *extraordinaire* ou de *plein droit* ne fait pas obstacle à la mise en jeu de la responsabilité gouvernementale. La clôture des sessions est de droit retardée, en cas d'application des dispositions de l'article 49 (art. 51 C).

a) La question de confiance simple (art. 49, al. 1er C)

1468 À la manière de *qui m'aime me suive*, l'alinéa premier dispose : *le premier ministre, après délibération du conseil des ministres, engage devant l'Assemblée nationale la responsabilité du Gouvernement sur son programme ou éventuellement sur une déclaration de politique générale.*

C'est là l'énoncé d'une règle à l'origine du régime parlementaire qui a donné matière à discussion théorique. Après avoir sacrifié au formalisme de la délibération du conseil des ministres, le premier ministre engage l'existence du Gouvernement, soit sur son *programme*, soit sur une *déclaration de politique générale*. Ces termes sont d'une *acception analogue,* sachant que le premier, *général,* est distinct de celui, *ponctuel,* visé à l'article 38 C, en matière d'ordonnances (v. *supra*, n° 1301) (C.C., 12 janvier 1977, *Territoire français des Afars et des Issas, Rec.* p. 31). Le premier ministre est-il tenu ou non de solliciter la confiance, au moment de son entrée en fonction ?

Cet alinéa est à l'origine d'une interprétation contrastée, entre Michel Debré l'appliquant à la lettre, le 15 janvier 1959 et Georges Pompidou l'écartant au profit d'une simple *déclaration informative* (art. 132 R.A.N.), le 8 janvier 1966. Nonobstant le renfort de la sémantique[142], la pratique a tranché en faveur de la liberté d'appréciation de l'intéressé. Deux arguments plaident en ce sens : le Gouvernement existe juridiquement dès sa nomination par le chef de l'État (art. 8 C), *indépendamment* d'une manifestation de volonté parlementaire. Bref, l'*investiture*, ce réactif du régime d'assemblée d'antan, n'existe plus. Aucun délai n'est, par ailleurs, visé à l'alinéa premier.

140. Sous la IXe législature (1988-1993), les Gouvernements Rocard, Cresson et Bérégovoy ne disposant que d'une majorité *relative*, n'ont dû leur salut qu'aux techniques de *discipline* de l'activité parlementaire. Le caractère dissuasif de la dissolution a parachevé le dispositif de la non-défiance. Au plan politique, l'art de l'intermittence a pu être comparé à un exercice de *marquetterie* (concours ou abstention alterné des centristes et des communistes).

141. Le *vote bloqué* (art. 44, al. 3 C) ne peut, en dehors des mécanismes de l'article 49, mettre en jeu la responsabilité du Gouvernement. Il remplace avantageusement les questions de confiance *en rafales* de la IVe République destinées à combattre les amendements (C.C., 15 janvier 1960 *R.A.N., Rec.* p. 15). De la même façon, le juge s'était opposé à la possibilité d'un vote dans le cadre d'une proposition de résolution (17-18 et 24 juin 1959, *G.D.* n° 3).

142. *L'indicatif a valeur impérative* aurait déclaré le général de Gaulle à Guy Mollet, lors de l'élaboration du projet de constitution, en 1958. Le texte indique, au demeurant, que le premier ministre engage et non *peut engager*. V. P. AVRIL, Une convention *contra legem* : la disparition du *programme* de l'article 49 C, *Mélanges Jean Gicquel*, 2008, p. 9.

Depuis 1973 (2e Gouvernement Messmer), l'engagement de responsabilité est honoré. Il s'analyse en geste de solidarité à l'égard de la majorité parlementaire[143].

Après que la conférence des présidents eut organisé le débat, le vote a lieu au scrutin public à la tribune. Il est émis, selon un décompte particulier, à la *majorité absolue des suffrages exprimés*. Tout concourt donc à *présumer* que le Gouvernement bénéficie de la confiance des députés, tant qu'ils n'en administrent pas la preuve contraire.

b) La motion de censure simple (art. 49, al. 2 C)

1469 Elle intervient à l'initiative des députés. On parle d'une motion de censure *spontanée* ou *offensive*. En réaction à la facilité de *l'interpellation* de jadis, elle est aujourd'hui strictement réglementée. Les constituants se sont souciés de garantir l'existence du Gouvernement, de manière à ce qu'il ne soit pas défait à la suite d'une chiquenaude. D'où un dispositif cumulatif[144].

α) La mise en œuvre

1470 La motion de censure qui, dans la pratique est motivée, est subordonnée d'abord à une condition de *recevabilité :* un dixième au moins des députés (58, en l'espèce) sont tenus de la signer. Un député ne peut en signer plusieurs à la fois. Un délai de réflexion de 48 heures est ensuite, aménagé, afin d'en souligner l'enjeu et éviter, autant que possible, les votes *ab irato*. La date de la discussion est fixée par la conférence des présidents *(ibid.)* et le débat organisé. Aussi et surtout, renversant *le fardeau de la preuve*, un mode de décompte original est adopté : *seuls* sont pris en considération les votes *favorables* à ladite motion ; les absents sont réputés prendre le parti du Gouvernement. Par ailleurs, la motion est acquise à la majorité *absolue des membres composant l'Assemblée*, soit, à l'heure actuelle 289 voix, au terme d'un vote public à la tribune. En dernière analyse, la *récidive* est limitée en ce qu'*un député ne peut être signataire de plus de trois motions de censure au cours d'une même session ordinaire et de plus d'une au cours d'une même session extraordinaire* (art. 49, al. 2 *in fine* C), sauf s'il est défié par le Gouvernement, au titre de l'article 49, al. 3 C[145].

β) L'application

1471 Une seule motion de censure *autonome* a atteint son objectif, le 5 octobre 1962, provoquant la chute du Gouvernement Pompidou. Depuis cette date, *le fait majoritaire* a neutralisé cette procédure. Mais, il s'en est fallu de trois voix, le 1er juin 1992, à propos de la politique agricole commune, que le Gouvernement Bérégovoy ne soit emporté, à la suite de la conjonction des votes communistes et de droite. Le 16 mai 2006, à propos de l'affaire *Clearstream*, 11 députés U.D.F., membres de la majorité, à ce jour, ont joint leur voix à celle de l'opposition (*chr.* n° 119, p. 168). En règle générale, l'opposition y recourt, moins pour censurer le Gouvernement que pour se donner bonne conscience et l'obliger à venir s'expliquer, lorsqu'elle a le sentiment que ce dernier tend à se dérober à ses responsabilités. Tel un baroud d'honneur, la motion de censure a été détournée de sa finalité. Elle est devenue un pétard mouillé.

143. Des exceptions se présentent, cependant, avec les Gouvernements Messmer III (février 1974) ; Barre I (août 1976) ; Mauroy I (mai 1981) ; Rocard I (mai 1988) et II (juin 1988) et Cresson (mai 1991). Le président Chirac s'est opposé, en mai 2006, à son utilisation par Dominique de Villepin, à propos de l'affaire *Clearstream* (*chr.* n° 119, p. 168).

144. Le premier ministre a posé, en octobre 2000, une question de confiance *implicite*, en menaçant de démissionner si les alliés du groupe socialiste s'abstenaient de voter la loi de finances et celle du financement de la sécurité sociale (*chr.* n° 97, p. 174).

145. En 1958, les rédacteurs de la constitution auraient pu accueillir la *motion de censure constructive* de la Loi fondamentale allemande, adoptée par le projet Pflimlin, en mai. Mais, ils y renoncèrent car cette procédure neutralisait le pouvoir présidentiel de nomination du premier ministre (art. 8, al. 1er C).

c) *La mise en œuvre conjuguée de la question de confiance et de la motion de censure (art. 49, al. 3 C)*

1472 Chef-d'œuvre de la rationalisation, *l'acmé*, cette disposition, aussi performante que tentante, s'analyse en une technique *spécifique d'adoption de la loi à l'Assemblée nationale* (à l'*exclusion* du Sénat, il importe de le noter), lorsque les moyens ordinaires dont dispose le Gouvernement se sont révélés inopérants, face à une majorité rétive ou une opposition combative. En substance, le premier ministre peut, après délibération du conseil des ministres, engager la responsabilité du Gouvernement devant l'Assemblée nationale sur le vote de certains textes. Dans ce cas, ceux-ci sont considérés comme adoptés, sauf si une motion de censure, déposée dans les vingt-quatre heures qui suivent, est votée dans les conditions prévues à l'alinéa précédent. Cette procédure qui permet de faire passer un texte en force, c'est-à-dire *sans vote*, a été limitée, en raison... de son efficacité, en 2008. Est-ce bien lucide de l'avoir couvert d'opprobre ; le fait majoritaire étant une notion politique, *contingente* par nature ?

α) La finalité

1473 Ce mécanisme capital et particulièrement ingénieux a pour objet d'éliminer *le phénomène de dissociation des majorités*, témoin du régime d'assemblée, qui se produisait *avant* 1958 et qui a été, pour une part, à l'origine de l'échec des efforts entrepris, à ce moment, pour rationaliser les procédures de contrôle.

En effet, lorsque le ministère posait *la question de confiance sur un texte*, il arrivait fréquemment, dans le cadre de la constitution de 1946, que celui-ci fût à la fois maintenu *juridiquement* au pouvoir (la majorité *absolue* n'ayant pas été atteinte) mais, néanmoins contraint *politiquement* à démissionner, le projet à propos duquel il avait posé la question de confiance ayant été rejeté à la majorité *simple*. Les inconvénients très graves de cette situation avaient déjà été perçus dès cette époque, et le projet Gaillard, imaginé dans les derniers temps de la IVe République, prévoyait des dispositions analogues à celles inscrites dans l'actuelle constitution.

Désormais, le Gouvernement *lie* son sort au texte, plaçant ainsi l'Assemblée nationale devant une alternative, qui ne comporte aucune échappatoire possible, ainsi que l'observait le doyen Vedel : de deux choses l'une en effet : ou bien, elle veut que celui-ci reste en fonction et, alors, elle doit lui accorder tout ce dont il a besoin ; ou bien elle ne veut pas lui accorder les moyens exigés, mais alors, elle doit prendre la responsabilité de le renverser. À chacun d'assumer sa responsabilité !

β) Les modalités

1474 Au terme d'une interprétation littérale (C.C., 24 décembre 1979, *Loi de finances pour 1980, Rec.* p. 36), l'exercice de cette prérogative n'est soumis, du point de vue procédural, qu'à la seule délibération préalable du conseil des ministres (29 décembre 1989, *Loi de finances pour 1990, chr.* n° 53, p. 191) ; laquelle, au demeurant, n'implique pas sa publicité immédiate (30 décembre 1995, *Réforme de la protection sociale, chr.* n° 77, p. 264).

Autrement dit, son recours relève du pouvoir *discrétionnaire* du premier ministre ; le chef de l'État dispose, tout au plus, du pouvoir de dissuasion[146]. En posant, cette fois, la question de confiance sur *un texte*, à la différence de l'alinéa premier de l'article 49, le premier ministre engage l'existence du

146. La question s'est posée, de savoir, au moment de la cohabitation, si le chef de l'État pouvait envisager de priver le Gouvernement de cette procédure en refusant de l'inscrire à l'ordre du jour du conseil des ministres. Quitte à provoquer une crise, une réponse affirmative s'impose, tant du point de vue juridique que politique. Mais, sans aller jusqu'à cette extrémité, il pourrait se contenter d'indiquer qu'il avisera ou dissuader le chef du Gouvernement comme le fit François Mitterrand, le 30 mai 1990 (*chr.* n° 55, p. 223).

Gouvernement. Le débat est immédiatement suspendu. Conformément à l'adage, *qui ne dit mot consent*, ce texte est *considéré comme adopté* par les députés (donc *sans vote au sens matériel*) à l'expiration d'un délai de 24 heures, sauf si entre-temps, l'opposition, piquée au vif, réplique par une motion de censure (dite alors *provoquée* ou *défensive*), déposée et votée au sens de l'article 49, alinéa 2. La conférence des présidents intervient dans les conditions précitées.

γ) L'application

1475 Cette procédure est dorénavant *limitée* au *seul* vote d'un projet de loi de finances ou de financement de la sécurité sociale (art. 47 et 47-1 C). En outre, le premier ministre peut y recourir pour un autre projet ou une proposition de loi par session (rédaction de la L.C. du 23 juillet 2008)[147]. *La Grosse Bertha* peut être utilisée à *toutes* les phases de la procédure législative : de la première à la dernière lecture, y compris dans le cadre d'une nouvelle délibération de la loi (art. 10 C)[148].

Du point de vue politique, l'article 49, alinéa 3 a eu pour raison d'être, à l'origine, de surmonter la réticence ou l'absence d'une majorité, placée au pied du mur. Mais, à la faveur de la redécouverte de l'obstruction, cette procédure a été utilisée, à partir de 1981, à l'encontre de l'opposition pour faire *tomber* des milliers d'amendements obstruant la démarche gouvernementale : Alain Juppé a mis un terme au blocage du processus législatif, en décembre 1995, concernant la réforme de la protection sociale ; Jean-Pierre Raffarin y a eu recours à deux reprises (février 2003, *Élection des conseillers régionaux* ; juillet 2004, *Libertés et responsabilités locales*) et Dominique de Villepin (février 2006, *Égalité des chances*). En revanche, l'article a été remisé à l'occasion des débats sur les réformes structurelles des retraites (2003, 2010) et de l'assurance-maladie (2004), en dépit de l'acharnement procédural de l'opposition[149].

À cet égard, l'article 49 alinéa 3 est *sans égal*, car, à la limite, en 24 heures, le nœud gordien peut être tranché, si l'opposition ne dépose pas de motion de censure[150]. Mais, il est utile d'observer que cette démarche n'a pas pour effet de clore la procédure législative. Celle-ci poursuit, en effet, son cours normal au Sénat *en vue de l'adoption d'un texte identique* (art. 45 C)[151].

147. Avant 2008, cette disposition a donné lieu à 82 utilisations et à 48 motions de censure en réplique. Aucune d'entre elles n'est parvenue à ses fins ; celle relative à la C.S.G. a échoué à 5 voix près en 1990. Sous la IXe législature (1988-1993), en présence d'une majorité *simple*, le Gouvernement Rocard (1988-1991) l'a utilisée à 28 reprises, telles les questions de confiance en rafales de la IVe République. *Un montage* a été opéré avec la procédure du vote bloqué (art. 44, al. 3 C) ou celle de l'habilitation législative (art. 38) (sécurité sociale, 1967 et 1995 ; privatisation, découpage des circonscriptions électorales de l'A.N., 1986).

148. V. Trois voix sur l'article 49, alinéa 3 (M. AMELLER, P. JAN et J. GICQUEL), *in La révision de 2008, une nouvelle Constitution ?*, 2011, p. 277.

149. Par analogie, la loi du 7 mars 1998 aménage un *49.3 régional* en vue de favoriser l'adoption du budget de la collectivité en temps utile (*chr.* n° 86, p. 189).

150. Un cas de figure insolite, véritable comble institutionnel, s'est présenté, en septembre 2006, à propos de la loi sur l'énergie, avec le dépôt de 137 000 amendements par l'opposition ; un record absolu. Un accord est intervenu, sur ces entrefaites, entre le président Debré et celle-ci afin d'éviter au premier ministre... d'y recourir et contraindre la majorité et le président de l'U.M.P. (Nicolas Sarkozy) à se prononcer positivement (*chr.* n° 121, p. 141).

151. Il a été fait usage de cette disposition pour l'adoption de lois importantes : programme militaire créant la force de frappe (1960) ; réorganisation de la sécurité sociale (1967 et plan Juppé en 1995) ; approbation de l'élection du Parlement européen au suffrage universel (1977) ; réhabilitation de généraux factieux au cours de la guerre d'Algérie (1982) ; nationalisation (1982) ; privatisation (1986 et 1993) ; liberté de communication (1986, 1988). Le Gouvernement Jospin (1997-2002) y a renoncé, préférant la négociation politique à la contrainte juridique.

2. Les effets de la mise en jeu de la responsabilité gouvernementale

1476 Lorsque le Gouvernement est mis en minorité devant l'Assemblée nationale, le premier ministre doit présenter au chef de l'État, la démission de ce dernier. (art. 50 C). Le président a la possibilité de provoquer la dissolution de l'Assemblée. Il est même souhaitable qu'elle l'entraîne, à l'image du précédent de 1962, en raison de la logique majoritaire, dont se nourrit le régime.

a) La démission collective du Gouvernement (art. 50 C)

1477 C'est la sanction nécessaire et même inéluctable du retrait de la confiance au Gouvernement. Celui-ci, étant en survie, ne dispose que de pouvoirs *réduits*, à ce qu'on appelle *l'expédition des affaires courantes* qui *relèvent de l'activité quotidienne et continue de l'administration*, en dehors de l'urgence[152]. Cette formule se relie à la nécessaire *continuité* de *la vie nationale* (C.C. 30 décembre 1979, *Loi de finances pour 1980, C.C.F.*, p. 289).

b) La dissolution éventuelle de l'Assemblée nationale (art. 12 C)

1478 Le chef de l'État dispose d'un pouvoir d'appréciation discrétionnaire. Le Sénat assure la permanence de la représentation nationale (*supra*).

C. L'APPROBATION D'UNE DÉCLARATION DE POLITIQUE GÉNÉRALE PAR LE SÉNAT

1479 *Le premier ministre a la faculté de demander au Sénat l'approbation d'une déclaration de politique générale* (art. 49 *in fine* C).

1. La conception

1480 Dans l'esprit des rédacteurs de la constitution, cette faculté ouverte au Gouvernement était destinée à lui assurer un renfort ou un répit, en un moment où sa majorité à l'Assemblée nationale donnait des signes de faiblesse. C'est donc en connaissance de cause que le premier ministre se détermine à agir. Ce qui exclut tout échec ; du reste, la délibération préalable du conseil des ministres n'est pas requise. Mais l'évolution ultérieure du régime a déjoué ce dessein à partir de l'instant où un profond dissentiment a éclaté entre la Haute assemblée et le général de Gaulle. Le Sénat de l'aménité est devenu celui de l'*adversité* (J. Georgel), menacé, un instant, dans son existence, lors du référendum du 27 avril 1969. Un nouveau désaccord devait éclater avec la gauche au pouvoir, à partir de 1981. Le Sénat peut voter une *question préalable*, négative ou positive, à l'encontre d'un texte de loi, en s'y opposant (lois de finances en 1992 et 2013) ou en décidant qu'il n'y a pas lieu à poursuivre le débat, en vue d'en accélérer l'adoption (art. 44, al. 3 R.S.) (loi de finances en 2012). C'est, en quelque sorte, *le 49.3 du pauvre* (*chr.* n° 149, p. 232).

2. Les applications

1481 Le Gouvernement Chirac a fait usage, pour la première fois, le 10 juin 1975, en matière de politique étrangère de l'article 49 *in fine*. Avec l'effritement du fait majoritaire, Raymond Barre a soumis successivement le programme de ses Gouvernements aux sénateurs, le 5 mai 1977 et, fait significatif,

152. C.E., 4 avril 1952, arrêt *Syndicat régional des quotidiens d'Algérie, J.C.P.* 1952, II.7138, note G. VEDEL, et 19 octobre 1962, arrêt *Brocas, A.J.D.A.* 1962.612, note A. DE LAUBADÈRE. V. M. LACHAZE, L'expédition des affaires courantes en période de crise ministérielle, *D.* 1952, *chr.* p. 65 ; F. BOUISSOU, L'introuvable notion d'affaires courantes, *R.F.S.P.* 1970, p. 645 ; G. MORANGE, Situation et rapports des pouvoirs publics en cas de dissolution, *R.D.P.* 1978, p. 621.

au début de la VIe législature, le 11 mai 1978. L'arrivée de la gauche au pouvoir, en 1981, a transformé, à nouveau le Sénat en chambre d'opposition (refus de la révision constitutionnelle en 1984). À l'opposé, le Sénat recouvrera la plénitude de ses attributions, en matière législative, au cours des brèves cohabitations de 1986 et de 1993.

De manière inédite, un Gouvernement de gauche a obtenu la confiance le 20 novembre 1989, sur une déclaration de politique générale relative à la politique étrangère de la France à l'égard de l'évolution des pays de l'Europe de l'Est. Le Sénat devait approuver, le 16 janvier 1991, celle relative à la guerre du Golfe. Lionel Jospin s'est abstenu, en juin 1997, de solliciter la confiance sénatoriale ; de même, lors des déclarations relatives au conflit du Kosovo, en 1999 et à la participation de la France à la lutte antiterroriste, en 2001.

Le retour du présidentialisme, en 2002, coïncide avec l'*enrôlement* du Sénat dans le bloc majoritaire qui, à ce jour, avait été soucieux de préserver son identité. Outre la nomination d'un premier ministre issu de ses rangs (Jean-Pierre Raffarin, en 2002 et François Fillon, en 2007), la création du groupe U.M.P. donne la mesure de l'événement. En début de législature, le Gouvernement a obtenu la confiance de la Haute assemblée. Mais, en 2012, celui-ci s'est borné à une déclaration sans vote (art. 50-1 C), en raison de l'étroitesse de sa majorité.

D. LES RÉSOLUTIONS PARLEMENTAIRES

1482 Parallèlement au vote d'une *résolution* spéciale par chaque assemblée en matière européenne, la révision de 2008 leur restitue ce droit tribunitien.

1. La résolution européenne (art. 88-4 et 88-6 C)

1483 La commission chargée des affaires européennes est appelée à suivre les travaux conduits par les institutions européennes. Les projets d'actes législatifs européens lui sont transmis par le S.G.A.E., dès lors qu'ils comportent une disposition de nature législative au sens de l'article 34 C (art. 88-4). Après examen par ladite commission, son rapport est transmis à la commission permanente saisie au fond. Cette dernière peut adopter la résolution *tacitement*, faute de déposer son rapport dans le délai d'un mois, selon la pratique observée[153]. En outre, chaque assemblée participe à une concertation avec les chambres de l'Union européenne dans le cadre périodique de la *C.O.S.A.C. (conférence des organes spécialisés dans les affaires communautaires)* et au contrôle du principe de subsidiarité (art. 88-6 C, rédaction de la L.C. du 23 juillet 2008). L'Assemblée s'est opposée, le 15 juin 2011, à une proposition de directive relative aux produits énergétiques et a voté, le 27 novembre 2012, une résolution sur l'ancrage démocratique du gouvernement économique européen. Par une motion commune, les assemblées pourront aussi s'opposer à la procédure de révision simplifiée relative au traité de Lisbonne (art. 88-7 C) (v. circulaire du 21 juin 2010 du premier ministre)[154].

2. La résolution générale (art. 34-1 C)

1484 L'objet de celle-ci, votée par chaque assemblée, a varié. Illimité avant 1958, il a été initialement cantonné, par le Conseil constitutionnel (17, 18 et 24 juin 1959, *G.D.* n° 3) à la formulation de mesures

153. V. M. GAILLARD, Le retour des résolutions parlementaires. La mise en œuvre de l'article 88-4 C, *R.F.D.C.* 1993, p. 707 ; J.-D. NUTTENS, *Le Parlement français et l'Europe : L'article 88-4 de la constitution*, 2001 ; E. SAULNIER, *La participation des Parlements français et britannique aux Communautés et à l'Union européennes*, 2002.

154. Il faut songer aussi à l'activité internationale des assemblées (art. 35 C, rédaction de la L.C. du 23 juillet 2008). La *diplomatie parlementaire*, véritable conquête, proche de la révolution tranquille, consiste dans la réception de personnalités (chefs d'État et de gouvernement étrangers dans les hémicycles) ; les présidents des assemblées sont appelés à jouer le rôle d'émissaire du chef de l'État, le cas échéant. Les assemblées participent à l'observation d'élections ; à la formation de fonctionnaires étrangers et à la coopération interparlementaire.

et de décisions d'*ordre intérieur*, tels le règlement, la création d'une commission d'enquête ou en matière d'immunités. La révision de 2008 supprime ces limitations, sous la seule réserve que des résolutions *ne mettent pas en cause la responsabilité du Gouvernement, et ne contiennent pas des injonctions à son égard* (art. 34-1 C). La L.O. du 15 avril 2009 en détermine les modalités d'exercice (*chr.* nº 130, p. 211). L'Assemblée a voté, par exemple, en mai 2010, une résolution condamnant le port de la burqa ; en mai 2014, exprimant sa gratitude et sa reconnaissance aux Alliés du débarquement du 6 juin 1944. Deux résolutions parlementaires ont concerné, en mai 2011, la laïcité. Le Sénat s'est prononcé, en 2014, sur la transition énergétique. Cette nouvelle expression du Parlement a le mérite de relâcher la pression politique et de limiter l'inflation législative, en se détournant des lois mémorielles de naguère (loi du 29 janvier 2001 relative au génocide arménien)[155].

§ 2. LA FONCTION LÉGISLATIVE

1485 En dehors des citoyens (art. 11 et 89 C), il incombe au Parlement de voter la loi (art. 24). L'amoindrissement du rôle normatif de ce dernier a été interprété, en 1958, comme une *révolution juridique* (P. Durand), en raison de *l'inversion* opérée dans les rapports entre la loi et le règlement. Cependant, la pratique de la Ve République amène à corriger le pessimisme auquel la doctrine avait succombé. À la lumière de la jurisprudence du Conseil constitutionnel et des travaux du colloque d'Aix-en-Provence de 1977, il ressort que la révolution redoutée ne s'est pas manifestée ; que la *continuité* de la tradition juridique s'est révélée plus forte que les bouleversements annoncés. Dans un raccourci, Jean Foyer résumait ce sentiment, en soulignant la *pérennité du critère organique* et l'échec du critère *matériel*, auquel on l'avait accouplé en 1958 : *Est loi, ce qui est voté par le Parlement.*

En résumé, la montagne a accouché d'une souris. Le constituant de 1958 s'est borné, pour l'essentiel, à une *remise en ordre* dans un domaine où il n'en existait plus guère, en raison de la multiplication des exceptions qui sapaient l'autorité du principe. En ce sens, la répartition opérée par les articles 34 et 37 C entre les domaines de la loi et du règlement, se situe au point *d'aboutissement* d'une situation qui s'était détériorée progressivement (A), en même temps qu'elle marque le *renouveau* de la procédure législative (B).

A. LE DOMAINE DE LA LOI

1486 La France a longtemps communié avec Jean-Jacques Rousseau, dans le culte de la loi, *expression de la volonté générale* de la Nation, assimilée à la volonté législative du Parlement ; de la loi qui *peut tout faire sans mal faire*, en un mot, irréprochable et incontestable. Il n'est que trop aisé de souligner la corrélation entre l'absolutisme et le *légicentrisme*[156]. Cette conception classique, sinon héroïque, n'est plus de mise depuis

155. V. S. NIQUÈGE, Les résolutions parlementaires de l'article 34-1 C, *R.F.D.C.* 2010, p. 865 ; P. PREUVOT, Résolutions : un retour restreint, *in La révision de 2008, une nouvelle Constitution ?*, 2011, p. 155.

156. Dans une vision prophétique, seul René Capitant avait échappé à ce sentiment : *Il n'en reste pas moins que l'énumération* [de l'art. 34] *qu'il contient est si large et surtout si extensive, que l'Assemblée pourra presque tout réclamer pour sa compétence. Il s'ensuivra des conflits incessants avec le pouvoir exécutif, qui seront portés devant le Conseil constitutionnel et qui se termineront le plus souvent à l'avantage du Parlement* (préface à Léo Hamon : *De Gaulle dans la République*, 1958, p. XXII). V. P. DURAND, La décadence de la loi dans la constitution de la Ve République, *J.C.P.* 1959, I.470 ; J. DE SOTO, La loi et le règlement de la constitution du 4 octobre 1958, *R.D.P.* 1959, p. 240 ; M. WALINE, *ibid.*, p. 699 ; N. POULET-GIBOT LECLERC, *La place de la loi dans l'ordre juridique interne*, 1992.

1958, non pas tant, parce que la loi serait *bornée*, mais essentiellement, en raison du fait, qu'elle est à présent *subordonnée* à des normes supérieures[157].

1. La conception traditionnelle du droit public français relative aux rapports de la loi et du règlement

1487 Il n'est pas sans intérêt de s'attacher à sa *formulation*, avant de rendre compte de son *érosion*.

a) La formulation de la conception classique

1488 C'est dans la *Contribution à la théorie générale de l'État*, publiée en 1920-1922, par Raymond Carré de Malberg, que l'on trouve la meilleure définition des rapports traditionnels entre pouvoir législatif et pouvoir réglementaire, dans le droit public issu de la Révolution de 1789, lesquels avaient trouvé leur systématisation la plus fidèle dans la première période de la IIIe République :

Le pouvoir législatif et le pouvoir réglementaire diffèrent profondément l'un de l'autre. Ce qui les rend pleinement différents, c'est que l'un est d'une essence plus haute que l'autre. Le règlement et la loi sont tous deux des sources de droit : mais le droit qu'ils créent respectivement n'a pas la même valeur, et en effet, ils ne le créent pas avec la même puissance. D'une part, la règle émise par la voie législative à une force supérieure consistant : 1° en ce qu'elle prime et par conséquent annule toutes les règles préexistantes qui peuvent être en opposition avec elle ; 2° en ce qu'elle ne peut être modifiée ou abrogée elle-même que par une nouvelle disposition d'ordre législatif. À cette supériorité de la règle législative correspond, d'autre part, la subordination du règlement à la loi : le règlement ne peut se mouvoir que dans les limites de la loi ; bien plus, l'activité réglementaire ne peut s'exercer qu'en exécution des lois ; à plus forte raison, le règlement ne peut-il, ni contredire les lois existantes, ni y déroger ; enfin, la règle établie par un règlement est à la merci de la loi qui peut toujours la méconnaître en y dérogeant, et la modifier ou l'abroger.

Il résulte de cette analyse du maître de Strasbourg, qu'un seul pouvoir public a qualité pour édicter des règles générales et obligatoires pour les citoyens et susceptibles de modifier les lois existantes, c'est le Parlement ; qu'il n'y a pas de domaine propre de la loi : *fait partie du domaine de la loi, tout ce sur quoi statue le Parlement* ; que la définition de la loi est purement *organique* ou *formelle : est loi toute disposition élaborée par le Parlement selon la procédure législative et promulguée par le chef de l'État* ; que la loi, enfin, exerce une *primauté incontestée*, dans le domaine des règles juridiques et que, en particulier, le règlement est étroitement subordonné à la loi, dont il assure, tout au plus, depuis la constitution de l'an VIII, *l'exécution*.

En d'autres termes, cette primauté de la loi procède d'une identification de la loi avec la *volonté générale*, c'est-à-dire avec la *souveraineté nationale*. L'article 6 de la Déclaration des droits de l'homme et du citoyen, en 1789, reprenant la formule de Jean-Jacques Rousseau, affirme, on le sait : *La loi est l'expression de la volonté générale*. La constitution du 14 septembre 1791 proclame, en termes dénués de toute ambiguïté : *Il n'y a point en France d'autorité supérieure à celle de la loi.* C'est là, la marque de la souveraineté nationale s'exprimant par le Parlement ou, plus précisément, par la majorité de celui-ci.

Il faut bien comprendre, en effet, qu'il existe des rapports étroits entre la hiérarchie des normes établie depuis 1789, et la transposition de la souveraineté nationale en souveraineté parlementaire. Si

157. V. actes du colloque : *Le domaine de la loi et du règlement*, 1978, p. 119 ; J.-L. PEZANT : Loi-règlement, la construction d'un nouvel équilibre, *in La constitution de la Cinquième République*, 1985, p. 342 ; J.-Cl. BÉCANE, M. COUDERC et J.-L. HÉRIN, *La loi*, 2e éd., 2010 ; B. MATHIEU, *La loi*, 2e éd., 2004 ; A. HAQUET, *La loi et le règlement*, 2007 ; La loi, *Pouvoirs* n° 114, 2005.

la loi *domine* ainsi l'ordonnancement juridique (tout contrôle étant exclu, à l'évidence) ceci tient, à ce que le Parlement domine la hiérarchie des pouvoirs publics ; en un mot qu'il est la *seule expression* de la souveraineté nationale, au point de s'y assimiler[158].

Mais, progressivement, un écart s'est creusé entre la théorie et les faits. La transformation du rôle de l'État, dans l'entre-deux-guerres a accéléré le processus d'altération, dont la constitution de 1958 a tiré la *conclusion* un peu brutale, mais prévisible.

b) L'érosion de la conception classique

1489 Les règles traditionnelles concernant les rapports entre la loi et le règlement, aux termes desquels, ce dernier n'assumait qu'une sorte de rôle de *coadjuteur*, selon le doyen Maurice Hauriou, ont toujours souffert quelques exceptions, proches de la curiosité intellectuelle. En particulier, la jurisprudence et la doctrine admettaient la validité de règlements *spontanés* ou *autonomes* dans certaines matières : organisation et fonctionnement intérieur des services publics (Conseil d'État, arrêt *Babin*, 1906), police administrative générale (arrêt *Labonne* de 1919) (*G.A.* n° 35), à la condition, bien entendu, que le législateur ne soit pas intervenu lui-même dans l'un ou l'autre de ces domaines[159]. Mais jusqu'à la guerre de 1914-1918, la suprématie de la loi était incontestée. À ce moment, une grave entorse se manifeste sous la forme des *décrets-lois*.

α) L'apparition des décrets-lois sous la IIIe République

1490 Sous la pression des événements, les chambres ont dû, à diverses reprises, autoriser le Gouvernement à prendre des décrets ayant force de loi, c'est-à-dire susceptibles de modifier éventuellement les lois en vigueur[160].

Cette procédure, qui reçut rapidement l'appellation de *décrets-lois* devait se développer à la suite des difficultés financières et économiques dans lesquelles le pays se trouva plongé pendant l'entre-deux-guerres, et devenir à partir des années 1930, un procédé *normal* de gouvernement. En application du principe de l'interdiction des délégations de compétences, cette procédure était, cependant, incontestablement contraire au texte de la constitution de 1875. Comme le déclarait justement, en 1924, Paul-Boncour, à la tribune de la Chambre des députés : *Le pouvoir législatif n'est pas un droit dont nous pouvons disposer ; c'est une fonction qui nous a été confiée dans les termes et dans la limite de la constitution et nous ne pouvons pas y toucher sans changer la constitution elle-même.*

β) La condamnation des décrets-lois sous la IVe République

1491 C'est en partant du rappel de ces principes juridiques, que la constitution du 27 octobre 1946 avait disposé, dans son article 13 : *L'Assemblée nationale vote seule la loi. Elle ne peut déléguer ce droit.* La pression des faits sera plus puissante que la volonté des constituants. Dès 1948, deux procédés détournés sont mis en œuvre pour opérer, malgré les dispositions de l'article 13, des délégations du pouvoir législatif : le procédé de la *loi-cadre* et celui de l'*extension du pouvoir réglementaire*.

• La technique de la loi-cadre

1492 Prévue par la loi du 17 août 1948 (dite *loi André Marie*), elle consiste en ce que, *seuls*, les principes généraux d'une réforme sont édictés par le Parlement ; les détails d'application étant établis par voie de

158. L'identification de la loi à la souveraineté est constante. À preuve, la maxime de Loisel sous l'Ancien Régime : *qui veut le roi, si veut la loi*. La constitution de 1791 prend pour devise : *la nation, la loi, le roi. Rien contre la loi, tout pour elle* (Carré de Malberg) ; *Le trait distinctif de notre système est le fétichisme de la loi* (Gény). *C'est le Parlement qui juge la conformité de son œuvre avec la constitution* (Joseph-Barthélemy). V. R. DENOIX DE SAINT MARC, *Histoire de la loi*, 2008 ; *L'écho des lois* (DF), 2012.

159. La sémantique reproduit le légicentrisme. Chaque organe de l'État est identifié par rapport à la loi : *le pouvoir législatif* (formation de la loi) ; le *pouvoir exécutif* (exécution de la loi) et le *pouvoir judiciaire* (application de la loi à la solution d'un litige).

160. Maurice Hauriou a souligné avec force cette différence : *la loi qui exprime la volonté nationale tandis que le règlement n'exprime que la volonté du Gouvernement* (*Droit constitutionnel*, 2e éd., 1929, p. 442).

décrets. Si le Parlement ne s'y oppose pas dans un certain délai, ceux-ci deviennent définitifs ; en cas d'objection, ils ne s'appliquent pas et il faut recourir à la procédure législative.

• Le procédé de l'extension du pouvoir réglementaire

1493 Inventé, lui aussi, par la loi du 17 août 1948, rédigée à l'instigation du garde des sceaux (René Mayer), entouré par des membres du Conseil d'État, le procédé repose sur l'idée, *nouvelle* en droit public français, d'une répartition des *matières* entre la loi et le règlement : les matières les plus importantes sont réservées au Parlement qui, de toute façon, a compétence pour opérer ou modifier cette répartition. Si celui-ci décide que tel ou tel ordre de problèmes entre le domaine du pouvoir réglementaire, cela signifie que le gouvernement est désormais autorisé à y intervenir par voie de décrets, lesquels peuvent, à l'occasion, modifier des lois existantes : la décision de transfert prise par le Parlement ayant pour effet de *délégaliser* les matières ainsi abandonnées au pouvoir exécutif. En revanche, si, ultérieurement, le Parlement légifère à l'occasion de problèmes ainsi confiés au pouvoir réglementaire, la loi parlementaire intervenue dans le domaine transféré ne pourra plus être modifiée par simple décret. Le Parlement a, en somme, conservé à tout instant un *droit d'évocation* sur les matières qu'il a lui-même placées dans le domaine réglementaire[161]. Le Conseil d'État consulté sur la régularité de ces procédés, y apportera sa caution, dans un avis formulé, le 6 février 1953[162].

La lenteur de la procédure législative, la fragilité des majorités gouvernementales et l'urgence de solutions à apporter aux problèmes ont favorisé une extension de la compétence *normative* de l'exécutif. De grandes réformes (contentieux administratif en 1953, décolonisation en Afrique noire et à Madagascar (loi-cadre Defferre) et présentation du budget, en 1956) seront menées à terme par ce dernier, tandis que les assemblées avaient tendance à cultiver, ô paradoxe, le pointillisme. *La loi gouverne mal, lorsqu'elle gouverne trop*, prétendait justement Portalis. Sur ces entrefaites, la constitution de 1958, prenant appui sur une pratique constante, consacre l'évolution favorable à une nouvelle répartition de l'activité normative, entre la loi et le règlement[163].

2. La conception actuelle du droit public français relative aux rapports de la loi et du règlement

1494 Il est des événements comme des sites. Seul le recul permet d'en prendre une vue panoramique et d'en déceler les lignes de force. À cet égard, la pratique de la constitution a déjoué toutes les prévisions. Loin d'être cantonnée dans les termes de l'article 34 C, la loi a *recouvré* son domaine traditionnel et *évacué* le règlement autonome de l'article 37. Le Conseil constitutionnel (30 juillet 1982, *Blocage des prix et des revenus, G.D.* n° 30) a récusé *le mythe* de la Ve République et rallié la pensée anticipatrice de René Capitant. Pour autant, le passé n'a pas ressuscité, car la loi a perdu son *incontestabilité* ou son *infaillibilité* en raison de la mise en place de *contrôles*. Le changement de 1958 concerne moins son domaine que sa *condition juridique*. La loi, cette *passion française* (M. Couderc), est *désacralisée*, autant qu'*instrumentalisée*.

a) La loi a recouvré son domaine traditionnel

1495 Originairement, l'article 34 C détermine sous forme d'une énumération (limitative par définition), l'étendue du domaine réservé au Parlement. Dans l'ensemble, il renferme les *dispositions les plus*

161. On pourrait citer également, la technique du *législateur colonial* avant 1946, ou l'arrêt *Dehaene* du Conseil d'État, de 1950, en matière de réglementation du droit de grève dans les services publics, en l'absence de lois annoncées par le préambule de 1946.

162. Au reste, *en cas de circonstances exceptionnelles*, le C.E. a admis qu'un décret puisse ne pas *respecter une prescription législative* (28 juin 1918, *Heyriès, G.A.* n° 11).

163. Le système actuel du *déclassement* (art. 37, al. 2 C) est calqué sur ce mécanisme. Mais, il comporte une différence notable : le pouvoir d'évocation est transféré du Parlement au *premier ministre* après reconnaissance du caractère *réglementaire* d'une disposition en forme législative.

importantes, conformément à l'avis rendu par le Conseil d'État en 1953[164]. En un mot, cet article entend redonner à la loi ses lettres de noblesse[165].

En revanche, *les matières autres que celles qui sont du domaine de la loi ont un caractère réglementaire* (art. 37) ; en un mot, celles-ci sont *délégalisées*. D'où il ressort que le Gouvernement ayant le champ libre, intervient à leur égard, sous forme de décrets dits *autonomes* par opposition aux décrets *dérivés*, par lesquels il assure l'exécution des lois (art. 21 C). En d'autres termes, le décret est pris respectivement en *l'absence* d'une loi ou pour son *application*.

La présentation de l'article 34 pouvait paraître étroite et prêter le flanc à la critique. Mais, l'interprétation *convergente* du Conseil constitutionnel et du Conseil d'État a reculé ses limites, contrairement à l'impérieuse formule de l'article 37, au point de les supprimer. La révolution n'a pas eu lieu. Cependant, le laisser-aller qui en est résulté a provoqué une réaction en vue de la *restauration* de son esprit. En somme, l'article 34, *la vieille passoire* (Jean Foyer), ou l'histoire d'un destin contrarié.

α) La présentation de l'article 34 C

1496 La lecture de l'article 34 relève d'une conception *impressionniste* en retenant une intervention *modulée* du législateur selon que *la loi fixe les règles* pour les matières essentielles (droits civiques et garanties fondamentales pour l'exercice des libertés publiques, crimes et délits, impositions, le pluralisme et l'indépendance des médias), il est habilité à intervenir en profondeur ou selon que la loi se borne à *déterminer les principes fondamentaux*, à l'instar du système de la *loi-cadre* de jadis dans divers domaines (enseignement, collectivités territoriales, régime de la propriété, *etc.*). Où passe la frontière entre les unes et les autres ? Dans la pratique, on préférera l'ignorer dans l'impossibilité de la tracer avec certitude[166]. L'article 34 renvoie, à une *loi organique*, le soin de préciser et de compléter ses dispositions. C'est le juge qui, avec discrétion et détermination, devait y répondre, en lieu et place du Parlement, sauf, exceptionnellement, en matière de finances publiques (v. *infra*, n° 1526).

β) L'interprétation de l'article 34 C

1497 Le Conseil constitutionnel a rejeté la dichotomie initiale, en se livrant à une double lecture *unitaire* et *complémentaire* de l'article 34. Au terme de cette extension jurisprudentielle, facilitée par *l'absence* de travaux préparatoires de la constitution, la loi dispose, à nouveau, de son domaine traditionnel et d'une compétence *minimale (réserve de la loi)* garantie par le contrôle de *l'incompétence négative*. On ne pouvait imaginer pareille sollicitude. En outre, la logique majoritaire, en remplaçant la confrontation entre les pouvoirs par leur collaboration, a œuvré pour la suppression de la ligne de démarcation.

164. En partant du principe que le législateur a la compétence de sa compétence, la Haute Juridiction précise : *le législateur peut, en principe, déterminer souverainement la compétence du pouvoir réglementaire...* Toutefois, *certaines matières sont réservées à la loi, soit en vertu des dispositions de la constitution, soit par la tradition constitutionnelle républicaine... le législateur ne peut dès lors, étendre à ces matières la compétence du pouvoir réglementaire, mais il peut se borner à poser les règles essentielles en laissant au Gouvernement le soin de les compléter.*

165. Les exigences de la modernité allaient dans le même sens, d'autant que l'exécutif devait recevoir ultérieurement une *investiture populaire*, brisant le monopole parlementaire. Dès lors, les règles de droit élaborées par l'exécutif ne souffrent plus d'une infériorité politique. V. R. JANOT, L'origine des art. 34 et 37, actes du colloque, 1978, p. 61 ; J.-Cl. BÉCANE, La loi revisitée. Réflexions sur les rapports entre la loi et l'État de droit, *Mélanges Pierre Avril*, 2001, p. 167.

166. Le commissaire du gouvernement Romieu (Conseil d'État, 4 mai 1906, *Babin*) avait systématisé, à cette occasion, la distinction, en ces termes : *Relèvent par leur nature du pouvoir législatif, toutes les questions directement ou indirectement liées aux obligations, à imposer aux citoyens... En sens inverse, c'est en principe le pouvoir exécutif qui règle l'organisation intérieure des services* [publics] *et les conditions de leur fonctionnement qui ne lèsent pas les droits des tiers.* V. J.-L. PEZANT, Loi, *D.C.*, p. 597.

• La lecture unitaire de l'article 34

1498 La distinction formulée entre *règles et principes fondamentaux* a été repoussée, d'entrée de jeu, par le Conseil constitutionnel (27 novembre 1959, *R.A.T.P., G.D.* nº 5), au profit d'une interprétation conforme à la tradition constitutionnelle républicaine. En choisissant le critère de *l'importance* et non celui de l'objet, il appartient au législateur de *mettre en cause toutes* les matières ; le Gouvernement se bornant à les *mettre en œuvre*. À une conception horizontale, le juge substitue une vision *verticale*[167].

Sous cet aspect, aucune matière ne peut être *colonisée*, mais au contraire partagée. Quelle que soit l'avancée de la loi, le pouvoir réglementaire *traditionnel* (c'est-à-dire d'*exécution* et non de substitution) demeure en tout état de cause. Réciproquement, une matière délégalisée et qui tombe dans la compétence du pouvoir réglementaire *autonome* (art. 37), ne saurait lui appartenir en exclusivité. Des îlots législatifs demeurent, notamment en vue de la défense des citoyens (infractions, juridictions, libertés publiques : C.E., 3 février 1967, *Confédération générale des vignerons du Midi, A.J.D.A.* 1967, concl. Galmot, p. 164 ; C.C., 28 novembre 1973, *Contraventions privatives de liberté, G.D.* nº 12)[168]. Le pouvoir réglementaire autonome était, dès cet instant ébranlé, il allait bientôt être submergé[169].

• La lecture complémentaire de l'article 34

1499 Une interprétation *large* a permis de *découvrir* d'autres chefs de compétences.

1. L'article 34, tout d'abord, n'épuise pas son domaine. Le Conseil constitutionnel (2 juillet 1965, *Rec.* p. 75) invoque d'autres articles de la constitution (art. 3 : droit électoral ; art. 35 : déclaration de guerre ; art. 36 : prorogation de l'état de siège ; art. 53 : autorisation de ratifier certains traités ; art. 66 : liberté individuelle ; art. 72 et 74 : collectivités territoriales). En outre, la Haute Instance estime que *seule la loi* peut écarter un principe général de droit (26 juin 1969, *Protection des sites, G.D.* nº 17), tandis que ce dernier s'impose au règlement, selon le Conseil d'État (26 juin 1959, *Syndicat général des ingénieurs conseils, G.A.* nº 78). Enfin, le législateur est compétent, au titre des dispositions du préambule de la constitution, ce qui lui ouvre un espace infini (C.C. 16 juillet 1971, *Liberté d'association, G.D.* nº 18).

2. Il appartenait au C.C. de tirer la conclusion de sa démarche. C'est ce qu'il a fait, le 30 juillet 1982 (*Blocage des prix et des revenus, Rec.* p. 57), en sonnant le glas des articles 34 et 37 C. Le fait qu'une loi comporte des dispositions à caractère réglementaire ne constitue plus en soi un motif d'inconstitutionnalité ; telle est, en substance, la position de principe adoptée. À la séparation tranchée des domaines de la loi et du règlement, ce dernier substitue une séparation *indéterminée*, laissée, en définitive, à la seule appréciation du Gouvernement. En effet, sur le fondement de la procédure de *déclassement* (art. 37, al. 2 C), il est loisible à celui-ci de réclamer son dû, le moment venu, au C.C.[170]. De cette décision capitale, il résulte tout d'abord, que la loi peut à nouveau *s'étendre à l'infini, mais en accord avec le Gouvernement*, à partir de l'instant où le législateur ne possède plus, depuis 1958 *la compétence*

167. *A contrario,* les contraventions ressortissent au domaine réglementaire, ainsi que les peines qui leur sont applicables, sauf si elles sont privatives de liberté. V. B. BRACHET, *La délimitation des domaines respectifs de la loi et du règlement dans la constitution du 4 octobre 1958*, thèse Bordeaux, 1965 ; J.-M. COTTERET, *Le pouvoir législatif en France*, 1962.

168. En fait, la bonne foi de la doctrine a été prise à défaut. Raymond Janot, qui a joué un rôle important, en 1958, dans l'élaboration de la constitution a relevé, lors du colloque d'Aix-en-Provence, que le *distinguo* de l'article 34 correspondait plus à un souci pratique que théorique. À la suite de pressions diverses, le domaine de la loi accueillait d'autres matières que celles prévues dans la première mouture, mais *seulement* pour les *principes fondamentaux.*

169. Le critère de *l'importance* rejoint la célèbre vision de Portalis, exprimée dans son *Discours préliminaire du code civil*, en 1804 : *Les lois sont des commandements... C'est aux lois de poser dans chaque matière les règles fondamentales et à déterminer les règles essentielles. Les délais d'exécution... les objets instantanés ou variables... sont du ressort du règlement*. Et de conclure : *les règlements sont des actes de magistrature et les lois des actes de souveraineté.*

170. Une matière réglementaire doit céder devant un principe législatif (*délit* de coupage des vins) (première espèce). Dans la seconde, le Conseil limite la compétence réglementaire aux contraventions qui ne sont pas privatives de liberté, en application de l'article 66 C. V. J. DE SOTO, La décision du Conseil constitutionnel du 28 novembre 1973, *R.D.P.* 1974, p. 889 ; J.-P. VALENS, La loi, le juge et les libertés publiques, *Gaz. Pal.*, 27-28 mars 1974, p. 2.

de sa compétence ; ensuite, que le pouvoir réglementaire recouvre en pratique son *unité*, sous l'aspect traditionnel de *l'exécution des lois* (art. 21). Le règlement autonome (art. 37) a donc vécu[171]. D'où l'existence de lois *réglementaires* (loi du 1er décembre 1988 instituant le R.M.I.) ; *mémorielles* (loi du 29 janvier 2001 reconnaissant le génocide arménien de 1915)[172] ; voire *administratives* (Y. Gaudemet) lorsqu'elles ressemblent à des circulaires.

3. Ainsi, loi et règlement demeurent, comme jadis, dans une relation de *complémentarité*. Mais, de façon inattendue, la distinction originaire continue de recevoir application, en dehors des travaux de codification, s'agissant des normes européennes (art. 88-4 C). L'expansion du domaine de la loi ne serait-elle qu'une victoire à la Pyrrhus, en présence du droit européen dérivé ? La *Communauté introduit chaque année dans notre corpus juridique plus de règles que le Gouvernement français... Dans notre droit national, plus d'un texte nouveau sur deux est d'origine bruxelloise* (C.E., rapport 1993). Ainsi, *la loi est dictée à ceux qui sont chargés de l'édicter* (F. Goguel). Si bien que le Parlement accaparé par la loi (deux tiers du temps) se détourne de sa fonction de contrôle.

4. On redoutait en 1958 un excès de pouvoir législatif. Contre toute attente, l'inverse s'est produit : le C.C. a rappelé au Parlement qu'*il lui appartient d'exercer pleinement la compétence que lui confère l'article 34 C* (12 janvier 2002, *Modernisation sociale, chr.* n° 102, p. 160) en ne se dessaisissant pas, en dehors d'une habilitation législative (art. 38 C), *fût-ce à titre expérimental, dérogatoire et limité dans le temps* (17 janvier 2002, *Corse, idem* n° 102, p. 160). Le contrôle de l'*incompétence négative* signifie qu'il appartient à la loi de poser les règles essentielles de manière à encadrer l'autorité réglementaire (26 janvier 1967, *Conseillers référendaires, G.D.* n° 14). Une *Q.P.C.* peut être accueillie sous condition (18 juin 2010, *Kimberly-Clark, chr.* n° 135, p. 126).

γ) La tentative de restauration de l'esprit de l'article 34

1500 L'envolée de la loi a nui, sans contredit, à son autorité[173]. Outre l'inflation qui la mine (une centaine de lois sont votées chaque année), *trop de lois tue la loi ;* son *identité* est affectée. Normative par essence, la *loi est un commandement* disait Portalis, elle est devenue *bavarde, précaire et banalisée* (R. Denoix de Saint Marc) ; déclarative souvent, soit un *assemblage* de *neutrons législatifs dont la charge juridique est nulle* (Jean Foyer) ; bref, la loi *honoris causa* (G. Vedel). Qui plus est, elle est concurrencée sur son propre domaine par l'ordonnance (v. *chapitre III*)[174].

À l'initiative du président Mazeaud, le Conseil constitutionnel a opéré initialement une réaction salutaire en vue d'un retour à la conception originaire de 1958. Il est apparu utile, en effet, de ne plus confondre la loi et le règlement ; les principes et les modalités d'application ; la normativité et les déclarations d'intention[175]. D'où une jurisprudence *volontariste*. La loi doit respecter les exigences de clarté et d'intelligibilité (16 décembre 1999, *Codification, chr.* n° 93, p. 249) et *à pour vocation d'énoncer des règles et doit par suite être revêtue d'une portée normative* (29 juillet 2004, *Autonomie financière des*

171. Son domaine est circonscrit aux attributions des membres du Gouvernement et à l'organisation intérieure des services publics, pour l'essentiel. V. J.-M. DUFFAU, *Pouvoir réglementaire autonome et pouvoir réglementaire dérivé*, thèse Paris II, 1975 ; L. FAVOREU, Les règlements autonomes existent-ils ?, *Mélanges Georges Burdeau*, 1977, p. 405 ; G. GUILLAUME, actes du colloque d'Aix-en-Provence, 1977 p. 183.

172. En l'espèce, *le Parlement n'est ni historien, ni diplomate* (W. Mastor et J.-G. Sorbara, *RFDA* 2012 p. 507) V. F. HAMON, Le C.C. et les lois mémorielles, *L.P.A.*, 4 mai 2012.

173. Le recours à la loi permet, de manière exceptionnelle, en considération d'*impérieux motifs d'intérêt général*, de mettre un terme à un imbroglio. À ce titre, la procédure de la *validation législative* a pour effet de neutraliser un arrêt du Conseil d'État, pour retenir un exemple démonstratif, mettant en cause des situations personnelles acquises, à la suite de l'annulation d'un concours administratif (C.C., 22 juillet 1980, *C.C.F.*, p. 465). V. B. MATHIEU, *Les validations législatives*, 1987.

174. V. J. TRÉMEAU, *La réserve de loi. Compétence législative et constitution*, 1997.

175. *Les lois inutiles affaiblissent les lois nécessaires* affirmait Rousseau. La logorrhée législative (la *nomorrhée* selon Jean Foyer) a été dénoncée par le C.E. (rapport de 1992). Elle affecte la *légistique* ou l'art de rédiger la loi. V. G. de BAYNAST, *L'inflation législative et les articles 34 et 37 de la constitution*, thèse Paris II, 1997 ; Y. GAUDEMET (coordination), Le désordre normatif, *R.D.P.* 2006, p. 43 ; J.-P. CAMBY, Le désordre normatif, *Mélanges Jacqueline Morand-Deviller*, 2007, p. 227 ; R. DRAGO (sous la direction), *La confection de la loi*, 2005.

collectivités territoriales, idem n° 112, p. 202). Il suit de là, que la loi Fillon pour l'avenir de l'école a été censurée, le 21 avril 2005 (*idem* n° 114, p. 197) en raison de *dispositions manifestement dépourvues de toute portée normative ou ayant à l'évidence un caractère réglementaire*. Cette jurisprudence du *déclassement préventif* est depuis abandonnée (15 mars 2012, *Simplification du droit, chr.* n° 142, p. 169).

b) La loi a renoncé à son incontestabilité

1501 L'État de droit a progressé, de façon substantielle, depuis 1958, avec l'établissement *d'un contrôle articulé* (C.C., 12 mai 2010, *Jeux en ligne, chr.* n° 135, p. 225), *de constitutionnalité* de la loi (rapports de la loi et du traité à la constitution) confié au Conseil constitutionnel et *de conventionnalité* (rapport de la loi au traité) exercé par les juridictions ordinaires et la C.E.D.H. En ce cas, le Conseil constitutionnel, arguant de sa compétence d'attribution, a décliné la sienne (15 janvier 1975, *I.V.G., G.D.* n° 22). Une décision fondamentale : *notre arrêt Marbury contre Madison* (O. Dutheillet de Lamothe).

α) Le contrôle de constitutionnalité de la loi (art. 61 et 61-1 C) et du traité (art. 54 C)

1502 À titre de pierre d'attente, la loi est contrôlée soit, *avant* sa promulgation (art. 61 C) ; soit *après*, en vue d'assurer la garantie des droits et libertés (art. 61-1) en refrénant le contrôle de conventionnalité (v. *infra*, n° 1557). Le traité relève de la procédure de l'article 54 (v. *supra*, n° 1044).

β) Le contrôle de conventionnalité de la loi (art. 55 C)

1503 Un nouveau pouvoir de censure *permanent* de la loi se met en place : Le juge judiciaire ou administratif se reconnaît compétent pour apprécier la conformité d'une loi *postérieure* à une norme internationale et européenne, en la neutralisant, sur la base de l'article 55 C : *les traités ou accords régulièrement ratifiés ou approuvés ont, dès leur publication, une autorité supérieure à celle des lois*, sous la réserve de réciprocité (Cass., 24 mai 1975, *Société des cafés Jacques Vabre, A.J.D.A.* 1975, II, p. 567, note J. Boulouis ; C.E., 20 octobre 1989, *Nicolo, R.F.D.A.* 1989, p. 1000, note L. Dubouis).

Après coup, dans le droit fil de l'arrêt *Simmenthal* rendu en 1978 par la Cour de justice de Luxembourg (v. *supra*, n° 1066), le Conseil d'État appliquera cette jurisprudence au règlement européen (24 septembre 1990, *Boisdet, ibid.*, 1991, p. 172) et à la directive (28 février 1992, *Philip Morris France, chr.* n° 62, p. 177)[176].

Cependant, *la suprématie ainsi conférée aux engagements internationaux ne s'applique pas dans l'ordre interne aux dispositions de nature constitutionnelle* (C.E., 30 octobre 1998, *Sarran, R.F.D.A.* 1998, p. 1081, concl. Chr. Maugüé ; Cass., 2 juin 2000, *Pauline Fraisse, chr.* n° 95, p. 192). En clair, la condition de la loi ne peut être comparée à celle de la constitution, dont le respect s'impose à tous les juges *internes*. Le droit constitutionnel *prime*, sous cet aspect, le droit international.

176. Le Conseil d'État (5 janvier 2005, *Deprez et Baillard, A.J.D.A.* 2005, p. 850) a tracé la frontière entre les contrôles de constitutionnalité et de conventionnalité : *L'article 61 C a conféré au Conseil constitutionnel le soin d'apprécier la conformité d'une loi à la constitution ; ce contrôle est susceptible de s'exercer après le vote de la loi et avant sa promulgation...* [à l'exclusion] *d'un contrôle de constitutionnalité de la loi au stade de son application* [par le Conseil d'État, ou la théorie de la loi-écran] ; cependant, *pour la mise en œuvre du principe de supériorité des traités sur la loi énoncé à l'article 55 C, il incombe au juge* [administratif], *... de se conformer à la règle de conflit de normes édictée par cet article*. V. J. BONNET, *Le juge ordinaire français et le contrôle de la constitutionnalité des lois,* 2009 ; B. MATHIEU, Le Conseil d'État, juge de la constitutionnalité des lois, *Mélanges Bruno Genevois,* 2009, p. 753 ; Jean FOYER, Le mépris de la loi par le juge, *La vie judiciaire*, 29 janvier 1990.

Au surplus, la C.E.D.H. accueille l'exception d'inconventionnalité (décret du 9 octobre 1981). Une loi de validation dont la constitutionnalité avait été reconnue par le C.C. (28 octobre 1999, *Zielinski, idem*, nº 93, p. 237) a été censurée (v. *Ire partie*). Dans un climat d'émulation, le contrôle de la loi se situe autant sur le terrain de la *conventionnalité* que sur celui de la constitutionnalité. Que le juge ordinaire, serviteur de la loi, se soit transformé en *censeur*, au point d'en discuter les mérites, n'est-ce pas la marque d'une révolution tranquille ; la fin de la loi des 16-24 août 1790 ? En écartant une loi, celui-ci fait prévaloir sa volonté particulière sur celle des représentants de la Nation, ressuscitant une sorte de *droit de remontrance* de l'Ancien Régime. Au surplus, le contrôle de conventionnalité, qui peut être invoqué par *tous* les justiciables devant *toutes* les juridictions judiciaires et administratives, n'est enfermé dans *aucun* délai, à l'inverse du contrôle de constitutionnalité, et présente, au terme d'une démarche réticulaire, une *garantie égale de protection*[177]. Le dynamisme juridictionnel s'en trouve accéléré. Le Conseil d'État est porté, tout comme la Cour de cassation, à *anticiper* une censure de la Cour de Strasbourg, qui veille à *harmoniser* l'interprétation de la convention. Son *rôle est subsidiaire, mais nullement secondaire* (J.-P. Costa)[178].

Ainsi, la loi n'exprime dorénavant la volonté générale *que dans le respect de la constitution et des normes internationales et communautaires*, ou, si l'on préfère, de leur ordre juridique respectif[179].

c) *La hiérarchie des normes*

1504 Cette hiérarchie, dont l'effectivité est accordée à celle de l'État de droit, s'apprécie tant d'un point de vue interne qu'externe[180].

Du point de vue *interne* (celui du droit constitutionnel), une autorité juridique décroissante s'attache successivement à : la constitution ; au traité (art. 55 C) ; à la L.O. (art. 46) et à la loi ordinaire (art. 34)[181]. La ratification expresse d'une *ordonnance* (art. 38) vaut *assimilation* à la loi ordinaire, au même titre, par détermination de la constitution, que l'ordonnance de l'ancien article 92 C, et, de la *décision* du chef de l'État (art. 16) portant sur une matière législative, en temps normal.

Concernant les actes de l'exécutif, en suivant la même pente, on rencontre : la *décision* du président de la République (art. 16) qui, en temps normal, ressortit à la compétence du pouvoir réglementaire ; l'ordonnance (art. 38) dans ses dispositions réglementaires, puis les décrets, soit du premier ministre (art. 21), soit du président de la République (art. 13) ; l'arrêté interministériel, et les arrêtés des autorités locales.

À l'opposé, du point de vue *externe* (celui du droit international), le traité ou l'engagement international prime toutes les normes nationales, y compris la constitution, car *un État ne saurait invoquer vis-à-vis d'un autre État sa propre constitution pour se soustraire aux obligations que lui imposent le droit international ou les traités en vigueur* (Cour permanente de justice internationale, avis du 4 février 1932, *affaire de Dantzig*). Il s'agit de l'application de la règle *Pacta sunt servanda*, selon laquelle *tout traité lie les parties et doit être exécuté par elles de bonne foi* (C.C., 9 avril 1992, *Traité sur l'Union européenne*, *Rec.* p. 55).

177. La démarche parallèle du C.C. (10 juin 2004, *Économie numérique*) et du C.E. (8 février 2007, *Société Arcelor*) (*chr.* nº 122, p. 205) pour le renvoi au juge communautaire est caractéristique. V. A. DERRIEN, *Les juges français de la constitutionnalité*, 2003 ; L'articulation des normes (dossier), *R.F.D.A.* 2010, p. 437 ; Contrôle de constitutionnalité et contrôle de conventionnalité (dossier), *ibid.*, 2012, p. 621.

178. En matière de visites domiciliaires ordonnées par l'administration, par exemple, une ordonnance du 1er avril 2009 a tiré les conséquences de l'arrêt de la C.E.D.H. (21 février 2008, *Ravon c/ France, chr.* nº 130, p. 195). V. L. BURGORGUE-LARSEN, *La Convention européenne des droits de l'homme*, 2012 ; J.-P. COSTA, La Cour européenne des droits de l'homme est-elle une Cour constitutionnelle ?, *Mélanges Jean Gicquel,* 2008, p. 145 ; J.-M. SAUVÉ, L'influence de la C.E.D.H sur les cours suprêmes *R.I.D.C.* 2008, p. 329.

179. Le Conseil d'État, *juge des référés*, protège, par ailleurs, les libertés fondamentales (loi du 30 juin 2000).

180. V. D. DE BÉCHILLON, *Hiérarchie des normes et hiérarchie des fonctions normatives de l'État*, 1996.

181. La loi référendaire (art. 11 C) ne dispose pas d'une autorité *ne varietur*. En tant que technique de *substitution*, sa place dans la hiérarchie est fonction de son objet. À preuve le *pot pourri* que représente la loi du 6 novembre 1962 relative à l'élection du président de la République.

B. L'ÉLABORATION DE LA LOI

1505 *Le Parlement vote la loi,* énonce l'article 24 C. La formule est pertinente, car elle énonce le *critère organique* qui identifie la loi au sein de l'univers juridique (C.C., 9 janvier 1990, *Amnistie en Nouvelle-Calédonie, chr.* n° 54, p. 198), indépendamment de son contenu[182]. Mais, elle n'est pas concluante. À cet égard, la procédure a été *renouvelée*, en raison d'un environnement métamorphosé par l'alternance, le fait majoritaire et l'obstruction. Elle a fait *peau neuve*. La révision de 2008 en témoigne.

La pièce législative accueille de nouveaux acteurs, au premier rang desquels figure, à tout seigneur, tout honneur, le chef du pouvoir exécutif : président de la République *(le président-législateur)* ou premier ministre, selon la lecture des institutions. Le Gouvernement est devenu *l'atelier législatif*, au sein duquel la politique de la Nation est élaborée (art. 20 C). La conjugaison de la *rationalisation* de l'activité parlementaire et de la logique majoritaire en fait un vrai législateur ; un ministre n'a de cesse d'attacher son nom à une loi. Le rôle assumé par les groupes et les commissions s'avère décisif. Le C.C. veille à la conformité de la loi à la constitution ; à ses *qualités* de *sincérité* (21 juin 1993, *Loi de finances rectificative pour 1993, Rec.* p. 146), d'*accessibilité et d'intelligibilité* (16 décembre 1999, *Codification*, p. 136) ; voire à sa *nécessité* (nouvel art. 39 C), et au respect de *la clarté et de la sincérité du débat parlementaire* (13 octobre 2005, *R.A.N.*, p. 144) (v. circulaire Fillon du 7 juillet 2011).

La procédure législative a été *diversifiée*[183]. La constitution de 1958 est à l'origine d'un phénomène de *démultiplication*, qui aboutit à distinguer plusieurs catégories de lois relevant d'une procédure *spécifique*. Hors la loi référendaire (art. 11, 88-5 et 89), se rangent aux côtés de la loi ordinaire (art. 34) : la loi constitutionnelle (art. 89) ; la loi organique (art. 46) ; la loi de finances (art. 47) ; la loi de financement de la sécurité sociale (art. 47-1) et la loi autorisant la ratification de traités (art. 53). Il existe, en dernier lieu, des *lois locales*, en droit alsacien-mosellan (lois des 17 octobre 1919 et 1er juin 1924 et ord. du 15 septembre 1944, ayant valeur de *P.F.R.L.R.*) (C.C., 5 août 2011, *Repos dominical*) et en droit calédonien *(lois du pays)* (art. 77 C) ayant *force de loi*[184].

La loi de programmation, qui a valeur de loi ordinaire, *détermine les objectifs de l'action de l'État*, telle la loi de programmation militaire (L.P.M.) ou celle relative aux *orientations pluriannuelles des finances publiques* (nouvel art. 34, al. 20 C), en application du traité de discipline budgétaire de 2012 (v. *infra*, n° 1525). À l'opposé, une *loi d'orientation* est dépourvue de contenu normatif. L'effet d'*annonce* vaut *a fortiori* pour les annexes qu'elle comporte (C.C., 21 avril 2005, *Avenir de l'école, chr.* n° 114 p. 198). La loi de transposition d'une directive européenne (art. 88-1 et 88-2) présente un *particularisme*, en matière de contrôle juridictionnel. On doit noter, enfin, l'existence d'*autres législateurs* : le peuple (art. 11, 88-5 et 89 C) ; le chef de l'État (art. 16) ; le Gouvernement (art. 38) et l'Union européenne (art. 88-1).

C'est à la lumière de ces observations qu'il convient d'aborder l'examen respectif de *la procédure législative ordinaire*, des *procédures spéciales* et de rappeler les *procédures de substitution*.

182. Le critère organique est indifférent à la portée de la loi, à l'opposé de la conception de Rousseau. D'où l'existence de *lois personnelles :* loi du septennat du 20 novembre 1873 au profit du maréchal de Mac-Mahon ; loi du 13 juillet 1906 conférant le grade de commandant au capitaine Dreyfus ; loi du 17 novembre 1918, aux termes de laquelle Clemenceau et le maréchal Foch ont bien mérité de la patrie ; loi du 23 décembre 1970 exonérant les héritiers du général de Gaulle de l'impôt sur les successions.

183. La procédure peut être exceptionnellement annihilée. En vertu d'une coutume parlementaire, l'A.N. nouvellement élue n'est plus saisie des textes en instance devant la précédente. Ceux-ci sont frappés de caducité. En revanche, les textes en instance devant le Sénat, qui siège en *permanence*, ne sont pas affectés. La procédure législative peut donc être reprise en ce qui les concerne, au point où elle en était sous la précédente législature (C.C., 29 novembre 2012, *Journée nationale du souvenir, chr.* n° 145, p. 178). V. Ph. BACHSMIDT, Navette parlementaire et continuité sénatoriale, *Constitutions* 2013 p. 49.

184. En revanche, la *loi du pays* de Polynésie française est juridiquement un acte administratif de l'assemblée territoriale (art. 140 de la L.O. du 27 février 2004).

1. La procédure législative ordinaire

1506 *Gouverner, c'est légiférer :* aussi 80 %, en moyenne, des lois sont-elles d'origine exécutive. Le *jeu de loi* (Cl. Émeri) est impulsé par le Gouvernement, encadré par les commissions parlementaires, au rôle valorisé depuis 2008, et le Conseil constitutionnel[185].

a) Les étapes de l'élaboration de la loi ordinaire

1507 Quatre étapes jalonnent la confection de la loi : *l'initiative, la discussion*, le *contrôle facultatif de constitutionnalité* (art. 61 C), et la *promulgation*[186].

α) L'initiative de la loi

1508 *Proposer la loi, c'est régner,* affirmait Royer-Collard. Aux termes de l'article 39 C, *l'initiative des lois appartient concurremment au premier ministre et aux membres du Parlement*. Du point de vue terminologique, on appelle *projet de loi*, le texte déposé par le premier ministre (prête-nom de l'exécutif), et *proposition de loi*, celui qui émane d'un parlementaire, au nom de son groupe, en vérité.

Sous le bénéfice de cette précision, il importe de souligner que la symétrie est plus formelle que réelle. En clair, elle relève, à bien des aspects, de l'*illusion*, par suite de la raréfaction de la loi d'origine parlementaire.

• Les projets de loi

1509 En vue de finaliser le programme présidentiel, les projets de loi sont délibérés en conseil des ministres, après avis du Conseil d'État, et déposés sur le bureau d'une assemblée, au vu de la présentation fixée par la L.O. du 15 avril 2009 (art. 39 C).

1. À partir de l'instant où *le Gouvernement détermine et conduit la politique de la Nation* (art. 20), le pouvoir *discrétionnaire* du premier ministre ne peut être, ni transféré (C.C., 3 août 1993, *Banque de France, chr.* n° 68, p. 174), ni subordonné à une *injonction* parlementaire, comme jadis, lui enjoignant de déposer un projet de loi (C.C., 29 décembre 1976, *Loi de finances pour 1977, C.C.F.*, p. 281) (art. 34-1 C), ni à une *résolution* communautaire (17 décembre 1992, *R.A.N., chr.* n° 65, p. 209) ou à une consultation locale (4 mai 2000, *Mayotte, ibid.*, n° 95, p. 180).

185. *Il y a en France, deux assemblées chargées de faire la loi : le Conseil d'État et le Conseil constitutionnel* prétendait Jean Foyer. V. P. AVRIL et J. GICQUEL, *Droit parlementaire,* 4e éd., 2010 ; J.-P. CAMBY, *La procédure législative en France*, D.F., 2010 ; B. MATHIEU, La qualité du travail parlementaire : une exigence constitutionnelle, *Mélanges Jean Gicquel*, 2008, p. 355. Y. GAUDEMET, Le C.C. et le C.E. dans le processus législatif, *in C.C. et C.E.*, colloque Paris II, 1988, p. 87 ; J. GICQUEL, Le législateur de la Ve République : variations sémantiques, *Mélanges Jean-Claude Escarras*, 2006, p. 499 ; J.-É. GICQUEL ; Loi, *Juris-Classeur administratif*, 2013, fasc. 30 ; J.-L. HÉRIN, La qualité de la loi, *in La réforme du travail législatif*, 2006, p. 41 et La nouvelle procédure législative au Sénat, *Pouvoirs* n° 139, 2011, p. 121 ; Le C.C. et le Parlement, *Les Nouveaux Cahiers*, n° 38, 2013.

186. Il existe toutefois une procédure *d'examen simplifiée* ou *abrégée* dont le rôle est limité aux projets de loi autorisant la ratification d'un traité. En revanche, *la discussion immédiate* au Sénat (art. 30 RS) se révèle opérationnelle : elle peut, en effet, être demandée à tout moment par la commission compétente ou par l'auteur de la proposition de loi. V. Premier ministre, S.G.G. et C.E., *Guide pour l'élaboration des textes législatifs et réglementaire*, 2005 ; M. MAUGUIN-HELGESON, *L'élaboration parlementaire de la loi : France, Allemagne, Royaume Uni*, 2006 ; C. VINTZEL, *Les armes du Gouvernement dans la procédure législative. Étude comparée : Allemagne, France, Italie, Royaume-Uni,* 2011 ; J.-L. HÉRIN, Une procédure spécifique au Sénat : la discussion immédiate ou le train de sénateur à grande vitesse, *Mélanges Jean Gicquel*, 2008, p. 245 ; A. LEVADE, Les nouveaux équilibres de la Ve République, *R.F.D.C.* 2010, p. 22 ; X. VANDENDRIESSCHE, L'initiative législative, garante de la qualité de la loi ?, *in La révision de 2008, une nouvelle Constitution ?*, 2011, p. 181.

2. Un ministre est chargé, à titre principal, de la préparation du projet. Ce dernier fait désormais l'objet d'une *étude d'impact,* qui porte sur les objectifs poursuivis, recensant les options possibles en dehors de l'intervention des règles de droit nouvelles et exposant les motifs du recours à une nouvelle législation (art. 8 de la L.O. du 15 avril 2009)[187]. La méconnaissance de cette méthode, destinée à lutter contre l'inflation législative et à éclairer le Parlement, est désormais sanctionnée. À cet égard, la conférence des présidents de la première assemblée saisie peut le relever, dans le délai de 10 jours suivant le dépôt du projet de loi. En cas de désaccord avec le Gouvernement, le Conseil constitutionnel se prononce ainsi sur la *nécessité* dudit projet[188]. Par ailleurs, celui-ci doit recueillir des avis, dont l'omission vicie la procédure[189]. Ces diverses obligations formelles sont jointes, en fin de parcours, au projet de loi transmis, au Conseil d'État, afin de recueillir son avis (v. circulaire Fillon sur la *qualité du droit*, 7 juillet 2011).

3. À l'initiative du S.G.G. et du S.G.A.E., pour les normes européennes (art. 88-4 C), le Conseil d'État intervient au terme du processus, avant la tenue du conseil des ministres[190]. Dans le cadre de son *devoir de conseil*, il lui appartient de veiller à la clarté et à la cohérence juridique du texte en vue de prévenir un risque de censure *(les précautions pré-contentieuses).* À cette fin, l'avant-projet de loi (*à l'exclusion* de toutes modifications ultérieures par voie d'amendements) y fait l'objet d'une procédure *collégiale* et *contradictoire*, sous forme d'un double rapport présenté successivement devant la section administrative compétente et l'assemblée générale, présidée par le vice-président (art. R. 123-12 C.J.A.). Mais, l'avis est formulé par la seule commission permanente (art. 123-21), en cas d'urgence déclarée par le premier ministre. Le ministre a rang et séance. Il a voix délibérative (art. R. 123-15). Cependant, en dehors de projets importants (loi constitutionnelle), il y sera représenté par l'un de ses collaborateurs (membre de son cabinet ou directeur d'administration centrale) appelé *commissaire du Gouvernement*. La délibération porte successivement sur le texte, puis sur chacun de ses articles. Le vote est électronique. L'avis émis, sous forme d'une note, du point de vue de la stricte cohérence juridique, est transmis, au ministre intéressé, au premier ministre et au chef de l'État. Il demeure secret (loi du 17 juillet 1978).

187. L'élaboration des études préalables *expose avec précision,* l'articulation du projet de loi avec le droit européen et son impact sur l'ordre juridique interne ; l'évaluation des conséquences économiques, financières, sociales, environnementales, ainsi que les coûts et bénéfices financiers attendus ; la liste prévisionnelle des textes d'application (art. 8 de la L.O. précitée). Il importe donc de réfléchir avant d'agir, tel Épiméthée. Ces prescriptions sont exigées que *pour autant elles trouvent effectivement à s'appliquer, compte tenu de l'objet des dispositions du projet* (C.C., 9 avril 2009, *Procédure législative, chr.* n° 130, p. 186). Le grief de méconnaissance, ou d'insuffisance, doit être soulevé devant la première conférence saisie (C.C., 16 janvier 2014, *Système de retraites, chr.* n° 150, p. 156). De manière unique, la conférence des présidents du Sénat a mis en cause, le 26 juin 2014, cette procédure (projet de loi sur les régions). Saisi par le premier ministre, le C.C. a rejeté le recours, le 1er juillet 2014 (*chr.* n° 152). V. A. HAQUET, Les études d'impact des projets de loi, espérances, scepticisme et compromis, *A.J.D.A.* 2009, p. 1986 ; G. BERGOUGNOUS, L'évaluation de l'évaluation : le contrôle des études d'impact, *Constitutions* 2010, p. 226 ; M. PHILIP-GAY (sous la direction), *Les études d'impact accompagnant des projets de loi*, 2012.

188. Avant la révision de 2008, le projet de loi, à la différence de la proposition, ne faisait l'objet d'aucun contrôle préalable lors de son dépôt.

189. Un projet de loi de programmation doit être précédé de l'avis du C.E.S.E. (art. 70 C), et de celui du Haut Conseil des finances publiques (L.O. du 17 décembre 2012). La même obligation concerne l'organisation particulière des collectivités d'outre-mer (art. 74) et de la Nouvelle-Calédonie (art. 77) ; l'avis de l'assemblée délibérante doit être déposé devant la première assemblée saisie, avant l'adoption en première lecture (C.C., 27 juillet 1982, *Communication audiovisuelle, Rec.* p. 48). Les mesures d'adaptation des D.O.M. (art. 73) doivent être précédées de l'avis des conseils généraux. Outre la consultation, l'assemblée de Corse dispose, pour sa part, d'un pouvoir de proposition, en matière législative et réglementaire, dans les matières relevant de sa compétence (art. 26 de la loi du 13 mai 1991).

190. La tradition veut que le C.E. étudie spontanément un texte qui le concerne (réforme du contentieux réalisée par la loi du 31 décembre 1987). En ce cas, le garde des sceaux, ministre de la justice, dont il relève pour sa gestion administrative, selon la formule classique, *se l'approprie s'il lui agrée.* V. J. MASSOT et Th. GIRARDOT, *Le Conseil d'État*, 1999 ; Y. GAUDEMET, art. précité, p. 87 ; J.-L. QUERMONNE, *Les décisions du C.C., les arrêts et avis du C.E. :* enjeu politique, colloque Paris II, p. 397 ; M. LONG, Le C.E. et la fonction consultative, *R.F.D.A.* 1992, p. 787.

Les avis ne lient pas ceux-ci, en dehors du principe même de la consultation. Mais, en cas de différence entre le projet soumis et le texte adopté par le Conseil d'État, le Gouvernement ne peut retenir des dispositions nouvelles s'écartant des deux rédactions, sauf à le saisir derechef.

4. L'avant-projet se transforme en *projet* de loi, à l'issue de la délibération du conseil des ministres (art. 9 C) (v. *supra*, n° 1266). À ce propos, celui-ci est-il habilité à modifier le texte soumis pour avis ? Il possède une marge d'appréciation et d'ajustement concernant la rédaction définitive. À l'opposé, sur le fond, sa compétence est liée, car *l'ensemble des questions posées par le texte adopté par le conseil des ministres doivent avoir été soumises au Conseil d'État lors de la consultation* (C.C., 3 avril 2003, *Élection des conseillers régionaux, chr.* n° 106, p. 187)[191].

Au-delà de l'exercice du droit d'amendement, le texte peut être modifié *après* son dépôt sur le bureau d'une assemblée, suivant la pratique coutumière de la *lettre rectificative*. Celle-ci *constitue la mise en œuvre du pouvoir d'initiative des lois* que le premier ministre tient de l'article 39 C (C.C. 28 décembre 1990, *Loi de finances pour 1991, chr.* n° 57, p. 183). Il s'ensuit que ce projet de loi *innomé* doit satisfaire, en amont, aux conditions procédurales exigées.

5. Le *dépôt* du projet de loi est effectué, sous la forme d'un *décret de présentation* signé par le premier ministre (art. 39 C)[192], au nom duquel, selon la formule traditionnelle, un ministre *est chargé d'en exposer les motifs et d'en soutenir la discussion devant l'assemblée*[193].

À ce propos, une bonne régulation du flux législatif implique une alimentation régulière de celles-ci. Il ne serait pas concevable que l'une fût accablée, tandis que l'autre serait désœuvrée. En conséquence, le Gouvernement dispose d'un pouvoir d'*appréciation*. À cet égard, il peut renoncer au dépôt du texte et procéder à son retrait, à tout moment, avant le terme de la procédure législative.

Mais, en certains cas, la conduite du Gouvernement lui est dictée et sanctionnée. Les projets de loi de finances et ceux de financement de la sécurité sociale sont soumis *en premier lieu* à l'Assemblée nationale, suivant le principe du consentement à l'impôt, ainsi que les amendements introduisant, en cours de débat, des mesures financières *entièrement nouvelles* (C.C., 29 décembre 1986, *Loi de finances pour 1987, chr.* n° 41, p. 202). La priorité est accordée, à l'opposé, au Sénat, pour l'examen des projets ayant *pour principal objet l'organisation des collectivités territoriales* (art. 39 al. 2 C) en raison de son rôle institutionnel (art. 24 C)[194]. Le défaut de priorité de celui-ci provoque la censure de la procédure (C. C., 23 juin 2011 *Conseillers territoriaux, chr.* n° 139, p. 142). Un projet de loi intéressant une assemblée (régime électoral) y est dépêché. Le chef de l'État saisit librement, une assemblée, en cas de demande de nouvelle délibération de la loi (art. 10 C) et d'un projet de révision de la constitution (art. 89).

6. Pour conjurer la précipitation, des *délais d'examen* sont prévus pour la discussion en séance, devant la première assemblée saisie, du projet de loi (six semaines après son dépôt) et devant la seconde assemblée (quatre semaines après sa transmission), sauf recours par le Gouvernement à la *procédure accélérée* de l'article 45 C (nouvel art. 42 C).

• Les propositions de loi

1510 À l'initiative d'un député ou d'un sénateur (de son groupe, en clair), celles-ci sont à l'origine d'un nombre modeste de lois, en raison des difficultés de parcours rencontrées

191. En l'occurrence, le conseil des ministres avait substitué un nouveau seuil d'accès au second tour des élections régionales, à l'origine d'un changement de *nature*. Le C.C. a censuré cette disposition pour vice de procédure. V. J.-M. SAUVÉ, Le conseil des ministres, *Mélanges Jean Gicquel*, 2008, p. 497 ; P. GÉLARD, Le Conseil d'État, une troisième chambre ?, *Le Figaro*, 11 avril 2003.

192. L'absence du premier ministre, au conseil des ministres, au cours duquel le projet de loi a été délibéré, est couverte par sa signature ultérieure du décret de dépôt, prise au titre de son pouvoir d'initiative de la loi (art. 39 C) (C.C., 12 septembre 1984, *Limite d'âge dans la fonction publique, chr.* n° 32, p. 184).

193. Selon la *tradition républicaine*, issue de la loi du 19 nivôse an VIII (9 janvier 1800), l'exposé des motifs est *inséparable* du projet de loi (art. 7 de la L.O. du 15 avril 2009).

194. D'une manière générale, la pratique démontre qu'il est malaisé de revenir sur le texte adopté par la première assemblée appelée à en délibérer ; d'autant plus que la logique majoritaire provoque l'alignement. V. N. HAVAS, Le droit de priorité en matière législative ; l'art. 39 al. 2 C, *R.D.P.* 2007, p. 1207.

et, plus encore, de la logique majoritaire. Le pourcentage initial a été faible (10 % *grosso modo*). La création de la *niche* parlementaire, en 1995 et la révision de 2008, ont permis de l'accroître[195].

L'absentéisme traduit ce sentiment d'impuissance (ou de frustration ?) accusé par la discipline majoritaire. Mais, il est juste d'observer que certaines propositions ont bouleversé les mentalités, voire la société (loi *Neuwirth* de 1967 relative à la contraception ; loi *Michel* de 1999 sur le *P.A.C.S.* ; loi *Gouzes* de 2002 sur la dévolution du nom patronymique ; loi *Mallié* de 2009 relative au travail dominical), sans oublier la nouvelle *constitution financière* de la France (L.O. du 1er août 2001) à l'origine de la réforme de l'État et la loi *Fabius-Poncelet* de 1999 créant la chaîne parlementaire (*L.C.P.)*[196].

Sur son chemin, la proposition de loi se heurte à des *obstacles juridiques*, sous forme *d'irrecevabilités* à caractère *financier* (art. 40 C) et *constitutionnel* (art. 41) ; *de l'inscription à l'ordre du jour* (art. 48), sans perdre de vue des *zones d'exclusion*.

1. En termes généraux, l'article 40 C énonce : *les propositions et amendements formulés par les membres du Parlement ne sont pas recevables lorsque leur adoption aurait pour conséquence, soit une diminution des ressources publiques, soit la création ou l'aggravation, d'une charge publique*. L'importance de ce *couperet* est évidente, au point, qu'à la limite, il est susceptible de *supprimer* purement et simplement l'initiative parlementaire. Car, à la réflexion, on peut s'interroger sur le point de savoir, si une proposition ou un amendement peut être formulée sans affecter le montant des finances publiques. L'examen de cette irrecevabilité de caractère *absolu* est confié à chaque assemblée, plus particulièrement à son bureau (art. 89 R.A.N.), bien qu'étant la *seule disposition d'ordre public* retenue par la constitution (J.-L. Pezant)[197]. Le dépôt en est refusé dans l'affirmative. Cette éventualité a disparu *de facto*.

2. À l'Assemblée nationale, la recevabilité des *amendements* présentés en commission (modifications apportées à la proposition) est appréciée par le président de celle-ci et, en cas de doute, après consultation du président de l'Assemblée ou du rapporteur général de la commission des finances (art. 89, al. 2 R.A.N.). L'irrecevabilité peut être opposée, après coup, à *tout moment* par le Gouvernement et tout député, c'est alors le président de la commission des finances qui tranche (al. 4). Au Sénat, la démarche a été, à l'origine, différente : une *convention de la constitution* voulait que l'article 40 ne fût soulevé qu'en séance publique et à la demande du Gouvernement (art. 45, al. 1er R.S.). D'où une différence de traitement : contrôle *a priori* et systématique à l'Assemblée ; contrôle *a posteriori* et facultatif au Sénat ; deux interprétations parfaitement *contradictoires* consacrées par le Conseil, le même jour (14 octobre 1996, *R.A.N., R.S., chr.* n° 81, p. 176). Ce bicamérisme *inversé* a vécu, au terme d'un revirement de jurisprudence. Celui-ci (14 décembre 2006, *Loi de financement de la sécurité sociale pour 2007, chr.* n° 121, p. 153) impose au Sénat de mettre en œuvre *un contrôle de recevabilité effectif et systématique* au moment du dépôt (art. 45 R.S.). Mais, l'irrecevabilité doit être soulevée devant la première assemblée saisie. (C.C., décision précitée du 14 décembre 2006).

Au Palais-Bourbon, le caractère *public* de la charge est retenu dans un sens large : il englobe celles de l'État, des collectivités territoriales et des régimes d'assistance ou de sécurité sociale (C.C., 20 janvier 1961, *Assurance maladie des exploitants agricoles, Rec.* p. 29). La sémantique est éloquente : le pluriel est utilisé pour *les* ressources ; le singulier pour *la* charge publique. Au premier cas, le juge de la

195. Hors conventions internationales (art. 53 C), le pourcentage est de l'ordre de 20 %, en moyenne.

196. Sans préjudice... des *sous-marins* gouvernementaux. V. Ph. BACHSCHMIDT, Les lois d'initiative parlementaire depuis 1959. Un succès méconnu, *R.F.D.C.* 2009, p. 343.

197. L'article 40 est applicable à une proposition de loi référendaire (art. 11, al. 3 C) (v. *supra*, n° 1203). Le président de la commission des finances synthétise périodiquement la jurisprudence parlementaire (Rapports Méhaignerie, A.N. n° 3247, 2006 ; Marini, S. n° 263, 2013). V. J.-L. PEZANT, Le contrôle de la recevabilité des initiatives parlementaires. Éléments pour un bilan, *R.F.S.P.* 1981, p. 140 ; H. PORTELLI, Le règlement du Sénat, l'article 40 de la constitution et le Conseil constitutionnel, *Mélanges Jean Gicquel*, 2008, p. 431 ; G. BERGOUGNOUS, La controverse sur la mise en œuvre des règles de recevabilité financière, *Constitutions* 2013, p. 378 ; O. GARIAZZO, Art. 40 C, *C.R.F.*, p. 1009.

recevabilité écarte la proposition ou l'amendement qui se traduit par une perte de ressources, tout en admettant une compensation réelle entre elles (C.C., 2 juin 1976, *R.S.* p. 21) ; au second cas, à l'opposé, la charge qui se mesure à ses effets ne peut être compensée, ni, par une autre charge, ni par l'augmentation d'une ressource (C.C., 28 décembre 1985, *Loi de finances rectificative, chr.*, n° 37, p. 189). Enfin, le Conseil constitutionnel est *juge d'appel* des instances parlementaires (Règle du *préalable*) (20 juillet 1977, *Coopération intercommunale, C.C.F.*, p. 222). Il statue sur le texte de loi ayant servi de base à la *discussion publique* et non celui présenté à la commission, qui a pu être *blanchi* (13 janvier 1994, *Révision de la loi Falloux, chr.* n° 70, p. 200). Après une application stricte, la pratique s'est orientée vers une interprétation raisonnable dirigée contre les amendements qui *tombent* à hauteur de moins de 10 %. La L.O. du 1er août 2001 relative aux lois de finances en assouplit la portée ; de même qu'en matière sociale (L.O. du 2 août 2005) (*infra*). La Chambre des Communes avait renoncé, dès 1713, à l'initiative financière ; ce qui lui confère la liberté à l'égard des groupes d'intérêt.

3. Une seconde irrecevabilité, de nature *constitutionnelle* se dresse sur le chemin de la proposition de loi : celle de l'article 41 (rédaction de la L.C. du 23 juillet 2008). Mais à la différence de la précédente, elle est d'un usage relativement rare. En liaison avec la répartition opérée initialement entre les domaines de la loi et du règlement (art. 34 et 37 C), une sanction est aménagée : *S'il apparaît, au cours de la procédure législative, qu'une proposition ou un amendement n'est pas du domaine de la loi ou est contraire à une délégation accordée en vertu de l'article 38, le Gouvernement ou le président de l'assemblée peut opposer l'irrecevabilité.* En cas de désaccord entre eux, le Conseil constitutionnel, à la demande de l'un ou de l'autre, tranche dans un délai de 8 jours.

Cette première ligne de défense du pouvoir réglementaire a été emportée par le flot législatif, selon la jurisprudence *Blocage des prix et des revenus* de 1982. La procédure de *réappropriation* (art. 37, al. 2 C) est, cependant, toujours à la disposition du premier ministre[198]. Néanmoins, cette irrecevabilité subsiste, dans le cadre d'une habilitation législative (C.C., 23 janvier 1987, *Conseil de la concurrence, Rec.* p. 8) ou pour s'opposer aux amendements de l'opposition, lorsqu'elle se livre à l'obstruction. La jurisprudence du *préalable* de l'article 40 est applicable en l'espèce : l'article 41 ne peut pas être soulevé la première fois devant le juge constitutionnel (13 janvier 1994, *Révision de la loi Falloux, chr.* n° 70, p. 184).

4. À supposer, ensuite que la proposition de loi ait franchi le double barrage des articles 40 et 41 C, elle s'est longtemps heurtée à *l'inscription de l'ordre du jour* qui ressortissait en priorité à la compétence du Gouvernement (art. 48 C). Le principe du *partage*, posé en 2008 *(supra)*, apporte un changement, au-delà de l'allégeance de la majorité à celui-ci.

5. Enfin, il est des matières dans lesquelles l'initiative parlementaire est *écartée* : loi autorisant la ratification des engagements internationaux (art. 53 C) (catégorie qui représente la moitié de la production législative annuelle) ; loi de finances (art. 47) ; de financement de la sécurité sociale (art. 47-1) ; et loi de transposition d'une directive communautaire (art. 88-1).

6. *Les obstacles politiques* accusent la discrétion de la proposition de loi : on mentionnera l'attribution du pouvoir décisionnel au Gouvernement (art. 20 C) ; la logique majoritaire qui soude députés et sénateurs à ce dernier[199] ; le cumul des mandats et des fonctions électives, qui favorise la dispersion. *Qui trop embrasse mal étreint*, affirme la sagesse populaire. Sans doute, animés par une sorte d'autodérision, les parlementaires continuent à déposer des propositions de loi, appelées *testimoniales*, au motif qu'elles sont destinées à la communication locale et au compte rendu de mandat. Soit une activité législative sans issue législative. On a fait valoir, par ailleurs, un obstacle *logistique*. L'argument fléchit au moment où, parallèlement au savoir-faire traditionnel des fonctionnaires parlementaires, les assemblées se dotent d'une administration performante *(supra)*.

198. Le C.C. (26 avril 1979, *Économie d'énergie, Rec.* p. 55) a encouragé cette tendance, en mettant en avant le caractère *relatif* de l'article 41. Il estime ne pouvoir *statuer que sur la seule question de savoir si la proposition ou l'amendement est du domaine de la loi ou a un caractère réglementaire ; qu'il ne saurait donc à aucun titre, se prononcer sur la conformité de ces textes à la constitution.* V. E. OLIVA, *L'art. 41 de la constitution du 4 octobre 1958*, thèse Aix-Marseille III, 1992 ; B. QUIRINY, La métamorphose de l'article 41 C, *R.F.D.C.* 2010, p. 313.

199. Les propositions examinées par l'opposition lors de sa journée mensuelle (art. 48, al. 5 C) sont normalement repoussées par la majorité (*chr.* n° 133, p. 193). À coup sûr, l'opposition s'identifie au contrôle. Elle obtient, au mieux, des explications du Gouvernement. Mais, légiférer est le rôle de la majorité.

7. On en vient à se demander si l'on doit, dans ces conditions, jeter le manche après la cognée ? Non point, car à la réflexion, le Parlement peut redevenir une *force de proposition*, à l'heure de la *réévaluation* de son rôle, préfacée par la L.O. du 1er août 2001 relative aux lois de finances. De manière topique, une proposition peut être soumise à l'expertise du Conseil d'État (art. 39 C)[200] ; intervenir en matière référendaire (art. 11) ; plus encore, les commissions législatives sont appelées à jouer un rôle capital depuis la révision de 2008, au moment où les élus privilégient le droit d'*amendement* (art. 44 C). Qu'est-ce à dire ?

Ce *droit sacré* (G. Larcher) se définit comme *le corollaire du droit général d'initiative* (E. Pierre), ou, si l'on préfère, la proposition de modification de forme ou de fond, apportée à un texte soumis à la délibération de l'assemblée. Certes, l'inclination pour l'amendement est ancienne, en raison de sa simplicité ; de sa rapidité, d'autant qu'il échappe au filtre du Conseil d'État, et de la célébrité qu'il confère (*l'amendement Wallon* fonda la République en 1875). Mais, ce qui est nouveau, c'est tout à la fois un changement quantitatif et qualitatif ; l'*explosion* et la *pathologie* de ce droit : 234 800 ont été déposés à l'Assemblée sous la XIIe législature (2002-2007) ; un record absolu. Il est devenu l'expression de l'activité normative des élus, tant de la majorité que de l'opposition, au titre de la participation et de l'obstruction. Somme toute, *l'accessoire tend à remplacer le principal*. Le *T.L.P.* a mis un terme à cette dérive : on dénombre seulement 75 858 amendements sous la XIIIe législature (2007-2012) (v. *infra*, n° 1514).

β) La discussion de la loi

1511 Le dépôt du texte de loi est annoncé en séance publique. Sous réserve de sa recevabilité procédurale et financière (art. 39 et 40 C), il est renvoyé à l'examen d'une commission permanente où il sera *travaillé*. À l'issue de la discussion en séance plénière, le texte est transmis à la seconde assemblée, en vue de son adoption.

Ainsi, la procédure législative est tout à la fois, *publique* (art. 33 C), à l'opposé du caractère *secret* de la procédure exécutive (art. 6 de la loi du 17 juillet 1978), *contradictoire* à l'image du débat judiciaire et *répétitive* (art. 45). Cette *génétique* souligne l'intérêt attaché aux *travaux préparatoires* de la loi, en vue d'éclairer l'interprète.

• L'examen en commission

1512 Sans contredit, il s'agit du *temps fort* du mode de discussion du texte, en présence du ministre responsable ; son instant déterminant, en raison de la représentativité et des prérogatives de la commission. Bref, le *changement substantiel* ou le *symbole* de la révision de 2008. Le sort du texte est scellé dès cet instant. La séance plénière donne le sentiment d'une redite, à l'opposé de la tradition, qui en faisait le moment privilégié de la discussion. D'un rôle préparatoire, la commission incline désormais à un rôle décisionnel. En un mot, une *pré-séance*, accordée à la publicité de ses travaux, au demeurant.

La commission saisie au fond désigne, à la majorité, un *rapporteur, le véritable pivot de la procédure législative* (P. Cahoua). Après avoir auditionné le ministre intéressé, lequel participe dorénavant à ses travaux et assiste à ses votes, et des personnes qualifiées, celle-ci examine les articles et les amendements déposés par ses membres, le Gouvernement et le rapporteur, avant de se prononcer sur

200. En accord avec son auteur, le président de l'assemblée saisit le Conseil d'État de la proposition de loi avant son examen en commission (art. 4 *bis* de l'ord. du 17 novembre 1958, rédaction de la loi du 15 juin 2009). L'avis est rendu par l'assemblée générale dudit Conseil (art. L. 123-1 C.J.A.) (précédent de la proposition Warsmann de simplification de la loi, en 2009, *chr.* n° 132, p. 200). De manière inédite, la proposition à l'origine de la L.O.L.F. avait donné lieu, à la demande du Gouvernement, à un avis, en décembre 2000 (*chr.* n° 100, p. 204). V. P. GONOD, Le Conseil d'État, conseil du Parlement, *R.F.D.A.* 2008, p. 871.

l'ensemble modifié. En théorie, la commission *propose* ; seule l'assemblée *vote*[201]. Le débat public se réduira à une sorte de dialogue entre le rapporteur et le ministre qui, détail significatif, siègent côte à côte, en bas de l'hémicycle[202].

Le *bouleversement* de la procédure et du comportement des acteurs est manifeste. En effet, jusqu'alors, le *projet* de loi servait de support à la discussion devant la première assemblée saisie ; la commission n'ayant pas le pouvoir de le modifier, fût-ce d'une virgule. Désormais, c'est l'*inverse* : la discussion porte sur le texte adopté par la commission ou, *à défaut*, sur le texte déposé, si elle n'a pas conclu (projet de loi sur les régions, au Sénat, juin 2014) ou l'a rejeté (art. 42 C). Le non-respect entraîne la censure de la procédure (C.C., 24 octobre 2012, *Loi Duflot*, *chr.* n° 145, p. 175). *La loi d'airain est éreintée* (G. Bergougnous). D'autant que le droit d'amendement s'y exerce, tout en faisant l'objet d'un contrôle de recevabilité préalable (art. 40, 41 et 45 C)[203]. Le Gouvernement est appelé à redoubler de vigilance et de présence, jusqu'au vote du texte (circulaire Fillon du 15 avril 2009), sinon à *ramer* (B. Accoyer) pour revenir sur celui adopté en commission. À l'opposé, comme hier, le débat porte sur le texte de la commission, s'agissant d'une *proposition* de loi.

• L'examen en séance plénière

1513 La discussion s'ouvre à l'expiration d'un délai de six semaines après son dépôt (art. 42, al. 3 C), afin d'éviter toute précipitation. Le débat est naturellement organisé. Enfin, il est resserré en vue de l'adoption d'un texte commun par les assemblées.

Après avoir été inscrit à l'ordre du jour (v. *supra*, n° 1419), le projet ou la proposition de loi aborde le débat public. Celui-ci s'articule entre la discussion générale, suivie de la discussion sur les articles et s'achève par un vote sur l'ensemble du texte.

1. Le souci de la temporalité peut être à l'origine d'une organisation particulière, strictement réglementée, de la séance, à l'Assemblée. L'irruption de l'obstruction dans le débat parlementaire, lors de l'examen de la loi *sécurité et liberté* en 1980, à l'initiative de la gauche, a abouti au *sabotage du travail*

201. En revanche, à l'opposé des *leggine* en Italie, la commission ne dispose pas du pouvoir de voter la loi. Au reste, les salles de réunion ont été réaménagées depuis la révision de 2008 afin de tenir compte des nouvelles méthodes de travail.

202. À bien des aspects, le rapporteur est l'*alter ego* du ministre. Leurs bonnes relations conditionnent le vote du texte de loi. Être rapporteur, disait Léon Blum, c'est *Bonaparte au siège de Toulon*, ou le départ d'une belle carrière politique. V. H. GEORGE, Les pouvoirs des rapporteurs des commissions parlementaires, *Mélanges Georges Burdeau*, 1977, p. 441 ; P. CAHOUA, Les commissions, lieu du travail législatif, *Pouvoirs* n° 34, 1985, p. 37. Toutefois, la commission des finances dispose d'un *rapporteur général*, concernant le projet de loi de finances (art. 47 C). Il siège à la conférence des présidents. Il est parfois regardé comme un ministre *bis* des finances. En sus, au Sénat, il existe un *rapporteur général de la commission des affaires sociales* à propos du projet de loi de financement de la sécurité sociale (art. 47-1 C), membre de la conférence des présidents (nouvel art. 29 R.S.). Le rapport de la commission est un élément essentiel des travaux préparatoires de la loi. V. M. COUDERC, Les travaux préparatoires de la loi, *D.* 1975, *chr.* p. 249 ; Le renouveau du Parlement, *Pouvoirs* n° 146, 2013.

203. V. J.-É. GICQUEL, Le respect de la procédure législative, *JCP* 2012, n° 50, p. 2255. En revanche, l'examen devant la première assemblée continuera à porter sur le *texte du Gouvernement* pour les projets de révision constitutionnelle ; de finances et de financement de la sécurité sociale (art. 42, al. 2). V. J.-Cl. COLLIARD, Le débat des projets de loi sur le texte adopté en commission, *in La révision de 2008, une nouvelle Constitution ?*, 2011, p. 197 ; A. DE MONTIS, L'organisation globale des textes : premier bilan sur une réintroduction contestée, *L.P.A.*, 2-3 septembre 2010 ; D. CHAMUSSY, Le travail parlementaire a-t-il changé ? Le point de vue d'un praticien, *in Le Parlement français et le nouveau droit parlementaire*, *Jus Politicum*, 2012, p. 47 et La procédure parlementaire et le C.C., *Les Nouveaux Cahiers* n° 38, 2013, p. 37.

parlementaire (Jean Foyer)[204]. Ce détournement de procédure devait perdurer au gré de l'alternance, sauf au Sénat. La L.O. du 15 avril 2009, prise en application de l'article 44 C, autorise, en réaction, la mise en place d'une procédure impartissant des délais, dans le respect du droit d'expression de l'opposition, afin d'y remédier. Le *crédit-temps* ou le *temps législatif programmé (T.L.P.)*, (soit le règne du chronomètre) s'applique à l'Assemblée (art. 49 R.A.N.)[205]. Sur décision de la conférence des présidents, donc de la majorité, un temps minimum et un temps maximum enserrent le débat. Le premier est attribué à chaque groupe ; mais il est supérieur pour les seuls groupes d'opposition. À la façon d'une discrimination positive, le temps supplémentaire est attribué à 60 % à ces derniers ; le reste est réparti entre les autres groupes (art. 49, al. 6 R.A.N.). Les interventions des présidents de groupe échappent au décompte (al. 8). L'un d'entre eux, une fois par session, peut obtenir de droit, un allongement *exceptionnel* dans la limite maximale fixée par la conférence des présidents (al. 10). Il reste que chaque député peut prendre la parole, au terme de la délibération, pour une brève explication de vote personnelle (al. 13) (*chr.* n° 136, p. 197). Cette disposition, appliquée la première fois, en 2009, à la proposition de loi sur le travail dominical, puis aux textes sensibles politiquement (réforme des retraites, en 2010 ; des collectivités territoriales ; garde à vue en 2011 ; mariage pour tous, *en deuxième lecture*, en 2013[206]) est une belle réussite. La procédure s'est banalisée avec l'alternance (délimitations des régions, 2014). Avec la disparition de l'obstruction, le débat parlementaire a retrouvé sa dignité. *Le temps n'est plus un enjeu* (B. Accoyer). Aussi, le nombre et l'intérêt des amendements ont régressé au profit de l'examen sur le fond.

2. La *discussion générale* porte sur la philosophie du texte, son économie. Pour un projet de loi, le ministre intervient le premier ; pour une proposition, le rapporteur de la commission, et pour le texte venu de l'autre assemblée, le ministre. Les orateurs des groupes se succèdent.

3. Dans le cadre du dialogue permanent, voire de la complicité, entre le rapporteur et le ministre, *la discussion des articles* porte successivement sur chacun d'entre eux. Ils sont mis aux voix séparément. C'est le principe de la *spécialité* des votes.

Les amendements, redéposés le plus souvent par l'opposition, par goût de la médiatisation, sont présentés, *après* la discussion du texte auquel ils se rapportent ; son auteur le soutient, à défaut il ne peut être repris ; la commission et le Gouvernement émettent un avis (*favorable, défavorable, retrait* ou s'en remettent à la *sagesse* de l'assemblée) ; puis il est mis aux voix *avant* le vote sur ce texte. La *réserve* d'un article ou d'un amendement, dont l'objet est de modifier l'ordre de la discussion, est de droit à la demande du Gouvernement et de la commission. Le temps de parole est limité, sauf pour le ministre et le rapporteur qui interviennent, dès qu'ils en expriment le désir et pour la durée souhaitée. À l'issue du scrutin portant sur le dernier article, en l'absence d'une *seconde délibération* demandée par le Gouvernement ou la commission compétente, et les explications de vote des groupes, il est procédé à un vote sur l'ensemble du texte, *sauf si, exceptionnellement entre-temps, à l'Assemblée nationale, le Gouvernement décide de recourir à l'article 49, alinéa 3 C (supra)*.

4. *Le droit d'amendement, corollaire de l'initiative législative* (C.C. 12 janvier 1989, *Amendements Le Guen et Mexandeau, chr.* n° 50, p. 180), appartient concurremment, depuis 1958, au Gouvernement et aux membres du Parlement. Désormais, ce droit s'exerce *en séance ou en commission* (nouvel art. 44, al. 1er C)[207]. L'amendement est inhérent à la délibération, au point de s'identifier à la

204. Les stratégies de retardement de l'opposition sont, pour l'essentiel, les motions de procédure (*motion de rejet préalable* et *motion de renvoi en commission*) (art. 91 R.A.N.) et motion référendaire, ainsi que le dépôt d'amendements (de forme et de fond) répétitifs. Le recours relatif à une étude d'impact (art. 39 C) ne participe pas à l'obstruction (C.C., 1er juillet 2014, *Délimitation des régions, chr.* n° 152). V. J.-J. URVOAS et M. ALEXANDRE, *Manuel de survie à l'Assemblée nationale. L'art de la guérilla parlementaire*, 2012 ; Y. COLMOU, *Vade-mecum* du député obstructeur, *Pouvoirs* n° 34, p. 121 ; M. COUDERC, La bataille parlementaire contre le temps, *R.F.S.P.* 1981, p. 85.

205. V. M. AMELLER, Plaidoyer pour une organisation rationnelle des débats à l'Assemblée nationale, *Mélanges Jean Gicquel,* 2008, p. 1. H. PORTELLI, Le temps parlementaire, *Pouvoirs* n° 146, 2013, p. 69.

206. En première lecture, l'Assemblée avait siégé 109 heures d'affilée, pendant deux fins de semaine, pour examiner 5 362 amendements, avant de se raviser. V. J.-É. GICQUEL, La loi (Mariage pour tous) et la procédure parlementaire, *R.F.D.A.* 2013, p. 927. Le C.C. vérifie que la fixation du *T.L.P.* n'est pas *manifestement disproportionnée au regard de l'exigence de clarté et de sincérité du débat* (9 juin 2011, *Immigration, chr.* n° 139, p. 152).

207. Par suite d'une inconséquence, car *qui peut le plus peut le moins*, le ministère était privé de ce droit avant 1958. Lorsqu'il voulait obtenir modification de la rédaction établie par la commission, il était obligé,

psychologie des élus. Mais sa croissance exponentielle affecte la délibération : 50 851 amendements déposés sous la XIe législature (1997-2002) et 234 000 sous la suivante (2002-2007), dont 137 000, en septembre 2006 (loi sur l'énergie) ; la photographie du président Debré posant entre deux piles d'amendements passera à la postérité. La procédure du *T.L.P.* est venue l'endiguer. Mais au-delà de l'obstruction, l'amendement s'analyse aussi comme l'instrument de *collaboration* de la majorité parlementaire à l'œuvre de l'exécutif, dans le cadre des commissions ou la *coproduction législative* (J. F. Copé). De sorte que l'inflation législative est synonyme de l'*allongement* des lois : 22 articles en moyenne en 1990 à 41 en 2010, selon le S.G.G.

5. Sans préjudice du recours au *T.L.P., la police des amendements* est confiée aux assemblées et au Gouvernement (nouvel art. 44 C), sous le *contrôle* du Conseil constitutionnel (19 janvier 2006, *Lutte contre le terrorisme, chr.* n° 118, p. 179). Comment les *faire tomber ?* Ou l'obsession gouvernementale confrontée aux *colonnes* d'amendements.

Le dépôt d'un amendement est subordonné à des conditions de *recevabilité* d'ordre temporel et matériel. Il doit être motivé, soutenu et s'appliquer *effectivement* au texte qu'il vise. Les irrecevabilités découlant des articles 40, 41 et 45 C, comme antérieurement en commission, peuvent être soulevées à son encontre.

6. Sauf pour le Gouvernement à en découdre sur-le-champ, au moyen de l'article 49, alinéa 3 C (v. *supra*, n° 1473), la rationalisation ou la discipline de l'activité parlementaire se manifeste au triple point de vue de l'article 44 C. Ce dernier dispose du droit d'amendement (alinéa 1er). Dans le respect de la logique bicamérale, il l'exerce, selon le principe de l'*entonnoir* (v. *infra*, n° 1515).

7. Sur la base de l'alinéa 2 de l'article 44, le Gouvernement peut s'opposer, après l'ouverture du débat, à l'examen d'amendements, dits de *séance*, c'est-à-dire qui n'ont pas été antérieurement soumis à la commission et dont on peut subodorer le caractère théâtral ou sommaire. En fait, cette disposition est utilisée avec parcimonie[208]. En revanche, un amendement repoussé en commission peut être derechef présenté en séance publique (C.C., 6 novembre 1990, *R.S. Pouvoirs* n° 57, p. 172).

8. Selon l'alinéa 3 de l'article 44, *si le Gouvernement le demande, l'assemblée saisie se prononce par un seul vote sur tout ou partie du texte en discussion en ne retenant que les amendements proposés ou acceptés par le Gouvernement.* Cette procédure, appelée le vote *unique* ou *bloqué*, a pour objet de permettre à ce dernier d'éviter qu'un texte ne soit déformé en séance, même à l'instigation de la commission, *sans mettre en jeu, d'une façon constante, sa responsabilité politique*, comme avant 1958, avec les *questions de confiance en rafales*.

Il n'était pas rare, à cette époque, que le président du conseil y recourût, au cours d'une même séance à diverses reprises, ce qui multipliait les dangers de chute. Dans l'esprit de la technique du *kangourou*, qui autorise le *Speaker* de la Chambre des Communes à écarter les amendements dilatoires ou démagogiques, le Gouvernement peut se dégager à la hussarde, en reprenant l'initiative au moment où le débat s'embourbe. Il est habilité à opérer un *tri* parmi les amendements déposés et à déroger ainsi au principe de la *spécialité des votes*. En effet, les amendements sont normalement mis en discussion et aux voix à tour de rôle. Or, en l'espèce, l'exécutif devra soutenir (ou subir ?) une discussion sur les articles et les amendements sélectionnés avant d'obtenir un vote *unique* (C.C., 15 janvier 1960, R.A.N. p. 15).

9. Cette sorte de *substitut à la question de confiance* peut paraître draconienne, à telle enseigne que René Pleven, en 1959, n'a pas manqué de souligner sa démarche *référendaire*, puisqu'elle implique *le tout ou rien*. Cette procédure protège le Gouvernement, aussi bien de ses amis que de ses adversaires de tout débordement, malgré la concertation intra-majoritaire et l'enlisement du débat. Dans l'escalade de

à défaut de déposer une *lettre rectificative* (ex. L.C. du 3 juin 1958), de recourir à un parlementaire de la majorité, afin que celui-ci propose un amendement.

208. Cet alinéa a été appliqué une douzaine de fois à l'A.N., notamment en 1993, lors de la discussion relative à la révision de la loi Falloux. Sa rareté se présente comme un hommage au sérieux avec lequel, en amont, la commission a préparé le travail. Il a étendu aux *sous-amendements*, lors de la discussion relative au P.A.C.S., en 1998 (*chr.* n° 89, p. 176).

la tension, son usage précédait le recours *ultime* à l'engagement de responsabilité (art. 49, al. 3 C), désormais limité. Le vote bloqué s'avère être une arme disciplinaire ou offensive selon son destinataire. Mais sa réputation est surfaite ; le gain de temps procuré se révélant modeste, son usage s'est raréfié[209].

10. Selon une interprétation audacieuse, confinant au gouvernement des juges, le Conseil constitutionnel a posé, initialement, le principe que *les adjonctions ou modifications apportées au texte en discussion... ne sauraient, sans méconnaître les articles 39, alinéa 1er et 44, alinéa 1er C, ni être sans lien avec ce dernier, ni dépasser, par leur objet et leur portée, les limites inhérentes à l'exercice du droit d'amendement* (29 décembre 1986, *Loi de finances pour 1987*, n° 41, p. 202). Ultérieurement, il devait en faire application, en censurant, le 23 janvier 1987 (n° 42, p. 169), *l'amendement Séguin*, déposé au nom du Gouvernement qui, en réplique au refus du chef de l'État de signer l'ordonnance sur l'aménagement du temps de travail, le reprenait *in extenso* (une *loi dans la loi*).

Cette jurisprudence des *limites inhérentes* a été abandonnée. Le Conseil (19 juin 2001, *Statut de la magistrature, L.P.A.* 13 juillet 2001, note P. Avril et J. Gicquel) se borne à vérifier que les amendements *ne sont pas dépourvus de tout lien avec l'objet du projet ou de la proposition soumis au vote du Parlement*[210]. Puis, il a synthétisé l'exercice de ce droit (19 janvier 2006, *Lutte contre le terrorisme, L.P.A.* 15 février 2006, note P. Avril et J. Gicquel) : en *première lecture* seulement, celui-ci *doit pouvoir s'exercer pleinement*[211].

La révision de 2008 a assoupli, en théorie seulement, cette interprétation en estimant que tout amendement à ce stade est recevable, dès lors qu'il présente un *lien* (notion désormais *constitutionnalisée* et donc appréciée) *même indirect, avec le texte déposé ou transmis* (art. 45, al. 1er C) (C.C., 16 juillet 2009, *Hôpital* ; 9 novembre 2010, *Réforme des retraites, chr.* nos 132 et 137, p. 187 et 210)[212]. Dans son allant, le C.C. devait procéder à un renforcement de son contrôle à leur égard : le S.G.G. répond à des observations *complémentaires* produites à sa demande (4 août 2011, *Hôpital, chr.* n° 140, p. 127) (v. *infra*, n° 1554) ou apporte son aide à une demande de la majorité (25 mars 2014, *Géolocalisation, chr.* n° 150, p. 142).

• Les relations entre les assemblées

1514 L'Assemblée nationale a voté le texte de loi, en première lecture (on parle de la *petite loi*), le Sénat est appelé à en débattre ; le cheminement inverse étant parfaitement concevable, au demeurant. Hors le recours à l'article 49, alinéa 3 C et au *T.L.P.*, la procédure suivie reproduit exactement le scénario précédent. Ce caractère répétitif est un gage de la qualité du travail législatif. La finalité recherchée est *l'adoption d'un texte identique* au terme d'une *navette* entre les assemblées (art. 45, al. 1er C). En revanche, il y a lieu de s'interroger sur la situation qui résulte d'une divergence d'appréciation entre elles, à l'issue des deux lectures, ou d'une, selon la volonté du Gouvernement, auxquelles elles se sont livrées respectivement[213].

209. Le C.C. (15 janvier 1960, R.A.N., *Rec.* p. 15) a estimé : *Ces dispositions ont pour objet de permettre au Gouvernement d'obtenir, par une procédure ne mettant pas en jeu sa responsabilité politique, un résultat analogue à celui qui ne pouvait être atteint sous le régime de la constitution de 1946 et en vertu de la coutume parlementaire que par la pratique de la question de confiance.* Après un déclin, le vote bloqué retrouve une utilité, depuis 2008, pour s'opposer aux propositions de loi examinées par l'opposition, dans son ordre du jour mensuel (*chr.* n° 133, p. 193). V. P. AVRIL, Le vote bloqué, *R.D.P.* 1965, p. 339. Au reste, un *44.3 régional* existe en vue de l'adoption du budget (art. L. 4311-1 C.G.C.T.).

210. Le C.C. a explicité la notion de lien avec le texte discuté en dégageant, selon la doctrine Foyer, un faisceau de critères en vue d'en cerner l'objet : l'intitulé, l'exposé des motifs et le contenu (12 janvier 1989, *Amendements Le Guen et Mexandeau, chr.* n° 50, p. 180).

211. À défaut de lien, l'amendement appelé un *cavalier législatif*, étranger à l'objet de la loi, autrement dit, est censuré par le C.C. V. J.-P. CAMBY, La prohibition des cavaliers législatifs : une règle constitutionnelle, *L.P.A.*, 23 décembre 2011.

212. En ce domaine, la sagesse est de mise. Chateaubriand notait, dans *la Monarchie selon la Charte*, (1816) : *Vouloir fixer des bornes au droit d'amendement... c'est se perdre dans une métaphysique politique sans rivage et sans fond.* Pour sa part, Eugène Pierre donnait ce conseil de prudence : *Ce sont là des questions d'espèce qui doivent être tranchées par les présidents et les chambres d'après le caractère des délibérations régulièrement engagées.*

213. V. M. D. PIERRE, *L'article 45 de la constitution du 4 octobre 1958*, 1981 ; B. FOUCHER, Le dernier mot à l'Assemblée nationale, *R.D.P.* 1981, p. 1191 ; A. DELCAMP, C.M.P., *D.C.*, p. 173 ;

La solution relève du parlementarisme rationalisé : il appartient au Gouvernement d'accélérer le dénouement désormais en *relation* avec des instances parlementaires (nouvel art. 45, al. 2 C) ; qu'il s'agisse de réduire le nombre des *lectures* par la procédure *accélérée* ou de provoquer la réunion d'une *commission mixte paritaire* (C.M.P.) en vue d'une conciliation entre les assemblées. Mais, il est seul qualifié pour donner à l'Assemblée nationale, forte de sa légitimité démocratique, le *dernier mot*, dans le cadre d'une *lecture définitive*, après l'échec d'une *nouvelle lecture*, consécutive aux conclusions de la C.M.P. (ou à leur absence).

1. *L'abstention du Gouvernement* met le Sénat sur un pied d'égalité avec l'Assemblée et instaure un bicamérisme *parfait* à l'image de celui de la IIIe République. Au terme d'un va-et-vient entre les assemblées, le texte est adopté, en *termes identiques* par les deux chambres (art. 45, al. 1er). Il s'agit du mode normal d'adoption de la loi, pour deux tiers d'entre elles[214].

2. *L'intervention du Gouvernement* permet d'enrôler sa majorité qui *fait corps* avec lui. Si le désaccord n'a pas été surmonté à l'issue de deux lectures dans chacune des assemblées, ou d'une *seule lecture,* après recours par le Gouvernement à la procédure *accélérée*, à laquelle les deux conférences des assemblées peuvent s'opposer, en théorie (nouvel art. 45 C), le premier ministre peut précipiter la solution, en arrêtant la navette. À cette fin, il provoque la réunion d'une C.M.P., composée de 7 députés et de 7 sénateurs et d'un nombre égal de suppléants, choisis parmi les membres des commissions, saisies au fond[215]. Cette possibilité est maintenant ouverte, de façon *conjointe*, aux présidents des assemblées, s'agissant d'une *proposition* de loi (nouvel art. 45 C) ; celle relative aux détecteurs de fumée en a été l'objet, en septembre 2009[216].

La C.M.P. suit dans ses travaux les règles ordinaires applicables aux commissions, à la différence près qu'elle élit *deux* rapporteurs, ceux-là même de chaque assemblée. Leur concertation préalable est fondamentale au point d'imposer leur point de vue, à la manière d'une C.M.P. au sein de la C.M.P. La procédure bicamérale limite la délibération aux *seules dispositions restant en discussion* (art. 45 al. 2), c'est-à-dire qui n'ont pas été adoptées conformes par les deux assemblées. Elles excluent donc les dispositions nouvelles. Les votes conformes sont donc acquis, *engrangés* (J.-L. Hérin). D'où l'image de l'*entonnoir*, consacrée par le Conseil constitutionnel (19 janvier 2006, *Lutte contre le terrorisme, chr.* n° 118, p. 179). Le principe s'impose désormais *après* la première lecture et non plus seulement au stade de la C.M.P., aux membres du Parlement et au Gouvernement : les modifications ou adjonctions (sous forme d'articles additionnels) qui peuvent être apportées doivent être *en relation directe avec une disposition restant en discussion*. Exceptionnellement, ne sont pas soumis à cette obligation, les

J.-L. PEZANT, *Navette, ibid.*, p. 655 ; J. É. GICQUEL, *in* Du nouveau dans la constitution ?, *L.P.A.*, 14 mai 2008, p. 61 ; G. BERGOUGNOUS, *C.R.F.*, p. 1087 ; O. FUCHS, La procédure législative d'urgence, *R.D. P.* 2009, p. 761.

214. Par ailleurs, la courtoisie et la tradition républicaines veulent qu'une assemblée ne se prononce pas sur les modalités d'élection de l'autre. La loi est votée conforme.

215. La composition de chaque délégation est fixée par une clef de répartition négociée par le président de l'assemblée avec les groupes de la majorité et de l'opposition. Le principe de proportionnalité est retenu : 4 – 3 à l'heure actuelle. La C.M.P. est le haut lieu du fait majoritaire. Elle se réunit alternativement dans chaque assemblée, sur convocation de son doyen. Le Gouvernement n'y est pas représenté. Mais, en contrepartie, il lui appartient seul de proposer ou d'accepter des amendements adoptés par la C.M.P., afin de préserver la cohérence du projet de loi. V. J.-J. HYEST, La C.M.P., lieu mystérieux de pouvoir, *Pouvoirs* n° 146, 2013, p. 81.

216. Le recours à la procédure accélérée écarte les délais constitutionnels d'examen des textes (art. 42, al. 3) ; de la même façon, elle peut se combiner avec le *T.L.P.* à l'Assemblée. Les présidents des assemblées s'efforcent de négocier son recours avec le premier ministre. V. P. JAN, La procédure accélérée : bilan de deux années de mise en œuvre, *L.P.A.*, 18 février 2011.

amendements destinés à *assurer le respect de la constitution, à opérer une coordination avec les textes en cours d'examen ou à corriger une erreur matérielle*.

3. À l'issue des travaux de la C.M.P., deux cas de figures peuvent se présenter, selon qu'elle est parvenue à adopter ou non un texte *transactionnel*.

Après inscription à l'ordre du jour, le Gouvernement soumet aux assemblées en *plenum* l'approbation de ce texte, le droit d'amendement étant réglementé. Dans le respect du bicamérisme (ou la logique de l'*entonnoir*), le Gouvernement est privé du droit d'introduire des *mesures nouvelles* (C.C., 25 juin 1998, *D.D.O.E.F., chr.* n° 87, p. 183) ; de la même façon, aucun amendement parlementaire n'est recevable, sauf accord du Gouvernement (art. 45, al. 3). La mise aux voix est *indivise* : il est procédé par un vote unique sur l'ensemble du texte. Au total, 20 % des lois sont adoptées, de la sorte.

À défaut d'un vote identique et, *a fortiori* dans l'éventualité de l'échec de la C.M.P.[217], le Gouvernement relance la *navette*, à l'occasion d'une *nouvelle lecture* devant l'Assemblée nationale et le Sénat. En cas de désaccord persistant, à la demande de l'exécutif, une *dernière lecture* permet aux députés de statuer définitivement (al. 4).

En l'espèce, le Gouvernement est privé du droit d'amendement (C.C., 10 juillet 1985, *D.D.O.E.F., chr.* n° 35, p. 178) : l'Assemblée nationale dispose alors de l'alternative suivante : ou bien reprendre le texte élaboré par la C.M.P., ou bien le dernier texte voté par elle, modifié le cas échéant par un ou plusieurs amendements adoptés par la Sénat (al. 4), c'est-à-dire, ceux d'entre eux votés lors de *la dernière lecture par lui du texte* (C.C., 9 mai 1991, *Collectivité territoriale de Corse, chr.* n° 59, p. 194)[218]. Le dernier mot a concerné 10 % des lois, à ce jour.

En résumé, la vision qui ressort est celle du bicamérisme *inégalitaire*, ou, celle d'un Sénat, *puissance conditionnée* (J. Roche), tel un ludion. Mais on ne saurait le confondre, cependant, avec celui de la IVe République. En effet, si les députés ont le *dernier mot* sur les sénateurs, ils tiennent ce pouvoir, non de la constitution, mais de la volonté du Gouvernement, expression de la logique majoritaire.

γ) Le contrôle facultatif de constitutionnalité (art. 61 C)

1515 Le Parlement *n'est plus un créateur libre de droit* (H. Kelsen). La loi ordinaire peut être, en effet, déférée au Conseil constitutionnel *avant* sa promulgation, au titre d'un contrôle *abstrait* ou *a priori*. L'objet de ce dernier est *non de gêner ou de retarder l'exercice du pouvoir législatif mais d'assurer sa conformité à la constitution* (23 août 1985, *Nouvelle-Calédonie, chr.* n° 36, p. 178).

Cependant, son rôle dissuasif, qui se manifeste dès la préparation du texte (les *précautions précontentieuses* du Conseil d'État) et sa discussion au Parlement, amène logiquement à l'enrôler dans le processus de formation de la loi[219]. Il est avéré que le Conseil l'influe directement et qu'une *troisième lecture* (G. Vedel) s'y déroule. Ainsi, le *législateur négatif* (H. Kelsen) peut dissimuler un législateur *actif*, voire un *colégislateur*. Une phase *nouvelle* de la procédure législative doit être accueillie ; de la

217. Un compromis est élaboré : Il vise l'accord sur le désaccord et les concessions faites au Sénat. Le rapporteur de l'A.N. s'engage à reprendre celles-ci sous forme d'amendements. Au cours de l'année 2013-2014, le taux de reprise des amendements du Sénat par l'Assemblée a été de 65 %. De même, il rencontre le ministre avant la C.M.P. L'échec sur une disposition vaut *pour l'ensemble des dispositions restant en discussion* (C.C., 17 janvier 2002, *Corse, chr.* n° 102, p. 139). V. J. BENETTI, Le droit d'amendement aux textes des C.M.P., *L.P.A.*, 20 et 23 août 1999.

218. De manière exceptionnelle, deux C.M.P. ont échoué avec la majorité de droite sous la XIIIe législature (2007-2012) (art. 13 C et répartition des contentieux, *chr.* n° 140, p. 129). La majorité de gauche, situation inédite de la XIVe législature, n'a pas résisté au Sénat. D'où la multiplication des *derniers mots* de l'Assemblée (loi de finances ; loi de financement de la sécurité sociale ; cumul des mandats ; réforme des retraites, en 2013).

219. Le président Séguin n'a pas hésité, en décembre 1996, à brandir la menace d'un recours devant la C.C., afin de protéger les droits des députés en matière d'impositions. Satisfaction lui sera donnée, entretemps (*chr.* n° 81, p. 183).

même façon qu'une *phase complémentaire* (décision du 23 août 1985 précitée) peut s'ouvrir à l'issue d'une décision de non-conformité partielle, en cas de nouvelle délibération (art. 10 C) (v. *chapitre V*).

δ) La promulgation de la loi

1516 Le *texte définitif* ayant été établi par les services de l'assemblée appelée à voter en premier (*chr.* n° 82, p. 212), le chef de l'État promulgue la loi (art. 10 C) (v. *chapitre III*). Une ultime formalité consistera dans sa *publication* au *Journal officiel* (édition : *Lois et décrets*), sur papier ou forme électronique (ord. du 20 février 2004). Elle entre en vigueur le lendemain de sa publication (art. 1er du Code civil)[220]. Cependant, dans les collectivités d'outre-mer et en Nouvelle-Calédonie, en application du principe de *spécialité législative* (art. 74 et 77 C), une loi des autorités centrales y est applicable à la double condition suivante : une mention *expresse* dans la loi et sa promulgation *locale* par le représentant de l'État, suivie d'une publication au *J.O. local*.

b) Le Gouvernement-législateur

1517 La vertu de cet oxymore, devenu une banalité, est de rappeler que la procédure législative a fait *peau neuve*. Le Gouvernement l'impulse, nonobstant la réévaluation du rôle du Parlement, en 2008, jusqu'à son éviction (art. 38 et 11 C). Il assure, au surplus, l'exécution de la loi.

α) La participation à la formation de la loi

1518 Le Gouvernement, fort de son rôle décisionnel (art. 20 C), peut se prévaloir, d'une rare concentration de moyens, pour parvenir à ses fins. D'un point de vue *logistique*, il dispose de l'administration, en général ; du Conseil d'État, du S.G.G. et du S.G.A.E. en particulier ; d'un point de vue *juridique*, de l'arsenal du parlementarisme rationalisé et, plus encore, d'un point de vue *politique* de la force irremplaçable de la majorité parlementaire. En dehors de la négociation intra-majoritaire (la législation négociée prenant le pas sur la législation décidée), à titre principal, la régulation gouvernementale est opérée par le Conseil constitutionnel.

β) La maîtrise de l'exécution de la loi

1519 À l'issue de la promulgation de la loi, le Gouvernement est chargé de son *suivi* : le premier ministre est habilité à prendre les décrets nécessaires à sa mise en œuvre appelés *décrets dérivés* (art. 21 C) et, en cas de difficultés à demander *a posteriori* au Conseil constitutionnel, le *déclassement* de certaines de ses dispositions (art. 37, al. 2).

• Les décrets d'application des lois (art. 21 C)

1520 Le premier ministre est chargé de *l'exécution* des lois (art. 21 C), c'est-à-dire d'en fixer les modalités d'application[221]. Car les lois ne sont pas d'application directe, en dehors des lois constitutionnelles (art. 89 C) ; de ratification (art. 53) ; de transposition (art. 88-1) et des lois pénales (art. 34). Tout projet de loi doit comporter, à cet égard, un calendrier prévisionnel desdits décrets. Or, on relève en ce domaine essentiel, qui conditionne l'*applicabilité même* de la loi, que ce dernier dispose d'un pouvoir quasi discrétionnaire. Le *retard* à publier les décrets est chose relativement courante, notamment en matière fiscale sous la pression de groupes d'intérêts. Les parlementaires ont dénoncé le *mauvais vouloir* de l'administration et œuvré pour l'organisation d'un *suivi*[222]. À la décharge de celle-ci, il convient

220. Longtemps, il a été procédé au scellement des lois consistant dans l'apposition du sceau de la République par le ministre de la justice. *Cet honneur fait à un texte* (J.-P. Raffarin) ne subsiste que pour les lois constitutionnelles, sans être systématique pour autant (*chr.* n° 113, p. 245).

221. V. J.-M. AUBY, L'obligation gouvernementale d'assurer l'exécution des lois, *J.C.P.* 1953.I.1080 ; D. DE BÉCHILLON, À propos de l'obligation faite au Gouvernement de prendre des règles d'exécution des lois, *A.J.D.A.* 2009, p. 686.

222. Selon la jurisprudence du C.E. (27 novembre 1964, *Dame Veuve Renard, R.D.P.* 1965, p. 724) au-delà d'un *délai raisonnable*, l'administration engage sa responsabilité vis-à-vis de l'administré. L'État a

d'observer qu'on peut incriminer parfois la qualité médiocre de la loi. Chaque semestre, un bilan est transmis aux présidents des assemblées et mis en ligne (circulaire Fillon du 29 février 2008). En définitive, c'est un véritable ballet de décrets qui accompagne la loi (décrets de *présentation* ou de dépôt, de *promulgation* et *d'application*).

• La procédure du déclassement (art. 37, al. 2 et 74 C)

1521 Le premier ministre, *à tout moment*, a la possibilité de déférer au Conseil constitutionnel une loi *après* sa promulgation et, d'une manière générale, *un texte de forme législative* (une ordonnance), au motif qu'ils comporteraient des dispositions à caractère réglementaire. Cette procédure autorise l'exécutif à réclamer son dû. En cas de *requalification*, la disposition est délégalisée. Mais, seule la *Q.P.C.* revêt un caractère rétroactif (v. *chapitre V*). Le premier ministre est habilité à la modifier par décret ; lequel peut faire l'objet d'un recours devant le juge administratif (C.E., 3 décembre 1999, *Oiseaux migrateurs, R.D.P.* 2000, p. 1, note J.-P. Camby)[223]. Ce qui confère à celui-ci une compétence *concurrente*. Le C.C. exerce ici un contrôle *minimum*, en se prononçant exclusivement sur la *nature* de la disposition déférée. La *délégalisation* permet donc au premier ministre de reprendre l'initiative, à l'inverse de la situation antérieure à 1958. Une procédure *insulaire* analogue concerne la relation entre la loi et le domaine de compétence dévolu aux C.O.M. (Polynésie française, entre autres), ouverte aux autorités locales, au premier ministre et à chaque président d'assemblée parlementaire (art. 74 C et L.O. du 27 février 2004) (C.C., 3 mai 2007, *Taxe d'aéroport, chr.* n° 122, p. 197).

2. Les procédures législatives spéciales

1522 Le phénomène de *diversification* des lois, sous la Ve République, est à l'origine de singularités procédurales ; le droit commun s'appliquant pour le reste[224].

Les lois *constitutionnelles* (art. 89 C) ; *organiques* (art. 46) ; *de finances* (art. 47) désormais sous l'emprise européenne ; *de financement de la sécurité sociale* (art. 47-1), celles *portant autorisation de ratifier des engagements internationaux* (art. 53), aux côtés de la *loi locale calédonienne* (art. 77) ressortissent à cette catégorie, ainsi que la proposition de loi spécifique, en matière référendaire (art. 11 C)[225]. Chacune d'entre elles possédant un domaine propre, il s'ensuit un cloisonnement normatif

été condamné à des astreintes (C.E., 11 mars 1994, *Soulat, Rec.* p. 115). En application de la loi du 8 février 1995, le juge administratif peut désormais contraindre le premier ministre à agir dans un délai déterminé (C.E., 26 juillet 1996, *Association lyonnaise de protection des locataires, Rec.* p. 293). En revanche, celui-ci a le devoir de s'abstenir si la loi concernée est incompatible avec une norme internationale (C.E., 24 février 1999, *Association des patients, Rec.* p. 29). Les commissions du Sénat ont pris l'initiative, en juin 1972, de dresser un bilan des décrets dérivés ; une commission sénatoriale pour l'application des lois a été créée en 2011 (v. Rapport Assouline n° 323, 2012). Depuis 2004, à l'Assemblée, le rapporteur de la loi présente à la commission un rapport six mois après sa mise en application (art. 145-7 R.A.N.). En 2012, celui de la commission des lois est assisté d'un corapporteur, membre de l'opposition, dès la phase des auditions ; lequel peut présenter une opinion dissidente dans le rapport initial de la commission. Le taux d'application des lois est de 90 %, en 2012.

223. Par une décision du 31 janvier 2006, le C.C. a déclassé l'article 4 de la loi du 23 février 2005 qui portait un jugement de valeur sur le rôle de la colonisation française (*chr.* n° 118, p. 202). Un décret pris sur un avis du C.E. peut procéder au déclassement de dispositions législatives promulguées *avant* 1958.

224. V. P. AVRIL et J. GICQUEL, *Droit parlementaire,* 4e éd., 2010, n° 317.

225. Le mode de présentation de cette proposition est déterminé par la L.O. du 6 décembre 2013 (*chr.* n° 149, p. 222). Il associe, le cas échéant, les membres d'une assemblée à une autre ; le dépôt s'effectue sur le bureau de l'assemblée choisie. L'article 40 C, en matière de recevabilité financière, est applicable (v. *supra*, n° 1511). La transmission au C.C., au titre de la saisine *obligatoire,* suspend la procédure parlementaire. Après avoir obtenu le soutien des électeurs, si ladite proposition n'a pas été examinée, au moins une fois, par chacune des assemblées, dans le délai de six mois, le président de la République la soumet au référendum (art. 9). En cas de rejet par le peuple, une nouvelle proposition portant sur le même rejet ne peut être présentée que deux ans après.

ou la chasse aux *cavaliers*, c'est-à-dire aux dispositions étrangères ou égarées. Le Conseil constitutionnel procède *proprio motu* à leur déclassement.

a) La loi constitutionnelle (art. 89 C)

1523 Une L. C modifie, abroge ou complète des dispositions de la constitution. Elle ne fait pas l'objet d'une étude préalable d'impact (art. 11 de la L.O. du 15 avril 2009). Mais, une motion de rejet préalable peut être déposée à son encontre, pour surprenant que cela puisse paraître. Car elle ressortit au pouvoir constituant ; en un mot, elle est *souveraine* et bénéficie, à ce titre, de l'*immunité* juridictionnelle (C.C., 26 mars 2003, *Organisation décentralisée de la République, chr.* n° 106, p. 189). Le rapporteur est, en principe, le président de la commission des lois. Le texte du Gouvernement devant la première assemblée saisie demeure le *support* de la discussion (art. 42, al. 2 C). La procédure du *T.L.P.* est inapplicable, de même que celle de la *Q.P.C.* (v. *chapitres I et V*).

b) La loi organique (art. 46 C)

1524 Selon la tautologie, les L.O. sont celles que la constitution déclare comme telles (art. 46)[226]. Mais ces lois ne se caractérisent pas d'un seul point de vue formel ; elles ont, en fait, pour objet d'expliciter l'organisation ou le fonctionnement des pouvoirs publics[227]. En bref, une L.O. est une *loi d'application* ou le *prolongement de la constitution*, afin que celle-ci se limite à *l'essentiel*. Dans la hiérarchie des normes, elle s'intercale entre celle-ci et la loi ordinaire.

Les constituants ont fait appel à 30 reprises à une L.O., dont 15 en 2008. Mais, à la suite d'une inadvertance, le fonctionnement des assemblées parlementaires ressortit à la loi *ordinaire* (ord. du 17 novembre 1958). Cependant, à cette date, le Gouvernement, usant de l'ancien article 92 C, qui établissait à son profit pendant la période d'installation des pouvoirs publics, un pouvoir législatif *supplétif*, a élaboré, les L.O. (sauf celle visée à l'article 34 *in fine* à propos du domaine de la loi ordinaire) et placé le Parlement devant le fait accompli. Celui-ci a recouvré sa prérogative, dans la matière symbolique des lois de finances (L.O. du 1er août 2001) (L.O.L.F.) en abrogeant l'ordonnance du 2 janvier 1959.

La L.O. ne peut intervenir que dans les domaines et pour les objets limitativement énumérés par la constitution (C.C., 7 janvier 1988, *Finances sociales, Rec.* p. 44). Mais le rappel par une loi ordinaire d'une disposition organique ne constitue pas une violation de la constitution (18 septembre 1986, *Liberté de communication*, p. 141). La L.O. est donc protégée. Elle n'entre pas dans le champ d'application des habilitations législatives de l'article 38 C (5 janvier 1982, *Loi d'orientation, Rec.* p. 15). Elle expulse *les cavaliers législatifs*, c'est-à-dire les dispositions relevant d'une autre loi (10 mars 1988, *Transparence financière, chr.* n° 46, p. 182) qui font l'objet d'un déclassement (28 janvier 1976, *Français de l'étranger, Rec.* p. 26 ; 26 juin 1987, *Actes des magistrats, chr.* n° 43, p. 215).

La L.O. devient une *norme-gigogne*, par surcroît. On en dénombre 5 catégories : *ordinaire* ; *relative* au *Sénat* (art. 46, al. 4 C)[228] ; aux *collectivités d'outre-mer* (art. 74)[229] ; à la *Nouvelle-Calédonie* (art. 77) et au *Parlement* concernant la citoyenneté européenne (art. 88-3).

226. V. J. BENETTI, Les spécificités de la procédure d'adoption des L.O. *in Les lois organiques et mise en œuvre de la révision constitutionnelle* (C.R.D.C.) (Université de Paris-I), 2009, p. 5 ; A. ROBLOT-TROIZIER, La place des L.O. dans la hiérarchie des normes, *idem*, p. 21 ; J.-L. PEZANT, *D.C.*, p. 604.

227. Dans le sillage des *senatus-consulte* de l'Empire, le terme de L.O. apparaît dans la constitution de 1848, sans qu'un régime juridique spécifique s'y attache. C'est la Ve République qui a opéré ce saut qualitatif (art. 46 C).

228. Selon la définition *alternative* donnée par le C.C. (10 juillet 1985, *Rec.* p. 20) il s'agit des *dispositions législatives qui ont pour objet ou pour effet, dans les domaines réservés aux L.O., de poser, de modifier ou d'abroger des règles concernant le Sénat* ou qui, *sans se donner cet objet à titre principal, n'ont pas moins pour effet de poser, de modifier ou d'abroger des règles le concernant.* Le C.C. privilégie la notion de loi propre ou spécifique au Sénat ; de dispositions *distinctes* entre les assemblées (13 février 2014, *Cumul des mandats, chr.* n° 150, p. 157). V. A. DELCAMP, La notion de L.O. relative au Sénat : entre affirmation du bicamérisme et parlementarisme rationalisé, *R.F.D.C.* 2011, p. 465 ; J.-P. CAMBY, La L.O. relative au Sénat, *AJDA* 2013, p. 160.

229. Le Conseil constitutionnel a défini, le 9 avril 1996 (*Statut d'autonomie de la Polynésie française, chr.* n° 78, p. 192) cette catégorie : *Ont un caractère organique, les dispositions qui définissent les*

La L.O. obéit à une procédure originale : un *délai de réflexion* de 15 jours, en cas de recours à la *procédure accélérée* (art. 46, al. 2) est prévu entre son dépôt et sa discussion en séance publique (art. 46, al. 2) ; en cas de désaccord entre l'Assemblée et le Sénat, la procédure de la C.M.P. (art. 45 C) est applicable ; l'Assemblée peut, sur invitation du Gouvernement, forcer la résistance du Sénat, en adoptant le texte en dernière lecture, à la majorité *absolue* de ses membres (al. 3), (C.C., 11 janvier 1990, *Financement des campagnes électorales, chr.* n° 54, p. 200).

Mais les L.O. relatives *au Sénat*, et au *Parlement*, en matière de citoyenneté européenne, ressortissent au bicamérisme *égalitaire*. Ce qui emporte l'exclusion de la procédure de la C.M.P. Reste la particularité *majeure* : la L.O., à la diligence du premier ministre et des parlementaires (C.C., 9 avril 2009, *chr.* n° 130, p. 186), est déférée *obligatoirement* au C.C., avant sa promulgation (al. 5 et 61, al. 1er C), sauf, lorsqu'elle est contenue dans une loi référendaire (art. 3 de la loi du 6 novembre 1962)[230]. Une Q.P.C. ne peut être soulevée, en principe, à l'encontre d'une L.O., sauf *changement de circonstances* (C.C., 21 février 2012, *Marine Le Pen*) (*chr.* n° 142, p. 177).

c) La loi de finances (art. 47 C)

1525 Sa condition est renouvelée autant que diversifiée. Le processus de fédéralisation, inhérent à l'Union européenne, se manifeste avec d'autant plus d'intensité que la loi de finances était regardée comme l'acte politique le plus important, voté chaque année, par le Parlement.

Conformément au traité sur la stabilité, la coordination et la gouvernance (*TSCG*) signé le 2 mars 2012[231], l'harmonisation des politiques économiques des États membres, dont la *règle d'or* (l'équilibre budgétaire) est l'objectif, se noue lors du *semestre européen*[232], en vue de lutter contre les déficits publics excessifs. Par suite, la discipline budgétaire enserre désormais, du point de vue national, le projet de loi de finances entre les prévisions de la loi de programmation pluriannuelle des finances publiques du 31 décembre 2012 (art. 34, al. 20 C) et les modalités de correction prévues par la L.O. du 17 décembre 2012, prises en application dudit traité. De ce point de vue, un organisme indépendant, le Haut Conseil des finances publiques, placé auprès de la Cour des comptes et présidé par le premier président de celle-ci, est appelé à éclairer le Gouvernement par un avis public, transmis au Conseil d'État, lors de sa consultation, sur les

compétences des institutions propres du territoire, les règles essentielles d'organisation et de fonctionnement de ces institutions y compris les modalités selon lesquelles s'exercent sur elles les pouvoirs de contrôle de l'État ainsi que les dispositions qui n'en sont pas dissociables

230. V. J.-Ch. CAR, *Les lois organiques de l'article 46 C*, 1999 ; F. LUCHAIRE, Les L.O. devant le Conseil constitutionnel, *R.D.P.* 1992, p. 389.

231. Par une décision du 9 août 2012, le Conseil constitutionnel a validé la conformité du *TSCG* à la constitution, motif pris de ce que la France avait choisi l'autre branche à l'alternative d'une révision constitutionnelle, à l'opposé de l'Allemagne ; celle de la voie organique, en clair (*chr.* n° 144, p. 172). La loi du 22 octobre 2012 a autorisé le président de la République à ratifier ce traité.

232. Le dialogue avec les institutions européennes comprend deux phases : de janvier à mars, celle de la réflexion et des débats sur les objectifs de l'ensemble de l'Union européenne : puis d'avril à juin, celle de l'élaboration et d'approbation des budgets, à l'issue de laquelle une transmission des recommandations aux États membres s'opère, en vue de la réalisation du budget national. Pour la première fois, une séance publique s'est déroulée à l'Assemblée nationale (salle Lamartine), le 15 octobre 2012, entre députés et représentants des instances européennes. L'Assemblée nationale a voté, le 29 avril 2014, le projet de programme de stabilité pour 2014-2017 destiné à réduire le déficit public ; le Haut Conseil des finances publiques entendu (avis du 22 avril). Cette nouvelle trajectoire des finances publiques a été soumise à la Commission européenne. Au vu de ses recommandations, en juin, les projets financiers pour 2015 (finances et financement de la sécurité sociale) ont été bâtis. V. F. QUEROL, De l'intégration budgétaire européenne ou la gestation d'un droit budgétaire nouveau, *RFFP* n° 119, 2012, p. 147 ; J.-B. MATTRET, La discipline budgétaire européenne, *ibid.* n° 120, 2012, p. 167 ; G. GAUBERT, Loi de programmation des finances publiques et intégration budgétaire, *ibid.* n° 122, 2013, p. 143 ; E. OLIVA, La L.O. du 17 décembre 2012, *R.F.D.A.* 2013, p. 441.

prévisions macroéconomiques retenues, en veillant à leur cohérence par rapport aux engagements européens de la France (*chr.* n° 145, p. 189).

Sous une dénomination unique, on distingue : *la loi de finances de l'année* (appelée communément le budget) qui détermine et autorise pour l'année civile les ressources et les charges de l'État[233] ; *la loi de finances rectificative*, qui en cours d'année en modifie les estimations, dont le nombre ne cesse de se multiplier avec la crise économique (4 en 2011) ; *la loi de règlement* qui contrôle l'exécution de la loi de finances de l'année et les *lois spéciales*, lorsque cette dernière n'a pas été votée en temps utile (art. 1er L.O.L.F. du 1er août 2001)[234].

À l'exclusion de l'initiative parlementaire (art. 47 C), il importe de mettre l'accent sur ses *particularismes,* le texte du Gouvernement doit être régulier et sincère (art. 47-2 C), il *reste* le support législatif devant la première assemblée saisie (nouvel art. 42, al. 2). Son inscription à l'ordre du jour *reste* prioritaire, à la demande du Gouvernement (nouvel art. 48, al. 2). En outre, la discussion de la loi de finances de l'année (loi *obligatoire*) est enfermée dans un *délai préfix* (art. 47, al. 3 C), de manière à obtenir, *en temps utile, et plus particulièrement avant le début de l'année l'intervention des mesures nécessaires à la continuité de la vie nationale* (C.C., 30 décembre 1979, *Loi de finances pour 1980, Rec.* p. 39). D'où l'exclusion du *T.L.P.*[235]. À cet effet, la procédure de l'article 49, al. 3 C *reste* applicable. L'article 40 C est assoupli : les parlementaires peuvent présenter des amendements majorant les crédits d'un ou plusieurs programmes inclus dans une mission, dès lors que les crédits de cette dernière ne sont pas augmentés (art. 47 L.O.L.F.)[236].

Les commissions des finances *procèdent à l'évaluation de toute question relative* aux finances publiques. Leur président, leur rapporteur général et leurs rapporteurs spéciaux *procèdent à toutes investigations sur pièces et sur place, et à toutes les auditions qu'ils jugent utiles* (art. 57).

233. La loi de finances de l'année comporte deux parties (art. 34 L.O.L.F. de 2001). Une compétence *concurrente* ou *mixte* en matière fiscale est ouverte entre la loi de finances et la loi ordinaire (art. 34 C) (C.C., 4 juin 1984, *Ordonnances financières, chr.* n° 31, p. 186 ; 30 décembre 1995, *Réforme de la protection sociale, chr.* n° 77, p. 250). D'où le recours exceptionnel à une habilitation législative (art. 38 C). V. J. GERMAIN, *Le Parlement et la Cour des comptes*, thèse Toulouse, 2007 ; A. BAUDU, *Contribution à l'étude des pouvoirs budgétaires du Parlement,* 2010 ; A. ROUX (sous la direction), *Finances publiques*, D.F., 2e éd., 2006 ; Ph. SÉGUIN. Du contrôle parlementaire, *Le Monde*, 28 mai 2008.

234. Cette *constitution financière*, à l'origine d'une révolution copernicienne, regroupe les crédits *par mission relevant d'un ou plusieurs services d'un ou plusieurs ministères*. Une mission se définit comme *un ensemble de programmes concourant à une politique publique définie*. Les crédits sont regroupés par *objectif* des dépenses (logique de performance). Une *mission spécifique* englobe ceux des pouvoirs publics (présidence de la République ; Parlement ; Conseil constitutionnel ; Cour de justice de la République) (art. 7-I L.O.L.F.). Une autre mission spécifique, *Conseil et contrôle des pouvoirs publics*, qui vise la Cour des comptes, le Conseil d'État et le C.E.S.E., est rattachée au premier ministre. V. A. BARILARI et M. BOUVIER, *La nouvelle gouvernance financière de l'État*, 2004 ; A. MAUCOUR-ISABELLE, *La rénovation des pouvoirs budgétaires du Parlement sous la Ve République*, 2005.

235. Selon la pratique, le ministre du budget se rend, le même jour, devant les commissions des finances, des assemblées, pour présenter le projet de loi de finances. La procédure accélérée est, par ailleurs, de droit.

236. De même, chaque assemblée dispose de crédits gérés par le président et la commission des finances, distribués à tous ses membres, ou la *réserve parlementaire*, dont l'existence est consacrée dans la loi de règlement (art. 54 L.O.L.F. du 1er août 2001, rédaction de la L.O. du 11 octobre 2013) dans le cadre des subventions versées pour travaux divers aux collectivités territoriales ; associations et institutions (Conseil d'État, Cour de cassation, Cour des comptes). V. P. TÜRK, *Les commissions parlementaires permanentes*, 2005 ; I. BOUHADANA, *Les commissions des finances des assemblées parlementaires en France ; origines, évolutions et enjeux*, 2007 ; J.-P. CAMBY (sous la direction), *La réforme du budget de l'État*, 3e éd., 2010 ; Ch. WALINE, P. DESROUSSEAUX et S. GODEFROY, *Le budget de l'État*, D.F., 2012 ; Les commissions des finances, *R.F.F.P.* n° 113, février 2011.

L'information parlementaire est renforcée par l'envoi de *questionnaires budgétaires* aux ministres et l'organisation, en juin, d'un débat d'orientation budgétaire *(D.O.B.)* qui préfigure la structure des dépenses publiques (art. 49 et 48 L.O.L.F.). Ce contrôle diversifié est aussi *renouvelé*, avec l'avis du Haut Conseil des finances publiques, et la loi de règlement qui comporte en annexe *la certification de la régularité ; de la sincérité et de la fidélité des comptes de l'État attestée par la Cour des comptes* (art. 58), dont le partenariat se révèle essentiel (nouvel art. 47-2 C)[237].

α) Les délais de vote

1526 Précédé d'un débat d'orientation au printemps (art. 48 L.O.L.F.), l'examen du projet de loi de finances de l'année est soumis en priorité aux députés (art. 39 C), le premier mardi d'octobre. Il est astreint au respect de délais (art. 47), de manière à respecter le *butoir* du 1er janvier qui marque le début de l'année budgétaire. Le Parlement doit se prononcer dans un délai global de 70 jours, à l'intérieur duquel chaque assemblée dispose d'un délai de lecture propre ainsi décomposé : 40 jours à l'Assemblée ; 20 au Sénat ; restent 10 jours en vue de la navette (art. 40, al. 1er L.O.L.F.).

β) Les sanctions

1527 L'irrégularité de la procédure entraîne la censure (C.C., 24 décembre 1979, *Loi de finances pour 1980*, *Rec.* p. 36). Au surplus, le non-respect des délais est sanctionné seulement en cas de *carence*. S'agit-il des délais *internes*, si l'Assemblée nationale n'a pas émis un vote en première lecture, elle perd sa priorité au profit du Sénat. Mais si, celui-ci, à son tour, ne respecte pas le délai qui lui est imparti, le Gouvernement saisit à nouveau l'Assemblée (art. 40, al. 3 et 4 de la L.O.). S'agit-il du délai *global*, si le Parlement ne s'est pas prononcé, le projet de loi de finances peut être mis en vigueur par *ordonnance* (art. 47, al. 4). En ce cas, l'habilitation est conférée *directement* par la constitution, à l'opposé de la procédure de l'article 38 C. Il faut considérer que les délais internes présentent un caractère *impératif*, à l'opposé du délai global simplement *facultatif*.

En cas de retard dans le dépôt du projet de loi de finances imputable soit, au Gouvernement soit, au Conseil constitutionnel (24 décembre 1979, *Loi de finances pour 1980*, susvisée), un projet de loi *spéciale* est déposé devant l'Assemblée nationale autorisant le Gouvernement à percevoir les impôts existants jusqu'au vote de la loi de finances de l'année (art. 45 L.O.L.F.).

d) La loi de financement de la sécurité sociale (art. 47-1 C)

1528 La L.C. du 22 février 1996 a créé une nouvelle catégorie de loi obligatoire : *Les lois de financement de la sécurité sociale déterminent les conditions générales de son équilibre financier et, compte tenu de leurs prévisions de recettes, fixent ses objectifs de dépenses, dans les conditions et sous les réserves prévues par une loi organique* (art. 34, al. 6 C). Outre l'utilisation du pluriel, ce qui implique l'existence de lois de financement *rectificatives*, la normativité de ce type de lois a été mise en cause, par les rapporteurs : *normativité différée* (P. Mazeaud à l'Assemblée) ; *normativité aléatoire* (P. Gélard au Sénat).

Son régime est *calqué* sur celui des lois de finances, sans préjudice du traité de discipline budgétaire de 2012 et de l'avis du Haut Conseil des finances publiques (v. *supra*, nº 1525), la L.F.S.S. est soumise en premier lieu aux députés au début de la session ordinaire (nouvelle rédaction de l'art. 39 C) ; réservée à la *seule initiative gouvernementale* (nouvel art. 47-1, al. 1er) et votée, à l'issue d'un débat d'orientation, selon un délai de 50 jours imposé au Parlement (al. 2). À cet effet, ce deuxième exemple d'un délai de délibération se décompose comme suit : 20 jours pour l'Assemblée, 15 pour le Sénat et 15 pour la navette. En cas de *carence* du Parlement, les dispositions peuvent être mises en œuvre par *ordonnance* (al. 4). Le *T.L.P.* est inapplicable.

La L.O. du 22 juillet 1996 détermine les modalités du vote de ces lois de financement (art. L.O. 111-3 et s. du Code de la sécurité sociale). L'article 40 C a été assoupli (la compensation est admise à l'intérieur d'un même objectif) (L.O. du 2 août 2005), et le contrôle affermi. Le Gouvernement conserve ses avantages, comme pour la loi de finances, notamment le recours à l'article 49-3 C, après

237. V. B. JEAN-ANTOINE, *Les normes constitutionnelles financières en droit français de 1789 à nos jours,* 2010.

la révision de 2008 *(supra)*. En outre, les rapporteurs disposent de pouvoirs comparables sur pièces et sur place aux rapporteurs budgétaires[238]. La Cour des comptes apporte son expertise (art. 47-2 C).

e) La loi autorisant la ratification d'engagements internationaux (art. 53 C)

1529 Outre son importance quantitative (près de la moitié de la production législative annuelle), cette catégorie de loi est originale, à plus d'un titre.

Si la conduite des relations internationales appartient traditionnellement au pouvoir exécutif (art. 52), le Parlement *autorise,* sauf recours au peuple (art. 11 et 88-5 C)[239], la ratification des traités dont la liste est dressée à l'article 53 *(traités de paix, de commerce, relatifs à l'organisation internationale, qui engagent les finances de l'État, modifient les dispositions de nature législative, ceux qui sont relatifs à l'état des personnes, ceux qui comportent cession, échange ou adjonction de territoire)*. En pratique, laissée à l'appréciation du Gouvernement, cette énumération est largement indicative. On estime qu'un tiers seulement des engagements internationaux est concerné. La régularité de l'autorisation de ratification est contrôlée par le Conseil d'État (18 décembre 1998, *S.A.R.L. du parc d'activités de Blotzheim, R.F.D.A.* 1999, p. 315), ainsi que le respect de la condition de réciprocité (9 juillet 2010, *Mme Chériet-Benseghir, idem,* 2010, p. 1133), en vue d'assurer le respect de la prérogative parlementaire[240].

Il s'agit d'une loi d'*autorisation*, ou si l'on veut une loi *formelle*, accompagnée de certains documents, distincts des études d'impact (art. 11 de la L.O. du 15 avril 2009), et non point matérielle. Ce qui entraîne diverses conséquences : *l'exclusivité de l'initiative* du premier ministre ; *l'impossibilité du dépôt d'amendements d'origine parlementaire* (art. 128 R.A.N.) ; le rejet d'une *Q.P.C.* ; l'interdiction de *réserves, de déclarations interprétatives* (C.C., 9 avril 2003, *R.A.N., chr.* n° 106, p. 183) ; le recours à une *procédure abrégée* : le vote sans débat ou la discussion immédiate. Une motion de procédure *spécifique* existe : la *motion d'ajournement* qui entraîne les mêmes effets qu'un renvoi en commission (*chr.* n° 70, p. 208).

f) La loi du pays de Nouvelle-Calédonie (art. 77 C)

1530 Dans le cadre des compétences transférées à la Nouvelle-Calédonie par la constitution (L.C. du 20 juillet 1998), cette loi *locale*, réactif de l'État plurilégislatif, est votée par le Congrès de celle-ci, après avis *obligatoire* du Conseil d'État. Elle peut être déférée au Conseil constitutionnel (L.O. du 19 mars 1999), à l'opposé de la loi locale d'Alsace-Moselle (C.C., 24 mars 2005, *Hauchemaille et Meyet, chr.* n° 114 p. 185) *avant* et *après* sa promulgation au titre d'une *Q.P.C.* (*chr.* n° 141, p. 196) (art. 61 et 61-1 C). La promulgation *locale* est la condition de son existence (C.E., 12 janvier 2005, *Congrès de la Nouvelle-Calédonie, A.J.D.A.* 2005, p. 552)[241] (v. *chapitre V*).

3. Les procédures exceptionnelles de substitution

1531 On citera pour mémoire : la loi référendaire (art. 11, 88-5 et 89 C), l'ordonnance (art. 38, 47, 47-1 et 74-1 C), la décision (art. 16 C) ainsi que le règlement et la directive européens (art. 88-1 C).

238. Au Sénat, un rapporteur général de la commission des affaires sociales a été créé (nouvel art. 29 R.S.). Une procédure de recevabilité des amendements au regard de l'article L.O. 111-3 du Code de la sécurité sociale est aménagée (nouvel art. 45 R.S.). V. A.-Cl. DUFOUR, *Les pouvoirs du Parlement sur les finances de la sécurité sociale*, 2012.

239. La ratification d'un traité relatif à l'adhésion d'un État à l'Union européenne emprunte la voie référendaire, sauf vote du Parlement, réuni en *Congrès*, d'une motion adoptée en termes identiques par chaque assemblée, à la majorité des trois cinquièmes des suffrages exprimés (nouvel art. 88-5 C ou l'*article turc*).

240. Ce revirement de jurisprudence compense l'avancée du contrôle de conventionnalité résultant de l'arrêt *Nicolo (supra)*. V. L. DUBOUIS, art. précité, *R.F.D.A.* 1999, p. 57 ; A. PELLET, *C.R.F.*, p. 1005 ; G. DRAGO, Le Parlement et les traités internationaux, *Mélanges Jean Gicquel*, 2008, p. 157.

241. V. C. GINDRE-DAVID, *Essai sur la loi du pays calédonienne*, 2009 et La question prioritaire de constitutionnalité à l'égard de dispositions d'une loi du pays de Nouvelle-Calédonie, *Revue juridique de Nouvelle-Calédonie* n° 15, 2010, p. 65. J.-Y. FABERON, *Des institutions pour un pays. La Nouvelle-Calédonie en devenir*, 2012 ; O. GOHIN, Les lois du pays : contribution au désordre normatif français, *R.D.P.* 2006, p. 85.

BIBLIOGRAPHIE

1. Ouvrages et articles

■ M. AMELLER et G. BERGOUGNOUS, *L'Assemblée nationale*, 2e éd., 2000 ■ J.-B. AUBY (coordination), Loi et règlement, *C.C.C.* n° 19, 2005, p. 104 ■ P. AVRIL et J. GICQUEL, *Droit parlementaire*, 4e éd., 2010 ■ A. BAUDU, *Contribution à l'étude des pouvoirs budgétaires du Parlement*, 2010 ■ J.-Cl. BÉCANE, M. COUDERC et J.-L. HÉRIN, *La loi*, 2e éd., 2010 ■ B. BEAUFUMÉ, *Le droit d'amendement et la constitution de la Ve République*, 1993 ■ Ph. BLACHÈR, *Le Parlement en France*, 2012 ■ J.-P. CAMBY et P. SERVENT, *Le travail parlementaire sous la Ve République*, 5e éd., 2011 et sous la direction, *La réforme du budget de l'État*, 3e éd., 2010 ■ G. CARCASSONNE, Que reste-t-il du parlementarisme rationalisé ?, *in La Constitution de la Ve République* D.F., 2008, p. 97 ■ D. CHAMUSSY, La procédure parlementaire et le C.C., *Les Nouveaux Cahiers* n° 38, 2013, p. 37 ■ A. CHANDERNAGOR, *Un Parlement pour quoi faire ?*, 1967 ■ J. GICQUEL, A. LEVADE, B. MATHIEU et D. ROUSSEAU (sous la direction), *Un Parlement renforcé ? Bilan et perspective de la réforme de 2008*, 2012 ■ J.-É. GICQUEL, Le C.C. et le mandat parlementaire, *Les Nouveaux Cahiers* n° 38, 2013, p. 69 et Fin du cumul des mandats : la troisième tentative fut la bonne, *J.C.P.* 2014, p. 416 ■ J.-L. HÉRIN, *Le Sénat en devenir*, 2e éd., 2012 ■ P. JAN, *Les assemblées parlementaires françaises*, 2e éd., 2010 ■ M. LASCOMBE et X. VANDENDRIESSCHE, *Finances publiques*, 7e éd., 2010 ■ J. MASTIAS, *Le Sénat de la Ve République*, 1980 ■ A. MAUCOUR-ISABELLE, *La rénovation des pouvoirs budgétaires du Parlement sous la Ve République*, 2005 ■ Chr. DE NANTOIS, *Le député : une étude comparative, France, Royaume-Uni, Allemagne*, 2010 ■ Le Parlement français et le nouveau droit parlementaire, *Jus Politicum*, 2012. ■ J.-L. PEZANT, Amendement, *D.C.*, p. 29, Loi, *ibid.* p. 597 ■ G. SUTTER, La revalorisation de l'institution parlementaire : réalité ou fiction ? *Politeia* 2013, p. 201 ■ G. TOULEMONDE, *Le déclin du Parlement sous la Ve République, Mythe et réalités*, thèse Lille II, 1998 ■ P. TÜRK, *Les commissions parlementaires permanentes et le renouveau du Parlement sous la Ve République*, 2005 et *Le contrôle parlementaire en France*, 2011 ■ J.-J. URVOAS et M. ALEXANDRE, *Manuel de survie à l'Assemblée nationale. L'art de la guérilla parlementaire*, 2012 ■ X. VANDENDRIESSCHE, Une revalorisation parlementaire à principes constitutionnels constants, *J.C.P.*, 30 juillet 2008, I.174 ■ C. VINTZEL, *Les armes du Gouvernement dans la procédure législative. Étude comparée : Allemagne, Italie, France, Royaume-Uni*, 2011 ■ Ch. WALINE (sous la direction), *Le budget de l'État*, 2006

■ On consultera *L'Assemblée nationale dans les institutions française* (A.N.), 2009, 3e éd. ■ Le contrôle parlementaire, *Pouvoirs* n° 134, 201 ; Le renouveau du Parlement, *ibid.* n° 146, 2013 ■ Le Conseil constitutionnel et le Parlement, *Les Nouveaux Cahiers* n° 38, 2013 ■ Le Conseil constitutionnel, juge electoral, *ibid*, n° 41, 2013 ■ Les guides pratiques du Sénat : *la nouvelle procédure législative*, 2009.

2. Sites internet

■ www.assembleenationale.fr et *CD Rom* ■ www.senat.fr et *CD Rom*.

CHAPITRE V

LE POUVOIR JURIDICTIONNEL ET LE CONSEIL CONSTITUTIONNEL

1532 Aux côtés des juridictions administratives et judiciaires (C.E., 30 octobre 1998, *Sarran, R.F.D.A.* 1998, p. 1081 ; Cass., *Pauline Fraisse*, 2 juin 2000, *chr.* n° 95, p. 192), le Conseil constitutionnel (art. 56 C) est l'expression de l'État de droit[1] ou l'incarnation du *Gouvernement de la constitution* (G. Vedel). Un *organe régulateur de l'activité des pouvoirs publics* (C.C., 6 novembre 1962, *Élection du président de la République, Rec.* p. 27), s'est installé.

Avec efficacité et célérité, en contraste avec la lente et prudente progression du juge administratif, le Conseil s'est imposé, au risque de provoquer la réaction de la majorité[2] : recours au pouvoir constituant afin de briser, en 1993, la décision *Maîtrise de l'immigration ;* recadrage abrupt décidé par Nicolas Sarkozy, en 2010, consécutif à la censure de dispositions symboliques[3]. Avec l'élection populaire du chef de l'État, il apparaît, sans conteste, comme *l'innovation majeure de la Ve République*. Si l'on doit se méfier du *gouvernement des juges*, substituant ses appréciations à celles des représentants du peuple, on conviendra avec Robert Badinter, qu'il faut se méfier davantage encore d'un *gouvernement sans juges*, au sein duquel la force attachée à une majorité politique supplanterait celle du droit.

1. Du point de vue de ses origines, le C.C. est *la reprise et l'amplification assez considérable du Comité constitutionnel de la constitution de 1946*, selon R. JANOT (*T.P.* II, p. 72). Par ailleurs, le concept d'État de droit y a été invoqué, la première fois, par le président Valéry Giscard d'Estaing, le 8 novembre 1977. La coïncidence est heureuse. V. *C.C. et C.E.*, colloque Paris II, 1988 ; La marque des idées et des principes de 1789 dans la jurisprudence du C.E. et du C.C., *E.D.C.E.*, n° 40, 1989, p. 149.

2. *De quoi se mêlent-ils ?* s'était contenté de répliquer François Mitterrand en 1982 à l'annonce de la censure de la loi de nationalisation. De la même façon, *les choix de société se décident dans les hémicycles, et non dans les prétoires*, estimait Philippe Séguin, en 1997. V. D. ROUSSEAU, Les grandes avancées de la jurisprudence du Conseil constitutionnel, *Mélanges Jacques Robert*, 1998, p. 297.

3. Après la censure de la taxe carbone (29 décembre 2009), celui-ci a réagi promptement (*Je ne suis pas un homme qui renonce à la première difficulté) (chr.* n° 133, p. 168), au point de carboniser le Conseil, à l'occasion du renouvellement de février 2010. La censure de la loi sur le génocide arménien, le 28 février 2012, provoquera son irritation. Préalablement, le C.C. avait frappé d'inconstitutionnalité des dispositions sensibles (21 février 2008, *Rétention de sûreté ;* 10 juin 2009, *Hadopi I*) (*idem* n°s 126 et 131, p. 199 et 193). Mesure symbolique de la gauche, la taxation à 75 % des hauts revenus subira le même sort (29 décembre 2012, *Loi de finances pour 2013*, *chr.* n° 145, p. 188).

De fait, le Conseil s'est transmué en évoluant du contrôle de la forme (procédure) à celui du fond (libertés publiques) (v. *Ire partie*). Autorité *politique*, en 1958, en charge de la répartition des compétences entre le Parlement et le Gouvernement, il est vécu et reconnu à partir de 1971 (*Liberté d'association, Rec.* p. 29), comme une autorité *juridictionnelle,* soucieuse de la protection des droits et libertés[4]. De ce point de vue, il a franchi deux étapes capitales sur le chemin de l'État de droit, celui de la *prééminence du droit*, en 1974, lors de l'élargissement de sa saisine à l'opposition *(la seconde naissance)* et, en 2008, avec l'adoption de la question prioritaire de constitutionnalité *(Q.P.C.)*, qui marque l'achèvement de son processus de juridictionnalisation, au point de le transfigurer. Mais, sa condition n'en demeure pas moins singulière. Outre sa composition, en l'absence d'une clause générale de compétences, il ne peut prétendre être la cour suprême, quoique, entre audaces et prémices[5]. Le Conseil participe, en coopération loyale, avec le Conseil d'État et la Cour de cassation, à la mise en place d'un pouvoir juridictionnel. Sous la Ve République, la France a cessé, en effet, d'être la terre nourricière de la souveraineté parlementaire[6], car *le Parlement n'est plus un créateur libre de droit* (H. Kelsen). Il est devenu un *justiciable*, entre-temps. Au total, *la greffe a réussi* (Rapport Krieg, A.N. n° 1190, 1974).

On s'attachera à le vérifier, en examinant successivement la composition et l'organisation du Conseil, puis ses attributions (art. 58 C et s. et ordonnance du 7 novembre 1958 modifiée)[7].

4. La consécration juridictionnelle a été le fait, au surplus, de la Cour E.D.H. (21 octobre 1997, *Pierre Bloch c/France*, *chr.* n° 85, p. 163) et de la Cour de justice de l'Union européenne (30 mai 2013, *Mandat d'arrêt européen*, *ibid*, n° 147, p. 173). Pour sa part, le C.C. invoque son *indépendance* (9 juillet 2008, *Archives, chr.* n° 128, p. 159) au titre de pouvoir public constitutionnel, à l'unisson de sa condition budgétaire (art. 7-I L.O.L.F. de 2001) (v. *chapitre IV*).

5. Juridiction d'attribution, selon sa propre définition, *la compétence du C.C. est strictement délimitée par la Constitution ; elle n'est susceptible d'être précisée et complétée par voie de loi organique... le C.C. ne saurait être appelé à se prononcer dans d'autres cas que ceux qui sont expressément prévus par ces textes* (26 mars 2003, *Organisation décentralisée de la République*, *Rec.* p. 293 ; 25 avril 2014, *Province – Sud de Nouvelle-Calédonie*, chr. n° 150, p. 140). En dépit de ce principe et du *self-restraint* le C.C. a dégagé des *objectifs de valeur constitutionnelle* (OVC) à l'adresse du législateur, qui le lie (27 juillet 1982, *Communication audiovisuelle*) ; il a statué successivement sur le contrôle de la loi par voie d'exception (25 janvier 1985, *État d'urgence en Nouvelle-Calédonie*), les actes préparatoires aux opérations référendaires (25 juillet 2000, *Hauchemaille*), électorales (11 juin 1981, *Delmas*) et le contentieux électoral (12 janvier 2012, *S. Loiret*). Juge de l'interprétation jurisprudentielle, au titre de la *Q.P.C.*, le Conseil peut cependant s'imposer.

6. Le respect dû au Conseil est parfois perdu de vue ; un député socialiste a mis en cause le président Roger Frey, lors du débat sur les nationalisations, en 1981 ; François Mitterrand devait exprimer son *vif regret* ; François Hollande, *garant des institutions*, a pris sa défense, après la décision du 4 juillet 2013, (v. *supra*, n° 1144). Un premier ministre (E. Balladur) a critiqué, en novembre 1993, le Conseil ; un ministre (P. Devedjian) l'a imité, en janvier 2010, estimant que le Conseil n'était pas une *vache sacrée*.

7. V. P. AVRIL et J. GICQUEL, *Le Conseil constitutionnel,* 6e éd., 2011 ; L. FAVOREU et L. PHILIP, *Les grandes décisions du C.C.*, 16e éd., 2011 ; H. ROUSSILLON et P. ESPLUGAS, *Le C.C.*, 7e éd., 2011 ; F. LUCHAIRE, *Le C.C.*, 2e éd., 1998-2006 ; R. DE LACHARRIÈRE, Opinion dissidente, *Pouvoirs* n° 13, 1980, p. 141 ; G. BERGOUGNOUS, Le C.C. et le législateur, *Les Nouveaux Cahiers*, n° 38, 2013, p. 17 ; Le C.C., *Pouvoirs* n° 105, 2003 et la *Q.P.C.*, n° 137, 2011.

SECTION I LA COMPOSITION ET L'ORGANISATION DU CONSEIL CONSTITUTIONNEL

§ 1. LA COMPOSITION DU CONSEIL

1533 En vertu de l'article 56 C, le Conseil qui siège au Palais Royal (aile Montpensier), se compose de deux séries de membres : des *membres nommés* et des *membres de droit et à vie*.

A. LES MEMBRES NOMMÉS

1534 Selon le *modèle européen*[8], ceux-ci sont recrutés *intuitu personae* par des autorités politiques. Comme des juges, ils exercent une fonction juridictionnelle, sans y faire carrière. L'usage veut, de manière significative, qu'ils y soient désignés par leur titre *antérieur*, tandis que le tutoiement et l'usage du prénom favorisent leur cohésion.

1. L'entrée en fonction

a) La nomination des conseillers

1535 Au nombre de neuf, les membres sont désignés, depuis la révision de 2008, à raison de trois chacun, par une décision séparée du président de la République, du président du Sénat et de celui de l'Assemblée nationale (art. 56, al. 1er C), au terme de la procédure visée à l'article 13 C (v. *supra*, nº 1198) : avis public des commissions permanentes pour la nomination effectuée par le président de la République ; avis unique pour celle opérée par le président de chaque assemblée[9].

Les commissions disposent d'un pouvoir, non pas de confirmation, mais de *veto*. À la majorité des trois cinquièmes des suffrages exprimés, celles-ci peuvent briser le choix effectué, en dehors de la dissuasion portée à la connaissance de l'autorité de nomination, au préalable. Il est pourvu au remplacement des membres, huit jours au moins avant l'expiration de leurs fonctions, en février (art. 8 de l'ord. du 7 novembre 1958). Le mandat commence à courir, début mars (l'installation des premiers membres a eu lieu en mars 1959), à l'issue de la prestation de serment devant le chef de l'État (art. 3). Par solidarité politique, celui-ci dispose des trois nominations, tels Jacques Chirac en 2007, Nicolas Sarkozy en 2010 et François Hollande, cas unique pour la gauche, en 2013 (v. *Chapitre III*).

α) La pratique observée

1536 En l'absence de conditions, à l'opposé des cours constitutionnelles étrangères, toute personne de nationalité française, jouissant de ses droits civils et politiques a vocation à être nommée au Conseil. Aucune limite d'âge à la nomination n'est retenue. Noëlle Lenoir a été la première femme désignée en 1992. Le recrutement a fait l'objet, à l'origine, de critiques. Mais, l'exercice régulier de l'alternance et l'application du principe de proportionnalité ont ramené initialement la démarche française vers le droit

8. Un critère socio-professionnel (professeur d'université, magistrat, avocat) préside au recrutement des juges constitutionnels en Allemagne, Espagne, Pologne. Aux États-Unis, la pratique s'est fixée en ce sens, en raison de l'avis sollicité auprès du barreau et surtout de la confirmation sénatoriale. V. L. FAVOREU et W. MASTOR, *Les cours constitutionnelles*, 2e éd., 2011 ; M. FROMONT, *Justice constitutionnelle comparée*, 2013 ; F. HAMON et C. WIENER, *La justice constitutionnelle en France et à l'étranger*, 2011 ; F. HOURQUEBIE, *Le pouvoir juridictionnel en France*, 2010.

9. La procédure s'est appliquée, la première fois, en août 2010, à l'occasion de la nomination de Claire Bazy-Malaurie, par le président de l'Assemblée nationale. Elle a été généralisée, en février 2013, et renouvelée pour celle-ci, au reste.

commun, en combinant la *compétence*, soit *la place adéquate des juristes de profession* (H. Kelsen), en vue d'élaborer et d'adapter une jurisprudence et l'*expérience* de personnalités politiques. La diversité favorise, sans contredit, la qualité du délibéré ; la complémentarité, la conciliation entre la conformité juridique et l'opportunité politique. Au surplus, la présence successive de Michel Ameller et de Jean-Louis Pezant, secrétaires généraux honoraires de l'Assemblée nationale, a été bénéfique pour le droit parlementaire. Cette pratique, qui aurait mérité d'être consacrée, a été niée récemment.

β) La pratique niée

1537 Lors du renouvellement de 2007, Jacques Chirac a favorisé l'emprise des politiques, imité, ultérieurement, par Nicolas Sarkozy[10], au point d'affecter l'impartialité objective du Conseil. À cette date, une autorité de nomination (Jean-Louis Debré, président de l'Assemblée nationale) sera nommée à sa tête, après qu'il eût désigné Guy Canivet, premier président de la Cour de cassation. Au même instant, Renaud Denoix de Saint Marc, vice-président honoraire du Conseil d'État, le rejoignait, pour équilibrer cette nomination éminemment politique. Mais, la présence simultanée et inédite des chefs des cours souveraines, ne peut effacer l'absence, pour la première fois, depuis 1962, d'un professeur de droit en remplacement de Jean-Claude Colliard. Aucune femme ne sera distinguée, en dépit du principe de parité. Avec Nicolas Sarkozy, cette rupture s'est aggravée : en février 2010, pour la première fois, trois personnalités politiques en exercice, appartenant à la majorité, ont été choisies sur un critère politique. Il a appartenu à François Hollande, en février 2013, de réparer les oublis du passé en nommant trois femmes, ce qui est sans précédent, dont un professeur de droit, Nicole Belloubet. Un rééquilibrage, marqué par la *nécessaire professionnalisation* des membres (J.-Cl. Colliard), consécutive à la *Q.P.C.*, s'esquisse entre 7 politiques et 5 juristes de profession. Seul manque, à ce jour, un avocat (v. *tableau ci-après*). *L'exception française* (F. Melleray) (l'anomalie ?) est appelée à se résorber, à l'unisson de la catégorie des membres de droit, les anciens présidents de la République (v. *infra*, n° 1545). À ce compte, le Conseil deviendra, enfin, une authentique *Cour constitutionnelle.*

γ) La prestation de serment

1538 Les membres du Conseil prêtent serment sur la constitution, devant le chef de l'État en présence des autres autorités de nomination, du premier ministre, du garde des sceaux et de leurs collègues (en dehors des membres de droit) : *ils jurent de bien et fidèlement remplir leurs fonctions, de les exercer en toute impartialité dans le respect de la constitution, de garder le secret des délibérations et des votes, de ne prendre aucune position publique et ne donner aucune consultation sur les questions relevant de la compétence du Conseil* (art. 3 de l'ord. du 7 novembre 1958). Une obligation de réserve en découle.

b) La nomination du président du Conseil constitutionnel

1539 Le président est nommé par décision *distincte* du président de la République (art. 56, al. 3 C). Littéralement, ce dernier serait fondé à changer le président du Conseil, à l'occasion d'un renouvellement triennal, sans affecter, cependant, la durée de son mandat en sa qualité de conseiller. Une élection par ses pairs pourrait nuire à la cohésion de l'institution. Il est choisi parmi les conseillers nommés ou de droit.

À ce jour, la pratique a voulu que le chef de l'État le retienne parmi ceux qu'il avait désignés. Cependant, Jacques Chirac a choisi Yves Guéna, en 2000, lequel avait été appelé par le président du Sénat, en remplacement de Roland Dumas démissionnaire. Seuls Yves Guéna et Pierre Mazeaud ont accédé à la présidence en cours de mandat, en 2000 et 2004, pour achever le mandat de ce dernier. Outre la défense, voire la promotion, de l'institution qui implique une obligation de réserve, laissée à l'appréciation de l'intéressé (Jean-Louis Debré en donne une application nuancée) (*chr.* n° 126, p. 192), le président dirige les services du Conseil et ses délibérations. Il ne rapporte pas ; il a voix prépondérante en cas de partage (art. 56 *in fine*). Mais, en fait, cette possibilité n'a guère l'occasion de s'exercer

10. Selon Nicolas Sarkozy, le Conseil ne peut être celui d'un *gouvernement des juges ou des experts.* Il a fait choix d'un critère qui allie *la compétence juridique à une longue expérience parlementaire* (discours du 1er mars 2010 au C.C.) (*chr.* n° 134, p. 160), à rebours de celui énoncé par Pierre Mazeaud, en 2007 : *compétence, expérience et équanimité incontestables* (*idem* n° 122, p. 201).

en raison de la démarche *consensuelle* observée. C'est, en effet, le rôle essentiel du président, aidé par le rapporteur, que d'y parvenir. *Nous avons le culte et la culture de l'unanimité* (Y. Guéna). Dès lors, une opinion dissidente, rendue *publique* est, en principe, écartée (en dehors, peut-être, de la *Q.P.C.* ?), au terme de cette *alchimie* (N. Lenoir).

En cas d'empêchement momentané, le président est suppléé par le doyen d'âge, ou le conseiller-doyen, du point de vue de l'état civil (art. 13 de l'ord. du 7 novembre 1958). *A fortiori*, en vue d'assurer la continuité du Conseil, ce dernier exerce son *intérim*. Roland Dumas, impliqué dans l'affaire Elf, a suspendu ses activités et s'est mis en congé. Le 24 mars 1999, le président Guéna l'a remplacé dans *la plénitude de ses fonctions*, jusques y compris son bureau[11]. Les honneurs militaires sont rendus au président à l'occasion de visites officielles annoncées par le premier ministre ou le ministre de la défense, et en cas de décès, dans l'exercice de ses fonctions (décret du 15 octobre 2004). En dernière analyse, le président occupe le 8e rang dans l'ordre des préséances de la République (décret du 13 septembre 1989). Il perçoit un traitement de la catégorie la plus élevée de la fonction publique (échelle *G*) et une indemnité pour frais de représentation[12].

2. La durée des fonctions

1540 *Là où il n'y a pas de magistrats indépendants, il n'y a que des délégués du pouvoir.* L'opinion de Royer-Collard ne peut, à l'évidence, s'appliquer aux membres du Conseil qui disposent, en contrepartie de leur obligation de réserve, des moyens d'accomplir leur mission en toute liberté. Outre la transfiguration ou *l'admirable ingratitude*, à laquelle tout serviteur de l'État de droit peut songer, en mémoire de Thomas Becket, les conseillers sont nommés pour un mandat de neuf ans (art. 56, al. 1er C), qui ne peut être, ni renouvelé, ni révoqué. En un mot, ils bénéficient de *l'inamovibilité. Ne plus rien à craindre ni à attendre* de l'autorité de nomination (Ch. Eisenmann), en somme[13]. Le Conseil se renouvelle par tiers tous les trois ans (ou le rythme des trois tiers pour ses membres) de manière à éviter une rupture de méthodes et de jurisprudence consécutive à l'alternance, notamment (art. 56, al. 1er).

Le mandat du président est calqué sur celui des conseillers. Toute autre solution porterait atteinte à l'indépendance de l'institution[14]. Par ailleurs, il est loisible au président de démissionner de sa fonction, tout en demeurant membre du Conseil. Pour convenance personnelle, Daniel Mayer, nommé en 1983, y a renoncé trois ans plus tard ; Robert Badinter lui a succédé. De la même manière, il peut suspendre l'exercice de ses activités, en se mettant en congé, pour un temps, du Conseil. Cette solution inédite, dans le silence des textes, s'est présentée, le 24 mars 1999, lorsque Roland Dumas, mis en examen dans l'affaire Elf, le 29 avril précédent, s'est placé en retrait du Conseil, à la demande de la majorité de ses collègues (*chr.* n° 90, p. 184). Il a démissionné, le 1er mars 2000, de ses fonctions de président et de conseiller, créant un précédent (*idem* n° 94, p. 184). En bonne logique, un conseiller, fût-il membre de droit, concerné par un acte de procédure (en dehors ceux de la vie privée) doit se mettre en congé pour assurer sa défense et préserver l'institution.

11. Par ce communiqué, daté du 24 mars 1999, le Conseil s'est appliqué à lui-même, la décision rendue à propos du premier ministre par intérim (29 décembre 1989, *Loi de finances pour 1990, chr.* n° 53, p. 187). Au surplus, la théorie de l'intérim s'applique sans texte (C.E., 31 octobre 1980, *F.E.N., Rec.* p. 394). V. J. ROBERT, La démission du président du Conseil constitutionnel, *Mélanges Jean Waline*, 2002, p. 77.

12. Sous l'autorité du président, les conseillers sont rangés, autour d'une table, selon un ordre de préséance reposant sur la combinaison de trois critères : la date de nomination ; l'autorité de nomination et la règle de considération de la droite par rapport à la gauche. Les anciens chefs de l'État entourent le président. V. G. CANIVET, Du « siège » au C.C., *Mélanges Jean-Claude Colliard*, 2014, p. 363.

13. V. J. THOMAS, *L'indépendance du Conseil constitutionnel,* 2010 ; J. CHEVALLIER, Le juge constitutionnel ou l'*effet Becket, Mélanges Louis Favoreu,* 2007, p. 83.

14. V. J. BOURDANT, Le président du Conseil constitutionnel, *R.D.P.* 1987, p. 581 ; F. LUCHAIRE, La durée du mandat de président du Conseil constitutionnel, *La vie judiciaire*, 28 décembre 1986.

Le non-renouvellement du mandat se présente, objectivement, comme un gage d'indépendance par rapport à l'autorité de nomination. Toutefois, en cas de vacance, consécutive à la démission ou au décès, une personne est nommée par l'autorité intéressée. Elle achève le mandat commencé. À l'expiration du terme normal, ce membre peut être renouvelé pour un mandat *entier* de neuf ans, si le remplacement a été inférieur à trois ans (art. 12 de l'ordonnance du 7 novembre 1958). Cette disposition peut encourir la suspicion, au cas où la même autorité de nomination ne se résoudrait pas à la reconduction de celui-ci. Cependant, la pratique ne s'est pas orientée en ce sens[15] ; à preuve, le renouvellement de Claire Bazy-Malaurie en 2013.

3. La garantie des fonctions

1541 À défaut de bénéficier d'immunités, les membres du Conseil disposent d'un statut personnel garantissant leur *indépendance* et donc leur impartialité ; leur *récusation* est admise au titre de la *Q.P.C.*. Selon le serment prêté, ils sont tenus à une obligation de réserve[16].

a) Le régime des inéligibilités

1542 Par dérogation au principe d'indépendance de leurs fonctions, les conseillers peuvent solliciter un mandat électif. Mais, ils doivent demander leur mise en congé pour la durée de la campagne électorale. *La mise en congé est de droit* (art. 4 du décret du 13 novembre 1959). Edmond Michelet sera élu député en 1967. En revanche, de manière contestable, Simone Veil a participé, en mai 2005, à la campagne du référendum européen, avant de revenir au Conseil. Un raisonnement par voie d'analogie ne saurait être accueilli. Le Conseil d'État (6 mai 2005, *Hoffer*, *chr.* n° 115, p. 195) a décliné sa compétence : *le C.C. est seul juge du respect par ses membres des obligations qui s'imposent à eux.*

b) Le régime des incompatibilités

1543 Le principe de la séparation des pouvoirs et la montée en puissance du Conseil sont à l'origine du non-cumul : *l'exercice des fonctions de membre du C.C. est incompatible avec l'exercice de toute fonction publique et de toute autre activité professionnelle ou salariée* (art. 4 de l'ord. du 7 novembre 1958, rédaction de la L.O. du 11 octobre 2013).

Outre l'incompatibilité avec un mandat parlementaire ou local (L.O. du 19 janvier 1995) ou celle de membre du Gouvernement, la qualité d'avocat, ou de professeur d'université est désormais exclusive de celle de conseiller (sauf honorariat, détachement ou éméritat) ainsi que celle d'arbitre. En revanche *les membres du C.C. peuvent se livrer à des travaux scientifiques, littéraires ou artistiques* (nouvel art. 4).

La sanction des incompatibilités est *décidée* : le ministre, ou le titulaire d'un mandat électoral, le membre du C.E.S.E. ou le défenseur des droits, nommé au Conseil constitutionnel, est *réputé* avoir opté pour cette fonction dans un délai de 8 jours, sauf manifestation de volonté contraire (art. 4-I de l'ord. de 1958). En sens opposé, un membre nommé au Gouvernement, qui acquiert un mandat électoral ou entre au C.E.S.E. est remplacé dans ses fonctions *(ibid.)*. Il appartient, enfin, au *seul* Conseil constitutionnel de prononcer la *démission d'office* de l'un de ses membres qui se trouverait, dans un cas d'incompatibilité ou qui aurait été privé de la jouissance de ses droits civils et politiques (art. 10 de l'ordonnance).

15. Seul Paul Legatte, qui avait remplacé Achille Peretti en 1983 et avait vocation à être renouvelé pour un mandat entier en 1986, ne l'a pas été, à ce jour. Il a été nommé médiateur de la République à la place de Robert Fabre, qui lui a succédé au C.C. (*chr.* n° 38, p. 165). V. M. VERPEAUX, Les avatars récents de l'indépendance des membres du C.C., *Mélanges Louis Favoreu*, 2007, p. 969.

16. De manière inédite, deux ouvrages relatifs au Conseil ont été publiés par des membres en fonction : Pierre Joxe a présenté des opinions dissidentes (*Cas de conscience*, 2010) ; Dominique Schnapper, au prix d'une analyse scientifique (*Une sociologue au C.C.*, 2010) n'en a pas moins exprimé des jugements de valeur, sur l'institution et ses membres. À l'issue de son mandat, Jacques Robert (*La garde de la République*, 2000) s'était situé aux confins de l'obligation de réserve.

Au total, la compatibilité doit être appréciée au regard de *l'obligation générale* des conseillers *de s'abstenir de tout ce qui pourrait compromettre l'indépendance et la dignité de leurs fonctions* (art. 1er du décret du 13 novembre 1959). Un conseiller relève de sa conscience, en définitive.

c) Le régime des interdictions

1544 De manière unique en droit français, un conseiller s'interdit d'occuper *un poste de responsabilité ou de direction* au sein d'un parti politique (art. 2 du décret du 13 novembre 1959). De même, il ne peut commencer une fonction de conseil qui n'était pas la sienne avant sa nomination (art. L.O. 146-1, rédaction de la L.O. du 19 janvier 1995) (v. *supra*, n° 1394)[17].

Par ailleurs, les membres du Conseil, dépourvus d'une toge, à l'opposé de leurs homologues allemands et américains, ne peuvent pas être nommés à aucun emploi public et, s'ils ont la qualité de fonctionnaires, recevoir une promotion au choix (art. 5 de l'ordonnance du 7 novembre 1958). Ils perçoivent une indemnité alignée sur celle du traitement du président de section au Conseil d'État (art. 6) (v. A.N. rapport Chartier, n° 251, 2012), fiscalisée, selon le régime de droit commun, depuis le 1er janvier 2001. Ils ne bénéficient pas, en revanche, d'une pension de retraite. Aucune limite d'âge à la nomination n'est fixée. Pour la première fois, depuis 1992, deux générations sont représentées. Une nomination intervenant en fin de carrière favorise *objectivement* l'indépendance de comportement, sans souci de ménager les princes qui nous gouvernent. La sortie du Conseil pose problème, en revanche, pour les membres qui y étaient entrés à l'âge de l'activité. Ils ne peuvent pas régresser ; en bonne logique. Noëlle Lenoir sera nommée ministre des affaires européennes, en juin 2002. La nomination à la Commission de Venise, commission du Conseil de l'Europe, adoucit la cessation des fonctions. Les honneurs militaires funèbres sont rendus aux conseillers décédés dans l'exercice de leurs fonctions (décret du 15 octobre 2004).

B. LES MEMBRES DE DROIT ET À VIE

1545 En sus des membres nommés, le Conseil accueille les anciens présidents de la République à titre de membre *de droit et à vie* (art. 56, al. 2 C), en raison de leur expérience de gardien de la constitution (art. 5) et, de manière paradoxale, le président *destitué* par la Haute Cour (nouvel art. 68 C). Ils sont dispensés de l'obligation de prêter serment devant leur successeur (art. 3 de l'ord.) et, en pratique, de rapporter. Ils ne participent pas à la réunion préparatoire animée par le rapporteur, ni, en principe, à l'examen d'une *Q.P.C.* Ils ne peuvent ni démissionner ni être démis, sauf à se mettre en retrait du Conseil, par conscience.

Cette disposition a été prise, en 1958, en vue d'assurer à ceux-ci une digne retraite, ainsi qu'à leur veuve. On prétend également que le général de Gaulle était désireux d'apprécier leur silence. Cependant, le changement de mode d'élection du magistrat suprême en a modifié l'esprit. Vincent Auriol et René Coty ont siégé au Conseil[18]. Valéry Giscard d'Estaing sera le premier ancien chef de l'État de la Ve République à le rejoindre, le 10 juin 2004. Il est vrai que son âge en 1981 (55 ans) ne le prédisposait guère à une retraite politique anticipée. De fait, il redeviendra député de 1984 à 2002 ; siégera au Parlement européen en 1989 et présidera le conseil régional d'Auvergne de 1986 à 2004. Jacques Chirac y participe à partir du 15 novembre 2007. Après avoir été mis en examen dans les affaires de la ville de Paris, il s'est mis en retrait du Conseil à l'ouverture de son procès, en mars 2011, à l'issue duquel il a été condamné le 15 décembre suivant (v. *supra,* n° 1166). Nicolas Sarkozy est devenu membre de

17. Au-delà des personnes de bien qui siègent au Conseil, on opinera, qu'à l'instar des parlementaires (art. 12 de l'ord. du 17 novembre 1958), ses membres ne devraient pas faire d'objet, en matière de décoration, d'aucune nomination, promotion ou élévation. L'État de droit et le principe de la séparation des pouvoirs, impliquent l'humilité.

18. Toutefois, Vincent Auriol refusera d'y siéger, en 1960, après le refus du général de Gaulle de convoquer le Parlement en session extraordinaire. Il y reviendra, en 1962, lors de l'examen de la loi référendaire. En congé du Conseil, il ne percevra pas d'indemnités. V. P. AVRIL et J. GICQUEL, *Le C.C.*, 6e éd., 2011 ; D. ROSENBERG, Les anciens présidents de la République, membres de droit du C.C., *R.D.P.* 1985, p. 1263 ; R. BADINTER, Une exception française : les anciens présidents de la République au C.C., *Mélanges Louis Favoreu*, 2007, p. 513 et L'exception française de trop, *Le Monde*, 20-21 mai 2012.

droit à l'issue de son mandat, le 15 mai 2012. Il a siégé dès le 19 juin, de façon sélective, dans le cadre de Q.P.C. (*chr.* nº 145, p. 178). Après le rejet de son compte de campagne par le C.C. (4 juillet 2013, *chr* nº 148, p. 183), il a décidé de ne plus y participer.

Il a réagi avec vivacité à sa mise sur écoutes judiciaires (v. *supra*, nº 1166). Le président Debré lui a rétorqué, au nom de la défense de la République (*chr.* nº 152).

Pour la première fois, en théorie, trois anciens chefs de l'État ou *les coprinces,* toute révérence gardée, sont présents, même si seul le président Giscard d'Estaing l'est, *de facto*, soit le quart des effectifs du Conseil. Le Conseil constitutionnel a été appelé (7 novembre 1984, *A.N., Puy-de-Dôme*, 2e, *chr.* nº 33, p. 156) à se prononcer sur leur condition. En termes clairs, le principe de *l'assimilation* a été formulé : *Sous la seule réserve de la dispense de serment, ils sont soumis aux mêmes obligations que les autres membres*[19]. Cette interprétation a été étendue en cas d'exercice par l'ancien chef de l'État d'un mandat électoral ou d'une fonction incompatible, à ceci près que son remplacement est exclu (11 janvier 1995, *Incompatibilités, chr.* nº 74, p. 202) en l'absence d'une démission d'office.

Nonobstant l'obligation de réserve, qui s'impose donc à tout membre du Conseil, le président Giscard d'Estaing a participé à la campagne référendaire en 2005, sans se mettre en congé, à la différence de Simone Veil, en soutenant la candidature de Nicolas Sarkozy en 2007 et 2012 et, en prenant position sur le traité de Lisbonne. Mais, en bonne logique, il s'est déporté[20]. Ses collègues se sont déclarés *émus unanimement* de son attitude, le 19 avril 2007. Il contestera l'intervention française au Mali, à l'égal de Nicolas Sarkozy, en 2013. Dans l'intérêt de l'institution, le Sénat s'est opposé, en vain, au maintien de cette catégorie de membres, lors de la révision de 2008. Faut-il, pour autant, en songeant au précédent italien, les nommer sénateurs à vie ? Suivant une préconisation de la commission Jospin, un projet de révision tendant à la suppression de ces membres a été déposé, en mars 2013.

§ 2. L'ORGANISATION DU CONSEIL

1546 On vante volontiers le charme raffiné du Conseil. L'appréciation est pleinement justifiée, en raison notamment de sa structure légère. Son organisation autonome[21] repose fondamentalement sur la confiance et l'estime de ses membres et des personnes (une soixantaine) qui les assistent, au premier rang desquelles figure, le secrétaire général. Ce poste est traditionnellement occupé par un membre du Conseil d'État (Marc Guillaume, à l'heure présente). Il dispose d'une délégation de signature pour signer au nom du président du Conseil tous actes et décisions d'ordre administratif. Sous l'autorité de celui-ci, qui peut, le cas échéant, s'entourer de conseillers, rattachés *intuitu personae* ou de consultants, le secrétaire général dirige et anime les services du Conseil ainsi répartis : le service juridique, composé de trois membres (magistrats et fonctionnaire parlementaire détachés), aidés de chargés de mission et de stagiaires[22],

19. En revanche, le juge ne s'est pas prononcé sur le point de savoir si l'exercice du mandat parlementaire *suspendait* ou *interrompait* la fonction de membre du C.C. Il s'est borné à constater qu'il *y faisait obstacle*. À propos de la situation de Valéry Giscard d'Estaing, élu au Parlement européen en 1989, le C.E. (20 octobre 1989, *Sitbon, chr.*, nº 53, p. 169) a confirmé cette décision.

20. Un membre de droit n'appartient pas à une section d'instruction, au titre du contentieux électoral. L'ordonnance du 7 novembre 1958 (art. 36) ne vise que les seuls membres nommés. Mais, il leur est loisible, soit de se déporter, soit de participer à la délibération (v. *chapitre IV*).

21. Les actes qui se rattachent à l'exercice des missions du Conseil bénéficient de l'immunité juridictionnelle. Par suite, le Conseil d'État décline sa compétence (25 octobre 2002, *Brouant*, à propos du règlement relatif aux archives ; 9 novembre 2005, *Moitry*, concernant le site internet) (v. Chr. GUETTIER, De l'incompétence du C.E. à l'égard du C.C., *Mélanges Jean Gicquel*, 2008, p. 203). Un décret du 17 septembre 2009 détermine les conditions de gestion et de versement desdites archives aux Archives de France.

22. Cette situation explique le renfort que le C.C. reçoit dans l'exercice de sa compétence électorale (art. 58 et 59 C) et référendaire (art. 60), parallèlement à celle de juge d'appel des comptes de campagne (art. 3.III de la loi du 6 novembre 1962), sous forme de délégués sur place et de rapporteurs adjoints *(infra)*.

assure entre autres, la *veille* constitutionnelle, de manière essentielle ; le greffe et l'informatique ; le service administratif et financier ; le service des relations extérieures et le service de documentation, bibliothèque et internet.

Le secrétaire général, nommé par décret du chef de l'État sur proposition du président du Conseil (art. 1er du décret du 13 novembre 1959) *prend les mesures nécessaires à la préparation et à l'organisation des travaux du Conseil. Il établit un compte rendu sommaire de ces travaux* (art. 3). Il exerce, avec discrétion et efficacité, un rôle influent, voire capital, à l'heure de la *Q.P.C.*, dont Marc Guillaume, avec le président Debré, s'est fait le propagandiste, dans *l'aide à la décision*, selon un délicat euphémisme. Il est à la disposition du rapporteur, dont, fait topique, il prépare le projet de décision. Il participe aux réunions de travail. Il siège, avec ses collaborateurs, dans la salle des délibérations et répond aux questions qui peuvent lui être posées. Il est naturellement présent aux audiences réservées aux *Q.P.C.* Il rédige le procès-verbal de la séance, qui sera versé aux archives[23] et le communiqué de presse en ligne. Directeur de la rédaction des *Nouveaux Cahiers du Conseil*, il commente en temps réel les décisions. Il entretient ou provoque un dialogue permanent avec les conseillers, les membres des sections d'instruction en matière électorale et les *interlocuteurs* du Conseil (pouvoirs publics ; présidents de section du Conseil d'État ; C.J.U.E. ; C.E.D.H. ; S.G.G. ; S.G.A.E. ; secrétariat général de l'Élysée et C.N.C.C.F.P.). Il demeure disponible à l'égard de la doctrine et l'éclaire. Bref, il est incontournable. Détenteur, entre autres, du *vade mecum de secrétaire général*, rédigé par Bruno Genevois, il peut aisément s'identifier à la politique jurisprudentielle du Conseil.

En revanche, les conseillers ne disposent pas de collaborateurs personnels, en dehors d'une secrétaire, à l'exemple des *Law clerks* qui aident les *Justices* américains ou les assistants des juges allemands. Une réforme serait la bienvenue, à l'heure de la *Q.P.C.*, parallèlement à l'élargissement du secrétariat juridique. La qualité de la délibération collective ne pourrait qu'en être valorisée. Au reste, la mise en œuvre de cette nouvelle procédure a été à l'origine d'aménagements architecturaux significatifs (ouverture d'une salle d'audience publique et d'une salle réservée aux avocats).

COMPOSITION ACTUELLE DU CONSEIL CONSTITUTIONNEL

MEMBRES NOMMÉS (art. 56, al. 1er C)			
Autorités de nomination			
Dates de nomination	Président de la République	Président du Sénat	Président de l'Assemblée nationale
	J. Chirac N. Sarkozy F. Hollande	Chr. Poncelet G. Larcher J.-P. Bel	J.-L. Debré B. Accoyer C. Bartolone
Février 2007	J.-L. Debré	R. Denoix de Saint Marc	G. Canivet
Février 2010	M. Charasse	H. Haenel	J. Barrot
Février 2013	N. Maestracci	N. Belloubet	Cl. Bazy-Malaurie

La création de la session unique du Parlement (L.C. du 4 août 1995) a favorisé la gestion du temps au Conseil. V. O. SCHRAMECK, Le secrétariat général du Conseil constitutionnel, *R.F.D.A.* 1994, p. 1210 ; A. CIANDO, Le secrétaire général du Conseil constitutionnel, *R.F.D.C.* 2008, p. 3 ; M. GUILLAUME, La procédure au Conseil constitutionnel : permanence et innovations, *Mélanges Bruno Genevois,* 2009, p. 519 ; A. ROUX, L'institution *in Le C.C.*, D.F., 2007, p. 33.

23. Celles-ci sont accessibles au terme d'un délai de 25 ans (art. 58 de l'ord. du 7 novembre 1958, modifiée) ; ce qui constitue *un fait unique* pour une juridiction constitutionnelle. Un pré-délibéré officieux se déroule, toutefois, entre ses membres. Les archives du C.C. sont versées aux Archives de France (décret du 17 septembre 2009). V. B. MATHIEU, J.-P. MACHELON, F. MÉLIN-SOUCRAMANIEN, D. ROUSSEAU, X. PHILIPPE, *Les grandes délibérations du C.C., 1958-1983,* 2009 ; M. DE BOISDEFFRE, Ouverture, *in C.C.C., Hors série,* 2009, p. 99.

MEMBRES DE DROIT ET À VIE (art. 56, al. 2 C) V. Giscard d'Estaing siège depuis le 10 juin 2004. J. Chirac siège depuis le 15 novembre 2007, en retrait depuis mars 2011. N. Sarkozy siège depuis le 19 juin 2012, en retrait depuis décembre 2012.
1. ***Les présidents :*** Léon Noël (1959-1965) ; Gaston Palewski (1965-1974) ; Roger Frey (1974-1983) ; Daniel Mayer (1983-1986) ; Robert Badinter (1986-1995) ; Roland Dumas (1995-2000), il s'était mis en congé le 24 mars 1999 avant de démissionner le 1er mars 2000 ; Yves Guéna, président par intérim (1999-2000), puis président (2000-2004) ; Pierre Mazeaud (2004-2007) et Jean-Louis Debré depuis mars 2007. 2. ***Les membres :*** Jean-Louis Debré, né en 1944, président honoraire de l'Assemblée nationale, ancien ministre : Valéry Giscard d'Estaing, né en 1926, ancien président de la République (1974-1981), membre à vie : Jacques Chirac, né en 1932, ancien président de la République (1995-2007), membre à vie ; Nicolas Sarkozy, né en 1955, ancien président de la République (2007-2012), membre à vie ; Renaud Denoix de Saint Marc, né en 1939, vice-président honoraire du Conseil d'État ; Guy Canivet, né en 1943, premier président honoraire de la Cour de cassation ; Michel Charasse, né en 1941, ancien ministre, ancien sénateur ; Hubert Haenel, né en 1942, ancien sénateur ; Jacques Barrot, né en 1937, ancien député, ancien ministre, ancien commissaire européen ; Nicole Maestracci, née en 1951, premier président de cour d'appel ; Nicole Belloubet, née en 1956, professeur de droit à Sciences Po. Toulouse et Claire Bazy-Malaurie, née en 1949, après avoir achevé le mandat de Jean-Louis Pezant, décédé en 2010, reconduite pour un mandat entier, président de chambre honoraire à la Cour des comptes. 3. ***Les cursus :*** Trois anciens présidents de la République (Valéry Giscard d'Estaing, Jacques Chirac et Nicolas Sarkozy) ; trois anciens ministres (Jean-Louis Debré, Michel Charasse et Jacques Barrot) ; deux anciens députés (Jean-Louis Debré et Jacques Barrot) ; deux anciens sénateurs (Michel Charasse et Hubert Haenel) ; un ancien commissaire européen (Jacques Barrot) ; trois magistrats de l'ordre judiciaire (Jean-Louis Debré, Guy Canivet et Nicole Maestracci) et trois de l'ordre administratif, dont deux membres du Conseil d'État (Renaud Denoix de Saint Marc et Hubert Haenel) et Claire Bazy-Malaurie ; un professeur de droit (Nicole Belloubet) et un avocat (Nicolas Sarkozy). 4. ***Les secrétaires généraux :*** Jacques Boitreaud (1959-1962) ; Pierre de Lamothe-Dreuzy (1962-1983) ; Bernard Poullain (1983-1986) ; Bruno Genevois (1986-1993) ; Olivier Schrameck (1993-1997) ; Jean-Éric Schoettl (1997-2007) et Marc Guillaume, depuis juin 2007, Hors Bernard Poullain (magistrat judiciaire), les secrétaires généraux sont issus du Conseil d'État.

SECTION II LES ATTRIBUTIONS DU CONSEIL CONSTITUTIONNEL

1547 Depuis son émancipation du pouvoir exécutif (16 juillet 1971, *Liberté d'association, G.D.* n° 18), en vue d'assurer la protection des droits et libertés, *ce trésor* (G. Vedel) (v. *Ire partie*), le Conseil assume une double mission de régulation : celle de l'activité des pouvoirs publics, et par suite, celle du système politique. Sa jurisprudence a redessiné le paysage normatif de la France (v. C.C., *50 ans de jurisprudence, tables d'analyses* 1959-2008, *www.conseil-constitutionnel.fr*).

§ 1. L'ORGANE RÉGULATEUR DE L'ACTIVITÉ DES POUVOIRS PUBLICS

1548 De la définition de son rôle de *régulateur* (6 novembre 1962, *Élection du président de la République, Rec.* p. 27), il résulte que le Conseil exerce des attributions diversifiées et strictement délimitées : juridictionnelles (A) et consultatives (B)[24].

A. LA COMPÉTENCE JURIDICTIONNELLE

1549 Le Conseil constitutionnel est, à titre principal, le juge de la conformité de la loi d'origine parlementaire à la constitution, parallèlement à l'exercice d'une gamme d'attributions. Son contrôle est ramifié autant qu'articulé.

1. Le juge de la loi : le contrôle de constitutionnalité

1550 *La loi n'exprime la volonté générale que dans le respect de la Constitution* (C.C., 23 août 1985, *Nouvelle-Calédonie, chr.* n° 35, p. 184). À cette fin, le Conseil est appelé à apprécier, depuis 2008, sa conformité, selon deux procédures, singulières autant que complémentaires : tantôt *avant* sa promulgation (art. 61 C) ; tantôt à son *issue*, au titre d'une *Q.P.C.* en vue de la protection des droits et libertés (art. 61-1 C). De manière classique, il s'agit au premier cas d'un contrôle *a priori* ou *abstrait* ; au second, d'un contrôle *a posteriori* ou *concret*, exercé respectivement par voie d'*action* et par voie d'*exception.*

Il suit de là, que le contrôle de constitutionnalité, général et spécial, se trouve tout à la fois *dédoublé*, une loi n'étant plus conforme à vie ; *démocratisé*, sa saisine limitée aux seules autorités politiques s'ouvre aux justiciables ; *apaisé*, un litige entre particuliers étant préférable au choc frontal entre les pouvoirs, et pour tout dire, *stimulé* par l'exercice simultané. Le Conseil veille à préserver leur cohérence, sans préjudice du contrôle de *conventionnalité* exercé par les juridictions ordinaires (art. 55 C), (12 mai 2010, *Jeux en ligne, D.* 2010, p. 132, note A. Levade) (v. *chapitres II et III*).

a) Le contrôle de la loi par voie d'action ou le contrôle a priori (art. 61 C)

1551 À l'origine du Conseil, ce contrôle avait, en 1958, pour finalité de veiller au respect de la procédure constitutionnelle, à la délimitation entre les domaines de la loi et du règlement (art. 34 et 37 C). On sait ce qu'il en advint (30 juillet 1982, *Blocage des prix et des revenus*) (v. *supra*, n° 1498). Sous ce rapport, les lois peuvent être déférées au Conseil *avant* leur promulgation par des autorités politiques. Certaines d'entre elles (proposition de loi référendaire ; L.O.) le sont obligatoirement (art. 61 C).

24. C'est la raison pour laquelle l'amendement Badinter, voté par le Sénat, le 24 juin 2008, qui changeait la dénomination du Conseil en *Cour constitutionnelle* a été repoussé, en seconde lecture, à l'Assemblée nationale, à la demande du Gouvernement (v. Rapport Warsmann A.N. n° 1009, 2008, p. 162) en référence à la diversité de ses attributions, notamment consultatives. V. M. VERPEAUX, P. DE MONTALIVET, A. ROBLOT-TROIZIER et A. NAQUET-VIDAL, *Droit constitutionnel. Les grandes décisions de la jurisprudence,* 2011 ; A. ROBLOT-TROIZIER, *Contrôle de constitutionnalité et normes visées par la Constitution française,* 2007 ; L'histoire du contrôle de constitutionnalité, *C.C.C.* n° 28, 2010 ; le C.C. et le Parlement, *Les Nouveaux Cahiers* n° 38, 2013.

α) La saisine du Conseil constitutionnel

1552 La *saisine* est *modulée*, selon les lois, en raison de sa compétence *d'attribution :* elle est *facultative* (art. 61 C), en principe. En revanche, elle est *obligatoire* pour la proposition de loi référendaire (art. 11), la loi organique (art. 46 C) et *inopérante*, s'agissant des lois référendaire et constitutionnelle, lois de *souveraineté* (C.C., 6 novembre 1962, *Élection du président de la République, Rec.* p. 27 ; 26 mars 2003, *Organisation décentralisée de la République, chr.* n° 106, 189), ainsi que les lois de transposition des directives communautaires (10 juin 2004, *Économie numérique, chr.* n° 111, p. 199)[25]. Au reste, le Conseil ne dispose pas d'un pouvoir d'*autosaisine*, ou la saisine d'office, sauf, pour son président, à... solliciter une saisine pour confirmation (16 juillet 1971, *Liberté d'association* ; 27 juillet 1994, *Bioéthique*).

1. Le *moment de la saisine* correspond à celui des *lois en instance de promulgation* (C.C., 23 juillet 1975, *Taxe professionnelle, Rec.* p. 24), ou les textes qui, *au terme de la procédure législative ont été définitivement adoptés dans l'ensemble de leur disposition* (8 novembre 1976, *Prévention des accidents du travail, Rec.* p. 37).

En bonne logique, le Conseil décline sa compétence, tant à l'égard d'une loi non adoptée (16 décembre 1999, *Médiateur des enfants, Rec.* p. 134) ; d'une loi promulguée (7 novembre 1997, *Réforme du service national, chr.* n° 85, p. 161), que d'une même loi, non promulguée, objet d'un nouveau recours *(saisine sur saisine ne vaut)* (4 juillet 2001, *I.V.G., L.P.A.*, 10 juillet 2001, note J.-É. Schoettl).

La loi promulguée, qui n'a pas été contestée, bénéficie d'une *présomption simple de conformité*. Car le Conseil examine la conformité de la loi, à titre *préventif* (23 août 1985, *Nouvelle-Calédonie, Rec.* p. 70). Cependant, il s'est reconnu, *de manière prétorienne*, le pouvoir de l'apprécier, par *voie d'exception, après* son entrée en vigueur, *à l'occasion de dispositions législatives qui la modifient, la complètent ou affectent son domaine* (25 janvier 1985, *État d'urgence en Nouvelle-Calédonie, chr.* n° 34, p. 181). Cette jurisprudence subsiste parallèlement à la *Q.P.C.* (9 août 2012, *Loi de finances rectificative pour 2012, ibid.* n° 144, p. 167).

2. Les *autorités de saisine,* investies du pouvoir d'agir, qui ne peut être discuté au contentieux (C.E., 7 novembre 2001, *Tabaka, chr.* n° 102, p. 144), ont été renouvelées (L.C. du 29 octobre 1974).

Dans cet ordre d'idées, *initialement* la saisine ne pouvait être utilisée que par quatre autorités politiques agissant à titre *individuel* : le président de la République, le premier ministre (ou le ministre de la justice par délégation : 12 juillet 1967, *Statut de la magistrature, Rec.* p. 21), le président de l'Assemblée nationale et celui du Sénat. Mais, en raison de la logique majoritaire, il était à redouter que des lois transgressant la constitution bénéficiassent de l'impunité, à l'exemple de la loi dite *anticasseurs* de 1970. Sans doute, la vigilance du président du Sénat a permis, en 1971, d'éviter l'irréparable en présence d'une loi *liberticide*. La réforme de 1974 assure la promotion de l'État de droit, en ouvrant à 60 députés *ou* 60 sénateurs la porte du Conseil. Une saisine additionnelle doit recueillir le même nombre de signatures (9 novembre 1999, *P.A.C.S., chr.* n° 93, p. 238). Un *amicus curiæ* (une personne avisée) peut faire connaître à cet instant, son point de vue, selon le système de la *porte étroite* (G. Vedel), comme, le bureau de l'A.F.D.C., en 2012, s'agissant de la loi sur le génocide arménien (*Constitutions*, 2012, p. 390).

En définitive, l'opposition dispose, en pratique, du *quasi-monopole* de saisir le Conseil, promu au rôle d'allié objectif. Au-delà d'un changement de rythme (9 saisines entre 1959 et 1974 ; 680 depuis), la finalité même du contrôle de constitutionnalité a été *inversée* : le contrôle du Parlement s'est mué en contrôle du Gouvernement. Exceptionnellement, la *minorité* de la majorité a fait cause commune avec

25. Faute de temps, le Conseil s'en remet aux juridictions ordinaires du soin de saisir la Cour de Luxembourg d'une question préjudicielle (art. 234 T.U.E.) (27 juillet 2006, *Droit d'auteur, chr.* n° 120, p. 175) à la différence de la procédure de la *Q.P.C.* (4 avril 2013, *Mandat d'arrêt européen, ibid.* n° 146, p. 198. V. F. CHALTIEL-TERRAL, L'européanisation du juge constitutionnel, *L.P.A.*, 28 juin 2013. Pour la première fois, une loi autorisant la ratification d'un accord international a été censurée par le C.C. (4 novembre 2011, *Mineurs roumains, chr.* n° 137, p. 227).

l'opposition (28 décembre 1976, *Loi de finances pour 1977, Rec.* p. 41 ; 3 avril 2003, *Élection des conseillers régionaux*, p. 325) ; mieux, la loi relative au génocide arménien a été déférée par les parlementaires de la majorité et de l'opposition en février 2012 (*chr.* n° 142, p. 153)[26].

3. *Le retrait de la saisine*, ou la procédure de *dessaisissement* du Conseil, qui *ferait obstacle à la mise en œuvre du contrôle de constitutionnalité engagé*, n'est pas admis (*hors les cas d'erreur matérielle, de fraude ou de vice du consentement*) (C.C., 30 décembre 1996, *Amendement Malraux, chr.* n° 81, p. 182), ni du reste, la suspension (27 juillet 2007, *Droit d'auteur*, n° 120, p. 174). La saisine n'appartient plus aux requérants, en clair.

β) L'étendue du contrôle

1553 Le contrôle de constitutionnalité (le contentieux *noble*) est défini de manière *stricte*. Par suite, il est exclusif des procédures du déclassement (art. 37, al. 2 ; 74 et 74-1 C) (8 juin 1995, *Emplois civils et militaires de l'État ; chr.*, n° 75, p. 178 ; 26 juin 2014, *Syndicats mixtes*, *chr.* n° 151) ; de l'irrecevabilité (art. 41 C) (26 avril 1979, *Économie d'énergie, Rec.* p. 55) ou d'une étude d'impact (art. 39 C) (1er juillet 2014, *Délimitation des régions*, *chr.* n° 152). Il suit de là, que le juge statue ni, en souveraineté (décisions précitées des 6 novembre 1962 et 26 mars 2003), ni en équité (18 novembre 1986, *Circonscriptions électorales de l'A.N., Rec.* p. 170), ni, en opportunité, mais uniquement en constitutionnalité : *L'article 61 C ne confère pas au Conseil constitutionnel un pouvoir général d'appréciation et de décision identique à celui du Parlement* ; lequel est en charge de l'intérêt général, au nom de la légitimité démocratique qu'il incarne (15 janvier 1975, *I.V.G., G.D.* n° 22 ; 17 mai 2013, *Mariage pour tous*, *chr.* n° 147, p. 172).

1. Le Conseil se livre, ici, à un examen *objectif* de la loi, tant du point de vue *interne* qu'*externe*, au vu des moyens soulevés qui, cependant ne le lie pas (11 août 1960, *Redevance radiotélévision, G.D.* n° 7). Autrement dit, il se réserve le pouvoir *de faire porter son contrôle sur les autres dispositions de la loi et d'en tirer toutes conséquences de droit* (25 février 1992, *Zones de transit, R.F.D.A.* 1991, p. 185, note B. Genevois). À ce compte, le Conseil peut statuer *en deçà* ou *au-delà* de l'objet du litige : soit, *infra petita* en omettant d'examiner un motif ; soit, *ultra petita* en soulevant d'office un grief non articulé (18 novembre 1982, *Quota féminin, chr.* n° 25, p. 190 ; 10 juin 2004, *Économie numérique*, n° 111, p. 199)[27].

2. Sous ce rapport, le contrôle de constitutionnalité se définit comme la collation entre les *normes* de *constitutionnalité* et la norme contestée (la loi déférée). Par suite, une loi dépourvue de tout contenu normatif ne mérite même pas de faire l'objet d'une vérification (C.C., 27 juillet 1982, *Réforme de la planification, Rec.* p. 52). Ces *neutrons législatifs* (Jean Foyer) relèvent tout au plus de la déclaration d'intention (20 décembre 1994, *Statut fiscal de la Corse, chr.* n° 73, p. 200) *(supra)*.

26. La majorité peut, cependant, déposer une saisine *positive*, en sollicitant l'autorité du C.C. : démarche des présidents des assemblées à propos de la loi sur la burqa (7 octobre 2010, *chr.* n° 137, p. 216) ; aide juridique demandée par le président de la commission des lois et des députés à propos de la conformité d'un amendement (25 mars 2014, *Géolocalisation*, *chr.* n° 150, p. 142).

27. Chaque décision s'achève par un *considérant-balai : Considérant qu'en l'espèce, il n'y a lieu pour le Conseil de soulever d'office aucune question de conformité à la constitution en ce qui concerne les autres dispositions de la loi soumise à son examen.* Cette technique est appelée à se renforcer afin de prévenir, autant que faire se peut, une *Q.P.C.* V. Th. DI MANNO, *Le C.C. et les moyens et conclusions soulevés d'office*, 1994 ; A-Ch. BEZZINA, *Les questions et les moyens soulevés d'office par le C.C.*, 2014 ; P. JAN, Bloc de constitutionnalité, *Juris-Classeur administratif*, fascicule 1418, 2002 ; D. CHAMUSSY, La procédure parlementaire et le C.C., *Les Nouveaux Cahiers* n° 38, 2013, p. 37 ; J. BENETTI, La saisine parlementaire (au titre de l'article 61 C), *idem*, p. 85.

3. *Le contrôle interne* ou *matériel* de la loi s'opère par référence à la constitution ou aux *normes de constitutionnalité* qui englobent, comme il a été précisé, le préambule de 1958 (16 juillet 1971, *Liberté d'association, G.D.* n° 18). Mais, la Haute Instance a refusé, à ce jour, d'y incorporer, sur la base de l'article 61, alinéa 2 C, les dispositions résultant des *traités ou accords internationaux* (décision précitée du 15 janvier 1975) de manière à préserver *l'autonomie* des contrôles de *contrariété* (art. 54 C) et de *conventionnalité* (art. 55)[28]. Dans le même ordre d'idées, les règlements des assemblées relèvent d'une légalité spécifique (27 juillet 1978, *Procédure pénale, Rec.* p. 31) (v. *supra*, n° 1425).

4. Le contrôle *externe* ou *formel* de la loi, à rebours d'une Q.P.C., s'exerce par rapport aux règles procédurales introduites dans la constitution, à la faveur de la rationalisation de l'activité parlementaire (23 juillet 1975, *Taxe professionnelle, Rec.* p. 24), à l'exemple des *études d'impact* qui conditionnent la nécessité de la loi, en cas de désaccord entre la conférence des présidents et le Gouvernement (nouvel art. 39 C). Ce contrôle vise les lois à chaque phase de la procédure : de la vérification préalable du dépôt d'un projet de loi (23 juin 2011, *Conseillers territoriaux, chr.* n° 139, p. 143) ou d'une proposition de loi (14 juin 1978, *R.S., Rec.* p. 15) ; au respect de la compétence des commissions (art. 42 C) (24 octobre 2012, *Loi Duflot, chr.* n° 145, p. 175) ; à la portée de la délibération du conseil des ministres (3 avril 2003, *Élection des conseillers régionaux, chr.* n° 106, p. 187) ; à la recevabilité des amendements (19 juin 2001, *Statut des magistrats, L.P.A.* 13 juillet 2001) jusqu'à la promulgation. Il en résulte qu'une irrégularité commise en première lecture ne peut pas être couverte ultérieurement (24 décembre 1979, *Rec.* p. 36).

γ) La procédure

1554 La procédure de l'article 61 C n'est pas codifiée, à la différence de celle relative à la *Q.P.C.* (art. 61-1 C) (v. *infra*, n° 1565). Elle est *empirique*. Mais, on s'accorde à considérer, en dépit de son autonomie aux stades de l'instruction et de la délibération, qu'elle ne se distingue pas substantiellement du droit commun. Pour l'essentiel, elle présente les traits suivants : elle est successivement *inquisitoire ; rapide ; écrite ; contradictoire, secrète* et *collégiale*[29].

1. À l'imitation du juge administratif, dont l'ombre tutélaire perdure, la procédure d'instruction est diligentée par un *rapporteur*, dont le nom n'est pas révélé, désigné de façon discrétionnaire, par le président (art. 19 de l'ord. du 7 novembre 1958). Chaque conseiller prend un *portefeuille*, cependant. Exceptionnellement, trois d'entre eux ont été chargés, en 2011, de l'examen de la loi, Loppsi II. Outre la connaissance de l'avis du Conseil d'État (art. 39 C), le rapporteur a pu obtenir du Gouvernement, de façon topique, la production d'un extrait du relevé de décisions du conseil des ministres concernant la délibération relative à l'article 49, alinéa 3 C (30 décembre 1995, *Réforme de la protection sociale, chr.* n° 77, p. 243). C'est la marque du caractère *inquisitoire*, à l'opposé de la procédure accusatoire suivie par les juges judiciaires. Pour autant, le rapporteur ne fait pas la pluie et le beau temps, car la collégialité est une réalité au Conseil ; *l'unanimité*, une *culture* (Y. Guéna).

2. La procédure est *rapide :* le Conseil constitutionnel est tenu de statuer dans le délai d'un mois (art. 61, al. 3). Ce dernier peut être ramené à huit jours, s'il y a urgence, à la demande du Gouvernement. Ce délai est d'autant plus bref que la passion politique n'est pas apaisée, et que le Conseil est juge en premier et dernier ressort, à l'opposé de la *Q.P.C*, précédée d'un réel débat juridique (v. *infra*, n° 1562)[30].

28. De façon inédite, et sur invitation expresse du pouvoir constituant (art. 88-3 C), le C.C. a procédé à l'examen de la L.O. relative aux droits de vote et d'éligibilité des ressortissants de l'Union européenne aux élections municipales par rapport au traité de Maastricht et à la directive communautaire de 1994 (20 mai 1998, *chr.* n° 87, p. 194). Une fusion momentanée s'est opérée entre les contrôles. V. O. DUTHEILLET DE LAMOTHE, art. précité, *Mélanges Daniel Labetoulle*, 2007, p. 315.

29. V. P. JAN, *Le procès constitutionnel*, 2e éd., 2010 ; O. SCHRAMECK, Les aspects procéduraux des saisines *in Vingt ans de saisine parlementaire du C.C.* 1995, p. 21 ; G. VEDEL, Réflexions sur les singularités de la procédure devant le C.C., *Mélanges Roger Perrot* 1996, p. 537 ; J. GICQUEL, L'autonomie de la procédure suivie par le C.C., *Mélanges Jean Waline*, 2002, p. 587 ; J-É. SCHOETTL, Jusqu'où formaliser la procédure suivie devant le C.C. ?, *Mélanges Jean Gicquel*, 2008, p. 537 et témoignage, Les *Cahiers* n° 25, 2008, p. 47 ; M. GUILLAUME, La procédure au Conseil constitutionnel : permanence et innovations, *Mélanges Bruno Genevois,* 2009, p. 519 et Le style du C.C., *Justice et Cassation*, 2013, p. 262.

30. En temps normal, le C.C. est juge de l'urgence. Il a ainsi statué en quelques heures, le 25 janvier 1985, sur le rétablissement de l'état d'urgence en Nouvelle-Calédonie (*chr.* n° 34, p. 181). Le Gouvernement a fait application de sa prérogative à deux reprises, en janvier 1982 *(2e loi de nationalisation)* et juillet 1989

3. La procédure est *écrite :* les plaidoiries n'ont pas cours, à ce jour. La décision est motivée (art. 19 de l'ord.) ; elle se développe, selon un style laconique, en une seule phrase, au moyen de *visas* (textes applicables, étapes de la procédure) ; de *considérants* (présentation des griefs et analyse) et s'achève par un *dispositif* (solution donnée à la saisine).

4. Selon un critère juridictionnel, la procédure est *contradictoire*, malgré l'absence de parties dans le contentieux de la loi. Dès réception de la requête (qui est normalement argumentée, à défaut, on parle de *saisine blanche*)[31], le secrétaire général du Conseil, au rôle déterminant, informe immédiatement le S.G.G. de la suspension du délai de promulgation ; qui informe, à son tour, le secrétaire général de l'Élysée. La saisine est communiquée aux présidences de la République, du Sénat et de l'Assemblée nationale ainsi qu'au S.G. G. Après étude, le rapporteur adresse un questionnaire à ce dernier ; lequel réplique par des *observations*. En matière d'amendement, le S.G.G. répond dorénavant aux observations *complémentaires* produites à la demande du rapporteur (4 août 2011, *Hôpital, chr.* n° 140, p. 127). De telle sorte que le rapporteur trouve dans son dossier les deux points de vue. La note du S.G.G. est communiquée aux requérants, qui ont la possibilité de présenter des observations en réplique. Cette démarche s'applique à la saisine obligatoire (C. C., 9 avril 2009, *Procédure législative, chr.* n° 130, p. 190) et au déclassement de la loi. Le rapporteur consulte, rencontre, à son initiative, toutes personnes utiles ou qui en présentent la demande. Il organise et dirige une séance de travail à laquelle le ministre, ou son délégué, le S.G.G., des requérants ou leur représentant sont conviés. Certains de ses collègues y participent. Il est clair que *l'avocat de la loi*, fût-elle d'origine parlementaire (P.A.C.S.), est le Gouvernement. Il est toujours loisible, cependant, au rapporteur de convier les rapporteurs des commissions parlementaires (25 juillet 2001, *L.O.L.F., chr.* n° 100, p. 195).

5. La procédure est *secrète* (art. 3 de l'ord. du 7 novembre 1958). Le Conseil se refuse à transmettre une pièce du dossier, fût-ce à un juge d'instruction (22 octobre 1998, *Perdrix, chr.* n° 89, p. 182). Chaque jeudi, il tient une *séance* qui n'est pas publique, tout comme, à l'évidence, le *délibéré*, ce cœur de la fonction juridictionnelle, qui *a pour objet d'assurer l'indépendance des juges et l'autorité morale de leurs décisions* (C.E., 17 novembre 1922, *Légillon, Rec.* p. 849). Cependant, le secrétaire général du Conseil et ses collaborateurs y assistent. Une *opinion dissidente,* c'est-à-dire un désaccord public et motivé d'un ou plusieurs juges avec la majorité, ne peut être admise. Ce procès entre eux serait contraire à leur serment (v. *supra*, n° 1538) et menacerait à terme l'institution[32]. Mais la *Q.P.C.* remet sans doute en cause cette interprétation, selon l'avis du président Debré (*chr.* n° 150, p. 141).

6. La procédure est *collégiale*. Outre la participation de conseillers à la séance de travail animée par le rapporteur, un dossier comportant, entre autres, le projet de décision leur est adressé 48 heures avant la séance. La décision est prise par 7 voix, au moins, sauf cas de force majeure dûment constaté au procès-verbal (art. 14 de l'ord. du 7 novembre 1958), par vote à main levée, à la majorité. Le président a voix prépondérante en cas

(Amnistie). Cependant, à l'opposé de ce qu'il est convenu d'appeler des *saisines corporatives* (le C.C. est un lieu de pouvoir qui attire les groupes d'intérêts) le débat parlementaire, dès la phase de la discussion des motions de procédure, alerte le Conseil. Le secrétariat de ce dernier ouvre un dossier et évalue le risque de saisine ; un rapporteur est pré-désigné. Ce qui permet ainsi de gagner un temps précieux. Par ailleurs, compte tenu de la date à laquelle le Parlement adopte la loi de finances (vers le 20 décembre) et le butoir du 1er janvier qui marque le début de l'année budgétaire, le Conseil œuvre *de facto*, selon la procédure d'urgence. Ce *modus operandi* vaut aussi pour les lois de financement de la sécurité sociale (art. 47-1 C).
En règle générale, le président qui dirige la délibération, ne peut avoir la qualité de rapporteur, sauf à prendre en catastrophe, le relais du rapporteur désavoué. Cette éventualité s'est présentée, semble-t-il, deux fois. Cependant, Yves Guéna a été rapporteur de la loi prorogeant la durée de l'Assemblée nationale (9 mai 2001) et de la L.C. portant organisation décentralisée de la République (26 mars 2003) (v. *supra n° 1044*). V. N. LENOIR, Le métier de juge constitutionnel. *Le Débat*, mars 2001, p. 178.

31. En dehors du cas des traités (art. 54 C), la démarche est rarissime : le président du Sénat (A. Poher) a créé, de manière retentissante, le précédent (16 juillet 1971, *Liberté d'association, G.D.*, n° 13) ; les présidents des assemblées ont déféré, de conserve, en 2010, la loi relative à la burqa. On relève aussi des saisines parlementaires qui n'articulent aucun grief (19 novembre 2009, *Loi pénitentiaire).*

32. Pour la première fois, ce principe a été enfreint par Pierre Joxe, membre en fonction. Dans son ouvrage (*Cas de conscience,* 2010) il a publié trois opinions *différentes* à propos de décisions auxquelles il avait participé (2 mars 2004, Loi Perben 2 ; 30 mars 2006, *Égalité des chances ;* 3 mars 2009, *France Télévisions*). La procédure de la *Q.P.C.* permet, en revanche, d'y songer. V. W. MASTOR, *Les opinions séparées des juges constitutionnels,* 2005 ; D. ROUSSEAU, Pour les opinions dissidentes, *Mélanges Patrice Gélard*, 1999, p. 323.

de partage (art. 56 C), à l'égal du président par intérim. L'abstention d'un membre n'est pas admise. Comme tout juge, celui-ci peut se déporter afin de préserver son devoir d'impartialité. À bien des égards, le Conseil est la seule juridiction qui délibère, en l'espèce, sur le siège, c'est-à-dire, sur-le-champ.

La décision est publiée au *J.O.*, simultanément à la saisine parlementaire (19 juillet 1983, *Nouvelle-Calédonie, chr.*, n° 28, p. 203) et aux observations du Gouvernement en réponse (20 décembre 1994, *Statut fiscal de la Corse*, n° 73, p. 201). Comme toute juridiction, il est fait mention du nom des membres ayant siégé (27 juillet 1995, *T.V.A., chr.* n° 76, p. 167), à défaut de celui du rapporteur. Un compte rendu des décisions, établi par le secrétaire général, présent à la délibération, peut être consulté, au terme d'un délai de 25 ans (L.O. du 15 juillet 2008). Le Conseil n'est donc pas un *lieu de mystère* (R. Badinter). Cependant, la décision n'est pas précédée de la formule traditionnelle de la justice déléguée : *Au nom du peuple français*. Cette discrétion est d'autant plus regrettable que ce dernier a exercé le pouvoir constituant en 1958.

7. Gage de sécurité juridique, le C.C. se prononce avec l'*autorité de chose jugée attachée à ses décisions* (20 juillet 1988, *Amnistie, Rec.* p. 119) : elles ne sont susceptibles d'aucun recours. Elles s'imposent aux pouvoirs publics et à toutes les autorités administratives et juridictionnelles (art. 62 C) : *L'autorité s'attache non seulement à leur dispositif mais aussi aux motifs qui en sont le soutien nécessaire et en constituent le fondement même* (16 janvier 1962, *Orientation agricole, Rec.* p. 31).

Ceci posé, il importe de relativiser la portée de la chose *interprétée*. Elle revêt, à tout prendre, au mieux, un caractère *persuasif* pour le Conseil d'État et la Cour de cassation, en l'*absence* de sanction, en cas de non-respect d'une décision du Conseil[33]. Ainsi, ce dernier n'est pas la cour suprême des cours suprêmes, encore qu'une *réévaluation* se fasse jour avec la *Q.P.C.* (v. *infra*, n° 1578). De même que la jurisprudence ne lie pas son auteur, le peuple souverain peut briser une décision du Conseil en empruntant la voie du référendum ou celle du pouvoir constituant.

Ce dernier a tenu un *lit de justice* (G. Vedel) à diverses reprises : L.C. du 25 novembre 1993 à l'encontre de la décision *Maîtrise de l'immigration* (13 août 1993) ; L.C. du 8 juillet 1999 et *Quota féminin* (18 novembre 1982) ; L.C. du 23 février 2007 et *Corps électoral de la Nouvelle-Calédonie* (15 mars 1999). Une décision du Conseil n'est pas également à l'abri d'un recours devant la C.E.D.H. en raison de la nature du litige (23 juin 1993, *Ruiz-Mateos c/ Espagne, Les grands arrêts,* 2e éd., 2004, p. 187) : une loi dont la conformité avait été reconnue a été frappée d'inconventionnalité (28 octobre 1999, *Zielinski c/ France, R.F.D.A.* 2000, p. 289, note B. Mathieu).

8. En cas de non-conformité, le C.C. *censure,* en tout ou partie la loi, mais il ne l'annule pas. Car, juridiquement, elle n'est pas encore formée au moment où elle subit l'examen, c'est-à-dire *avant* sa promulgation. La non-conformité totale empêche la promulgation (art. 22 de l'ord. du 7 novembre 1958). À l'opposé, la non-conformité *partielle* amène le juge à se prononcer sur la *séparabilité* de la disposition incriminée par rapport au reste du texte (art. 23). Dans l'affirmative, le chef de l'État dispose d'une *option :* ou bien promulguer la loi amputée, ou bien demander au Parlement une nouvelle délibération de la loi (art. 10 C) (23 août 1985, *Nouvelle-Calédonie, Rec.* p. 170). Auquel cas, une navette inédite et mécanique de mise en conformité avec la constitution se met en place. La censure totale est rarissime : une vingtaine de lois (28 février 2012, *Génocide arménien*) dont la moitié, pour un motif de procédure (24 décembre 1979, *Loi de finances pour* 1980). Mais, la non-séparabilité de dispositions censurées peut aboutir au même résultat lorsque le *cœur* de la loi est atteint (16 janvier 1982, *Nationalisation*).

δ) Les méthodes du juge constitutionnel

1555 Ces méthodes diversifiées et finalisées sont à l'origine de la montée en puissance du Conseil, en dépit du *self-restraint* affiché.

33. À propos du statut pénal du chef de l'État, de manière éclatante, la Cour de cassation ne s'est pas estimée liée par le C.C. (10 octobre 2001, *Breisacher*) (v. *supra*, n° 1164). V. V. BACQUET-BRÉHANT, *L'article 62, alinéa 2 de la constitution de 1958*, 2005 ; M. DISANT, *L'autorité de la chose interprétée par le Conseil constitutionnel,* 2010 ; M. GUILLAUME, L'autorité des décisions du Conseil constitutionnel : vers de nouveaux équilibres ?, *Les Nouveaux Cahiers du C.C.* n° 30, 2011, p. 49.

1. Il est banal d'indiquer, tout d'abord qu'à l'imitation du juge administratif, auquel de nombreux liens le rattachent (les concepts du droit administratif ont servi de référence à l'élaboration de sa jurisprudence)[34], le Conseil réagit instinctivement à des situations regardées comme inacceptables, avant d'imaginer une réplique juridique ; qu'agissant à la manière d'un *aiguilleur*, il a tendance ensuite à privilégier le contrôle *formel* de la loi par rapport au contrôle matériel (ce qui a pour effet de ménager la susceptibilité parlementaire, un vice de procédure pouvant être aisément purgé), sans ignorer, enfin, qu'il met à profit, bien souvent, une décision de rejet pour mettre en place un mécanisme de contrôle, par loyauté vis-à-vis du Parlement, à l'exemple des dispositions législatives sans portée normative (29 juillet 2004, *Autonomie financière des collectivités territoriales, chr.* n° 112, p. 202).

2. Divers moyens d'action ou méthodes peuvent être recensés. Le juge apprécie, de manière discrétionnaire, l'*adéquation entre la fin et les moyens* retenus par la loi, sans rechercher, cependant, si l'objectif que s'est assigné le législateur pouvait être atteint par d'autres voies (6 décembre 1990, *Concomitance des renouvellements des conseils généraux et régionaux, chr.* n° 57, p. 177 ; 29 décembre 2009, *Taxe carbone, idem* n° 133, p. 176), ni de faire des propositions (18 février 2010, *Circonscriptions électorales de l'A.N., idem* n° 134, p. 167). Il soulève d'office des *moyens d'ordre public constitutionnel* (18 novembre 1982, *Quota féminin*, n° 25, p. 190), ce qui l'autorise à déplacer à loisir son contrôle, d'une façon imparable. Il n'hésite pas à relever *l'erreur manifeste d'appréciation*, ou disproportionnée, commise par le législateur (19-20 janvier 1981, *Sécurité et liberté, Rec.* p. 15). Au surplus, il se livre à la technique de la *réserve d'interprétation* ou *l'interprétation neutralisante* consistant à ôter le venin du texte ou à le *border*. Telle une litote, tout en déclarant la loi conforme, le juge délivre une interprétation qui aboutit à sa *réécriture* (9 novembre 1999, *P.A.C.S., chr.* n° 93, p. 238 ; 17 mai 2013, *Mariage pour tous, chr.* n° 147, p. 174) ou à réparer un oubli du législateur (13 février 2014, Anti-cumul, idem n° 150 p. 155).

Cette fonction législative concurrente ou supplétive n'est pas sans faire songer aux *arrêts de règlement* des parlements de l'Ancien Régime. Une formule caractéristique du dispositif de la décision doit être soulignée : *sous les strictes réserves d'interprétation* (10-11 octobre 1984, *Entreprises de presse, chr.* n° 33, p. 163 ; 25-26 juin 1986, *Privatisation, ibid.* n° 40, p. 167 ; 13 août 1993, *Maîtrise de l'immigration*, n° 68, p. 172). La *correction d'épreuve* est également sollicitée avec la *censure constructive*. Celle-ci aboutit à la *non-conformité* de la loi. Elle consiste pour le Conseil à livrer son sentiment sur les conditions auxquelles la régularité de la loi eut été satisfaite. Ultérieurement, le législateur se bornera, à les reproduire mécaniquement (29 juillet 1986, *Régime de la presse, chr.* n° 40 p. 179 ; 18 septembre 1986, *Liberté de communication*, n° 41, p. 212). L'injonction adressée aux pouvoirs publics apparaît aussi un moyen d'action ; d'autant plus importante qu'elle est rare : 6 juillet 2000 (composition du Sénat) ; 27 décembre 2002 (sincérité de la loi de finances) ; 3 avril 2003 (intelligibilité du mode de scrutin régional).

Le juge se réserve aussi le droit de *dégager de sa propre autorité* des *principes de valeur constitutionnelle*, non de les créer, pour imiter le langage liturgique[35]. Dans le domaine des droits

34. V. J.-M. BLANQUER, *Les méthodes du juge constitutionnel*, Paris II, 1993 ; Th. DI MANNO, *Le juge constitutionnel et la technique des décisions interprétatives en France et en Italie,* 1997 ; A. VIALA, *Les réserves d'interprétation dans la jurisprudence du C.C.*, 1999 ; G. DRAGO, *Contentieux constitutionnel français,* 2e éd., 2006 ; G. VEDEL, Excès de pouvoir administratif et excès de pouvoir législatif, *C.C.C.* nos 1 et 2, 1996 et 1997, p. 57 et 77 ; L. FAVOREU, Légalité et constitutionnalité, *ibid.*, n° 3, 1997, p. 75.

35. D'une manière stratégique, le C.C. dégage également des *objectifs ou des exigences de valeur constitutionnelle (O.V.C.)*, liant le législateur, soit un but vers lequel il doit tendre : caractère pluraliste des courants d'expression (27 juillet 1982, *Communication audiovisuelle, Rec.* p. 48) ; pluralisme et transparence, (10-11 octobre 1984, *Entreprises de presse* p. 73) ; sauvegarde de l'ordre public (13 août 1993, *Maîtrise de l'immigration*, p. 224) ; droit à un logement décent (19 janvier 1995, *Habitat*, p. 176) ; accessibilité et intelligibilité de la loi (16 décembre 1999, *Codification*, p. 136) ; lutte contre la fraude fiscale (29 décembre 1999, *Loi de finances pour 2000,* p. 156) ; bon usage des deniers publics (28 décembre 2006, *Développement de la participation,* p. 206 ; bonne administration de la justice, *idem*). Le juge

fondamentaux, le Conseil se livre, enfin, à un nouvel exercice imparable, à savoir la *prosopopée* (ou l'art de faire parler les textes). Il sollicite les *P.F.R.L.R.* (*supra*, n°s 203 et 218), désormais identifiés aux *droits et libertés fondamentaux* ; à *la souveraineté nationale* et à *l'organisation des pouvoirs publics*. L'altérité en matière de mariage n'est pas concernée (C.C., 17 mai 2013, *Mariage pour tous*, *R.F.D.A.* 2013, p. 945, note A. Roblot-Troizier).

Ainsi, *la loi est nue* (A. Césaire) au point de susciter des critiques. Cette analyse des choses est désormais prise en compte par le juge qui s'efforce d'y parer, en prenant appui, sur une justification *textuelle*. Un exemple topique de cette *hygiène morale* (G. Vedel) a été fourni, s'agissant du principe de sauvegarde de la dignité de la personne humaine, lorsque le Conseil s'est adossé à la *phrase* d'attaque du préambule de la constitution de 1946, regardée jusqu'alors comme un exposé des motifs (27 juillet 1994, *Bioéthique, chr.* n° 72, p. 178).

b) *Le contrôle de la loi par voie d'exception ou a posteriori (art. 61-1 C)*

1556 *Une révolution juridique* (N. Sarkozy) au service des droits et libertés : ainsi se présente l'ambition, depuis le 1er mars 2010, de la procédure *spécifique* de la question prioritaire de constitutionnalité *(Q.P.C.)*, qui permet de contrôler une loi *après* sa promulgation. Aux termes de cet article (rédaction de la L.C. du 23 juillet 2008) : *Lorsque, à l'occasion d'une instance en cours devant une juridiction, il est soutenu qu'une disposition législative porte atteinte aux droits et libertés que la Constitution garantit, le Conseil constitutionnel peut être saisi de cette question sur le renvoi du Conseil d'État ou de la Cour de cassation qui se prononce dans un délai déterminé.* La L.O. du 10 décembre 2009 en a déterminé les conditions d'application[36]. D'inspiration *souverainiste*, cette procédure a pour finalité de replacer la constitution au centre du dispositif de protection de la personne, afin de ne pas laisser le champ libre aux traités (v. *supra*, n° 1503)[37]. De fait, avancée substantielle de l'État de droit, elle ouvre enfin les portes du Conseil aux justiciables. Ainsi, une loi ne peut plus prétendre à l'immunité à vie, comme naguère. La présomption de conformité peut être renversée.

En dehors du contrôle de conventionnalité (art. 55 C), seul le Conseil constitutionnel se reconnaissait, à ce jour le pouvoir de l'apprécier, par voie d'exception *après* sa promulgation à l'occasion de dispositions législatives subséquentes qui la *modifiaient, la complétaient* ou *affectaient son domaine* (25 janvier 1985, *État d'urgence en Nouvelle-Calédonie, chr.* n° 34, p. 181) (v. *supra*, n° 1552).

Il appartient désormais à un *plaideur,* à l'exemple du droit comparé (Allemagne, Espagne, Italie, Portugal), de contester une loi (une *disposition législative*, précisément) en vue de la protection de ses droits et libertés, au titre d'un contrôle *a posteriori*,

concilie la liberté à l'exigence constitutionnelle, en veillant à ce qu'*il n'en résulte pas d'atteintes disproportionnées au regard de l'objectif poursuivi*. V. P. DE MONTALIVET, *Les objectifs de valeur constitutionnelle*, thèse Paris II, 2004 ; B. GENEVOIS, Le C.C. et les principes, *in Les principes en droit,* 2008, p. 351.

36. V. J. BONNET et P.-Y. GAHDOUN, *La Q.P.C.*, 2014 ; M. GUILLAUME, *Q.P.C.*, *Répertoire contentieux administratif Dalloz,* mars 2011 ; Y. GAUDEMET, *La Q.P.C., Étude critique*, 2011 ; M. DISANT, *Droit de la Q.P.C.*, 2011 ; B. MATHIEU et D. ROUSSEAU, *Les grandes décisions de la Q.P. C.*, 2013 ; D. ROUSSEAU (sous la direction), *La Q.P.C.*, 2e éd., 2012 ; P. JAN, Q.P.C., *L.P.A.*, 18 décembre 2009 ; R. TINIÈRE (présentation), Constitutionnalité et conventionnalité, *R.F.D.A.* 2012, p. 621 ; dossiers : *R.D.P.* 2009, p. 589 ; *R.F.D.C.* 2010, p. 751 ; *Les Nouveaux Cahiers du C.C.*, n° 29, 2010 ; *Pouvoirs* n° 137, 2011.

37. Annoncée par François Mitterrand, le 14 juillet 1989, cette réforme avait été repoussée par le Sénat en 1990 et 1993. La troisième tentative, issue des propositions du comité Balladur, sera couronnée de succès V. J. BENETTI, La genèse de la réforme, *A.J.D.A.* 2010, p. 74. La *Q.P.C.* s'inscrit dans la démarche générale favorable aux personnes, adoptée par le constituant de 2008 : initiative référendaire (art. 11 C) ; droit de saisine du C.S.M. (art. 65) ; pétition au C.E.S.E. (art. 69) et création d'un défenseur des droits (art. 71-1).

appelé la *Q.P.C.*, au terme d'une procédure aboutissant au Conseil constitutionnel. Celui-ci est investi du pouvoir d'*abroger* la disposition incriminée (nouvel art. 62 C, rédaction de la L.C. du 23 juillet 2008). Le franc succès de ce moyen de droit a provoqué sa *mue* (J.-L. Debré) : changement d'ambiance à l'image de la salle d'audience aménagée en avril 2012 ; du rythme d'activités (trois réunions hebdomadaires), voire de sa composition, du fait de l'absence de *coprinces*.

α) Le champ d'application de la Q.P.C.

• Le choix du plaideur respecté

1557 La *Q.P.C.* est réservée au *justiciable* (non à un justicier) ; son titulaire est le requérant, partie à un litige ordinaire, au sens du droit processuel, qui a renoncé, provisoirement, à se placer sur le terrain de la conventionnalité, selon le choix de sa *stratégie judiciaire* (M. Guillaume). De sorte que la *Q.P.C.* appartient au plaideur, alors qu'une question préjudicielle ne vaut que juge à juge. D'où la terminologie adoptée par la L.O. du 10 décembre 2009, prise en application de l'article 61-1 C[38].

Il suit de là, que le juge ne peut soulever d'office une *Q.P.C.*, fût-ce en matière pénale dans laquelle le ministère public (ou le parquet) est naturellement partie prenante (art. 23-1 de l'ord. du 7 novembre 1958, rédaction de la L.O. du 10 décembre 2009). *En tout état de cause,* le juge est tenu de *se prononcer par priorité* sur la procédure arrêtée par le justiciable (art. 23-2 et 23-5).

• La juridiction concernée

1558 La *Q.P.C.* se situe désormais au *cœur* des procès. Elle est soulevée dans le cadre d'une *instance en cours devant une juridiction, lato sensu* (juridictions d'instruction, de jugement ou disciplinaire ; juge des référés et de proximité) relevant du Conseil d'État ou de la Cour de cassation (art. 23-1 de l'ord. du 7 novembre 1958, rédaction de la L.O. du 10 décembre 2009), à *l'exclusion* d'une autorité administrative ou publique indépendante.

Hors la Haute Cour (art. 68 C) et un tribunal arbitral, deux juridictions sont exclues, n'appartenant ni à l'un, ni à l'autre des ordres juridictionnels concernés : le Tribunal des conflits (TC, 4 juillet 2011, *Bidalou*, *RFDA* 2012, p. 397) et la Cour supérieure d'arbitrage, compétente en matière de conventions collectives du travail (loi du 11 février 1950). En revanche, la Cour de justice de la République (art. 68-1 C) relève de la Cour de cassation (art. 33 de la LO du 3 novembre 1993)[39]. Ce moyen d'inconstitutionnalité est, à peine d'irrecevabilité, présenté dans un écrit distinct et motivé. Il peut être soulevé, pour la première fois, en cause d'appel ou en cassation (art. 23-1 et 23-5 de l'ord. du 7 novembre modifiée).

38. V. P. BON, La Q.P.C. après la L.O. du 10 décembre 2009, *R.F.D.A.* 2009, p. 1107 ; X. PHILIPPE, La Q.P.C. : à l'aube d'une nouvelle ère pour le contentieux constitutionnel français, *R.F.D.C.* 2010, p. 273 ; J. MASSOT, La *Q.P.C., in La révision de 2008, une nouvelle Constitution ?,* 2011, p. 321.

39. Une *Q.P.C.* ne peut être soulevée devant la cour d'assises, considérant qu'elle l'a été, en amont, au stade de l'instruction, sauf en appel (art. 23-1 de l'ord. précitée). Le C.C. accueille *directement* une Q.P.C., de façon prétorienne, en matière électorale (art. 59 C) pour des motifs de *cohérence*, en alignant la condition de l'électeur contestant la désignation d'un élu local et d'un élu national (12 janvier 2012, *S. Loiret*, note J.-P. Camby, *LPA* 15 février 2012) (v. *supra*, nº 1379). En l'absence de *changement de circonstances*, la *Q.P.C.* ne peut être examinée (18 octobre 2012, *A.N. Hauts-de-Seine, 13ᵉ* ; *Val-de-Marne, 1ʳᵉ, chr.* nº 145, p. 199) (v. *supra*, nº 1378).

• La disposition législative incriminée

1559 En dehors d'un acte réglementaire (22 juillet 2011, *Procédure fiscale* ; *chr.* n° 140, p. 145) ou d'une norme conventionnelle (3 février 2012, *Entrée et séjour des étrangers, chr.* n° 142, p. 176), ce terme est susceptible de revêtir trois acceptions, d'un point de vue *organique*.

Il s'agit, *d'abord*, de tout ou partie d'une loi, acte voté par le Parlement (art. 34 C), fût-ce une loi de validation (11 février 2011, *Stade de France, chr.* n° 138, p. 170). La loi *locale* de Nouvelle-Calédonie ayant *force de loi* est concernée (art. 107 de la L.O. du 19 mars 1999, rédaction de la L.O. du 10 décembre 2009) (9 décembre 2011, *Liberté syndicale, chr.* n° 141, p. 194). En revanche, sont *hors* du champ d'application d'une *Q.P.C.*, les lois de souveraineté (lois constitutionnelles et référendaires) devant lesquelles le Conseil décline sa compétence (25 avril 2014, *Province Sud de Nouvelle-Calédonie, chr.* n° 150, p. 140) (v. *supra*, n° 1552) ; les lois organiques qui font l'objet d'une saisine obligatoire *avant* leur promulgation, en dehors d'un *changement de circonstances* (art. 23-2 de la L.O. du 10 décembre 2009) (21 février 2012, *Marine Le Pen, chr.* n° 142, p. 177), et les lois de transposition mécanique de directives européennes (17 décembre 2010, *Protection internationale, chr.* n° 137, p. 239), sauf atteinte à la réserve de souveraineté ou ajouts (4 avril 2014, *Travail de nuit, chr.* n° 150, p. 164) (v. *supra*, n° 1045).

Ensuite, sont visées une habilitation constitutionnelle (décision du président de la République portant sur une matière législative) (art. 16 C) ; une disposition législative synonyme d'*acte de valeur législative* conféré au pouvoir exécutif, au titre d'une habilitation législative : les décrets-lois de la IIIe République ; les ordonnances de la France libre (1940-1944) ; celles de l'article 92 C, lors de l'installation de la Ve République (1958-1959) (13 mai 2011, *Syndicat des fonctionnaires du Sénat, chr.* n° 139, p. 156) ou de l'article 38 C (17 mars 2011, *Agglomération de Papeete, idem*). *Enfin*, et surtout, une disposition législative s'identifie à l'*interprétation jurisprudentielle* à laquelle elle donne lieu, de manière constante par le Conseil d'État ou la Cour de cassation ; la loi étant, par nature, indissociable de son interprétation, selon la doctrine italienne du *droit vivant* : (6 octobre 2010, *Adoption homosexuelle, chr.* n° 137, p. 239)[40].

D'un point de vue *temporel,* en l'absence de limite, la *Q.P.C.* permet de remonter le temps et d'apurer le champ législatif : édit du 16 décembre 1607 de l'Ancien Régime (7 octobre 2011, *Voirie routière, chr.* n° 141, p. 194) ; loi de la République du 18 germinal an X (8 avril 1802) (21 février 2013, *Droit cultuel alsacien-mosellan*, n° 146, p. 199) ; loi du 14 juillet 1819 de la Restauration (5 août 2011, *Droit d'aubaine, chr.* n° 140, p. 145) ; loi du 30 avril 1941 de l'État français (14 octobre 2010, *Compagnie agricole de la Crau, chr.* n° 137, p. 238) ; loi du 10 janvier 1957 de la IVe République (6 mai 2011, *A.F.P., chr.* n° 138). Cependant, l'incompétence négative du législateur, propre à la constitution de 1958, ne peut être invoquée à l'encontre d'une loi antérieure (loi du 31 décembre 1948 : 17 septembre 2010, *Football-club de Metz, chr.* n° 136, p. 194).

• Le grief d'inconstitutionnalité invoqué

1560 La *Q.P.C.* est une action ciblée en vue de sauvegarder *les droits et libertés que la constitution garantit* ; lesquels sont placés sous la protection du Conseil depuis 1971[41]. Par suite, un vice de procédure législative allégué doit être écarté (28 février 2014, *Livre numérique, chr.* n° 150, p. 165). Norme de référence, la constitution s'identifie aux trois éléments constitutifs de son préambule (5 août 2011, *Droit local alsacien-mosellan*, au titre d'un *P.F.R.L.R., chr.* n° 140, p. 130) et aux articles égarés dans le corps du texte (v. *Ire partie*). La *Q.P.C.* y puise son fondement : égalité devant la loi (art. 6 de la déclaration de 1789) (25 mai 2010, *Cristallisation des pensions, chr.* n° 135, p. 217) ; vigilance à l'égard de l'environnement (8 avril 2011, *Nuisances agricoles, idem* n° 38). De même, elle se réclame

40. *En posant une Q.P.C., tout justiciable a le droit de contester la constitutionnalité de la portée effective qu'une interprétation jurisprudentielle constante confère à cette disposition.* Ce considérant de principe remet en cause l'équilibre juridictionnel au sein de l'ordre juridique interne, en conférant au Conseil constitutionnel, le *contrôle* et le *monopole* de l'interprétation jurisprudentielle, au point de devenir à terme, l'interprète suprême de la constitution.

41. V. C. SEVIRINO, Un an de droit vivant devant le Conseil constitutionnel, *Constitutions* 2012, p. 43 ; Le Conseil d'État est, par ailleurs, le juge des référés en matière de *libertés fondamentales* (loi du 30 juin 2000) (v. *chapitres III et IV*).

de l'article 66 C : l'autorité judiciaire, gardienne de la liberté individuelle (30 juillet 2010, *Garde à vue, idem* nº 136, p. 182) ; de l'article 72 C : la libre administration des collectivités territoriales (17 mars 2011, *Agglomération de Papeete, chr.* nº 138, p. 157). En revanche, des dispositions à valeur constitutionnelle n'instituent pas, pour autant, un droit ou une liberté, tel le préambule de la Charte de l'environnement (7 mai 2014, *Servitude de voisinage, chr.* nº 151)[42].

β) La procédure spécifique de la Q.P.C.

1561 Ce moyen de droit est à l'origine d'un procès *incident* au sein du procès ordinaire en cours. Mais, à l'opposé de la solution retenue par le droit comparé (Allemagne ; Espagne ; Italie ; Portugal), le juge du fond devant lequel la *Q.P.C.* est soulevée (le juge *a quo*) n'est pas habilité à la déférer directement au Conseil constitutionnel ; celui-ci n'ayant pas, en théorie, la qualité de cour suprême. Un *double filtre* est donc mis en place, au niveau du juge saisi et de la juridiction suprême dont il relève, afin d'éviter tout débordement. Autrement dit, la remontée vers le Conseil constitutionnel est conditionnée par l'admission préalable de la *Q.P.C.*, au terme d'une *coopération loyale* entre les juges, et donc, d'un approfondissement du débat juridique, en contraste avec le contrôle par voie d'action.

La procédure se déroule sur trois étapes : la *transmission* de ladite *Q.P.C.* par le juge *a quo* au Conseil d'État ou à la Cour de cassation ; puis le *renvoi*, en cas de doute, par celui-là ou celle-ci au Conseil constitutionnel qui, *seul,* à l'issue d'un procès spécifique, se prononce sur l'abrogation de la disposition législative suspectée.

• La transmission au Conseil d'État ou à la Cour de cassation

1562 Le juge de l'action est le juge de l'exception, selon le principe du droit processuel. À cet égard, il appartient au juge du fond d'apprécier le bien fondé de la *Q.P.C.*, afin de décourager l'esprit de chicane ou une démarche dilatoire. À cette fin, il statue *sans délai* (le plus rapidement), par une décision motivée, au vu des conditions de *recevabilité* posées par l'article 23-2 de l'ordonnance du 7 novembre 1958 modifiée. Ces dernières, au nombre de trois, doivent être satisfaites de manière *cumulative*. À savoir : la disposition législative contestée est *applicable au litige ou à la procédure, ou constitue le fondement des poursuites ; elle n'a pas déjà été déclarée conforme à la Constitution dans les motifs et le dispositif d'une décision du Conseil constitutionnel, sauf changement des circonstances* et enfin, *la question n'est pas dépourvue de caractère sérieux.*

La portée de la deuxième condition mérite d'être précisée. L'autorité de chose jugée, à laquelle il est fait référence, à la suite d'un contrôle *a priori* (art. 61 C), est limitée en cas de *changement de circonstances.* Cette expression englobe, tout à la fois, des circonstances de *droit* (nouvelles normes constitutionnelles, à l'exemple de la Charte de l'environnement de 2005, ou issues d'une révision constitutionnelle) et de *fait* (notion délicate par laquelle le juge procède à l'adaptation du droit)[43]. La décision de transmettre du juge administratif au Conseil d'État ou du juge judiciaire à la Cour de cassation n'est pas susceptible de recours. Le juge sursoit à statuer, jusqu'à la réception de leur décision ou

42. L'incompétence négative du législateur ne peut être invoquée que dans la mesure où une liberté est affectée (C.C., 18 juin 2010, *Kimberly-Clark, chr.* nº 135, p. 226), ainsi que la méconnaissance d'un objectif de valeur constitutionnelle (30 novembre 2012, *Code des professions en droit local alsacien-mosellan, chr.* nº 145, p. 198). V. Ph. BLACHÈR, J.-É. GICQUEL et P. JAN, *Droits et libertés constitutionnels*, 2012.

43. Le C.C. (8 janvier 2009, *Délimitation des circonscriptions électorales de l'A.N.*) (*chr.* nº 132, p. 193) a fait application de la théorie du changement de circonstances et l'a étendue, en l'espèce, justifiant le réexamen d'une disposition (21 février 2012, *Marine Le Pen*, principe de l'expression pluraliste des opinions) (art. 4 C, rédaction de la L.C. du 23 juillet 2008) (*chr.* nº 142, p. 177).

de celle du Conseil constitutionnel s'il a été saisi, sauf si *une personne est privée de liberté à raison de l'instance* ou lorsque cette dernière a *pour objet de mettre fin à une mesure privative de liberté* (art. 22-3 de l'ordonnance de 1958 modifiée).

• Le renvoi au Conseil constitutionnel

1563 Dans le délai de trois mois à compter de la réception de la transmission susmentionnée, le Conseil d'État ou la Cour de cassation se prononce, par une décision motivée, sur l'éventualité de ce renvoi, en qualité de juge constitutionnel.

À cette fin, les critères de recevabilité sont identiques à ceux imposés au juge *a quo*, au moment de la transmission de la *Q.P.C.* ; à ceci près que la 3e condition ici retenue est différente : *la question est nouvelle ou présente un caractère sérieux* (art. 23-4 de l'ord. modifiée). À défaut de respecter le délai imparti, la *Q.P.C.* est transmise au Conseil constitutionnel (art. 23-7) (16 décembre 2011, 206 Q.P.C.). Celle-ci peut être soulevée, pour la première fois, devant chacune des juridictions à la tête de leur ordre respectif, dans un mémoire distinct et motivé.

De même que le juge du fond, le Conseil d'État ou la Cour de cassation se prononce *en priorité* sur la constitutionnalité de la question, à l'exclusion de sa conventionnalité (art. 23-5, al. 1er et 2)[44]. En cas de saisine du Conseil constitutionnel, le Conseil d'État ou la Cour de cassation sursoit à statuer jusqu'à ce qu'il se soit prononcé, sauf en cas de privation de liberté de l'intéressé (al. 4).

• La décision du Conseil constitutionnel

1564 Le Conseil est saisi uniquement de la décision de renvoi, car il n'est pas juge de l'instance à l'origine de la *Q.P.C.* (art. 23-7 de l'ord.). Il en apprécie la recevabilité, en décidant, le cas échéant, qu'il n'y a pas lieu à statuer ; le renvoi étant juridiquement infondé (8 février 2013, *Société Motorola*, *chr.* n° 146, p. 198)[45]. Le Conseil statue dans le délai de trois mois par une décision motivée (art. 23-10), au terme d'une procédure *particulière*[46]. De manière topique, une *audience*, au sens du procès équitable, modélisé par la Cour européenne de Strasbourg, s'y déroule le mardi, en contraste avec la *séance* classique du jeudi de l'article 61 C. Outre la célérité, la procédure retenue est *contradictoire, publique* (art. 23-10 de l'ord. modifiée) et *codifiée* (règlement intérieur du 4 février 2010) en vue d'une bonne administration de la justice[47]. Les membres de

44. À la différence du Conseil d'État, la Cour de cassation a rechigné initialement à l'admission de la *Q.P.C.*, transformant le filtre en bouchon (7 mai 2010, *Loi Gayssot*). Au surplus, elle a marqué sa préférence pour la conventionnalité en saisissant la Cour de justice de l'Union européenne (C.J.U.E.) d'une question préjudicielle, à propos de l'espace Schengen (arrêt du 16 avril 2010) (*chr.* n° 135, p. 226). En matière de garde à vue, la Cour a invoqué la C.E.D.H., le 19 octobre 2010, pour censurer le Conseil constitutionnel (*idem*, n° 137, p. 227). Néanmoins, la Cour a accepté de renvoyer à celui-ci l'interprétation qu'elle avait donnée (C.C., 6 octobre 2010, *Adoption homosexuelle*, *idem*, n° 137, p. 239) en renonçant à son monopole. De manière inédite, le C.C. a présenté une question préjudicielle à la Cour de Luxembourg (5 avril 2013, *Mandat d'arrêt européen*, *chr.* n° 145, p. 191) relative à la mise en œuvre de la décision-cadre européenne du 13 juin 2002 ; la Q.P.C. a cessé momentanément d'être... prioritaire. V. A. LEVADE, *Q.P.C.*, contrôle de constitutionnalité et contrôle de conventionnalité, *Constitutions* 2010, p. 385 ; D. SIMON, Il y a toujours une première fois, *Europe*, mars 2013, p. 6 ; J. É. GICQUEL, La question nouvelle, condition de renvoi d'une Q.P.C. au C.C., *L.P.A* 8 décembre 2011.

45. V. J. BENETTI, Échec au renvoi : les décisions de Q.P.C. de non-lieu à statuer, *R.D.P.* 2012, p. 605.

46. L'aide juridictionnelle demeure *acquise* en cas d'examen par le Conseil d'État, la Cour de cassation ou le Conseil constitutionnel (art. 53-1 du décret du 19 décembre 1991, rédaction du décret du 10 février 2010).

47. V. M. GUILLAUME, Le règlement intérieur sur la procédure suivie devant le C.C. pour les Q.P.C. *in La révision de 2008, une nouvelle Constitution ?*, 2011, p. 339 ; P. BON, Récuser un membre du Conseil constitutionnel, *D.* 2010, p. 2007.

droit, en s'abstenant de siéger, en dehors de Nicolas Sarkozy, sont à l'origine d'un *dédoublement* des collèges.

Les avocats des parties et le S.G.G., avocat de la loi, plaident ; les quatre plus hautes autorités de l'État (président de la République, premier ministre et les présidents des assemblées parlementaires peuvent produire des observations) (art. 23-8 de l'ord.)[48], ainsi que les personnes justifiant d'un intérêt spécial (art. 6 du règlement). Les échanges contradictoires sont *dématérialisés* ; comme les griefs susceptibles d'être relevés d'office par le Conseil (art. 1er, 3 et 7). Après avoir désigné un rapporteur parmi ses collègues, dont le nom demeure secret, le président inscrit l'affaire à l'ordre du jour et en fixe la date. Il en informe les parties et les personnes susvisées (art. 5), à rebours de la *confidentialité* du contrôle de l'article 61 C.

La diffusion de l'audience a lieu sur internet. Aucune question n'est posée aux conseils des parties, à l'heure actuelle. Exceptionnellement, le président peut ordonner le huis clos des débats dans *l'intérêt de l'ordre public ou lorsque les intérêts des mineurs ou la protection de la vie privée des personnes l'exigent* (art. 8). Le secrétaire général du Conseil et ses collaborateurs du secrétariat juridique sont présents à l'audience, puis au délibéré.

Par ailleurs, la décision du Conseil n'est plus rendue sur le siège, comme au titre de l'article 61 C, mais à une date ultérieure ; le délibéré demeurant secret. Seuls les membres du Conseil ayant assisté à l'audience peuvent y participer (art. 11 du règlement). À ce propos, ce dernier introduit une innovation, dans le droit fil de la jurisprudence européenne relative au *tribunal impartial.* Sans préjudice du déport d'un conseiller, en vue de respecter l'impartialité subjective, une partie peut en demander la récusation par *un écrit spécialement motivé accompagné des pièces propres à la justifier* (art. 4, al. 2). À défaut d'acquiescement de l'intéressé, la demande est examinée par le Conseil en son absence (al. 3). Mais, le seul fait qu'un membre du Conseil ait participé à l'élaboration de la disposition législative contestée *ne constitue pas en lui-même une cause de récusation* (al. 4) (30 juin 2011, *Département de la Saône-et-Loire, chr.* n° 139, p. 156).

Pour autant, le mimétisme entre les contrôles *a priori* et *a posteriori* n'est pas à exclure, en cas d'extinction de l'instance : l'article 23-9 de l'ordonnance de 1958 (rédaction de la L.O. du 10 décembre 2009) consacre la jurisprudence *Amendement Malraux* de 1996 : le retrait est sans conséquence sur l'examen de la *Q.P.C.* En outre, les *méthodes* sont identiques, autant que la retenue à l'égard du législateur (v. *supra*, nos 1555 et 1553) ; cohérence et influence des contrôles, en somme.

La décision est revêtue, en dernier lieu, de l'autorité de la chose jugée ; une requête en révision étant rejetée (23 novembre 2012, *chr.* n° 145, p. 199). La disposition déclarée inconstitutionnelle sur le fondement de l'article 61-1 C est *abrogée*, pouvoir reconnu à ce jour au seul Parlement, à compter de la publication de ladite décision (4 mai 2012, *Harcèlement sexuel*) ou d'une date ultérieure fixée afin d'éviter *des conséquences manifestement excessives* (30 juillet 2010, *Garde à vue*). Le Conseil peut ainsi en moduler les effets (art. 62 C, rédaction de la L.C. du 23 juillet 2008) et dialoguer utilement avec le Parlement afin qu'il reprenne la main[49]. La décision abrogative produit un effet *erga omnes* et non *inter partes,* comme dans le système américain ; ce qui préserve la sécurité juridique et l'égalité entre les justiciables.

γ) Le bilan de la Q.P.C.

1565 Après une entrée remarquée, en 2010, cette procédure a atteint son rythme de croisière, en 2013. *Grosso modo*, le taux des renvois au Conseil a été de 20 %. Ses décisions ont abouti à 53 % de décisions de conformité ; 13 % de conformité sous réserve, 16 % de non-conformité totale ; 10 % de conformité partielle ; 5 % de non-lieux et 0,5 % de décisions relatives à des aspects de procédure. Les

48. Lorsqu'une Q.P.C. est soulevée à l'encontre d'une loi du pays de Nouvelle-Calédonie, les autorités locales sont avisées et peuvent produire des observations (art. 23-8, al. 2 de l'ord. modifiée).

49. En ce sens, les lois du 14 avril 2011 (garde à vue) et du 6 août 2012 (harcèlement sexuel) ; v. O. DORD, La Q.P.C. et le Parlement : une bienveillance réciproque, les *Nouveaux Cahiers*, n° 38, 2013, p. 23.

dispositions annulées concernent, en premier lieu, le droit pénal et la procédure pénale : le droit processuel ; le droit de l'environnement ; le droit fiscal et la santé publique, entre autres. Le délai moyen de jugement a été de deux mois[50]. Au terme de cette *révolution de velours* (N. Belloubet), il apparaît que la protection des droits et libertés a été accrue, par suite d'une plus grande réactivité des justiciables, proche du réflexe de constitutionnalité, par rapport aux autorités politiques et de la proximité du Conseil avec le droit européen du procès équitable (art. 6 § 1 C.E.D.H.). Un droit dont le rôle diffus s'avère dissuasif à l'image du *dialogue sans paroles* entre ces juridictions (O. Dutheillet de Lamothe). Bref, le droit revu et corrigé ; la *Q.P.C.* thaumaturge ou la formation permanente des juristes. Le pouvoir d'*évocation* du Conseil d'une Q.P.C. portée devant la juridiction de renvoi, et l'admission de l'opinion dissidente, ont été avancés par le président Debré (*chr.* n° 150, p. 141).

2. Les autres attributions juridictionnelles

1566 Il est utile de les recenser, pour mémoire.

a) Le juge électoral et référendaire

1567 Le Conseil veille à la régularité de l'élection du président de la République (art. 58 C) (v. *chapitre III*) et des parlementaires (art. 59), à l'exclusion de celles des membres au Parlement européen, dont le contentieux est confié au Conseil d'État (art. 25 de la loi du 7 juillet 1977). Il est juge de l'éligibilité et dispose du pouvoir de moduler les sanctions (L.O. du 14 avril 2011) (v. *chapitre IV*). Il veille à la régularité des opérations de référendum des articles 88-5 et 89 C (art. 60 C). Concernant l'article 11 C, le Conseil examine la régularité de la *proposition* de loi référendaire (art. 45-2 de l'ord. du 7 novembre 1998, rédaction de la L.O. du 6 décembre 2013, *chr.* n° 149, p. 208). Une avancée significative s'est présentée au titre des actes *préparatoires* des élections nationales et des référendums. De manière *prétorienne*, le Conseil accueille *exceptionnellement* le recours pour excès de pouvoir : 11 juin 1981, *Delmas* (élections législatives) ; 25 juillet 2000, *Hauchemaille* (référendum) et une Q.P.C. (12 janvier 2012, *S. Loiret*) (élections législatives) (v. *chapitres II et III*).

b) Le juge de la loi du pays de Nouvelle-Calédonie

1568 En application de l'accord de Nouméa, signé le 5 mai 1998, la République a transféré définitivement des compétences à la Nouvelle-Calédonie. Après avoir recueilli l'avis *obligatoire* du Conseil d'État, la loi du pays, au terme d'une nouvelle délibération, demandée par le haut-commissaire ou des autorités locales, est susceptible d'être déférée au Conseil constitutionnel. À la manière d'une *cour fédérale*, celui-ci veille à la répartition des compétences entre la République et la Nouvelle-Calédonie (État fédéré *sui generis*). La saisine qui intervient dans le délai de 10 jours, appartient au haut-commissaire, au gouvernement local, au président du Congrès, à 18 de ses membres (5 avril 2006, *Représentativité des organisations syndicales, chr.* n° 118, p. 186) ou au président d'une assemblée de province. Elle doit être motivée et comporter à ce titre *un exposé des moyens de droit et de fait qui la fondent* (art. 104). Le Conseil constitutionnel statue dans le délai de trois mois, en se prononçant sur la séparabilité de la disposition censurée (27 janvier 2000, *Taxe générale sur les services, A.J.D.A.* 2000, p. 254, note O. Gohin) (v. *chapitre IV*), sans préjudice de la *Q.P.C.* (9 décembre 2011, *Liberté syndicale*, note A. Roblot-Troizier, *R.F.D.A.* 2012, p. 355)[51].

50. Faute d'avoir été déféré, en 1994, le nouveau Code pénal est comme revisité : deux thèmes majeurs sont invoqués : le principe de nécessité, de proportionnalité et d'individualisation des peines (art. 8 et 9 de la Déclaration de 1789) (17 mars 2011, *Fraude fiscale, chr.* n° 138) et les droits de la défense (art. 16 de la Déclaration) (30 juillet 2010, *Garde à vue ;* 17 décembre 2010, *Détention provisoire, chr.* n° 137, p. 226 et 228). V. A.N., rapport d'information Urvoas, 2013, n° 842.

51. V. R. FRAISSE, La hiérarchie des normes applicables en Nouvelle-Calédonie, *R.F.D.A.* 2000, p. 77 ; A. ROUX, Le contrôle du C.C., *in La souveraineté partagée en Nouvelle-Calédonie et en droit comparé* 2000, p. 339 ; Y. BRARD, Nouvelle-Calédonie et Polynésie française : de la spécialité législative au partage du pouvoir législatif, *L.P.A.*, 5 juin 2001.

c) *Le juge du déclassement de la loi*

1569 À la requête du premier ministre (art. 37, al. 2 C), le C.C. procède au déclassement de dispositions réglementaires égarées dans la loi. Par analogie, il appartient au Conseil de procéder au *déclassement insulaire* d'une loi qui méconnaît postérieurement le domaine de compétence de la Polynésie française (art. 74 et 74-1 C). Cette procédure, mise en œuvre par la L.O. du 27 février 2004, a été étendue à Saint-Barthélemy et à Saint-Martin (L.O. du 21 février 2007). La saisine est ouverte aux autorités de ladite collectivité, au premier ministre et à chaque président d'assemblée parlementaire. La saisine doit être motivée. Le délai d'examen est de 3 mois (3 mai 2007, *Taxe d'aéroport, chr.* n° 122, p. 197) (v. *chapitre IV*).

d) *Le juge des règlements des assemblées parlementaires*

1570 Bien que dépourvu de valeur constitutionnelle, le règlement du Congrès du Parlement et de chacune des assemblées qui le composent, doit respecter la constitution. La saisine, qui appartient au président de l'assemblée, est obligatoire (art. 61, al. 1er C) (v. *chapitres I et IV*).

e) *Le juge de la conformité du traité*

1571 Le Conseil examine la compatibilité entre un traité et la constitution (art. 54 C) (9 avril 1992 ; 31 décembre 1997, *Traités sur l'Union européenne* ; 19 novembre 2004, *Traité établissant une constitution pour l'Europe*). Dans la négative, la ratification implique la révision préalable de la constitution ; à défaut, celle-ci ne peut avoir lieu (15 juin 1999, *Charte européenne sur les langues régionales ou minoritaires*).

En revanche, sa compétence *d'attribution* est à l'origine de son refus d'examiner la conventionnalité de la loi (15 janvier 1975, *I.V.G.*), sauf invitation expresse du pouvoir constituant (5 mai 1998), au profit des juridictions ordinaires et de la C.E.D.H. (v. *chapitres I et III*).

B. LA COMPÉTENCE CONSULTATIVE

1572 Le Conseil constitutionnel est appelé, dans des conditions limitativement énumérées (14 septembre 1961, *G.D.* n° 11), à émettre des *avis* s'agissant des pouvoirs de crise (art. 16 C) ; en matière électorale (art. 58) et référendaire (art. 60) et concernant son organisation et ses compétences (art. 55), indépendamment des *observations* qu'il formule à l'issue de l'examen du contentieux (art. 47 de l'ord. du 7 novembre 1958), afin de guider les pouvoirs publics (v. *chapitres III et IV*)[52].

1. Le pouvoir consultatif dans le cadre des pouvoirs de crise

1573 Le Conseil est officiellement consulté par le chef de l'État, au moment de la mise en œuvre de l'article 16, et sur toutes les mesures prises ultérieurement (art. 53 et 54 de l'ordonnance du 7 novembre 1958). Il procède désormais sur saisine ou *autosaisine*, à l'examen de la fin de ces pouvoirs exceptionnels (révision de 2008) (v. *chapitre III*).

2. Le pouvoir consultatif en matière électorale et référendaire

1574 Le C.C. est consulté par le Gouvernement sur l'organisation de l'élection présidentielle (art. 3.III de la loi du 6 novembre 1962) et du référendum national (art. 11, 88-5 et 89 C) selon l'article 46 de

52. V. R. ARSAC, La fonction consultative du Conseil constitutionnel, *R.F.D.C.* 2006, p. 781 ; F. HAMON, Le rôle consultatif du C.C., *Mélanges Jean-Claude Masclet*, 2013, p. 259.

l'ordonnance précitée. Ses avis sont *secrets*, en théorie. Ce pouvoir est étendu aux décisions et recommandations du C.S.A. relatives aux conditions de programmation et de diffusion de la campagne (v. *chapitre III*). En pratique, la consultation équivaut à un avis conforme ; en un mot à une compétence *codécrétale* (*chr.* n° 115, p. 196). En un mot, la compétence consultative subit l'attraction de la compétence juridictionnelle au point de s'y adosser.

3. Le pouvoir consultatif en matière organisationnelle et fonctionnelle

1575 Le Conseil est consulté, simultanément au Conseil d'État (art. 55 de l'ord. précitée). L'admission de la *Q.P.C.* (L.O. du 10 décembre 2009) et le statut de ses archives (décret du 17 septembre 2009) en fournissent des exemples récents.

§ 2. LE RÉGULATEUR DU SYSTÈME POLITIQUE

1576 Protecteur des droits et des libertés, garantis par la constitution, le Conseil assume la *garde de la République* (J. Robert) et de l'État de droit qui lui est consubstantiel[53]. De ce point de vue, son contrôle est modulé : maximal pour ceux-ci (21 février 2008, *Rétention de sûreté, chr.* n° 126, p. 199) ; restreint, en revanche pour des matières politiques (18 février 2010, *Circonscriptions électorales de l'A.N., chr.* n° 134, p. 167).

Régulateur ? Est-ce le fait d'un *contre-pouvoir* ou d'un *pouvoir juridictionnel* ? La condition du Conseil est au cœur de cette interrogation, renouvelée avec l'admission de la *Q.P.C.* À la vérité, il peut se réclamer de cette double qualité, à l'image de l'*identité constitutionnelle de la France* (27 juillet 2006, *Droit d'auteur, chr.* n° 120, p. 177) dont il est le garant.

A. UN CONTRE-POUVOIR

1577 D'un point de vue politique, le Conseil occupe une place centrale et originale accordée au changement qui s'est opéré dans le mode de gestion des problèmes au sein des démocraties modernes. À la régulation classique de l'exercice du pouvoir, s'est substituée, pour une part importante, la régulation *juridictionnelle* dans une vision *libérale*[54]. Dans cette perspective, la séparation des pouvoirs reçoit une nouvelle interprétation à travers le pouvoir majoritaire et le pouvoir juridictionnel. À ce compte, le Conseil s'analyse en *un frein à la démocratie majoritaire* (P. Avril) lorsqu'elle *se montre sûre d'elle-même et dominatrice* (R. Badinter). À la faveur d'un contrôle *constructif*, son rôle consiste à encadrer l'alternance, sur les questions de société notamment, et à en régulariser le cours, tout au plus, sans franchir la *ligne blanche* qui provoquerait, en

53. V. D. RIBES, *L'État protecteur des droits fondamentaux*, thèse Aix-Marseille, 2005 ; A.-L. VALEMBOIS, *La constitutionnalisation de l'exigence de sécurité juridique en droit français,* 2005.

54. Par définition, le pouvoir n'aime pas les contre-pouvoirs. Le président Sarkozy a récusé cette vision d'*un contre-pouvoir judiciaire concurrent du législatif et de l'exécutif* (discours du 1er mars 2010 au Conseil constitutionnel). De la même manière, il a affirmé que le C.C. n'était pas une cour suprême (*chr.* n° 134, p. 160). V. F. HOURQUEBIE, *Sur l'émergence du contre-pouvoir juridictionnel sous la Ve République*, 2004 et *Le pouvoir juridictionnel en France*, 2010 ; Th. S. RENOUX, Le C.C., expression du pouvoir juridictionnel, *Mélanges Jean Gicquel*, 2008, p. 437.

retour, l'intervention du pouvoir constituant. La validation du mariage homosexuel, le 17 mai 2013, en est l'illustration. L'idée d'un *sur-pouvoir* en démocratie (R. de Lacharrière) est, de fait, inconcevable.

En s'attachant à dégager des *critères objectifs et rationnels*, technique reprise pour la *Q.P.C.*, au demeurant, le Conseil est parvenu à prévenir l'*arbitraire* ; en d'autres termes, à pacifier le débat politique et à consolider le consensus. Sous ce rapport, il a fondé son autorité et sa légitimité, nonobstant le fait qu'il est amené par définition à censurer la majorité. D'où des *décisions symétriques* (ou *l'effet miroir*), en matière de droit de propriété (16 janvier 1982, *Nationalisation* ; 25-26 juin 1986, *Privatisation*) ; de liberté de l'enseignement (18 janvier 1985, *Loi Joxe-Chevènement* ; 13 janvier 1994, *Révision de la loi Falloux*) ; d'égalité devant les charges publiques (28 décembre 2000, *Activités polluantes ;* 29 décembre 2009, *Taxe carbone*) ou de procédure (23 janvier 1987, *Amendement Séguin* ; 12 janvier 1989, *Amendements Le Guen et Mexandeau*). L'époque est bien révolue où André Laignel, député socialiste, répliquait à Jean Foyer, membre de l'opposition, le 13 octobre 1981, lors du débat sur les nationalisations : *Vous avez tort juridiquement parce que vous êtes politiquement minoritaire.* Une démocratie contrôlée est un gage de modération politique.

B. UN POUVOIR JURIDICTIONNEL

1578 D'un point de vue juridique, l'autorité de *chose jugée* inhérente aux décisions du Conseil (art. 62 C), qui s'impose par *persuasion* à la Cour de cassation (25 avril 1985 *Bogdan,* D. 1986, p. 169, note L. Favoreu) et au Conseil d'État (20 décembre 1985 *S.A. Établissements Outters, idem* p. 283, note L. Favoreu), donne naissance à un pouvoir juridictionnel identifié, de manière *spécifique*, non pas tant à une cour suprême, qu'à la *triade* formée par ces juridictions. Car il n'existe pas de hiérarchie entre elles.

Cependant, l'arrivée de la *Q.P.C.*, à l'image du *T.G.V.*, transforme son lieu d'accueil et le comportement des usagers. Le Conseil constitutionnel est sur le point de prendre l'avantage, dès lors que le flux demeure. Son ordonnancement rénové est accordé à son autorité stimulée. Le dualisme juridictionnel est modifié ; le Conseil d'État et la Cour de cassation sont ramenés insensiblement à la condition de *cours constitutionnelles partielles* (A. Roblot-Troizier). Certes, il partage avec eux la qualité de juge constitutionnel, dont il reste tributaire du renvoi. Une victoire amère, qui n'en est pas moins douce. En effet, il est *seul* investi du pouvoir d'abroger la disposition législative liberticide et dispose du monopole de l'interprétation souveraine de la loi, après la décision de principe *Adoption homosexuelle,* du 6 octobre 2010. Il est *seul* à soulever un moyen d'ordre public et à présenter une question préjudicielle au juge européen. Question sempiternelle : le Gouvernement des juges se profile-t-il à l'horizon ? Réflexion faite, il n'en est rien.

Outre la dissuasion du pouvoir constituant, lequel peut tenir un *lit de justice* (G. Vedel) et briser ses décisions, le Conseil a rappelé *que l'article 61-1 C, à l'instar de l'article 61, ne* [lui] *confère pas un pouvoir d'appréciation et de décision de même nature que celui du Parlement* (28 janvier 2011, *Mariage homosexuel, chr.* n° 138, p. 179) ou du législateur calédonien (9 décembre 2011, *chr.* n° 141, p. 194). De même, le choix opéré, dès lors que *les modalités retenues par la loi ne sont pas manifestement inappropriées à l'objectif poursuivi* (22 juillet 2011, *Journée nationale de solidarité, chr.* n° 140, p. 145). Aux élus, de définir l'intérêt général, et d'assumer leur responsabilité en ne se défaussant pas sur le juge[55].

55. La retenue à l'égard du Parlement se manifeste, par ailleurs, en termes de *Q.P.C.*, en ce qu'il *n'appartient pas au Conseil* de [lui] *indiquer les modifications qui doivent être choisies pour qu'il soit remédié à l'inconstitutionnalité* (30 juillet 2010, *Garde à vue*) ; de la même façon, qu'*il ne lui appartient pas de*

De sorte que le Conseil participe dans le cadre du *dialogue des juges* (B. Genevois) ou de la *polygamie juridique* (M. Guillaume) à l'harmonie de l'ordre juridique interne ; un ordre structuré par la constitution et coordonné avec les ordres supranationaux afin de s'affirmer sans risquer d'être censuré[56].

Ainsi, en est-il de la grâce d'un État de droit vivifié.

BIBLIOGRAPHIE

1. Ouvrages et articles

▪ P. AVRIL et J. GICQUEL, *Le Conseil constitutionnel*, 6e éd., 2011 ▪ D. DE BÉCHILLON (coord.), Le pouvoir normatif du juge constitutionnel, *C.C.C.* n° 24, 2008, p. 78 ▪ Ph. BLACHÈR, *Contrôle de constitutionnalité et volonté générale*, 2001, avec J.-É. GICQUEL et P. JAN, *Droits et libertés constitutionnels*, 2012 ▪ J. BONNET et P.-Y. GAHDOUN, *La Q.P.C.*, 2014 ; ▪ J.-P. CAMBY, *Le Conseil constitutionnel, juge électoral*, 5e éd., 2009 ▪ C.C., *Dossier 50e anniversaire,* et *Cinquantenaire du Conseil constitutionnel* (actes des colloques de 2008 et 2009), *C.C.C.* n° 25, 2008 et *Hors série,* 2009 ▪ E. CARTIER (sous la direction), *La Q.P.C., le procès et ses juges*, 2013 ▪ J.-Cl. COLLIARD, Un nouveau Conseil constitutionnel ?, *Pouvoirs* n° 137, 2011, p. 155 ▪ A. DERRIEN, *Les juges français de la constitutionnalité*, 2003 ▪ M. DISANT, *Droit de la Q.P.C.*, 2011 ▪ G. DRAGO, *Contentieux constitutionnel français*, 2e éd., 2006 ▪ L. FAVOREU, *Les cours constitutionnelles*, 1986, avec L. PHILIP, *Le Conseil constitutionnel*, 7e éd., 2005 ▪ P. GAÏA, R. GHEVONTIAN, F. MÉLIN-SOUCRAMANIEN, E. OLIVIA, A. ROUX, *Les grandes décisions du C.C.*, 17e éd., 2013 ▪ B. GENEVOIS, *La jurisprudence du Conseil constitutionnel*, 1988 ▪ F. GOGUEL, *La jurisprudence du Conseil constitutionnel*, I.E.P. Paris, 1983-1984 ▪ Chr. GUETTIER, *Le Conseil constitutionnel et le droit parlementaire sous la Ve République*, thèse Paris I, 1986 ▪ M. GUILLAUME, *Q.P.C.*, *Répertoire contentieux administratif, Dalloz*, mars 2011, Le règlement intérieur suivi devant le C.C. pour la *Q.P.C., in La révision de 2008, une nouvelle constitution ?*, 2011, p. 339 ; Avec la *Q.P.C.*, le C.C. est-il devenu une cour suprême ?, *J.C.P.*, 11 juin 2012, p. 1176. ▪ F. HAMON et C. WIENER, *La justice constitutionnelle en France et à l'étranger*, 2011 ▪ L. HAMON : *Les juges de loi*, 1987 ▪ F. HOURQUEBIE, *Sur l'émergence du contre-pouvoir juridictionnel sous la Ve République*, 2004 ▪ P. JAN, : *La saisine du Conseil constitutionnel*, 1999 et *Le procès constitutionnel*, 2e éd., 2010 ▪ V. GOESEL-LE BIHAN, *Contentieux constitutionnel*, 2010 ▪ F. LUCHAIRE, *Le Conseil constitutionnel*, 2e éd., 1998-2006 ▪ B. MATHIEU, J.-P. MACHELON, F. MÉLIN-SOUCRAMANIEN, D. ROUSSEAU, X. PHILIPPE, *Les grandes délibérations du Conseil constitutionnel, 1958-1983,* 2009 ▪ B. MATHIEU et D. ROUSSEAU, *Les grandes décisions de la Q.P.C.*, 2013 ▪ Chr. MAUGÜÉ et J.-H. STALH, *La Q.P.C.*, 2011 ▪ Th. RENOUX, *Le Conseil constitutionnel et l'autorité judiciaire*, 1984 ▪ J. RIVERO, *Le Conseil constitutionnel et les libertés*, 1984 ▪ J. ROBERT, *Le juge constitutionnel, juge des libertés*, 1999 et *La garde de la*

substituer son appréciation à celle du législateur sur les conséquences qu'il convient de tirer d'une décision (6 octobre 2010, *Adoption homosexuelle*) (*chr.* nos 137 et 138, p. 240).

▪ 56. V. D. DE BÉCHILLON, Cinq Cours suprêmes ? Apologie (mesurée) du désordre, *Pouvoirs* n° 137, 2011, p. 33 ; B. BONNET, Le paradoxe apparent d'une Q.P.C., instrument de l'avènement des rapports de systèmes, *R.D.P.* 2013 p. 1229 ; A. ROBLOT-TROIZIER, Les cours suprêmes et l'interprétation de la loi, *Les Nouveaux Cahiers* n° 38, 2013, p. 221 ; A. VIALA, De la puissance à l'acte : la Q.P.C. et les nouveaux horizons de l'interprétation conforme, *R.D.P.* 2011, p. 965.

République, 2000 ■ D. ROUSSEAU, *Droit du contentieux constitutionnel*, 8e éd., 2008 ; sous la direction, *La Q.P.C.*, 2e éd., 2012 ■ H. ROUSSILLON et P. ESPLUGAS, *Le Conseil constitutionnel*, 7e éd., 2011 ■ A. ROUX, Le nouveau Conseil constitutionnel. Vers la fin de l'exception française ?, *J.C.P.*, 30 juillet 2008, I.175 ■ J. THOMAS, *L'indépendance du C.C.*, 2011 ■ D. TURPIN, *Contentieux constitutionnel*, 2e éd., 1994, *Le Conseil constitutionnel*, 2e éd., 2000 ■ G. VEDEL, Excès de pouvoir administratif et excès de pouvoir législatif, *C.C.C.* nos 1 et 2, 1996 et 1997 p. 57 et 77 ■ M. VERPEAUX, Conseil constitutionnel, *Juris-Classeur administratif*, fasc. 1410, 1998.

■ On consultera : C.C., *50 ans de jurisprudence, tables d'analyses* 1959-2008, 2009 ■ *Les Nouveaux Cahiers du C.C.* (Le C.C. et le Parlement, no 38, 2013 ; 3 ans de Q.P.C., no 40, 2013) ■ La journée d'études toulousaines sur la Q.P.C., *ibid.* nos 38 et 39, 2013, p. 205 et 251 ■ Le Conseil constitutionnel, *Pouvoirs*, nos 13 et 105 et la *Q.P.C.*, no 137, 2011

■ Les chroniques de jurisprudence (*A.I.J.C., L.P.A., J.C.P., Les Nouveaux Cahiers du C.C., Pouvoirs, R.D.P., R.F.D.C.* et *R.F.F.P.*).

2. Sites internet

■ www.conseil-constitutionnel.fr

ANNEXES

I. Constitution du 4 octobre 1958

II. Déclaration des droits de l'homme et du citoyen du 26 août 1789

III. Préambule de la Constitution du 27 octobre 1946

IV. Charte de l'environnement de 2004

I. CONSTITUTION DU 4 OCTOBRE 1958

Préambule

Le peuple français proclame solennellement son attachement aux Droits de l'homme et aux principes de la souveraineté nationale tels qu'ils ont été définis par la Déclaration de 1789, confirmée et complétée par le préambule de la Constitution de 1946, ainsi qu'aux droits et devoirs définis dans la Charte de l'environnement de 2004.

En vertu de ces principes et de celui de la libre détermination des peuples, la République offre aux territoires d'outre-mer qui manifestent la volonté d'y adhérer des institutions nouvelles fondées sur l'idéal commun de liberté, d'égalité et de fraternité et conçues en vue de leur évolution démocratique.

Art. premier. La France est une République indivisible, laïque, démocratique et sociale. Elle assure l'égalité devant la loi de tous les citoyens sans distinction d'origine, de race ou de religion. Elle respecte toutes les croyances. Son organisation est décentralisée.

La loi favorise l'égal accès des femmes et des hommes aux mandats électoraux et fonctions électives, ainsi qu'aux responsabilités professionnelles et sociales.

Titre premier. De la souveraineté

Art. 2. La langue de la République est le français.

L'emblème national est le drapeau tricolore, bleu, blanc, rouge.

L'hymne national est la « Marseillaise ».

La devise de la République est « Liberté, Égalité, Fraternité ».

Son principe est : gouvernement du peuple, par le peuple et pour le peuple.

Art. 3. La souveraineté nationale appartient au peuple qui l'exerce par ses représentants et par la voie du référendum.

Aucune section du peuple ni aucun individu ne peut s'en attribuer l'exercice.

Le suffrage peut être direct ou indirect dans les conditions prévues par la Constitution. Il est toujours universel, égal et secret.

Sont électeurs, dans les conditions déterminées par la loi, tous les nationaux français majeurs des deux sexes, jouissant de leurs droits civils et politiques.

Sont électeurs, dans les conditions déterminées par la loi, tous les nationaux français majeurs des deux sexes, jouissant de leurs droits civils et politiques.

Art. 4. Les partis et groupements politiques concourent à l'expression du suffrage. Ils se forment et exercent leur activité librement. Ils doivent respecter les principes de la souveraineté nationale et de la démocratie.

Ils contribuent à la mise en œuvre du principe énoncé au second alinéa de l'article premier dans les conditions déterminées par la loi.

La loi garantit les expressions pluralistes des opinions et la participation équitable des partis et groupements politiques à la vie démocratique de la Nation.

Titre II. Le Président de la République

Art. 5. Le Président de la République veille au respect de la Constitution. Il assure, par son arbitrage, le fonctionnement régulier des pouvoirs publics ainsi que la continuité de l'État.

Il est le garant de l'indépendance nationale, de l'intégrité du territoire et du respect des traités.

Art. 6. Le Président de la République est élu pour cinq ans au suffrage universel direct.

Nul ne peut exercer plus de deux mandats consécutifs.

Les modalités d'application du présent article sont fixées par une loi organique.

Art. 7. Le Président de la République est élu à la majorité absolue des suffrages exprimés. Si celle-ci n'est pas obtenue au premier tour de scrutin, il est procédé, le quatorzième jour suivant, à un second tour. Seuls peuvent s'y présenter les deux candidats qui, le cas échéant après retrait de candidats plus favorisés, se trouvent avoir recueilli le plus grand nombre de suffrages au premier tour.

Le scrutin est ouvert sur convocation du Gouvernement.

L'élection du nouveau président a lieu vingt jours au moins et trente-cinq jours au plus avant l'expiration des pouvoirs du président en exercice.

En cas de vacance de la Présidence de la République pour quelque cause que ce soit, ou d'empêchement constaté par le Conseil constitutionnel saisi par le Gouvernement et statuant à la majorité absolue de ses membres, les fonctions du Président de la République, à l'exception de celles prévues aux articles 11 et 12 ci-dessous, sont provisoirement exercées par le Président du Sénat et, si celui-ci est à son tour empêché d'exercer ces fonctions, par le Gouvernement.

En cas de vacance ou lorsque l'empêchement est déclaré définitif par le Conseil constitutionnel, le scrutin pour l'élection du nouveau président a lieu, sauf cas de force majeure constaté par le Conseil constitutionnel, vingt jours au moins et trente-cinq jours au plus après l'ouverture de la vacance ou la déclaration du caractère définitif de l'empêchement.

Si, dans les sept jours précédant la date limite du dépôt des présentations de candidatures, une des personnes ayant, moins de trente jours avant cette date, annoncé publiquement sa décision d'être candidate décède ou se trouve empêchée, le Conseil constitutionnel peut décider de reporter l'élection.

Si, avant le premier tour, un des candidats décède ou se trouve empêché, le Conseil constitutionnel prononce le report de l'élection.

En cas de décès ou d'empêchement de l'un des deux candidats les plus favorisés au premier tour avant les retraits éventuels, le Conseil constitutionnel déclare qu'il doit être procédé de nouveau à l'ensemble des opérations électorales ; il en est de même en cas de décès ou d'empêchement de l'un des deux candidats restés en présence en vue du second tour.

Dans tous les cas, le Conseil constitutionnel est saisi dans les conditions fixées au deuxième alinéa de l'article 61 ci-dessous ou dans celles déterminées pour la présentation d'un candidat par la loi organique prévue à l'article 6 ci-dessus.

Le Conseil constitutionnel peut proroger les délais prévus aux troisième et cinquième alinéas sans que le scrutin puisse avoir lieu plus de trente-cinq jours après la date de la décision du Conseil constitutionnel. Si l'application des dispositions du présent alinéa a eu pour effet de reporter l'élection à une date postérieure à l'expiration des pouvoirs du président en exercice, celui-ci demeure en fonction jusqu'à la proclamation de son successeur.

Il ne peut être fait application ni des articles 49 et 50 ni de l'article 89 de la Constitution durant la vacance de la Présidence de la République ou durant la période qui s'écoule entre la déclaration du caractère définitif de l'empêchement du Président de la République et l'élection de son successeur.

Art. 8. Le Président de la République nomme le Premier ministre. Il met fin à ses fonctions sur la présentation par celui-ci de la démission du Gouvernement.

Sur la proposition du Premier ministre, il nomme les autres membres du Gouvernement et met fin à leurs fonctions.

Art. 9. Le Président de la République préside le conseil des ministres.

Art. 10. Le Président de la République promulgue les lois dans les quinze jours qui suivent la transmission au Gouvernement de la loi définitivement adoptée.

Il peut, avant l'expiration de ce délai, demander au Parlement une nouvelle délibération de la loi ou de certains de ses articles. Cette nouvelle délibération ne peut être refusée.

Art. 11. Le Président de la République, sur proposition du Gouvernement pendant la durée des sessions ou sur proposition conjointe des deux assemblées, publiées au *Journal officiel*, peut soumettre au référendum tout projet de loi portant sur l'organisation des pouvoirs publics, sur des réformes relatives à la politique économique, sociale ou environnementale de la Nation et aux services publics qui y concourent, ou tendant à autoriser la ratification d'un traité qui, sans être contraire à la Constitution, aurait des incidences sur le fonctionnement des institutions.

Lorsque le référendum est organisé sur proposition du Gouvernement, celui-ci fait, devant chaque assemblée, une déclaration qui est suivie d'un débat.

Un référendum portant sur un objet mentionné au premier alinéa peut être organisé à l'initiative d'un cinquième des membres du Parlement, soutenue par un dixième des électeurs inscrits sur les listes électorales. Cette initiative prend la forme d'une proposition de loi et ne peut avoir pour objet l'abrogation d'une disposition législative promulguée depuis moins d'un an.

Les conditions de sa présentation et celles dans lesquelles le Conseil constitutionnel contrôle le respect des dispositions de l'alinéa précédent sont déterminées par une loi organique.

Si la proposition de loi n'a pas été examinée par les deux assemblées dans un délai fixé par la loi organique, le Président de la République la soumet au référendum.

Lorsque la proposition de loi n'est pas adoptée par le peuple français, aucune nouvelle proposition de référendum portant sur le même sujet ne peut être présentée avant l'expiration d'un délai de deux ans suivant la date du scrutin.

Lorsque le référendum a conclu à l'adoption du projet ou de la proposition de loi, le Président de la République promulgue la loi dans les quinze jours qui suivent la proclamation des résultats de la consultation.

Art. 12. Le Président de la République peut, après consultation du Premier ministre et des Présidents des assemblées, prononcer la dissolution de l'Assemblée nationale.

Les élections générales ont lieu vingt jours au moins et quarante jours au plus après la dissolution.

L'Assemblée nationale se réunit de plein droit le deuxième jeudi qui suit son élection. Si cette réunion a lieu en dehors de la période prévue pour la session ordinaire, une session est ouverte de droit pour une durée de quinze jours.

Il ne peut être procédé à une nouvelle dissolution dans l'année qui suit ces élections.

Art. 13. Le Président de la République signe les ordonnances et les décrets délibérés en Conseil des ministres.

Il nomme aux emplois civils et militaires de l'État.

Les conseillers d'État, le grand chancelier de la Légion d'honneur, les ambassadeurs et envoyés extraordinaires, les conseillers maîtres à la Cour des comptes, les préfets, les représentants de l'État dans les collectivités d'outre-mer régies par l'article 74 et en Nouvelle-Calédonie, les officiers généraux, les recteurs des académies, les directeurs des administrations centrales sont nommés en Conseil des ministres.

Une loi organique détermine les autres emplois auxquels il est pourvu en Conseil des ministres ainsi que les conditions dans lesquelles le pouvoir de nomination du Président de la

République peut être par lui délégué pour être exercé en son nom.

Une loi organique détermine les emplois ou fonctions, autres que ceux mentionnés au troisième alinéa, pour lesquels, en raison de leur importance pour la garantie des droits et libertés ou la vie économique et sociale de la Nation, le pouvoir de nomination du Président de la République s'exerce après avis public de la commission permanente compétente de chaque assemblée. Le Président de la République ne peut procéder à une nomination lorsque l'addition des votes négatifs dans chaque commission représente au moins trois cinquièmes des suffrages exprimés au sein des deux commissions. La loi détermine les commissions permanentes compétentes selon les emplois ou fonctions concernés.

Art. 14. Le Président de la République accrédite les ambassadeurs et les envoyés extraordinaires auprès des puissances étrangères ; les ambassadeurs et les envoyés extraordinaires étrangers sont accrédités auprès de lui.

Art. 15. Le Président de la République est le chef des armées. Il préside les conseils et comités supérieurs de la Défense nationale.

Art. 16. Lorsque les institutions de la République, l'indépendance de la Nation, l'intégrité de son territoire ou l'exécution de ses engagements internationaux sont menacés d'une manière grave et immédiate et que le fonctionnement régulier des pouvoirs publics constitutionnels est interrompu, le Président de la République prend les mesures exigées par ces circonstances, après consultation officielle du Premier ministre, des Présidents des assemblées ainsi que du Conseil constitutionnel.

Il en informe la Nation par un message.

Ces mesures doivent être inspirées par la volonté d'assurer aux pouvoirs publics constitutionnels, dans les moindres délais, les moyens d'accomplir leur mission. Le Conseil constitutionnel est consulté à leur sujet.

Le Parlement se réunit de plein droit.

L'Assemblée nationale ne peut être dissoute pendant l'exercice des pouvoirs exceptionnels.

Après trente jours d'exercice des pouvoirs exceptionnels, le Conseil constitutionnel peut être saisi par le Président de l'Assemblée nationale, le Président du Sénat, soixante députés ou soixante sénateurs, aux fins d'examiner si les conditions énoncées au premier alinéa demeurent réunies. Il se prononce dans les délais les plus brefs par un avis public. Il procède de plein droit à cet examen et se prononce dans les mêmes conditions au terme de soixante jours d'exercice des pouvoirs exceptionnels et à tout moment au-delà de cette durée.

Art. 17. Le Président de la République a le droit de faire grâce à titre individuel.

Art. 18. Le Président de la République communique avec les deux assemblées du Parlement par des messages qu'il fait lire et qui ne donnent lieu à aucun débat.

Il peut prendre la parole devant le Parlement réuni à cet effet en Congrès. Sa déclaration peut donner lieu, hors sa présence, à un débat qui ne fait l'objet d'aucun vote.

Hors session, les assemblées parlementaires sont réunies spécialement à cet effet.

Art. 19. Les actes du Président de la République autres que ceux prévus aux articles 8 (1er alinéa), 11, 12, 16, 18, 54, 56 et 61 sont contresignés par le Premier ministre et, le cas échéant, par les ministres responsables.

Titre III. Le Gouvernement

Art. 20. Le Gouvernement détermine et conduit la politique de la Nation.

Il dispose de l'administration et de la force armée.

Il est responsable devant le Parlement dans les conditions et suivant les procédures prévues aux articles 49 et 50.

Art. 21. Le Premier ministre dirige l'action du Gouvernement. Il est responsable de la Défense nationale. Il assure l'exécution des lois. Sous réserve des dispositions de l'article 13, il exerce le pouvoir réglementaire et nomme aux emplois civils et militaires.

Il peut déléguer certains de ses pouvoirs aux ministres.

Il supplée, le cas échéant, le Président de la République dans la présidence des conseils et comités prévus à l'article 15.

Il peut, à titre exceptionnel, le suppléer pour la présidence d'un Conseil des ministres en vertu d'une délégation expresse et pour un ordre du jour déterminé.

Art. 22. Les actes du Premier ministre sont contresignés, le cas échéant, par les ministres chargés de leur exécution.

Art. 23. Les fonctions de membre du Gouvernement sont incompatibles avec l'exercice de tout mandat parlementaire, de toute fonction de représentation professionnelle à caractère national et de tout emploi public ou de toute activité professionnelle.

Une loi organique fixe les conditions dans lesquelles il est pourvu au remplacement des titulaires de tels mandats, fonctions ou emplois.

Le remplacement des membres du Parlement a lieu conformément aux dispositions de l'article 25.

Titre IV. Le Parlement

Art. 24. Le Parlement vote la loi. Il contrôle l'action du Gouvernement. Il évalue les politiques publiques.

Il comprend l'Assemblée nationale et le Sénat.

Les députés à l'Assemblée nationale, dont le nombre ne peut excéder cinq cent soixante-dix-sept, sont élus au suffrage direct.

Le Sénat, dont le nombre de membres ne peut excéder trois cent quarante-huit, est élu au suffrage indirect. Il assure la représentation des collectivités territoriales de la République.

Les Français établis hors de France sont représentés à l'Assemblée nationale et au Sénat.

Art. 25. Une loi organique fixe la durée des pouvoirs de chaque assemblée, le nombre de ses membres, leur indemnité, les conditions d'éligibilité, le régime des inéligibilités et des incompatibilités.

Elle fixe également les conditions dans lesquelles sont élues les personnes appelées à assurer, en cas de vacance du siège, le remplacement des députés ou des sénateurs jusqu'au renouvellement général ou partiel de l'assemblée à laquelle ils appartenaient ou leur remplacement temporaire en cas d'acceptation par eux de fonctions gouvernementales.

Une commission indépendante, dont la loi fixe la composition et les règles d'organisation et de fonctionnement, se prononce par un avis public sur les projets de texte et propositions de loi délimitant les circonscriptions pour l'élection des députés ou modifiant la répartition des sièges de députés ou de sénateurs.

Art. 26. Aucun membre du Parlement ne peut être poursuivi, recherché, arrêté, détenu ou jugé à l'occasion des opinions ou votes émis par lui dans l'exercice de ses fonctions.

Aucun membre du Parlement ne peut faire l'objet, en matière criminelle ou correctionnelle, d'une arrestation ou de toute autre mesure privative ou restrictive de liberté qu'avec l'autorisation du Bureau de l'assemblée dont il fait partie. Cette autorisation n'est pas requise en cas de crime ou délit flagrant ou de condamnation définitive.

La détention, les mesures privatives ou restrictives de liberté ou la poursuite d'un membre du Parlement sont suspendues pour la durée de la session si l'assemblée dont il fait partie le requiert.

L'assemblée intéressée est réunie de plein droit pour des séances supplémentaires pour permettre, le cas échéant, l'application de l'alinéa ci-dessus.

Art. 27. Tout mandat impératif est nul.

Le droit de vote des membres du Parlement est personnel.

La loi organique peut autoriser exceptionnellement la délégation de vote. Dans ce cas nul ne peut recevoir délégation de plus d'un mandat.

Art. 28. Le Parlement se réunit de plein droit en une session ordinaire qui commence le premier jour ouvrable d'octobre et prend fin le dernier jour ouvrable de juin.

Le nombre de jours de séance que chaque assemblée peut tenir au cours de la session ordinaire ne peut excéder cent vingt. Les semaines de séance sont fixées par chaque assemblée.

Le Premier ministre, après consultation du président de l'assemblée concernée, ou la majorité des membres de chaque assemblée peut décider la tenue de jours supplémentaires de séance.

Les jours et les horaires des séances sont déterminés par le règlement de chaque assemblée.

Art. 29. Le Parlement est réuni en session extraordinaire à la demande du Premier ministre ou de la majorité des membres composant l'Assemblée nationale, sur un ordre du jour déterminé.

Lorsque la session extraordinaire est tenue à la demande des membres de l'Assemblée nationale, le décret de clôture intervient dès que le Parlement a épuisé l'ordre du jour pour lequel il a été convoqué et au plus tard douze jours à compter de sa réunion.

Le Premier ministre peut seul demander une nouvelle session avant l'expiration du mois qui suit le décret de clôture.

Art. 30. Hors les cas dans lesquels le Parlement se réunit de plein droit, les sessions extraordinaires sont ouvertes et closes par décret du Président de la République.

Art. 31. Les membres du Gouvernement ont accès aux deux assemblées. Ils sont entendus quand ils le demandent.

Ils peuvent se faire assister par des commissaires du Gouvernement.

Art. 32. Le Président de l'Assemblée nationale est élu pour la durée de la législature. Le Président du Sénat est élu après chaque renouvellement partiel.

Art. 33. Les séances des deux assemblées sont publiques. Le compte rendu intégral des débats est publié au *Journal officiel*.

Chaque assemblée peut siéger en comité secret à la demande du Premier ministre ou d'un dixième de ses membres.

Titre V. Des rapports entre le Parlement et le Gouvernement

Art. 34. La loi fixe les règles concernant :

— les droits civiques et les garanties fondamentales accordées aux citoyens pour l'exercice des libertés publiques ; la liberté, le pluralisme et l'indépendance des médias ; les sujétions imposées par la Défense nationale aux citoyens en leur personne et en leurs biens ;

— la nationalité, l'état et la capacité des personnes, les régimes matrimoniaux, les successions et libéralités ;

— la détermination des crimes et délits ainsi que les peines qui leur sont applicables ; la procédure pénale ; l'amnistie ; la création de nouveaux ordres de juridiction et le statut des magistrats ;

— l'assiette, le taux et les modalités de recouvrement des impositions de toutes natures ; le régime d'émission de la monnaie.

La loi fixe également les règles concernant :

— le régime électoral des assemblées parlementaires, des assemblées locales et des instances représentatives des Français établis hors de France ainsi que les conditions d'exercice des mandats électoraux et des fonctions électives des membres des assemblées délibérantes des collectivités territoriales ;

— la création de catégories d'établissements publics ;

— les garanties fondamentales accordées aux fonctionnaires civils et militaires de l'État ;

— les nationalisations d'entreprises et les transferts de propriété d'entreprises du secteur public au secteur privé.

La loi détermine les principes fondamentaux :

— de l'organisation générale de la Défense nationale ;

— de la libre administration des collectivités territoriales, de leurs compétences et de leurs ressources ;

— de l'enseignement ;

— de la préservation de l'environnement ;

— du régime de la propriété, des droits réels et des obligations civiles et commerciales ;

— du droit du travail, du droit syndical et de la sécurité sociale.

Les lois de finances déterminent les ressources et les charges de l'État dans les conditions et sous les réserves prévues par une loi organique.

Les lois de financement de la sécurité sociale déterminent les conditions générales de son équilibre financier et, compte tenu de leurs prévisions de recettes, fixent ses objectifs de dépenses, dans les conditions et sous les réserves prévues par une loi organique.

Des lois de programmation déterminent les objectifs de l'action de l'État.

Les orientations pluriannuelles des finances publiques sont définies par des lois de programmation.

Elles s'inscrivent dans l'objectif d'équilibre des comptes des administrations publiques.

Les dispositions du présent article pourront être précisées et complétées par une loi organique.

Art. 34-1. Les assemblées peuvent voter des résolutions dans les conditions fixées par la loi organique.

Sont irrecevables et ne peuvent être inscrites à l'ordre du jour les propositions de résolution dont le Gouvernement estime que leur adoption ou leur rejet serait de nature à mettre en cause sa responsabilité ou qu'elles contiennent des injonctions à son égard.

Art. 35. La déclaration de guerre est autorisée par le Parlement.

Le Gouvernement informe le Parlement de sa décision de faire intervenir les forces armées à l'étranger, au plus tard trois jours après le début de l'intervention. Il précise les objectifs poursuivis.

Cette information peut donner lieu à un débat qui n'est suivi d'aucun vote.

Lorsque la durée de l'intervention excède quatre mois, le Gouvernement soumet sa prolongation à l'autorisation du Parlement. Il peut demander à l'Assemblée nationale de décider en dernier ressort.

Si le Parlement n'est pas en session à l'expiration du délai de quatre mois, il se prononce à l'ouverture de la session suivante.

Art. 36. L'état de siège est décrété en Conseil des ministres.

Sa prorogation au-delà de douze jours ne peut être autorisée que par le Parlement.

Art. 37. Les matières autres que celles qui sont du domaine de la loi ont un caractère réglementaire.

Les textes de forme législative intervenus en ces matières peuvent être modifiés par décrets pris après avis du Conseil d'État. Ceux de ces textes qui interviendraient après l'entrée en vigueur de la présente Constitution ne pourront être modifiés par décret que si le Conseil constitutionnel a déclaré qu'ils ont un caractère réglementaire en vertu de l'alinéa précédent.

Art. 37-1. La loi et le règlement peuvent comporter, pour un objet et une durée limités, des dispositions à caractère expérimental.

Art. 38. Le Gouvernement peut, pour l'exécution de son programme, demander au Parlement l'autorisation de prendre par ordonnances, pendant un délai limité, des mesures qui sont normalement du domaine de la loi.

Les ordonnances sont prises en Conseil des ministres après avis du Conseil d'État. Elles entrent en vigueur dès leur publication mais deviennent caduques si le projet de loi de ratification n'est pas déposé devant le Parlement avant la date fixée par la loi d'habilitation. Elles ne peuvent être ratifiées que de manière expresse.

À l'expiration du délai mentionné au premier alinéa du présent article, les ordonnances ne peuvent plus être modifiées que par la loi dans les matières qui sont du domaine législatif.

Art. 39. L'initiative des lois appartient concurremment au Premier ministre et aux membres du Parlement. Les projets de loi sont délibérés en Conseil des ministres après avis du Conseil d'État et déposés sur le bureau de l'une des deux assemblées. Les projets de loi de finances et de loi de financement de la sécurité sociale sont soumis en premier lieu à l'Assemblée nationale. Sans préjudice du premier alinéa de l'article 44, les projets de loi ayant pour principal objet l'organisation des collectivités territoriales sont soumis en premier lieu au Sénat.

La présentation des projets de loi déposés devant l'Assemblée nationale ou le Sénat répond aux conditions fixées par une loi organique.

Les projets de loi ne peuvent être inscrits à l'ordre du jour si la Conférence des présidents de la première assemblée saisie constate que les règles fixées par la loi organique sont méconnues. En cas de désaccord entre la Conférence des présidents et le Gouvernement, le président de l'assemblée intéressée ou le Premier ministre peut saisir le Conseil constitutionnel qui statue dans un délai de huit jours.

Dans les conditions prévues par la loi, le président d'une assemblée peut soumettre pour avis au Conseil d'État, avant son examen en commission, une proposition de loi déposée par l'un des membres de cette assemblée, sauf si ce dernier s'y oppose.

Art. 40. Les propositions et amendements formulés par les membres du Parlement ne sont pas recevables lorsque leur adoption aurait pour conséquence soit une diminution des ressources publiques, soit la création ou l'aggravation d'une charge publique.

Art. 41. S'il apparaît au cours de la procédure législative qu'une proposition ou un amendement n'est pas du domaine de la loi ou est contraire à une délégation accordée en vertu de l'article 38, le Gouvernement ou le président de l'assemblée saisie peut opposer l'irrecevabilité.

En cas de désaccord entre le Gouvernement et le Président de l'assemblée intéressée, le Conseil constitutionnel, à la demande de l'un ou de l'autre, statue dans un délai de huit jours.

Art. 42. La discussion des projets et des propositions de loi porte, en séance, sur le texte adopté par la commission saisie en application de l'article 43 ou, à défaut, sur le texte dont l'assemblée a été saisie.

Toutefois, la discussion en séance des projets de révision constitutionnelle, des projets de loi de finances et des projets de loi de financement de la sécurité sociale porte, en première lecture devant la première assemblée saisie, sur le texte présenté par le Gouvernement et, pour les autres lectures, sur le texte transmis par l'autre assemblée.

La discussion en séance, en première lecture, d'un projet ou d'une proposition de loi ne peut intervenir, devant la première assemblée saisie, qu'à l'expiration d'un délai de six semaines après son dépôt. Elle ne peut intervenir, devant la seconde assemblée saisie, qu'à l'expiration d'un délai de quatre semaines à compter de sa transmission.

L'alinéa précédent ne s'applique pas si la procédure accélérée a été engagée dans les conditions prévues à l'article 45. Il ne s'applique pas non plus aux projets de loi de finances, aux projets de loi de financement de la sécurité sociale et aux projets relatifs aux états de crise.

Art. 43. Les projets et propositions de loi sont envoyés pour examen à l'une des commissions permanentes dont le nombre est limité à huit dans chaque assemblée.

À la demande du Gouvernement ou de l'assemblée qui en est saisie, les projets ou propositions de loi sont envoyés pour examen à une commission spécialement désignée à cet effet.

Art. 44. Les membres du Parlement et le Gouvernement ont le droit d'amendement. Ce droit s'exerce en séance ou en commission selon les conditions fixées par les règlements des assemblées, dans le cadre déterminé par une loi organique.

Après l'ouverture du débat, le Gouvernement peut s'opposer à l'examen de tout amendement qui n'a pas été antérieurement soumis à la commission.

Si le Gouvernement le demande, l'assemblée saisie se prononce par un seul vote sur tout ou partie du texte en discussion en ne retenant que les amendements proposés ou acceptés par le Gouvernement.

Art. 45. Tout projet ou proposition de loi est examiné successivement dans les deux assemblées du Parlement en vue de l'adoption d'un texte identique. Sans préjudice de l'application des articles 40 et 41, tout amendement est recevable en première lecture dès lors qu'il présente un lien, même indirect, avec le texte déposé ou transmis.

Lorsque, par suite d'un désaccord entre les deux assemblées, un projet ou une proposition de loi n'a pu être adopté après deux lectures par chaque assemblée ou, si le Gouvernement a décidé d'engager la procédure accélérée sans que les Conférences des présidents s'y soient conjointement opposées, après une seule lecture par chacune d'entre elles, le Premier ministre ou, pour une proposition de loi, les Présidents des deux assemblées agissant conjointement, ont la faculté de provoquer la réunion d'une commission mixte paritaire chargée de proposer un texte sur les dispositions restant en discussion.

Le texte élaboré par la commission mixte peut être soumis par le Gouvernement pour approbation aux deux assemblées. Aucun amendement n'est recevable sauf accord du Gouvernement.

Si la commission mixte ne parvient pas à l'adoption d'un texte commun ou si ce texte n'est pas adopté dans les conditions prévues à l'alinéa précédent, le Gouvernement peut, après une nouvelle lecture par l'Assemblée nationale et par le Sénat, demander à l'Assemblée nationale de statuer définitivement. En ce cas, l'Assemblée nationale peut reprendre soit le texte élaboré par la commission mixte, soit le dernier texte voté par elle, modifié le cas échéant par un ou plusieurs des amendements adoptés par le Sénat.

Art. 46. Les lois auxquelles la Constitution confère le caractère de lois organiques sont votées et modifiées dans les conditions suivantes.

Le projet ou la proposition ne peut, en première lecture, être soumis à la délibération et au vote des assemblées qu'à l'expiration des délais fixés au troisième alinéa de l'article 42. Toutefois, si la procédure accélérée a été engagée dans les conditions prévues à l'article 45, le projet ou la proposition ne peut être soumis à la délibération de la première assemblée saisie avant l'expiration d'un délai de quinze jours après son dépôt.

La procédure de l'article 45 est applicable. Toutefois, faute d'accord entre les deux assemblées, le texte ne peut être adopté par l'Assemblée nationale en dernière lecture qu'à la majorité absolue de ses membres.

Les lois organiques relatives au Sénat doivent être votées dans les mêmes termes par les deux assemblées.

Les lois organiques ne peuvent être promulguées qu'après déclaration par le Conseil constitutionnel de leur conformité à la Constitution.

Art. 47. Le Parlement vote les projets de loi de finances dans les conditions prévues par une loi organique.

Si l'Assemblée nationale ne s'est pas prononcée en première lecture dans le délai de quarante jours après le dépôt d'un projet, le Gouvernement saisit le Sénat qui doit statuer dans un délai de quinze jours. Il est ensuite procédé dans les conditions prévues à l'article 45.

Si le Parlement ne s'est pas prononcé dans un délai de soixante-dix jours, les dispositions du projet peuvent être mises en vigueur par ordonnance.

Si la loi de finances fixant les ressources et les charges d'un exercice n'a pas été déposée en temps utile pour être promulguée avant le début de cet exercice, le Gouvernement demande d'urgence au Parlement l'autorisation de percevoir les impôts et ouvre par décret les crédits se rapportant aux services votés.

Les délais prévus au présent article sont suspendus lorsque le Parlement n'est pas en session.

Art. 47-1. Le Parlement vote les projets de loi de financement de la sécurité sociale dans les conditions prévues par une loi organique.

Si l'Assemblée nationale ne s'est pas prononcée en première lecture dans le délai de vingt jours après le dépôt d'un projet, le Gouvernement saisit le Sénat qui doit statuer dans un délai de quinze jours. Il est ensuite procédé dans les conditions prévues à l'article 45.

Si le Parlement ne s'est pas prononcé dans un délai de cinquante jours, les dispositions du projet peuvent être mises en œuvre par ordonnance.

Les délais prévus au présent article sont suspendus lorsque le Parlement n'est pas en session et, pour chaque assemblée, au cours des semaines où elle a décidé de ne pas tenir séance, conformément au deuxième alinéa de l'article 28.

Art. 47-2. La Cour des comptes assiste le Parlement dans le contrôle de l'action du Gouvernement. Elle assiste le Parlement et le Gouvernement dans le contrôle de l'exécution des lois de finances et de l'application des lois de financement de la sécurité sociale ainsi que dans l'évaluation des politiques publiques. Par ses rapports publics, elle contribue à l'information des citoyens.

Les comptes des administrations publiques sont réguliers et sincères. Ils donnent une image fidèle du résultat de leur gestion, de leur patrimoine et de leur situation financière.

Art. 48. Sans préjudice de l'application des trois derniers alinéas de l'article 28, l'ordre du jour est fixé par chaque assemblée.

Deux semaines de séance sur quatre sont réservées par priorité, et dans l'ordre que le Gouvernement a fixé, à l'examen des textes et aux débats dont il demande l'inscription à l'ordre du jour.

En outre, l'examen des projets de loi de finances, des projets de loi de financement de la sécurité sociale et, sous réserve des dispositions de l'alinéa suivant, des textes transmis par l'autre assemblée depuis six semaines au moins, des projets relatifs aux états de crise et des demandes d'autorisation visées à l'article 35 est, à la demande du Gouvernement, inscrit à l'ordre du jour par priorité.

Une semaine de séance sur quatre est réservée par priorité et dans l'ordre fixé par chaque assemblée au contrôle de l'action du Gouvernement et à l'évaluation des politiques publiques.

Un jour de séance par mois est réservé à un ordre du jour arrêté par chaque assemblée à l'initiative des groupes d'opposition de l'assemblée intéressée ainsi qu'à celle des groupes minoritaires.

Une séance par semaine au moins, y compris pendant les sessions extraordinaires prévues à l'article 29, est réservée par priorité aux questions des membres du Parlement et aux réponses du Gouvernement.

Art. 49. Le Premier ministre, après délibération du Conseil des ministres, engage devant l'Assemblée nationale la responsabilité du Gouvernement sur son programme ou éventuellement sur une déclaration de politique générale.

L'Assemblée nationale met en cause la responsabilité du Gouvernement par le vote d'une motion de censure. Une telle motion n'est recevable que si elle est signée par un dixième au moins des membres de l'Assemblée nationale. Le vote ne peut avoir lieu que quarante-huit heures après son dépôt. Seuls sont recensés les votes favorables à la motion de censure qui ne peut être adoptée qu'à la majorité des membres composant l'Assemblée. Sauf dans le cas prévu à l'alinéa ci-dessous, un député ne peut être signataire de plus de trois motions de censure au cours d'une même session ordinaire et de plus d'une au cours d'une même session extraordinaire.

Le Premier ministre peut, après délibération du Conseil des ministres, engager la responsabilité du Gouvernement devant l'Assemblée nationale sur le vote d'un projet de loi de finances ou de financement de la sécurité sociale. Dans ce cas, ce projet est considéré comme adopté, sauf si une motion de censure, déposée dans les vingt-quatre heures qui suivent, est votée dans les conditions prévues à l'alinéa précédent. Le Premier ministre peut, en outre, recourir à cette procédure pour un autre projet ou une proposition de loi par session.

Le Premier ministre a la faculté de demander au Sénat l'approbation d'une déclaration de politique générale.

Art. 50. Lorsque l'Assemblée nationale adopte une motion de censure ou lorsqu'elle désapprouve le programme ou une déclaration de politique générale du Gouvernement, le Premier ministre doit remettre au Président de la République la démission du Gouvernement.

Art. 50-1. Devant l'une ou l'autre des assemblées, le Gouvernement peut, de sa propre initiative ou à la demande d'un groupe parlementaire au sens de l'article 51-1, faire, sur un sujet déterminé, une déclaration qui donne lieu à débat et peut, s'il le décide, faire l'objet d'un vote sans engager sa responsabilité.

Art. 51. La clôture de la session ordinaire ou des sessions extraordinaires est de droit retardée pour permettre, le cas échéant, l'application de l'article 49. À cette même fin, des séances supplémentaires sont de droit.

Art. 51-1. Le règlement de chaque assemblée détermine les droits des groupes parlementaires constitués en son sein. Il reconnaît des droits spécifiques aux groupes d'opposition de l'assemblée intéressée ainsi qu'aux groupes minoritaires.

Art. 51-2. Pour l'exercice des missions de contrôle et d'évaluation définies au premier alinéa de l'article 24, des commissions d'enquête peuvent être créées au sein de chaque assemblée pour recueillir, dans les conditions prévues par la loi, des éléments d'information.

La loi détermine leurs règles d'organisation et de fonctionnement. Leurs conditions de création sont fixées par le règlement de chaque assemblée.

Titre VI. Des traités et accords internationaux

Art. 52. Le Président de la République négocie et ratifie les traités.

Il est informé de toute négociation tendant à la conclusion d'un accord international non soumis à ratification.

Art. 53. Les traités de paix, les traités de commerce, les traités ou accords relatifs à l'organisation internationale, ceux qui engagent les finances de l'État, ceux qui modifient des dispositions de nature législative, ceux qui sont relatifs à l'état des personnes, ceux qui comportent cession, échange ou adjonction de territoire, ne peuvent être ratifiés ou approuvés qu'en vertu d'une loi.

Ils ne prennent effet qu'après avoir été ratifiés ou approuvés.

Nulle cession, nul échange, nulle adjonction de territoire n'est valable sans le consentement des populations intéressées.

Art. 53-1. La République peut conclure avec les États européens qui sont liés par des engagements identiques aux siens en matière d'asile et de protection des Droits de l'homme et des libertés fondamentales, des accords déterminant leurs compétences respectives pour l'examen des demandes d'asile qui leur sont présentées.

Toutefois, même si la demande n'entre pas dans leur compétence en vertu de ces accords, les autorités de la République ont toujours le droit de donner asile à tout étranger persécuté en raison de son action en faveur de la liberté ou qui sollicite la protection de la France pour un autre motif.

Art. 53-2. La République peut reconnaître la juridiction de la Cour pénale internationale dans les conditions prévues par le traité signé le 18 juillet 1998.

Art. 54. Si le Conseil constitutionnel, saisi par le Président de la République, par le Premier ministre, par le Président de l'une ou l'autre assemblée ou par soixante députés ou soixante sénateurs, a déclaré qu'un engagement international comporte une clause contraire à la Constitution, l'autorisation de ratifier ou d'approuver l'engagement international en cause ne peut intervenir qu'après la révision de la Constitution.

Art. 55. Les traités ou accords régulièrement ratifiés ou approuvés ont, dès leur publication, une autorité supérieure à celle des lois, sous réserve, pour chaque accord ou traité, de son application par l'autre partie.

Titre VII. Le Conseil constitutionnel

Art. 56. Le Conseil constitutionnel comprend neuf membres, dont le mandat dure neuf ans et n'est pas renouvelable. Le Conseil constitutionnel se renouvelle par tiers tous les trois ans. Trois des membres sont nommés par le Président de la République, trois par le Président de l'Assemblée nationale, trois par le Président du Sénat. La procédure prévue au dernier alinéa de l'article 13 est applicable à ces nominations. Les nominations effectuées par le Président de chaque assemblée sont soumises au seul avis de la commission permanente compétente de l'assemblée concernée.

En sus des neuf membres prévus ci-dessus, font de droit partie à vie du Conseil constitutionnel les anciens Présidents de la République.

Le Président est nommé par le Président de la République. Il a voix prépondérante en cas de partage.

Art. 57. Les fonctions de membre du Conseil constitutionnel sont incompatibles avec celles de ministre ou de membre du Parlement. Les autres incompatibilités sont fixées par une loi organique.

Art. 58. Le Conseil constitutionnel veille à la régularité de l'élection du Président de la République.

Il examine les réclamations et proclame les résultats du scrutin.

Art. 59. Le Conseil constitutionnel statue, en cas de contestation, sur la régularité de l'élection des députés et des sénateurs.

Art. 60. Le Conseil constitutionnel veille à la régularité des opérations de référendum prévues aux articles 11 et 89 et au titre XV. Il en proclame les résultats.

Art. 61. Les lois organiques, avant leur promulgation, les propositions de loi mentionnées à l'article 11 avant qu'elles ne soient soumises au référendum, et les règlements des assemblées parlementaires, avant leur mise en application, doivent être soumis au Conseil constitutionnel qui se prononce sur leur conformité à la Constitution.

Aux mêmes fins, les lois peuvent être déférées au Conseil constitutionnel, avant leur promulgation, par le Président de la République, le Premier ministre, le Président de l'Assemblée nationale, le Président du Sénat ou soixante députés ou soixante sénateurs.

Dans les cas prévus aux deux alinéas précédents, le Conseil constitutionnel doit statuer dans le délai d'un mois. Toutefois, à la demande du Gouvernement, s'il y a urgence, ce délai est ramené à huit jours.

Dans ces mêmes cas, la saisine du Conseil constitutionnel suspend le délai de promulgation.

Art. 61-1. Lorsque, à l'occasion d'une instance en cours devant une juridiction, il est soutenu qu'une disposition législative porte atteinte aux droits et libertés que la Constitution garantit, le Conseil constitutionnel peut être saisi de cette question sur renvoi du Conseil d'État ou de la Cour de cassation qui se prononce dans un délai déterminé.

Une loi organique détermine les conditions d'application du présent article.

Art. 62. Une disposition déclarée inconstitutionnelle sur le fondement de l'article 61 ne peut être promulguée ni mise en application.

Une disposition déclarée inconstitutionnelle sur le fondement de l'article 61-1 est abrogée à compter de la publication de la décision du Conseil constitutionnel ou d'une date ultérieure fixée par cette décision. Le Conseil constitutionnel détermine les conditions et limites dans lesquelles les effets que la disposition a produits sont susceptibles d'être remis en cause.

Les décisions du Conseil constitutionnel ne sont susceptibles d'aucun recours. Elles s'imposent aux pouvoirs publics et à toutes les autorités administratives et juridictionnelles.

Art. 63. Une loi organique détermine les règles d'organisation et de fonctionnement du Conseil constitutionnel, la procédure qui est suivie devant lui et notamment les délais ouverts pour le saisir de contestations.

Titre VIII. De l'autorité judiciaire

Art. 64. Le Président de la République est garant de l'indépendance de l'autorité judiciaire.

Il est assisté par le Conseil supérieur de la magistrature.

Une loi organique porte statut des magistrats.

Les magistrats du siège sont inamovibles.

Art. 65. Le Conseil supérieur de la magistrature comprend une formation compétente à l'égard des magistrats du siège et une formation compétente à l'égard des magistrats du parquet.

La formation compétente à l'égard des magistrats du siège est présidée par le premier président de la Cour de cassation. Elle comprend, en outre, cinq magistrats du siège et un magistrat du parquet, un conseiller d'État désigné par le Conseil d'État, un avocat ainsi que six personnalités qualifiées qui n'appartiennent ni au Parlement, ni à l'ordre judiciaire, ni à l'ordre administratif. Le Président de la République, le Président de l'Assemblée nationale et le Président du Sénat désignent chacun deux personnalités qualifiées. La procédure prévue au dernier alinéa de l'article 13 est applicable aux nominations des personnalités qualifiées. Les nominations effectuées par le Président de chaque assemblée du Parlement sont soumises au seul avis de la commission permanente compétente de l'assemblée intéressée.

La formation compétente à l'égard des magistrats du parquet est présidée par le procureur général près la Cour de cassation. Elle comprend, en outre, cinq magistrats du parquet et un magistrat du siège, ainsi que le conseiller d'État, l'avocat et les six personnalités qualifiées mentionnés au deuxième alinéa.

La formation du Conseil supérieur de la magistrature compétente à l'égard des magistrats du siège fait des propositions pour les nominations des magistrats du siège à la Cour de cassation, pour celles de premier président de cour d'appel et pour celles de président de tribunal de grande instance. Les autres magistrats du siège sont nommés sur son avis conforme.

La formation du Conseil supérieur de la magistrature compétente à l'égard des magistrats du parquet donne son avis sur les nominations qui concernent les magistrats du parquet.

La formation du Conseil supérieur de la magistrature compétente à l'égard des magistrats du siège statue comme conseil de discipline des magistrats du siège. Elle comprend alors, outre les membres visés au deuxième alinéa, le magistrat du siège appartenant à la formation compétente à l'égard des magistrats du parquet.

La formation du Conseil supérieur de la magistrature compétente à l'égard des magistrats du parquet donne son avis sur les sanctions disciplinaires qui les concernent. Elle comprend alors, outre les membres visés au troisième alinéa, le magistrat du parquet appartenant à la formation compétente à l'égard des magistrats du siège.

Le Conseil supérieur de la magistrature se réunit en formation plénière pour répondre aux demandes d'avis formulées par le Président de la République au titre de l'article 64. Il se prononce, dans la même formation, sur les questions relatives à la déontologie des magistrats ainsi que sur toute question relative au fonctionnement de la justice dont le saisit le ministre de la justice. La formation plénière comprend trois des cinq magistrats du siège mentionnés au deuxième alinéa, trois des cinq magistrats du parquet mentionnés au troisième alinéa, ainsi que le conseiller d'État, l'avocat et les six personnalités qualifiées mentionnés au deuxième alinéa. Elle est présidée par le premier président de la Cour de cassation, que peut suppléer le procureur général près cette cour.

Sauf en matière disciplinaire, le ministre de la justice peut participer aux séances des formations du Conseil supérieur de la magistrature.

Le Conseil supérieur de la magistrature peut être saisi par un justiciable dans les conditions fixées par une loi organique.

La loi organique détermine les conditions d'application du présent article.

Art. 66. Nul ne peut être arbitrairement détenu.

L'autorité judiciaire, gardienne de la liberté individuelle, assure le respect de ce principe dans les conditions prévues par la loi.

Art. 66-1. Nul ne peut être condamné à la peine de mort.

Titre IX. La Haute Cour

Art. 67. Le Président de la République n'est pas responsable des actes accomplis en cette qualité, sous réserve des dispositions des articles 53-2 et 68.

Il ne peut, durant son mandat et devant aucune juridiction ou autorité administrative française, être requis de témoigner non plus que faire l'objet d'une action, d'un acte d'information, d'instruction ou de poursuite. Tout délai de prescription ou de forclusion est suspendu.

Les instances et procédures auxquelles il est ainsi fait obstacle peuvent être reprises ou engagées contre lui à l'expiration d'un délai d'un mois suivant la cessation des fonctions.

Art. 68. Le Président de la République ne peut être destitué qu'en cas de manquement à ses devoirs manifestement incompatible avec l'exercice de son mandat. La destitution est prononcée par le Parlement constitué en Haute Cour.

La proposition de réunion de la Haute Cour adoptée par une des assemblées du Parlement est aussitôt transmise à l'autre qui se prononce dans les quinze jours.

La Haute Cour est présidée par le président de l'Assemblée nationale. Elle statue dans un délai d'un mois, à bulletins secrets, sur la destitution. Sa décision est d'effet immédiat.

Les décisions prises en application du présent article le sont à la majorité des deux tiers des membres composant l'assemblée concernée ou la Haute Cour. Toute délégation de vote est interdite. Seuls sont recensés les votes favorables à la proposition de réunion de la Haute Cour ou à la destitution.

Une loi organique fixe les conditions d'application du présent article.

Titre X. De la responsabilité pénale des membres du Gouvernement

Art. 68-1. Les membres du Gouvernement sont pénalement responsables des actes accomplis dans l'exercice de leurs fonctions et qualifiés crimes ou délits au moment où ils ont été commis.

Ils sont jugés par la Cour de justice de la République.

La Cour de justice de la République est liée par la définition des crimes et délits ainsi que par la détermination des peines telles qu'elles résultent de la loi.

Art. 68-2. La Cour de justice de la République comprend quinze juges : douze parlementaires élus, en leur sein et en nombre égal, par l'Assemblée nationale et par le Sénat après chaque renouvellement général ou partiel de ces assemblées et trois magistrats du siège à la Cour de cassation, dont l'un préside la Cour de justice de la République.

Toute personne qui se prétend lésée par un crime ou un délit commis par un membre du Gouvernement dans l'exercice de ses fonctions peut porter plainte auprès d'une commission des requêtes.

Cette commission ordonne soit le classement de la procédure, soit sa transmission au procureur général près la Cour de cassation aux fins de saisine de la Cour de justice de la République.

Le procureur général près la Cour de cassation peut aussi saisir d'office la Cour de justice de la République sur avis conforme de la commission des requêtes.

Une loi organique détermine les conditions d'application du présent article.

Art. 68-3. Les dispositions du présent titre sont applicables aux faits commis avant son entrée en vigueur.

Titre XI. Le Conseil économique, social et environnemental

Art. 69. Le Conseil économique, social et environnemental, saisi par le Gouvernement, donne son avis sur les projets de loi, d'ordonnance ou de décret ainsi que sur les propositions de loi qui lui sont soumis.

Un membre du Conseil économique, social et environnemental peut être désigné par celui-ci pour exposer devant les assemblées parlementaires l'avis du conseil sur les projets ou propositions qui lui ont été soumis.

Le Conseil économique, social et environnemental peut être saisi par voie de pétition dans les conditions fixées par une loi organique. Après examen de la pétition, il fait connaître au Gouvernement et au Parlement les suites qu'il propose d'y donner.

Art. 70. Le Conseil économique, social et environnemental peut être consulté par le Gouvernement et le Parlement sur tout problème de caractère économique, social ou environnemental. Le Gouvernement peut également le consulter sur les projets de loi de programmation définissant les orientations pluriannuelles des finances publiques. Tout plan ou tout projet de loi de programmation à caractère économique, social ou environnemental lui est soumis pour avis.

Art. 71. La composition du Conseil économique, social et environnemental, dont le nombre de membres ne peut excéder deux cent trente-trois, et ses règles de fonctionnement sont fixées par une loi organique.

Titre XI *bis*. Le défenseur des droits

Art. 71-1. Le Défenseur des droits veille au respect des droits et libertés par les administrations de l'État, les collectivités territoriales, les établissements publics, ainsi que par tout organisme investi d'une mission de service public, ou à l'égard duquel la loi organique lui attribue des compétences.

Il peut être saisi, dans les conditions prévues par la loi organique, par toute personne s'estimant lésée par le fonctionnement d'un service public ou d'un organisme visé au premier alinéa. Il peut se saisir d'office.

La loi organique définit les attributions et les modalités d'intervention du Défenseur des droits. Elle détermine les conditions dans lesquelles il peut être assisté par un collège pour l'exercice de certaines de ses attributions.

Le Défenseur des droits est nommé par le Président de la République pour un mandat de six ans non renouvelable, après application de la procédure prévue au dernier alinéa de l'article 13. Ses fonctions sont incompatibles avec celles de membre du Gouvernement et de membre du Parlement.

Les autres incompatibilités sont fixées par la loi organique.

Le Défenseur des droits rend compte de son activité au Président de la République et au Parlement.

Titre XII. Des collectivités territoriales

Art. 72. Les collectivités territoriales de la République sont les communes, les départements, les régions, les collectivités à statut particulier et les collectivités d'outre-mer régies par l'article 74.

Toute autre collectivité territoriale est créée par la loi, le cas échéant en lieu et place d'une ou de plusieurs collectivités mentionnées au présent alinéa.

Les collectivités territoriales ont vocation à prendre les décisions pour l'ensemble des compétences qui peuvent le mieux être mises en œuvre à leur échelon.

Dans les conditions prévues par la loi, ces collectivités s'administrent librement par des conseils élus et disposent d'un pouvoir réglementaire pour l'exercice de leurs compétences.

Dans les conditions prévues par la loi organique, et sauf lorsque sont en cause les conditions essentielles d'exercice d'une liberté publique ou d'un droit constitutionnellement garanti, les collectivités territoriales ou leurs groupements peuvent, lorsque, selon le cas, la loi ou le règlement l'a prévu, déroger, à titre expérimental et pour un objet et une durée limités, aux dispositions législatives ou réglementaires qui régissent l'exercice de leurs compétences.

Aucune collectivité territoriale ne peut exercer une tutelle sur une autre. Cependant, lorsque l'exercice d'une compétence nécessite le concours de plusieurs collectivités territoriales, la loi peut autoriser l'une d'entre elles ou un de leurs groupements à organiser les modalités de leur action commune.

Dans les collectivités territoriales de la République, le représentant de l'État, représentant de chacun des membres du Gouvernement, a la charge des intérêts nationaux, du contrôle administratif et du respect des lois.

Art. 72-1. La loi fixe les conditions dans lesquelles les électeurs de chaque collectivité territoriale peuvent, par l'exercice du droit de pétition, demander l'inscription à l'ordre du jour de l'assemblée délibérante de cette collectivité d'une question relevant de sa compétence.

Dans les conditions prévues par la loi organique, les projets de délibération ou d'acte relevant de la compétence d'une collectivité territoriale peuvent, à son initiative, être soumis, par la voie du référendum, à la décision des électeurs de cette collectivité.

Lorsqu'il est envisagé de créer une collectivité territoriale dotée d'un statut particulier ou de modifier son organisation, il peut être décidé par la loi de consulter les électeurs inscrits dans les collectivités intéressées. La modification des limites des collectivités territoriales peut également donner lieu à la consultation des électeurs dans les conditions prévues par la loi.

Art. 72-2. Les collectivités territoriales bénéficient de ressources dont elles peuvent disposer librement dans les conditions fixées par la loi.

Elles peuvent recevoir tout ou partie du produit des impositions de toutes natures. La loi peut les autoriser à en fixer l'assiette et le taux dans les limites qu'elle détermine.

Les recettes fiscales et les autres ressources propres des collectivités territoriales représentent, pour chaque catégorie de collectivités, une part déterminante de l'ensemble de leurs ressources. La loi organique fixe les conditions dans lesquelles cette règle est mise en œuvre.

Tout transfert de compétences entre l'État et les collectivités territoriales s'accompagne de l'attribution de ressources équivalentes à celles qui étaient consacrées à leur exercice. Toute création ou extension de compétences ayant pour conséquence d'augmenter les dépenses des collectivités territoriales est accompagnée de ressources déterminées par la loi.

La loi prévoit des dispositifs de péréquation destinés à favoriser l'égalité entre les collectivités territoriales.

Art. 72-3. La République reconnaît, au sein du peuple français, les populations d'outre-mer, dans un idéal commun de liberté, d'égalité et de fraternité.

La Guadeloupe, la Guyane, la Martinique, La Réunion, Mayotte, Saint-Barthélemy,

Saint-Martin, Saint-Pierre-et-Miquelon, les îles Wallis et Futuna et la Polynésie française sont régis par l'article 73 pour les départements et les régions d'outre-mer et pour les collectivités territoriales créées en application du dernier alinéa de l'article 73, et par l'article 74 pour les autres collectivités.

Le statut de la Nouvelle-Calédonie est régi par le titre XIII.

La loi détermine le régime législatif et l'organisation particulière des Terres australes et antarctiques françaises et de Clipperton.

Art. 72-4. Aucun changement, pour tout ou partie de l'une des collectivités mentionnées au deuxième alinéa de l'article 72-3, de l'un vers l'autre des régimes prévus par les articles 73 et 74, ne peut intervenir sans que le consentement des électeurs de la collectivité ou de la partie de collectivité intéressée ait été préalablement recueilli dans les conditions prévues à l'alinéa suivant. Ce changement de régime est décidé par une loi organique.

Le Président de la République, sur proposition du Gouvernement pendant la durée des sessions ou sur proposition conjointe des deux assemblées, publiées au *Journal officiel*, peut décider de consulter les électeurs d'une collectivité territoriale située outre-mer sur une question relative à son organisation, à ses compétences ou à son régime législatif. Lorsque la consultation porte sur un changement prévu à l'alinéa précédent et est organisée sur proposition du Gouvernement, celui-ci fait, devant chaque assemblée, une déclaration qui est suivie d'un débat.

Art. 73. Dans les départements et les régions d'outre-mer, les lois et règlements sont applicables de plein droit. Ils peuvent faire l'objet d'adaptations tenant aux caractéristiques et contraintes particulières de ces collectivités.

Ces adaptations peuvent être décidées par ces collectivités dans les matières où s'exercent leurs compétences et si elles y ont été habilitées par la loi.

Par dérogation au premier alinéa et pour tenir compte de leurs spécificités, les collectivités régies par le présent article peuvent être habilitées par la loi à fixer elles-mêmes les règles applicables sur leur territoire, dans un nombre limité de matières pouvant relever du domaine de la loi.

Ces règles ne peuvent porter sur la nationalité, les droits civiques, les garanties des libertés publiques, l'état et la capacité des personnes, l'organisation de la justice, le droit pénal, la procédure pénale, la politique étrangère, la défense, la sécurité et l'ordre publics, la monnaie, le crédit et les changes, ainsi que le droit électoral. Cette énumération pourra être précisée et complétée par une loi organique.

La disposition prévue aux deux précédents alinéas n'est pas applicable au département et à la région de La Réunion.

Les habilitations prévues aux deuxième et troisième alinéas sont décidées, à la demande de la collectivité concernée, dans les conditions et sous les réserves prévues par une loi organique. Elles ne peuvent intervenir lorsque sont en cause les conditions essentielles d'exercice d'une liberté publique ou d'un droit constitutionnellement garanti.

La création par la loi d'une collectivité se substituant à un département et une région d'outremer ou l'institution d'une assemblée délibérante unique pour ces deux collectivités ne peut intervenir sans qu'ait été recueilli, selon les formes prévues au second alinéa de l'article 72-4, le consentement des électeurs inscrits dans le ressort de ces collectivités.

Art. 73. Dans les départements et les régions d'outre-mer, les lois et règlements sont applicables de plein droit. Ils peuvent faire l'objet d'adaptations tenant aux caractéristiques et contraintes particulières de ces collectivités.

Ces adaptations peuvent être décidées par ces collectivités dans les matières où s'exercent leurs compétences et si elles y ont été habilitées, selon le cas, par la loi ou par le règlement.

Par dérogation au premier alinéa et pour tenir compte de leurs spécificités, les collectivités régies par le présent article peuvent être habilitées, selon le cas, par la loi ou par le règlement, à fixer elles mêmes les règles applicables sur leur territoire, dans un nombre limité de matières pouvant relever du domaine de la loi ou du règlement.

Ces règles ne peuvent porter sur la nationalité, les droits civiques, les garanties des libertés publiques, l'état et la capacité des personnes, l'organisation de la justice, le droit pénal, la procédure pénale, la politique étrangère, la défense, la sécurité et l'ordre publics, la monnaie, le crédit et les changes, ainsi que le droit électoral. Cette énumération pourra être précisée et complétée par une loi organique.

La disposition prévue aux deux précédents alinéas n'est pas applicable au département et à la région de La Réunion.

Les habilitations prévues aux deuxième et troisième alinéas sont décidées, à la demande de la collectivité concernée, dans les conditions et sous les réserves prévues par une loi organique. Elles ne peuvent intervenir lorsque sont en cause les conditions essentielles d'exercice d'une liberté publique ou d'un droit constitutionnellement garanti.

La création par la loi d'une collectivité se substituant à un département et une région d'outre-mer ou l'institution d'une assemblée délibérante unique pour ces deux collectivités ne peut intervenir sans qu'ait été recueilli, selon les formes prévues au second alinéa de l'article 72-4, le consentement des électeurs inscrits dans le ressort de ces collectivités.

Art. 74. Les collectivités d'outre-mer régies par le présent article ont un statut qui tient compte des intérêts propres de chacune d'elles au sein de la République.

Ce statut est défini par une loi organique, adoptée après avis de l'assemblée délibérante, qui fixe :

— les conditions dans lesquelles les lois et règlements y sont applicables ;

— les compétences de cette collectivité ; sous réserve de celles déjà exercées par elle, le transfert de compétences de l'État ne peut porter sur les matières énumérées au quatrième alinéa de l'article 73, précisées et complétées, le cas échéant, par la loi organique ;

— les règles d'organisation et de fonctionnement des institutions de la collectivité et le régime électoral de son assemblée délibérante ; – les conditions dans lesquelles ses institutions sont consultées sur les projets et propositions de loi et les projets d'ordonnance ou de décret comportant des dispositions particulières à la collectivité, ainsi que sur la ratification ou l'approbation d'engagements internationaux conclus dans les matières relevant de sa compétence.

La loi organique peut également déterminer, pour celles de ces collectivités qui sont dotées de l'autonomie, les conditions dans lesquelles :

— le Conseil d'État exerce un contrôle juridictionnel spécifique sur certaines catégories d'actes de l'assemblée délibérante intervenant au titre des compétences qu'elle exerce dans le domaine de la loi ;

— l'assemblée délibérante peut modifier une loi promulguée postérieurement à l'entrée en vigueur du statut de la collectivité, lorsque le Conseil constitutionnel, saisi notamment par les autorités de la collectivité, a constaté que la loi était intervenue dans le domaine de compétence de cette collectivité ;

— des mesures justifiées par les nécessités locales peuvent être prises par la collectivité en faveur de sa population, en matière d'accès à l'emploi, de droit d'établissement pour l'exercice d'une activité professionnelle ou de protection du patrimoine foncier ;

— la collectivité peut participer, sous le contrôle de l'État, à l'exercice des compétences qu'il conserve, dans le respect des garanties accordées sur l'ensemble du territoire national pour l'exercice des libertés publiques. Les autres modalités de l'organisation particulière des collectivités relevant du présent article sont définies et modifiées par la loi après consultation de leur assemblée délibérante.

Art. 74-1. Dans les collectivités d'outre-mer visées à l'article 74 et en Nouvelle-Calédonie, le Gouvernement peut, par ordonnances, dans les matières qui demeurent de la compétence de l'État, étendre, avec les adaptations nécessaires, les dispositions de nature législative en vigueur en métropole ou adapter les dispositions de nature législative en vigueur à l'organisation particulière de la collectivité concernée, sous réserve que la loi n'ait pas expressément exclu, pour les dispositions en cause, le recours à cette procédure.

Les ordonnances sont prises en Conseil des ministres après avis des assemblées délibérantes intéressées et du Conseil d'État. Elles entrent en vigueur dès leur publication. Elles deviennent caduques en l'absence de ratification par le Parlement dans le délai de dix-huit mois suivant cette publication.

Art. 75. Les citoyens de la République qui n'ont pas le statut civil de droit commun, seul visé à l'article 34, conservent leur statut personnel tant qu'ils n'y ont pas renoncé.

Art. 75-1. Les langues régionales appartiennent au patrimoine de la France.

Titre XIII. Dispositions transitoires relatives à la Nouvelle-Calédonie

Art. 76. Les populations de la Nouvelle-Calédonie sont appelées à se prononcer avant le 31 décembre

1998 sur les dispositions de l'accord signé à Nouméa le 5 mai 1998 et publié le 27 mai 1998 au *Journal officiel* de la République française.

Sont admises à participer au scrutin les personnes remplissant les conditions fixées à l'article 2 de la loi n° 88-1028 du 9 novembre 1988. Les mesures nécessaires à l'organisation du scrutin sont prises par décret en Conseil d'État délibéré en Conseil des ministres.

Art. 77. Après approbation de l'accord lors de la consultation prévue à l'article 76, la loi organique, prise après avis de l'assemblée délibérante de la Nouvelle-Calédonie, détermine, pour assurer l'évolution de la Nouvelle-Calédonie dans le respect des orientations définies par cet accord et selon les modalités nécessaires à sa mise en œuvre :

— les compétences de l'État qui seront transférées, de façon définitive, aux institutions de la

Nouvelle-Calédonie, l'échelonnement et les modalités de ces transferts, ainsi que la répartition des charges résultant de ceux-ci ;

— les règles d'organisation et de fonctionnement des institutions de la Nouvelle-Calédonie et notamment les conditions dans lesquelles certaines catégories d'actes de l'assemblée délibérante de la Nouvelle-Calédonie pourront être soumises avant publication au contrôle du Conseil constitutionnel ;

— les règles relatives à la citoyenneté, au régime électoral, à l'emploi et au statut civil coutumier ;

— les conditions et les délais dans lesquels les populations intéressées de la Nouvelle-Calédonie seront amenées à se prononcer sur l'accession à la pleine souveraineté.

Les autres mesures nécessaires à la mise en œuvre de l'accord mentionné à l'article 76 sont définies par la loi.

Pour la définition du corps électoral appelé à élire les membres des assemblées délibérantes de la Nouvelle-Calédonie et des provinces, le tableau auquel se réfèrent l'accord mentionné à l'article 76 et les articles 188 et 189 de la loi organique n° 99-209 du 19 mars 1999 relative à la Nouvelle-Calédonie est le tableau dressé à l'occasion du scrutin prévu audit article 76 et comprenant les personnes non admises à y participer.

[Articles 78 à 86 : abrogés]

Titre XIV. De la francophonie et des accords d'association

Art. 87. La République participe au développement de la solidarité et de la coopération entre les États et les peuples ayant le français en partage.

Art. 88. La République peut conclure des accords avec des États qui désirent s'associer à elle pour développer leurs civilisations.

Titre XV. Des Communautés européennes et de l'Union européenne

Art. 88-1. La République participe à l'Union européenne constituée d'États qui ont choisi librement d'exercer en commun certaines de leurs compétences en vertu du traité sur l'Union européenne et du traité sur le fonctionnement de l'Union européenne, tels qu'ils résultent du traité signé à Lisbonne le 13 décembre 2007.

Art. 88-2. La loi fixe les règles relatives au mandat d'arrêt européen en application des actes pris par les institutions de l'Union européenne.

Art. 88-3. Sous réserve de réciprocité et selon les modalités prévues par le Traité sur l'Union européenne signé le 7 février 1992, le droit de vote et d'éligibilité aux élections municipales peut être accordé aux seuls citoyens de l'Union résidant en France. Ces citoyens ne peuvent exercer les fonctions de maire ou d'adjoint ni participer à la désignation des électeurs sénatoriaux et à l'élection des sénateurs. Une loi organique votée dans les mêmes termes par les deux assemblées détermine les conditions d'application du présent article.

Art. 88-4. Le Gouvernement soumet à l'Assemblée nationale et au Sénat, dès leur transmission au Conseil de l'Union européenne, les projets d'actes législatifs européens et les autres projets ou propositions d'actes de l'Union européenne.

Selon des modalités fixées par le règlement de chaque assemblée, des résolutions européennes peuvent être adoptées, le cas échéant en dehors des sessions, sur les projets ou propositions mentionnés au premier alinéa, ainsi que sur tout document émanant d'une institution de l'Union européenne.

Art. 88-5. Tout projet de loi autorisant la ratification d'un traité relatif à l'adhésion d'un État à l'Union européenne est soumis au référendum par le Président de la République.

Toutefois, par le vote d'une motion adoptée en termes identiques par chaque assemblée à la majorité des trois cinquièmes, le Parlement peut autoriser l'adoption du projet de loi selon la procédure prévue au troisième alinéa de l'article 89

Art. 88-6. L'Assemblée nationale ou le Sénat peuvent émettre un avis motivé sur la conformité d'un projet d'acte législatif européen au principe de subsidiarité. L'avis est adressé par le Président de l'assemblée concernée aux présidents du Parlement européen, du Conseil et de la Commission européenne. Le Gouvernement en est informé.

Chaque assemblée peut former un recours devant la Cour de justice de l'Union européenne contre un acte législatif européen pour violation du principe de subsidiarité. Ce recours est transmis à la Cour de justice de l'Union européenne par le Gouvernement. À cette fin, des résolutions peuvent être adoptées, le cas échéant en dehors des sessions, selon des modalités d'initiative et de discussion fixées par le règlement de chaque assemblée. À la demande de soixante députés ou de soixante sénateurs, le recours est de droit.

Art. 88-7. Par le vote d'une motion adoptée en termes identiques par l'Assemblée nationale et le Sénat, le Parlement peut s'opposer à une modification des règles d'adoption d'actes de l'Union européenne dans les cas prévus, au titre de la révision simplifiée des traités ou de la coopération judiciaire civile, par le traité sur l'Union européenne et le traité sur le fonctionnement de l'Union européenne, tels qu'ils résultent du traité signé à Lisbonne le 13 décembre 2007.

Titre XVI. De la révision

Art. 89. – L'initiative de la révision de la Constitution appartient concurremment au Président de la République, sur proposition du Premier ministre, et aux membres du Parlement.

Le projet ou la proposition de révision doit être examiné dans les conditions de délai fixées au troisième alinéa de l'article 42 et voté par les deux assemblées en termes identiques. La révision est définitive après avoir été approuvée par référendum.

Toutefois, le projet de révision n'est pas présenté au référendum lorsque le Président de la République décide de le soumettre au Parlement convoqué en Congrès ; dans ce cas, le projet de révision n'est approuvé que s'il réunit la majorité des trois cinquièmes des suffrages exprimés. Le bureau du Congrès est celui de l'Assemblée nationale.

Aucune procédure de révision ne peut être engagée ou poursuivie lorsqu'il est porté atteinte à l'intégrité du territoire.

La forme républicaine du Gouvernement ne peut faire l'objet d'une révision.

II. DÉCLARATION DES DROITS DE L'HOMME ET DU CITOYEN DU 26 AOÛT 1789

Les représentants du peuple français, constitués en Assemblée nationale, considérant que l'ignorance, l'oubli ou le mépris des droits de l'homme sont les seules causes des malheurs publics et de la corruption des gouvernements, ont résolu d'exposer, dans une déclaration solennelle, les droits naturels, inaliénables et sacrés de l'homme, afin que cette déclaration, constamment présente à tous les membres du corps social, leur rappelle sans cesse leurs droits et leurs devoirs ; afin que les actes du pouvoir législatif et ceux du pouvoir exécutif, pouvant être à chaque instant comparés avec le but de toute institution politique, en soient plus respectés ; afin que les réclamations des citoyens, fondées désormais sur des principes simples et incontestables, tournent toujours au maintien de la constitution et au bonheur de tous. En conséquence,

l'Assemblée nationale reconnaît et déclare, en présence et sous les auspices de l'Être Suprême, les droits suivants de l'homme et du citoyen.

Art. 1er. Les hommes naissent et demeurent libres et égaux en droits. Les distinctions sociales ne peuvent être fondées que sur l'utilité commune.

Art. 2. Le but de toute association politique est la conservation des droits naturels et imprescriptibles de l'homme. Ces droits sont la liberté, la propriété, la sûreté, et la résistance à l'oppression.

Art. 3. Le principe de toute souveraineté réside essentiellement dans la nation. Nul corps, nul individu ne peut exercer d'autorité qui n'en émane expressément.

Art. 4. La liberté consiste à pouvoir faire tout ce qui ne nuit pas à autrui : ainsi, l'exercice des droits naturels de chaque homme n'a de bornes que celles qui assurent aux autres membres de la société la jouissance de ces mêmes droits. Ces bornes ne peuvent être déterminées que par la loi.

Art. 5. La loi n'a le droit de défendre que les actions nuisibles à la société. Tout ce qui n'est pas défendu par la loi ne peut être empêché, et nul ne peut être contraint à faire ce qu'elle n'ordonne pas.

Art. 6. La loi est l'expression de la volonté générale. Tous les citoyens ont droit de concourir personnellement, ou par leurs représentants, à sa formation. Elle doit être la même pour tous, soit qu'elle protège, soit qu'elle punisse. Tous les citoyens étant égaux à ses yeux sont également admissibles, à toutes dignités, places et emplois publics, selon leur capacité, et sans autre distinction que celle de leurs vertus et de leurs talents.

Art. 7. Nul homme ne peut être accusé, arrêté ni détenu que dans les cas déterminés par la loi, et selon les formes qu'elle a prescrites. Ceux qui sollicitent, expédient, exécutent ou font exécuter des ordres arbitraires, doivent être punis ; mais tout citoyen appelé ou saisi en vertu de la loi doit obéir à l'instant : il se rend coupable par la résistance.

Art. 8. La loi ne doit établir que des peines strictement et évidemment nécessaires, et nul ne peut être puni qu'en vertu d'une loi établie et promulguée antérieurement au délit, et légalement appliquée.

Art. 9. Tout homme étant présumé innocent jusqu'à ce qu'il ait été déclaré coupable, s'il est jugé indispensable de l'arrêter, toute rigueur qui ne serait pas nécessaire pour s'assurer de sa personne doit être sévèrement réprimée par la loi.

Art. 10. Nul ne doit être inquiété pour ses opinions, même religieuses, pourvu que leur manifestation ne trouble pas l'ordre public établi par la loi.

Art. 11. La libre communication des pensées et des opinions est un des droits les plus précieux de l'homme ; tout citoyen peut donc parler, écrire, imprimer librement, sauf à répondre de l'abus de cette liberté dans les cas déterminés par la loi.

Art. 12. La garantie des droits de l'homme et du citoyen nécessite une force publique ; cette force est donc instituée pour l'avantage de tous, et non pour l'utilité particulière de ceux auxquels elle est confiée.

Art. 13. Pour l'entretien de la force publique, et pour les dépenses d'administration, une contribution commune est indispensable : elle doit être également répartie entre tous les citoyens, en raison de leurs facultés.

Art. 14. Tous les citoyens ont le droit de constater, par eux-mêmes ou par leurs représentants, la nécessité de la contribution publique, de la consentir librement, d'en suivre l'emploi, et d'en déterminer la quotité, l'assiette, le recouvrement et la durée.

Art. 15. La société a le droit de demander compte à tout agent public de son administration.

Art. 16. Toute société dans laquelle la garantie des droits n'est pas assurée, ni la séparation des pouvoirs déterminée, n'a point de constitution.

Art. 17. La propriété étant un droit inviolable et sacré, nul ne peut en être privé, si ce n'est lorsque la nécessité publique, légalement constatée, l'exige évidemment, et sous la condition d'une juste et préalable indemnité.

III. PRÉAMBULE DE LA CONSTITUTION DU 27 OCTOBRE 1946

Au lendemain de la victoire remportée par les peuples libres sur les régimes qui ont été tenté d'asservir et de dégrader la personne humaine, le peuple français proclame à nouveau que tout être humain, sans distinction de race, de religion ni de croyance, possède des droits inaliénables et sacrés. Il réaffirme solennellement les droits et les libertés de l'homme et du citoyen consacrés par la déclaration des droits de 1789 et les principes fondamentaux reconnus par les lois de la République.

Il proclame, en outre, comme particulièrement nécessaires à notre temps, les principes politiques, économiques et sociaux ci-après :

La loi garantit à la femme, dans tous les domaines, des droits égaux à ceux de l'homme.

Tout homme persécuté en raison de son action en faveur de la liberté a droit d'asile sur les territoires de la République.

Chacun a le devoir de travailler et le droit d'obtenir un emploi. Nul ne peut être lésé, dans son travail ou son emploi, en raison de ses origines, de ses opinions ou de ses croyances.

Tout homme peut défendre ses droits et ses intérêts par l'action syndicale et adhérer au syndicat de son choix.

Le droit de grève s'exerce dans le cadre des lois qui le réglementent.

Tout travailleur participe, par l'intermédiaire de ses délégués, à la détermination collective des conditions de travail ainsi qu'à la gestion des entreprises.

Tout bien, toute entreprise, dont l'exploitation a ou acquiert les caractères d'un service public national ou d'un monopole de fait, doit devenir la propriété de la collectivité.

La Nation assure à l'individu et à la famille les conditions nécessaires à leur développement.

Elle garantit à tous, notamment à l'enfant, à la mère et aux vieux travailleurs, la protection de la santé, la sécurité matérielle, le repos et les loisirs. Tout être humain qui, en raison de son âge, de son état physique ou mental, de la situation économique, se trouve dans l'incapacité de travailler a le droit d'obtenir de la collectivité des moyens convenables d'existence.

La Nation proclame la solidarité et l'égalité de tous les Français devant les charges qui résultent des calamités nationales.

La Nation garantit l'égal accès de l'enfant et de l'adulte à l'instruction, à la formation professionnelle et à la culture. L'organisation de l'enseignement public gratuit et laïque à tous les degrés est un devoir de l'État.

La République française, fidèle à ses traditions, se conforme aux règles de droit public international. Elle n'entreprendra aucune guerre dans des vues de conquête et n'emploiera jamais ses forces contre la liberté d'aucun peuple.

Sous réserve de réciprocité, la France consent aux limitations de souveraineté nécessaires à l'organisation et à la défense de la paix.

La France forme avec les peuples d'outre-mer une union fondée sur l'égalité des droits et des devoirs, sans distinction de race ni de religion.

L'Union française est composée de nations et de peuples qui mettent en commun ou coordonnent leurs ressources et leurs efforts pour développer leurs civilisations respectives, accroître leur bien-être et assurer leur sécurité.

Fidèle à sa mission traditionnelle, la France entend conduire les peuples dont elle a pris la charge à la liberté de s'administrer eux-mêmes et de gérer démocratiquement leurs propres affaires ; écartant tout système de colonisation fondé sur l'arbitraire, elle garantit à tous l'égal accès aux fonctions publiques à l'exercice individuel ou collectif des droits et libertés proclamés ou confirmés ci-dessus.

IV. CHARTE DE L'ENVIRONNEMENT DE 2004

(L.C. du 1er mars 2005)

Le peuple français,

Considérant :

Que les ressources et les équilibres naturels ont conditionné l'émergence de l'humanité ;

Que l'avenir et l'existence même de l'humanité sont indissociables de son milieu naturel ;

Que l'environnement est le patrimoine commun des êtres humains ;

Que l'homme exerce une influence croissante sur les conditions de la vie et sur sa propre évolution ;

Que la diversité biologique, l'épanouissement de la personne et le progrès des sociétés humaines sont affectés par certains modes de consommation ou de production et par l'exploitation excessive des ressources naturelles ;

Que la préservation de l'environnement doit être recherchée au même titre que les autres intérêts fondamentaux de la Nation ;

Qu'afin d'assurer un développement durable, les choix destinés à répondre aux besoins du présent ne doivent pas compromettre la capacité des générations futures et des autres peuples à satisfaire leurs propres besoins ;

Proclame :

Art. 1er. Chacun a le droit de vivre dans un environnement équilibré et respectueux de la santé.

Art. 2. Toute personne a le devoir de prendre part à la préservation et à l'amélioration de l'environnement.

Art. 3. Toute personne doit, dans les conditions définies par la loi, prévenir les atteintes qu'elle est susceptible de porter à l'environnement ou, à défaut, en limiter les conséquences.

Art. 4. Toute personne doit contribuer à la réparation des dommages qu'elle cause à l'environnement, dans les conditions définies par la loi.

Art. 5. Lorsque la réalisation d'un dommage, bien qu'incertaine en l'état des connaissances scientifiques, pourrait affecter de manière grave et irréversible l'environnement, les autorités publiques veillent, par application du principe de précaution et dans leurs domaines d'attributions, à la mise en œuvre de procédures d'évaluation des risques et à l'adoption de mesures provisoires et proportionnées afin de parer à la réalisation du dommage.

Art. 6. Les politiques publiques doivent promouvoir un développement durable. À cet effet, elles concilient la protection et la mise en valeur de l'environnement, le développement économique et le progrès social.

Art. 7. Toute personne a le droit, dans les conditions et les limites définies par la loi, d'accéder aux informations relatives à l'environnement détenues par les autorités publiques et de participer à l'élaboration des décisions publiques ayant une incidence sur l'environnement.

Art. 8. L'éducation et la formation à l'environnement doivent contribuer à l'exercice des droits et devoirs définis par la présente Charte.

Art. 9. La recherche et l'innovation doivent apporter leur concours à la préservation et à la mise en valeur de l'environnement.

Art. 10. La présente Charte inspire l'action européenne et internationale de la France.

INDEX

Les chiffres renvoient aux numéros des ***paragraphes*** *(à l'exclusion des noms cités en note)*

D

K

L

M

N

O

P

Q

S

T

TABLE DES MATIÈRES

(Les chiffres renvoient aux numéros des pages)

COLLECTION DOMAT

DROIT PRIVÉ

Jean-Bernard AUBY, Hugues PÉRINET-MARQUET et Rozen NOGUELLOU	**DROIT DE L'URBANISME ET DE LA CONSTRUCTION** ■ (9e éd.).
Jean BART	**HISTOIRE DU DROIT PRIVÉ** De la chute de l'Empire romain au XIXe siècle. ■ (2e éd.).
Bernard BEIGNIER	**DROIT DES ASSURANCES**
Alain BÉNABENT	**DROIT DES OBLIGATIONS** ■ (13e éd.).
Alain BÉNABENT	**DROIT CIVIL DES CONTRATS SPECIAUX CIVILS ET COMMERCIAUX** ■ (10e éd.).
Alain BÉNABENT	**DROIT DE LA FAMILLE** ■ (3e éd.).
Thierry BONNEAU	**DROIT BANCAIRE** ■ (10e éd.).
Rémy CABRILLAC	**DROIT DES RÉGIMES MATRIMONIAUX** ■ (8e éd.).
Nicolas CAYROL	**DROIT DE L'EXÉCUTION**
Gérard CORNU	**DROIT CIVIL** Introduction au droit ■ (13e éd.).
Gérard CORNU	**DROIT CIVIL** Les biens ■ (13e éd.).
Gérard CORNU	**DROIT CIVIL** Les personnes ■ (13e éd.).
Gérard CORNU	**DROIT CIVIL** La famille ■ (9e éd.).
Gérard CORNU	**LINGUISTIQUE JURIDIQUE** ■ (3e éd.).

Françoise DEKEUWER-DÉFOSSEZ et Édith BLARY-CLÉMENT	**DROIT COMMERCIAL** Activités commerciales ■ Commerçants ■ Fonds de commerce ■ Concurrence ■ Consommation ■ (10e éd.).
Jean DEVÈZE et Philippe PÉTEL	**DROIT COMMERCIAL** Instruments de paiement et de crédit.
Willaim DROSS	**DROIT DES BIENS** ■ (2e éd.).
Michel FROMONT	**DROIT ALLEMAND DES AFFAIRES** Droit des obligations et des biens ■ Droit commercial et du travail.
Jean GAUDEMET et Emmanuelle CHEVREAU	**DROIT PRIVÉ ROMAIN** ■ (3e éd.).
Daniel GUTMANN	**DROIT FISCAL DES AFFAIRES** ■ (4e éd.)
Jacques HÉRON et Thierry LE BARS	**DROIT JUDICIAIRE PRIVÉ** ■ (5e éd.).
Emmanuel JEULAND	**DROIT PROCESSUEL GÉNÉRAL** ■ (2e éd.)
Christian JUBAULT	**DROIT CIVIL** Les successions ■ Les libéralités ■ (2e éd.).
Paul LE CANNU et Bruno DONDERO	**DROIT DES SOCIÉTÉS** ■ (5e éd.).
Pierre MAYER et Vincent HEUZÉ	**DROIT INTERNATIONAL PRIVÉ** ■ (11e éd.).
Antoine MAZEAUD	**DROIT DU TRAVAIL** ■ (9e éd.).
Michel MENJUCQ	**DROIT INTERNATIONAL ET EUROPÉEN DES SOCIÉTÉS** ■ (3e éd.).
Roger PERROT	**INSTITUTIONS JUDICIAIRES** ■ (15e éd.).
Nicolas PETIT	**DROIT EUROPÉEN DE LA CONCURRENCE**
Frédéric POLLAUD-DULIAN	**DROIT DE LA PROPRIÉTÉ INDUSTRIELLE** ■ (2e éd.).
Corinne SAINT-ALARY-HOUIN	**DROIT DES ENTREPRISES EN DIFFICULTÉ** ■ (8e éd.).
Romuald SZRAMKIEWICZ et Olivier DESCAMPS	**HISTOIRE DU DROIT DES AFFAIRES** ■ (2e éd.).

DROIT PUBLIC

Pierre AVRIL, Jean GICQUEL et Jean-Éric GICQUEL	**DROIT PARLEMENTAIRE** ■ (5e éd.).
Michel BORGETTO et Robert LAFORE	**DROIT DE L'AIDE ET DE L'ACTION SOCIALES** ■ (8e éd.).

Jean BOULOUIS	**DROIT INSTITUTIONNEL DE L'UNION EUROPÉENNE** ■ (6e éd.).
François BURDEAU	**HISTOIRE DE L'ADMINISTRATION FRANÇAISE** XVIIIe-XXe siècles ■ (2e éd.).
René CHAPUS	**DROIT ADMINISTRATIF GÉNÉRAL** **T. 1** (15e éd.) Service public ■ Police ■ Responsabilité ■ Actes ■ Organisation et justice administratives ■ Séparation des autorités administratives et judiciaires ■ Conflits d'attribution. **T. 2** (15e éd.) Fonction publique ■ Domaine public ■ Travaux publics ■ Expropriation.
René CHAPUS	**DROIT DU CONTENTIEUX ADMINISTRATIF** ■ (13e éd.).
Jean COMBACAU et Serge SUR	**DROIT INTERNATIONAL PUBLIC** ■ (10e éd.).
Louis DUBOUIS et Claude BLUMANN	**DROIT MATÉRIEL DE L'UNION EUROPÉENNE** ■ (6e éd.).
Pierre-Laurent FRIER et Jacques PETIT	**DROIT ADMINISTRATIF** ■ (8e éd.).
Jean GAUDEMET et Emmanuelle CHEVREAU	**LES INSTITUTIONS DE L'ANTIQUITÉ** ■ (8e éd.).
Jean GAUDEMET et Jean PETIT	**LES NAISSANCES DU DROIT** Le temps, le pouvoir et la science au service du droit ■ (4e éd.).
Jean GAUDEMET	**SOCIOLOGIE HISTORIQUE** Les Maîtres du Pouvoir.
Paul-Marie GAUDEMET et Joël MOLINIER	**FINANCES PUBLIQUES** **T. 1** (7e éd.) Politique financière ■ Budget et Trésor. **T. 2** (6e éd.) Fiscalité.
Jean GICQUEL et Jean-Éric GICQUEL	**DROIT CONSTITUTIONNEL ET INSTITUTIONS POLITIQUES** ■ (28e éd.).
Gilles J. GUGLIELMI, Geneviève KOUBI et la collab. de Gilles DUMONT	**DROIT DU SERVICE PUBLIC** ■ (3e éd.).
Thierry LAMBERT	**PROCÉDURES FISCALES**
Marcel MORABITO	**HISTOIRE CONSTITUTIONNELLE DE LA FRANCE DE 1789 À NOS JOURS** ■ (12e éd.).
Sophie NICINSKI	**DROIT PUBLIC DES AFFAIRES** ■ (4e éd.).
Jacques ROBERT et Jean DUFFAR	**DROITS DE L'HOMME ET LIBERTÉS FONDAMENTALES** ■ (8e éd.).

Raphaël ROMI	**DROIT DE L'ENVIRONNEMENT** ■ (7e éd.).
Raphaël ROMI, Thomas DUBREUIL, Sandrine ROUSSEAUX, Mary SANCY	**DROIT INTERNATIONAL ET EUROPÉEN DE L'ENVIRONNEMENT** ■ (2e éd.).
Dominique ROUSSEAU	**DROIT DU CONTENTIEUX CONSTITUTIONNEL** ■ (10e éd.).
François SAINT-BONNET et Yves SASSIER	**HISTOIRE DES INSTITUTIONS AVANT 1789** ■ (4e éd.).
Carlos SANTULLI	**DROIT DU CONTENTIEUX INTERNATIONAL**
Christophe SERAGLINI et Jérôme ORTSCHEIDT	**DROIT DE L'ARBITRAGE INTERNE ET INTERNATIONAL**
Jacques ZILLER	**ADMINISTRATIONS COMPARÉES** ■ (2e éd.). Les systèmes politico-administratifs de l'Europe des Douze.

POLITIQUE

Francis BALLE	**MÉDIAS ET SOCIÉTÉS** ■ (16e éd.).
Philippe BRAUD et François BURDEAU	**HISTOIRE DES IDÉES POLITIQUES DEPUIS LA RÉVOLUTION** ■ (2e éd.).
Yves MÉNY et Yves SUREL	**POLITIQUE COMPARÉE** Les démocraties (Allemagne, États-Unis, France, Grande-Bretagne, Italie) ■ (8e éd.).
Roger-Gérard SCHWARTZENBERG	**SOCIOLOGIE POLITIQUE** ■ (5e éd.).
Serge SUR	**RELATIONS INTERNATIONALES** ■ (6e éd.).

GESTION

Jérôme CABY, Alain COURET et Gérard HIRIGOYEN	**INITIATION À LA GESTION** Connaissance de l'entreprise à partir de ses principaux documents obligatoires ■ (3e éd.).

Imprimé en France - JOUVE, 1, rue du Docteur Sauvé, 53100 MAYENNE
N° 2166078T - Dépôt légal : août 2014